本成果受到中国人民大学“985工程”的支持

Immanuel Kant

康德自然哲学文集

（注释版）（上卷）

[德] 康德　著

李秋零　译注

中国人民大学出版社

·北京·

前　言

李秋零

在人类思想史上，康德毋庸置疑具有极为重要的地位。在18世纪，一方面受自然科学的成功所鼓动而分别力图按照数学、物理学模式建立哲学体系的理性论和经验论哲学经过长期争论，各自在认识的起源、真理性等一系列问题上走进了死胡同；另一方面与经验论伴生的机械唯物主义则把自然科学的研究方法直接挪用到对人和社会的研究，在以"人是机器"为代表的观点下把人的道德、信仰等等统统纳入机械因果关系的范畴，严重地威胁着人类的自由和尊严。哲学的倾向同样反映在如火如荼的启蒙运动及其影响下的法国大革命中。以理性、自由为旗帜的法国大革命，尤其是在雅各宾专政阶段，逐渐地暴露出其非理性、非自由的一面。正是在这样的历史背景下，生于启蒙、生为启蒙的康德开始了自己的哲学思维。

康德凭借深厚的哲学素养和卓尔不群的思辨能力，独辟蹊径（绝不是调和、折衷），在批判的原则下，对自然和人类社会生活、精神生活的各个领域进行了深入的思考，建立起一个可谓无所不包的批判哲学体系，其立论之新颖，其论证之严密，其思想之深邃，其影响之深远，绝非是三言两语的评价所能够涵盖的。① 康德的哲学不仅使理性论和经验论的争执永远成为历史，而且为哲学、形而上学的发展指明了一个新的方向。尽管康德的同胞，包括被视为和自视为他的学生的费希特等古典哲学家尽力把他所开辟的新航向拉回到传统的形而上学轨道，甚至在黑格尔那

① 请参见本书序言。

里还曾再次达到传统形而上学的最后辉煌，但同样是康德的同胞胡塞尔所开创的现象学及其所影响的各种思潮才真正地弘扬了康德的思想，成就了现代西方哲学的多彩多姿。正是在这种意义上，才有了日本哲学家安倍能成的“蓄水池”之喻。

康德哲学的意义不仅仅在于德国、欧洲、西方。相反，正如康德喜欢使用的“世界公民”这个概念一样，他的哲学是世界的、全人类的。因此，康德的著作理所当然地受到世界的关注，迅速地被翻译成各国文字。康德著作的第一个中文译本是周暹与德国人尉礼贤合译：《人心能力论》，上海，商务印书馆，1914 年出版（严格说来，它并不是康德的一部专著，而是康德致医生胡弗兰德的一封探讨养生之道的信，主张心灵具有控制病体感觉的能力，后被康德编入《学科之争》）。此后，随着研究的深入，康德的哲学著作陆续被译成中文。到世纪之交时，可以说康德的主要哲学著作都已经有了中文译本，个别著作如《纯粹理性批判》、《实践理性批判》的译本达六七个之多。2010 年，本人主持编译的《康德著作全集》（9 卷本）由中国人民大学出版社全部出版。至此，康德生前所出版的著作全部有了中译本。

《康德著作全集》的出版，首次提供了全面的、系统的、统一的康德著作中文译本，有力地配合了长盛不衰的康德哲学研究，因而不仅受到学术界的普遍欢迎，而且还引起了不少收藏家的兴趣。然而，由于中文版《康德著作全集》完全遵从德文科学院版的体例，按照时序来编排康德卷帙浩繁、涉猎广泛的著作，不免让一些读者使用起来觉得不方便，于是就出现了按照内容分卷出版的呼声。中国人民大学出版社决定顺从这种呼声，出版这套《康德文集注释版》。与我合作多年的责任编辑杨宗元女士不辞辛劳地承担了总体设计、编纂体例、各卷内容划分等方面的繁重工作，终于使它以目前的面貌出现在公众面前。

这套《康德文集注释版》除康德的三大批判合集之外，又分为《康德自然哲学文集》、《康德认识论文集》、《康德道德哲学文集》、《康德政治哲学文集》、《康德历史哲学文集》、《康德宗教哲学文集》、《康德人类学文集》、《康德教育哲学文集》、《康德美学文集》。各文集的编辑体例是首先按照时间顺序排出康德的独立著作，然后按照时间顺序排出文章或从其他独立著作中做出的摘录，并在各篇的结尾注明了在《康德著作全集》中的出处。由于个别文本实在不易分类或者内容交叉，所以有的书中的内容会有少量重复。另外，在编纂的过程中，本人又为过去未出版过单行本的著作译出了《科学院版编者导言》和科学院版编者注，并在必要的地方加了少量的编译者注。当然，本着“译事无穷尽”的原则，也对正文中的个别文字做了改进。希望这套文集能够满足读者们的愿望。

此外，读者在使用本文集时，务请注意边码和注释：

1. 本书所注边码的格式为 a [X]，其中 a 为科学院版《康德全集》的卷次，X 为该卷页码。注释中所谈到的《康德全集》的页码均指科学院版《康德全集》的页码，可参考本书边码。

2. 科学院版编者所使用的康德书信版本是《康德全集》第Ⅹ—Ⅻ卷的第 1 版，而现在通行的版本则是第 2 版，为方便读者，编译者将其注明的第 1 版页码置于“[ ]”中，直接注出的则是第 2 版的页码。

3. 本书中的注释既包含康德的注释，也包括科学院版编者的注释，还有部分编译者注。其中科学院版编者注和编译者注均已注明，康德所写的正文部分的注释未注明注释者的为康德本人所注，《科学院版编者导言》中未注明注释者的为科学院版编者所注。

序：哲学的开普勒改革

苗力田

德国古典哲学同于古希腊哲学，其主流都是思辨的，theooreetikee或spekulativ。这两个词形式虽然不同，但根本意思却是一致的。在古希腊语中，这个词的主干horan的意思是观看，在现代德语以及其他一些西方语言中，这个词来源于拉丁文的specula，其含义同样也是观察。总之，在西方古代人看来，观看是各种感觉中最细密、精确的，它是思想的直观形象，一切思想也都离不开观察。由于思辨这个词其古希腊语的名词形式theooria被转拼为西方现代语Theorie后，解为理论，所以思辨和理论思维实际上是同根词、不同时代的同义语。可以说过去的思辨即今日的理论思维，今日所说的理论思维也就是过去的思辨。所谓思辨哲学就是运用理论思维，探索理论思维，以理论思维为主体的哲学，它以理性为中心，无疑是锻炼理论思维的理想操场。

王山①教授康德（Immanuel Kant，1724—1804）是德国古典哲学创始人，他以彻底的德意志精神探讨了思辨理性的来源、范围和客观有效性。思辨哲学存在两种思想方式（Denkart）：一种是实体论（ousiaology）的，一种是现象学（phainomenology）的。实体论的思想从对象的存在Sein入手，而思辨它们的存在方式。现象学的思想则就对象的显现scheinen来探索它们显现的表象。在德国古典哲学中，黑格尔

① 哲人的故乡Königsberg在大多数文献中都音译为哥尼斯堡，很容易误导，因为Berg原义为山岗，而非城堡Burg，把Berg译解为堡，一个字母之差，意义却相去甚远；而König本义为君王，似可仿意译牛津者，译作王山。前译虽通行成俗，今就《康德著作全集》发行之便，借以正之，岂多事乎？（但在正文的翻译中，为了既纠正“哥尼斯堡”译法的失误，又不致因“王山”译法而惊世骇俗，采用了中庸的译法“哥尼斯贝格”——李秋零）

哲学是实体论思想方式的典范。他从最单纯的存在出发到绝对理念为止，描述思辨理性、概念运行的整个历程。而20世纪在西方哲学中成为主流的现象学的思想方式，则把康德公认为其先驱。思辨哲学爱智慧，尚思辨，以科学为目的。它把人首先当做理智存在，当做理性实体，是人类一切活动的主导。但在强调理智的主导的同时，传统的思辨哲学却忽视了感觉，排斥了感觉，认为感性认识是错误的道路，至多不过是可是可否，或是或否的意见doksa；只有理智的思维才能保证走上真理的道路。但是，感觉经验是人们知识的来源，离开了感觉经验，知识没有其他来源，否定了感觉，就必然陷于怀疑主义，否认一切认识的确定性。近代经验哲学，强调感觉经验，认为它是知识的惟一来源，一切知识莫不来自经验，即使科学上的概念和规律，也不过是经验的集合而已。感觉是个别和偶然的，所以经验哲学否定规律的普遍必然性，破坏纯粹哲学，毁灭一切科学。

在康德看来，传统的思想方式，不论是理性主义，还是经验主义，都妨碍了近代科学的发展，不利于认识的扩大和加深，这样的思想方式必须加以改革，Umänderung der Denkart。上述传统的思想方式，一概被称为独断论，它是片面的，专制的，空话连篇，不着边际，必须以思辨哲学在以理性为中心的前提下加以改革，在提出什么学说和论断之前，对认识能力自身加以批判和清理，确定认识的来源、范围和客观有效性。其基本方案和理念，就是：

> 作为预定的方案，必须首先指出，人类的认识（Erkenntnis）具有两个主干，它们也许出自共同的，尚不为所知的根基，这就是感性（Sinnlichkeit）和知性（Verstand）。通过前者对象被给予我们，通过后者它们被思想。(B29)

对这两支主干（Stämme），后来他又更加详尽地解说道：

> 我们的本性自身就是如此，直观只能是感性的，也就是只能包含于我们对象所刺激的方式。与此相反的（dagegen）是思想感性直观对象的能力，知性。对这两种特性（Eigenschaften）任何一个都

> 不能偏爱。没有感性，对象就不会被给予我们；没有知性，就不能思想对象。思想没有内容是空洞的，直观没有概念是盲目的。……这两种能力不能相互代替。知性不能进行直观，感觉不能进行思想，只有把两者结合在一起，认识才能发生。(B75)

为什么只有把感觉和思想结合起来，认识才能发生呢？王山教授这里所说的认识是西方实验科学已呈辉煌时代的认识，是出现了伽利略(1564—1642)、开普勒（1571—1630）和牛顿（1643—1727）之后的认识。这个时代的科学认识，不但要求普遍必然，还要求开拓创新。对于这样的要求，单纯的理智是不能满足的，因为理智的功能是概念推论，从大前提到结论，其结论当然是普遍必然的，但不能扩大人们的认识，加入新的内容。因为在概念推论中的结论已经包括在前提概念之中了。正如教授指出的，科学如仅靠概念推论，甚至连“两点之间直线最短”这样的命题也得不出来。因三和两是量的概念，而长和短是质的概念，从量的概念无论如何是推不出质的概念来的。反过来，感性直观虽然有能力直接接受表象，从而扩大认识的范围，丰富认识的内容，但是，这些表象都是个别的、杂乱的、偶然的，如不经过思想的关联调整，便形成不了概念。据说，牛顿万有引力定律是由看到苹果堕地引发的，但如果不加思想，每次苹果的落地都是个别偶然的，即使看到亿万次，终生终世也得不出一个普遍必然的万有引力定律来。所以，要求不断扩大、不断加深、不断更新的普遍必然的科学必须有两个主干，认识的能力必定有两种特性，思辨理性的运行轨迹虽然以理性为中心，但应该有两个焦点：感性和知性，直观和思想。像我们所栖息的星球一样，要循着椭圆形。那些唯什么单一中心的主义，不过是上帝创世一神教的反刍而已。

这样思辨哲学自身也被扩大了，它把原本拒之门外、视为异类的感觉接纳回来，浪子回头金不换，因而感觉立刻成为离开它认识就不能发生、思辨理性亦无法运转的焦点了。感觉经验之所以能够成为思辨理性运行的焦点，生成普遍必然的认识，在康德看来这就证明着非经验的东西，它们的普遍必然的有效性，所依据的并不是经验而是一切经验背后的、直观的先天原理，这就是空间和时间的一般概念。凡是空间和时间的科学，几何学和算术学都少不了空间和时间概念，它们是直观的纯形式，或者称为先天直观。因为无限空间和无限时间的概念，绝不来自有限空间和时间的经验直观的结合，无中不能生有，集有也不能成无，而是来自共存或相续的属性。个别的空间和时间只显现为整个空间和时间的部分，没有一般的空间在先，就不能表象个别的空间。由于空间和时间只与个别的、特殊的对象相关，所以它们自身只能是直观的先天形式，它在一切经验直观的背后，一切个别偶然之先前，所以是普遍必然的。空间是外感觉的形式，一切外在经验中的对象都在空间中排列着，伸延着。时间是内感觉的形式，一切思想和概念的活动都先后连续着在时间中运行。所以，空间和时间这样的纯直观先天形式，只有在经验中、相对经验对象而言才有实在的意义，因而专门称之为经验的实在性（die empirische Realität）。这些形式一旦离开经验，离开了经验对象就百无一用，完全成为观念，脱离了实际想出来的，故而称之为先验理想性（die transzendentale Idealität）。进一步说，空间和时间这些先天形式，只能在直观中、在经验中才具有普遍必然性、客观有效性。如果离开了直观，离开了经验，数学也就没有普遍必然的命题，人们连 7＋5＝12 都没法判定。它们更不是事物本身的属性，如果它们是事物本身的属性，那么作为存在者，上帝也就难免在空间和时间中而属于有死之伦了。因为，它们既然是一切存在者的属性，作为一种存在者的上帝当然也应在空间和时间的变灭之中。这样，独断论不但被戴上了怀疑主义的帽子，还被加上了无神论的帽子。

不但感性直观以先天的形式成为思辨理性的一支主干，在知性上这一原则同样适用。思想也有着自己的先天形式范畴。应该说明 Verstand 这个词解作知性，只有在康德的专业用语中，也就是只有当它相对于感性（Sinnlichkeit）和理性（Vernunft）而言时，作为认识能力之一才是有效的。当然也可以解译为理智、理解，但这样在词组上就不相搭配了。知性的功能是思想，思想和直观不同，直观因受刺激而发生，是接受的，被动的，而思想的对象只是由自身而生成，所以是主动的。由于这种思想的主动性，先验逻辑的范畴也与普通逻辑的范畴不同。普通逻辑的范畴是传统实体论思想方式的产物，是独立于认识主体之外的实体，或者是实体的属性。概念乃是实体的模仿，这样的逻辑只能用于概念推理。它虽然可以头头是道，无懈可击，它们推论所得的命题可以是普遍必然的，但结论已在前提之中，没有新内容，无助于扩大认识的领域。而先验逻辑的范畴，应该与直观形式一样，是先天的，既不来自经验，也不是作为实体对象的属性。它们是思想判断的先天概念。因为思想即是判断，把主语和谓语联结起来，范畴就是把感觉经验所提供的杂多材料调整、联结为普遍必然规律的先天概念。所以，范畴的数目应该与判断的类别相适应。如若判断分为量的、质的、关系的和程式的四种，再将每种判断分为三类，这样就得出了思想的十二种先天概念、范畴。虽然王山教授对自己这方面的创新性非常自信，并当做以后研究的框架，但200年的历史证明，这套逻辑的范畴，实在不过是现象学思想方式、先天论的一种表述而已。所谓的先验逻辑终究没有能够将亚里士多德的逻辑取而代之。这些范畴被认为是普遍必然的有效原理，是一切自然科学的最高前提，它们是思想的先天概念，所以其普遍必然有效性，不需任何经验加以证明。但是，一切认识都从经验开始，先于经验我们没有认识，自然科学也不例外，将范畴应用于感性经验所给予的自然对象，就必须通过数学公式。因为自然是在空间和时间形式中感性表象的体系，并且须按照范畴来调整，加以规律化，所以，自然形而上学的诸要素，也就在范畴和直观纯形式的基础上，全部被当做普遍必然的运动规律。

现象学是思辨哲学的开普勒改革的必然结果。把感觉经验看做认识的一支主干，是思辨理性运行的一个焦点。感觉经验不但是认识的开始，并且伴随着全部认识的始终。以人为理智的存在，思想实体，本身即具有先天论的性质。所以，空间和时间这样的直观形式虽然是感性的，却不来自感觉经验，而是先天的。对感觉来说，它们是不变的，对一切感觉经验都具有普遍有效性。一切概念，一切原理，都不能离开经验直观，即使是先天的，也与感性直观相联系，与可能的经验材料相联系。思想就是把所与的直观与对象相联系的活动，感性直观是我们惟一可能的直观，抽象出一切感性直观的条件，纯范畴就不能规定任何对象。这样，先验逻辑的原理只不过是现象规律的揭示罢了。科学是普遍和出于必然的判断。

现象（Phaenomenon）这个词在西方哲学文献中出现很早。在柏拉图和亚里士多德的著作中就提出爱智慧的人要追随现象，哲学的目的是拯救现象。在古希腊语里，这个词本是动词显现（phainein）的被动式现在中性分词，意思是被显现出来的。在其他场合王山教授也用这个词的德语形式 Erscheinung，它出自动词 scheinen，意思同样是显现。从这个词的本身，就可以看出，把认识的诸对象称做 phaenomena，称做 Erscheinungen，这表明它们并非独立于主体的存在，而是依赖于主体被显现出来的东西。关于现象，他作如下界定：

> **当我们为对象所作用时，对象能力的结果就是感觉（Empfindung），通过感觉对对象的直观（Anschauung）叫做感性直观，一种感性直观的未被规定的对象，叫做现象（Erscheinung）。**（B34）

有的场合 Erschauungen 和 Paenomena 在一起用，那就似乎不能不加以区别了，如：

> **显现（Erscheinungen）就它们作为依范畴统一性而思想的对象而言，就成为现象（Phaenomena）。**（A249）

总而言之，不论就感觉直观而言，还是就思想而言，在先验逻辑里认识对象都不是独立于主体的实体，而是一种被给予而显现的现象，或者叫做感性本质（Sinnenwesen）。人的认识，可以提其神于太虚而俯之，但它仍脱离不了感觉，脱离不了现象。如若把范畴仅作先验的运用，也就是仅运用于推理，实际上是没有运用，它没对对象作任何规定。范畴也是现象的形式，现象是它们惟一的对象，故而纯知性只有经验的运用，从未有先验的运用。一切知识必须来自经验，理性脱离经验只能产生矛盾、怀疑，漠不关心，自相分裂。传统的实体论思想方式没有对自身进行批判反思，完全是古老的野蛮作风，各行其是，称王称霸，把哲学变成了一个内争不休的战场（Kampfplatz），最后过渡到破坏一切的无政府主义、怀疑主义。而纯粹理性即是思想自身，须在自身之内把握它。先天的即是彻底必然的，是尺度。要把思维（zu denken）和认知（zu erkennen）加以区别，两者是完全不同的。思维的原则是自由，以不相矛盾为标准，认知的标准是必然。所以前者与预设相类似，思想则应保持其自由，百家争鸣，各有主张。除了无休止的战场以外，形而上学又是一本理性财产的清单（Inventarium）。

传统形而上学，完全是孤立的思辨理性，在概念中打圈子，即使经验主义也一样，也没有涉及认识的来源，认识的能力，以及客观有效性。使认识服从对象，就不能提供先天的东西，不能扩大它。实验是按事先设计的策划而进行的，实践是检验真理的标准，真理已经先在了，实践是为着检验这个既定东西而策划出来的。如若概念的规定服从对象，难以得到先天的、普遍必然的知识，那么对传统的思想方式进行改革，反转过来对象只是现象，它们在经验中被给予，超出一切可能经验便不可能有与之相应的对象。所以，认识能力纯粹运用的标准，首先是普遍性，因为认识不但出于（aus der）经验，从经验开始，而且伴随（mit der）经验前进。在经验中，普遍与特殊的区别是显而易见的，在经验外，严格的普遍与随意摆布也不难区分。与此同时，也就出现了必然性的概念。因为严格的普遍，就表示着亘古如一，不能或此或彼，或是或非。既然经验的东西都是个别和偶然的，是后天的（a posteriori），那么由普遍性而取得必然性，也就当然是非经验的 a priori，是先天的了。普遍、必然和先天是三位一体的，这才是认识的根源（Ursprung）。感觉经验到的首先是物体，物体是个体，是偶性。如若抽去这一切的个别和偶然，所剩余的就是必然，也就是物体所占有的空间，这种必然性是认识先天所具有的。普遍性是空间，外感觉的本性，由空间过渡到时间，内感觉的必然性。空间和时间是感性直观的形式，它们都出于认识能力的纯粹运用，是先天的。

但是，王山教授特别指出认识能力的这些纯形式，并不像柏拉图用理念的翅膀飞翔在无空气阻力的纯粹真空中。纯粹理性的先天认识，并不脱离尘俗世界，并不抛弃后天经验，没有感觉经验的支撑，认识能力就无以发挥，思辨理性就不能运转。先天的认识，科学的判断，不能单纯来自概念分析，概念分析不能扩大人的认识，更新人的知识。人们所追求的认识，不但是普遍和必然的，更要扩大它，更新它，这就离不开经验。如若认识所追求的仅是普遍必然性，那概念分析就是最方便、最可靠的了。从存在概念甚至可以分析出一个创造宇宙万物的上帝来。判断是认识表示其断定的基本形式，如若谓语先天地潜存在主语之中，这个判断必定是必然的，不需任何实践经验的证明。例如，断定物体是广延的，不需任何经验就可以知晓这是必然的。因为，广延概念本已包含在物体概念中，广延概念就是从物体概念中分析出来的。就是闭着眼睛也可断定这个判断是必然的真。进一步说，断定物体是重的就不一样了，就必须用手去托一托，用秤去称一称，不然就难以断定这一判断是否为真。只有经验才能向主体提供新事物，扩大认识的领域。虽然经验的东西都是个别的，既没有普遍性，更没有必然性，但经验却似一张无远不及的无形大网，把对象的一个部分和另一个部分联结起来，大漠孤烟直，长河落日圆，形成综合联结，一个总体表象。知识因之更新，认识由此扩大。总之，认识不但因经验而开始，并且在整个进程中还要不断伴随着经验。认识必须以经验为对象，以经验为范围，感性认识是这样，知性认识亦是如此。所以，

> 这样看来，知性的纯概念绝不允许有先验的运用，只能是经常作经验的运用。纯知性原理只能应用于可能经验的在普遍条件下的感觉对象，永远不应用于那些物一般，而不顾及我们对它们可能直观的样式。(B303)

关于知性和感性的关系，在以下这段文章里，王山教授有着更明确的交代：

> 在我们，知性和感性只有在它们联合运用的时候，才能规定对象。如若把它们分开，我们就有无概念的直观或无直观的概念。在这两种情况下，我们不能把表象与任何规定对象相联系。(B314)

认识对象必须与认识主体相关联，对象是主体的对象，离开主体就没有对象，这个现象学的基础命题，反而百分之百是概念分析，同语反复，并成就其普遍必然的真。那些反复追问着在人存在前地球是否存在的人们，正是割裂了对象和主体的认识关系，脱离了认识主体而泛论对象的。对象即对象，主体即主体，鸿沟万丈，非此即彼，使对象成为无规定的对象，主体成为非认识的主体，这反倒是典型的形而上学和繁琐哲学了。实体论思想方式就是这样提问题的，圆凿方枘，当然难以找到

共同语言。如若对象离不开主体，我们所认识的对象只是现象，它们只与可能经验相联系。认识的感性来源使知性也必须以感性对象为材料，这样就把认识限制在感性天地里，被封闭着。空间和时间仅仅是感性直观的形式，仅仅是显现物的存在条件。由于概念是与直观相应被给予的，所以，此外我们也没有更广的知性概念，也就是说，对事物的认识，我们也没有其他要素。这一切道理实际上已经包括在对象（Gegenstand）这个词之中，全部命题都可以从对象概念分析出来。因为它既相对地（gegen）站立着（stand），当然是离不开主体的，离开了主体，它就失去了对立物，无所gegen，也就无处可站，无地自容了。对主体来说，它们不是观念的集合，为主体所派生，理所当然，只是些被显现的。但对象作为被显现的、作为现象，并不像那些粗陋见识所理解的那样，就不存在了。恰恰相反，在先验论学说中，对象惟有在经验中，才能实实在在地被空间和时间所规定，成为看得见，摸得着，在运动中，站出来的存在（existenz）。这也就是空间、时间经验实在性真正意义之所在。离开了经验，摆脱了主体，譬如说人类出现前的地球，当然存在，但只是个未被规定，花非花，雾非雾，不是什么的是，也就是黑格尔的那个纯存在，词典上那个不定式的存在Sein，不能说它是什么的存在。存在和是，在西方哲学里，自古希腊哲人始就是同一个词。而认识的任务，思辨理性的概念，恰恰就在于规定对象，说它是什么，赋予知识以内容，开拓知识的领域，推动科学的发展。改革思辨哲学，以现象学思想方式补充实体论的方式，实在是科学发展时代的需要。

然而，人无完人，法无成法，放之四海而皆准，历万世而不变的理论，同样是没有的。这里，思辨理性、理论思维虽然赋有了实在意义，推动了科学的发展，但王山教授自己也指出了它的消极的（negativ）方面，因为按照这种现象论，认识只限于经验范围，这就缩小了理论活动的场地。更有甚者，甚至于可以使人以此为依据陷于狭隘的经验主义，短浅的功利主义，使纯粹的理性活动面临被扼杀、被取消的危险。而认识的王国是普遍必然的王国，如果把它无限地扩大了，处处是普遍必然，人人是手段工具，个性就要被取消，自由就要被剥夺，也就没有德性伦理学了。但在另一方面，这种对认识的限制也有积极的（positiv）方面。因为这种限制使思辨理性见到了自己能力的应用范围，不再妄自尊大，以为无所不知，而有所止，为纯粹理性让出更大的空间，这是更实在的空间。对于人类这是绝对必要的，因为认识如若是理性的，也就是说在认识上应该有着先天性。这种认识与对象的关系并不是单一的，而是双重的，它不但通过思辨理性，从理论上将对象加以规定（zu bestimmen），还要使认识成为现实（wirklich zu machen），这后一种功能就是实践理性了。如果我们只承认思辨理性的权威，把认识不断扩大，把一切对象都当做是可能经验的，这样把本来不是经验对象的东西当做现象，而宣布纯粹理性扩大不可能，人们的一切活动，认识的一切对象都在普遍必然的控制中，就会剥夺自由，没有信仰，没有思想，没有道德，回到野蛮和愚昧。所以，为了给信仰留余地，就必须限制知识了。

在过去几十年间，这是给王山教授招致许多非议的命题，按照批判者所持分量的轻重，帽子尺寸的大小，对 das Wissen aufheben 中的 aufheben 即可作不同分量的译解，从消灭、扬弃以至限制。其次对信仰 Glauben 一词，是对什么的信仰，是上帝，还是自由和真理，还是三者都是也各取所需。首先，把被马克思主义奠基者与法国政治革命相提并论，尊为德国哲学的革命者的康德，说成是必须取消知识的蒙昧主义者，似乎是责之过重了一些。从语境的上下文看来，似乎以译限制为恰当些。因为限制了知识是将认识锁定在现象世界，以保持科学判断的普遍必然性，不断扩大，不断更新。与此同时也给纯粹理性，精神生活，特别是实践理性保留了更广阔的天地，使它不为普遍必然所拘束，不为外界因素所宰制，自由驰骋。所谓 Glauben，从上下文可以判断，实际并非专指对万能上帝的信仰，而是一般的道德信仰，对天上森罗星空和胸中庄严道德律的信仰。所以，纯粹理性有一种绝对必然的实践应用，在应用于实践的时候，它不可避免地要越出感性界限和必然的宰制。

当纯粹理性摆脱了感性的羁绊，冲破了现象的罗网时，它就完全是自由的了。在现象世界里，对象是通过表象与主体相联的，它是一个被显现的物，与他物相关的物。在摆脱了感性之后，它就割断了尘缘，消除了所有外在束缚，单纯地就自身而存在着，成为自在物（Ding an sich）。如若把由显现物构成的世界称为现象（Phainomena）的世界，那么由自在物构成的这个世界就称为本体（Noumena）的世界。两种物在认识上完全对峙着，互不相容。一种是感性对象显现的，与他物、与主体相互依存，本体则超乎空间时间之外，不依存于任何感觉经验，而是纯粹理性的思想对象。而本体 Noumenon 这个词出于古希腊语思想 noein，是 noein 的被动式现在中性分词，本义是被思想的。这样看来，现象和本体，依他物和自在物在认识上虽属不同世界，在存在上却不是两个物。任何一个对象，在感性直观可以捕捉到的范围内，它是现象。然而，当眼睛看不见，双手也摸不着，任何扩大感性能力的工具都无能为力，只有凭理性去思想它的时候，它就成为被思想的，就是自在物了。一花一世界，一叶一如来，任何对象，既是现象的，也是本体的，既是依他的，也是自在的，既是可知的感性本质（Sinnenwesen），又是仅可思的知性本质（Verstandeswesen）。按照先验论的一切对象只能通过直观被给予的根本原则，可以断言，知性本质作为被思想的对象，纯粹理性也必定有某种非感性的直观，那就是理智直观（die intellektuelle Anschauung）。理智直观本身在空间和时间之外，直接把握自己的对象，就只能是本质和整体，被称做理性的理念。理性理念有三个，作为外感觉的总体，它是世界；作为内感觉的总体，它是灵魂；作为内外综合感觉的整体，它是上帝。如若我们在这里暂且不去批判其从后门放进上帝的不彻底性，换个角度窥测一下，从上帝理念也不过是综合感觉的整体来看，不是更应该断定，即使在纯粹理性领域，感觉经验仍然是一个不可缺少的运转焦点，王山教授是思辨哲学的改革家，现代西方现象学方法的先驱吗？

目 录

关于活力的真正测算的思想

一般自然史与天体理论

自然科学的形而上学初始根据

自然地理学

相关论述

关于
活力的真正测算
的思想

以及对莱布尼茨先生和其他力学家在这一有争执的问题上所使用的证明的评判

包括一些主要涉及物体的力的先行性考察

献词

献给

尊贵、博学、经验丰富的

约翰·克里斯托夫·伯留斯先生

医学博士

哥尼斯贝格科学院及王家人体医学院

次席编内教授

我至堪敬慕的保护人

1 〔5〕 **尊贵的先生**

博学的、经验丰富的博士先生

至堪敬慕的保护人！

要为像本书这样一种蹩脚的东西谋求所有的好处，除了尊贵的阁下
您之外，我还能向谁求助才更好呢？遵循同样的人已向我显示过的善意
的特别征兆，我斗胆希望，尊贵的阁下您也把这种冒昧当做我的感激之
情的证明来接受。这本小册子的特性，自身并不具备任何东西能够让我
引以为据建立起这方面的一些自信心；因为以尊贵的阁下您的大名来包
装自己的文章，这种荣誉并不是人们可以用来向尊贵的阁下您赠礼的出
发点。我能够呈献给尊贵的阁下您的一切，就是一大堆不完善的想法，
也许本身就是不正确的，或者由于其作者的水平低下而失去了所有价值，
它们最终使我充分地确信，不配把它们赠献给您。我不顾这一点，凭借
对您的善意的完全理解，使自己产生了希望，即希望这些思想将为我提
供我最珍视的服务，也就是让尊贵的阁下您认识到我对这种善意的感激
之情。今后我将不止一次有机会想起我对您应尽的义务；只是当前的机
1 〔6〕 会却将是我公开承认我对您永怀崇敬的一次最佳机会。

此致

尊贵的先生，

博学的、经验丰富的博士先生，

至堪敬慕的保护人！

尊贵的阁下

您最忠实的仆人伊曼努尔·康德

1747年4月22日 于哥尼斯贝格

科学院版编者导言

库尔德·拉斯维茨（Kurd Lasswitz）

这部作品的手稿由当时还是大学生的康德呈交哲学系主任供审查。在哲学系档案中（第Ⅳ卷，714页），老约翰·亚当·格列高罗维乌斯作为1746年夏季学期系主任登记道："以下所记以呈交系主任审查：……b. 大学生伊曼努尔·康德：全称为《关于活力的真正测算的思想》。"印刷也在1746年这一年开始，费用部分由康德自己承担，部分由一位近亲、富有的鞋匠李希特承担（鲍洛夫斯基：《伊曼努尔·康德的生平和性格描绘》，哥尼斯贝格，46页，1804）。因此，印在第1印张上的封面标出的年份是1746年，而《在约翰·海因里希·哈同的书店中可以购得的书和短篇文章的新全目录》（237页，1752）则说出版年为1746—1749年。因为根据康德8月23日的一封信（《康德全集》，第X卷，1页），排印一直持续到1749年，"之所以如此拖延，既是因为经常出现各种阻碍，也是因为我不在跟前"。1747年，注明日期为1747年4月22日的致医学博士和王家御医约翰·海因里希·伯留斯[①]的献词和前言被附上。二者都是在专门的印张上印刷的，并在事后被插入第1印张的第1页（封面）和第2页之间。第107～113A节和第151～156节同样是1747年才插入手稿的，无论是从补充的联系和形式还是从提到1747年复活节博览会出版的穆森布罗克的书上都可以看出。书的发行是1749年才进行。致伯留斯的献词纯粹基于（鲍洛夫斯基：同上书，194页）感激，因为伯留斯在康德的童年和少年时曾对他及其父母行过善事。在献词中强调的"善意的特别征兆"在于何处，不为人知。伯留斯于1703年生于哥尼斯贝格，于1726年在莱顿获得博士学位，自1741年始在哥尼斯贝格担任教授。

刊印：1.《关于活力的真正测算的思想：以及对莱布尼茨先生和其他力学家在这一有争执的问题上所使用的证明的评判，包括一些主要涉

① 原文如此，但据这部作品的献词和康德的书信，伯留斯的名字应为"约翰·克里斯托夫"。——译者注

及物体的力的先行性考察》，伊曼努尔·康德著，马丁·埃贝哈德·道恩印刷，哥尼斯贝格，1746。

2.《康德早年未曾结集的短文集》，林茨（实际上是蔡茨的韦伯尔）编，129～350页，1795。由编者负担费用。

3.《伊·康德短文全集》，第1卷，1～294页，按时间顺序排列，哥尼斯贝格和莱比锡（实际上是福格特在耶拿），1797—1798。

4.《康德杂文集》，蒂夫特隆克编，第8版和完备版；第1卷，1～282页，哈勒，伦格书店，1799。

前言

1〔7〕

Nihil magis praestandum est, quam ne pecorum ritu sequamur antecedentium gregem, pergentes, non qua eundum est, sed qua itur.

Seneca de vita beata. Cap Ⅰ.

[最需要遵循的是，我们不要按照牲畜的习惯追随前面的畜群，走的不是应当走的路，而是他人走过的路。

塞涅卡：《论幸福生活》，第1章]

一

我相信，我有理由就我利用这几页纸对世界所作的判断而言得出一个如此之好的看法，以至我擅自批驳伟大人物们的那种冒昧，不会被解释为我的罪过。曾经有过一个时代，人们在如此胆大妄为的时候不得不有很多担忧；但我想，这个时代从此已经结束了，人的知性已经幸运地摆脱了昔日无知和惊赞所加给它的桎梏。从现在起，倘若**牛顿**和**莱布尼茨**的声望与真理的发现相悖，人们也能够敢于大胆地认为它一文不值，并且除了知性的牵引之外，不服从任何其他的劝说。

二

即便我着手摈弃诸如**莱布尼茨**、**沃尔夫**、**赫尔曼**、**贝努利**、**比尔芬格**①这样一些先生以及其他人的思想，并把优越性赋予我自己的思想，我也不愿意有比这些人更糟糕的仲裁者；因为我知道，这些人的判断即便是摈弃我的意见，也不会谴责这些意见的意图。在这些人物面前大胆地指摘所

① 关于莱布尼茨，参见下文11页注；关于沃尔夫，参见下文50页注；关于赫尔曼，参见下文43页注；关于贝努利，参见下文15、56、152页注；关于比尔芬格，参见下文32页注。——科学院版编者注

有的意见，并且不把他们的意见当做例外，除此之外，人们不可能赋予他
1〔8〕 们更杰出的颂词了。虽然那是在另一种场合，但这种方式的克制毕竟曾对古代的一位伟人来说是非常值得赞扬的。**提谟来翁**虽然对叙拉古的自由立下了汗马功劳，但有一次仍然被传唤到法庭。法官们对他的控告者们的傲慢感到愤怒。但提谟来翁却以完全不同的态度看待这一偶然的事件。对于一个把自己的全部欢乐都建立在看到自己的祖国处在最美满的自由之中的人物来说，这样一种举动是不会使他反感的。他保护了这些利用他们自己的自由甚至来反对他本人的人们。整个古代都对这一讼案大唱赞歌。

在诸多最伟大的人物为了人类知性的自由作出了如此巨大的努力之后，难道人们还有理由要担心，自由的成果会使他们反感吗？

三

为了我的利益，我将利用这种克制与公正。不过，只有在功绩和一流知识的标志显而易见的地方，我才会遇到它们。除此之外，剩下的就是一大群至今仍被成见和伟人的声望无情地统治着的人。这些乐于被视为学问仲裁人的先生们，显得很擅长于没有读过一本书就对它作出判断。为了对一本书指手画脚，人们只需要向他们出示书名就行了。假如作者不出名，没有个性和功绩，那么这本书也就不值得为此花费时间了；更不用说这位作者还要干大事，要指摘著名的人士、改进科学、宣传他自己的宇宙思想。如果在各门科学的审判席前关键是出席人数，那我的事情就没有一点指望了。不过，这种危险并没有使我心神不安。这就是如人们所说住在帕尔纳索斯山下的人，他们没有财产，也没有选举权。

四

成见让人感到惬意，助长安逸和自负，这是人们离开人类就摆脱不
1〔9〕 了的两种品性。受成见支配的人把某些通常必定被轻视、使其屈就自己的人提高到所有其他人之上，达到一种不可攀的高度。这种优越感以完全等同的假象掩盖了其余的一切，使他意识不到至今仍在上述人们中间普遍存在的差别，这种差别通常会使他陷入不愉快的观察，看到有人经

常被尚处于中等水平的人们超越。

于是，只要人的心灵的虚荣心还是强有力的，成见就也会保持下去，也就是说，它绝不会消失。

五

在进行这一探讨的过程中，如果一位如此著名的人士的定理在我的知性看来是错误的，我将毫不犹豫地予以摈弃。这种冒昧将给我带来非常可恨的后果。世人非常倾向于认为，相信在这一件或者那一件事情上比一位伟大的学者认识更为正确的人，在其自负方面也超过后者。我敢说，这种假象是不真实的，而它在这里确实是在骗人。

在人的知性的完善性方面，不存在像人的身体结构中那样的比例和相似。就人的身体结构而言，从这一或者那一肢体的大小推论出整体的大小是可能的，但对于知性的能力来说就完全是另一回事了。知识是一个不循规蹈矩的物体，没有匀称和类似。一个低级学者常常在知识的这一或者那一部分胜过另一个就其知识的全部范围而言远远比他杰出的学者。从种种现象来看，人的虚荣心还不至于走得如此之远，以至发现不了这种区别，把对这一或者那一真理的洞识同杰出知识的博大总汇混为一谈；至少我知道，如果有人对我提出这种指责，那他可是冤枉我了。

六 1〔10〕

世人不会如此荒唐地设想，一个有名望的学者根本不再有犯错误的危险。不过，一位伟大人物的全部洞察力都不能将他从中解救出来的这些错误，一位末流的、不知名的作家却避开了，这是不可能轻而易举地领悟的困难。在下面的话语中包含着很多放肆：**最伟大的人类知识大师们徒劳地谋求的真理，首先呈现给我的知性。**我不敢为这一思想辩护，不过我也不愿意放弃它。

七

我自负地认为，对自己的力量建立某种无私的信任，有时并不是没有益处的。对方法的深信不疑激活了我们的全部努力，并赋予这些努力以某种非常能够促进真理研究的热情。如果有人处于一种心态中，能够说服自己，相信自己的考察有一些价值，相信诸如**莱布尼茨**这样一位先生有可能犯错误，那么，他就会尽一切努力来使自己的猜想成真。就一件大胆的行为而言，在上千次的失误之后，真理的认识所获得的收益依然要比总是墨守成规更为巨大得多。

我就以此为基础。我已给自己标出了我要遵循的道路。我将踏上自己的征程，任何东西都不应阻碍我继续这一征程。

八

还有一个人们将对我提出的新指责，看来我必须抢在它之前采取行动。人们有时会听到我说话的口气是一个对自己定理的正确性非常自信、不担心自己会遭到反驳或者自己的结论会欺骗自己的人。我的虚荣心还
1〔11〕没有到自认为这是事实的地步，我也没有理由如此精心地为我的定理消除一种失误的外表；因为在人的知性于所有时代都曾经发生过如此之多的失误之后，再发生失误也不是什么遗憾。在我的做法中蕴含着一个迥然不同的意图。这几页纸的读者在研究我的论文之前，毫无疑问已经通过现在流行的关于活力的学说做好了准备。他知道在莱布尼茨[①]宣布自

---

① 笛卡尔于1644年在《哲学原理》中（第II部分，第35节以下）如此表述了他在1630年前后就已经确定的观点（已经表述在《论世界》中，《笛卡尔全集》，V. 孔辛版，第IV卷，254、256页，巴黎，1824），即物质的运动有一个确定的量，这个量即便在单个的部分那里有所变化，在整个世界中却始终保持是同样的量。宇宙中的运动和作用的这种不变性是由上帝的不变性保证的。运动在其总和中表明为不变所凭借的量度是运动物质的量与其速度的乘积。他也把这个“运动的大小”（mv）理解为力的结果、作用或者用力，理解为产生推动别的物质的效果的东西。——围绕力的量度的争论于1686年开始。莱布尼茨在《教育者年鉴》（161～163页，1686年3月）上，在论文《笛卡尔和其他人关于自然法则的显著错误的简短演示，他们想根据这种自然法则由上帝维持运动的同一个量；他们以这种方式并且在实际上滥用了力学：在1686年1月6日的信中的交流》中提出了如下学说，即测量一个力的作用的大小，乃出自质量和通过内在于它的速度可以达到的上升高度的乘积，以及通过质量和速度平方的乘积。这就是无论世界上有什么变化都保持下来的大小。关于第一批质疑和反驳，莱布尼茨在《教育者年鉴》（439～440页，1691）给予了报道。

莱布尼茨在1695年以如下的话引入了惰力和活力的区分：“因此，它显然是一个双重的**努力**，亦即我也称之为**诱惑**的基本努力或者无限小以及以连续性和重复来塑型的基本努力，也就是冲击自身。尽管我并不因此就想真正这样在自然中重新发现这些数学的存在者，而是想让它们有益于以心灵的抽象作出谨慎的估量。因此，**力**同样是双重的：一种是基本的力，我也称之为**惰力**，

己对世界的力的测算之前人们所想的东西，这位人物的思想他必定也已经熟知。他肯定使自己通过两个学派之一的结论而有所收益，根据种种迹象，这就是莱布尼茨学派；因为现在整个德国都信奉这一学派。他是在这一心态下读这几页纸的。对活力的各种辩护以几何学证明的形态抓住了他的整个灵魂。于是，他把我的思想仅仅视为怀疑，假如我非常幸运，也不过是视为交给时间去解答的表面上的、尽管如此却不会阻碍真理的怀疑。与此相反，我必须运用我的全部技巧，以便使读者的注意力更长久地集中在我这儿。为了促使他注意那些引起对我自信的理由，我必须用我的证明赋予我的全部信念之光向他展示我自己。

如果我仅仅以怀疑的名义说明我的思想，那么，本来就倾向于把我的思想看做是一点也不更好的世人，就会轻率地把这些思想扔到一边。因为一种人们相信曾经得到过证明的意见，即便攻击它的怀疑是如此显而易见，不可能轻而易举地得到解答，它也仍将长时间地获得赞同。

一个作者通常不知不觉地将他的读者一道带入他在创作自己作品时自身所处的那种心态。因此如果可能的话，我更乐意向读者传递确信的心态，而不是怀疑的心态。因为对我来说，也许对真理来说也是一样，前者要比后者更为有利。这是一个小小的机谋，为了还能够重建如此向伟大人物们的声望倾斜的天平的平衡，我现在绝不能轻视这种机谋。

九 1〔12〕

我还要克服的最后一个困难，乃是人们由于我的不礼貌而加给我的。看起来，我能够以比我实际所存更多的恭敬来对待我敢于反驳的那些人士。我应当以更温和得多的口气说出我对他们的定理所作的判断。我似乎不应当把他们的定理称为谬误、赝品或者迷乱。这些表述的尖锐性显得

因为在它里面还不存在运动，而是只有运动的诱惑，这样的诱惑就属于枪管中的子弹，或者投石器中的石头，甚至在它被绳子捆绑期间；而另一种是常规的力，与现实的运动相结合，我称之为**活力**”（《教育者年鉴》，148、149 页，1695 年 4 月，载论文《动力学模型：根据应予揭示并回溯到其原因的关于物体的力和相互作用的神奇自然法则》，145 ～157 页）。

当康德写自己的书时，莱布尼茨的观点被视为权威性的。两种观点直到 1747 年的主要代表在作品的展开中都提到了，不过，康德似乎恰恰不知道达朗贝尔的《动力学》（1743），达朗贝尔在其中宣称围绕力的量度的争论是一场口舌之争。——科学院版编者注

对它们所涉及的伟大名字有所不恭。区分的时刻也是道德上粗鲁的时刻，此时似乎已经作出了回答：必须把定理与其倡导者的所有个人优点分别开来予以评判。但是，本世纪的礼貌给我加上了一种迥然不同的规律。如果我的表述方式冒犯了伟大人物们的功绩要求我作出的敬重，我就会是不可原谅的。不过，我断定不会这样的。既然我们除了极伟大的发现之外还经常地遇到失误，那么，这与其说是人们的错误，倒不如说是人性的错误；如果要把失误与学者们完全隔离开来，那就未免给予学者们身上的人性以太多的荣誉了。一位建立起原理大厦的伟大人物，不可能同样强有力地将他的注意力转向所有可能的方面。他特别地深入到某项考察之中，如果他在这种情况下逃脱了任一别的方面的错误，那也不是什么奇迹；假如他除了这项活动之外只把自己的注意力集中在这方面，他肯定能避开这错误的。

我只想直截了当地承认真理。我不会反对把在我的考察中以谬误和赝品的形态出现的定理视为真正的谬误和赝品；我为什么应当强制自己在自己的作品中如此小心翼翼地掩藏这一思想，以便显示出我并未考虑、但世人却希望我考虑的东西呢？

总而言之，我将会很难符合礼仪，赋予我关于伟大人物所说出的所
1〔13〕有判断一种恭维的激情，灵活地缓和一下表达方式，处处都让人看到恭敬的标记；由于选择此类的语词，这种努力会时常将我置于令人烦恼的困境，屈服于从各方面离开哲学考察小道的必然性。**因此，我想利用前言的机会，对恭敬和尊重作出公开的解释，对于我们知识的这些我如今有幸称为自己敌手的各位大师，我在任何时候都心怀恭敬和尊重，我冒昧作出的蹩脚判断不可能对他们造成丝毫伤害。**

十

然而，在我如今努力清除了各种不同的成见之后，最终还剩下某种合理的成见；在我的作品中兴许还可以发现某种令人信服的东西，我要把它特别归功于这种成见。既然诸多具有可靠的洞察力和判断力的伟大人物都部分地通过不同的途径，部分地通过同一条途径，被引导到宣布同一个定理，那么，设想他们的证明是正确的，与设想某一位蹩脚作家

的知性更为精确地考察了这些证明中的正确性相比，就具有更大得多的可能性。因此，后者有重大的理由，特别清晰地、平稳地提出自己考察的主题，对它进行剖析和阐明，以致即便他也许作出了错误的推论，这错误也必定会马上就闪现在他眼前；因为这里的前提是，即使研究同样错综复杂，在洞察力方面优越于他人的人，也会先一步发现真理。因此，他必须尽可能地使自己的研究简单明了、易于理解，以便他能够在自己的考察中根据自己的判断力的尺度，与另一个人在一个错综复杂得多的研究中根据自己的判断力的尺度相比，猜想有同样多的光明和正确性。

在实施我的计划时，就像人们马上将要觉察到的那样，我让这种遵循对我来说成为一个法则。

十一 1〔14〕

在结束这一前言之前，我们希望再简明扼要地说明一下关于**活力**的争论当前的状况。

根据种种迹象，在**莱布尼茨**先生率先向世人描述活力的所有事例中，都不是他第一个发现了活力。一种见解，尤其是带有某种大胆的、奇特的东西的见解，其开端通常比按照平方进行测算的见解要更为简单。人们有某些共同的经验，凭借这些经验我们知道，一种现实的运动，比如打击或者碰撞，总是要比惰态的压力具有更多的力量，尽管后者同样强劲。这一观察也许是一个思想的胚胎，它在莱布尼茨先生手下不可能依然不结果实，经过加工它发展壮大为最著名的理论之一。

十二

总而言之，活力的事情似乎可以说被恰当地解释为：过去，在某个任意的时间，知性必定受到了活力的诱惑。**被克服了的重力障碍、被移动的物质、被压迫的弹簧、被运动的质量、在复合的运动中产生的速度，**这一切都以奇妙的方式协调一致地完成了按照平方进行测算的假象。有一个时期，证明的多样性被看做是在另一个时期达成证明的精确性和清晰性的东西。如今，这个时期就现存于活力的一些辩护者中间。即使他们对自己的这一个或者那一个证明很少感到确信，相比之下从更多的方面表现出来的真理假象也巩固了他们的赞同，并使这种赞同不致发生动摇。

十三

迄今为止在活力的争论中，要说出得胜的推测最多地表现在哪一方
面，是比较困难的。身为自己民族的哲学家中间的顶尖人物的两位**贝努**
1〔15〕 **利**先生①、**莱布尼茨**先生和**赫尔曼**先生，不可能被欧洲其他学者的声望超
过。惟有这些掌握了几何学的所有武器的人物，才有能力支持一种如果
处在一个不怎么知名的辩护者手中也许就无法显示出来的意见。

无论是**笛卡尔**②的学派，还是**莱布尼茨**先生的学派，都对自己的意见感到人们通常在人类知识中所能够获得的所有确信。双方都只为敌手的成见感到遗憾，每一学派都认为，只要自己意见的敌手愿意花费点力气，以一种平衡的心灵倾向看待这种意见，这种意见就根本不可能被置疑。

然而，在活力学派试图借以维护自己的方式和笛卡尔的测算借以为自己辩护的方式之间，却表现出某种值得注意的区别。后者仅仅援引真理和谬误的判定在其中简单明了、确定无疑的简单事例，与此相反，前者却把自己的证明尽可能地弄得错综复杂、晦涩难懂，可以说是借助黑夜从一场战斗中撤退；假如在光天化日之下，它也许每一次都要败北的。

莱布尼茨学派在自己这方面也几乎拥有所有的经验；这也许是他们惟一超过笛卡尔学派的地方。**波莱尼**先生、**格拉维桑德**先生和**穆森布罗克**③先生为他们提供了这种服务，如果人们更为正确地加以利用的话，这方面的成果也许是很出色的。

在这篇前言里，我将不讲述我在本文中打算就活力问题提供的东西。除了立足于简明扼要之外，本书也就不抱希望还有人来读它了；因此对读者来说，弄明白它的整体将是件轻而易举的事情。

---

① 指约翰·贝努利和他的第二个儿子丹尼尔·贝努利，参见下文 72 页注和 152 页注。——科学院版编者注

② 参见上文 11 页注。——科学院版编者注

③ 关于波莱尼，参见下文 176 页注；关于格拉维桑德，参见下文 176 页注；关于穆森布罗克，参见下文 118 页注。——科学院版编者注

倘若我可以信赖我自己的自负，我就会说，我的见解能够产生一些并不令人厌烦的供参考的成果，来调解众多极为重大的分歧中目前流行 1〔16〕
于欧洲几何学家中间的一个分歧。不过，这种劝说是无济于事的；一个人的判断在任何地方所起的作用都不小于在他自己的事情上。我并不会如此偏爱自己的事情，为了它而听从自负的成见。但无论如何我都敢于自信地预言：这场论争要么很快就被终结①，要么永远也不会停止。

① 当然，这场争论很快平静下来了，但并不是由于康德的裁定，而是因为随着数理力学的进步，兴趣减弱了。差不多与康德的作品同时，博斯科维奇试图居间调停，而艾拉克里托·曼弗雷迪和弗兰西斯科·马里亚·扎诺蒂则赞同笛卡尔学派的立场，萨穆埃尔·柯尼希于 1751 年要求莱布尼茨的力的量度是力学的一个普遍原则。约翰·克里斯蒂安·阿诺尔德于 1754 年在论文《论活力及其测算》中描述了这场争论的历史。

对于分析力学来说，如达朗贝尔已经阐述的那样，不存在对力的量度进行争论的需要，因为那里出现的大小始终是由分析的表述清晰地定义的，而且用一个特殊的词来称谓它们，实际上依然只是一种口舌之争。就此而言，康德有权说**在数学内部**根本不能作出任何裁定。

尽管如此，如果人们超出力学而追问，在物体变化的不同领域里保持着什么样的作用实在性，这种争论就没有被终结。因为在这种情况下，这种实在性就必须以确定的方式被定义为大小。从现代的立场出发，人们可以与热学中的熵、电磁学中的电量类比，把笛卡尔学派的力的量度，即运动的大小 mv，视为大小的一种，对于这些大小来说在这些个别领域里存在着特殊的法则，部分地是守恒法则，遵照这些法则，它们就**在它们的领域内部**充当变化的量度。但是，在从一种能形式向另一种能形式的过渡中，惟有在这时保持自己为恒量的那种大小才能被视为量度；这就是容积大小与强度因子的乘积，它拥有“能”这个名称，并在现实运动的特殊能形式中作为莱布尼茨的力的量度$\frac{1}{2}mv^2$出现。——科学院版编者注

1〔17〕

第一章

论物体的力

第 1 节　每一物体都有一种本质的力

由于我相信，某种东西有助于实现我所怀的意图，即明确无疑地说明一番关于活力的学说，所以，既然我在事先已经确定了关于物体的力的一些形而上学概念，我就从这里开始。

人们说，一个处于运动中的物体有一种力。因为克服障碍、压紧弹簧、移动质量，所有的世人都称这为起作用。人们如果看得并不比感官告诉我们的更远，就会把这种力视为某种完全从外面传递给物体的东西，而如果物体处于静止中，它在这方面就一无所有。在**莱布尼茨**之前，所有的世俗智者都持这一见解，惟有**亚里士多德**一人例外。人们认为，亚里士多德那隐晦的隐德莱希就是物体起作用的秘密。总的来说，所有追随亚里士多德的学校教师都没有理解这个谜，也许，它被提出来就不是为了让某人理解的。人类理性有许多东西要归功于莱布尼茨，他首先教导说，物体具有一种本质性的力，它属于物体，甚至在广延之前。Est aliquid praeter extensionem imo extensione prius［除了广延之外、甚至在广延之前，还有某种东西］①；这就是他的原话。

1〔18〕

第 2 节　莱布尼茨把物体的这种力称为作用力

发明者用作用力②这个普遍的名称来称谓这种力。人们似乎只应当在形而上学的体系中紧追发明者；但是，人们力图更为精确地规定这种力。

① 关涉如下的话："在有形事物中，除了广延之外，甚至在广延之前，我们在别处提醒过有某种东西"，《动力学模型》，载《教育者年鉴》，145 页，1695。参见上文 11 页注。——科学院版编者注

② 出自《论第一哲学的改进暨论实体的概念》，载《教育者年鉴》，111 页，1694。——科学院版编者注

据说，物体有一种运动的力；因为人们发现物体除了产生运动之外就无所事事。假如物体施压，它就是在追求运动；但在这种情况下，如果运动是现实的，力就存在于实施中。但是我断言，如果把一种本质性的力（vim motricem［运动力］）赋予物体，以便了结对运动原因问题的回答，那么，人们就在一定程度上玩弄了学校教师所使用的一种手腕；后者在研究热和冷的根据时，就求助于一种 vi calorifica［产生热的力］或者 frigifaciente［产生冷的力］。

第 3 节　应当合理地把本质性的力称为 vim activam［作用力］

假如把运动当做一种作用，并由此而赋予它一种同名的力，这种说法是不正确的。一个极少遭遇到阻力、从而几乎根本不起作用的物体，却拥有最多的运动。运动只是物体状态的外在现象，此时物体虽然不起作用，但还是在致力于起作用；然而，在它由于一个对象而突然失去自己运动的时候，即在它静止下来的时刻，它还在起作用。因此，人们不应当用一个根本不是作用的东西来给一个实体的力命名，更不要谈论在静止状态中起作用的物体（例如谈论一个放在桌子上的球通过其重力对桌子施压）说，它们有自己运动的努力。这是因为，由于这些物体在自己运动的情况下似乎不起作用，于是人们不得不说：一个物体在起作用的时候，就具有了一种陷入它不起作用的状态的努力。因此，人们应当宁可把一个物体的力称为 vim activam［作用力］，而不是称为一种 vim motricem［运动力］。

第 4 节　何以能够从作用力出发解释运动 1〔19〕

但是，再没有比从作用力的普遍概念推导出我们称为运动的东西的起源更容易的事情了。实体 A 的力是注定要向外起作用的（也就是说，改变另一个实体的内在状态），它要么在其努力的第一瞬间就马上找到了承受其全部力量的对象，要么找不到这样一个对象。如果所有的实体遇到的是第一种情况，那我们也许根本不认识运动；因此，我们也不能用运动来称谓物体的力。但是，如果实体 A 在它努力的瞬间并不能运用自己的全部力量，那它就只运用了自己的部分力量。然而，它以其剩余的部分力量并不能始终无所事事。毋宁说，它必须以其全部力量发挥作用；因为如果力量不被完全运用，它也就不再叫做力量。由于在世界的共存状态中找不到这种实施的结果，所以人们不得不在对它的第二种测算中，即在事物的渐进序列中找到这些结果。因此，物体不是突然地，而是逐渐地使用它的力。但在前后相继的各瞬间中，它不可能总是作用于它一开始就作用的同一些实体；因为这些实体承受的只是它的力的第一部分，其余的东西它们没有能力接受；因此，A 逐渐地总是作用于别的实体。但是，它在第二个瞬间所作用的实体 C，相对于 A 必须与它一开始所作用的 B 在地点和位置上关系截然不同，因为若不然，就无法解释 A 为什么不在一开始就一下子既作用于实体 C 又作用于 B。同样，它在前后相继的各个瞬间所作用的各个实体，每一个相对于物体 A 的第一地点都有不同的位置。这就是说，A 通过逐渐地起作用，改变了自己的位置。

第5节　如果仅仅把 vim motricem［运动力］赋予物体，由此将会在肉体作用于灵魂的学说中产生什么样的困难

由于我们不清楚一个物体在静止状态下起作用时造成了什么，所以
1〔20〕 我们总是回想到在将阻力忽略不计时所产生的运动。利用运动，似乎就足以使人们对在物体中所发生的东西、对我们不能看到的东西拥有一种外在的特征。但通常，运动被看做力在充分地突然释放时所造成的东西，被看做力的惟一结果。由于从这个小小的歧路重新返回正确的概念是如此轻而易举的事情，人们也就不应当设想这样一种失误会造成什么后果了。不过，这一失误虽然在力学和自然学说中不是失误，但事实上却是失误。原因在于，正是由于这一点，设想物质何以能够以一种事实上有效的方式（即借助物理的影响）在人的灵魂中产生表象，在形而上学中是一件如此困难的事情。人们要说，除了引起运动之外，物质还会做别的什么呢？因此，物质的全部力量所导致的结果将是，它至多把灵魂从它所在的地方移开。然而，仅仅造成运动的力，居然产生出表象、理念，这怎么可能呢？这可是如此不同种类的事物，一个怎么能够是另一个的

源泉，这是不可理解的。

第 6 节　在谈到灵魂作用于肉体时由此产生的困难以及如何能够通过命名一种 vis activae［作用力］来克服这一困难

如果问题在于灵魂是否也能够使物质产生运动，就会表现出同样的困难。但是，如果人们不是把物质的力计入运动，而是计入对其他不能更为精确地规定的实体的作用，那么，两个困难就都消失了，物理的影响也就没有得到一点说明。因为灵魂是否能够引起运动，也就是说灵魂是否有一种运动力的问题，就变成了这样的问题：它的本质性的力是否能够被规定为一种向外的作用呢？也就是说，它是否能够在自身之外作用于其他存在物并且造成变化？人们可以用一种斩钉截铁的方式回答这一问题：灵魂从这一理由出发必定能够向外起作用，因为它在一个地点。原因在于，如果我们分析我们称为地点的东西的概念，人们就会发现，1〔21〕
地点暗示着诸实体相互之间的作用。因此，除了这种小小的概念混乱之外，再也没有任何东西阻碍一个有洞察力的作家来完善物理影响对预定和谐的胜利了；而人们只要把自己的注意力集中在这方面，很容易就能够找到摆脱这种概念混乱的出路。

只要把物体的力称为一种作用力，就很容易理解物质何以能够促使灵魂产生某些表象

关于物质人们只能想象，它除了运动之外什么也不能引起，而物质将某些表象和映像印入灵魂是怎样可能的，理解这种悖谬的定理，同样也是很容易的。因为被置于运动之中的物质作用于所有在空间上同它联结的东西，因此也作用于灵魂，这就是说，它改变了灵魂的内部状态，只要这种内部状态与外部的东西有关。既然灵魂的整个内部状态不外是它的所有表象和概念的总括，这种内部状态只要同外部的东西有关联，也就叫做 status repraesentativus universi［整体的显现状态］；因此，物体借助它在运动中拥有的力，改变了灵魂借以表象世界的状态。人们就是用这种方式来理解物质何以能够把表象印入灵魂的。

第 7 节　有些事物能够真实存在；尽管如此却能够不在世界上任何地方现存

在一个范围如此广泛的题材中，要想不跑题是很困难的；然而，我必须再次转向我关于物体的力已经说明了的东西。由于彼此存在于外部的实体的所有联结和关系都来源于相互的作用，这些作用把它们的力相互施加给对方，所以就让我们看一看，从力的这一概念中可以推导出什么样的真理。一个实体要么同它之外的其他实体处在某种联结和关系中，要么不是这样。由于任何一个独立的存在物都在自身中含有它的所有规
1 〔22〕定的全部起源，所以，同其他事物处于联结之中，这并不必然属于它的此在。因此各个实体能够存在，尽管如此却与其他实体根本没有外在的关系，或者与它们处于一种现实的联结之中。由于没有外部的连接、位置和关系就无所谓地点，因此，有一事物真实存在，但并不现存于整个世界上的任何地方，这是完全可能的。这个悖谬的定理，虽然是些极为熟悉的真理的一个结果，而且是一个非常易于理解的结果，但据我所知却还没有被任何人觉察到。不过，还有另外一些定理出自这同一个源泉，它们同样地奇特，可以说是违背知性的意愿而吸引了知性。

第 8 节　不止一个世界能够存在，这在真正形而上学的知性中是真实的

由于某种东西如果与其余部分根本没有联结，就不能说它是整体的一个部分（因为若不然，在一个现实的结合与一个想象的结合之间就找不到区别了），而世界是一个真正复合的存在物，所以，一个在整个世界上不与任何事物相联结的实体也就根本不属于这个世界，除非它存在于思想中，也就是说，它不是世界的一个部分。如果诸如此类不与世界上的任何事物相联结、但彼此之间又有关系的存在物很多，由此也就产生了一个极其特殊的整体；它们构成了一个极为特殊的世界。因此，人们在世俗智慧的课堂上总是讲，在形而上学的意义上只可能存在一个惟一的世界，这话是不正确的。即便是在真正形而上学的意义上说，上帝也创造了数百万个世界，这确实是可能的；因此，这些世界是否确实存在，这依

然是有区别的。人们在此所犯的错误之所以产生，无疑是由于人们认真地关注对世界的解释。因为定义只是把与其余事物有一种现实联结的东西归属世界①，但是，定理忘记了这一限制，谈论起所有存在的事物。 1〔23〕

第9节 倘若实体都没有在自身之外起作用的力，那就既没有广延，也没有空间

很容易就可以证明：倘若实体都没有在自身之外起作用的力，那就既没有广延，也没有空间。因为没有这种力也就没有联结，没有联结也就没有秩序，没有秩序最终也就没有空间。不过，要看出如何从实体的这种力在自身之外起作用所遵循的规律产生出空间度量的多样性，却更为困难一些。

空间三维度的根据尚未被认识到

莱布尼茨先生在《神正论》的某个地方曾根据从一个点相互垂直地引出的直线的数目作出了一个证明；由于我在这一证明中觉察到循环论证，所以我就想到，从人们在数的乘方那儿觉察到的东西出发来证明广延的三维度。数的前三次乘方是十分简单的，不能够还原为另一次乘方，惟独第四次乘方，作为平方的平方，不外是第二次乘方的重复。尽管数的这一特性在我看来如此适宜于由此解释空间的三维度，它在运用中却并不是无懈可击的。因为在我们凭借想象力关于空间所能够想象的所有东西中，第四次乘方都是一件极不合乎情理的事情。在几何学里，人们不可以用平方自乘，也不可以用它的根来乘立方；因此，三维度的必然性的基础，并不是如果人们设定更多的度量，则此举无非是重复先前的度量（如同数的乘方那样），而毋宁说是我还不能解释的另一种必然性。

第10节 空间的三维度很可能来自实体的力相互起作用所遵循的规律 1〔24〕

由于在一个事物的特性中所出现的一切，都必须能够从自身包含着

① Mundus est rerum omnium contingentium simultanearum successivarum inter connexarum series［世界是所有相邻、相似、相继、相互联结的事物的序列］。

该事物的完备根据的东西推导出来，所以，广延的特性、从而还有广延的三维度，也将建立在实体就与之联结的事物而言所拥有的力的特性之上。一个实体与另一个实体联合发挥作用所凭借的力，不能被设想为没有某个在它起作用的方式中表现出来的规律。由于实体相互起作用所遵循的规律的方式也必然规定着许多实体结合与复合的方式，所以，度量一大批实体（即一个空间）所遵循的规律或者广延的维度，就产生于各实体凭借自己本质性的力追求结合所遵循的规律。

三维度之所以产生，似乎是由于各实体在实存的世界中如此相互作用，以致作用的强度与距离的平方成反比

据此我认为：各实体在我们作为一个部分的实存世界中具有这样的本质性的力，以致它们在相互的结合中按照距离的双倍反比从自身扩展其作用；其次，由此形成的整体凭借这一规律而具有三重维度的特性；再次，这一规律是随意的，上帝也可能选择另一个规律，例如三倍的反比；最后，从另一个规律也可以引申出具有另一些特性和度量的广延。关于所有这些可能的空间类型的科学，显然是有限的知性所能够从事的最高级的几何学。我们在自己这儿发现不可能想象一个多于三维度的空间，这种不可能性之所以产生，在我看来乃是由于我们的灵魂同样按照距离的双倍反比规律接受从外部来的印象，由于灵魂的本性自身注定不
1〔25〕仅仅如此承受，而且也以这种方式向自身之外起作用。

第 11 节　之所以可能存在多个世界的条件

如果存在着具有不同度量的广延是可能的，那么，上帝确实把它们安置在某个地方就也是可能的。因为上帝的作品都具有它们能够容纳的大小和多样性。这种类型的空间不可能与本质迥然不同的空间相结合；因此，诸如此类的空间根本不属于我们的世界，而是必然构成独特的世界。在前面我已指明，就在形而上学的知性中来说，可能有多个世界一起存在；然而在这里，条件同时也如同对我表明的那样，是多个世界确实存在之所以可能的惟一条件。因为如果只有惟一的空间样式（它只能承受一次三元测算）是可能的，那么另一些世界（我把它们安排在我们

生存的世界之外）在空间上也许能够同我们的世界联结，因为它们是另一类型的空间。因此就要问一问，上帝究竟为了什么要把这个世界与另一个世界分开，因为上帝通过它们的联结而赋予它的作品一种更大的完满性；联结越多，世界上的和谐和一致也就越多，因为相比之下，空隙与分离将损害秩序和完满的规律。因此，多个世界的存在是不可能的（尽管这本来是可能的），除非我在这里所谈的多种多样的空间是可能的。

这些想法可以是我留待自己作的一项考察的提纲。不过我不能否认，我怎样想到它们，也就怎样说出来，并没有通过长期的研究来赋予它们确定性。因此我准备，一旦更为成熟的判断向我揭示了它们的弱点，我就又摈弃它们。

第 12 节　一些形而上学家断言，物体由于自己的力而致力于向所有方位运动

最近的世俗智慧[①]关于物体本质性的力确定了某些当然不能赞同的概念。人们把这些概念称为一种持续的运动追求。除了这一概念像我一开 1〔26〕
始指出的那样自身带有的错误之外，还有另一个我现在要谈到的错误。既然力是一种持续的起作用的努力，那么，假如人们想说就外部事物而言力的这种努力根本是不确定的，就明显地自相矛盾。因为根据它的定义，它确实是致力于在自身之外作用于其他事物；的确，根据已被接受的最新形而上学教师们的学说，它确实是作用于其他事物。因此，那些认为力与其说就方向而言根本不确定，倒不如说力指向所有方位的形而上学家，似乎说得最为正确。所以，著名的**汉姆贝格**[②]先生断言，单子实

① 关涉克里斯蒂安·沃尔夫：《一般宇宙论》，第 149 节（也请参见下文 29 页），法兰克福和莱比锡，1737。——科学院版编者注

② 汉姆贝格（Georg Erhard Hamberger），耶拿医学教授，后为物理学教授，1697 年生于耶拿，1755 年卒于同处。在他的纲要《以数学方法为讲课使用而编写的物理学基础》（耶拿，1727，后来反复再版）中，他把物体的不可穿透性归因为一种向所有方向起作用的固有的力（第 38 节以下，7 页以下）。这种认为每个物体在每个瞬间都在所有方向上向外和对自己起作用的学说（第 44 节，9 页），似乎对于康德来说曾推动他提出自己的物质的反冲力。他在第 51 节（60 页）更为详细地回到这一点，因为他在其中看到解释运动从静止、不仅仅从“现实的”运动产生的一种办法，并且在这里特别关涉在表面张力的作用下出现的运动现象（参见汉姆贝格：同上书，第 179 节，71 页）。——科学院版编者注

体性的力同时致力于向所有的方位运动，并因此而像一个天平那样由于反作用力的平衡而保持静止。

第 13 节　对这种意见的第一个反驳

根据这个体系，当两个对立的趋势之间的平衡消失，物体因较大趋势保持着超过较小趋势的力的优势而沿着较大趋势的方向运动时，运动就产生了。在运动的物体与被运动的物体总是同时向前移动的情况下，这种解释也就满足了想象力。因为这种情况与某人用手托着两个重量相等的天平盘中的一个、从而造成了另一个天平盘的运动那种情况是类似的。不过，一个通过撞击获得了自己运动的物体，即便推动力不再对它起作用，它也将无限地继续这一运动。但是根据上述学说体系，它将不能继续自己的运动，而是一旦推动的物体不再对它起作用，它就也突然静止下来。这是因为，由于物体的力指向所有方位的趋势与其主体是不可分离的，所以，一旦外部与某一
1〔27〕趋势对立的力停止起作用，这两种倾向的平衡一瞬间就重新建立起来了。

第 14 节　对这种意见的第二个反驳

但是，这还不是惟一的困难。由于一个事物一般来说必须是确定的，所以各实体向所有方位施加的运动追求必然有一定程度的强度。因为它不可能是无限的；然而，起作用的有限努力没有某种大小的追求是不可能的。由于强度的程度是有限的、确定的，所以人们假定，具有同等大小质量的物体 A 以上述物体在其实体的本质性的力中所拥有的全部运动努力 3 倍强的力量撞上它，那么，它将由于自己的 vim inertiae［惰性力］只能获取碰撞者的 1/3 速度；但它自己也将不能达到比相当于运动物体的 1/3 速度更大的速度。因此，在完成撞击之后，应当是 A 作为撞击物体以 2 个单位的速度，而 B 则以 1 个单位的速度在同一个方向上向前移动。由于此时 B 妨碍了物体 A，并且没有得到它为了阻碍物体 A 的运动所必需的那么多速度；由于它尽管如此并不能阻止物体 A 的运动，所以 A 确实地沿 AC 方向[①]以 2

① 图 1。(所有插图见文后——译者)

个单位的速度，妨碍物体 A 的 B 以 1 个单位的速度沿着这同样的方向运动，而两方面的运动尽管如此却不受阻挡地进行。不过这是不可能的，除非人们要假定 B 被 A 穿透，但这是一种形而上学的无稽之谈。①

第 15 节　运动的双重划分 1〔28〕

现在是我结束这一形而上学的准备的时候了。但是，我不得不再附加一点我认为要理解以下的东西就必不可少的说明。在我的读者那里，我预设了在力学中出现的惰态压力及其尺度的概念，无论如何，用这几页纸我也无法陈述关于所有属于活力和惰力学说的东西的完备探讨；而是仅仅勾画出一些微不足道的思想，它们在我看来是新颖的，并且有助于我的基本意图，即改进莱布尼茨的力的尺度。因此，我把所有运动都划分为两个基本类型。第一个类型具有这样的特性，它被赋予某个物体，并保持在该物体自身中，如果没有一个障碍与它对抗，它将无限地继续。另一种运动是一种始终在推动着的力的持续作用，对它来说甚至不需要一种阻力来抵消它，相反，它仅仅建立在外部的力之上，而且一旦外部的力不再维持它，它就立刻消失。第一种运动的事例是射出的子弹和所有被抛出的物体；第二种运动的事例则是一个用手轻轻推动的球，或者所有被支撑或者以一般的速度被牵引的物体。

第 16 节　第一种运动与惰态压力没有区别

无须从事形而上学的深入研究，人们就可以轻而易举地理解，与第二种力相比，在第一种运动中表现出来的力具有某种无限的东西。因为一旦推动的力撤掉，第二种力就会部分地消失，并突然地自己停下来；因此人们可以这样看待它，似乎它在每一瞬间都会消失，但也同样经常地重新产生，而与此相反，第一种力是一种自身不会消失的、在持续

① 如果考虑到，在完成撞击之后，物体 A 在 B 尚未越过平分 AC 线的 D 点时，就已经到达 C 点，对这一点就可以有更清晰的理解了；所以，A 必须穿透 B；因为若不然，它就不可能领先 B。

的时间里完成自己作用的力的内在源泉。因此，它与前者的关系就像瞬间与时间的关系，或者就像点与线的关系。所以，就像沃尔夫男爵
1〔29〕先生在他的宇宙学中已经指明的那样，这种方式的运动与惰态压力没有区别。

第17节　第二种运动以一种与速度的平方相等的力为前提

由于我原本要谈在空荡荡的空间中永远保持自己的运动，所以我想按照形而上学的概念，稍稍考察一下运动的本性。如果一个自由运动的物体在无限精细的空间中移动，那么，它的力就可以按照他在永恒中所起的全部作用的总和来测算。因为如果这一集合不等于它全部的力，那么，人们为了找到一个与力的全部强度相等的总和，就必须假定一个比无限的时间更长的时间，而这是荒谬的。如果比较一下两个物体 A 和 B，其中物体 A 的速度为 2，物体 B 的速度为 1，那么，物体 A 从其运动一开始就永恒地以 2 倍于 B 的速度压迫着它所通过的空间无限小的质量，不过，它在这个无限的时间里所通过的空间也 2 倍于 B；因此，A 所完成的作用的全部大小，是与它同空间的小微粒相遇所用的力和这些微粒的量的乘积成正比的；B 的力也具有同样的性质。这样，二者对空间的小分子的作用与其速度是成正比的，而且，这些微粒的量也与其速度成正比；因此，一个物体的全部作用与另一个物体的全部作用相比的大小，就与它们速度的平方成正比，因而它们的力也处在这一比例中。①

第18节　这方面的第二个根据

为了更好地理解活力的这一特性，可以回想一下第 16 节已讲过的
1〔30〕东西。除了简单的速度之外，惰态压力不可能再以任何东西为尺度；这是因为，由于它的力并不以它所作用的物体为基础，而是借助一个外部

① 由于我在本作品中原本是要对莱布尼茨先生的意见提出某些反驳的，所以看起来我在自相矛盾，因为我在这一节中提供了一种证明来证实他的意见。但是在最后一章我将指明，如果莱布尼茨先生的看法仅仅局限在一定的方式上，则它确实是成立的。

的力量完成的，所以，就这种力力图在物体中维持自身所利用的强度而言，克服它的阻力并不需要某种特别的努力（因为力并不以任何方式植根于起作用的实体并且致力于在它里面维持自身），它只需要消除物体改变地点所利用的仅有的速度。不过，对于活力来说就完全是另外一回事了。由于实体在自由运动中以某种速度前进时所处的状态，完全以内在的规定性为依据，所以，这一实体同时也就致力于维持自身在这一状态中。因此，外部的阻力除了它用来与该物体的速度保持平衡的力之外，还需要一种特殊的力量，来克服物体内部的力致力于维持自己在这种运动状态之中的努力，而要使处于自由运动之中的物体静止下来的阻力的全部强度，也必须从速度和物体致力于在自身中维持这种努力的状态所借助的力的比例出发，处在复合的关系之中。也就是说，由于两个比例彼此相等，所以阻力所需要的力是移动物体的速度平方。

第 19 节

我并不可以允诺在一项纯粹形而上学的考察中获得某种决定性的、无可争议的东西，因此，我转向下一章，通过运用数学，这一章也许可以要求有更多的确信。与其他很多科学一样，我们的形而上学实际上只是处于一种相当缜密的知识的门槛前；谁知道何时看到这个门槛被跨越。在形而上学所从事的某些东西中，发现它的弱点并不是难事。人们
经常把成见当做是它的证明的最大强项。除了力图扩大人类知识的人们 1〔31〕
的流行倾向之外，再也没有什么东西应当为此负责了。这些人很乐意拥有一种伟大的世俗智慧，但似乎应当希望它也是一种缜密的世俗智慧。对一个哲学家来说，如果他能够在一项艰难的研究之后最终安心地拥有一种相当缜密的科学，这差不多就是对他的努力的惟一报答。因此，要求他极少信赖他自己的赞同，要求他在自己的发现中不隐瞒他自己不能改善的缺陷，要求他从来不那么爱好虚荣地将对一种缜密的科学的自负所造成的愉悦置于认识的真正收益后面，则未免太过分了。知性非常喜欢赞同，长久地克制赞同当然是很困难的；不过，为了把所有自身有一种广泛诱惑力的东西奉献给言之有据的认识，人们最终还是应当克制自己。

1〔32〕

第二章 对莱布尼茨学派活力学说的研究

第20节

我在比尔芬格①先生递交给彼得堡科学院的论文中发现一种观点，我在任何时候都把它当做真理研究的一条规则来利用。如果在具有健全知性的人们那里，要么在一方要么在双方都找不到对他人意图的猜测，他们都在维护着大相径庭的意见，那么，将自己的注意力集中在某个一定程度上让两个学派都有点道理的中间定理，是符合概率的逻辑的。

第21节

我不知道，我通常是否幸运地以这种方式思维过；不过，我希望在关于活力的这场争论中是这样的。世人在某些见解上，从来没有像在涉及被运动物体的力的尺度的见解上如此平分秋色。从所有迹象上看，两个学派都是同样坚定，同样合理。这当然可能是对立面的观点相互混同，然而，人们能够说哪一学派与对方的观点毫不相干呢？因此，我选择最可靠的道路，采用一种两个伟大学派都能在其中得到考虑的见解。

1〔33〕

第22节 莱布尼茨和笛卡尔对力的测算

在**莱布尼茨**之前，世人推崇笛卡尔的惟一定理，它将单纯的速度赋予物体，作为其力的尺度，即便是处在现实运动中的物体也是如此。没有人想到对这一定理提出质疑；惟有莱布尼茨，通过宣告一个新的规律突然使人类理性亢奋起来；随着时间的推移，这一规律成为那些为学者

① 比尔芬格（Georg Bernhard Bilfinger，也写作 Bülfinger），Chr. 沃尔夫最重要的学生之一，1693年生于内卡河畔的坎施塔特，1750年卒于蒂宾根。这里康德所引用的段落位于日期为1725年9月和10月的论文：《论物体运动固有的力及其测算》，第II章，第XVI节，载《彼得堡科学院评论》，第I卷，87页，彼得堡，1728。——科学院版编者注

们提供极大的知性竞赛的诸规律中的一个。笛卡尔完全根据速度来测算被运动的物体的力，而莱布尼茨先生则把其速度的平方作为力的尺度。他并不是像人们可以设想的那样，在某些容许先前的规则保留一些地盘的条件下阐明自己的规则的；不，他是绝对地、毫无保留地否定笛卡尔的规律，并且立刻以自己的规律取而代之。

第 23 节　莱布尼茨力的尺度的第一个错误

原本我认为**莱布尼茨**先生的规则有两点值得指摘。我现在将讨论的一点，在活力问题上并不会引起重要的结果；但尽管如此，却不可以不对它作出说明，以便就一个如此伟大的定理而言，不致错过能够使它摆脱人们可能对它提出的任何小小责难的东西。

在任何时候，**莱布尼茨**力的尺度都是以这一公式陈述的：**如果一个物体处在现实的运动中，则它的力就与它的速度的平方成正比。**因此，根据这一定理，力的这一尺度的标志无非是**现实的**运动。但是，即使一个物体的力并不大于它单纯凭借压力以这种初始速度施加的力，它也能够**现实地**运动。这一点，我在上一章已经表明，此处再次重复。我在光滑的平面上缓缓地向前推动一个球体，如果我抽回手，该球体就立刻停止向前运动。因此，物体的力在这样一种运动中每一瞬间都会消失；但它同样经常地通过一种新的压力重新产生。所以，在物体遇到对象的同 1〔34〕
一瞬间，它还具有的力并不是来自先前的运动，不是的，这样一种力已经被完全抵消了；物体仅仅拥有推动的力量在恰好是它碰到对象的同一瞬间传递给它的力。因此，人们可能认为它好像根本不运动，好像只在静止状态中对阻力施压。于是，这样一个物体就与施加一种**惰态压力**的物体没有区别，从而它的力也就不是它的速度的平方，而是速度本身。这就是我对莱布尼茨的规律所作出的第一个限制。他也许不应当仅仅把一种**现实**的运动看做活力的标志；补充一种**自由的**运动也是必要的。因为如果运动不是自由的，那么，物体就根本没有活力。按照这一规定，莱布尼茨的规律**要想是正确的**，就必须以这一公式出现：**一个处于现实的、自由的运动之中的物体，具有与……平方成正比的力。**

第 24 节　什么是一种现实的运动

现在我作第二点说明，它将向我们披露这场声名不佳的争论的起源，也许还提供了重新调停这场争论的惟一方法。

活力新测算的辩护者们在这一点上与笛卡尔学派还是意见一致的，即如果物体的运动只是处在开始，物体就具有一种与其单纯的速度成比例的力。但是，一旦能够把运动称为**现实的**，那么，按照他们的看法，物体就以速度的平方为尺度。

现在让我们探讨一下，究竟什么是一种**现实的**运动。因为这个词曾是人们离开笛卡尔的原因，但也许这一原因也能够成为重新联合的一个原因。

1〔35〕不仅在某一运动处于开端的那一点上的情况下，而且在由于该运动的持续而一段时间流逝掉的情况下，人们都称该运动为**现实的。**其实，就是这段在运动的开端和物体起作用的那一瞬间之间流逝掉的时间，使得人们能够把运动称为**现实的。**

但是人们也许会发现，这段时间[①]并不是某种具有已确定、已测量的长短的时间，相反，它是完全未确定的，可以任意规定的。这就是说：如果需要用它来表示一个**现实的**运动，就可以假定它是任意短的。因为并不是时间的这种和那种长短使运动真正成为**现实的，**不是，它是时间自身，时间可以任意地或长或短。

第 25 节[②]　莱布尼茨力的尺度的第二个基本错误

据此，在运动中用掉的时间是活力真正的和惟一的特征；惟有它才是活力相对于惰力借以获得一种特殊尺度的东西。

现在，让我们借助从 A 发端的直线 AB[③] 来说明从运动开端直到物体碰到一个它所作用的对象为止所流逝掉的时间。于是，物体在 B 拥有了活力，但是在开端的点 A 它并没有活力；因为在这儿，它仅仅以一种运动的

① 在莱布尼茨力的尺度的公式中。

② 参见下文第 113a 节，一、对第 25 节的说明（126 页）。——科学院版编者注

③ 图 2。

努力来向与它相对立的支点施压。不过，让我们继续考察以下的情状。

第一，时间 AB 是处于 B 的物体的这样一种规定，借助它，活力得以被设定在物体中，而始点 A（也就是说，如果把物体设置在点 A）则是作为惰力根据的一种规定。

第二，如果我设想把借助直线 AB 表达的这一规定缩小，那么，我也就使物体更为接近始点；则很容易就可以理解，如果我继续这样做，物 1〔36〕
体最终就会处在 A 自身；因此，规定 AB 通过缩小而被设定得越来越接近在 A 处的规定；因为如果它根本不接近这一规定，那么，物体就根本不能在我无限继续做下去的情况下，通过时间的缩短抵达 A 点，而这是很荒谬的事情。因此，物体在 C 点的规定要比在 B 点更接近惰力的条件，在 D 点又比在 C 点更为接近，依此类推，直至物体在 A 点自身拥有惰力的全部条件，而达到活力的条件完全消失为止。但是，

第三，如果某些规定是一个物体的一种特性的原因，这些规定逐渐地转化为另一些规定，后者是物体另一种对立特性的根据，那么，曾是前一种条件的一种结果的特性，也就必然同时改变，并逐渐地转变为作为后一种条件的一种结果的特性。① 因为现在，如果我设想缩短时间 AB（它是在 B 点的一种活力的条件），活力的这一条件必然被设定得比它先前在 B 点更接近于惰力的条件，那么，物体在 C 点就必定确实有一种比在 B 点更接近惰力的力，而如果我将它设定在 D 点，那就更为接近了。据此，一个在时间流逝的条件下具有活力的物体，并不是在任何可能任意短暂的时间中都拥有一种活力的；不是的，这个时间必须是确定无疑的；因为如果它更为短暂，物体就不再具有这种活力。因此，莱布尼茨关于力的测算的规律就不能成立；因为它不加区别地把一种活力赋予一般有一段长度的时间运动（这无非就是说**现实地运动**）的物体，这段时间可以任意地短或长。②

---

① 根据 posita ratione ponitur rationatum［被说明的东西借已设定的理由被设定］这一规则。

② 这一证明的简要内容如下。处在运动开始和物体碰撞瞬间之间的时间，可以比任意的时间还短得多，由此不可以理解为活力的条件因此而消失（第 24 节）；但现在，这种缩短是能够理解下面这一点的根据，即如果这种缩短继续下去，物体最终将处在始点上，在那里，活力确实消失了，并相反地获得成为惰力的条件；因此，这一时间的缩短并不是使活力的条件失去某种东西的根据，同时又是它的根据，这是自相矛盾的。

1〔37〕

第26节　从连续律出发对它的证明

我现在所证实的东西，是从**连续律**[①]得出的完全精确的结果，人们也许还没有充分地认识到连续律广泛的好处。连续律的发明者**莱布尼茨**先生把它当做使笛卡尔的规律经不起检验的试金石。我认为，它差不多独自就提供了一种手段，来正确地揭示并以真正的形象表现整个力学可靠的规律，这就是它的优越性的最伟大证明。

人们可以把自己的注意力专注于莱布尼茨先生针对笛卡尔利用这一原理的方式，这样一来，人们就可以轻而易举地觉察到，这一原理在此是怎样必然地被使用。它证明，当一个物体朝一个运动着的物体撞去时成立的规则，在该物体背着一个静止的物体运动时就必然失效；因为静止同一种非常小的运动没有区别。在不相等的物体相对运动时有效的东西，在物体相等时也必然有效；因为一种很小的不相等可以混同于相等。

我也以这种方式进行推论：在一个物体运动一段时间的情况下有效的东西，即便运动仅处于开始时也必然有效；因为运动的一个非常短暂的持续期与其单纯的开端没有区别，或者人们能够有理由把它们混同起来。我由此得出：如果物体在运动一段时间（哪怕它任意地短）的情况下拥有一种活力，那么，它在刚开始运动的时候也必然有活力。因为是它刚开始运动还是已经开始运动了极短一段时间，都是一回事。因此我得出结论：由于从莱布尼茨的力的测算规律中得出了这种荒谬，即甚至在运动的始点力也是活的，所以人们可以不附和它。

1〔38〕 很容易就可以发现，如果这一规律是清楚明白地提供给知性的，知性就会如何与它相对立。说服自己相信一个在A点上有一种惰力的物体，在它只离开这个点一段难以察觉的距离后，就具有了一种比惰力无限大的活力，这是不可能的。这一思想跳跃太突然了，它并不是一条使我们从这一规定过渡到另一规定的道路。

---

① 连续律由莱布尼茨最初在致贝尔的一封信中提出：《文字共和国新闻》，阿姆斯特丹，744页以下，1687。对笛卡尔的碰撞定律的反驳（在笛卡尔那里位于《哲学原理》，第II卷，第45～52节），参见上书，747～749页。——科学院版编者注

第 27 节　在运动中流逝的时间以及运动的现实性，并不是物体具有一种活力的条件

人们应当留意由此产生的东西。流逝掉的时间如果表现得不确定，就不可能是活力的条件，这一点我在前面已经证明过了；但是，即便它表现得是确定的，并且限定在一定的长度上，它也不可能提供活力的真正条件，现在我以如下的形式证明这一点。

假定人们能够证明，一个具有这种速度的物体在 1 分钟之后将拥有活力，而且这 1 分钟就是它获得这种力的条件，那么，如果这一时间的长度翻个倍，则所有先前仅仅就单数而言已经将活力置于物体之中的东西，也将在物体中翻倍。但是，第 1 分钟的长度为物体的力附加了一个新的维度（per hypothesin［根据假定］）；因此，2 分钟的长度由于以 2 倍的方式在自身中包含着第 1 分钟在自身中所包含的条件，就又为物体的力附加了 1 个维度。所以，自由地继续其运动的物体，在运动的始点虽然只有 1 个维度的力，并在过了 1 分钟之后有 2 个维度的力；但在第 2 分钟，它的力就有了 3 个维度，在第 3 分钟有 4 个维度，在第 4 分钟有 5 个维度，并如此继续下去。这就是说：它的力在整齐划一的运动中时而以速度自身，时而以速度的平方，时而以其立方，时而以其 4 次方为尺度；这样的越出常规，没有一个人会为之辩护。 1〔39〕

对这一推理的正确性不可有所怀疑。因为如果要求，从一个物体运动的开端直到某个点上所流逝的一个具有确定长度的时间，完全在自身中包含着活力的条件，那么，也就不能否认，在一个 2 倍长的时间里也有 2 倍多的这种条件；因为时间除了其长度之外没有其他的规定。因此，如果一个单一的时间是把 1 个新的维度引入物体的力的充足理由，那么，一个 2 倍的时间将设定 2 个这样的维度（根据 rationata sunt in proportione rationum suarum［被说明的东西与其理由成正比］）。还可以补充说，时间之所以能够是活力的一个条件，只是因为物体在时间的流逝中离开了存在于开始那一刻的惰力的条件，这个时间之所以必须具有一定的长度，乃是因为物体在很短的时间内将不能像活力的大小所要求的那样足够地远离惰力的规定。因为物体如今在一个更长的时间里越来越远离开始的那一刻，也就是远离

惰力的条件，所以物体运动的时间越长，即便它的运动是整齐划一的，它的力也必将无限地获得越来越多的维度，而这是无稽之谈。

因此，首先，运动现实性的缺乏并不是把简单速度的测算赋予一个物体的力的真正的、正确的条件。

其次，无论是运动自身的现实性和与此相关对流逝掉的时间所作的一般的、不确定的考察，还是规定的、设定的时间长度，都不是活力和根据平方对活力的测算的充足理由。

1〔40〕 第 28 节　数学不能证明活力

我们要从这一考察得出两个重要的结果。

第一个结果是，数学从来不能为有利于活力而提供一些证明，而且以这种方式测算的力即便通常是同时发生的，也至少是处在数学考察的领域之外的。每一个人都知道，即便是要在这一科学中测算一个以一定速度被运动的物体的力，人们也不受制于在运动中流逝的时间的任何固定的瞬间，相反，就这种限制来说，一切都是不确定的、无关紧要的。因此，数学提供的对运动物体力的测算是这样一种测算，它涉及所有的运动自身，而在这上面流逝的时间可以任意地短，它在这方面没有给我们设置任何界限。但是，这种测算也涉及物体处在开端的运动（第 25、26 节），因而这运动是惰态的、以其简单的速度为其尺度。由于不可能同时将活力与惰力一起在同一种测算中来把握，所以人们很容易看出，活力完全被数学考察排除掉了。

此外，数学在一个物体的运动中所考察的无非是速度、质量，如果人们愿意的话，也许还有时间。速度绝不是活力的根据；因为物体尽管按照莱布尼茨的看法拥有活力，但却并不能在其运动的每一瞬间都能够拥有活力，而是在其运动开始之后一段时间才拥有，尽管所有的速度都已经现存在它里面，但它在运动的开始还没有活力（第 25、26 节）。质量就更不是活力的根据了。我们最终从时间出发证明了这一点。因此，特别地说，每一个物体的运动在自身之内都不包含任何在数学的考虑中显示运动所固有的活力的东西。由于现在关于一个运动中的物体对运动所做的事情的所
1〔41〕 有推论，都必然是从在对速度、质量和时间的考察中所把握的 Notionen［概念］中推导出来，所以它们如果是正确地得出的，就不会提供确认活

力的结论。即便看起来它们给活力提供了这种服务，人们也不信赖这一表面现象；因为在这种情况下，结论中所包含的东西多于原理自身所包含的东西，也就是说，rationatum［被说明的东西］大于 ratio［理由］。

在这两个世纪的几何学家们作出如此多方面的伟大努力，借助数学学说来解决笛卡尔和莱布尼茨先生的争论之后，我却开始否认这门科学对这场争论的裁定权，这看起来是很奇怪的。尽管一段时间以来人们就在争论，这门科学是对笛卡尔的规律有利，还是保护了莱布尼茨先生的学派，但鉴于这一分歧，每一个人在下面这一点上还是一致的，即为了正确地解决力的测算的争论，就必须使之取决于数学的裁决。如此伟大的推理大师们会走上岔路，却没有觉察到，或者哪怕是想到，这是否也是能够引导他们拥有自己所追求的真理的道路，这件事真是够奇怪了。不过我在此觉得，我找到了迫使我把所有这些奇怪的东西当做耳边风的根据，然而按照它们的裁决我应该继续转向何方呢？

数学就自己的本性而言已经证实了笛卡尔的规律

我从前面的考察得出的第二个结果是：**数学的理由不利于活力，毋宁说总是要证实笛卡尔的规律。**根据第 21 节的定理，这必定是早已清楚明白的，而且我还可以补充说，数学的量、线、平面等等无论多么小，与它们谁也不知道有多大时一样，都具有这同一些属性；因此，从最小的数学量，从最小的平行四边形，从一个物体通过最短路线的下落，必然能够引申出与从这些类别的最大值所引申出的同样一些属性和结果。如果运动刚一开始所显示的那样的路线，与运动在开始之后很久所显示的路线具有同样的 1〔42〕
规定和属性，也具有同样的结果，那么，人们在对一个物体运动的数学考察中所得出的力，就决不会与在极短的时间里，即在无限短的时间里，在开始的瞬间就存在于物体之中的力具有不同的属性。由于这是一种惰力，从而自身就具有简单速度的尺度，因此所有的、每一种在数学上衡量的运动都不会说明任何别的测算，而只能说明按照单纯的速度进行的测算。

第 29 节

据此，早在我们对事情作出进一步的研究之前，我们就知道，**莱布**

尼茨的追随者们由于用这样一些远离他们问题本性的武器来为自己辩护，因而在反对笛卡尔的名声不佳的争论中失败了。在这一般的考察之后，我们要特别考虑莱布尼茨学派主要在这一争论中使用的一些证明。

莱布尼茨先生首先是被人们在物体因其重量而下落时感知到的东西引导到他的看法的。不过，正是不适当地运用了笛卡尔的原理，把他引向了错误；随着时间的流逝，这错误也许成为当时潜入人类理性的最明显的错误。也就是说，它确认了以下的定理：将一个 4 磅重的物体举高 1 尺与将一个 1 磅重物体举高 4 尺，需要同样的力。①

第 30 节　最初将莱布尼茨先生引向活力的定理

由于莱布尼茨依据的是他那个时代所有力学家的赞同，所以我觉得，他是从**笛卡尔**用来解释杠杆本性的一条规则推论出这一定理的。笛卡尔
1〔43〕假定，挂在杠杆上的砝码穿越了诸多可以就其与静止点的距离来描述的无限小的空间。现在，如果这些空间相互之间与物体的重量成反比，那么，两个物体就处于平衡中；因此，**莱布尼茨**推论说，把 1 磅重的物体举到 4 个单位的高度，并不比把另一个质量为 4 的物体举到 1 个单位的高度需要更多的力。人们很容易察觉，只有在运动的各个时间相等的情况下，才能从笛卡尔的基本规则得出这一结论。因为就天平而言，砝码穿越其无限小的空间所用的时间是彼此相等的。莱布尼茨先生不考虑这一条件，并且推论到时间彼此不相等的运动。

第 31 节　赫尔曼②先生关于力等同于物体借助力所能够达到的高度的证明

这位人物的辩护者们似乎注意到了人们因时间而可能对他提出的反驳。因此他们力图这样来建立自己的证明，似乎就物体因下降而获得的

① 参见莱布尼茨：《教育者年鉴》，161 页，1686。——科学院版编者注

② 赫尔曼（Jacob Hermann，不像康德所写的那样是 Herrmann），雅各布·贝努利的学生，1678 年生于巴塞尔，1733 年卒于同处，帕多瓦、奥德河畔的法兰克福、彼得堡数学教授，最后任巴塞尔道德哲学教授。他在这里受到攻击的论文《论物体的力的测算》注明日期为 1725 年，载《彼得堡科学院评论》，第 I 卷，1～42 页，1728。——科学院版编者注

力而言，时间的区别可以完全忽略不计。

假如有一根无限的弹簧 AB①，它表现出从 A 到 B 的持续下落中跟随物体的重力，于是**赫尔曼**先生说，重力将在空间的每一个点上把同样的压力传递给物体。他借助共同构成了矩形 AF 的直线 AC、DE、BF 等等来描摹这些压力。于是按照他的看法，当物体到达 B 点时，它就具有了一种等于所有这些压力之总和、即等于矩形 AF 的力。因此，D 点的力与 B 点的力的比例，就如同矩形 AE 与矩形 AF 的比例，也就是说，如同穿越过的空间 AD 与空间 AB 的比例，因而也就是如同 D 点和 B 点的速度平方。

赫尔曼先生就这样作出了推论，他断言，重力在自由下落的物体中所起的作用，视物体下落时经过的空间而定。

与此相反，一些笛卡尔分子断言，重力的作用不是与在被终止的运
动中已经过的空间成比例，而是与物体或者下落或者复升所用的时间成 1〔44〕
比例。现在，我提供一个使笛卡尔学派的意见免除怀疑的证明，人们由此也将同时学会领悟到，赫尔曼先生的虚假证明错在哪里。

第 32 节　反驳赫尔曼先生事例的证明

将 5 根具有同样张力的弹簧② A、B、C、D、E 中的惟一一个在 1 秒钟长的时间里压紧，与在同样的时间里逐一将 5 根弹簧压紧，所需要的是同样多的力。因为人们把作为物体 M 维持将弹簧 A 压紧的时间的这 1 秒钟分成了 5 等份；如今物体 M 并不是经过这 1 秒钟的所有 5 等份对弹簧 A 施压的，人们假定，它仅仅在这 1 秒钟的第一部分将弹簧 A 压紧，而在这 1 秒钟的第二部分则不是将弹簧 A 压紧，而是下移到另一个弹簧，即弹簧 B，后者具有同样程度的张力；这样，由于这种混淆，在物体 M 用来压紧的力中看不到任何区别。因为弹簧 B 和弹簧 A 在所有方面都是完全相等的，因而在这 1 秒钟的第二部分仍是这个弹簧 A 被压紧还是弹簧 B 被压紧，都是一回事。同样，物体 M 在这 1 秒钟的第三部分是压紧第三根弹簧 C 还是在这同一时间等份中仍然压紧前面的弹簧 B，也是一回事；这

① 图 3。
② 图 4。

是因为，由于各个弹簧没有区别，人们也就能够把一根弹簧放置在另一个位置上。因此，物体 M 在整整 1 秒钟长的时间里维持将惟一的弹簧 A 压紧所用的力，与它在同样的时间里逐一将 5 根这样的弹簧压紧所用的力同样多。恰恰这一点是可以说的，人们尽可以把弹簧的数量增多到无限，只要施压的时间是相等的。因此，测算物体压紧所有这些弹簧的力，所根据的不是这些被压紧的弹簧的数量，相反，施压的时间才是真正的尺度。

现在，让我们接受**赫尔曼**先生在弹簧的作用与重量的压力之间所作
1〔45〕 的比较，这样我们就会发现，是物体的力能够反抗重力多久的时间，而不是已经过的空间，才是测算物体的全部作用所必须依据的东西。

因此，这就是第一个试验，它如我所相信，证实了我在上面所说的东西，即**笛卡尔**的意见在数学的证明中胜过了**莱布尼茨**先生的规律。

第 33 节　笛卡尔学派在维护同一件事情上的错误

查泰勒侯爵夫人①曾以优美的辞令阐明了**笛卡尔学派**与活力的辩护人的争论；我在这场争论中发现，为了使**莱布尼茨学派**关于物体下落的推论失效，笛卡尔学派也利用时间的区别。不过，在她从**马兰**②先生反对力的新测算的著作所引证的东西中，我看出此人并不知道他能够从时间的区别得出的真正好处；我相信在上一节已经指出了这种好处，它无疑是十分简单明了的，以致人们必然感到惊奇的是，虽然有这样的理智之光居然没有发现好处。

这些人士在探究大自然的真正规律，即重力从一个物体夺去的力是与时间，而不是与空间成比例的时候，如此严重地陷入迷途，这肯定是非常奇怪的事情。在他们走得如此之远，以至他们承认莱布尼茨学派的观点，即一个物体能够以 2 倍的速度发挥 4 倍的作用之后，在他们据我看来如此败坏了自己的事情之后，他们不得不求助于一种相当糟糕的遁词，

---

① 查泰勒侯爵夫人（Marquise du Chastelet［Châtelet］），1706 年生于巴黎，1749 年卒于吕内维尔。《答活力问题》，布鲁塞尔，1741。参见下文第 113a 节，二（128 页）。——科学院版编者注

② 马兰（Jean Jacques d'Ortous de Mairan），1678 年生于贝济耶，1771 年卒于巴黎。《论物体驱动力的估算和测量》，巴黎，1741。《就活力问题致查泰勒夫人的信》，巴黎，1741。——科学院版编者注

即物体虽然发挥了4倍的作用，但却仅用了2倍的时间。因此他们非常认真地坚决要求，两个物体的力必须按照它们在同样时间内所发挥的作用来测算，而且人们根本不可能留意它们在不同时间内能够达成的东西。人们无比清晰地看到了这种遁词，而我不理解的是，进一步抵制真理的强制在当时究竟是如何可能的。

但是我们由此还看到，正是笛卡尔学派的错误推论才使得莱布尼茨 1〔46〕
学派庆贺胜利的，他们根本不是因为自己事情的弱点才输掉争论的。如果他们能够掌握事情的本性原本为他们提供的正确武器，他们会始终占据优势的。

第34节　利希特沙伊德先生的怀疑被解除

我已经证明，重力所产生的作用、重力在上升过程中所造成的阻力，是与物体在运动中所花费的时间成正比的。不过，我想到一种情况，它也许足够明显，能够使一些人对这一定理产生怀疑。**利希特沙伊德**[①]先生在《教育者年鉴》中提到，如果让一个钟摆[②]从D以这样一种方式下落，即摆绳固定在支点E，钟摆通过从B又升高到C，划了一个较小的圆弧，这样，它凭借自己在B获得的速度重新达到高度CF，这一高度与它下降的出发点高度DG是相等的。但是，钟摆在下落时通过圆弧DB所用的时间，要比它重新升高达到C所用的时间更长。因此，重力在前者要比在后者对钟摆起作用的时间更长。现在人们应当想一想，我在前面曾经证明过，重力在更多的时间内产生的作用也更大；如果这是正确的，那么，物体在B所获得的速度必然大于重力在从B到C的运动中能够又从它夺走的速度。因此，它凭借这一速度必定能够超越C点，然而，按照利希特沙伊德先生的证明，这是错误的。

但是，只要人们思考一下，摆绳AB在物体从D向B运动时，要比摆绳EB或者EC在物体从C到B下落时对物体有更强烈的抵抗，通过重

① 利希特沙伊德（Lichtscheid），神学博士，柏林教会监理会成员，1661年生于维也纳附近的维姆凌，1707年卒于柏林。所引用的论文载《教育者年鉴》，494页，1691:《关于钟摆在不同轨道上的高度和速度的某些思考》（印张Rrr；在这一卷中就连印张Qqq也是这个页码）。——科学院版编者注

② 图5。

力更多地阻碍下落，那么就很容易理解，在从 D 下降到 B 的所有瞬间里
1〔47〕积聚在物体中的力的元素，要小于在物体从 C 下落到 B 时重力反过来在每一瞬间带进物体 C 的基本力。这是因为，由于是一个固定在一根绳上的物体为定点 A 所迫使经过圆弧 DB 或者 CB，还是它在一个同样的曲面 BD、CB 上自由地向下滚动，这都是一回事，所以人们可以想象，仿佛我们所谈的下落真的发生在两个这样凹进去的、彼此连在一起的曲面上。如今，曲面 DB 比另一个曲面，即曲面 CB 更趋向于水平线，因此虽然物体在曲面 DB 上比在曲面 CB 上更长时间地蒙受重力的推动，但该曲面也比另一个曲面，即曲面 CB 阻止了致力于合并到物体中去的重力的一个更大的部分。

我可能用不着来释解这一责难了，因为莱布尼茨先生的支持者们好像已经觉察到了这一责难自身的弱点，我在任何地方都没有发现他们利用这一责难。不过，被利希特沙伊德先生选为自己论文评判人的莱布尼茨先生，给予这篇论文一种溢美性的赞同，正是莱布尼茨先生的威望，能够使他具有一些影响。

第 35 节

在我离开关于**物体由于重力而下落**这个题材之前，我还想给活力的辩护者们提供一种事例来解答。我觉得，这一事例应当足以表明，决不能像莱布尼茨先生及其辩护者至今要劝告我们的那样，把对时间的考察排除在对重力带入一个物体的力的测算之外。

第 36 节　新的事例表明，在对由于重力而产生的力的测算中，必须一并考虑到时间

这一事例如下：我以**笛卡尔学派**和**莱布尼茨学派**都习惯的方式，借助无限多的金属弹簧 AB、CD、EF、GH 来设想从高度 ab 开始直到水平线 bc 传送给物体的重力的压力。① 此外，我把一个物体 m 放在斜面 ac
1〔48〕上，让另一个物体 l 自由地由 a 下落到 b。如今，物体 m 被弹簧的压力驱

① 图 6。

动沿斜面 ac 下落，在这一倾斜下落结束时，莱布尼茨学派将如何测算它的力呢？他们只能把若干将物体由 a 驱动到 c 的弹簧与每一弹簧对物体沿着 ac 方向施压的力量的乘积规定为尺度；因为他们的理论要求这样，就像我们从赫尔曼先生的事例看到的那样（第 31 节）。同样，他们也不得不借助一批向前驱动物体的弹簧与每一根弹簧向前驱动物体所用的强度的乘积，来测算存在于另一个从 a 自由下落到 b 的物体 l 之中的力。但是，两方面不仅经过斜面 ac、而且经过高度 ab 的弹簧总数都是一样的，因此，只剩下每一根弹簧在两种情况下带进其物体的力的强度来做物体 l 和 m 在 b 和 c 中产生的力的真正尺度了。这些金属弹簧中的每一根沿着斜面 ac 的方向对物体 m 施压所用的强度，如同力学首要的原初根据教导我们的那样，与同一根金属弹簧沿着物体 l 运动的方向 ab 对物体 l 压力的强度的比例，等于 ab 与 ac 的比例。因此，物体 l 在垂直下落结束时在 b 处拥有的力与物体 m 在倾斜下落结束时在 c 处拥有的力的比例，等于 ac 与 ab 的比例；但这是荒唐无稽的，因为两个物体在 b 和 c 处具有同样的速度，从而也具有同样的力。

笛卡尔学派通过将时间一并考虑来逃避这一责难。因为尽管每一根弹簧在斜面 ac 上带进物体 m 的力都更少（因为一部分力被斜面的阻力消耗掉了），但这些弹簧对物体 m 作用的时间要比对物体 l 作用的时间长得多，后者只有一个短得多的时间蒙受这些弹簧的压力。

第 37 节

在我已经证明对因重力而下落的物体的考察不以任何方式对活力有利之后，就是考虑另一类证明的时候了；活力的辩护者们任何时候都以这一 1〔49〕
类证明自豪。这是一些似乎为他们提供关于弹性物体运动的学说的证明。

第 38 节

就莱布尼茨先生的力的测算在世人中引起的分裂而言，在几何学家们中间产生的迷惑和歧途之多，令人对这些推理大师们几乎难以猜想。人们关于这场名声不佳的争论的所有事件向我们公开的消息，有朝一日将在人类知性的历史上占有一种很有裨益的地位。除了最有洞察力的几何学大师们在一项应当在他人面前对他们保证清晰无误的研究中也无法逃避的这些诱惑，没有任何考察更能战胜这些如此提高了我们理性推理的正确性的人们的自负了。

如果莱布尼茨学派的先生们愿意花费点力气，把自己的注意力集中在他们如今视为活力不可推翻的证据的证明本身的构造上，就不可能陷入这样的歧途了。

第 39 节　从弹性物体的运动得出的所有证明的大全

几乎所有的证明，至少是人们为了活力而从**弹性物体通过碰撞发生的运动**借用的那些证明中最显而易见的证明，都是以如下方式产生的。人们把碰撞发生之后处在这些物体之中的力同碰撞之前的力进行比较。如果按照质量与速度的乘积来测算这些力，就会发现前一种力比后一种力更大；只有不用简单的速度，而是用速度的平方，才会表现出完全的相等。莱布尼茨学派的先生们由此推论出，只要一个弹性物体的力完全
1 〔50〕 与它的速度成正比，那么，该物体决不能像实际发生的那样给予它碰撞的物体那么多运动；因为按照这一尺度，原因总是小于所起的作用。

第 40 节　莱布尼茨学派用自己的力学体系反驳自己的推论

这一推论遭到了使用它的那些人自己的学说体系的全面反驳。我并不想列举**雷恩、沃利、惠更斯**[①]和其他一些人的力学发现。政府顾问**沃尔夫**[②]男爵先生应当是我的担保人。看一看他那众所周知的力学，就会发现

---

① 根据王家协会要求研究关于碰撞学说的动议，沃利（John Wallis，1616—1703）于 1668 年 11 月 26 日、雷恩（Christopher Wren，1632—1723）于 1668 年 12 月 17 日、惠更斯（Christian Huygens，1629—1695）于 1669 年 1 月 4 日呈交了论文。——《哲学学报》，1669。惠更斯的碰撞定律以作为普遍原则的活力守恒为基础的证明只是在他死后才在遗著中发表：《论物体出自碰撞的运动》（莱顿，1703），也见《遗著集》，第 II 卷，阿姆斯特丹，1728。——科学院版编者注

② 沃尔夫（Christian Wolff）的《力学基础》构成了《普遍数学基础》的第二卷，首先于 1733 年出版。——科学院版编者注

不容置疑的证据，即弹性物体都完全按照**作用与原因相等**的规律把运动给予其他物体，人们没有必要在它们里面设定一种不同于单纯速度的力。我还可以补充说，人们根本不可以认识活力，也不可以按照名称认识它，这一点也不应当有碍于认识如下的事情，即从一个弹簧状物体在向其他同类物体的撞击中所拥有的力，产生出这样那样的运动，它们每一个都是由这种力产生的。在一个几何学的证明中，人们发现按照单纯的速度测算的力足以从中推演出其他物体中的运动的一定大小，我要说的是，按照这样一个证明，还会产生一种想法，即这种力对此并不是足够大的，这难道不是很奇怪吗？这不是意味着收回先前极为严格地证明了的东西，仅仅由于一种微不足道的外表就转向了反面？我请读这几页书的人们把我所引证的力学与此进行对照，他们只会感觉到极大的信心，即为了极为严格地发现人们习惯于归给弹性物体的那些结果和运动，他们根本不需要按照平方进行测算的概念。因此，我们不想让自己被任何诱惑从这条小路上引开。因为在几何学证明中被认定为真的东西，也将永远是真的。

第 41 节　赫尔曼先生关于三个弹性物体碰撞的事例 1〔51〕

让我们在一个特殊的事例中来阐明我们已经完全证实的东西。**赫尔曼**先生在一篇他为活力辩护而作的论文①里，让一个质量为 1、速度为 2 的物体 A② 在完全平滑的平面上撞击一个质量为 3 的静止球体 B，然后由于 A 从球体 B 弹开并以 1 个单位的速度返回来，就又撞到质量为 1 的球体 C。球体 A 把 1 个单位的速度传递给球体 B，也把 1 个单位的速度传递给物体 C，随后就处于静止中。赫尔曼先生由此推论道，如果力只与速度成正比，那么 A 在撞击前就会有等于 2 的力，而撞击后在物体 B 和 C 里面一共有 4 个单位的力，这在他看来是荒唐无稽的。

我们要研究一下，物体 A 是怎样能够以等于 2 的力把 4 个单位的力带入物体 B 和 C，而又不借助奇迹，或者不需要求助于活力。请借助弹

① 参见上文 43 页注。这段话位于那里引用的论文的 14 页，第 11 节。——科学院版编者注

② 图 7。

簧 AD 设想一下物体 A① 因碰撞而起作用的弹性力，并借助弹簧 DB 设想球体 B 的弹性。从力学的首要根据我们知道，物体 A 借助弹簧一直把新的压迫和力带入球体 B，直到 B 和 A 以同样的速度继续运动，而这是在这些物体的速度与球体 A 撞击之前速度的比例等于 A 的质量与 A 和 B 两个质量总和的比例的情况下发生的，也就是说在目前的情况下，如果它们以 1/2 速度继续向 BE 方向运动的话。没有人否认，这里还可以按比例发现根据速度测算的力的作用。不过，让我们再研究一下，当物体 A 借助于弹簧 AD 和 DB 作用于球体 B 的时候，弹簧 AD 和 DB 到底发生了什
1〔52〕 么。由于弹簧 AD 在 D 点对弹簧 DB 所施加的力，必定与弹簧 DB 对物体 B 施加的压力同样多；而球体 B 同样强烈地阻抗在它里面发生的作用，所以很清楚的是，弹簧 DB 由于另一根弹簧的努力而以与它带入球体 B 的同样程度的力受到压迫。与此同时，球体 A 也以它在 D 点上作用于弹簧 DB 的同样程度压迫它的弹簧 AD；因为弹簧 DB 强烈地对抗弹簧 AD，与弹簧 AD 在它里面起作用一样强烈，从而也就与球体 A 致力于压迫它的这根弹簧一样强烈。此时，由于弹簧 DB 被压紧所用的力与球体 B 的阻力、从而与这个球体由此感受到的力相等；而弹簧 AD 的压迫力与前者也是相等的，所以，二者也就与物体 B 在此获得的力同样大，也就是说，与物体 B 以 3 个单位的质量和 1/2 单位的速度运动的力同样大。因此，如果这两根弹簧弹开，那么，弹簧 DB 就给予球体 B 一个与弹开之前的速度相等的速度，即 1/2 的速度；而由于物体 A 是物体 B 质量的 1/3，弹簧 AD 也就把 3 倍之多的速度，即 1＋1/2 单位的速度给予物体 B；因为如果力是相等的，那么，速度 per hypothesin［根据假定］就与质量成反比。因此，球体 B 就从物体 A 的撞击、然后又从它的弹簧的弹击一共获得了在 BE 方向上 1 个单位的速度。但是，球体 A 由于在 AE 方向上的撞击之后还剩下的 1/2 速度必然被弹簧的弹击朝 AC 方向带给它的速度拉回，从而也获得了使它在 AC 方向继续运动的 1 个单位的速度②，这恰恰是赫尔曼先生认为不可能按照笛卡尔的规律解释的情况。

我由此推论：物体 A 能够以 2 个单位的速度、也能够以 2 个单位的

① 图 8。

② 我在这里没有同时混入物体 C；原因在于：由于它的速度和质量在任何一点都与球体 B 的质量和速度没有区别，所以它被赫尔曼先生毫无困难地添加进去取代物体 B。

力完满地发挥赫尔曼先生要否认它的那种作用；如果有人断言，它拥有 4 个单位的力，但却只造成了它以 2 个单位的力就能够造成的结果，也就违背了**原因和作用相等**的规律。 1〔53〕

第 42 节　赫尔曼先生的结论中错误的原因

我们还要在赫尔曼先生的推理中寻找谬误的真正关键，它同时出现在人们为了活力而要利用弹性物体的几乎所有地方。因此，人们曾经作出推论，物体在碰撞之后的力必然与碰撞之前的力相等；因为作用与耗尽自身造成作用的原因一样大。我由此发现，他们认为惟有发生碰撞之后力的状态和大小才是碰撞前存在于撞击物体之中的力的作用。这是一种失误，其后果我们已经看到了。因为原本完全来源于撞击物体 A 的力的运动，不外是 A 和 B 以弹簧受到压迫的方式都以 1/2 的速度继续向前运动，对弹簧的压迫既不是 A 朝 B 移动所用的力的一种特殊作用，也不是两个物体惯性力的一个结果。因为如果 B 不同样强烈地反作用于施压的弹簧 DB，就不能获得 1＋1/2 的力，因此，如果压力与反压力相等的状态不同时压紧弹簧 BD 的话，弹簧 AD 也不可能把力带入 B。此外，如果弹簧 AD 不由此以同等程度的强度被压紧的话，物体 A 也不可能借助它的弹簧 AD 对弹簧 DB 施压。人们不必对两个此前并不单独存在于 A 里面的全新的力以这种方式来到自然界感到惊奇。即便是一个非弹性物体作用于另一个非弹性物体，这一点也确实是随时发生的，只不过在这种情况下，这种新力的后果并不像对弹簧状物体那样被保存下来，而是消失了。

即便在非弹性物体相互碰撞的瞬间，实施中也有多于碰撞之前的力 1〔54〕

因为在物体 A 以力 x 作用于物体 B 的瞬间，并不仅仅物体 B 接受了这一朝向 BE 方向的力，而是 B 同时还以 x 的强度反作用于 A。因此第一，有两个 x 现存于大自然中：即球体 A 对 B 施压之前的 x，以及同样是球体 B 反施压之前的 x；第二，还有作为从 A 沿着 BE 方向转到 B 的力的 x。前两种力量在弹性物体的碰撞中被用于压紧两根弹簧，它们在随后弹开时把自己的力传递给自己的物体。因此，弹性物体是自然界中的这样一类机械装置，它们具有保存在碰撞的瞬间处于自然界中的力的全部大小的性质；因为如果没有弹性物体，物体的碰撞所带给世界的力就会丧失一部分。

第 43 节

我在解析**赫尔曼**的事例时，没有说过任何这位哲学家就证明的根据而言可能不知道的东西，或者活力可敬的辩护者们在涉及他们应当作出表白的时候会要求予以否认的东西。赫尔曼先生必定知道，人们怎样能够从弹性物体的单纯速度推导出来出自弹性物体碰撞的运动；因为若不然，他就不可能先验地知道，1 个质量的球体在以 2 个单位的速度与 3 倍质量的球体的碰撞中产生 4 个单位的力。我要说的是，没有我们所提供的这种解决方式，他本人就不可能知道这一事例；因为每一个人都知道，人们是在一种力学研究中发现一个弹性物体因碰撞而产生的运动的，人们首先特别地寻找物体在没有其弹力时所造成的东西，然后为此加上弹性的作用，但却是根据它按照自己的质量和自己的简单速度的比例能够造成的东西来确定二者的。以这种人们称为 argumentum ad hominem [对人辩论式] 的推理，人们提不出任何更强有力的东西来反对赫尔曼先生
1〔55〕和莱布尼茨学派了。因为他们要么必须承认他们迄今为止一致地为产生于弹性物体碰撞的运动提供根据的所有证明都是错误的，要么他们必须承认，单是这样一个物体用总的来说与质量和速度成比例的力就产生了运动；因此之故，他们相信物体需要速度的平方。

第 44 节　查泰勒夫人不知道这一解析

我将通过**查泰勒侯爵**夫人与**马兰**先生的争论说明，现在对弹性物体如何通过碰撞带给世界比碰撞前更大的运动量的方式作出一种详细的阐述，并不是多余的。因为马兰先生说：**弹性力是自然界的一部真正的机械装置……要想通过把弹性物体在两个对立的方向上提供的东西当做正的加在一起，来特别考察弹性物体碰撞的所有作用，那么，就必须绝对地不把似乎由此在自然界形成并通过碰撞表现出来的新力归结到碰撞物**

体的活动，好像是它把这种力转让给了被碰撞的物体，而是归结于力的外来源泉……总而言之，归结于弹性的某种物理原因，无论这种原因是什么样的，都是碰撞释放出它的效能，可以说是对弹簧施压……——我要说的是，当马兰先生说这些话的时候，查泰勒夫人回答他说：**在这一看法的发明者花费力气将他在这里要断言的东西建立在一些证明上面之前，研究这种东西没有什么用处。**我荣幸地代替马兰先生承受这份辛劳，而且这是我用来原谅自己在这个主题上唠叨不休的辩解。

第 45 节　尤林先生对两个非弹性且不相等的物体相互碰撞的异议 1〔56〕

对莱布尼茨学派来说，**尤林**①先生和其他人还提出了这一异议：两个以与其质量成反比的速度相遇的非弹性物体，在碰撞之后保持静止。按照活力的学说，这里有两个力，人们可以任意地使它们不相等，但尽管如此它们却彼此保持平衡。

贝努利先生借助与压迫弹簧的比较来驳斥这一异议

我在**查泰勒**夫人的自然学说②中发现了对这一异议的回答，就像我从引证中看到的那样，这一回答以著名的**贝努利**③先生为发明人。贝努利先生未曾顺利地为自己的意见找到与他的名声匹配的防御武器。他说道，非弹性物体借助其各个部分的压力而相互之间施加出它们在压迫处于它们之间的弹簧时所施加出的相同作用。因此，他假定有一根弹簧 R，它在同一时间内向两面伸展，并从两面推动质量不相等的物体。④他证明，通过这根弹簧传递给两个物体的速度，与它们的质量成反比，因此，如果球体 A 和球体 B 以这样的速度返回，它们又会使弹簧处于最初的压迫状态。一切都是如此正确，与笛卡尔学派的原理完全一致。

---

① 尤林（James Jurin），医生，王家协会成员和秘书，生于 1684 年，1750 年卒于伦敦：《物理数学论》，伦敦，1732。康德说的是《教育者年鉴》（205 页以下，1735）上关于这本书的报告。参见下文第 110～112 节和第 146 节。——科学院版编者注

② 《物理学准则》，巴黎，1740。参见上文 45 页注。——科学院版编者注

③ 指的是约翰·贝努利。参见下文 72 页注。参见下文第 113a 节，三（133 页）。——科学院版编者注

④ 图 9。

不过，让我们看一看他是如何进行自己的推论的。弹簧的各个部分通过相互弹开，有的朝 A 面运动，有的朝 B 面运动，但分界点却是在 R 点，该点按照 A 和 B 质量的反比将弹簧一分为二。因此，弹簧 R 的 RB 部分作用于质量为 3 的物体 B，而另一部分 RA 则把自己的力传递给质量为 1 的球体 A。但是，被带给这些物体的力，是与将自己的压力用于它们的弹簧的数目成正比的；因此，尽管球体 A 和 B 的速度与其质量成
1〔57〕反比，但它们的力是不相等的。现在，如果弹簧 R 充分伸展开，而物体则以它伸展时传递给它们的同样速度向它返回，那么人们就很容易看到，一个物体就会借助对弹簧的压迫使另一个物体处于静止状态。如今它们的力是不相等的，人们由此就认识到，力不相等的两个物体相互使对方处于静止状态是如何可能的。他把这运用于非弹性物体的碰撞。

第 46 节　贝努利先生的思想受到反驳

在这一推论中，我并没有认出**贝努利**先生，他习惯于用完满得多的清晰度来形成自己的证明。无可争议的是，彼此弹开的弹簧分配给物体 A 和 B 中的一个的力，必然与分配给另一个的力同样多。因为它带给球体 A 的力，等于它用来顶撑另一个球体 B 的强度。如果它根本不顶撑在任何一个支点上，那么它就根本不会把力分配给球体 A，因为在这种情况下，它根本没有弹出任何作用。因此，如果不从运动球体 B 的另一面施加同等程度的压力，这根弹簧就不能向 A 用力。所以，球体 A 和 B 的力彼此相等，而不是像贝努利先生错误地要人们相信的那样，和长度 AR 与 RB 一样成正比。

很容易就可以看出贝努利先生推论中的错误是如何产生的。莱布尼茨学派如此坚持的定理是这一错误的根源，亦即，一个物体的力与作用于它的弹簧数目成正比。① 我们在上面②已反驳了这一定理，贝努利先生的事例证实了我们的想法。

---

① 因此，物体 A 和 B 之所以有相等的力，乃是因为弹簧 RA 和弹簧 RB 作用于物体的时间同样久，因为这些弹簧的各部分具有同样强度的张力。

② 参见上文第 32 节。——科学院版编者注

第 47 节 贝努利先生的想法证实了我们的意见 1〔58〕

人们可能不无高兴地发现，有人想要用来为活力辩护的这一说明是怎样出色地成为我们反过来完全打消这种辩护的武器。这是因为：由于肯定无疑的是，弹簧 R 分配给质量分别为 1 和 3 的两个物体的力是相等的（第 46 节），此外如莱布尼茨学派自己也承认的那样，质量为 1 的球体速度为 3，而另一个球体的速度为 1，所以，由此产生了两个直接与活力相矛盾的结果。第一，一个物体通过弹簧的压力获得的力，并不与将它推开的弹簧的数目成正比，而是毋宁说与弹簧作用的时间成正比；第二，一个质量为 1 速度为 3 的物体，并不比另一个质量为 3 但速度为 1 的物体拥有更多的力。

第 48 节 借助在世界上持久地维持力的同样大小来为活力辩护

迄今为止我们已经看到，**莱布尼茨**的追随者们是如何利用弹性物体的碰撞来为活力辩护的。不过，对弹性物体的利用仅仅是数学的。但是，他们自以为在运动学的这个部分中为自己的见解也找到了一种形而上学的根据。**莱布尼茨**先生甚至就是这一根据的发明者，他的声望使这一根据产生了不小的影响。

他心甘情愿地接受了**笛卡尔**的基本定理，即世界上力的大小始终保持不变，只不过它是这样一种力，它的量必须按照速度的平方来测算。他指出，力的旧尺度并不容许这一出色的规则。因为如果人们接受了这一点，那么，在物体相互之间的位置变化之后，自然界中的力就会不断减少或者增多。莱布尼茨相信，让上帝被迫像**牛顿**先生想象的那样不断地更新他赋予自己作品的运动，有损于上帝的权能与智慧；这促使他寻
求一种有助于他克服这一困难的规律。 1〔59〕

第 49 节 对这一异议的第一个解析

由于我们在上面已经证明，活力在其辩护者自己如何利用它们的方式中，也就是说在数学意义上，任何地方都找不到位置，所以，上帝的

权能和智慧在这里已经通过对问题的完全不可能性的考察拯救了自己。即便我们在对这一异议的另一种回答方式中遭到失败，我们也能总是隐藏到这一防护堡垒之后。因为即使按照我们所断定的运动定律，宇宙随着自己力的逐渐耗尽而最终完全陷入无序是不可避免的，这一打击也仍然不会触及上帝的权能和智慧。因为人们从来也不能抱怨上帝的权能和智慧，说它没有把一种我们知道绝对不可能、因而不能以任何方式施行的规律带给世界。

第 50 节　对上述异议的第二个回答

不过，请稍安毋躁。我们还没有被迫如此绝望地逃遁。这也许叫做斩断死结，但我们宁可解开死结。

既然莱布尼茨学派认为为了维持世界机器，按照平方测算物体的力是绝对必要的，我们也就无法承认他们的这一小小的要求了。凡是我迄今已经证明以及到本章结尾还想证明的东西，都是要使他们确信，无论是在抽象的考察中，还是在大自然中，物体的力都不以莱布尼茨学派采取的这样一种方式，即在数学上作出权衡，来提供按照平方进行的测算。但我并没有因此就完全否认活力。在本文的第三章中我将阐明，在自然界中确实可以找到其尺度是其速度平方的力；只是要加上一条限制，即
1〔60〕人们以迄今为止所采取的方式永远不能发现它；面对这一类考察（即数学的考察）它们将永远隐藏自己；任何东西，无论是一种形而上学的研究还是一种特殊的经验，都不能使我们认识它们。因此，我们在这里原本不是否认事情本身，而是否认 modum cognoscendi [认识的方式]。

据此，我们在要点上与莱布尼茨学派是一致的；所以，我们也许还能够在他们的结论中与他们一致。

第 51 节　莱布尼茨关于保持同样大小的力的推论的来源

但是，对**莱布尼茨**先生的指责是建立在一个错误的前提之上的，这一前提长期以来就已经给世俗智慧带来了诸多不便。也就是说，下面的命题已经成为自然学说的一个原理：除了借助一种也处在现实运动中的

物质之外，大自然中就没有运动发生；因此，除非是通过另一个现实的运动，或者是上帝直接插手，在世界的一个部分中消失的运动就不能被重建起来。这一命题在任何时候都给赞同它的人们惹来了麻烦。他们被迫以人为地编造出来的混乱使自己的想象力疲惫不堪，把一个假说建立在另一个假说之上；他们不是最终把我们引向世界大厦的一幅简明易懂、足以从中推导出大自然的所有复合现象的蓝图，而是以无限多的奇特运动让我们困惑不已，这些运动与它们应当被用来说明的所有东西相比，要更为离奇和不可理解得多。

如何才能消除这一困难

据我所知，**汉姆贝格**[①]先生首先提供了消除这一弊端的方法。他的想法很好，因为它简单，因而也符合自然。它表明（但还是一个很不完善的草图），一个物体如何能够通过一种自身只是处在静止中的物质而获得一种现实的运动。这就预防了无数的弯路，甚至经常是预防了与对立的意见伴生的奇迹。确实，这一想法的根据是形而上学的，因此也不合当 1〔61〕
前自然学说的胃口；然而，同样显而易见的是，自然作用的第一源泉必然不折不扣地是一个形而上学的题目。汉姆贝格先生未能实现他的意图，为世人指示出一条更便捷的新路，把我们引向对大自然的认识。这一领域尚未建设，人们还不能离开老路，斗胆踏上新路。人们把自己交付给一个离题和想象力任意虚构的大海，而不重视简单明了、但正因如此也是自然的方法，这难道不是不可思议的吗？然而这已经成了人类知性的流行瘟疫。人们还将在很长时间里受这一潮流的吸引。人们将以复杂而做作的思考为乐，知性由此领略到其自身的力量。人们将拥有一种充满了洞察力和想象力的出色实验的物理学，但却没有大自然本身及其作用的蓝图。但是，最终占据统治地位的，将是这样一种物理学，它依照大自然本来的样子，也就是说简单地、不必无穷无尽绕弯子地描述大自然。大自然的道路只不过是一条舍此无他的道路。因此，人们在成功地踏上正确的道路之前，必定早已尝试过无数条歧路。

莱布尼茨学派应当比其他人更多地利用汉姆贝格先生的意见。因为

① 参见上文26页注。——科学院版编者注

正是他们断言，一种惰态的压力被传递给物体并保持在该物体中，如果没有一种不可克服的障碍再来消除它，就会形成一种现实的运动。因而，他们也不可能否认，一个悬浮在包围着它的液体各部分之上的物体，倾向于一个方向甚于另一个方向，如果这一液体的性质使它不能凭借自己的阻挡重新消除物体的力，那么物体就获得了一种现实的运动。这必然使他们相信我现在断言的东西，即：一个物体能够从本身处在静止中的物质获得一种现实的运动。

1〔62〕 对莱布尼茨先生提出的异议的裁定

那么，我们将如何避开**莱布尼茨**先生要通过对上帝智慧的考察给予笛卡尔定律的打击呢？一切都取决于一个物体能够获得一种现实的运动，哪怕是凭借一种处在静止中的物质的作用。我就是以此为根据的。世界大厦中最初的运动并不是由一个被推动的物质的力造成的，因为否则的话它们就不是最初的运动了。但是，只要它们还能够通过一种处在静止状态中的物质的作用而产生，它们就也不是由上帝或者任何一种智慧的直接力量引发的。因为上帝是在不损害世界机器的情况下尽自己所能地避免起作用，相比之下，他又尽可能地使大自然成为积极能动的。如果运动是通过本身是静止的、非被推动的物质的力量首先引入世界的话，那么，它也将能够通过同一种力量保持自身，并且在丧失的地方恢复自身。因此，虽然在物体的碰撞中丧失了某些原来存在于物体中的力，但世界大厦却并不蒙受任何损失；当人们对相信这一点还心存疑虑的时候，必定对怀疑抱有巨大的兴趣。

第 52 节　按照莱布尼茨定律，在一个小的弹性物体与一个较大的物体的碰撞中，力在碰撞前后是相等的。

话题扯远了，偏离了我在这里着力处理的主题，我要重新言归正传。我已经注意到，活力的辩护者们特别对这样一种观察非常自以为是，通过这一观察他们发现：如果按照**莱布尼茨**先生的定律来测算物体的力，那么在弹性物体的撞击中，力的大小在碰撞前后总是同样的。这种看上去以一种奇特的方式倾向于活力的想法，毋宁说对于我们驳倒活力大有帮助。让我们作出如下的总结：**如果按照某个定律，在一个较小的弹性物体与一个较大的物体的碰撞中，碰撞后的力并不大于碰撞前的力，那** 1〔63〕
么，这个定律就是错误的。如今，莱布尼茨的定律就是这样的。如此等等。

第 53 节　莱布尼茨学派的上述观察是与活力完全相悖的

在这一结论的前提中，只有大前提需要得到证明。我们想以下面的方式做到这一点。当球体 A① 撞击一个较大的球体 B 时，在 A 实施撞击并压迫我们称为弹力的弹簧的那一瞬间，物体 B 所获得的力，并不多于它通过自己的惰性在 A 中所消除的力，而另一方面，物体 A 由于质量 B 借助它压紧的弹簧的强度而传递给它的阻力所丧失的力，也不多于它传递给这一球体的力。假如人们要否认这一点，那也就再也不能肯定：传递给一个物体的作用与该物体的反作用是相等的。因此，弹簧被压紧了，而两个物体中力的总和与此前单独存在于球体 A 中的力是一样的。如果现在这些具有双向弹力的弹簧松开，它们会以同样的强度朝两个球体伸展。显而易见，如果 A 沿 AE 方向压迫弹簧之后还具有的力与附属于它的弹簧借以弹开的力同样大，那么，这一弹簧的弹开能够从球体 A 所夺走的力，就会与另一方面弹簧 DB 带入 B 的力同样大；因此，在所有这一切都完成之后，无论是由于碰撞还是由于弹性，在物体 A 与 B 中所存在的力，都不会多于此前单独存在于 A 中的力。然而，以这为前提条件是徒劳的。如果发生碰撞，弹簧受到压迫，那么，A 沿 AE 方向具有与 B 同样的速度，但是质量较小，因而比弹簧在弹开时释放的力也小；因为
弹簧具有一种张力，与球体 B 的力一样大。由此得知，弹性从存在于 A 1〔64〕
中的力所能够夺取的，不如它传递给物体 B 的那么多。因为 A 没有这么多的力，所以也不能从它夺走这么多的力。据此，通过弹力的作用，必定在 B 中产生一个新单位的力，为此并没有在另一方丧失同样多的力；甚至在 A 中也同样产生了一种新的力。这是因为，由于弹性在力这方面再也找不到它在 A 中消除的东西，所以，球体只能以惰性来与它对

① 图 8。

立，并获得了弹簧超出球体 A 在自身还具有的力的力量单位，从而向 C 弹回。

显然，在一个较小的弹性物体撞击一个较大的物体的事例中，碰撞之后存在的力必定大于碰撞之前存在的力。现在，人们却必须设定相反的东西，即如果莱布尼茨关于力的测算是正确的话，碰撞之后所存在的力与碰撞之前同样大小。所以，我们要么必须否定这一定律，要么就取消这一节提供给我们的所有信念。

第 54 节　如果设想一个较大的弹性物体碰撞一个较小物体的事例，上面所说的将表现得更为清晰

如果我们把上面的事例倒过来想，假定质量较大的球体 B①撞击较小的 A，我们就将完全相信现在所说的东西的正确性。因为，首先，球体 B 通过撞击 A 所丧失的力，既不多于、也不少于它恰恰由此在 A 中所产生的力（也就是说，如果我们只考虑弹性爆发前发生的情况的话）。因此，在弹力发挥作用之前，这两个物体中的力既没有增多，也没有减少。如今，弹力以物体 A 移向 C 的单位被压紧，它的强度小于 B 中沿 BC 方向剩余的力；因此，当它弹开时，它决不会耗尽后者的力，尽管它使尽了
1〔65〕自己的全部力量。所以，当在碰撞中被压紧的弹簧弹开的时候，它虽然给予物体 A 一种新的力，但它也在 B 中消除了与它传递给 A 的同样大小的力。因此，即便是由于弹力，整个的力也不会变大，因为在任何时候，被另一方夺走的力都与这一方获得的力是同样多的。

由此我们看到，惟有在一个较大的物体碰撞一个较小质量的物体的情况下，才在碰撞中保持着同样单位的力；而在弹力在一方面所能够消除的力并不与它在另一方面产生的力一样多的所有其他情况下，任何时候碰撞之后的力都大于碰撞之前的力；这就破坏了莱布尼茨的定律。因为在莱布尼茨定律中，在任何哪怕仅仅是可能的情况下，大自然中的力总是保持同样的大小，既不减少、也不增加。

① 图 8。

第 55 节　这一计算证实，在一个较大的物体碰撞一个较小物体的事例中，按照笛卡尔定律，总是保持着同样大小的力

因此，如果**莱布尼茨学派**能够的话，他们应当向我们展示一种情况，其中一个较大的弹性物体撞击一个较小的物体，并且与笛卡尔的测算相冲突，那样的话，就没有人能够指责什么。因为这样一种情况之所以是决定性的、没有例外的，乃是因为人们在它里面于碰撞后肯定总是发现碰撞前力的全部大小。然而，从来没有任何一个活力的辩护者敢于在这种碰撞中攻击笛卡尔的定律；因为他将必然毫不费力地认识到，力学规则在这里与笛卡尔的测算是完全吻合的。例如，人们可以假定：物体 B 的质量是 3，A 的质量是 1，B 以 4 个单位的速度撞击 A。在这种情况下，根据已知的运动学规则，人们论证道：球体 B 在碰撞后的速度与碰撞前的速度的比例，正如 A 和 B 的质量与其总和的差别一样。因此，它具有 2 个单位。进一步说：球体 A 在碰撞后的速度与碰撞前球体 B 的速度之间的比例，就是 $2B$：（$A+B$）。因此，A 获得了 6 个单位的速度。这样，根据笛卡尔的测算，碰撞后在两个球体中的力一共是 12；碰撞前它也是 1〔66〕 12。而这，也就是人们所盼望的东西。

第 56 节　较小的球体从较大的球体那里反弹回来的力带有负号

如果要测量一个力的量，就必须在它的作用中来追查它。但是，人们必须事先把那些虽然与这些作用结合在一起、但却并不是这里要予以测算的力的结果的现象与此区分开来。

如果一个弹性物体碰撞另一个质量较大的弹性物体，根据运动的定律我们知道，撞击后质量较小的物体以某个单位的力弹回。从上一节我们还知道，较小的物体从较大的物体那儿弹回所用的力，等于激活的弹性的努力超出物体 A 的力所拥有的那种力的剩余；在弹力作用于两个球体之前，物体 A 就以这种力与球体 B 一起沿 AE 方向移动。如今（按照事先已经证明的东西），只要弹力在物体 A 中还遇到一种朝向 AD 的、它在与带给物体 A 的力同样的程度上消除的力，——我就要说，在两个物体中总的来看，没有任何东西不是此前作为原因仅仅存在于 A 中的力的

那个量已经在自身所包含的；因此，两个物体的状况也就可以看做碰撞前 A 所具有的力的正常作用。因为这种作用在任何时候都既不大于、也不小于原因。但除此之外我们还知道：如果弹力已经消除了 A 中朝 AE 方向还剩下的所有的力，那么，它就给 A 和 B 这两个物体带来了新的力，这些力超过了构成球体 A 本来的全部作用的那些力。因此，如果我们从物体 A 那儿减去它在碰撞之后用以返回的力，也从球体 B 所获得的力中减去同样多，我们以这种方式就能够从两个球体的运动中得出上述这种
1〔67〕力。由此很容易看出，小的弹性球体从其所撞击的较大球体弹回所用的力是一种否定性的力，本身带有负号。例如，如果一个球体 A 以 2 个单位的速度撞击质量为 3 的球体 B 时，碰撞之后它以 1 个单位的速度弹回，并且也给球体 B 以 1 个单位。如要获得 A 所实施的作用的全部大小，就不能把碰撞之后 A 用以返回的力添加到球体 B 的力上。不能，必须不仅从物体 A 中扣除它，而且也从存在于 B 里面的力中扣除它。剩余的 2 就将是由球体 A 的力所完成的全部作用。所以，一个质量为 2、速度为 1 的球体与另一个质量为 1、速度为 2 的球体具有同样的力。

第 57 节　查泰勒夫人不合时宜地对此给予嘲笑

因而，恍然大悟的**查泰勒侯爵**夫人乐意不合时宜地嘲笑**马兰**先生[①]。她回答他的，就是我们刚刚援引的观察：**她认为，他不会愿意轻易地作出一种尝试，面对一个带着负号的标记、以 500 或 1 000 个单位的力回摆的物体。**我也这样认为；假如我担心马兰先生会以这种方式来澄清真理，我就是在严重地愚弄自己。不过，事情的关键并不在于像侯爵夫人似乎由此推论的那样，标有负号的力并不是现实的力。马兰先生想说的无疑不是这点。它实际上是一种现实的力，如果人们想检验一下，它也会发挥现实的作用。只是这一点将由此得到说明：无论是这种力，还是球体 B 与其相等的力中的一个部分，都不能被看做球体 A 的全部作用；相反，
1〔68〕毋宁说人们必须这样来看它，就好像它根本不存在于 A 中，也不是从 B 中得来的，冲撞之后余下的力在这种情况下就首先表现为碰撞之前力的全部作用。但是，如果要这样看待一种大小的话，它在相加时被看做是

① 参见上文 45 页注。——科学院版编者注

小于无的，因而需要一个否定的符号。

第58节 莱布尼茨学派借助非弹性物体的碰撞来回避对活力的研究

我的读者们现在会猜想，即便是从**关于非弹性物体因碰撞而产生的运动的学说**中，也可以找到某些证明来引用，莱布尼茨测算的追随者们已经使用过这些证明来为活力作辩护。不过，他们是在欺骗自己。这些先生并不认为这种类型的运动对于他们的观点来说非常有利，于是他们试图将这种运动从研究中完全排除出去。这就使这些正直体面、从事认识真理的智者们在此病魔缠身。可以说，他们在看来与他们已经置入头脑中的定理相冲突的东西面前闭上了眼睛。当问题取决于消除一个妨碍他们所赞成的意见的困难时，一个微不足道的托辞、一个冷漠而平淡的借口就能让他们满意。人们如果在这个部分愿意约束一些自己的话，在哲学中就可以为我们避免许多错误。既然愿意找来知性为了证明人们先前假设的一种观点所提供的所有理由，那就应当以同样的专心和努力去致力于用各种各样只是以某种方式表现出来的证明方法来证明反面的情况，就像人们在对待一个喜欢的观点时总是能够做的那样。人们不应当忽视任何哪怕看起来对反面情况只是稍稍有利的东西，并尽最大努力为它辩护。在知性的这样一种平衡中，通常被看做不可能有错误的观点常常遭到拒斥，而真理如果最终出现，就将更为令人信服。

第59节 从考察活力这一目的来说，非弹性碰撞比弹性碰撞更具有决定性的意义 1〔69〕

人们曾常常提醒活力的辩护者们：要澄清活力是否成立，非弹性物体因碰撞而产生的运动比弹性物体的运动更为合适得多。因为在弹性物体的碰撞中，总有弹力混杂其中并带来无尽的混乱；相反，对于非弹性物体的碰撞来说，物体的运动仅仅是由作用和反作用决定的。毫无疑问，由于这种思想的清晰性，只要它不将活力的整个大厦颠覆，莱布尼茨学派就会被说服。

第 60 节 莱布尼茨学派在从非弹性物体的碰撞出发对他们提出的异议方面的托词

因此，他们不得不把一种例外当做自己的避难所，这也许是人们曾经利用过的最糟糕的避难所了。也就是说，他们宣称：在非弹性物体的碰撞中，总是有一部分力消失了，因为这部分力被用来压迫物体的各个部分。因此，当一个非弹性物体撞击另一个质量相同、处于静止中的物体时，它所具有的力的一半就消失了，在压迫物体的各个部分时耗尽了。

第 61 节 这一错误想法的根源

这一想法并不只有一个糟糕的方面。我们来考察它们中的一些。

乍一看，我们马上会觉得发觉这种错误的来源并非难事。部分是凭借经验，部分是凭借自然学说的各种根据，人们知道：一个在碰撞中其形状只有少许改变、甚至根本没有改变的坚硬物体，肯定是有弹性的；相反，非弹性物体的各个部分是如此拼合的，它们在碰撞中变软并被撞凹。大自然一般来说是把这些特性结合在一起的；只不过在数学考察中，我们并不必须把它们联结在一处。

1〔70〕 活力的追随者们在此错误百出。他们想象，由于大自然中一个非弹性物体通常具有这样一种结构，即它的各个部分在碰撞中变软并被撞凹，所以，对这样物体的运动的纯数学考察所呈现出的规则在不具备这种特点时也不可能存在。这就是我们在第 60 节中所见到的那些困难的根源，正如我们现在将要看到的那样，这是完全没有道理的。

第 62 节 对莱布尼茨学派的例外情况的第一个回答

在数学中，人们把一个物体的弹力无非是理解为这样一种特性，借助这一特性，当另一个物体撞击它时，它又以后者撞击它的同样单位的力来反弹后者。所以，一个非弹性物体就是一个不具备这一特性的物体。

数学并不关心这种特性如何在大自然中表现出来的方式和方法。但是，弹性是否来自形状的改变或者形状的突然恢复，抑或一种隐秘的隐德来希、一种 qualitas occulta［隐秘的质］、或者天知道还有什么原因是它的源泉，这都是并且仍将是完全不清楚的。既然人们在力学中发现是这样描述弹性的，即它产生自一个物体的各个部分的压迫和反弹，那么人们就会认识到，利用这一说明的数学家们插手了与他们无关、与他们的目的毫不相干、本来是自然学说的课题的事情。

据此，如果在数学中对一个非弹性物体的考察仅仅以它自身不具有把一个撞击它的物体又反弹回去的力为前提条件，并且如果这惟一的规定就是非弹性物体运动的整个核心建立于上面的东西，那么，宣称这些运动的规则之所以是这样的，乃是因为相互碰撞的物体的各个部分的压迫允许这样的规律而不允许其他的规律，就是荒唐无稽的了。因为在人们得出这些规律的基本原理中，找不到各个部分压迫的任何迹象。人们将这些规律建立于其上的所有概念就这些限制而言都是不确定的，以致 1〔71〕
人们可以在不损害上述规律的情况下把在碰撞中其形状没有改变的物体与承受其各个部分被压缩的物体同样看做非弹性物体。如果人们在构造这些规律的时候，为了按照它们来建立运动的规则，完全不考虑这种压迫，或者根本也不以蕴含着这种压迫的这样一些概念为基础，那么，把上述规律在现实中表现出的样子的责任推诿给这些概念，就是非常奇怪的了。

第 63 节　第二个回答：因为尽管一个物体完全坚硬，也可以称它为非弹性的

我们已经说过，在数学关于非弹性物体的运动呈现给我们的考察中，也可以把这些物体看做完全坚硬的，就好像它们的各个部分并不被碰撞所压迫似的。大自然还向我们展现出这样的例证，即并非一个物体的各个部分比另一个物体的各个部分更多变软，就必定是非弹性的，相反，一个物体的各个部分由于碰撞与另一个物体相比几乎没有被压迫，但与另一个各个部分更容易变软的物体相比，却常常更少是弹性的。因为，让一个木球落向铺石路面，它远远不会像一个充气的、但却很容易会被压迫的球反弹得那么高，而与后者相比，前者可以被称为非常坚硬。由

此我们看出：甚至在大自然中，物体是非弹性的，也并非因为其各个部分被压迫，而只是因为它们没有以它们被压迫的同样单位的力使自己复原。因此，我们也可以设定一些物体，它们的各个部分在碰撞中变软非常少，但同时却具有这样的性质，即它们也不从这一非常小的压缩中恢复自己，或者它们虽然得到一点恢复，但却远远没有以它们被压挤的那种单位的速度恢复；就像如果人们可以将一个小东西与一个大东西进行比较的话，一个木球所表现的那样。诸如我所说的这类物体，或许是完
1〔72〕全坚硬的[①]，但却是非弹性的。因此，人们或许不能将它们当做非弹性物体碰撞规律的例外，而且它们的各个部分或许尽管如此也不会被压挤。在此，莱布尼茨学派先生们的例外情况将如何存在呢？

第 64 节　第三个回答：各个部分受到压挤并不是非弹性物体碰撞中失去一部分力的原因

我们还可以给予**莱布尼茨学派**他们的前提条件，即非弹性物体总是承受到对其各个部分的压挤，但这对我们没有丝毫损害。一个物体在另一个运动着的、它通过撞击压迫其各个部分的物体中所产生的作用，与它在两个物体之间有一个弹簧、它通过冲力压迫弹簧的时候所产生的作用是一样的。我可以自由地利用这一思想，这不仅是因为它简单明了、令人信服，而且还因为它也为活力的一位伟大的守护神**贝努利**[②]先生在同样的情况下使用过。

如果现在一个球体 A[③] 向另一个球体 B 运动，并在碰撞中压迫弹簧 R，那么我就说，所有被用来压缩弹簧的微小单位的力，都转入到物体 B 中，并积聚起来，直到它们将弹簧被压缩所用的全部力都带入上述物体 B

① 因为一个只能非常少地被压挤的物体，可以无误地被称为完全坚硬的。

② 指的是约翰·贝努利，1667 年生于巴塞尔，1748 年卒于同处，格罗宁根教授，后为巴塞尔教授。在其作为对巴黎科学院为 1724 年提出的问题的回答于 1723 年撰写的《论运动的传递规律》中（1727 年出版，也见其《全集》，第 III 卷，7～107 页，1742），他引入了以弹簧的绷紧来图解力的作用的方法，但由此把一系列新的分歧引入了关于力的量度的争论。此外请参见《力的守恒定理选》，见《彼得堡年鉴》，第 II 卷，200 页以下，1727；《论活力的真概念》，见《教育者年鉴》，210～230 页，1735，其《全集》，第 III 卷，239 页。参见下文 91 页和 152 页注。——科学院版编者注

③ 图 9。

中。因为物体 A 并没有丧失任何单位的力，而且一点也不会受到压迫，除非弹簧支撑在物体 B 上。但是，它支撑在这一球体上所用的力量，等于球体突然消失的时候它向这一面弹开时所用的力，也就是说，是 A 从另一面压迫弹簧所用的力，是该物体在压缩它时使用和耗尽的力。显而易见，正是弹簧致力于向 B 伸展、球体 B 的惰性所反抗的这个单位的力，必然进入球体 B。因此，B 获得了沿 BE 方向运动的全部的力，这些力在 A 压缩弹簧 R 时在 A 中耗尽了。

这一应用简便易行。因为弹簧 R 表示着非弹性球体 A 和 B 由于碰撞 1〔73〕
而被压迫的部分。因此，当物体 A 在它向 B 的碰撞中从两方面压迫那些部分时，它在这一压迫中并没有耗尽自己力量中物体 B 没有得到、使物体 B 在碰撞之后运动起来的东西。所以，没有一个部分丧失掉，更不用说一个像莱布尼茨学派所错误地预定的那样大的部分了。

第 65 节

要穷尽**莱布尼茨学派**在非弹性物体碰撞这一事情上想给我们制造的这种困难所包含的所有错误与矛盾，我会疲惫不堪的。我惟一还想列举的，就足以使这一困难失去效力。

第四个回答：论非弹性物体的硬度与在莱布尼茨学派的例外特殊情况中必须得到确定的撞击力单位之间的比例

即使人们容忍我们的敌手其他的一切，也不可以原谅他们在下述要求中包藏的胆量。这要求就是：在非弹性物体的碰撞中，由于压迫各个部分所消耗的力既不多于、也不少于、而是恰好等于他们按照自己的测算认为甚至在任何情况下都必然消耗的那么多。这是一种难以理喻的放肆：有人想抛开所有的证明而强迫我们相信，由于压迫各个部分，一个物体在与相等的物体的碰撞中必定正好丧失一半的力，在与三倍于己的物体的碰撞中必定正好丧失 3/4 的力，如此等等，而不能向我们说明为何恰恰是这么多、不是更多或者更少的原因；因为，即使假定一个非弹性物体的概念必然要求在压迫时丧失一些力，我还是不明白，人们究竟是从哪里推论出：弹性的这种阙失要求必定恰好消耗这么多而不是更少的力。莱布尼茨学派却无法否认：与撞击物体的力相比，非弹性物体质量的硬度越小，在压迫各个部分时所消耗的力也就越多；但是，两个物
1〔74〕体越是坚硬，力的损失也就必定越少；因为如果它们是完全坚硬的，力就不会有任何损失。因此，如果要在碰撞中恰恰消耗和消除撞击物体的一半的力，为此就要求两个相等的非弹性物体的硬度有某种确定的比例关系。没有这一比例，在人们使相撞的物体变得更软或者更硬之后，结果就会更多或者更少。在莱布尼茨学派寻找例外情况时所违背的非弹性物体运动规则中，非弹性物体的硬度、甚至还有它与撞击强度的比例是完全不确定的，因而从它们出发根本就无法理解：对各个部分的压迫是否会发生，由此一种力是否会被消耗掉以及究竟会失去多少；不过，他们至少提供了一些理由，使人们能够理解，在一个球体与另一个重量相同的球体的撞击中恰好有一半的力丧失掉。因为，在这些物体的硬度与撞击的力量之间如果没有某种完全精确地规定的比例的话，这种情况就不会发生。由于在派生出自身包含着力的一种确定损失的任意一种根据的非弹性物体碰撞规律的基本原理中，不可能发现这样一种规定，所以，这些规则具有这种性质而不是别种性质的原因，就不能设定在对各个部分那种任何情况下所造成力的损失都恰如莱布尼茨学派认为应完全抵消的那么多的压迫中。

我们的结论的应用

在活力的辩护者想借以避开所有非弹性物体碰撞的规律给予他们的打击的托辞不仅以一种方式被认为无效之后，就再也没有什么能够阻挡我们利用这些规律，来达到它们总是非常出色地为我们提供的服务了，也就是说，将活力从其以非法的方式侵入的数学领域中排除出去。

1〔75〕

第 66 节　非弹性物体的碰撞完全取消了活力

但是，在此详尽地分析非弹性物体的运动取消活力的方式和方法，是多余的。人们所提到的任何一种情况，都可以没有丝毫例外或困难地做到这一点。例如，如果一个非弹性物体 A 撞击另一个处于静止之中的同样种类、相同重量的物体 B 时，二者在碰撞之后就会以相撞之前速度

的 1/2 单位运动。因此，按照莱布尼茨的测算方式，实施碰撞后在每一个物体中都有 1/4 的力，从而总共有 1/2 个单位的力，而在碰撞之前大自然中存在着 1 个完整单位的力。因此，有一半的力没有产生与之相等的作用就损失了，或者说，也没有遇到任何会消耗它的阻抗。甚至我们的敌手也不得不承认，这是人们可能做出的最大的荒唐事情之一。

第 67 节　一般的证明：物体的相撞必定总是与活力相悖的

如果不事先附加上一种自身包含着人们以此方式反对活力总会说的一切的一般性考察，我还不想结束用物体的相撞来反驳活力的这一章。在这一考察中，我将阐明：即使人们承认莱布尼茨学派对力的测算，要从物体的相撞出发证明这一测算，也是与事情的本性完全相悖的；而且，除了简单的速度之外，这一测算决不会、也不可能表现出一种别的尺度，尽管按照平方来测算将是一种完全正确的和毋庸置疑的事情。我要说的是，不可能从物体的相撞出发认识这一测算，尽管它通常在千百次别的场合中像人们一直希望的那样明显地表现出来。

第 68 节　这一证明的阐述 1〔76〕

我的证明建立在以下理由上。

人们在这一点上是一致的：人们不能为了我们所说的最终目的以任何其他方式来利用物体因碰撞而产生的运动，除非把一个运动着的物体由于碰撞而带给另一个物体的力看做作用，人们必须借助这种作用来测算为产生这种作用而耗尽的原因的量。也就是说，人们是在作用中探求原因的大小，作用就是原因的一个结果。因此不言而喻的是：在此必须特别注意，在被撞击的物体中所得到的力，实际上不外就是由另一个物体的撞击直接产生的作用；因为否则的话，人们所寻找的整个尺度就是骗人的和无用的。但显而易见的是：紧接着撞击物体在被撞击物体中产生其作用的那一瞬间，所有此后在被撞击物体中存在的力都是碰撞的一种无可置疑的作用。因此，人们必须利用这一作用而不是其他东西，把它用作撞击物体在产生作用时所使用的力的尺度。于是，一个借助另一个物体的撞击获得自己运动的物体，紧接着碰撞将力带给它的那一瞬间，而且在它与撞击物体的接触尚不能拉开一个有限距离的时候，虽然已经具有了这一碰撞所能够传递给它的所有的力，只是还不具有现实的运动，因为人们还没有给予它运动的时间，而只是给予它一种单纯的运动努力，从而是一种静止的、以简单速度为其尺度的力。因此，曾存在于撞击物体中的力被消耗掉，从而在另一个物体中唤起一种力，对于这种力的完全准确的测算永远不外是单纯的速度本身，尽管人们还想通过假设在撞击物体中设定一种力，它作为尺度的，我不愿说是速度的平方，而是甚至立方、四次方，天晓得是速度的多少次乘方。

如果人们想设定，一种要求按照平方来测算的力被用于产生另一种仅仅按照速度来测算的力，这将是荒谬无稽的，它将完全颠倒**作用与原**
1〔77〕 **因相等的规律**。这是因为，由于前者比后者大无数倍，所以，这就完全像是人们想说一个平方的全部面积被用于产生一条线，确切地说是产生一条有限的线。因此显而易见的是，无论弹性物体还是非弹性物体，其所有规律都决不能提供另外一种不同于简单速度测算的证明，它们就其本性而言必定总是与活力相悖的，即使人们挖空心思编造出一些表面上看来有利于活力的情况。

第 69 节

在上一节中，一切都取决于下面的情况：人们只是把被撞开物体的那种力当做撞击物体的力的尺度，后者紧接着传递作用的一瞬间就出现在前者中，而且恰在此时它脱离开与撞击物体的接触，但尽管如此，还是在运动已经现实地发生之前；因此，我毫不怀疑，这将是我如今有幸称为我的敌手的先生们最为反对的一点。我愿意能有幸先以下面的陈述答复这些先生。

继续证明：在物体的碰撞中不必考虑像被撞击物体的初始速度之类的东西

被撞击物体在它离开撞击物体之前的瞬间所具有的力要么是等于、要么是不等于它在已经现实地运动起来并且离开撞击物体之后所拥有的力。如果是第一种情况，那就连我的限制也不需要；相反，人们可以在任意一个运动瞬间来设想被撞物体的力，但将在任何地方都发现它是符 1〔78〕
合速度自身的[①]；因为这种力与它在自己的运动成为现实之前所具有的力是相等的。如果它不等于这种力，那么人们在此想说的无非是：在被撞物体已经离开撞击物体之后，存在于被撞物体中的力大于接触时的力。但如果是这样，我就承认，这正是我不能用它来测算撞击力的原因。因为在被撞击物体中，由于它在碰撞后已经离开撞击物体，如果比原来它还接触撞击物体时在它里面的力多出 1 个单位，那么，这 1 个新单位的力也不是撞击物体的作用，因为物体之间只有在它们还相互接触时才能相互作用；相反，只有前一种情况才是这样。所以，人们也可以最正当不过地运用那种力去测算为产生它而已经消耗掉的力。

第 70 节

我们已经成功地克服了物体的相互碰撞可能会给老的笛卡尔定律所造成的困难。我认为，我现在可以大胆地说：**莱布尼茨**先生的一派从这方面并不会占它的什么便宜。我们要致力于使自己也能够从其他方面为此而自豪。

第 71 节　论通过运动的复合为活力所作的辩护

现在，让我们来考察一下活力的辩护者们为支持自己的测算从物体的**复合运动**借来的那些事例。糟糕的事情总是具有这样的特征，即它喜欢隐藏在模糊不清、混乱不堪的事例后面；同样，活力一派也想利用人们在考察复合运动时很容易会陷入其中的混乱。我们要致力于揭掉迄今为止惟一有利于活力的这些运动的昏暗盖子。**比尔芬格**[②]先生已经围绕这类证明作出了极大的贡献，因而他的思想应当率先成为我们将加以检验的思想。 1〔79〕

他的论文刊于《彼得堡科学院评论》第一卷。作为他的整个体系基

① 因为只要被撞物体的运动还没有成为现实（也就是说，只要它还没有离开撞击物体），按照莱布尼茨学派所承认，它的力自身就还是惰态的。

② 参见上文 32 页注。见那里引用的论文，55 页以下。——科学院版编者注

础的定理如下①：一个物体 A 同时获得两种运动，一种沿 AB 方向以速度 AB 运动，另一种沿与前者垂直相连的方向以速度 AC 运动，在它分别穿过每一条边的时间里，它运动过这个直角的平行四边形的对角线。但是，指向平行四边形各条边的力并不是相互对立的，因而其中的任何一个都不给另一个造成任何损失，所以，当物体顺应这两种运动，也就是说当它在对角线上运动时，它所拥有的力等于沿着各条边的力的总和。若按笛卡尔的测算，这是不成立的。因为对角线 AD 总是小于 AB 和 AC 两边的总和；然而，除了仅仅在按照二者速度的平方来测算它们的力这一惟一的事例中之外，在所有其他可能的测算中，物体以速度 AD 所拥有的力永远也不会等于以速度 AB 和 AC 拥有的力的总和。比尔芬格先生由此推论说：一个处在现实运动中的物体的力只能用它的速度的平方来测算。

第 72 节

比尔芬格先生在他的证明中并没有完全弄错。他的推论在事情的根本上是正确的；然而，这一推论的应用严格说来毕竟存在着缺陷，并且自身带有判断轻率的特征。

比尔芬格的证明在什么意义上是正确的

如果人们像通常那样来看待物体沿 AC 边所具有的运动②，也就是说，物体以这一运动垂直地撞上平面 CD，那么确定无疑的是，另外在直
1〔80〕线 AB 中的侧运动**就此**而言完全不与前一运动相互对立，因为后者是与 CD 平面平行运动的；所以，它既没有使物体朝向这一平面，也没有使它离开这一平面。同样，**就物体以另一条边 AB 上的运动致力于朝平面 BD 产生的作用来说，**侧运动 AC 与 AB 上的运动也根本不相互对立，因为它同样是与平面 BD 平行运动的。但是由此得出什么结论呢？它不外是：如果物体同时顺应这两个侧运动，并且穿过对角线，那么，它将对平面 CD 和 BD 一下子产生与它在分别通过边的运动中所产生的同样的作用。因而，**就 CD 和 BD 这两个平面来说，**物体在通过对角线的运动中自身有一

①② 图 10。

种力，这种力等于沿两个边所具有的力的总和。然而，只有在我曾讲过的这种条件下，在它里面才能发现这一等式。

第 73 节　比尔芬格先生已经超出了争论问题的内容

比尔芬格先生并没有注意到这一条件，尽管他由于自己的证明的本性而应当发现自己不得不这样做。他恰恰是这样作结论的：**所以，物体在通过对角线的运动中具有一种等于两个侧力总和的力。**

这一如此不受限制地提出的定律正式地接受了与比尔芬格证明中结论的内容相去甚远的一种意义。因为如果有人说：一个具有这样或者那样速度的物体自身就具有这种或者那种力，人们是把它理解为物体在其运动的直线方向上并且朝一个它垂直地撞击的对象施加的力。因此，如果以一种如此有局限性的方式来讨论一个物体的力，那么，人们就必须力图仅仅在这种意义上来规定它的大小；否则人们就是在认为，物体在其运动的直线方向上自身具有某种力，但物体鉴于它所撞击对象的某个位置却只能将这种力施加到一边。无视这一点的比尔芬格先生由此便遭受到 fallaciae ignorationis elenchi〔盲目论证错误〕的指责。因为他已经离开了有关争论问题的内容，他本应当证明：物体在穿过对角线的运动 1〔81〕
中将碰撞**一个与它的这种运动方向垂直相对的对象**，所用的力相当于它通过分离的侧运动撞击到它下面的两个平面所用的力的总和；但他却证明：物体虽然施加了这些力的集合，但只是朝向 CD 和 BD 两个侧平面，而不是朝向恰与其运动相对的垂直面。

第 74 节　同一证明在有争议的一点上是有缺陷的

因此，一切都仅仅取决于我的如下证明：一个沿对角线 AD 运动的物体，本身在笔直方向 AD 上并不具有两个侧力的总和。为此我需要做的不外是：就像数学家通常所做的那样，把每一个侧运动都看做是复合的。① 据此，侧运动 AB 是由运动 AF 和 AH 复合而成的，相反，侧运动

① 图 11。

AC 是由运动 AE 和 AG 复合而成的。由于如今无论是运动 AF 还是运动 AE，都恰好是相互对立的，从而由于彼此相等而互相抵消，所以，剩下来的就只有物体在对角线方向上继续移动所用的速度为 AH 的运动和速度为 AG 的运动了；所以，并不是两个侧运动全部的力都存在于对角线方向上，而是在这个角度只能发现其中的一部分。此外，由于运动 AF 和 AE 本来就与物体在对角线运动中垂直撞击的 BH 平面平行运动，所以这两个运动中没有一个能碰到它，因此，无论是从这一点还是从前面一点都可以看出，物体并不是用 AC 和 AB 边上的力的总和撞击与它通过 AD 的运动垂直相对的对象的。

1〔82〕

第 75 节　由此得出的结论

现在，一切都得到了解决。因为从现在起我们知道：一个物体在沿对角线向一个垂直相对的对象运动时，并没有施加它以自己朝着同样与它垂直相对的平面所做的两个侧运动所拥有的两个侧力的全部总和。由此必然得出结论：在穿过对角线的运动中，力小于两个侧力的总和；因此，一个物体的力不能按照其速度的平方来测算，因为以这种测算方式必然会发现事实上不能发现的上述等式。

第 76 节　从比尔芬格的事例出发，活力本身将被驳倒

我们不想仅仅满足于此。我们并不惧怕**比尔芬格**先生的推论，相反，我们更愿意利用这些推论来证明**笛卡尔**的定律。一件好的事情本身总是具有这样的特征，即甚至敌手的武器也必定有利于为自己辩护，而且我们不止一次看到，我们的推论也可以自夸具有这样的优点。① 按照现在已经证明的东西，侧运动 AB 带入对角线方向上的不是别的速度，而是物体在分离的运动中与 BH 平面垂直相遇所用的速度 AH。此外，另一个侧运动 AC 独自带入对角线方向的也只是物体垂直撞击 CG 平面所用的速度 AG。AH 和 AG 这两种运动自身所携带的力如今复合成为对角线上全部的力，所以没有出现在前两者中的，也不会存在于后者中；因为否则的话，

① 图 11。

在和中所包含的就会大于两个加数的相加。因此，速度为 AD 的力就应当等于速度为 AH 的力加上速度为 AG 的力；问题是，必须选取 AH、AG 和 1〔83〕
AD 的多少次幂，才能使前两者的和与后者相等。在这里，从算术最简单的理由就可以清楚地看出：如果人们想要通过线段 AH、AG 和 AD 的一个大于一次方的乘方来测算各种力的话，那么，速度为 AD 的物体以这种方式测算出的力就会大于速度为 AH 和 AG 的力的总和；但是，如果人们要选取一个比简单速度的**函数**更小的**函数**（像比尔芬格先生自己所说的那样），那么，各个分力的集合就会大于整个由此产生的、以速度 AD 为标记的力；相反，如果一切都仅仅按照速度来测算的话，将会发现它们是相等的。由此可见，人们必须要么按照速度 AH、AG 和 AD 的比例来设定力，要么承认这一集合小于或大于各个因数的相加。

第 77 节　以另一种方法作出同样的反驳

我们也可以用另一种方式来说明同样的东西。我们像**比尔芬格**先生那样假定：由于两个速度分别为 $ba=AB$ 和 $ca=AC$ 的相等球体的碰撞，侧力 AB 和 AC 被传递给了物体 a①，这两个同时发生的推动造成了穿过对角线的运动和力。但是，由于这是一回事，我们想假定这两个球体从 C 和 B 离开并以速度 $CD=ba$ 和 $BD=ca$ 在 D 点与物体 a 相撞。不可否认的是，物体 a 在这个位置上从上述球体将获得的力，与它在 A 点能够获得的力同样多；位置根本不造成任何差别，因为所有其他的东西都是一样的。因此问题是：球体 a 在 D 点上从 BD 和 CD **对垂直平面** FE 同时发生的两个撞击中获得了怎样一种力？我的回答是：球体 B 以运动 BD 就 1〔84〕
对这个平面的作用而言所给予物体 a 的，本来也只是速度 BE，而从速度为 CD 的球体 C 的撞击中，同一物体 A 只获得了它用以在 D 点上对平面 FE 起作用的速度 CF。因为 a 此时从这一双重碰撞中所获得的另外两个运动 Bg 和 Ch 是与平面平行的，因而它们并不与这个平面相遇，而宁可说它们相互抵消，因为它们相互对立又大小相等。所以，两个侧力 BD 和 CD，或者说 AC 和 AB 也一样，就物体沿对角线运动垂直遇到的平面而

① 图 12。

言给予物体的这样一种力，只是等于速度为 BE 和 CF 的力的总和；因而首先它不是它们全部的力，其次它是这样一种力，关于它这里和上一节一样显而易见的是：它与复合成它的那些力的比例，等于速度 AD 与速度 CF 和 BE 的比例，而不与它们的平方成正比。

第 78 节　对角线上笔直的力并不等于两边上的力的总和

我们从迄今为止的考察中看到：如果人们假定，在对角线运动中沿平行四边形的各边施加的力总起来等于对角线方向上的力，那么由此得出的结论就是，人们必须按照速度的平方来测算这些力。然而，我们同时已经证明：这种假定是错误的，并且一个物体在斜线运动中施加的作用，直至它在其中所有的力消耗殆尽，总是大于它通过垂直碰撞所造成的效果。

这一考察具有一个悖论命题的外观。因为由此可以得出，对于某些以一种特殊的方式与它相对的平面来说，一个物体能够施加的力要比人们假定它本身具有的力更大。因为人们所说的一个物体所具有的力，与它通过垂直撞向一个无法克服的障碍所用的力是一样多的。

1〔85〕 由于以形而上学的方式解决了这一困难，我们毕竟可以无忧无虑了；因为无论事情是怎么样的，数学总是要作出判决的，而在数学作出判断之后，人们就不会再怀疑了。

第 79 节　在莱布尼茨对力的测算中，斜线方向上施加的力的总和等于对角线的力；但在笛卡尔的测算中，前者通常大于后者无数倍

从对运动的分解中可以清楚地看到：当一个物体沿斜线方向相继朝许多个平面撞击时，如果所有 Sinuum angulorum incidentiae［入射角的弦］的平方的总和等于其运动的第一个速度所指示的 Sinus totius［整弦］①的平方的话，那么它将完全失去自己的运动。迄今为止，所有的力学家

① 为理解这个过时了的表达方式而说明，这里要把入射角（angulus incidentiae）理解为碰撞方向与承受平面（不是与入射垂线）构成的角，而且整弦是 90°的弦，因而等于 1，亦即在线性描述作为基础的圆的半径时。——科学院版编者注

都意见一致，笛卡尔学派也不例外。然而对于莱布尼茨学派来说，却尤其是由此得出了如下的结论：如果使按照平方进行的测算成立，当沿斜线方向施加的力加起来等于直线运动中物体固有的力时，这一物体就失去了它所有的运动。与此相反，按照笛卡尔的测算，情况就完全不同。物体通过许多前后相继的碰撞在斜线方向上施加的力，直到它所有的运动被耗尽，按照笛卡尔的测算，加起来要比它在直线运动中拥有的那一惟一未分解的力大得多。因此，当在分解开的运动中施加的所有力的总和与其整个未分解的力相等时，物体还没有失去自己的运动。因为一个物体对多个斜面所能够造成的结果要远远多于对它在直线方向上垂直碰撞的那个平面所造成的结果，而且达到如此程度，以致（如果人们假定，碰撞的斜度都以同样的角度发生在所有的斜面上）在此为借助一个斜对的障碍消耗掉一个物体的力所必需的力的大小与在直线方向抵消它的那种力的大小的关系，就等于整弦与入射角的弦的关系。① 因此举例来说，如果整弦与一个入射角的弦的比例等于 2∶1 的话，那么，前一种力就是后一种力的 2 倍；如果是 8∶1 的话，它就是 8 倍；如果这个比例是无限 1〔86〕
小的话，那么，前一种力就无限大于足以在直对的方向上消耗掉它的全部运动的障碍的力量。因此，按照莱布尼茨的测算，某种障碍会完全夺去一个物体的力，而按照笛卡尔的测算，同样的障碍在同样的方向上消耗该物体的力只能是无限小的；也就是说，如果移动物体已经克服的所有障碍的全部力量是有限的，那么，无论物体是在怎样任意倾斜的运动中克服这些障碍的，按照平方来测算，该物体力的损失也是有限的；相反，按照速度来测算，一个物体所施加作用全部的力可以是有限的，但只要它克服所有阻碍的那个角是无限小的，物体力的损失也就是无限小的。

这种区别令人惊讶。在大自然的某个地方必然有一种作用；无论它在哪里，都值得花费力气把它找出来。因为它的结果不仅仅是人们可以决定一个物体在一个直角平行四边形的对角线上的力是否等于各个侧力

① 在舒伯特和罗森克兰茨的版本（莱比锡，1839）第 V 卷 107 页，这段话旁有舒伯特的如下注释："在我那本康德自己使用过的样书中，出自他的手笔，以他在 1750—1770 年特有的强劲笔迹，在页边写下：这种意见通过我后来的思想得到纠正，但从中引出的东西依然完好无损。"——科学院版编者注

的总和，而且还能够决定是莱布尼茨先生的测算正确，还是笛卡尔的测算正确；因为这一问题是与另一个问题不可分割地联系在一起的。

第 80 节　活力被一个新的事例所驳斥

我们所寻找的事例是一个物体被自己的重力引向中心、围绕中心在一个圆周线上的运动（行星运动就是这种方式）。

让我们假定一个物体获得了足够的离心力，足以围绕地球做圆周运动。除了重力之外，还让我们抽象掉所有可能减缓其运动的障碍；这样，可以确定的是：首先，它的运动速度是有限的；其次，该速度以同样的
1〔87〕单位在同一条线上没有任何减损地持续到无限。我将这两条定理看做是基础；因为无论是莱布尼茨学派还是笛卡尔学派，两派都赞同这两条定理。此外第三点，我设定为基础的是：重力在一个自由运动的物体中在一个有限的时间里产生了一种有限的力，或者，当物体固有的力与重力用以施加压力的力作用相互对立时在其中消耗掉一种有限的力。这个假定围绕给定的中心做圆周运动的物体不断地遭受重力的压迫，并且根据第三条假设，由于所有无限小的重力压迫的总和而在一个有限的时间里承受着一个驱使它趋向其环绕运动中心的有限的力。然而，物体凭借自己特有的力，通过总是与圆心保持同样的距离而使所有在它里面发生的压力保持平衡。因此，在克服重力的障碍方面，物体在任一有限的时间里都施加着一个有限的力。从我们在第 79 节已经了解到的东西出发可以清楚地认识到：如果一个物体在斜线方向上已经克服了一定量的障碍，这些障碍总计为一个有限大小的力，那么，它在此同时（如果人们承认莱布尼茨的测算的话）必定在自己固有的力上蒙受一个有限量的损失。所以，由于克服重力，假定的物体在其圆周运动的任一时间里都损失一个有限的力，从而在某一确定的时间失去它的所有的力与速度；因为，根据第一条假设，它在圆周运动中所拥有的速度只是有限的。

因此，它要么根本不能做圆周运动，除非它具有无限的速度，要么必须承认：一个物体通过所有斜线作用的总和所能够造成的结果无限大于它在直线撞击中所拥有的力；莱布尼茨学派的力的尺度不承认这一点，

是错误的。

第 81 节

由于我们在这里阐述的思想会带来非常丰富的结果，所以我们想排除所有围绕着这一思想的小难题，尽可能使这一思想清楚明白、没有纰漏。

证明：一个做圆周运动的物体对重力施加的影响等于它碰撞一个斜 1〔88〕
面时所施加的影响

首先，人们必须学会清楚地理解，运动着的物体在圆周运动中用以与重力保持平衡的力，施加了一种斜线作用，并且如我们在上一节中确实指出的那样，可以与一个物体撞击一个斜面相比。

正如人们在数学中通常也把圆看做是一个具有无限多条边的多角形一样[①]，为了这一最终目的，可以把物体在其圆周运动中经过的无限小的弧设想为无限小的直线。当重力没有给穿过无限小的直线 *ab* 的物体造成任何阻碍的时候，这一物体将继续这一运动的直线方向，并在第二个无限小的时间段里到达 *d*。然而，由于重力的抵抗，它被迫离开这一方向，并画出无限小的线 *be*。因此，重力的这种障碍 per resolutionem virium［通过各种力的分解］使它失去了侧运动 *ac*，后者是由落到延长至 *c* 的线段 *bd* 之上的垂直线 *ac* 来表示的。所以，物体由于重力的障碍而在点 *b* 上承受着与它从自己以角 *abc* 撞击的平面 *cd* 所承受的同样的抵抗；因为这个平面给它造成的障碍在这里同样是由小的垂直线 *ac* 来表示的。所以，人们完全可以把一个物体在其圆周运动中对把它向下拉的重力施加的力与它对斜面的撞击相比，也可以用测算后者的同样方式测算它。如例所示。

第 82 节

其次，第 80 节中所假定的我们证明的第三个基本定理似乎还需要作出一些证实；至少当人们与这样的敌手打交道时，就最显而易见的真理

---

① 图 13。

而言还不能足够谨慎；因为关于活力的争论已经充分地向我们证明：就
1〔89〕某些意见而言的党派性可能是多么强大和受人欢迎，甚于真理不加掩饰
的力量，人类的知性自由又伸展得如何辽远，直至在最显而易见的真理
面前还要满腹狐疑，或迟迟不作判断。

圆周运动的物体在克服重力阻碍的每一个有限的时间里都施加了一个有限力的作用

自由运动物体的重力在每一个给定的有限时间里也产生了一种有限的力，鉴于这样一条定理，我本来可以援引第32节；然而，这条定理在活力的辩护者们那里已经有了自己的敌手，最好是用他们自己的武器来打败他们。假定在其圆周运动中在一个有限的时间里穿过 af 弧的物体，接受了它在整个有限空间 af 中不断地蒙受的所有重力弹簧的压力。如今，甚至按照莱布尼茨学派所承认，存在于某个有限空间中的具有重力材料的弹簧连续地把自己的压力传递给一个物体，并传递给它一个有限的力，因此，等等。

第83节　结论

据此，如果与直角平行四边形各边的平方成比例地测算在分离的运动中施加的力，那么，这种力的存在就根本用不着物体做圆周运动的最众所周知的规律以及造成这种运动的向心力。所以，在任何一种复合运动中，侧力都并不像莱布尼茨的测算所要求的那样，与其速度平方成比例；也正因为如此，结论也就是人所共知的：按照平方进行测算是完全错误的；因为，从力学首要的基本学说可知，任何一种运动都可以被看做复合的。

第84节　笛卡尔的测算是如何消除这一困难的

还必须注意，笛卡尔对力的测算是如何出色地消除莱布尼茨的测算如我们现在看到的那样所遇到的困难的。

从数学中可以得知，与无限小的弧 ab 的对弦 bi 平行且相等的短线 ac①

① 图13。

是一个第二等的无限小，因而小于无限短的线段 *ab* 无限多倍。但是，*ac* 是 1〔90〕
物体在其圆周运动中时时处处用以对重力的压迫产生反作用的角的弦，而 *ab* 作为物体绝对运动自身的一个无限小的部分，则是其整弦。但从前面证明过的第 79 节中可以得知，如果一个物体在斜线运动中如此作用于某一障碍，以致从整弦来看入射角的弦完全是无限小的，那么，按照笛卡尔的测算，由于障碍而失去的力与所有被克服的障碍的全部力量相比就是无限小的。所以，物体在对重力的所有克制的全部总和中克服一个无限大的力之前，它在圆周运动中不会由于重力的压迫而损失一个有限的力。但是，经过一个有限时间的所有重力压迫的总和只是一个有限的力（第 80 节，第 3 条假定），因而并不是在过去一个无限的时间之前有一个无限的力；所以，围绕一个被自己的重力引向的中心作圆周运动的物体由于重力的障碍只是在一个无限的时间中损失一个有限的力，从而在任何一个有限的时间里所损失的都是无限少的。与此相反，按照莱布尼茨的测算，在同样的条件下任何有限时间内的损失都将是某种有限的东西（第 80 节）；因此，笛卡尔的测算在这种情况下并没有遇到莱布尼茨的测算如我们已经看到的那样总要遇到的困难。

第 85 节　活力在此还遇到的一个新矛盾

我们现在对活力已经作过的反驳同时在按照平方对力进行的测算中揭示了一种奇特的矛盾。由于每个人都同意，按照速度自乘的直角三角形来测算的力肯定比仅仅由速度的简单尺度表示的那种力具有无限更多的力量，它与后者的关系就是面与线的关系。然而这里表现出
来的正好相反，也就是说，在我们已经看到的两类力被设定为在完全 1〔91〕
相同的条件下起作用的事例中，莱布尼茨的测算要无限地小于笛卡尔的测算，并且被无限少于后者的障碍消耗掉；这是一个不可能设想得更大的矛盾。

第 86 节

对复合运动中与简单运动中存在着同样大小的力的普遍原理的摧毁，同时也就推翻了活力的辩护者们建立在同一基础之上的事例。

反驳贝努利关于四个同样弹簧的张力的事例

沃尔夫先生在其力学中所援引的**贝努利**的事例①就是这些事例中最引人注目的事例之一。他假定有 4 个弹簧，它们全都需要同样的力才能被压紧。此外，他让一个具有 2 个单位速度的物体以其弦为 1 的 30 度角垂直撞击第一个弹簧，之后让它用剩下来的运动以其弦同样为 1② 的角度垂直撞击第二个弹簧，并如此这般撞击第三个弹簧，最后撞击第四个。现在，这个物体压紧了每一个弹簧；因此它以 2 个单位的速度施加了 4 个单位的力；所以，它早已具有了这种力，因为否则的话，它就不可能施加它。由此看来，这一物体的力并不与其速度 2 成正比，而是与其速度的平方成正比。

我并不要求断言：一个具有 2 个单位速度的物体在任何条件下都不能施加 4 个单位的力。然而，它只有在斜线撞击中才能施加这种力，并且我们已经充分证明了，它在直线撞击中的力任何时候都只等于 2，而它在斜线运动中的力总是大于它在垂直运动中的力。但是，每一个人都是按照在垂直撞击中出现在物体里的力量来测算一个物体的力的。因此，
1〔92〕 笛卡尔一方相对于活力学派的优越之处，就在于这一类作用，它没有任何含混性，所有的敌手都同意它就是力的真正尺度。

第 87 节

最终建立在运动的复合之上的，还有一个人们可以称为我们敌手们的阿基里斯的事例。

马兰③先生对赫尔曼④事例提出的反对意见

这一事例在于：一个质量为 1、速度为 2 的物体 A，以 60 度角突然

① 贝努利的通告（参见上文 72 页注）载沃尔夫的《力学基础》（参见上文 50 页注），哈勒版，77～78 页，第 327 节，1748。——科学院版编者注

② 弦在这里的意思是：相应的分量。参见编者“异文”中关于此处的修改建议（该处的修改建议为：其弦同样产生 1 个单位的速度？拉斯维茨。也就是说，这是 $\sin 30°=1/2$，而且由于起动的物体的力等于 2，故而所考虑的分量等于 $2 \cdot \sin 30°=1$。康德以易被误解的表述概括了这一思想，“其弦为 1”明显有沃尔夫那里的一段话的印迹，但在那里这个表述是不令人生疑的，因为同时用字母在一个图形上做了证明。——译者注）。——科学院版编者注

③ 参见上文 45 页注。——科学院版编者注

④ 参见上文 43 页注。——科学院版编者注

撞击两个质量均为 2 的物体 B 和 B。撞击后，撞击物体 A 处于静止状态，而物体 B 和 B 每一个都以 1 个单位的速度运动，因而二者总共是以 4 个单位的力运动。

马兰先生已经非常清楚地认识到：力的测算如果是正确的，就必须毫无差别地在所有的、任何的条件下表现出来；而说一个特殊的、只有局限于特定条件下的事例会证明一种新的测算，这是十分奇怪的，也是自相矛盾的。莱布尼茨学派任何时候都大胆地要求：如果一个物体施加 4 个单位的力，那么，无论以怎样的方式，人们总是能够肯定地说，该物体即使是在垂直方向上也将施加同样的力。然而，在当前这一事例中显而易见的是：一切都取决于一定数量应被推动的元素，取决于这些元素相对于撞击物体的一定位置；因此，如果这些规定发生变化的话，情况就会完全不同；所以，如果人们作出结论说，物体在这些条件下施加了这种或者那种力，从而也必定（根本谈不上任何限制）具有这种或者那种力，而且只要人们愿意，也在垂直作用中释放出这些力，那么，人们就是在自己欺骗自己。

我现在只想致力于把马兰先生在回答查泰勒[①]夫人于其自然学说中对他提出的异议时用以反对赫尔曼事例的想法的意思表达出来。然而我觉得，借助于我们迄今为止在力的复合与分解方面所说明的东西，整个事情将能够得到更为简明和更为令人信服的解决，而且它绝大部分也已经 1〔93〕
由此得到了解决；因此我相信，通过联系我在此提请注意的东西，本文的读者很容易使我免除作进一步详尽的阐述。

第 88 节

马兰先生是笛卡尔的辩护者们中间惟一一位通过对莱布尼茨学派将力的一种新测算建立于其上的理由进行选择而作出一些考察的人；然而，他也只是在我们于上一节里面已经提到的惟一事例中这样做的。粗看起来，这类研究似乎意义不大，然而实际上，它却像艺术中任何一种哪怕是仅仅可设想的方法一样，具有极其出色的益处。

① 参见上文 45 页注。——科学院版编者注

马兰先生的这种方法的实用性

人们必须具有一种方法，借助它，通过对某种意见建立于其上的基本原理所作的普遍思考、通过将这些基本原理与从它们得出的结论进行比较，人们在每一个事例中都可以得知，前提的本性是否也包含了就由此推导出的学说而言所要求的一切。如果准确地说明依附于结论本性的那些规定，并且清晰地注意到在建构证明的时候是否也已经选择了局限于蕴含在证明中的特殊规定上的那些原理，就会出现这种情况。如果不是这样做的，那么，即使人们还不能揭示错误究竟何在，即使这一点可能永远不为人所知，人们也只会确信，以此种方式尚有缺陷的推论没有证明任何东西。因此，例如，我从对弹性物体运动的普遍思考得出结论：通过物体的相互碰撞而产生的现象不可能证明一种不同于笛卡尔对力的测算的新测算。因为我记得，所有这些现象都被力学家们连同弹性一起
1〔94〕从质量与速度的乘积的惟一源泉中排除掉了，对此，人们可以向莱布尼茨学派展示上百次检验，它们都是由最伟大的几何学家所做的，并且人们无数次地看到这些伟大的几何学家们以自己的赞同来证实它们。所以我的结论是：仅仅由按照速度的简单尺度来测算的力所造成的东西，除了从按照速度进行的测算出发之外，不能从其他任何测算出发作出证明。我原本还不知道，究竟在何处去寻找莱布尼茨学派关于弹性物体相互碰撞的推论中的错误；但在我以上述方式证明，无论多么隐蔽，在这些推论中的某处一定隐含着一个错误的推理之后，我全神贯注地查找它，而且我认为，我曾在不止一处遇到过它。

这种方法是这整篇论文的主要源泉

一言以蔽之：这整篇论文可以被看做是这种方法的一个产物。我想坦率地承认：我相信，我现在完全把握住了赞同活力的所有那些证明的弱点；但一开始的时候，我把它们看做是如此众多的几何学证明，我在其中设想不出哪怕极微小的错误，而且如果对莱布尼茨先生的测算得以确立的那些条件所作的普遍思考没有给予我的观察提供一种迥然不同的推动的话，我或许永远也不会发现一处错误。我看到，运动的现实性是这种力的尺度的条件，它构成了人们不应当像测算追求运动的物体的力那样来测算推动物体的力的真正原因。然而，当我思考这一条件的本性

时，我轻而易举地认识到，人们可以把它与惰力的条件归为一类，它只
是在大小上与后者有区别，而不可能具有一种结果与惰力条件的结果完
全不同，并且虽然作为这一结果之原因的条件被设定得如此接近另一条
件，以至于几乎与之混杂起来，却依然与后者保持着无限多的区别。所
以，我以一种不亚于几何学的确定性认识到：运动的现实性并不能是充
分的根据，使人推论出物体的力在这种状态下必然与其速度的平方成正 1〔95〕
比，因为在一个持续时间无限短的运动中，或者换句话说也一样，在对
运动的单纯追求中，物体的力不以速度之外的任何东西为尺度。由此
我得出结论：如果数学仅仅把运动的现实性作为按照平方来进行测算
的根据，除此之外什么都不用，那么，其推论必定是非常不恰当的。
由于对莱布尼茨所有的证明都抱有这种持之有据的怀疑，我抨击这种
测算的辩护者们的推论，以便除了从现在起知道在它们里面必定存在
错误之外，还知道这些错误存在于何处。我自忖，我的计划并没有完
全落空。

第 89 节　缺乏这一方法是某些明显的错误长久以来秘而不露的原因之一

人们如果在任何时候都致力于这种思维方式，那就能够在哲学中避免许多错误，至少它会是早得多地摆脱这些错误的一种方法。我甚至要大胆地说：错误对人类知性有时持续数百年之久的专制主要来自缺乏这种方法或者与它关系密切的其他方法，因而为了今后防止那种弊端，从现在起人们要与其他方法相比更关注这种方法。让我们来证明这一点。

既然人们相信借助于某些在某处隐含着一个非常明显错误的推论已经证明了某种观点，在此之后除非首先发现其中隐含的错误，否则就没有其他办法来认识这一证明的无效性；因而既然在能够说证明中存在着一个错误之前，必须事先就知道是一个什么样的错误使证明被摈弃，既然像我所认为的那样除此之外没有其他方法，那么我断言，错误将很长时间未被揭穿，在骗局真相大白之前，这一证明仍会无数次地蒙骗人。原因如下。我假定，如果在一个证明中出现的定理与推论都是显而易见

1〔96〕 的，本身就具有人人皆知的真理的外观，那么知性就会赞同这一证明，而不会去在它里面花费心力没完没了地查找一个错误；因为在这种情况下，就知性因此而产生的确信而言，证明就如同一个具有一种几何学的明晰性与正确性的证明一样有效，而隐藏在推论中的错误由于未被察觉，就好像在证明中根本不存在错误似的，从而也不会产生减低赞同的作用。因此，知性要么永远也不赞同一种证明，要么当它在证明中没发现任何看起来像是错误的东西，也就是说，即便证明中有一个错误它也猜想不出的时候，就必须赞同这一证明。因此在这样一种情况下，知性从来不会付出特别的努力去查找一个错误，因为它没有这样做的动因；所以，这一错误将只会借助一种幸运的巧合表现出来，从而在被发现之前，一般说来将很长时间依然隐而不露；因为这种幸运的巧合可能很多年、甚至通常是数百年也不会出现。这差不多就是作为人类知性的耻辱持续许多时代、此后一种非常简单易行的考察就揭穿了的那些错误的最主要根源。因为隐藏在一个证明中某个地方的错误初看起来很像人所共知的真理，因而证明也被看做是完全清晰明确的，人们不会猜想其中有任何错误，当然也就不会去查找错误，人们只是以巧合的方式才会发现它。

人们预防错误长期存在的方法必须是什么样的

由此可以轻而易举地得出：应在何处寻找秘密，什么可以预防这一困难，什么有助于我们揭示人们所犯的错误。我们必须掌握从前提出发猜测以某种方法建立起来的证明就结论而言究竟是否包含着充分和完备的基本原理的艺术。以这种方式我们将得出，在证明中是否肯定存在着一种错误，即使我们没有在任何地方发现它，但是我们随后会考虑查找它，因为我们有充足的原因去猜想它。所以，这将是一堵防止那种危险
1〔97〕 的赞同意向的城墙，没有这种动因，赞同会使知性的一切活动远离对于一个对象的研究，因为它根本找不到怀疑和不信任的理由。这一方法已经在第 25、40、62、65 和 68 节中帮助过我们，它还将继续为我们效力。

第 90 节

倘若有人想把这一方法解说得更清楚一些，并指示出其运用的规

则，这将是一项效益不菲的考察；然而，这种研究方式并不属于这篇论文本来应当完全具备的那种数学的权限。但是，我们还是想在对从运动的复合中借来的有利于活力的那些推论的反驳中说明对其有用性的一种检验。

惰态的压力，例如沿斜线方向画出一个交点的重力，在其复合中如果这些方向包含了一个直角，那么其初始速度也是由作为一个直角平行四边形的各边的线段来表示的，由此产生的压力则由对角线来表示。虽然在这里对角线的平方同样等于各边平方的和，但决不能由此得出结论说：复合的力与各简单的力中的一个的比例等于表示初始速度的各条线段的平方；相反，世上所有的人都一致认为：尽管如此各个力在这一事例中仍然只处在速度的简单比例中。如今，仍像借助数学所设想的那样以现实运动的复合为例，并把它与数学进行比较。构成平行四边形各边与对角线的各条线段无非是沿各方向的速度，与惰态压力的复合的事例中完全一样。对角线与各边的比例与它在后者中的比例一样，而且角也是同一个角。因此，注入复合的现实运动的数学观念中的那些规定，与 1〔98〕
人们在同一科学中用以表达惰态压力的复合的那些规定没有什么不同。所以，既然从后者得不出按照速度的平方对力进行的测算，从前者就也不能得出它来；因为它们是同样的基本概念，所以它们也就拥有同样的结论。人们还会反对说：在它们之间确实可以发现明显的差别，因为人们假定，它们中的一种是**现实**运动的复合，另一种则只是**惰态**压力的复合。然而，这种假定是空洞无用的。它并不一起进入构成定理的那些基本概念的方案，因为数学并不表达运动的现实性。作为考察主题的各线段只是表达各个速度间的关系。所以，对于运动**现实性**的限制在此只是一个死的、多余的概念，它只是被顺便想到的，从它出发在数学考察中产生不了什么结果。由此得出，从复合运动的这种探究方式中推不出任何有利于活力的东西，反而必定是某种我们现在并不想谈论的混杂的**哲学**结论。以这种方式，凭借我们受到称赞的方法，我们认识到，从运动的复合出发对活力作出的数学证明必定是不正确的、充满错误的；但我们还不知道这是些什么样的错误，然而我们毕竟有一种持之有据的猜测，或者毋宁说是某种确信，即它里面肯定有错误。因而，我们可以不怕麻烦地去认真寻找它们。我已经使我的读者们摆脱了这种麻烦，因为我认为自己已经找到了这些错误，并且在刚刚过去的几节中指出了这些错误。

第 91 节

最后，对于**比尔芬格**①先生想针对自己的敌手能够对他提出的责难来保护自己迄今为止已被我们驳倒的结论所用的所有吹毛求疵的辩解和区分之死结来说，我们的方法还是一把利剑。对于我们来说，能够斩开这
1〔99〕个死结大有好处，因为否则的话，解开这个死结是要大费力气的。

比尔芬格先生想用来逃避马兰先生责难的区分就是借助这种方法完成的

比尔芬格先生非常清楚地注意到：人们将责备它说，他的证明倘若是正确的，就必须也为惰态压力的复合证明同样的东西。但是，他已经从这方面凭借他善于作出的错综复杂的形而上学区分之堡垒来设防了。他注意到：惰力的作用必须借助强度与其所选路径的乘积来测算，而这一乘积又是由这一线段的平方来表示的；因此，人们虽然可以向笛卡尔学派承认：在惰态压力的复合中各种作用是相等的，然而并不能由此得出结论说，各个力由此也必定是相等的。他补充道：in motibus isochronis solum actiones sunt ut vires，non in nisu mortuo［只有在等时运动中，活动才与力成正比，在惰态支撑中并非如此］。在一场数学争论中，形而上学研究起着一种特殊的作用。数学行家相信，他并不擅长这种吹毛求疵的辩解，即便他没有能力解决它，离由此而犯错误也还相去甚远。他沿着几何学的导线继续前进，所有其他的路径对他来说都是可疑的。在对待比尔芬格先生的借口时，几何学家们同样是如此行事的。据我所知，还没有人与他为伍使用这些武器。人们通过事先的深思熟虑而免除了这一辛劳；因为，一种形而上学的研究，尤其是一种如此错综复杂的综合性的研究，还总是向四面八方留下无数避难所，让敌手中的某一个能够躲避，别的人却不能追捕他或者把他抓出来。我们已经做得很好，一开

① 参见上文 32 页注。——科学院版编者注

始就从比尔芬格先生自己承认惟有数学才作出断言的那一方面来进攻他的推论。然而，正如我说过的那样，借助于我们的方法，即便这些区分还隐藏在如此无法穿透的阴霾笼罩之下，我们也掌握了它们。

我们的方法可以预防比尔芬格先生的区分 1〔100〕

在此问题主要是：比尔芬格先生的区分是否能够使他从现实运动的复合中对角线与各边线段的比例出发所作的有利于活力的数学证明有效，或者，这一数学证明是否尽管这一切仍不能提供对新测算的任何保护。这本来就是争论的焦点；因为如果比尔芬格先生的大厦只是建立在形而上学的基本原理之上，没有得到运动之复合的数学概念的支持，那么，即便我们不从事这一章的研究，它的意图也已经为我们作了辩解。但是，从人们同样在惰态压力的复合中推导出对角线速度与边线速度的比例的同一理由出发，在**现实运动**的复合中这一比例也得到了证明。事实的确如此，即便在复合的现实运动中所发现的性质和规定无异于惰态压力中的性质和规定，因为这可以得到充分的证明，除了在复合的惰态压力中也必须作为前提条件的东西之外，人们为此不需要任何别的东西。因此，从现实运动中对角线速度的比例不能得出结论说：复合的力必定具有不同于惰态压力的本性与测算方式；因为，即使复合的力的本性与惰态压力根本没有区别，同样的比例也依然出现，因为要证明这一点，除了在此也需要的那些理由之外，人们并不需要别的理由。比尔芬格先生想利用这些理由，从中得出结论说这些力不是与速度成比例，而是与速度的平方成比例，这是白费力气。

据此，这位哲学家所运用的形而上学区分或许能提供让进一步的哲学思考会从中得出有利于活力的一些理由的东西；然而，要弘扬我们所说的那个数学证明，这些区分还是不充分的，因为那个证明仅就其本性而言，就已经使人们想由此得出的规则所要求的东西不确定了。 1〔101〕

第 92 节　莱布尼茨先生的一个特别的复合事例

在我们已经向活力的辩护者们指出所有这些不同的错误证明类型之后，我们终于遇到了以活力之父**莱布尼茨**先生自己为首创者、并且也表现出他的洞察力特征的那个证明。他首先借解决修道院长**卡特兰**①的责难之机在《教育者年鉴》② 上将该证明公之于世。此后，每当他想阐发自己对力的测算时，他都特别地援引这一证明，因此我们要把它看做是活力的主要支柱并予以清除。

一个质量为 4 的球体 A③ 在一个高度 $1AE$ 为 1 的倾斜曲面上从 $1A$ 下落到 $2A$，并以它通过下落获得的单位为 1 的速度在水平面 EC 上继续运动。此外人们设定：它将自己具有的全部的力都传递给一个质量为 1 的球体 B，在此之后它停在点 $3A$ 上。如果质量为 1 的球体 B 的力应当由此与具有 4 倍质量和 1 个单位速度的球体 A 所拥有的力相等，那么，球体 B 会从球体 A 那里获得怎样的速度呢？笛卡尔学派说：其速度必定是 4 倍。因此，物体 B 以 4 个单位的速度在水平面上从 $1B$ 运动到 $2B$，在它于此同倾斜曲面 $2B3B$ 相遇后，将沿此倾斜曲面向上运动，并因此而在它上面凭借它拥有的速度达到其垂直高度 $3BC$ 为 16 的点 $3B$。人们进一步假定一个倾角台秤 $3A3B$ 在点 F 运动，它的一个秤臂 $F3B$ 长达 4 倍于另
1〔102〕一个秤臂 $3AF$ 多一点，尽管如此它们相互仍保持着平衡。现在，如果物体 B 达到点 $3B$，并在那里登上台秤的秤臂，那么显而易见，由于秤臂 $F3B$ 与另一个秤臂 $3AF$ 之比大于 $3A$ 的球体质量与 $3B$ 的球体质量之比，所以平衡被打破，物体 B 从 $3B$ 下降到 $4B$，同时球体 A 从 $3A$ 上升到 $4A$。但是，高度 $4A3A$ 差不多是高度 $3BC$ 的 1/4，也就是说为 4；因此物体 B 以此方式将球体 A 推升到差不多 4 倍的高度。只要借助简单的力学技巧就能够做到：球体 A 从 $4A$ 重返 $1A$，并以其通过回落所获得的力施

① 修道院长卡特兰（Abbé de Catelan），一位巴黎的笛卡尔学派，在《文字共和国新闻》(999～1003 页，1686）回应莱布尼茨对笛卡尔的第一次攻击。争论在该杂志继续：131 页以下和 577 页以下，1687。卡特兰的反驳如此软弱无力，以至于莱布尼茨从此转向了作为更重大的敌手的帕品和马勒伯朗士。——科学院版编者注

② 《教育者年鉴》，1690。*

③ 图 14**。

*论文在 228～239 页：《戈·威·莱布尼茨：论重力的原因：暨针对笛卡尔学派捍卫自己关于力的自然法则》。——科学院版编者注

**康德的图与莱布尼茨［上注引文：235 页］所给出的图完全一致，只不过在莱布尼茨那里，杠杆旋转中心处是字母 C，康德以 F 取代之。在康德那里是 C 的位置，莱布尼茨并没有标注。——科学院版编者注

加某些力学作用，但此后再次从点 1A 沿斜面 1A2A 下落，将一切置入先前的状态，也像以前一样把自己所有的力传递给可以凭借平面 2B4B 难以察觉的倾斜而重返点 1B 的球体 B，并再次重复所有这一切。莱布尼茨先生继续推论说：因此，从笛卡尔的力的测算可以得出，只要人们利用一个物体的力，它就会无限地产生越来越多的作用，推动机器、压紧弹簧、克服障碍，它进一步不间断地做到这一点的能力不会有所损失；因此，作用会大于其原因，而所有力学家都认为荒唐无稽的永恒运动是可能的。

第 93 节　这一证明中错误推论的要点

这一证明是活力的所有辩护中惟一一个其显明能够使人原谅莱布尼茨学派在其测算的辩护理由方面表现出的草率的证明。贝努利先生、赫尔曼先生和沃尔夫先生没有说过任何在发明与明显的实力方面可以与它媲美的话。如果不是甚至引诱莱布尼茨先生去犯错误的想法对于他来说也必定是值得赞扬的，一位像他这样伟大的人物是不会犯错误的。对于这一证明，我们想说的是维吉尔笔下赫克托自诩的话：

> …Si Pergama dextra 1〔103〕
> defendi possent，etiam hac defensa fuissent.
>
> Virg. Aeneid.
>
> [……如果能用我的右手保卫佩尔加姆的话，
> 它就会得到我的右手的保卫的。
>
> 维吉尔：《伊尼特》][①]

我想简明扼要地表述我对于这一证明的判断。莱布尼茨先生不应当说：球体 A 在借助台秤被提升到 4 倍的高度 4A3A，并从 4A 重新返回斜面 1A，但此前曾施加过力学的力之后，其回落无论看起来如何，都是传递给球体 B 的力的一种作用。如我们马上就会看到的那样，所施加的力学的力虽然是机械装置中借助传递给 B 的力引发的一个后继状态，但尽

① 引文出自维吉尔：《伊尼特》，II，291 — 292。——科学院版编者注

管如此，它却不是这个力的作用。我们必须非常谨慎地避免这两种意义的混淆；因为这里正是莱布尼茨证明中出现的所有假象引为根据的错误推论的要点。如果所有这些力学结果不是物体 A 传递给另一物体 B 的力的真正作用，那么，即使人们说，在机械装置后继状态中所包含的比先行状态中的多，一个荒谬思想的所有声望也一下子就消失了。由此尚不是作用大于其原因，而且永恒运动本身在这一事例中也不是荒谬的事情，乃是因为所造成的运动并不是本来仅仅引发这一运动的力的真正作用，因而也就无论如何都会大于这个力，人们并没有违背力学的基本规律。

第 94 节　*A* 通过机械装置的安排获得的力并不是物体 *B* 的力所产生的作用

人们把球体 A 所有的力传递给物体 B，物体 B 在沿斜面 $2B3B$ 上升时将之消耗殆尽。因此，在点 $3B$ 上它已经实现了自己的全部作用，也耗尽了所有传递给它的力。现在，当它落到台秤的秤臂上时，它用来将 $3A$ 上的物体抬高的力，就不是先前的力，而只是重力新生的力量造成了这
1〔104〕一作用，而 B 从球体 A 所获得的力根本没有参与这一作用。此外，如果球体 A 由此被抬升到 $4A$，球体 $3B$ 的压力就也以这种方式施加了它的全部作用，而物体 B 在从 $4A$ 返回 $1A$ 时所获得的力又是一个新原因的作用，这个新原因与秤臂的活动截然不同，而且也比它大得多，这就是在自由降落中传递给物体的重力的压力。因此，在物体 A 重新到达点 $1A$ 之前，它用来施加力学作用的力是某种虽然由球体 B 的力所引发、即被给予某些力学原因、但却不以它们为产生的原因的东西。

第 95 节　这一点将得到证实

如果莱布尼茨学派设定大自然中产生的后继状态中的力，总是恰恰等于先行状态自身包含的力，那么我很想知道，他们究竟想如何避开人们从他们自己的证明出发可能向他们提出的责难。如果我将 $3B$ 上的球体 B 放在台秤上，从而它在这里向下压迫秤臂，并将物体 A 从 $3A$ 抬升到 $4A$，那么，这就是大自然的先行状态，而 A 此后在从 $4A$ 重新下落时所

获得的力就是由先行状态引发的后继状态。但是后一状态所包含的力远远多于前一状态包含的力。因为 $3B$ 上的物体超出 $3A$ 上的物体的部分对于它们固有的重量来说是无与伦比的小，所以物体从 $3A$ 被抬升的速度相对于它通过从 $4A$ 的自由回落在 $1A$ 所获得的速度来说也可能是极其小的；因为重量未曾减弱的压力在此处聚积，而在彼处只有相对于它来说极其小的压力。因而，力在大自然中的后继状态无可争议地大于引发它的先行状态。

第 96 节　对此同样可以从连续律得到证明 1〔105〕

这里的一切都首先取决于：人们确信，B 以 4 个单位的速度所拥有的力并不像莱布尼茨学派想在笛卡尔的规律中指出其荒诞不经时必定假设的那样，是此处出现在机械装置中的结果的原因。因为如果是这样的话，那么，只要人们稍稍减弱这一原因，结果就也会稍稍变小。然而这在此处的机械装置中表现完全不同。如果我们设定，$1B$ 上的物体所拥有的速度略小于 4 个单位，那么，它将仅仅上升到曲面 $2Ba$ 上的 a 点；在那里，一个秤臂的长度 $3AF$ 与另一个秤臂的长度之比正好是 4，因而物体 B 的重量既没有使秤臂运动，也没有使 $3A$ 上的物体从其位置上向外移动丝毫。所以，如果 B 减少一部分力，这部分力可以看做如此之小，以至于差不多可以忽略不计，$3A$ 上的物体在这种情况下也根本不再获得任何力了；相反，一旦增加少许，$3A$ 上的物体不仅会重新获得它开始时具有的力，而且远远不止如此。显然，如果 $3B$ 上的物体的力就是出现在机械装置中的那种状态的真正产生性原因，这种飞跃就不会发生。

第 97 节　先行状态中充足理由的全部大小

如果人们就各个物体的比例关系来思考机械装置中杠杆的布置及其几何学规定的话，如果人们此外还附加上高度 $3B4B$ 与高度 $1AE$ 之比大于物体 B 的质量与 A 的质量之比的部分的话（因为高度 $3B4B$ 与高度 $1AE$ 之比是 16 比 1，而质量 A 与 B 的比只是 4 比 1），那么，人们就具有了在 A 中造成力的那些规定的全部大小；此外，如果人们还设想借助几

1〔106〕何学规定的有利布置而变得更为有效的重力的压迫，那就具有所有充足理由的完整概括，其中人们将完全是重新发现在 A 中产生的力的大小。如果人们把物体 B 惟一的力与此分离开来，那么，将会发现它太小，不足以在它里面说明进入 A 的力的理由，也就不奇怪了。物体 B 在此所做的一切，就是它在克服重力的抑制的同一时间获得了某种态势，即某个大于按照其速度、从而也按照其质量的比例来说的高度。

这样一来，物体 B 的力并不是在 A 中被产生的力的真正起作用的原因，因而就此来说，力学的伟大规律 effectus quilibet aequipollet viribus causae plenae［任何结果都与其全部原因的力相等］就没有效力了；而且，总是能够以这种方式来产生一种**永恒运动**，丝毫无损于这一基本规律。

第 98 节　惟一还可能隐藏在莱布尼茨证据中的困难

莱布尼茨先生以他的证据能够提出来反对我们的一切都在于：即便人们不能说明事情的完全不可能性，但下述情况仍然是不合规则的、违背自然的，即一种力唤起了另一种比它自己更大的力，而无论这是以什么方式发生的。莱布尼茨先生转向了这一页①：Sequeretur etiam causam non posse iterum restitui suoque effectui surrogari；quod quantum abhorreat a more naturae et rationibus rerum facile intelligitur. Et consequens esset：decrescentibus semper effectibus，neque unquam crescentibus，ipsam continue rerum naturam declinare，perfectione imminuta，neque unquam resurgere atque amissa recuperare posse sine miraculo. Quae in physicis certe abhorrent a sapientia constantiaque conditoris ②［可以得出，原因不能被重新恢复并取代其结果；很容易就可以理解，这与自然的规

① 《教育者年鉴》，442 页，1691。

② 在莱布尼茨那里，etiam、surrogari、rerum、esset 后面都有逗号（这并不影响下面的汉语译文。——译者注）。引文的最后部分在莱布尼茨那里是："……ipsam rerum naturam continue declinare perfectione imminuta；nec unquam resurgere et amissa recuperare posse sine miraculo. Quae in Physicis……Conditoris"（汉语译文应为：事物的本性随着完美性受损而不断变化；如果没有奇迹，就永不能恢复，不能失而复得。在物理学中，这些是……相悖的。——译者注）。——科学院版编者注

律和事物的理由是多么不一致。合乎逻辑的结论是，由于结果总是有所亏损，从不会有所增加，事物的本性不断地变化，在完美性受损之后，如果没有奇迹，就永不能恢复，不能失而复得。在物理学中，这些肯定是与创造者的智慧和稳定性相悖的〕。如果他没有看到事物的本性强迫他作出这种缓和的话，他的措辞是不会如此婉转的。人们可以肯定的只是：如果他的敏锐机智没有认识到这一弱点的话，他就会以其几何学魅力的全部雷霆和数学的所有力量来反对自己的敌人。然而，他发现自己被迫 1〔107〕
求助于上帝的智慧，这是某种标志，说明几何学并没有给他提供强有力的武器。

Nec Deus intersit，nisi dignus vindice nodus
Inciderit—

Horat. de arte poët.

〔倘若不是出现值得保护的关联，
上帝也就不会出场——

贺拉斯：《论诗艺》〕①

答复

然而，就连这些小小的防御也不能持久。在此讲的只是通过数学而为人所知的对力的测算，而如果这并不能让上帝的智慧完全满意，那也毫不奇怪。这是一门从所有认识的手段中抽取出来的科学，它自身并不是充分地以端正和相称的规则存在的，如果要把它完全运用到大自然，就必须把它与形而上学的学说结合起来。处于各种真理之下的和谐犹如一幅画卷中的协调一致。如果人们特别地抽取出一部分，端正、优美与精巧就会消失不见；然而，要想感受到同样的东西，就必须同时看到端正、优美与精巧。笛卡尔的测算违反了自然的目的：因此，它并不是真正大自然的力的尺度，但这并不妨碍它不应是真正而合理的数学的力的尺度。因为数学关于物体及其力的特性的概念与大自然中遇到的那些概念仍有很大的差别，而我们已经看到笛卡尔的测算并不与前者相悖，这

① 引文出自贺拉斯：《论诗艺》，191 — 192。——科学院版编者注

就足够了。但是，为了确定真正大自然的力的尺度，我们必须把形而上学的规律与数学的规则结合在一起；这将裨补缺漏，更好地满足上帝智慧的意图。

第 99 节　帕品先生的责难

活力最臭名昭著的反对者之一**帕品**[1]先生曾非常不成功地利用笛卡尔的事情来反对莱布尼茨先生的这一证据。他已经为自己的敌手清理了战场，并经过了长途跋涉，为的是在某个地方布置一个保护他的岗哨。他
1〔108〕向莱布尼茨先生承认：如果假定物体 *A* 把它全部的力传递给了物体 *B*，那么，按照笛卡尔的测算，就会产生一种永恒运动；并且慷慨大度地向他承认，这种运动是荒唐无稽的事情：Quomodo autem per translationem totius potentiae corporis A in corpus B juxta Cartesium obtineri possit motus perpetuus，evidentissime demonstrat atque ita Cartesianos ad absurdum reductos arbitratur. Ego autem et motum perpetuum absurdum esse fateor，et Cl. Vir. demonstrationem ex supposita translatione esse legitimam [他极为清晰地证明，按照笛卡尔的说法，以什么方式通过把整个物体 *A* 的力量传递给物体 *B*，就能够保持永恒的运动；而且他相信已经给笛卡尔学派指出了他们的谬误。不过我也承认，不仅永恒的运动是荒唐无稽的，而且这位著名的人物从假定的传递出发所作出的证明也是合理的]。他在用这种方法败坏了自己的事情之后，却这样来寻找自己的托词：他否认自己的敌手只构成其论证的一个非常偶然部分的假设，并向他提出挑战，要求他解开这一死结。下面的话表明了他的意见：Sed hypothesis ipsius possibolitatem translationis nimirum totius potentiae ex corpore A in corpus B pernego，etc — [但是，我坚决否认他关于全部力从物体 *A* 传递到物体 *B* 的假设的可能性，等等——][2]。

---

① 帕品（Denis Papin），1647 年生，卒于 1712 年。论文见《教育者年鉴》，6～13 页，1691，题目为《力学家关于动力的意见：由 D. 帕品针对著名的戈·威·莱布尼茨提出的非难》。第二段引文是第一段引文的直接续文（9 页）。帕品在 B、Cartesium、perpetuus、possibilitatem 后面都有逗号，在 demonstrat 后面有一个冒号（这并不影响下面的汉语译文。——译者注）。——科学院版编者注

② 《教育者年鉴》，9 页，1691。

第 100 节

莱布尼茨先生一下子就解除了自己敌手的武装，并且没有给他留下一丝一毫的借口。他向自己的敌手指出，力的现实传递并不是自己的证明中的核心部分，而且把能被 A 中的力替换的一种力置于 B 中就已经足够了。在他已经收入到《年鉴》中、而且我们已经援引过的论文中，人们可以看到一切都得到了证明。但是，我不能不举出莱布尼茨先生的一个过失，它会在公开的辩论中使自己的敌手胜券在握的。这一过失就在于：如他提请人们注意的那样，为了说明论证中的一种附带的情况，他承认了某种本来与主旨无关的东西，但这种东西一旦被接受，虽然附带的条件就得到了证明，但却完全颠倒了证明中的要点。

莱布尼茨先生的一个过失

事情是这样的：除了一个物体不可能将其全部的力传递给另一个物体，**帕品**先生本打算在对其敌手的反驳中不留下任何其他例外；他力图使莱布尼茨先生自认为能够证明这一点的所有机巧都值得怀疑。因此， 1〔109〕
他竭尽全力反驳莱布尼茨这一点：一个质量为 4 的物体 $1A$[①] 在点 $1A$ 撞击极为坚硬的杠杆 $1ACB$，点 $1A$ 到支点 C 的距离与距离 CB 之比为 4，物体 $1A$ 通过撞击将其全部的力传递给质量为 1 的物体 B；因为莱布尼茨先生在维护其我们已经讨论过的那一力学事例中把自己引向了这一点。当帕品先生利用这一解析并从中得出不利于活力的结论时，他并没有发现自己的事情可能包含的长处。他开始进行解析，但他所持的理由却如此孱弱，反而给他的敌手增加了勇气来坚持维护活力。所以，莱布尼茨坚持其手段的正确性，他相信能够利用这一手段通过惟一一次撞击而将一个物体全部的力置入另一物体中。他满怀感激之情地接受了帕品为指出活力的虚假性所援引的理由，并排除了帕品误以为会反过来破坏这些理由的困难。我相信，他说出下面这些话是非常认真的：Cum Florentiae essem，dedi amico aliam adhuc demonstrationem pro possibilitate translationis virium totalium etc. corpore majore in minus quiescens，prorsus af-

① 图 15。

finem illis ipsis，quae Clariss. Papinus ingeniosissime pro me juvando excogitavit，pro quibus gratias debeo，imo et ago sinceritate eius dignas ① [当我在佛罗伦萨的时候，我曾给一位朋友作出全部力从较大的物体传递到较小的静止物体的可能性的另一种证明，总之是与著名的帕品为了支持我而极为出色地想出来的东西有关的证明，我对此心怀感激之情，而且我表达这种谢意是与他的慷慨相配的]。我们现在要看一看，莱布尼茨由于顽固地坚持维护这一定理，从而给予他的事情以一个非常差劲的推动；他倒是应当承认这一定理属于他的敌手；因为在这种情况下，他虽然失去了次要的事情（但这种损失根本不会给他带来什么不利），却会赢得主要的事情。帕品先生能够而且应当以下面的方式进行论证，以便根据自己的敌手的供认捉住他。

证明：一个质量为 4 的物体通过撞击一个杠杆能够给一个质量为 1 的物体传递 4 个单位的速度

如果一个质量为 4 的物体 $1A$ 以 1 个单位的速度撞击 $1A$ 上的杠杆，那么显而易见的是：通过这一撞击，它将把自己全部的力与速度传递到
1〔110〕 与它质量相同、距离杠杆的支点同样远的另一物体 $2A$ 中。但是，由于撞开 $2A$ 所用的这种速度是杠杆在撞开物体后返回经过无限小的空间 $2A2a$ 时所用的运动的继续，所以这一无限小的运动的速度就等于被撞开的物体 $2A$ 的速度，因而也就等于 $1A$ 撞击杠杆的速度；所以，球体 $1A$ 在其撞击时把杠杆下压一个无限短的线段 $1A1a$，确切地说，是以 $1A$ 撞击时相同的速度返回经过这一线段。现在用球体 B 来代替物体 $2A$，球体 B 的质量比为 A 的 1/4，距支点 C 的距离则为 4；并且看一看，物体 B 在物体 $1A$ 致力于向 $1a$ 下压杠杆时会给它制造一个什么样的阻碍。众所周知，vis inertiae [惰态的力] 或一个物体借助其惰态的力阻挡另一个物体运动的阻力与其质量是成正比的；但是，一个到支点的距离为 4 的 1 个质量可以被测算为等于距离为 1 的 4 个质量：因而 B 上的 B 给予物体 $1A$ 对杠杆的撞击的阻力正好与物体 $2A=1A$ 在 $2A$ 上会给予的一样多。所以，即便是在球体 B 而不是球体 $2A$ 处在杠杆上的这种情况下，物体 $1A$ 也与杠杆

① 引文出自上文 106 页注引用的论文。——科学院版编者注

同时穿过了无限短的线段 $1A1a$，而且是以与前此情况中相同的速度，即与其撞击点 $1A$ 所用的速度相等。但是，物体 $1A$ 并不能把杠杆从 $1A$ 压向 $1a$，却不同时把 B 处的另一端从 B 抬升到 b；但是，无限短的线段 Bb 却 4 倍于 $1A1a$；因此，物体 B 通过杠杆的这一撞击获得的速度是 $1A$ 用以撞击的速度的 4 倍。

以另一种方法作出的同样的证明

还可以用另一种方式对此加以阐明。我们可以把所有坚硬的物体都想象为弹性的，也就是说，想象为被撞凹又重新弹回的；这样，我们也可以赋予坚硬的杠杆 $1ACB$ 以这样一种弹力。因此，以 1 个单位的速度 1〔111〕
撞击杠杆的物体 $1A$，在它压紧弹簧 $1AC$ 并将它压下 $1A1a$ 这样一段空间时用尽了自己全部的力。现在，这个弹簧在这一受压的全部时间里借助自己的阻力在物体 $1A$ 中所消耗的速度的元素，与弹簧 $C2A$ 作为杠杆延长的臂在同样的时间里借助这种张力弹开通过 $2A2a$ 的空间所用的元素是相等的；因此，如果这一坚硬的线段被延长到 B，那么弹簧 CB 在杠杆 $1aCB$ 重新恢复为直线 $1aCb$ 时用以弹开的速度的元素，就 4 倍于它在点 $2A$ 上摆回所用的元素（因为点 B 在同样的时间里返回经过的空间 bB 乃 4 倍于 $2A2a$）。然而，由于点 B 距支点 C 的距离为 4，而弹簧 CB 的硬度却是弹簧 $C2A$ 的硬度的 1/4；因此，必须相应地使 B 中的阻力是 $2A$ 中的阻力的 1/4，在这种情况下弹簧 CB 带入质量为 1 的物体 B 中的速度的元素依然为 4，因为与之相反，弹簧 $C2A$ 用在质量为 4 的物体 $2A$ 上面的元素为 1。现在，弹簧 CB 起作用的时间与弹簧 $C2A$ 弹开所用的时间一样大，而两个物体 $2A$ 和 B 通过两个作用时间同样长的两根弹簧 $C2A$ 和 CB 的作用所获得的速度，就等于这些弹簧带给各自物体的速度的元素，因而在物体 B 中 4 倍于在 $2A$ 中；但由于 $2A$ 从弹簧 $C2A$ 的撞击所获得的速度与 $1A$ 在点 $1A$ 撞击所用的速度是相等的，所以，物体 B 通过物体 $1A$ 对杠杆的这一撞击所获得的速度就 4 倍于 $1A$ 用以完成其撞击的速度。如例所示。

帕品先生何以能够由此出发进行论证反对莱布尼茨

我们从这一双重的证明看到：一个质量为 4 的物体凭借这惟一一次撞击能够将等于 4 的速度传递给一个质量为 1 的物体。按照活力最热情的辩护者也不可能怀疑的那些力学基本原理，这是正确的。帕品先生如果很好地利用自己的长处的话，他会由此将自己的敌手狠狠逼入墙角的。

1〔112〕 他应当告诉自己的敌手：你们向我承认，一个质量为4的物体借助一个杠杆就可以将自己全部的力带入一个质量为1、与支点距离为4的物体中；我还可以向你们阐明：它在这种情况下给予那个物体4个单位的速度；所以，一个质量为1、拥有4个单位速度的物体具有一个质量为4、拥有1个单位速度的物体的全部的力；不过，这正是争论的焦点，也是你们要否定我的。

第101节

这样，在活力用来威胁笛卡尔的测算的所有打击中，最可怕的一击也落空了。从此，活力在这一击之后还要寻找手段维护自己，恐怕是没有什么希望了。

…vires in ventum effudit, et ultro
Ipse gravis graviterque ad terram pondere vasto
Concidit: ut quondam cava concidit aut Erymantho
Aut Ida in magna radicibus eruta pinus.

Virg. Aen. Lir. V.

[他白白地浪费力气，此外
他自己有多重就多么重地以巨大的重量摔倒在地上，
就像埃里曼索斯山或者高高的伊达山上的一棵巨松，
被挖掉了根而倒了下来。

维吉尔：《伊尼特》，第5卷]①

第102节　我们已经反驳了莱布尼茨学派最主要的几种理由

至此，我们已经援引了活力的新论证最可观和最著名的理由，并且

① 引文出自维吉尔：《伊尼特》，V，446以下。——科学院版编者注

处心积虑根据一报还一报的权利向这个学派偿还了他们经常向笛卡尔的学生们提出的所有异议与指责。人们可能会无理地要求我们：为了使我们这一方从中获得全面的胜利，我们应当将所有在这一问题上站在莱布尼茨先生一边所写下的东西都抓取过来。这将意味着：为了能够充实自己的著作，从黎巴嫩的雪松到墙中长出来的海索草，什么东西都不放过。我们甚至还可以再在我们敌手的领域里攫取一块地盘，抢夺他们的财物，为笛卡尔的追随者建立起众多的胜利纪念物和凯旋门；但我相信，我的读者对此并没有多大的要求。如果人们在任何时候都有理由说一部巨著就是一场巨大的灾难的话，那么，对于像本书这样一部著作，人们也可 1〔113〕
以这样说；这本书除了纯粹是对同一件事情、即一件非常抽象的事情的不同辩护之外，很少吸收别的东西，最后，吸收它们也只是为了一个惟一的目的，即将它们全部驳倒。

不过，我们还不能完全取消对详尽性的滥用，以至于我们不应当有理由还要提出一个证明；我们争论的问题的所有敌对者和辩护者都会原谅我们避而不谈这一证明。只是因为其作者的地位，这一证明才有资格在本文中占据一席之地；不过，就他在两派的追随者那里享有的声望来说，这一证明并没有丝毫地位。莱布尼茨学派未曾相信过这一证明会对他们的意见有什么用，而且尽管它们经常被逼入困境，人们也没有看到过他们曾求助于它。

第 103 节　沃尔夫先生的一个论证

我们就是从**沃尔夫**[①]先生那儿获得了这一证明，他用极为奢华的方法装点这一证明，发表在《彼得堡科学院评论》第一卷中。人们可以说：用一长列借助一种严格的方法非常精确地分开和复制的先行定理贯穿自己的定理，可以与一支军队的谋略媲美，这支军队为了给自己的敌人制造假象，隐蔽自己的弱点，而把自己分成许多支队，远远地张开自己的双翼。

任何一个会在科学院上述著作中读到他的论文的人都会发现，很难从中找出在它里面构成一个真正证明的东西，由于在这里表现出来的分

① 克里斯蒂安·沃尔夫（参见上文 50 页注）的论文见《彼得堡科学院评论》，217～238 页，第Ⅰ卷，1728，并且注明日期为 1726 年 12 月。标题为：《动力学原则》。——科学院版编者注

析爱好，所有的一切都大大扩展，并被弄得无法理解。我们想在一定程度上解释他的论证的情况。

1〔114〕 第 104 节　这一论证的主要原理

帕品[①]先生曾断言：如果一个物体根本没有克服任何阻碍，没有移动任何质量，没有压紧任何弹簧，等等，人们就不能说它做了什么。在这一点上，**沃尔夫**[②]先生与他意见相左，而且是出于这样一个理由：如果一个人运载一个重物穿越某个空间，那么，每一个人都一致同意，他已经**做**了某事并取得了某种效果；现在，一个物体借助它在现实运动中所拥有的力运载自己的质量穿越一个空间；它的力由此同样已经**做**了某事并实施了某种东西。沃尔夫先生在他的论文一开始就许诺要放弃这一理由并且不依赖于这一理由来证明自己的定理；不过，他并没有信守自己的诺言。

在他已经说明了他所理解的**未受损失的作用**（effectus innocuos）、即在其产生中力没有消耗掉的那种作用之后，他将一个命题设定为基础，他的整个大厦都仅仅建立在这个基础上，而我们只要从他那里夺走这个基础，他这部作品的所有努力就都会化为乌有。Si duo mobilia per spatia inaequalia transferuntur, effectus innocui sunt ut spatia [③][如果两个运动物穿过不同的空间，未受损失的结果就与这些空间成正比]。这就是我们所说的定理。[④] 让我们看一看，他是如何开始证明这一定理的。他以如下方式进行推论：如果通过空间 A 的作用是 e，那么在同样的空间或同一空间 A 中产生的作用也是 e；因此，在空间 $2A$ 中作用就是 $2e$，在空间 $3A$ 将是 $3e$，也就是说这些作用是与空间成正比的。

因此，他的证明建立在这样的假设上：**如果物体穿过同一个空间，那么，它也就施加了同样的未受损失的作用。**这就是真正的误导和失误

① 关涉上文 107 页注中所说的论文，7 页。——科学院版编者注

② 参见上文 113 页注中所说的论文，221 页，第 14 节，系论 I。——科学院版编者注

③ 在沃尔夫那里（上文 113 页注中所说的论文，224 页，定理 6，第 29 节），mobilia 后面还有 aequalia，而 effectus 后面没有 innocui 这个词（如此，则汉语译文应是：如果两个相同的运动物体穿过不同的空间，结果就与这些空间成正比。——译者注）。——科学院版编者注

④ 因此，沃尔夫先生在一个物体通过不受任何阻碍的空间、即通过一个空的空间的运动中赋予物体某些作用；然后他又把这些作用用做物体力的尺度；因此，他没有履行自己的承诺。

之点，后来扩展到他的整部作品。如果由同一物体在空间中所施加的作用应当是同一作用的话，那么，仅仅空间是同一空间是不够的；这里还 1〔115〕
必须考虑到物体用以穿过这一空间的速度。如果这一速度不同样是相同的，那么，无论空间如何相等，未受损失的作用还将是不同的。要理解这一点，我们必须像在第 17 节中已经做过的那样，把物体所穿过的空间不是设想为完全虚空的，而是设想为充满了物质的，只不过是充满了非常稀薄的、因而阻力非常小的物质。这种情况之发生，只是为了我们有一种真正的作用和这种作用的某个主体；因为在其他情况下，正如沃尔夫的论证中的情形一样，依然是一种未受损失的作用。因此，如果物体像另一个与它相等的物体一样穿过了一个同样大小的空间，那么二者都使同样多的物质产生了位移，但因此却并没有总是产生同样的作用。因为如果一个物体以 2 倍的速度穿过它的空间，那么他的空间的所有微粒都由于他的作用而从它那里获得的速度，就 2 倍于另一物体以 1 倍的速度穿过的空间的微粒，因此，第一个物体施加了更大的作用，尽管质量和穿过的空间在二者那里是相等的。

第 105 节　沃尔夫的纲要的又一主要根据

这样，**沃尔夫**先生所有推论的原理显然是错误的，并且与人们从作用和运动的概念出发能够最清晰最确定地证明的东西相矛盾。人们一旦犯了错误，后果无非就是一个错误的链条。沃尔夫先生从他的基本原理中得出另外一个原理，这一原理为他的体系真正提供了所有令读者出乎意料地惊奇并感到奇怪的重大推论。这就是：由于**在相同的运动中，空间处于速度和时间的复合关系中，所以未受损失的作用就与质量、时间和速度的总和成正比。**在此之上他建立起这样一个定理：Actiones, quibus idem effectus producitur,
sunt ut celeritates［产生同一结果的那些活动与它们的速度成正比］。① 1〔116〕

反驳

在这一原理的证明中存在着一个错误的推论，它也许比我们几乎没

① 沃尔夫：上文 113 页注中所说的论文，228 页，定理 10，第 47 节。——科学院版编者注

有发现过的错误推论还要严重。他证明，如果两个同样的物体在不同的时间中产生同样的作用，而它们的速度则与产生这同样的作用的时间成反比，这就意味着：在一半时间中就完成其作用的物体拥有 2 个单位的速度，而另一个为此必须使用全部时间的物体则相反，只拥有 1 个单位的速度。他由此推论说：**由于每一个人都承认，在以另一个运动的 1/2 时间完成其作用的活动是 2 倍大，所以，这一事例中两个活动与时间成反比，即与速度成正比。**之后他继续前进，思考了两个不同的物体在同样的时间中产生同样的作用的事例。他指出，在这一事例中速度与质量成反比，并进一步推论道：Quoniam hic eadem est ratio massarum，quae in casu priori erat temporum，ratio vero celeritatum eodem modo sese habet：perinde est，sive massae sint eaedam et tempus diversum，sive massae diversae et tempus idem etc① ［由于这里质量的比例就是上一事例中时间的比例，而速度的比例则保持老样子；所以是质量相同而时间不同，还是质量不同而时间相同，这都是一回事，等等］。这个推论是一个怪物，但却不是一个人们在数学论文中应当看到的论证。人们记得，在前面的事例中，之所以说两个在不同的时间中完成同样作用的相同物体，其活动与时间成反比，乃是因为在较短时间内产生这一作用的活动正因为如此并且在同等程度上大于为此用去较多时间的另一个活动。因此，这一推论之所以成立，乃是出自这一理由，即由于完成一个作用的时间之短，任何时候都是由一个更大的活动产生的。然而，如果我像在这里第二个事例中那样，用质量的不相等来替换时间的不相同，而使时间成为相等的，那么人们就很容易看出，质量不相等的结果并不是时间不相等的结果。因为在第一个事例中，在较短时间内完成其作用的物体，**正因为时间较短**，而产生一种较大的活动；然而在这里，质量较小并以这
1〔117〕一质量在与另一物体相同的时间里完成同样多的作用的物体，就不是**因为其质量小**就具有了**更大的活动性**。这样说是荒唐无稽的；因为质量的小毋宁说是活动性的小由以建立的真正的、本质性的根据，而如果一个物体尽管质量如此小却依然还像另一个物体一样在相同的时间里产生同样多的作用，那么人们就只能推论说：它的活动由于质量小而缺少的东

① 上文 113 页注中所说的论文，229 页。——科学院版编者注

西，通过一个较大的速度得到补偿，并由此而与另一个物体的活动相匹敌。因此，如果质量不相等，时间与作用却相等，那就不能说：两个物体的活动与其质量成反比，即使在时间与质量相等的事例中就时间和活动来说这一比例成立。**因此，是质量不同而时间相同，还是时间不同而质量相同，并不是一回事。**

这样，沃尔夫论文中的一个主要定理建立于其上的证明就是无效的、无用的；因此，活力在这里将找不到能够滋养它的土地。

在一部作品中，偶尔会有某些可以容忍的错误，这些错误扩展得并不广泛、并不完全损害主体部分的有效性。然而在我们谈的这篇论文中，这些依靠方法的定理就命悬一线；因而一两个错误就使得整个体系应予拒斥、毫无用处。

第 106 节　我们还没有动力学

沃尔夫先生在他的论文中本打算为我们提供一门动力学的最初基础。他的努力不幸失败了。这样，我们到现在还没有动力学的基本原理，使我们能够有理由在它们上面进行建设。我们这篇允诺要说明活力的真正测算的论文应当弥补这一缺憾。第三章应当从事这方面的尝试；然而，人们可以期望击中目标吗？因为各种尝试中的一个毕竟以这种考察方式未能达到目标。 1〔118〕

第 107 节　穆森布罗克先生的论证

刚才，当我正在用前面的事例结束对极为著名的莱布尼茨学派由以建立自己力的测算的理由进行反驳的时候，我收到了由戈特谢德教授先生翻译的、**彼得·冯·穆森布罗克**①先生的**《自然科学的基本学说》**，它是在这个1747年的复活节书展上面世的。这位伟大的人物是当代自然研

① 穆森布罗克（Pieter van Musschenbroek），生于1692年，1761年卒于莱顿。康德所利用的书的书名为：世俗智慧和数学硕士、莱顿编内教师彼得·冯·穆森布罗克先生著，《自然科学的基本学说》，根据拉丁文第2版、连同作者的一些新附录译为德文，莱比锡世俗智慧编内教师约翰·克里斯托夫·戈特谢德写序阐明……。莱比锡，1747，戈特弗里德·基赛维特尔出版，斯德哥尔摩书店。献词注明日期为1747年5月1日。——科学院版编者注

究者中间最伟大的一位，他的意见中成见和学派热情的成分要少于其他任何一个人的学说；这位如此著名的哲学家率先使莱布尼茨先生的测算经受他的数学研究，之后又经受他如此巧妙地进行的试验，并认为它在二者中都得到了证实。他所采用的后一种方法，并不属于当前这一章的内容，但第一种方法却是与此相关的。本文的目的要求我思考这位著名的作者在这里给笛卡尔的测算制造的困难，而且可能的话使它们避开我们应当维护的对象。但是，这几页书的狭小篇幅，或者坦率地说，这里表现出来的惊人的不平等，难道不会给我设置无法逾越的障碍吗？

让我们看一看，他认为在数学思考中证明了莱布尼茨规律的，究竟是一些什么样的理由。① 假定②有某个与被施压的物体一起运动的外部原因，例如一根固定在立柱 AS 上、并弹开物体 F 的弹簧 BC，那么，如果物体 F 是处在静止中的，弹簧 BC 将给予该物体 1 个单位的速度。但是，一旦该物体已经拥有了这个单位的速度，那么，要给它第 2 个单位的速度，就要求有 2 倍的弹簧。因为如果一根弹簧再次独自伸展，那么，已经在以弹簧展开的那个单位的速度现实运动的物体，就会避开弹簧、不
1〔119〕接受它的压力。因此，必须再加上第二根弹簧 DB③，它使得支撑弹簧 BC 的点 B 以物体逃逸的速度追击物体，以这种方式物体 F 就像开始一样相对于弹簧 BC 是静止的，以便它在弹簧 BC 伸展时获得单位为 1 的速度。同样④，要使已经拥有 2 个单位速度的物体 F 获得第 3 个单位的速度，就要求有 3 根弹簧 ED、DB、BC。一个已经拥有 100 个单位的物体，要给予它一个新的单位，就要求 101 根弹簧，余者依此类推。因此，给予一个物体某个单位的速度所需要弹簧的数目等于物体的全部速度所分解成的单位的数目，也就是说，给一个物体传递 1 个单位速度的所有弹簧全部的力，等于该物体在拥有这个单位的情况下所拥有的全部速度。

---

① 图 16。

② 康德后面的阐述关涉穆森布罗克上注的书，94～99 页（第 180～190 节）。图 16～19 完全就是如在穆森布罗克那里表 I 图 19～22 那几张图，就连称谓也一样，只不过在最后一张图上，康德还有从点 E、G 等出发的小垂线，并附上了小写的 e、g 等。也请参见下文第 152 节。——科学院版编者注

③ 图 17。

④ 图 18。

现在，在三角形 *ABC* 中①，它的直角边 *AB* 被等分为各个部分，线段 *DE*、*FG*、*HI* 等等分别等于线段 *AD*、*AF*、*AH*，因此，人们可以利用线段 *DE* 表示给予物体第 1 个单位速度 *AD* 的弹簧；利用 2 倍长的线段 *FG* 表示产生第 2 个单位速度 *DF* 的 2 倍的弹簧；利用线段 *HI* 表示唤起第 3 个单位速度 *FH* 的 3 倍的弹簧；等等。如果人们设想这些线段 *DE*、*FG* 等等无限接近，那么，按照卡瓦列里②引入测量术的无限小方法，它们就构成了三角形 ABC 的全部面积。因此，在一个物体中产生速度 *AB* 的所有弹簧的总和就等于平面 *ABC*，即速度 *AB* 的平方。但是，这些弹簧表示一起在物体中产生所说的速度的那些力，而**对一个物体起作用的各种力的数目怎么样，在它里面产生的力也就是怎么样**；因此，一个物体的力与他所拥有的速度的平方成正比。 1〔120〕

第 108 节　对这一论证的研究

我相信，一个笛卡尔的追随者将对这一证明提出以下的异议：

如果要根据某些弹簧的总和测算传递到一个物体中的力，那就必须仅仅计算现实地把自己的力量带入物体的那些弹簧；然而，那些根本没有对物体起作用的力，人们也不可为了在物体中设定一个与它们相等的力就加以利用。这一定理是力学最清晰的定理之一，没有一个莱布尼茨学派的人对它提出过质疑。穆森布罗克先生本人在他的证明的结尾也承认这一定理；因为这就是他的原话③：**对一个物体起作用的**各种力的数目怎么样，在它里面产生的力也就是怎么样。但是，如果一个已经以 1 个单位的速度运动的物体 *F* 通过两根弹簧 *DB*、*BC* 的伸展获得了第 2 个单位，那么，在这两根弹簧中只有 *BC* 才对它发生了作用，*DB* 没有把自己的张力中的任何东西带入它。因为弹簧 *DB* 是以 1 个单位的速度伸展的；而物体 *F* 也已经现实地以 1 个单位在运动；因此，*F* 避开了这

① 图 19。

② 卡瓦列里（Bonaventura Cavaliere），1598—1647 在博洛尼亚，伽利略的学生，参见《以某种理由提出的不可分者连续物的测量术》，博诺尼艾，1635。——科学院版编者注

③ 在穆森布罗克那里（上文 118 页注引用的书，97 页，第 188 节），这句话是："但是，由于强制从施压的力过渡到被施压的物体，于是在被运动的物体中就不断地产生一个力，它与传递给它一些速度的那些力的数目情况相当。"——科学院版编者注

根弹簧的压力，这根弹簧在自己的伸张中够不着它，无法把自己的张力传递给它。它所做的无非是使支撑弹簧 BC 的立柱 B 以物体 F 运动的同样速度追赶物体 F，以便立柱相对于该物体来说是静止的，而弹簧 BC 把它等于1的全部力带入该物体。因此，它不是以这种方式在 F 中附加给前一种力的力的作用因，而仅仅是一种偶因；而惟有弹簧 BC 才是这种力的作用因。此外，如果这个物体已经拥有2个单位，那么，在3根同样的弹簧 ED、DB、BC 中，惟有弹簧 BC 才把自己的力以及速度的
1〔121〕第3个单位给予它，余者依此类推，以至无穷。因此，如果 DE① 是第一根把自己的力带入物体 F 并在它里面唤起第1个单位的速度 AD 的弹簧，那么，与它相等的弹簧 fG 则给予该物体第2个单位的速度并把自己的力传递给它，弹簧 hI 给它第3个单位，等等；所以，弹簧的总和 $DE+fG+hI+kM+lN+rO+bC=BC$ 构成了从其静止状态开始运用于物体 F、并在它里面唤起速度 AB 的力的全部大小。但是，BC 与 AB 成正比，而 BC 是力，AB 却是速度；因此，力与速度成正比，而不是与速度的平方成正比。

第109节　证实笛卡尔力的尺度的新事例

从现在起，我们已经越过了在维护笛卡尔规律的时候能够与我们对立的所有困难。但我们还不想满足于此。对于一种曾经拥有声望、甚至拥有成见的意见，人们必须穷打猛追，把它从所有的避难所里赶出来。这样一种意见就如同那个多头怪兽，每砍一次它都长出新头来。

Vulneribus foecunda suis erat ille: nec ullum
De centum numero caput est impune recisum,
Quin gemino cervix haerede valentior esset.

Ovid. Metam.

［它因自己的伤口而是能生产的，但在数以百计的头颅中，
不会平安无事地被砍掉哪一个，

① 图19。

毋宁说，他的头颈因双倍的后来者而更强大。

奥维德：《变形记》][1]

如果有人指责这部作品，说它多余地、使用比需要更多的理由来反驳莱布尼茨力的测算，我认为这对我来说是非常光彩的；但是，如果我让它缺乏这些理由，我会感到羞愧的。

假定一个倾角台秤 ACB[2] 的一个秤臂是另一个秤臂的 4 倍，而对 4 倍的秤臂终端施压的物体 B 是另一个物体 A 的 1/4。这些东西将在我们 1〔122〕
设定它们所处的状态中静止，并相互完全处于平衡中。如果给物体 A 再附加上一个小重量 e，那么，物体 B 就会被抬高通过弧 Bb，与此相反，物体 A 则通过弧 Aa 下落，但物体 B 将在这一运动中获得 4 倍于 A 的速度。如果去掉重量 e，与此相反把一个 1/4 的重量 d 加给秤臂 Cb 终端的物体 b，那么，b 被下压通过弧 bB，而 a 则被抬高通过弧 aA；但与 B 是一回事的 b 由此获得了与第一种场合中同样多的速度，同样，与 A 是一回事的 a 也同样获得了在第一种场合中带入它里面的速度；区别只是运动的方向颠倒了。由于添加的重量 e 所施加的作用存在于物体 A 和 B 一起具有的力中，而 1/4 的 d 所完成的作用同样被设定在 $b=B$ 和 $a=A$ 由此一起获得的力中，所以很清楚，这两个重量 e 和 d 施加了同样大的作用，因而必须使用、从而也曾经具有过同样多的力。但是，这两个重量 e 和 d 起作用所用的速度（也就是说，既包括其初始速度，也包括它们通过所有这些压力的积累所获得的有限速度）与它们的质量是成反比的，因而两个速度与其质量成反比的物体具有同样的力；这驳倒了按照平方进行的测算。

第 110 节　莱布尼茨的怀疑之结

在**尤林**[3]先生发现一种事例，通过它人们简单明了地认识到速度的倍增在任何时候都只是设定力的倍增之前，笛卡尔学派从未能以如此多的自信来对抗力的新尺度的辩护者们。莱布尼茨先生拒绝这一点，特别是

---

① 引文出自奥维德：《变形记》，IX，70 以下。——科学院版编者注

② 图 20。

③ 参见上文 56 页注。——科学院版编者注

在他发表于《年鉴》[①] 的动力学论文[②]中的试验里。人们只是听到他如下
1〔123〕 的说法：Cum igitur comparare vellem corpora diversa aut diversis celeritatibus praedita，equidem facile vidi：si corpus *A* sit simplum，et *B* sit duplum，utriusque autem celeritas aequalis，illius quoque vim esse simplam，huius duplam，cum praecise，quicquid in illo ponitur semel，in hoc ponatur bis. Nam in *B* est bis corpus ipsi *A* aequale et aequivelox nec quicquam ultra. **Sed si corpora *A* et *C* sint aequalia，celeritas autem in *A* sit simpla et in *C* dupla，videbam non praecise，quod in *A* est，duplari in *C*，**etc［因此，当我想把不同的物体、确切地说是具有不同速度的物体进行比较的时候，我确实很容易看出：如果物体 *A* 为 1，物体 *B* 为 2，二者的速度却是相同的，那么前者的力同样为 1，后者的力为 2，因为非常明确，无论在前者中设定什么，在后者中都要设定 2 倍。原因在于，在 *B* 中有双倍的自身相等、速度相等的物体 *A*，除此之外没有别的。**但是，如果物体 *A* 和 *C* 相等，而速度在 *A* 中为 1，在 *C* 中为 2，我就不能明确地看出，在 *A* 中的东西在 *C* 中就加倍**，等等］。尤林先生借助世界上最简易的事例解开了这个死结。

尤林先生的解决

他假定了一个运动的平面，例如[③]一条驳船 *AB*，该船沿 *BC* 方向以速度 1 运动，并以同样的运动携带着球体 *E*。因此，这个球体通过平面的运动具有为 1 的速度，也具有为 1 的力。此外，他假定在这个平面上有一根弹簧 *R*，该弹簧在立柱 *D* 上弹开，给予上述球体自身再加 1 个单位的速度，从而也给予 1 个单位的力。因此，这个球体一共获得了 2 个单位的速度，并与这 2 个单位的速度同时获得 2 个单位的力。因此，速度的倍增并没有造成比力的倍增更多的东西，并没有像莱布尼茨学派错误地劝说的那样，造成力的 4 倍。

这一证明是非常清晰的，并且根本不容许逃避；因为平面的运动除了给予物体一个与它相同的速度、即给予它一个为 1 的速度并从而给予

---

① 《教育者年鉴》，155 页，1695。

② 指的是《动力学模型》，参见上文 11 页注。在莱布尼茨那里，vidi、aequirelox、videbam、est 后面有逗号，而 diversa、aequale、simpla 后面则没有。莱布尼茨在 aequalis 后面有一个分号（以上情况并不影响汉语译文。——译者注）。康德略去了莱布尼茨那里这句话的结论，它说的是："即便速度加倍，物体也不加倍"。刊印时的着重号出自康德。——科学院版编者注

③ 图 21。

它一个为 1 的力之外，什么也不能做。而弹簧 R 由于与平面和球体同时有一个共同的运动，除了自己的张力之外也不能以别的任何东西起作用。如今，这张力恰如它给予一个物体——例如我们这里的物体——的那么多，即不多于 1 个单位的速度、从而也仅仅 1 个单位的力。因此，在进入这个问题的设计的所有东西中，无论人们向何处求助，都只能发现 2 个单位的力的原因，在物体中现实地存在着 2 个单位的速度。

第 111 节　查泰勒夫人对尤林的论证提出的异议 1〔124〕

查泰勒侯爵夫人反对**尤林**先生的论证，但却是以这样的方式，要是对一种曾经选择的意见的爱好不会给予一件糟糕的事情以最美好的色彩的话，她的洞察力是足以发现这种方式的弱点的。

她提出了以下的异议。驳船 AB 并不是一个不动的平面；因此，既然弹簧 R 是由立柱 D 支撑的，那么，它将给驳船带入某些力，因此，人们将在驳船的质量中又发现 2 个单位的力，这是人们按照莱布尼茨的测算在物体 E 中没有找到的。

第 112 节

在这一逃避中，存在着人们称为 fallaciam ignorationis elenchi［盲目论证错误］的那种谬见的错误。她并没有真正在自己敌手的证明要害之处攻击其论证，而是关心一个看起来对自己的意见有利、但并不必然附属尤林证明的偶然附带情况。我们很容易就可以把这块绊脚石从道路上清除出去。没有任何东西阻碍我们设想驳船是由一种不允许它借助弹簧向 D 使劲而沿方向 AF 稍稍后退的力推动的。为此目的只能设想它具有无限大的质量。在这种情况下，驳船由于弹簧 R 的有限力量只是无限少地后退，即根本没有后退；因此，物体从弹簧获得的力，与弹簧朝一个完全不动的立柱伸展时弹开所获得的力同样多，即它将获得全部的力。

第 113 节　李希特先生对尤林论证的异议

在为树立力的新尺度而作出自己贡献的人们的名册中没有丝毫地位

的**李希特**①先生，却对尤林的论证提出了一种更有点徒有其表的异议。②

1〔125〕 他认为，恰恰这种力在与不同事物的关系中非常不同。虽然就与驳船同时以一个方向和速度运动的事物而言，弹簧 R 给予球体 E 一个为 1 的力，但是，就在驳船之外现实地静止的对象而言，弹簧给予球体的就不是 1 个单位的力，而是 3 个单位的力。

我很想知道，按照李希特先生的意见物体 E 在与静止对象的关系中获得的 2 个单位的力究竟是从哪里来的；因为它不可能由于一种空洞的抽象或者一种休闲的思想就能够从它产生，而是必须绝对有活动的原因和力，应当由它们来产生它。但是，如果一切都对外在的事物处在绝对的静止中，而驳船开始以 1 个单位的速度运动，那么，在物体 E 中就由此产生出 1 个单位的绝对的力。由此开始，驳船已经不再对物体起作用了；因为它相对于物体是静止的，而弹簧的张力开始释放其活动。这种活动所拥有的，也恰恰只有产生 1 个单位的力所要求的那么多；再在它里面寻找更多的，那是白费力气。因此，除了归入 2 个单位的力的这么多之外，在物体中并没有施加更多的绝对作用。如果在与静止事物的关系中，即在绝对的理解中，据说在物体中产生了 4 个单位的力，但尽管如此在物体中所施加的绝对作用却不多于 2 个单位，那么，就必然有 2 个单位是偶然地、没有原因地产生的，或者是从无中生出的。

既然在一件如此清晰的事情中还出现了一些疑虑，那么，为了完全避免一切疑虑，我们可以这样安排尤林先生的事例：如果一切都处在绝对静止中，那么，物体 E 首先从弹簧获得 1 个单位的速度，此时驳船还处在静止中，这样，物体 E 的这个获得的力就毫无争议地是一个绝对的力。现在，如果驳船在这种情况下也开始以 1 个单位运动，那么，这又
1〔126〕 是一个绝对的运动，因为它之前对一切事物都是静止的。因此，它传递给所有属于它的质量的东西 1 个单位的力，从而也给物体 E 又传递 1 个单位的力，而由于产生这个单位的原因是在绝对运动中起作用的，所以物体从这个原因得到的力不会多于 1 个单位。因此，即便是以这种方式，

① 李希特（Georg Friedrich Richter），1691 年生于施内贝格，任莱比锡大学教授，1741 年卒于莱比锡。被引用的论文题目为：《格・弗・李希特答著名人物雅・尤林：关于物体力的测算的演示》。——科学院版编者注

② 《教育者年鉴》，511 页，1735。

在一切中为物体 E 产生的也不多于 2 个单位的力。

李希特先生还试图用另一个从弹性物体的碰撞得出的借口来逃避。然而，他的辩护是建立在莱布尼茨学派的共同假设之上的，即人们在弹性物体的碰撞后必然发现恰恰如同碰撞前的力。我们反驳过这一假定；因此，这里特别与李希特先生进行纠缠是不必要的。

第 113a 节　涉及本章一些部分的补充和说明

一、对第 25 节的说明

对第 25 节更清晰的阐述

由于这一节的定理是我们当前的考察最重要的基础，所以我们想再以一种更为清晰些的形态阐述它。

一种现实的运动的标志是运动有限的持续期。但这个持续期或者从运动的开端所流逝的时间是不确定的，因而是可以任意地假定的。据此，如果线段 AB① 表示运动期间流逝掉的时间，那么，物体在 B 有一种现实的运动，此外在作为半程的 C、在作为 1/4 点的 D、在此后这段时间的所有更小部分上、哪怕人们无限地使它任意小，物体都有一种现实的运动；因为是它大小不确定的概念允许这样的。因此，我可以设想这段时间无限小，而不会
由此使运动现实性的概念损失什么。但是，如果这段持续期的时间是无限小， 1 〔127〕
那么，它就可以被计算为无，而物体就仅仅处在初始点，即处在单纯的运动努力中。因此，物体的力在任何现实的运动中都以平方为尺度，如果这一点不用其他的限制——例如**莱布尼茨**规律所要求的——就是正确的，那么，它即使在单纯的运动努力中也就已经如此了；而这必然自己否定自己。

有限时间不确定的概念何以自身包含了无限小的时间

乍一看，似乎莱布尼茨规律通过附属于它的有限流逝时间的限制得到了充分的保障，以致不可能被引导到其持续期无限小的运动上来；因为有限的时间是一个表示与无限小的时间完全不同的类的概念，因此看起来，由于这一限制，仅仅在有限时间的条件下允许的东西，根本不可能被引导到无限小的时间上来。即使人们如此谈论有限的时间，即人们假定，如果

① 图 2。

把它作为条件，从它引申出这种或者那种属性，它就必须是确定的，它的大小必须被规定，这一点也依然有其正确性。但是，如果要求一个有限的时间，同时却允许人们可以任意地假定其大小，那么，在这种情况下，无限小的时间就也被包括进它的类了。对于莱布尼茨学派来说，这一点并不是不为人知的。因为他们必然知道，他们的祖师就是把连续律建立在这个基础之上的，也就是说，如果假定 A 比 B 大，但究竟大多少却是不确定的，那么，人们不用损害在这一条件下正确的规律，就可以说，A 与 B 相等，或者如果人们让 A 撞击 B，并且假定 B 也在运动，那么，假如它的这种运动的单位是不确定的，人们就也可以假定，B 是静止的，而不会由此取消在那个条件下确定的东西；在其他事例中还可以举出很多。

莱布尼茨的测算在有限速度的条件下也不适用

最后，如果有人还想说，莱布尼茨的测算虽然不能在有限时间的条
1〔128〕件下、但却依然能在有限速度的前提下是正确的（尽管这显然是违背他们的学说的），就会发现，无论是有限的速度，还是有限的时间，人们都可以用线段 AB 来表现，在这种情况下，同样将证明，如果他们的规律在速度有限的情况下完全有效，那么，它也必须在速度无限小的情况下有效，而这是他们自己不能不否认的。

二、对第 31～36 节的补充

一个物体压迫所有的弹簧，直到它的全部运动都被夺去，而这些弹簧被压迫的时间则可以是随意的；这样，该物体正好拥有所有这些弹簧的力；我们的敌手把这列入人们仅能够拥有的最清晰的概念。关于那些不仅仅满足于被压迫的弹簧的数量，而且还总是追问压迫的时间的人，**约翰·贝努利**[①]先生说，这就和一个人想测量一个杯中的水，但却不满足于他眼前拥有的现实尺度，即杯子的容量，而是认为还必须知道该杯子被装满所用的时间一样荒唐。他满怀信心又不满地补充说：Desine igitur quaerere nodum in scirpo [②][不要在鸡蛋里面挑骨头了][③]。**查泰勒侯爵夫**

① 参见上文 72 页注。——科学院版编者注

② 康德所援引的页码（210 页）是论文题目的页码（参见上文 72 页注），引文自身在第 XIX 节结尾的 218 页。——科学院版编者注

③ 《教育者年鉴》，210 页，1735。

人也准备好一种同样幽默的想法了；不过，他们两个都错了，而且恕我直言，都受声名所累，与他们在这一错误中让人看到的信心一样大。

时间何以必须在有重力障碍时被考虑到

如果弹簧 A、B、C、D、E 中的每一个都具有这样的性质，即它只对抗物体 M 的惟一压力，同时由此失去自己的全部活动，所以在此之后就不再在物体 M 中起作用了，而不管物体 M 承受它随意多长时间，那么我自己就承认，无论物体压迫弹簧是 1 个单位的时间还是 4 个单位的时 1〔129〕间，它所施加的都是同一种力；因为在它压迫弹簧之后，它就在弹簧那里无所事事地浪费时间了。如果与此相反，物体在克服弹簧的压力时，它的力并没有同时取消弹簧的活动，那么，每一时刻都在从弹簧向反作用的物体中传递着新的单位的力；因为这根弹簧在第一时刻就是逐渐消失在物体中的单位的力的原因，它的作用在第二时刻、此外在第三时刻以及在此后无限的所有时刻中都依然存在，而且同样强。在这些条件下，克服这些弹簧压力的物体是在较短的时间里还是较长的时间里做到这一点的，就不是一回事了；因为在较长的时间里，它要比在较短的时间里承受更多的压力。但如今，重量的压力就是这种类型。它的每一根弹簧都在所有的时刻里以同样的活动起作用，而在第一时刻克服它们压力的物体却因此而尚未在随后的所有时刻里都做到这一点。它将为第二个时刻需要同样多的力，依此类推。因此，一个物体用来对抗造成重力的物质惟一一个部分的压力的力，不仅与重量压力的强度成正比，而且与它同时间的乘积成正比。

还有一个不利于活力的证明

为并非弹簧的数量而是时间才是施加的作用的尺度这一定理的多余证明，人们还可以再附加上这一点。一个斜着抛出的物体的运动是抛物线状的，该物体必然不仅由于下落而快得多地通过某个高度，而且也在下落的终点获得一种比从同样高度垂直下落能够给予它的大得多的速度和力。因为当它划出曲线的时候，它直到下落的终点比它垂直下落经过了一个更大的空间。但在那个更大的空间中，它必须承受比它在短的直线中能够碰到的更多的重力弹簧；因为造成重力的物质是向所有方向同等地扩散的；因此，根据莱布尼茨的定理，它必须在前者中比在后者中获得更多的力和速度；这是荒唐无稽的。

1〔130〕 对查泰勒侯爵夫人和马兰先生关于活力的争论的想法

马兰先生考虑按照**未被克服的障碍、未被压迫的弹簧、未被位移的物质**来测算一个物体的力，或者像**查泰勒**夫人所说的那样，按照它不曾作过的事情来测算它的力。这位女敌手认为在这一思想中发现了某种奇怪的东西，她认为自己可以引证它来寻开心。尽管这位著名的人物给他的思想附加了一个本来是一切的关键的限制，即：**即使人们借助一个假说假定它保持或者一再接受自己的力，这些弹簧也依然受到压迫**，但他的女敌手依然在这一假说中发现了某种未被允许、未被授权的东西，以致她因此而对他提出一个更为严厉得多的责难。我将简明扼要地指出，这位杰出人物的思想是多么确定无疑、多么可靠，除了我们已经援引过的尤林先生的思想之外，在这一事情上不是那么容易就能够想出某种更为重要的、更为缜密的东西的。

针对查泰勒夫人为马兰先生的测算方式辩护

如果人们接受在某些障碍被一个物体的力克服的时候该物体的力所损失的部分，如果人们——用我的话说——测算这种损失，那么，人们就会最确定无疑地知道，被克服的阻抗的全部力量究竟有多大；因为物体如果不用掉一个与这种阻抗或者障碍相等的单位的力，就不能克服它们，而这个在物体中被抵消、被消耗的力究竟有多大，夺走该物体这个力的障碍也就有多大，以这种方式施加的作用也就有多大。

1〔131〕 假定有一个物体以 5 个单位的速度自地平线垂直升空，并且像通常那样用三角形 ABC 的面积表示它所达到的空间或者高度[①]；在这个三角形中，线段 AB 表示流逝的时间，BC 则表示它升到这个高度所用的速度。相等的线段 AD、DF、FH 等等应当表示整个时间 AB 的元素，从而复合构成大三角形平面的各小三角形都与 ADE 一样大，就是整个空间的各元素或者物体在时间 AB 里所压迫的弹簧的数目。据此，我们的物体在开始升空的第一个时间段 BK 里压迫了它在空间 $KLBC$ 中遇到的 9 根弹簧。但是，如果这些弹簧的收缩在它里面没有消耗力，或者这种损失总是从别的地方得到补偿，那么，它就还会压迫弹簧 LlC，它现在未能压迫它，乃是因为它在压迫其他弹簧时所支出的力恰好等于它为此必须拥有

① 图 22。

的那么多。因此，弹簧 LlC 就是被压迫的 9 根弹簧的阻抗在我们的物体中所消耗的那种力的尺度。在它完成这一步之后，它以上述损失之后还给它留下的残余力量继续升空，在第二个时间段里压迫在空间 $HIKL$ 中遇到的 7 根弹簧。这里又一次清楚易见的是，如果我们的物体能够压迫这 7 根弹簧并且还完全给它留下它的力量，那么，它在这同一时刻还要压迫并克服弹簧 IiL；然而，由于它并没有这样做，所以可以得出，它通过压迫其余的 7 根弹簧失去的那个单位，其补充将使它能够还克服 IiL；因此，这根弹簧就表示出 7 根弹簧的阻抗给它的力带来的损失的大小。以同样的方法，弹簧 GgI 将表示第三个时间段由于压抑重力而造成的力的损失，依此类推。这样，自由升空的物体由于克服重力的障碍所蒙受的损失就是未被压迫的弹簧 LlC、IiL、GgI、EeG、AaE 的总和，从而 1〔132〕
也就是它所克服的障碍自身的平方，因而它的力也就处在这个比例之中。由于未受压迫的弹簧与时间或者速度成比例关系，所以物体的力也等于这些比例关系。如例所示。

此外，由此可以看出，马兰先生为什么有权利通过一个假说假定物体克服了障碍却完全保持住自己的力，这最初显得是违背运动的第一基本原理的。因为障碍当然夺走了它一部分与它们相等的力；但尽管如此，还是可以总是在思想中从别处补充这一损耗，保持物体不受损失，以便看一看它在以这种方式不减少力的情况下，比障碍消耗的部分丧失掉的情况下将多做多少事情。在这种情况下，这就提供了阻抗现实地从物体夺走的那种力的整个尺度，因为可以认识到，要使物体不损失任何东西，就必须添加一个怎样的单位。

我不得不在这里对侯爵夫人攻击其敌手的定理所用的方式再加以说明。我觉得，她未能选择比她忙于给他的推论一种奇怪和荒唐的特征更好的办法来触及他的最痛之处。一种严肃的介绍将吸引读者作出相关的注意和研究，并使灵魂对所有可能从这一面或者那一面进入它的所有理由开放。但是，她让自己的敌手的意见出现所用的那种奇怪的形态，却立刻抓住了读者弱的一面，在读者心中毁掉了更详尽思考的兴趣。统治判断和反思的那种灵魂力量具有一种懒散和清静的本性；它乐于找到自己的退隐之处，愿意在使它免除一种费力的反思的东西那里流连忘返；因此，它很容易被那些把两种意见中的一种突然置于可能性之下、并宣

布进一步研究的辛劳没有必要的观念所俘获。因此，如果我们的女哲学
1〔133〕家的敌手不能拥有严肃的理由的话，她本来能够以更多的合理性或者还以更好的成果来运用她的 ridendo dicere verum① ［笑谈真理］或者笑对她的敌手谈真理的念头，而人们也想让他感到自己的可笑。我在这里所作的说明，会对她那个性别的其他任何人来说都具有一种不合礼仪的品行和某种人们称为学究气的举止的样子；然而，在我所说的这个人物身上表现出的知性和科学的优势，使她超越了她那个性别其他所有人，也超越了另一个性别的大多数人，同时使她失去了人类更美的一半的真正特权，即奉承和以奉承为基础的赞美。

马兰先生的选择之所以杰出，还由于在他的方法中作为被用掉的力的尺度的弹簧不仅是相等的，而且还在同样的时间里受到压迫；因此，无论是莱布尼茨学派还是笛卡尔学派都感到高兴；要是莱布尼茨学派承认力是相等的，他们就坚决要求空间是相等的；而笛卡尔学派则在时间方面要求这一点。

三、对第 45、46、47 节的补充

我觉得，除了一根弹簧如果不以与它在另一面用张力撞击物体同样大的力量支撑在一个立柱上并且同样强劲地顶住它，就不可能撞开一个物体之外，我不能讲出任何更确定无疑、更无矛盾的东西了；因此，由于在**贝努利**先生的事例中除了物体 B 之外并没有别的立柱，它必须对物体 B 使用与它对 A 使用的力量同样大的力量；因为如果 B 不在阻抗弹簧的伸张时在张力中获得那种力，弹簧就根本不能弹开物体 A；因此，由于物体 B 不是不动的立柱，所以它同样接受了弹簧带给 A 的所有力。尽管整个世界都是以同样的方式思考的，但约翰·贝努利先生却在对立中
1〔134〕找到了一种我也不知道什么样的亮光，他就在此之上建立起一种不可战胜的信心。他说道：Non capio，quid pertinacissimus adversarius，si vel scepticus esset，huic evidentissimae demonstrationi opponere queat ②［我

① 引文出自贺拉斯：《讽刺诗集》，I，1，24；不过必定是 ridentem（不是 redendo） dicere verum（并不影响汉语译文。——译者注）。——科学院版编者注

② 《教育者年鉴》，219 页，第 XXIII 节。Adversarius 和 Scepticus 在贝努利那里均大写。——科学院版编者注

不理解，即便最固执的敌手是怀疑论者，他又究竟能用什么来反对这个最清晰的证明]；接着他又说道：Certe in nostra potestate non est，aliquem eo adigere，ut fateatur，discere，quando videt solem horizontem ascendere ①[我们肯定没有能力如此逼迫某个人让他承认，一看到太阳升上地平线就学习]。让我们不要冷漠地看待人类理性在一位如此伟大的人物人格中发生的这种巧合，而是要从中学会也给我们最大的信念植入一种明智的怀疑，并且总是猜想即便在这种情况下我们也没有摆脱欺骗我们自己的危险，以便知性至少能够如此长久地保持自己的平衡，直到它获得时间在充分的检验中认识事态、证明和对立面。

正是在我们所说的这篇论文中，贝努利先生指出，人们怎样能够在较短的时间里借助同样多的弹簧的压力给予一个物体同样多的力。我已经在它与我们的事情相关的程度上对它给予了充分的回答。但在这里，我还想再附加一个考察；这个考察虽然与我们的计划无关，但尽管如此却可能有其独特的用处。他在那里说道：无论 4 根弹簧 a、b、c、d 是像图 23 那样排成一条线，还是像图 24 那样排成相邻的两部分，还是像图 25 那样排成这样的 4 份，球体 F 都通过它们获得同样多的力。

就贝努利先生认为能把多根弹簧全部的力带入一个物体的方式引起的回忆

在这里，请注意以下保留条件。只有在前后连贯的弹簧 a、b、c、d②还没有给予物体比这些弹簧中的一个单独弹开所用的速度更大的一个速度的情况下，贝努利先生的思想才是正确的；因为一旦是这种情况，人们想按照贝努利先生的估算借助彼此相邻地结合起来的弹簧③给予物体与它们按照先后顺序所能够给予它的同样大的速度，就会落空。也就是说， 1〔135〕
在图 23 中一列弹簧直到它们完全伸展开所给予物体的速度是 10，而这些弹簧中的一个，例如 a，独自伸展开，即是说，不弹开一个物体，所用的速度是 8，这样就很清楚，在图 25 的方法中，这 4 根弹簧将只能给予物体 8 个单位的速度。因为一旦物体获得这 8 个单位的速度，它就拥有与应

① 《教育者年鉴》，222 页，第 XXVII 节。在贝努利那里，Certe 后面没有逗号，在他那里结尾是："一看到太阳升上地平线。"康德在第 45～47 节只是从查泰勒夫人的书中了解贝努利的阐述，而他从那时起看到了贝努利的论文。——科学院版编者注

② 图 24。

③ 图 25。

当弹开它的弹簧在自由弹开时自己所拥有的相同的速度；因此，它们在这种情况下将再也不能带入物体任何东西。然而无可争议的是，如果这个物体 F 应当通过碰撞又压迫图 25 中的 4 根弹簧，那么，它为此与在图 23 中和图 24 中一样，需要 10 个单位的力。但是，由于恰恰这个图 25 可以是每一个物体的弹性力的写照，所以由此说明，一个完全弹性的物体能够以某个速度撞击一个不动的立柱，尽管如此它弹回所用的速度会比它撞击所用的速度小得多，这是可能的。但是，如果人们乐意让这 4 根弹簧把自己全部的力都传递给它们撞击的物体，那么，人们就必须给质量 F 再加上 2/10；因为在这种情况下，这 4 根弹簧将就物质的量而言补偿它们用速度不能带入的东西。

四、对 105 节的说明

详细阐述沃尔夫证明中的错误

当我在第 116 页想指出**沃尔夫**男爵先生的论证中非同一般的错误时，我并没有作出足够清晰的阐述。乍一看，这就好像其中的推论在数学上，即依照 aequales rationes sibi substitui invicem possunt［相同的比例可以互相替代］的规则，还足以得出似的；然而，它事实上与这一规则毫无
1〔136〕 共同之处。前面的事例是：Tempora，quibus duo mobilia，si sunt aequalia，eosdem effectus patrant，sunt reciproce ut celeritates ①［两个运动物如果相等，则产生同一种结果所用的时间与其速度成反比］。紧随其后证明的第二点是：Massa corporum inaequllium，quae eosdem effectus patrant，sunt reciproce ut celeritates［产生同一种结果的**不相等物体**的质量也与其速度成反比］。沃尔夫先生由此得出（因为如果人们对它的论证作出适当的分解的话，它就是这样的）：由于在两个事例中时间和质量的比例等于速度的比例，所以，它们彼此相等。这可以得到赞同，但只是不要忽视它们彼此相等所依的规定，即产生同一结果的不相等物体的质量，其比例完全等于（请注意！）**同样的物体**施加同样的作用所用的时间；因为这如人们所看到的那样，是与这些比例相联系的限制。然而，沃尔夫先生的结论却是：因此，物体质量的比例等于**这些不同的物体**施加其相同的

① 此句和下面三个拉丁语句子不是出自沃尔夫的引文，而是由康德所撰。——科学院版编者注

作用所用的时间；这是对既定比例关系的明显歪曲。

如果我们的作者只是想到把他想彼此引导出的两个定理相互加以比较，那么，他就必定清楚地看到，它们不仅不能相互引导出，而且甚至还是正好互相矛盾的。也就是说，第一个定理是：Actiones，quibus corpora aequalia eosdem effectus patrant，sunt ut celeritates [相同的物体产生同一种结果所用的活动与其速度成正比]。他想从中引导出证明第二点的结果，即 Actiones，quibus corpora inaequalia eosdem effectus patrant，sunt etiam ut ipsorum celeritates；celeritates autem eorum sunt reciproce ut masse [不相同的物体产生同一种结果所用的活动，也与它们的速度成正比；但它们的速度却与其质量成反比]。

如果我们按照第一个定理的尺度假定两个相同的物体 A 与 B，使 B 的速度 2 倍于 A，那么，按照这一规则，B 产生与 A 相同的结果所用的活动就 2 倍于物体 A 的活动，因为前者由于其更大的速度就以 1/2 的时间完成这一结果。然而，按照第二个规则，我就能使 B 变成 1/2，而尽管速度仍与先前一样大，所说的活动却也与先前一样大。但显而易见的是，如果 B 是
先前的 1/2，它的速度仍是同样的速度，它就不可能以与它的质量 2 倍大的 1〔137〕
时候同样的时间里作出既定的结果，而是为此需要更多的时间；因此，由于为同样的结果所使用的时间越大，活动就越小，所以在这种情况下，活动就必然比 B 的质量以同样的速度 2 倍大的时候更小；而这与第二点相矛盾。

但是，即便人们免除沃尔夫引以为基础的那个定理，即活动可以不相等其结果却相等，所有这些矛盾也依然可以在他计划的证明中发现。一个有死的人从来不会让自己想起予以维护的这一定理，是一个具有人们能够想得出的最佳形式的矛盾。因为活动这个词是一个相对的词，就另一个事物包含着它的理由而言，它表示一个事物中的作用或者结果。因此，结果与活动是同一种东西，含义上的区别仅仅在于，我时而是与那个作为理由的事物相联系考察它，时而在那个事物之外考察它。因此，这无非就是说：一个活动可以与它自身不相等。此外，它之所以有活动的名称，乃是因为一个结果取决于活动，如果在这一活动中能够有一个部分并没有一个与它相等的结果取决于它，则这个部分就不能还有活动的名称。即使产生这些结果的时间是不相等的，被用于它们的活动却可以是相等的，这只能从中得出，在时间相等的情况下，结果以及与结果对应的活动将是不相等的。

简单地说：显而易见的是，在这篇与作者尽人皆知的、备受赞颂的、在作者的财富中最突出抢眼的洞察力根本不一致的论文中出现如此不正常的错误，必定有极其特殊的原因。不难判断，莱布尼茨的荣誉当时被
1〔138〕视为整个德国的荣誉，挽救这一荣誉的光荣要求引起了这一努力，并使得证明以比它们在其首创者的光照之外显现出来更为有利得多的形态被阐述。事情本身具有如此可疑的性质，以致为它作的辩护不可能没有错误；但是，对它的巩固却是如此诱人，以致它就没有给冷静的研究留下位置。诸如赫尔曼先生、贝努利先生等等这些著名人物的作为，我要么是已经指出过，要么是将要指出，在这一主题之外人们几乎是根本不可能在他们身上遇到诸如此类的东西的；关于它们，我要说的也正是这些。因此，我谈到的这位人物的荣誉依然是有保障的。我冒昧地如此对待他的防护性文章，如同对待一件不属于他所有的事情似的。此时，他可能会大声告诉我一位年长的哲学家即便在一件事情更准确地涉及他的时候也会叫出的话：**你只是击中了阿那克萨库斯的外壳。**①

1〔139〕第三章

什么把活力的一种新测算表现成为大自然真正的力的尺度

第114节② 在数学中被认为错误的那个规律缘何能够在大自然中成立

我们据此已经详细地说明，按照平方对力进行测算在数学中被认为是错误的，除了老的或者笛卡尔主义的力的尺度之外，数学不允许其他力的尺度。然而，在上一章的不同地方，我们已经使读者建立了尽管如此仍将

① 阿纳克萨库斯（Anaxarchus），据说是在他奉王子尼考克莱昂（Nikokreon）之命被在一个石臼中捣碎之时说的这句格言。证据见策勒：《希腊人的哲学》，第Ⅰ卷，第4章，861页，第4段。——科学院版编者注

② 按照思想进程紧接着第106节，由此证实了第107～113a节为后来插入的猜测。——科学院版编者注

平方测算引入大自然的希望，现在是兑现我们的承诺的时候了。这种冒昧将使我们的大部分读者感到诧异，因为从这里似乎可以得出，数学并不是不会骗人的，对它的陈述提出上诉也是可以的。然而，事情并非确实如此。如果数学陈述自己关于所有物体的规律，那么，大自然的规律也将包括在内；而且，希望有一种例外，那是徒劳的。然而，它却借助于各种公理确定了自己关于物体的概念；对于这些公理它要求，人们就它的物体而言必须以这些公理为前提条件，但这些公理却具有这样的性质，即它们就数学的物体而言并不允许并排除某些特性，但在大自然的物体那里却必然遇到这些特性；因此之故，数学的物体是与大自然的物体迥然不同的事物。所 1〔140〕
以，某种东西对前者来说可能是真的，但却不可转用到后者身上。

第 115 节　数学物体与大自然物体之间的区别以及与双方都相关的规律

我们现在要看一看，在大自然的物体中所遇到、而数学就自己的物体而言不允许的特性，究竟是一种什么样的特性；此外究竟是什么原因使得前一种物体成为与后一种物体完全不同类的事物。数学不允许自己的物体拥有一种不是完全由作为它的运动的外部原因的东西产生的力。因此，它不允许物体中有别的力，除非这种力是从外部在物体里面造成的；就它的运动的原因而言，人们每一次都精确地、以同样的尺度再次遇到这种力。这是力学的一个基本规律，但其前提条件却也不允许除笛卡尔主义的测算之外的其他测算成立。不过，我们马上就会证明，大自然的物体完全是另一种情况。大自然的物体自身就有一种能力，自动地在自己里面增大由其运动的原因从外部在它里面唤起的力，以致在它的运动里面，就能够有并非从运动的外部原因产生的、甚至大于这种原因的单位的力；因此，这种单位的力不能用度量笛卡尔主义的力的同样尺度来度量，也可以有另一种测算。我们要以一件如此重要的事情所要求的那种极为精确缜密的态度来探讨大自然物体的这种特性。

第 116 节　速度不是一种力的概念

一如我们在第 3 节已经看到的那样，速度自身并不包含一种力的概

念。因为它是运动的一种规定性，也就是说，它是物体的这样一种状态
1〔141〕的规定性，在这种状态中，物体并不运用自己拥有的力，而是拥有这种力却什么也不做。但它原本就是物体在静止时所拥有、即物体以无限小的速度所拥有的那种力的数目；也就是说，它是这样一个数目，其中物体在速度无限小的时候所拥有的力就是单位。这一点，根据尤林那个杰出事例（第 110 节）的提示，也就是说如果我们按照类似的方式，像他把速度看做是由两个相同的部分构成的那样，就其无限小的各部分来衡量它，就可以最清晰地由剖析的方式得到解释。

第 117 节　如果没有在自身中保持状态的努力，就没有力

为了精确地知道究竟是什么规定了力的概念，我们必须以下面的方式进行。力被正确地凭借终止它并在物体中消解它的障碍来测算。由此得出，一个物体，如果在它里面没有一种在自身中保持障碍要消除的那种状态的努力，就会根本没有力。因为如果不是这样，那么，障碍要终止的那种东西就会像是一个零。

什么是强度

运动是力的外部现象，而保持这种运动的努力则是能动性的基础，而速度则表明，为了拥有全部力，就必须假设速度是多少倍。这里我们想把那种努力称为强度；因此，力等于速度与强度的乘积。

对这一概念的说明

为了有一个能够更为清晰地说明这些概念的例子，且假设有一根 4 段的弹簧 a、b、c、d。[①] 如果我们确定，这 4 段中的每一段单独开始伸展的速度是 1，那么，由 4 段这样的弹簧组合而成的整根弹簧 ad 在自由伸展时的初始速度就是 4；看起来好像可以由此得出，这根 4 段的弹簧施加
1〔142〕给一个物体的初始速度比 1 段的弹簧造成的初始速度大 4 倍。然而，强度在 4 段的弹簧中是在 1 段的弹簧中的 1/4；正是以某种尺度向一个不动的

① 图 23。

支点压迫这 4 段弹簧中的 1 段的力量，也成 4 倍多地压迫 4 段的弹簧，因为单个弹簧如果以这种方式与其他 3 段联在一起，它的支点就是可动的支点，从而 4 段的弹簧的坚硬度，或者换句话说也一样，4 段的弹簧的强度，也就失去了传递它们速度的那种东西。因此就发生了这样的事情：4 段的弹簧虽然在自由伸展时其初始速度要大于 1 段的弹簧 4 倍，但它给予一个物体的初始速度却并不大于该物体从 1 段的弹簧能够获得的初始速度。这一点可能有助于解释强度的概念，并说明，缘何在测算力的时候必须把强度考虑在内。

第 118 节　如果强度就像是一个点，那么，力就像是一条线，也就是说如同速度

如果一个物体的力是这样的，即它只是在一个时刻致力于保持运动的状态，至于速度则随它的便，那么，这种努力或者强度对所有的速度来说都是同样的；因此，这样一个物体的全部力都仅仅与它的速度成比例；因为因数中的一个始终是相同的，所以，显示力的量的乘积与第二个因数成比例。

第 119 节　如果强度是有限的，即如同一条线，那么，力就如同平方

对于这样一种运动来说，不断地从外部补偿在物体中每时每刻都在消失的力是必要的，而如果物体要以这种方式作出不断的运动的话，力就永远只是一个不断的外部推动的结果。不过由此也可以清楚地看出：如果与此相反，物体的力是这样的，即它在自身包含着足够的努力，以给定的速度始终如一地、不断地从自身出发不需要外部援力保持运动，那么，这种力就必然是迥然不同的，必然也极为完善得多。 1〔143〕

这是因为：由于对前一种力来说，其强度对所有的速度都是相等的，即是无限小的，只是通过大量各种单位的速度才多样化的，所以，后一种力与此相反，在大量各种单位的速度中总是与速度成比例，并与之相乘，其乘积则是力的真正尺度。因为其强度无限小的有限速度提供了一种力，其中恰恰这种强度在速度无限小的情况下形成的力就是单位。因

此，如果一个物体要在自身中充分地确立这种速度和力，以便拥有完整的努力持久地在自身中保持它们，那么，它的强度就必须与这种速度或者力成比例。在这种情况下，由此就产生出一种全新的力量，它是与速度成比例的力与相等于速度的强度的乘积；因此，这乘积也就等于速度的平方。也就是说很容易就可以理解，由于物体以无限小的强度在速度有限的情况下所拥有的力如同表现这种速度的一条线，而强度则如同一个点，所以如今强度同样如同一条线，而由此产生的力则如同一个从前一条线的运动产生的面，而且是如同平方，因为所说的这些线相互之间是成比例的。

人们可能会觉察到，我在这里完全没有考虑质量的差别，或者把质量设想为相等的；其次，就我所说的运动而言，我把空间看做是空荡荡的。

第 120 节　自身具有自由地、持久地保持其运动的内在努力的物体，具有一种与速度的平方成正比的力

据此，一个物体，在自身中充分地确立自己的运动，以致从它的内在努力出发就可以充分地理解，它将自由地、持久地、不受阻碍地在自
1〔144〕身中把这运动保持到无限，这样的物体就具有一种以其速度的平方为尺度的力，或者如我们想称谓的那样，具有一种活力。与此相反，如果它的力并不是在自身中拥有保持自己的根据，而是仅仅以外部原因的在场为基础，这种力就与单纯的速度成正比，也就是说，它是一种惰力。

第 121 节　物体从其内部的动力出发把来自外部的压力无限地提高并使它成为一个迥然不同的类别

但如今，我们要衡量一个物体的力，看它在通过一个外部原因的作用而在物体里面最先产生时是什么样子。在这种情况下，它肯定是以外部原因的在场为依据，并且在外部原因未唤起推动的那个时刻，它并不存在于物体里面。因此，在它依据外部原因的时刻，它具有这样的性质，即如果外部原因不在场，它就会马上消失。这是因为，物体是否能够在这个时刻之后在自身中确立在它里面唤起的这种力，以及在此之后从中产生出什么，我们现在不谈这个问题。所以在这个时刻，力的强度无限地小，因而仅仅以外部推动为依据的力自身和单纯的速度一样，也就是

说是惰态的。但是，如果在此之后这个物体将赋予它的这种力确立在自己内部的力中，从它的努力中产生出对运动的一种持久自由的保持，那么，它在这种情况下就不再是一种惰力，而是一种以平方为尺度的活力，与惰力的关系就像一个面与一条线的关系。由此也就很清楚，一个物体以这种方式，当它自己自由地继续施加给它的速度时，就自动地在自身中无限地加大它从外部的机械原因获得的力，并把它提高为一个迥然不同的类别，因而我们在第 115 节所作的说明在此得到了证明，活力被完全排除在数学的审判权之外。 1〔145〕

物体不能从外部获得任何活力

此外，人们由此看出，活力不能由一个外部的力——无论它多么地大——在一个物体中造成；因为只要一个力依赖外部的原因，那么它就总是像我们已经证明的那样，与自己的简单速度成正比；相反，它必须从物体自然力的内在源泉获得与平方尺度相应的规定性。

第 122 节　在惰力与活力之间有无限多的中间单位

我们已经证明，如果一个物体在其自身中充分完备地说明自己运动的原因，以致从其力的性质出发就能够理解，这种力在物体中将不变地、自由地永远得到维持，那么它就具有一种活力；但如果它在自身中根本不能说明自己的力，而是由此而依赖于外部，那它就具有一种惰力；后者无限地小于前者。这马上就得出了结论：如果这个物体虽然有一些、但却不能完备地在自身中说明自己的力，那么它的力就有一些接近活力，并且与惰力有一些区别；在这两个终极的界限即完全的惰力和完全的活力之间，必然还存在着无限多从前者向后者过渡的中间单位。

活力仅仅在运动开始后的一个有限的时间里产生

此外，由此还可以借助连续律得出：一个物体，它在开始的瞬间拥有一种惰力，并且在此之后获得一种活力，后者与惰力的关系如同一个面与产生它的线的关系，则这个物体只是在一个有限的时间里获得这种活力的。因为如果要设定，它不是在开始瞬间的一个有限的时间里，而

1〔146〕是直接在开始瞬间之后无限小的时间质点中获得后一种力的，那么这无非是说，它在开始瞬间自身中就已经拥有了活力。因为连续律、甚至数学都证明，无论我说物体处在其运动的开始瞬间还是说它处在开始瞬间之后无限小的时间质点上，这都是一回事。但是，力在运动开始的点上是惰态的。因此，人们不可能说在此之后它是活力，同时断定运动中的这种活力只是在外部原因起作用后经过一个有限的时间才能在运动中找到。

对此的解释

也就是说，物体的自然力在自身之中延续着从外部接受来的压力，并且由于它借助一种得到延续的努力而将事先像一个点的强度在自身中积累起来，直到它变得像一条线，这条线与从外部在它里面激发的与速度成正比的力也是成正比的，这样，它就由此而将从外部获得的、事先也仅仅像一条线的力自身积累起来，以致它如今像一个平面，在这个平面中，外部给予的速度和力表现为一条边，而从物体内部自己生成的强度构成另一条边，后者与前者成正比。

第 123 节　什么是活化

物体的力虽然还不是活力、但却在朝着这个目标前进的那种状态，我称之为力的变活或者**活化**。

强度在力的活化期间是什么状况

因此，力上升为活力的那段时间位于两个端点之间，即始点与力完全成为活力的那个点之间；在这段时间里，物体在自身中还没有充分地确立自己的力。在此，也许我的读者会想到发问，物体在这段时间里究竟是怎样能够自由并且一致地维持和继续自己被给予的速度，因为在这种情况下它在自身中还没有充分地确立自己的力和运动，从而还不能自
1〔147〕己来维持它。对此我的答复是：力在这段时间里虽然还不具备这样的性质，使得从它出发就可以理解一种永远自由且不减弱的运动，即使它不凭借内在的努力而继续得到提高。不过，力维持自己的努力在这种方式

中是否不完备，在此暂不讨论。要问的只是：尚未如此增长、以致能够不减弱且不断地维持运动的力，其强度却至少能够经历直到完成活化所必需的这段时间而维持运动。至于这种情况不仅是可能的，而且事实上也是如此，这一点由此也得到了说明，因为在这整个时间段里，每一瞬间都有强度的新元素在物体中产生，这个新元素在一个无限小的时间质点里维持着既定的速度，从而这一强度经过整个时间段在物体中产生的所有元素就在这整个时间段的所有瞬间里维持着同一速度，从与第 19 节的对照中就可以清晰地说明这一点。

如果活化在完成之前中止，在这种情况下，运动会怎么样呢？

但是如果我们假定，在活化尚未完成的时间段里，物体突然停止进一步积累强度的元素，停止使力完全成为活的，在这种情况下，会发生什么事情呢？显而易见，在这种情况下，物体将仅仅在自身中确立并在自己的运动中继续不断地维持与它在活化的这段时间里已经获得的那种强度成正比的速度单位，而为了达到完全活化就要求比现实存在更大强度的其他单位的速度，就必然突然消失和中止。因为现存的强度在自身只能确立这种速度的一个部分，并且也不再在每一瞬间都产生强度的新元素来在所有的瞬间维持既定的速度，因此其余的部分必然自动地消失。

在这种情况下，力会是什么样子呢？

因此，如果一个自由运动的物体遇到一个阻力，它在以自己的全部
速度达到完全活化之前运用自己的力量来克服这一阻力，那么，它所使 1〔148〕
用的这种力量就如同它所达到的强度与之成正比、并与之相适应的速度单位的平方，因而这种力量能够在给定的时间里成为活的，或者这种力量也如同它所达到的这种强度的平方；物体并不以其他的单位做什么事情，或者仅仅按照简单速度的尺度起作用，但相对于其他的力，这一点并不值得注意。

第 124 节　对力的新测算

据此，一个在自由运动中将自己的速度毫不减弱地维持到无限的物

体，就具有一种活力，即具有一种以速度的平方为尺度的力。

这种力的条件

然而，这也是与这一规律相联系的条件。

1. 物体自身必须包含着在一个畅通无阻的空间中不变地、自由地并且持久地维持其运动的根据。

2. 从以上所证明的已经看出：物体并不是从将它置于运动之中的外部原因获得这种力的，相反，这种力是在外部刺激之后从物体自身内部的自然力产生的。

3. 这种力在物体中是在一个有限的时间里产生的。

第 125 节

这一规律是力的新测算的主要根据；关于这种新测算我要说，如果我的判断与我所论及的如此伟大的人物相比的微不足道性允许我以这样的权威性说话，那么，我要用它来取代笛卡尔和莱布尼茨的测算。此时，我并非不乐意使自己相信：这一规律也许能够规定这样一个目标，而未切中这一目标在所有民族的哲学家中间造成了分裂和争论。活力在被从
1〔149〕数学中放逐之后，被接纳入了自然界。人们将绝对不能责难两位伟大的世俗智者中的任何一个——无论是莱布尼茨还是笛卡尔——犯有错误。即便是在自然界中，莱布尼茨的规律也不会不同于经过笛卡尔的测算缓和之后的样子。如果人们在不同的机敏人物的人格中把人类理性与自身统一起来，并且即便在他们相互矛盾的情况下也找出这些人物的缜密决不会完全错过的真理，这在某种意义上叫做捍卫人类理性的荣誉。

第 126 节　由于存在着自由运动，所以也存在着活力

问题的关键在于，世界上存在着自由运动，如果没有外部的阻力，这种自由运动将持久而且毫不减弱地维持自身。这样问题就清楚了，在自然界中肯定存在着活力。行星自由持久的运动，以及证明自由运动的物体仅仅按照阻力的规定而丧失自己的运动、没有这种规定就将永远维持这种运

动的无数其他经验，都提供了这种保证，断定了自然界中活力的存在。

数学不容许任何自由运动

然而由此还可以清楚地看出：数学根据其判断的明晰性不容许其物体有自由运动。因为它不容许必然使运动自由和持久的东西，也就是说，不容许物体从其内部产生一种既不是从外部原因产生也不能来源于外部原因的努力和力。因为除了从是其运动原因的物体中产生的力之外，数学不承认一个物体中还有别的力。

第 127 节　利用这些考察的更便捷方法

尽管迄今的考察和证明具有这样的性质，即无非是仅仅就事情的本
性所允许而比得上数学的概念及其明晰性，但我还是想满足那些认为凡 1〔150〕
是仅仅具有一种形而上学外表的东西都值得怀疑的人们；他们绝对要求一种经验，使经验成为推论的基础，显示出一种使他们能够更为满意地利用这些考察的方法。也就是说，我将在这一章的结尾从一个经验出发以数学的明晰性说明：在自然界中确实能够发现拥有速度之平方的力。

这些先生们可以从第二章所有证明的结果过渡到这一点：一个诸如此类的力不可能是外部机械原因的一个作用，因为如果允许力仅仅是造成运动的那个原因的作用，那么，除了按照单纯的速度进行的测算之外，就不可能进行任何别的测算。这将把测算引导到这种力何以能够从物体的内在自然力产生的方式，并逐渐地使它过渡为我关于活力的本质所进行的那些考察。

第 128 节　贝努利已经拥有了这些概念

我曾经说过，力的自由的、从物体内部出发得到继续的持续期是真正的标志，人们只有从这标志出发才能得出力是活力并且以平方为尺度的结论。我非常高兴的是，在我上面①援引的**贝努利**先生的文章中极为精

① 指上文 128 页。——科学院版编者注

确地发现了这一思想。作为一位单纯的几何学家，他虽然不是以地道的形而上学语言，但却完全清楚明白地表述了自己的见解。他说道：Vis viva est aliquid reale et substantiale，quod per se subsistit，et quantum in se est，non dependet ab alio；—Vis mortua non est aliquid absolutum et per se durans etc. etc. ①[活力是某种实在的、实体性的东西，它凭借自身存在，且它如何自己存在，并不依赖于他物。——惰力并不是某种独立的、凭借自身而持久的力……]

这一引述给我的考察带来不少好处。这位数学行家通常带着某种怀
1〔151〕疑看待他相信是出自吹毛求疵的形而上学区分的推论，这种怀疑迫使他拒绝给予他的赞同；我不得不担心，他对我的推论也会这样做；但在这里，事情是如此显而易见，以至于它会自动地显现在最严厉的几何学家的数学思考中。

但他并不是以卓绝的理由发现这些概念的

我惊讶的是，由于贝努利先生在活力的概念中有这种醒悟，他已经有可能在他要证明这种力的方式上如此误入歧途。他很容易就能够得出，在就这种 realis et substantialis，quod per se subsistit et est absolutum aliquid [实在的、实体性的、凭借自身存在的、绝对的某物] 而言不确定的事例中、在不能发现应当引导到此的那些规定性的事例中，他将发现不了这种力；因为如他自己所看到的那样，这样的东西是活力的类标志，而就这种特性而言不确定的东西，也不能把人引导到活力上去。不过，他指的是在两个不相等的物体之间伸展开的弹簧的事例中发现活力，在这一事例中，不仅发现不了与其说应当引向所谓的惰力、倒不如说引向由上述区分标志说明的活力的任何东西，而且甚至所有在他确立自己的证明时所出现的力，都是某种 quod non est aliquid absolutum，sed dependet ab alio [并非绝对的，而是依赖于他物的东西]。

我们由此再次被引导到，在一个复合的、明显的证明中听凭于单纯

① 引文不精确。这段话在贝努利那里（《教育者年鉴》，211 页，第 III 节，1735）是："由此可知，活力（最好称为作用的能力，法语为 le pouvoir）是某种实在的、实体性的东西，它凭借自身存在，它如何自己存在，并不依赖于他物"。第二个句子"Vis mortua……"以这种形式根本不存在于贝努利那里，而是仅仅复述在第 IV 节表述的思想的一个部分。——科学院版编者注

喝彩声的结果，离开我们在第 88、89、90 节称颂并收益颇丰地利用的方法的导线，该是多么危险；也就是说，事先考虑必然地附属于作为证明主题的事物的概念，然后研究证明的条件是否也在自身中包含着以确立这些概念为目的的相关规定性，该是多么绝对地必要。

第 129 节 活力具有偶然的本性

我们已经证明，活力在自然界中的存在仅仅建立在这样的前提条件之上，即自然界中存在着自由的运动。但现在，从一个物体根本的、几 1〔152〕
何学的属性出发，却难以找到应当使人根据我们在前文已经阐明的东西认识到像为了提供一种自由的、不变的运动而要求的这样一种能力的证据。

就连莱布尼茨学派也认识到了这一点

因此可以得出，活力并不是被认做一种必然的属性，而是某种有条件的、偶然的东西。如莱布尼茨先生特别地在《神正论》中所承认，他自己已经认识到了这一点；而丹尼尔·贝努利①先生则通过据他认为人们证明活力所必须利用的方式证实了这一点。也就是说，人们必须预设一个基本的等式，即 $dv=pdt$；在这个等式中，dv 表示速度的元素，p 表示造成速度的压力，dt 则表示压力造成无限小的速度所用的时间的元素。他说，这是人们必须接受的某种有条件的东西。

尽管如此，他们还是在几何学上必然的真理中寻找活力

活力的其他辩护者们对作出不同于莱布尼茨先生的判断感到不安，

① 康德写的是尼考劳斯·贝努利（Nicolaus Bernoulli）。有两位作为数学家而著名的尼克劳斯·贝努利（Niclaus Bernoulli），即尼克劳斯（I）·贝努利（1687—1759），是某位尼克劳斯·贝努利（生于 1662 年）的儿子，后者的父亲尼克劳斯·贝努利（1623—1708）也是著名的雅各布·贝努利和约翰·贝努利的父亲，因而尼克劳斯（I）是雅各布和约翰的侄子；此外是尼克劳斯（II）·贝努利（1695—1726），约翰·贝努利的儿子（参见上文 72 页注）。这里所指的不是二位中的任何一位。康德的阐述关涉丹尼尔·贝努利的论文《力学原则检讨：暨关于力的复合与分解的几何学演示》（《彼得堡年鉴》，第 I 卷，126 页以下），确切地说关涉第 V 和第 VI 节（130～134 页）。丹尼尔·贝努利是约翰的第二个儿子（因而是尼克劳斯［II］的弟弟），医学博士，于 1700 年生于格罗宁根，1782 年卒于巴塞尔。——科学院版编者注

于是就众口一词。尽管如此，他们还是在绝对是几何学上必然的事例中寻找活力，并且自认为可以在其中找到；这毫无疑问是极为令人惊异的。

赫尔曼先生的特殊失误

赫尔曼先生以同样的方式尝试这样做，但却没有因活力的偶然性而把自己搞糊涂。不过，作为前提条件的关于莱布尼茨思想的良好评价以及绝对作为目的的意图使他陷入了一种无疑值得注意的错误结论。我觉得，并不能轻而易举地找到某个人物，让他想到作出这样的推论：人们必须把 a 和 b 两个量合并起来，在其结合中予以考察，因此人们必须把它们一起相乘；但尽管如此，这却是完全按照赫尔曼先生这样一位如此伟大的推理大师发生的。他说，“在下落时获得力的一个新元素的物体，却已经有了一个速度，于是必须把这个速度一起予以考察。因此，人们必
1〔153〕须把它已经拥有的速度 u、它的质量 M 和速度的元素或者——这是一回事——重力 g 和时间的乘积——即 gdt——合在一起。**因此，dV 或者活力的元素等于 $gMudt$，也就是说，等于这里标出的量的乘积**”①。

第 130 节　经验证实了逐渐的变活

我们的学说体系自己就包含着，一个自由地、不变地运动的物体在其运动的开始并不拥有其最大的力，相反，如果它已经运动了一段时间，它的力就会更大。我觉得，每一个人都有某些能够证实这一点的经验。我自己就发现，在一杆火枪装得完全同样满的情况下，在其他条件都完全相同的情况下，如果我在离目标几步远的地方点燃火枪，则其枪弹就

① 这一段是对赫尔曼的话（《彼得堡年鉴》，第Ⅰ卷，24 页）的一种不精确的翻译：“由于活力 dV 的那种增长产生自作用于物体 C 的重力 g，该物体已经拥有速度 u 和质量 M，而且因此运动就有了量 Mu，所以必然要有这个量的运动的理由，亦即在这个有运动者的状态中速度与运动者自身不可分离；因此，活力的增长由这三者复合而成，确切地说由 g、Mu 和 dt 复合而成，而且因此必然是 dV＝gMudt，无论如何不是像普遍假定的那样，dV＝gMdt。”可以看出，康德说的不是赫尔曼所使用的三个因子（运动大小 Mu、加速度 g 和时间要素 dt），而是置换成质量 M、速度 u 和速度要素 gdt 这几个因子，这使得乘法显得更为随意。在赫尔曼的话中（复合而成）清晰地蕴涵着，复合是以 dV 与所列举的三个大小的比例为条件的，因此乘法是有根据的，由此康德的质疑就失效了。由于一种书写或者印刷错误（是 gMdt，而不是 gMudt），最终康德恰恰把赫尔曼否认的东西当做了结果。——科学院版编者注

比我在离目标仅仅几寸远的地方向一块木头射击时射入木头更深得多。那些比我有更好的机会做试验的人们，有可能对此作出更为精确的、得到更好测定的检验。不过，经验教导我们，一个不变地、自由地运动的物体，其强度是按照我们在这里证明的定理在物体中产生，并且只有在一段确定的时间之后才获得其充足的量的。

第 131 节

如今，在我们奠定了力的一种新测算的基础之后，我们应当致力于指明那些与这种新测算特别关系密切的规律，它们似乎是构成了一门新动力学的脚手架。

我有能力阐述力的活化或者变活所遵循的一些规律，不过，由于本文致力于勾勒出力的这些如此新颖、如此出乎意料的属性的第一套方案，
我不得不理所当然地担忧，我的那些特别渴望了解主要本质的读者们，1〔154〕
会发现自己心烦意乱地卷入了对一件次要事情的深入研究，尤其是因为如果主要的东西首先得到保证并通过经验得到证实，是有足够的时间研究次要的事情的。

根据这一点，我将致力于仅仅尽可能清晰地揭示最普遍的、最值得考察的规律，它们与我们对力的测算密切相关，离开了它们就不能很好地理解这种测算的本性。

第 132 节

以下的说明阐述了一个完全未知的动力学规律，在力的测算中具有不凡的意义。

力的活化并不是对所有速度都有效

我们学到过：一个在静止中起作用的物体，只施加了一种惰态的压力，它与活力的种类截然不同，仅仅以一种简单的速度为尺度；在这一点上，无论是笛卡尔的所有追随者，还是莱布尼茨的学生们，都是意见一致的。但是，一个速度无限小的物体，本来就根本不运动，从而具有

一种处于静止状态的力；因此，它具有单纯速度的尺度。

因此，如果我们要规定属于活力类别的运动，那么，我们就必须不把它们延伸到所有其速度可以任意大或者小的运动，也就是说，其速度在此不确定的运动。因为在这种情况下，对所有无限更小的速度单位来说，同一规律都将是真的，而物体也将能够在速度无限小的情况下拥有一种活力，这在前文不远处已被认定是错误的。

速度在此必须是确定的

据此，按平方测算的规律不能不考虑其速度而对所有的运动有效，相反，速度在此是被一并考虑的。因此，就一些单位的速度而言，与它们相关的力并不能成为活的，只有速度达到一定的大小，力才能获得活化。在这个大小之下，就所有更小的单位而言，直到无限小的单位，这种情况都不会发生。

因此，也不是毫无区别地对所有速度而言都可能有一种自由运动

1〔155〕 此外，由于力的完全变活是自由地、持久地维持运动的原因，因此可以得出，这种运动也不是对所有的速度来说都毫无限制地可能的，相反，它在这里同样必须是确定的，也就是说，如果物体要以某种速度提供一种持久的、不变的、自由的运动，则该速度必须具有某种确定的大小；在这个确定的单位之下，对所有更小的单位来说，这都是不可能的，直到对无限小的速度单位来说这种属性完全消失，运动的持续只是某种暂时的东西。

因此，运动自由的、不减弱的延续的规则并不是绝对地、而是仅仅从某个单位的速度开始有效，在这个单位之下，所有更小的单位都自动地消耗殆尽而消失，直到对无限小的单位来说运动仅仅持续一个瞬间，需要外部不断的补偿。所以，牛顿的规则在其不确定的意义上并不适用于自然界的物体：Corpus quodvis pergit in statu suo，vel quiescendi，vel movendi，uniformiter，in directum，nisi a causa externa statum mutare cogatur ①[任何物体，除非被外部原因迫使改变其状态，都将保持其状

① 著名的运动第一定律（完善后的惯性定律），以这种形式最初在牛顿的《自然哲学的数学原理》(1687) 作为定律Ⅰ引入。在那里说的是："任何物体，除非受到施加的力的作用而改变自己的状态，都将保持其状态，或者是静止，或者是不变的、直线的运动。"——科学院版编者注

态，或者是静止，或者是不变的、直线的运动]。

第 133 节　经验证实了这一点

经验证实了这一说明；因为如果无限小的速度能够变活，那么它由于同有限力的变活成正比，就必须在无限小的时间里变活（第 122 节），因此，两个物体在仅仅施加重力的压力时，虽然仅仅拥有与其速度成正比的力，但一旦它们从哪怕是完全不可觉察的微小高度下落，它们的力就必然立即如同速度的平方；这是违背连续律和经验的。因为如同我们已经提到的那样，一个凭自己的重量没有压碎一块玻璃的物体，即便让它从一段极小的距离落到玻璃上，它也不具有击碎玻璃的力量；两个重量彼此相等的物体，如果有人让它们两个同样地向天平秤盘稍稍下落，它们也仍然保持着平衡，因为如果发生上述那种情况，这里就必然要产 1〔156〕
生严重的偏重现象。

在 medio resistente [有阻力的中间空间] 中的运动方面的运用

因此，在规定关于物体在其中自由运动的中间空间的阻力的规则方面，这一规则必须被一并考虑在内。因为如果速度已经开始变得很小，中间空间就不再像以前那样多地促使运动的减弱，相反，运动将部分地自动消失。

第 134 节　变活和自由运动是否就所有较大乃至无限的速度单位而言都是可能的

我们正处在最典型的任务的中心，抽象的力学以前从来不可能完成这一任务。

我们提出一个这样的问题：物体是否就所有**任意小的**速度而言都能够达到力的完全变活，并且不变地自由地继续其运动。如今我们要研究一番，物体是否就所有较高的速度单位而言都能够提供同样的运动，也就是说，物体是否无论其被赋予的速度任意地大，都能够自由地继续并毫不减弱地维持其被赋予的运动，从而达到力的完全变活。

由于变活和以此为基础的运动毫不减弱的自由继续是物体内在自然力的一个结果，从而始终以后者能够在自身内产生前者并且自动地达到所要求的强度单位为前提条件，因而就提供所有更高乃至无限的活力单位而言，仅仅取决于这种自然力的大小和能力。但是，自然界没有任何大小确实是无限的，形而上学以一种清晰无误的方式阐明了这一点；因而每一个物体的所谓自然力都必然具有一个确定的有限的量。所以，它
1〔157〕 的作用能力也局限于一个有限的尺度。由此得出，它将自己在速度单位越来越大的情况下从自身产生活力的能力仅仅延伸到某个有限的目标，也就是说，物体不能直至无限地就所有的速度单位而言都以这种能力在自身中使力变活，从而使它在自由运动中无限地、毫不减弱地延续下去，相反，物体的这种能力在任何时候都仅仅有效到速度的某个大小，以致在高于这个大小的所有单位上，物体的能力都不再足以完成与该单位相符合的活化，并从自身中产生如此大的力。

第 135 节　就自由运动而言由此产生了什么

由此得出，如果这个单位是确定的，那么，物体在一个外部的原因以更大的速度推动它时虽然顺从这一原因，并且只要外部的推动还在持续就接受这一运动速度，但一旦那个外部原因停止作用，就必然也立刻自动失去那个超过确定尺度的单位，而只保留下并自由地、毫不减弱地继续物体按照其自然力的尺度在自身中能够使其变活的那个单位。

物体在这方面的能力是各不相同的

此外由此得出，在自然界形形色色的物体中，这一些物体的自然力在不同的物体中将具有不同的大小，因而其中一个物体有能力自由地继续某种速度，而另一个物体却不足以达到这一点。

小结

因此，这就是使某一个物体的力的活化能够进行的那种速度被包含在内的两个界限，在一个之下，在另一个之上，变活和自由运动不再能得到维持。

第 136 节　活力可能部分地在不起作用的情况下消失 1〔158〕

我们在第 121 节就已经知道，一个物体的力如果变活，就会比赋予它全部运动的那个力学原因大得多；因此，尽管一个物体运动的外部原因按照尤林方法的规定（第 110 节）仅仅以 2 个单位的力在它里面起作用，但该物体却以 2 个单位的速度拥有 4 个单位的力。现在我们想说明，一个障碍的力量比物体所拥有的力小得多，但尽管如此却能够夺走该物体的全部运动，因此，**如同活力在前一种场合部分地由自己产生一样，在第二种场合在克服一个比它小得多的障碍时也会由自己消耗殆尽。**

证明

要证明这一点，我们只需要回到尤林的例子（第 110 节）。也就是说，驳船 AB 以等于 1 的速度自 C 向 B 运动。此外我们要设定，球体 E 沿着同样的方向，即沿着方向 CB 运动，但这是一种自由运动，利用的是活力，其速度等于 2，因而这个球体仅仅以 1 个单位的速度与此处一根弹簧表现出来的、其力等于 1 的障碍 R 相遇；原因在于，就另一个单位的速度而言，它对于这个障碍来说并不以该单位运动，因为这一障碍同样有沿着同一方向的这种运动，从而物体在与这一障碍的关系中仅仅剩下 1 个单位的运动。但就 1 个单位的运动而言，力也仅仅等于 1，所以球体是以等于 1 的力与同样只有 1 个单位的力的障碍相撞的，从而由于这个障碍而失去了它的这个单位的速度和力。在这种情况下，它仅仅剩下了 1 个单位的绝对运动，从而也只剩下了 1 个单位的力，可以再让另一个等于 1 的障碍来消除；因此，我们设定有一种活力、从而以 2 个单位的速度拥有 4 个单位的力的物体，将被两个障碍归于静止；这两个障碍中的每一个都只有 1 个单位的力，因而按照这种方式必须有 2 个单位在这个物体中自己消失，不需要被外部原因抵消或者克服。 1〔159〕

第 137 节

因此，一个物体浪费自己的一部分活力不起作用的情况如下：两个或者多个障碍相继以这样一种方式阻挡它，这些障碍中的每一个都不是对抗运动物体的全部速度，而是像上一节的分析所说明的那样，仅仅对抗它的一个部分。

按照我们的活力概念对这一命题作出的解释

这一点如何与我们关于活力的概念相一致，可以按照以下的方式毫不困难地得到理解。如果一个物体的速度被分解为它的各个单位，那么，在这些单位中的一个单位上与其他单位相分离所发现、因而物体在不用其他单位而单独利用这个单位起作用时也使用的活力，就与这个单位的平方成正比；但如果物体以其全部速度不分解地同时起作用，那么，全部的整体力就与这速度的平方成正比，从而力的属于上述速度单位的那个部分就与该单位同整个速度的 Rectangulum［乘积］成正比，它形成了一个比在前一种场合更大得多的量。因为例如，如果我们假定整个速度由 2 个单位构成，这 2 个单位相继被赋予物体，那么，在速度依然是 1 的时候，活力只能提高到一个等于 1 的大小；但在加上第二个单位之后，在物体中就不是仅仅又产生出只与第二个速度单位成正比的 1 个单位的力，而是自然力还以速度产生的那个比例将强度提高，使活力就整个速度而言达到 4 倍，因为力在所有分离开的单位上的总量只是 2 倍，这样，每一个单位在相关的作用中都能够与其他单位一起实施 2 个单位的力，因为每一个单位自身在单独的作用中只有 1 个单位的力。所以，如果一
1〔160〕个具有活力、从而以 2 倍的速度具有 4 个单位的力的物体不是同时地、而是一个单位接一个单位地运用它的全部速度，那么，它就仅仅实施了 2 倍的力，物体就全部速度而言所拥有的其余 2 个单位的力则在自然力停止维持它之后，就像它在产生时自动地从自然力中产生出来一样，也自动地消失了。

第 138 节

这一说明以重要的结论来酬劳我们的努力。

结论

1. 除了障碍同时阻挡以活力侵犯的物体的全部速度并一起承受这缩

短的所有单位之外，我们在任何地方都无法发现活力的全部作用。

2. 与此相反，在障碍仅仅对抗速度的一个单位、从而无非是在分解开的各单位中逐次承受全部速度的地方，一大部分活力将自动丧失，而不是被障碍消除。如果有人相信障碍以这种方式消耗掉全部运动，也抵消了全部的力，那就大错特错了。在任何时候，障碍所承受的速度单位相对于运动物体的全部速度越小，这种损失就越可观。举例来说，物体拥有其活力所在的速度被分解为 3 个同等的单位，障碍每次都只能单独地对抗它们中的某一个，这样，虽然物体在这些单位的每一个上面都拥有活力，每一个单位的力却都等于 1，因而相继克服这 3 个单位的障碍的力量也就等于 3；但这个物体的全部活力却等于 3 的平方，即等于 9。因此，这种方式，就有 6 个单位的力，即整体的 2/3，没有外部的阻力而自己丧失了。与此相反，如果我们假定另一个障碍，它一次承受的不是上述全部速度的三分之一，而是其一半，因而不是把全部运动分解为 3 个，而是分解为 2 个单独的单位，那么，活力除了这一障碍消耗的东西之外，所承受的损失就仅仅等于 2，即整体的 1/2，因而就比前一种场合更小。 1〔161〕
以同样的方式，如果障碍一次对抗的单位是全部速度的 1/8，那么，物体所浪费的就是全部力的 7/8，其原因是不能在障碍中寻找的；依此类推，乃至无限。

3. 如果障碍在每一瞬间所对抗的速度单位都无限小，那么在这种情况下，在被克服的障碍中就再也找不到活力的任何痕迹；相反，由于在这种情况下，每个个别的单位都仅仅与其直接假定的速度成正比地起作用，而全部速度的所有单位的总和又是相等的，所以物体的力无论是不是活的，其全部作用都仅仅与其简单速度成正比，而活力的全部大小都将自己消失殆尽，不会造成一种与它相符合的作用。也就是说，由于它本来等于一个由表示速度的直线的运动产生的平面，因此这第二个向度的所有元素都逐渐地自己消失，除了仅仅与产生者直线即速度自身成正比的之外，在作用中没有表现出一种力的任何其他痕迹。

4. 因此，即使物体确实具有一种活力，也在任何地方都不能在所施加的作用中或者在被克服的障碍中发现一种活力的痕迹，除非障碍用来进行对抗的速度元素大小是有限的；但即使在这种情况下，也不能没有这一重要的条件，即速度的大小也不是可以任意小的，因为我们从第 132

节得知，速度要有一定的量，才能使以该速度运动的物体具有一种活力，而如果障碍阻挡的元素按照上述的量过于小，那么在它里面也不能感受到活力的任何作用。

我们将特别在本章结尾处看到这一说明极为显著的益处，在那里，它将有助于正确地说明和证实证明活力的重要经验。

1〔162〕 第 139 节　物体克服重力的现象并不证明活力，但尽管如此也不否定活力

由于重压的元素仅仅以无限小的速度发生，所以借助上一节第 3 条就可以非常清楚地知道，一个利用自己的运动克服重力障碍的物体，虽然力自身与速度的平方成正比，对障碍却只能施加与其速度自身成正比的作用，这完全是依照即便是这方面的经验也使人认识到的东西，我们在上一章已经详细地并且不仅仅按照一种方式看到了这一点。

因此，这里甚至表现出一种经验，它似乎仅仅认可**笛卡尔**的规律，而这事实上本来也除了这种测算之外，自身并没有显示出其他任何一种测算的征兆，但尽管如此，仔细想来却并不与按照平方进行测算——如果在其正确的意义上接受它的话——相抵触，反倒是给它留下了地盘。

所以，垂直升高的物体在克服重力的障碍时所产生的作用虽然无可争议地驳倒了**莱布尼茨**的测算，然而，它虽然没有真正地证明我们的活力，但尽管如此也没有取消它们。不过，如果我们把自己的注意力完全集中在这方面，那么，我们甚至还会在这里发现我们的测算的一些闪光。因为物体在它不能从自身中产生出同时作为其自由运动乃至活力的基础的内在努力或者强度的地方，它也不能自由地继续其固有的运动，并把该运动一直维持到外部的对抗逐渐地从它那里夺走为止。

第 140 节　以此为基础的试验

从迄今所证明的东西，我们同时看到了那个极为著名的特技的原因，有人借助极小的障碍就能够抵消几乎无法制服的力量。也就是说，当要制服的力量建立在活力的基础之上时，人们并不是以一个一

次性地作出对抗并且突然被制服的障碍来与它相对立的，因为这个障碍通常必须极为巨大，相反，毋宁说是以一个在其无限小的速度单位中逐渐地承受并消耗力的障碍与它相对立的；因为以这种方式，人们是凭借微不足道的对抗来挫败大得惊人的力量的，这就好像例如人们用羊毛袋来抵消攻城槌的撞击，如果攻城槌直接撞击到城墙上，就会把城墙撞毁。 I〔163〕

第 141 节　柔性物体并不以其全部力量起作用

此外可以得知，柔软的、在撞击时很容易压缩的物体，长时间并不通过撞击运用自己的全部力，毋宁说，它们仅仅施加很小的作用，而如果力和质量相同，但硬度却更大，这些作用就会大得多。我清楚地知道，这方面还有其他一些原因，除了我们谈到的那些原因之外，它们也为上述损失起到了自己的作用，或者毋宁说使得它显得是一种损失，但我们所列举的原因无可争议地是最重要的原因，而且是一种真正的损失的原因。

第 142 节　提出的问题：物体的作用是否无论其质量的差别都能够与其活力成正比

如今我们想研究一番，一个拥有活力、其质量被设想为无限小的物体，其作用究竟会是什么样的，因为这将使人认识到：在同样的条件下，如果两个物体的力都是活的，那么，假如人们把它们置于同样的条件下，一个物体的质量也任意地小，它们是否都能够施加与这些活力成正比的作用；或者毋宁说，每一个物体的质量都必须具有一定的大小，以致如果人们使它的质量更小，它所施加的作用就不能与它的活力成正比。

这是确定无疑的：如果一个质量有限的物体具有一种活力，那么， I〔164〕
它的每一个部分无论多么小，也都必然具有一种活力，而且即便是它与其他部分分离开来运动，也都会具有一种活力；但这里的问题是，这样一种微小的、或者如我们在这里要假定的那样无限微小的粒子，如果把它置于一个更大的粒子与其活力成正比地起作用的同样条件下，它是否也能够独自在自然界造成一种与其活力成正比的作用。我们将发现，这是不可能发生的，一个具有活力的物体，如果它的质量小于按照我们要证明的规则必须具备的质量，在自然界中是不能起到与它的这种活力成正比的作用的，相反，质量越小，物体也就越不接近这一比例，直到当质量无限小时，物体虽然具有活力，但却以这种质量也只能与其简单速度成正比地起作用，而另一个具有同样的速度和活力、但却具有适当大的质量的物体，在同样的条件下将起到随其质量增长符合其速度的平方的作用。

第143节　回答

事情仅仅取决于，自然界中所有应当被某种力制服的障碍，都不是立即就在接触点上以一种有限单位的对抗，而是先以一种无限小的单位来阻挡这种力，然后，在经过推动力所穿过的无限小的空间之后，推动力所遇到的阻力才变成有限的。凭借与真正的自然学说的一致，我把这一点作为前提条件，不打算在此列举证实它的一些根据。因此，牛顿的学生们抓住机会说，物体即便尚未相互接触，也对其他物体起作用。据此，即便我们不重视本来任何时候都存在于两个质量不同的物体的力之间的差异，而是仅仅考虑从我们的活力概念产生的差异，我们在一个质
1〔165〕量无限小的物体向自然界的这样一些障碍施加的作用和它的质量达到某种有限的大小时所起的作用之间也发现了一种特别的差异。

也就是说，我们已经知道，即便物体具有一种活力，但这种活力被用来克服重压的障碍，物体的作用也仅仅与其简单速度成正比，作为活力标志的所有强度都不起作用地消失掉。但如今，重力的反压以无限小的外力一直作用到其质量的内部，即直接作用于推动物体的无限小的部分，因此，它的这种状态与虽然有活力、但质量无限小而向着自然界的某个障碍运动的物体相同，因为后者如我们已经说明的那样，也在这里总是承受着一种恰如就具有无限小外力的重力而言直接地对抗它的阻力；因此，这样一种无限小的质量也以同样的方式在自身消耗着自己的活力，并且对自然界的任何障碍都仅仅按照其速度的比例起作用。

由此可以清晰地得出，只有无限小的物体会遇到这种情况，相反，一

个质量有限且确定的物体能够对同样的障碍施加一种符合其活力的作用，因为如我们所假定的那样，障碍只能从外部施加其阻力，不像重力作用到内部；因此，有限的物体在无限小的质量由于障碍继续不断的无限小的对抗而失去了自己全部速度的地方，只失去了无限小的东西，即什么也没有失去，相反，它的力仅仅用来克服无限小的质量不能达到的有限单位的对抗；所以就达到了如我们在第 138 节第 4 条所看到的那样，应当运用自己的活力来实现一种与自己成正比的作用的物体必然身处其中的条件。

第 144 节　一个物体能够施加与其活力成正比的作用所借助的质量必须是确定的；在这一大小之下，更小的质量不能做到这一点 1〔166〕

如今，由于以有限的力、但却无限小的质量运动的物体在自然界的任何地方都不是与速度的平方、而是仅仅与速度自身成正比，所以，依据我们已经通过经常的运作必然已经熟知的那种推理方式可以得出，这个物体具有一种活力，因而在适宜的条件下①，哪怕质量是任意地小，它的速度也将与其活力成正比；相反，要使人们能够这样说，就要求质量达到某个量，而在这个尺度之下，这样一个物体对自然界的障碍的任何作用都不能与其活力成正比，无论这些障碍是什么样的；但是，质量的量越是低于这个确定的尺度，作用就越是偏离活力的比例，而就它之上的所有大小而言，关于它们都已经不言而喻，根本不会发现这种偏离。

第 145 节

由此可以得出以下的说明：

结论

1. 一小块物质在与一个具有活力的大质量的牢固结合中，能够施加一种完全不同的、比它独自地与该质量分离时能够作出的大得出奇的作用。

---

① 也就是说，在另一个质量更大的物体以同样的速度完全运用其活力的条件下。

2. 尽管如此，这一区别却不是必然的，而是建立在自然界偶然的属性之上的；按照连续性规则，自然界的所有障碍早在以其有限的对抗与运动过来的物体对立之前，就远远地以无限小的单位开始了，或者说，尽管如此，自然界已经不允许有别的作用。

1〔167〕 3. 这并非毫无区别地都是真的：两个物体的力都是活的，它们的速度相等，它们的作用在同样的条件下与它们的质量成正比；因为如果它们的质量中的一个小于按照上述的规则应当具有的质量，那么，它的作用就会偏离速度的平方，从而比它仅仅按照质量的比例所应有的小得多。

4. 甚至物体形状的改变也能够在没有质量变化的情况下就导致，尽管力与速度的平方成正比，但它们的作用在所引起的条件下却与其速度成正比；因此，一个具有活力的物体，之所以能够造成一种小得多的作用，乃是因为它的形状变化了，而无论是它的质量还是速度、活力或者障碍的性状都没有发生一点变化。举例来说，一个具有活力的金球要比同样的含金质量以同样的速度和力撞上同样的障碍产生的作用大得多，但问题是后者事先已被锻造成一张又薄又宽的金箔。因为尽管在这里就力而言没有发生任何变化，但形状的改变已经使它的极小的微粒在这里遇上障碍，与它们彼此孤立地撞上障碍完全一样，因此根据刚刚证明的东西，它们早已不能以其活力并与活力成正比地起作用了，相反，它们所起的是一种或者接近简单速度之尺度的作用，或者是一种与简单速度一致的作用。在此恰恰相反，如果质量以一个坚硬的球的形状撞上障碍，在该球如此之小的面积上与它接触，以致该球在如此之小的空间里遇到的抵抗的无限小的元素，不能消耗掉质量的运动，从而活力就完好地保存下来，仅仅被用来克服这一障碍有限单位的对抗；同样，显而易见的是，它以前一种形状覆盖了障碍绝对大的面积，从而虽然质量相同，却
1〔168〕 蒙受到在障碍每一个点上遇到的无限小的外力的更大得难以置信的阻挡，所以必然更容易能够被该障碍消耗殆尽，活力或者完全丧失，或者丧失大部，而这在前一种情况是不会发生的。

第 146 节　液体与速度的平方成正比地起作用

然而，我从现在证明的规律得出的最重要的结论是完全以自然的方

式从中产生的结论，即液态物体通过撞击与其速度的平方成正比地起作用，尽管它们即使作用在此应当与其活力成正比，也依然不一定按照其速度的平方[1]、而是按照其速度的立方的尺度来起这种作用；虽然这一点像尤林先生已经清楚地说明了的那样[2]，否定了莱布尼茨先生的活力，但它与我们的活力力量却并不抵触。

如何从前面的东西得出这一点

因为液体分散为可以视为无限小的极精细部分，并不结合成为连在一起的固态物体，而是所有的部分前后相继地、都独立地、与其他部分分离地起作用的；因此，当它们撞上自然界的任意一个障碍时，它们承受着无限小的物体如我们已经说明的那样总是承受的那种活力的损失，因而尽管它们的力与其速度的平方成正比，但却仅仅与其速度成正比地起作用。

李希特[3]先生白白地耗费大量精力来避开尤林的这一打击。他的事情一筹莫展，因为它是与以下规则相结合的：力所处的比例，无异于作用所处的比例。

论中间空间的阻力

最后，每一个人也都能够轻而易举地理解，具有自由运动和活力的物体在一个液态的中间空间中为何仅仅与其速度的平方成正比地承受阻力，而不由此损害我们的活力；尽管这与莱布尼茨的测算相抵触，按照他的测算，这一阻力必然与速度的立方成正比。 1〔169〕

第 147 节　凭借经验来证实

有无数的经验来证实我们迄今所谈论的这一规则。尽管这些经验并

---

① 如马里奥特[*]先生通过试验已经阐明的那样。

[*] Edme Mariotte，1620—1684，《论水和其他液体的运动》出版于 1686 年。——科学院版编者注

② 参见上文 56 页注中引用的报告，《教育者年鉴》，209 页，1735。——科学院版编者注

③ 参见上文 124 页注，见那里引用的论文 513～514 页。——科学院版编者注

没有得到精确的测定，但它们依然是真实无误的，拥有普遍一致的赞同。

因为如果我们不给自己的规则留下地盘，我们就必须设定：一个物体，即便它是那么微小，在同样的条件下也能通过碰撞产生出与一个大的质量在人们使它们的速度与其质量的平方根成反比、或者按照笛卡尔的规则在它们的速度与这些质量成反比的时候同样大的作用。然而，经验与此相抵触。因为每个人都一致认为，即便人们给予一根羽毛或者阳光下的一粒浮尘如同人们自己所要求的那种单位的速度，它们也不能通过一种自由运动来产生一颗炮弹的作用；我相信，也没有人会猜测如果它们以如此大的速度在自由运动中遇上一团固态的物质或者墙壁，它们中的某一个能够击碎这团物质或者穿透墙壁。这一切虽然不能通过任何安排妥当的试验予以检验和证实，但无数这方面在类似的场合——尽管不是以如此之大的程度——出现的经验，导致没有人怀疑所引起的结果。

但如今却不能否认，所说的小物体在上述对其速度的规定中必然与大物体具有同样的力，无论是按照笛卡尔的、或者莱布尼茨的、还是按照我们的力的尺度都是如此：所以，除了小物体必定施加一种比按照它的力所应当发生的那样更小的作用之外，没剩下别的方法来解释这一点；小物体的活力绝大多数都没起作用就被抵消了，这恰恰就像我们在第
1〔170〕 143、144、145 节关于小物体所证明的那样。

第 148 节　弹性物体的运动否定了莱布尼茨的测算，但并不否定我们的测算

属于那些除了笛卡尔主义的测算之外不给其他测算留下踪迹、从而显得与我们力的尺度相抵触的经验的，最终还有弹性物体通过碰撞产生的运动；我们在上一章已经详细地讨论过这些运动，它们都在完全真实无误的试验中被认定为真的。它们也在事实上凭借与此不可分割地结合在一起的前提条件否定了莱布尼茨先生的平方测算：也就是说，在其产生中力消耗殆尽的那些作用，总是与力相等。我们的测算拥有理由充足的优越性，不服从这一规律，因而避开了这一打击。

我们从以上所说已经知道：活力并不是某种从外部借助一个外在的原因、例如借助一次撞击能够在一个物体中产生的东西；这已经能够向

我们说明：我们将不把被撞击物体的活力视为撞击物体的作用，并力图用前者来测量后者。但是，全部困难的现实解决，如果人们确实认为能够在这里找到一种现实解决的话，就存在于下文之中。

第 149 节　证明

所有力学专家都必定知道：一个弹性物体以其全部速度并不是一下子就作用于另一个物体，而是通过它在该物体中相继产生的诸多无限小单位的连续积累。我没有必要讨论这方面的特殊原因；对我来说，获得我这方面的一致赞同就够了；而且每一个人都认识到，没有这一前提条件，就不能解释任何运动规律。这方面的真正原因也许是：因为按照一根弹簧的本性，弹性仅仅与足以绷紧它的那个单位的速度相对抗；因此， 1〔171〕
就它所承受的任何无限小单位的压力而言，都总是只承受撞击物体的一个无限小单位的速度，从而在任何时刻都不是对抗全部速度，而是仅仅对抗无限小单位的速度，并把它接纳入自身，直到逐渐的积累将全部速度都以这种方式过渡到承受物体之中。

根据上文由此可以得出，由于撞击物体在此只是相继地以其速度的逐个无限小的单位起作用，它也仅仅简单地与其速度成正比地起作用，对它尽管如此却能够拥有的活力没有损害。

第 150 节

莱布尼茨先生关于一成不变地维持世界上力的某个大小的常用规律，还是一个显得在此需要仔细检验的题目。因此显而易见的是：即便在迄今的考察中有某种得到论证的东西，它在通常被接纳的意义上也无法成立。但是，我们的测算在这一章中究竟将引入什么，它怎样才能满足使得上述莱布尼茨规律如此值得赞扬的普遍和谐与秩序的规则，尽管我有能力就此提出一些纲要，但我们的计划的性质和我在一个如此生硬未经处理的题材上理所应当担心我的博学读者的注意力出现的疲倦，却不允许我作出相应的勾画；我不得不担心，也许已经过于伤害这种注意力了。

第 151 节①

我们如今处在经验的国土上；但在我们能够于此有所收获之前，我们必须确定借口对此拥有理由充分的权力并想把我们排挤出去的那些要
1〔172〕求已经被根除了。如果我们忽视以著名的**穆森布罗克**先生为创始人、因而富有说服力和洞察力的那个试验以及力学证明，不对此维护我们采纳的力的学说的话，我们迄今为止所作的努力就会是不完备的。穆森布罗克先生想借助这一试验在莱布尼茨的意义上捍卫活力，因而我们就有义务检验这一试验。

通过仔细地衡量这一试验我们得知：它并没有产生预期的结果，毋宁说是证实了笛卡尔的力的尺度。而这一点也重新证实了我们经常提到的那个说明：只要人们认为只能在外部原因中找到一种按照平方测算的力的起源，那就发现不了它的任何痕迹，真正的活力不是由外部在物体中产生的，而是在有外部力量的情况下在物体中从内部的自然力产生的努力的结果；因此，所有仅仅承认外部起作用的原因、以便由此出发规定承受物体中力的尺度的人们，即便他们正确地作出判断，也永远不会发现不同于笛卡尔的测算的东西。

第 152 节　穆森布罗克对活力的力学证明

穆森布罗克先生的证明②如下：

假定有一个中空的圆柱，上面固定一根弹簧。从圆柱中必须伸出一根布满洞孔的棍子，它通过一块硬铁皮的开口插在上面。如果用力将钢制的弹簧压向这块铁皮并且压紧，以致棍子进一步从铁皮的开口伸出，那么，通过在铁皮突出的一面将一根钉子插入棍子的某个洞孔里，就可以将弹簧固定在这种张力中。最后，如果将圆柱当做一个钟摆悬挂在某一个机器的两根绳子上，在此之后抽出钉子，那么，弹簧就将迅速弹开，

① 第 151～156 节可能是事后插入手稿的。——科学院版编者注

② 参见上文 118 页注引用的穆森布罗克的书，第 6 章，第 194 节，101 页。穆森布罗克所勾画的图（图 26）有助于理解康德所描述的实验。该图是双重悬挂的圆柱，AB 是弹簧，C 是布有洞孔的棍子，DE 是硬铁皮。——科学院版编者注

并给予圆柱某个速度，通过达到的高度就可以认识这个速度。且称这个速度为10。然后通过在圆柱中装入所需要的重量，使它比事先重两倍， 1〔173〕
并和之前一样压紧弹簧。如果在这种情况下再使它弹开，则借助它所达到的高度可以发现，速度有7.07个单位。由此穆森布罗克作出了如前的论证。

弹簧两次都同样地被压紧，因而在两个场合拥有同样的力，由于它每一次都运用自己全部的力，所以它两次带给圆柱的力是相等的；因此，一个物体以1倍的质量和10个单位的速度所拥有的力必然等于在另一个拥有2倍的质量和7.07个单位的速度的物体中所发现的力。但是，这无论如何都是不可能的，除非按照质量与速度平方的乘积来测算力；因为速度所有其他可能的函数都不允许这一等式，但惟独按照平方的测算数字10和7.07的平方 quam proxime［极为接近地］与质量1和2成反比，因此，它们与对方质量的乘积相等。

因此他得出结论，应当不是按照速度的尺度，而是按照速度的平方来测算力。

第153节

我有义务将我针对这一论据所要阐述的提醒不致弄得过于庞杂；因此，我就不再提及我在这里还能够提出的理由充分的质疑，即伸展开的弹簧压力的元素即便是按照莱布尼茨学派所承认也仅仅是惰力，因而无论是这种力还是由此赋予物体的力的元素，都必须仅仅按照速度来测算，从而作为这些元素之总和的全部力也是如此；相反，我想按照一种每个人都熟悉的、自身具有几何学的清晰性的力学方式行事，但同时也详细地阐释某种东西，不是像在事情不足够容易，只能更简略地把握它的时候那样，而是为了一劳永逸地完全根除就弹簧的作用而言迄今为止在力 1〔174〕
的测算的争论中流行的一切混乱。

第154节

穆森布罗克先生说道：弹簧在两种场合都同样地被压紧，因而它在两种场合里具有同样的力，但它每次都把自己全部的力传递给圆柱，因而它也在两次伸展时都给予其圆柱同样的力。这既是证明的基础，但也是失误的基础，尽管这种失误不仅是穆森布罗克先生个人的，而且宁可说是莱布尼茨力的测算的所有捍卫者共有的。

一个同样被压紧的弹簧给予一个较大的物体的力比给予一个较小的物体的力更大

如果谈到一个弹簧全部的力，那么，这无非是指它的张力的强度，它等于自己所作用的物体在一瞬间从弹簧的压力所获得的力。就这种力而言，人们当然可以说，无论弹簧所作用的物体是大还是小，这种力都是同样的。然而，如果人们留意弹簧在某段时间里通过连续的施压带给一个物体的力，则显而易见：以这种方式带给物体的力的大小取决于同样的压力在物体中积累所用的时间的长短；时间越长，同样被压紧的弹簧在这段时间里赋予物体的力也就越大。但如今，人们可以把弹簧在推动一个物体、直到它完全伸展开来时所用的时间任意地延长，也就是说，如果人们把这里应当被推动的质量像无人不知的那样增多的话；因此，人们还可以根据被同一根弹簧推动的质量被增多还是被减少，任意地使弹簧在张力相同的情况下通过其伸展时而给予更多的、时而给予更少的力。由此可以看出，说弹簧通过其伸展将它全部的力都给予它所推动的物体，这种表述是多么违背自然。因为它给予物体的力不仅是一个取决于弹簧的力的结果，而且根据被撞击的物体处在这根弹簧的压力下的时
1 〔175〕 间是长还是短，也就是说，根据这个物体的质量是大还是小，它还是一个取决于被撞击物体的性状的结果；弹簧的力就其自身来看，无非就是其伸展的元素。

第 155 节　穆森布罗克之困难的解决

从现在起，很容易就可以防止穆森布罗克证明中的混乱。

2 倍重的圆柱在弹簧伸展时比另一个具有 1 倍质量的圆柱更长时间地蒙受弹簧的压力。与前者相比，弹簧以同样的张力更快地推动后者，并与后者一起以更短的时间通过其伸展的空间。但由于弹簧在每一瞬间压

迫圆柱的力的元素是相等的（因为其速度的元素与其质量成反比），所以，较重的圆柱通过弹簧的推动比较轻的圆柱获得了更多的力。因此，认为力在两种场合相等的那种测算是错误的，也就是说，力不能按照速度的平方来测算。

第156节　为什么圆柱速度的平方与质量成反比

如果人们还想知道圆柱从同一根弹簧所获得的速度究竟为什么恰恰如此成比例，以致速度的平方与质量成反比（这一比例本来就是诱引莱布尼茨先生的辩护者们的那个比例）的原因，我们也可以毫无困难地澄清这一点，用不着因此就求助于不同于笛卡尔尺度的另一种原因。

因为从力学的首要根据出发就可以得知：在均匀加速度运动（motu uniformiter accelerato）中，所达到的速度的平方与所通过的空间成正比；
因此，如果两个都处在 motu uniformiter accelerato［均匀加速度运动］中 1〔176〕
的物体速度的元素不相等，那么，它们在这样的运动中所达到的速度的平方就处在由空间和这些元素构成的复合关系之中。但现在，在穆森布罗克的试验中，同样被压紧的弹簧传递给每一个圆柱的运动是 motu uniformiter accelerato［均匀加速度运动］，而它们以这样的加速度运动在弹簧伸展到其最大扩张的点期间所通过的空间是相等的，因此，在此获得的速度的平方与弹簧的压力赋予每一个圆柱的速度的元素成正比，也就是说，与圆柱的质量成反比。

第157节

从现在开始，我着手阐述无可争议地证明了自然界中按照速度的平方测算的力的现实性和存在的那些试验和经验，它们将以一种成功的说服来酬报我的亲爱的读者，感谢他们如今让蹩脚的文章引起了所有煞费心机的注意。

证明活力的试验

我只同足够熟悉关于活力的争论性质的那些人们打交道。因此，我预先假定，我的读者们对**里乔卢斯**①、**格拉维桑德**②、**波莱尼**③和穆森布罗克先生的声名狼藉的试验有足够的认识，这些人通过测量物体借助碰撞在柔软物质中造成的压力来研究物体的力。我只是想略微提及：大小与质量相等的球体从不同的高度自由地下落到柔软的物质中，例如下落到动物油脂中，在动物油脂中砸出坑洞，坑洞与球体下落出发的高度成正比，也就是说，与其速度的平方成正比；而如果他们的大小相等，但质量却不同，他们下落出发的高度则与质量成反比，在这种情况下在柔软物质中砸出的坑洞被发现是相等的。对于这些试验的正确性，笛卡尔学派不会提出任何异议，有争议的仅仅是由此得出的结论。

1〔177〕 莱布尼茨学派由此出发以如下方式作出了完全正确的论证。柔软物质对抗侵入物体的力的障碍，无非就是其各个部分的联系，因此，物体在侵入柔软物质的时候所要作的惟一事情就是分开它的各个部分。但是，这一贯穿全部柔软质量的联系是到处相同的，因此，阻力以及物体为征服柔软物质所必须使用的力的量与被分开的各个部分的总和成正比，也就是说，与砸出的坑洞的大小成正比。但根据以上引证的试验，坑洞的大小与侵入物体速度的平方成正比，因此，这些物体的力与其速度的平方成正比。

第 158 节　笛卡尔学派的质疑

笛卡尔的辩护者们不能对此提出任何有力的质疑。然而，由于他们之前曾以无可置疑的确定性发现，活力已受到莱布尼茨学派同样援引的数学的谴责，因此他们打算尽自己所能摆脱困难，因为他们毫不怀疑，那个看起来确认了几何学所不允许的某种东西的试验必定是骗人的。对此，我们在上文已经作了必要的提醒，现在我们只是想看一看，笛卡尔

---

① 里乔卢斯（Giovanni Battista Riccioli），耶稣会士，1598 年生于费拉拉，1671 年卒于博洛尼亚。参见《新天文学大成》，第 9 卷，第 4 篇，第 16 章，381 页以下，博诺尼艾，1651。——科学院版编者注

② 格拉维桑德（Wilhelm Jacob [本来是 Storm] van s'Gravesande），1688 年生于赫尔佐根布什，1742 年卒于莱顿。见《文学杂志》，《论物体撞击的一种新理论》，第 XII 卷，1 页以下，1722；以及《物理学的数学基础》，第 3 版，第 I 卷，第 II 篇，第 3 章，229 页以下，莱顿，1742。——科学院版编者注

③ 波莱尼（Marchese Giovanni Poleni），1683 年生于威尼斯，1761 年卒于帕多瓦。见《论河水流经的城堡》，帕多瓦，1718。——科学院版编者注

学派用来使上述试验无效的，究竟是一种什么样的托词。

他们指责说，莱布尼茨学派在这里又一次没有注意造成这些坑洞所用的时间。就克服这种柔软物质的障碍而言，与克服重力一样，时间同样是一个症结。被压出的坑洞并不是在同样的时间里造成的。简而言之，他们相信，就克服重力障碍而言根据时间提出的质疑是有效的（事实上 1〔178〕
它也确实有效），而现在，他们想，人们在这里可以再次将它引入轨道，同样成功地用来反对活力。

第 159 节　遭到反驳

我清楚地知道，莱布尼茨学派简单地打发了这一控诉，他们除了别的东西之外，还让两个底面积不同的圆锥下落到柔软物质中去，此际造成坑洞的时间必须是相等的，尽管如此结果却同前面的一样；然而，我还是想抛弃这种好处，从根本上清除笛卡尔学派造成的困难。

就重力的作用而言，时间也被考虑在内

除了考虑一个物体应当克服的重压的阻力为什么不与空间、而是与时间成比例的原因之外，人们下一步也就没有该做之事了。但是，根据也就在于此。当物体克服一根重力弹簧时，它并不是由此清除了它的效用，而是仅仅给它提供了一个平衡力量，但它尽管如此却仍毫不减弱地继续保持其对抗，以便在物体承受其对抗的期间一直以同样的单位作用于物体。如果物体要通过制服来同时可以说是击溃每一根重力弹簧并消除它的力，那么毫无疑问，由于每一根弹簧都具有同样的力，所以物体所承受的阻力就等于所有被击溃的弹簧的总和而时间则可以是任意的。但是，每一根弹簧即使被物体所克服，也都保持着自己的压力，并且在物体仍处于这种压力之下期间继续向物体施压，从而就单独一根弹簧所起的作用来说不能被视为一个个别的、不可分的压力，相反，它施加的是一系列相互依赖的压力，物体处在这些压力之下的时间越长，这些压力就越大；举例来说，在空间的各部分中，当物体的运动比较慢时，在每一个点上停留的时间就比在运动比较快时更长，因此，物体在前一种场合要比在后一种场合承受一个更长系列的相同压力。

1〔179〕 这在柔软物质那里完全是另一种情况

然而，就柔软物质的分离而言，这完全是另一种情况。柔软物质的每一个元素都有一种相同的相互联系的力，由此它也从分离它们的物体夺走了一个相等单位的力，但也正是由此，它也同时被分离开，从而不再继续作任何抵抗，物体在柔软物质处逗留的时间在此之后却可以是任意长的。因为在这里，弹簧同时被与其阻力相等的作用所粉碎，因而不能继续起作用，就像自身不可毁坏的重力弹簧一样。所以，柔软物质对侵入物体的阻力与它所击溃的弹簧的总和成正比，也就是说，与该物体砸出的坑洞成正比，在这里与时间没有一点相干。

第 160 节

莱布尼茨学派有理由庆祝相当令人满意地战胜了笛卡尔学派重要的失误。这一巧合通过其敌手们遇到的同样命运报复了指出如此众多的失误所带给他们的辱骂。莱布尼茨学派自认为在这样一些没有活力的场合里能够发现活力，但究竟是什么妨碍了这种发现？笛卡尔学派却在确实有活力的场合里不能看到活力，而在这些场合里，没有任何人能够大受蒙蔽却无视活力。

第 161 节

因此，上述试验证明了自然界中这样一些以速度的平方为尺度的力的存在；然而，我们先行的考察说明了在什么样的条件下这样的力不能成立，以及什么样的条件是这样的力能够获得地盘的惟一条件。如果按照我们的说明来利用这一切，人们就不仅会对活力获得一种足够的确定性，而且还会对活力的本性获得一个比以往所有或者所能有的概念不仅
1〔180〕 更正确、而且也更完备的概念。这一有计划的试验的特殊性质还提供了一些能够引起特别注意的非同寻常的特征；然而，在有兴致的读者的注意力被如此众多复杂的研究搞得疲劳不堪，也许除了结束这些考察之外再也没有别的愿望之后，我绝对不能再探讨这些特征了。

不过，还有惟一一点我不能不提及，因为它印证并清晰地说明了先

行的规律。我们所计划的试验证明了按照速度自身的平方测算的力，因此，按照第 138 节第 4 点，本试验中障碍的任何元素对抗的速度都必须以有限的单位产生；因为如果它们像重力的压迫那样以无限小的单位产生，那么，对重力的克服就和在重力那里一样很少能使人看到一种按平方测算的力（第 139 节）。因此我们想证明，柔软质量的每一个元素的对抗都不是像重力那样以无限小的速度，而是以一个有限的单位产生的。

第 162 节　柔软物质障碍的元素以有限的速度产生

如果把球状物体在柔软物质中砸出的圆柱形坑洞分成诸多重叠的圆盘，它们的厚度无限小，那么，这些圆盘中的每一个都表现出被移动质量的元素。因此，这些圆盘中的每一个都从侵入物体夺走了其速度的一个无限小的部分，因为它们加起来夺走了该物体的全部速度。但由于每一个圆盘相对于球体质量的量都是无限小的，因此可以得出，为了能够凭借自己的阻力从物体夺走其运动的一个无限小的部分，它的对抗速度必须是大小有限的。因此，柔软物质的每一个元素都以一种具有速度有限尺度的努力给砸入物体提供了阻力。等等。

第 163 节 1〔181〕

这样，我们已经完成了自己的事情，鉴于它所指向的题材，只要阐述符合这一大胆妄为，这件事情就是足够大的。我自夸特别就主题而言，可以说达到了一种无可争议的确定性。就我自认为拥有的这种优越性而言，如果不是事先考虑到我的债主们的博学和明见，我是不会结束当前的论文的。按照笛卡尔学派的机敏努力，不难以数学防止平方测算的混乱；而按照莱布尼茨学派的巧妙安排，在自然界中不可能没有平方测算。对这两个极端界限的认识必然规定双方的真理共同归属的那个点。发现这个点，一点也不需要巨大的洞察力，它只需要稍稍去掉党派的激情，需要心灵倾向的短暂平衡，这样的话，不舒服的感觉立刻就被排除了。尽管我成功地在莱布尼茨先生的事情上发现了一些失误，我在这里也依然是这位伟大人物的负债者，因为如果没有我们应当归功于这位不朽发明者的杰出的连续律的导线，我将一事无成；连续律是找到走出这一迷宫的出路的惟一方法。简而言之，尽管事情的结果最有利于我，但留给我的荣耀份额却是如此之小，使我并不担心，名誉心会如此自贬身价，竟然妒忌我获得这种荣耀。

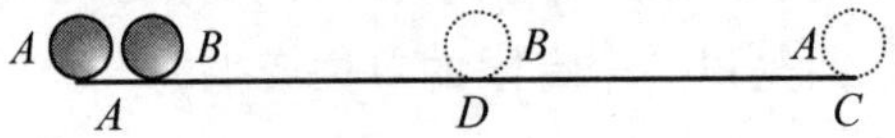

图 1

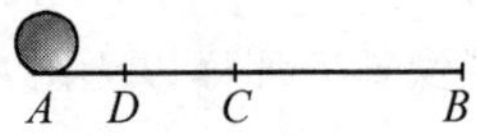

图 2

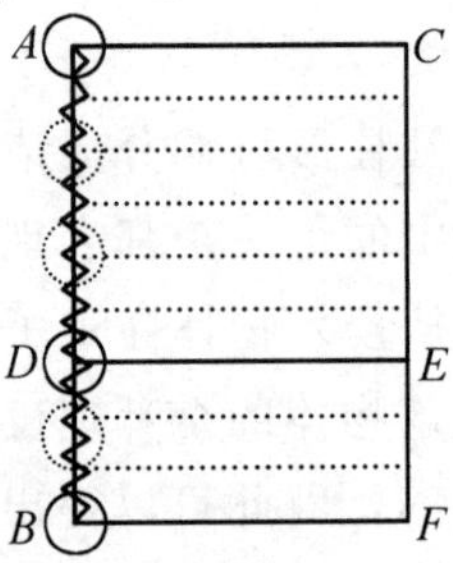

图 3

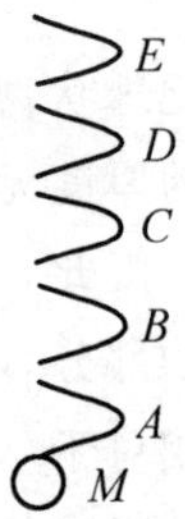

图 4

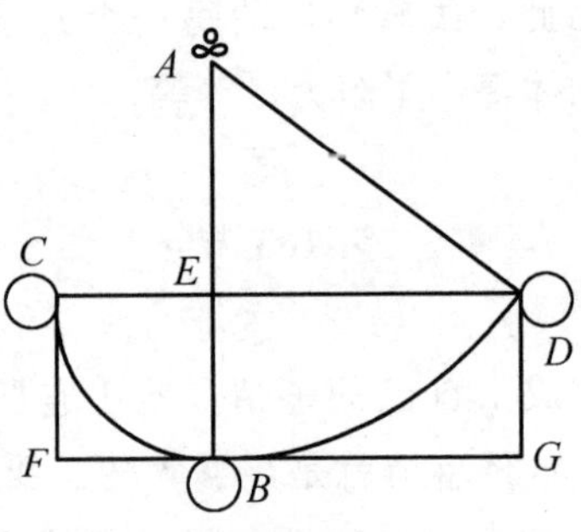

图 5

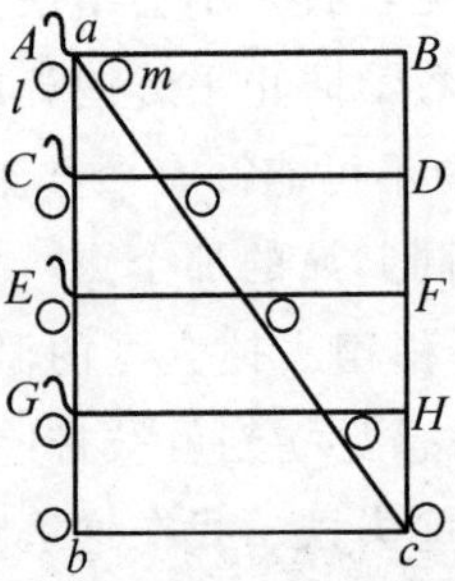

图 6

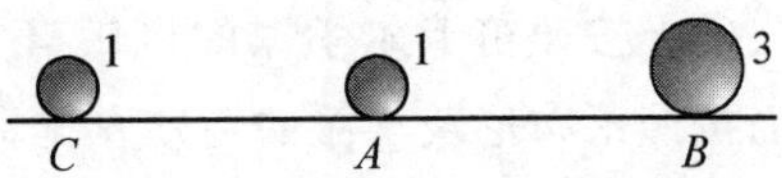

图 7

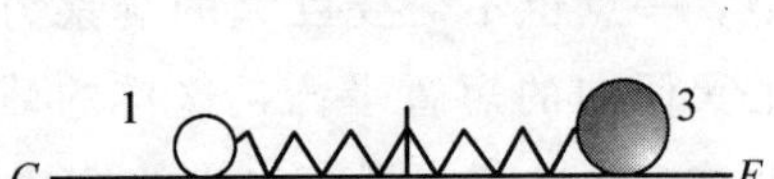

图 8

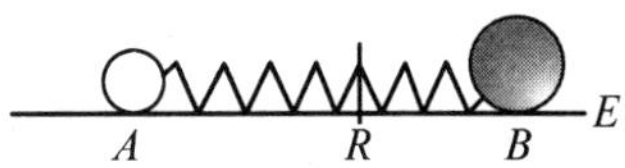

图 9

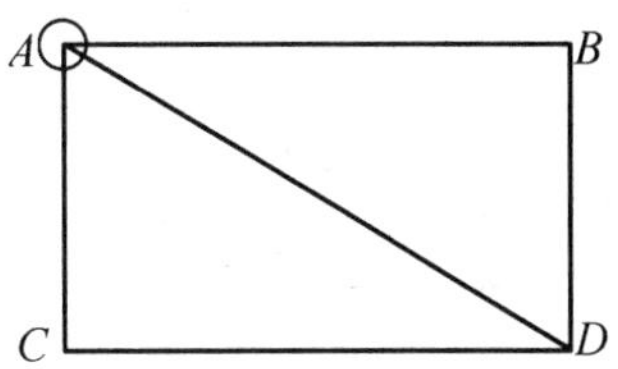

图 10

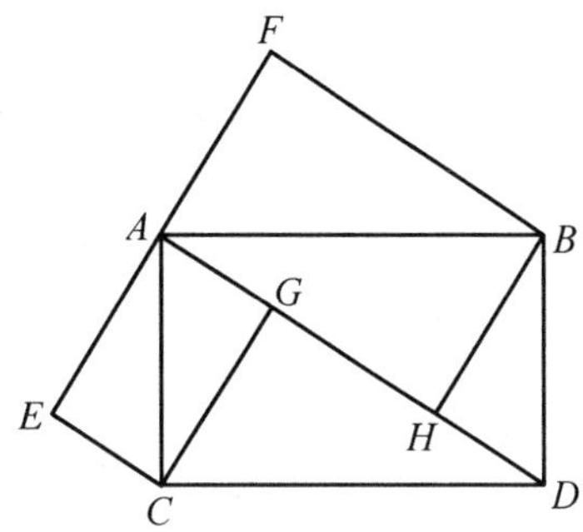

图 11

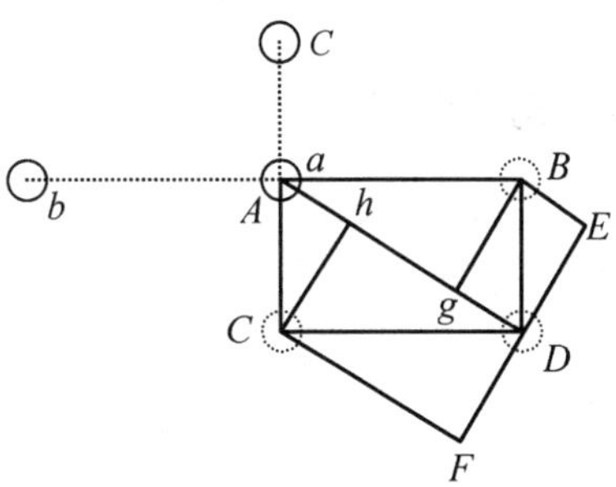

图 12

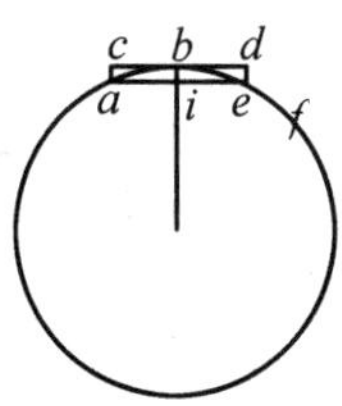

图 13

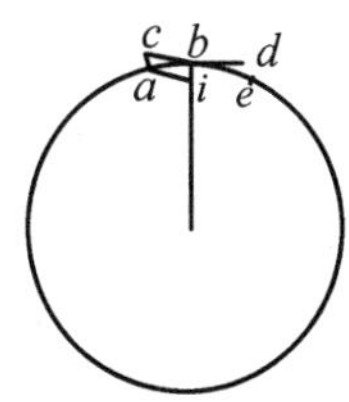

图 13（a）

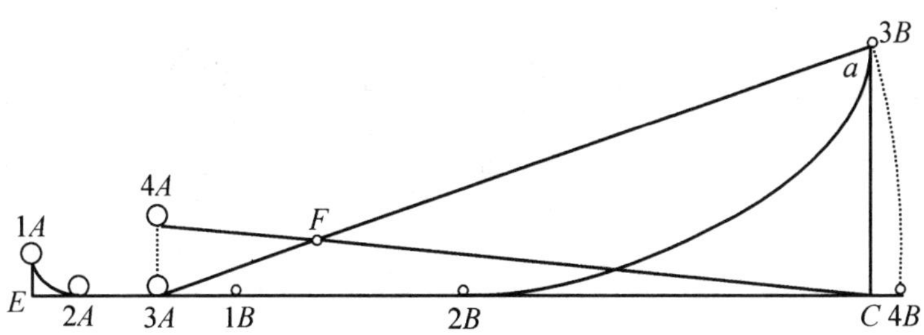

图 14

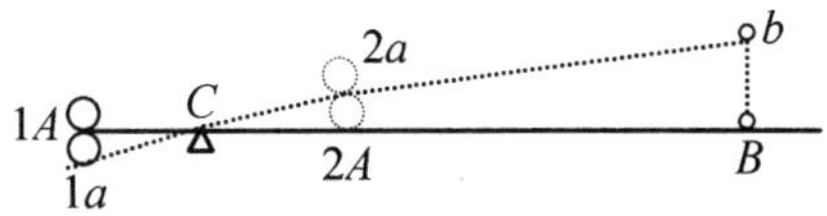

图 15

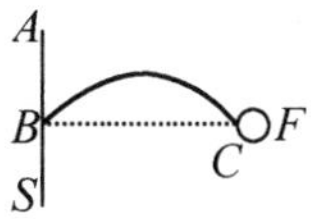

图 16

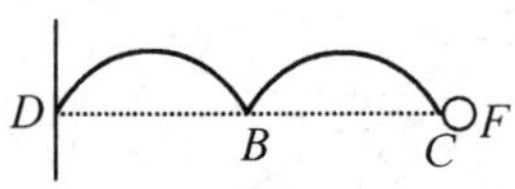

图 17

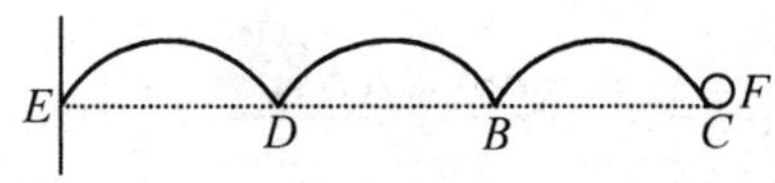

图 18

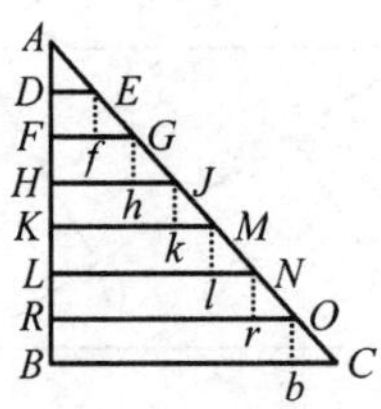

图 19

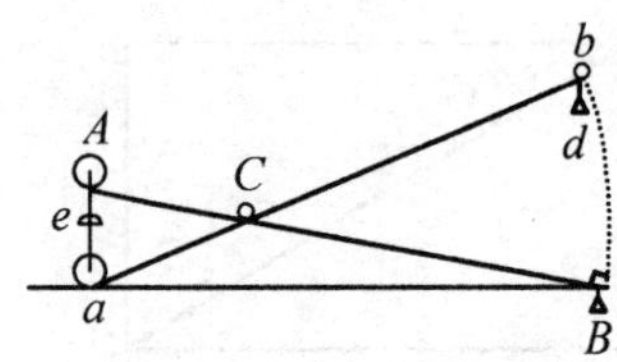

图 20

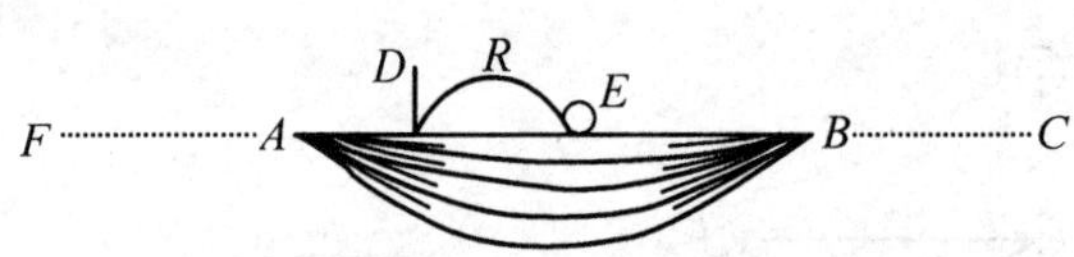

图 21

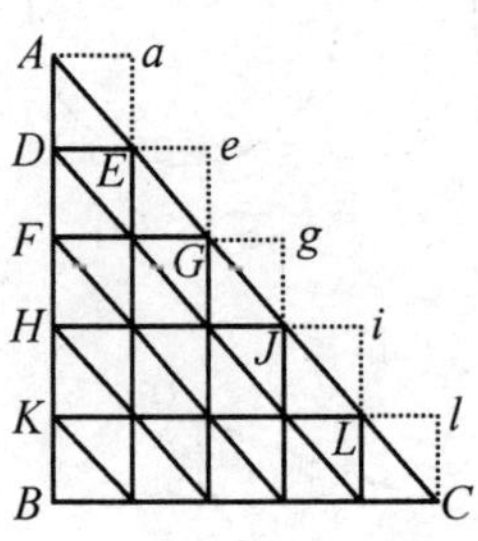

图 22

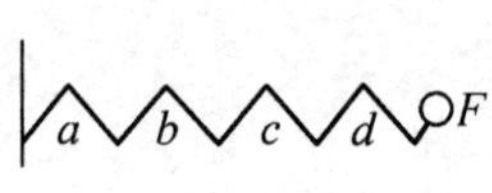

图 23

图 24

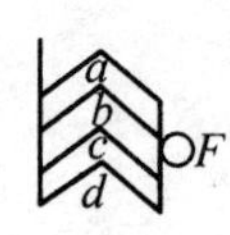

图 25

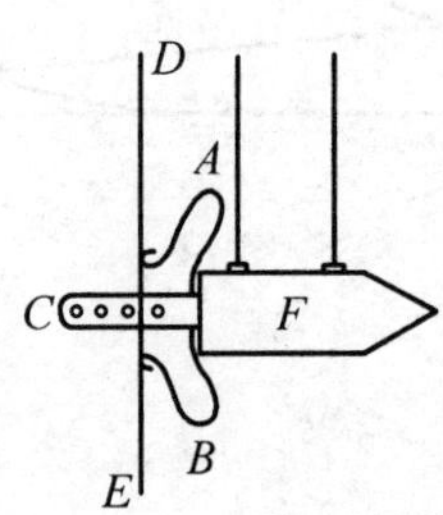

图 26

原文收入李秋零主编《康德著作全集》第 1 卷，作于 1747 年。

一般自然史与天体理论

或根据牛顿定理试论整个世界大厦的状态和力学起源

献词

敬献给

最尊贵、最强大的国王和君主

普鲁士国王

勃兰登堡侯爵

神圣罗马帝国大臣和选帝侯

西里西亚君王和大公爵

等等、等等、等等

我最仁慈的国王和君主

弗里德里希陛下

科学院版编者导言

约翰内斯·拉茨（Johannes Rahts）

这部作品匿名于1755年3月出版（参见《在1755年法兰克福和莱比锡复活节博览会全新刊印或者修订再版的书的总目录或者一览表》，584页）。它由康德根据其朋友们的建议献给普鲁士国王弗里德里希二世，仅仅是为了“藉国王的权威在柏林和其他地方的学者那里引起对他的体系的更切近的研究”（鲍洛夫斯基：《伊曼努尔·康德的生平和性格描绘》，50页，哥尼斯贝格，1804），但据说从未到达国王手中。

匿名似乎没有保持多久，因为在1756年5月1日的《哥尼斯贝格咨询和广告消息周报》上，在“哥尼斯贝格可卖物品”中就有如下说明：“在印刷商约翰·弗里德里希·德里斯特那里，可以得到康德硕士的《一般自然史与天体理论》。”

这部作品在同时代人中差不多不为人知，尽管它的一篇书评发表在汉堡1755年的《自由判断和信息报》上（429～432页）。该书评向所有“喜爱并且能够评判这类思想”的读者宣扬这本书。这一引人注目的事实的根据应当在这本书于其出版时的独特命运中去寻找：出版商在印刷期间破产了，他的整个商品库被依法封存。这样，就使得6年后约翰·弗里德里希·兰贝特在其《宇宙论通信》中阐释关于宇宙大厦的系统状态的类似观点（参见康德在《证明上帝存在惟一可能的根据》这部作品的前言中对此的说明和《康德全集》，第X卷，50［53］页），以及41年后皮埃尔·西蒙·拉普拉斯侯爵在《宇宙体系论》一书中把自己的星云假说建立在与康德相同的基础之上（参见下文261页），却对这部作品未置一词。只是在像Fr. 阿拉戈（《年内经度局年鉴》，第2版，249页，1842）、A. V. 洪堡（《宇宙》，第I卷，90页；第III卷，551页，1845）、W. 斯特鲁夫（《恒星天文学研究》，8页，1847）、叔本华（《附录与补遗》，第II卷，143页，1850）、赫尔姆霍茨（《报告和演讲》，第3版，第II卷，55～93页，1884）和措尔讷（《光度学研究》，215～216页和219页以下，1865；以及《彗星的本性》，426页以下，1872）这样的人物指点参考这部作品并强调它的价值时，它才广为人知。

由康德自己操办的这部作品的第二版并未出版，而是仅仅出了它的一个摘要。康德委托约翰·弗里德里希·根济欣硕士制作这个摘要，后者在康德通读之后经康德允准在1791年4月提交了这个摘要。

根济欣作品的一部手稿（H）还保存了下来，并且由持有者枢密顾问恩斯特·哈根教授、博士先生极为热心地提供给这一版使用，它所包含的大多是第一部分和第二部分前五章的逐字逐句的摘要。根济欣把手稿给康德看，康德记入了一些改动，这些改动依其位置在注释中标明（参见下文250页注、265页注、266页注、270页注、271页注、274页注、277页注）。除此之外，摘要的最终刊印还在一些根本点上背离了手稿，例如第五章的开篇明显复述不同，因为如根济欣在相关段落所注明，康德后来改变了他关于土星环的产生的观点；就连这些偏离也都在注释中提到了。相比之下，大多关涉一个具体表述的选择的那些小的改动，鉴于作者身份不可靠就不能兼顾了，它们也许基于根据康德致根济欣的一封信（参见《康德全集》，第XI卷，240～241［252～253］页）来看肯定发生过的亲口商讨，遗憾的是这封信仅仅在英译本中给我们保存下来。

在摘要的结尾，根济欣根据康德如从上面提到的信中可以看出的那样明确的愿望，作出了4个说明康德的观点与后来研究者的观点之关系的注释，就连这4个注释也在适当的地方予以援引（参见下文253页注、255页注、294页注、302页注）。根济欣手稿所包含的关于行星轨道的偏心率的一章（第二部分，第三章）在这部摘要的刊印中阙如。关于这种阙如的可能原因，参见下文257页注。

根据康德自己的说法（参见下文231页），他给出了撰写《一般自然史与天体理论》的第一诱因，即于1750年在伦敦出版的达勒姆的托马斯·赖特《宇宙的一种原创理论和新假说》这本书，康德是从1751年汉堡的《为接受一般科学和历史的自由判断和信息报》第I、II、III期上的一篇深入的报告了解它的内容的。

刊印：1.《一般自然史与天体理论：或根据牛顿定理试论整个世界大厦的状态和力学起源》，哥尼斯贝格和莱比锡，约翰·弗里德里希·彼得森印，1755。

2.《约翰·弗里德里希·根济欣的康德自然史和天体理论摘要》，作为 G. M. 佐默尔编的威廉·赫歇尔关于天体结构的作品之翻译的附录，哥尼斯贝格，1791，弗里德里希·尼克罗维印。

3.《伊·康德短文全集》，按照时间顺序排列，1797～1798，第Ⅰ卷，1～130页，哥尼斯贝格和莱比锡（实际上是由福格特在耶拿编，因而是所谓的福格特集）。

4.《一般自然史与天体理论》，伊曼努尔·康德著，M. 弗雷格撰前言，新版，有作者的一些新改正，法兰克福和莱比锡。

5.《伊曼努尔·康德早期尚未结集的短篇作品集》，第Ⅱ部分，1～130页，法兰克福和莱比锡，1797。

6.《一般自然史与天体理论》，蔡茨，威廉·韦伯尔印，1798。

7.《伊·康德杂文集》，蒂夫特隆克编，第8完全版，第Ⅰ卷，283～520页，哈勒，伦格书店，1799。

最尊贵、最强大的国王
最仁慈的国王和君主!

自身微贱的感觉和王位的辉煌并不足以使我自惭形秽，畏缩不前，因为最仁慈的君王一视同仁普降给他所有臣民的恩宠给我以希望：我所冒昧采取的大胆行为将不会被不屑一顾。我满怀恭顺的敬畏将一种勤奋精神的最渺小尝试之一献给国王陛下；陛下的科学院正是以这种勤奋精神凭借其贤明君王的鼓舞和庇护来与其他国家在科学上争雄的。倘若目前这些尝试能够使最卑微、最敬畏的臣民持之以恒地作出的努力对自己的祖国略效绵薄，并博得其君王的最大欢悦的话，我将会感到多么幸福啊！不胜恭顺之至

国王陛下

您的最忠诚的仆人作者
1755年3月14日
于哥尼斯贝格

1〔221〕

前言

我选择的这样一个课题，不仅内容艰深，而且涉及宗教，所以可能会在开始就以一种不利的成见吸引住大部分读者。要在整个无穷无尽的范围内揭示把造化的各个巨大环节联结起来的系统性，要运用力学规律从大自然的初始状态推演出天体自身的形成及其运动的起源，这样的认识似乎远远超出了人类理性的能力。而另一方面，也有宗教对这种大胆行为提出郑重斥责的危险，因为居然有人敢于把这样的结果归于自行发展的大自然，而实际上人们理应在这些结果中发现至高无上存在者的直接干预；宗教的斥责是由于担心在这些考察的好奇心中会发现无神论者的辩护词。我清楚地看到了所有这些困难，但我并不胆怯。我感觉到所面临的这些障碍的强大，但我并不气馁。凭借一种微不足道的猜测，我斗胆作了一次危险的旅行，而且已经看到了新大陆的海岸。有志于继续探索的人们将登上这些大陆，并用自己的名字命名它们而后快。

我是在看到自己的宗教义务得到保障之后，才决定开始这种探索的。在我看到每当自己前进一步就迷雾四散时，我就热情倍增。在那朦胧的
1〔222〕迷雾后面，好像隐藏着一个巨大古怪的东西。而在这迷雾散去之后，至高无上的存在者的庄严就以夺目的光辉显现了出来。由于我知道这些努力不会受到任何惩处，所以我愿意忠实地阐述一番善意的人们或者哪怕是懦弱的人们在我的计划中可能认为有失体统的东西。我也准备坦然地服从正统宗教法庭的严厉制裁，这种坦然是心地正直的标志。因此，信仰的监护人们也该先听听它的理由。

如果秩序井然且美好的世界结构只是服从其普遍运动规律的物质的一种结果，如果各种自然力的盲目机械性能从混沌中如此美妙地发展出来，并自动地达到如此的完善性，那么，人们在观察世界大厦之美时所得出的神性创造者的证明就完全失效了。大自然本身就够了，神的统治是不必要的。伊壁鸠鲁就又在基督教里面复活了，一种非神圣的世俗智慧就会把信仰踩在脚下，而信仰本来奉献给世俗智慧一片灿烂的明光，照耀着世俗智慧。

即便我认为这一课题是持之有故的，我对神圣真理的无误性所持有的信念，也能够使我把一切与它们相矛盾的东西都视为已被它们充分驳倒而予以拒斥。不过，正是我在自己的体系和宗教之间所发现的这种协调一致，把我对付一切困难的信心提高成为一种无所畏惧的镇定自若。

人们为确证一个最为睿智的创造者而从世界结构的美和完善安排得出种种证明，我承认这些证明的全部价值。人们只要不是蓄意地反对一 1〔223〕
切信念，就必须承认各种如此无可辩驳的理由已经取得了胜利。但是我要说：宗教的捍卫者们由于笨拙地使用这些理由而与自然主义者们争吵不休，他们毫无必要地把弱点暴露给自然主义者们。

人们已经习惯于发现和强调大自然中的和谐、美、目的以及手段与目的的完善关系。然而，人们在这一方面抬高大自然，却又在另一方面试图贬低大自然。人们说，大自然没有和谐，它如果听任自己普遍的规律支配，就只会造成紊乱。和谐显示着外来的干预，它能够把不具有任何合规则性的物质强行纳入一个睿智的计划之内。不过我要回答说：如果物质的普遍作用规律同样是出自最高设计的一个结果，那么，这些规律除了力求自动完成至高无上的智慧所规定的计划之外，大概不可能有别的使命。或者，如果不是这样，人们岂不就会陷入诱惑，认为至少物质及其普遍的规律是独立的，而且如此可赞地利用它们的那种至高无上的智慧的力量，固然是大的，但却并非无限；固然是强的，但却并非无以复加的？

宗教的捍卫者担心：从物质的自然倾向得到说明的这种和谐，会证明大自然与神明天意无关。他毫不含糊地承认：如果人们能够为世界结构的所有秩序都发现自然的根据，这些自然根据能够从物质最一般的、根本的性质出发造成世界结构的所有秩序，那么，就没有必要诉诸最高的统治了。自然主义者在此有自己的算盘，并不反驳这一假设。他举出一些例子，证明普遍的自然规律能够产生出尽善尽美的结果，并借助在正统信仰者手中能够成为战无不胜的武器的根据，来使正统信仰者陷入困境。我想列举一下这些例子。人们曾经多次提到一个例子，把它当做对监护人们的一种善意安排所作出的最清晰的检验：在最热的地带，正当受热的地面最需要变凉的时候，海风就仿佛是被召唤来似的吹过陆地，使陆地凉爽。例如在牙买加岛，每当太阳高高升起，将灼人的热投向地面的时候，恰在上午 9 点之后，就开始从大海起风，向陆地上四面八方吹来；而且太阳越高，风力也就越大。大约下午 1 点，天气自然也就最
1〔224〕热，风力也就最大，而且又随着太阳的下落而逐渐减弱，到傍晚时就和太阳升起时一样平静了。如果没有这种理想的安排，这个岛将会无法居住。热带陆地的所有海岸都享受到这种幸福。它们也最需要这种幸福，因为它们是干旱陆地的最低地区，承受着最严重的热。陆地上地势较高、因而海风吹不到的地区，肯定也需要海风较少，因为它们较高的地势使得它们处于一个较凉爽的气区中。这不是都很好吗？不都是凭借机智运用的手段所达到的明显目的吗？然而作为对立面，自然主义者必然要在空气的最一般特性中寻找它的自然原因，因而不打算猜测特殊的安排。他正确地发现，即使没有人居住在这样的岛上，这些海风必定还是要作这样的周期性运动；并且这不是凭借别的特性，即便不是为了上述目的，空气的特性仅仅对于植物的生长来说也是必不可少的；而是凭借空气的弹性和重力。太阳的热破坏了空气的平衡，使陆地上的空气变得稀薄，由此使凉爽的海洋空气离开自己的位置乘虚而入。

总之，风对地球的好处是多么有用啊！人的聪明又是多么可以利用风啊！然而，要造成风，却不需要别的安排，只需要空气和热的一般特性，而空气和热必然存在于地球上，与这些目的无关。

无神论者在这里会说：如果你们承认，人们能够从最一般的、最简单的自然规律引申出有益的、旨在某些目的的状态，不需要至高无上的智慧的特别主宰，那么，这里就出现了根据你们自己的承认将困住你们的证明。整个大自然，特别是无机自然，到处都有这样的证明。它们使
1〔225〕人认识到，凭借其力量的机械性规定自己的物质，就其结果而言具有某种正确性，并且能自然而然地满足合理性的规则。如果一个善意的人为了挽救宗教的美好事业，要否认一般自然规律的这种能力，那么，他将会自陷窘境，以一种拙劣的辩护给无神论者制造取胜的契机。

不过让我们看一看，人们所担心的敌对者手中的这些有害的根据，却如何成为反驳敌对者的有力武器。根据其最一般的规律来规定自己的物质，凭借其自然而然的活动，或者说——如果人们愿意这样说的话——凭借一种盲目的机械性，造成了合理的结果，这结果看起来是一个至高无上的智慧的设计。空气、水和热产生了——如果把它们看做是

自行发展的话——风和云、湿润着陆地的雨水和河流以及其他一切有益的结果，如果没有它们，大自然必定依然是凄凄惨惨、荒无人烟、寸草不生的。不过，它们造成这些结果，却不是由于单纯的偶然或者同样能够很容易造成有害结果的巧合；相反人们看到，它们被自己的自然规律所限制，只能以这种方式而不能以别的方式起作用。人们该如何看待这种和谐呢？不同性质的事物相互结合，如此致力于造成杰出的和谐与完美，甚至是为了在某种程度上处于死物质范围之外的事物的目的，即有益于人和动物，如果它们没有一个共同的起源，即没有一个有联系地设计所有事物的本质特性的无限理智，这又怎么可能呢？倘若它们的本性是各自独立、互不相干地必然的，那么，它们以自己的自然活动如此相互契合，仿佛有一种深思熟虑的睿智选择把它们协调起来，这该是一种多么惊人的偶然啊！或者更正确地说，这该是多么不可能啊！

现在我放心大胆地转向我目前的冒险行为了。我假定所有世界的物质都处于一种普遍的分散状态，并用这些物质构成一种完全的混沌。我看到材料按照已揭示的引力规律形成，又看到斥力改变着它们的运动。 1〔226〕
看到不需要借助任意的虚构，按照已揭示的运动规律的安排就可以产生出一个井然有序的整体，这整体与我们眼前所看到的世界体系如此相似，以至我情不自禁地把它们视为同一个东西，此时，我感到愉快满足。大自然的秩序在总体上的这种出乎意料的发展，起初也使我感到怀疑，因为它竟然建立在如此简单质朴的根据之上。最终，我从上述的考察中获得了教益，知道大自然的这样一种发展在它来说并不是什么稀罕的事情，而是它的根本努力必然造成这样的发展，而这正是它依赖于一个原始存在者的绝好证明；那个原始存在者甚至在自身中就已经包含着各种存在者的源泉及其最初的各种作用规律。这一认识使我对自己所作的设想信心倍增。每向前迈进一步，我的信心都有所增加，而怯懦也就完全消失了。

但人们会说，你为自己的体系辩护，同时也就是在为伊壁鸠鲁的意见辩护，后者与你的体系极为相似。我不想一概否认与伊壁鸠鲁的一致。许多人就是由于这些理由的表面现象而成了无神论者，但如果更仔细地考虑，这些理由仍然能够最强有力地说服他们来确信至高无上的存在者。即便是从无可非议的原理出发，一种颠倒的理解所得出的结论也常常是值得怀疑的。伊壁鸠鲁的结论就是这样，虽然他的设想与一个大思想家的聪颖是相称的。

因此，我并不否认卢克莱修或他的先驱伊壁鸠鲁、留基波和德谟克利特的理论与我的理论有许多相似之处。与那些世俗智者一样，我也认为大自然的初始状态是所有天体原初材料——或者如他们所说的那样是原子——的普遍分散状态。伊壁鸠鲁认为有一种重力驱使这些基本微粒下沉，而这种下沉显得与我所接受的牛顿所讲的吸引区别不大；他也认为那些基本微粒与下降的直线运动有某种偏离，尽管他在这种偏离的原
1〔227〕 因及其结果方面有些荒唐的想法：这种偏离在一定程度上与我们从微粒的斥力中推论出来的直线下降的变化是一致的；最后，从原子的混乱运动中产生的旋涡是留基波和德谟克利特学说中的核心部分，而在我们的学说中人们也将看到这种旋涡。然而，虽然与古代真正的无神论学说有如此之多的相似之处，这却没有使我的学说犯与他们同样的错误。即便在那些可能博得人们喝彩的最荒唐的意见中，也可以随时发现某种真实的东西。一个错误的原理或者一些不假思索的推论使人离开真理的道路，通过不易察觉的邪径把人一直引向深渊。然而，虽然有上述的相似性，在古代的宇宙生成论和当前的宇宙生成论之间还是有着根本的区别，从后者可以得出迥然不同的结论。

上述主张世界结构以力学方式产生的学者们，从偶然的巧合推演出可以从世界结构感知到的一切秩序，这种偶然的巧合使原子如此幸运地汇合在一起，以至构成了一个井然有序的整体。伊壁鸠鲁甚至如此厚颜无耻，竟然要求原子无须任何原因就偏离其直线运动，以便能够碰撞到一起。他们都把这种荒唐发展到如此地步，以至把一切有生命的造物的起源都归于这种盲目的汇合，真要从无理性中派生出理性。我的学说则相反，我认为物质是受某些必然规律制约的。我发现，从物质彻底的分离和分散中能够完全自然而然地发展出一个美好的、井然有序的整体。这种情况之所以发生，并不是由于一种巧合和偶然，相反可以看到，大自然的特性必然造成这种状况。难道人们不会为此所打动而追问：物质究竟为什么必然具有这样一些旨在秩序与合理性的规律呢？性质各不隶属的众多事物，居然如此自行相互规定，以至从中产生出一个井然有序的整体，这难道是可能的吗？而且如果是这样，难道不是无可辩驳地证明了它们有一个共同的原初起源，这起源必然是一个充足的至高无上的
1〔228〕 理智，按照统一的目的来设计万物的本性吗？

因此，万物的初始材料，即物质，是受某些规律制约的，物质听凭这些规律支配，必然产生出美好的结合。物质没有偏离这种完美设计的自由。由于物质服从一个至高无上智慧的目的，所以它必然被一个支配它的初始原因置于这样协调的关系之中；而且**正因为大自然即使在混沌中也只能按照规则井然有序地行事，所以有一个上帝存在。**

我从一些人的正直信念中获得了许多很好的意见，他们赏光审核了这一设想，这使我觉得可以保证，我所列举的理由虽然不能消除关于我的体系会产生有害结果的所有顾虑，却至少使我的目的的纯洁性不容置疑。即便还有一些恶意的狂热分子，不顾这一切仍把对最无辜的意见加以有害的解释视为自己神圣职责的崇高义务，我也坚信，他们的判定在有理性的人们那里，恰恰会造成与他们的目的截然相反的结果。此外，人们也不会从我这里剥夺当笛卡尔敢于从纯粹力学的规律出发解释天体的形成时，在公正的法官那里所享有的那种权利。所以，我要引用《宇宙通史》[①] 作者们的话说："然而我们只能相信，这位世俗智者力图仅仅以一度引起的运动的延续来解释世界由混乱的物质形成，并把这归结成为少数几条简易的、普遍的运动规律，他的尝试和其他**自此之后试图从物质原始的、天赋的特性出发来作出解释、并获得众多掌声的人们一样，**都不是应予惩处的或者藐视上帝的，正如某些人所想象的那样，这是因为**由此毋宁说得出了上帝的无限智慧的更高概念。"**[②]

我曾经力图消除似乎从宗教方面威胁着我的命题的那些困难。就事 1〔229〕
情自身而言的确有一些不小的困难。人们会说，虽然上帝确实将一种从混沌中自行形成完善的世界状态的隐秘艺术置入了自然的力量，但在最通常的对象上尚且如此愚钝的人类理智，难道就有能力在如此重大的课题中研究隐秘的特性吗？这样一种大胆的行为恰像有人说：**只要给我物质，我就要给你们造出一个世界来。**你的洞察力在天天近在咫尺发生在你面前的事情上尚且如此蒙羞，其孱弱难道不能教导你，要揭示深不可测的东西以及还没有一个世界之前在大自然中发生的事情，是徒劳无益的吗？我消除了这一困难。我清晰地指出，在自然学说里面所能进行的

① 第 1 部，88 页。

② 参见《在英国一个学者协会完成的一般世界史的翻译》，第 I 部，80 页，1744。着重号出自康德。——科学院版编者注

种种研究中，正是这种研究能够使人们最容易、最有把握地一直追溯到起源，就像在自然研究的所有课题中，再也没有一个课题比大范围内的世界结构的真实状态、所有行星的运动规律及其公转的内在动力机制更能得到正确、可靠的解决了。在这方面，牛顿的世俗智慧具有这样的洞察力，类似的东西在世俗智慧的其他部分中是见不到的。正因为此，我认为，在人们探索其初始原因的所有自然事物中，世界体系的起源和天体的产生以及它们运动的原因是人们可望首先彻底、可靠地认识的事物。这方面的原因是很容易看出来的。天体是球形的团块，因而其形态最为简单，这是人们在探讨一个物体的起源时所常见的一种形态。天体的运动同样不是混杂的。它们的运动无非是一次引起的推动的自由延续。这种推动与中心天体的引力相结合，就成为圆周运动。此外，天体运动的空间是空的，把诸天体相互隔离开来的间距大得惊人，因而这一切最清晰地说明了不仅它们可以有条不紊地运动，而且人们可以清晰地发现它
1〔230〕们的运动。我觉得，在这里可以在某种意义上毫不夸张地说：**给我物质，我就要用它造出一个世界来！**这就是说，给我物质，我就要向你们指出，世界是怎样由物质形成的。因为如果有了具有一种根本性引力的物质，那么就不难规定在大范围内看能够有助于建立世界体系的那些原因。人们知道，要有什么才能使一个物体获得球形；人们懂得，要有什么才能使自由悬浮的圆球围绕吸引它们的中心作圆周运动。圆周相互之间的位置、方向的协调一致、向心率，这一切都可以归结为最简单的力学原因；人们也自信可望发现这些原因，因为可以从最简易、最清晰的理由出发来确定它们。但是，人们能够自夸，在极微小的植物或者昆虫身上也有这样的有利条件吗？难道人们能够说：**给我物质，我将向你们指出，一个幼虫怎样能够产生吗？**难道人们在这里不是由于不知道客体的真正内在性质和客体中存在的复杂多样性，而一开始就寸步难行吗？因此，如果我敢于说，在清楚完备地用力学理由说明一棵草、一个幼虫的生成之前，却能够认识一切天体的形成、它们运动的原因，简言之，能够认识世界结构的整个当前状况，人们大可不必对此感到惊诧。

这就是我相信世界学的物理学部分将来可望臻于完善所根据的原因。**牛顿**已经提出了世界学的数学部分。除了世界结构得以保持现状所遵循的规律之外，也许在整个大自然研究中没有比世界结构的产生所遵循的

规律更适宜于进行这样的数学规定了。毫无疑问，一个勇于探索的测量师在这里是不会一无所获的。

在我致力于介绍我所考察的课题以使它能够受到欢迎之后，请允许我就自己探讨这个课题的方式作一番说明。第1部分涉及世界大厦在大范围 1〔231〕
内的一个新体系。我在1751年的《汉堡自由判断》上看到了**达勒姆的赖特**[①]先生的论文，是他首先启发我不把诸恒星看做一个杂乱无章的集合，而是看做一个系统，它与一个行星系统非常相似，以至正如在行星系中诸行星十分接近地分布在一个共同的平面上一样，诸恒星也分布在某个被设想必然通过整个天宇的平面上，尽可能接近地彼此相关，并且由于它们密集在这平面上而表现为一条光带，这条光带被称为银河。我深信，由于这个被无数颗太阳照耀的区域非常精确地拥有一个圆的方向，我们的太阳必然与这个巨大的联系平面同样非常接近。在我探索了这种规定性的原因之后，我认为，很可能这些所谓恒星或者固定不动的星本来是属于一个更高级秩序的缓慢移动的行星。为了证实人们在自己的位置上将发现的东西，我在这里只想引证**布拉德莱**[②]先生作品中关于恒星运动的一段话："如果要把我们目前最好的观察与在此之前具有相对程度正确性的观察加以比较，并根据比较的结果作出判断，那么就可以明白，一些恒星确实改变了相互之间的位置，而且可以看到，这与我们行星系里的运动毫不相干，而只能归于这些星体自身的运动。关于这一点，大角星提供了强有力的证明。因为如果把这颗星现在的赤纬同**第谷和弗拉姆斯蒂德**所测定的位置加以比较，就可以发现，其差别比可想从他们二人观察的不确切性中得出的差别要更大。人们有理由推测，在大量可见的星体当中，必然还有其他具有相同性质的例子，因为它们相互 1〔232〕
之间的位置可能由于某些原因发生了变化。如果设想，我们自己的太阳系改变了它在世界空间中的位置，那么，经过一段时间之后，这将引起诸恒星角距离的一种显现上的变化。而由于在这样的事例中，上述情况对距离最近的星体的位置比对距离远的星体的位置有更大的影响，即便这些星体自身确实

---

① 达勒姆的赖特（Wright von Durham），关于他的生平，我们缺乏更精确的信息。他的写作活动可以确定在1740—1760年的时间里。——科学院版编者注

② 布拉德莱（James Bradley，1693—1762），著名英国天文学家，康德所引用的这段话是出自《詹姆斯·布拉德莱关于在一些恒星那里观测到的一种视运动致乔治·麦克斯菲尔德侯爵阁下的信》的一种逐字逐句的翻译，该信注明日期为1747年12月31日，并发表在《哲学学报》上，39～41页，1748。也请参见《汉堡文汇杂志》，第III卷，第6期，616～617页，1752。——科学院版编者注

保持不动，它们的位置也显得发生了变化。而如果情况相反，我们自己的行星系保持不动，一些星体实际上在运动，那么，这也同样会改变它们显现上的位置；而且它们离我们越近，变化也就越大；或者运动的方向越是能够为我们所感知，变化也就越大。因此，在观察极其遥远的距离——肯定有一些星体处于这样的距离中——的时候，由于星体的位置可能因种种原因而改变，所以哪怕是确定一个星体显现上的变化的规律，也将需要许多世代的观察。因而要确定所有最值得注意的星体的规律，必然要更困难得多。”

我不能精确地规定在**赖特**先生的体系和我自己的体系之间所能发现的界限，也不能确定在哪些地方我只是因袭了他的设想，在哪些地方我作了进一步的发展。然而，我掌握了一些值得接受的根据，在一个方面把它大大扩展了。我考察了一些云状星体的性状，**德·马保梯**先生在
1〔233〕《论星体的形状》① 一文中曾提到它们，它们呈现出或多或少具有椭圆形空漏的形状。我很容易就可以确定，它们只能是一群许许多多的恒星。

---

① 由于手边没有所引用的论文，所以我想在此摘引 1745 年《教育者年鉴》上引用德·马保梯先生论文的有关部分*。第一个现象是天宇的那些**光亮方位**，这些方位被称为云状星体，并且被认为是一群小恒星。但天文学家们用高质量望远镜发现，它们只是一些大的椭圆形光点，比天宇的其他部分更亮一些。**惠更斯**首先在猎户座遇到了这种现象。**哈雷**在《英国科学报告汇编》中提到有 6 个这样的光点：1. 在猎户座的剑上；2. 在人马座上；3. 在半人马座上；4. 在安提诺斯的右脚前；5. 在武仙座上；6. 在仙女座的带上。如果用一个 8 尺长的反射望远镜观察这些光点，就会看到，这些光点中只有 1/4 可以被认为是一群星体；其余的除了一个更圆、另一个更椭圆之外，都只不过表现为没有显著差别的白亮光点。此外就第一种情况来说，用望远镜可见的小星体也似乎不能发出白亮的微光。**哈雷**认为，这些现象可以说明摩西《创世记》开头所说的：光在太阳之前已被创造出来。**德勒姆**把它们比做洞孔，另一个不可测度的天域也许是净火天就是通过它们显现出来的。他认为自己已经能够说明，与这些光点一起被看到的星体要比光亮方位离我们近得多。作者还为它们附上了一个从**赫维留**那里得来的云状星体表。他把这些现象看做是巨大的光亮团块，它们由于猛烈的旋转而变得扁平。如果它们与其他的星体具有同样的发光能力，那么，构成它们的物质的量必须非常巨大，以使它们从比其他星体距离更远的地方在望远镜中仍表现出显著的形状和大小。但是，如果它们在大小上与其他恒星差不多相等，那么，它们就必然不仅离我们更近得多，而且发出的光也更弱得多，因为它们以如此近的距离和显现上的大小仍然发出如此淡白的光。因此，如果它们有视差，就值得花费力气把这视差揭示出来。因为否认它们有视差的人也许会以偏赅全。人们在这些光点中间，例如在猎户座（或者举一个更好的例子，在安提诺斯右脚前的那个光点中，这个光点看起来无非是一个有一团云雾环绕的恒星），所遇到的那些小星体，如果它们离我们更近，那么，或者可用投影到这一光点的方式来看到它们，或者它们透过那些团块，就像透过彗星的尾部那样映现出来。

---

*引文在康德所说的这一卷的 616～617 页，见马保梯的论文第 VI 节，参见下文 254 页注。——科学院版编者注

这些形状任何时候都是匀称的圆形告诉我，这是一个数目多得不可思议的星群，而且必然是围绕着一个共同的中心排列的，因为若不然，它们彼此之间的自由定位将会呈现出无规则的形状，而不是匀称的形状。我还看出，它们统一处在一个系统之中，必定主要限制在一个平面上，因为它们并不构成一个圆形，而是构成一个椭圆形；由于它们发出的那种淡白的光，它们离我们远得不可思议。我从这些类比中得出的结论，将在正文中提供给没有成见的读者研究。 1〔234〕

第二部分包含了这篇论文最根本的内容。在这部分中，我试图只用力学规律从大自然的最简单状态出发阐明世界结构的状态。如果我可以冒昧地建议那些对这种大胆作为感到愤怒的人们，在赏光审核我的思想时遵循某种顺序的话，我想请他们先通读第八章；我希望，这一章能够为使他们的判断成为正确的洞识做好准备。然而，当我邀请有兴致的读者审核我的意见时，我却有理由担心：由于这一类假设通常不会比哲学梦想得到更高得多的声望，决定仔细地研究本身就是设想出来的自然史，耐心地跟随作者为了避开所遇到的困难而千折百转，这对一位读者来说是一种酸涩的盛情，也许到头来他会像伦敦市场上叫卖商人的观众①那样，嘲笑自己的轻信。不过我敢于作出允诺：如果读者——但愿如此——被我建议的准备性一章所说服，敢于对如此可能的猜测作出这样一种物理学的探险，那么，他在前进的道路上将不会遇到像开始时所担心的那样多的弯路和不可逾越的障碍。

事实上，我十分谨慎地放弃了一切任意的虚构。我在把世界置于最简单的混沌中之后，除了引力和斥力之外，不再运用别的任何力量来说明大自然的伟大秩序；这两种力量是同样确定、同样简单，而且也是同样原始、同样普遍的。二者都是借用自牛顿的世俗智慧。第一种力是一条如今已无可置疑的自然规律。至于第二种力，牛顿的自然科学也许不能像对第一种力那样予以清晰的说明，我在这里只是在这样的意义上接受了它，即没有人能够否认它，哪怕是在物质分解得最细微时，例如云雾。从这些最简单的理由出发，我自然而然地得出了以下的体系，除了 1〔235〕
读者完全自动地注意的那些结论之外，没有杜撰别的结论。

① 参见格勒特的寓言《汉斯·诺德》。

最后，请允许我对下述理论中的命题的有效性和所谓价值作出简短的说明。我希望，这一理论将根据这些命题在公正的法官面前得到审核。人们是根据作者在自己的商品上加盖的印章来公正地对作者作出判断的，因此我希望，人们在这篇论文的各个部分中不要要求对我的意见作出比按照我自己赋予它们的价值更严格的辩解。总之，决不能要求这样一篇论文具有极大的几何学的精密性和数学的准确性。既然体系是按照可信性和一种正确的思维方式的规则建立在类比和协调一致基础之上的，那么，它就已经满足了自己对象的一切要求。我认为，在这篇论文的一些章节中，例如在恒星系的理论中，在云状星体的性质的假设中，在世界结构按照力学方式产生的一般设想中，在土星环以及其他一些东西的理论中，已经达到了这种干练程度。阐述中的一些特殊部分尚欠信心，例如对偏心率各种关系的确定、行星质量的比较、彗星各种各样的偏离以及其他一些东西。

因此，当我在第七章中被体系的成就以及人们能够设想的最伟大、最值得惊赞的对象的胜景所吸引，虽然始终遵循类比和一种合理的可信性的导线，但却有点大胆地尽可能发挥这一学说的结论时；当我向想象力阐明整个造化的无限性、新世界的形成和旧世界的没落、混沌的无限
1〔236〕空间时；我希望，人们会因对象的引人入胜和看到其理论在最大范围内保持协调一致所获得的愉悦而赐予宽容，不按照极大的几何学严格性对它作出判断。这种方式的考察本来就不具备这种严格性的。在第三部分中，我也期望得到这样的公正对待。不过，人们在这里遇到的东西虽不全是纯粹的臆造，但也并非在任何时候都无可置疑。

全书内容提要 1〔237〕

第一部分

综述从银河的各种现象推论出的恒星中普遍的系统状态。这种恒星系和行星系的相似之处。在天宇远处发现许多这样的星系以椭圆形状呈现出来。整个造化系统状态的新概念。

结束语。从星系偏心率随距离而递增的规律出发对土星外可能还有许多行星的推测。

第二部分

第一章

关于世界具有一种力学起源的学说的根据。反面的根据。在各种可能概念中惟一满足这两方面的概念。大自然的初始状态。所有物质元素在整个世界空间中的散布。由吸引所造成的最初骚动。天体在引力最强的地方开始形成。元素普遍地向这个中心天体降落。物质分解而成的最微细部分的斥力。由这种力与前一种力结合所造成的降落运动的方向变化。所有这些运动的方向都千篇一律地朝向同一天域。所有的微粒都涌向一个共同的平面，并这样集聚起来。它们运动的速度减缓下来，与它们所在位置的距离上的重力达到平衡。所有的微粒沿着圆形轨道围绕中心天体自由公转。由这些被推动的元素形成行星。由这些元素聚合而成 1〔238〕
的行星在共同的平面上以同样的方向作自由运动，接近中心点的差不多是作圆周运动，离中心点远的偏心率随之递增。

第二章

探讨各行星的不同密度以及它们的质量情况。近距离行星比远距离行星更密的原因。牛顿解释的不足之处。中心天体比邻近围绕它运行的星球质量轻的原因。各行星质量的情况依其距离比例而定。从产生的方式得知中心天体质量最大的原因。对世界物质元素分布稀疏程度的计算。这种稀疏的可能性和必要性。从**德·布丰**先生的一个值得注意的类比得出的天体产生方式的重要证明。

第三章

论行星轨道的偏心率和彗星的起源。偏心率随着与太阳的距离逐渐递增。从宇宙生成论得出这一规律的原因。彗星轨道自由地偏离黄道的原因。彗星由质量最轻的一类材料构成的证明。关于北极光的附带说明。

第四章

论卫星的起源和行星的绕轴运动。产生卫星的材料都已包含在该行星把各部分集聚起来时自身形成的天域里。这些具有一切规定性的卫星运动的原因。大行星拥有卫星的原因。论行星的绕轴自转。月球以前是否曾有过更快的绕轴自转？地球的旋转速度是否在减缓？论行星的轴对其轨道平面的位置。其轴的移动。

第五章

论土星环的起源和从土星环的情况计算土星的每日自转。土星初始
1 〔239〕 状态与彗星情状的比较。土星大气层的微粒借助由其自转而引起的运动形成一个环。根据这一假说对其绕轴自转的时间的确定。对土星形状的考察。论天体以回转椭圆体的方式变扁。对土星环情状的进一步确定。洪水期之前地球是否也曾有过一个环？

第六章

论黄道光。

第七章

论无限时空整个范围内的造化。一个大恒星系的起源。位于星系中央的中心天体。造化的无限性。其总体内部普遍的系统关系。整个大自然的中心天体。造化通过新世界的不断形成而在无限时空中的逐渐延续。对未成形自然的混沌的考察。世界结构的逐渐没落和衰亡。这样一个概

念的合理性。没落了的大自然的复兴。

第七章的补充

太阳的一般理论与历史。一个世界结构的中心天体是一个火质天体的原因。对太阳本性的进一步考察。关于环绕太阳的空气各种变化的想法。太阳的熄灭。对太阳形状的详细观察。**赖特**先生关于整个大自然的中心的意见。对这意见的改进。

第八章

关于世界结构布局之力学学说的正确性、尤其是关于当前力学学说的可靠性的一般证明。事物本性自行升华为秩序和完善的根本能力是上帝存在的最好证明。针对自然主义的责难所作的辩护。

世界结构的状态是简单的，没有超出大自然的力量。能确凿证明世
界的力学起源的一些类比。这一点也可以从偏离得到证明。诉诸神的直
接安排不能令人满意地回答这些问题。促使牛顿放弃力学学说的一些困 1〔240〕
难。对这些困难的解决。这里提出的体系是所有可能的体系中惟一能够
满足双方根据的体系。此外，从星系的密度、质量和间隙的情况也可以
证明这一点以及它们的规定性的层次联系。上帝进行选择的动因不能直
接决定这些情况。神直接安排的学说中出现的一些困难。

第三部分　各星体上的居民的比较

是否所有的行星都有居民？怀疑的原因。不同行星的居民之间自然关系的根据。对人的考察。人的本性不完善的原因。有生命的造物依其与太阳的距离不同其身体特性上的自然比例关系。这种比例关系在其精神能力方面的后果。不同天体上能思维的物种的比较。从他们的住所的某些情况得出的验证。从神意赐福这些物种的安排得出的进一步证明。简短的离题。

结束语

人未来生活的情状。

第一部分
恒星中一般性系统状态的综述
兼论这样的恒星系的众多

看那伟大的神奇链条，
把这个世界的所有部分连在一起，
并保持着巨大的整体。

——蒲柏[①]

1〔243〕 为理解后面的内容所必需的牛顿宇宙学基本概念简述[②]。

6个行星中的3个有卫星，这6个行星就是：水星、金星、地球及其卫星、火星、木星及其4个卫星、土星及其5个卫星。他们都以太阳为中心，围绕太阳作圆周运动，并与来自四面八方、沿着很长的轨道运动的彗星一起构成一个星系；这个星系人们称之为太阳系，或者也称之为行星世界。所有这些天体的运动由于都是圆形的、周而复始的，都以两种力为前提条件，这两种力无论对于哪一种学说都是同样必要的；这就是**一种发射力**，由于这种力，如果不是**另一种力**——无论它是什么样的——不断地迫使它们离开笔直的方向并沿着以太阳为中心的曲线轨道运行的话，它们在其曲线运动的任何一个点上都会继续其笔直的方向，并远离至无限。这第二种力，如几何学自身无可置疑地揭示的那样，到处都以太阳为目标，因而被称为降落力、向心力，或者也被称为重力。

1〔244〕 如果天体的轨道是个精确的圆，那么，对这种曲线运动的合成作出最简单的分析就可以表明，必须有一种朝向中心的持续推动；不过，虽然无

① 参见蒲柏：《试论人》，B. H. 布罗克斯译自英文，5页，1740。——科学院版编者注

② 这一简短的引论对于大部分读者来说也许是多余的，我想把它事先介绍给那些对牛顿的原理不够通晓的读者，为认识以下的理论作准备。

论是所有的行星还是彗星，它们的轨道都是椭圆，太阳位于它们的共同焦点上，但是，高等几何学同样能够借助**开普勒**的类比（按照这一类比，矢径或者由行星向太阳划出的直线总是从椭圆轨道上切下这样一块空间，其大小与时间成正比）确凿无疑地说明，必然有一种力量在整个圆周运动中不断地把行星拉向太阳这个中心。因此，这种支配着整个行星系空间、以太阳为目标的降落力是一个明显的自然现象，并且也令人信服地证明了这种力量从中心出发延伸到遥远的地方所遵循的规律。这种力量总是随着与中心距离的平方的增加而成反比地减小。从各行星以不同的距离进行其公转所需要的时间中，可以同样确实可靠地得出这一规则。这些时间总是与行星离太阳的平均距离的三次方的平方根成正比的；由此可以得出：把这些天体拉向它们旋转的中心的力，一定与距离的平方成反比地减小。

当行星绕太阳运行时支配着它们的那个规律，也同样适用于小的星系，即适用于围绕其主行星运动的卫星所构成的星系。它们的公转时间同样与距离成比例，并且规定对行星的降落力的比例关系与该行星对太阳所服从的比例关系是同样的比例关系。所有这些都从最确实可靠的几何学出发借助无可争议的观察一再地得到证明。此外还有一种观念，认为这种降落力也正是在行星表面上被称为重力的那种推动力，它随着与行星的距离的增加而按照前面引述的规律逐渐地减小。从地球表面上的重力的平方与把月球引向它的轨道的中心的那种力量的比较中可以看出这一点。它们相互之间的这种力完全与整个世界大厦中间的引力一样，与距离的平 1〔245〕
方成反比。这就是人们把经常提到的向心力也称为重力的原因。

由于除此之外也极为可能的是，如果一种作用只是当某个物体在场的时候并且按照与该物体接近的比例发生，作用的方向又极为精确地与这个物体相关，那么就可以相信，无论这个物体是哪一种物体，它都是这种运动的原因；因此之故，有充分的理由可以认为，行星向太阳的这种普遍的降落应当归于太阳的一种吸引力，并且这种吸引的能力应当普遍地归于所有的天体。

因此，如果让一个天体自由地听凭这种使它向太阳或者任何一个行星降落的推动力支配，那么，该天体就总是要以加速度向后者掉落，并在短时间内与后者的团块合为一体。但如果该天体受到向旁边的撞击，那么，倘若这撞击尚未足以与降落的力达到平衡，它就会以曲线的运动向中心天体降落；而如果它受到的推动如此强有力，至少使它在与中心天体的表面接触之前就偏离垂直线的距离超过中心天体的半径，那么，它就不会接触中心天体的表面，而是在它从靠近中心天体的地方掠过之后，再以下降所要求的速度重新升高到降落时的高度，以围绕它不断地作圆周运动来继续自己的运行。

因此，彗星运行轨道与行星运行轨道之间的差别就在于侧向运动与促使它们降落的力的平衡。这两种力越是接近于相等，轨道就越像圆圈；它们越是不相等，发射力越是比向心力弱，轨道就越是被拖长，或者如人们所说的，就越是偏心，因为天体在它轨道的一个部分上要比另一部分更为接近太阳。

1〔246〕由于整个大自然中没有任何东西如此精确地平衡，所以也没有一个行星拥有完全圆形的运动。但彗星偏离圆形运动最多，因为迫使它偏向一边的推动与它的初始距离的向心力之比最小。

我在论文中将经常用到**世界结构的系统状态**这一表述。为使人们不难清晰地想象它指谓的是什么，我想对此稍加说明。本来，所有属于我们这个世界结构的行星和彗星由于都围绕一个共同的中心天体运转，已经构成了一个**系统**。但我是在更狭的意义上使用这一称谓的，我指的是更为精确、使它们的相互结合合乎规则、形式相同的关系。行星的轨道尽可能接近地与一个共同的平面相关，即与太阳的延长了的赤道面相关；对这一规则的偏离只能在星系的最外边缘才能发现，那里的所有运动都将逐渐停止。因此，如果有一定数量的天体被安排在一个共同的中心周围，并围绕这个中心运动，同时又被限制在某个平面上，以致它们尽可能少地拥有从该平面向两边偏离的自由；如果偏离只是在距中心最远、因而比其他天体更少分有这些关系的天体那里才逐步出现；那么我就说，这些天体相互结合地处在一个**系统的状态**中。

1〔247〕第一部分　关于恒星中的系统状态

关于世界结构普遍状态的学说从惠更斯①时代以来就没有显著进展。

① 惠更斯（Christian Huygens），著名天文学家，生活于1629—1695年。在伽利略于1610年看到木星的4个卫星之后，惠更斯于1655年发现第一颗土星卫星，并在2年后认识到土星环的真实形状。此后，卡西尼在1671年、1672年和1684年，因而是还在惠更斯的生年发现了另外4颗土星卫星。对我们的行星系的认识就停留在这种状态，直到1781年天王星被威廉·赫歇尔发现。——科学院版编者注

目前人们所知道的，并不多于那时已经知道的，即6个行星连同10个卫星，差不多都在一个平面上作圆周运动，并与永恒的、向四面八方横冲直撞的彗星构成了一个星系，其中心就是太阳；它们都降落，围绕太阳运动，并被太阳照亮、变热和给予生机；最后，各恒星作为同样多的太阳，是类似的星系的中心，在这些星系中，一切都可能安排得与我们的星系一样宏伟，一样井然有序；无限的世界空间充满了各种世界大厦，它们的数目和杰出是与其创造者的无可比拟性相关的。

在环绕其太阳运行的行星的结合中出现的系统性东西，在恒星群中完全消失了。看起来，在小范围内发现的那种合规律的关系，在大范围内的宇宙各成员中并不占支配地位；诸恒星并没有得到任何限定其相互位置的规律，人们看到它们毫无秩序、毫无目的地充满所有的天宇和众天之天。 1〔248〕
自从人的求知欲给自己设定了这些界限以来，人们就无所事事，只是由此接受和惊赞在如此不可思议的伟大作品中启示自己的那一位的伟大。

成功的一步是留待**达勒姆的赖特**先生这位英国人迈出的。他提出了一种说明，不过他自己似乎并没有利用它来达到什么特异的目的，他并没有充分地看到这一说明的有益用处。他不是把诸恒星看做一种杂乱无章的、毫无目的地散乱的汇集，而是发现了整体上的一种系统状态，发现了这些星体与它们所在空间的主平面有一种普遍的关系。

我们打算对他提出的思想加以改进，赋予它一种变化，使它能够在重要的结论方面获得成果，而全面的验证则有待于将来。

任何人在晴朗的夜晚观看繁星密布的天宇，都会看到一条明亮的光带。那里比别的地方汇聚了更多的星体，由于遥远而无法认清，从而呈现出一种单调的光，人们称之为**银河**。奇怪的是，天宇的观察者从未被天宇这一显著不同的区域所打动，从中得出恒星位置的特殊规定性。因为人们看到这条光带有一个最大圆周的方向，并且绵延不断地环绕整个天宇。这两个条件说明它具有一种精确的规定性，具有与偶然的不确定性显著不同的特征。留意的天文学家自然而然应当由此受到启发，留心探索对这样一种现象的解释。

由于星体并不是位于显现上的天球凹面上，而是离我们的视点一个比一个更远，消失在天宇的深处，所以从这一现象可以得出，在它们一个比一个更远地离开我们的距离中，它们并不是随便地向四面八方分散

1〔249〕 的，而是必然主要地与某个平面相关，这个平面通过我们的视点，而且星体都必定尽可能地与它接近。

这种关系是一个无可置疑的现象，甚至不包括在银河这个白色光带之内的其他星体，其位置越接近银河圈，就越是密集、紧凑，从而天宇中仅用眼睛就能发现的 2 000 个星体，绝大部分都是在以银河为中心的一个不甚宽阔的区域里发现的。

如果我们在想象中画一个贯穿星空延伸到无限远处的平面，并且假定所有的恒星和星系的位置都与这个平面有一种普遍的关系，与其他天域相比离它更近，那么，处在这个关系平面之上的眼睛，在瞭望天穹凹球面上的星域时，就会看到星体最密集的汇聚沿着这个画出的平面的方向，表现为一个由许多发光体照亮的天域。这个光带沿着一个大圆的方向延伸出去，因为观察者的位置就在这个平面本身上面。在这个天域中繁星密布，由于这些亮点小得看不到，无法分辨，而且看起来又很密集，所以表现出一片白茫茫的微光，一言以蔽之，这就是银河。其他星群虽然就其汇聚而言也与画出的平面相关，但与这个平面的关系却逐渐减小，或者尽管它们离观察者的位置更近，但看起来却更分散。最后可以由此得出，由于我们是从太阳系出发沿着一个极大的圆的方向观看这个恒星系的，所以太阳系也一起处在这同一个大平面上，并与其他太阳系一起构成一个系统。

为了更好地了解支配着世界结构的普遍联系的情况，我们想力图揭示使恒星的位置与一个共同的平面发生关系的原因。

1〔250〕 太阳并不将自己的引力范围限定在一个行星系的狭小范围。从各种迹象来看，引力是无限延伸的。远远超出土星轨道的彗星，由于太阳的引力又被迫返回，沿着环形轨道运行。因此，尽管认为力是不受限制的，要更为符合似乎被赋予物质本质的力的本性，接受了牛顿定理的人们也确实认为是这样的，但我们却只打算承认，太阳的吸引大约延伸到最近的恒星，各恒星作为如此众多的太阳在同样的范围内对周围发生作用，因而整个恒星群都力求通过吸引而彼此接近；这样，所有的世界系统都处在这样一种状态中，即通过不断的、不为任何东西所阻挡的相互接近而迟早落到一起，成为一团，除非像在我们这个行星系的各个星球那样，由于离心力而避免了这场灾难。离心力使天体偏离了直线的下落，与吸引力相结合造成了永恒的圆周运动，从而保证了造化的大厦不致毁灭，能够永远地存在下去。

因此，天穹的所有太阳都有公转运动，要么是围绕一个共同的中心，要么是围绕许多中心。人们在这里可以与在我们的太阳系里所发现的情况加以类比。也就是说，同样的原因赋予行星离心力，确立了它们的公转，也同样确立了它们的运行轨道，使它们与一个平面发生关系，因而也是这个原因，无论它是一种什么样的原因，给予世间作为更高世界秩序的诸多行星的各个太阳以运转的力量①，尽可能多地使它们的轨道处在一个平面上，并竭力不让它们从这平面上偏离出去。

根据这种想象，如果把行星系无限地扩大，就可以在某种程度上用行星系来描摹恒星系。因为如果我们假定不是有 6 个行星及其 10 个卫星，而是有数千个行星和卫星，不是有已观察到的 28 个或者 30 个彗星，而是 1〔251〕
把它们增多到 100 倍或者 1 000 倍；如果我们设想这些星体都是自己发光的；那么，对于从地球上观察它们的观察者的眼睛来说，就会产生与银河的恒星一样的外貌。因为这些假想的行星由于靠近它们关联的同一平面，我们的地球又处在同一个平面上，在我们看来它们就是一个由无数的星体密集地照亮的区域，它的方向是朝向那个最大的圆的；虽然根据假说这些星体都是行星，因而并不固定在一个位置上，但这条光带却是到处都繁星密布。这是因为，由于星体的位移，虽然其他的星体改变了这个位置，但任何时候都有足够的星体朝向某一边的。

这个被照亮的区域仿佛是一条黄道带，其宽度取决于上述游离的星体从它们关联的平面偏离出去的不同程度，取决于它们的轨道与这个平面形成的倾角。由于大多数星体靠近这一平面，所以它们越是远离这个平面，就越是显得分散。但是不加区别地占据所有天域的彗星会从两边来遮满天空。

所以，恒星天的形状没有任何别的原因，它像小范围的行星世界的系统状态一样是由大范围的系统状态造成的；所有的太阳都构成了一个系统，银河系就是普遍的关系平面；在边上可以看到那些与这个平面最少关联的星体，它们也正是因此而不够密集，更分散得多，为数也少得多。可以说，它们就是各个太阳中间的彗星。

但是，这个新学说给各个太阳附加了一种向前的运动，而每个人都把太阳看做是不动的，一开始就固定在它的位置上的。恒星也就是由此

① 公转的推动力（《约翰·弗里德里希·根济欣的康德自然史和天体理论摘要》，166 页）。据康德在根济欣手稿中的改动。——科学院版编者注

获得这一称谓的，这似乎已为历来的观察所证实，成为无可置疑的事情。如果这一称谓是有道理的，那么这种困难就将摧毁上述学说。然而全面地来看，这种运动的阙失只是某种表面的东西。这或者是由于它们与自己公转的共同中心距离越远就越是运动缓慢，或者是由于同观察地点距
1〔252〕离太远而根本无法察觉。让我们来计算一下靠近我们太阳的一个恒星的运动，以衡量上述概念是否可能。假定我们的太阳是这个恒星的环形轨道的中心。如果按照惠更斯的看法，假定它的距离比太阳与地球的距离大 21 000 倍，那么，根据已经阐明的公转时间的规律，时间与同中心距离的立方的平方根成正比，则它绕太阳运行一周所必需的时间将是 150 多万年，而这将使它在 4 000 年①期间仅仅把自己的位置移动一度。也许极少有恒星像惠更斯推算的天狼星那样离太阳如此之近，其余的星群的距离也许要远远超过天狼星，因而周期性运转就需要更长得多的时间了。此外，星空中各个太阳的运动很可能是在围绕一个共同中心进行的，它们的距离又是无比之大，因此星体的位移可能极为缓慢。由此可以得出，很可能自从人们开始观察天宇以来的全部时间，也许还不足以察觉它们在位置上所发生的变化。然而，不要放弃将来总有一天会发现这种变化的希望。这需要敏锐细致的有心人，此外还需要在相距很远的观察之间进行比较。必须把这些观察尤其对准银河中的星体②，银河是一切运动的主要平面。**布拉德莱**先生差不多已经观察到星体难以察觉的位移了。古人在天宇的某些位置上看到了一些星体，我们则在别的位置上看到了新的星体。谁能知道，这只不过是过去的星体变化了位置呢？出色的仪器
1〔253〕和完善的天文学使我们有理由希望发现特别值得注意的事情。③ 这事情出

---

① 150 多万年和 4 000 年这两个数字应当翻倍，因为一个离太阳远 21 000 倍于地球并凭借太阳的引力绕太阳运动的星体，会为它的公转需要 $\sqrt{Y21000Y^3}$ 亦即 300 多万年，并且在 8 000 年期间移动一度。两个数字在根济欣的摘要中（167 页）已改正。——科学院版编者注

② 同样要对准这样的星群，它们中间有许多都是共同处在一个狭小的空间之中的，如昴星团就是这样。它们也许在一个较大的系统中构成了一个小系统。

③ 德·拉·伊尔* 在 1693 年的《巴黎科学院备忘录》中写道，从他自己的观察和他的观察与里乔卢斯** 的观察的比较中，他发现昴星团中各个星体的位置有了显著的变化。

* Philippe de la Hire，1640—1718，初为画家和建筑学家，后为法兰西王家学院数学教授。参见《王家科学院的历史》，第 II 卷，119～120 页，1733。——科学院版编者注

** 参见《康德全集》，第 I 卷，176 页注。——科学院版编者注

于大自然和类比的理由而具有的可信性支持着这一希望，能够使它引起自然研究者们的注意而去实现它。

可以说，银河也是一些新星体的黄道带，这些新星体几乎是在这个天宇里交替地显现和消失。如果它们的时隐时现是由于它们周期性地远离和接近我们，那么，从这些星体以上所述的系统状态看来，这样一种现象必定大多是仅仅在银河区看到的。因为这里是些以扁长的轨道像卫星围绕其主行星一样围绕其他恒星运行的星体，所以就要求与我们的行星世界进行类比；在我们的行星世界中，只有靠近运动的共同平面的天体才有围绕自己运行的卫星，也只有处在银河之中的星体才有围绕它们运行的太阳。①

现在，我要讲到上述学说的那个由于表述了关于创世计划的崇高观念而使该学说极为引人入胜的部分。把我引导到这一学说的思想系列很简单，也很自然。这种思路如下：如果一些恒星就其位置而言与一个共同的平面相关，如我们关于银河所设想的那样，其构成的星系离我们如此遥远，以至构成它的那些个别星体即便用望远镜也不再能辨别清楚；如果它的距离与银河各星体的距离之比，恰正是它的距离同太阳与我们的距离之比；简而言之，如果这样一个恒星世界以如此无法测度的距离被处在这个世界之外的观察者的眼睛看到，那么，这个世界从一个小的视角来看就表现为一个被微弱的光照亮的小空间；如果它的平面垂直呈 1〔254〕
现给眼睛，它的形状就是滚圆的；如果从一边来看它，它就是椭圆的。如果存在这样一种现象，那么，光的微弱、形状和直径可见的大小就会把这样一种现象与所有分别看到的星体清晰地区分开来。

在天文学家们的各种观察中间，人们不必花很长时间来寻觅这种现象。不同的观察者都清晰地看到过它。人们对它的奇异性感到诧异，作出过猜测，有时提出奇怪的想象，有时提出与前者同样没有根据的肤浅的概念。云状星体就是我们所指的东西，或者毋宁说是**德·马保梯**先生

① 关于在前文阐释的银河系的观念，根济欣在201～202页根据康德的愿望作出如下注释：当**兰贝特**在他于1761年才出版的**关于宇宙结构之布局**的《宇宙论通信》中公布一种类似的理念时，**康德**教授先生自6年前就已经提交了他的银河是一个与我们的行星系类似的诸运动着的太阳的系统的观念。因此，后者应享有一件尚不属于任何人的事情的第一拥有者的权利。除此之外，就连兰贝特的观念也似乎［与康德的观念］有很大区别，而且如我觉得，是对后者有利的区别，因为兰贝特把银河划分为无数的小部分，并且假定我们的行星系就处在这样一个部分之中，就连银河之外的所有星体也都应当属于这个部分。——科学院版编者注

描述过的那一类星体[①]：它们是**微小的、比空洞的天宇空间的黑暗更多受到照亮的点，它们的一致之处在于，它们都呈现出或多或少空漏的椭圆，但它们的光却比人们在天宇看到的任何一种光都微弱。**《天文神学》的作者[②]设想它们是天穹的洞孔，相信可以通过它们看到净火天。一位思想开明的哲学家，即上面已经提到的**德·马保梯**先生，在考察它们的形状和可认识的直径时，把它们看做大得惊人的天体，由于它们被旋转力造成的严重的扁平，它们从一边看来呈现出椭圆形状。

很容易就可以证明，这后一种解释同样站不住脚。由于这种云状星体毫无疑问必须至少与其他恒星离我们同样遥远，所以它们不仅要大得惊人，必须比最大的恒星还要大上几千倍，而且最奇特的是，它们虽然具有这种非同寻常的大小，但即便作为自己发光的天体和太阳，它们发出的光也是非常黯淡、微弱的。

更为自然、更易于理解得多的是，它们并不是单个的巨大星体，而是由许多星体构成的系统，它们的距离使它们呈现在一个如此狭小的空
1〔255〕间之中，以至由于它们数目多得无法计量，每颗星单独发出的难以觉察的光就转化成为白茫茫一片微光了。与我们所在的星系的类比、它们那在我们的学说看来必定恰恰如此的形状、假定无限遥远的距离所要求的光线的微弱，这一切都完全协调一致，使人把这些椭圆形状视为同样的世界秩序，可以说是视为我们刚才已经讨论过其状态的银河。如果在各种推测中类比和观察完全一致，相互印证，从而各种推测具有与严格的证明一样的价值，那么，就必须认为已经揭示了这些体系的确实存在。[③]

---

① 关于星体的形状的论文。

② 指威廉·德勒姆（William Derham，1657—1735）。这本书的书名为《天文神学或从天体观测对上帝存在和属性的一种演证》，1715。一个德文译本于1732年出版。参见上文233页注。——科学院版编者注

③ 在这个地方，根济欣的摘要中有第二个根据康德的动议作出的注释：

兰贝特似乎不确定他应当把星云视为什么。因为尽管人们从他的通信的一些段落可以推论，他把星云视为遥远的银河；但毕竟又能够从别的段落猜测，他把星云、至少是把猎户星座的微光视为它被邻近的太阳照亮的昏暗中心体反射到我们这里的光。似乎没有疑问的是，**兰贝特**猜测有更多的银河存在，但显然不是他把星云视为这类遥远的银河。因此，人们不能像艾尔雷本在其1772年的自然学说540页说的那样，而且像在由枢密顾问利希滕贝格先生扩写的新版本中依然保留的那样，真正把这种表象称为**一种由兰贝特大胆提出的思想**；而且由于这种思想由**康德**已经在1755年完全确定地阐述过了，所以这种表象方式的领先性在哪一方，就不能再质疑了。——科学院版编者注

如今，天宇观察者们已经有了充分的根据把自己的注意力集中在这个课题的研究上。我们知道，各个恒星都与一个共同的平面发生关系，并由此构成一个协调的整体，它是许多世界中间的一个世界。人们看到，在无法测度的距离上还有着更多这样的星系；在其宏大到无限的整个范围内，造化处处都是系统的，彼此相关的。

人们还可以猜测，这些更高级的世界秩序也不是彼此没有关联的，它们通过这种彼此的关系又构成了一个更加无法测度的系统。事实上人们看到，**德·马保梯**先生所列举的这些云状星体的椭圆形状与银河的平面有着非常密切的关系。在这里，有一个广大的领域尚待发现，观察必然为此提供钥匙。① 那些本来已经这样称谓的云状星体和人们对如此称谓它们尚有争议的星体，都必须在这个学说的指导下得到研究和检验。如果人们有目的地按照一种已经揭示的设想来考察大自然的各个部分，某些特性就会显示出来；否则，如果没有指导地在所有的对象上分心，这些特性就会被忽视，依然是隐秘的。

我们所阐述的学说使我们看到了造化的无限领域，提供了关于上帝作品的一种表象，这种表象与伟大造物主的无限性是相称的。地球在一 1〔256〕
个行星世界中只是沧海一粟，难以察觉，如果这个行星世界的宏大已经使知性感到惊异，那么，当人们看到无限多的世界和星系充满整个银河时，人们该会多么惊诧啊！然而，如果人们意识到，所有这些无法测度的星体秩序又构成了统一体，它们的数目有多大我们不知道，也许和前者一样大得不可思议，并且又构成了一个新的数目组合的统一体时，这种惊诧又该如何增加啊！我们看到了各个世界和星系的递进关系的第一批成员，而这无限递进的第一个部分就已经使我们认识到，对整体应当作出什么样的推测。这里没有终结，而是一个真正无法测度的深渊，人的概念的所有能力尽管可以凭借数学的帮助而提高，也还是沉没在这深渊之中。已经启示出来的智慧、美善和力量是无限的，而且也是无限富有成果的、无限活跃的；因此，启示它们的计划必然与它们自身一样是无限的、没有边界的。

然而，不仅要在大范围内作出重要的发现，它们有助于扩展人们关

---

① 康德关于星云分布的猜测被对天体的新近摄影研究所证实。——科学院版编者注

于造化之伟大所形成的概念。在小范围内也有不少尚未被发现的东西，即便在我们的太阳系里，我们也看到这个系统的各个成员彼此相距极远，在它们之间还有一些中间部分尚未发现。土星是我们认识的行星中间最外面的一个，偏心率最小的彗星也许从 10 倍远或者更远的距离向我们下落，在土星和偏心率最小的彗星之间，难道就不再有行星，其运动接近于彗星的运动更甚于接近土星的运动？难道就没有其他更多的星体，由于其规定性的接近而凭借一系列中间环节，使行星逐渐地转化为彗星，从而使后一类与前一类联系起来？

行星轨道的偏心率与它同太阳的距离之间有一种比例关系，这一规律支持着上述的推测。各行星运动中的偏心率随着与太阳的距离而递增，
1 〔257〕 从而那些远距离的行星也就接近于彗星的规定性。因此可以推测，在土星之外还有其他行星，它们的偏心率更大，从而也就更接近于彗星，并凭借一个不间断的阶梯使行星最终变成彗星。金星的偏心率是其椭圆形轨道半轴的 1/126，地球是 1/58，木星是 1/20，而土星是 1/17；所以偏心率显然是随距离而递增的。当然，水星和火星是这一规律的例外，它们的偏心率要比与太阳的距离所允许的大得多；但我们下面将会看到，正是使一些行星在形成时分得的质量较小的原因，也造成它们缺乏作圆周运动所需要的推动，从而造成偏心现象，使它们在这两方面都不完备。

根据这种情况，难道不可能在土星之外最靠近它的天体，其偏心率的减小①大致与下面的行星程度相同，行星通过不怎么突然的蜕变而同彗星的品性接近吗？因为肯定正是这种偏心率造成了彗星和行星之间的根本区别，而彗星的尾巴和气状球体则不过是偏心率的结果；此外，正是这个使天体作圆周运动的原因，无论它究竟是什么样的，在距离较大时不仅变弱，使旋转运动与降落力平衡，并由此使运动偏心，而且也正是因此而很少能够使这些星球与土星以内的星球在同一个平面上运动，从而使彗星向所有的天域横冲直撞。

根据这一推测，人们也许还可以期望在土星之外发现新的行星，它

① 大概应当是偏心率的增大，因为按照康德的阐述，土星的轨道朝着彗星变得越来越偏心。——科学院版编者注

们的偏心率比土星大，因而更接近于彗星的特性①；但也正是因此之故，
人们只能在较短的时间里，即在它们处于近日点时看到它们。这种情况， 1〔258〕
再加上它们离得远，发光弱，至今仍妨碍着发现它们，即便到将来也必定难以发现。最后一个行星和第一个彗星（如果人们愿意，也可以这样叫它）的偏心率会如此之大，以至它在自己的近日点将横贯最接近它的行星的轨道，因而也许就是土星的轨道。

① 康德的猜测，即人们在土星之外还将发现新的行星，通过天王星和海王星的发现得到了证实；不过，这两颗星并未像康德认为的那样，就其轨道像迄今已知的行星那样具有更强的偏心率而与彗星更相似。无论是天王星还是海王星，都在差不多圆形的轨道上运动。康德在 1755 年就已经像从前言的一段话中（上文 235 页）可以看出的那样，很少重视偏心率随行星与太阳的距离明显增长的理论。康德在以后的时间里似乎更少重视偏心率的这种比例，因为在根济欣的摘要中，理论的相关部分完全阙如，尽管在根济欣的手稿中有命名为“论行星轨道的偏心率和彗星的起源”的详细一章。可能由康德所导致的对这一章的删除也许部分地受到 10 年前实现的遥远行星天王星的发现的影响，天王星的轨道只是表现出很小的偏心率。——科学院版编者注

第二部分
论大自然的初始状态、天体的形成、天体运动的原因以及它们的系统关系，既特别就行星系而言，也涉及整个造化

请看，那**形成着的**大自然向它的伟大目标挺进，
每一个太阳**微粒**都向另一个**微粒**移近，
每一个被**吸引**的，又把另一个向**自身吸引**，
致力于重新包容邻近的，并且**塑造**它们，
请看，物质千方百计，
涌向普遍的中心。

——蒲柏①

1〔261〕

第一章
论行星系的起源及其运动的原因

对世界结构的考察，就它的各部分彼此之间所拥有以及它们表现自己由以产生的原因所借助的相互关系而言，显现出两个方面，这两个方面都同样可能、同样可取。从一方面来说，如果人们考虑到：6个行星及其10个卫星都以太阳为中心，围绕它作圆周运动，都向一边运动，而且是向太阳自己的旋转作为方向的那一边运动，它们的所有公转都受到吸引力量的支配；它们的轨道都偏离一个共同的平面、即偏离延伸开来的太阳赤道平面不远；就太阳系最遥远的天体而言，它们共同的运动原因据推测不如在中心附近那样强，因而出现了与上述几种规定的精确性的

① 参见蒲柏：《试论人》，B. H. 布罗克斯译自英文，59页，1740。——科学院版编者注

偏差，这些偏差与欠缺所引起的运动有着充分的关系；我要说，如果考虑到所有这种联系，那么，人们就会被打动，从而相信有一种原因，无论它是什么样的，都曾经在这个系统的整个空间中产生过普遍的影响，而行星轨道的方向和位置方面的协调一致则是所有行星由于这种使它们 1〔262〕
运动起来的物质原因而必定有过的协调一致的结果。①

另一方面，当我们考虑我们这个系统的行星在其中运转的这个空间时，就会发现它完全是空的②，没有任何能够对这些天体产生共同影响并造成其运动的协调一致的物质。这种情况已被无可置疑地揭示出来，并且也许超过了前一种可能性。牛顿被这一理由所打动，不可能允许有这种弥漫在行星系空间维持共同运动的物质原因存在。他断言：上帝的手直接做好了这种安排，不需要利用大自然的力量。

只要作出公正的考虑，人们就会看到，这两方面的理由应被视为同样强有力的、同样完全可靠的。然而同样显而易见的是，必须有一个概念能够而且应当把这两种表面上相互冲突的理由统一起来；应当在这个概念中寻找真正的体系。我们想简明扼要地阐述这一概念。在整个行星世界的各星球运行于其中的空间的现在状态里面，并不存在一种能够引起或者确立它们的运动的物质原因。这个空间完全是空的，或者至少也和空的一样；因此它以前必然是另一个样子，必然充满了有足够能力的

---

① 从诸行星在同样的方向上并且几乎在同一平面上进行的运动中猜测出一个共同原因的第一人是布丰。在其《自然史：一般的与特殊的》（第 I 卷，133 页，1749）中，他说道："所有的行星都按照同样的方向围绕太阳旋转。差不多在同一个平面上，只在行星轨道的最远处有 7 度半的倾斜角：行星运行中地点和方向的一致性必然意味着在他们运动动力中的某种共同性，也必然引起猜测它们通过唯一而相通的原因而相互沟通。"布丰的进一步阐述并不适用于建立一种宇宙起源论（参见下文 344～345 页）。由于就连拉普拉斯也是受布丰激励而提出其理论的，所以康德理论和拉普拉斯理论的基础彼此相似。进一步的建构在两个理论中很有区别，因此大概是由措尔纳传播开来的称谓"康德—拉普拉斯假说"并不怎么合适。拉普拉斯的《宇宙体系》与上述康德的这段话相似的导论（第 VI 版，第 VII 款，475～476 页）说的是："即使行星体系的要素是武断的，但是这些都是建立在能够在其起源方面启发我们的报告之上。若谨慎对其考虑，人们就会惊奇地看到所有的行星都围绕着太阳从西向东运动，差不多在同一个方向上，也几乎是在行星的同一个平面上；最终太阳、行星和卫星……在其方向上和几乎在它们规划的运动平面上自行运转。如此特别的现象不会源于偶然性起因……我们必须因此相信……一个源始的原因在指挥着行星的运动。"——科学院版编者注

② 在此我不讨论这个空间是否可以在真正的意义上叫做空的。因为只要提到以下事实就够了：在这个空间中可能遇到的所有物质，能力都太微弱了，以致与问题所涉及的运动着的团块相比，不可能产生什么作用。

物质，将运动传到处在这空间的所有天体，使天体的运动与它们的运动相同，从而使一切运动彼此之间协调一致；在引力清扫了上述空间，使所有散布的物质聚集成为特殊的团块之后，行星从此就必然以一度被引
1〔263〕起的运动在一个没有障碍的空间中自由地、不断地继续自己的运行。上述第一种可能性的理由绝对需要这一概念，并且由于在两种情况之间不可能有第三种情况，所以这个概念能够受到重视，获得崇高的赞扬，使它胜过一种假说的表面性。如果愿意详尽一些的话，人们可以通过一系列相互印证的推论，按照数学方法的方式以它所具有的全部奢华，甚至以它在自然物质中的运行方式通常所具有的更伟大的外观，最终达到我关于世界大厦的起源所要阐述的那种设想；不过，我宁愿以一种假说的方式讲述我的意见，把检验它的价值留给读者的洞察力，而不愿借助一种骗人的论证来造成假象，使人怀疑它的有效性，由于赢得无知者而失去专家们的赞许。

我假定：构成属于我们太阳系的各星球——所有行星和彗星——的所有物质，在万物之初都分解成基本的物质微粒，充满着世界大厦的整个空间，如今这些已形成的天体就在这个空间中运行。即便人们根本无意把大自然的这种状态视为一个自在自为的系统，它也显得只是可能继虚无之后的最简单的状态。当时，它们还没有形成任何东西。相互有间距的天体的形成、它们相互之间由吸引所规定的距离、它们由聚集起来的物质的平衡产生的形状，都是后来的状态。直接与造化衔接的大自然极为粗糙，根本不成形。然而，即便是在构成混沌的元素的根本特性中，已经可以觉察到一种完善性的迹象；这种完善性是它们从其起源获得的，因为它们的本质是出自神圣理智的永恒理念的一种结果。这些似乎是盲目地设计出来的最简单、最普遍的特性，这种似乎纯粹是被动的、需要形式和部署的物质，在其最简单的状态中已经有一种通过大自然的发展而形成一种完善的状态的追求。然而，**元素种类的不同**为整理大自然和
1〔264〕形成混沌贡献了最重要的东西，由于一种普遍的相同而支配着分散元素的静止被由此取消，混沌在吸引力较强的微粒所在的地方开始形成。根据大自然在所有方面表现出来的无法测度性，这些基本材料的种类毫无疑问是无限多样的。密度和引力最大的那些种类，自然而然占据的空间也较小，也比较罕见，因此同样在世界空间中分布时，就比较轻的种类

更为分散。与轻的元素相比，比重大 1 000 倍的元素，其分散程度也要大 1 000 倍，甚至大 100 万倍。由于必须设想这些分离是尽可能无限的，所以可能有一类天体成分在密度上超过另一类的程度，就像一个用行星系的半径画出的圆球超过在直径上只有一条线的 1/1 000 的圆球一样；因此，前一种分散的元素也就比后一种元素彼此之间的距离更大得多。

在以这种方式被充满的空间里，普遍的静止只能持续一个瞬间。① 这些元素具有彼此之间运动起来的根本力量，自身就是一个生命的源泉。物质立即就致力于形成自己。密度较大的分散元素凭借吸引而从自己周围的天域里把所有比重较轻的物质聚集起来；它们自身连同它们与自己结合在一起的物质又聚集在密度更大的微粒所在的地方，而这些微粒又同样地聚集到密度还要更大的微粒那里，如此一直继续下去。因此，当人们在思想中通过整个混沌的空间探索这个形成着的大自然时，就会很容易觉察到：这种作用的所有结果最终就在于不同团块的产生，它们在形成完成之后就由于引力的相等而静止下来，并且永远静止不动。

不过，大自然还储备有别的力量，尤其是当物质分解为细微的微粒，它们相互排斥，并且通过它们与引力的斗争而造成了②仿佛是大自然的永恒生命的那种运动时，这些力量就表现出来了。在云雾的弹性、有强烈气味的物体的挥发、所有含酒精物质的扩散中，显示出这种斥力，它是 1〔265〕
大自然的一个无可争议的现象。由于这种斥力，向引力中心下降的元素

① 这个句子常受攻击。当然，根据力学的普遍平面定律，我们的行星系中在同样的意义上发生的运动不能是出自一种静止状态的，但一度有疑问的是，是康德在这个地方指的是我们的行星系，还是他毋宁说想的是一个广袤得多的世界系统，我们的行星系仅仅是其一个部分；在这样一个世界系统中，很可能一度有完全的静止。支持这一点的是紧接着的下文 265 页的一段话，其中康德说道："为了清晰地把握世界结构的形成，我们想把自己的考察从大自然的无限总和限制为一个特殊的星系，即这个属于我们的太阳的星系"；据此，他前面的考察可以被视为一个普遍的系统。另一方面，就连我们太阳系的物质，作为这类物质，还被分解成其基础性的基本材料，充填着不可测度的广袤的混沌，其运动也必须被设想为如此缓慢，以至于它与一种绝对的静止只是有极小的区别。无论如何，这可以被视为缺陷，即康德未曾特别地使人注意，我们太阳系中千篇一律的运动的总和必须在混沌中就已经存在。——科学院版编者注

② 能够造成，见根济欣的手稿（《约翰·弗里德里希·根济欣的康德自然史和天体理论摘要》，172 页），这个表述更为准确，是康德的改动。——科学院版编者注

就会被杂乱地从直线运动引向一边①，使垂直下降②转变成围绕降落中心的圆周运动。为了清晰地把握世界结构的形成，我们想把自己的考察从大自然的无限总和限制为一个特殊的星系，即这个属于我们的太阳的星系。在我们考察了这个星系的产生之后，就可以用类似的方式继续考察更高的世界秩序的起源，并在一个学说中概括整个造化的无限性。

因此，如果在一个非常大的空间中有一个点，在那里，同样在此存在的元素的引力比周围所有地方都更强，那么，分布在这整个范围内的元素微粒的基本材料就会向这个点降落。这种普遍降落的第一个作用就是在这个引力的中心形成一个物体，它可以说是从一个无限小的胚芽迅速③成长壮大，这种质量越增加，它也就成长得越快，也就以更大的力量推动周围的部分与它结为一体。如果这个中心物体的质量增加到如此程度，以至它吸引远距离微粒的速度由于这些微粒相互阻碍的微弱斥力而偏向一边，转化为能够凭借离心力沿着一个环形轨道围绕中心物体的侧向运动，那么，就产生了这些微粒的一个巨大旋涡，这些微粒中每一个都由于引力和侧向偏离的旋转力的叠加而作曲线运动；这是什么样的环形轨道啊！它们相互交错，在这个空间中非常分散，因而它们有足够的位置。不过，这些以各种各样的方式相互冲突的运动自然而然地趋向于
1〔266〕达到平衡，即达到一个运动尽可能地不干扰另一个运动的状态。这种情况之所以发生，首先，是由于这些微粒中一个制约另一个的运动，直到所有的微粒都朝一个方向运动；其次，这些微粒制约自己接近引力中心的垂直运动，直到它们都沿水平方向④运动，即平行地以太阳为中心围绕它作圆周运动，彼此不再交错，并通过离心力与下降力的平衡而在它们悬浮的高度上永远保持自由的圆周运动。最后，只有那些通过其下降获

① 如果它们在下降时彼此向侧边施加的抗阻不精确地从所有方面都相等，这就不那么能够假定了（《约翰·弗里德里希·根济欣的康德自然史和天体理论摘要》，172 页）。这个补充大概出自康德，因为在根济欣的手稿中，“元素”（Elemente）和“杂乱地”（durcheinander）之间有一个出自他手的符号（φ）。——科学院版编者注

② 根济欣的手稿此处有“最终”（《约翰·弗里德里希·根济欣的康德自然史和天体理论摘要》，172 页）。康德的改动。——科学院版编者注

③ 在根济欣的摘要中（173 页）是：起初缓慢地（通过化学的吸引），但此后就迅速地（通过所谓牛顿式的吸引）。此补充不见于根济欣的手稿。——科学院版编者注

④ 根济欣的手稿中在“沿水平方向”之前有“仿佛”（《约翰·弗里德里希·根济欣的康德自然史和天体理论摘要》，174 页）。康德的改动。——科学院版编者注

得一种速度并通过其他微粒的抵抗而获得一个能够继续作**自由圆周运动**的微粒，才能够在这空间的范围内保持悬浮。在这种状态里，由于所有的微粒都朝向一个方向、并以相互平行的轨道，即以自由的圆周运动，通过已达到的离心力围绕中心天体运转，元素的冲突和聚集就消失了，一切都处在相互影响最小的状态中。这就是一种被卷入相互冲突之中的物质到处都必然被置入的自然结果。因此显而易见，在分散的微粒群中，有一大群会由于力图相互达成这种状态的阻力而必然达到这样精确的规定性，但还有更大的群尚未达到，只会下降到中心物体，使其团块增大，因为它们不能自由地保持在它们悬浮的高度，而是穿过下面的群的轨道，最终由于后者的阻力而失去一切运动。处于中心的物体就是太阳，它据此通过大量聚集的物质而成为行星系的主要部分。此时，它还没有在完全形成之后它的表面上突然出现的火焰。

还要说明的是：由于如以上所证明，形成着的大自然的所有元素都朝着一个方向围绕太阳这个中心运动，就这些朝向一个惟一的天域所作的、仿佛是朝着一个共同的轴发生的公转而言，它的物质的旋转不可能在于这种方式，因为根据向心运动的规律，所有公转都必然以其环形轨
道的平面穿过引力的中心；但在所有这些围绕一个共同的轴朝着一个方 1〔267〕
向运转的圆中，只有一个圆穿过太阳的中心，因而这个在思想中画出的轴两侧的所有物质都涌向这个恰好在共同降落的中心通过旋转的轴的圆上来。这个圆就是所有飘游元素的关系平面，这些元素要尽可能在这个圆周围聚集起来，而远离这个平面的天域就会成为空的；因为那些不能如此接近它们所涌向的这个平面的元素，也将不能永远保持在它们悬浮的地方，而是通过和四周飘游的元素碰撞，最终落在太阳上。

因此，如果在世界物质的这种四周飘游的基本材料由于吸引和阻力的普遍规则的力学结果而被置入的这样一种状态中考察它们，那么，我们就看到在两个相距不远的平面之间有一个空间，共同的关系平面就处在它的中央；这个空间从太阳的中心开始向未知的远处扩展开去，在它里面，所有被包括在内的微粒都分别按照自己的高度和支配着那里的引力的大小，在自由的公转中作适当的圆周运动。因此，由于在这样的状态里它们都尽量不相互阻碍，假如这些基本材料的微粒彼此之间的吸引不开始发生作用并由此形成新的东西，即形成要产生的行星的胚芽，那

么它们将永远停留在这种状态之中。因为围绕太阳以平行的圆周运动的元素，在它们与太阳的距离差别不太大的时候，由于其平行运动相同，彼此之间几乎处于相对的静止之中，所以那里引力特别大的元素就会马
1〔268〕上产生一种可观的作用①，开始聚集起最近的微粒，形成一个天体，这个天体又随着其团块增长的程度将自己的引力扩展得更远，把更广大范围内的元素都吸引来与它合一。

对于任何一种可能的学说来说，这个系统中行星的形成都以下面这一点为前提条件：团块的起源同时也表示着运动的起源和轨道在同一时刻的位置；甚至无论是对这些规定性中的极大精确性的偏离还是一致，都能一眼就看出来。行星是由在其悬浮的高度精确地作圆周运动的微粒形成的；**因此，由这些微粒汇聚而成的团块也朝着同样的方向，在同样的程度上继续作同样的运动。**这就足以使人们看到，为什么行星的运动大致上是圆形的，它们的轨道是在一个平面上的。如果聚集起来形成行星的元素来自很小的范围，因而它们运动的差别不大，那么，这些轨道就会是非常精确的圆周。② 但由于要从在天空中如此非常分散的微细基本成分形成一个行星的密度大的团块，就需要有一个较大的空间范围，所以这些元素与太阳的距离的差别，此外还有它们的速度的差别，就都不可等闲视之了。因此，要在有这种运动差别的情况下保持行星各种向心力和圆周运动速度的平衡，从不同的高度以不同的运动聚集在它上面的
1〔269〕微粒就必须用一种力量来补偿另一种力量的不足，实际上，这也是相当精确地发生的。③ 但尽管如此，由于达不到这种完满的补偿，就造成了这种圆周运动上的偏离和偏心率。同样容易说明的是：尽管所有行星的轨

① 形成着的行星的开端不应当仅仅在牛顿的引力中去寻找。对于一个特别微细的质点来说，这种引力也许太缓慢、太微弱了。倒不如说，在这个空间里最初的形成是因一些由一般的联系规律合为一体的元素的汇聚而发生的，直到形成由此产生的团块，并逐渐地增大，以致牛顿的引力也变得能对它发生作用，并通过其作用扩展到远处而越来越使它增大。

② 这种准确的圆周运动实际上仅仅涉及离太阳近的行星：因为对于最遥远的行星或者彗星在那里形成的远距离来说，很容易推测出，由于基本材料在那里的下降运动要弱得多，它们散布的空间也更大，所以元素在那里本来就已经偏离了圆周运动，从而也必然是由此形成的天体的原因。

③ 因为微粒在靠近太阳的地方所具有的公转速度比它们聚集在行星上的地方为作圆周运动所需要的公转速度更大，所以它们补偿了距离太阳较远、并入同样星体的微粒在速度上的不足，以便在行星的距离上作圆周运动。

道都应当合理地处在一个平面上，但在这方面还可以遇到微小的偏离，因为如上所述，基本微粒虽然都尽可能地趋向它们共同的运动存在平面，但在平面两侧还是包括了一些空间；如果所有的行星都能十分准确地在这两侧的中间的关系平面上开始形成，那就真是非常幸运的巧合了。尽管微粒都致力于尽可能从两侧来限制这种偏离，只给它狭窄的范围，但这已经造成了行星轨道相互之间的一些倾斜。因此，这里和大自然的所有事物一样，很少能遇到极其精确的规定性，也就不足为奇了，因为关系到每一种事物本性的情况极为繁多，不容许精确的合规则性。

第二章
论行星的不同密度以及它们质量的关系

我们已经指出，基本材料的微粒由于本来是均匀地分布在世界空间之中的，所以通过向太阳的降落而在降落时所获得的速度恰恰与引力达到平衡的地方停留下来，悬浮在那里，而方向也像它们作圆周运动时应 1〔270〕
当的那样，变成与圆周的矢径相垂直。但是，如果我们设想在与太阳距离相等的地方有不同类型密度的微粒，那么，比重较大的微粒就会突破其他微粒的阻力更深入到太阳附近，不像较轻微粒那样立刻从其轨道上偏离出去，因而只有在更为接近太阳的地方才使其运动成为圆周运动。与此相反，较轻的元素在深入到中心之前就从直线下降偏离出去，转化成圆周运动，从而在离太阳较远的地方停留下来，悬浮在那里。它们也不能如此深地穿透充满元素的空间，使其运动不被这些元素的阻力所减弱，而且它们也不可能达到要在接近中心的地方运转所需要的那样大的速度。因此，在运动达到平衡之后①，比重较轻的微粒就在离太阳较远的地方运转，而在离太阳较近的地方则只能发现较重的微粒；因此，由这些微粒构成的行星，离太阳较近的要比离太阳较远由这些原子的汇聚形

① 从“它们也不能如此深地……”到此，在根济欣的手稿中被康德修改为：“因为它们不可以如此深地穿透充满元素的空间，使其运动不被这些元素的阻力转向侧面，达到自由公转所需要的速度。因此，在达到足以自由运动的运转之后……”（《约翰·弗里德里希·根济欣的康德自然史和天体理论摘要》，179 页）。——科学院版编者注

成的行星密度更大。

所以，这是一条静力学的规律，它规定世界空间的物质的高度与其密度成反比。尽管如此，同样易于理解的是：并不是每一个高度都一定只接纳密度相同的微粒。就某些特殊种类的微粒而言，那些从较远的距离向太阳降落的微粒才在离太阳较远的地方悬浮，并达到它们为不断作圆周运动所要求的降落在长距离中的减缓。与此相反，那些在物质的普遍分布尚处于混沌之中的时候其原初位置就已经接近太阳的微粒，尽管它们的密度并不是较大，却在接近太阳的地方达到其圆周运动。因此，由于物质相对于其降落中心的位置不仅仅取决于它的比重，而且也取决于它在大自然最初静止状态中的原初位置，所以很容易看到，在离太阳
1〔271〕的任何距离上，都有不同种类的物质集合在一起，悬浮①在那里，但在中心附近比在离它远的地方更经常遇到密度较大的物质；因此，尽管行星是极不相同的物质的混合，但一般说来，它们离太阳越近，其团块就必然越是密度大，而在它们的距离增大之后，其密度就较小了。

就这条支配着各行星的密度的规律而言，我们的体系是人们关于密度的原因所得出或者可能得出的所有概念中具有特别完善性的一个。**牛顿**曾经计算过一些行星的密度，他认为，行星密度随距离而变的原因可以在上帝的合理选择和他的终极目的的动因中找到；因为离太阳近的行星必然经受更多来自太阳的热量，而较远的行星要不多少热就应当能够对付过去；离太阳近的行星不是密度较大，离太阳远的行星不是由较轻的物质汇聚而成的，这似乎是不可能的。然而，要看出这样一种说明的不足，并不需要作出多少思索。一个行星，例如我们的地球，是由种类极不相同的物质汇聚而成的；在这些物质中，那些较轻的物质更多地被太阳的同样作用所穿透、所激动，它们的组合与太阳的光线起作用的热量有关，所以它们必然散布在表面上；但由此却根本不能说明，在团块的整体中其他物质的混合也必然具有这种关系；因为太阳对行星的内部根本不起任何作用。牛顿担心如果地球直达水星附近落到太阳的光线之中，它就会像一个彗星那样燃烧起来，它的物质没有足够的耐火能力，以致被这种热量所驱散。然而，太阳自己的物质要比构成地球的物质轻 4

① 飘浮（《约翰·弗里德里希·根济欣的康德自然史和天体理论摘要》，180页）。康德的改动。——科学院版编者注

倍，岂不更必然地要被这种炽热所摧毁吗？或者说，月球与地球在与太阳相同的距离上悬浮，为什么它的密度却是地球的 2 倍呢？因此，人们 1〔272〕
不能把密度的比例归于与太阳热的关系，使自己陷入极大的矛盾之中。人们倒是看到，一种按照其团块的密度分配行星位置的原因，必定与它的物质的内部相关，而与它的表面无关。尽管它造成了这种结果，但它必然还是允许在同一个天体中有不同的物质，而只是在它们汇聚的整体中才规定了这种密度关系。至于是否有另一条不同于我们的学说所讲述的静力学规律能够满足这一切，我把它留待读者的洞察力去作判断。

各行星密度之间的这种关系还带来了一种情况。由于这情况与前面所设想的解释完全协调一致，所以它也证明了我们的学说的正确性。一般来说，处在其他围绕自己运行的星球中心的天体，比离它最近围绕它运行的天体要更轻。地球与月球相比、太阳与地球相比，都呈现出它们密度的这样一种比例关系。根据我们已经阐述的设想，这样一种性质是必然的。因为下面的行星主要是由筛选出来的基本物质构成的，它们由于其密度的优势能够以必要的速度一直深入到中心附近。与此相反，处于中心自身的天体则不加区别地是由所有现存种类的物质汇聚而成的，它们未能获得自己合规律的运动；在它们中间，由于绝大部分是较轻的物质，所以就很容易看出：由于最接近中心运行的那个或者那些天体仿佛是密度较大品种的筛选，而中心天体则是所有物质不加区别的混合，前者的物质将比后者的物质密度更大。事实上也的确如此，月球的密度是地球的 2 倍，地球的密度是太阳的 4 倍，而根据各种推测，更在下面的星球，即金星和水星，其密度将比太阳更大得多。

现在，我们的目光要移向根据我们的学说各天体的质量与它们的距离相比的关系，以便根据牛顿的正确计算来检验我们体系的结果。无须 1〔273〕
多说就可以理解，中心天体在任何时候都是它那个星系的主要部分，因此太阳的质量必定比所有的行星加在一起还要大。这一点，也同样适用于木星与它的卫星、土星与它的卫星的关系。中心天体是由它整个引力范围内的所有微粒下落而形成的，这些微粒不能获得最精确的圆周运动的规定性，也不能获得与共同平面的接近关系，它们在数量上毫无疑问必定比其他微粒多得多。让我们把这种考察主要运用于太阳：如果要估量作为行星基本材料的、作圆周运动的微粒偏离共同平面最远空间的宽度，可以假定它大约比行星轨道相互之间偏离最大的宽度更大一些。现在，当它们向两侧偏离共同的平面时，它们相互之间的最大倾斜几乎不到 7.5 度。因此，可以想象构成行星的所有物质都是散布在这个夹在从太阳中心出发、彼此构成 7.5 度角的两个平面①之间的空间之中的。但是，一个沿最大圆方向运转的、宽为 7.5 度的区域，约略多于球面积的 1/17，因此以上述角的宽度切割球体空间的这两个平面之间的天体空间，也约略多于整个球体体积的 1/17。所以，根据这一假说，所有被用来形成行星的物质就大约等于太阳为汇聚成它自己而从两侧最外面一颗行星所处的宽度搜集来的物质的 1/17。不过，这中心天体的团块超过了所有行星的总体积。它与后者的比例不是 17∶1，而是如牛顿所测度的那样是
1〔274〕 650∶1。当然也很容易看出，在土星之外的空间里，行星的形成要么已经停止，要么已经非常稀少，那里只是形成了少数几个彗星天体②，而且那里基本材料的运动由于不像在中心附近区域那样能够达到与向心力的合规律的平衡，只是转化为向中心的普遍降落③，使太阳从如此辽阔的空间中得到所有的物质而增长，所以我说，太阳的团块必定是由于这些原因才获得如此巨大的质量的。

但要对行星就其质量进行相互对比，我们就首先要注意到，按照已经说明的形成方式，组成一个行星的物质的量，主要取决于它与太阳距离的远近，这是因为：(1) 太阳以自己的引力限制了行星的引力范围，但在同样的情况下，它对较远的行星的限制不及对近处的行星；(2) 聚合起来形成一个较远行星的所有微粒来自半径较大的圆，这些圆比较小

---

① 这里所说的平面是一个平双锥的外平面，这个平双锥的敞角偏离一个平角约 7.5 度或者按照后面一处（下文 275 页）的说法约 7 度。这样一个平双锥从它的锥尖在其圆心的一个球形切下一块，其与球形的整个体积的比例为 $\sin 3\frac{3}{4}^\circ$（或者是 $\sin 3\frac{1}{2}^\circ$）比 1，亦即 0.06 比 1 或者 1 比 17。在所提到的地方，从 1797 年刊印的版本（参见刊印：第四项）开始，《自然史和天体理论》的大多数版本都给出了一个歪曲原意的改动，因为它们都用“zwischen 2 und 7 Grade weit”（在 2 和 7 度远之间）取代了“zwischen zwei um 7 Grade weit”（在约 7 度远的两个之间）。原文中数字两个和 7 的不同写法，一个是用字母，另一个是用数码，就已经必然导致两个数字关涉不同的大小概念。——科学院版编者注

② “那里只是……彗星天体”为“与诸空间之大相比”（《约翰·弗里德里希·根济欣的康德自然史和天体理论摘要》，181 页）。康德在根济欣的手稿中的改动。——科学院版编者注

③ 增加“或者像在彗星那里一样转化为一种临近于它们的运动”（《约翰·弗里德里希·根济欣的康德自然史和天体理论摘要》，182 页）。康德的补充。——科学院版编者注

的圆包含着更多的基本材料；(3) 正是由于这后一种理由，最大偏离的两个平面之间的宽度在角度不变的情况下，在高的地方比在低的地方更大。与此相反，较远的行星相对于较低的行星所具有的这种优势，固然由于离太阳较近的微粒比距离较远的微粒密度更大、无论怎么看都更少分散而受到限制，但人们很容易就可以估计出，前面那些为形成大的质量而具有的优势远远超过了后面的限制，因而在离太阳较远地方形成的行星必然获得比近处的行星更大的质量。如果人们设想一个行星在只有太阳在场的情况下形成，就会发生这种情况。但是，如果人们设想好几个行星在不同距离上形成，那么，一个行星就会以自己的引力范围限制另一个的引力范围，而这种限制就会使上述规律出现例外。因为如果一个行星离另一个质量特别大的行星很近，它的形成范围就会受到很大损失，从而变得比它与太阳距离的关系单独要求的更小。因此，虽然在整体上，行星离太阳越远，其质量也就越大，例如我们星系的两颗主要的 1〔275〕
行星，即土星和木星，就是因为它们离太阳最远，所以其质量也就最大。尽管如此，还是存在着与这种类比相偏离的情况。但在这些偏离中，毕竟任何时候都显现出我们关于天体所断言的一般形成的特征：也就是说，一个特别大的行星夺去了它两侧最邻近的行星按其与太阳的距离应当享有的质量，把后者在形成时应当拥有的一部分物质据为己有。事实上，根据其位置应当大于地球的火星，就由于邻近它的巨大的木星的引力而在自己的质量上受到了损失。就连土星自己，虽然由于它的高度而对火星拥有优势，但仍然不能完全免除由于木星的吸引而蒙受相当大的损失。我觉得，水星的质量之所以特别小，并不仅仅是因为邻近它的巨大的太阳的引力，而且还是因为它与金星为邻。如果人们把通过推测得知的金星的密度与它的大小相比较，就会知道它必定是一个质量相当大的行星。

由于在世界结构和天体的起源方面，一切都像人们能够期望的那样美好地协调一致，证实了一种力学学说的充分性，所以我们要通过对行星的基本材料在行星形成前散布于其中的空间作一估测，来衡量当时充满这一中心空间的物质的稀薄程度，以及飘游微粒能够以什么样的自由或者在怎样小的阻力下在这空间中作合规律的运动。如果囊括了各行星的所有物质的空间被包含在以土星为界限的这样一个部分中，这个部分从太阳中心出发，被包括在两个大约 7 度宽、在所有的高度上彼此分开的平面之间，从而是以土星的高度为半径所能画出的整个球体的 1/17，那么，为了计算出行星的基本材料在其充满这个空间时的稀薄程度，我
1〔276〕们想将土星的高度假定为地球直径的 10 万倍；这样，土星轨道的整个球体将超过地球体积的 1 000 万亿倍。① 如果我们不是假定为 1/17，而是仅仅假定为 1/20，则这原始基本材料悬浮于其中的空间也仍然必将超过地球体积的 50 万亿倍。如果我们根据牛顿假定所有行星及其卫星的所有质量为太阳团块的 1/650，那么，只有太阳质量的 1/169 282 的地球，与所有行星物质的总质量之比将是 1∶276.5。② 所以如果把所有这些物质的密度视为与地球相同，那么，将由此产生一个占有相当于地球 277.5 倍空间的天体。因此，如果我们假定地球在其整个团块中的密度并不大于在地球表层下面发现的固体物质的密度，就像地球形状的特性不得不如此要求的那样，而且这种上面的物质密度大约相当于水的 4 倍或 5 倍，而水又比空气重 1 000 倍，那么，所有行星的物质如果扩张到空气的稀薄度，就会占据一个差不多比地球大 140 万倍的空间。这个空间与按照我们的假定行星的所有物质散布于其中的空间相比，要小 3 000 万倍。因此，行星物质在这个空间中的分散要比我们大气层中的微粒稀薄好多倍。事实上，这样大的分散程度无论显得多么难以置信，却既不是不必要的，也不是不自然的。这种分散程度必须尽可能地大，才能允许悬浮的微粒几乎就像是在真空中一样享有一切行动的自由，并无限地减小它们相互之间所能造成的阻力。但这些微粒是能够自行采取这样一种稀薄状态的。只要人们稍稍知道物质在转化为气体时就会扩散，或者只要人们——还是谈天空吧——考虑到彗星尾部物质的稀薄程度，就不应对上述情况有
1〔277〕丝毫怀疑。虽然彗星尾部的截面其厚无比，竟超过地球直径百倍，但它仍然如此透明，以至能够透过它看到小的星体。这是我们的空气在小上千倍的高度上被太阳照射时所不能允许的。

我用附加一个类比来结束这一章。这一类比能把当前关于天体以力学方式形成的理论从假说的可能性提升为严格的确定性。如果太阳是由

① 这里有半径与直径的一种混淆；正确的必须是：这样，土星轨道的整个球体将超过地球体积的 8000 万亿倍。——科学院版编者注

② 从牛顿借用的行星质量与太阳质量之比 1/650 和地球与太阳之比 1/169 282 得出的地球与诸行星总质量之比不是正文中的 1∶276.5，而是 1∶260.5。但是，这个过失对进一步从中得出的数字没有明显的影响。——科学院版编者注

形成行星的同样基本材料的微粒汇聚而成的；如果差别仅仅在于所有种类的物质在前者中是不加区别地堆积在一起的，在后者中则是在不同的距离上按照其各品种的密度性状①分布的，那么，在把所有行星的物质结合在一起考察时，就必将在其全部的混合中发现一种密度，它与太阳的密度是几乎相等的。如今，我们的理论的必然结论在**德·布丰**②先生的比较中得到了成功的证实。这位遐迩闻名的哲学家在全部行星物质的密度和太阳的密度之间进行了比较。他发现，这两种密度非常接近，大约在640和650之间。如果从一种学说得出的自然的、必然的结论在大自然的现实状况中得到如此成功的证明，那么，人们难道还会相信，纯粹是一种巧合造成了理论与观察之间的这种协调一致吗？

第三章

论行星轨道的偏心率和彗星的起源

人们不能把彗星看做是一类与行星性质完全不同的特殊天体。在这
里和在别处一样，大自然是通过一些不显著的变化起作用的。当它经历
变化的所有阶段时，它借助一根有诸多中间环节的链条把较远的特性与 1〔278〕
较近的特性联系了起来。在行星那里，偏心率是大自然力图使行星运动
完全成为圆形方面有欠缺的结果。由于中间出现了各种各样的情况，它
不能完全达到这一点，但在较远的地方要比在近处偏离这一点更多。

这种规定通过一架连续的阶梯，借助偏心率所有可能的阶段，从行星最终一直通向彗星。虽然这种联系在土星那里似乎被一道巨大的鸿沟切断了，它把彗星的品类与行星完全分离开来了，但我们在第一部分已经说明，很可能在土星之外还有其他行星，由于更多地偏离圆形的轨道而接近于彗星的运转；只是由于观察的缺陷或者观察的困难，这种接近关系才不像早已呈现给知性的那样对眼睛也清晰可见。

在这一部分的第一章中，当我们假定飘游着的基本材料在其所有位

① 通过其自己的吸引力（《约翰·弗里德里希·根济欣的康德自然史和天体理论摘要》，184页）。康德的补充。——科学院版编者注

② 参见《自然史：一般的与特殊的》第Ⅰ卷，138页，1749。

置上都恰巧具有作圆周运动所需要的各种力量时，我们已经阐述了一种使这些基本材料所形成的天体的轨道产生偏心现象的原因。由于行星是从相距很远的不同高度上把这些基本材料聚集起来的，在那里，圆周运动的速度各不相同，所以它们是以不同的固有运动程度聚集在行星上的，这些运动与行星的距离所应有的速度有偏差，而且由于微粒的不同压力不能完全补偿别的偏离的压力，而使行星产生了偏心率。

如果偏心率没有别的原因，那么它在任何地方都将是适度的。因为如果假定基本材料的微粒以前确实有过精确的圆周运动，那么，小并且离太阳远的行星的偏心率就比近而大的行星更大。如今，由于这些规定
1〔279〕与观察并不一致，如前面已经说明，偏心率随与太阳的距离而递增，而质量小则如同我们在火星那里看到的那样，毋宁说是构成了偏心率增长的一个例外，所以，我们不得不对关于基本材料的微粒作精确的圆周运动的假说作出这样的限制：它们在接近太阳的区域里虽然非常接近这种规定的精确性，但这些基本的微粒悬浮得离太阳越远，就越是偏离这种精确性。对基本材料作自由的圆周运动这一原理作出这样一种修正，要更为符合大自然。因为尽管空间的稀薄似乎使它们有相互限定在向心力完全达到平衡的地点的自由，但阻碍大自然完全实现这一目的的各种原因却也不可轻视。原初材料分散的部分离太阳越远，使它们下降的力量也就越弱。下面部分的阻力使它们的下降偏向一旁、迫使它们下降的方向与圆周矢径保持垂直；它们越是往下落，这种阻力就越是减弱，最后要么是与太阳合为一体，要么是在附近的天域运转。这种较高的物质特别轻，因而不允许它们以必要的力量作自己的下降运动——这是一切的根据——，迫使挡路的微粒让开；而且，这些距离远的微粒也许还互相限制，在一个长的周期之后最终达到协调一致；这样，在它们中间已经形成了一些小的团块，作为众多天体的开端。这些天体因为是由运动较弱的材料聚集而成的，所以只能作偏心运动；它们以这种运动向太阳下降，在途中又并入了运动较快的成分，越来越偏离了垂直的下降；最后，如果它们的形成所在的那些空间由于向太阳的下降或者由于汇聚成特别的团块而被清扫一空的话，那么剩下来的就是彗星了。这就是行星和那
1〔280〕些所谓彗星的偏心率随与太阳的距离而递增的原因。这些天体之所以被称为彗星，就是因为它们在这种性质上远远超过了行星。虽然还有两个

例外破坏了偏心率随与太阳的距离而递增的规律，即在我们星系两颗最小的行星即火星和水星上所察觉到的情况，但就火星而言，可能是因为与如此巨大的木星相邻的缘故。木星凭借引力在自己这一边夺取了形成火星的微粒，只给火星留下了主要向太阳一边发展的余地，由此导致了向心力和偏心率的增加。至于行星中最下面的、但也是偏心率最大的水星，很容易就能够看出，由于太阳在其绕轴自转方面远远比不上水星的速度，所以太阳给予其周围空间中的物质的阻力不仅夺去了邻近微粒的向心运动，而且也能够轻而易举地把这种阻碍一直扩展到水星，从而大大地减小了它的运转速度。

偏心率是辨别彗星的主要标志。彗星在最接近太阳时由于受热而扩张的大气层和尾部，虽然在蒙昧的时代被用作非同寻常的可怕景象来向愚民宣扬臆想的命运，但却只不过是偏心率的结果。天文学家们注意运动的规律要更甚于注意其他的形状，它们说明了彗星区别于行星的第二个特性，即彗星不像行星那样只在黄道带区域，而是自由地在所有天域运行。这个特点与偏心率原因相同。如果行星之所以把自己的轨道锁定在黄道带的狭小区域里，乃是因为基本物质在太阳周围的近处获得了圆周运动，这种运动在每一次绕行时都力图穿过关系平面，不让已形成的天体偏离这个所有物质都涌向的平面，那么，离中心很远的空间中的基本材料由于受引力推动较弱，不能作自由的圆周运动，就必定由于造成 1〔281〕
偏心率的同样的原因，不能在这个高度上汇聚到所有行星运动的关系平面上，使那里形成的天体主要保持在这条轨道上。毋宁说，分散的基本材料由于不像在下面的恒星上那样被限制在一个特殊的区域，所以既可以在关系平面的这一边，也可以同样轻而易举地在另一边，既可以在远离关系平面的地方，也可以同样经常地在关系平面附近形成天体。因此，彗星将会无拘无束地从所有天域向我们降落过来；不过，那些其最初形成的地方在行星轨道之外不远的彗星，既不会偏离其轨道范围太远，也不会表现出太多的偏心率。随着与星系中心距离的增加，彗星在其偏离方面的无规律的自由也会增加，并一去不复返地迷失在天穹的深处，而使最外面形成着的天体自由地听凭自己向太阳的下降，为系统状态设定一个最后的界限。

在设想彗星的运动时，我假定：就其运动方向而言，它们绝大多数都与行星的运动方向相同。对于距离近的彗星来说，我觉得这一点是无可置疑的。而且这种一致性只会消失在天穹的深处。在那里，基本材料在极度衰竭的运动中作着由于下降而产生的向各个不同天域的转动，因为要通过下面的共同运动使它们在方向上一致起来所需要的时间，由于距离遥远而过长，以致它们不能在下面区域中形成大自然的时间里达到这一点。因此，也许有一些彗星是朝着相反的一面，即自东向西的方向运转的，尽管出自种种原因——要把这些原因都列举出来我尚有顾虑——我几乎相信，在人们已经发现这种特征的 19 颗彗星中，也许有几颗是由视觉的假象引起这种特征的。

1〔282〕 我必须再谈一谈彗星的质量和它的材料的密度。照理来说，出自上一章已经列举的理由，在形成这种天体的上层区域里，应当总是距离越增加，形成的质量也就越大。而且还可以相信，一些彗星比土星和木星还大。但不可相信的却是，质量的大小总是这样增加。基本材料之分散、其微粒之特别轻，使世界空间最遥远区域里的形成变慢；基本材料在整个不可测度的遥远范围里不确定的分布，又没有使它汇聚在某个平面上的规定性，就使它不是形成了惟一一个巨大的天体，而是形成了诸多较小的天体；向心力的不足使绝大部分微粒向太阳降落，不能汇聚成为团块。

形成彗星的材料的特殊密度，与彗星质量的大小相比更值得注意。由于彗星是在世界大厦的最高区域里形成的，所以组成彗星的微粒也许是最轻的一类。毋庸置疑，这是显著不同于其他天体的彗星气态球和尾部的最主要的原因。人们不能把彗星物质分散成雾气这种情况归因于太阳热的作用；一些彗星在接近太阳时还几乎达不到地球轨道的深度。许多彗星停留在地球轨道和金星轨道之间，并马上转了回去。如果这样温和的热带就能使这些天体表面上的物质分解和蒸发起来，那么，它们必定是由最轻的材料构成的，这种材料比整个大自然中任何一种物质都更容易被热所蒸发。

人们也不能把这种常常从彗星上升起的雾气，归于其星体从当时与太阳接近时所获得而剩下来的热；因为固然可以猜测，彗星在形成时曾经以较大的偏心率作过一些公转，这种偏心率只是逐渐地变小了，但我
1〔283〕 们也可以对其他行星作出这样的猜测，而它们却没有表现出这种现象。

不过，如果在这些行星的组合中所包含的最轻物质的品类和在彗星中一样可以经常看到，那么它们也会表现出这种现象的。

地球自身也有某种东西可与彗星云雾及其尾部的扩张相比的东西。[①]当太阳在地球的一个半球上作半圆周运动时，太阳的作用从地球表面上吸引起来的最精细的微粒，就汇聚在地球的两个极中与该半球相背的那一个周围。在地球炽热地带升起来的最精细、最活跃的微粒，当它们达到大气层的某个高度之后，就会被太阳光线的作用所迫，退却到此时已经背对太阳、陷入到漫长黑夜之中的区域里并汇聚起来，给冰带居民缺少伟大的光作出补偿，即便距离如此遥远也给他们带来光热的作用。正是造成北极光的太阳光线的这种力量，如果在地球上也像在彗星上那样可以如此经常地发现最精细、最容易挥发的微粒的话，也将会造成一个拖着一条尾巴的云雾圈。

第四章

论卫星的起源和行星的绕轴运动

一个行星从基本物质的范围中形成的努力，同时也是它绕轴自转的原因，并且还产生了环绕它运行的卫星。在大范围内太阳与它的行星发生的关系，在小范围内一个具有广阔的引力范围的行星，也就是说作为一个星系的主要部分，也表现出来了；这个星系的各部分都由于中心天体的引力而被运动起来。正在形成着的行星，当它推动整个范围的基本材料微粒以形成自己时，也将从所有这些下降运动中，凭借它们的相互作用造成圆周运动，并且最终使这些运动转化为一个共同的方向，它们 1〔284〕
中间的一部分得到了相应的控制而作圆周运动，并在这些限制中处在一个共同的平面附近。在这个空间里，就像主行星在太阳周围形成一样，如果主行星的引力为卫星的产生提供了有利的条件，就也有卫星在这些天体周围形成。此外，就太阳系的起源所说过的东西，也不折不扣地适用于木星和土星的系统。卫星都朝着一边运转，而且它们的轨道几乎都

---

① 这就是北极光。

处在一个平面上。虽然这些都出自在大范围内决定着这种类比的同样原因，但是，为什么这些卫星就其共同方向而言都是朝着行星运行所朝着的这一边转，而不是朝着任何别的一边转呢？事实上，它们的公转并不是由圆周运动产生的：它们只以主行星的引力为原因，而就这种原因而言，所有的方向都是无所谓的；材料的下降运动在转化为圆周时，究竟在所有可能的方向中选择哪一个，纯粹是出自偶然。事实上，主行星的圆周运动，对于推动在它周围形成卫星的材料绕它旋转，并不起什么作用；行星周围的所有微粒都与它一道以相同的运动环绕太阳运动，从而与行星处于相对的静止之中。这一切都只是行星的引力造成的。不过①，

---

① 康德试图以寥寥数语为月球运动的方向和行星围绕其轴的自转给出一种解释的这段话，屡屡被称为不清晰和不正确（参见措尔讷：《光度学研究》，225 页，1865；费伊：《论世界的起源》，138 页，1884；C. 沃尔夫：《宇宙起源论假说》，12 页，巴黎，1886；埃贝哈德：《康德的宇宙起源论》，XII 页，1833）。无论是措尔讷还是费伊，都从康德的理论中推论出月球的一种逆行的因而与观察相悖的运动，但他们对月球运动的推导与康德的推导有本质的不同。他们假定，尾随行星的微粒的运动仅仅受太阳的吸引力所规定，而康德则一起加上了形成着的行星的吸引力。只要太阳作用于尾随行星的粒子，更接近于中心天体的粒子就会以更迅速的转动掠过行星，并且受这个行星所吸引，实际上获得一种逆行的公转运动。但由于在康德看来，行星已经在一些距离上作用于掠过的粒子，所以它们的速度就被加快，它们的轨道就被改变；粒子将因为其速度的加快而离开太阳，并这样跟在行星后面。这就是康德的观念。这种观念也可以转用到原初以更大一些的圆周先行于行星并被行星追上的粒子。由于行星的吸引力，它们的速度被减缓，它们不再能够保持在以过去的迅捷为条件的高度，而是下降到太阳，并如此到达行星之下。由于形成着的行星的参与作用，关系在某种意义上被颠倒：那些尾随行星并且没有行星的吸引力就会在行星下面掠过的粒子被行星抬高，而先行于行星的粒子则被行星拖下来，在它下面掠去。这样一来，逆行的运动就转化为康德所断言的直线运动。

行星对尾随它和先行于它的微粒的这种作用虽然是直观的，但在数学上却不易追究，而行星对直下亦即朝着太阳或者直上亦即离开太阳的粒子的作用却是也可以在数学上描述的。对一个处于太阳和行星之间的天体，后者的作用是抵制太阳的，据此，中心天体的吸引被减弱，天体的运动比仅仅太阳作用于它时更慢。可以标出这样一个点，在它那里行星的干扰影响如此之大，以至于处在那里的天体恰恰具有与行星相同的角速度。这里就是据称一个离太阳更近的天体圆周运动更快的开普勒第三定律由于行星的干扰影响失去其有效性的界限。同样，在行星之上有一个点，它由于太阳和行星的共同作用而具有与行星相同的角速度。这又是据称离太阳更远的天体圆周运动更慢的开普勒定律失去其效力的界限。实存有一个环绕行星并与它一起围绕太阳运动的区域，在它里面属于行星的形成进程的例子违背开普勒第三定律，如果离太阳更远就运动更快，如果离太阳更近就运动更慢。在这个对于所有行星来说都远远超出月球圆周范围的区域内部，月球公转的意义以及同样行星的自转运动的意义按照康德的观念都将是直接的意义。构成这个区域的边界的平面一般不易规定，然而在朝着太阳和离开太阳的方向上，边界已经由拉格朗日予以标明。如果 m 表示行星质量与太阳质量的比例，a 表示行星与太阳的距离，则无论是在朝着太阳的方向上还是在离开太阳的方向上，区域边界离行星的间距都是 $x=\sqrt[3]{\frac{1}{3}m}$。对于地球来说，将是 $x=\sqrt[3]{\frac{1}{3\cdot 355499}}\cdot$ 2 千万里，亦即大约等于 20 万里，而月球只是 5 万里远。对于木星来说，将是 $x=\sqrt[3]{\frac{1}{3\cdot 1048}}\cdot$ 1 亿

由引力所产生的这种圆周运动，由于它对所有方向来说都是无所谓的，所以只需要一种微小的外部决定，就足以使它转向这一边而不是另一边；而它是从一些基本微粒的超前运动得来这种微小程度的导引的，这些微粒同样也围绕太阳运动，但运动的速度更快，进入了行星的引力范围。因为这种吸引从很远的地方就迫使较靠近太阳的、以更快的速度运转的微粒离开其轨道的方向，以扁长的曲线轨道升到行星之上。这些微粒由于具有比行星自身更快的速度，当它们被行星吸引而下降时，就给它们的直线下降和其他微粒的下降造成了一种自西向东的偏转，而这只需要 1 〔285〕
微小的导引，就足以使引力所造成的下降转化而成的圆周运动选取这个方向而不是别的任何方向。出自这一理由，所有的卫星就其方向而言都与主体行星的运转方向相同。而且它们轨道的平面也不能偏离行星轨道的平面很远，因为形成它们的物质，出自我们在谈到方向时所列举的同样理由，也将被引导到对这个平面的最精确的轨道上来，即引导到与主轨道的平面的协调一致上来。

从所有这一切出发，人们就可以清晰地看到，在什么样的情况下一颗行星就能够得到卫星。行星的引力必须大，从而将自己的作用范围远远地扩展开去，以便不仅通过一种下降而向行星运动的微粒，且不说阻力的影响，仍能为其自由的旋转获得足够的速度，而且在这个区域里也

里等于 600 万里，而最远的卫星离木星仅有 2.4 万里。参见希尔：《月球理论》，载《美国数学杂志》，卷 I。

另一个问题是，这样一些被拉向行星的粒子的运动是否能够转化为圆周运动？而且这个问题就像由斯基亚帕雷利、庞加莱和埃贝哈德证明的那样，鉴于现在的空间状态，亦即鉴于没有任何充填它的物质而能够被否定。在一个行星的形成环中运动并接近之的例子，将像埃贝哈德（《康德的宇宙起源论》，1833）证明的那样，画出双曲线的轨道，并由此很快又从行星附近消失。如果现在作为卫星围绕行星运行的微粒从前是以一个圆周围绕太阳运行的，那么，人们就必须像庞加莱（参见《论火星的卫星：1888 年 12 月 3 日科学院会议简记》）所说明的那样，能够通过逆计算月球干扰直到最遥远的过去时代来又达到其原初的轨道，但这由于月球轨道表现出的仅仅周期性的变化而极为不可能，尽管在数学上一直追究到这些轨道的稳定性尚未确立的时间是不可能的。对于之前围绕太阳运动的粒子不可能成为一个行星的卫星，特别是对于火星和木星之间运行的小行星的某一个不可能成为火星卫星，庞加莱给出的另一个证明（同上）是无效的，因为他所给出的方程式包含着一个符号错误。

对圆形的卫星轨道不能实现的所有证明都预设微粒在其中运动的空间是空的和没有阻抗的。但是，我们必须在月球形成期间既在康德的理论中也在拉普拉斯的理论中设想行星的周围由抗阻的材料所填充，这两个理论在这里如费伊在上面引用的书中 165 页所提到的，都必须克服同样的困难。但是，庞加莱和埃贝哈德的证明不适用于这样一些由物质填满的空间。——科学院版编者注

要为形成卫星有充足的材料，而这在引力小的情况下是不可能发生的。因此，只有质量大、距离远的行星才拥有卫星。木星和土星这两颗所有行星中最大的、最远的行星其卫星都最多。比它们小得多的地球只有一颗卫星。而本来以其距离也应当有份的火星，却由于其质量如此之小，也就完全落空了。

人们满意地察觉到，行星的这种引力为卫星的形成搜集了材料，同时也规定了卫星的运动，这种引力也一直延伸到它自己的星体，而且正是通过使它自己形成的同样做法，使它自己获得了按照自西向东的普遍方向进行的绕轴自转。如前所述，下降的基本材料的微粒得到了普遍的自西向东的旋转运动，它们由于没有合适程度的运动使自己在圆周运动中保持自由
1〔286〕的悬浮，从而绝大部分降落在行星的表面上，与行星的团块混合在一起。由于它们现在加入了行星的组合，所以它们作为行星的部分，就必须按照自己在与行星合为一体之前所拥有的同一方向继续这种旋转。而且从上述情况可以看出，由于缺乏必要的运动而下降到中心天体的这部分微粒，必然远远超过能够达到相应速度的那部分微粒，所以也就容易理解，为什么这个中心天体在其绕轴自转中虽然远远达不到使其表面上的重力与离心力相互平衡的速度，但是对于质量大、距离远的行星来说，却要比距离近、质量小的行星快得多。事实上，木星的绕轴自转是我们所知道的最快的绕轴自转。如果不把它的运动自身看做是这个天体按照其团块的大小所发出的那种吸引的作用，那我就不知道按照什么体系能够使这一点与一个其团块独领风骚的星体协调起来了。如果绕轴自转是一种外部原因的作用，那么，火星的绕轴自转就必定比木星更快，因为这同一种推动力推动一个较小的天体要比推动一个较大的天体更多。就这一点来说，人们有理由感到惊奇：由于所有的运动都是离中心越远就越慢，自转的速度怎么可能随距离而增加，而且在木星那里甚至比其公转自身大两倍半？

所以，当人们不得不在行星的自转中认识作为大自然普遍运动源泉的那个原因即引力时，这种解释方式就由于其基本概念的天然优越性、由于从这个基本概念所得出的不言而喻的结果，而证实了它的合理性。

然而，如果一个天体的形成自身产生了绕轴自转，那么，必定是世界结构中所有的星球都具有这样的现象。但是，为什么月球没有这种现象呢？月球虽然给人以假象，总是以同一面对着地球作这种运转，这似

乎是由于它的一个半球的超重，而不是由于真正的公转运动。难道月球过去曾经更快地绕自己的轴旋转，后来不知由于什么原因使这种运动逐渐减缓下来，一直慢到这种微小的、适当的残余程度？只要这个问题在一个行星上得到解决，由此得出的结论就可以运用到所有的行星上去。我要留待另一个机会来解答这个问题①，因为它与柏林王家科学院 1754 年度有奖征文提出的课题有着必然的联系。 1〔287〕

应当说明绕轴自转的起源的理论，必须也能够从同样的原因中推演出它们的轴相对于它们的轨道的平面的位置。人们有理由感到惊奇：为什么每日旋转的赤道不是与围绕同一行星运转的卫星轨道的平面处在同一个平面上；因为使一个卫星作出公转的同一种运动，也因延伸到行星的星体而使它绕轴自转，而且还应给它的轴在方向和位置上作出同样的规定。某些天体虽然没有卫星围绕自己运行，但尽管如此却由于充当其材料的微粒的这同一种运动，由于将那些微粒限制在其周期性运行轨道的平面之上的那条规律，仍然作绕轴自转，而且这种自转出自同样的理由必定与其公转平面在方向上保持一致。根据这些原因，一切天体的轴必定与行星系的一般关系平面相垂直，而这个关系平面则离黄道带不远。但是只有在这个世界结构的两个最重的星体那里，即在木星和太阳那里，轴才是垂直的；其他我们知道其自转的星体，它们的轴都与其轨道的平面有所倾斜，土星更甚于其他星体，地球更甚于火星，后者的轴几乎与黄道带相垂直。② 土星的赤道（假如可以用土星环的方向来表示它的赤道的话）相对于它的轨道平面有 31 度角的倾斜，地球则只有 23.5 度。人们也许可以把这些偏离的原因归于组合形成行星的材料运动方面的不同。 1〔288〕
在其运行轨道平面的方向上，微粒的主要运动是围绕轨道的中心进行的，那里就是关系平面，基本的微粒汇聚在它周围，以便在那里尽可能地作圆周运动，并为形成卫星聚集物质。因此，这些卫星决不会偏离运行轨道很远。如果行星绝大部分只是由这些微粒形成的，那么，它的绕轴自转就会像围绕它运行的卫星那样，很少在最初形成时就偏离这些微粒的

① 参见康德的作品《地球绕轴自转问题研究》。“我要留待另一个机会来解答这个问题……”这句话使人得知，至少《天体自然史》手稿的这个部分是在作品《地球绕轴自转问题研究》发表之前因而在 1754 年 6 月 15 日之前就已经写下的。——科学院版编者注

② 根据新的规定，火星的轴与黄道带构成一个 61 度的角。——科学院版编者注

运行轨道。但是，如同这一理论已经阐明的那样，它更多地是由降落到两侧的微粒形成的，这些微粒的数量或者速度似乎也不是完全均衡，以致一个半球的运动将会超过另一个半球不少，从而使轴发生一些偏离。

尽管有这些理由，我还是把这种解释仅仅当做一种我不敢确定的猜测予以表述的。我的真正见解是这样的：行星的绕轴自转在最初形成的原初状态中与其公转轨道的平面差不多完全一致，有某些原因使这个轴从其原初的位置偏移了出去。一个从其最初的液体状态过渡到固体状态的天体，在其以这种方式完全形成时，它表面上的合规则性将发生很大的变化。它的表面变得固定而且坚硬，但深处的物质还没有按照其比重的规定充分下沉；而在其团块中混杂在一起的较轻的品类，在与其他品类分别出来之后，最终将聚集在最上面已经变硬的地壳下面，产生巨大的洞穴；出自种种要在此加以列举就未免过于详尽的原因，这些洞穴中最大最宽的都在赤道下面或者在赤道附近；上面的地壳最后陷了下去，产生了各种各样的凹凸不平，产生了山峰和洼地。如果以这样的方式，就像地球、月球、金星看起来都必然如此形成的那样，
1〔289〕 表面变得凹凸不平，那么，它在其绕轴自转中就不再能够在所有方面都保持运动的平衡。一些具有巨大质量的高耸的部分，在相反的一面没有另外的部分能够为它们的运动提供平衡，必定马上移动旋转的轴，力图使它处于物质在其周围保持平衡的位置上。因此，在一个天体完全形成时使它的表面由平坦变得高低不平的这一原因，也正是在望远镜能够十分清晰地发现的天体上所觉察到的普遍原因，它使这些天体不得不多少改变其轴的原初位置。然而，这种变化也有其界限，以免偏离出去太远。如上所述，这种高低不平，在一个自转的星球赤道附近要比远离赤道的地方更多，到了两极就几乎完全没有了。关于这方面的原因，我留待别的机会再谈。因此，最为高出同一平面的质量，可以在赤道附近遇到，而当这些质量由于运动的优势力图接近赤道时，它们顶多也只能使天体的轴从其垂直于其规定平面的位置移开几度。由于这一缘故，一个还没有完全形成的天体仍将保持轴与其运行轨道的垂直位置，也许只有在千百年后才会改变这一位置。木星好像还处在这种状态中。它的质量和大小上的优势、它的材料轻，都迫使它比其他天体晚几个世纪才达到其物质的凝固静止状态。也许，它的团块内部还在运动，它的组合的各部分在按照其重量的情况向中心下沉，并通过较稀薄的种类与重的种类的分离而达到固体状态。在这种情况下，它的表面还不能显得平静。那里还是一片翻

腾和废墟。甚至望远镜也向我们证实了这一点。这颗行星的形状在不断地变化，而月球、金星、地球的形状则始终保持不变。人们也完全有理由设想，对于一个比我们地球大2万倍①，而密度却小4倍的天体来说，其完全形 1〔290〕
成的周期最终完成要迟上几个世纪。在它的表面达到平静状态之后，毫无疑问，远比地球表面上大得多的高低不平将与其迅速的运转相结合，在不太长的时间里给予它的自转一个固定的位置，这个位置是它上面各种力的平衡所要求的。

比木星小3倍的土星，也许由于其较远的距离而与木星相比获得了形成较快的优势；至少土星快得多的绕轴自转、其表面上向心力与重力的巨大比例（这一点将在下一章再谈），使得猜测中其表面上由此造成的高低不平，将通过轴的移动而立刻偏移到超重的一边。我坦白地承认，我的体系中涉及行星轴的位置这一部分还不完善，离能进行几何学的计算还差得远。我宁愿诚恳地揭露出这一点，而不愿用各种各样东拼西凑的假理由来损害其余出色的学说，使它具有薄弱的一面。下一章将证明整个假说的可信性，并借此来说明世界结构的各种运动。

第五章
论土星环，并根据土星环的情况计算土星每日的自转

②根据世界大厦的系统状态，它的各个部分通过其特性的阶梯状变化而联系了起来。人们可以猜测，一个处在世界最远区域的行星大约具有这样的规定性，与彗星在由于偏心率减小而升高到行星品类时所能获得的规 1〔291〕

① 木星在大小上比地球不是大2万倍，而是大1 200多倍。——科学院版编者注

② 第五章的开篇在根济欣的摘要189页原文如下："如果我们假定，土星在形成完成之后有围绕自己的轴的一种转动，而且它的表面的最轻材料由于热的作用被抬高到它上面，那么，围绕土星的环的起源就能够得到比许多别的自然现象更可理解的解释。"对此，根济欣还作出评注如下："在天体理论自身中，作者先生假定，土星过去以一种与彗星运动类似的运动经历了一些具有更大偏心率的公转，而且由于它在接近太阳时所获得的炽热，轻的材料从它的表面升起，或者它在自己周围散播一个彗星的大气层。——但后来，他得出了更为适当的观念，即通过在行星形成时发生的物质混合，在其内部产生出一种热，而且这种热在土星那里造成了所说的作用。"——科学院版编者注

定性相同。据此，我们想这样来看待土星，好像它以类似于彗星运动的方式已经以较大的偏心率作过多次公转，并且逐渐地达到一种类似于圆的轨道。[①]土星在近日点所受到的热，使轻的材料从它的表面升起，我们从前几章已经知道，这种材料在最高的天体上是非常稀薄的，只要微弱的热量就足以驱散它。而在这颗行星经多次公转达到它如今悬浮的地方之后，它在一种如此温和的气候下逐渐地失去了所吸收的热量，而从它表面上还一直向其周围散发的云雾也逐渐地不再升起成一个尾巴。这时已不再经常有新的云雾升起来使旧的云雾增加。简而言之，已经环绕着它的云雾，由于我们马上就要阐述的原因，依然悬浮在它周围，形成一个固定的环，使它保持着过去类似于彗星的本性的特征，而它的星体则吐出热量，最后成为一个平静清洁的行星。现在我们要揭示这个天体那升起来的云雾能够保持自由悬浮、使这些云雾由散布在它周围的大气层变化为一个到处都与它有距离的环的秘密。我假定：土星早就有绕轴自转；不用别的什么东西，只要有这个假定，就可以揭开全部秘密。不是别的，而是只有这个推动机制，通过一种直接的力学结果给这颗行星造成了上述现象。而且我敢断言，在
1 〔292〕 整个大自然中，只有少数事物如同从最初形成的源始状态出发阐释天穹的这一奇特现象一样，能够追溯到一个如此易于理解的起源。

从土星升起的云雾有其自己的运动，并在它们升到的高度上自由地继续这种运动，它们作为土星的部分在土星绕轴自转时就有了这种运动。在这颗行星赤道附近升起的微粒必定有过最快的运动，而从赤道到两极，云雾升起的地方纬度越高，运动也就越弱。比重的不同将微粒安排在它们所升到的不同高度。但只有其置身的距离需要一种以其从绕轴自转中获得的速度能够提供的向心力的微粒，才能以一种不间断的自由圆周运动维持其所达到的位置。而其余的微粒，如果由于别的微粒的相互作用不能达到这种精确性，就必然要么由于运动过度而脱离了这颗行星的范围，要么由于运动不足而被迫降回到它上面。散布在整个云雾球范围的微粒，正是由于在其公转运动中起作用的那条向心规律，将力图从两侧穿越行星延伸了的赤道平面，而当它们在两个半球之间的这个平面上相遇而互相阻挡时，它们又将聚集在那里。而且由于我认为，上述云雾是行星变冷时最后才散发出来的，因此所有分散的云雾

---

① 或者更为可能的是，它由于与彗星类似的、而且从其偏心率来看至今仍保持着的本性，在它将自己表面上的最轻材料完全驱散之前，就已经散发过彗星式的大气层。

物质都聚集在这平面附近一个不太大的空间中，而把两侧的空间空了出来。但在这一新的、变化了的方向上，它们仍将继续使它们在自由的同心圆周运行中保持悬浮的那种运动。就是以这样的方式，云雾圈将自己原来是一个充实的球体的形状改变为一个铺开的平面，正好与土星的赤道相吻合。但即便是这个平面，也必须出自同样的力学理由，最终获得了一个环的形式，环的外缘取决于太阳光线的作用。太阳光线的力就像在彗星上所做的那样，把离开行星的中心已有一定距离的微粒驱散开来并赶出去，由此给云雾圈划定外面的界限。这个新产生的环的内缘取决于行星在其赤道下的速度情况。因为 1〔293〕
在与其中心的某种距离上，如果这种速度与当地的引力达到平衡，那么，这就是从自己的星球上升起的微粒凭借从绕轴自转获得的运动能够作圆周运动的最近距离。较近的微粒由于为作这种运转需要更大的速度，而它们又不可能具有这种速度，且因为即便在行星的赤道上运动也并不更快，所以它们将获得偏心运动，这些偏心运动相互交错，一个减缓另一个的运动，最终一起掉回到它们由以升起的行星上去。在这里，我们看到了一个极为罕见的现象，自从它被发现以来，天文学家们任何时候看到它都会感到惊奇，但要发现它的原因，人们却从来也没有能够哪怕是寄予一种可能的希望，以一种简易的、没有任何假说的力学方式让它产生。由此很容易就能够看出，在土星上发生的事情，也将同样合规则地发生在每一个彗星上，只要彗星在置身于一个能使它的星体逐渐冷却的固定高度上时拥有足够的绕轴自转。就各种力在自然而然的状态中的杰出发展而言，大自然即便在混沌状态也是富有成果的。随之而形成的东西为造化的共同利益带来了如此美好的关系与和谐，以至它们甚至以其根本特性的永恒不变规律，使人们一致肯定地认识到一个伟大的存在者，在它里面，它们借助自己共同的依存关系而统一成为一个和谐的整体。土星从它的环那里得到了巨大的好处；环延长了白昼，照亮了如此众多的卫星下面的黑夜，乃至使人们在这里很容易忘记太阳不在场。然而，难道人们由此就必然否认，凭借力学规律，除了物质的普遍规定性之外不需要别的东西，物质的普遍发展就能够产生为理性的造物带来好处的种种关系吗？所有的存在物都由于一个原因而相互联系，这个原因就是上帝的理智。除了这个 1〔294〕
神的理念之中所包含的完善性的观念之外，它们不可能产生其他任何结论。

我们现在要根据上述关于这个天体产生的假说，从它的环的情况出发来计算它的绕轴自转的时间。由于这个环的微粒都曾处在土星的表面上，它们的所有运动都是从土星的绕轴自转获取的运动，所以在这些微粒所拥有的运动中，最快的运动与在土星的表面所发现的最快的绕行是一致的。也就是说，环的微粒在其内缘绕行的速度与行星在其赤道上所拥有的速度相等。不过，环的微粒在其内缘绕行的速度很容易求得，只要从土星的一个卫星的速度中寻找它，方法就是在与行星中心的距离的平方根关系中得出它。从得出的速度中，直接可以得出土星绕轴自转的时间，**这就是 6 小时 23 分 53 秒。**① 对一个天体的未知运动进行的这种数

---

① 在这个地方，有第三个根据康德的动议由根济欣所作的注释：

由于康德在 30 多年前所计算的土星绕轴自转的时间借助布格［参见《柏林天文学年鉴》，95～101 页，1793］从观察到的土星的扁率在这种绕轴自转方面得出的推论，以及它的环的内沿的各部分公转的时间借助赫舍尔的观察，现在都似乎可以如此完美地证实，所以康德仅仅按照向心力的法则关于环的产生及其保持的理论就由此获得了很大程度的可信性。

根济欣在上书 193 页说：他未能查明康德在计算土星的自转时所依据的数据。他的计算为自转得出了有些不同的值。就连鲁道夫·沃尔夫也在他的著作《天文学手册》（第 II 卷，476 页，1890—1893）按照康德的方式计算土星的自转，但得出了小得多的值。很可能康德是以他很容易得到的惠更斯的数据为根据的。惠更斯在他的《被观测到的宇宙》［《克里斯蒂安·惠更斯各种著作集》，702 页，1751］中说道："在环与这个星球的直径之间，比例是 9 比 4。居于二者之间的空的空间具有环所具有的同样宽度。"因此，如果人们设定土星的半径等于 4，则最外的环的半径就等于 9，而内环的半径就等于 $6\frac{1}{2}$，或者用整数，三个半径 $\rho : r : r^1$ 的比例就是 8∶13∶18。惠更斯用来测量卫星距离的外环的直径（$2r^1$）就是以这些单位表达的，因而等于 36。在同一本书的 699 页，惠更斯声称第 4 颗卫星与土星中心的距离等于 4 个环直径。因此，以上述单位来表达，第 4 颗卫星（惠更斯卫星）与土星的距离 R 等于 144。作为公转时间，惠更斯在这个地方声称是 15 天 22 小时 41 分，而在 551 页则声称是 15 天 22 小时 39 分。因此，取其中值，得出也为牛顿在其《原理》中声称的时间 15 天 22 小时 40 分，亦即 T＝1 377 600 秒。所寻求的土星自转时间得自如下方程式：

$$X=\frac{\rho\sqrt{r}}{R\sqrt{R}}\cdot T$$

$$=\frac{8\cdot\sqrt{13}}{144\cdot\sqrt{144}}\cdot 1\,377\,600\text{ 秒}$$

$$=\frac{\sqrt{13}}{216}\cdot 1\,377\,600$$

X 的计算由康德大概以如下方式进行的：$\sqrt{13}=3.61$，$\frac{3.61}{216}=0.01672$，而 $0.01672\times 1\,377\,600=23\,033$＝6 小时 23 分 53 秒。这样，就自然而然一直精确到分钟地得出了康德的值。

后来由赫舍尔等人进行的对土星自转速度的经验性规定并未证实康德的值，观察得出了更大的自转时间，约 10 小时。与此相反，紧接着的 298 页由康德所声称的内环自转时间与赫舍尔的观察完全一致。值得注意的是，拉普拉斯于 1825 年还在他的《天体力学》第 5 卷中有些骄傲地提到，他从自己的理论出发规定了土星内环的速度，比赫舍尔通过观察发现它早两年，却不知道，康德按照同样的原理已经在 35 年前就计算并公布了它。——科学院版编者注

学计算，也许在真正的自然学说中是惟一一种独特的预言，尚有待未来的观察予以证实。目前已知的望远镜还不能把土星放得很大，足以使人们能够看到据猜测在其表面上有的斑点，以便通过这些斑点的移动来看出土星的绕轴自转。不过，望远镜虽然也许都还没有达到人们能够期望的那样完善，但通过能工巧匠的努力，在我们看来是能够达到这种完善的。如果将来有一天能够通过外观证实我们的许多猜测，那么，出自同样的理由，还有什么可靠性土星的理论不能达到，还有什么崇高的可信性整个体系不能达到。土星日自转的时间也说明了其赤道的离心力与其表面上重力之间的关系，前者与后者的比是 20∶32。因此，重力只比离 1〔295〕
心力大 3/5。如此之大的比例必然要在这颗行星的直径之间造成很大的差别，人们可能会担心，这种差别必定如此之大，以至虽然望远镜把这颗行星放大不多，对它的观察还是肯定能够清晰地看到这种差别的，但这实际上并没有发生，理论可能由此而受到不利的攻击。全面的审核完全排除了这一困难。惠更斯的假说①假定，一个行星内部的重力是完全相等的。按照这一假说，直径相互之间的差别与赤道的直径的比例，比离心力与两极的重力的比例小两倍。例如，由于地球赤道的离心力是两极重力的 1/289，所以，在惠更斯的假说中赤道平面的直径必定比地球的轴大 1/578。原因就在于：由于根据假定，地球团块内部的重力无论与中心距离远近，都与在表面上一样大，但离心力却随着与中心的接近而减弱，所以离心力并非到处都是重力的 1/289，而毋宁说出自这一理由，赤道平面上液柱重量总的减小就不是该重量的 1/289，而是它的一半，即 1/578。与此相反，在牛顿的假说中，从整个赤道平面直到中心，绕轴自转所引起的离心力与该处的重力之比都是相等的，因为在行星内部（如果假定该行星的密度完全相同）重力与离心力以相同的比例随着与中心的距离而减小，因而离心力在任何时候都是重力的 1/289。这就使赤道平面上的液柱减轻并升高 1/289。在这一学说中，直径的这种差别还将由于下述情况而增加，即轴的缩短使各部分接近中心，因而重力增加，而赤道直径的伸长则使各部分远离这个中心，从而重力减小，而且出自这一理由还将如此增加牛顿扁圆球的扁率，把直径的差别从 1/289 提高 1〔296〕

① 参见《克里斯蒂安·惠更斯先生论重力的原因》，156 页，1690。那里说的是：这意味着，地球直径与其轴之比是约 289 比 288½，或者约 578 比 577。——科学院版编者注

到 1/250。

根据这些理由，土星直径相互之间的比例必定比 20∶32 更大，必定差不多等于 1∶2：这个差别如此之大，尽管通过望远镜显现出来的土星如此之小，但只要稍加注意，就不会错过这种差别。单是由此就可以看出，密度相同的假定对于地球来说可能显得相当正确，但对于土星来说则与真理相去甚远；实际上，这种情况对于这样一个行星来说是可能的，这个行星的团块就其绝大部分内容而言是由最轻的物质构成的，并且允许其组合中较重的物质品类，根据其重力情况，在该行星达到凝固状态之前比在另一些天体中远为自由得多地向中心下沉，而后者密度大得多的材料阻碍了物质的下沉，并且在这种下沉能够发生之前就使它们成为固体了。因此，当我们假定在土星内部其物质的密度随着接近中心而增长时，重力就不再以这一比例减小了；相反，密度的增加补偿了被设定在行星内部某个点的高度之外、其引力对该点的重力没有任何增益的那些部分的短缺。① 如果最下面的物质的这种特别密度很大，那么，它就会根据引力定律，把内部向中心越来越小的重力变成到处都相同的重力，使直径的比例接近惠更斯的那种比例，后者一直是离心力和重力之间比例的一半；因此，由于这二者相互之间的比例是 2∶3，所以这个行星直
1〔297〕 径的差别就不是赤道直径的 1/3，而是它的 1/6。最后，这个差别之所以尚未察觉，还是因为土星的轴在任何时候都与其轨道的平面构成一个 31 度的角，土星轴的位置从来不像木星那样与其赤道垂直；这看起来就把上述差别缩小了 1/3。在这种情况下，特别是由于这颗行星的距离如此遥远，人们就很容易认为，土星星体的扁平形状并不像想象的那样容易看到；但尽管如此，天文学的工作主要取决于工具的完善，天文学也许将能够借助工具揭示这一如此值得注意的特性，在此我并不是大吹法螺。我关于土星形状所说的，在某种程度上也可供天文学作一般的说明使用。根据精确的计算，木星的重力与离心力之间的比例在其赤道上至少是 9.25∶1。如果木星的团块完全是同样的密度，那么，根据牛顿的原理，

① 因为根据牛顿的引力定律，一个处于圆球内部的物体，只会受到圆球这样一个部分的吸引，这部分就是以该物体与中心的距离为半径画出的球体。至于这距离之外的各个同心球部分，则由于对该物体的各种引力相等而互相抵消，既不把该物体拉向中心，也不把它从中心推开。

木星的轴和赤道直径的差别实际上就要大于 1/9。然而，**卡西尼**[1]认为它只有 1/16，**彭德**[2]认为它是 1/12，有时是 1/14。所有这些通过其差别证实了测定之困难的不同观察，至少在这一点上是一致的，即它们都认为这个比例比根据牛顿的体系，或者毋宁说根据他关于密度均匀的假说所应有的小得多。因此，关于密度均匀的假定造成了理论与观察之间如此之大的偏差，如果人们把它改变为更为可能得多的假定，即认为行星团块的密度随着与中心的接近而增加，那么，人们就不仅能够说明对木星的观察，而且也能够就土星这个测定起来更加困难得多的行星而言，清楚地看到它的扁圆体扁率较小的原因。

我们从土星环的产生获得了敢于迈出大胆的一步的理由，即通过计 1〔298〕
算来规定望远镜所不能发现的土星环绕轴自转的时间。让我们给这一物理学预言的尝试再增添另一个关于这同一个行星的预言尝试，后者还要期待未来时代更完善的工具来证明它的正确性。

按照假定，土星环是一个微粒的汇聚，这些微粒在从这个天体的表面上升起成为云雾之后，就凭借从这个天体的绕轴自转而获得并继续下去的运动而在其距离的高度上自由地保持作圆周运动，但这些微粒并不是在其与中心的所有距离上都有相同的周期性运转时间；相反，如果它们根据向心力的规律应当保持悬浮，那么，它们的周期性运转时间就应当与它们距离的立方的平方根成正比。根据这一假说，内缘的微粒进行其绕行的时间大约是 10 个小时，外缘的微粒圆周运动的时间根据相应的计算是 15 个小时；因此，如果环的最低部分绕行 3 圈，那么最远的部分只绕行 2 圈。然而很有可能的是，人们随意地把微粒虽然在环平面上极为分散但仍相互提供的阻碍估计得如此之小，较远的微粒的滞后在其每一次的绕行中都逐渐地减缓和阻碍运动较快的下面的部分；与此相反，后者也必定把自己的一部分运动分给了上面的部分，使它们以较快的速度运转。如果这种相互作用不最终被打断，那么，上述情况就会一直继续下去，直到这个环的微粒，无论是下面的还是远处的，都达到这样一

① 卡西尼（Giovanni Domenico Cassini，1625—1712），尼斯附近的佩里纳尔多人，博洛尼亚天文学教授，后任 1669—1672 年建立的巴黎天文台首任台长。参见牛顿的《自然哲学的数学原理》，第 III 卷，命题 19，问题 3。——科学院版编者注

② 彭德（James Pound，1669—1724），参见牛顿的《自然哲学的数学原理》，第 III 卷，命题 19，问题 3。——科学院版编者注

点，即在同样的时间里进行绕转，就像它们彼此之间处于相对静止状态，并且通过让路而彼此之间不发生任何作用。如果环的运动真达到这一点，那么，这样一种状态将会完全摧毁这个环，因为如果人们选取环的平面的中间，并假定那里的运动处在它以前曾处在且必须处在的状态中，以
1〔299〕便进行一种自由的圆周运动，那么，下面的微粒由于受到很大的阻碍就不能在其高度上保持悬浮，而是在偏斜的、偏心的运动中相互交错，较远的微粒则必定在比它们的距离的向心力所应有的还要更大的运动的推动下，越过太阳的作用所规定的环的外部界限，远离土星，穿过那界限消散在这颗行星的外面。

不过，人们用不着对所有这些紊乱感到担心。环的运动产生的机制具有一种规定性，它凭借正是要摧毁环的那些原因，使环处于一种安全的状态中，其方法就是把它分成几个同心圆带；由于把这几个同心圆带隔离开来的间隙，它们相互之间已不再有共同的东西。因为在环的内缘运行的微粒，由于运动较快而带动了上面的微粒，加快了它们的绕行，所以后者速度的增加就导致了过大的离心力，并离开了曾经悬浮过的地方。但如果人们假定，当这些微粒力图与下面的微粒分开时，它们就必须克服某种联系，而尽管它们是散布的云雾，这种联系在它们这里还似乎不是全然无足轻重的，那么，这种增加了的运动程度就会力图克服上述联系，而只要它在同样的运转时间里与低处的微粒一起运用的离心力超过了它们位置上的向心力，而这种超过又不大于这种关联，它也克服不了上述联系。出自这一理由，在这个环的一个圆带的某种宽度内，虽然由于圆带的各个部分都在同样的时间内进行运转，上面的部分在力图与下面的部分相脱离，但还是必然存在着联系。不过，圆带的宽度不能太大，因为当这些在同样的时间里作绕行运动的微粒的速度随着距离而增加，并且比向心规律所要求的还要大时，如果这种速度超越了云雾微粒的联系所能够提供的程度，它们就必定会与低处的微粒脱离，获得一个与运转力超出所在位置的离心力的程度相适应的距离。以这种方式，
1〔300〕就规定了把环的第一条圆带与其他圆带隔开的间隙；以同样的方式，上面的微粒因下面的微粒的快速运动而获得的加速运动以及它们那力图阻止分离的联系，就造成了第二个同心的环；第三个环与它隔有一个不大的距离。如果知道了把微粒相互联结起来的那种联系的程度，人们就能

够计算出这些圆带的数目以及它们的间隙的宽度；不过，我们可以满足的是已经以充分可能的理由猜到了土星环那防止它摧毁、并通过自由的运动使它保持悬浮的组合。

这种猜测由于可望将来有一天借助实际的观察得到证实，从而使我感到由衷的高兴。几年前，来自伦敦的传闻说，有人用一种新的、经**布拉德莱**①先生改进了的牛顿式望远镜观察了土星，发现土星的环实际上是由许多被间隙隔开的同心环组合而成的。自此以后，就没有再听到这个消息了。② 观测工具使知性认识到世界大厦最遥远的区域。如果在这里迈出新的步子主要在于观察工具，那么，就本世纪对一切可以扩大认识的 1〔301〕
东西的注意而言，也许可以希望，它将主要转向能使它极有希望作出重大发现的那个方面。

但是，既然土星如此幸运地给自己创造了一个环，那么，为什么再也没有别的行星分享这种好处呢？原因是清晰易见的。由于环是由一个行星在它的原始状态吐出的云雾构成的，而绕轴自转又必然给这些云雾以一种运动，它们在达到一定高度上之后可以继续这种运动；在这高度上，它们以这种植入的运动恰巧能与向着行星的引力达到平衡；所以，如果人们知道球体较远的部分更亮。环的宽度被这条线分成两部分。这条线行星的直径、它自转的时间和它表面上的重力，那么，就可以很容易地通过计算来确定，要使云雾通过它们在行星的赤道那里得来的运动保持作自由的圆周运动，它们就必须从行星升高到什么样的高度。按照

---

① 参见上文 231 页注。——科学院版编者注

② 在我写下这些话之后，我在 1705 年的《巴黎王家科学院备忘录》中，在冯·施泰因韦尔的译本的第 2 部分 571 页**卡西尼*** 先生**《论土星的卫星和环》**的文章中，发现了对上述猜测的证实，这猜想的正确性几乎无可置疑了。卡西尼先生提出了一种想法，虽然这种想法本身不大可能，但在某种程度上可能与我提出的真实情况有点接近。他认为，也许这个环是一群小卫星，它们从土星上看，与银河从地球上看显得是一样的（如果把以同样的运动围绕土星运行的云雾微粒视为小卫星的话，这种想法还是能够站得住脚的）。在提出这种想法之后，他又接着说道：**“人们在土星环显得较宽、缺口较大的年代里所作的观察，证实了上述想法。因为人们看到一条幽暗的椭圆形的线，它离球体较近的部分要比离球体较远的部分更亮。球的宽度被这条线分成两部分。这条线似乎说明在两个部分之间有一个小的间隙，就像球体与环之间的距离由二者之间最幽暗的部分来标明一样”。**

* 参见上文 297 页注。论文的题目在施泰因韦尔的译本中是《关于土星的卫星和环的观测的沉思：卡西尼先生著》。下面的着重号出自康德。——科学院版编者注

向心运动的规律，一个能够围绕行星以与行星绕轴自转相同的速度自由地作圆周运动的物体，其距离与行星半径之比等于行星赤道上的离心力与重力之比。① 出自这些理由，如果假定土星的半径为 5，则土星环的内缘的距离就是 8，这两个数字的比也就是 32∶20。如上所述，它们表现为赤道上重力与离心力之间的比例。出自同样的理由，如果假定木星有一个按照同样方式产生的环，那么，它的最小半径将超过木星一半厚度 10
1〔302〕倍，这恰恰到了木星最外面的卫星绕它运行的地方。因此，无论是出自这些理由，还是因为一个行星吐出的云雾不可能达到离它那么远的地方，这上述假定都是不可能的。如果要知道地球为什么没有得到一个环，人们可以从这环的半径——哪怕是环的内缘也必须具有的半径——特别巨大这种情况中得到答案。这个环的半径必须是地球半径的 289 倍大。至于运动较为缓慢的行星，就更不可能产生一个环了。因此，除了实际上有一个环的行星之外，根本不存在一个行星以我们已经说明过的那种方式得到一个环的情况。这也是对我们的解释方式的可信性的一个不小的证实。

但是我几乎可以肯定的是，环绕土星的那个环不是以整个行星中流行的、也为土星创造了卫星的那种普遍方式形成的，也不是通过普遍的形成规律产生的。我要说，并不是这种外部的物质为此提供了材料，相反，材料是这颗行星自己的创造物。它借助热量使自己容易挥发的部分升了起来，通过自己的绕轴自转给予它们绕行的推动，这也就是说，环不

---

① 在这句话中，必须像康德也在下一句话中的数字例子那里做的一样，把力的比例颠倒过来。它必须说的是："按照向心运动的规律，一个能够围绕行星以与行星绕轴自转相同的速度自由地作圆周运动的物体，其距离与行星半径之比等于重力与行星赤道上的离心力之比。"也许，对这些词的这种无关紧要的、因为在使用时被纠正的错置导致冯·厄廷根在其《自然史与天体理论》1898 年的版本 156 页注 28 作出了没有根据的断言，即这里由康德所阐述的思想基于错误的预设。如果人们把 X 称为所寻求的环的距离，把 R 称为行星的半径，把 C 称为赤道上的离心力，把 G 称为表面上的重力，则康德正确地设定为 $\frac{X}{R}=\frac{G}{C}$，并且由此例如为地环的距离得出 X=289R。在 X 处的重力是 $\frac{G \cdot R^2}{X_2}$，而该处的离心力是 $\frac{CR}{X}$，二者被设定相等，得出康德的方程式。冯·厄廷根所阐述的两个算式应予摈弃；因为说从行星上升的粒子把它们在行星表面上具有的角速度携带到空间，单是由于康德一再强调，在赤道上上升的粒子携带着比在极地上升的粒子更大的速度，就已经与康德的观念相悖了。但是，冯·厄廷根的第二个算式既不符合角速度的保持，也不符合线性速度。——科学院版编者注

像土星的其他卫星，也根本不像所有伴随主体行星的绕行天体那样，处在行星运动的一般关系平面之中，而是偏离它很远；这恰恰是一个证明，说明它不是由一般的基本材料所形成，并从这种材料的下降获得自己的运动，而是在这颗行星完全形成之后很久才从它上面升起，并且从它所获得的旋转力，作为它的分出部分，获得了与绕轴自转相关的运动和方向。

对天穹这些奇特现象在其本质和产生的整个范围内予以理解的乐趣，使我们卷入了一种如此详尽的探讨。借助于我们随和的读者的好意，让我们随意地、乃至有所离题地进行这种探讨，以便在我们无拘无束地让各种可能的意见都随意地发表出来之后，再更为小心谨慎地回到真理上来。① 1〔303〕

难道人们就不能设想，地球与土星一样，早先也曾有过一个环？环可能与土星环一样，是从地球表面上升起的，并且维持了很长一段时间。那时地球的转动比现在要快得多，不知道是什么原因使它减慢到现在这种程度。或者有人相信往下降落的一般基本材料就是按照我们上面所解释的规则形成环的材料。假如人们是要借此满足自己的猎奇心，那就大可不必认真对待它。然而这样一种想法，为我们提供了多么丰富多彩的美好解释和结论啊！居然有一个围绕地球的环！这景观对于那些被创造出来要把地球当做天堂来居住的人们来说，该是多么美好啊！对于那些大自然从所有方面都笑脸相迎的人们来说，这又是多么惬意啊！但是，这一点也不违背这样一种假说能够从《创世记》文献中借来的证实；这样一种假说对有些人来说是值得赞赏的，它们相信，如果自己利用这种假说来离开题目，开个玩笑，由此引起重视，这绝不是亵渎了启示，而是证实了启示。摩西所说的天降洪水已经给诠释者们带来了不少麻烦。难道人们就不能利用这个环来帮助自己摆脱这种困难吗？这个环毫无疑

---

① 这里是第 4 个根据康德的动议由根济欣作出的注释（同上书，203～204 页）：这个环从按照向心律运动的雾状材料中产生的理论极有可能的正确性，同时很有利于大的天体自身产生的理论，它们根据的是同一些规律，只不过它们的抛掷力是由普遍的重力所引起的零散基本材料的**降落**，而不是由中心天体的绕轴自转产生的；特别是如果人们（我在这里使用一些康德教授先生自己的话）把因枢密顾问**利希滕贝格**先生的重要赞同而被重视的后来的、作为补遗附加给天体理论的意见与此相结合的话，也就是说，那种雾状地分布在宇宙空间的原始材料，把所有种类极其不同的物质以**弹性状态**包含在自身，在它形成天体时，只是通过这些具有化学亲和性的物质在其按照重力法则降落时彼此相遇，相互抵消对方的弹性才能做到，但这样一来，就产生出密的质量，并且在这些密的质量里面产生出那种炽热，它在最大的天体（太阳）中外部与发光的属性、但在较小的天体（行星）中与内部的热相结合。——科学院版编者注

问是由水质云雾构成的，除了它能为地球上最早的居民们创造的好处之外，还可以这样利用它，即在必要时把它毁掉，以便用洪水泛滥来惩戒使自己不再配享这种美好的世人。或者是彗星的引力使它各部分有规则的运动陷入紊乱，或者是它所在区域的冷却把它分散的云雾部分合为一体，在一场极为猛烈的暴雨中将它们倾泻到地面。人们很容易就可以知道这会产生什么后果。整个世界都沉没在洪水中，而且由此还在这场非自然的暴雨那外来的、易于挥发的云雾中，吸收了使所有的造物都濒临
1〔304〕死亡和毁灭的慢性毒物。从此时开始，一道苍白的虹的形象从地平线上消失了，而一个永远也不会再回忆起这一景观的新世界，也感觉不到对上帝的报复工具的恐惧，也许会在第一次雨中惊恐万状地看到一道七彩缤纷的虹，这道虹就其形状而言似乎是对前一道虹的摹写。但由于上天已经和解的保证，它却应当是永远维持如今已经改变了的地表的一种恩宠标志和纪念物。这一纪念的标志与所标识的事件的相似性，可能会把这样一种假说推荐给献身于把启示的奇迹与井然有序的自然规律结合为一个体系的流行倾向的人们。我认为，把这样的协调一致可能唤起的轻率的掌声奉献给真正的欢乐，是值得推荐的。真正的欢乐是在自然的类比为了表示自然的真理而互相支持时从对合规则的联系的认识中产生的。

第六章

论黄道光

太阳被一种稀薄的、云雾状的东西所环绕，这种东西在太阳的赤道平面上向两边略有扩展，直到很高的地方仍环绕着太阳。对于这种东西，我们尚不能确定，是否像**德·马兰**①**先生**所描绘的那样，它在一个磨得很光的玻璃镜的图像（扁豆体图像）中与太阳的表面接触在一起，还是像土星环那样，处处与土星保持距离。不管是哪一种情况，总是还有相似形存在，足以把这种现象与土星环相比较，并把它从一致的起源中推导出来。如果像最为可能设想的那样，这种散开的物质是出自太阳的一种

① 参见上文45页注。——科学院版编者注

流出物，那么，就不能忽视把它带到与太阳赤道相同的平面上去的那个原因。太阳的火焰使最轻、最易于挥发的材料从其表面上升起，并且已 1〔305〕
升起很久，这种材料在太阳火的作用下继续被驱赶到太阳上方很远，并根据其轻的程度在某个距离上悬浮，在那里，光线的驱逐作用与这些云雾微粒的重力达到了平衡，或者它们由于不断向它们涌去的新的微粒的汇入而得到支撑。现在，由于太阳在绕轴自转时将自己的运动均匀地赋予这些从它逃离出去的微粒，所以这些微粒得到了进行绕行的某种推动，由此而力图按照向心规律以其运动的圆周从两边穿越延伸了的太阳赤道平面；而且之所以如此，乃是因为它们是以相同的量从两个半球涌向那个平面的，它们以相同的力汇聚在那里，在这个与太阳赤道相关的平面上形成了一个展开的平面。

然而，尽管黄道光与土星环之间有这种相似性，但还有一个根本的区别，使黄道光现象与土星环现象迥然不同。土星环的微粒凭借获得的自转运动保持在自由悬浮的圆周运动中，而黄道光的微粒则是凭借太阳光的力量保持在其高度上的。没有这种力量，它们从太阳的自转获得的运动就远远不能阻止它们在自由运动中掉落下来。由于在太阳表面上的离心力还不到引力的1/40 000，所以这些上升的云雾必须远离太阳达到太阳半径40 000倍的地方，才能以这样的距离刚好遇到能够与它们分有的运动达到平衡的重力。因此可以肯定，不能以与土星环一样的方式把太阳的这种现象归于重力。

尽管如此，还是有很大的可能性说太阳的这个项圈或许与整个大自然有共同的起源，也就是说，由一般的基本材料形成。由于这种基本材料的各个部分只是在太阳系的最高区域悬浮，所以它们只是在太阳系完
全形成之后，才在一种迟到的降落中以减弱的、但自西向东弯曲的运动 1〔306〕
向太阳下降，并借助这种圆周运动的方式穿越延伸了的太阳赤道平面。由于它们相互阻碍，它们就从两边在那里汇聚起来，形成了一个在此位置上展开了的平面。在这平面上，它们部分地由于太阳光的阻止，部分地由于自己真正达到的圆周运动，如今就保持在恒久相同的高度上。目前的解释除了属于猜测的价值之外，不具有别的什么价值，也没有什么要求，哪怕是仅仅要求随意的赞同。读者的判断尽可以偏向他觉得最值得接受的那一边。

第七章
在无限时间和空间的整个范围内论造化

世界大厦以其无比的巨大、无限的多样以及从它向四面八方辐射出的美，使人惊叹得说不出话来。如果说所有这些完善性的表象激发了想象力，那么另一方面，当知性看到如此的宏伟、如此的巨大竟然是以一种永恒的、正确的秩序出自惟一一个普遍的规则时，它会情不自禁地感到心醉神迷。在行星世界中，太阳从所有轨道的中心出发，以其巨大的引力使其星系各个住有居民的星球都以永恒的轨道运转。如我们已经看到的那样，这个行星世界完全是由世界物质原来分散的基本材料形成的。眼睛在天穹深处所发现的所有恒星，看来多得简直是一种挥霍。它们也都是一些太阳和类似星系的中心。因此，类比在这里不允许怀疑这些星系与我们所在的星系一样，都是以同样的方式，由充满虚空的基本物质微粒形成和产生的，而这个虚空就是上帝临在的无限范围。

1〔307〕如果所有的世界和世界秩序都有同一种起源，如果引力是不受限制的、普遍的，而各种元素的斥力也同样到处都在起作用，如果在无限面前大和小都同样是小，那么，难道所有的世界相互之间就不应当获得一种有关系的状态和系统的结合，就像在小范围内我们的太阳系的各个天体，如土星、木星和地球，都自成系统，尽管如此却都作为一个更大的系统的成员相互联系吗？在一个无法测度的空间中，形成了银河系的所有太阳。如果人们在这个空间中假定一个点，在它周围不知由于什么原因从混沌中开始了大自然的最初形成，那么，在这个点上就生成了最大的质量和一个具有非凡引力的星体，因而能够在它四周的一个广大的范围内迫使所有正在形成中的星系以它为中心，向它降落，围绕它在大范围内形成一个同样的星系，就像同样的基本材料形成了行星，在小范围内围绕太阳形成了一个星系那样。观察使这种猜测成为几乎无可置疑的。星群由于其朝向一个共同平面的相关位置而构成一个星系，就像我们太阳系的各个行星围绕太阳构成一个星系一样。银河是这个更高的世界秩序的黄道带，这个世界秩序极少偏离它的区域，它的光一直照亮着这条带，就像行星虽然只是处于几个点上，它们的微光却也不时照亮它们的黄道带一样。每一个太阳都与其绕行的行星一起，构成一个特定的星系。然而，这并不妨碍它们成为一个更大的星系的部分，就像木星或者土星尽管有自己的卫星，却依然被限制在一个更大的**世界结构**的系统状态中一样。难道人们就不能从这种状态如此精确的协调一致中认识到它们产生的同样原因和方式吗？

如果恒星都构成一个星系，其范围取决于位于中心的那个星体的引力范围，那么，难道就不会有更多的太阳系和——可以这样说——更多的银河在世界空间无边无际的领域中产生吗？我们惊异地在天穹看到的星象，不过是这样一些限制在一个共同的平面上的恒星系，如果我可以 1〔308〕
这样说的话，不过是这样一些银河。它们在相对于我们的眼睛不同的位置上，以因为距离无限遥远而变得微弱的光线显现出各种椭圆形状。这些星系的直径可以说都比我们太阳系的直径大得无穷，但毫无疑问与太阳系一样，是以同样的方式产生的，出自同样的原因得到秩序和安排，并由于同样的推动机制而保持在其状态中。

如果再把这些星系看做是整个自然界大链条上的各个环节，那么，人们就有和前面一样多的理由可以认为，它们是彼此相关、相互结合的，它们借助支配着整个大自然的那种最初形成的规律，构成了一个新的、更大的星系，这个星系被一个其引力比前面提到的所有星体都更大得多的星体从它们合规则的位置的中心发出的吸引所支配。这种吸引是银河各恒星中间的系统状态的原因，它也对这些世界秩序的远处起作用。如果不是合规则地分布的离心力与引力达到平衡，在双方的结合中造成作为系统状态的根据的那种关系，那么，这种吸引就会使这些世界秩序离开自己的位置，把世界埋葬在一种不可避免地将要来临的混沌之中。毫无疑问，与通过利用相互依存关系把物质结合在一起而形成空间的共存一样，吸引也是物质的一种延伸到很远地方的特性。或者可以更正确地说，吸引正是这种把大自然的各个部分结合在一个空间之中的普遍关系。因此，它伸展到整个广袤的空间，直到其所有无限遥远的地方。如果光从这些遥远的星系达到我们这里，而光只不过是一种被推动的运动，那么，难道不必然是吸引作为运动的初始源泉，先于一切运动，不需要外来的原因，也不能被任何障碍所阻止，因为它即便在大自然的普遍静止 1〔309〕
状态下，也能够没有任何碰撞地作用到物质的最内部吗？难道——我要说——吸引不必然在大自然骚动之初，当这些恒星系的材料还处在未成形的分散状态时，尽管它们远不可测也仍然使它们运动起来，而这种运动也正如我们在小范围内看到的那样，就是使它们的各部分具有系统联系和持久存在、保证它们免于崩溃的源泉吗？

但是，这种系统性安排的结局最终将是什么呢？造化自身将在何处终止呢？人们可以说，要联系到无限存在者的力量来思考它，它必定就根本没有界限。如果把上帝创造力的启示的空间限定在一个用银河的半径画出的球体内，就像要把这个空间限定在一个直径为一英寸的球体中那样，那就无法理解上帝创造力的无限性。凡是有限的东西，凡是有界限、与单位有某种比例关系的东西，都与无限者距离同等遥远。此时，让神明仅仅以其创造力的一个无限小的部分发挥作用，设想神明的无限力量——这个自然和世界的真正无穷宝藏——无所事事，永远不起作用，那是荒唐无稽的。毋宁说，按照造化必然的全貌来描述它，以便确证神明那不能用任何尺度来衡量的力量，岂不是更为得体，或者更准确地说，岂不是更为必要吗？出自这一理由，神圣特性的启示范围与神圣特性自
1〔310〕 身一样是无限的。① 永恒如果不与空间的无限相结合，就不足以证明至高无上的存在者。的确，形成、形式、美和完善是构成世界结构的材料的基本元素和物质之间的各种关系；这一点，人们可以从上帝的智慧在任何时候都会作出的安排看得出来；而且对于上帝的智慧来说，认为这些安排是从它们所获得的普遍规律中通过一个自然而然的序列发展出来的，也最为合适。所以，人们有充分的理由可以认定，世界大厦的秩序和安

---

① 在形而上学家们中间，有人反对世界无限扩展这一概念。最近的 M. **魏滕坎普夫*** 先生就是一个。如果这些先生们由于所谓一个没有数目和界限的集合不可能就对这一观念感到不舒服，那么，我只想暂且问一下：永恒的未来序列难道不是包含着真正无限的多样性和变化吗？这个无限的序列难道不是一下子就在现在已呈现给神的理智了吗？如果上帝能够在一个前后相继的序列中让一下子就呈现给他的理智的无限性概念变成现实，那么，为什么上帝就不应当也能够在一个就空间而言**结合而成的联系**中展现出另一种无限性的概念，并由此使世界的范围没有界限呢？在人们力图回答这个问题的时候，假如人们经过仔细考虑仍然认为这是一个需要加以讨论的问题，那么，我就要利用这个提供给我的机会，借助一个从数的本性得出的说明来消除这一臆想的困难：一种伴随有最高智慧的力量为了启示自己而已**创造**的东西，与它**能够创造**的东西相比，难道不是一个微分量吗？

* Joh. Friedr. Weitenkampf，哲学硕士、赫尔姆施泰特大学私人讲师，此后任不伦瑞克副主祭，卒于1758年；参见其作品《关于地球衰亡的体系》，1754——科学院版编者注

排是从被创造的自然材料的储备出发在时间的序列中逐渐地完成的；其特性和力量为一切变化奠定基础的基本物质自身，却是神性存在的一个直接结果；因此，基本物质必须一下子就如此丰富、如此完备，以至其各种组合的发展在永恒的流溢中按照一个计划展开，而这个计划自身包含着一切可能的东西，它没有任何限制，简而言之，它是无限的。

所以，如果造化在空间上是无限的，或者至少就物质而言的确一开始就是无限的，就形式或者就形成而言也要成为无限的，那么，世界空间就会由于拥有无数、无穷的世界而活跃起来。这样，我们前面在各个部分中特别考虑过的那种系统的结合，也将延伸到整体，并借助引力与离心力的结合而把整个**宇宙**这个自然界的大全包括在一个统一的系统之中吗？我说是的。即便只有一些孤立的世界大厦，彼此之间没有统一联 1〔311〕
系为一个整体，只要假定这根有诸多环节的链条真正是无限的，那么就可以想象，它的各个部分从所有方面所发出的引力的精确相等，将能够保证这些系统免于因内部相互吸引而崩溃。但为此需要对按照引力来衡量的距离作出精确测算的规定，即便是极微小的位移，也会招致**宇宙**的崩溃，使它们经过虽然很长但终归要结束的周期之后瓦解。一种没有奇迹就不能维持的世界状态，并不具有持久性的特征，这种持久性是上帝选择的标志。因此，如果使整个造化成为一个系统，让它把充满整个无限空间的所有世界和世界秩序与一个惟一的中心联系起来，就会更合乎上帝的选择。一群分散的世界大厦，也可能因彼此之间距离如此遥远而隔离，如果不是针对一个普遍的中心，即**宇宙**的引力中心和整个大自然的支点，借助系统的运动作出某种有关联的安排，将会不可阻挡地趋向于衰败和毁灭。

整个大自然，无论是已经形成的还是尚未完全形成的，都在向着一个普遍的中心降落；毫无疑问，引力最为强大的团块就处在这个中心。这个团块把当时已经产生和永恒的未来将要产生的一切世界和秩序都包括在它的引力范围之内。人们可以假定，很可能大自然就是围绕这个中心开始其形成的，在这里星系汇聚得也最密集，而在离这一中心远的地方，它们则以越来越大的分散程度消失在无限的空间中。从我们太阳系的类比中就可以得出这一条规则。而且这种状态还可以起到这样一种作用，即在距离远的地方，不仅一般的中心天体，而且所有靠近它围绕它

运行的星系都把它们的引力结合在一起，仿佛是从一个团块出发对更远
1〔312〕距离的星系施加这种吸引的。这就有助于把伸展到整个无限的全部大自然都包括在一个惟一的体系中。

为了从力争形成的物质的力学规律出发追溯这个一般的自然系统的确立，在散布开来的基本材料的无限空间中，这种基本材料必定在某个地方曾有过最密集的汇聚，以便通过在这里所发生的美妙的形成为整个**宇宙**创造一个团块，作为整个宇宙的支点。虽然在无限的空间中，没有一个点可以优先地被称为中心，但原始材料在被创造出来的同时就在某个地点聚集得特别密集，而离这个地方越远就越分散。借助建立在原始材料密度的根本程度之上的这种关系，这样一个点就可以优先地被称为中心。而且它也将真正成为这样一个中心，因为在这里形成了引力最强的中心团块，所有其他处于局部形成之中的基本物质都向它降落，并由此——无论大自然如何发展——将在造化的无限范围内把整个宇宙变成一个惟一的系统。

然而，重要的、如果得到赞同就值得引起最大注意的是：根据大自然在我们这个系统中的秩序，造化或者毋宁说大自然的完全形成，是在这个中心首先开始，并不断前进，逐渐扩展到所有较远的地方，以便在永恒的进展中用各种世界和秩序来充满无限的空间。让我们带着暗喜再花一点时间来谈一谈这个观念吧！我找不到任何东西，能够像我的理论中关于造化逐渐完成的这一部分那样，通过使人类精神眺望全能者的无限领域而使它感到高贵的惊愕。据我看来，作为形成一切世界的材料，物质在神圣临在的整个无限空间中并不是千篇一律地、而是按照某种也
1〔313〕许同微粒的密度相关的规律散布的；按照这种规律，从某个汇聚最密集的地方起，随着与这个中心的距离的增加，原初物质的分散也随之增加。如果人们允许我这样说，那么，在大自然的最初骚动中，形成就是从这个中心最先开始的，然后随着时间的推移，更广大的空间也形成了具有与这个中心相关的系统状态的各个世界和世界秩序。每一个有限的周期，其长短都与要完成的作品的大小相关，总是从这个中心开始形成一个有限的范围；其余的无限部分在这期间还在与混乱和混沌做斗争，而且离已经形成的大自然的范围越远，离完全形成的状态也就越远。因此之故，尽管我们从自己在**宇宙**中居住的地点眺望到看起来完全形成了的世界，

可以说是眺望到有系统地结合在一起的无限众多的世界秩序，但实际上，我们只不过处在整个大自然的中心附近，这里大自然已经摆脱了混沌状态，达到了其应有的完美。如果我们能够超越某个范围，我们就能够在那里看到元素的混沌和分散状态，它们按照与这个中心的接近程度，部分地远离了原始的状态，并更为接近完全形成的完美，但随着距离的增加，却逐渐地消失在完全的分散之中。我们将会看到，在神圣临在的无限空间中，可以为一切可能的自然形成发现储备的材料，这个无限的空间被埋没在寂静的黑夜中，它充满了作为未来要产生的各个世界的材料的物质，充满了使它们运动起来的各种动力，这些动力以微弱的骚动开始这些运动，从而使这个无法测度的荒芜空间总有一天充满生机。也许，在我们置身于其中的已形成的大自然的范围达到其目前拥有的完美状态之前，数百万年、数百万个世纪已经逝去了；也许，在大自然于混沌中 1〔314〕
再迈出如此远的一步之前，已经逝去了一个同样长的周期。不过，已经完全形成了的大自然的范围是在不断地致力于扩大自己。造化并不是一瞬间的作品。在它以创造出无限多的实体和物质为开端之后，它就会以日益增长的衍生能力在整个永恒的序列中起作用。千秋万代已经逝去，在这期间，日益更新的世界和世界秩序相继地在远离大自然中心的地方形成，并达到完美。且不说它们各部分之间的系统状态，它们将达到与中心的一种普遍的关系，这个中心由于其占优势的质量的吸引能力，成了造化的第一个形成点和中心。未来时间序列的无限性使永恒成为无穷无尽的，它将使上帝临在的所有空间都生机勃勃，并逐渐地处在与上帝之设计的卓越性相符合的合规则性之中；如果能够以一种大胆的设想将整个永恒可以说总括在一个概念之中，那么，人们也就可以把整个无限的空间看做是充满了各种世界秩序，把造化看做是已经完成了的。但在事实上，由于永恒的时间序列留下的部分总是无限的，而已经流逝的部分却是有限的，所以已经完全形成的大自然的范围就总是那个总体的一个无限小的部分，后者包含着各种未来世界的种子，力图在或长或短的时间内摆脱混沌的原始状态。造化永远不可能完成。它虽然于某个时候开始，却永远也不会终结。它总是忙于产生大自然的新景观，产生新的事物和新的世界。它所完成的作品，与为此所运用的时间有关。它非要利用永恒不可，以便用各种没有数目、没有终结的世界使整个无边无际的无限空间充满活力。关于它，人们可以用德国诗人中最杰出的那一位描绘永恒的话来谈论它：

1〔315〕 无限啊！谁知道你呢？
在你面前，诸多世界犹如一日，诸多人众犹如瞬间；
也许，第一千个太阳如今正在转动，
已经把一千个甩在了后边；
就像一座钟因摆锤而赋有灵性，
某个太阳也被上帝的力量所推动转个不停；
它的动力衰竭，而另一个则照耀天空。
可是你啊，却超越群伦，无始无终。

——冯·哈勒[①]

如果能够以自己的想象力越过已完成的造化的界限，看一看已完全形成的世界领域附近那半形成的大自然，是如何通过不完美的所有阶段和差异而逐渐地消失在整个未形成的空间之中的，该是一个不小的享受。但是人们会说，提出一种假说，并把它誉为一个愉悦知性的主题，这难道不是一种应受责备的大胆行为吗？如果有人断言，大自然只有一个无限小的部分已经完全形成，而无限的空间尚在与混沌做斗争，以便在未来的时间绵延中以所有相应的秩序和美表现出成群结队的世界和世界秩序，这种假说也许只不过是任意的。我不会如此沉醉于我的理论所得出的结论，以致不能认识到，造化在含有为此所需的材料的无限空间中逐渐地展开的猜测，并不能完全逃避无法证明这种指责。然而，我却指望那些能够评估其可能性程度的人们，对于无限的这样一幅图景，虽然它包含着似乎肯定永远不能为人类知性理解的题材，也不要因此就立刻把它视为一种幻觉，尤其是在还可以求助于类比的时候。每当知性缺乏可靠证明的思路时，类比在这样的场合必定总是引导着我们。

但是，人们还可以凭借一些值得接受的理由来支持类比；如果我可以自夸能得到这样的赞同的话，读者的洞察力也许还可以给它补充更为

① 参见阿尔布莱希特·冯·哈勒的《未完成的永恒颂》，最初刊印于1743年。——科学院版编者注

重要的理由。因为如果考虑到，倘若造化没有对作用于其所有部分的引力的普遍努力作出同样普遍的规定与之对抗，足以遏止在造化没有分配与向心力相结合而造成一种普遍系统状态的离心力的情况下引力将造成 1〔316〕
毁灭和紊乱的那种倾向，造化就不会具有持久的特性，那么，人们就不能不假定整个宇宙有一个共同的中心，它把宇宙的所有部分都约束在相互结合的关系中，使大自然的全部总和只构成一个系统。如果除此之外再补充上天体由分散的基本物质形成的概念，就像我们在前面提出它，但并不把它限制在一个特殊的系统上，而是把它扩展到整个大自然那样，那么，人们就不能不设想基本材料在原初混沌的空间中有这样一种分配，它以自然的方式造成了整个造化的中心，以便能够把其作用范围包括整个大自然的质量都凝聚在这个中心，造成普遍的关系，使所有的世界都只构成一个惟一的系统。但在无限的空间中，几乎无法设想一种原初基本材料的分布方式能够提供整个大自然的一个真正中心和降落点，除非按照从一个中心开始愈益分散到所有遥远的地方这一规律来确立这种分布的方式。不过，这条规律同时也在无限空间的不同区域里一个系统要达到完全形成的成熟阶段所需要的时间方面规定了一种差别；一个世界结构形成的地点离造化的中心越近，这个周期就越短，因为材料的元素在那里聚集得更为密集；与此相反，距离越远所需要的时间就越长，因为微粒在那里更为分散，要更晚一些才聚合成形。

如果对我所提出的整个假说，根据我说过的和我本来还要说的东西进行全面的衡量，那么，人们至少会认为这一假说的各种要求之鲁莽并不是不能予以谅解的。每一个已臻完善的世界大厦都具有逐渐趋向瓦解的倾向。人们也可以把这种不可避免的倾向算做能够保证**宇宙**在其他地 1〔317〕
方产生一些世界、以便补偿在一个地方所蒙受的损失的理由。大自然已为我们所认识的整个部分，虽然与隐藏在我们视野之外的部分相比只不过是沧海一粟，但毕竟证明了大自然这种永无止境的生产能力，因为它不是别的，而是神的全能的实施。无数的动物和植物天天都在死灭，沦为短暂性的牺牲品；但是，大自然凭借一种用之不竭的生产能力，一点也不少地在其他地方又创造出别的动物和植物，来填补所出现的空当。我们所居住的地表是在一个有利的时期从海洋产生的，它仍将重新沉没在海洋里；但是，在别的地方，大自然将补偿这一缺陷，使隐藏在海洋深处的其他一些地方升起来，以便在这些地方上面散布其生产能力的新财富。以同样的方式，一些世界和世界秩序也将毁灭，被永恒的深渊所吞没；与此相反，造化一直忙于在别的天域促成新的形成，有力地补偿已经消逝的东西。

即使在上帝作品之伟大中出现了短暂性，人们也大可不必感到惊诧。凡是有限的东西，凡是有开端和起源的东西，自身就包含着其受限制本性的特征，都必然要毁灭，要有一个终结。一个世界结构由于其确立方面的优势，其存在期限包含着一种持久性，这种持久性对我们的概念来说接近于无限的持存。也许数千个、也许数百万个世纪也不能毁灭它。然而，由于有限品类固有的虚幻性在不断地致力于摧毁它，所以永恒自身包含着一切可能的周期，以便通过逐渐的衰落使其崩溃的时刻最终到来。牛顿这位从上帝作品的完美出发景仰上帝品性的伟大人物，把对大自然的卓越性的极深刻洞见与对神圣全能的启示的无比敬畏结合起来，
1〔318〕却也发现自己不得不预言，大自然将由于运动的机械性所拥有的自然倾向而衰亡。既然一种系统状态由于长时期衰落的本质性后果，也会使哪怕是人们能够想象的最微小部分接近混乱状态，那么，在永恒的无限进程中，就必将出现这种逐渐的减弱耗尽一切运动的时刻。

但是，我们大可不必把一个世界结构的崩溃当做大自然的真正损失而感到惋惜。大自然以一种挥霍来证明自己的财富，这种挥霍通过一些部分向短暂性纳贡，而凭借其完美性的整个范围中无数新的产生来确保自己不受损害。仅仅一个冷天就毁灭了多少数不清的花草昆虫啊！但尽管它们是大自然辉煌的艺术作品和神圣全能的证明，人们也极少对它们感到若有所失。在另一处地方，这一损失将得到超额的补偿。人显得是造化的杰作，但人自己也逃脱不了这一规律。大自然证明，它在创造造物中最杰出的东西方面，和在创造最微不足道的东西方面是同样丰饶，同样用之不竭的，即便是它们的毁灭，也是其太阳多种多样方面的一种必然的表现，因为生产这些东西对它来说不费吹灰之力。空气燃烧的有害作用、地震、洪水把整个整个的民族从地球上灭绝掉，然而，这并不显得大自然由此蒙受了一些损失。以同样的方式，整个整个的世界和系统在扮完了自己的角色之后，就退出了舞台。造化的无限之大，足以使一个世界或者一个有众多世界的银河系与它相比，就像一朵花或者一只

昆虫与地球相比看起来那样。在大自然以千变万化的场面装点永恒时，上帝依然在其不断的创造中忙于为形成更大的世界准备材料。

> 由于他是万物的创造者，他对
> 一个英雄的失败和一只小麻雀的丧命，
> 一个水泡的破裂和一个世界的毁灭，
> 都一视同仁。
>
> ——蒲柏（布罗克斯译）①

因此，让我们使自己的眼睛习惯于这些可怕的变革，把它们当做天 1〔319〕
意的常道，甚至以某种愉悦的心情看待它们。事实上，再也没有比这种态度更匹配大自然的财富了。因为如果一个世界系统在其长期的续存中耗尽了它的结构所可能包含的所有多样性，如果它在存在物的链条中成为多余的一环，那么，就再也没有比它在宇宙不断变化的戏剧中扮演最后的角色更合适的了。每一有限事物都应扮演这个角色，即向短暂性纳贡。如以上所设想的那样，大自然即使在其总体的最小部分中也表现出其行事方式的这一规则，它在整体上为大自然规定了永恒的命运。我还要再说一遍：要毁灭的东西无论多大，在这方面也丝毫不会成为障碍，因为一切大的东西，如果与造化在无边无际的空间中通过永恒的序列表现出来的无限者相比，都会变成小的，甚至仿佛是变成了一个点。

看来，各个世界以及所有自然物这种注定的终结服从着某种规律，而对这一规律的思考将为理论提供一种新的合理性特征。按照这一规律，终结是从位置最接近宇宙中心的天体开始的，就像产生和形成也是最先在这个中心附近开始一样。从这里出发，败坏和毁灭逐渐地扩展到越来越远的距离，把所有经历了其周期的世界都通过运动的逐渐衰竭而最终埋葬在惟一的混沌之中。另一方面，在已经完全形成的世界的相反一边，大自然则不停地忙于用分散元素的原始材料形成各个世界，当它在中心附近一边逐渐衰老的同时，它在另一边却是风华正茂，能生产出许多新的世界。据此，已经完全形成的世界处在已经毁灭的世界的废墟和尚未

① 参见蒲柏：《试论人》，B. H. 布罗克斯译自英文，11 页，1740。——科学院版编者注

形成的大自然的混沌之间，而且如果像很可能发生的那样，设想一个已经臻于完善的世界能够持续的时间比它形成所需要的时间更长，那么，
1〔320〕无论短暂性不断地造成什么样的毁灭，宇宙的范围在根本上都将继续扩大。

但是，如果人们最后还要给一种可能与神圣作品的状态同样合理的想法留下一席之地，那么，对大自然的变化作出这样一种描述所激起的满意，就会一直上升为极度的愉悦。难道人们就不能相信，能够从混沌中发展出一种合规则的秩序、构成一个合理的系统的大自然，同样能够从由于其运动的衰减而陷入的新混沌中轻而易举地重建自己，更新最初的结合吗？曾把分散的物质材料带入运动和秩序的各个机关，在因停机而静止下来之后，难道就不能凭借增补的力量重新发挥作用，按照同样的普遍规则互相制约，达到原初的形成得以实现所凭借的那种和谐一致吗？如果考虑到，在世界大厦中的公转运动最终消耗殆尽，各行星和彗星一起落到太阳上之后，由于如此之多、如此之大的团块混合在一起，尤其是由于按照我们前面证明过的理论，太阳系远处的星球含有整个大自然最轻、最容易着火的材料，所以太阳的火焰剧增，那么，毋须多少踌躇就可以承认这一点。毫无疑问，由于新的燃料和极易挥发的物质而变得极其猛烈的大火，不仅将把一切都重新分解成极小的元素，而且将以这种方式借助与炽热相符合的膨胀力、借助不为中间区域的任何阻力所减缓的速度，把这些元素重新散布到大自然第一次形成之前它们所占据的那些广阔的空间中去，以便在中心火焰由于其质量几乎完全散失而猛烈程度减弱之后，通过引力和斥力的结合以不亚于以前的合规则性重复过去的生成和有系统联系的运动，并形成一个新的世界结构。如果某一特定的行星系就是以这种方式毁灭了，并且凭借根本性的力又重建起
1〔321〕来，如果这出戏剧不止一次地重演，那么，这样一个时期最终总要来临，那时一个以各恒星为成员的大系统将以同样的方式由于其运动的衰竭而聚合在一个混沌之中。在这里更没有什么可怀疑的是，这些燃烧着的太阳，连同它们的大批行星，如此无边无际的火团联合在一起，将使它们的团块的材料被无以名状的火焰所分解，散布到它们过去的形成范围的空间中去，在那里为通过同样的力学规律形成新的世界提供原材料，由此以各个世界和星系使荒凉的空间重新充满生机。这个大自然的长生鸟

之所以自焚，乃是为了从自己的灰烬中恢复青春，获得重生。如果我们要穿越所有无限的时间和空间去追踪它，如果人们看到，它是如何甚至在衰败、衰老的区域里也不断地获得新生，在造化的另一边尚未成形的原始物质的空间里为扩展神明天意的计划而以坚定的步伐向前迈进，以便用它的奇迹填满永恒和一切空间，那么，对这一切都经过周密思虑的心灵，将要陷入极度的惊讶；但尽管如此，他对这个如此庞大的对象并不感到满意，这对象的短暂性不能使灵魂感到足够的满意，它期望就近地认识这样一个存在者，这个存在者的理智、伟大就是那仿佛从一个中心出发普照整个大自然的光的源泉。当灵魂看到自己经历了所有这些变迁之后还可以生存下去时，它甚至会以何等的敬畏来看待自己的本质啊！它可以用哲理诗人关于永恒的话来对自己说：

当第二次虚无埋葬了这个世界，
当万物寂灭，只剩下空缺，
当某些天穹即便还为别的星体照耀，
却毕竟总是还要终结的时候，
你却永葆青春，长生不老，
直到永恒，犹如今朝。

——冯·哈勒①

啊！如果它在元素的喧闹和大自然的废墟中任何时候都置身于某个高度，从那里能够观看造成世间万物衰亡的灾难仿佛在脚下滚滚而过，那该是多么的幸福啊！理性从不敢奢望这种幸福，它是启示教导我们充满信心地期望的。一旦把我们束缚在造物的虚无之上的锁链在为我们本质转变所规定的那一刻被解除，那时，不死的精神将得到解放，摆脱有限事物的依赖性，将与无限的存在者共享真正的幸福。整个大自然与神明的愉悦有一种普遍的和谐关系，对于自认为与这个一切完善性的本源合为一体的理性造物来说，大自然不会不让他们永远感到满意。从这个中心出发来看，大自然在所有方面都将呈现出完全的可靠、完全的合理。 1〔322〕

① 参见上文315页注。——科学院版编者注

精神一旦达到这样的高度，大自然变化万千的场景就再也不能破坏它的幸福的宁静。当神事先已经以一种甜美的希望品尝到这种状态的滋味时，它就会放喉歌唱那些将响彻终古的颂歌：

当世界大厦一朝回归虚无，
你亲手创造的作品不再被日和夜分开，
那时，我那激动的心灵由于你而变得坚强，
将满怀对你全能的崇敬，总是努力移到你宝座之前；
我那充满感恩的歌喉将永生永世
为你、为你的崇高献上颂歌；
主啊！这里没有十全十美。你是如此之伟大，
即便是歌唱到永恒，也不足以赞美你的崇高。

——艾迪生（戈特谢德译）①

1〔323〕 第七章的补充

太阳的一般理论和历史

在天体的自然学说中，在一门完备的宇宙生成论中，还有一个主要的问题必须予以解答。也就是说，为什么每一个星系的中心总是被一个燃烧着的天体所占据？我们的行星世界以太阳为中心，而我们所看到的恒星，从各方面来看，也都是类似的行星的中心。

在一个世界结构形成的时候，为什么作为引力中心的天体必将成为一个燃烧的天体，而它的引力范围的其他星球依然是阴冷的天体？为了理解这一点，只要回忆一下我们前面已经详细地勾勒过的一个世界结构产生的方式就可以了。在辽阔的空间中，散布着为天体形成和系统运动所准备的基本材料，这些基本材料都向引力中心降落，但只有一部分形成了行星和彗星，这个部分被降落和全部微粒的相互作用所规定，恰巧

① 参见《仰望者》，L. A. v. 戈特谢德译为德文，第2版，第6卷，277页。——科学院版编者注

具有绕转所要求的方向和速度。如以上所说，这个部分是全部下降的物质中最小的部分，而且只是精选出来的密度较大的品类，由于受到其他品类的阻力，它们能够达到这种精确的程度。在这种混杂物中，有一些飘浮过来的特别轻的品类，它们由于受到空间的阻挠，不能凭借其下降达到应有的周期性公转的速度，因而在其运动的衰竭中一起落到中心天体上。由于这些较轻的、易挥发的部分也正是最能够使火保持不灭的部分，所以我们看到，由于它们的加盟，这个天体和星系的中心就获得了优势，能够变成一个燃烧的星球，一言以蔽之，变成一个太阳。与此相反，较重的、没有活力的材料以及易燃烧微粒的缺乏，则使行星成为阴冷的、死寂的团块，被剥夺了燃烧的特性。 1〔324〕

如此之轻的物质的加盟，也是太阳获得较小密度的原因，它使太阳甚至比我们的地球这个就与太阳的距离而言的第三颗行星在密度上还要小4倍；虽然人们会很自然地相信，在世界结构的这个中心，作为这个世界结构的最低点，应当是最重、密度最大的物质种类，如果没有如此大量的最轻材料的加盟，它的密度应当超过所有行星的密度。

密度较大、较重的元素品类与这些最轻、最易挥发的品类的混合，也同样有助于使中心天体能够在其表面上燃烧并保持最为剧烈的火焰。因为我们知道，如果在着火的材料中有密度大的物质与易挥发的物质混杂在一起时，火就会比仅仅用轻的种类维持的火着得更旺得多。但是，一些重的品类与较轻的品类的这种混杂，是我们关于天体形成的学说的一个必然结论，它还有这样一种作用，即火焰的力量不致把表面的可燃物质突然驱散，而且通过可燃物质从内部向外流出，可以逐渐并持久地保持火焰。

在一个大星系的中心天体为什么是一个燃烧的星球，亦即是一个太阳，这个问题得到解决之后，再花一点时间讨论这个主题，并对这样一个天体的状态作详细的考察和研究，似乎并不是多余的，这尤其是因为，在这里与通常在对遥远天体的性状进行研究时相比，各种猜测可以从更为有力的理由推导出来。

首先我要确定，太阳确实是一个燃烧的天体，而不是像一些人出自他们自认为在前一种意见中能够发现的某些困难而推论的那样，是一个由熔化的、炽热的物质构成的极度炽热的团块；对于这一点，人们不会有怀疑。因为如果考虑到，一团燃烧的火比其他任何一种炽热都更具有这种根本性 1〔325〕

的优势，可以说它是从自身出发起作用的，不会因为分割而减弱或者燃尽，反而会因此变得更旺更烈，从而只需要保持燃烧的燃料，就能永远燃烧下去；与此相反，一个极度炽热的团块的火焰是一种纯粹受动的状态，它将由于与接触到的物质同在而不断地减弱，自己没有力量从一个小的地方开始蔓延开去，或者在减弱时重新活跃起来；我要说，如果考虑到这一点，且不说其他理由，单从这一点人们就可以充分地看出，作为每一个世界结构的光和热之源泉的太阳，很可能必定具有上述特性。

如果太阳或者众多的太阳都是燃烧的星球，那么，由此可以得出的其表面的第一个性状就是：在它们上面必定有空气，因为如果没有空气，火就不能燃烧。这种情况使人有理由得出一些值得注意的结论。因为如果首先把太阳的大气层及其重量与太阳的团块进行比较，就会发现：这种空气处在何等的压缩状态，由此它又具有何等的能力，足以用自己的弹力维持火极其猛烈的程度。根据所有的猜测，在这个大气层中也有被火焰分解的物质烟云在升起。毋庸置疑，这些烟云包含着粗糙的、较轻的微粒的混合，这些微粒在上升到一定高度之后，由于那里的空气对它们来说较冷，它们就成为沥青雨和硫磺雨降落下来，为火焰增添新的燃料。出自同样的原因，这个大气层也和在我们地球上一样，少不了风的运动，但这种运动看起来在猛烈上必定远远超过想象力所能够想象的一切。如果太阳表面上某个区域或者由于爆发出来的蒸气的窒息作用，或者由于可燃物质供应的减少而使火焰燃烧减弱，那么，其上空的空气就会有所变冷，而当这些空气收缩时，就会给邻近的空气让出位置，使后者随着过度膨胀而
1〔326〕获得的力量涌入前者的空间，让熄灭的火焰重新燃烧起来。

尽管如此，所有的火焰都一直在吞噬着许多空气。毫无疑问，环绕太阳的流质空气元素的弹力必定因此而在一段时间内蒙受不小的损失。如果把**哈勒斯**[①]先生就我们大气层中火焰的作用而言经过细心的尝试所证实的东西应用到这个大范围内，就可以把来自于火焰的烟雾微粒不断地致力于毁掉太阳大气层的弹性这件事看做是症结所在，而要解开这个症结是有许多困难的。这是因为：由于在太阳的整个表面上燃烧的火焰自己夺走了为了燃烧就不可缺少的空气，所以当太阳的绝大部分大气都被

① 参见《康德全集》，第Ⅰ卷，208页注。——科学院版编者注

吞噬掉之后，太阳就有完全熄灭的危险。的确，火也会通过分解某些物质而生产空气。然而试验证明，任何时候被吞掉的都多于被生产的。虽然当太阳的火有一部分在起窒息作用的蒸气下被剥夺了使它们维持燃烧的空气时，像我们已经说明了的那样，就会有风暴尽力把蒸气驱散和带走。但总的说来，如果考虑到，由于对燃烧着的火来说，热几乎只是朝它上面、很少朝它下面发挥作用，倘若它由于上述的原因被窒息，它的猛烈就会转过来对准太阳的内部，迫使它的深渊让关闭在其洞穴中的空气冲出来，并重新点燃火，那么，这种必要的元素的补充就可以用这种方式得到解释。如果人们凭借对于这样一种未知的对象来说并不禁用的自由，来假定太阳内部主要是像硝石那样含有取之不尽的富有弹性的空气的物质，那么，太阳的火在非常长的时期里不大容易会缺乏新空气的供应。

尽管如此，就大自然当做世界的火炬而点燃的这种无比珍贵的火而言，人们还可以看到短暂性的明显征兆。总有一天它将会熄灭。最易挥发的、最微细的物质被剧烈的热所驱散，永不复返，并使黄道光的物质 1〔327〕
增多。它们的逃逸、例如灰烬那样的不能燃烧和燃烧过的物质堆积在表面上、最后还有空气的缺乏，将为太阳规定一个终点，因为它的火焰总有一天要熄灭，永恒的黑暗将取代对整个世界来说是光和生命的中心的位置。太阳的火由于开启新的坑穴而重新燃烧，由此它在衰亡之前也许要几经反复。太阳火这种交替进行的努力，也许为一些恒星的时隐时现提供了解释。可能有一些太阳已经临近熄灭，但仍几次致力于从其废墟中复活。无论这种解释是否能得到赞同，人们都肯定能够使这种观察有助于发现：由于所有世界秩序的完善性都以这样或者那样的方式面临着不可避免的衰亡，所以人们在以上所说的这些世界秩序由于力学结构的倾向而崩溃的规律中发现不了任何困难；这种力学结构又是特别值得接受的，因为它在与混沌的结合中自身就带有再生的种子。

最后，让我们再凭借想象力，仿佛是就近地设想一番一个燃烧着的太阳这样奇妙的对象。人们一眼就看到了一片烈焰冲天的辽阔火海和肆虐的风暴，后者的狂怒又使前者的剧烈程度倍增。风暴忽而使这片火海的火焰冲出其海岸，遮盖了这个天体的凸出区域，忽而又使它们退回到自己的界限之内。烧焦了的岩石从燃烧着的深渊探出可怕的尖峰，它们或者被翻腾的火焰所掩盖，或者被它吐露出来，从而引起了太阳黑子的时隐时现；浓厚的蒸气窒息了火，又被暴风吹起形成乌云，再化为火雨如注般重新降落下来，成为燃烧的急流从太阳陆地①的高处灌入燃烧着的
1〔328〕深谷，元素轰然爆裂，物质烧成灰烬，大自然在与毁灭进行斗争，它自己以它解体的最可怕状态造成了世界的美丽和造物的利益。

如果所有大的世界系统的中心都是燃烧的天体，那么就可以猜测，那个由众多恒星构成的大不可测的星系的中心天体就最是这种情况了。这个天体的质量必定与其星系的大小成比例。但如果它是一个自己发光的天体或者是一个太阳，那么，是不是因为它特别明亮、特别庞大，才为人们所看到？尽管如此，在繁星密布的天穹，我们却看不到有这样一个特别不同的恒星出现。事实上，即使情况不是这样，人们也大可不必感到惊奇。即便它的大小比我们的太阳大1万倍，如果假定它的距离比天狼星远100倍，它还是不能比天狼星显得更大、更亮。

然而，也许未来的时代将结束这种情况，至少是总有一天发现我们的太阳所属的恒星系的中心②所处的区域，或者甚至能够确定必须使**宇宙**
1〔329〕的所有部分都步调一致地向之降落的**宇宙**中心在哪里。至于整个造化的

① 我并不是毫无缘故地认为太阳上的陆地高低不平，像我们在我们自己的地球和其他天体上看到的那样，也有山脉和深谷。一个从液体状态变为固体状态的星球，其形成必然在其表面上造成这种高低不平。当表面变硬的时候，在这样的团块内部的液态部分里面，物质还在按照重量的大小向中心下沉，混杂在这些物质中有弹力的气元素或者火元素的微粒就被逐出，汇聚在当时已经凝固的外壳下面，在这外壳下面它们造成了许多巨大的、就太阳团块的比例而言庞大的洞穴，最后所说的上面的外壳以各种各样的褶皱下陷到这些洞穴中，从而既造成了高原和山脉，也造成了深谷和辽阔火海的海底。

② 我有一个猜测，我觉得很可能天狼星在构成银河的众星的星系中就是中心天体，而且它占据着所有天体都与之相关的中心。如果根据本文第一部分的设想把这个星系看做众多聚集在一个共同平面上的太阳的集群，这个集群从这个平面的中心向四面八方散开，但却形成一个可以说是圆形的空间，这个空间由于该平面与关系平面略有偏离而在宽度上有点向两边扩展，那么，同样也处在关系平面附近的太阳，将在它最为接近这个星系的最外边缘的那一面，看到这个发出白光的圆形区域表现得最宽，因为很容易推测，它并不是恰巧处在中心。银河带在天鹅座和人马座之间的那一部分最宽，因此这就是我们的太阳最接近这个圆形星系的最外围的那一面。而且在这个部分中，我们尤其认为天鹰座、狐狸座与天鹅座所处的位置最为接近，因为在这里从使银河分开的间隙中看到各星体看起来分散得最开。因此，如果大致从天鹰座尾部附近的地方出发经过银河面正中央直到对面的那个点画一条线，这条线就必定经过这个星系的中心，而且事实上也恰巧经过天狼星这颗整个天穹中最亮的星体。由于这个幸运的、与它的优美形状如此协调一致的重合，似乎值得把它看做中心天体自身。根据这一概念，如果不是我们的太阳在天鹰座尾部与银河的平面有点偏离的位置引起中心对这个区域的另一边的光学差异，那么也许正好在银河带中看到这个中心天体。

这一基本部分具有什么样的性状，以及它上面有什么东西，我们想留给**达勒姆的赖特**先生去确定。赖特先生以一种狂热的振奋精神，把一个神灵般的具有精神引力和斥力的强大存在者抬高到这个幸运的地方，仿佛是抬高到整个大自然的王座上。这个存在者在自己周围的无限范围内起作用，把一切美德都吸引到自己身边，把一些邪恶都排斥出去。我们不想让自己也许过于冒昧地作出的大胆猜测放任自流，乃至到了任意虚构的地步。在整个无限的**世界**空间中，神明是到处都同样临在的；无论哪里，凡是能够超越造物的依赖性而达到与至高无上的存在者同在的品类所在的地方，它都同样地近在咫尺。整个造化都被它的力量所贯穿，但 1〔330〕
只有懂得使自己超越造物，同时又如此高贵，以至于能够看出惟有在对完善性的这一本源的享受中才能找到最高等级的幸福的存在者，才有能力比大自然中任何其他东西都更为接近所有杰出性的这一真正关联点。不过，如果我不想参与这位英国人的狂想，而是从各级精神世界的驻地与造化中心的自然关系出发来对它们作出一些猜测，那么，我要认为在离这个中心较远的地方比离它近的地方有更大的可能找到理性存在物的最完美等级。赋有理性的造物的完善性，就其依赖于物质的性状、被限制在与物质的结合之中而言，完全取决于材料的精细程度，后者的影响决定着理性存在物对世界的想象和对世界的反作用。物质的迟钝和阻力极大地限制了精神性存在物起作用的自由和对外部事物感知的清晰性，它使自己的能力变得迟钝，因为它并不以相应的轻便性服从自己的运动。所以，就像极为可能的那样，如果按照在我们的世界结构中占支配地位的类比，假定在大自然的中心附近物质品类的密度最大、最重，相反，距离越远则物质的精细和轻巧程度就越大，那么，这种结论就是可以理解的。其出生地和居留处离造化的中心更近的理性存在物，陷身于一种僵硬的、不能活动的物质里面，这种物质把自己的力量封闭在一种不可克服的迟钝之中，而且也同样不能以必要的清晰和灵敏转送和传递宇宙万物的印象。因此，可以把这种能思维的存在物列为低等的；与此相反，随着与共同中心距离的增加，精神世界建立在其对物质的不同依赖性之上的完善性将像一架连续的阶梯那样一起增长。据此，可以说能思维的物种中最差劲、最不完善的类就处在向这个降落点下降最深的地方，在那里，存在物的这种杰出性将经过所有减弱的程度而最终因完全缺乏思 1〔331〕

索和思维而失去。事实上，如果考虑到，大自然的中心同时也构成了它从原始材料形成的开端和它与混沌的界限；如果为此假定，精神性存在物的完善性其开端有一个最外的界限，在那里它们的能力与无理性相衔接，但其延续却没有一个不能逾越的界限，而是向这边面临着一个完全的无限；那么，假如有一条规律，按照这条规律理性造物的居住地是根据它们与共同中心的关系的秩序分布的，人们就可以认为仿佛是构成了精神世界之始祖的最低级、最不完善的类，就处在被称为整个宇宙的开端的那个地点，以便与宇宙一起在同样的进步中以思维能力无限发展的种种完善程度来充填所有无限的时间和空间，仿佛是逐渐地接近最高杰出性的目标，即接近神明，但却永远也不能达到这一境界。

第八章

关于世界结构布局的力学学说的正确性，尤其是关于当前力学学说的可靠性的一般证明

倘若不在世界大厦的布局中看出最卓越的安排，不在世界大厦各种关系的完善性中看出上帝之手的可靠征兆，人们就不能认识世界大厦。理性在思考和惊赞如此众多的卓越性、如此众多的美之后，有理由对擅
1〔332〕自把这一切都归于偶然和一种幸运巧合的大胆愚蠢感到愤怒。必定是至高无上的智慧作出了设计，又由一种无限的力量将这种设计付诸实施，若不然，就不可能在世界大厦的状态中发现如此众多的意图汇合在一个目的之中。问题仅仅在于作出裁定，宇宙布局的设计是否已经由至高无上的理智置入永恒的物种的本质规定里面，并植入普遍的运动规律之中，以便从它们出发，以一种与最完善的秩序相符合的方式无拘无束地发展出来；或者，世界各组成部分的普遍性质是否完全没有能力达到和谐一致，丝毫没有相互结合的关系，绝对需要一只外来的手，以便达到让完善性和美显示出来的那种制约和联系。大多数世俗智者对大自然凭借其普遍的规律造就出某种有序的东西的能力抱有一种几乎是普遍的成见，这正好像人们在自然力里面探索原初的形成时否认上帝对世界的统治一样，认为这些自然力是不依赖神明的本原，是一种永恒的盲目命运。

但是如果考虑到，大自然和那些规定物质达到相互作用的永恒规律，并不是独立的、与上帝无关而必然的本原；正是因为大自然在它凭借普遍的规律所产生的东西中呈现出如此众多的协调一致和秩序，所以可以看出，所有事物的本质都必定共同起源于一个基本的本质；这些事物所显示出来的之所以全然是相互的关系、全然是和谐，乃是因为它们的特性都起源于一个惟一的、至高无上的理智，这个理智的聪颖理念把这些特性设计在普遍的关系之中，赋予它们一种能力，使它们在自行发展地起作用的状态中创造出全然的美、全然的秩序；我要说，如果考虑到这些，那么对于我们来说，大自然将比通常看起来更为可贵，从它的发展中所能期待的无非是协调一致、秩序井然。与此相反，如果抱有一种毫无根据的成见，认为普遍的自然规律所造成的无非是紊乱，而在大自然的状态中所呈现出来的一切有益的协调一致，都表现出上帝的直接干预， 1〔333〕
那么，人们就不得不把整个大自然归于奇迹。雨滴分解阳光的颜色而呈现出的绚丽彩虹因其美丽，雨因其有用，风因其满足人类无数需要的种种不可缺少的好处，简而言之，凡是带来合理和秩序的一切世界变化，都不应当从物质被植入的力量中推导出来。从事这样一种世俗智慧探索的自然研究者，一开始就必须在宗教裁判席前恭恭敬敬地赔罪。事实上也不再有一个大自然，只有一个上帝在机器中造成世界的各种变化。然而，从大自然根本上的无能出发来证明至高无上的存在者的确定性这种奇特的方法，对于证实伊壁鸠鲁主义者的错误来说能起什么作用呢？如果事物的本性凭借其本质的永恒规律只能造成无序和不合理，那么，恰巧由此也就证明了它们自己不依赖于上帝的性质。如果普遍的自然规律只是由于一种强制才服从神明的，而实际上是抵制其最睿智的设计的，那又该如何理解这个神明呢？难道天意的敌人不是已经多少次战胜了上述错误的基本原理，能够证明大自然普遍的作用规律在没有任何特别限制的情况下产生出的协调一致吗？难道他还会缺少这样的例证吗？与此相反，让我们更合理、更正确地这样推论：听凭其普遍特性支配的大自然，能够结出全然美丽和完善的果实，这些果实不仅自身就表现出协调一致和卓越性，而且还与大自然的全部存在物、与人们的礼仪、与对神明属性的颂扬非常和谐。由此可以得出，它们的根本特性不可能没有独立的必然性，相反，它们必定是起源于一个作为一切本质的基础的惟一

1〔334〕理智，在这个理智中，它们是按照共同的关系来设计的。凡是彼此之间的关系达到相互和谐的东西，都必定在一个惟一的本质中彼此结合在一起，它们都依赖于这个本质。因此，存在着一个一切本质的本质，一个无限的理智和独立的智慧，大自然甚至就其在规定性的整个总和之中的可能性而言，也就是从它里面得到其起源的。切不可否认大自然有这种不利于一个至高无上的本质存在的能力；但这种能力发展得越完善，它的普遍的规律越是更好地导向协调一致和秩序，它就越是神明的一个可靠的证据，它就是从神明那里得到这些关系的。它的产生不再是巧合的作用和偶然的结果；一切都必然按照不变的规律从神明那里流溢而出，这些规律必定表现着全然合适的东西，因为它们全都是出自最睿智的设计的特征，紊乱已经被从这一设计排除。并不是**卢克莱修**的原子的偶然集合形成了世界；以最聪颖的理智为源泉的、被植入的力量和规律是秩序的不变起源，这种秩序不是由于偶然，而是必然地从它们流溢而出的。

因此，如果人们能够抛弃陈旧的、毫无根据的成见和力图用虔诚的面孔遮掩懒惰无知的腐朽世俗智慧的话，我就希望能够在不自相矛盾的理由上建立一种可靠的信念，即**世界乃是以一种从普遍的自然规律出发的力学发展来作为自己的状态的起源**，其次，**我们已经介绍过的力学的产生方式是真实的产生方式。**如果要判断大自然是否有足够的能力凭借其运动规律的机械发展来促成世界结构的安排，就必须事先考虑到，天体所遵循的运动是何等地简单，与自然力的普遍规则所造成的相比，它自身没有任何需要作出更精确规定的东西。公转运动是由降落力和发射运动的结合构成的，前者是出自物质特性的某种结果，后者可以被看做前者的作用，看做借助降落所达到的速度。以这个速度，只需要某种原
1〔335〕因，就可以使垂直的降落偏向一边。一旦达到这些运动的规定性之后，就不再需要任何东西来永远地维持它们了。它们在虚无的空间中，凭借一次性置入的发射力与从根本性的自然力中产生的引力的结合而维持下去，从此不再经受任何变化。单是这些运动的协调一致方面的类比，就已经如此清晰地表明了一种力学起源的真实性，以致人们根本不可能对此提出质疑。这是因为：

1. 这些运动具有普遍一致的方向，以致在 6 个主行星、10 个卫星中，无论是就其向前运动还是就其绕轴自转而言，都没有一个不是自西

向东的。此外，这些方向都是精确地彼此符合，以致它们只是稍稍偏离一个共同的平面，而一切都与之相关的这个平面就是在整个星系中心朝着同一区域绕轴自转的天体的赤道面，这个天体凭借占优势的引力成为所有运动的关联点，从而也必定尽可能精确地参与这些运动。这就证明了，全部运动都是以一种符合普遍的自然规律的力学方式产生和被规定的，造成或者引起侧向运动的原因支配着整个行星世界的空间，并在那里服从处在一个共同运动空间中的物质所遵循的规律，以致最后所有不同的运动都取得一个惟一的方向，并都尽可能精确地与一个惟一的平面相关。

2. 这些速度本来就必定处在一个空间中，因为运动的力量就在中心，也就是说，它们随着与中心距离的增加而在程度上不断减弱，在极远地方消失在运动的完全衰竭之中，这种衰竭使垂直的降落仅仅稍稍向一旁偏离。水星具有最大的离心力。从水星开始，可以看到离心力在逐渐减弱，而在最外面的彗星那里已经如此之小，只能使它不致掉到太阳 1〔336〕
里面。毋庸置疑，就圆形轨道而言，向心运动的规则要求离共同降落的中心越近，绕转的速度也就必须越大。这是因为：为什么正是接近这个中心的天体具有圆形的轨道呢？为什么不是最邻近的天体非常偏心、更远的天体按照圆形轨道运行呢？或者毋宁说，由于它们都偏离了这种均匀的几何学精确性，那么这种偏离为什么要随着距离的增加而递增呢？难道这些情况不是表明了一个点，所有的运动在其他规定把它们的方向改变到目前的方向上之前都向它涌去，而且离它越近涌去的程度也就越大吗？

然而，如果现在想使世界结构状态和运动起源成为普遍自然规律的例外，以便把它们归于上帝的直接干预，那么，人们马上就可以觉察到，上述类比显然是与这样一个概念相矛盾的。因为首先就方向上的普遍一致而言，显而易见，这里没有理由来说明各天体为什么恰巧都朝着惟一的一个区域进行绕转运动，即便其产生的机制并未规定它们这样做。因为它们在其中运动的空间极少有阻挠，也极少把它们的运动限制在这一边而不是另一边；因此，如果上帝的选择没有丝毫动因，那么就不会限于一个惟一的规定，而是以更多的自由呈现在各种各样的变化和差异之中。此外，为什么所有行星的轨道都精确地与一个共同的平面相关，即与那个在所有运动中心的那个庞大天体的赤道面相关呢？这一类比并没有体现合理性的动因，它毋宁说是被行星轨道的自由偏离所取消的某种混乱的原因；因为行星的引力如今在某种程度上破坏了它们运动的齐一性，而且它们不是在某种程度上精确地处在一个共同的平面上，如果它们不是精确地与一个共同的平面相关，它们就根本不会相互阻挠。

1〔337〕 大自然之手的最清晰的标志，比所有这些类比都表现得更为明显的，莫过于在它力图达到的关系中缺乏最精确的规定了。如果把行星的轨道置于一个共同平面附近是最好的，那么，它们为什么不是完全精确地在一个共同平面上呢？为什么它们中的一部分要留下这种本来应当予以避免的偏离呢？如果为此靠近太阳轨道①的行星就获得了其大小足以维持与引力平衡的离心力，那么，为什么还有点缺憾，达不到这种完全的相等呢？而且如果最睿智的意图在最大的能力支持下力图造就出这一规定性，那么，行星的公转为什么不是完美的圆形呢？难道还不能清晰地看出，那个确定天体的运行轨道、力图把它们置于一个共同的平面之上的原因，并不能完全做到这一点，而同时，那个支配着天宇的力量，在如今已形成星球的所有物质都获得了其自转速度之后，虽然在中心附近力图使它们与降落的力保持平衡，但却不能达到精确的平衡吗？是不是在这里就可以认识到大自然那由于穿插进来的各种作用而永远与完全精确的规定性有所偏离的通常做法了呢？人们只能在直接颁布命令的最高意志的终极目的中找到这种性状的理由吗？只要不是冥顽不灵，人们就不能否认，对于自然特性来说，凭借列举其用途来给出理由的这种受到赞颂的解释方式是经不起严格的检验的。毫无疑问，就世界的用途而言，行星的轨道是完全圆形的还是稍有偏心，它们与其共同的关系平面是完全吻合还是有所偏离，是完全无所谓的。毋宁说，如果有必要被限制在这种方式的协调一致之中，那么，最好就是让它们完全实现。如果确实像哲学家所说的那样，上帝不断地在运用几何学，如果在普遍的自然规律的道路
1〔338〕 上也显示出这一点，那么毫无疑问，在全能意志的直接作品中完全能够觉察到这一规则，而这些作品也都将呈现出几何学精确性的完美。彗星就是大自然的这些缺陷之一。人们无法否认，就彗星的运行和它们由此

① 这里康德大概想的是形成太阳并完全在附近绕太阳公转的粒子的轨道。——科学院版编者注

所经历的变化而言，应当把它们看做造化的不完美的成员，它们既不适于为理性存在物提供舒适的居住地，也不能对整个星系有所裨益，如同人们所猜测的那样，它们总有一天要充当太阳的燃料；因为毫无疑问，它们中间的大多数不会在整个行星世界崩溃之前达到这一目的。在认为世界不是自然而然地从普遍的自然规律发展出来，而是一种直接的最高安排的学说中，这样一种说明虽然是确定无疑的，但却是有所抵触的。然而在一种力学的解释方式中，对世界之美和全能之启示的颂扬并没有由此被削弱。大自然自身包含着多样性的所有可能的等级，包含着所有从完美到虚无的种类，缺陷本身是过剩的一个标志，由于过剩，大自然的总体是取之不尽用之不竭的。

可以相信，如果不是还有某些从事物本性自身得出的理由似乎与这种学说完全抵触的话，上述类比将能够如此之多地超越成见，使世界大厦的力学起源成为值得接受的东西。如同已经多次提到的那样，天宇是空的，或者至少可以说充满它的物质是无限稀薄的，因此，这种物质不能提供推动各天体共同运动起来的手段。这一困难是如此之严重和有效，以至于有理由像任何一位世人那样相信自己的世俗智慧洞察力的**牛顿**，也发现自己不得不在这里不顾指示着一种力学起源的所有协调一致，放弃凭借大自然的规律和物质的各种力量来解决行星固有的离心力的推动问题的希望。尽管对于一位哲学家来说，对一种复杂并且远离简单的基本规律的性状放弃研究的努力而满足于诉诸上帝的直接意志，是一个令 1〔339〕
人苦恼的决断，但牛顿在这里毕竟还是认识到了把大自然与上帝的手指、把前者被引入的规律的进程和后者的示意彼此区分开来的界限。在一位如此伟大的世俗智者尚且感到绝望之后，再希望在一件如此困难的事情中顺利前进，就未免显得是一种大胆妄为了。

分配给各天体离心力的方向和规定性造成了世界结构的系统性。然而，正是使牛顿放弃从大自然的各种力量出发理解这种离心力的希望的那种困难，也是我们在前几章中所阐述的学说的源泉。它论证了一种力学的概念，但是这样一个概念却与牛顿认为不充分的那个概念相去甚远。牛顿为此抛弃了所有的次要原因，因为他（如果我可以斗胆这样说的话）错误地认为那个概念是该类所有可能的概念之中的惟一一个。甚至利用牛顿的困难，凭借一种简短而又缜密的推论，来达到我们在本文中所提出的那种力学解释方式的确定性，这也是轻而易举的、自然而然的。如果假定（人们不能不如此认为），上述类比都极为可靠地说明了和谐一致、彼此有秩序地相关的运动和天体的轨道表明一个自然的原因是它们的起源，那么，这个原因就不可能是如今充满天宇的那种物质。因此，以前曾经充满这些空间的那些物质及其运动，才是在它们汇聚成这些星球并由此打扫干净这些如今被视为空洞无物的空间之后，诸天体目前的公转的原因。或者，这一点可以直接由下述情况得出：构成行星、彗星乃至太阳的物质自身，必定一开始是散布在行星系的空间里面的，并且以这种状态运动起来，在它们聚合成特殊的团块、形成把当时分散的世
1〔340〕界物质的材料囊括在自身的诸天体之后，它们还保持着这些运动。在这里，人们并没有为发现一种能够使自己形成的大自然的这种材料运动起来的推动机制而长期感到窘迫。造成各种质量结合起来的动力自身，即物质在根本上固有的、从而在大自然的第一次骚动时就如此适于成为运动的初始原因的引力，就是这些运动的源泉。这种力量总是恰好指向中心的方向，在任何时候都是不容置疑的；因为毫无疑问，分散元素的精细材料在垂直运动中既由于引力点的众多，又由于它们相互交错的方向线而彼此造成的阻碍，必将转变为不同的侧向运动。在这些侧向运动中，某种自然规律使所有因相互作用而彼此限制的物质都最终达到这样一种状态，其中一种物质尽可能地不再引起另一种物质的变化，既造成方向的协调一致，又造成在任何距离上都与向心力保持协调一致的相应速度，并借助它们的结合，致力于使元素既不高也不低地悬浮，因为所有的元素都不仅朝着一个方面，而且几乎都在稀薄的天宇中围绕着共同的降落中心以平行的、自由的圆形轨道作公转。各部分的这些运动在由此形成行星之后仍将继续下去，而且如今由于过去植入的离心力与向心力的结合，仍将在未来的时代里无限期地继续下去。行星轨道方向的一致性，与一个共同平面的精确关系，离心力随所在位置的引力而递减，这些类比随距离而递减的精确性，最外面的天体向两边、向相反方向的自由偏离，所有这些都是建立在这个不难理解的理由之上的。如果相互依赖性的这些征兆在产生的各种规定性中以显而易见的确定性指示着一种弥漫在整个空间、原初运动着的物质，那么，在如今空洞无物的天宇中，除了汇聚成行星、太阳和彗星等天体的物质之外，不存在任何其他物质，

这一事实也就证明了，这些物质自身一开始必定是处在这种散布的状态 1〔341〕
之中的。在前面几章中，曾经轻而易举地、正确地从这一假定的基本原理出发推导出了世界结构的各种现象。这是对这样一种猜测的完善，赋予它一种价值，使它不再是任意的。

如果考虑到各天体的形成自身，考虑到它们的团块的重量和大小与它们同引力中心的距离成比例，那么，一种关于世界大厦的起源、尤其是关于我们这个世界大厦起源的力学学说的确定性，就达到了令人信服的顶峰。因为首先，如果考虑到它们的团块的总体，就可以看出它们的材料的密度是不断地随着与太阳的距离而递减的。这一规定如此清晰地说明了最初形成的力学规定，以至人们再也不能要求更多的东西。它们是由这样的物质聚合而成的，在这样的物质中，较重的品类获得了离共同降落点较近的位置，较轻的品类则距离较远；在种种自然而然的产生方式中，这是一个必然的条件。但是，就一种直接出自神明意志的安排来说，却找不到丝毫的理由来说明上述关系。因为虽然较远的星球似乎必定是由较轻的材料构成的，以便能够从较弱的阳光力量中获得必要的作用，但这只不过是一个旨在处于表面的物质的性状，而不是旨在其团块内部较深的品类的目的。太阳的热对这些品类从未产生过什么作用，哪怕是仅仅有助于造成行星的引力、使环绕行星的物体向它降落的作用。因此，它们与太阳光线的强弱没有丝毫关系。所以如果要问，为什么从牛顿的正确计算中得出的**地球、木星、土星**的密度是400、94.5和64之比，那么，把原因归于上帝的意图，认为上帝在按照太阳热的程度调整密度，毕竟是没有道理的；因为在这里，我们的地球就可以充当一个反证。对我们的地球来说，太阳凭借其光线只能作用到表面下的如此之小
的深度，以至地球团块必然与此有所关联的部分，远远不及整体的百万 1〔342〕
分之一。至于其余的部分，就这个意图而言是完全无所谓的。因此，如果构成天体的材料相互之间有一种有序的、与距离相和谐的关系，各行星如今由于在空洞无物的空间中相距甚远而不能相互限制，那么，它们的物质过去必定曾处于这样一种状态，那时它们能够相互发生共同的作用，以便把自己限制在与其比重相适应的位置上。这种情况要想发生，除非是它们的各个部分在形成前就散布在星系的整个空间中，并按照运动的普遍规律获得与其密度相适应的位置。

行星团块大小之间随距离而递增的比例关系，是清楚地证明天体以力学方式形成、尤其是证明我们关于天体形成的理论的第二个理由。天体的质量为什么要大致地随距离而递增呢？如果追随一种把一切都归于上帝的选择的学说，那么，就不可能设想还有别的意图，来解释为什么较远的行星必定有较大的质量，除非是它们凭借特别强大的引力能够在其作用范围内捕获一个或者几个卫星，以使它们注定的居民能够住得舒适。然而，这一目的同样可以凭借其团块内部特别大的密度来达到，又何必非要保留出自特殊的理由的、与这种关系相悖的轻的材料，并让它被体积的优势如此远远地超过，以至上面星体的质量比下面星体的更重呢？如果不去考虑天体自然产生的方式，人们就很难提出理由来解释这种状况；但是如果考虑到这种方式，就再也没有比理解这种规定更容易的事情了。在所有天体的材料还弥漫在行星系的空间之中的时候，引力
1〔343〕用这些微粒形成了各个星球；毫无疑问，这些星球的形成范围的位置离那个共同的中心天体越远，球体也就必定越大，而中心天体则从整个空间的中心出发凭借其特别强大的引力而尽力限制和阻止这种结合。

人们将满意地发现，把天体的轨道彼此分开的间隙宽度就是天体由最初分散的基本材料形成的标志。按照这一概念，这些间隙必须被看做空洞无物的区域，行星曾经为形成而从这些区域获取过物质。人们看到，轨道之间的这些间隙与由此形成的团块大小是成比例的。**木星**与**火星**的轨道之间的宽度是如此之大，以至于其包含的空间远远超过下面的行星轨道面积的总和。惟有这个空间才配得上所有行星中最大的行星，它的质量超过了其余所有行星质量的总和。不能把木星与火星的这种距离归于要尽可能少地妨碍它们的引力这样一种意图。因为根据这样的理由，两个轨道之间的行星总是最接近其中一颗行星，后者的引力与它的引力相结合将能够使双方围绕太阳的公转受干扰最小，因而也就是最接近质量最小的一颗。由于按照牛顿的正确计算，木星能够对火星的运动施加的力，与它凭借联合起来的吸引对土星施加的力之比，为1/12 512与1/200之比，所以，如果它们的距离不是取决于它们产生的力学机制，而是取决于它们的外部关系的意图，那就能够很容易计算出，木星靠近火星的轨道必定比火星靠近它的轨道近多少。但实际情况却不是如此。由于位于上下两条轨道之间的行星轨道，往往离一颗较小的行星运行的轨道

比离质量较大的行星的轨道更远，但每一颗行星的轨道周围空间的宽度却总是与其质量有一种正确的比例关系，所以很清楚，产生的方式必然 1〔344〕
规定着这些比例关系，而且由于这些规定性像原因与其结果那样似乎是联结在一起的，所以如果把包括在两条轨道之间的空间视为形成行星的材料的容器，是极为恰当的。由此可以直接得出，它们的大小必定与行星的质量成正比，但对于较远的行星来说，这种比例关系就会由于在这一区域的基本物质在初始状态中更为分散而增大。因此，就两个在质量上差不多相等的行星而言，较远的一颗必定有一个更大的形成空间，即与两个最相邻的轨道的距离最大。这既是因为那里的材料比重最轻，也是因为那里的材料比在离太阳较近地方形成的行星更为分散。所以，虽然地球连同其卫星一起在体积上似乎还不及金星，但是它仍然要求在自己周围有一个较大的形成空间，因为它是由比下面的那颗行星更为分散的材料形成的。出自这些理由，可以猜想土星的形成空间其远的一边比对着中心的一边伸展得更为遥远（这在所有的行星那里都适用）。因此，土星轨道和它上面与它相邻的天体（人们可以这样猜想）的轨道之间的间隙，要比土星和木星之间的间隙宽得多。①

因此，在行星世界中，一切都以与原初的生产力量的正确关系逐步地向无限远的地方推进，而原初的生产力量在中心附近要比在远处更能起作用。被推动的发射力的减弱，对轨道的方向和位置方面最精确的协调一致的偏离，各天体的密度，大自然在其形成空间方面的节约，这一切都是从中心到远处逐渐地递减的；所有这些都表明，初始原因为运动的力学规则所制约，而不是凭借一种自由的选择而行动。

然而，比其他任何东西都更清晰地表明天体是由原初弥漫在如今空
洞无物的天宇里的基本材料所自然形成的，是我从德·布丰先生那里借 1〔345〕
用来的协调一致。但这种协调一致在他的理论中却远远不如在我们的理论中那样有用。因为按照他的说明，如果把通过计算能够规定其质量的行星，即土星、木星、地球和月球，加在一起，那么，它们就形成一个团块，这个团块的密度与太阳体的密度之比为 640 比 650；由于它们是行星系中的主要成员，与它们相比，火星、金星和水星等其他行星就几乎

① 实际上，1781 年由赫舍尔发现的天王星与土星的距离 2 倍于土星与木星的距离。——科学院版编者注

不值得计算了。这样，如果把整个行星系合起来视为一个团块，那么，人们就有理由对它的物质和太阳的质量明显相等感到惊奇了。物质多种多样、千差万别，单是在我们的地球上，就可以找到一些密度彼此相差1.5万倍的物质。[①] 但尽管如此，上述类比仍接近于1比1的比例。把这一类似归于偶然，未免是一种不负责任的轻率。必须承认，如果把太阳看做一个由在行星系中彼此分开的所有物质品类组成的混合体，那么，所有的天体似乎都是在这个空间中形成的。这个空间最初充满了均匀分布的材料，它们不加区别地集中在中心天体上，但为了形成行星却是按照高度分布的。就让那些不能承认天体按照力学方式产生的人们尽其所能地从上帝选择的动机出发去解释这一如此奇特的协调一致吧！关于世界大厦是从大自然的力量发展出来这一具有如此确凿的清晰性的事实，我不想再用更多的论据来论证了。如果有人在如此众多的证明面前仍然能够无动于衷，那么，他必然要么是过深地陷入成见的束缚，要么是完全没有能力超越乱七八糟的意见跃升到对最纯粹的真理的考察。不过，如果世界结构在其所有有利于理性造物的结合中所具有的协调一致，似
1〔346〕乎不外是以普遍的自然规律为基础，那么就可以相信，除了人们并不指望其赞同的白痴之外，没有人会否认这一理论的正确性。人们还有理由相信，那些为了一个崇高的目的所作出的适当安排，必定是以一个聪颖的理智为创造者的；如果考虑到，由于事物的本性只有这一个本源，它们根本的、普遍的性状必然有一种自然的倾向，力图达到合理的、彼此之间协调一致的结果，人们也就会感到完全满意了。因此，如果看到有利于造物相互利益的世界状态的安排，并把这种安排归于从大自然的普遍规律得出的一个自然结果，人们也大可不必感到惊奇，因为从这些规律所产生的，既不是盲目偶然的作用，也不是非理性的必然的作用；它归根结底是以至高无上的智慧为根据的，普遍的性状从至高无上的智慧那里获得了其协调一致。这样一个结论是完全正确的：如果在世界的状态中显露出秩序和美，就存在着一个上帝。然而，另一个结论在理由上也不亚于前一个结论：如果可以从普遍的自然规律得出这种秩序，那么，整个大自然必定是至高无上的智慧的一种作用。

---

① 这是铂与大气层空气的密度比；铂与氢气的比例甚至是240 000比1。——科学院版编者注

但是，如果有人完全随心所欲地在大自然那自身包含着和谐和有用目的的所有安排上认识神明智慧的直接运用，不相信从普遍的规律出发的发展能产生协调一致的结果，那么我就要建议，在观察世界结构时，不要把自己的目光只对着诸多天体中的惟一一个，而要对着整体，以便从这种幻想中一下子就摆脱出来。如果地轴相对于年公转平面的倾斜位置由于四季可爱的变换而是上帝直接干预的一个证明，那么，人们可以在其他天体那里把这种性状作一下对比。人们将会发现，每个天体的转轴位置都是不同的。而且在这种不同之中也有一些转轴并不倾斜；例如，木星的转轴就与它的轨道平面相垂直，火星的则几乎与其轨道平面相垂 1〔347〕
直，这二者都没有季节的变换，但却和其他行星一样都是至高无上的智慧的作品。土星、木星和地球都有卫星陪伴，如果对贯穿整个世界系统的这一目的的自由偏离，并不表明大自然在其自由行动中没有受到非常的强制的干扰而造成了这些规定性，那么，有卫星陪伴就似乎是至高无上的存在者的一种特别安排了。木星有 4 个卫星，土星有 5 个卫星，地球有 1 个卫星，虽然其余的行星由于其更为漫长的黑夜而显得比它们更需要卫星，但却连一个卫星也没有。如果把赋予行星的离心力与它们各自距离上的向心倾向成比例的相等，视为它们几乎是以圆形轨道围绕太阳运转并且由于从太阳获得的热量均匀而适于做理性造物的居住地的原因，对此表示惊赞，并把它看做上帝的直接干预，那么，只要考虑到，行星的这种性状是在逐步地递减，直到消失在天穹的深处，而且正是这个对行星的适度运动感到满意的至高无上智慧，也并不排除使星系因完全的无规则和无序而就此告终的种种缺陷，人们就一下子被带回到大自然的普遍规律了。大自然虽然有达到完善和秩序的本质规定性，但在其多样性的范围内也包含着所有可能的变化，直至缺陷和偏差。正是大自然的这种无限的丰富，它所造就的，既有有人居住的天球也有彗星，既有有益的山岭也有有害的礁岩，既有可供居住的田野也有荒无人烟的不毛之地，既有德性也有邪恶。

第三部分
以大自然的类比为基础在不同行星居民之间进行比较的尝试

谁知道所有世界中一个部分与另一个部分的关系，
谁认识所有的太阳和每一个行星的轨道，
谁了解每一个星体的不同居民，
谁才能理解和说明
万物为什么是如今的样子。

——蒲柏①

1〔351〕

附录

论各星体的居民

如果有人利用世俗智慧，以某种轻率的态度讲一些似是而非的话，随便开开玩笑，那么，即便他马上解释说，这只不过是为了取笑，我也认为这是对世俗智慧品格的侮辱。因此，在目前的尝试中，我将只列举那些确实能够有助于扩展我们知识的命题。同时，这些命题的可能性都是如此持之有据，使人们几乎不能不承认它们是成立的。

虽然在这类主题里，作出虚构的自由似乎没有真正的限制，在判断遥远世界居民的性状时，比一个画家在描画未被发现的土地上的植物和动物时，似乎可以更加无拘无束地纵情幻想，随心所欲，这样的想法似乎既不能被证实，也不能被驳斥，然而，人们必须承认，各天体与太阳

① 参见蒲柏：《试论人》，B. H. 布罗克斯译自英文，5页，1740。——科学院版编者注

的距离有着某些比例关系，它们对居住在这些天体上的能思维的物种产生了根本性的影响，这些物种活动和受动的方式为他们与之结合的物质 1〔352〕
性状所制约，取决于世界根据他们的居住地与引力和热量中心的关系的特性而对他们施加的影响的程度。

我认为，虽然否认所有的行星或者大多数行星都有居民是不合理的，但也没有必要断定所有的行星都有居民。鉴于大自然的丰富性，由于各个世界和星系相对于造化的整体来说只不过是沧海一粟，所以也可能有一些荒凉而没有居民的地方，它们不能被极精确地用于大自然的目的，即用于为理性造物来考虑。在对上帝的智慧的根据产生怀疑的时候，似乎必须承认，沙漠和荒无人烟的不毛之地占了地球的一大片地方，而在大海中也有一些没有居民的荒凉的岛屿。然而，一个行星与造化的整体相比，要比一片荒漠或者一个岛屿与地球相比更小得多。

也许，并不是所有的天体都已经完全形成，一个大的天体要达到其物质的固体状态，需要几百年或许几千年的时间。木星似乎还处在这种斗争之中。其形状在不同时间里的显著变化早已使天文学家们猜测过，它必定经历着巨大的变化，它的表面也远远不像可以居住的行星必有的那样平静。如果它如今没有居民，而且也不曾有过居民，那么，与整个造化的大不可测相比，这是大自然怎样一种无限小的浪费呢？如果造化在空间的每一个点上都如此精细地展示它的所有财富，那么，难道不是与其说这是富裕的标志，倒不如说是贫乏的标志吗？

然而，人们还是可以更为满意地猜测：即便木星现在没有居民，但总有一天，在它的形成周期结束之后，它就会有居民。也许，我们的地球在处于能够供养人、动物、植物的状态之前，就已存在了千年或者千年以上。至于行星要数千年之后才能达到这种完善，这无损于它存在的 1〔353〕
目的。因此之故，一旦它达到了这种完善状态，它也将在未来的岁月里更长久地停留在这种状态中；因为有这样一个自然规律：凡是有开端的东西，都将不断地接近其衰亡，而且它离开其开端的那个点越远，就离衰亡越近。

那个诙谐的海牙人，在引述了来自科学王国的一般消息之后，以滑稽的口吻提出了所有的天体都必定有居民的幻想。这种讽刺性的观念不能不被承认。他说道："那些居住在一个乞丐头上的森林中的造物，很久以来都把自己的居处看做一个大不可测的球，把自己看做造化的杰作。后来，它们中间天生聪颖的一位，即这个族类的**小封德耐尔**，意外地发现了一个贵族的头。它立即把自己住处所有的滑稽家伙叫到一起，狂喜地告诉它们：我们并不是整个大自然惟一有生命的存在物。你们看，这里有一个新大陆，**这里住着更多**的虱子。”即便这一推论的结局引起了一阵哄堂大笑，那也不是因为它与人的判断方式相去甚远，而是因为正是这种在人那里以同样的原因为根据的错误，在虱子那里就更值得原谅了。

让我们不带成见地作出判断吧！这种昆虫，无论是就其生存方式还是就其微贱来说都很能表现大多数人的性状，所以能够很好地用来进行这样一种比较。由于按照它的想象，大自然很把它的生存放在心上，所以它把并不精确地以自己族类这个造化目的中心为目的的所有其余造化都看做多余没用的。与存在物的最高等级距离同样无限遥远的人，也是
1〔354〕如此大胆放肆地以同样的自负吹嘘自己存在的必然性。无限的造化以同样的必然性包含着它那无穷无尽的财富所创造的一切物种。从能思维的存在物中最高贵的品级直到最受轻蔑的昆虫，没有一个环节是无关紧要的，没有一个环节可以缺少，否则就会由此损害在联系中呈现出来的整体美。不过，一切都取决于大自然凭借其原初植入的各种力量造成的普遍规律。由于大自然在其行事中总是产生出合理和秩序，所以没有任何意图能够干扰和打断它的序列。在它最初形成的时候，一个行星的产生只不过是它生产能力的一个无限小的结果；要它那有充分根据的规律去服从这个沧海一粟的特殊目的，岂不是某种荒唐无稽的事情。如果一个天体的性状给居住设置了自然的障碍，那么，虽然它拥有居民实际上会更好，但也是没有居民的。造化的卓越性由此没有受到丝毫损失；因为在所有的量中，无限者是那个不会由于减去一个有限的部分就有所减少的量。人们似乎要抱怨说，木星和火星之间的空间没有必要如此空空如也，此外还存在着没有居民的彗星。事实上，即便那个昆虫在我们看来如此微不足道，但它还是希望，大自然关心维持它的整个品类要甚于关心少数优等的造物；即便是一个地区或者地点没有这种优等造物，它们也还是无限众多。由于大自然就创造这两种造物而言都是无穷无尽的，所以人们立刻就能无忧无虑地看到，二者在维持和毁灭方面都是听凭普遍规律的。难道乞丐头上那些森林的拥有者在这片殖民地的族类中造成

的破坏，不是比菲利普的儿子被恶鬼钻进头脑，认为世界只是为他而造，从而在他的同胞这个族类中造成的破坏还要更大吗？

然而，行星中绝大多数肯定是有居民的，即使现在没有，将来也总会有的。在这些不同种类的居民中，它们在世界大厦中的位置与发出赋予万物生机的热量之中心的关系将会造成什么样的情况呢？因为毫无疑 1〔355〕
问，这种热量在这些天体的物质中将会按照其距离比例在其规定性方面造成某些比例关系。在所有的理性存在物中间，虽然人的内部性状对我们来说还是一个尚未研究的问题，但人仍是我们认识得最清楚的存在物，人必须在这一比较中充当基础和关联点。在这里，我们并不打算考察人的道德属性，也不打算考察人的构造的生理组织；我们只想研究，理性思维的能力和服从这种能力的身体运动，由于人所依赖的物质与同太阳的距离成比例的性状，而受到什么样的限制。且不说在思维力量与物质运动之间、在理性精神与身体之间可以发现的那种无限的距离，有一点毕竟是确定无疑的，那就是人所拥有的所有概念和表象都是来自于宇宙万物借助身体在他的灵魂中激起的印象，无论是就印象的清晰性而言，还是就被称为思维能力的那种把它们联结起来并加以比较的技能而言，人都完全依赖于造物主把他与之结合起来的物质的性状。

人注定要凭借身体去接受世界在他里面激起的印象和情感。身体是他的存在的可见部分，其物质不仅有助于居住在它里面的不可见的精神形成外部对象的最初概念，而且对于重复这些概念、把这些概念联结起来、简而言之也就是思维这些概念的内部活动来说，也是必不可少的。①
根据人身体发育的程度，其思维本性的能力也达到相应的完善程度，并 1〔356〕
在他的器官的纤维获得其发育成熟的强度和耐力之后，才达到成熟的、成人的能力。人能够用来满足对外部事物的依赖性使他产生的需要的那些能力，在他身上早就发展得很充分了。一些人就停留在这种发育程度上。而把得来的概念联结起来、借助自由地运用洞察力来控制情欲之偏好的能力，则出现得较晚。在一些人那里毕生都没有出现。但在所有人身上，这种能力都很弱，它为低等的力量服务，而它本来是应当驾驭它

① 从心理学的理由出发已经澄清，根据造化使灵魂与肉体彼此相依的目前状况，灵魂不仅必须借助肉体的配合和影响才能接受宇宙万物的所有概念，而且其思维能力的发挥自身也取决于肉体的状况，并从肉体的襄助获得为此所必须的能力。

们的，它的本性的优越性就在于支配这些力量。如果观察一下大多数人的生活，就会发现，这种造物之所以被创造出来，似乎是为了像一株植物那样汲取汁液和生长，延续族类，最后衰老和死亡。在所有的造物中间，人最少实现自己存在的目的，因为人把自己优越的能力都浪费在其他造物用更少得多、但却更可靠又合理得多的能力就可以实现的意图上面。如果对未来事物的期望不能使人得到提高，封闭在他里面的各种力量不能指望充分的发挥，那么至少在真正的智慧的眼中，人就会是所有造物中间最值得鄙视的一种了。

如果研究一下把人类保持在如此深重羞辱之中的那种障碍的原因，就会发现，这是由于人的精神部分所沉入的物质之粗糙，由于应当服从精神刺激的纤维之无韧性和体液之迟钝。人的大脑的神经和脑汁只能为人提供粗糙模糊的概念，并且由于他不能在其思维能力的内部用足够有力的表象与感性感觉的刺激对抗以达到平衡，所以他为自己的情欲所吸引，为维持他的器官的元素之混乱所抑制、所干扰。理性努力要摆脱这
1〔357〕种状况，用判断力的光芒来驱散这种混乱，就像阳光在乌云不断地干扰和遮盖它的明媚时所做的那样。

人类的结构中材料和组织的这种粗糙，是使灵魂的能力总是处于衰竭无力状态的那种迟钝的原因。反思和由理性澄清的表象的活动是一种灵魂不能不受到阻挡的吃力状态。由于肉体器官的自然倾向，它从这种状态出来又立即返回到一种受动的状态，这是因为感性的刺激规定和支配着它的所有活动。

人的思维能力的迟钝，是依赖于一种粗糙的、不灵活的物质的结果，它不仅是罪恶的根源，而且也是错误的渊薮。要拨开混乱概念的迷雾，要把借助观念的比较产生的一般认识与感性印象区分开来，是有困难的。由于被这种困难所阻碍，它宁可让位于一种匆忙的赞同，满足于占有一种使它难以从旁看清自己天性的迟钝和物质的阻力的认识。

在这种依赖性中，精神的能力与肉体的活力一起消失了：当年事已高，由于体液的循环减弱，体内只有浓稠的体液流动的时候，当纤维的韧性和一切运动的灵活性都减弱的时候，精神的各种力量也同样衰退了。思想的敏捷、表象的清晰、机智的活力以及记忆能力都变得僵硬无力。借助长期的经验获得的概念还在某种程度上补偿着这些能力的衰退，如

果需要知性驾驭的强烈情欲不是与知性一起甚至更早衰退的话，知性也将更为清楚地暴露出自己的无能。

据此，从这里可以清楚地看出，人的灵活的各种力量由于与它密切相关的物质的障碍而受到了限制和阻碍；但是，更为值得注意的是，材料的这种特殊性状，与太阳根据其距离远近使它活跃起来并有能力管理 1〔358〕
动物性肌体所借助的那种影响的程度有一种根本性的关系。从世界系统的中心发出的火使物质保持着必要的活动，与火的这种必然关系，是同样由此出发在各行星的不同居民之间进行比较的根据，而每一种居民都根据这种关系由于其必然的本性而被限制在宇宙中给它指定的地方。

地球和金星的居民如果交换其居处，就不可能不造成双方的死亡。地球居民的形成材料是与其距离上的受热程度相适应的，因此如果受热程度更大，这种材料就会太轻、太易于挥发。在一个更为炎热的区域里，地球居民将会经受剧烈的运动而伤身，这种情况是由于体液的挥发和干涸以及其弹性纤维极度绷紧而造成的。金星居民粗笨的体格和形成其身体的元素的迟钝，需要太阳更大的影响。在一个更冷的天域里，金星居民就会冻僵并由此丧命。同样，构成木星居民身体的物质必定更为轻巧、更易挥发得多，以便太阳在这个距离上能够用来起作用的微弱激动，就能够使这些器官像太阳在下面的区域里所造成的那样强有力地运动起来。对于这一切，我用一个一般的概念来加以概括：**一般来说，不同的行星离太阳越远，形成其居民乃至动物和植物的材料就必定越是轻巧、越是精细，纤维的弹性连同其肌体的优越配置就越是完善。**

这种比例关系是如此自然，如此持之有据，以至于不仅在自然学说中通常被视为薄弱根据的终极目的的种种动因将导向它，而且构成各行星物质的特殊性状的那种不仅为**牛顿**的计算、而且也为天体生成论的理由所阐明的比例也将证实它。按照这种比例关系，形成各天体的材料在 1〔359〕
距离较远的天体上总是要比距离近的更轻，这必然要对在这些天体上繁衍和生存的造物造成一种相同的比例关系。

我们已经阐明了在构成各行星上理性造物的物质的性状之间进行的比较。根据这一考察的引论，可以轻而易举地看出，这些比例关系即便是在其精神能力方面也要造成某种后果。据此，如果这些精神能力必然依赖于它们所寄居的器官的材料，那么，我们就能够以一种不仅仅可能的猜想作出推论：**能思维的物种之优越、它们的表象之敏捷、它们通过外部印象所获得的概念之清晰和生动、连同它们综合这些概念的能力、最后还有在实际应用方面的灵活，简而言之，它们的全部完善性，都服从于某个规则，根据这一规则，他们的居处离太阳越远，他们就越优秀、越完善。**

由于这种比例关系具有一定程度的可信性，与一种已阐明的可靠性相距不远，所以我们发现了一个适合从不同居民特性的比较出发作出适当猜想的广阔领域。在各种存在物的阶梯上，人这个物种仿佛处在中间一段，它发现自己处在完善性的两个极限中间，与完善性的两端同样远。如果关于居住在木星或者土星上的最杰出的理性造物的想象激起了人的嫉妒心，使人由于认识到自己的微贱而自惭形秽，那么，看到金星和水星这些行星上的低等物种远远低于人这个物种的完善性，人就又会感到满意和欣慰了。这是一种多么值得赞叹的景象啊！我们一方面看到这样
1〔360〕的能思维的造物，在他们那里一个格陵兰人就好像是牛顿，另一方面又看到别的能思维的造物，他们把牛顿当做一只猴子而感到惊奇。

最近，上面的生物都在看，
我们这里的一位凡人
所做的事情实在离奇。
他们感到惊异，这个人居然发现了自然规律。
这种事情居然有可能让一个地球上的造物作出。
他们看待我们的牛顿，就如同我们看待一只猴子。

——蒲柏①

对于最高天域上的那些幸运的存在物的洞察力来说，认识方面的哪一种进步他们不能做到！洞察力的这种光照又怎会不在他们的道德品质上造成美妙的结果。知性的洞察力如果拥有完备和清晰的应有程度，就会比感性诱惑具有更强有力得多的魅力，能够战无不胜地控制这些诱惑，把它们踩在脚下。映现在所有的造物之中的神明，又怎能不极美好地映

① 参见蒲柏：《试论人》，B. H. 布罗克斯译自英文，35页，1740。——科学院版编者注

现在这些能思维的物种之中！这些能思维的物种作为一片不为情欲的风暴所动的海洋，平静地接受了它的形象并反映出去。我们不想让这些猜测超越为一篇物理学论文所规定的界限，我们只不过要再次说明一下上面已经阐明过的类比：**从水星到土星，或者也许还到土星上面（如果还有别的行星的话），行星上无论是精神世界还是物质世界，其完善性都将按照它们与太阳的距离成正比地递增和发展。**

既然这种状况都是出自其居处与世界中心的物理学关系，部分是自然而然产生的，部分是适当地引起的，所以另一方面，最杰出的、适合于上面的区域里这些物种的特别完善性的配置的真实景象也如此清晰地证实了这一规则，以至它差不多可以使人深信不疑。与一个高级物种的优点相联系的这种行动敏捷，比迟钝的、不完善的造物的缓慢更适合那 1〔361〕
些天域里变换迅速的时间周期。

望远镜教导我们，木星上昼夜的转换只有 10 小时。如果地球上的居民搬迁到这个行星上，面临这样的划分他将怎么办呢？10 个小时几乎还不够粗糙的器官为了通过睡眠恢复体力所需要的休息。为了醒时工作所做的准备、穿衣、用于吃饭的时间，什么不需要占用下面的时间呢？一个行动如此缓慢的造物，他的 5 个小时的工作突然被插进来的 5 个小时黑夜所打断，他怎么能够不精神涣散、难以做出什么像样的事情呢？与此相反，如果木星是由更完善的造物居住的，他们拥有更精细的体质，各种力量更富有弹性，行动更为敏捷，那么就可以相信，这 5 个小时对于他们来说相当于、甚至超过了对于低级的人类来说白昼的 12 个小时。我们知道，时间的需求是某种相对的东西，只要从要做的事情的大小出发与行动的速度加以比较就可以认识和理解这种相对性。因此，同样的时间，对一种造物来说仿佛只是一刹那，对另一种造物来说就可能是一个很长的周期，其中由于起作用迅速，能够发生一大串变化。根据上面所描述的对土星自转的大致计算，土星的昼夜划分要更短得多，因此可以猜测它的居民这个物种具有更为优秀的能力。

最后，所有这一切都协调一致地证实了上述规律。看起来，大自然的宝藏在世界遥远的一面分布得最为丰富。这里分布着大量的卫星，它们为这些区域里的勤劳的存在物提供了充分的替代品，补偿他们缺少的日光。大自然似乎非常细心地为他们的活动提供了种种帮助，以便没有 1〔362〕

任何时间妨碍他们利用这种替代品。就卫星而言，木星与所有下面的行星相比占有明显的优势，而土星又对木星占有优势，土星的配置由于环绕它的那个美丽同时有用的环而有可能在其性状上有更大的优势。与此相反，对于下面的行星来说，这种宝藏也许未加利用就被浪费掉。它们的居民品类与无理性更接近得多，这些行星要么根本不、要么是很少具备这种优点。

但是，不能（我要抢在一种有可能推翻上述所有这种协调一致的异议之前）把与太阳这个光与生命之源的距离较远看做一件坏事，把较远的行星显示出这样一些详尽的配置，看做只是为了补救这种坏事；也不要提出异议说，事实上，上面的行星在世界大厦中处于一个不怎么有利的位置，由于它们从太阳获得的影响较弱，这种地位会妨害它们的配置的完善性。因为我们知道，光和热的作用不是取决于它们自己的强度，而是取决于物质接受它们以及或多或少抵制它们的能力；因此，同样的距离对于一种粗糙的物质来说可称为气候适宜，但却会驱散更为精细的流质，对它来说强烈得有害；因此，只有一种更为精细的、由更为易动的元素构成的材料，才能使木星或者土星与太阳的距离对于二者来说成为一个幸运的位置。

最后，上面这些大域里的各种物种的优越性似乎还由于一种自然而然的联系而与他们配享的持久性相关。衰变和死亡不会像对我们这些低等的物种那样，造成那么多的损害。物种的迟钝和材料的粗糙是下面这些等级低贱的特殊本源，也是他们趋向衰亡的原因。体液渗透到纤维之
1〔363〕间，附着在纤维的质量上，从而使动物或者人得到营养，能够生长。如果体液在生长已经完成的时候不再能同时使其管脉扩张，那么，这些附着的营养体液就必然正是由于被用来使动物得到营养的那种机械作用，使其管脉变得狭窄，并堵塞它们，通过日益加剧的僵化摧毁整个器官的结构。可以相信，尽管最完善的物种也要受到短暂性的煎熬，构成那些居住在遥远行星上面的较完善的存在物的材料之精细、管脉之弹性、体液之轻巧与效力等方面的优势，却能更长久地阻止作为一种粗糙物质的迟钝带来的后果的衰竭，给予这些造物一种其长度与其完善性相匹配的寿命，就像人的生命的衰竭与其低贱成正比一样。

在我抢先提到一种怀疑之前，我还不能结束这一考察。如果把上述

意见与我们前面的定理加以比较，这种怀疑就会自然而然地产生出来。我们在世界结构的配置上，根据照耀最远轨道上的行星的那些卫星的数量，根据绕轴自转的速度，根据它们的组合与太阳的作用相匹配的材料，认出了上帝的智慧，它把一切都安排得如此有利于居住在这些行星上的理性存在物。但是，如今要怎样把关于目的的学说与一种力学学说协调起来，以使至高无上智慧所设计的东西能被委托给原始物质、天意的统治能被委托给自行发展的大自然去实施呢？难道前者不是承认，世界结构的安排并不是借助后者的普遍规律发展出来的吗？

只要回想一下前面出自同样的目的阐述的东西，就可以马上驱散这
种怀疑。难道不是所有自然运动的力学都必然具有一种根本性的倾向，
要得出与至高无上的理性的设计在全部联结的范围里完全协调一致的这
些结论吗？由于得出这些结论的所有力学特性都已从神的理智的永恒理
念中获得了自己的规定性，万事万物都必定在神的理智中相互联系、相 1〔364〕
互配合，力学又怎么能够一开始就有步入歧途的倾向和放荡不羁的散漫
呢？这种判断方式把大自然看做一种讨人嫌的东西，只有凭借一种为它的自由行为设置界限的强制才能把它维持在秩序和相互协调的轨道上，而不是认为大自然是一个自身充足的本源，其特性没有任何原因可言，而上帝则尽其所能地把它强行纳入自己意图的计划。如果好好地想一想，又能怎样为这种判断方式作出辩解呢？人们越是切近地认识大自然，就越是认识到，各种事物普遍的性状并不是互不相干、彼此分离的。人们将得到充分的证明：各种事物都有本质上的亲缘关系，它们凭借这种亲缘关系相互适应，在建立完善的状态方面相互支持，这是各种元素为了物质世界的美、但同时也是为了精神世界的利益而发生的相互作用；一般来说，在永恒真理的领域内，事物各自的本性可以说已经彼此间构成了一个事物与另一个事物相关联的体系；人们还将马上就明白，事物都是从起源的共同性中获得这种亲缘关系的，它们都从这一起源获得了自己的本质规定性。

因此，我们要把这一反复进行的考察运用于预定目的。正是这些把最上面的行星安排在远离世界系统中的引力和惯性中心的地方的普遍运动规律，把这些行星由此也同时置入最优越的状态，让它们在最远离粗糙物质的引力中心的地方、以更大的自由形成起来。但它们同时也把这

些行星与按照同样的规律从那个中心散发出来的热量的影响置入了一种合规则的比例关系之中。由于正是这些规定性使天体在这些遥远的区域里的形成更加不受阻碍，使依赖于此的运动的产生更快，简而言之，使系统更为合理；由于归根结底精神存在物对它们亲身与之结合的物质有
1〔365〕一种必然的依赖；所以，大自然在这两方面的完善性是在各种原因的惟一一种联系中、出自同样的理由造成的，这也就不足为奇了。因此，如果加以仔细的考虑，那么，可以看出这种协调一致并不是什么突如其来的、出乎意料的事情，而由于精神存在物被同样的本源编织在物质大自然的普遍状态之中，所以，出自星体世界在遥远的区域更完善的同样原因，精神世界在遥远的区域里也更完善。

这样，在整个大自然的范围内，万事万物都以一个连续不断的程度序列，凭借使所有的成员彼此相关的那种永恒的和谐而联系起来。上帝的完善性清晰地启示在我们这些等级中，而且在最低的等级中一点也不亚于在较高的等级中那样辉煌。

> 一根怎样的链条从上帝发轫，
> 又是怎样的物种纷纭，
> 从天上到人间，从天使、人到畜生，
> 从六翼天使到苍蝇。
> 啊！一望无际的辽阔，
> 从无限者到你，从你到虚无！
>
> ——蒲柏①

我们迄今为止的猜想都是忠实地沿着自然关系的导线进行的，这条导线使我们的猜想保持在合理的可信性的道路上。我们难道还想允许自己离开这条轨道涉入幻想的领域吗？谁能够给我们指出持之有据的可能性终结而任意的虚构开始的界限呢？谁如此大胆地敢于回答这一问题：是否罪孽也统治着世界结构的其他星球？或者，是否惟有德性才在那里实施统治？

---

① 参见蒲柏：《试论人》，B. H. 布罗克斯译自英文，25～26 页，1740。——科学院版编者注

星体也许是美好精灵的住所，
这里是邪恶横行，那里却是德性当政。

——冯·哈勒①

在智慧与无理性之间，难道就没有某种中间状态属于能够犯罪的不幸能力吗？谁知道，那些遥远天体上的居民并不太高贵，也不太聪颖，以致堕落到蕴含在罪孽之中的愚蠢里面，而住在下面行星上的居民，则 1〔366〕
太死死地束缚在物质上面，太缺乏精神的能力，以致不能在正义的裁判席前承担起自己行为的责任呢？以这种方式，也许惟有地球、或者还有火星（有了不幸的伙伴，我们就可以不被剥夺可怜的慰藉了）才处在危险的中间道路上。在这里，与精神的最高统治相对立的感性刺激的引诱，具有强大的诱惑力，但并不能否认这种最高统治在精神的惯性不愿意沉溺于这种引诱之中的时候，有能力使精神抵御这些诱惑。因此，在软弱和能力之间存在着这种危险的中间点的时候，正是使精神高于低等级别的那些优点，把精神置于某种高度，而精神又可能从这里出发无限深地堕落到这些低等级别之中。事实上，地球和火星这两颗行星是行星系最中间的成员，就其居民而言，也许他们不可能不猜想自己是自然性状和道德品质在两个端点之间的中间环节。不过，我宁可把这一考察留给那些对一种无法证明的认识更多地感到心安理得、更多地感到承担这种责任的倾向的人们。

结束语

人如今究竟是什么样子，虽然意识和感觉应当对我们有所教益，但我们还是不很清楚；至于人将来会成为什么样子，我们就更无法猜测了！尽管如此，人类灵魂的求知欲仍忍不住急切地研究这个离它如此遥远的对象，并力图在这样阴晦的认识中获得一线光明。

不朽的灵魂在就连死亡也不能打断、而只能有所改变的未来时间全部无限延续中仍始终附着在世界空间的这个点上，即附着在我们的地球

① 参见阿尔布莱希特·冯·哈勒的《未完成的永恒颂》，144页，最初刊印于1743年。——科学院版编者注

1〔367〕上吗？人类灵魂永远不能就近分享造化的其他奇迹吗？谁知道，能不能设想人类灵魂有朝一日切近认识从远处就如此吸引着其好奇心的世界大厦那些遥远星球及其配置的卓越性呢？也许，行星系还在形成着一些星球，以便在为我们此处的居留所规定的时间结束之后，能在其他天域找到新的住所。谁知道，围绕木星运行的那些卫星，不会有一天照耀着我们呢？

用这样的表象来自娱，是允许的，也是合适的。然而，没有人把关于未来的希望建立在想象力如此不可靠的景象之上。在虚荣心不再参与人类本性之后，不死的精神将迅猛超越一切有限的东西扶摇直上，在与出自同至高无上存在者更切近的结合的整个大自然的新关系中继续其存在。此后，这个提高了的、自身包含着幸福之源的物种，将不再以外界的对象为娱，在外界的对象中寻求慰藉。造物总体与至高无上原始存在者的喜悦有一种必然的协调一致，它必定把至高无上原始存在者的喜悦当做自己的喜悦，将永远使它满意。

事实上，如果人们让自己的心灵对这样的考察和上述的东西思索一番，那么，在晴朗的夜晚遥望繁星密布的天穹，就会是只有高贵的灵魂才能感到的一种享受。在大自然万籁俱寂、感官歇息的时候，不朽精神的隐秘认识能力就会说出一种无法名状的语言，给出一些未展开的概念，这些概念只能感受，却无法描述。如果在这些行星上能思维的存在物中间有一些低贱的存在物，他们不顾一个如此伟大的对象能够用来吸引他们的所有魅力，依然能够顽固地受虚荣心役使，那么，这颗行星居然培
1〔368〕育出这样的可怜虫，该是多么不幸啊！但另一方面，由于在一切最值得设想的条件下，为它开启了一条通达幸福和崇高的道路，这种幸福和崇高远远超过了大自然在所有天体中最有利的安排所能达到的优越性，它又是多么幸运啊！

原文收入李秋零主编《康德著作全集》第1卷，作于1755年。

自然科学的形而上学初始根据

科学院版编者导言

阿洛伊斯·赫福勒（Alois Höfler）

关于《自然科学的形而上学初始根据》完成的时间点，康德在1985年9月13日致许茨的一封信①说："在我动手写作所许诺的自然形而上学之前，我必须事先完成……物体学说的形而上学初始根据……。这项工作我在今年夏天已经完成，书名是《自然科学的形而上学初始根据》；……倘若不是我的右手受伤，妨碍我最终写完，那么，在这次米迦勒节博览会上，它就已经出版了。因此，手稿不得不一直留到复活节了。"——来自哈特克诺赫（1785年10月8日）的一封信②说："如果您遵循您的第一个决定，把完成了的论著寄往哈勒给格鲁内特先生，事情毕竟会更好一些。……由于您在此期间改变了您的意见，所以我至为恭顺地请求在新年把这部著作寄给格鲁内特先生，以便它及时地赶上复活节博览会。"下文474页的详细注释谈到的《文汇报》第295期的日期是1785年12月13日。因此，康德必定也是在1786年新年前后不久忙完手稿的。——1786年的博览会目录（《1786年法兰克福和莱比锡复活节博览会上新版图书……总目》，莱比锡，M. G. 魏德曼斯·艾尔本和莱西印制）在304页（在"1785年复活节博览会"总标题之下，但这只是一个印刷错误，因为在前面几页和后面几页到处都是1786年）作出了引证：康德的《自然科学的形而上学初始根据》，8开本，里加，约翰·弗里德里希·哈特克诺赫出版。——来自约翰·贝林于1786年9月21日的一封信③叙述了"今年冬天关于康德教科书的讲演被禁止"的"敕令"，并接着说："由于只有我一个人公布过这类讲演，亦即关于尊贵的阁下的《形而上学初始根据》……，所以尊贵的阁下轻而易举就能够想象我的惊讶。"

像例如鲍洛夫斯基关于处女作（参见《康德全集》，第Ⅰ卷，521页和545页）所报道的细节，事关《自然科学的形而上学初始根据》时既

① 《康德全集》，第Ⅹ卷，382～383［406］页。

② 同上书，387～388［411］页。

③ 同上书，442［465］页。

没有出现在鲍洛夫斯基那里（他在《伊曼努尔·康德的生平和性格描绘》的75页引用了这本书的书名，并附了7行的内容说明），也没有出现在雅赫曼和瓦西安斯基那里。

这部著作出版前后或多或少明确地谈到它的整体上少得可怜的几段话对于两个问题来说值得考虑：首先，这部落入批判期中间的作品在多大程度上还可以接受出自前批判期的成分，以至于范畴表如猜测的那样只是外在地附上去的。其次，在多大程度上与《自然科学的形而上学初始根据》同时，甚至在它之前，就也在处理未再臻于完成的从《自然科学的形而上学初始根据》到物理学的过渡。在这样的意义上要考虑的是：

I. 在往来书信中：致兰贝特（1765）[①]。这里，康德提到了“一些较小的作品，对我来说，它们的材料是现成的，其中第一批将是《自然世俗智慧的形而上学初始根据》和《实践世俗智慧的形而上学初始根据》……”。因此，这是对我们这部作品后来的书名的一个很早的认定。——来自赫尔瓦格的一封信（1790）[②]，康德写了回信（1791年1月3日）[③]；这里面重要的一段话（233［246］页）是：“……我当然在我的《自然科学的形而上学初始根据》中也能够说明这样一些先天法则的可能性的普遍先验根据，它可以在下面予以简要的介绍。”——致贝克的一封信（1792）[④]：“我将在这个冬末公布我在撰写我的《自然科学的形而上学初始根据》期间进行、但我摈弃了的尝试。”

II. 在《出自康德遗著的散页》中，莱克说[⑤]：“第9号代表着1786年出版的《自然科学的形而上学初始根据》的预备性练习之一。”该书75页，公布了A9的文本（讨论反作用法则）。——与从《自然科学的形而上学初始根据》向物理学的过渡相关的是该书187、191、206、240、243、246、253、265、266、269、272、275、284页。莱克在该书246页对D20作出说明：“有关于出自理论物理学的对象的反思的一张散页，根据课表的证明，康德作为教授自1771—1772年冬季直到1787—1788年冬季讲过8遍理论物理学。……我们这张被用过多遍并且扩充过的散页，

① 《康德全集》，第X卷，53［56］页。

② 《康德全集》，第XI卷，221～229［236～244］页。

③ 同上书，232～235［244～247］页。

④ 同上书，381［396］页。

⑤ 《出自康德遗著的散页》，第1册，51页。

似乎是出自70年代。”——在该书的D28（第1册，274页）：“在自然科学中，形而上学仅仅具有负面的价值。它不教导任何东西，因为它从自然借来的不是原则，而是概念。一切都必须在自然学说中从数学和经验得到证明。”

刊印：I.《自然科学的形而上学初始根据》，伊曼努尔·康德著，里加，1786，约翰·弗里德里希·哈特克诺赫出版。

II.《自然科学的形而上学初始根据》，伊曼努尔·康德著，第2版，里加，1787，约翰·弗里德里希·哈特克诺赫出版。

III.《自然科学的形而上学初始根据》，伊曼努尔·康德著，第3版，莱比锡，1800，约翰·弗里德里希·哈特克诺赫出版。

翻印：对于II所列举的1787年版来说要告知的是，编者赫福勒经P.门采尔提醒注意到存在着两种使用同样标题（包括年份1787）的印刷。实际上，对所有属于沃尔姆斯保罗博物馆的版本和印刷的比较得出，这里有与在《导论》的事情上（《康德全集》，第IV卷，607～616页）深入研究过的类似的情况。至于这是一种未经授权的翻印，还是一种出自某些理由实际上由出版商哈特克诺赫所作的重印，可以搁置不论。例如可以比较封面和书页上沿的仔细模仿却毕竟并非不显著地不同的小花饰，此外比较相似的、但毕竟不同的铅字等等诸如此类的东西。不过除此之外，如众多的抽样显示，句子，甚至在音节分行上都一致。[模仿甚至达到斜体字，这使人猜测某种恶意。] II的这两种印刷（它们在必要时可以标为II. 和II. a）哪一种是原本的，哪一种是翻印，尚未得以裁定。与此相反，从III的日期为1800年得出，以下两个版本都是未经授权的翻印：

b）标明为：最新版，法兰克福和莱比锡，1794。

c）标明为：最新版，格莱茨，1796。维也纳大学图书馆的样本被附上康德的一个肖像，标明为：C. 欣德尔迈耶尔虔诚地画（又发表在《康德研究》，第V卷，参见143～144页）。在沃尔姆斯保罗博物馆的一个除此之外完全相同的样书中缺少这个肖像。

除了罗森克兰茨、哈滕施泰因和基尔希曼的全集版本中的再印之外，这部作品自1899年以来第一次以单行本再度出版，标题是：维也纳大学哲学协会出版物第III卷，伊曼努尔·康德著，《自然科学的形而上学初始根据》，由阿洛伊斯·赫福勒新编并撰写一个后记“当代力学哲学研究”，莱比锡，1900（康德文本1～104页，后记1～168页）。——下文的注释中指出这个后记的研究的地方，标记为“Stud.”。

为了补充后面的异文和内容注释，也要指出编者在《康德研究》（第XI卷，255～259页，1906）的文章《论康德的〈自然科学的形而上学初始根据〉》，I. 柏林版补遗；II. 论奥斯特瓦尔德对康德的《自然科学的形而上学初始根据》的考察。

前言

4〔467〕

如果仅仅在**形式的**意义上来看自然这个词，由于它意味着属于一个事物的存在的一切东西的内在第一原则①，所以有多少种类上不同的事物，其中每一种事物都必然包含着自己属于其存在的种种规定的独特内在原则，那也就有多少门自然科学。但此外，自然还被在**质料的**意义上来看，不是作为一种性状，而是作为一切事物的总和，这是就它们能够是**感官的对象**、从而也是经验的对象而言的。所以自然被理解为一切显象的整体，亦即除一切非感性的客体之外的感官世界。于是，在该词的这种意义上看的自然，按照我们的感官的主要差异就有两大部分，一部分包括**外**感官的对象，另一部分包括**内**感官的对象，从而关于自然就可能有一种双重的自然学说，即**物体学说**和**灵魂学说**②，其中前者考察的是**有广延的**自然，后者考察的是**能思维的**自然。

任何一种学说，如果它是一个**体系**，亦即是一个按照原则来整理的知识整体的话，那就叫做科学。而既然那些原则要么可以是知识在一个整体中的**经验性**联结的原理，要么是其**理性**联结的原理，所以，如果不是理性从自然的联系中得来的一种知识要配得上自然科学这一称号，**自** 4〔468〕
然这个词（因为该词表示从事物的内在**原则**导出属于事物存在的杂多）就要使它成为必然的，则自然科学，无论是物体学说还是灵魂学说，本来会必须划分成为**历史的**自然科学和**理性的**自然科学。因此，自然学说可以更好地划分为**历史的自然学说**和自然科学，前者所包括的无非是自然事物经系统整理的事实（而它又可以由**自然的描述**和**自然史**组成，前

---

① 本质是属于一个事物的可能性的一切东西的内在第一原则。因此，人们可以把一种本质归于几何图形，但却不可把一种自然归于它们（因为在它们的概念中没有任何表达一个存在的东西被思维）。

② 对比显而易见地使人想到笛卡尔的“广延实体”和“思维实体”。不过，这里以及下文所说的不是两种实体的不同，而是我们感官因而也是经验的两种对象的不同。——因此，康德需要的只是“物理的东西和心理的东西的现象二元论”（按照当前的术语，赫福勒：《心理学》，第2节）；与此相反，康德在《自然科学的形而上学初始根据》中对心理的东西的时而提示（亦即下文471页：经验性的灵魂学说、内感官的现象及其规律、灵魂显象），完全不依赖于任何种类的心物一元论都落入其下的“关于肉体与灵魂关系的形而上学理论”（赫福勒：《心理学》，第7节）。康德的批判主义对形而上学的这个问题群是什么态度，请参见《康德研究》第XV卷94页以下的李普曼手册。——科学院版编者注

者是自然事物按照类似性的一个分类体系，后者是自然事物在不同的时间和地点的一种系统展示）。于是，自然科学又会要么是**本真地**如此称谓的自然科学，要么是**非本真地**如此称谓的自然科学，其中前者完全按照先天原则来对待自己的对象，后者则按照经验规律来对待自己的对象。

惟有其确定性无可置疑的科学才能被称为**本真的**自然科学；只能包含经验性的确定性的知识，是一种仅仅非本真地如此称谓的**学识**。知识成系统的整体因为是成系统的，就已经可以叫做**科学**了，而如果知识在一个体系中的联结是根据与后果的联系，它就甚至可以叫做**理性的**科学。但如果在科学中，例如在化学中，这些根据或者原则归根结底只不过是经验性的，而理性说明被给予的事实由以出发的规律只不过是经验规律，那么，它们就不带有对自己的**必然性**的意识（就不是无可置疑地确定的），而在这种情况下，这个整体在严格的意义上就不配一门科学的称号，因而化学与其叫做科学，倒不如叫做系统的技艺。

因此，一种理性的自然学说，惟有当在它里面作为根据的自然规律被先天地认识，而不仅仅是经验规律的时候，才配得上一门自然科学的称号。人们把前一种自然知识称为**纯粹的**；而后一种自然知识则被称为**应用的**自然知识。既然自然一词自身已经带有规律的概念，而这个概念又带有一个事物的所有属于其存在的一切规定之**必然性**的概念，所以人们轻而易举地
4〔469〕就看出，为什么自然科学必须仅仅从它的一个纯粹部分，亦即包含着其他一切自然解释的先天原则的部分中导出这种称谓的合法性，并且惟有凭借这个纯粹的部分才是本真的科学。同样，按照理性的要求，任何自然学说归根结底都必须通向自然科学并在其中完成自身，因为规律的那种必然性与自然的概念是不可分割地相联系的，因而是绝对要了解的；所以，从化学原则出发对某些显象所作的完备解释总还是留下一种缺憾，因为人们从这些是仅仅由经验所教导的偶然规律的原则中不能先天地引证任何根据。

因此，一切**本真的**自然科学都需要一个**纯粹的**部分，在它上面可以建立起理性在它里面所寻找的那种无可置疑的确定性。而由于这个部分就其原则而言与仅仅是经验性的那些部分相比是完全不同类的，所以就方法而言，把那个部分分离出来，完全不与别的部分混杂，尽可能在其全部完备性中加以阐明，以便能够精确地规定理性可以为自己提供什么，以及它的能力在什么地方开始需要经验原则的帮助，是极为有益的，而且就事实的

本性而言甚至是不可推卸的义务。仅仅出自**概念**的纯粹理性知识叫做纯粹哲学或者形而上学；与此相反，凭借在一种先天直观中展现对象而把自己的知识仅仅建立在概念的**构想**之上的理性知识，则被称为数学。

可以**本真地**如此称谓的自然科学首先以自然的形而上学为前提条件；因为属于一个事物的存在的东西，其必然性的规律亦即原则所关涉的是一个不能被构想的概念，原因在于存在不能在任何先天直观中展示出来。因此，本真的自然科学以自然的形而上学为前提条件。于是，自然的形而上学虽然在任何时候都必须包含非经验性的纯粹原则（因为它正因为此才拥有一种形而上学的称号），但毕竟**要么**它可以干脆不与任何确定的经验客体相关，从而对感官世界的这一事物或者那一事物来说不确定地探讨一般地使得一个自然的概念成为可能的那些规律，而在这种情况下就有了自然的形而上学的**先验**部分；**要么**它研究这一类或者那一类已经 4〔470〕
有了一个经验性概念的事物的一种特殊本性，但除了包含在这个概念中的东西之外，并不把任何别的经验性原则用于对这种本性的知识（例如，它把一种物质或者一种能思维的存在者的经验性概念当做基础，并寻求理性关于这些对象先天地能够拥有的知识的范围）；而在这时，这样一门科学还总是必须叫做自然的、亦即形体的自然或者能思维的自然的形而上学，但这样一来就不是一般的、而是特殊的形而上学的自然科学（物理学和心理学），其中那些先验原则被运用于我们感官的这两类对象上。

但我主张，在任何特殊的自然学说中，所能发现的**本真的**科学无非就是在其中能发现的**数学**。① 因为按照前面所说的，本真的科学，尤其是

① 这是整部作品中大概最经常被引用的一句话。但是，如果不应当在康德的话中置入一种对它们来说差不多陌生的意思，那么，就要注意康德把什么视为**数学的理性认识**相对于**哲学的理性认识**的本质之处。事情仅仅在于借助在先天直观中展现对象来构想概念（下文 469 页）。对于在这里什么叫做构想，例如参见下文 486 页。直到第一章结尾的预先提出现代心理物理学的基本问题的研究（强度的量的可相加性，赫福勒版《自然科学的形而上学初始根据》后记，20～24 页）给出了最详细的例子（下文 494 页：作为一个量的速度的概念被构想）。康德把数学和本真的科学（亦即理性的、不仅仅经验性的认识）等量齐观，完全处在“数学”概念最现代的扩展远远超过从前的数字和空间学说而一直达到“对象理论”的概念的方向上，这后一个概念在自己这方面又是作为“关系理论”概念的扩展而产生的。但是，例如在罗素和库蒂拉特看来，一种普遍的“关系逻辑”应当成为不再局限于量的数学；参见 A. 卡西勒：《康德与现代数学》，见《康德研究》，第 XII 卷。但是，如果也在康德这里就已经表现出一种把数学概念普遍化的倾向，那么，对于他来说，把数学与哲学，特别是形而上学区别开来的构想契机毕竟依然同样是本质性的。对此详见《纯粹理性批判》的方法论：第一篇的第一章（《康德全集》，第 III 卷，468～477 页）。——科学院版编者注

本真的自然科学，要求一个纯粹的部分，来作为经验性的部分的基础，并且先天地以对自然事物的知识为依据。如今，先天地认识某种东西，也就是从它的纯然可能性出发认识它。但一定的自然事物的可能性不能从它们的纯然概念出发来认识；因为从这些概念出发虽然可以认识思想的可能性（思想不自相矛盾），但却不能认识作为能够在思想之外被给予的（实存着的）自然事物的客体的可能性。因此，为了认识一定的自然事物的可能性，从而为了先天地认识这些自然事物，就还要求被给予与概念相应的先天**直观**，亦即要求概念被构想。现在，由概念的构想而来的理性知识就是数学的。因此，虽然一种一般而言的纯粹自然哲学，亦即仅仅研究总的来说构成一个自然概念的东西的自然哲学，没有数学也是可能的，但关于一定自然事物的一种纯粹的自然学说（物体学说和灵魂学说）却惟有凭借数学才是可能的。而且既然在任何自然学说中所发现的本真的科学与存在于其中的先天知识一样多，所以自然学说所包含的本真的科学就与其中能运用的数学一样多。

因此，对于物质相互之间的化学作用来说，只要还没有找出可以构
4〔471〕想的概念，亦即只要还不能给出各部分相互接近和分离的规律，按照这规律，可以在其密度以及诸如此类的东西的关系中，在空间中先天地使其运动及其结果直观化并予以展示（这是一个很难每次都被满足的要求），那么，化学就只能成为系统的技艺或者实验学说，但绝不能成为本真的科学①，因为化学的原则仅仅是经验性的，不允许在直观中的先天展示，因而一点也不能使人就其可能性而言来理解化学现象的原理，因为它们不能作数学的应用。

但是，与化学相比，经验性的灵魂学说在任何时候都必须与一种可以本真地如此称谓的自然科学的地位保持更远的距离。这首先是因为数学不能运用于内感官的现象及其规律，人们必然在这些现象的内部变化之流中只想考虑**常驻性的规律**，但这会是知识的一种扩展，这种扩展与数学为物体学说所造成的扩展的关系，大约相当于关于直线的属性的学

① 康德的否认，即化学“不能作数学的应用”，如何说得过早，例如就表现在范托夫的《理论化学和物理化学讲演录》（1900）中；也就是说，并非物理学公式的纯然应用和转用，而是独立的方程式如（第 III 册，127 页）：$-\frac{d\,C_{ester}}{dt}=k_2 C_{ester} C_{base}$ 和 $-\frac{d\,C_{ester}}{dt}=k_2 C_{ester} C_{säure}$。——科学院版编者注

说与整个几何学的关系。因为要在其中构想灵魂显象的纯粹内直观是时间，而时间只有**一个**维度。但是，它就连作为系统的分析技艺或者实验学说而接近化学也不能，因为在它里面，内部观察的杂多惟有通过思想的划分才能彼此分离，但不能保持分离，也不能任意地重新联结起来，更不能让另一个能思维的主体屈从于适合我们的意图的试验，而且观察自身就已经改变和歪曲了被观察对象的状态。因此，灵魂学说绝不能超出内感官的一种历史的自然学说，并且作为这样的学说而成为尽可能系统化的自然学说，亦即成为对灵魂的一种自然描述，但绝不是灵魂的科学，甚至连成为心理学的实验学说也不能①；这也正是我们按照通常的用法把自然科学这一普遍的称号，用为真正说来所包含的是物体学说之原理的这部著作的标题的原因，因为在本真的意义上惟有这种称谓才适宜于它，所以不会引起歧义。

但是，为了使数学有可能运用于惟有通过这种运用才能够成为自然科学的物体学说，就必须预先准备好属于一般而言物质的那些概念的**构想**的原则；因此，必须把对一般而言的物质概念的完备分析作为基础，这是纯粹哲学的一项工作。纯粹哲学为此目的不是利用特殊的经验，而仅仅（按照在本质上已经与一般而言的自然概念相联系的规律）与空间和时间中的纯直观相关而利用它在分离出来的（虽然就自身而言是经验性的）概念本身中所发现的东西，因而它是一种真正的**形体自然的形而上学**。 4〔472〕

因此，一切在其研究中以数学方式行事的自然哲学家，在任何时候（尽管没有自觉到）都利用了并且必须利用形而上学的原则，尽管他们通常郑重地反对形而上学对其科学性的一切要求。毫无疑问，他们认为这种科学性是妄想，是随意地臆想出种种可能性，是玩弄一些也许根本不能在直观中展示出来的概念，这些概念除了它们只是不自相矛盾之外，不拥有其客观实在性的任何别的信任状。一切真正的形而上学都是出自思维能力自身的本质，决不因为它们不是取自经验就是虚构的，而是包含着思维的纯粹活动，因而包含着先天的概念和原理，这些先天的概念

① 众所周知，这个预言也没有实现。今天，有一种从费希纳的心理学取得其出发点的实验心理学。如果实验的东西在实验心理学中仅仅限于建立心理现象出现的物理学和心理学的前提条件，然而并不为这些现象自身提供内在的心理学法则的话，这种实验心理学就不会证明不利于康德的否定命题的任何东西。但是，甚至康德也在上文承认了这样的法则。——科学院版编者注

和原理首先将**经验性表象**的杂多置入合规律的联结之中，由此这种杂多才可能成为**经验性的知识**，亦即经验。因此，那些数学的物理学家根本不能缺少形而上学原则，而且在这些原则中也不能缺少使他们的本真对象，亦即物质先天地适宜于运用到外部经验之上的那些原则，亦即运动、空间的充实、惯性等概念。但他们只承认经验性的原理在这方面有效，因而有理由认为其不符合他们要给予自己的自然规律的那种无可置疑的确定性，所以他们宁可设定这些规律，而不去研究它们的先天源泉。

但是，对于科学的利益来说极为重要的，是把不同类的原则彼此分离
4〔473〕开来，把每一类原则置入一个特殊的体系，使它们构成一门自成其类的科学，以便由此防止可能由混杂而产生的不确定性，因为人们并不能清楚地分辨，有时是限制，有时还是在应用这些原则时可能产生的混乱，要归咎于这两类原则中的哪一类。为此缘故，我认为有必要从形而上学构想和数学构想经常在其中犬牙交错的自然科学的纯粹部分（physica generalis [一般物理学]）中，把前一种构想连同这些概念的构想原则，从而把一种数学的自然学说本身的可能性的原则展示在一个体系中。这种分离除了上面已经提到的它所带来的好处之外，还有知识的统一性本身带有的一种特殊的魅力，如果人们要防止科学的界限相互僭越，而要它们各守自己的本分的话。

还可以充当这种行事方式的第二个赞扬理由的是：在一切叫做形而上学的东西中，都可以希望有科学的**绝对完备性**，人们不可以在其他任何种类的知识中期待诸如此类的完备性，因而正像在一般而言的自然形而上学中那样，也能够在这里有把握地期待形体自然的形而上学的完备性；其原因在于，在形而上学中，对象是如其必须仅仅按照思维的普遍规律来表现的那样被考察的，而在其他科学中，对象则是如其必须按照直观（既有纯直观，也有经验性的直观）的材料来表现的那样被考察的，这是因为，由于对象在形而上学中任何时候都必须与思维的**所有**必然规律相比较，所以形而上学就必须给出种种知识的一个可以穷尽的确切数目，而由于其他科学呈现出直观（纯直观或者经验性的直观）的一种无限的杂多性，因而也呈现出思维的客体的一种无限的杂多性，所以绝不能达到绝对的完备性，而是能够被无限地扩展；例如纯数学和经验性的自然学说。我也相信，这种形而上学的物体学说只要总是在扩展，就将被完备地穷尽，但由此毕竟未曾产生出伟大的成果。

但是，一个形而上学体系，无论是一般而言的自然的形而上学体系，还是特殊而言的形体自然的形而上学体系，其完备性的图型就是范畴表。①

① 在《文汇报》第295期上关于乌尔利希教授先生的《逻辑学和形而上学准则》的评论*中，我发现了一些怀疑，它们不是针对这个纯粹知性概念表，而是针对从中得出的关于全部纯粹理性能力、因而也是一切形而上学的界限规定的那些推论的。在这些怀疑中，研究深入的评论家声称与他的并不更少审慎的作者是一致的，而且由于这些怀疑应当是直接涉及我在《纯粹理性批判》中提出的体系的主要基础，所以它们似乎就成了这个体系就其主要目标而言还远远不具备无可置疑的信服的原因，而要迫使人不受限制地接受，就需要这样的信服；据说，这个主要基础就是我部分地**在《批判》中**，部分地**在《导论》中**陈述的纯粹知性概念的演绎，而这个演绎在《批判》的那个恰恰必须最清晰的部分里却是最模糊的，或者干脆就是在兜圈子，等等。我对这些指责的回答只针对其要点，也就是说，**没有对范畴的一种完全清晰和令人满意的演绎**，《纯粹理性批判》的体系在其基础上就会是不稳固的。与此相反，我断言，对于赞同我的命题（即我们的一切直观都是感性的；作为从一般而言的判断的逻辑功能中借取来的对我们的意识的规定，范畴表是充分的）的人（正如评论家也会做的那样）来说，《批判》的体系必然带有无可置疑的确定性，因为它建立在这样**一个**命题之上：**我们的理性的全部思辨应用绝不能达到比可能经验的对象更远的地方**。因为如果能够证明，理性在其一切知识中都必须使用的那些范畴，除了仅仅与经验的对象相关之外，不可能有任何别的应用（因为它们在经验中仅仅使思维的形式成为可能），那么，对范畴**如何**使思维的形式成为可能这个问题的回答，虽然对于尽可能**完成**这个演绎来说是足够重要的，但与体系的主要目的亦即纯粹理性的界限规定相关却绝对不是**必要的**，而仅仅是**值得赞扬的**。因为在这种意图中，只要演绎表明，上述范畴就其被运用于直观（直观在我们这里永远只是感性的）而言，无非是纯然的判断形式，但由此就首次获得了客体并成为知识，那么，演绎就已经进行得**足够远了**；因为这就已经足以完全可靠地把本真的批判的整个体系建立在这上面了。牛顿的万有引力体系就是这样确立的，尽管它自身带有困难，即人们不能说明超距吸引如何可能；但**困难并不是怀疑**。因此，我将从已得到承认的东西出发来证明，我的体系的那个主要基础即便没有对范畴的完备演绎也是成立的：

1. **已得到承认的是**：范畴表完备地包含着一切纯粹知性概念，同样包含着判断中一切形式

*该评论引用的标题为："耶拿，格洛克出版社，《逻辑学和形而上学准则》，Jo. Aug. Henr. 乌尔利希为其学派撰写，8开本，426加153页，没有前言和索引，1785"，并把它称为完全改写了的教科书。评论是匿名的，而且是在1785年度，第IV卷，1785年12月13日。深入研究的评论者首先列举了乌尔利希"在我们看来有理由采用的""大部分康德论断"。他举出的第一个背离是，乌尔利希觉得"杰出的范畴表不完备，而且属于3个关系范畴（在康德那里关系范畴是**依存性与自存性、因果性与隶属性、共联性**）的似乎还有**同样**与**不同**、**一致**与**矛盾**的概念"。此外，乌尔利希可能"更少把后两个概念算做范畴，因为他在第151节似乎倾向于把所有**实在的争执**认作一种纯然**逻辑的争执**，并且把在实在性之间的实际上的一种争执是否可能视为一件极为不清晰的事情"。（关于由此引起的问题，即在多大程度上康德的范畴是或者应当是关系，参见赫福勒版《自然科学的形而上学初始根据》后记，16页；关于实在的必然性及其在当代认识论基本问题中的意义，参见47～57页。）评论者继续说，乌尔利希"越是直到范畴表都赞同康德的批判，就越是"在此后离开它，并在详细地列举了差异点之后附言说："评论者不得不承认，在这些怀疑的好些个里面……遇到了他自己的怀疑。"在这里出现的是，评论者的怀疑不仅涉及康德所选取的点，即范畴的演绎，而且后来还经常涉及所阐明的问题，例如康德把经验时而理解为纯然的**感知判断**，亦即对我来说仅仅**主观地**有效的这样一些经验性判断，时而理解为**经验判断**，亦即对每个人都**客观地**因而普遍地有效的这样一些判断（《导论》，78页）（参见《康德全集》，第IV卷，298页）；而评论者此后以自己的名义提出了"**原因和共联性**范畴根本不能运用于自然显象"的可能性。——科学院版编者注

4〔474〕因为没有更多的纯粹知性概念能够涉及事物的本性。在四组纯粹知性概念，
4〔475〕亦即量、质、关系、最后还有模态的纯粹知性概念之下，必然也可以置入
4〔476〕一般而言物质的普遍概念的一切规定，因而也可以置入关于物质能够先天地思维的、在数学的构想中展现的、或者在经验中作为经验的确定对象给予的一切。在这里不能做更多的事情，不能发现或者增添更多的东西，而是充其量可以在清晰性或者缜密性方面可能有欠缺的地方有所改进。

因此，物质概念必须通过知性概念的所有上述四种功能（在四章中）来阐明，四章中的每一章都增添物质概念的一个新规定。一个应当是外部

的知性活动，它们是从这些判断导出的，而且除了通过知性概念就判断的一种功能或者另一种功能而言把一个客体思考为**确定的**之外，也没有任何区别（例如，在**“石头是硬的”**这一定言判断中，就是这样把**石头**用做主词，把**硬**用做谓词，但对于知性来说，把这些概念的逻辑功能加以替换而说：一些硬的东西是石头，这是随便的；与此相反，如果我**在客体中**把这设想成为**确定的**，即**石头**必须在一个对象、而不是纯然概念的任何可能规定中被仅仅设想为主词，而硬则必须被仅仅设想成为谓词，那么，同一些逻辑功能就成为关于客体的**纯粹知性概念**，亦即**实体**和**偶性**）。

2. **已得到承认的是：**知性由于其本性而带有先天综合原理，它凭借这些原理而把可能给予它的一切对象都置于那些范畴之下，从而也必然有包含着为运用那些纯粹知性概念所需要的条件的先天直观，**因为没有直观就没有**使作为范畴的逻辑功能能够得到规定的**客体**，从而也就没有对任何一个对象的知识，因此，没有纯直观也就没有先天地在这一意图中规定知识的原理。

3. **已得到承认的是：**这些纯直观绝不能是某种别的东西，只能是外部感官或者内部感官的**显象**的纯然形式（空间和时间），因而仅仅是**可能经验的对象**。

由此得出：纯粹理性的一切应用绝不能关涉别的东西，只能关涉经验的对象；而且由于在先天原理中没有任何经验性的东西能够是条件，所以这些先天原理只能是一般而言的**经验的可能性**的原则。惟有这一点，才是纯粹理性的界限规定的真实而充足的基础，但它并不是如下问题的解决：经验是**如何**凭借那些范畴并且仅仅通过它们而可能的呢？虽然即便是没有这一问题的解决，大厦也是稳固的，但这一问题却极为重要，而且如我现在所看出，它也是极为简单的，因为通过从某个一般而言的**判断**（一个活动，通过它，被给予的表象才成为对一个客体的知识）的精确规定的定义得出一个惟一的结论，差不多就可以使它得到解决。我并不否认在演绎的这个部分中与我以前的讨论相联系的那种模糊，它应当归咎于知性在进行探究时的通常命运，对于知性来说，它所发现的第一条道路往往不是最短的道路。因此，我将抓住最切近的机会来弥补这个缺陷（即使它仅仅与阐述方式相关，而与那里已正确地给出的说明根据无关），不让这位思想敏锐的评论家被置入肯定使他自己感到不快的必然性，即由于显象与知性规律尽管有完全不同的源泉，却具有惊人的一致，而去乞灵于一种前定的和谐；这是一种比它应当补救的那种弊病更为糟糕得多的补救办法，而且它实际上也不能补救任何东西。因为在这种前定和谐上产生的毕竟不是表现出纯粹知性概念（以及它们运用于显象之上的原理）的特征的那种**客观必然性**，例如在与结果相联结的原因概念中，而是一切都保持为仅仅**主观上必然的**、而客观上仅仅偶然的拼凑，恰如**休谟**在把它称为纯然来自习惯的欺骗时想说的那样。世上也没有一个体系能够从别的地方引出这种必然性，除非是从**思维本身**的可能性的那些先天地作为根据的原则中，惟有通过这些原则，其显象被给予我们的那些客体的知识，亦即经验，才成为可能；而且即使经验**如何**由此才成为可能的那种方式永远不能得到充分的说明，但经验惟有通过那些概念才是可能的，而且反过来，那些概念也不能在任何别的关系中，而惟有在与经验的对象的关系中才能有一种意义和任何一种应用，这却毕竟依然是无可置疑地确定的。

感官对象的某物，其基本规定必须是运动；因为惟有通过运动，这些感官才能够受到刺激。[①] 就连知性也把物质的其余一切属于其本性的谓词追溯到运动；这样，自然科学就完全是一种要么纯粹的、要么应用的**运动学说**。因此，自然科学的**形而上学**初始根据就可以置于四章之下，其**第一章**撇开运动物的一切质，把**运动**当做一个纯粹的**量**而根据量的组合来考察它，可以被称为**运动学**[②]；**第二章**把运动当做属于物质的**质**的，在一种源始的动力的名目下来考虑它，因而叫做**动力学**；**第三章**把具有这种质的物质通过它自己的相对运动在**关系**中来考察它，并出现在**力学**的名目下；**第四章**仅仅与表象方式或者**模态**相关来规定物质的运动和静止，从而把它们规定为外部感官的显象，并被称为**现象学**。 4〔477〕

但是，除了把物体学说的形而上学初始根据不仅与需要经验性原则

① 机械论世界观的这个基本命题远远地落后于康德：如洛克《人类理解论》第二卷第八章第 11 节："第一性的质如何从自身产生观念。……这显然是通过推动（impulse），即我们惟一可以设想的物体发生作用的方式"，——并由此回溯到德谟克利特和留基波。反对机械论的惟一有效性，特别是也反对这种有效性在力学的热当量的事实中得到一种真正物理学的证实的，是在作为第一批人之一的马赫的作品《论功守恒定律的历史和根源》中（1872；原样第 2 版，1909；参见赫福勒：《物理学和化学研究杂志》，1910，《论马赫哲学的历史和根源》）。自此以后，马赫反对用运动原子的基本假设对物理学事实的力学解释的斗争（参见下文 528 页注）得到研究，并主要通过所谓的唯能论者奥斯特瓦尔德和其他相信由此给出一种"无假说的科学"的人得到完善。与它相对立，动力学的原子论非常富有成果地进一步形成电子论。支持和反对动力学的微粒理论的争论的当前阶段可以从马克斯·普朗克（《物理学世界图景的统一》，莱比锡，1909）和马赫的反驳作品看出。斯塔洛为笛卡尔、霍布斯、惠更斯、基尔霍夫、麦克斯韦、路德维希、海克尔、赫胥黎、杜布瓦·雷蒙等人的机械论基本假说提供了一个较早的名言集（《现代物理学的概念和理论》，德文版有马赫的前言，2～7 页，莱比锡，1901）。在杜布瓦·雷蒙看来，"康德在《自然科学的形而上学初始根据》前言中的论断，即在任何特殊的自然学说中，所能发现的**本真的**科学无非就是在其中能发现的数学，还可以尖锐化到这种程度，即为数学设定原子的力学"。至于这并不是康德的意思，在第二章中对原子论的拒斥（参见下文 504 页注）就已经表现出来了。——科学院版编者注

② 运动学（Phoronomie），亦即力学的那个还不依赖于力、质量、能等等因果概念的纯描述部分。为什么要偏爱康德的术语（此外，它已经更早地出现在例如赫尔曼 1716 年的《运动学》中，但这里不排除力和质量的概念）甚于运动学（Kinematik）这个术语，参见赫福勒版《自然科学的形而上学初始根据》后记，17 页（事实上，在最近若干年，Phoronomie 这个术语似乎在力学的专业文献中越来越取代了 Kinematik）。——实际上，（纯然描述的）Phoronomie 与最广义的（解释的）动力学并列（相对于这种广义，康德的动力学［下文 496 页］具有一种狭窄得多的意义）；在这种动力学内部，为解释力学现象，**狭义的动力学**使用力和质量的概念，唯能论则使用功和能的概念（参见赫福勒版《自然科学的形而上学初始根据》后记，26 页以下；以及赫福勒：《物理学》，第 15 节以下，22 页以下，1904）。——科学院版编者注

的物理学，而且甚至与物理学的那些在其中涉及数学应用的理性前提分离开来的那种内在必然性之外，还有一种虽然只是偶然的、但尽管如此却重要的外在根据，要将对这些初始根据的详细探讨与形而上学的一般体系分离开来，并把它系统地展现为一个特殊的整体。因为如果允许不仅按照客体的性状和对客体的特殊知识种类，而且还按照人们对一门科学甚至作其他应用所抱有的目的来标出这门科学的界限，而且人们发现，有如此众多的人士迄今为止研究过形而上学并将继续研究它，并不是为了由此扩展自然知识（做到这一点，通过观察、实验和把数学运用于外部显象要容易和可靠得多），而是为了达到对完全超出经验的一切界限的东西的知识，亦即关于上帝、自由和不死的知识，那么，当人们使这一意图摆脱一个虽然从它的根部萌发、但毕竟只是阻碍着它的正常生长的枝条，特别地栽培这枝条，尽管如此却不错认它源自这一意图的出身而把它的全部植株从一般形而上学的体系中除去时，人们就在促进这一意图方面有所收
4〔478〕获了。这对一般形而上学的完备性并没有丝毫损害，而且如果人们在需要一般的物体学说的一切场合中都只可以依据分离出来的这种学说的体系，不使那个更大的体系因这个体系而膨胀起来，这毕竟还使这门科学走向自己的目的的齐一进程变得轻松起来。事实上很值得注意（但在这里却不能详细地展示）的还有：一般形而上学在它需要例证（直观）、以便赋予它的纯粹知性概念以意义的所有场合中，在任何时候都必须从一般的物体学说中，因而从外部直观的形式和原则中取得这些例证，而在这些例证还没有完全展现时，它就在纯属没有意义的概念中间摇摆不定地四处摸索。因此，就有了关于实在性的冲突的可能性、关于强度的量的可能性等等问题的著名争执、至少是模糊。在这些问题上，知性惟有从取自形体自然的例证中才能获得教益，这就是那些概念惟有在其下才能具有客观实在性、亦即具有意义和真实性的条件。这样，一种分离出来的形体自然形而上学就通过提供例证（具体的情况）而为**一般的**形而上学作出了卓越的和不可缺少的贡献，它使后者（真正说来就是先验哲学）的概念和学理成为实在的，也就是说，把意义和内涵赋予了一个纯然的思想形式。

我在这部论著中即使不是极为严格地遵循数学方法（为此需要比我可能运用于此的更多的时间），却也模仿了数学方法，这不是为了通过炫耀缜密性来使它更好地为人们接受，而是因为我相信，这样一个体系能够很好

地运用数学方法，而且也能够随着时间的推移由更为灵巧的手来达到这种完善性，只要由于这一规划的推动，数学的自然研究者不会认为没有必要在他们的一般物理学中，把本来不会给他们余留下来的形而上学部分当做一个特殊的基础部分来予以探讨，并把它与数学的运动学说结合起来。

牛顿在他的《自然科学的数学原理》的前言中（在他指出几何学关于它所要求的机械操作只需要两种，亦即画出一条直线和画出一个圆之后）说道：**几何学感到骄傲的是，它能够用它取自别处的如此之少的东西而提供出如此之多的东西。**[①] 与此相反，关于形而上学人们可以说：**它感到震惊的是，它用纯粹数学提供给它的如此之多的东西却只能产生如此之少的东西。**然而，这很少的东西毕竟是甚至数学在其运用于自然科学时也不可避免地需要的某种东西；因此，既然数学在这里不可避免地必须从形而上学有所借贷，它也就可以毫无愧色地让自己被视为与形而上学结成同盟了。 4〔479〕

① Gloriatur Geometria，quod tam paucis principiis aliunde petitis tam multa praestet. 牛顿：《自然哲学的数学原理》，前言。

4〔480〕

第一章
运动学的形而上学初始根据

解说 1

物质是空间中的**运动物**。自身可运动的空间叫做物质的空间，或者也叫做**相对的空间**；一切**运动**最终都必须在其中被设想的空间（因而自身绝对不动的空间）叫做纯粹的空间，或者也叫做**绝对的**空间。

附释 1

既然在运动学中所应当谈的无非是运动，所以运动的主体，亦即物质，在这里除了**运动性**之外，就不被赋予任何别的属性。因此，它本身在这时也可以被视为一个点，而且人们在运动学中舍掉了一切内在的性状，因而也舍掉了运动物的量，仅仅讨论运动和能够在运动中作为量来考察的东西（速度和方向①）。——虽然在这里有时也应当使用一个物体的表述，但之所以如此，乃是为了在某种程度上预先推定运动学诸原则在随后更加确定的概念上的运用，以便陈述更少一些抽象、更可理解。

4〔481〕 附释 2

如果我不是通过属于作为客体的物质本身的一个谓词，而是仅仅通过与认识能力的关系（在这种关系中，表象才首次能够被给予我）来说明物质的概念，那么，物质就是每一个**外感官对象**，而且这就会是对物质的纯然形而上学的解说。而空间就会仅仅是一切外部感性直观的形式（无论这同一种形式是也属于我们称为物质的外在客体**自身**，还是仅仅停留在我们的感官的性状中，在这里都根本不是问题）。**物质**就会与这**形式**相对立，是在外部直观中作为感觉的一个对象的东西，因而是感性的和外部的直观的本真经验性的东西，因为它是根本不能先天地被给予的。在所有的经验中，都必须有某种东西被感觉到，而这就是感性直观的实在的东西，因而我们

① 并非方向，而仅仅方向的不同才是量。——科学院版编者注

应当在其中对运动作出经验的空间也必须被描述为可感觉的，也就是说，用能够被感觉的东西来描述；而这个空间，作为经验的一切对象的总和，并且自身是经验的一个客体，就叫做**经验性的空间**。但这个空间，作为物质性的，本身是可运动的。但一个可运动的空间，如果它的运动应当能够被知觉到，就又以它在其中运动的另一个扩大了的物质性空间为前提条件，后者同样以另一个为前提条件，依此类推，以至无穷。

因此，一切是经验之对象的运动，都仅仅是相对的；运动在其中被知觉到的空间，是一个相对的空间，它本身又在一个扩大了的空间中或许以相反的方向运动，因而与第一个空间相关而运动的物质在与第二个空间的关系中可以被称为静止的，而运动的概念的这种变化则可以与相对空间的变化一起延续到无限。一个绝对的空间，亦即这样一个空间，由于它不是物质性的，也不能是经验的对象，所以被假定为**特别被给予的**，这空间就叫做某种既不能就自身而言、也不能在其结果中（即在绝对空间中的运动）被知觉到的东西，它是为了经验的可能性而被假定的，但经验在任何时候都必须撇开它来得出。因此，绝对空间**就自身而言**什么也不是，根本不是一个客体，而是仅仅意味着我除了已被给予的相对空间之外在任何时候都能够设想的任何一个别的相对空间。我只是让它超越任何已被给予的空间向无限推移，使它作为一个包含着任何已被给予的空间的空间，在它里面，我可以把任何已被给予的空间假定为运动着的。由于我只是在思想中拥有这个虽然一直还是物质性的、但却扩大了的空间，而且对标识着它的物质一无所知，所以我就抽掉了物质，因此它就被表现得像是一个纯粹的、而非经验性的、绝对的空间。我可以把任何经验性的空间与它作比较，把经验性的空间设想成在它里面运动 4〔482〕
的，因此它在任何时候都被视为不动的。使它成为现实的东西，就意味着把我能够用每一个包括于其中的经验性空间与之相比的某个空间的**逻辑普遍性**，混同于现实范围的**物理普遍性**，并就其理念而言误解了理性。

最后我还要指出：既然空间中一个对象的**运动性**不能先天地、离开经验的教导来认识，正因为此，我在《纯粹理性批判》中也不能把它列入纯粹知性概念，而且这个概念作为经验性的，只能在一门作为应用形而上学的自然科学中找到自己的位置。应用形而上学所研究的是一个通过经验被给予的概念，尽管是按照先天原则研究它的。

解说 2

一个事物的运动就是该事物与一个已知空间的**外部关系的改变。**

附释 1

前面我已经把运动概念作为物质概念的基础。因为既然我要甚至不依赖于广延概念来规定物质概念，因而也可以在一个点中来考察物质，所以我可以同意人们在这里使用对**运动**的通常解说，即**地点的改变**。现在，既然要对物质概念作出一般的、因而符合运动着的物体的解说，所以那个定义就不够了。因为每一个物体的地点都是一个点。如果想确定月球与地球的距离，人们就要知道二者的地点的距离。而为了这个目的，人们并不是从地球表面或者内部任意一点到月球任意一点进行测量，而是取一方中点到另一方中点的最短直线①，因而这两个天体的每一个都只有一个点构成其地点。现在，一个物体能够运动而不改变自己的地点，如地球在绕自己的轴旋转时那样。但它与外部空间的关系毕竟在这时改变了；因为它在例如 24 小时中把自己不同的面转向月球，由此也就在地球上产生各种各样千变万化的结果。惟有对一个运动的、亦即物理学的**点**人们才能说：运动在任何时候都是地点的改变。人们可能反对这种解
4〔483〕说，提醒说：内部的运动，例如发酵，就不包含在它里面；但是，人们称为运动的东西必须就此而言作为统一体来考察。物质，例如**一桶啤酒**，是运动的，因而这与说“**桶**内的**啤酒**处在运动中”是意义不同的。一个事物的运动与这个事物里面的运动不是一回事，而这里所说的只是前者。但此后这个概念却很容易运用于第二种场合。

附释 2

运动可以是**旋转的**（无须地点的改变）或者前进的，但前进的运动要么是扩展空间的，要么是被限制在一个已知空间中的运动。**第一种**是直线运动，或者还有**不返回**自身的曲线运动。**第二种**是**返回**自身的运动。后者又要么是**循环的**运动，要么是**摇摆的**运动，亦即圆周运动或者摇摆

① 但是，如果物体根本没有中点呢？（在这里，即在运动学中，就连采用重力中心似乎也是不允许的）。——科学院版编者注

运动。圆周运动总是在同样的方向上经过同样的空间，摇摆运动则总是交替在相反的方向上经过同样的空间，如摆动的钟摆。属于二者的还有**振动**（motus tremulus），它不是一个物体的前进运动，尽管如此却是物质的一种交互性的运动，但这物质此时却并不改变它在整体中的位置。例如，一个被敲击的钟的震动或者被声音激动起来的空气的振动。我在运动学中考虑这些不同类型的运动，仅仅是因为如同下面的附释指明的那样，人们在一切非前进的运动那里使用的**速度**一词，通常与在前进的运动那里所使用的是有不同的意义的。

附释 3

在每一种运动中，如果人们抽掉运动的所有其他属性，那么，方向和速度就是考虑运动的两个要素。在这里，我以这二者的通常定义为前提条件；惟有方向的定义还需要一些不同的限制。一个做圆周运动的物体不断地改变着它的方向，以至于当它回到它由以出发的那个点时，它已经选取过在一个平面上可能有的一切方向；但人们毕竟还说：它一直在同一个方向[①]上运动，例如，行星从西向东运动。

然而在这里，什么是运动所遵循的那个**方面**呢？与此有亲缘性的一个问题是：那些在其他方面都相似甚至相同的蜗牛，其中有的是右旋品种，另一些则是左旋品种，其内在区别是基于什么呢？或者，剑豆和啤酒花的枝蔓，前者如同瓶塞起子，或者如水手们所说，**逆向太阳**缠绕在 4〔484〕
支架上，而后者则是**顺着太阳**缠绕在支架上，其内在区别是基于什么呢？这样一个概念虽然是可以构想的，但作为概念本身却根本不能通过普遍的标志在推理的知识类型中阐明自己；而且它不能在事物本身中（例如，在罕见的人身上，尸体解剖发现他们的一切部分按照生理学规则与其他人一样，只是所有内脏或左或右与通常的秩序相反）给出内部结果中的任何可设想的区别，因而它是一种真实的、数学的和内在的区别，对于这种区别，那关于两个在其他所有方面都相同、但在方向上并不相同的圆周运动之区别的概念虽然与它不完全是一回事，但却是有联系的。我

① 人们现在对这种情况既不说方向，也不说方面（下文），而是说运动的**意义**。——科学院版编者注

在别的地方指出过①：既然这种区别尽管可以在直观中给出，但却根本不能获得清晰的概念，因而也不能可理解地予以解释（dari，non intelligi［被给予，但不被理解］），所以它就可以为下述命题提供一个强有力的证明根据：一般而言的空间并不属于**物自身**的那些必然可以获得客观概念的属性和关系，而仅仅属于我们关于事物或者关系的感性直观的主观形式，这些事物或者关系就其自身而言会是什么样子，我们依然是完全不知道。然而，这毕竟偏离了我们现在的工作，即我们必须完全必然地把空间当做我们所考察的事物，亦即形体存在物的**属性**来对待，因为这些存在物本身只是外感官的显象，并且惟有作为显象才需要在这里予以解释。就速度的概念而言，这一表述在应用中有时也获得一种偏离的意义。我们说：地球绕自己的轴旋转比太阳更快，因为它自转的时间更短；尽管太阳的运动要快得多。一只小鸟的血液循环比一个人的血液循环快得多②，尽管小鸟身上血液流动的速度无疑更小；

---

① 《导论》，第 13 节，参见《康德全集》，第 IV 卷，285～286 页，但也已经有第 II 卷：《论空间中方位区分的最初根据》，特别是 379 页："这一秩序向哪一只手延续"；380 页："所有人发旋上的头发都是自左向右转的。所有啤酒花……几乎所有的蜗牛……"。同书 377 页还有康德与莱布尼茨规划的位置分析的联系（参见下文 507 页注）。康德心爱的思想，即右旋和左旋的区别（而且更简单地说右和左自身的区别）不能完全以推理的方式再现，在麦克斯韦的钻定则或者瓶塞起子定则（因此，这个规则听起来完全让人想起康德的瓶塞起子的例子）中，而且更为简单地在安培的泳者定则或者手定则中，在弗莱明的三指定则以及诸如此类的东西中得到了后来的证实。如果对电流和磁铁之间的关系产生充分的概念，不把从左到右、前进和后退的直观预设为已知的和给定的，则所有这些定则都会是多余的。——科学院版编者注

② 针对这里康德毫无疑问地假定的关系，（根据口头上在西格蒙德·埃克斯讷和恩斯特·伯克那里得到的通报）即便当前也还没有相矛盾的测量；当然，这部分是因为关于更精确的量化数据即便现在也还缺少很多。血液的循环时间 T（亦即一种被引入到所涉及的静脉的核心终端的材料为在走过整个循环之后又出现在所穿过的血管的末梢终端所需要的循环持续＝时间）仅仅在马那里（据赫林，T＝25 秒）、在狗那里（据菲洛特，T＝31.5 秒）和在家兔那里（据菲洛特，T＝7.8 秒）测量过，与此相反没有在人那里和在鸟那里测量过。无论如何，在 3 种哺乳动物那里随着大小的下降而 T 的 3 个数字下降，是有利于康德的论断的第一部分的（一只小鸟的血液循环比一个人的血液循环快得多）。本真的速度 C（康德有理由想把它与在很非本真的意义上被称为速度的 T 区别开来）在动脉大的主干中最大，而且在这里也是临近轴处比临近壁处更大，在细动脉中小得多，而在这里又比在较大的静脉中更大，以至于无论如何只可以谈论对一个整体动物的平均速度（在温血动物那里，单个的血细胞的速度大约是每秒 1/2～2/3 毫米，主动脉中血流的中等速度大约是每秒 26 毫米）。这个中等速度是从一次心脏收缩所输送的血量（在人那里大约 70 毫升）、心脏每分钟收缩的次数（大约 72 次）、每分钟所输送的血量、主动脉的切面以及动脉中每秒钟输送的血柱的高度中推算出来的。据福尔克曼，在马的颈动脉中为每秒 30 厘米，在趾部为每秒 5.5 厘米，相比之下根据显微镜下的直接测量，在蝌蚪尾巴中只有每秒 0.5 厘米。——无论是 T 还是 C，二者都关涉血液在血管中的平移运动，必须把测量更容易得多的血波传递速度 c 与它们区别开来，这种速度 c 在人和较大的动物那里一致为大约每秒 1½ 米。在康德那里没有谈到这种速度。——科学院版编者注

弹性物质的振动亦复如是。回转时间的短促无论在循环运动还是在摇摆运动中都构成了这种应用的根据，只要在其他方面避免了误解，人们这样应用也没有什么过错。因为不加大空间中的速度而仅仅这样加大回转的急促，这在自然中也有它特有的和非常可观的作用，在动物体液的循环方面，也许对此尚未有足够的重视。在运动学中，我们仅仅在空间的意义上①使用速度一词：C=S/T。

解说 3 4〔485〕

静止就是在同一地点的持久在场（praesentia perdurabilis）；而实存一段时间、亦即持续一段时间的东西，就是持久的。②

附释

一个处在运动中的物体在它通过的线的任何一个点上都存在一个瞬间。现在问题是：它在这个瞬间是静止的还是运动的？毫无疑问，人们将说后者；因为只是就它在运动而言它才在这个点上在场。但是，人们可以这样设想它的运动：

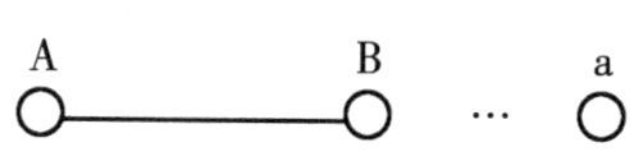

即物体以匀速前进通过直线 AB 并且从 B 退回到 A，这样，由于它在 B 处的那个瞬间是两次运动所共有的，所以从 A 到 B 的运动是 1/2 秒，而从 B 到 A 的运动也是 1/2 秒，两次运动一共经历了整整 1 秒，以至于没有时间的哪怕是最小部分用在物体在 B 处的在场上。于是，无须对这两个运动作任何添加，后一个运动，亦即发生在 BA 方向上的运动就转换成与 AB 处在一条直线上的 Ba 方向上的运动。在这里，当物体在 B 处时，它必须不是被视为在那里静止的，而是被视为运动着的。因此，在前一种运动中，即在自身回转的运动中，物体在 B 点也必须被视为运动着的；

① 更完全的见下文 489 页："而且也注意其中的时间"。——科学院版编者注

② 库尔德·拉斯维茨（《康德全集》，第Ⅰ卷，510 页）指出了与《关于活力的真正测算的思想》（《康德全集》，第Ⅰ卷，18 页）的一致。——科学院版编者注

但这是不可能的，因为按照所假定的东西，这只是一个属于运动 AB 同时也属于同样的运动 BA 的瞬间，后一个运动与前一个运动相反，并与它在同一个瞬间相联结，这个瞬间必须表示运动的完全缺乏，因而如果这种缺乏就构成静止的概念的话，还表示在匀速运动 Aa 中物体在任何一点上，例如在 B 点上，都是静止的，这与上面的主张是矛盾的。与此相反，人们可以把直线 AB 设想为竖立在 A 点之上，使得一个物体从 A 升高到 B，当它在 B 点由于重力而失去了自己的运动之后，同样再由 B 点落回到 A；则我要问：这物体在 B 点可以被视为运动的，还是被视为静止的呢？毫无疑问，人们将说是静止的，因为在它到达这个点之后，它此前的一切运动都失去了，之后应当首先有一个同样的返回运动继起，所以它还尚未存在。而人们会补充说，运动的缺乏就是静止。但在前一种假定匀
4〔486〕速运动的场合里，运动 BA 也是只有在之前运动 AB 已经停止、从 B 到 A 的运动尚未存在、因而在 B 处必须假定一切运动的缺乏，并且按照通常的解说假定静止的情况下才能开始。但是，人们毕竟不能假定静止，因为对于任何被给予的速度来说，没有任何一个物体可以在其匀速运动的一个点上被设想为静止的。而在第二种情况中，既然这种上升和下落同样只不过是由一个瞬间而彼此分割开来的，硬要静止的概念又有什么依据呢？这样说的根据在于，后一种运动并未被设想为带有已知速度的匀速运动，而是被首先设想为均匀减速运动，然后被设想为均匀加速运动，然而，速度在 B 点并没有被完全减掉，而是仅仅被减至比任何可能给出的速度更小的程度，凭借这个速度，如果不落回，而是其降落线 BA 被置于 Ba 方向上，因而物体一直还被看做是在上升，那么，它就会以一个纯然的速度要素（在这种情况下就撇开了重力的阻抗），在任何如此大小尚可告知的时间中，匀速地仅仅经过一个比任何可告知的空间都更小的空间，因而就会是永远根本不改变它的地点了（对任何一种可能的经验来说）。这样一来，物体就在同一地点被置于一种**持续的**在场的状态中，即被置于静止的状态中，尽管这静止马上就由于重力的连续作用，即由于这种状态的改变而被取消。存在于一个**持久的状态**之中和**持存于这个状态之中**（当没有别的东西推移它时），这是两个不同的概念，其中一个概念并不妨害另一个概念。因此，静止不能用运动的缺乏来解释，这种缺乏作为等于 0 的东西是完全不能构想的，而是必须用在同一地点的持久

在场来解释，因为这个概念也可以用以无限小速度经过一个有限时间的运动的表象来构想，从而能够被用于事后数学在自然科学上的运用。

解说 4

构想一个复合运动的概念，就是当一个运动由两个或更多已知运动结合于一个运动物身上而产生时，在直观中先天地展示它。

附释

对概念的构想有如下要求：其展示的条件不是从经验借来的，因而也不以某些只能从经验推导出其实存的力为前提条件，或者一般地 4〔487〕
说，构想的条件甚至必须不是一个根本不能先天地在直观中被给予的概念，例如原因和结果的概念、活动和阻抗的概念，等等。在这里首先要注意的是：运动学完全必须首先规定作为量的一般运动的构想，并且由于它以仅仅作为某种**运动物**的物质为对象，因而在这方面完全不考虑物质的量，所以又先天地既按照其速度也按照其方向，亦即按照其组合来规定仅仅作为量的运动。因为所有这些必须为了应用数学而完全先天地和直观地予以澄清。运动通过物理原因即力而相联结的规则，在其一般的组合原理预先被纯粹在数学上当做基础之前，绝不能作出彻底的阐明。

原理

任何一个运动作为一个可能经验的对象，都可以任意地被看做物体在一个静止的空间中运动，或是被看做物体静止，而空间则与其相反，以同样的速度在相反的方向上运动。

附释

要对一个物体的运动形成一个经验，就要求：不仅物体，而且就连物体在其中运动的空间，都是外部经验的对象，因而都是物质的。所以一个绝对的运动，即一个与非物质性空间相关的运动，是根本不能经验的，因而对于我们也就什么也不是（即使人们愿意承认绝对空间自身是某种东西）。但在一切相对的运动中，空间本身由于被假定为物质性的，也可以再被设想为静止的或者运动的。前一种情况之发生，乃是在我与一个空间相关把一个物体看做运动的，而在该空间之外又没有一个更广大的、包含这个空间在内的空间被给予我的时候（如我在船舱中看到一个球在桌子上运动）；第二种情况之发生，乃是在除了这个空间之外，还有另一个包含该空间的空间被给予我的时候（在上述例子中就是河岸），因为我在这种情况下鉴于河岸就可以把最近的空间（船舱）看做运动的，
4〔488〕并有可能把那个物体本身看做静止的。既然一个经验性地被给予的空间无论怎样被扩大，要从它来发现，它相对于一个以某种更大的规模把它包含在内的空间来说，本身又在运动，这是绝不可能的，所以，无论我要把一个物体看做运动的，还是要把它看做静止的、却又把那个空间看做以同样速度在相反的方向上运动，这对于一切经验以及从经验中得出的任何结果来说都必定完全是一回事。进一步说，既然绝对空间对一切可能的经验来说都什么也不是，所以，无论我说一个物体相对于这个被给予的空间以这种速度在这个方向上运动，还是要把物体设想为对于我是静止的，并将这一切都赋予空间，但却是在相反的方向上，这些概念也都是一回事。因为任何一个概念与另一个完全不可能有例证与之相区别的概念都完全是一回事，惟有与我们要在知性中给予它的那种联结相关才有所不同。

我们甚至完全不能在任何经验中标出一个固定的点，与它相关就可以规定，什么应当绝对地叫做运动或者静止。因为以这种方式被给予我们的一切，都是物质性的，因而也都是运动的，并且（由于我们在空间中不了解可能经验的极限）或许也确实是在运动，而我们却不能在它身上察觉这一运动。——如今，从一个物体在经验性空间里面的这一运动中，我就可以把给定速度的一部分给予物体，把另一部分给予空间，但却是在相反的方向上。就这两个结合起来的运动的效果而言，这整个可能的经验与当我设想惟有物体以全部速度运动、或者把物体设想为静止的而把空间设想为在相反方向上以全部速度运动时的经验，是完全相等的。**但在这里我把所有的运动都假定为直线运动**。因为谈到曲线运动，由于我是有权把物体（例如每日自转的地球）看做运动的，而把周围的

空间（星空）看做静止的，还是有权把空间看做运动的而把物体看做静止的，这并非在一切方面都相等，这就要在后面①予以特殊的讨论。因此，在运动学中，我仅仅将一个物体的运动放在与空间（其静止或运动完全不受物体运动的影响）的关系中来考察，但我要把速度赋予具有已知运动的这一方还是那一方，以及赋予多少，这自身是完全不确定的和任意的；后面在力学中，由于一个运动的物体要放在与它的运动空间中另一些物体的效应关系中来考察，这种情况就不再会像它在自己的立场上所应当表明的那样完全相等了。

解说 5

4〔489〕

运动的复合就是把一个点的运动表现为与该点的两个或多个运动结合在一起是一回事。

附释

在运动学中，由于我不通过别的属性而只通过其运动性来了解物质，因而甚至可以把物质仅仅视为一个点，运动就只可以仅仅被视为**对一个空间的描画**，但这毕竟使我不仅像在几何学中那样注意描画出来的空间，而且也注意其中的时间，因而注意一个点描画该空间所用的速度。所以运动学是运动的纯粹量论（Mathesis［算学］）。关于一个量的确定概念是一个对象的表象通过同类东西的组合而产生的概念。如今，既然运动惟有与另一个运动才是同类的，所以，运动学就是把同一点上的各个运动按照其方向和速度组合起来的学说，亦即把一个惟一的运动表现为将两个或者更多的运动同时包含于自身之中的运动，或同时表现同一点上的两个运动，只要它们**共同**构成一个运动，即与这个运动相等，而绝不是像原因产生其结果一样产生出这一运动。为了找出由任意多的运动的组合而产生的运动，人们只可以像在一切量的产生时那样，首先寻找在已知条件下**由两个运动**组合而成的运动；然后再将它与第三个运动相结合，如此等等。因此，一切运动的组合的学说就可以归结为关于两个运动的

① 下文第四章：现象学，特别是556页。——科学院版编者注

学说。但是，同一个点上的两个同时在该点上被发现的运动可以用双重的方式区别开来，并且本身又以三重的方式在该点上结合起来。首先，它们要么是在**同一条直线**上产生的，要么是在**不同的直线**上同时产生的；后者是围成一个角的运动。那些在同一条直线上产生的运动则按照其**方向**要么是**背道而驰的**，要么遵循着**同一个方向**。由于所有这些运动都被看做同时发生的，所以从直线的关系中，也就是从运动在同一时间中所描画出的空间的关系中，立刻也产生出速度的关系。因此就有如下三种情况：（1）**当两个运动**（不论它们的速度相同还是不同）在一个物体中
4〔490〕 在同一方向上结合起来时，就应当构成一个由此组合而成的运动；（2）当同一个点的**两个运动**（具有相同的或是不同的速度）在相反的方向上结合起来时，通过它们的组合应当在同一直线上构成第三个运动；（3）**当**一个点具有相同或者不同速度的两个运动在围成一个角的不同直线上结合起来时，就被视为复合的运动。

定理

同一个点的两个运动的组合只能这样来思考，即其中一个运动被表现为在绝对空间中，代替另一个运动的，是相对空间的一个以同样的速度在相反方向上进行的运动被表现为与它相等。

证明

第一种情况，两个运动在同一直线和方向上同时属于同一个点。

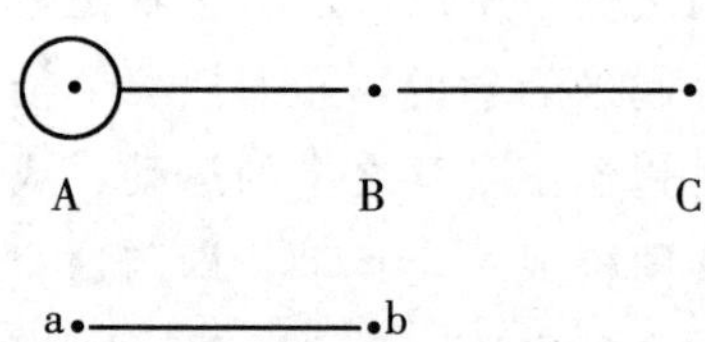

图 1

应当把两个速度 AB 和 ab 设想为包含在运动的一个速度之中。这里假定这两个运动速度是一样的，于是有 AB＝ab，那么我就说：它们不能同时在同一（绝对的或相对的）空间中和同一点上来表现。这是因为，由于标志速度的直线 AB 和 ab 本来就是两个速度在同一时间内所通过的

空间，这样，这两个空间 AB 和 ab＝BC 的组合，即直线 AC，将不得不作为两个空间的和而表示两个速度的和。但是，AB 和 BC 这两个部分，就每一个部分单独来看，都不表现速度＝ab；因为它们并不是在和 ab 相同的时间中被经过的。因此，即便是在与直线 ab 同样的时间中经过的两倍长的直线 AC，也不表现为后者的两倍的速度，而这却是本来所要求的。所以，在一个方向上两个速度**在同一空间中**的组合不能呈现在直观中。

相反，如果物体 A 被表现为以速度 AB 在绝对空间中运动，此外我又给予相对空间以在相反方向 ba＝CB 上的速度 ab＝AB，那么，这与我把后一速度分配在 AB 方向上的那个物体是一回事（据原理）。但这样一来，这个物体就是在同一时间内通过直线 AB 和 BC＝2ab 而运动，在其中它却只会经过直线 ab＝AB，但它的速度毕竟被表现为两个同样的速度 AB 与 ab 的和，而这就是所要求的。 4〔491〕

第二种情况，两个运动应当**在截然相反的方向上**在同一个点上结合起来。

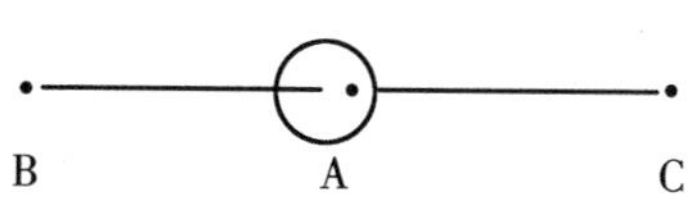

图 2

AB 是这两个运动之一，AC 是另一个在相反方向上的运动，在此我们要假设后者的速度与前者是相等的，要把这样的两个运动在同一空间中同一点上表现为同时的，这种想法本身就是不可能的，从而两个运动的这样一种组合情况本身就是不可能的，而这就与前提相悖了。

反之，如果你们设想运动 AB 在绝对空间中，但代替在同一绝对空间中的运动 AC 的，是以同一速度在相反方向上进行的相对空间的运动 CA，它被视为与运动 AC 完全相等（据原理），因而完全可以代替它，这样，就可以把同一个点的两个截然相反而又相等的运动在同一时间里很好地展现出来。现在，由于相对空间是和 A 点一起在同一方向上以同样的速度 CA＝AB 运动的，所以，这个点或处在这个点上的物体就相对空间而言并未改变其地点，也就是说，一个以同样的速度朝截然相反的两个方向运动的物体是静止的，或者一般地表述为：它的运动等于两个速度在较大速度方向上的差（这很容易从已证明的东西中推出）。

4〔492〕 **第三种情况**，同一个点的两个运动被表现为**按照围成一个角的两个方向**结合起来。

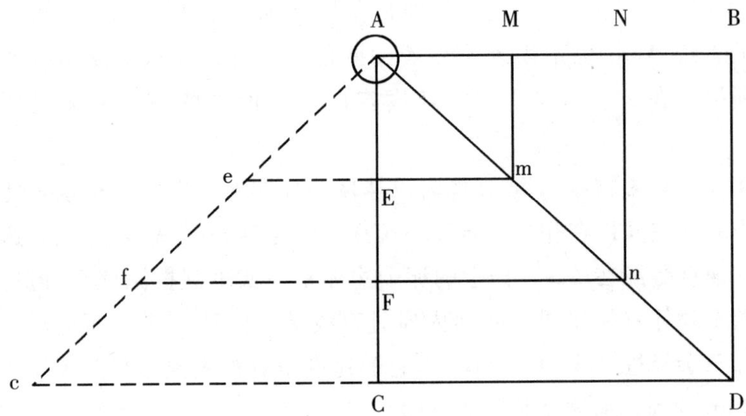

图 3

两个已知运动是 AB 和 AC，它们的速度和方向由这两条直线表示，但其方向围成的角则由 BAC 表示（它在这里是一个直角，但也可以是任何一个任意的斜角）。现在，如果这两个运动要同时在 AB 和 AC 方向上且在同一个空间中进行，那么，它们将不可能在这两条**直线** AB 和 AC 上同时进行，而是只能在与这两条直线平行的那些直线上进行。因此必须假定：即使双方的方向依旧是同样的方向，这些运动中的一个也在另一个运动中造成了一种变化（也就是说，偏离既定的轨道）。但这与定理的前提条件是相悖的，这个前提条件用组合一词暗示：两个已知运动**包含**在第三个运动中因而与之相等，并不是通过一个运动**改变**另一个运动而产生第三个运动。

反之，假设运动 AC 在绝对空间中进行，而代替运动 AB 的，是相对空间在相反方向上的运动。直线 AC 则分为三个相等的部分 AE、EF、FC。现在，当物体 A 在绝对空间中经过直线 AE 时，相对空间以及随之点 E 则通过空间 Ee＝MA；当物体经过一共两个部分＝AF 时，相对空间
4〔493〕 以及随之点 F 则描画出直线 Ff＝NA；当物体最后经过整个直线 AC 时，相对空间以及随之点 C 则描画出直线 Cc＝BA；这一切就正好像物体 A 在这三个时间段中经过了直线 Em、Fn 和 CD＝AM、AN 和 AB，并且在

物体通过 AC 的整个时间中经过了直线 CD＝AB 一样。因此，物体在最后一瞬间处在点 D，而在这整个时间中逐步地处在对角线 AD 的一切点上，所以，AD 就既表示复合运动的方向，又表示其速度。

附释 1

这个几何学的**构想**要求，一个量与另一个量，或者两个量在组合中与第三个量是**相等的**，而不要求它们作为原因产生出第三个量，那样的话就会是力学的构想。完全的相似和相等，就其惟有在直观中才能被认识而言，就是**全等**。全然同一性的一切几何学构想都基于全等。两个结合在一起的运动如果被表现在同一个空间中，例如被表现在相对空间中，它们与第三个运动（作为 motu composito［复合运动］本身）的这种全等就绝不可能发生。因此，过去在其三种情况中证明上述定理的一切尝试，都始终只是力学的解决，也就是说，人们让一个已知运动与另一个运动相结合所凭借的动力因产生第三个运动，但却不是对那前两个运动与第三个运动相等，而且作为这样的运动可以在纯直观中先天地展示出来的证明。

附释 2

例如，如果一个速度 AC 被称为双倍的，那么，这只能被理解为，它由两个单纯而又相等的速度 AB 和 BC 构成（参见图 1）。但是，如果人们这样来解释双倍的速度，即人们说它是一个运动，通过该运动，在同一时间里一个双倍如此大小的空间被经过，那么，这里就假定了某种并非不言而喻的东西，也就是说：两个相等的速度可以完全像两个相等的空间那样结合起来；一个已知的速度由多个较小的速度构成，一个快由多个慢构成①，就像一个空间由多个较小的空间构成一样，这并不是自身就清楚明白的；因为速度的各部分并不像空间的各部分那样是彼此外在的，而如果速度应当被当做量来考察，那么，其量的概念则因为是**强度的**，所以构想它的方式，必须不同于构想空间**广度的**量的概念。但是，这种 4〔494〕
构想以任何方式都是不可能的，除非通过两个相同的运动的**间接**组合，

① 关于这个说明与非常普遍的非扩展的量之测量的费希纳问题的关系，参见赫福勒版《自然科学的形而上学初始根据》后记，21 页以下；以及上文 470 页。——科学院版编者注

其中一个运动是物体的运动，另一个运动是相对空间在相反方向上的运动，但正因为此与物体在前一方向上和它相同的运动完全相等。因为在**同一个方向**上，两个相同的速度根本不能被组合在一个物体中，除非通过外部的动力因，例如一艘以这两种速度之一种载着物体的船，此时另一个、与船固定地结合在一起的运动力把第二个、与前一个速度相同的速度加给了物体；在这里，毕竟总是必须预设的是：物体在**自由的**运动中，当有第二个速度附加于其上时，仍保持着前一个速度；这是运动力的一个自然规律①，如果问题仅仅是作为一个量的速度的概念是如何**构想**出来的，那就根本谈不上这一点。关于速度的相互添加就谈到这里。但如果说到从一个速度中减去另一个速度，那么，虽然只要承认一个速度作为相加而成的量的可能性，这种减去就容易**设想**；但那个概念却并不如此容易构想。因为两个相反的运动最终必须在一个物体上结合起来，但这应当是如何进行的呢？直接地、亦即仅就同一个静止的空间而言，设想同一物体上两个方向相反的相同运动是不可能的；但是，这两个运动集于一个物体之不可能性的表象，并不是关于这个物体的**静止**的概念，而是关于两个相反运动的这种组合的**构想之不可能性**的概念，而这种构想在定理中毕竟是被假定为可能的。但就像已经证明的那样，这个构想惟有通过把物体的运动与**空间的运动**结合起来才是可能的。最后，谈到

---

① 人们在当前把这引为**“独立性原理”**，而且它会作为这样的原理与牛顿的第一运动定律（惯性和保持定律）并列。A. 福斯对此在他的《理性力学原理》中（《数学科学百科全书》，第IV卷，第1册，55页，1901）说：“按照好多英国作者的观点包含在牛顿的第二定律之中并在此之上建立起平行四边形定则的独立性原理，只是后来才在法国学派中得到特别的强调。”就它在牛顿那里未被明确说出而是仅仅在诸运动定律的系论Ⅰ中（14页，1713）被悄悄地预设为某种不言而喻的东西而言，马赫说（《力学》，第4版，257页，1901）：“系论Ⅰ包含着某种确实新的东西。但是，它却把在一个物体K中以不同的物体M、N、P为条件的加速度视为不言而喻地相互独立的，而这恰恰要被明确地承认为经验事实。”这个以及其余的力学原理在多大程度上只是经验事实还是得到别处的认识手段的支持，现在还有争议（参见赫福勒版《自然科学的形而上学初始根据》后记，79页以下）。但是，就独立性原理而言还再加上，它总的来说只会近似地（精确地仅仅在静力学的边际场合）有效；如果有以下的可能性应当表明为经验事实的话：威廉·韦伯的电作用对充电速度的依赖性的电动力学基本定律；麦克斯韦的电点运动方程，其运动的速度与光的传播速度具有同样的大小秩序；同样在可称量的质量那里，如果重力应具有一种有限的传播速度的话。——由于这些物理学可能性当前还过于缺少经验性的证实，它们并不能今天就已经颠覆系统力学的学说大厦，所以编者在自己的《物理学》（参见上文477页注，菲韦格，1903）第16节作为点动力学的原理保留了惯性和保持原理、独立性原理和反作用原理，并认为它们至少对于那里要提供的课程来说是必要的和充足的。——科学院版编者注

其方向围成一个角的两个运动的组合，如果人们根本不用**外来的**、连续加入的**力**（例如一个运走物体的运输工具）来对其中一个运动起作用，而把另一个运动假定为本身在这里保持不变，就同样不能在这个物体上与同一个空间相关来设想那种组合，或者一般地说，人们必须把运动力和第三个运动从两个联合的**力**中的产生当做基础，这虽然是对一个概念所包含的东西作**力学的**论述，但却不是对这种论述作**数学的构想**，这种数学构想只应当使可能是客体（作为量）的东西变得直观可见，而不是使这客体如何通过自然、或通过凭借某些工具和力的艺术可以被**产生**出来变得直观可见。——为了确定运动与其他作为量的运动的关系，运动的组合必须按照全等的规则来进行，这在所有三种情况中都惟有借助于空间的运动才是可能的，空间的这种运动与两个已知运动中的一个全等，并由此这两个运动与那个复合运动全等。 4〔495〕

附释 3

运动学不是纯粹的运动论，而仅仅是运动的纯粹量论，在其中不根据别的属性、只根据运动性来思考物质，所以它仅仅包含着由上述三种情况所导出的这个惟一的定理，即关于运动的组合以及关于单是**直线运动**的可能性、而不是曲线运动的可能性的定理。这是因为，由于在曲线运动中，运动（按其方向）连续不断地被改变，所以必须举出这种变化的原因，而这个原因如今不可能仅仅是空间。但是，人们只习惯于在运动的方向围成一个角这种惟一的情况下来理解**复合运动**这一称谓，这虽然也许并不曾对物理学造成损害，但的确给一般纯哲学科学的划分原则造成了某些损害。因为就物理学而言，上述定理中所讨论的所有三种情况**单是在第三种情况中**就可以得到足够的展示了。因为当两个已知运动围成的角被设想为无限小的时候，它就包括了第一种情况；但如果它被表现为与一条惟一的直线只有无限小的区别时，它就包括了第二种情况。这样，在上述复合运动的定理中，我们所列举的所有三种情况当然就可以在一个普遍的公式中提供出来了。但以这种方式，人们也许就不会很好地学会根据运动的各个部分来先天地审视运动的量论了，而这在许多方面还是有它的用处的。

如果某人有兴趣依据一切纯粹知性概念划分的图型，在此尤其是依据**量**的概念划分的图型，去把握普遍的运动学定理的上述三个部分，他就将发现：由于量的概念在任何时候都包含着同类东西的组合的概念，运动的组合的学说同时也就是运动的纯粹量论，并且根据的是空间所提供的所有三种要素，即直线和方向的**单一性**、在同一直线上诸方向的**复多性**，最后是诸方向和诸直线的全体性，运动就是按照它们才可能发生的；这就包括了作为某个量的一切可能运动的规定，尽管运动（在某一动点上）的量只存在于速度中。这个说明惟有在先验哲学中才有它的用处。

第二章 4〔496〕
动力学的形而上学初始根据

解说 1

物质就是**运动物**，这是就它**充实**一个**空间**而言的。**充实**一个空间，就是阻抗一切努力通过其运动侵入某一空间的运动物。一个未被充实的空间是一个**空的**空间。

附释

这就是对物质概念的动力学解说。它以运动学的解说为前提条件，但增加了一个属性，这个属性作为原因与一个结果相关，这就是在某个空间中阻抗一个运动的能力。这是在前面那门科学中，甚至在人们必须涉及同一个点在相反方向上的诸运动时，也完全不必谈到的。空间的这种充实当任何一个别的运动物的运动对准某个空间中的任何一点时，就使该空间防止了这个运动物的入侵。现在，物质朝向一切方向的这种阻抗所依据的是什么，以及这种阻抗是什么，还必须加以研究。但人们从上述解说中已经看到这样的东西：物质在这里被考察，不是如其**在被从自己的地点驱赶出来**、因而甚至要被推动起来时它如何阻抗（这种情况后面还将作为力学的阻抗来考虑），而只是如其当它自己广延的空间要被**缩小**时它如何阻抗。人们使用这样的语词：**占据一个空间**，也就是说，在这个空间的一切点上直接在场，以便用来表示某物在空间中的**广延**。但是，由于在这个概念中不确定的是，从这种在场中产生出什么样的结果，甚至是否到处都有某种结果，即是否阻抗别的努力入侵者，或者这是否只是指一个没有物质的空间， 4〔497〕只要它是诸多空间的一个总和，就像人们对任何几何图形都能说它占据一个空间（它是有广延的）一样，或者，在空间中究竟是否有某个迫使另一个运动物更深地侵入这个空间（吸引他物）的东西；由于依我说，凭借占据某个空间这个概念，这一切都是不确定的，所以，**充实一个空间**，是**占据**一个空间这一概念的更为切近的规定。

定理 1

物质充实一个空间，并非通过其纯然的实存，而是通过一种**特殊的运动力**。

证明

侵入一个空间（在最初一瞬间这叫做侵入的努力），这是一个运动。对运动的阻抗是使运动减弱甚至改变为静止的原因。现在，减弱或者取消运动的某物不可能与别的运动相结合，只能与同一个运动物在相反方向上的另一个运动相结合（据运动学，定理）。因此，一个物质在它所充实的空间中对别的物质的一切入侵所作出的阻抗，就是别的物质在相反方向上的运动的原因。但一个运动的原因就叫做运动力。因此，物质充实自己的空间是通过运动力而不是通过其纯然的实存。

附释

兰贝特[1]和其他人由于物质充实一个空间而把物质的这个属性称为**坚固性**（一个相当含混的表达），并且希望人们必须在每一个**实存的**事物（实体）身上都假定这种属性，至少在外部感官世界中是这样。按照他们
4〔498〕的概念，某种**实在的**东西在空间中的在场由于其概念，因而根据矛盾律，必定本身就已具有这种阻抗，并且必定使这样一个事物所在场的空间中没有任何别的东西能够同时存在。然而，矛盾律并不拒斥为侵入一个在其中可以发现另一物质的空间而移近的物质[2]。只有当我把某种力赋予那占据一个空间的东西，以拒斥一切逼近的外部运动物时，我才懂得，一个事物所占据的空间还会被另一个同类事物所侵入，这将包含一个矛盾。在这里，数学家假定某种东西是一个物质概念的构想的首要数据，而这

---

① 兰贝特（Lambert，1728—1777），数学家、物理学家、哲学家（《光度学或者论色彩和阴影的测量和光度》，1760；《关于宇宙结构之布局的宇宙论通信》，1761［参见《康德全集》，第Ⅰ卷，545 页］；《新工具或者关于真东西的研究和命名的思想》，1764）。关于他与康德的个人关系，参见往来书信（参见下文 507 页注）。——科学院版编者注

② 什么似乎“对于康德来说是提出他的物质阻抗力的推动”，这是拉斯维茨在《康德全集》第Ⅰ卷 524 页关于 26 页的注释中说的。事情涉及“从静止、不仅仅从‘现实的’运动解释运动之产生的……手段”。——科学院版编者注

种东西本身是不能再进一步构想的。现在，数学家虽然可以从任何随意的数据开始来构想一个概念，而不去再解释这个数据，但他毕竟并不因此就有权利将那个数据说成是某种完全不能作出任何数学构想的东西，以便由此阻碍向自然科学中的诸首要原则的追溯。

解说 2

引力是这样一种运动力，由于它，一个物质能够是别的物质接近自己的原因（或者这样说也一样：由于它，一个物质不让别的物质离开自己）。

斥力是这样一种运动力，由于它，一个物质能够是让别的物质远离自己的原因（或者这样说也一样：由于它，一个物质不让别的物质接近自己）。后者我们有时也称为**排斥力**，而前者有时则称为**吸引力**。

附注

只能设想物质的这两种运动力。因为一个物质能够加于另一物质的一切运动，由于在这一方面两个物质的每一个都只被当做一个点来看待，在任何时候都必须被视为在两点间的直线中被给予的。但是，在这条直线中只有两种运动是可能的：一种是使两个点相互**远离**，第二种是使它们相互**接近**。是前一种运动的原因的力就叫做**斥力**，是后一种运动的原因的力则叫做**引力**。因此，只能设想这两种力，是物质性自然中一切运动力都必须归结于其上的力。 4〔499〕

定理 2

物质充实自己的空间，是通过其一切部分的推斥力，亦即通过它固有的一种扩张力，这个力具有一定的程度，在这个程度之外可以无限地设想更小的程度或者更大的程度。

证明

物质充实一个空间，惟有通过运动力（据定理 1），确切地说是不让别的物质入侵亦即接近的力。如今，这种力就是一种斥力（解说 2）。因此，物质充实自己的空间，惟有通过斥力，确切地说是其一切部分的斥力，因为若不然，其空间的一个部分就会（与预设相悖地）不被充实，而只是被围起来。**但是，一个凭借其一切部分的排斥而得以扩张的东西，它的力就是一种扩张力**（扩展的力）。因此，物质充实自己的空间，惟有通过它固有的一种扩张力，**这是第一点**。在任何已知的力之上，都必然能够设想一个更大的力，因为如果在一个力之上不可能有一个更大的力，那么它就会成为这样一个力，由于它，在一个有限的时间内一个无限的空间被经过（这是不可能的）。此外，在任何已知的运动力之下，也必然能够设想一个更小的运动力（因为一个最小的运动力将会是这样一种力，尽管它在自身之上无限附加，经过任何一个给定时间，都不能产生一个有限的速度，但这就意味着一切运动力的缺乏）。因此，在一个运动力的任何一个已知程度之下，总是还必然能够给出一个更小的程度，**这是第二点**。所以，任何物质充实自己的空间所用的扩张力都具有自己的程度，这个程度永远不是最大的或最小的，而是在它之外总是既能够找到更大的程度也能够找到更小的程度，以至于无限。

4〔500〕 附注 1

人们也把一个物质的张力称为**弹性**①。现在，由于张力是对空间的充实作为一切物质的本质属性所赖以成立的根据，所以这种弹性必须叫做**源始的**，因为它不能从物质的其他任何属性推导出来。据此，一切物质都源始地具有弹性。

附注 2

由于在任何扩张力之上都能够找到一个更大的运动力，但这个更大的运动力也能够反作用于那个扩张力，由此，它才会使这扩张力所努力要扩展的空间变窄，在这种情况下，这个运动力就会叫做压缩力，所以，也必定能够为任何物质找到一种压缩力，它能够把物质从它所充实的任何一个空间驱赶进一个更狭小的空间中去。

---

① 作为弹性的定义太狭窄，仅适用于压力弹性。——科学院版编者注

解说 3

当一个物质由于压缩而完全取消它的广延的空间时，另一个物质就在自己的运动中透入它。

附释

在一个充满空气的气泵筒中，当活塞被越来越推近底部时，气体物质就受到了压缩。现在，如果这种压缩能够一直推进到活塞完全接触底部（而不让任何一丁点空气逃逸），那么气体物质就会被透入；因为它处身于其间的那些物质没有为它留下空间，因此，它就会在活塞和底部之间被找到，但却不占据一个空间。物质由外部压缩力而来的这种可入性，如果有人要这样假定、哪怕是这样设想的话，就可以叫做**力学的**可入性。我有理由通过这样一种限制而把物质的这种可入性与另一种可入性区别开来，后者的概念或许正如前者一样不可能，但我还是希望将来有机会对它作出某些说明。

定理 3 4〔501〕

物质**能够**无限地被**压缩**，但不管其压力有多么大，**永远也不能**被一个物质所透入。

证明

一个物质致力于超出它所占据的已知空间四处扩张所用的源始的力，当它被包围在一个较小的空间中时，就必定更大些，当它被挤压在无限小的空间中时，就必定是无限大。① 现在，可以为物质已知的扩张力找到一个更大的压缩力，来将物质压迫到一个更狭小的空间中去，如此直至无穷；这是第一点。但对物质的透入却要求将它挤入一个无穷小的空间中，因而要求一个无限施压的力，但这种力是不可能的。因此，一个物质不能通过压缩被任何别的物质所透入；这是第二点。

---

① 至于由此在力的表象中接纳了一个今天对我们已经陌生了的作用或者诸如此类的东西的次观念，参见赫福勒版《自然科学的形而上学初始根据》后记，27 页以下。——科学院版编者注

附释

我在上述证明中一开始就假定，一个扩张力越是被施加于狭窄的地方，其反作用必定越强。如今，这虽然并不那么适用于只是派生出来的弹性力的任何类型，但对于物质来说，如果它作为充实一个空间的一般物质而固有根本的弹性，那就可以作出这种假定。因为从一切点向四面八方所施加的张力甚至构成了弹性的概念。但正是被施于一个更狭小的空间的张力的同一个量，在这空间中任何一点上必定更强烈地作出拒斥，其程度正如力的某个量在其中扩散其效用的那个空间反过来变得更为狭小一样。

解说 4

物质以与压缩的程度成正比例增长的阻抗为依据的**不可入性**，我称
4〔502〕 做**相对的**不可入性。但以物质本身完全不能被压缩这一预设为依据的不可入性，则叫做**绝对的**不可入性。以绝对的不可入性**充实空间**，可以叫做对空间的**数学**充实，仅以相对的不可入性充满空间，则可以叫做对空间的**动力学**充实。

附释 1

按照不可入性的纯然数学概念（它不预设任何运动力是物质源始固有的），物质不能被压缩，除非它在自身中包含着空的空间；因此，物质作为物质，无条件地以绝对必然性阻抗一切侵入。但按照我们对这一属性的讨论，不可入性是基于某种物理学的根据；因为扩张力使物质本身惟有作为一个充实其空间的扩张者才是可能的。但既然这种力具有一个程度，这个程度可以被克服，因而广延的空间可以被缩小，也就是能被某种已知的压缩力侵入这个空间，直到一定的规模，不过，毕竟不可能有一种完全的透入，因为这需要一个无限的压缩力：**所以，空间的充实就必须仅仅被视为相对的不可入性。**

附释 2

事实上，绝对的不可入性不多不少，正好就是 qualitas occulta［隐秘的质］。因为人们会问，什么是使物质在其运动中不能相互透入的原因，

而得到的回答是：因为它们是不可入的。诉诸拒斥力，就摆脱了这种非难。因为尽管拒斥力就其可能性而言也不能作出进一步的解释，因而必须被视为基本的力，然而，它毕竟提供了一个作用因及其规律的概念，按照这些规律，结果亦即在被充实的空间中的阻抗，可以根据其程度来估算。

解说 5

物质性实体是空间中的这样一种东西，它独自、亦即脱离在它之外实存于空间之中的其他一切东西而运动。物质某一部分的运动使这物质不再是一个部分，这种运动就是**分离**。一个物质各部分的分离就是**物理学的分割**。 4〔503〕

附释

实体的概念意味着实存的最后主体，亦即本身不再仅仅作为谓词而属于另一主体的实存的东西。现在，物质就是空间中被归于事物的实存的一切东西的主体；因为若不然，除物质之外就只有空间本身能被设想为主体了；但空间是这样一个概念，它还根本不包含任何实存的东西，而是只包含外感官的可能对象之外部关系的必要条件。因此，作为空间中的运动物的物质，就是这个空间中的实体。但同样，就连物质的一切部分，只要人们可以说它们本身是主体而不仅是其他物质的谓词，就都必须叫做实体，从而本身又必须再叫做物质。但是，物质在其独自运动，因而哪怕在与相邻部分的结合之外也是实存于空间中的某种东西时，本身就是主体。因此，物质或者物质的任何一个部分的自己运动性同时就证明了：这个运动物及其任一运动着的部分都是实体。

定理 4

物质是**无限可分的**，而且是分成这样的部分，其中每一部分都仍然是物质。

证明

物质是不可入的，而且是通过其源始的扩张力（据定理 3），但这种扩张力只是在被物质充实的空间中每一个点的推斥力的结果。现在，物质所充实的空间在数学上是无限可分的，也就是说，它的各个部分是能够无限区分的，即使它们不被推动，因而也不被分离（据几何学的证明）。但是，在一个充满物质的空间里，其每一部分都包含着推斥力，向四面八方反作用于其余一切部分，从而拒斥着它们同时又受到它们的拒
4〔504〕斥，亦即被推动着离开它们。因此，被物质充实的空间的每一部分都是独自运动的，因而是可以通过物理学的分割作为物质实体与其他部分相分离的。因此，物质所充实的空间的数学可分性延伸到哪里，充实这空间的实体物理上可能的分割也就延伸到哪里。但数学上的可分性延伸至无限，因而物理上的物质即一切物质也是无限可分的，而且是分成这样的部分，其中每一部分都仍是物质实体。

附释 1

如果不事先阐明，在空间的任何一个部分中都有物质实体，亦即都可以发现独自运动的部分，那么，通过对空间的无限可分性的证明，还远远未使物质的无限可分性得到证明。因为如果一位**单子论者**①要假定，物质是由物理学的点构成的，其每一个点虽然（正因此而）不具有运动的部分，却仍然通过纯然的推斥力而充实一个空间，那么，他就会承认，虽然这个空间被分割，但在其中起作用的实体并未被分割，因而，虽然实体的作用范围被分割，起作用的运动主体本身却没有通过空间的分割而被分割。因此，他会用物理上不可分的部分来组合物质，不过让它们以**动力学的方式**占据着一个空间。

但通过上述证明，完全剥夺了单子论者的这一借口。因为很清楚：在一个被充实的空间中，不可能有一个点不是如同它被排斥那样本身也向四面八方施加排斥，因而作为一个存在于任何其他排斥性的点之外起反作用的主体，本身就是运动的；并且，一个仅凭排斥力而不借助于另外一些同样的斥力来充实一个空间的点，其假说是完全不可能的。为了

① 在这里等于原子论者。康德的进一步阐述针对的是原子论的那种并不假定有空间广延的原子，而是假定纯然的力量中心的特殊形式。博斯科维奇（Boscovich，1711—1787）被视为这种原子概念的原创者。信奉它的后来还有安培、法拉第（参见斯塔洛：《现代物理学的概念和理论》，161页以下，1901）。——科学院版编者注

使这一点、并由此也使上述定理的证明直观化，且假定：

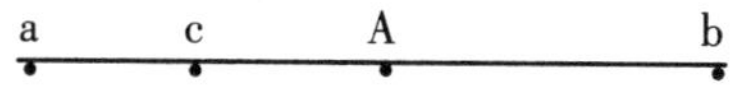

图 4

A 是空间中的一个单子的地点，ab 是它的推斥力范围的直径，因而 aA 是其半径。于是，在一个外来单子侵入那个范围所占据的空间而受到阻抗的 a 点和这一范围的中点 A 之间，可以指定一个点 C（根据空间的无限可分性）。现在，如果 A 阻抗极力侵入 a 点之物，那么，就连 c 也必须阻抗 A 和 a 两点。因为若不然，它们就会不受阻碍地互相靠近，结果是 A 和 a 在 c 点相遇，也就是说，这一空间就会被透入。因此，在 c 点必定 4〔505〕
有某种东西阻抗着 A 和 a 的侵入，因而拒斥单子 A，如同它受单子 A 拒斥一样。现在，既然**拒斥**是一种运动，所以 c 是某种在空间中运动的东西，因而是物质，并且 A 和 a 之间的空间不能用一个惟一单子的作用范围来充满，c 和 A 之间的空间也是这样，如此类推，直至无穷。

如果数学家们在弹性物质被压缩得更紧或更松时，把它各部分的推斥力表现为按其相互距离的某种比例缩小或增大，例如空气的最小部分按其相互距离的反比例相互拒斥①，因为其弹性与它在其中被压缩的那些空间是成反比例的，那么，人们在把必然属于一个概念的构想程序的东西在客体本身中赋予那个概念时，就完全歪曲了数学家们的意思并误解了他们的语言。因为在他们看来，任何一个接触都可以被表现为一个无限小的距离；这在下述情况下，即要把一个或大或小的空间用物质的同一种量、亦即推斥力的同一个量表现为完全充实的时候，也必定会必然地发生。因此，在一种无限可分的东西那里，仍然不可以假定在整体的空间的一切扩展中总是构成一个连续体的各部分有任何现实的距离，尽管这种扩展的可能性惟有在某个无限小距离的理念之下才能被直观化。

附释 2

数学虽然在其内在运用中可以对某种错误的形而上学的刁难毫不在意，并且坚持其有关**空间的无限可分性**这些自明主张的可靠拥有权，不

① 关于这种力的定律，参见下文 522 页注。——科学院版编者注

管什么样的异议都可能引起对此纯然咬文嚼字的玄思；然而，当把这些适用于空间的命题应用到充实空间的实体上去时，它毕竟不得不按照纯然的概念进行检验，从而不得不涉足形而上学。上述定理就已经是这方面的一个证明。因为只要不能证明在一个**被充实的**空间的一切可能部分的每一部分中也都有一个**实体**，因而这个实体也与其余一切实体相分离，作为自身运动物实存着，那么，即使物质在数学的意义上是无限可分的，即使空间的每一部分又是一个空间，因而在自身中总是包括着相互外在的各个部分，也不能必然得出物质在物理学上无限可分的结论。因此直到现在，数学的证明毕竟还缺乏某种东西，没有它，数学证明就不能在
4〔506〕 自然科学上有可靠的应用，而这个缺陷在上述定理中得到了补救。但是，就形而上学对**目前物理学的**物质无限可分性**定理**的其他抨击而言，数学家不得不完全听任哲学家作出这些抨击，哲学家反正要由于这些异议而走入迷宫，从中他很难在哪怕是直接关涉他的那些问题中找到出路，从而对自己感到满意，不让数学家插手这件事务。因为如果物质是无限可分的，那么（独断的形而上学家就推论说）**它就是由各部分的一个无限集合构成的**；因为一个整体毕竟必须预先已经将它能够分割成为的所有部分全部包含在自身之中。最后这个命题即便对于任何一个**作为物自身**的整体来说也是无可置疑地确定的，因此，既然人们毕竟不能承认物质是**由无限多的部分构成的**，甚至连对空间也不能给予这种承认（因为一个无限的集合，其概念中就已经包含着它永远也不能完全被表现，要把它设想为完成了的整体，这就是一个自相矛盾），所以人们就会不得不在这一点上作出决定：要么违背几何学家而说：**空间不是无限可分的**；要么触怒形而上学家而说：**空间不是一个物自身的属性**，因而物质不是物自身，而只是我们外感官的一般显象，正如空间是显象的根本形式一样。

在这里，哲学家如今陷入了受一个危险的两难选择夹击的窘境。否定第一个命题，即空间是无限可分的，这是一种毫无价值的冒险，因为数学不允许用玄思去掉任何东西；但把物质看做物自身，因而把空间看做物自身的属性，却又否定那个命题，这也是一回事。因此，他发现自己不得不放弃后一种主张，哪怕它是如此普通并且合乎普通知性，但当然惟有在这样的条件下，即只有当他把物质和空间只当做显象（因而把空间只当做我们外部感性直观的形式，所以把两者都不当做事物自身，

而只是当做其本身不为我们所知的对象的主观表象方式）的情况下，人们才也助他摆脱物质**无限可分**、但却**不**由**无限多的部分**构成这一困境。后面这个命题虽然不可能被直观化和构想，但却可以通过理性很好地被思维。因为惟有通过在表象中被给予才成为现实的东西，关于它被给予的，也不**多于**在表象中所发现的、亦即表象的进展所达到的。因此，对于其分割无限进行的那些显象，人们只能说，显象的部分正如我们所提供的那么多，也就是总是只有我们能够分割出来的那么多。因为这些部分作为属于一个显象的实存的，只实存于思想中，即实存于分割本身中。 4〔507〕
现在，分割虽然是无限进行的，但它毕竟从未作为无限的东西被给予。因此，从中不能推论出，可分的东西之所以包含着**就自身而言**并且外在于我们表象的各部分的一个无限集合，其原因就在于它的分割是无限进行的。因为可分的东西并不是事物，而只是事物的这种表象，其分割尽管能够延续至无限，并且在客体中（它就自身而言是不可知的）也有这方面的根据，但永远也不能完成，因而也不能完整地被给予，所以也并没有证明在客体中有任何现实的无限集合（作为这样的集合它将是一个明显的矛盾）。一位也许对在德国保持数学的威望比其他任何人都贡献更多的伟人①，曾多次用这样一种有根据的提醒，来反驳形而上学要推翻几何

① 这可能是指莱布尼茨（据法兴格：《〈纯粹理性批判〉注疏》，第Ⅱ卷，429页）、沃尔夫（据基尔希曼：《〈自然科学的形而上学初始根据〉阐释》，其根据的可能性很小），此外欧拉、兰贝特和凯斯特讷。——法兴格在上书第Ⅱ卷429页说：根据“《自然科学的形而上学初始根据》第二章定理4附释2的一段直到现在也几乎没有被注意的话，……莱布尼茨在根本上是想与康德说相同的东西。只不过他的后继者误解了他。……莱布尼茨把空间视为‘我们的感性的主观形式’”，对此的注释是（法兴格：同上书，429页）：“整段话都是针对莱布尼茨的，……紧接着叔本华阐释了得胜者。”类似的还有法兴格：同上书，150页。对于法兴格的这种解释来说，除此之外应列举如下几段话：康德的《论一个据说一切新的纯粹理性批判都由于一个更早的批判而变得多余的发现》（《康德全集》，第Ⅷ卷，248页）：“莱布尼茨，一个如此伟大的数学家，想用单子复合而成物体（因而也用单纯的部分复合而成空间），这究竟可信吗？……他也似乎与柏拉图一样……。”因此，这里是与下文507页一段话的一个相似的思想进程。最为根本的是508页整段话的结尾：“因此，……莱布尼茨的意思……无非是主张，……空间……并不包含物自身的世界，而是只包含它的显象……。”从外部来看也有，这段话的开头词“一位伟大人物”（《康德全集》，第Ⅱ卷，377页）在《论空间中方位区分的最初根据》这篇论文的开篇被明确地运用于莱布尼茨（同上，377页）。

同样是康德的这篇论文，在莱布尼茨之后很快也提到了欧拉。在这个地方想到欧拉，乃是由于欧拉对普遍的空间问题的反复研究（施特莱茵茨的《力学的物理学基础》，1883，35页说：“他终生都极为热情地研究这些问题，大概在他之后没有一位作者关于这个对象写那么多”）。不过，这首先是空间的绝对性或者相对性的问题，在这个问题上，欧拉如施特莱茵茨在上书指出的那样，反复地变更自己的意见；只是其次，那些研究才时而也把他引向空间的同一性或者实在性的问题。康德自己在他的前批判时期作品中反复引用“著名的欧拉”的论文（《康德全集》，第Ⅱ卷，

学关于空间的无限可分性定理的无理要求：**空间只属于外在事物的显象**。但他没有被理解。人们是这样来理解这个命题的，好像是他要说：空间显现给我们自己，它本来却是一个事物或者事物自身的关系，但数学家只是如其显现的那样来考察它；他们没有像本来应该的那样来理解这个命题：空间根本不是依附于我们感官之外的一个物自身的属性，而只是我们感性的主观形式，外感官的对象在这形式之下向我们显现，我们不知道这个对象就其本身而言是什么样性状，这种显现我们称之为物质。在那种误解中，人们一直还是把空间设想为一种甚至依附于我们想象力之外的事物的性状，可是，数学家却只按照通常的概念，也就是含混不清地来设想这种性状（因为人们通常就是这样解释显象的），人们因此就把数学关于物质无限可分性的定理，即一个以空间概念中的最高清晰性为前提条件的命题，归于几何学家当做基础的某种含混的空间表象，这时，形而上学家就可以随意地用点组合出空间，用单纯的部分组合出物质，并这样（在他看来）把清晰性带给了这个概念。这一混乱的原因就在于一种被错误理解了的**单子论**，它完全不是为解说自然显象所需要的，只

378页、168页)：《对空间和时间的反思》，见《王家科学和纯文学科学院的历史》，324～333页，柏林，1748（书上的年代为1750）。欧拉在这里归给形而上学家们的是把空间还原为纯然的关系，与此相反让数学家们根据两个运动定律的既定性（指的是对于静止和齐一运动两种场合的惯性定律）去坚持空间的独立实在性。例如在V，II："因此可以肯定的是，不借助空间和时间的观念，就无法构造力学所引证的两条定律。这是一个确实的标记，即这些观念不是纯粹的想象，就像形而上学家们声称的。我们应由此总结，无论是绝对的空间，还是时间，正如数学家们所设想的，都是实在之物，其自身在想象之外存在：因为主张纯粹的想象力可为力学的真正原则提供基础将会十分荒诞。"此外在XVI："我并不想进入讨论关于人们对空间和地点的实在性的反驳，既然我们已经证明了这种实在性不再是可被质疑的，由此必然可见，这些反驳绝对无法站立得住。"——但是，康德的命题，即**绝对的空间……具有自己的实在性**（《康德全集》，第I卷，378页），与欧拉**反对**空间实在性的这些根据的一致，径直形成了一个证明，即康德在这段话不可能再指的是欧拉；再补充一点，康德在自己绞尽脑汁思索绝对空间概念的地方，亦即《自然科学的形而上学初始根据》的第四章，根本不再想到欧拉。

有利于兰贝特的主要是康德与他的私人关系（《康德全集》，第X卷，第31、32、35、54封信，特别是第57封信[以上均为第一版编码，在通行的第二版中则为第33、34、37、57、61封信。——译者注]，101～102[105～107]页，那里兰贝特对于像在《论可感世界与理知世界的形式及其原则》中讲述的那样的空间和时间学说，特别是在时间事情上虽然表态**反对**康德，但却是出自对于空间来说不会作出决定的根据）。由于兰贝特在1777年去世，所以"贡献"的现在时就惟有在如下假定下才与此一致，即要么《自然科学的形而上学初始根据》的这段话已经在1786年之前写下很久了，要么"贡献"是在继续起作用直到当代的意义上说的。如果人们想赞同指向莱布尼茨、沃尔夫或者欧拉（卒于1782年），就也必须这样假定。

有利于凯斯特讷的，无非是康德也在别的地方有几次想到他是一位机敏的数学家（例如《康德全集》，第II卷，170页）。——科学院版编者注

不过是一个由**莱布尼茨**所阐明的**柏拉图主义**关于世界的概念罢了，只要这个世界根本不被作为感官的对象，而是作为物自身来看待，仅仅是一个知性的对象，那么这个世界概念本身就是正确的。但知性毕竟是感官显象的基础。现在，**物自身的复合物**当然必须由单纯的东西来构成，因为在这里，各部分必须先于一切复合被给予。但**显象中的复合物**并不由单纯的东西来构成，因为在永远只能以复合的（广延的）方式被给予的 4〔508〕
显象中，各部分只能通过分割才能被给予，这样就不能在复合物之先，而只能在它之中被给予。因此，就我所了解，莱布尼茨的意思并不是要用单纯的存在者相互并存的秩序来解释空间，而毋宁说是要把这种秩序作为协调一致的、但仅属于一个（不为我们所知的）理知世界的东西，用它来支持空间。他无非是主张，如在别的地方指出过的，空间连同以它作为形式的物质并不包含物自身的世界，而是只包含它的显象，甚至只是我们外部感性直观的形式。

定理 5

物质的可能性要求一种**引力**作为其第二种本质性的基本力。

证明

不可入性作为物质的基本属性（通过它，物质才作为空间中的某种实在物首先显示给我们的外感官），无非是物质的扩张能力（据定理 2）。现在，一种使物质的各个部分相互逸散的基本运动力，**首先**，不能受它自身的限制，因为物质由此毋宁说致力于不断地去扩展它所充实的空间；**其次**，也不能被空间仅仅置于广延的某个界限上，因为空间虽然可能包含这样一种根据，使扩张力在一个自身扩张的物质扩展其体积时成反比例地减弱，但由于任何一个运动力都可能无限地有一个更小的程度，所以空间永远也不包含使一个运动力在某个地方消失的根据。因此，物质就会是仅凭其推斥力（它包含着不可入性的根据）保持下来。而且如果没有另一个运动力反作用于它，它就不会保持在广延的任何界限之内，也就是说要无限地逸散，在任何可以告知的空间里都找不到一个可以告知的量即物质。因此，如果只有物质的推斥力，一切空间都会是空的，

因而根本就不会有物质存在。所以，一切物质为了其实存都要求有与扩
4〔509〕张力相对立的力，即压缩力。但这些压缩力从本源上说不能再到另一个物质的相反努力中去寻求，因为这另一个物质本身为了成为物质也需要一个压缩力。因此，必须在某个地方设定物质的一种源始的力，它在推斥力的一个相反方向上起作用，从而造成接近，这就是一种引力。现在，既然这个引力是物质作为一般物质的可能性所要求的，因而先行于物质的一切差别，所以，它不能仅仅被赋予物质的一个特殊的种类，而是必须一般地、乃至源始地赋予任何物质。因此，源始的引力作为物质的本质所要求的基本力，应归于一切物质。

附释

在从物质的一种属性向另一种与之有类的区别的、**尽管不包含在同一个物质概念之中**但却是物质概念所同样要求的属性的过渡中，必须更切近地考虑我们知性的态度。如果引力本身是为物质的可能性而源始地要求的，为什么我们不把它与不可入性一样作为物质的第一个标志来使用呢？为什么后者是直接与物质概念一起被给予的，而前者则不放在这个概念中来考察，只是通过推论附加给这个概念呢？说我们的感官不让我们如同排斥和不可入性的阻抗那样直接地知觉到这种吸引，还不能充分地回答这个难题。因为即使我们具有这样一种能力，那也很容易看出我们的知性仍然为自己选择空间的充实，以便用来描述空间中的实体亦即物质，看看物质的特性作为一个与空间不同的东西，究竟是怎样被设定在空间的**充实**之中，或如人们平常所说被设定在**坚固性**之中的。即使我们同样清楚地感受到吸引，它对我们来说也绝不会显示为一个具有一定**体积**和**形状**的物质，而只是显示为我们的感官去接近我们之外的一个点（能吸引的物体的中心点）的努力。因为地球一切部分的引力不能更多，也不能以其他方式作用于我们，除非它完全在地球的中心点上结合起来，而且这个中心点影响到我们的感官。一座山峰或者任何一块石头等等的吸引力也是这样。现在，我们由此并没有得到空间中任何一个客体的确定概念，因为既没有形状、也没有大小、甚至也没有客体存身的地点可以落入我们的感
4〔510〕官之中（惟有吸引的方向能够被知觉到，例如在重力那里：吸引的点将是未知的，我甚至看不出，就物质充实空间而言，没有对物质的知觉，吸引

点本身应如何通过推理来查明)。因此很清楚：最初将我们关于量的概念运用于物质上，由此首先使我们有可能让我们的外部知觉在一个作为一般对象的物质的经验概念中发生转变，这仅仅基于物质用来使自己充实一个空间的那种属性，它凭借感觉的感官而使我们获得一个有广延者的大小和形状，因而对空间中一个确定的对象获得一个概念，这个概念是人们关于这个事物能够说得出的其余一切的基础。毫无疑问，恰恰这一点是人们在面对其他方面最清楚的证据，即证明吸引与排斥一样必然属于物质的基本力时，仍然拒绝引力，并且不想承认任何别的运动力，只承认由碰撞和挤压（两者都借助于不可入性）而来的运动力的原因。由于空间因此而被充实，人们说，这就是实体，这也自有它的道理。但是，既然实体惟有通过使我们知觉到其不可入性的感官，也就是通过感觉，因而惟有与接触相关时，才将它的存在显示给我们，这接触的开始（在一个物质向另一个物质的接近中）叫做碰撞，其继续则叫做挤压，所以，这看起来就像是，一个物质对另一个物质的一切直接作用除了挤压和碰撞之外，永远不可能是别样的，这是我们惟一可以直接感觉到的两种影响，相反，吸引就自身而言要么根本不能给我们提供感觉，要么不能给我们提供感觉的任何确定的对象，使我们很难要把它当做基本力。①

定理 6

没有排斥，仅凭吸引力，就没有物质是可能的。

---

① 一种超距作用是否能够被先天地视为**不可能**，或者自从远距电力由于法拉第、麦克斯韦和赫兹而变成多余以来，它们是否也对于重力来说是经验性地**无法感知的**，这些问题即便在今天也经常未被清晰地区分开来。在这里值得思考的是，当前自然研究者们更多地**赞同**、哲学家们更多地**反对**这个问题的先天可裁定性。例如，科沃尔苏发现了超距作用的不可能性、荒谬性（《物理学》，第Ⅰ卷，212～215页，1902)；与此相反，开尔文勋爵矜持地说（《分子动力学》，德文版，417页，1909)："我们把现在很不受欢迎的超距作用理念留给重力和电（但大概不是磁）的可能方式。"这样的问题根本**不**能予以先天裁定的完全确定的哲学根据（一般认识论的根据，不是专门物理学的根据)，例如已经由迈农给出：《休谟研究之二：论关系理论》（《维也纳科学院会议报告集》，134页，1882)。同样，E. v. 哈特曼在《现代物理学的世界观》第 VIII 章"远距作用和近距作用"中（第1版，140～153页，1902）得出结论说："对远距作用的全部畏惧由此而是一件纯粹的成见、误解和混淆的织物。"——在所有于下文中触及的关于牛顿对远距力的态度、关于分子理论和流动性理论等等的问题，都最精确地、历史地和系统地由库尔德·拉斯维茨告知：《原子论从中世纪到牛顿的历史》，1889—1890。——科学院版编者注

证明

吸引力是物质用来驱使另一个物质靠近自己的运动力，因此，既然在物质的一切部分之间都发现了它，物质就凭借它来努力缩小其各部分的相互距离，因而也努力缩小它们共同占据的空间。现在，除了另一个
4〔511〕与之相对的运动力之外，没有任何东西能够阻止一个运动力的作用；但这个与吸引相对的运动力就是推斥力。因此，若没有推斥力，仅仅通过接近，物质的一切部分就会毫无障碍地相互靠近，并缩小该物质所占的空间。既然在这里所假定的情况中，各部分并没有那种凭借某个排斥力使吸引所造成的更大接近成为不可能的距离，所以，各部分就会一直朝对方运动，直到在它们之间完全找不到任何距离，也就是说，它们被汇集在一个数学的点上，空间就会成为空的，从而没有任何物质。据此，没有排斥力而仅凭吸引力，物质就是不可能的。

附注

一个事物的内在可能性当做条件本身所基于的那种属性，就是这种可能性的本质成分。因此，排斥力与吸引力一样都属于物质的本质，而且在物质的概念中哪一方都不能与另一方分离开来。

附释

由于在任何地方都只能设想空间中的两种运动力，即排斥和吸引，所以，为了先天地证明二者在一般物质的概念中的结合，事先就有必要对每一方都单独加以考虑，以便看一看它独自来说能够为展现一个物质提供些什么。现在很清楚，无论是人们不以二者中的任何一个作为基础，还是人们仅仅假定了二者中的一个，空间都将依然是空的，在其中找不到物质。

解说 6

物理学意义上的接触是**不可入性**的直接的作用和反作用。一个物质对另一个物质在接触之外的作用就是**超距作用**（actio in distans）。在处于其中的物质之间甚至无须中介也可能的这种超距作用就叫做直接的超距
4〔512〕作用，或者也叫做物质**通过空的空间**而相互作用。

附释

数学意义上的接触是两个空间的共同界限，因此，这一界限既不在一个空间之内，也不在另一个空间之内。所以，直线不能相互接触，而是当它们共有一个点时，如果它们继续延伸，这个点就既属于其中一条直线，又属于另一条直线，也就是说，它们相交。但是，圆和直线、圆和圆在一个点上相接触，两个平面在一条线上相接触，两个物体在一个面上相接触。数学的接触在物理的接触那里被作为基础，但只是数学的接触还不构成物理的接触，为了从中产生后者，还必须在前者之上再将一个动力学的关系考虑进去，而且这不是指吸引力，而是指排斥力，即不可入性。物理接触是推斥力在两个物质的共同边界上的相互作用。

定理 7

对一切物质来说本质性的吸引是物质通过空的空间对别的物质的一种直接作用。

证明

源始的吸引力自身包含着物质作为在一定程度上充实一个空间的东西之可能性的基础，从而甚至也包含着物质的物理接触之可能性的基础。因此，它必定先行于这个物理接触，所以，它的作用必定不依赖于接触的条件。现在，一个不依赖于任何接触的运动力，其作用也不依赖于运动物和被运动物之间空间的充实，也就是说，即便二者之间的空间未被充实，它也必定存在，因而是作为通过空的空间的作用而存在。因此，源始的、对一切物质来说本质性的吸引是一个物质通过空的空间对别的物质的一种直接作用。

附释 1 4〔513〕

说人们应当使基本力的可能性可以理解，这是一个完全不可能的要求；因为它们之所以叫做基本力，正是因为它们不能从别的力派生出来，亦即根本不能被理解。但是，源始的引力一点也不比源始的排斥**更不可理解**。它只是不像不可入性那样直接呈现给感官，为我们提供空间中确定的客体的概念罢了。因此，由于它是不可感觉、只能推断的，就它仿佛只不过是运动力通过排斥的某种隐蔽活动而言，它具有一种派生的力的假象。在更为仔细的考察中，我们看到：它根本不能再由别的任何地方派生出来，至少不能从物质通过不可入性的运动力中派生出来，因为它的作用恰恰是后者的对立面。对直接的超距作用最通常的反驳是：一个物质毕竟不能在**它不在的地方**直接起作用。当地球直接驱使月球向它靠近时，它是作用于一个离它有千万里的东西，但尽管如此却是直接地作用；即便它与月球之间的空间也可以被看做完全空的。因为即使在这两个物体之间存在物质，该物质毕竟没有参与吸引。因此，地球是在它不存在的那个地方直接发生作用的：这从表面看来是某种自相矛盾的东西。然而，如果人们能够反过来说，空间中任何一物只有在作用者不在的地方才作用于另一物，就不那么自相矛盾了。因为如果它要在作用者本身所在的同一个地方起作用，那么它所作用的那个事物就根本不是**外在于它**；因为这种**外在**意味着在一个他物不在的地方在场。即使地球和月球也相互接触，接触点毕竟是一个无论地球还是月球都不在的地点；因为二者以其半径的和相互分离。在这个接触点上，甚至找不到任何部分，既找不到地球的部分，也找不到月球的部分。因为这个点位于两个被充实的空间的界限上，这界限既不构成一方的部分，也不构成另一方的部分。因此，说物质不能在远距离中直接相互作用，这就等于是说：不借助于不可入性的力，物质就不能直接相互作用。现在，这就等于好像我说：推斥力是物质能够用来发生作用的惟一的力，或者说它们至少是必要的条件，惟有在这个条件下，物质才能够相互作用，这就会要么把吸引力说成是完全不可能的，要么把它们说成是永远依赖于推斥力的作用的；但这二者都是没有任何根据的主张。空间的数学接触和由拒斥
4〔514〕力而来的物理接触的混淆在这里构成了误解的原因。在接触之外而直接相互吸引，意味着按照一个恒定的规律相互接近，用不着让排斥力为此包含着条件。这与直接地相互排斥，亦即按照一个恒定的规律相互逸散，用不着吸引力对此有任何参与，是一样可以很好地设想的。因为这两种运动力属于完全不同的类型，而且，使一方依赖于另一方，否认一方不借助于另一方而有可能性，这都缺乏丝毫的根据。

附释 2

从接触中的吸引根本不能产生出运动；因为接触是不可入性的相互作用，所以它阻挡一切运动。因此，必须在接触之外还发现直接的吸引，从而是远距离的吸引；因为若不然，甚至那些应当产生接近的努力的挤压力和碰撞力，由于它们是在相反方向上借助物质的推斥力起作用的，也不可能有任何原因，至少没有在物质本性中源始地存在着的原因。人们可以把那种不借助于推斥力而发生的吸引称为**真实的**吸引，把仅仅以那种方式发生的吸引称为**虚假的**吸引；因为真正说来，另一物体仅仅由于从别的地方受到碰撞而被驱使努力去接近的那个物体，根本没有对另一物体施加吸引力。但是，即便是这些虚假的吸引力，终归也必须有一个真实的吸引力作为基础，因为其挤压或者碰撞要取代吸引的那种物质，离开了吸引力就甚至连物质也不是（据定理 5），因而用**纯然虚假的吸引**来解释一切接近现象的方式就是在兜圈子。人们通常认为，**牛顿**发现对于自己的体系来说完全没有必要去假定物质的一种直接吸引，而是在这里以纯粹数学最严格的克制精神，听任物理学家们完全自由地解释这种吸引的可能性①，只要他们认为这样做好，而不把他自己的命题与他们的假设游戏混在一起。不过，如果他不曾假定，一切物质仅仅作为物质且通过其本质属性而施加着这种运动力，那么，他怎么能够建立这个命题，即

① 参见马赫：《力学》，第 4 版，198 页，1901：“他是从普遍重力的**事实**出发的。如他所说，他没有对这种现象作出一种解释，而且他忙于假说的杜撰。不过，他在这里未能像人们从他致本特利的那封著名的信中看出的那样使他的思想平静下来。至于物质的重力应当是根本的和天生的，以至于一个物体无需中介就能够通过空的空间作用于另外的物体，这让他觉得是**荒谬的**。但是，至于这个中介的作用者是物质的还是非物质的，他不想对此作出裁定。”甚至整部《自然哲学的数学原理》的结束语（总释）也指出这同一种可能性：“现在，可以增添关于某种精气的一些内容，它极为精细，能够渗透厚实的物体，并隐藏在它们里面；凭借它的力和作用，物体的粒子相互吸引至极小的距离，且邻近的受到作用的粒子凝聚在一起；而带电的物体作用到更大的距离，以至于排斥和吸引邻近的粒子；而光被发射，被反射，被折射，被弯曲，并给物体加热；且所有被激发的感觉，动物的肢体按意志的要求运动，也就是说，凭借这种精气的振动，沿着神经的牢固的纤维从外部的感觉器官传播到大脑，并从大脑传播到肌肉。但是，这些事情三言两语说不清楚；而且也没有足够多的试验，由它们来谨慎地确定和演示这种精气的作用法则。”——康德在他的较早作品《运动与静止的新学术概念》中（《康德全集》，第 II 卷，20 页）就已经完全以现代实证主义者的方式思考和言说了：**“像牛顿的万有引力被用来解释宇宙的大规模运动……，也就是说，只是作为一种通过经验被认识到的普遍现象的规律罢了。关于这一点，我们还不知道它的原因，因此也就没有必要匆忙地把它推诿为一种以此为目的的内在的自然力。”**——科学院版编者注

物体在等距离上向周围施加的普遍吸引与其物质的量成正比？因为尽管当一个物体吸引另一个物体时，不论它们的物质是否同类，在二者之间当然必定发生始终与物质的量成反比的相互接近（根据相互作用相等的规律），
4〔515〕但这个规律却毕竟只造成了一条力学原则，而不是动力学原则，也就是说，这是从吸引力得出的**运动**的规律，不是**引力**本身的比例的规律，并不适用于所有一般的运动力。因此，如果一块磁石某一次受到另一块相同的磁石的吸引，另一次受到同一块磁石的吸引，但后者却是锁在一个重两倍的木盒子中的，那么，第二块磁石在后一种情况下给予第一块磁石的相对运动就会比在前一种情况下更多，尽管给第二块磁石的物质增加了量的木头对这块磁石的吸引力没有一点添加，也不证明盒子有磁性吸引。**牛顿**说（《自然哲学原理》，第 3 卷，命题 6，系论 2）①："如果以太或者任何其他物体没有重量的话，那么，由于它和其他任何物质毕竟仅仅在形式上才有区别，它将会一步步地通过逐渐改变这一形式而被转变为与地上具有最大重量的那种物质同类的物质，因此，后者反过来将会通过逐渐改变其形式而失去一切重量，而这是与经验相悖的……"因此，他甚至不把以太（更不用说其他物质了）排除到吸引的规律之外。那么在他看来，为了通过物质的碰撞而把物体的互相接近看做纯然虚假的吸引，对于物质来说究竟还能剩下些什么呢？因此，如果人们冒昧地用一种虚假的吸引偷换牛顿所主张的真实的吸引，并假定由**碰撞**而来的推动的**必要性**，以便解释接近的现象，那么，人们就不能引证吸引理论的这位伟大奠基人作为自己的先行者。他有理由撇开一切假设来解答物质万有引力之原因的问题；因为这个问题是物理学的或形而上学的，但不是数学的，而且虽然他在自己的《光学》的第二版序言中说：ne quis **gravitatem** inter **essentiales** corporum proprietates me babere existimet，quaestionem unam de eius causa investiganda subieci［为了不让人以

① 在 1713 年的版本 368 页原话与康德的德文复述严重不同："如果以太或者其他任何物体，无论是完全失去重力，还是所受的重力小于按照其物质的量的比，那么，由于它（出自亚里士多德、笛卡尔和其他一些人的观点）除了物质的形式，与其他物体没有任何差别，它就能通过形式的改变，逐渐地转变为一个物体，这个物体与那些按照其物质的量重力最大的物体的条件相同；而另一方面，重力最大的物体由于逐渐地接受那个物体的形式，能逐渐地失去自身的重力。且由此物体取决于其形式，能够随形式而被改变，这与上一个系论所证明的相悖。"那里（系论 1）说的是："因此，物体的重量不取决于它们的形式和结构。因为如果重量能够随形式被改变，在相等的物质中，它们按照形式的不同而较大或者较小，这与实验相悖"。——科学院版编者注

为我把重力算做物质的本质属性，我补充了关于研究其原因的一个问题]①，人们还是觉察到，他的同代人、也许还有他本人对于一种源始的吸引的概念所抱的反感使他自己与自己不一致了。因为如果他不假定，两个星球，例如木星和土星，仅仅作为物质，因而根据物质的一个普遍属性而吸引别的物质的话，他就绝对不能说，这两个星球在与它们的卫星（其质量人们不知道）相等的距离上所证实的吸引力，与它们的物质的量成正比。

解说 7 4〔516〕

物质只能在接触的共同表面上直接相互作用所用的运动力，我称之为**表面力**；但一个物质也能够超出接触表面之外直接作用于另一物质的诸部分的运动力，我称之为**透入力**。

附注

物质借以充实一个空间的排斥力是一种纯然的表面力。因为相互接触的各部分为一个力限定了另一个力的作用空间，推斥力不借助存在于其间的各部分便不能推动那更远的部分，而一个物质通过扩张力越过这些中间部分对另一个物质的直接作用是不可能的。相反，对于一个吸引力来说，一个物质凭借它占据一个空间，却**并不充实这个空间**，因此，它是**通过空的空间**作用于另一个远处的物质的，存在于其间的物质并不为它的作用设定界限。这样，就必须设想使物质本身成为可能的那种源始的吸引，因此，它就是一种透入力，并惟有因此而任何时候都与物质的量成比例。

定理 8

甚至物质本身的可能性也作为基础的这个源始的吸引力，在宇宙空

① 康德所援引的牛顿《光学》第二版前言的原话是（在奥斯瓦尔德的“精密科学经典作家”第96、97的版本中）：“在第三卷的结尾补充了一些问题。为了表明我并不把重力理解为物体的一个本质属性，我补充了关于其原因的一个问题，并且想恰恰以一个问题的形式提出这一点，乃是因为我在缺乏这方面的试验的情况下尚未达到令人满意的结论。1717年7月16日。伊·牛顿。”这段话自身的原文是（奥斯瓦尔德版，第97版，121页）：“是什么充填着几乎没有物质的空间，是什么使得太阳和行星在它们之间不存在密的质量的情况下相互吸引?”——科学院版编者注

间中从物质的每一部分直接延伸到任一其他部分，以至无穷。

证明

由于源始的吸引力属于物质的本质，所以，它也应归于物质的每一部分，亦即也直接地超距发生作用。现在，假设有一个距离，源始的吸
4〔517〕引力并未延伸到它外面，这样，对它的作用范围的这种限定要么就会基于在这一范围之内存在的**物质**，要么就会仅仅基于它将这个影响扩散到的那个**空间**的大小。第一种情况是不成立的，因为这个吸引是一个透入力，它不顾存在于其间的一切物质，把一切空间作为一个空的空间来穿透，**直接地**超距发生作用。第二种情况同样不成立，这是因为，由于每一种吸引都是具有一个程度的运动力，在这个程度之下，总是无限地还可以设想一个更小的程度，所以，在一个更大的距离中虽然有一个使吸引的程度与力的扩散范围成反比减小的根据，但却永远不能完全取消吸引。因此，既然没有任何东西在某个地方给物质每个部分的源始吸引的作用范围规定界限，所以吸引就超越一切可以告知的界限而延伸到任一别的物质，从而在宇宙空间中延伸至无限。

附注1

这种源始的吸引力是一种透入力，它由一切物质所施加，因而是按照它们的量的比例所施加，向一切物质、在一切可能的广度上延伸自己的作用。从这种源始的吸引力中，在与反作用于它的、亦即拒斥的力相联系时，必然能够派生出这个拒斥力的限制，从而派生出一个在一定程度上被充实的空间的可能性。而这样，就会构想出物质作为（在一定程度上）充实其空间的运动物的动力学概念。但为此，我们就需要一个关系规律，它既是源始的吸引的关系规律，又是物质及其各部分在不同距离上相互排斥的关系规律；既然这个规律仅仅基于这两种力在方向上的区别（因为一个点被驱动，要么是接近其他点，要么就是远离其他点），并基于这两种力的每一种都在不同广度上扩散到的空间的大小，所以，它是一个纯粹的数学课题，不再属于形而上学；甚至就未完成以这种方式去构想物质的概念的责任而言，它也不属于形而上学。因为形而上学仅仅对被给予我们的理性知识的构想要素的正当性负责，而不对我们的
4〔518〕理性在执行中的不充分性和局限性负责。

附注 2

既然一切被给予的物质都必须以某个一定程度的推斥力来充实自己的空间，以便构成一定的物质性事物，所以，惟有一个与源始的排斥相冲突的源始的吸引才能使空间一定程度的充实，从而使物质成为可能；而不管这种程度是来自被压缩的物质各部分相互之间固有的吸引，还是来自这种吸引与一切宇宙物质的吸引的结合。

源始的吸引与物质的量成正比，并延伸至无限。因此，物质按一定的尺度来规定的对一个空间的充实最终只能由物质无限延伸的吸引来造成，并按照物质的排斥力的尺度被给予每一个物质。

由一切物质对一切物质在一切距离上直接施加的普遍吸引的**作用**，叫做**万有引力**。在万有引力较大的那个方向上运动的努力就是**重力**。每个被给予的物质各部分的普遍推斥力的作用叫做这些物质的源始的弹性。因此，弹性和重力构成了物质惟一可以先天认识到的两种普遍性质，前者是内在地构成，后者是在外部关系中构成；因为物质本身的可能性就基于这二者的根据：当**联系**被解释为物质仅仅局限于接触条件之上的相互吸引时，它就不属于一般物质的可能性，因而也不能被先天地认识为与此相结合的。因此，这个属性就会不是形而上学的，而是物理学的，因而不属于我们目前的考察。

附释 1

为了尝试这样一个或许可能的构想，我不能不附加上一个小小的预先提醒。

（1）对于任何一个在不同广度上直接起作用的力，而且就它对每一个在某种广度上被给予的点施加运动力所用的程度而言，它仅仅受自己 4〔519〕
为了作用于那个点而必须在其中扩散的那个空间的大小限制，我们可以说：在它扩散到的一切空间中，不论这些空间是大还是小，它总是构成一个等量，但它作用于这个空间中那个点的程度，却在任何时候都与它为了能够作用于那个点就必须扩散到的那个空间成反比。这样，例如光就从一个发光点以球面四处扩散，这个球面总是与距离的平方成正比增长，照明度的量在所有这些无限扩大的球面上就总体而言永远不变。由此得出：当同一个光量扩散的那个球面越大时，一个在该球面上假定的同样大的部分所受到的光照按其程度就必定越少。这也适用于一切其他力和规律，根据这些规律，那些力为了按其本性作用于远处的对象，就必须要么以平面，要么以立体的空间扩散。如此表现一个运动力由一个点向所有广度扩散，比用通常的方式，例如在光学中所发生的那样，用从一个中心点发散开来的辐射线的方式来表现，要更好些。因为既然以后面这样的方式引出的直线永远也不能填满它们所经过的空间，因而也不能填满它们所遇到的表面，无论它们被引出和被安置多少；这是这些直线的扩散不可避免的结果，所以这些直线只是给一些麻烦的推论提供了诱因，这些推论则给在仅仅考察整个球面的大小时根本不可避免的假设提供了诱因，这个球面应当被同等量的光**均匀地**照亮，并在任何位置上都自然而然地具有与其大小同整体的比例成反比的光照程度。对于一个力通过不同大小的空间的所有其他扩散来说，情况也是这样。

（2）如果这个力是超距的直接吸引，那么，吸引的方向线就更不能被表现得好像是从吸引点如同光线那样散射开去，而是必须被表现为好像是从周围球面（其半径是那个被给定的广度）的一切点向吸引点聚拢来。因为一个朝向作为其原因和目的的点的运动，其方向线本身就已经给定了 terminus a quo［起点］，这些线必须从此开始，也就是从表面所有的点开始，从这里它们才有了自己指向吸引的中心点的方向，而不是相反。因为只有这个面的大小规定了那些线的集合，中心点则让它们暧昧不定。①

---

① 按照以辐射的方式从一个点扩散开来的那些直线，来把给定距离上的那些面设想为被这些线的作用（无论是光照还是吸引）所完全充实，这是不可能的。那样的话，在这样散射的光线那里，一个远处的面受到较小的光照就会仅仅是基于，在这些被照亮的地方之间还剩有未被照亮的地方，面的距离越远，它们也就越大。**欧拉**的假设*避免了这种不当，不过，它为使人理解光的直线运动造成了更多的困难。但这种困难起因于一个完全可以避免的数学设想，即把光物质设想为一些圆粒的聚集，这些圆粒按照其相对于碰撞方向的不同的倾斜位置会造成光的侧运动，因为除此之外没有任何东西妨碍把这种物质设想为一种源始的流体，而且完全不是分裂为一些固体的小颗粒。如果数学家要使光随着距离的增加而减弱直观化，他使用的是散射的辐射线，为的是在其扩散的球面上展示光的同一个量在这些辐射线之间均匀扩散的那个空间的大小，从而展示光照程度的减少；但他并不是要人们把这些射线看做惟一能照亮的射线，好像在它们之间永远可以找到那些随着广度的增大而增大的无光区域似的。如果人们要把这样的面的每一个都表现为完全被光照亮的，那就必须把覆盖更小的面的同一个光照量在更大的面上设想为均匀的。因此，为了指出这个直线的方向，就必须从这个面及其所有的点向发光点引出直线。必须预先设想作用及其大小，而后才指出原因。这同样适用于引力线（如果我们愿意这样称呼它的话），甚至适用于要由一个点出发充实一个哪怕是立体的空间的力的所有方向。

(3) 如果这个力是一个点(在纯然数学的展示中)**以动力学的方式**充实一个空间所用的一种直接的排斥,而且问题在于,一个源始的推斥力(因而它的限制仅仅基于它在其中扩散的那个空间)是根据怎样一条无穷小距离(这种距离在此被视为与接触等同)的规律而在不同距离上起作用的,那么,人们就更不能用从一个假定的推斥点出发的斥力线来表现这个力了,尽管运动的方向以这个点为 terminus a quo [起点]。因为这个力为了超距发生作用而必须扩散于其中的空间,是一个应当被设想为充实的立体空间(对此来说,一个点通过其运动力,即以动力学的方式,立体地充实一个空间的方式,当然无法作出进一步的数学展示),而从一个点出发散出来的射线是不可能表现一个立体的充实空间的推斥力的,相反,对于这些相互推斥的点的各种无限小的距离上的排斥力,人们会完全只与这些点中的每一个以动力学的方式充实的立体空间成反比地、从而与这些点的相互距离的立方成反比地来推测,却不能去构想它。 4〔520〕 4〔521〕

(4) 因此,在一切广度上,物质源始的吸引都会与距离的平方成反比地起作用,源始的排斥则与无限小距离的立方成反比地起作用,而通过两个基本力的这样一种作用和反作用,对其空间具有一定程度充实的物质就会是可能的。这是因为,既然在各部分的接近中,排斥比吸引以更大的规模增长,而通过给定的吸引并不可能有超越这接近之上的更大的接近,所以这个接近的边界,从而那个构成空间的内部充实之规模的压缩程度也都是确定的。

附释 2

我清楚地看到了对一般物质的可能性的这种解说方式的困难,这种困难就在于,如果一个点不同时通过它的力来充实整个立体空间直到给定的距离,它就不能通过推斥力直接地驱动别的点的话,那就似乎可以得

---

* 亦即欧拉作为少数人之一在 18 世纪针对牛顿的发射理论主张的光的波动说。但众所周知,这种波动说(无论是以当时的力学形象还是以当代的电磁学形象)绝对没有遇到一种使人理解光的直线运动的困难。——对于牛顿来说(出自于康德在这里归给欧拉的不同的理由),实际上光的直线传播(亦即没有衍射的阴影——不"拐角看",相反"拐角听")对光的波动说而言是一个困难。至于这甚至是使得牛顿拒绝波动说并坚持发射理论的惟一困难,A. 科尔努借施托克斯寿诞之机作出了阐述(《自然》,第 1552 期,1899)。——科学院版编者注

出，这个空间在这种情况下就必须包含更多能驱动的点，这是与预设相悖的，且在上面（定理4）已经被以空间中单纯物的排斥范围的名义予以反驳了。但是，一个能够被给予的现实空间的概念，与一个仅仅为了规定各给定空间的关系而设想出来的、事实上并不是空间的空间的纯然理念，这两者之间是可以作出某种区别的。在上述自以为的物理单子论的事例中，应当有一些现实的空间，它们被以动力学的方式，即通过排斥而被充实，因为作为点，它们的实存先于物质由此可能的一切产生，且通过它们所特有的作用范围规定着应被充实的空间能够属于它们的部分。因此，在设想出的假设中，物质也不能被视为无限可分的，被视为连续的量；因为直接相互排斥的各部分毕竟相互间有一个确定的距离（即它们的排斥范围半径的总和）；反之，如果我们如事实上发生的那样把物质设想为固定的大小，那么，相互直接排斥的各部分就根本没有什么距离，这些部分的直接作用的范围也就不会变大或者变小。但现在，物质是能够扩张或者被压缩的（如空气），而且在这里，人们设想其最接近的部分有一个能够增减的距离。但是，由于一个**固体**物质的最接近的各部分不
4〔522〕论是继续扩张还是继续被压缩，它们都是互相接触的，所以人们就把它们相互之间的那个距离设想为**无穷小**，把这个无穷小的空间设想为在更大或者更小的程度上被它们的排斥力所充实。但这个无穷小的间隙与接触根本没有区别，所以只是一个空间的理念，被用来使一个作为固定大小的物质的扩展直观化，尽管这样一来它就完全不可能被现实地理解了。因此如果说，物质相互直接驱动的各部分的排斥力与其距离的立方成反比，那么这仅仅意味着：它们与立体的空间成反比。人们在这些部分之间来设想立体的空间，但这些部分相互之间却仍然是直接接触的，它们的距离正因为此而必须被称为**无穷小**，以便与一切现实的距离区别开来。因此，人们不能从构想一个概念的困难出发，或者毋宁说从对这种构想的误解出发，就对概念本身提出异议；因为若不然，他就会在数学上去展示吸引在不同距离上得以产生的比例，其中包括使一个扩张的或者被压缩的物质整体中每一个点直接排斥另一个点的距离。动力学的普遍规律在这两种情况中就会是：一个点对外在于它的每一个别的点所施加的推动作用，与这个运动力的同一个量为了在一定距离上直接作用于后一个点而必须在其中扩散的那个空间成反比。

因此，从物质源始地相互排斥的各个部分与其无穷小的距离的立方成反比这条规律中，必然会得出物质的扩张与压缩的一个规律，它完全不同于**马里奥特**的气体规律；因为后者如牛顿所阐明的那样（《自然哲学的数学原理》，第 2 卷，命题 23 注释），证明了物质最接近的各部分与自身相互距离成反比的逸散力。① 不过，人们也不能把这些部分的张力看做**源始的**排斥力的作用，相反，这种张力是基于**热**的，热不只是作为一种侵入各部分之中的物质，从一切迹象看来倒是通过各部分的动荡而迫使真正的气体部分（除此之外，人们可以承认它们相互间有现实的距离）相互逸散。但是，这种振动必然给予相邻的各部分一种与其距离成反比的逸散力，这一点的确可以根据弹性物质振动的运动传递规律来使人理解。

我还要声明的是：我不希望这里对源始排斥规律的说明被看做必然属于我对物质的形而上学探究的意图，也不希望这种探究（对它来说， 4〔523〕
把空间的充实描述为物质的动力学属性就足够了）被与那种说明可能遇到的争论与怀疑混淆起来。

动力学的总附注

如果我们回顾一下对动力学的所有探讨，我们就会发现：**首先**是在**斥力**对空间的充实中考察了空间中的**实在的东西**（通常被叫做坚固的东西）；**其次**是考察了就作为我们外部知觉的真正客体的前者而言**否定性的**

① 这里引用的牛顿的这段话提出定理 XVIII：“如果由相互逸散的微粒构成的流体的密度如同压力，那么，微粒的离心力就与它们的中心之间的距离成反比。且反之亦然，以与它们的中心之间的距离成反比的力相互逸散的微粒构成弹性流体，其密度与压力成正比。”在康德所引用的命题 23 注释中，也讨论了力的规律 $1/D^2$ 以及更一般的 $1/D^1$。牛顿的结论是：“弹性流体是否真的由相互逸散的微粒构成，是一个物理学问题。我们已经在数学上演示了由此类微粒构成的流体的性质，从而给哲学家们提供了讨论那个问题的机会。”——在康德这里紧接着的一段话听起来让人想到动力学的热理论，当然是并非仅仅气体部分，而是热自身经历了动荡。此外，牛顿和康德在认为能够从距离规律 1/r 或者 1/d 引申出马里奥特规律的时候，都并未注意这样的困难，即在气状的质量（例如宇宙的雾球）之间必然出现排斥，质量之间的距离越大，这种排斥就必然越胜过普遍的吸引。这里间接地有按照动力学的气体理论、不是按照那个距离规律 1/r 解释马里奥特规律的一个（由博尔茨曼在未刊印的讲演录中强调的）根据。——科学院版编者注

东西，亦即引力，通过它，就其本身而言一切空间都被透入，从而完全取消了坚固的东西；**第三**是考察了通过第二种力而对第一种力的**限制**，以及由此产生的对空间的充实程度的规定。这样，物质的**质**就其应被归于某种形而上学的动力学而言，就在**实在性**、**否定性**和**限定性**的名目下得到了充分的探讨。

动力学的总附释

物质性自然的动力学的普遍原则是：外部感官对象的一切不是仅仅作为空间规定（地点、广延和形状）的实在东西，都必须被看做运动力；这样一来，所谓坚固的东西或者绝对的不可入性，作为一个空洞的概念，就被从自然科学中被排除了，取而代之的是斥力；但与此相反，真实的直接吸引却在一种自己误解自己的形而上学的一切玄想面前得到了捍卫，并且作为基本力，本身被解说为对于物质概念的可能性来说必不可少的。由此，就产生出这样的结论：如果人们认为空间有必要即使**没有空的间隙**也散布于物质内部的话，那么，空间至多可以被假定普遍的，尽管如此仍然在不同程度上**被充实的**。因为按照物质的前一种属性，即充实一个空间的属性所基于的推斥力源始地不同的程度，这种推斥力与源始的
4〔524〕 吸引（无论是每个物质自身固有的吸引，还是宇宙一切物质联合起来的吸引）的比例可以被设想为无限不同的：因为吸引是基于物质在一给定空间中的集合的，反之，物质的扩张力则基于空间被充满的程度，这一程度在种类上可能极其有差异（例如等量的空气在同一体积中根据其加热的多少表现出或多或少的弹性）；因此这两种力的一般根据是：通过真实的吸引，物质的**一切部分**直接作用于另一物质的**一切部分**，但通过扩张力，却只有**在接触面上**的那些部分起作用，不管在它背后发现的这种物质是多还是少，这种作用都是一样的。现在，单是从这一点就已经对自然科学产生出一个很大的好处，因为这样一来，自然科学就卸下了要单凭想象力用充实和虚空制造出一个世界来的重负，毋宁说一切空间都可以被设想为充满的，但却是在不同规模上被充实的，这至少使空的空间失去了它的**必然性**，并回归到一种假设的价值上。因为若不然，它就会借口为解释空间不同程度的充实而必需的条件来自以为能够得到一个

原理的头衔。

尽管这一切，一种此处在方法上运用的形而上学在把同样也是形而上学的、但没有经过批判检验的原则束之高阁时，所带来的好处显然只是**否定性的**。尽管如此，由此还是为自然研究者间接地扩大了其领域，因为从前他用来自己限制这一领域并使一切源始的运动力都被用哲学思维去除的那些条件，现在已失去其有效性了。但是，人们不要超出使一般物质的普遍概念成为可能的东西，去先天地解释物质特殊的、甚至种类上的规定性和差异性。物质概念被归结为纯粹的运动力，人们对此也不可能别有他求，因为在空间中除了运动之外，就不能设想任何活动和任何变化。然而，是谁要看出基本力的可能性呢？这些基本力惟有在不可避免地属于一个基本概念，关于这个概念可以证明它是一个不能再从别的概念（如空间的充实概念）中派生出来的情况下，才能够被假定，而这就是一般的斥力和对它们起反作用的引力。关于这些力的联结和结果，我们顶多还能够先天地作出判断，看人们能够不自相矛盾地设想它们相互之间具有怎样的一些关系，但毕竟不能因此而自以为能够把这些力中的某一种假定为现实的，因为要有权利建立一个假说就不容忽视地要求：我们所假定的那种东西的**可能性**是完全**确凿的**，但在基本力那里，却永远不能看出它们的可能性。而且在这里，数学和力学的解说方式比起形而上学和动力学的解说方式来有一个不能被夺走的好处，即用一种 4〔525〕
完全同质的材料，通过各部分各种各样的形状，并借助散布于其间的空的间隙，建立起物质的一种无论就其密度来看还是就其作用方式来看（当加进外来的力时）都是庞大的种类上的杂多性。因为无论是形状还是空的间隙，其可能性都可以用数学的自明性来阐明；反之，如果材料本身被转化为基本力（我们不能先天地规定这些力的规律，更不能可靠地说明它们足以解释物质的种类差别的杂多性），我们就失去了**构想**这个物质概念、并把我们所普遍地思考的东西作为可能的而呈现在直观中的一切手段。但与此相反，一种纯然数学的物理学在另一方面又双倍地为那种好处付出了代价，因为它首先不得不把一个空洞的概念（绝对不可入性概念）当做基础，其次不得不放弃物质**固有的**一切力。此外，与它对基本材料作源始的构形并插入空的空间同时，由于这要求解释需要，所以又不得不允许想象力在哲学的领域里有更多的自由，甚至有合法的要求，以致不能与哲学的审慎很好地协调。

我不想对物质的可能性及其由那两种基本力而来的种类差别加以充分的解释，这也许是我无法做到的，我只想把物质的种类差别在总体上必然可以先天地达到（虽然并不同样可以根据其可能性来理解）的那些要素，如我所希望的那样完备地展示出来。插入这些定义之间的那些附释将指出这些定义的运用。

(1) 一个物理学意义上的**物体**是在**一定界限之间的一个物质**（因而它有一个形状）。**在这些界限之间的空间按照其大小来看**就是**体积**（volumen）。一个有一定体积的空间的充实程度就叫做**密度**（通常，"密的"这一表述也被绝对地用于**并非空虚的**［泡状的、多孔的］东西之上）。在这种意义上，在绝对不可入性的体系中，就存在着一种绝对的密度，而且是在一个物质根本不包含空的间隙的时候。按照空间的充实这个概念，人们提出了种种比较，并把一个自身包含更少空隙的物质称做比另一个物质更密，最后直到那种物质里面没有任何空间的部分是空的，则叫做完全密的物质。后面这种表述我们只能按照物质纯然数学的概念来使用，不过在一种纯然相对的不可入性的动力学体系中并不存在密度的极大或者极小，而尽管如此每一个哪怕很稀薄的物质，如果它完全充实其空间，
4〔526〕 不包含空的间隙，因而是一个连续体而非间断体，那么它仍然可以叫做完全密的；然而，它毕竟在与另一个物质相比较时，在动力学的意义上，如果它虽然完全充实自己的空间，但并不是在同样的程度上充实，就是较少地密。不过，即使是在动力学的体系中，如果我们不将物质设想为种类上相同的，以至于仅凭压缩就可以从一个物质产生出另一个物质来的话，那么，根据密度来思维物质的比例关系也不合适。既然此时这种比例关系对于一切物质自身的本性来说并不显得是必然地需要的，所以，在不同类的物质之间，就其密度而言，就不可能进行适当的比较，例如在水和水银之间，尽管这已成了习惯。

(2) **吸引，就它仅仅被设想为在接触中起作用的而言**，叫做**联系**（虽然人们通过极好的试验阐明，这个在接触中叫做联系的力，即使在很小的距离上也被发现在起作用；然而，**只要**我仅仅在接触中来思维吸引，吸引就按照通常的经验叫做联系。而在日常经验中，吸引在很小的距离上几乎是知觉不到的。联系通常被假定为物质的一个极普遍的属性，这

并不是好像人们通过物质概念就已经被引导到它，而是因为经验到处都阐明了它。不过，这种普遍性必须不被理解为**集体的**，就好像每一个物质都通过吸引的这种方式**同时**对宇宙空间中的每一别的物质起作用似的——诸如此类的方式就是万有引力的方式——，而只被理解为**分别的**，也就是说，对这个或者那个物质起作用，不管与它接触的物质是哪一类的。因此，并且就像各种证据所能够阐明的那样，由于这个吸引不是透入的，而仅仅是表面力，由于它本身作为表面力也不是到处都取决于密度，由于要达到联系的充分强度就要求有物质的一个在先的流体状态和它此后的凝固状态，而被打碎的固体物质，如有一条裂缝的玻璃镜，在它们原先联系得如此紧密的那些面上，最严密的接触也远远不再能有它在溶解后凝固起来所具有的那种程度，所以，我不把接触中的这种万有引力视为物质的基本力，而是视为一种纯然派生的力。对此，下文还要谈得更多）。**一个物质，其各个部分相互之间虽然有相当强的联系，却仍然能够因任何哪怕很小的运动力而彼此位移，这个物质就是液态的。但是，如果一个物质的各个部分并不减少接触的量，而只是被迫相互交换这种接触，那么，它们就彼此位移。如果接触不仅被彼此交换，而且被取消或者其量被减少，那么，各个部分、从而还有物质就被分离**。一个 4〔527〕
固态的——更准确地说是**凝固的**——**物体**（corpus rigidum）**是一个各部分不会由于任何力而彼此位移的物体**——因此，各部分是以一定程度的力在阻抗着位移。**物质彼此位移的障碍就是摩擦**。**针对**相互接触的物质的**分离**作出阻抗，这就是联系。因此，液态物质在被分割时并不承受任何摩擦，而是在发现这种摩擦的时候，物质被假定为凝固的——在或大或小的程度上，其最后的程度就叫做**黏性**（viscositas）——至少根据其较小的部分来这样假定。**如果凝固的物体的各个部分不断裂就不能彼此位移**，从而各个部分的联系不同时被取消就不能被改变，那么，**这个凝固的物体就是脆的**（人们把液态物质和固态物质的区别归于其各部分联系的不同程度，是很没有道理的）。因为要把一个物质称为液态的，这并不取决于它阻抗支解的程度，而是仅仅取决于它阻抗其各部分的彼此位移的程度。前一种阻抗可以是任意大，而后一种阻抗在液态物质中却任何时候都等于零。且看一滴水。当其内部的一个小部分被接触它的相邻部分哪怕是很大的引力向一侧吸引时，这同一个小部分却正好也被同样多地向相反的一侧吸引，并且由于两方面的吸引抵消了它们的作用，这个微粒就很容易移动，就好像它处在空的空间中似的。也就是说，应当推动它的那个力不用克服任何联系，而是只需要克服所谓的惯性。惯性是它在一切物质那里都必须克服的，即使这些物质根本不是用惯性联系起来的。因此，用显微镜才能看见的微生物如此轻松地在它里面运动，就好像根本不用分割任何联系似的。因为它确实不用排除水的联系，也不用减少自己下面的水的接触，而只需要改变它就行。但是，如果你们设想这个微生物，就好像它要穿过水滴的外表似的，那就首先可以看出，这个水滴各部分的相互吸引使得这些部分一直在运动，直到它们达到相互之间的最大接触，从而达到与空的空间的最小接触，也就是构成一个球形。现在，当上述小虫努力要钻出水滴表面时，它就必须改变这个球形，因而导致水和空的空间更多的接触，也导致水滴的各部分相互之间
4〔528〕更少的接触，亦即减少它们的联系；而这时，水才通过其联系来阻抗它，但不是在各部分相互之间的接触没有任何减少的水滴内部，而是仅仅在它们的接触被改变为与别的部分的接触的地方，因而，这些部分丝毫没有被分离，而只是被移动了。人们也可以把牛顿关于光线所说的话①，即光线不是通过密的物质，而只是通过空的空间被反射回来，运用于用显微镜才能看见的微生物上，而且是出自类似的根据这样运用的。因此很清楚，一个物质各部分联系的扩大丝毫不损害其液态。水在其各部分中的联系远比人们通常在信赖把金属片从水的表面拉开的试验时所相信的更强，这个试验没有裁定任何东西，因为在这里，水并不是在最初接触的整个面上，而是在一个小得多的面上被拉开的。这个小得多的接触面终归是由其各部分的位移造成的，正如一根软蜡棒被一个挂上的重物首先拉得细长，然后必定是在一个远比人们最初所假定的更小的面上被拉断一样。但就我们的液体概念而言完全肯定的是如下这一点：**液态物质也可以被解说为这样一种物质，它的每一个点都以它被压迫向一个方向所用的同样的力朝所有的方向努力运动**；这是流体动力学的第一规律所

① 明确地说“只是通过空的空间”的一段话，并不在牛顿的《光学》中，但牛顿确曾指出(《自然哲学的数学原理》，第II卷，第III部分，命题VIII，据奥斯特瓦尔德的“精密科学经典作家”第97中的版本，50页)，反射的原因“并不像人们通常假定的那样，在于光投射到固体的和不可穿透的物体微粒上”。——科学院版编者注

基于的一种属性，但这一属性永远也不能像光滑的固体小颗粒的堆积的压力按照复合运动的规律很容易被消解所能够表明的那样，被赋予这种堆积，并由此证明液体的属性的独特性。① 现在，如果液态物质只承受位移的极小阻力，因而也只承受极小的摩擦，那么，这个摩擦就会随着把这个物质各部分相互压在一起的那个压力的强度而增长，最后就会产生一个压力，由于这个压力，这个物质的各部分不能因任何小小的力就彼此位移。例如一只双股弯管，其中一股可以任意粗，另一股可以任意细，只是不要成为毛细管。当人们把这两个股设想为几百英尺高时，根据流体静力学规律，液态物质在细管中和粗管中将会是同样的高度。但由于加在两管底部、因而也加在把两个相通的管子结合起来的那个部分的压力可以被设想为与高度成正比地无限增大，所以如果在液体的各部分之间有极小的摩擦，就必定能够发现在管子的某一个高度上，注入细管中的一个小的水量并不会把粗管中的水从其位置上推开，从而细管中的水柱就会高过粗管中的水柱，因为下面的各部分虽然有它们相互之间如此巨大的压力，也不再能由于像添加的水重量这样小的动力而位移，而这 4〔529〕
是与经验、甚至与液体的概念相悖的。同样的道理也适用于人们不用压力而用重量来设定各部分的联系的时候，不管这个联系有多么大。上文所引的第二个液体定义是流体静力学的基本规律的基础，即液态是一种物质的属性，在这里，物质的每一部分努力以它在某个给定方向上受到压迫所用的同一个力向一切方面运动。这个定义是当人们把一般动力学的基本规律与第一个定义相结合时从第一个定义中推出来的。这个基本

① 用光滑的、坚硬的（或者弹性的）小球取代液体和气体，部分地用于教学目的，以便使压力传播的全面性等诸如此类的东西直观化；在纯科学上，它属于动力学气体理论的基本假定。不过，在这里根本上是出自计算的理由这样做的，即气体的各部分，应当从它们的运动来解释张力及其随温度的增长，被介绍为离散的小物体（球体、椭球体）。热和其他感官质的动力学理论的这种基本思想也可以维持，只要取代**单个**运动着的小球以及诸如此类的东西而预设一种**持续不断的**液体连同这样的运动，以至于气体的张力从流体动力学的压力和碰撞中与迄今从固体微粒中一样得到解释。但是，对动力学理论的这类改造迄今似乎少有尝试（大概出自对计算困难的畏惧甚于出自在自然事物中固体确实有胜过流体和气体之处这种信念；斯塔洛激烈地反对这种成见：《现代物理学的概念和理论》，第XI章）。实际上，例如科沃尔赫的《物理学》（第Ⅰ卷，力学）就避免了传统的序列：固体、流体、气体，因为它首先探讨气体，最后探讨固体。——科学院版编者注

规律就是：一切物质原本都具有弹性，因为它必定努力以压力在任何一个任意的方向上发生所用的同一个力，向它被压缩于其中的空间的每一个方面扩展，亦即（当一个物质的各部分像在液态物质那里现实地发生的那样，可以因任何一个力而无阻碍地彼此位移的时候）运动。因此，真正说来，惟有凝固的物质（其可能性除了各部分的联系之外还需要某种别的解说理由）才可以被赋予摩擦[①]，而摩擦已经以坚硬性为前提条件。但是，为什么某些物质尽管所具有的联系力比另一些液态物质固然根本不更小，但也许并不更大，尽管如此却强有力地阻抗各部分的位移，因而惟有通过在一个给定的断面上取消一切部分的联系才能同时被分离开，究竟是什么造成了这种出色的联系的外观，进而凝固物体是如何可能的，这一直还是一个尚未解决的问题，哪怕通常的自然学说相信可以轻而易举地解决这个问题。

（3）**弹性**（弹力）是一个物质**在另一个运动力减退时恢复其被该力所改变的大小或者形状的能力**。它要么是张力性的弹性，要么是引力性的弹性。前者是为了在压缩之后取得一个原来的较大体积，后者是为了在扩张之后取得一个原来的较小体积（引力性的弹性顾名思义显然是派生的。一根铁丝被挂上的重量所拉长，当人们把带子剪断时，它就弹回到自己的体积。或者，借助于作为其联系的原因的同一个吸引力，在液态物质那里，当突然撤掉给水银的热时，水银物质就会马上恢复原来的较小体积。那种仅仅存在于对原来形状的恢复之中的弹性永远是引力性的，例如一把被弄弯的刀剑，在凸出面上被拉伸开来的那些部分努力要恢复到其原先的接近；同样，一小滴水银也可以被称为有弹性的。但是，
4〔530〕张力性的弹性可能是源始的，但也可能是派生的。空气就可以借助热的物质而具有一种派生的弹性，这种物质与空气最内在地结合在一起，并且它的弹性或许是源始的。反之，我们称之为空气的那种流体的基本材料，尽管如此作为一般物质却本身必定已经具有了弹性，这种弹性就叫做源始的。一种被知觉到的弹性属于哪一种类型，这在遇到的事例中不可能确凿地作出裁定）。

（4）**被推动的物体通过传递其运动而相互作用，这种作用就是力学**

① 现在，人们也谈流体和气体的摩擦。——科学院版编者注

的；但如果物质即便在静止中也通过自己的力来相互改变其各部分的结合，这些物质的作用就叫做化学的。如果这种化学的影响**以一个物质的各部分相分离为结果**，它就叫做**溶解**（力学的分割，例如把一个楔子打入一个物质的各部分之间，由于楔子不是通过自己的力而起作用，所以与化学的溶解是完全不同的），但那种以把两个相互分解的物质分离开来为结果的化学影响则是**离析**。使那些种类不同的物质相互分解，在其中找不到一个物质的任何部分不是和另一种与之种类不同的物质的一个部分处在如同两个整体结合起来时那样的比例之中，就是**绝对的溶解**，也可以被称为**化学的透入**。在自然中可以现实地发现的溶解力是否能够造成一种完全的溶解，这一点尚不能肯定。在这里，问题仅仅在于是否能够哪怕仅仅设想这种溶解。显而易见，只要一个被溶解的物质的各部分还是些小颗粒（moleculae），这些部分的溶解的可能性就不会少于较大的部分的溶解，甚至只要溶解力还存在，这种溶解就必定会现实地一直进行下去，直到那不是由溶剂和可溶物质按两者在一个整体中的相互比例组合而成的部分不再存在。因此，由于在这种情况中溶液体积的每一部分都不能不包含溶剂的一个部分，所以这个溶剂就必定作为一个连续体而完全充满整个体积。同样，由于溶液的同一个体积的每一部分都不能不包含被溶物质的一个成比例的部分，所以这个被溶物质也必定作为一个连续体充满这个混合物的体积所构成的整个空间。但是，当两种物质，而且其中每一种物质都完全充满这同一个空间时，它们就相互**透入**。所以，一种完全的化学溶解就是物质的一种渗透，尽管如此，它与力学的透入却完全不同，因为在后一种情况中所设想的是：当运动的各物质更接近时，一方的推斥力能够完全克服另一方的推斥力，一方或双方都能够使其广延成为无；相反，在这里，广延仍然存在，只不过物质并非相互外在地，而是相互内在地，也就是通过**内在接受**（如人们习惯于说 4〔531〕
的），来共同占据一个与其密度的总和相称的空间。对于这种完全溶解的可能性，因而对于化学的透入，很难提出什么反驳，尽管它包含着一个**完成了的**无限分割，这种分割在这一场合中毕竟不包含任何矛盾，因为溶解是在一段时间内连续地、从而同样是通过一个无限的瞬间序列而以加速度进行的。此外，通过这种分割，还可以分割的物质的表面积总和在增长，而且由于溶解力是连续起作用的，所以完全的溶解就能够在一个**可以告知的**时间内完成。两个物质的这样一种化学透入的不可理解性应当归咎于任何一个一般连续体的无限可分性的不可理解性。如果人们放弃这种完全的溶解，那就必须假设溶解只进行到可溶物质的某些小颗粒为止，这些小颗粒在溶剂中以相互之间被规定的距离游动，至于这些小颗粒为什么既然还总是些可分物质却没有同样地被溶解，人们就提不出任何根据了。因为溶剂不再起作用，这尽可以在经验所及的自然中有其充分的道理，但这里所谈的不仅仅是连这种小颗粒以及其他任何还留存着的东西都能溶解、直到溶解完成的一种溶解力的可能性。溶液所占的体积可以与相互溶解的物质在混合前所曾占有的空间的总和相同，或比它更小，也可以更大，根据吸引力与排斥力的比例而定。这两种力在溶液中每一种自身、并且两种又联合起来，构成**一个弹性媒介**。① 甚至**仅仅**这一点就可以提供一个充足的理由，说明被溶解的物质为什么不因为自身的重量而重新从溶剂中离析出来。因为溶剂的吸引既然朝一切方面都同样强地进行，就抵消了被溶解的物质的阻抗，而且要假设液体中有某种黏性，这也和诸如此类被溶解的物质，例如用水稀释的酸，施加于金属物体上的巨大力量根本不符。酸并不仅仅附着于金属物体，如同它们仅仅在自己的媒质中游动时必将发生的那样，而是以巨大的引力将金属物体相互分离，并在这个载体的整个空间中扩散开来。假定技艺没有掌握这种造成完全溶解的化学溶解力，自然也许会在其植物的和动物的活动中证明它，并由此也许产生出一些尽管是混合的、但却没有任何技
4〔532〕艺能够可以将之重新离析开来的物质。甚至还可以在两种物质中的一种同样不被另一种所拆散、不在严格意义上被溶解的地方，也会遇到这样一种化学的透入，就像热的材料透入物体那样。在这里，如果热的材料仅仅分布到物体空的空隙之中，那么，固态的实体本身就会依然是冷的，因为它们不能吸收到任何热。同样，人们甚至可以用这种方式来设想某些物质好像是自由地透入另一些物质，例如磁性物质，而不必为此给它在一切物质中，甚至是最密的物质中准备开放的通道和空的间隙。但是，这里毕竟不是为特殊的显象找出假说的地方，而是仅仅要找出可用来判

---

① 对当代关于渗透压力及其与气体压力的类比的学说的一种绝妙的预知；例如参见 J. H. van't. 霍夫：《关于物理化学的八篇报告》，11 页，1902：“对于一个给定的物体，渗透压力等于其气体压力……”。——科学院版编者注

断这一切显象的原则。凡是使我们免除乞灵于空的空间的需要的东西，对于自然科学来说都有现实的好处。因为空的空间给想象力提供了太多的自由，来用虚构弥补内在自然知识的不足。绝对的空和绝对的密在自然学说中大约相当于形而上学的宇宙科学中盲目的偶然和盲目的命运，亦即是占统治地位的理性的拦路石，以使虚构要么取代理性的地位，要么让理性在模糊性质的软床上歇息。

但现在，至于自然科学中就其一切课题中最重要的课题，即解说**物质**的某种无限可能的**种类差异**而言的处理方式，我们在这方面只能采取两条途径：**力学的**途径，通过把绝对充实与绝对空虚相结合来解释物质的一切差异；或者与它相对立的**动力学的**途径，仅仅通过在结合排斥和吸引两种源始的力时的差异来解释物质的一切差异。前者以**原子**和**虚空**为其推演的材料。一个原子就是物质的一个在物理学上不可分的小部分。一个物质，其各部分是以一种不可能被存在于自然中的任何运动力所制服的力联系起来的，在物理学上就是**不可分的**。一个原子，如果它凭自己的形状而与别的原子在种类上不同，就叫做**最初的微粒**。一个物体（或者微粒），其运动力取决于自己的形状，就叫做**机械**。把物质作为机械，通过其最小部分的性状与组合来解释其种类差异，这种解释方式就是**力学的自然哲学**；但是，不是把物质作为机械，亦即仅仅作为外部运动力的工具而从物质出发，而是从物质源始固有的吸引与排斥两种运动力出发推导出物质的种类差异，这种解释方式可以被称为**动力学的自然哲学**。力学的解释方式由于对数学是最顺从的，所以从古代的**德谟克里** 4〔533〕
特起，直到**笛卡尔**以至我们的时代，它一直在**原子论**或者**微粒子哲学**的称号下保持着它的威严和对自然科学原则的影响，很少有所改变。它的实质性内容在于对源始物质的**绝对不可入性**的预设，在于这种材料的**绝对同类性**和惟一剩下来的形状的区别，以及在于这些基本微粒自身中物质的联系的**绝对不可克服性**。这就是产生出种类不同的物质的**材料**，它不仅是为了给种和属的不变性保有一种不变的、尽管如此却以不同的方式塑形的基本材料，而且还要从这些作为机械（它们什么也不缺，只缺少一个从外部施压的力）的最初部分的形状出发**以力学的方式**解释种种自然结果。但是，这个体系首要的和最高的证明，却是基于据说为了物质**密度种类上的区分**而利用**空的空间**的不可避免的**必要性**，人们把这些空的空间分布到物质内部和那些微粒之间，其比例正如人们认为为了一些显象而有必要假设的那样大小，即哪怕是最密的物质的体积，其充实的部分对于空的部分来说也几乎可以视为无。——现在，为了引入一种动力学的解释方式（它对于实验哲学更为适合和有益得多，因为它直接引导人们找出物质固有的运动力及其规律，反之对假设空的间隙和具有一定形状的基本微粒的自由加以限制，这两者都不能通过实验来规定和找出来），根本没有必要去策划新的假设，只要对纯然力学的解释方式的公设，**即不可能脱离空的空间的混入来设想物质密度的种类差异**①，仅仅通过引证能无矛盾地思考空间的方式而加以驳斥就可以了。因为只要纯然力学的解释方式立足于其上的上述公设作为原理被宣布为无效，那么不言而喻，只要还留存有即便不用任何空的间隙也可以设想密度的种类区别的可能性，人们就不必把这个公设作为自然科学中的假说来接受。不过，这种必要性却是基于，物质并非（如纯然力学的自然研究者所假定的）通过绝对的不可入性，而是通过具有自己的程度的推斥力来充实其空间，这种程度在不同物质中是各不相同的，而且既然这个空间与符合物质的量的引力毫无共同之处，不可入性在不同物质的同一种引力那
4〔534〕里按其程度又是**源始地不同的**，因而甚至这些物质的扩张程度在物质的同一个量上，或反过来物质的量在同一个体积上，都是源始地允许有极大的种类差异的，也就是说，物质的密度允许有这样的差异。以这种方式，人们将会发现，设想这样一种物质不是不可能的（例如人们想象出以太）：它不用任何虚空而完全充实自己的空间，但却是用物质无比小的量，以与我们能够对之进行试验的一切物体相同的体积充实这一空间。推斥力在以太那里必须按照与以太固有的引力的比例，被设想为比在其他一切已为我们所知的物质那里都无比地大。而这也正是我们仅仅由于**它可以被设想**就来假定的惟一东西，这只是为了反对一个假说（即空的空间），这个假说仅仅靠一个借口来支持：即这样的物质离开空的空间就**不能设想**。因为除此之外，就既不可以对吸引力的任何规律，也不可以对排斥力的任何规律作先天的大胆猜想，而是必须从经验的数据中推论

① 这种不可能性源自古代原子论。据 Th. 龚珀茨：《希腊思想家》，第Ⅰ卷，260页，1896，德谟克利特和留基波把原子和空的空间的设想一直追溯到阿纳克西曼德关于凝聚和稀疏的学说。——科学院版编者注

出一切，甚至推论出作为重力的原因的万有引力及其规律。诸如此类的东西在化学的亲和性那里则更是只能通过实验的途径来尝试。因为先天地根据其可能性来认识源始的力，这完全在我们理性的视野之外，毋宁说，一切自然哲学都在于把给定的、表面上各不相同的已知的力追溯到更少数的力和功能，它们足以用来解释前面那些力的结果，但这种归结却只能进行到我们的理性不能超出的那些基本力为止。这样，在作为物质的经验性概念之基础的东西背后进行的形而上学研究，就只有在下述意图上才是有用的：只要自然哲学还是可能的，就把它引导到动力学的解释根据的研究上，因为惟有这些根据才使人可以指望这些解释的确定的规律，因而可以指望它们真正的理性联系。

这就是为了构想物质概念，因而为了在物质以一定程度充实一个空间所凭借的那些属性方面把数学运用于自然科学，形而上学所能够提供出来的一切。也就是说，把这些属性视为动力学的，而不是像纯然数学的研究将会设定它们那样视为无条件的源始状态。

世界上空的空间的偶然性的著名问题可以作为结束语。这些空间的**可能性**是无可争辩的。因为物质的一切力都要求有空间，而且既然空间也包含着这些力的扩散规律的条件，所以空间也必然在一切物质之前被 4〔535〕
当做前提条件。这样，吸引力被赋予了物质，乃是就物质通过吸引而**占据**自己周围的空间、尽管如此却没有充实它而言的；因而，空间即使在物质起作用的地方也可以被设想为空的，因为物质在这里不是通过排斥力起作用的，所以并不充实空间。然而，把空的空间假设为**现实的**，对此，没有任何经验，或者出自经验的推论，或者解释经验的必要假说给我们以权利。因为一切经验只是使我们认识相对空的空间，这些相对空的空间不需要空的空间，便可以在一切任意的程度上从物质以更大或者一直小到无限的扩张力来充满空间的属性出发得到完满的解释。

4〔536〕

第三章

力学的形而上学初始根据

解说 1

物质就是运动物，这是就运动物本身具有运动力而言的。

附释

如今，这是物质的第三个定义。纯然动力学的概念也不能把物质看做静止的；那里所考虑的运动力只涉及对某个空间的充实，而充实这个空间的物质本身却不可以被看做运动的。因此，排斥曾经是一种**给予**运动的源始的运动力；反之，在力学中被考察的是一个被置于运动之中的物质的力，它为的是把这一运动**传递**给另一个物质。但很清楚，运动物如果不是拥有一个源始的运动力，它通过这一运动力而先于自己的一切运动在它所存在的每个地点上都起作用，那么，它就不会**通过自己的运动**而具有任何运动力；并且，如果两个物质不是都具有源始的排斥规律，那么，一个物质就不会对**在它前面**阻碍它的直线运动的物质施加匀速的运动；此外，如果不是二者都具有吸引力，一个物质就不能凭自己的运动迫使另一个物质在直线上**跟随它**（即能够拖着另一个物质走）。因此，
4〔537〕一切力学规律都以动力学规律为前提条件，而一个物质，作为运动着的，亦惟有凭借自己的排斥或者吸引才能拥有一个运动力，物质在其运动中作用于排斥和吸引，并借助于它们起作用，由此而把它自己的运动传递给另一个物质。请原谅我在这里不再提到由吸引所造成的运动传递（例如，当一颗具有比地球更强的吸引能力的彗星在经过地球时把地球拉向自身的时候），而是仅仅提及推斥力的传递，因而是通过压力（如借助被拉紧的弹簧）或者碰撞的传递，此时把这一种传递的规律运用于另一种传递的规律之上，原本只是就方向线而言才是不同的，而除此之外在这两种情况中都是一回事。

解说 2

物质的量①是运动物在一定空间中的集合。如果物质的所有部分在其运动中都被视为同时起作用的（运动的），这物质就叫做**质量**，而且如果一个物质的所有部分都在同一个方向运动，**同时**向自身之外施加其运动力，人们就说这个物质以**质量**起作用。一个具有一定形状的质量叫做一个**物体**（在力学意义上的）。**运动的量**（在力学上来量度）是同时通过运动物质的量及其速度来量度的量；**在运动学**上，这量仅在于速度的程度。

定理 1

物质的量只能在与**任何**别的量的比较中通过有给定速度的运动的量来量度。

证明

物质是无限可分的，因此，没有一个物质的量可以通过其各部分的一个集合来直接规定。因为即使在给定物质与一个同类物质的比较中作出这种规定，在这种情况中物质的量与体积的大小成正比，这也毕竟与 4〔538〕
定理的要求，即物质的量应当在与任何别的（包括种类不同的）量的比较中来量度，是相悖的。因此，只要人们抽掉物质自己的运动，就既不能直接地、也不能间接地在与任何**别的**物质的比较中来有效地量度物质。所以除了物质的运动的量之外，物质就不剩下任何别的普遍适用的尺度

① 一种"物质的量"这个在关于质量概念的现代探讨中（赫福勒版《自然科学的形而上学初始根据》后记，69 页以下）如此经常受到贬损的（在赫福勒的《物理学》，61 页，1904 用"按照**惯性阻抗**来测量的物质的量"这个规定来补充的）概念，处在牛顿的《自然哲学的数学原理》定义 I 的句首："物质的量是起源于同一物质的密度和大小联合起来的一种度量。"定义 II 补充说："运动的量是同一运动的起源于速度和物质的量联合起来的一种度量。"就像牛顿在他的物质的量的定义中已经预设了密度的概念一样，康德在他的物质的量的定义中预设了运动的量的概念：因此，二者都是我们在常见的力学公式 $D=m/v$ 和 $Q=mc$ 中被描绘为派生概念的概念。不过，所有迄今关于力学的观念要素的相对优先权的相关问题直到今天——而且今天比若干世纪之前更甚——都完全处在流动之中（对此参见 P. 福尔克曼：《论牛顿的〈自然哲学的数学原理〉及其对当代的意义》，载《普鲁士哥尼斯贝格物理学经济学协会作品集》，1898。此外 G. 哈默尔：《论空间、时间和力是力学的先天形式》，载《德国数学家协会年度报告》，358 页，1909）。——科学院版编者注

了。但在这运动中，又惟有假定被比较的物质中速度是相同的，才能给出运动基于物质不同的量的区别，如此等等。

附注

物体运动的量处在由其物质的量和其速度的量的关系组合而成的关系中，这就是说，不管我是把一个物体的物质的量加倍并保持其速度，还是把速度加倍而保持其质量，这都是一回事。因为一个大小的确定概念只有通过量的构想才是可能的。但是，就量的概念而言，这个构想无非就是等价物的组合；所以，一个运动的量的构想就是许多相互等价的运动的组合。现在，根据运动学的诸定理，不管我是将某个程度的速度赋予一个运动物，还是将给定速度除以运动物的数量所得出的所有更小程度的速度赋予许多相同的运动物，这都是一回事。从这里首先产生出表面上是运动学关于一个运动的量的概念，即由相互外在、但毕竟结合在一个整体中的运动点的许多运动组合而成。现在，如果这些点被设想为某种**通过自己的运动**而具有运动力的东西，那么，从中就产生出力学关于运动的量的概念。但在运动学中，把一个运动想象为由许多彼此外在的运动组合而成的，这是不可行的，因为运动物既然在这里被想象为
4〔539〕没有任何运动力，无论如何与同类的运动物组合都不提供运动大小的差异，除非是仅仅存在于速度中的那种大小。一个物体的运动的量与另一个物体的运动的量的比例，如果正确地理解的话，如同它们的结果的大小与**整个**结果的比例。那些仅仅把一个被阻抗所充实的空间①的大小（例如，一个物体以某个速度抵抗重力而能够上升到的高度，或者它在柔软物质中所能够挤入到的深度）假定为整个结果的尺度的人，在**现实的**运动方面造成了运动力的另外一个规律，亦即由物质的量和其速度的平方的关系组合而成的关系的规律；只是他们忽略了在物体以较小的速度经过其空间的这段给定的时间中结果的大小，而毕竟惟有这个大小才能够是一个被给

---

① 康德在这里想到力的尺度 $pt=mc$ 和 $ps=mc^2/2$，因而就是他的作品《关于活力的真正测算》的对象。康德的命题：**毕竟惟有……在一个给定时间中结果的大小，才能够是一个……运动的尺度**(下文)，也就是说，因此是功能 pt 优于 ps，如同当代唯能论者的命题，即惟有尺度大小 ps，而不是还有 $p = mg$，独自就说明力学现象的一个方面，一样很少能够得到证明（参见上文 477 页注，以及拉斯维茨在《康德全集》第 I 卷 523 页以下的详细阐明）。——科学院版编者注

定的均匀阻抗所消耗掉的运动的尺度。所以，如果在力学上考察运动力，也就是把它看做物体自身运动起来时所拥有的那种力，而不管其运动的速度是有限小还是无限小（仅仅是运动的努力），那么，在活力和静力之间也不可能有任何区别；毋宁说，如果静力和活力这两种称呼真的还值得保留的话，那么，人们就可以更为适当得多地把完全抽掉物质自己的运动，甚至也完全抽掉运动的努力时物质用来作用于另一物质的力，亦即动力学的源始的运动力称为静力，反之把力学上、亦即通过自己的运动的运动力称为活力，而不考虑速度的区别，哪怕其程度无限地小。

附释

为了避免冗长，我们想把上述三个命题的讨论放在一个附释中来加以总括。

正如定义所说明的那样，物质的量只能被设想为（相互外在的）运动物的集合，这是一个值得注意的命题，是一般力学的基本命题。因为由此就表明：物质除了存在于**相互外在**的杂多的**集合**之中的量以外，没有别的量，因此，物质也没有一个带有给定速度的运动力的**程度**是不依赖这个集合而可以仅仅看做内在的量的。当然，如果物质由单子构成，则这种情况 4〔540〕
也会出现，单子的实在性在所有的关系中必须有一个可以更大或者更小的程度，不依赖于相互外在的各部分的集合。至于在这同一个解说中的质量概念，人们不能像通常那样把它视为与量的概念相等。液态物质可以通过其自己的运动以一个质量发生作用，但也能在流动中发生作用。在所谓的水锤①中，冲击的水是以一个质量，亦即以其一切部分同时起作用的；被装在一个容器里的水也有这种情况，它用自己的重量压着它放置于其上的那个称盘。相反，一条推动磨坊的小溪的水对下面水轮叶片起作用，就不是以一个质量，即不是以流向叶片的水的一切部分同时起作用，而只是一部分接一部分地起作用。因此，如果要在这里确定以某个速度运动而具有运动力的物质的量，人们首先就必须寻找**水物体**，亦即寻找那个能够以质量用某个速度（用它的重量）产生这种作用的物质的量。因此，人们通常也

① 人们（例如参见盖勒：《物理学词典》，新版，1798）如此称谓装着沸水的玻璃管，沸水以响亮的声音撞击管壁，因为没有位于中间的空气来削弱撞击。在这里，整个冲击的水量以质量发生作用（参见上文537页的这个表述）。——科学院版编者注

把**质量**一词理解为一个**固体**（装有液体的容器也代表着这液体的固态）的物质的量。最后，把这一定理与附加的附注一起来看，其中就存在着某种令人诧异的东西：根据那个定理，物质的量必须用具有给定速度的运动的量来量度，但根据这个附注，运动的量（即一个物体的量，因为一个点的量仅仅由速度的程度构成）在速度相同时又必须用被推动的物质的量来量度，这就显得是在兜圈子，无论是对这一方还是对那一方都没有希望得到一个确定的概念。不过，这种看上去的循环论证在它是对两个彼此等同的概念作相互的推导时，就会成为现实的。但现在，它一方面只包含对一个概念的解说，另一方面包含着对该概念在经验上的运用的解说。空间中的运动物的量是物质的量；但物质的这个量（运动物的集合）只有通过在同一速度上的运动的量（例如通过平衡），才能在经验中**显示**出来。

还可以看出，物质的量就是运动物中**实体的量**，因而不是实体的某种质（如动力学中所提到的排斥或吸引）的大小，而实体的量在这里无非是指构成物质的运动物的纯然集合。因为只有被运动物的这个集合才
4〔541〕能够在同一个速度上给出运动的量中的一个区别。但是，一个物质在**它自己的**运动中所具有的运动力仅仅显示出**实体**的量，这是基于实体的概念的，而实体是空间中不再作为另一主体的谓词的最终**主体**，正因为此，这个最终主体除了相互外在的同类物的集合的大小之外，不能有任何别的大小。现在，既然物质**自己的运动**是一个规定其主体（运动物）、并在一个作为运动物之集合的物质身上（在同一速度上以同一方式）显示被推动主体的复多性的谓词——这对动力学的属性来说却不是这么回事，动力学属性的大小也可以是一个惟一主体的结果的大小（例如当一个空气分子可以有更大或更小的弹性时），——所以由此可知，何以在一个物质身上实体的量只能以力学的方式来量度，即通过物质自己的运动的量来量度，而不能以动力学的方式通过源始运动力的大小来量度。尽管如此，作为万有引力之原因的**源始的吸引**，毕竟还能够提供物质及其实体的量的一个尺度①（如现实中通过称量来比较物质时所做的那样），尽管

① 这不是仅仅在通过衡量对物质进行比较时，而是以全面得多的方式，如果通过引入维度［重力常数］＝维度［速度］，质量因子在力学的（而且以类似的方式还有电的和磁的）大小的所有维度公式中都能够得以析出的话。参见科沃尔荪：《物理学》，第Ⅰ卷，254～266页。——科学院版编者注

在这里看来作为基础的并不是具有吸引力的物质自己的运动，而是一个动力学的尺度，亦即引力。但由于在这个引力中，一个物质连同其一切部分的作用是直接施于另一物质的一切部分之上的，因而（在同样距离上）显然是与这些部分的集合成比例的，并且吸引的物体由此甚至也赋予了自己的运动的速度（通过被吸引物的阻抗），这种运动在同样的外部环境中与该物体各部分的集合恰好成比例，所以，量度在这里虽然只是间接地进行，但毕竟事实上是以力学的方式进行的。

定理 2

力学的第一规律。在形体自然的一切变化中，物质的量在总体上不变，既不增加也不减少。

证明

（从一般形而上学出发，如下命题被当做基础：在自然的一切变化中，既没有实体会产生，也没有实体会消失；而在这里，则只阐明在物质中什么是实体。）在每一个物质中，空间中的运动物都是物质所固有的一切偶性的最终主体，而相互外在的运动物的集合则是实体的量。所以 4〔542〕
根据实体来看，物质的大小只不过是组成物质的那些实体的集合。因此，除了通过新的物质实体的产生或者消灭之外，物质的量不能增加或者减少。现在，在物质的一切变化中，实体永远不会产生和消失；因此，物质的量由此既不被增加，也不被减少，永远是同一个量，准确地说是在整体上。也就是说，它在世界上的某个地方以同一个量续存下去，虽然这个或者那个物质可以通过各部分的添加或者分离而增加或者减少。

附释

实体仅仅在空间中并根据空间的条件，因而惟有作为**外**感官的对象才是可能的，在这个证明中说明其特征的根本性东西是：实体的大小不能被增加或者减小，而不使有实体产生或者消灭。这是因为，一个仅仅在空间中才有可能的客体，其一切大小都必须**由彼此外在的各部分**来组成，因此，如果这些部分是实在的（是某种运动物），它们就必定是实体。反之，被视为内感官的对象的东西，作为实体却可以有一个**不由相互外在的各部分所组成**的大小，因而它的各部分也不是实体，这些部分的产生或消失也不可以是一个实体的产生和消失，所以它们的增加或者减小也可以不损害实体的持存性这一基本原理。如此看来，**意识**，从而我的灵魂的诸表象的清晰性，并且根据这种清晰性还有意识的能力亦即统觉，但凭借这种能力甚至灵魂的实体，都具有一个**程度**，这个程度能够更大或者更小，却并不为此就可以有任何一个实体产生或者消失。但是，由于随着这个统觉能力逐渐的减小，最终必定会出现它的完全消灭，所以，甚至灵魂实体也毕竟会经受某种逐渐的消失，尽管它的本性是单纯的，因为其基本力的这种消失不能通过分割（把实体从一个复合物中分离出来），而仿佛是通过熄灭才能达到，而且这种熄灭也不是一瞬间，而是通过这些力的程度的逐渐减弱才能达到，不论这种减弱是出自何种原因。**自我**，即统觉的普遍相关者，甚至仅仅一个思想，作为一个前置词，表示一个含义不确定的事物，亦即一切谓词的主体，不具有把主体的表象与一个一般某物的主体区别开来的条件，因而是这样一个实体，不论它是什么，人们都不可能用这种表述对它拥有一个概念。反之，一
4〔543〕个作为实体的物质，其概念则是**在空间中**的运动物的概念。因此毫不奇怪，关于后一种实体可以证明实体的持存性，而关于前一种实体则不行，因为在物质那里，从它的**概念**，即它是只有在空间中才有可能的运动物，就已经可以得出，在物质中具有大小的东西包含着**相互外在**的实在物的某种复多性，因而包含着实体的复多性，所以这些实体的量也惟有通过不是消灭的分割才能减少，而且按照持续律，实体中的消灭也是不可能的。相反，自我这种思想完全不是**概念**，而只是内部知觉，因而从它根本得不出任何东西（除了一个内感官的对象与一个仅仅被设想为外感官对象的东西的全然区别之外），所以也得不出作为实体的灵魂的持存性。

定理 3

力学的第二规律。物质的一切变化都有一个外部原因（每一个物体如果不被一个外部原因所迫使而离开原状，就保持自己的静止状态或者

在同一方向以同一速度运动的状态)①。

证明

(如下命题被从一般形而上学中引为基础，即一切变化都有一个**原因**；这里对于物质，只应证明它的变化在任何时候都必须有一个**外部原因**。)物质纯然作为外感官的对象，没有别的规定，只有空间中的外部关系的规定性，因而不承受任何变化，除非是通过运动。就变化是一个运动与另一个运动的交替，或运动与静止以及反过来静止与运动的交替而言，必须找出它的原因(根据形而上学的原则)。但是，这种原因不能是内部的，因为物质没有绝对内部的规定和规定根据。所以，物质的一切变化都基于外部的原因(也就是说，一个物体持存，等等)。

附释 4〔544〕

惟有这条力学规律必须被称为**惯性**规律(lex inertiae)，与每个作用相对立的、相等的反作用的规律却不能使用这个名称。因为后一个规律说的是物质做什么，前一个规律却只是说物质不做什么，这更适合惯性的表述。物质的惯性无非是说它作为物质自身的**无生命性**。**生命**是一个**实体**从一个**内在原则**出发规定自己去行动的能力，是一个**有限实体**规定自己去变化的能力，是一个**物质实体**把运动或者静止当做自己状态而规定自己去运动或者静止的能力。现在，我们不知道一个实体有别的内在原则去改变自己的状态，只知道有**欲求**，也根本不知道有别的内在活动，只知道有**思维**连同依赖于思维的东西，即愉快或者不愉快的**情感**、**欲望**或者意志。但是，这些规定根据和行为根本不属于外感官的表象，因此也不属于物质作为物质的规定。所以，一切物质作为物质都是**无生命的**。这就是惯性命题所说的，别无其他。如果我们在生命中寻找物质的任何一种改变的原因，那么，我们就也要马上在另一种虽然与物质相结合、但又与之不同的实体中去寻找生命。因为在自然知识中，有必要在将物质与作用因联结起来之前，首先认识物质作为物质的规律，将物质从一

① 括号中的表述是牛顿的定律 I 的逐字逐句的翻译。参见赫福勒版《自然科学的形而上学初始根据》后记，78 页以下。——康德的第三规律(下文 544 页)和牛顿的定律 III 之间的类似关系。——科学院版编者注

切别的作用因的混杂中纯化出来，以便清楚地辨别，每一种物质独自地起什么作用以及是如何起作用的。一门本真的自然科学的可能性完全是基于惯性规律（除实体的持存性规律之外）的。这一规律的对立面，因此也是一切自然哲学的终结的，就是**物活论**。从惯性作为纯然**无生命性**这同一个概念本身即可得出，它并不意味着维持自己状态的一种积极努力。惟有有生命的存在物才在后面这种意义上被称为惰性的，因为它们对自己所憎恶并尽自己的力量努力去对抗的另一种状态具有一个表象。

定理 4

力学的第三规律。在运动的所有传递中，作用和反作用在任何时候都彼此相等。

证明

（如下命题必须借自一般形而上学，即世界上一切外部作用都是**交互**
4〔545〕**作用**。在这里，为了留在力学的限界之内，应当仅仅指出，这种交互作用［actio mutua］同时又是**反作用**［reactio］；不过，我终究不能在这里将那个形而上学的共联性规律完全删去，而不损害理解的完备性。）**空间中**物质的一切**主动的**关系和这些关系的一切变化，就它们能够是某些作用的**原因**而言，必须在任何时候都被表现为交互的，也就是说，由于这些关系的一切变化都是运动，所以一个物体的运动不能与一个也应当由此被置于运动之中的**绝对静止的**物体相关来设想，毋宁说，后一物体必须就我们使它与之相关的空间而言被仅仅表现为**相对静止的**，但却和这个空间一起以相反的方向在绝对空间中运动，其运动的量正与被推动物体在绝对空间中相对于它所具有的运动的量相同。因为关系的变化（也就是运动）在两者之间完全是交互的；一个物体向另一个物体的每一部分接近多少，另一物体也就向这一物体的每一部分接近多少，并且由于在这里事情并不在于围绕两个物体的经验性空间，而只在于两者之间的直线（因为这两个物体是按照一个物体的运动撇开与经验性空间的一切关系对另一物体的状态的改变所能够具有的影响，仅仅在相互的关系中予以考察的），所以，它们的运动被视为仅仅在绝对空间中才可确定的，在绝对空间中，这两个物体中的每一个都必定在赋予相对空间中的那个物体的运动中占有同样的份额，因为没有理由赋予其中一个物体比另一个物体更多份额。在这个基础上，一个物体 A 朝另一个静止物体 B 运动。就 B 而言，它是由于被归结到绝对空间之上，亦即仅仅作为作用因的关系彼此相关，才能够是运动的。该运动被这样来考察，即两个物体对于在显象中只被给予物体 A 的那个运动具有同样的份额，而这种情况只能如此发生：在相对空间中仅仅被赋予物体 A 的速度，被按照质量的反比关系在 A 与 B 之间分配，只分配给 A 它在绝对空间中的速度，反之分配给 **B 连同**它静止于其中的**相对空间**的是反方向上的速度。由此就完整地保持了运动的同一种显象，而作用则在两个物体的共联性中以如下方式 4〔546〕
来构想。

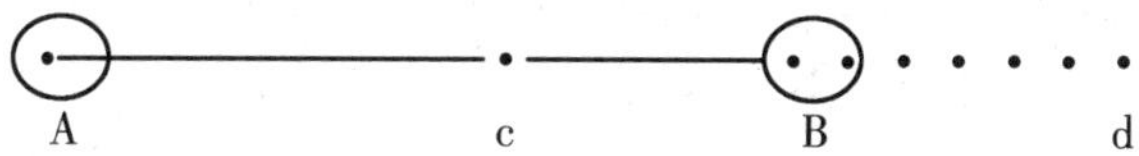

图 5

有一物体 A，以对相对空间而言的速度＝AB 向物体 B 运动，B 就同一个空间而言是静止的。且把速度 AB 分为两部分 Ac 和 Bc，它们与 A 和 B 的质量相互成反比；设想 A 以速度 Ac 在绝对空间中运动，B 则以速度 **Bc 连同相对空间一起**在相反方向上运动，那么，两个运动就彼此相反且相等，而且既然它们相互抵消，所以两个物体分别使对方处于静止中，亦即在绝对空间中处于静止中。但现在，B 是以速度 BC 在与物体 A 的方向，亦即 AB 正好相反的方向 BA 上，**连同相对空间一起**运动。所以，当物体 B 的运动被碰撞所取消时，相对空间的运动毕竟并未因此被取消。因此在碰撞之后，**相对空间**对两个物体 A 和 B（它们从现在起静止于绝对空间中）而言在方向 BA 上以速度 Bc 运动，或者这样说也一样，这两个物体在碰撞之后以同一速度 Bd＝Bc 在撞击物体的方向 AB 上运动。但现在，根据以上所述，物体 B 在 Bc 方向上以速度 Bc 运动的量，从而还有在 Bd 方向上以速度 Bd 运动的量，都与物体 A 以速度 Ac 在方向 Ac 上运动的量相同。因此，物体 B 通过碰撞在相对空间中获得的这个作用亦即运动 Bd，从而还有物体 A 以速度 Ac 所做的运动，在任何时候都与反作用力 Bc 相等。既然如果不假设对静止物体的碰撞，而假设同一物体对一个同样被推动的物体的碰撞，此外运动通过碰撞的传递与通过牵引的传递的区别仅仅在于两个物质在其运动中相互阻抗的方向，同样的规律（正如数学的力学所教导的）并没有承受任何改变，那就可以得出，在**运动的一切传**
4〔547〕**递**中作用和反作用任何时候都是相等的（每一个碰撞惟有凭借一个相等的反碰撞，每一个挤压惟有凭借一个相等的反挤压，同样每个牵引惟有凭借一个相等的反牵引，才能把一个物体的运动传递给另一个物体）。①

4〔548〕附注 1

由此得出对于一般力学来说并非不重要的自然规律：任何一个物体，不论它的质量有多大，都必定因任何一个别的物体的碰撞而运动，不论后一个物体的质量或者速度有多小。因为 A 在 AB 方向上的运动必然与 B 在 BA 方向上的一个相反且相等的运动相符。这两个运动通过碰撞而在绝对空间中相互抵消。但因此两个物体在碰击者的方向上得到了一个速度 Bd＝Bc，所以，物体 B 为任何碰撞力而运动，不管这个力是多小。

附注 2

因此，这就是作用和反作用相等的**力学规律**，它乃是基于：除非以

① 在运动学中，既然一个物体的运动只是就空间而言才被看做**空间中**的关系的变化，所以无论我是承认空间中的物体有一个运动，还是不说它而是承认相对空间有一个相等的、但却相反的运动，都是完全等值的；二者提供的是完全相同的显象。空间的运动的量仅仅是速度，因而物体运动的量同样无非是它的速度（因此，物体可以被视为一个纯然的运动点）。但在力学中，既然一个物体是在向另一个物体的运动中被考察的，它通过自己的运动而对另一物体具有一种**因果关系**，亦即它要么在接近时通过不可入性的力，要么在远离时通过吸引力而与该物体处于共联性之中，从而使该物体本身发生运动的因果关系，这时，我是要把运动赋予这两个物体中的某一个，还是要把一个相反的运动赋予空间，就不再是等值的了。因为从这时起，运动的量的另一个概念加入进来了，也就是说，这并不是仅仅就空间而言来设想的、并且仅仅存在于速度中的那个概念，而是在其中必须同时考虑实体（作为运动的原因）的量的那个概念，而且在这里，假定两个物体中的每一个都是运动的，准确地说是以同一运动量在相反方向上运动的，这已不再是随意的，而是**必然的**了；但如果物体具有一个就静止的空间而言的相对运动，那就把必需的运动**连同空间一起**赋予该物体。因为一个物体不能通过它自己的运动作用于另一物体，除非要么在接近时凭借斥力，要么在远离时凭借吸引。现在，既然这两种力在任何时候都是彼此在相反方向上并且相等地起作用的，所以，如果不是恰好另一个物体以相等的运动量起反作用的话，一个物体就不能凭借这两种力通过自己的运动作用于另一个物体。因此，没有一个物体能够通过自己的运动而把运动赋予一个**绝对静止的**物体，而是该物体必须在相反方向上恰好以同一个运动量，即它通过前一物体的运动在同一方向上所应当获得的那个运动量（连同空间一起）被推动。——读者将不难发现，尽管对于运动的传递的这种表象方式本身有些反常，但如果人们不惧怕阐释的详尽性的话，它仍然是可以真相大白的。

这两个运动的共联性为前提条件，否则运动的任何**传递**都不成立；因此，没有一个物体会碰撞另一个就它而言是静止的物体，相反，后一个物体就空间而言，惟有当它**连同这个空间一起**在同样的程度但却相反的方向上运动时，才会与在这种情况下成为前一个物体的一个相对份额的运动一起，提供出一个我们会在绝对空间中赋予前一个物体的运动量。因为没有一个就另一物体而言应当**在推动**的运动能够是**绝对的**，但如果它就后者而言是相对的，那么，在空间中就不存在一种并非交互而又相等的关系。——但是，还有另一个规律，即物质的作用与反作用相等的**动力学**规律，这不是就一个物质向另一个物质**传递**自己的运动而言的，而是就它源始地把自己的运动**给予**另一个物质，并通过该物质的抗拒同时在自身中产生出运动而言的。这种运动可以轻而易举地用类似的方式来阐明。因为，如果物质 A 吸引物质 B，它就迫使后者**接近**自己，或者这样说也一样，前者**阻抗**着后者力图**远离**自己所用的力。但由于无论是 B 远离 A 还是 A 远离 B，这都是一样的，所以，这个阻抗同时就是物体 B 在力图远离 A 时施加于 A 的阻抗，因而吸引和反吸引是彼此相等的。同样，如果 A 排斥物质 B，那么 A 就阻抗着 B 的接近。但既然不管是 B 接 4〔549〕
近 A 还是 A 接近 B 都是一样的，所以 B 也同样多地阻抗着 A 的接近；因此，压力和反压力也在任何时候都是彼此相等的。

附释 1

因此，这就是对运动的传递的构想，它同时带有作为运动之必要条件的作用与反作用相等的规律，**牛顿**根本不相信能先天地证明这一规律，而是因此而诉诸**经验**，别的一些人讨好他，把物质的一种特殊的力以**开普勒**首先提出的**惯性力**（vis inertiae）① 这个名称引入到自然科学中，因而从根本上说也是从经验推导出这一规律的，最后还把另外一些力设定在一种纯然的运动传递的概念中，他们要把这种传递视为一个物体的运动逐渐地过渡到另一个物体中，此际运动的物体给予被运动的物体多少运动，它也必定正好丧失多少运动，直到它不再给后者强加任何运动

① 关于开普勒在其《天体物理学》中的“不完备的惯性观念”，参见罗伊什勒：《开普勒与天文学》，74、167 页等，1871。——赫福勒版《自然科学的形而上学初始根据》后记，38 页；赫福勒：《物理学》，50 页，1904。——科学院版编者注

(也就是说，当它与后者已经达到在同一方向速度相等时)[①]，这样一来，他们就从根本上取消了反作用，也就是取消了被碰撞物体对碰撞物体
4〔550〕(它也许有能力绷紧一个弹簧时）的一切现实的反作用力。此外，他们也没有证明上述规律所指的究竟是什么，对于运动的**传递**也根本没有根据其可能性作出解释。因为运动从一个物体向另一物体过渡这个名称什么也没有说明，而且如果人们不想按字面来接受这个名称（背离如下原理：accidentia non migrant e substantiis in substantias [偶性不从一些实体转移到另一些实体]），除非运动从一个物体到另一个物体，就像水从一个杯子注入另一个杯子中去一样，那么，在这里正好就有一个课题，即这种可能性的解释既然正好基于作用力和反作用力相等的规律从中推导出来的同一个根据，则如何才能使人理解这种可能性。人们根本不能设想，一个物体A的运动与另一个物体B的运动如何必定有必然联系，除非人们在这两个物体身上设想应先于一切运动（在动力学上）归于它们的力，例如排斥，这时就可以证明，物体A的运动通过向B的接近而与物体B向A的接近、而且在B被视为静止的时候与物体**B连同其空间一起**向A的运动有必然联系，只要这两个物体及其（源始的）运动力仅仅被看做在运动中彼此相对的。后面这种情况完全可以这样来先天地看出，即不管物体B就经验性上可认识的空间而言是静止的还是运动的，它就物体A而言毕竟是必定要被视为运动的，并且是在相反方向上被视为运动的，因为若不然，就会不存在物体A对两者的推斥力的影响了，而没有这种影响，也就根本不可能有物质相互的力学作用，即不可能有运动通过碰

① 如果人们在运动从一个物体**输入**另一个物体的假说中让运动的物体A将自己的全部运动在一瞬间内传递给另一个静止的物体，以至于它自己在碰撞之后静止下来，则同样可以得出作用与在这一场合错称的反作用的相等，只要人们把这两个物体设想为**绝对坚硬的**（必须把这一属性与弹性区别开来），上述情况就不可避免。但是，既然这个运动规律既不会与经验相一致，也不会在运用中与自身相一致，所以人们也就不得不否认绝对坚硬的物体的实存，而这也就意味着承认这一规律的偶然性，因为它本来应当是基于相互推动的物质的特殊性质的。反之，在我们对这个规律的描述中，无论人们是否要将相互碰撞的物体设想为绝对坚硬的，情况都完全一样。但运动的**输入论者们**要如何按照自己的方式来解释由碰撞而来的**弹性**物体的运动，我却完全不理解。因为这里很清楚，静止的物体并不是作为纯然静止的东西来获得撞击物体所失去的运动，而是它在碰撞中以相反方向对撞击物体施加了现实的力，仿佛是在两者之间压缩了一根弹簧，这就要求它这一方具有一个与运动物体在自己这方面为此所必须具有的运动同样现实（但在相反的方向上）的运动。

撞的传递。

附释 2

因此，惯性力（vis inertiae）的称谓必须不顾其首创者的显赫名声而完全从自然科学中排除掉，这不仅是因为它在表述本身中就带有一个矛盾，或者也不是因为惯性（无生命性）规律因此会很容易与任何被传递的运动中的反作用规律相混淆，而主要是因为它维护了那些并未真正精通力学规律的人的一个错误观念，并加强了它。根据这个观念，在惯性力的名目下所谈论的物体的反作用在于，它使运动到处都被消耗、减少或消灭，但惟独不造成运动的传递，因为运动物体只须为此用去其运动的一部分来克服静止物体的惯性（这就会是一种纯粹的损失），单凭剩下的部分它就能使那个静止物体运动起来；但如果运动物体没有剩下任何东西，它就会由于静止物体巨大的质量而根本没有通过自己的碰撞使它 4〔551〕
运动起来。惟有另一个物体的相反运动，而绝不是它的静止，才能够阻抗一个运动。因此在这里，一个阻抗的原因并不是物质的惯性，亦即纯然无能自己运动。一个特殊的、完全独特的力，仅仅是为了阻抗而不能推动一个物体，在一个惯性力的名称下是一个没有任何意义的词。因此，人们可以把一般力学的这三条规律更恰当地命名为：**物质在其一切变化中的独立性**规律、**惯性**规律和**反作用**规律（lex subsistentiae，inertiae et antagonismi）。这些规律，从而目前这门科学的全部定理，在把**实体性**、**因果性**和**共联性**这些概念运用于物质时对它们的范畴作出了详细的解答，对此已不需要进一步讨论了。

对力学的总附释

运动的传递惟有凭借一个物质即便在静止时也固有的这样一些运动力（不可入性和吸引）才发生。一个运动力在一瞬间对一个物体的作用就是对它的**发动**，该物体通过发动而产生的速度，就其能够与时间同比例增长而言，就是加速度的**要素**（因此，加速度的要素必须只包含一个无限小的速度，因为若不然，物体就会由此在一个给定时间内达到一个无限大的速度，而这是不可能的。此外，一般说来，通过加速度的一个持续的要素来**加速**的可能性基于惯性规律)。物质由扩张力而来的发动(例如承载着一个重量而被压缩的空气的发动)在任何时候都是以一个有限的速度发生的,但由此被输入另一个物体(或从另一个物体夺取)的速度只能是无限小的;由于前者只是一个表面力,或者这样说也一样,只是物质的一个无限小的量的运动,所以它必须以有限的速度发生,以便与一个具有有限质量和无限小速度的物体的运动(一个重量)相等。反之,吸引则是一种透入力,而且以这样一种力,物质的一个有限的量把运动力施加于另一物质的同样有限的量。因此,吸引的发动必须是无
4〔552〕限小,因为它与加速度的要素(加速度的要素在任何时候都必须是无限小的)相等,对于排斥来说则不是这样,在这里,物质的一个无限小的部分要把一个要素输给一个有限的部分。如果物质不是必然通过它自己的吸引力来透入的话,那就不能设想任何具有一个有限速度的吸引。因为一个有限量的物质以一个有限速度施加于一个有限物质的吸引,必然在压缩的一切点上胜过物质通过自己的不可入性,但仅仅以其物质量的一个无限小的部分来起反作用时所使用的任何一个有限速度。如果吸引只是一个表面力,如人们设想联系那样,那么,就会得出与此相反的结论。然而,如果联系应当是真实的吸引(而不只是外部的压缩),这样来设想联系是不可能的。

一个绝对坚硬的物体将会是这样一种物体:它的各个部分如此强地相互吸引,以至于没有什么重力能够分离它们,也不能**在它们**相互间的**位置**方面改变它们。现在,由于这样一个物体的物质的各个部分必须以加速度的一个要素来发动,这个要素对于重力的要素来说是无限小,但对于由此被驱动的质量而言却会是有限的,所以,既然来自作为扩张力的不可入性的阻抗在任何时候都是以物质的一个无限小的量发生的,这种阻抗就必定以比发动的有限速度更大的速度发生,也就是说,物质将会力图以无限的速度扩张自己,而这是不可能的。因此,一个绝对坚硬的物体,即一个碰撞时**在一瞬间**以一个与碰撞的全部力相等的阻抗与一个以有限速度运动的物体相抗衡的物体,是不可能的。因此,物质通过其不可入性或者联系,在一瞬间内只对一个有限运动中的物体的力作出无限小的阻抗。由此得出力学的连续律(lex continui mechanica),即:在任何一个物体身上,静止或者运动的状态以及在运动中速度和方向的

状态都不能在一瞬间被碰撞所改变，而是惟有在一个确定的时间内，通过一个无穷序列的中间状态才能被改变，这些中间状态彼此之间的区别比前后状态的区别更小。所以，碰击一个物质的运动物体并不是一下子，而是惟有经过连续的延缓才由于物质的阻抗达到静止的，或者本来静止的物体惟有通过连续的加速才被置于运动中，或者也只是根据同一个规则才由一种程度的速度被置于另一种速度中；同样，其运动的方向被改变为一个与之构成一个角的方向，也惟有借助于可能存在于这一角之间的一切方向，即借助于一个曲线运动（这条规律出于某种类似的理由也可以被扩展到一个物体的状态由于吸引而发生的变化上）。这个 lex con- 4〔553〕
tinui［连续律］建立在物质的惯性规律之上，相反，**形而上学的**连续律却必然会扩展到一切一般变化（内在的或外在的）上去，因而将会仅仅建立在作为量的一般**变化**及其产生（该产生正如时间本身一样，必然是在一定时间内连续进行的）的**概念**之上，因而在这里不必讨论。

4〔554〕 第四章

现象学的形而上学初始根据

解说

物质就是运动物，这是就它作为运动物能够是经验的对象而言的。

附释

正如一切通过感官被表象的东西一样，运动只是作为显象而被给予的。要使运动的表象成为经验，还需要通过知性来思考某物，也就是说，对于表象寓于**主体**之中的方式，还需要通过该表象来规定一个**客体**。因此，当某个客体（因而在这里就是一个物质性的事物）就运动这个**谓词**而言被设想为规定了的时，运动物作为运动物就成为经验的一个对象。但现在，运动就是空间中关系的变化。所以在这里永远有两个相关物，**首先**，在显象中这两个相关物的一个可以和另一个一样被赋予变化，要么**这一个**要么**那一个**可以被称为运动的，因为这两种说法是等值的；或者**其次**，在经验中它们中的一个借助排除另一个而必须被设想为运动的；或者**第三**，它们二者必须被理性必然地表现为同时运动的。在仅仅包含
4〔555〕 运动的关系（根据其变化）的显象中，并没有包含这些规定性的任何东西；但如果运动物作为**一个运动物**，即根据其运动，应当被设想为确定的，也就是说，为了一个可能的经验，那么，就必须指明对象（物质）必须在其下以这种或者那种方式由运动这一谓词来规定的条件。这里并不讨论幻相向真相的转化，而是讨论显象向经验的转化；因为在幻相那里，知性以其规定一个对象的判断在任何时候都插手其间，尽管它处在把主观的东西看做客观的东西的危险之中；但在显象中，却根本找不到知性的判断；这一点不仅在此处，而且在整个哲学中都是必须说明的，因为若不然，在谈到显象时，人们就会把这一表述与幻相这一表述在意义上看做相等的，在任何时候都作出错误的理解。

定理 1

一个物质就一个经验性的空间而言的直线运动与这个空间的相反运动不同，只是一个**可能的**谓词。这个谓词根本不与这一运动之外的物质相关，亦即被设想为**绝对的运动**，是**不可能的**。

证明

究竟是一个物体在相对空间中运动而这个空间被称为静止的，还是反过来这个空间在相反的方向上以相同的速度运动而那个物体则应叫做静止的，这并不是关于应归于对象的东西的争论，而只是关于应归于对象与主体的关系，因而应归于显象而非经验的东西的争论。因为如果观察者静止地立身于上述空间里，那么对他来说物体就叫做运动的；如果他（至少在思想上）立身于另一个包含前一空间的空间里，就该空间而言物体同样是静止的，那么前一个相对空间就叫做运动的。因此，在经验（一种将客体规定为适用于一切显象的知识）中，根本不存在是物体在相对空间中运动，还是物体在绝对空间中静止而相对空间在作相反的相同运动之间的区别。现在，通过两个就客 4〔556〕
体而言等值的、仅就主体及其表象方式而言彼此有别的谓词中的一个来表现一个对象，这并不是根据一个**选言判断**作出的规定，而只是根据一个**两可的判断**所作出的选择（这两种情况中的前者是从两个客观上相对立的谓词中借助排除对立面而采用了一个谓词，后者则是从两个客观上虽然等值但主观上却相互对立的判断中，不从客体排除对立面——因而只通过选择——而采取一个来当做对客观的规定）①；此外，这就是说：通过作为经验对象的运动的概念，是把一个物体表现为在相对空间中运动的，还是把这个空间就该物体而言表现为运动的，这本身是不确定的，因而是等值的。现在，就两个相互对立的谓词而言本身不确定的东西就是**仅仅可能的**。因此，一个物体在经验性空间中的直线运动与空间的相反而又相等的运动不同，在经验中只是一个可能的谓词；这是第

① 关于选言的对立和两可的对立这两者的区别，将在本章的总附释中作更多的阐明。*

* 参见下文 559 页康德原注。——科学院版编者注

一点。

此外，既然一个关系，从而还有该关系的变化亦即运动，都只是就其能够是经验的一个对象而言，才作为两个相关物而是经验的对象；而人们也与相对的（经验性的）空间相对立而称为绝对空间的那个纯粹空间，却不是经验的对象，在任何地方都什么也不是。这样，与任何经验性东西都没有关系的直线运动，亦即绝对运动，是完全不可能的；这是第二点。

附释

本定理规定了运动就**运动学**而言的模态。

定理 2

一个物体的圆周运动与空间的相反运动不同，是物体的一个现实的谓词；反之，一个相对空间的相反运动，代替物体的运动来看，就不是
4〔557〕该物体的现实的运动，如果它被认为是该物体的现实的运动，它就只是一个幻相。

证明

圆周运动（正如任何曲线运动一样）是直线运动的一个连续的变化，并且既然直线运动本身是就外部空间而言的关系的一个连续的变化，所以圆周运动就是空间中的这种外部关系的变化的变化，因此是新运动的一种连续的产生。现在，由于根据惯性规律，一个运动一旦产生就必定有一个外部原因，但尽管如此物体在这个圆周的每一点上（根据同一规律）却自身力图沿与圆周相切的直线离去，这个运动反作用于那个外部原因，所以，每一个物体在圆周运动中都通过自己的运动表现出一个运动力。现在，空间的运动与物体的运动不同，仅仅是**运动学上的**，并且不具有运动力。因此，这里要么是物体在运动，要么是空间在相反方向上运动，这种判断就是一个**选言**判断，由于它，一方亦即物体的运动被设定时，另一方亦即空间的运动就被排除。因此，一个物体的圆周运动与空间的运动不同，是**现实的**运动。可见，空间的运动即便在显象上与

物体的运动一致，也在一切显象的联系中，亦即在可能的经验中，与物体的运动相冲突，因而无非是幻相。

附释

这个定理规定了运动就动力学而言的模态；因为一个没有连续作用的外部运动力的影响就不可能存在的运动，直接或间接地证明了物质本源的运动力，不管是吸引力还是排斥力。——此外，**牛顿**对他置于《自然哲学的数学原理》前面的那些定义的附注①，临近结束的地方也可以翻看一下。由这附注可见，两个物体围绕一个共同中点的圆周运动（因 4〔558〕
而还有地球的绕轴自转），甚至在空的空间中，因而不与**外部空间**作任何凭经验可能的比较，也仍然可以借助经验来认识；因而说尽管空间本身不是经验性地被给予的，也不是经验的对象，但一个是空间中的外部关系的变化的运动却可以经验性地被给予，这种佯谬是理应得到解决的。

定理 3

在一个物体使自己就另一物体而言运动的每一个运动中，后者的一种相反而相等的运动都是**必然的**。

证明

根据力学的第三条规律（定理 4），两个物体的运动传递只有通过它们源始的运动力的共联性才有可能，而这个共联性又只有通过双方相反而又相等的运动才有可能。因此，二者的运动都是现实的。但是，既然这个运动的现实性不是（像在第二条定理中那样）基于外力的影响，而是从空间中的**运动者**与任何别的由此而**运动者**的关系中直接且不可避免地得出来的，所以后者的运动就是**必然的**。

---

① 在 1713 年版的《自然哲学的数学原理》9 页有一长段话："效应，由于它们绝对的和相对的运动被彼此区分……"，其中讨论了由牛顿确实进行过的"桶的试验"和以一根要绷紧的绳子结合起来的质量进行的思想中的试验。参见赫福勒版《自然科学的形而上学初始根据》后记，123～158 页。——科学院版编者注

附释

这个定理规定了运动就力学而言的模态。——此外，这三条定理还就物质运动的**可能性**、**现实性**和**必然性**而言，因而就模态的所有三个范畴而言，规定了物质的运动，这是一目了然的。

现象学的总附释

因此，这里出现了三个概念，它们在一般自然科学中的应用是不可避免的，为此，对它们作出仔细的规定也是必要的，尽管并不是那
4〔559〕么容易和能被理解。这就是：**相对的**（即运动着的）**空间中的运动**的概念，其次是**绝对的**（即不动的）**空间中的运动**的概念，其三是与绝对的运动有别的一般**相对运动**的概念。这一切都以绝对空间的概念为基础。但我们是如何达到这个特别的概念，其应用的必要性的根据又何在呢？

它不能是经验的对象；因为没有物质的空间并不是知觉的客体；尽管如此，它却是一个必然的理性概念，因而不是别的，只是一个纯然的理念。① 因为即使仅仅为了运动作为显象被给予，就需要运动物与之相关改变自己的关系的那个空间的一个经验性表象，但这个应当被知觉到的空间必须是物质性的，因而按照一般物质的概念必须自身是运动的。现在，为了把它设想为运动的，人们只可以把它设想为包含在一个具有更大范围的空间之内，并把这一空间假定为静止的。但这样一来，就要对一个更广阔的空间作出同样的设想，如此以至无穷，永远不能通过经验达到一个不动的（非物质的）空间，相对于它完全可以赋予任何一个物质以运动或者静止。相反，这些关系规定的概念必将持续地修改下去，因为人们是把运动物与这些空间中的这一个或者那一个联系起来看的。现在，既然把某物看做静止的或者运动的那个条件在相对空间中总又是有条件的，以至于无穷，则由此可见：**第一**，一切运动或者静止都只能

① 尤其是，康德的“纯然的理念”这个概念在《纯粹理性批判》的第一个和第二个二论背反中被运用于空间，这里当然是鉴于无限性，而不是像在《自然科学的形而上学初始根据》中那样，运用于空间的绝对性。——科学院版编者注

是相对的①，没有一个是绝对的，也就是说，物质惟有在与物质的关系中，才能被设想为运动的或者静止的，但绝不能就无物质的纯然空间而言被设想为运动的或者静止的，因而，绝对的运动，亦即离开一个物质对另一个物质的任何关系而设想出来的运动，是绝对不可能的；**第二，**也正因为如此，关于相对空间中的运动或者静止，也不可能有对一切显象都有效的概念，相反，我们必须设想一个空间，在其中相对空间本身可以被设想为运动的，但这个空间按其规定不再依赖于任何别的经验性空间，因而本身不再是有条件的。也就是说，必须设想一个绝对的空间，一切相对的运动都能够与之发生关系，在其中一切经验性的东西都是运动的，正因为如此，物质性东西的一切运动在它里面都只能被看做彼此相对的，看做两可交互的②，但没有一个可以被视为绝对的运动或静止（因为当一方叫做运动的时，与其相关在运动的另一方却仍然被表现为完 4〔560〕
全静止的）。因此，绝对空间并非作为一个现实客体的概念，而是作为一个应当用作规则的理念。以便把在它里面的一切运动都只看做相对的，才是必要的，而一切运动和静止，如果它们的显象应当被转化为一个确定的经验概念（它把一切显象统一起来）的话，就必须被归结到绝对空间上来。

这样，如果我把一个物体设想为就自身而言静止的，把相对空间设

① 以及下文"必须设想一个绝对的空间"。据此，康德试图相信绝对的空间，只是不相信绝对的运动。参见赫福勒版《自然科学的形而上学初始根据》后记，121 页以下。——在《康德研究》（第 VII 卷，459 页）中，E. 柯尼希在康德那里发现了一种"我们为了获得显象的一个统一的联系而必须把**一切**运动与之关联的空间（物理学的坐标系）与绝对空间（现象学的附释，第 2 段结尾）的混淆"。——科学院版编者注

② 在逻辑上，"**要么……要么……**"这一表述在任何时候都表示一个**选言判断**，因为当一方为真时，另一方就必定为假。例如一个物体**要么**是运动的，**要么**就不是运动的，亦即静止的。因为人们在这里只谈论知识与客体的关系。在显象学说中，关键在于与主体的关系，以便据此规定客体的关系，情况就不同了。因为在这里，"要么是物体运动而空间静止，要么反过来是空间运动而物体静止"这个命题不是客观关系中的一个选言原理，而只是主观关系中的命题，其中包含的两个判断被视为**两可的**。反之，在这同一种不是仅仅在运动学上，而毋宁说是在动力学上来考察运动的现象学中，选言的命题必须在客观的意义上来对待；也就是说，我不能假设一个物体的静止和空间对它的相反运动来取代一个物体的旋转。但在运动甚至被**在力学上**来考察时（如当一个物体撞上一个表面静止的物体时），就连形式上是选言的判断也必须对客体而言**有分配地**使用，使得运动不是必须**要么**给予这一方**要么**给予那一方，而是给每一方相同的运动份额。就相互对立的谓词而言，对一个概念作出**两可的**、**选言的**和**分配的**规定这种区分是有其重要性的，但在此不能作更进一步的讨论了。

想为在（感官觉察不到的）绝对空间中以相反的方向运动的，并把这个表象设想为恰好是由这样一个显象提供的，通过这一显象，一个物体也许可以同时具有的那些直线运动的一切可能显象都归溯到将这些显象统统结合在一起的经验概念上，即归结到纯然相对的运动和静止的概念上，那么，该物体在相对空间中的直线运动就被归结到绝对空间上来了。

圆周运动由于按照第二条定理，即使不与外部的、经验性地被给予的空间相关，也能够作为经验中的现实运动被给予，所以毕竟显得事实上是绝对的运动。① 因为就外在空间而言的相对运动（例如地球的绕轴自转相对于天空的星体）就是一个可以用这一空间（天空）在同一时间内的相反运动作为与其完全等值的来取代之的**显象**，但后者的运动根据这一定理在经
4〔561〕验中却绝不可以取代前一运动，因而也不应当把那个旋转表现为外在相对的，那样的话听起来就好像是这种运动方式可以被假定为绝对的似的。

但务必注意，这里谈的是真实的（现实的）**运动**，它毕竟不是**显现**为真实的运动，因此，如果人们要仅仅按照与空间的经验性关系来判断它，它就可能会被看做**静止的**。也就是说，这里谈的是与**幻相**有别的**真实的运动**，但不是作为绝对运动与相对运动对立的运动。因此，圆周运动虽然在显象中并不表现出位置的变化，亦即并不表现出被推动者**与**（经验性的）**空间**的关系的运动学变化，尽管如此却表现出物质**在其空间中**的关系的一种可以通过经验来证明的、连续的、动力学上的变化，例如通过逸散的努力而不断地减小吸引力，来作为圆周运动的结果，并由此可靠地表示圆周运动与幻相的区别。例如，人们可以在无限空的空间中把地球表现为绕轴旋转，甚至用经验来说明这一运动，尽管无论是地球各部分相互之间的关系还是它与外在于它的空间的关系，在运动学上，亦即在显象中都没有改变。因为就作为经验性空间的前者而言，在地球上和地球内其位置都没有任何改变，而就后一种完全虚空的空间来说，任何地方都不存在改变了的外部关系，因而也不存在一个运动的显象。不过，如果我想象一个通向地球中心的深洞，并让一块石头掉进去，但却发现，虽然在离中心点的任何距离上重力总是指向中心点，而下落的石头却仍会从它下落的垂直方向上不断地偏离，而且是自西向东偏离，

① 但根据下文561页，（在康德看来）只是“**显得**”如此。它（在康德看来）并不“**是**”绝对的运动。——科学院版编者注

那么我就会推出，地球是在自西向东绕轴旋转。或者，即使我使石头向外远远离开地球表面，而且它并不停留在地面上空的同一点上，而是自西向东[①]离开这个点，我也将推出同样的上述地球绕轴旋转，而且这两种知觉将足以证明这种运动的现实性，与外部空间（星空）的关系的改变却不足以证明这一点，因为这个变化纯然是可以出自两个事实上相互对立的根据的显象，它并不是从这一变化的一切显象的解释根据中推导出来的知识，也就是说，不是经验。但这个运动尽管不是与经验性空间的关系的变化，却仍然不是绝对运动，而是物质间相互关系的连续变化，哪怕它被表现在绝对空间中，因而实际上它只是相对的，甚至仅仅因此才是真实的运动。这基于地球的（外在于地轴的）每一个部分与每一个另外以与地心同等的距离在直径上与它相对的部分相互不断地离开的观 4〔562〕
念。原因在于，这个运动在绝对空间中是现实的，因为通过它，单是重力本身就给物体造成的上述离散的损耗就可以得到连续不断的补充，而且不用任何动力学的拒斥原因（正如人们在从牛顿的《自然哲学的数学原理》1714 年版[②] 10 页上[③]选出来的例子中可以看到那样），因而是通过

① 关于“自东向西”（第 1、2、3 版）是不是一个印刷错误的争论（哈滕施泰因、施瓦布、施塔德勒、科菲施泰因），参见赫福勒版《自然科学的形而上学初始根据》后记，6 页。——这里补充的是，如果康德的话“或者，即使我使石头向外远远离开地球表面”被这样理解，即不是人们（像上一句话预设的那样）让石头从地面落入一个深井，而是石头例如从一个塔上落到地面，这当然就像后来古列尔米（1792）、本岑贝格（1802）、莱希（1831）的试验证实的那样，必须叫做“自西向东”，因而在第二处有印刷错误，而不是如施塔德勒相信的那样在第一处有。无论如何，对于康德的话来说，也还可能有别的理解，即人们“使石头远远离开地球表面”，是因为人们把它向上抛。当然，在这种情况下，例如在一个塔的东边足够小的距离向上抛时，石头会在上部触及垂直的东塔壁，或者在塔的西壁向上抛时远离它，因而表现出一种自东向西的偏转。但是，由于这样一种试验实施起来会比下落试验还要无比困难，所以康德不可能想到它。因此，“远离”并不是说上抛，而是为向下运动选择一个远离地面的出发点。——科学院版编者注

② 但是，并不存在《自然哲学的数学原理》的 1714 年版，而第 2 版（康德通常引用的版本）是 1713 年，第 3 版是 1726 年。——科学院版编者注

③ 他在那里说：Motus quidem veros corporum singulorum cognoscere et ab apparentibus actu dlscriminare difficillimum est：propterea，quod partes spatii illus immobilis，in quo corpora vere moventur，non incurrunt in sensus. Causa tamen non est prorsus desperata［认识个别物体的真实运动并在实际上把它们与虚假的运动区分开来，这是困难的，因为那个不动的、物体在其中真实地运动的空间的各个部分，我们的感官感觉不到。但事情也不是绝对没有希望］。为此，他让两个系于一根绳子上的球绕着它们共同的重心在空的空间中旋转，并指出，它们的运动连同其方向的现实性仍然是可以通过经验来发现的。我也曾试图在有所改变的情况下就绕轴自转的地球而言来指出这一点。

现实的、但只与被推动物质内部所包含的空间（亦即物质的中心点）相关的运动，而不是通过与外在空间相关的运动，得到连续不断的补充。

至于**第三条定理**的情况，为了甚至不考虑经验性空间也指出两个物体彼此相反的相等运动的真实性，甚至连在第二种情况中必需的、通过经验被给予的积极的动力学影响（重力，或者一个绷紧的弹簧）都不需要，相反，单是这样一种影响作为物质的属性在动力学上的可能性（排斥或吸引），就在一个物质的运动那里同时带来了另一物质相反的相等运动，而且是在把一个相对运动放在绝对空间中，亦即根据真实性来考察时从它的纯然概念中带来的。因此，这个可能性与一切单凭概念就可以充分证明的东西一样，是一个绝对必然的相反运动的规律。

因此，也没有绝对的运动，尽管一个物体在空的空间中就另一个物体而言被设想为运动的；所以，二者的运动在这里并不是相对于围绕它们的空间，而只是相对于它们之间仅仅规定其相互的外在关系的空间作为绝对的空间来考察的，因此又只是相对的。故而，绝对运动只会是应当归于一个与任何其他物质都没有关系的物体的运动。这样一种运动只会是**世界整体**亦即一切物质的体系的直线运动。因为假如除了一个物体之外还有某种别的物体，甚至是由空的空间分离开来的物质，那么，运动就已经会是相对的了。为此，对一个运动规律的任何一种证明，如果其结果是该规律的反面必然会导致整个世界大厦的一种直线运动，那就
4〔563〕是对这规律的真实性的无可置辩的证明了，之所以如此，仅仅是因为由此产生的将会是完全不可能的绝对运动。在物质由运动而来的一切共联性中的对抗性规律就是这样一种规律。因为对这一规律的任何偏离都会使一切物质的重力的共同中心，因而使整个世界大厦的共同中心移出自己的位置。反之，如果人们愿意把这一世界大厦表现为绕自己的轴旋转的话，上述情况就不会产生，因而这种运动总还是有可能来设想的，尽管假定这种运动就我们能够看到的而言不会带来任何可以理解的好处。

甚至关于**空的空间**的各种不同概念也与运动和运动力的各种不同概念有关系。**运动学**角度的空的空间也叫做绝对空间，正确地说它不应当被称为一个空的空间；因为它只是关于一个空间的理念，在这个空间中，我抽掉了一切使它成为经验对象的特殊物质，以便在它里面把物质的空间或者任何经验性的空间仍然设想为运动的，并由此把运动不是仅仅片

面地设想为绝对的谓词，而是在任何时候都交互地设想为纯然相对的谓词。因此，空的空间根本不是属于事物的实存的东西，而是只属于概念的规定，且就此而言没有任何空的空间实存。**动力学**角度的空的空间是未被充实的空间，也就是说，在其中没有任何别的运动物来阻抗运动物的侵入，因而没有推斥力在起作用，而且它可以是世界之中的空的空间（vacuum mundanum），或者当世界被表现为有界限的时，也可以是在世界**之外**的空的空间（vacuum extramundanum）；前一种空间也要么被表现为分散开来的空的空间（vacuum disseminatum，它只构成物质体积的一个部分），要么被表现为积聚起来的空的空间（vacuum coacervatum，它把诸物体如天体彼此分隔开来），这种区分由于只是基于人们为空的空间在世界上所指定的位置的区别，所以不是本质性的，但毕竟可以应用于不同的方面：其一，是为了从中推导出密度在类上的区别。其二，是为了从中推导出宇宙空间中一个摆脱了一切外部阻抗的运动的可能性。**在第一个方面**没有**必要**假定空的空间，这在动力学的总附释中①已经指出过了；但说它是**不可能的**，这却决不能只根据矛盾律从其概念中得到证明。尽管如此，即使在这里找不到拒斥它的纯然逻辑上的根据，也毕竟可能有一个从自然学说来拒斥它的一般物理学根据，即一般物质组合的可能性的根据，只要人们更好地去认识这种组合。因为如果人们为解释物质的联系而假定的**吸引**只应当是虚假的、而不是真实的吸引，毋宁说 4〔564〕
只是通过外部的、在宇宙空间中到处扩散的物质（以太）而产生的一种**压缩**的作用，而物质本身则惟有通过普遍的和源始的吸引即万有引力才达到这种压力，这样的意见自身是有一些道理的，那么，物质内部的空的空间即使不在逻辑上，也毕竟会在动力学上、因而在物理学上是不可能的，因为任何物质都会将自己扩散到人们在它内部所假设的空的空间中（因为它的扩张力在这里没有受到任何阻抗），并且在任何时候保持充实它们。世界**之外**的一个空的空间，如果人们把这世界理解为所有那些主要是吸引性的物质（巨大的天体）的总和的话，就出于同一些理由是不可能的，因为根据这些物质的距离增加的规模，就连对以太的吸引力（以太包围着所有那些天体，并在那个吸引力的驱动下，通过压缩维持它

① 上文523页。——科学院版编者注

们的密度）也成反比地减小，因而以太本身只是无限地在密度上减小，却不会在任何地方让空间成为完全空的。在这里，对空的空间的这种取消完全是以假说的方式进行的，对此不必感到奇怪；毕竟没有更好的办法来坚持空的空间。那些敢于对这个有争议的问题独断地作出裁定的人，无论他们这样做是肯定还是否定，最终依靠的都是纯粹形而上学的前提，正如从动力学中可以看出的那样；至少有必要在这里指出，动力学对于上述课题根本不能作出裁定。其三，至于**力学方面**的空的空间，它是世界整体内部的积聚起来的虚空，为的是给天体以自由的运动。很容易看出，它的可能性或不可能性不是基于形而上学的根据，而是基于很难解释的自然奥秘，即物质以何种方式为自己的扩张力设置限制。尽管如此，如果在动力学的总附释中关于种类不同的材料虽然物质的量（按其重量）相同却具有无限可能的更大的扩张所说的话得到承认，那么，似乎就没有必要为了天体的自由且持续的运动来假设一个空的空间，因为在这种情况下，阻抗本身在完全充实的空间那里毕竟能够被设想为任意小的。

※　　※　　※

这样，形而上学的物体学说就以虚空和正因如此而不可理解的东西来结束。在这里，它与理性在追溯到原则时竭力探索事物的原始根据的其他一切尝试具有同样的命运。由于它的本性导致它除了在被给予的条
4〔565〕件下所注定的方式之外，永远不能以别的方式去把握某种东西，所以它既不能停留在有条件者那里，也不能理解无条件者。在求知欲激励它去把握一切条件的绝对整体时，在它那里剩下来要做的就没有别的，只有从对象返回到自身，不是为了探究和规定事物的最后边界，而是为了探究和规定它自己的、听任它自己的能力的最后边界。

原文收入李秋零主编《康德著作全集》第 4 卷，作于 1786 年。

本成果受到中国人民大学“985工程”的支持

Immanuel Kant

康德自然哲学文集

（注释版）（下卷）

[德] 康德 著

李秋零 译注

中国人民大学出版社

·北京·

目 录

关于活力的真正测算的思想

一般自然史与天体理论

自然科学的形而上学初始根据

自然地理学

相关论述

自然地理学

科学院版编者导言

保罗·格丹（Paul Gedan）

预先说明：1910年秋，这项工作的第一部手稿完成。许多情况，尤其是世界大战的几年及其后果，耽搁了付印。现在，印书的非常不利的情况使得大力压缩原初的手稿成为必要，同时，改写要求细心地关注最新的康德研究的重要成果。这里，绝对处于首位的是埃里希·阿迪克斯的深刻钻研的作品：《康德的自然地理学研究》（1911）、《康德关于地球的历史和构造的观点》（1911）和《一部新发现的依据康德的自然地理学讲演的听课笔记》（1913）。遗憾的是，康德的《自然地理学》的一个能够按照阿迪克斯考虑的路线以详尽的具体工作把阿迪克斯在最广泛的基础上从事的研究进行到底的新版本，在现今存在的情况下似乎是不可能的。这部著作已经因为必需的、丰富的资料来源说明和比较而必须接受一个与为科学院版提出的计划无法统一的篇幅。

1. **康德的自然地理学讲演**。康德在他的教学活动的第二个学期，即1756年夏季学期，就第一次讲授自然地理学，并由此在哥尼斯贝格把这门科学引入学术课专业的圈子。在他的讲演的各个邀请文（1757年夏季学期、1758年夏季学期、1759—1760年冬季学期、1765—1766年冬季学期和1775年夏季学期）中，康德都联系到他的自然地理学课程，并且报告说，他怎样致力于这门课程的扩充和深化（《康德全集》，第II卷4页、第II卷25页、第II卷35页、第II卷312～313页、第II卷443页）。按照所预告和所讲授的讲演的官方课表，康德可能至少要讲过48遍作为每次4小时课程的自然地理学，最后是在1796年夏季学期。在1797年夏季学期，预告已经附加了限制："仅当健康和老龄允许时"①。

2. **《自然地理学》的编纂**。对于其地理学讲演来说，康德得到冯·策德利茨大臣的明确允准，让他按照自己的口授记录讲授。② 在邀请文

① 《埃米尔·阿诺尔德全集》，奥托·舍恩德弗尔编，第IV卷，424～431页，1909。

② 同上书，第V卷，251～252页。

中，一如在官方的讲演课表中，多次出现对作为课程之基础的口授记录的提示。康德最初推迟了自己编纂自然地理学，拒绝了书商福尔摩的出版提议（1797）；在《人类学》（1798）前言的结尾，他最终说明，关于自然地理学，要从他用来讲课的、也许除了他没有人能够辨认的手稿出发提供一个小册子，就他现在的高龄来说，几乎是不大可能的（《康德全集》，第 VII 卷，122 页）。

这时，林克在《关于后批判侵袭之历史的一些东西》中（XIX～XX 页，1800）预告，他和**耶舍**因康德的美意而能够承诺逐渐出版康德的许多有意思的作品，其中也有自然地理学。但在 1801 年的复活节博览会，就已经出版了以《伊曼努尔·康德的自然地理学》（第一部，第 1 和第 2 部分，美因茨和汉堡，由戈特弗里德·福尔摩出版）为书名的著作。

围绕这个版本的合法性，在以后的时间里展开了一场令人不快的出版大战。[①]

1802 年，福尔摩版第二部中，第 1 部分明确被称之为“合法版”，“附有其历史的档案部分”（3～58 页）出版。在同一年，庆典博览会上出现了林克版[②]，书名为《伊曼努尔·康德的自然地理学》，应作者的要求从其手稿编纂，部分由弗里德里希·特奥多尔·林克修订，哥尼斯贝格，格贝尔和文泽尔出版（第一部 XVI 和 312 页，第二部 248 页）。

由于**康德**在针对福尔摩的第二份声明发表之前向**林克**索回了这份声明[③]，所以林克出版了一份《依据档案对福尔摩暗示的拒斥》（38 页，但泽，1803，特洛舍尔出版）。[④] 他在其中再次以对过去说过的东西的众多重复试图通过他所使用的手稿的一种法律认可来证明他的版本的合法性，并尽可能地把对他的版本的轻蔑批判（载《格廷根学术通讯》，第 154 期，1529 页，1802）从他自己的人格转移。这本小册子在 1803 年的《文汇报》上（第 161 期，451 页）遇到了一篇评论，在福尔摩版的第 V 部（7～36 页，1805）遇到了一种尖锐的反驳：“针对林克和商号的康德荣誉拯救”。

① 对这场争论的详细阐述参见《康德全集》，第 XIII 卷，526～532 页。

② 参见康德于 1802 年 5 月 11 日的一封信，《康德全集》，第 XII 卷，341 页，第 893 封。

③ 参见林克的信，《康德全集》，第 XII 卷，343 页，第 895 封。

④ 关于这个很罕见的作品，参见阿迪克斯：《康德的自然地理学研究》，11 页，第 11 节。

3. **福尔摩版和林克版的方案**。林克和福尔摩之间关于其版本的合法性之争辩的最重要一点，是二者源自于什么样的原始资料以及他们以什么样的方式利用这些原始资料的问题。**福尔摩**据称依据出自 1778 年、1782 年和 1793 年的三份听课笔记，他只是做了纠正，去除了误听和误写而已。① 实际上，他的版本的篇幅十分显著地超过了林克的版本，因为它通过大量出自不同著作的摘抄而异乎寻常地扩充了材料，并分成多部。② 这样，单是出自这个理由，康德的拒斥性判断（《康德全集》，第 XII 卷，372 页）就是完全合理的。

关于自己的版本的完成，**林克**在前言中给出了至少一般的说明。他把康德称为作者，把自己称为这部著作的编者（下文 153、389 页）。当然，许多陈述显得不确定，甚至充满矛盾。封面指明康德的手稿，前言（154 页）指明康德手稿的旁注，389 页的注释则指明康德的原始手稿的一些空白，而其他地方（153、155 页）则使人们相信，林克有**三个在不同时间**由康德自己编写的笔记本。此外，如果 389 页提到的空白不能从另外两个手稿得到填补，因而看起来在所有三个笔记本中都存在于同一个地方，这至少是引人注目的。

在《自然地理学》后来的版本（舒伯特）中，以及在关于它的论文（迪特里希、雷曼、乌诺尔德、舍纳、卡敏斯基、格兰德）中，关于林克的方案从而关于他的版本的真实价值的分道扬镳的观点被认为是很主观的。③ 只是阿迪克斯才对此作出了澄清。从林克的《依据档案对福尔摩暗

---

① 第一部，第 1 部分，IV 页；第二部，第 1 部分，52～53 页。

② 各部的封面是：第一部，包含数学预知识和海洋的一般描述的第 1 部分，1801。——第一部，包含海洋的一般描述之续篇的第 2 部分，1801。——第二部，包含陆地的一般描述的第 1 部分，合法版，附有其历史的档案部分，1802。——第二部，包含陆地的概貌和剖面的第 2 部分，合法版，附有其历史的新档案部分，1803。——第三部，包含对河流、海洋和大气层的描述的第 1 部分。惟一合法版，1803。——第三部，包含大气层和整部著作的结束语，惟一合法版，1804。——第四部：康德对风的理论的新说明，他的自然地理学的惟一合法版的附录，连同一些别的补充、纠正和一个总表格，还有针对林克的康德荣誉拯救，1805。——关于第一部和第二部，又出版了一个大大扩充的版本：《伊曼努尔·康德的自然地理学》，第 2 完全改写版，Joh. Jak. Wilh. 福尔摩编，第一部的第 1 和第 2 部分，美因茨和汉堡，戈特弗里德·福尔摩出版（无出版年）。——第二部，第 1 部分（编者 F. 斯蒂勒撰写前言），汉堡，福尔摩书店，1816。——第二部，第 2 部分，汉堡，赫洛尔德书店，1817。

③ 参见阿迪克斯：《康德的自然地理学研究》，14～16 页，第 10 节。（此注与前注有冲突，根据前注，第 11 页应是第 11 节。——译者注）

示的拒斥》（同上）得出，他在前言中（153、154、155 页）表述的论断是多么的误导。也就是说，哥尼斯贝格学术法庭确认，在林克所呈交的文件中，只有一部手稿完全是由康德自己写的，另一部手稿以及“其他一些笔记本”是由康德仅仅加上了旁注（《康德全集》，第 XIII 卷，531～532 页）。根据一项按照严格语文学原则进行的研究，**阿迪克斯**得出了如下结论，这些结论毫无疑问自身具有极大的可能性。

林克所拥有的康德原始手稿（当然，五位教授中的一位不能完全确定地认可它）是口授记录文本；与此相反，第二个手稿以及“其他笔记本”是地理学课程的笔记，亦即康德搞到、通读并且加以补充以便让人从中为文化大臣冯·策德利茨制作一个讲演抄本的这样一个笔记的部分，策德利茨曾经在 1778 年 2 月 21 日的一封信中恳求这样一个抄本。

康德在其最早的讲师活动（1760 年之前）时就已经制作了口授记录文本，确切地说，如阿迪克斯在关于欧洲和美洲的几章的出处说明中所证明，大部分依据其作者们。康德后来相对少地改写和修订这个文本①，他似乎在自己的讲演中口授时只是自由地使用这个文本，并使之适应当时的科学水平以及他自己的知识。保存下来的口授记录文本在两组笔记本中，但它们都不是源自于根据他的口授记录的笔记，而是源自于根据康德的手稿的抄本。

从第 53 节到结尾，林克完全遵循口授记录文本（也请参见前言的 154 页）；与此相反，第 1～52 节的整个文本（且不说绝大部分注释和另外一些同样源自于林克的补充——参见 154 页）则与阿迪克斯最终采用和分析的笔记本 W 一致。这个笔记本具有完全统一的性质，可能源自于一个听课笔记，也就是说，源自于为冯·策德利茨大臣所用的笔记本的抄写人为其自己的目的、要在此后行收费复制之事而完成的一个复制本。当然，与 W 相比，林克显示出一系列补充、删减、内容上和文风上的改动以及失误和文本的粗劣化。②

在其**计划**中，林克的版本完全依从 1757 年夏季学期一次自然地理学课程的纲要（《康德全集》，第 II 卷，4～9 页），尽管对那里所列举的主题

① 即便是在给霍尔施泰因－贝克公爵的口授记录文本的抄本（1772—1773）中，虽经康德审阅，也依然有许多错误和疏忽。参见阿迪克斯：《康德的自然地理学研究》，18 页。

② 参见阿迪克斯：《一部新发现的依据康德的自然地理学讲演的听课笔记》，14～45 页。

有一些位置调整和删减。就连为我们保存下来的全部课程笔记也都依据这个纲要，以至于康德是否按照1765—1766年冬季学期的计划（《康德全集》，第II卷，312～313页）真正重塑这门课，也是可疑的。

4. **自然地理学后来的版本**。1）基于福尔摩和林克版本的著作：《伊·康德的自然地理学》，适用于世界知识和各国知识之友，用于成熟青年的教学。由K.G. 舍勒利用自然地理学最新增长普遍可理解地整理（2卷本，莱比锡，J. B. 希格出版，306页和394页，1804）。

2）在凯泽和海因修斯的书目中，还提到J.G. 沙尔的《康德的自然地理学》的版本，适用于世界知识和各国知识之友，用于成熟青年的教学。——这部著作似乎从未出版。①

3）《康德的杰出短小作品和文章集》，Fr. Chr. 施塔克编（莱比锡，1833），第II卷262～283页包含简短的“关于地球和人的考察”，从一个日期为1791年夏季学期的自然地理学听课笔记中刊印。

4）G. 哈滕施泰因的《康德著作全集》，第1版（莱比锡，1839）的第9卷和第2版（莱比锡，1868）的第8卷，作为第II篇，147～435页。

5）罗森克兰茨和舒伯特的《康德著作全集》，第6卷，F. W. 舒伯特编，415～775页，莱比锡，1839。

6）哲学文库，第51卷，J. H. v. 基尔希曼编（莱比锡，1877），第2版由保罗·格丹编，并配以导论、注释以及一个人名索引和主题索引（莱比锡，迪尔，1905）。

---

① 参见E. 阿迪克斯：《德文的康德文献》（《哲学评论》补遗2），566页，1896。

第一部

编者前言

9〔153〕

自然地理学对于承担修订它的人来说，除了要求在游记专业博览群书之外，还要求对自然描述、物理学和化学有非常精确的知识，甚至在诸多方面还要求有数学知识，以及一种训练有素的哲学眼光。

本著的作者，我的可敬的老师和朋友，不仅对于国内读书界，而且对于国外读书界，就上述知识和科学而言都声名卓著，以至于我本来不可以接受这项工作，或者不应当哪怕是斗胆承担这项工作，来展示这位先于许多其他人，甚至是惟一有使命提供一本这类著作的人物。遗憾！他并没有更早地做这件事，我却不得不成为他过去在这方面笔记的编者。

他所选择和建议的自然地理学讲授方法就在于对象的本性，因此也已经或多或少有所偏离地被其他人遵循，这部分地也是借助于按照他的授课笔记而进入读书界的抄本。但除了这种方法之外，尤其是内容丰富多彩、新颖、完备和对材料的合乎目的的安排，必然使一本这类著作出类拔萃，如果它现在还应当走红的话。

如果其他方面的情况允许**康德**重新修订并且亲自编纂他的这部著作，他肯定也会满足所有这些要求的。经他事先知道，并且应他的要求，只要事情如明摆着的那样允许，我尽可能少损害他所独有的东西，而多半 9〔154〕
只是在每一节的附释中补充根据新的研究形态变化了的东西；这是本著要到读书界手中，一般而言惟一还必须做的事情。

然而，无论这项工作就自身而言已经是多么困难，对我来说更为困难的却必定是我在其他地方的职务工作，我差不多两年的患病以及我居住地和工作范围的更换，更有甚者，书商福尔摩的非法做法在作者先生那里唤起越来越急切的愿望，要看到他的著作尽可能快地真正出版，因此，我由此而被越来越牢地捆绑在明年的春季博览会上，但整体、其处理和安排却不得不如我自己所清楚地知道，也许比其他一些人更清楚地知道的那样，获得了一种嘈杂的外观——如我使用的这个表述。

但是，当我从关于由我的朋友**耶舍**照管的康德逻辑学版本的公开判断中得知，人们宁可期望得到我们老师的原汁原味的著作时，而且既然上述福尔摩先生恰恰如此强烈地强调，我也许不提供，甚或如他预设的那样，会不可能提供**康德**自己的自然地理学，所以，我相信必须在这部著作中完全撤出我必须还做的那份工作，因此这部著作的后半部分，除了若干必要的文献注释，就无须我的附释而出版，据此完全是仅仅属于其作者。

但这样一来，对康德手稿的简短拟定的新旁注的利用就搁浅了，我迄今只要可行，就把它们编织进我的附释，本来，只要我少被规定的期限和各种各样的牵扯所限制和阻碍一些，读书界将除了康德的另一些与此相关的敏锐评注之外，应当获得它们，来作为本著的一个特殊附录。

对于这部著作可能有的第二版来说，但愿它可以在更有利的情况下出版，那时一切都应当更合乎目的地结合成一个整体，它在这种情况下
9〔155〕将更为清晰地带有独特的东西自身的踪迹，因为我准备完全撤出我的附释，它们由于上述情况而不能提供我十分愿意提供的东西，而且我准备把康德的旁注以一种尽可能自然而然的方式，不用外来的附加，与正文结合起来。按照我自己的愿望，这部著作本来现在就已经必须以一个更好的形象出版，但福尔摩先生轻率的勤勉，使得甚至不可能哪怕只是现在就立刻找到另一位不那么积压大量工作的学者，让他在这种情况下从我接手这部著作的修订和编纂。

我在这里还必须提到福尔摩先生同样重视的一个情况。**康德**曾经公开说，他的自然地理学笔记丢失了。他以前对我和他的其他朋友都说过这话。但大约两年前，他委托耶舍博士先生和我修订和整理他那可观地增多的文件和手稿。在做这件工作时，与**康德**自己的猜测相反，出现了这门自然地理学的几乎三重的、由他在不同时间里编写的笔记，这个版本就出自这些笔记。为纠正这一点就说这么多，而且我希望，它足以使读书界为评判当前这部著作有一个满意的观点。

不过，我最后只再说明这一点，即：特别是本著的自然描述或者自然史部分几乎需要完全改写，每一个哪怕只是按照我们时代的标准对事情有一种很常见的知识的人，都必然看出这一点。但是，如果我胆敢这样做，我就会像许多喜欢挑剔的人一样，尤其是按照上面所说的，自己跟自己过不去！我期望内行的法官们来裁定，在一个可能有的未来版本中，一般而言对于整体来说，特别而言对于它的这个部分来说，可以做

些什么。我固然相信自己不是一窍不通，然而，我太爱我的写作的宁静了，以至于我不应当无须决定性的理由就把它奉献给无聊而且烦人的议论。

林克

于1802年春季博览会①

① 参见《康德全集》，第XIII卷，671页注。

9〔156〕

导论

§1

对于我们的全部知识来说，我们要首先把我们的目光指向它们的源泉或者起源，但除此之外也要注意整理它们的蓝图或者形式，亦即可以怎样整理这些知识，因为若不然，我们就不能在出现我们恰恰需要它们的情况时把它们从记忆中召回。据此，还在我们获得它们本身之前，我们就必须把它们仿佛是划分成某些专业了。

§2

至于我们的知识的源泉和起源，我们全都要么是从**纯粹理性**要么是从**经验**汲取知识的，此外，甚至理性也在指导着经验。

我们的理性给予我们纯粹的理性知识；但我们却是通过感官获得经验知识的。不过，由于我们的感官并不超出世界，所以我们的经验知识也只是延伸到当前世界。

然而，就像我们有双重的感官亦即**外部**感官和**内部**感官一样，我们也能够按照这两种感官把世界视为经验知识的总和。作为**外部感官对象**的世界是**自然**，作为**内部感官对象**的世界则是**灵魂**或者**人**。

9〔157〕 对**自然**和**人**的经验共同构成**世界知识**。**人类学**教给我们**对人的知识**，我们把**对自然的知识**归于**自然地理学**。当然，严格意义上的**经验**是不存在的，而是只存在**知觉**，它们合起来构成**经验**。我们在这里采用的，实际上也只是作为知觉意义上的常见表述。

因此，自然地理学是世界知识的**第一个**部分。它属于一个理念，人们可以把这个理念称为**世界知识的入门**。在这个入门中的授课似乎还很有缺陷。尽管如此，恰恰是它，人们在生活的所有哪怕仅仅可能的关系中能够大加利用。据此，有必要把它作为人们能够通过经验来完备和纠正的知识予以介绍。

我们通过一门课以及仿佛对一切给予我们一个预概念的这类总概览，预先推定我们此后将在世界上拥有的未来经验。对于游历很广的人，人们说，他看过世界。但是，认识世界所需要的却多于仅仅看世界。谁想从自己的旅游中得到收益，他就必须事先就为自己的旅游拟订一个计划，但不是仅仅把世界视为一个外部感官的对象。

世界知识的**另一个**部分包括**对人的知识**。与人的交往扩展着我们的知识。尽管如此，有必要为所有这类未来经验给出一种预习，做这件事的是**人类学**。从人类学出发，我们熟悉在人里面**实用的**东西，而**不是**思辨的东西。人在这里不是**在生理学上**考察的，让人们区分现象的源泉，而是**在宇宙论上**考察的。①

对于人们应当如何运用自己已经获得的知识，如何依据自己的知性 9〔158〕
以及自己身处其中的关系来有益地利用这些知识，或者给予我们的知识以**实践的成分**，还很缺乏一种指导。而这就是**世界知识**。

世界是我们的熟巧的游戏在其上进行的基底和舞台。它是我们的知识在其上获得和运用的地基。但为了**知性**说**应当**发生的事情**能够**得到实施，人们必须了解主体的性状，没有主体，前者就是不可能的。

但除此之外，我们也必须在**整体**上认识我们的经验的对象，以使我们的知识不是构成**集合体**，而是构成一个**体系**；因为在体系中，**整体**先于部分，与此相反，在集合体中则是**部分**在先。

在我们心中产生一种联结的所有科学都是这种情况，例如**百科全书**，在它里面整体才显示在联系中。理念是**建筑术的**，它创造科学。例如，谁想建造一座房子，他就首先形成整体的一个理念，然后从中推导出所有的部分。因此，就连我们现在的准备也是一个**关于世界知识的理念**。也就是说，我们在这里同样形成一个**建筑术概念**，这是一个让杂多从整体中推导出来的概念。

整体在这里就是世界，是我们在其上获得一切经验的舞台。与人交往和旅游扩展着我们的一切知识的范围。与人交往教我们认识人，但要达到这个终极目的，需要许多时间。但是，如果我们已经通过一

① 参见康德《实用人类学》前言，第2版，8开本，哥尼斯贝格，1800。

个指南做好准备，则我们就有了一个整体，有了教我们认识人的知识的总和。现在，我们就能够为形成的任何经验分配其部门及其在该部门中的位置。通过旅游，人们扩展着自己对外部世界的知识，但是，如果不是已经通过传授获得某种预练习，这就用处不大。据此，如果有人就这或者那说，**他认识世界**，那么，人们就把这理解成他认识**人**和**自然**。

9〔159〕 ## §3

我们的认识自感官开始。感官给予我们质料，理智只是给予质料一个合适的形式。因此，一切知识的根据就在感官中，在经验中，后者要么是我们自己的经验，要么是一个他人的经验。

我们也许只应当处理我们自己的经验，但是，由于这种经验不足以认识一切，因为人就时间而言只经历时间的一个部分，因而在其中能自己经验的很少，但就空间而言，即便他去旅游，也毕竟不能自己观察和知觉很多东西，所以，我们也必然使用他人的经验。然而，他人的经验必须是可靠的，并且作为他人的经验，要偏爱书面写下的经验甚于纯然口头表述的经验。

据此，我们通过信息扩展着我们的知识，就好像我们自己经历过整个过去的世界。我们通过关于遥远的外国的信息扩展着我们对当前时代的知识，就好像我们生活在那些国家。

但要注意的是：任何他人的经验传达给我们，要么是通过**讲述**，要么是通过**描述**。前者是一种**历史**，后者是一种**地理学**。对地球上一个个别地方的描述叫做**地方志**。——此外有：**地区志**，即对一个地区及其特性的描述。——**山脉志**，即对这座或者那座山脉的描述。——**水文志**，即对水域的描述。

附释 也就是说，这里说的是世界知识，据此也说的是对整个地球的描述。因此，**地理学**这个名称无非是在常用的意义上采用的。

§4

说到整理的蓝图，我们必须给我们所有的知识指定其特有的位置。但是，我们能够给我们的经验知识指定一个位置，要么是在**概念**之下，要么是按照它们实际上能够被发现的**时间和空间**。

按照概念对知识进行划分，是**逻辑的**划分，但按照时间和空间的划分则是**自然的**划分。通过前者，我们获得一个**自然体系**（Systema naturae），例如**林耐**的自然体系，与此相反，通过后者我们获得一种**地理学的** 9〔160〕
自然描述。

例如，如果我说：牛种被归在四足动物的类下，或者被归在有分蹄的四足动物的属下，那么，这就是我在我的大脑中的一种划分，因而是一种逻辑划分。自然体系仿佛是整体的一个档案柜，在其中我把所有事物、每一个事物都放进其特别应归入的格子，尽管它们在地球上是处于不同的、相距甚远的地区。

与此相反，根据自然划分，事物恰恰是按照它们在地球上所占的位置来考察的。但是，地理学的自然描述指明在地球上实际上能够找到那些事物的位置。例如，蜥蜴和鳄鱼在根本上是同一种动物。鳄鱼只是一种巨型的蜥蜴罢了。但是，前者和后者在地球上所处的地方却不同。鳄鱼生活在尼罗河里，蜥蜴则生活在陆地上，也与我们同在。总而言之，我们在这里考察的是自然的物体、地球自身和实际上遇到事物的地区。但是，在自然的体系中，问的不是出生地，而是类似的形象。

然而，人们可以把迄今所撰写的自然体系更正确地称为自然的集合体，因为一个体系已经以整体的理念为前提条件，从这理念中推导出事物的杂多性。真正说来，我们还根本没有一个自然体系。在现存的所谓这类体系中，事物仅仅是被归在一起，彼此排在一块。

但是，我们也能够把二者，即历史和地理学，均等地称为一种描述，但区别是，前者是按照**时间**的描述，后者是按照**空间**的描述。

因此，历史和地理学在时间和空间方面扩展着我们的知识。历史涉及就时间而言前后相继地发生的事件。地理学则涉及就空间而言同时发生的现象。后者按照研究的不同对象，又获得不同的名称。据此，它时而叫做自然地理学、数学地理学、政治地理学，时而叫做道德地理学、 9〔161〕

神学地理学、文学地理学或者商业地理学。①

在不同的时代里发生的事情，是真正的历史学，其历史无非是一种连续的地理学，因此，如果人们不知道在什么地方发生了某件事情，或

---

① 法布里在他的《地理学》3页还列举出一种产品地理学。人们发现他在上书中以常见的方式来定义地理学的常见划分。但是，正是这些定义，人们不能把对我们所有地理学著作，尤其是关于政治地理学的著作长期未令行家满意的整理归给它们。对此更多的陈述见另一处地方。此外，政治地理学还被划分为**古代的、中古的和近代的**。

就后者来说参见：

马奈特的《希腊人和罗马人的地理学》，8开本，纽伦堡，新版1799。

丹维尔[*1]的**《古代和中古的地理学》**，8开本，纽伦堡，1782。关于古代地理学有一个新版本，1800。

蒙特尔的《比较地理学》，8开本，译自法文，温特图尔，1785。

已知有大量较新的涉及政治地理学的作品，特别是**毕兴**[*2]的、**布鲁恩斯**[*3]的、**艾伯林**[*4]的、**哈特曼**[*5]的、**伽特勒**[*6]的、**伽斯帕里**[*7]的、**坎茨勒**[*8]的和**法布里**[*9]的。还请参见**克罗姆：《欧洲的产品》**，德绍，1782。第2版，第1卷，莱比锡，1784。附有产品地图。

冯·**布莱滕鲍赫：《世界最主要的民族的起源、分布和语言介绍》**，附有一地图，8开本，莱比锡，1794。

冯·**布莱滕鲍赫：《古代和近代世界各国的宗教状态》**，附有地图，8开本，莱比锡，1794。

数学地理学的文献参见下面。

我们几乎还完全没有按照其他上述观点对地理学的处理。

---

*1 Jean Baptiste d'Anville，1697—1782，古代和近代的地图学的改革者：《论古代和现代的道路测量》，1769。——科学院版编者注

*2 参见《康德全集》，第II卷，451页注；第VI卷，353页注；第VIII卷，178页注。《新的地理描述》[汉堡，1754—1792，11部，未完成]。——科学院版编者注

*3 Paul Jakob Bruns，卒于1814年。《遥远的大陆非洲、美洲和南印度的一种系统地理描述的尝试》，法兰克福和纽伦堡，1791—1799。——科学院版编者注

*4 Christof Daniel Ebeling，1741—1817，《美洲的地理描述和历史》[见毕兴的《地理描述》]的作者和《游记新集》[10卷本，汉堡，1780—1790]的编者。——科学院版编者注

*5 Joh. Melchior Hartmann，1764—1827，毕兴的《地理描述》的合作者[第6部]，参见下文233页注。——科学院版编者注

*6 Joh. Christof Gatterer，1717—1799，格廷根大学历史学家。其《地理描述大纲》[格廷根，1778]尝试对各国进行一种自然的分类。——科学院版编者注

*7 Adam Christian Gaspari，1752—1830，《最新地理学完备手册》，魏玛，1797年及以后。——科学院版编者注

*8 Ferdinand Gottlieb Canzler，1764—1813，格廷根教授，后为格赖夫斯瓦尔德教授。《地理学大纲》[1781]；《历史学、地理学和统计学总文献库》[1794—1798]。——科学院版编者注

*9 Joh. Ernst Fabri，1755—1825，最终为埃尔兰根教授：《自然地理学大纲：尤其是精神性》，纽伦堡，1800。——科学院版编者注

者这种事情有什么性状，这就是最大的历史学不完备之一。

因此，历史学知识在空间和时间上与地理学不同。前者如上所说，是关于前后相继的事件的一种信息，并与时间相关。但后者是关于在空间中并行发生的事件的一种信息。历史是一种讲述，但地理学是一种描述。因此，我们固然也有一种**自然描述**，但却没有**自然历史**。

也就是说，这后一种称谓如许多人使用的那样，是完全不正确的。但是，由于我们通常在仅仅拥有名称的时候，也相信随它一起拥有事物，9〔162〕
所以，没有人想到真正提供这样一种自然历史。

自然的历史包含着地理学的杂多性，也就是说，就像在不同的时代里有过的那样，但并不是如在同一个的时代里那样，因为这会正是自然描述。与此相反，如果有人讲授整个自然的性状，如其历经所有时代的性状那样，则他就在提供一种真正的自然历史，而且惟有在这种情况下才提供。例如，如果有人考虑狗的不同种族如何从一个祖源产生，以及它们由于国家、气候、繁衍的不同而历经一切时代发生了什么变化，则这就是一部狗的自然历史，而且人们能够关于自然的每一个个别部分提供这样一部自然历史，例如关于植物等等。① 然而，它却有麻烦之处，即人们必须通过实验猜测它，多于人们应当能够关于所有的东西给出一种精确的信息。因为自然历史一点也不比世界本身年轻，但我们却不能保证我们的信息的可靠性，就连写作艺术诞生以来也不能。而与人们通常在历史中关于这一点给我们证明的时间段相比，有怎样一个巨大的、也许大得无边的时间段在历史的彼岸！

但是，真正的哲学是要经历一切时代来追踪一个事物的差异和多样性的。如果人们能够驯服草原上的野马，则这会是很持久耐用的马。人们觉察到，驴和马出自一个祖源，且那种野马就是祖源马，因为它的耳朵长。此外，绵羊也与山羊相似，只是培育的方式在这里造成了差异。葡萄以及诸如此类的东西也是这样。

据此，如果人们以注意自然经历一切时代承受了什么样的变化的方式来审视自然的状态，那么，这种行事方法就会给出一种真正的自然历史。

因此，地理学这个名称表示一种自然描述，确切地说是对整个地球

① 例如参见 Ch. F. 路德维希精美的《人类自然历史大纲》，附有铜版画，8 开本，莱比锡，1796。

9〔163〕的自然描述。地理学和历史学填满了我们的知识的全部范围；也就是说，地理学填满了空间的全部范围，而历史学则填满了时间的全部范围。

通常，我们假定一种古老的地理学和一种新的地理学，因为地理学在所有的时代里都存在。但是，历史学和地理学，哪个更早？地理学是历史学的根据，因为事件毕竟必须与某种东西相关。历史处在某种不断的进步中；但是，就连事物也在变化，并在某些时代给出一种完全不同的地理学。因此，地理学是基底。如果我们有一种古老的历史，则我们当然就必须也有一种古老的地理学。

我们极为熟悉当前时代的地理学。它除了用于其他更为切近的目的之外，也用于凭借历史解释古代的地理学。然而，我们常见的学院地理学是很有缺陷的，尽管再也没有比恰恰这种地理学更能使健全的人类知性澄明的了。因为既然普通的知性与经验相关，则对于它来说，就没有可能离开地理学知识而以一种只是在某种意义上可观的方式来扩展自己。对于许多人来说，报纸上的信息是某种很无所谓的东西。其原因在于他们不能把每个信息归在它自己的位置上。他们对陆地、海洋和整个地表没有观感。而毕竟，如果那里关于乘船航行到北冰洋报道了什么，这就是一件极其令人感兴趣的事情，因为现在当然很难再希望有的发现，或者哪怕只是穿越北冰洋的可能性，都必然会在整个欧洲导致最重要的变化。很难有一个民族，在其中理解力如此普遍地延伸，一直延伸到最低下的民众阶层，而在英吉利民族那里就是这种情况。其原因就是报纸，阅读报纸以对整个地表的一个开阔的概念为前提条件，若不然，报纸上包含的所有消息对我们来说就是无关紧要的，因为我们不知道怎么运用它们。秘鲁人如此单纯，他们把递给他们的一切都塞到嘴里，因为他们不能够合乎目的地运用它们。那些由于找不到一段话对自己有用而不懂得利用报纸消息的人，与这些可怜的秘鲁人即便不是处在同一情况中，至少也处在一种很相似的情况中。

9〔164〕

§5

因此，**自然地理学**是一个**自然的总纲**，而且由于它不仅构成历史的根据，而且也构成其余一切可能的地理学的根据，所以后者中的每一个的主要成分都必须同样简短地予以探讨。据此，属于此列的有：

1. **数学地理学**，其中讨论地球的形状、大小和运动，以及地球与它身处其中的太阳系的关系。

2. **道德地理学**，其中按照不同地区谈到人们的不同道德和个性。例如在中国，特别是在日本，弑父是最可怕的犯罪，其惩罚是不仅以极残酷的方式把罪犯本人折磨死，而且也处死他全家，并把与他住在同一条街的所有邻居监禁起来。因为人们相信，这样一种恶习不可能一下子产生，而是逐渐产生的，因此邻居们已经能够预先发现并且向当局告发。与此相反，在拉普兰，儿子用一条鹿筋勒死自己在狩猎时受伤的父亲，则被视为一种杰出的爱的义务，因此父亲也总是把它托付给自己最疼爱的儿子。

3. **政治地理学**。如果一个公民社会的第一原理是一个普遍的法律以及在违反法律时不可抗拒的强制力，但法律同样与土地和居民的性状相关，那么，政治地理学就同样属于此列，因为它完全是根据自然地理学的。倘若在俄罗斯江河都向南流，这就会对整个国家都极为有利，但它们却都只是流向北冰洋。在波斯，较长时间有两位君主，其一驻扎在伊斯帕汗，另一驻扎在坎大哈。他们不能彼此征服，因为阻止他们的是横亘在中间的克尔曼荒漠，它比有些海还要大。

4. **商业地理学**。如果地球上的一个国家富产另一个国家必然完全短缺的东西，那么，凭借全世界的贸易，就将保持一种同样的状态。因此， 9〔165〕
这里必须指出，为什么以及因何一个国家富产另一个国家必然短缺的东西。贸易比任何东西都更能使人文雅，并且建立人们彼此之间的相识。①

5. **神学地理学**。既然神学原则根据土地的差异多半经历了很根本的变化，所以，也必须对此给出最必要的说明。例如，人们只需把东方的基督宗教与西方的基督宗教及其在这里以及那里更精细的差别加以比较。这一点更为强烈地在根本上积淀为不同宗教的原理。参见 H. E. G. **保罗**：**《回忆录》**，第 1 卷，129 页，莱比锡，1971；以及冯·**布莱滕鲍赫**上述第二部著作。

除此之外，这里必须注意自然在年轻和年老之间的区别中的偏离，此外还有每个国家独有的东西。例如动物，但并不是本地的动物，除非它们在不同的国家里也性状不同。其中夜莺长时间在意大利都不如在北

① 法布里在其《地理学》4 页提供了这样一种商业地理学或者贸易地理学的纲要。

方地区鸣叫得那么响亮了。在荒无人烟的岛屿上，狗根本不吠叫。还有植物、石头、草、山脉等等，这里都必须谈到。

这种研究的用途是很广泛的。它用于合乎目的地整理我们的知识，用于我们自己的娱乐，并为社交谈天提供丰富的材料。

§6

在我们实际上过渡到探讨自然地理学本身之前，我们必须按照已经先给出的暂时性说明使我们必不可少地对数学地理学形成一个预概念，因为我们将在那种探讨中经常需要它。据此，我们在这里谈及地球的形状、大小和运动，以及它与其余的宇宙体系的关系。

9〔166〕

数学的预概念

§7

因此，首先就地球的形状而言，它是差不多类球形的，或者如牛顿从向心法则和引力法则出发更精确地规定的那样，是一个回转椭球，这个主张也再次通过重复的观察和测量得到证实。①

但在这里，人们介绍地球的形象，就好像它完全为水所包围似的，因此是它的一个流体的形状。山在这里没有造成区别，因为山甚至在地影中都无法察觉，最高的山几乎不到地球直径的 $\frac{1}{1900}$。② 对地球的圆形形状的证明如下：

---

① 参见伽斯帕里上述著作，73 页及以下。

② 博德*说，“这在比例上几乎不到给一个直径为一尺的地球仪罩上的纸的厚度”。《对世界体系的一般考察》，5 页，8 开本，柏林，1801。也就是说，地球的直径计 1 720 地理里，每地理里按照中等规模折合 3 811$\frac{8}{15}$巴黎尺**。与此相反，我们地球最高的山钦博腊索山仅高 3 567 巴黎尺，不足一地理里。

* Johann Bode，1747—1826，天文学家，自 1772 年始在柏林。他的星图集《天文志或者众星的描述》［1802］标出 17 240 颗星。参见下文 183 页。——科学院版编者注

** 参见下文 170 页。1 巴黎尺＝1.950 米。——科学院版编者注

1. 太阳并不在任何地方都在同一时间升起和落下，这是在地球如人们长时间所相信的那样是一个平面的情况下必然会发生的。然而，由此只能得出，地球自东向西是圆的。但是，

2. 就连极高度和中天高度也并非在所有的地方都是同样的。如果向南旅行 15 里，则北极星低一度，而如果我们向北旅行同样远，则北极星高一度，直到最后在极地它甚至升到顶点。由此我们有充分的理由也推论到地球自北向南的圆形。

3. 在月食时的地影始终是圆的，确切地说在地球的所有位置上看。

4. 甚至在一望无际地眺望辽阔的海洋时，人们首先只看到客体的最顶尖的部位，逐渐地才看到其下面的部分。

5. 人们环球旅行到所有的地区，如果地球不具有圆的性状，这是不 9〔167〕
可能的。①

地球的上述回转椭球的形状来自于，所有朝向极地的物质，都按照重力和离心力的法则聚集向赤道，并在赤道旁堆积起来，而如果地球完全是由水环绕的，就也会发生这样的事，确切地说是由于，在极地附近根本没有运动，而在赤道却发生着最强烈的运动，因此，贯通两极的截面（地轴）要小于赤道。**牛顿**已经证明，每一个自由运动的物体都必然采取这种形状。

但是，如果地球的形状是一个回转椭球，那么也就有像我们一样头上有天脚下有地的对跖人。普通的意见——似乎这些住在我们下面脚对着我们的人必然掉下去——是粗鄙的，因为按照从地球的吸引产生的重力法则，在地球上的一切都必然向地球的中心运动，以至于就连最小的微粒也不能脱离它。如果一个物体能够穿过地球掉到地球的另一面，即相反的一面，那么，它就会不是朝下，而是又朝上。因为一个升得与它掉得同样多的物体，不是在下，而是在上。任何物体都只是掉到中心，它必须由此再上升。但驱使它直到中心的力量，也会继续驱使它，不是它的重量又驱使它返回。人们可以把这与钟摆学说相比较。

由于除了山以外，迄今已知的陆地几乎都处在地球的一个半球，确切地说是北半球，而水则主要处在相反的半球，所以人们曾猜测，即便

① 法布里在上书 10 页及以下提供了如人们通常所说的这些环球旅行的一个相当精确的一览表。几乎每一部自然地理学都为地球的圆形性状提供更多的根据。

在南方也必然有比如今已发现的多得多的陆地，确切地说是出自这个理
9〔168〕由，即若不然，人们就不能说明地球何以能够保持其平衡。据说有人猜测，人们把地球设想得像一条船，为了平衡一边载重不可以超过另一边。但这只是对于漂移的物体才要求的。如果人们要假定，地球使自己的运转遵循在自身之外的一个点，那么，当然就会有必要假定这样一种平衡，但在地球上，一切都有自己向着中心的重力。在这里，一切部分都相互吸引，一个物体吸引着另一个物体，甚至，其质量越大，其吸引力就越强。既然地球拥有比处在它上面的一切物体都远远更大的质量，所以它必然也最强烈地吸引着所有其他物体，由此就得出所有物体对着地球的重力。

地球除了吸引还必须有的旋转①，是所有物体如果不是受到在地球的影响中无比强大的重力的阻止就会被地球甩出去的一种力量。在两极，物体拥有其完全的重量，因为在那里离心力恰恰最弱。与此相反，离心力在赤道最强，因此在那里重力的区别也变得最显著。如果我们要假定，地球是一个真实的球体，而不是回转椭球，而且在地表上任何地方都没有水，而在某个地方有一座山，那么，这座山无论在什么地方，都必定会逐渐地移近赤道，直到它最终处在赤道上。或者，如果在同样的情况下地球上有两座这样的山，那么，二者就会相互平衡。据此，离心力能够把物质日益移近赤道。尽管运动很小，但它既然不停地发生，就绝不是没有影响的。总而言之，就像最小的力量无论多么小，我们都不可把它视为完全无足轻重的一样，它必然通过其重复的和多方面的表现而最终达到和产生某个量。最小的昆虫在其跳跃时撞回地球；然而，昆虫的质量与整个地球的质量是什么比例，昆虫的撞击与由这种撞击所产生的地球运动也就是什么比例。因此，如果有人相信，由于更多的物质从地球的一边移向另一边，地球的两极会被移动，则人们切不可对此反感。

9〔169〕这样，地球上的陆地也就不会为了平衡而相互成比例地处在两个半球了。原因就是：地球不是一个完全的球体，而是扁平的，或者是一个回转椭球，每一个流质的物体一旦合乎规则地运动，都将成为一个回转椭球。

---

① 参见《康德全集》，第 XIV 卷，579～580 页：《论地球每日旋转的加速》。——科学院版编者注

据此，地球在赤道上隆起，或者高于两极约 4.5 德里至 6 德里。因此，我们在赤道上有一座高达近 6 里的山。与这座山相比，其余所有的山和陆地都不足千分之一，因为最可观的山的山脚只有半里，与此相反，那座山绵延在整个赤道上。因此，如果地球的全部陆地不能使那座山移离自己的位置，那么，地球的轴也不可能移动，而是保持不变为同一个轴。① 由于这一切，地球的这种形态和扁率是相互作用的离心力和吸引力的一个完全自然的结果。

§8

地球的大小按周长计为 5 400 里，因此可以算出它的直径为 1 720 里。但是，如果假定 1 里是 1 度的 1/15，但每个圆无论大小都有 360 度，其每 1 度都能分为 15 份，则我就能给予每个球，哪怕是最小的球，以一个 5 400 里的度量，因为如果我通过 1 度的 1/15，因而用 15 来乘最小的圆的 360 度，则我得到的积就是 5 400。所以，如果我仅仅知道地球的周长为 5 400 里，每 1 里是 1 度的 1/15，则我就等于什么也不知道。因此，这里所指的里的度量必须更为精确地予以规定。

在萨克森有两种里，1 警察里合 30 000 英尺，而 1 地理里合 2 000 莱茵丈或者 24 000 英尺。1 几何步，即 1/4 德里的 1/1000，合 5 尺，或者按照最新的算法合 6 莱茵尺。换句话说：地球的 1 度的 1/60 是地球的 1 分。这样 1 分的 1/1000 就是 1 几何步。如果 1 地理里合 24 000 英尺，而这样的里每 15 9〔170〕
里为 1 度，则地球的 1 分的大小合 1/4 里，有 6 000 英尺长。因此，这 1 分的 1/1000 有 6 尺长，而这就是几何步。按照较早的测量，1 地理里只有 20 000 英尺，因而地球的 1/4 里或者 1 分也只有 5 000 尺，而几何步则只有 5 尺。

1 **克拉弗特**和 1 **巴黎尺**是一回事，这在船员们那里叫做 1 **索**，而在山民的语言里叫做 1 **拉赫特**，合 6 尺或者 5 德累斯顿尺。

---

① 与此相对立，下文 305 页断言了地球的轴的可变性。参见康德 1754 年的《地球绕轴自转问题研究》(《康德全集》，第 I 卷，183～191 页)。——科学院版编者注

附释　考虑到新的法国度量衡，要说明的是，每个$\frac{1}{4}$圆被分为100度。每1度包含100分，每1分包含100秒。通常的度与法国新度的比例是60比54，或者10比9，圆的旧分与新分的比例是60比32.4，旧秒与新秒的比例是1比0.324。参见**冯·扎赫**：**《一般地理现象》**，第1卷，91页，在这本杰出的杂志中，就像关于数学地理学和物理地理学的其他对象一样，关于较早的和较新的地球测量和弧度测量也能发现许多极好的东西。对于上面关于地理里所说的，人们必须与之相比较的还有：**盖勒**的**《物理学词典》**，第Ⅲ卷，186页及以下；以及**伽斯帕里**上述著作中的里表，80页及以下。

§9

地球有一种自西向东的运动，因此产生在地球运动相反方向上，也就是说自东向西的太阳和星辰的升起。

星空的运动只是表面上的，因为由于我们没有感知到我们身处其上的地球的运动，我们就有了天空的一种表面上的运动，但却不知道是天还是地在运动。这种情况就如同一艘船停泊在开阔平静的海上，我身处其上的另一艘船受到海流的推动，则我不知道两艘船中哪一艘在运动，是前一艘船还是后一艘船。正是以同样的方式，我们也不知道是星空还是我们改变了自己的位置。地球并非静止不动，而恰恰地球是在运动着，这种证明必须以非凡的细腻来进行。

9〔171〕 如果地球根本没有运动，则在它上面也就没有任何圆圈是确定的。但既然它与此相反有两种运动，亦即一种是绕自己的轴的运动或者它的日运动，另一种是绕太阳的运动或者它的年运动，因此就产生出如下的点和线：

一、从地球绕自己的轴的运动产生出：

1. 两个根本没有运动而是固定的点，整个地球都围绕它们运动。这就叫做极，亦即南极和北极。但我通过两极设想画出的线，则可以叫做轴。据此，我们已经在我们通常什么也不区分的球面上有了两个点和一条线。但既然轴是在球体内部，所以它现在不进一步为我们说明任何东西。

2. 通过那两个点，即极，可以画一个圆，它把地球切为两半，而这就是子午线。而今，人们能够画出无限多的子午线，因为从两个点能够划出许多圆。但是，我现在怎样画出一个地方的子午线呢？——这个问题建立起一种新型的点，它们由每个观察者来规定，并不是固定不变的。

也就是说，在地球的中间，就像每一个球体或者圆面一样，我必须假定一个中心。我可以从这个中心经过我的立足点向我的头上方画一条线，并从这里又经过中心向下画一条线。这就是天顶点和天底点，它们是每一个人为自己并通过自己规定的。在这两个点之间只能画出一条线。在地球里面有一个点，在我上方同样有一个点。两个点限定着同一条线。因此，每个人都有他自己的顶点，因为每个人都能从中心向自己上方画一条线。据此，每个人也都能有自己的子午线。然而，许多地方拥有同一条子午线，例如哥尼斯贝格和好望角。

每条子午线都把地球分为两部分，东部和西部。但是，在同一条子午线上的那些地方却不是东西有别，而是南北有别，因为在这里，一个地方只能比另一个地方更靠南或者靠北。毕竟在每条子午线本身中必须 9〔172〕
又区分开两个部分，也就是说，就它是我们的地方的子午线，据此也是我们的对跖人的子午线而言。当太阳在我们这里造成中午时，它就处在我们的子午线里。与此相反，它在午夜时分处在我们的对跖人的子午线里。

因此，围绕地球自西向东能够设想多少不同的立足点，就有多少子午线。

3. 通过地球的绕轴自转，还规定了一条线，这就是赤道，它与两极的距离同样远，但在赤道中地球的运动最强烈。因为离两极越近，圆圈就越小，因而运动也最小。与两极距离同等远的线同样把地球分为相等的两部分，亦即南半球和北半球。子午线能够有多条，但与两极距离相同的圆线却只有一条，因而它是由此规定的。地球由这条线产生的两半被称为半球。尽管如上所说，每条子午线也把地球分为两个半球，只不过这当然不是由自然规定的。在一条子午线上的地方按照南北来区分，但并不按照东西来区分。与此相反，在赤道上各地方是按照东西来区分，但并不按照南北来区分。因此，就像子午线用来区分东西，赤道用来区分南北。

每个圆圈有360度，赤道也是360度。这就为一个地方自东向西处于多少度提供了规定。但是，既然由于赤道是一个圆线，没有固定的开端，因而人们在它上面可以任意地选择，从而产生了真正说来应当从哪里开始数度数的问题，所以，人们也就真的任意地在赤道上假定一个原点，从它开始数赤道的度数。这个原点是通过画出一个经过耶罗岛的子午线
9〔173〕来假定的，从它出发人们就把赤道划分成确定的度，确切地说是自西向东，因为地球的运动就是自西向东的运动。①

据此，我们有两条垂直相交的圆线。如果有两个地方，例如哥尼斯贝格和莫斯科，我想知道它们就自西向东的位置而言的位置区别，那么，我就画出两个城市的子午线，而且两个子午线都与赤道相交。据此，人们计算赤道上度数的区别。在这种情况下，两条子午线之间的弧线就使得两个地方自东向西的位置上的区别清晰可见。

子午线的所有度都是纬度，而赤道的所有度都是经度。但是，一个地方的纬度和经度指的是什么？——纬度是一个地方与赤道的距离，并且是在子午线上数出来的；但经度是一个地方与子午线的距离，而且是在赤道上数出来的，确切地说是自西向东数。它也被称为海的经度，因天空的形状千篇一律而难以查明。与此相反，纬度容易查明，因为在纬度变化时，天空的形状在任何时候都也变化，此外还因为它与极高度相等。但是，就像有两个半球一样，也有两种纬度，亦即北纬和南纬。最大可能的纬度为 90 度，而这就是极。在赤道上的地方根本没有纬度。

就经度而言还要说明的是，既然人们是从西开始数它的，任何地方都应当只有东经。例如，**费城**是东经 320 度，尽管这个城市离本初子午线只
9〔174〕有 40 度，也就是说，如果我们从东出发回头数度数的话。与此相反，如果我们数东经，我们就必须从第 1 度开始，从它来数其余围绕整个地球的度数。因此，经度是一劳永逸地确定的，始终要么是纯然的东经，要么是纯然的西经。然而，人们经常偏离这一点，因为总是来回数整个数字，是很流行的。因此，人们也要么说费城是西经 40 度，要么说它是东经 320 度。

除了赤道之外，还有其他与它平行的圆线或者圆圈，其数字可以有很多。它们叫做日圈（circuli diurni）。通过这些黄纬圈，各地的位置的

---

① 应当期望的是，有朝一日在规定本初子午线时达到一致。由于根本未受到自然限制的任性，别人也确定了另一条本初子午线。这样，除了上述子午线之外，还有：1. 格林威治子午线，东距耶罗岛子午线 17 度 41 分。2. 弗洛雷斯子午线，西距耶罗岛子午线 13 度 26 分 30 秒。

差异被规定下来，人们用气候的名称来表示它们。

处在同一个黄纬圈的各地，具有同一个纬度，就像处在同一条子午线的各地也有同一个经度一样，之所以如此，乃是因为前者离赤道同样远，而后者则离本初子午线同样远。

处在一个黄纬圈的各地，具有同样的（不言而喻是地理的、不是自然的）气候，与此相反，处在一个子午线的各地具有不同的气候，因为子午线穿过所有的黄纬圈。处在不同的半球，但却离赤道同样远的各地区，具有同样的气候。——处在一条子午线的各地，在同一个时间是中午。但处在一个黄纬圈的各地，虽然不在同一个时间是中午，但却有同样的日长，这又不能在相反的场合适用于具有同一条子午线的各地。在极高度和日高差等于零的赤道，日长在任何时候都是同样的，确切地说是 12 小时。但是，这样的日长和夜长对于赤道两旁朝向两极的地区来说，每年只发生两次，亦即 3 月 20 日和 9 月 23 日，当太阳正好处在赤道时。如果太阳由此在北半球越升越高，白天就在北半球延长，并在南半球变短，就像反过来，当它在黄道上更接近南极 9〔175〕
时，亦是这种情况。

最长的白天对于北半球来说是 6 月 21 日，对于南半球来说是 12 月 21 日，就像最短的白天对于北半球来说是 12 月 21 日，而 6 月 21 日是南半球的最短的白天。例如在哥尼斯贝格，最长的白天计 17 小时 4 分钟，最短的白天 6 小时 56 分钟。在两极，白天持续半年，在南极从 9 月 23 日到 3 月 20 日，在北极从 3 月 20 日到 9 月 23 日，而且在那里同样有长达半年之久的夜，由于北极光等等尚可忍受。

古人们把地球分为各种气候，其方式是白天每增长 1 整小时，就开始一种新的气候。

这样，我们迄今只考虑并详细认识了地球绕自己的轴的运动。

二、地球的第二种运动就是它的年运转或者它绕太阳公转的运动。这里要说明的圆圈是地球的轨道或者**表面上的**太阳轨道。但是，地球是沿着一个圆圈运动的，这个圆圈的圆心就是太阳。倘若地球的轴与地球轨道形成一个直角，或者它总是与地球轨道垂直，那么，太阳就会也总是处在赤道上，并且会在任何时候都造成日夜等长，但也会取消整个地球的四季变换。不过，轴实际上并不是垂直于那个轨道，而是偏离这样

一个位置 $23\frac{1}{23}$ 度。①

如果地球按照上面所说以一个斜的方向对着太阳，则由此得出，一
9〔176〕 个半球也就必然比另一个半球离太阳更远，由此正产生出四季的变换。这里的运动具有特殊之处，即地球在围绕太阳运动时，轴在任何时候都是同一方向。轴就轨道而言的位置是同一位置。也就是说，轴终年保持平行，而且轴在其轨道平面上的斜度总是保持同样。倘若不是这种情况，太阳就会只对一个半球可见。12 月 21 日，地球在北方，因而是地球的北边由于斜的方向而离太阳更远，所以就是冬天。在这种情况下，太阳根本照不到北极，而北半球的绝大部分都缺少阳光，而且在还有白天的地方，它在这个时候也相对更短。

但是，当地球在 3 月 21 日正处在西方时，太阳位于赤道，而且所有地方的白天都同样长，就像夜也同样长，因为太阳同样照耀着两极。6 月 21 日左右，太阳照耀着北半球的绝大部分，而南极地区则处在阴影中，因此那里的白天比夜长，恰恰与前面就 12 月 21 日而言所说的相反。最后，在 9 月 21 日，太阳又处在赤道上，因而是每年第二次日夜等长。

据此，季节的区别基于地球在其轨道上的倾斜位置。如果地球更为倾斜，则在北方②或者冬天就根本没有白天，在南方或者夏天就根本没有夜。

从地球围绕太阳的这种运动中产生如下圆：

1. **回归线**（Tropici），它通过这样一些点画出，在这些点上，太阳达到与赤道的最远距离，然后从这些点又逐渐地接近赤道。在每个半球上都有一条回归线，确切地说在离赤道 23 度 30 分的地方。它正构成黄道的斜度，少了它黄道就会落在赤道上，并由此取消四季的变换。据
9〔177〕 此，黄道的偏离为 23 度 30 分。太阳于某一个时间处在两个回归线之间

① 人们还没有考虑黄道的偏离*与磁极的偏离的复合。也许，这样一种复合的结果会对物理学本身来说成为重要的。参见**德·拉·兰德****：**《天文学手册》**，译自法文，8 开本，第 794 节及以下，莱比锡，1775。还有**盖勒的《物理学词典》**，8 开本，第Ⅳ卷，622 页及以下，莱比锡，1798。磁和电也许只是作为经度和纬度的产品而不同。最近，我也在谢林的思想中发现某种与这种意见相一致的东西。

*参见《康德全集》，第 XIV 卷，541 页，第 83 条。——科学院版编者注

**Joseph-Jérôme de Lande，1732—1807，《天文学》［1764］；他的庞大的星录《法国天体史》列举了 47 000 颗星。——科学院版编者注

② 参见下文 176 页。——科学院版编者注

的每一个地方的顶点上，但它却从不处在回归线之外的一个地方的顶点上。在那里，它一直照到深井的底部，与此相反，在这里它只照到井壁上。

2. **极圈**，在距两极 23 度 30 分处画出，在每个半球都有一个极圈。在极圈内的所有地方每年都至少有一次没有日出和日落。

3. 最后，我们还必须提到一个圆圈，它既不是通过地球围绕自己的轴的运动，也不是通过它围绕太阳的运动，而是通过光学产生的。这就是地平线，它是一个距离天顶点和天底点同样远的圆圈。

§ 10

地带或者地球的圆带[①]如下：

1. **热带**。它位于两个回归线之间。由于赤道把地球分为两个半球，所以人们也可以说有两个热带，亦即在每个半球都有一个。因此，有一个北热带和一个南热带。

2. **两个温带**。它们位于回归线和极圈之间，而且之所以这样叫，乃是因为大多数人和动物物种都能够在温带中部生存。不过在温带里更接近回归线的地方，经常比在赤道本身更热，因为太阳在这里更长时间处在顶点附近，而且白天比在赤道更长，在赤道始终日夜等长，因此夜有足够长的时间造成地球必要的冷却。

3. **两个寒带**位于两个半球的极圈和极之间。

地带与各地区白天的长度有关。也就是说，热带包括所有日夜差不多等长的地区（地方）。在热带的所有地方，太阳每年有两次处在其顶点。与此相反，温带包括所有白天即便最长也达不到 24 小时的地方。在处于温带的各地，太阳没有一次处在其顶点，但它们终年都有 24 小 9〔178〕
时一次的日夜轮替。最后，在寒带有这样的地方，那里最长的白天持续半年之久。因此，越接近两极，最长的白天就越长。在两极地区可能有的居民以赤道为地平线，因此太阳有半年之久始终处在它们的地平线上。

① 关于这个术语，参见阿迪克斯：《康德的自然地理学研究》，222 页，第 1 条。——科学院版编者注

§ 11

我们迄今谈的圆线和变化，都是地球围绕太阳的运动在地球上造成的。但是有更多的天体，它们在某方面对地球有一种较为接近的不可否认的影响，尽管这种影响目前并不是对所有这些天体都能够同等详细地予以阐明，而是对一个天体能够阐明的多于对另一个天体。这样一些相互之间处在一种较为接近的共同关系之中的天体的总和，人们称之为太阳系。但是，这样一个太阳系是由一个自己发光的天体和更多的不发光、从前者获得光的天体组成的。后者叫做行星，前者叫做太阳，或者就另一些与我们的太阳系不同的太阳系而言，叫做恒星。

固定不变，只是 25 天约 12 小时围绕自己的轴自转一次的太阳，位于我们星系的中心，并把自己的光如同散发到我们的地球上一样，也散发到所有以确定的或大或小的轨道围绕它运转因而被称做行星（彗星）的天体上。[①]

太阳的大小几乎是我们的地球的 150 万倍[②]，其直径计 183 871.35 里。至于它是一个比地球更坚实的还是更松散的物体，它就自身而言是一个发光体，还是它在自己周围散发的光和热从何处来到它这里，对此可能有许多种意见，就像对于它表面上既有黑的地方也有发光的地方一样，其中前者被称为太阳黑子，而后者被称为太阳光斑。

9〔179〕 属于我们太阳系的，就我们所知，有 7 个行星，其中**水星**以 800 万里的平均距离，**金星**以 1 500 万里的距离，**地球**以 2 400 万里的距离，**火星**以 3 100 万里的距离，**木星**以 11 000 万里的距离，**土星**以 19 900 万里的距离，**天王星**以 40 000 万里的距离围绕太阳运转。

水星直径 608 里，或者约地球直径的⅓（参见**博德**：**《为 1803 年编写的天文学年鉴》**，8 开本，第 XII 篇文章，柏林，1800）。它围绕太阳公转的时间，因而就是它的年，计 87 天 23¼ 小时。阳光要达到它那里，只需

---

① 真正说来，太阳并不处在其系统的中心，而只是差不多处在其中心。我们在以上所说的东西中也绝不否认太阳及其整个系统在宇宙体系中的移动。

② 太阳的体积是地球的体积的 1 301 000 倍。就连下文 179 页引证的直径大小说明也不符合今天的计算。——关于这一段，参见《康德全集》，第 XIV 卷，543 页，第 85 条。——科学院版编者注

要 3 分 8 秒钟。

金星的直径计 1615 里，但它围绕太阳的公转时间为 224 天 17 小时。太阳光在 5 分 52 秒钟之后到达它。与它最近的是

地球，以 365 天 5 小时 48 秒围绕太阳公转一次，用 8 分 7 秒接收到太阳光。在地球外侧且最接近地球的是

火星，它的直径只有 920 里，在 686 天 23 小时 30½分内完成其围绕太阳的公转，只是要 12 分 22 秒的时间才接收到太阳光。

木星直径 18920 里。木星的 1 年 11 倍于我们通常的年又 315 天 14 小时 27 分 11 秒。太阳光到达这个行星需要 42 分 13 秒的时间。

土星直径 17160 里，其年 29 倍于我们通常的年又 167 天 1 小时 51 分 11 秒。太阳光线到达它需要 1 小时 17 分 25 秒。自 1781 年才为我们所知的我们太阳系最后一颗行星是：

天王星。直径为 8 665 天文里，它的 1 年折合我们的 84 年又 8 天 18 小时 14 分，太阳光经 2 小时 36 分才到达它。

所有这些行星都与我们的地球一样，形状为回转椭球，只不过它们 9〔180〕
中的一些或更多或更少地扁平或者在极地凹陷罢了，然而这看起来并不总是像人们猜测的那样取决于至少为我们所知或更慢或更快的自转，例如在**火星**上可见，其轴长与其直径的比例几乎是 15 比 16，因而比地球更为扁平，尽管如此它的体积却小得多，其绕轴自转也慢得多。

此外，我们不知道我们太阳系的第 8 颗或者更多的行星，并不是确实不再有别的行星的决定性证明。毋宁说，天王星与最近的恒星（也许离我们的太阳至少是地球轨道半径的 200 000 倍，或者是 4 万亿里远）的巨大距离使我们猜测，在它的外面还会有更多的行星。甚至有足够的理由说，或许在我们太阳系的已知界限之内，特别是在火星和木星之间，就有一颗尚未发现的行星。①

① 巴勒莫的皮亚齐自称在 1801 年 1 月 1 日发现了一颗彗星，形状为一颗八等星，且没有显著雾状。但根据皮亚齐的观察，博德相信有理由把这颗误以为的彗星视为那颗假定位于火星和木星之间的行星*。著名的天文学家冯·扎赫、奥利亚尼甚至皮亚齐都赞同他。参见《柏林豪德与施佩纳报》，1801 (57)。

*到 1845 年发现了 5 颗、到 1900 年发现了 463 颗、到 1920 年发现了超过 900 颗小行星。——科学院版编者注

这些行星多数都有自己的卫星，这些卫星除了其自己的绕轴自转之外，不仅围绕自己的行星运转，而且还与行星一起同时围绕太阳运转。这类行星是：

1. **地球**有 1 颗卫星。

2. **木星**有 4 颗卫星。

3. **土星**有 7 颗卫星，而

4. **天王星**有 6 颗卫星。①

就金星而言，至少尚未确凿无疑地看出它是否确实有这样一个伴星，
9〔181〕但也不能以充足的理由断言，**水星**和**金星**必定没有自己的卫星。此外，土星除了自己的卫星还有一个迄今尚未在别的行星上发现的环，它以超过 6 500 里的距离环绕土星，似乎同样是一个不发光的固体②，有助于在那颗行星上加强太阳光。至于是否像**赫舍尔**③揣测的那样，天王星也有两个这样的环，确切地说不是相互交叉，而是同心的环，对此还必须等待证实。

在诸行星的所有这些伴星中，这里首先让我们感兴趣的只是我们地球的伴星，即月球。它像围绕太阳的诸行星一样，以一个椭圆形轨道围绕我们地球运转，因此时而以 48 020 里的距离更接近地球（近地点），时而离地球 54 680 里远（远地点）。在诸行星对太阳的位置上的这种差异叫做近日点和远日点，就地球而言，前者是地球半径的 23 852 倍，后者是地球半径的 24 667 倍。

月球围绕地球自西向东的公转需要 27 天 8 小时，尽管由于地球在这期间也在其围绕太阳的轨道上移动，从一次新月到另一次新月经过 29 天 13 小时。但是，它的绕轴自转的时间却与它真正绕地球公转的时间相等，由此自动得出，它永远只以同一个面对着我们，这似乎是所有卫星的一个普遍法则。

---

① 现在人们知道火星有 2 颗卫星，木星有 9 颗卫星，土星有 10 颗卫星，天王星有 4 颗卫星，海王星有 1 颗卫星。——科学院版编者注

② 土星的环可能由无数的小天体群组成。——科学院版编者注

③ 赫舍尔（Friedrich Wilhelm Herschel，1738—1822）。他的大多数研究都发表在《哲学学报》上，有一些论文出版了德文译本，如《论天体结构》（哥尼斯贝格，1791）。这个译本被附上《一般自然史与天体理论》的一个可靠摘要，是根济欣受康德的委托完成的。——科学院版编者注

月球的直径仅有468里。它和我们的地球一样是不发光的固体，它同样从太阳获得自己的光。如果它位于太阳和地球之间，它就对我们藏匿起太阳光，而这就是**新月**。如果它沿着自己围绕地球的轨道逐渐地向东移动，则它对着我们的西面就被照亮，而在它转过自己的轨道90度之后，我们就看到**上弦月**。它离自己轨道的180度越近，它就越亮得多，直到它在180度上直对太阳，并且导致**满月**。在它继续进行的运转中，西边的光亮又逐渐地减弱，以至于它在自己轨道的270度上只有东半边还亮，如我们所说，它**处于下弦**。在这种情况下，它越是接近太阳，这种光也就越是减弱，直到它又处在太阳和地球之间。 9〔182〕

月球的表面与我们地球的表面很相似，只不过在它上面没有海洋，或者没有如此之大的河流，与此相反，却有更大得多的山脉，所有这一切就让人猜测存在着许多火山①。至于月球是否有像我们这样的大气层，它是根本没有大气圈还是有一个更稀薄的大气圈，这还悬而未定；但后者是最有可能的。此外，如从前面所说的东西得出的那样，在它上面也没有像我们这样的四季变换，也没有日长和夜长的这样一种差异。

如果地球或多或少地出现在月球和太阳之间，并且由此夺去它的太阳光，就会产生月食，就像反过来，它在一种类似的情况中造成地球上的所谓日食一样。此外，如落潮和涨潮所证明的，月球对地球有一种不可否认的影响。但这种影响就其全部范围而言延伸多远，迄今与其说是可靠的洞识的事情，倒不如说是揣测和迷信的事情。然而，可靠的洞识有可能有朝一日通过原因而把揣测的一些主张提高到自明性。② 关于月球就说这么多。

除了这些主要的和次要的行星，还有数量无法确定的大量其他天体，它们以狭长的椭圆形轨道运动，经过我们的太阳系，叫做彗星。迄今大约有93颗彗星在其轨道上被计算出来。它们极有可能是由一种比行星的材料更精细的材料构成。它们自东向西以及反过来以所有可能的方向穿越诸行星轨道，潜入太阳的气层，然后又匆匆远离那里直到天王星的轨

---

① 依据赫舍尔发现一个月球火山（1783年5月4日），康德于1785年发表了一部作品《论月球上的火山》。——科学院版编者注

② 至于落潮和涨潮在大气层中是怎么一回事，以及它是由什么导致的，尚不能确定；不过，冯·洪堡先生提到曾在美洲观察它们，在他之前还有**弗兰西斯·鲍尔弗**。(《关于亚洲的历史等等的论文和杂文集》，W.琼斯编，第Ⅳ卷，201页及以下，伦敦，1798。)

道之外。根据所有的观察和经验，地球绝没有理由担心与某一个彗星相撞。

9〔183〕 **附释** 既然在这里关于数学地理学只需提供最必要的东西，所以，对于希望讲授得更精确的人来说，可以参考下面的相关著作一览表。

弗里德里希·马莱特：《一般地理学或者数学地理学》，L. Th. **勒尔**译自瑞典文，8开本，格赖夫斯瓦尔德，1774。

瓦尔希的**《详尽数学地理学》**，第2版，格廷根，1794。

凯斯特讷的**《数学地理学的进一步阐述》**，格廷根，1795。

J. H. **福格特：《大众天文学教程》**，魏玛，1799。

J. E. **博德：《星空知识指南》**，第7版，8开本，柏林，1800。

拉普拉斯：《宇宙体系阐释》，2卷，8开本，巴黎，1796。**豪夫**译自法文，2卷，8开本，美因河畔的法兰克福，1798。

与此相关的主要还有：

冯·扎赫：《一般地理现象》，魏玛，1798、1799。自1800年始由**伽斯帕里**和**贝尔图赫**续。

冯·扎赫：《每月通讯》，哥达，1800和1801。

对自然地理学的探讨

§ 12

我们现在过渡到对自然地理学本身的探讨，它分为：

一、总论部分，其中我们按照其组成部分来研究地球和属于它的东西：水、空气和陆地。

二、特论部分，其中谈到特殊的产品和地球生物。

第一部分

9〔184〕

第一卷
论水

§13

地球的表面被分为水和陆地。在这里，我们首先不谈论江、河和泉，而谈作为一切水域之母的海水，因为那些只是土壤的产物，并且源自海洋。不过，我们毕竟要先就一般而言的水作出一些说明。

§14

最普遍地存在的可滴的液体就是**水**。作为这样的液体，它在雨中从大气圈中落下来，渗入土壤，从土壤中流出河、池塘和湖，形成大洋，并构成几乎其余一切物体的组成部分。因此毫不奇怪，**泰勒士**就已经把水视为其他一切材料的本原。甚至后来，由于人们在蒸馏和其他实验时误以为从中离析出土，有人就相信看到这种意见得到了证实。这些实验的无效性通过揭露此时发生的错误而得到了充分的阐明。与此相反，其他实验却导向了很有可能的猜测，即水是由氢和氧组成的，确切地说是以一种混合组成的，这种混合在 100 份中包含 15 份氢和 85 份氧。最新的、用伽伐尼—伏打电池进行的实验在多大程度上可以用另一个实验的可靠性来教导我们，现在至少尚未确定。此外，人们相信能够以或然性来假定，水可以通过化学变化本身转化为大气层的空气。

按照温度，水对我们显示为三种形态，亦即冰、水和蒸汽。因此，无论人们有什么理由在一方面把水视为一种流质的物体，人们都毕竟能够以同样的理由断言它是一种固体。

9〔185〕它直到列氏零度或者华氏 32 度都表现为这样一种固体，并且由以 60 度的角相交的晶体组成。

但是，如果附加上较大质量的热材料，那么，那种迄今的固体就对我们表现为液体或者水，但这种形态又在列氏 80 度或者华氏 212 度转换成一种蒸汽的形态，蒸汽甚至在天空最晴朗时也一直存在于大气层中，并且在其凝聚为露、霜、雾或者云时使空气阴暗而不怎么透明。

水很少或者说在其自然状态中从不是纯的，因为它不仅尤其是盐，而且也是许多其他材料的溶剂。人们也发现水作为雨或者雪而最不与其他材料相混合。井水和泉水不怎么纯，而其中硬水又比软水更不纯，因为硬水含有带土的中性盐。异质的掺入在矿泉水中最严重，就连海水也可以算在此列。惟有通过所谓的蒸馏，人们才获得完全纯的水，而这种水就自身而言是不会腐坏的，是一种完全透明的、无颜色的、无味道的、无气味的、不能点燃的、可滴的液体。

此处就说这么多。更多的可以查阅**拉瓦锡**①、**吉尔塔讷**②、**赫尔姆普施泰特**③、**格伦**④、**希尔德布兰德**⑤、**胡博**⑥、**格林**⑦、**盖勒**⑧和其他人的著名物理学和化学著作。在此参见**奥托**极好的**《一般地面水文地理学体**

---

① 拉瓦锡（Antoine Laurent Lavoisier，1743—1794），通过他关于燃烧过程的工作清除了燃素理论。《化学基本论述：在一个新的秩序中并依据现代发现提出》（巴黎，1789；德文版由赫尔姆普施泰特翻译，书名为《反燃素化学体系》，1792）。——科学院版编者注

② 吉尔塔讷（Christof Girtanner，1760—1808），参见《康德全集》，第 VII 卷，321 页。《反燃素化学的初始根据》（格廷根，1792）。——科学院版编者注

③ 赫尔姆普施泰特（Sigismund Friedrich Hermbstädt，1760—1833），柏林大学化学与技术教授。——科学院版编者注

④ 格伦（Friedrich Albrecht Karl Green，1760—1798），哈勒教授，曾编过一份《物理学杂志》（莱比锡，1790—1794，8 卷）以及一份《物理学新杂志》，1795—1796。——科学院版编者注

⑤ 希尔德布兰德（Georg Friedrich Hildebrand，1764—1816），埃尔兰根教授。《全部化学百科全书》（1799—1818）。——科学院版编者注

⑥ 胡博（Joh. Michael Hube，卒于 1807 年），《自然学说中完备和易懂的讲授》（莱比锡，1793—1794，3 卷本）。——科学院版编者注

⑦ 格林（Joh. Karl Philipp Grimm，卒于 1813 年），布雷斯劳教授，《物理学手册》（布雷斯劳，1797—1799）。——科学院版编者注

⑧ 盖勒（Joh. Sam. Traugott Gehler，1751—1795），《物理学词典》（莱比锡，1787—1795，第 5 部分）。与他的兄弟 Joh. 卡尔·盖勒操持自 1778 年在莱比锡出版的《物理学和自然史文集》。——科学院版编者注

系》，8～50 页，8 开本，柏林，1800。而关于最新的伽伐尼—伏打试验，参见**福格特**的**《博物学最新状态汇编》**，第 2 卷，第 2 篇。①

§ 15

普遍的水仿佛是一个大槽子或者一个深谷，存在于地球上的水都聚集在那里。陆地只不过是水上的隆起罢了。地球上水远远多于陆地，而且由于陆地被水环绕，陆地仿佛是构成了一个大岛。

人们把普遍的、环绕陆地的水称为**大洋**，就像把普遍的陆地称为**大** 9〔186〕
陆。后者是难以规定的，因为几乎不存在这样一个普遍的陆地，大洋几乎到处都像一个普遍的多岛海一样包围着它。

与这种意义上的大陆不同，人们以这个名称也称谓每一块具有可观广延的连贯陆地，人们正是由此把它与不怎么大的、被海包围的陆地或者岛屿区别开来。据此，如果人们想用那个名称命名一块在每个方向上约 450 德里的陆地（**参见菲利普的《新南瓦莱游》，载福斯特尔的《值得注意的新游记汇编》②，第 1 卷，6 页**），则我们有后一种意义上的三个大陆。第一个由三个部分组成：欧洲、亚洲和非洲，第二个由美洲组成，第三个由新荷兰组成。但反过来，人们至少有同样多的理由把全部大陆称为一个**岛**。参见**狄奥尼修斯**的《多国志》③，第 5 卷。

地球的表面面积为 900 多万平方里，海洋占 650 万平方里，陆地几乎还不到 250 万平方里。

人们把包围许多岛屿的水域称为**多岛海**，就像与此相反，把被陆地围绕的水域称为**内陆海**或者**陆间海**。——内陆海就水来说是什么，**岛屿**与陆地相关就是什么，因为前者以后者被水包围的同样方式被陆地包围。含盐的水被称为**海**；一些内陆海也含盐，而且尽管它们与大洋分离，它们却毕竟相互之间有一种联系，并且同样以海的名称命名。

大洋是地球上一切水域之母，因为它最初覆盖着地球，然后地球才

① 出版于 1800 年。——科学院版编者注

② 自 1790 年在布雷斯劳的福斯那里出版。——科学院版编者注

③ 狄奥尼修斯（Dionysius Periegetes），皇帝哈德良时代出自亚历山大里亚的希腊地理学家，以六韵步诗撰写对当时已知的世界的描述，被称为 Periegesis［多国志］。——科学院版编者注

从其母腹中露出来。大洋的划分部分地是随意的，但部分地也是依据自然的。在极地是**北冰洋**，再往下是**大西洋**，在亚洲和美洲之间是**太平**
9〔187〕**洋**。延伸到陆地中并被陆地包围、但毕竟与海的一个部分相连的水域被称为**海湾**。因此，海湾无非是一边开放的陆间海，只不过它的长度大于宽度，因为如果它宽度大于长度，它就叫做**宽海湾**，尽管二者经常被相互混淆，因为海湾就陆地来说与**半岛**相对，半岛是延伸到水中、被水包围、但毕竟有一边与陆地相连的陆地。这样，意大利就是一个半岛，而亚得里亚海就是一个海湾。人们用小海湾这个名称来命名一个较小的宽海湾。**海峡**是两边都被陆地包围、但两端都与水相连的水域。**海峡**与陆地上的**地峡**相对，地峡就是一个狭长的、两边被水包围的地带。地中海可以有理由被称为大洋的一个海湾，因为它并未与大洋完全隔断。但是，既然直布罗陀海峡与这个海的大小相比很狭窄，它就被视为与大洋分开了。

最值得注意的海湾有：

Ⅰ. 在欧洲：

A. **地中海**，作为世界海洋的一个最大的海湾，在它里面除了**奥特朗托湾**之外，还有**亚得里亚海**，后者还包括更小的海湾：

a. **威尼斯湾**；

b. **热那亚湾**。然后

B. 西班牙北部和法国以西的**比斯开海**。

C. **波罗的海**以及两个小的海湾：

a. 深入瑞典的**波的尼亚湾**；

b. 瑞典和俄罗斯之间的**芬兰湾**。

D. **白海**，北冰洋在阿尔汉格尔附近的一个海湾。

Ⅱ. 在亚洲：

A. **阿拉伯湾**或者红海，亚洲对非洲的西部边界。

9〔188〕B. 波斯与阿拉伯半岛之间的**波斯湾**，幼发拉底河与底格里斯河注入其中。

C. 恒河的两个半岛之间的**孟加拉湾**。

D. 马六甲、暹罗和柬埔寨之间的**暹罗湾**。

E. 堪察加半岛和鞑靼之间的**品仁纳湾**。

Ⅲ. 在非洲：

A. 非洲西部位于几内亚附近的**几内亚湾**。

B. 的黎波里以北的**锡德拉湾**。

C. 突尼斯以东的**加贝斯湾**。

Ⅳ. 在美洲：

A. 佛罗里达以南的**墨西哥湾**。

B. 尤卡坦半岛以北的**坎佩切湾**。

C. 洪都拉斯半岛东南的**洪都拉斯湾**。

D. 巴拿马地峡以东的**达连湾**。

E. 巴拿马地峡以南的**巴拿马湾**。

F. 加利福尼亚和新墨西哥之间的**加利福尼亚湾**。

G. 新不列颠之间的**哈得孙湾**。

Ⅴ. 在澳大利亚，有位于北部的卡奔塔利亚湾。

最值得注意的海峡有：

Ⅰ. 在欧洲：

A. **直布罗陀海峡**，在荷兰人那里直截了当地叫做**海峡**，因此向地中海东部行驶的船员就被称为**海峡行者**。它固然有四里宽，但却让船员们觉得是挖掘出来的，因为两边的海岸高且陡峭。

B. 连接亚速海和黑海的**刻赤海峡**。

C. 连接黑海和马尔马拉海的**君士坦丁堡海峡**。

D. **达达尼尔海峡**是马尔马拉海和地中海之间的通道。

E. 法国和英国之间的**海峡**，径直就这么称呼，或者拉芒什海峡，还有加来海峡。9〔189〕

F. **圣乔治海峡**。在荷兰人那里它也叫做英国和爱尔兰之间的颠倒海峡。

G. 西兰岛和瑞典之间的**松德海峡**（这个名称表示的就是不深）。

H. **小贝尔特海峡和大贝尔特海峡**，前者位于西兰岛和菲英岛之间，后者位于菲英岛和日德兰半岛之间。

Ⅱ. 在亚洲：

A. **巴布·厄耳·曼德海峡**，意为悲伤门或者流泪门，因为这里有许多船只遇难。它连接红海和印度洋。

B. **霍尔木兹海峡**，过去最著名的世界市场之一，联结波斯湾和阿拉伯海。

C. **马六甲海峡**，位于同名半岛和苏门答腊岛之间。

D. **巽他海峡**，位于苏门答腊岛和爪哇岛之间。因此也有巽他群岛和巽他海的名字。

人们还可以注意：**望加锡海峡**，位于婆罗洲和西里伯斯岛之间。

Ⅲ. 在非洲，只有非洲和马达加斯加岛之间的莫桑比克海峡。

Ⅳ. 在美洲，确切地说

1. 在北美

A. **戴维斯海峡**，邻格陵兰岛西海岸。前往这里捕鲱鱼的渔民叫做戴维斯行者。

B. 巴芬岛和拉布拉多半岛之间的**哈得孙海峡**。

C. **巴哈马海峡**，位于东佛罗里达和古巴岛之间。

2. 在南美

A. **麦哲伦海峡**，80 里长，位于火地岛和巴塔哥尼亚高原之间。

9〔190〕 B. **勒美尔海峡**，位于火地岛和斯塔滕岛之间。

一些船只通过前者、另一些船只通过后者从大西洋进入南太平洋。

Ⅴ. 在澳大利亚

新荷兰和新几内亚之间的**普罗维登斯海峡**。

§16

至于水的形象和形态，它如同无法度量的空间，真正说来根本没有形象，而毋宁说是给予陆地以形象。然而，既然人们已注意到，美洲、欧洲和大部分非洲的几乎所有河流都注入大西洋；此外，在美洲和亚洲之间只有一个小隔断；甚至，如果把巴黎选做立足点，人们将发觉几乎所有的陆地都像在一个惟一的半岛上；所以，可以或然地猜测，大西洋过去曾是一个大水池，里面的水在某种意义上拔掉了堤坝，并以这样的方式与其他水域连通起来。

人们事实上不无根据地假定，水仿佛是受到陆地的限制，因此有一个形象，我们将找机会在关于地球的古代状态的一章里更详细地谈这一点。如果把海岸与海床加以比较，人们就会发现，海床几乎总是视邻近的海岸而定，如果该海岸陡峭，则海床也陡峭，如果该海岸倾斜着下降，则海床也以相似的方向倾斜。因此，实际上情况的确是这样，这从船员们被假定为普遍的规则就可以看出，这个规则源自著名的航海家**丹皮尔**①，即在海岸陡峭的地方，人们也能够轻而易举地登陆，与此相反，在海岸倾斜着下降的地方，人们也必须保持与海岸的某种距离。离陆地越远，海就越深，因为陆地是以逐渐的坡度向下倾斜的。由于海洋只是一个山谷，所以海底无非是陆地的一个延续，并且在海床的性状方面绝对与陆地形式相同，因为即便在水中，人们也发现整段整段的山，以至于水有时在船的前部20寻深，但在船的后部就有200～300寻深。即便海底 9〔191〕
的组成部分也与地面的组成部分非常相同。

水中的山顶如果平坦开阔且露出海面，就叫做**岛屿**。覆盖海岸，因而有碍船只靠岸的长长**沙滩**叫做**沙洲**或者**沙梁**。例如，科罗曼德尔海岸就由于前面的沙洲而没有任何可用的港口。**暗礁**是海中的浅滩，在它旁边有一个沙洲，从陆地开始延伸到海里，确切地说是在水下。从这一切出发可以猜测，在地球上曾发生一场巨大的变革，以至于现在的海床是由过去下沉的陆地构成的，而曾经是同样的力量，使得海床成为凹形，反之使陆地成为凸形，并给予陆地一个凸起的形状。

不过，在海床和陆地之间也有巨大的不同。因此，对于那些相信二者之间完全相像的人，不可去赞同他们。在海中有沙滩和土滩，例如从**英格兰**一直延伸到**日德兰半岛**的**多格滩**。它由一个两面陡峭的山丘组成，而且人们尽管如此仍能够在那里抛锚。这类情况在陆地上是不存在的。

在海中，久已不存在像地上的那样可观的山，而与此相反，在地上也不存在像水中的那样的平整。前面所述正是人们在世界上遇到如此少的海港的原因，也就是说，是因为极少有地方海岸是陡峭的，而海港则要求人们能够紧靠陆地，并躲避风暴和海浪，也在那里用任何锚都能探到海底。也就是说，也有污泥和飞沙，让锚陷入其中，或者海底是多石的，让锚索被挂住。人们最爱在海岸抛锚，而这就有**沙坝**，但如果海岸全都只有沙坝组成，像科罗曼德尔海岸那样，就是件糟糕的事了。但在

① 参见《康德全集》，第Ⅰ卷，459页注。——科学院版编者注

这种情况下，惟有海底不是多石的，而是软的，海床才适宜于抛锚。除了一个良好的抛锚地之外，一个海港还需要人们能够紧靠陆地，此外它
9〔192〕 内部是宽敞的，但对着海却有一个狭窄的开口，以便能够得到适当的防御，使海的喧嚣不致惊扰船只。

在**挪威**，海港如此之多，以至于不能一次全列举。总而言之，人们在欧洲遇到最多的海港，这也许是贸易在这个大陆最为繁荣的一个主要原因。此外还要注意，在西方和南方多半是陡峭的海岸，在北方和东方陡峭的海岸则较少，这也许是因为水或者洋流在古代更高，从东向南流，而它所携带的土最初都沉淀在西面。

附释 1　沙洲多半产生在携带泥沙的河流注入海洋的地区，因为在这里，海洋挡住了河流，造成了泥沙在同一个地方的沉积。

附释 2　海床与陆地还在这一点上相像，即海床以同样的方式分层，常常包含着与邻近的陆地相同的地层。这甚至达到如此程度，以至于在相对而立、不那么被海水隔开的两岸，那些地层从一岸一直延伸到另一岸，这一点，但更多的是两岸相互啮合的形状——这种形状有充分的理由在江河那里更为容易发现——让人猜测是凭借涌入的海水而对陆地的一种强制的撕裂。

§ 17

谈到研究深度的方式，我们必须注意，这是通过一个固定在细缆绳上的锤进行的，荷兰人把这个锤称为测深锤，它重 30 磅。锤本身是一个宝塔糖的形状，底部卷曲。它必须比它固定在上面的缆绳更重，以便在它到达海底时人们能够得知。人们曾注意到，海洋的最大深度与离它不远的最高的山相同，如果从后者扣除大约⅔的话。因此，最大的深度就会是 2 000 莱茵丈[①]。至于波罗的海不深，其原因在于邻近的波兰和普鲁士是平坦的陆地。尽管人们不愿意假定，缆绳或者一般而言任何有重量
9〔193〕 的物体都可能被它自己的重量扯断，也仍然自行产生以这样的方式来测

① 1 莱茵丈＝12 莱茵尺，1 莱茵尺＝0.31385 米。——科学院版编者注

量深度的困难，因为人们会无法拿出这样一条长达一德里的缆绳，此外船虽然看起来静止不动，多半还是在走，在海底经常有与上面的海水方向截然相反的海流，人们以这样的方式获得的多半不是垂直的，而是倾斜的深度。

也就是说，常常在海洋的同一个地方有两个不同的海流，一个是来自陆地的海流，但另一个却似乎是月球通过落潮和涨潮引起的。据此，一个海流沿着海床前进，既不被风也不被障碍改变方向，但另一个海流却处在海洋的表面。

但是，人们也通过测深锤同时获知海底的性状，因为锤的凹面涂有油脂，沙、贝壳以及不管海床上有什么，都将附在锤上。这种方式的研究有助于其他船员能够既由此，也由已发现的海洋深度而在夜间知道自己朝向哪个海岸，他们在日间能够从海图上标出的岸和面对的岸的相同来知道这一点，但在夜间往往行驶得比白天能够瞭望到的空间更远。但是，由于海底变换自己的形状并不罕见，所以，人们并不是每次都能从中确定可靠地推论行驶了多远，而且正因为此，人们也必须求助于深度。例如，如果离岸 20 里的地方是沙质海底，离岸 40 里时海底还是这种性状，则人们就必须知道深度，以免在这种情况下弄错海岸的距离。如果现在比仅仅距离 20 里的地方更深，则人们就推论出，已经行驶得更远了。

附释 迄今测出的最大深度，是放下铅锤探不到底的深度，计有 4 680 尺。因此，这是一个几乎与崇山峻岭中的雪峰的高度相等的深度。但是，我们却不可以假定，海洋的深度在某些地方为了与我们最高的山 9〔194〕
媲美或者相似，也许深达 4 倍至 5 倍。

§ 18

为打捞沉下去的东西而借助一个木制的、底部用铁箍加固、因里面含有空气而水透入不能直达顶部的钟罩被缒下海里的潜水员，尽管也有一些实际用途，但更多地是用于猎奇。在这个钟罩的中部有一条链子，一个人可以用脚站在上面。使用潜水员，部分是为了采集在加利福尼亚、墨西哥海岸和锡兰所有的珍珠，部分是为了了解海底的性状。

人们使用钟罩达到如此程度，以至于能够把一个 12 人的团体缒入水下。人们以这种方式能够在水下逗留近两个小时，甚至可以阅读，只是不能说话，因为响声在这里无法忍受，所以真有一次，这样一个潜水人在另一个潜水人吹喇叭时死在海里。此时最大的麻烦并不那么产生自缺乏空气，而毋宁是产生自被封闭在这样一个钟罩中的人们自己的体味蒸发而使这空气有毒。据说这些潜水人中的一位能够想在水下呆多久就呆多久，但他有一次打捞抛到水里的金杯时，却没再浮出水面，大概被鲨鱼吞噬了，若不然他是会因鲨鱼的攻击而叫喊的。

人们也以把空酒桶固定在沉入水中的东西上，然后让空酒桶从水中升到高处的方式来把沉入水中的东西提到高处。潜水员通常也只是得到一个用烘干的牛皮制成的头罩，上面配一个长长的管子。

但是，人不能长时间呆在水中，乃是因为血液只是凭借肺才能到达通过一层隔膜与右心室隔离开来的左心室，从这里通过大主动脉流进其
9〔195〕余的血管和静脉。这两个心室在子宫里是通过一个叫做 foramen ovale ［卵圆孔］的通道相互连接的。如果这能够保持下来，那种无能就可以轻而易举地取消。因此，孩子在子宫中也能够生存，尽管在那里同样处在水中。一些人用狗崽做过这种试验，狗崽一生下来就马上放进温牛奶中，它们也确实在里面坚持很长一段时间。

附释 关于潜水员和潜水罩，请查阅**盖勒**：《物理学词典》。也请参见**维恩申**的《关于人的宇宙论趣谈》，第 2 卷，140～141 页，莱比锡，1798。

§ 19

至于海水的**颜色**，从远处并且总体上看，它似乎是发蓝的绿色，与此相反在玻璃杯中看，它是完全清澈的。淡水有一种较强的绿色，因此，人们例如在皮劳看到澙湖淡水与波罗的海海水如同被一条奇特的带子分开。一些海洋，例如红海、白海、黑海等等，并不像一些人伪称的那样，得名于它们所含的海水的颜色，而可能是得名于周围居民的衣着。也就是说，红海使用这个名称，是因为一种红沙或者珊瑚微光，而黑海则得名于位于海岸边的高山造成的阴影。甚至在这种情况下，那些称谓也不

在于由其中所包含的材料所规定的海水颜色，而在于由外部的偶然环境所规定的海水颜色。

海水是透明的，这源自于盐，因此在含盐最多的地方，人们能够发现 20 英寻深的海底，而在南方诸岛[1]，人们甚至发现乌龟在海底就像在一块绿色草地上爬行。

海水的透明是以如下方式产生的：光穿透诸微粒连续地前后排列的一个中间区域，如今被逐回穿过一个如**牛顿**[2]所说的空的空间，或者更正确地说，当光不再被一个物体吸引时，它就又返回到它由以出发的物质，它被这物质所吸引更强于被根本没有引力的空的空间吸引。所以，物体 9〔196〕
就以这样的方式成为透明的；不过，一种物质若是可见的，就必然不是完全透明的，因为若不然，所有光线都会穿过它而不被从它逐回到眼睛。现在，盐首先并且更大量地被水溶解，所以盐微粒连续地前后排列，而且海水以这样的方式成为透明的。

海水惟有在完全寂静的时候才有这种透明，因为在一些时候，它比河流和不流动的湖的水更寂静。但是，只要表面有一点儿运动，它就完全浑浊，因为在这种情况下，光线就不能毫无阻碍地前行。海水比河水更清澈，因为河水不仅带有许多很难沉淀的泥浆，而且在河流的表面上造成多半最强的泡沫，使得光线反射，河水由此当然变得不透明。此外，淡水含有分布在气泡中的许多空气，而这正是使得淡水不透明的东西。但是，盐驱走空气，并取代空气，以这样的方式就产生某种联系。就像打碎的玻璃不透明一样，尽管其每一个别的部分都是透明的。也就是说，是空气阻碍了淡水，但一旦人们用油或者别的液体物质重新使淡水有一种更精确的联系，它就将越来越透明。

既然盐使水在某种程度上成为一个连续体，所以，海水也必定是最透明的。但是，如果处在水下的人想向上看，他只需要从口中吐出一点油，油升到水面，并在那里仿佛给他打开一扇窗子[3]。此外，在水下日光和月光一样。

在美洲和欧洲之间的大西洋的中部，有一条 200 里至 300 里的带子，

---

[1] 在加勒比海。——科学院版编者注

[2] 《光学》(伦敦，1719)，第 II 卷，第 3 章，命题 1，176 页。——科学院版编者注

[3] 参见下文 219 页。——科学院版编者注

它布满了一种挂着白色浆果的草，绿油油的，看起来如同一片草地，以至于如果一艘船要畅通无阻地扬帆通过，就需要一阵强风。西班牙人把这种草称为 Sargasso，Margasso [马尾藻]，也称为海香菜。佛得角群岛附近的
9〔197〕拉尔诺德海有这种草，加利福尼亚海岸附近也有。人们在其他地方也发现这种草，但绝没有像在上述地方那样可观的量。由于无论是从西方出发还是从东方出发，亦即从美洲海岸和欧洲海岸出发，都刮着同一种方向相反的风，于是就从两边产生在中部相遇的水流，并形成了一个漩涡，这样，两边的水流带来的那种草，就在漩涡中打转，并一同保存在这里。

一位中国航海家在非洲的尖端，即在好望角，一连三天清晨发现大海有一整条带子覆盖着浮石，但太阳升高后就不见了。这番叙述虽然尚未得到进一步的证实，但这样一种现象的根据和原因却不难揭示。浮石比水轻一些，但并不轻很多。在中午与此相反，水更轻，因为它被阳光晒热了，尤其是在那些阳光更强的地区。以这种方式，浮石相对更重而沉入海底。但在早上，在夜间，水又变冷，由此就变重，石头则变轻，因而就浮上来。

在其他海岸，漂浮着很多水生植物，例如在马拉巴尔海岸，航海家们据此把它也视为接近陆地的一个标志，因此它们在看到这些植物时就结账，而且在所有方面都如此精确，就好像它们确实登陆了似的。

附释 1　越深入海中，海的颜色就越暗。海发绿的外观似乎是反照晴天的一个结果。此外，如果颜色不是来自这类偶然的情景，那么，它就是基于一种本质性的差异或者处在海水中的材料。

附释 2　透明无非是一个物体使光透过的能力，而且这种能力似乎更多的是该物体的内部形状的特性，而不是其质料的特性，因为在这里也完全取决于同质的密度和以此为根据的光线折射。我们在这里注意到，海水的透明完全取决于其重量；在大多数情况下，海水折射阳光太多，
9〔198〕以至于阳光不能透入 45 英寻深以上很多，所以，在海平面以下的一个更大的深度必然如此昏暗，就像在另一个根本不为太阳所照耀的地方一样。

§ 20

在一些地方，水有时显得火红、闪闪发光，以至于被它照到的船员

看起来像被火花覆盖。当人们用显微镜研究这样的水时，就发现，亮光源自某些很像萤火虫，并且和萤火虫一样在黑暗中发光的蠕虫。但是，水的这种发光也部分地源自鱼的沉积物，源自生产的鱼精或者鱼子。也有大量的昆虫在这里发光，例如顶灯虫。此外，在马鲁古群岛，海水在温暖的季节里也在夜间有一种发白的颜色，就好像全都是由牛奶构成的。

附释 **福斯特尔**在其富有教益的**《关于自然地理学对象的说明》**（8开本，柏林，1783）52页和其他地方就他从自己的经验得知的而言，谈到海水有三种发光。也就是说，他区分了**电磁发光**、**磷发光**和**由活的海洋动物引起的发光**。第一种发光多半由船尾在海上拖出火红的带子。磷发光似乎主要是腐烂的动物尸体的一种产物，借助于摩擦，因为海水一旦完全平静，磷光就消失了。第三种发光，而且是最美的发光，源自大量迅速地交叉游动的、胶状的、小山丘般的小动物。但是，也有所谓的海荨麻或者海蜇从其触须发出相当可观的光，尽管它们其余的身体是暗的。还请参见**盖勒**的**《物理学词典》**，词条**“海洋”**。还有一些人自称在波罗的海察觉到水的一种特殊的光泽，尤其是在秋季，它在黑暗中看起来就像是淡蓝色的电火花，是突如其来带着湿润气候的东风或者东北风的预兆，但同时也预示着一个丰收的渔季。参见**格伦**的**《物理学编年史》**，第II卷，第3部分。文章：**《论水流》**。

§ 21

就海水的盐分而言，我们注意到，大洋仿佛是一个巨大无比的盐库，
海水通常是含盐很高的，除非是在携带着淡水的相当大的河流注入海洋 9〔199〕
的地方，例如拉普拉塔河，在它的入海口足有30里宽。

因此，咸水的差异中的程度基于淡水的注入。如果一个海洋蒸发少于淡水的注入，它就含盐较少。就波罗的海而言，淡水的注入就大于其蒸发，所以波罗的海也就含盐较少。地中海含盐量就很可观。在里海，蒸发大于淡水的注入，所以这个海的盐味就更重。死海的蒸发如此之重，以至于它在夏季有若干里宽都干涸了，使得人们能够走进它相当远，而因此它也含盐量高。我们也注意到，通常在温度很热或者很冷的地方，

水必然含盐量最高。

海水在最热的地区含盐量最高，其原因在于强烈无比的蒸发，水由此挥发了，盐却留下来了。但在最冷的地区，这却是由于流入的河水冻成了巨大的浮冰，漂浮在同样大的陆地周围。

附释 关于海水的含盐量的报道，相差很大。在地中海，人们说发现每磅含盐 1 罗特，在别的海有 2 罗特、3 罗特、4 罗特等等。一些人假定了一个规律，即海水的含盐量在赤道最高，越接近极地越低。但是，那种含盐量根本不是在同一个地方总是相同。**帕格斯**①对此作出的评论见**法布里**的**《地理学》**，393 页。还有，水在深处通常比在表面含盐量高，例如在君士坦丁堡海峡，前者与后者的比例是 72 比 62。还请参见**奥托**的**《一般地面水文地理学体系》**，383 页及以下，柏林，1800，8 开本。

§ 22

这样一种含盐量既存在于大洋，也存在于陆间海，其中有在俄罗斯沿伏尔加河朝着阿尔汉格尔斯克方向以及在新建的垦殖区萨拉托夫附近
9〔200〕 可见的湖。它在一些时间里被盐覆盖，如同在冬天被冰覆盖，以至于人们可以在它上面行走和驾车。

此外，属于此列的还有沥青湖或者死海，这真正说来只有约旦河，它的河岸被扩展了，因为约旦河注入这个海，并与它方向相同。当这个湖在夏季其岸边干涸时，湖中腐臭的水就散发出一种如此强烈的怪味，以至于从它上面飞过的鸟就会落下来死掉。这种情况源自于一种看起来与石煤相似的沥青。②

从经验得知的最高程度的含盐量是 14 罗特水含 1 罗特盐。如果再加进更多的盐，它就会落到底部，不再溶解在水中。

① 帕格斯（P. M. F. vicomte de Pagès，1748—1793），《1767—1774 年与 1776 年环世界旅行和到陆上与海上的两极的旅行》，译自法文，有 7 张地图，法兰克福，1786。——科学院版编者注

② 参见下文 204 页。——科学院版编者注

附释1 **乔治**[①]在其**《对俄罗斯帝国的自然史的、物理学的和地理学的描述》**中，提到许多这类盐湖，它们常常突然改变自己的本性，然后，多半是在一次干涸之后，而且极可能是在随后由风引起的沉积物飘走之后，又只含有淡水。——盐碱草原。

附释2 **贝格曼**[②]声称水含盐的饱和达30%的盐（参见氏著**《世界之描述》**，362页），但他预设，为溶解一定量的盐需要500倍这么多的水。然而，人们发现，一般而言200倍这么多的水就够了，而且，总的来说热水并不比冷水溶解的多很多。

附释3 就沥青湖而言，人们说曾察觉沥青湖中的水有这样一种重量或者密度，以至于没有任何活的物体会在其中下沉，而且把这归之于水中的盐严重饱和。

§ 23

盐的基础在于一种钙化的土或者矿碱和存在于一种极特殊的酸即硝酸中的盐精。有三种酸：硫酸、硝酸和食用盐酸，或者也是矿物酸、动物酸和植物酸，就像有三种发酵，即葡萄酒发酵、腐烂发酵和醋发酵。在食盐中，除了酸之外，还有Alcali fixum［固体碱］或者海水所包含的钙土。在此请参见上述著作和其他化学著作中更确定的说明。 9〔201〕

食盐有三种：海盐、岩盐和泉盐。盐既存在于水中，也存在于陆地，而且在陆地上就存在于泉和矿井中。如果我们要研究水含盐的原因，我们就必须首先问：什么是源始的水，是淡水还是咸水？如果人们用哲学的目光来考察整件事情，则单纯的水就是更早的水，此后通过添加才能从单纯的水中产生复合的水；但淡水就是单纯的水，而实际上事情看来也确实如此。在河流注入海洋的地方，就有沙，而沙要么是石化的，要么是沉积的。

但是，海水何以是含盐的？人们相信，这是凭借逐渐地从带有少量

---

① 乔治（Joh. Gottlieb Georgi，1738—1802），陪伴西蒙·帕拉斯于1772—1774年作横穿西伯利亚的研究旅行。所说的著作（5卷本）于1797—1802年在哥尼斯贝格出版。——科学院版编者注

② 贝格曼（Torbern Bergman，1735—1784），乌普萨拉教授：《地球的物理学描述》（乌普萨拉，1766），由勒尔译成德文（格赖夫斯瓦尔德，1780）。——科学院版编者注

食盐的植物和生长物冲刷盐而造成的；河流在此之后把盐搬运到海里，盐就以这种方式在那里积聚起来。但在这种情况下，即便一般而言以这种方式能够成为可能，世界也必须存在过千百万年，而且河流必须同样是含盐的，因为正是它们把盐运走的。

与此相反，海向陆地提供盐，比陆地向海提供盐更早。在炎热的气候里，一切铁，甚至口袋里的表都生锈。这源自于盐，盐升入空气，并凭借雨又从空气中落到农田和植物上。

许多人都相信，在海里有盐山，它们被水溶解。但在这种情况下，山越被溶解，水就必然含盐越多。与此相反，发生的却是相反的情况，盐矿还是产生自从前有过的海，但这海后来流干了，却把盐留下了。

如果大洋的盐从前是在地上并且是被海水冲刷走的，那么，人们就必然还在所有的矿井中遇到盐。当然，盐看来最初源自于海水，并且是
9〔202〕水的一个源始的组成部分，水在地球的最初状态中溶解了盐，因为在地球内部，同样还有大量的盐，除了大型盐矿，还有火山来证明这一点，火山喷出大量的石灰岩、盐和灰。这固然不是食盐，而是碱盐，但毕竟总有某种碱盐是食盐的基础。

附释　盐怎样促成肥沃，这是不可否认的。人们在农田上觉察到这一点。如果让一块农田闲置若干年，则它至少与人们按通常的方式给它施肥的情况下收成同样多，这是在雨中落下的盐促成的。**哈雷**①认为，所有的东西，包括淡水，都包含着一些精细的盐微粒，这些微粒被河流留在海里，而且惟有淡水或者真正的水成分才又蒸发，并在雨中重新落下。但这样的话，要使海水的含盐量哪怕只是河水的 2 倍，就需要 2 500 年。在河水中，人们根本不能通过味觉感知其中的盐，哪怕是一丁点儿也不行，而是至多通过实验从中提取出来盐。海水一般而言含盐量是河水的 50 倍，因此，要使海水含盐量达到其目前的程度，就需要 50 倍的时间，即 125 000 年。——在波斯海岸，频繁的雨在雨水停留和咸水从高处一起冲刷而至的地方留下了一层干硬的表皮，地面的青草遮掩了它。——最重要的盐矿在加利西亚的**博赫尼亚**和**维利奇卡**。通过在所谓的硝酸中的

① 哈雷（Edmund Halley，1656—1742），数学家和天文学家。——科学院版编者注

铅分解，淡水中的盐微粒沉淀下来。此外，看来既然水曾经覆盖所有的陆地，它也就滤走了陆地的盐。此后，海水就保持着它曾经包含的盐，我们避开被**利希藤贝格**[①]证明为伪的问题：**海水现在还从哪里获得它的盐呢**？

§ 24

由于淡水在长时间海上航行时既会腐坏，也会甚至干掉，并且在前一种情况下会造成很大的损害，因为它由于生出长长的蠕虫而是船员们的一种真正的灾祸，成为晕船的原因，所以，人们早就已经想到：如何能够使海水淡化？这个发明在许多学者想过之后，最终实现了。

但最大的困难是，为此目的[②]船就必须携带许多石煤。如果不是商 9〔203〕
船，而是仅仅旨在发现，那么，这始终是可能的，只是反过来不行。

人们通过蒸馏来使海水淡化，为此总是需要三种东西，亦即**蒸馏锅**，让蒸汽升到高处并因冷而凝聚、成为水而滴落下来的**冷却塔**，然后是蒸馏的水流入其中的**容器**。

在自然中，蒸馏就是以这种方式进行的，因为河水是以同样的方式从海水蒸馏的。太阳就是火，大洋就是蒸馏锅，但最上面的区域或者大气层就是冷却塔，蒸汽上升到那里聚集成云。最后，地球就是水流入其中的容器。但是，由于也有一些挥发的盐一起上升到高处，所以毫不奇怪，我们没有完全纯的水。

海水的苦味来自钙，因为海水的所有产品都是含钙的，而当这种钙与某种盐结合时，就从中产生所说的苦味。

后来，不仅在英国，而且在法国[③]，人们都发明了另一种更合目的的方法，来使海水完全淡化。但是，最后还要注意另一种从海水中提取盐

---

① 利希藤贝格（Georg Christ. Lichtenberg，1742—1799），在他的《自然科学的初始根据》的埃克斯雷本版本中（第 4 版，第 673～674 节，格廷根，1787）探讨所说的问题。——科学院版编者注

② 为海水的蒸馏。此外，J. R. 福斯特尔（《对我环世界旅行的说明》，G. 福斯特尔翻译并作注，50～52 页，柏林，1783）只谈到木柴。——科学院版编者注

③ 康德大概指的是英国人林德和欧文以及法国人普瓦松尼（与出处说明一起参见阿迪克斯：《康德的自然地理学研究》，98～99 页、210 页）。——科学院版编者注

的方式。也就是说，人们在海滨挖一个槽子或者池子，让海水流入其中，海水被炎日蒸发，盐就留了下来，尤其在法国就是这样做的。既然以这种方式获得的盐是脏的，就必须对它进行净化。在这种情况下，它就叫做海湾盐，加的斯的西班牙海湾盐与哈雷盐相似。热那亚盐也是白的，但有点酸，这源自土地。北方各国不制盐，因为水含盐程度不那么高。在北冰洋，人们也不制盐，尽管水含盐量足够，因为制盐需要空气性状比那里的更热。

附释 1　关于海水的蒸馏谈过了。人们起初——我在这里不谈古人的
9〔204〕试验——主要是做人工实验，最终又回到完全简单的程序。但除了蒸馏，人们也曾尝试其他手段来使海水脱盐。属于此列的有：1. **过滤**。人们把若干容器叠放，让海水流过装填沙的底部。但这时总留有那种水的苦味。2. **冰冻**。在淡水转化为冰时，盐微粒就留下来了。不过，此时也还总是留有一些苦味，而且水转化为冰无论是自然的还是人工的，都并非到处并且在所要求的程度上可行。3. **腐化**。在这种情况下，人们让水在有盖的容器中腐化，然后要么通过蒸馏要么通过投入沙砾来净化它，但这种方法同样很少去除苦味。参见**盖勒**上引书，词条“海洋”。

附释 2　一些海岸地区的居民既没有河水也没有足够的雨水，就用自然的海水来应付。习惯使然。

附释 3　海水除了其咸味之外还具有的苦味，从前人们把它归之于含有土脂或者山脂，然后从土脂或者山脂的存在推论到海床的石煤层。但新的实验证明不是这种情况，而是在盐结晶后，海水还留下一种浓稠的碱液，其中有盐酸、苦土、芒硝和亚硒成分（参见**盖勒**上引书），它们在蒸馏时全都留下来，以至于用这种方式就能够从海水中获得真正的淡水。在这里，尤其是在里海，有一种如**格梅林**[①]注意到的那种源自石油的苦味。这样，人们也在所谓的死海找到许多沥青，因此死海的海水也有一种强烈的苦味。

---

① 格梅林（Johann Georg Gmelin，1709—1755），于1733—1743年与地理学家德里斯勒、历史学家米勒、船长贝林等人一起前往西伯利亚从事自然科学研究旅行：《横穿西伯利亚的旅行》（格廷根，1751—1752，4卷本）和《繁茂的西伯利亚》（彼得堡，1747—1748）。——科学院版编者注

§ 25

海洋空气的差异是以这样的方式引人注目和可以察觉的，即在海上得了坏血病的人，只可以登上陆地，多半由此治愈。与此相反，海洋空气对于在别处得病的人却是有益的，而且许多人惟有通过航海才痊愈。因此，就连**林耐**①也设想开办一个海上疗养院。

海水中的盐的用途是多方面的，而且是绝对大的。它部分地蒸发，
落到农田上，使农田肥沃。正是由于它的这种性质，它也能够承载更大 9〔205〕
的货船和更大的动物，它们若在淡水中是会沉下去的。人在海水中比在河水中更能游泳，如**布罗德里克**②将军，当他在西班牙人和英国人之间的最后一战中因着火而失去了自己的船时，就能够游泳整整 1 小时。他用嘴衔着自己的文件，一个水兵拿着他的衣服，而获得营救。

咸水浴有益于健康，但是，海水并不像一些人认为的那样，是防腐的保藏剂，因为就像人们在一次海洋大潮漫过苏门答腊岛的时候察觉的那样，海水在陆上停留 14 天之后，由于缺乏运动而变得如此恶臭，以至于荷兰人的城堡两度死绝，因而最后也不得不完全离开这个岛。

由于咸水更重，所以海水的水压也很大。**马尔西格利**③伯爵与其说是一个将军，倒不如说是一个自然研究者，他事先把一个环固定在一个酒瓶上，使它能够垂直下沉，然后把它沉入海中 300 英寻深。海水的压力推动封住酒瓶口的软木塞深入酒瓶，甚至从软木塞旁且也通过软木塞渗进少量的水，这水是淡水，因为盐微粒不能一起渗透。这样一个 7 000 立方尺的水柱，哪怕 1 立方尺只重 4 磅④，也会是一个十足的水压机。

还要注意的是，盐对于生命来说并不是必要的，因为许多民族，例

① 指的是 J. 林德（与出处说明一起参见阿迪克斯：《康德的自然地理学研究》，251 页，第 138 条）。——科学院版编者注

② 布罗德里克（Thomas Brodrick，1723—1769），英国海军中将，其旗舰于 1758 年 4 月 13 日着火（阿迪克斯：《康德的自然地理学研究》，93 页注）。——科学院版编者注

③ 参见《康德全集》，第 I 卷，439 页注。——科学院版编者注

④ 1 立方尺（Kubikschuh）＝1 立方尺（Kubikfuß），约合 1/27 立方米；因此，重量的说明小得多。——科学院版编者注

如加勒比人，就完全不用盐而存活。

附释 含盐的海水在其重量方面的区别能够走多远，尤其是从死海的水可以最清楚地看出，死海的水与普通水的比重是 5 比 4。通常，普通海水和雨水之间的这个比例在**穆森布罗克**①看来只是 1030 比 1000。在离岸近的地方，海水又较大洋深处更轻，因为这里与来自河流和小溪的水混合更严重。

§ 26

对于“既然天天有河流大量注入，海水为什么未升得更高”这个问
9〔206〕题，人们陷入了古人陈述过的意见，即各海洋有一种地下的联系，水通过这些地下渠道又返回了。② 古人们总是相信，水的循环必然是在地下进行的；然而自从把数学运用于物理学以来，人们发现，那种循环是在地球之上进行的，确切地说是凭借蒸馏，只不过它对我们来说当然不可见罢了。也就是说，人们学会认识到，海水的蒸发远远超过河流每日的注入，因为狭窄的河流相对于蒸发所涉及的大洋的辽阔，只带来很少的水。与此相反，大洋如果为了维持自己不是还有别的来源，单凭河流的注入就必然变小和减退。垂直落回海洋上的雨和雪就属于此列，以至于大洋在根本上所蒸发的与它沿着其他途径所获得的增添一样多。

在整个世界海中，通过河流的注入与蒸发相等，因为河流所给予的不能多于它们通过海洋的蒸发间接或者直接得到的。但是，由于一些海洋被与大洋隔断，与大洋没有联系，例如里海，但一些海盆又小，例如波罗的海，尽管如此又接纳许多可观的河流，所以，这类海洋就可能比大洋高。但另一方面，既然又有一些海洋，虽然与世界海有联系，并且具有较大的海湾，但却根本不接纳或者只接纳很少的河流，因而对它们来说蒸发就大于注入，所以，这类海洋就比大洋低。例如，地中海就是这样一个海。如果筑墙堵住直布罗陀海峡，使得大西洋不能注入地中海，

---

① 参见《康德全集》，第Ⅰ卷，118 页。——科学院版编者注

② 关于地下空穴的观点的发展，参见维索茨基：《地理学中的时代思潮》，1～39 页，1897。——科学院版编者注

那么，地中海就必定会由于因面积大而肯定蒸发很强烈，并由于河流注入少而逐渐干涸；海盆会越来越小，尽管不会完全干涸，而是当河流带来的水恰恰等于又蒸发的水的时候就会停止。据此，它会永远保持在这个高度上。但现在，不断地有水从大洋流入地中海，来弥补蒸发造成的 9〔207〕
较大损失，但毕竟不是如此之多，不足以使地中海维持在与大洋的同等高度上。

红海应当高于地中海，而大西洋应当高于太平洋。苏伊士和巴拿马的地峡把那些高度不等的海洋彼此隔断。但是，既然大西洋和太平洋相距根本不远而仍然相遇，西班牙人为阐明克服上述地峡的不可能性而提供的原因就会更多的是政治的，而不是物理学的，而且阻碍在这个地方连通两个海洋，应当只是为了由此更多地打动英国人和其余海上强国，让他们安然无恙地占据自己的这些陆地。然而，大西洋可能还是比太平洋高一些，因为有普遍的水流自东向西，它确实会积聚在大西洋。

附释　人们起初作出所有的海洋在地下彼此相通的猜测，这是很自然的。例如，单是伏尔加河就每天给里海运送 216 亿立方尺的水，而且人们至少可以指望恩巴河、乌拉尔河等等注入，指望雨雪两倍这么多。但在这里，既没有海洋高度的增长，也没有可见的流出。不过，这个海洋的蒸发据**格梅林**的说明（**《俄罗斯游记》**，第 III 部分）——尽管其他人并不完全赞同——恰恰如同那种注入一样强。在地中海，几乎完全是同样的情况。也就是说，地中海仅仅按照来自大西洋和尼罗河的注入就必须每年增长 26 尺。但是，地中海的蒸发每年仅仅约 30 寸，这单是上面落下的雨就足以弥补。此外还有其他现象，使人在此推论多于纯然的蒸发的东西。毋宁说人们被迫在这里想到水在更深处的流出，与其在表面上的注入相反，由此关于相对涌流的学说就得到了说明，就像这种学说又拓宽了对那些现象的解释一样。——根据法国最新的观察和计算①，红海确实比地中海高若干尺。

① 当拿破仑于 1799 年又提起苏伊士运河的问题时，为了打消红海和地中海的水平面差别的信念，他让人进行了测量。——科学院版编者注

9〔208〕 ## § 27

海水的运动有三种，亦即：

1. 浪，风是其原因；

2. 海流；

3. 落潮和涨潮。

首先就浪而言，可以发现，水在浪中并不前进，而是始终停留在同一个地方，只是保持晃动，因为风并未强得足以一下子使这样大量的水运动起来。惟有在风持续更长时间的情况下，这才是可能的。由此就能够解释，何以潜水员在起风两三个小时后在深处还感受不到风的丝毫作用。

确实，看起来浪的运动是前移的，因为后面的浪逐渐地增强；然而，这只是一种颠簸的、振荡的、时而升起时而下落的运动。如果把谷糠撒在水上，并扔进一块石头激起浪，人们就可以相信这一点；在这种情况下人们看到，谷糠在浪运动中总是待在一个地方。

人们也可以从测量在海上经过的距离的方式来阐明这一点。因为在人们按照纬度朝着赤道或者两极旅行时，除了把天象与在行程中度过的时间加以比较来**推算**，还有一种测算里程的方式，它的依据恰恰是水在海中停留不动。也就是说，人们抛出一个木板，它也叫做计程器①，它的一端固定在一条缆绳上，人们从放开缆绳的长度以及离开木板的时间，来判断走过的距离。因此，如果水不停留在一个地方，木板就会一起漂浮，据此，如果没有一个能够由以出发的固定的点，人们也就根本不能以这种方式来确定走过的距离。**安森**②将军测算过自己的旅行，比他应当到达的时间迟三个星期到达岛上，因为一个海流迎他而来，把他的计程器向后推移了。但他却相信是自己离开了计程器。

9〔209〕 浪要么是**长的**，要么是**短的**，要么是**往回打的**浪。第一种是最好的浪，特别在比斯开海可以看到。但中间一种由于使船、酒桶、其他货物

---

① 参见《康德全集》，第 XIV 卷，544 页，第 86 条。——科学院版编者注

② 安森（Georg Lord Anson von Soberton，1697—1762），不列颠海军上将。沃尔特和罗宾斯以《乔治·安森于 1740—1744 年的环世界航行》（伦敦，1748，由托茨译成德文；第 2 版，格廷根，1763）为书名描述了他在与西班牙的战争中的大胆远征。所说的观察在那里的第 1 卷，第 9 章。——科学院版编者注

甚至船员受到颠簸运动而是很危险的。最后，往回打的浪出现在有浅滩的地方；也就是说，水是由风吹动的，而且由于浪撞到礁石，它们就又往回打。

长的浪从不出现在陡峭的海岸，而是出现在平坦的海岸，确切地说是出现在海中，而不是出现在离海岸近的地方。海底通常是平静的。也就是说，浪运动通常只是发生在水面上。但是，在海洋不够深的地方，例如在波罗的海，风就能够推动水直到海底，由此产生短的浪或者往回打的浪。

这样的浪能够造成激浪。如果一个浪爆裂，就产生激浪，而爆裂则是风处在侧翼而浪受阻的结果。

海越狭窄就越不深。因此，在这些海里的浪就也没有自由运动，而是被打断。人们根据浪短来识别沙滩。所有的礁石都有冷空气和雾。这种情况很难解释；但在根本上，这和浪短是同一个原因。也就是说，它在于海床。在深海发生一种地窖热效，它在地上在 70 尺的深度可以发现，而且按照法国的观察即便在最深的地方也始终是相同的。它按照华氏温度为 25½度。现在，既然下面的水比上面的更冷，那么，风就必然把这样的礁石上的水从下往上带，这里水不深，因而风在这里能够推动水直到底部。由于水在上面温度高于水在下面的地窖热效，则在这里，当那种较冷的水向上走的时候，空气的温度也必然变冷。

人们无法精确地知道浪的真正的和最大的高度；不过一些人断言，它们从未高过 24 尺，这个尺度被分为两个部分，对于波峰和波谷来说有一个超过海平面或者低于海平面 12 尺的隆起或者低凹。

借谈论浪运动的机会，人们也可以提及水的那种由帆船劈开水面时 9〔210〕
产生的运动。人们在 500 步远就能认出船留下的这条路径，而且这对于水手来说是很有用的，因为他能够从留下的凹陷得知自己被风吹离直的航道多远。

附释　就海水的温度而言，它比首先是在陆地上方的大气层的温度耐久得多，而且和后者一样长时间不变换，这一点已经由此得出，即它根据许多试验和经验只在华氏 26 度和 68 度之间游移，而且只有在最冷的地带才在这些点之下。在最热的气候里，水总是在温度上落后于空气，哪怕是在水面上，因此就有清凉的海风。气温和水温在温带更为一致，只不过在这里水温常常被一场强风或者风暴提高，如人们通常在普鲁士和库尔兰海岸，尤其是在从瑞典海岸吹来北风时所觉察到的那样。因此，在需要的情况下，甚至与海的接近也在邻近的陆地造成一种更说得过去的温度，哪怕只是一段短暂的时间。

§ 28

如果一场风暴持续很久，而且由于它使水在海床上运动，那么，浪的运动就由下向上继续进行，尽管风暴早就已经停止。而这种对船员们来说很危险的运动，被他们称为空海。在有风时，浪的运动对船来说并不那么轻易有害，因为它在此时仿佛是一起被推动的。但如果风停了，与此相反运动仍继续，则船就像是一个球，因为它不能继续移动，而是必须始终像在一个地方颠簸，此时在船里和在船旁一切都挣脱了束缚，一切都乱了套。

因此，空海是先有风之后的浪运动。人们假定，如果给海浇上油，就能使它在这样的情况下平静下来，而且确实，油能够止住轻微的水运
9〔211〕动。如果海水完全平静，那么，如上所说，由于海水透明，人们就能够发现水下海床上的某些东西。但是，一旦表面哪怕只是有些运动，海床上就浑浊黑暗，就好像布上了云。在这样一种情况下，潜水员就利用油的优势。他们为此目的多半是口含油下去的。也就是说，如果他们让油流出去，油就浮到高处，使浪状运动的平面的一个部分平坦，于是在这个地方就产生了一个窗子，他们就由此在海底获得光线。但是，在这样一些情况下和为这样一个目的可行和足够的东西，在另一些情况下就可能不适用。如**穆森布罗克**讲述的那样，装载油的船只遭遇到空海。它们互相撞碎，油倾泻到海上，尽管如此海却不平静。

另一种浪运动在于涌。海中间的水有一种钟摆的运动，亦即振荡的运动，也就是说，此时海水以同样的时间升起，又以同样的时间下落。但快到陆地时，浪往回打，就像钟摆的绳被缩短了一样。据此，当一个浪从陆地返回时，另一个浪就升到高处，因而返回的浪就与升起的浪合并在一起，于是两个浪就继续倾泻到陆地上。

涌的原因如下。海岸边的浪不能与其他浪同样运动，因为它们受到陆地的阻挡。于是，另一个浪就迎上了第一个浪；所以第二个浪就已经更高，但第三个浪又迎上了第二个浪，因而它就更高，而以这种方式继续进行，直到最终，最后的浪压力最强，把所有的浪都驱回，这时运动又重新开始。水手们把这类浪如上所说称为涌。

在几内亚，最大的浪是七级浪或者八级浪，水手们如果不想连同其小船被吞没，就必须等待其转变。也许，罗马人称为 fluctum decumanum［十级浪］的浪是最大的浪。

附释 1 关于海洋的浪运动，进一步可以查阅：**盖勒**，上引书，词条“浪和海洋”。**奥托**的**《一般地面水文地理学体系》**，486 页及以下。在地中海，浪不容易升高到 8 尺以上，但在波罗的海，浪却常常升得更高。浪运动很少深及 15 尺以上，因此东印度的采珠人甚至在船因猛烈的浪打而害怕触礁的时候，也敢于潜到海下。 9〔212〕

附释 2 **亚里士多德**、**普林尼**等古人就已经提到油作为一种平息浪的手段，而**富兰克林**本人亦在我们的时代里为此事辩护。然而，直到现在，关于这种手段的可用性，总的来说尚未作出可靠的结论，例如，人们可以从**扎赫**[①]的**《一般地理现象》**看出这一点，第Ⅱ卷，516 页，参见 575 页。

附释 3 在罗马人那里，实际上十级浪被视为最大的浪，如奥维德：《变形记》，Ⅺ，530；《哀歌》，Ⅰ，2，49；西利乌斯·伊塔利库斯：ⅩⅣ，124 所证明。

附释 4 我在这里还不可以完全默不作声地跳过一个特殊的现象，我指的是所谓的海市蜃楼。直到最近，人们才真正开始谈论这个对象，尽管还一直没有以它能够引起的注意来谈论。这种海市蜃楼就在于城市和乡村以及其他这类事物显现在海面上，显得是从海面上升起的。它是一种特殊的海浪运动，还是邻近的海岸的特有本性，还是一种大气层的特有性状在个别地，还是这些情况共同地导致产生这种现象，尚有待阐明。

---

① 扎赫（Franz Xaver Freiherr v. Zach，1754—1832），于 1787—1806 年主持哥达附近的泽贝格山上的公爵天文台，于 1798 年与贝图赫在魏玛创办《一般地理现象》。所引用的论文题目是：《油：一种平息海浪的手段》，J. F. W. 奥托著。——科学院版编者注

迷信在这里有多么活跃，这是可以设想的。法国人，尤其是**蒙热**[①]，在埃及发现了陆地上的相似现象，或者倒景。关于海市蜃楼更详尽的东西，个别文章的作者散见于**伽斯帕里**和**贝尔图赫**的**《一般地理现象》**，1800 年。

§29

水的第二种运动是由海流引起的。要寻找海流的原因：

1. 在于大洋自东向西的普遍运动。这种运动源自地球自西向东的绕轴自转，因为由此水仿佛是被甩回去了。

2. 在于蒸发。

9〔213〕 3. 在于风。

4. 在于落潮和涨潮；关于后者应当在后面专门讨论。

§30

在我们已经于上面借蒸发之际看到，与大洋有一种联系的各海洋由于其中的一些海盆小并且有河流的强劲注入，因而这些海洋蒸发较少，但另一些海洋海盆大而注入较小，因而蒸发更强，据此前者比大洋高，后者却比大洋低之后，在这些陆间海与大洋相通凭借的海峡中，就必然不断地可以发现一种并非由风引起的水流，通过它要么水从海洋注入大洋，也就是说它更高的话，要么反过来，大洋的水注入海洋，如果海洋更低。

如果人们了解注入这样一个陆间海的河流的数目和质量，连同这个陆间海的面积，那么，人们就已经能够从中大致得出水流必然采取什么方向，是从陆间海流入大洋，还是反过来从大洋流入陆间海。人们只是在联结地中海和大洋的直布罗陀海峡，此外在联结波罗的海与北海的松德海峡和两个贝尔特海峡觉察这样的水流。

除了上面的水流，通常还有另一种位于下面海底的水流，而且在每

---

① 蒙热（Gaspard Monge，1746—1818），数学家和物理学家，于 1798 年跟随波拿巴到埃及，并领导埃及古文化的探查和研究。

一个海峡都可以遇到。这种下面的水流总是与上面的水流相反。**毕丰**在其自然史中想完全摒弃这种现象，因为他觉得这是不可理解的。然而经验教导我们，事实上就是这种情况。也就是说，如果人们把一个小船置于松德海峡，在它上面固定一根绳。绳的另一端固定在一个里面放若干铁球的酒桶上。当酒桶达到某个深度时，人们就看到，小船如何被牵动与上面的水流完全相反。

在直布罗陀海峡，上面的水流流入而下面的水流流出。在松德海峡则情况相反。原因在于：地中海比大洋低，大洋形成上面的水流。与此 9〔214〕
相反，波罗的海比北海高，因为水在波罗的海的增添比蒸发更为可观，所以上面的水流流出。现在，又由于地中海里的水正因为蒸发的缘故而含盐量更高，因而在比重上也比大洋里的水更重，所以下面的水流就从地中海流入大洋；但与此相反，由于波罗的海的水更轻，北海的水就通过下面的水流灌入波罗的海。

据此，下面的水流是通过水的压力产生的。地中海里的水柱由于含盐量高于大洋的水柱而更重，所以较重的水就通过压力而将较轻的水挤回去。在波罗的海，出自同样的原因而情况相反。

因此，如果在一个陆间海中蒸发大于注入，则上面的水流流入而下面的水流流出。但如果淡水的注入更大，就出现相反的情况。按照这个尺度，就可以评判所有海洋的水的交流。

附释 1 处在两条回归线之间的那种普遍的自东向西的水流，除了上述原因，似乎也以月球的运转以及这里几乎不断吹着的东风为其根据，而且恰恰这种水流又是人们顺流从美洲到马鲁古群岛旅行比逆流从马鲁古群岛到美洲更快的原因。较早的自然研究者们提到的第二个普遍的水流，亦即从两极流向赤道的水流，可能没有根据。如果它确实存在，则同样可以从赤道上海洋的强烈蒸发得到解释，由此位于赤道的比重更重的水就会从下面流走，在上面给较轻的、从两极灌入的水腾出位置。但是，单是地球的绕轴自转就已经必定会阻止这类水流。①

① 极地的水沿着各大陆的西海岸一直流到赤道地带，这在长时间里是传统的观念。在信风地带，大陆的西海岸位于迎风面，而且对于被风吹走的表层水来说，一种平衡不仅来自于侧面，而且也来自于上升的深处冷水。——科学院版编者注

附释 2 除了直布罗陀海峡和厄勒海峡之外，人们只是在色雷斯的博斯普鲁斯海峡还觉察到上下对流。在公海上是否也有这类对流，尚未确定，只不过即便那里确实有对流，毕竟彼此也有若干距离。

§ 31

如果持续时间长的风吹向一个地带，则由它们引起的水流也流向一
9〔215〕个地带。但在太平洋有一个水流，它在海岸旁采取另一个方向①，而在巽他群岛风变换方向，夏季自西向北，冬季自北向西。② 在马鲁古群岛的水流是很强烈的。

处在陆地之间的海洋，常常有很危险的水流。例如卡特加特海峡，那里水流不知不觉地就把船只推向海岸。因此，船员们对水流的知识也很感兴趣。在地中海，无论是在海中间还是在海岸旁，也都有一种水流，它们在直布罗陀海峡向东流向法国和西班牙，此外又环绕亚得里亚海湾，流向西亚海岸，又沿非洲海岸流动。由于黑海更高，水从黑海流入地中海。由于从非洲一边，除了尼罗河可能是个例外，没有河流注入，而从相反的一边却有许多河流注入，所以水就与之对抗，并且必定在非洲海岸逗留。但一旦进行起来，水就也保持着自己的流程，不断地向前流动。

这种水流最著名的是墨西哥湾流，它从墨西哥海湾出发，流过巴哈马群岛和佛罗里达之间，然后从北美海岸转向东北，逐渐地达到挪威海岸，并由此向西北流向格陵兰岛。③ 这个海流的第一原因只能在东风中寻找，东风把水积聚在墨西哥海湾里，并以这种方式仿佛是强迫水溢出流向这边。

这类水流如上所说，给船员们造成了某些障碍，但从另一方面来说，它们也是很有益的，这一点后面再谈。

§ 32

两个水流的结果就是涡流或者海漩涡。在墨西拿，一条向南的水流

① 黑潮，一个暖洋流。——科学院版编者注

② 在北半球的夏季，占支配地位的是东南季风以及南季风，在冬天则是西北季风以及北季风。——科学院版编者注

③ 墨西哥湾流一直延伸到新地岛。——科学院版编者注

和一条向北的水流相对，而且一条水流靠这边，另一条水流靠另一边。两条这样的相对水流就造成了所谓的**死水**，例如前面已提到的草海[①]。其 9〔216〕原因是两种相反的风。但是，海把一切不与它做同样的运动，并且不能跟随水流的东西都抛到更平静的一边。

最值得注意的涡流是：**法鲁角**旁、西西里岛和卡拉布里亚之间的**大漩涡**，埃维亚岛和维奥提亚海岸之间的**涡旋**和挪威海岸北纬68度以下的**大旋流**。

这些海涡流固然吞噬过小舟，但却没有吞噬过大船，而是船甚至使漩涡无序。但是，如果船只在大旋流中遇难，这就是因为风随时变换，而且是因为船只撞上了礁石和搁浅了。

附释 这些**海涡流**或者**漩涡**在于海洋在其特殊的位置上的圆形的、螺旋形的、漏斗形的运动，其原因如同基于落潮和涨潮，基于海底的凹陷等等，同样经常地基于存在于水下的礁石，无须人们因此就把关于深穴的叙述，例如潜水员科拉·佩西在大漩涡下面发现的（参见**基尔希**[②]：《地下世界》，第I卷，97页），视为某种不仅仅是传说的东西。对这里列举的三个漩涡，落潮和涨潮都有极显著的影响，只不过每一个的地理位置在此造成了一种变化而已。参见**盖勒**，上引书，词条“**漩涡**”。

§ 33

在整个世界体系中绝没有完全的平静，而是物体在任何时候都力图相互接近，或者相互吸引，这是**牛顿**证明的。[③] 正是牛顿阐明了，物体的重量无非是整个物体，而非仅仅中心所造成的一种吸引。尽管月球的吸引只在我们地球上的少数物体那里可以觉察到，因为地球比月球离它们更近，但是，这种吸引毕竟现实地表现出来，并且对流体物质来说，亦即对水来说引人注目。

---

① 参见上文196～197页。——科学院版编者注

② 基尔希（Athanasius Kirchere，1602—1680）。他的作品偏爱于探讨神秘莫测的和想象的东西，因而真正说来只是作为奇闻异事而有趣。——科学院版编者注

③ 《自然哲学的数学原理》。还请参见伊·康德：《若干短篇论文集》，F. T. 林克编，8开本，7页及以下，哥尼斯贝格，1800，此外参见盖勒上引书，词条“静止与惰性”。

9〔217〕如果月球的吸引在地球朝着它的一面只是与在地球中心和背对它的一面同样强，那么，地球海洋里的水就会到处同样高。然而，由于地球朝着月球的一面比地球的中心离月球更近，中心又比背对月球的一面更近，所以，月球对前者的影响就比对中心的影响更强，对中心的影响又比对背对的一面的影响更大。因此，水在朝着月球的一面就升高，而由于它被月球吸引，所以它就地球而言就变轻了。

现在，被地球的中心同样强地吸引向地球各面的水，力图与朝着的一面的水获得平衡。既然各面的水比上部的水更重，所以，上部的水的较小质量就将与背对月球的一面上的水的较大质量同样重量，因为水在这一面受月球吸引较少，所以水就向上边的那面上涨，但中间一面则减退。然而，地球的中心又受月球的吸引多于其背对月球的一面，所以中心将离开水，或者换句话说也一样，水将离开中心，向另一面上涨。

现在，由于月球在表面上以 24 小时围绕地球运转，所以月球就以自己吸引上涨的水，因而在每一个地方水都每天两次①上涨和下落。但由于月球因自己围绕地球的运动每天比前一天晚升起¾小时，或者精确地说 49 分钟，直到它又以一个月环绕地球，所以上涨也必然每天迟到 3 刻钟。但是，水也由于量大而不能在月球的吸引最初发生作用时就聚集起来，所以也毫不奇怪，这种上涨是在月球升起 3 个小时后才最强。

涨潮应当在月球处在中天时达到最大高度；如果它停留在中天，则
9〔218〕也会是这种情况，但由于它在水能够聚集之前就移动了，所以水由此而在其汇聚上受到阻碍。

在辽阔的大洋上涨潮小，因为大的水域由于其较大的联系而不能如此轻易地积聚，所以涨潮也在太平洋的岛屿上只有 6 尺，与此相反，在布里斯托尔有 20 尺高。在有大的海湾的地方，也有大的涨潮。与大洋隔断的海洋，罕有落潮和涨潮。

此外，尽管太阳离地球比月球更远，因为月球离地球只有地球半径的约 60 倍，太阳却离地球有地球半径的 23 000 倍至 24 000 倍，但是，由于它有至少大 10 000 000 倍的质量，在地球上也从它这方面表现出一种明显的吸引。在新月时太阳与月球处在同一个天域，或者与它会合，以及

① 墨西哥、东京和马尼拉的海湾都是一日潮汐，那里在 24 小时之内只交替一次落潮和涨潮。——科学院版编者注

在满月时它们彼此反相或者相互距离 180 度，二者的吸引必然联合起来发挥作用，因此在这个时刻将发生水的最大上涨以及降到最低。在反相时之所以出现这种情况，乃是因为无论在地球朝着月球的一面还是在其背对月球的一面，水都同样高地上涨。与此相反，在半月时，太阳将在水由于月球的吸引而下落的地方表现出它的吸引，因而月球的影响由此被减小，并在第一次和最后一次半月时出现水的最小上涨和下落。

现在，既然**牛顿**已经计算出月球如果独自吸引地球的水会使水升高 10 尺，而太阳在同样的情况下会使水升高 2 尺，所以，水在月球和太阳会合和反相时必然上涨和下落高或者深 12 尺，与此相反，在弦月时它们相距 90 度，水只上涨和下落 8 尺。在大海上，这是缓慢地和逐渐地发生的，但在有陆地对抗的海湾，水必定自然而然地以一种剧烈的方式涌入。然而我们却发现，最大的涨潮是在会合和反相之后 3 天才发生。

经验证实了所有这一切，证明月球的运转确实是叫做涨潮的水上升 9〔219〕
和被称为落潮的水下降的原因。新月和满月时的涨潮叫做大潮，但两次半月时的涨潮则叫做死潮或者平潮。不过，水即便在最强的涨潮时真正说来也只是升高到 6 尺的高度。

但在好多地方，是在离此不远的地方涨潮的时候落潮。于是，在离汉堡只有 15 里的赫尔果兰岛涨潮时，在汉堡却落潮。其原因在于，涨潮常常因周围陆地的性状而被推迟，以至于它不能准时出现，但在每一个特殊的地方，落潮和涨潮都在一个确定的时间发生。伦敦把无论是来自苏格兰还是来自法国的船都能够随着涨潮驶入并且随着落潮驶出视为一项大的特权。但是，这样的事情之所以能够得到适当的解释，乃是因为出自两个海洋的涨潮同时如同注入一个渠道。

河流中的落潮比涨潮持续更久，因为河流中的水障碍很大。死海、里海和波罗的海没有涨潮[①]，因为它们被与大洋隔断，且自身面积太小。在威尼斯倒是有涨潮，但只是很微不足道。

月球的吸引与它自身一样古老，而且正是一种如同重力的力量，所以它一直透入中心。据此，水在落潮和涨潮时的运动也一直抵达海底，因此产生浪所不能造成的影响。它是地球上的最大变化的首要原因，而

① 内陆海的涨潮高度非常小。——科学院版编者注

且一些河流和漩涡如同已经说明的，就是落潮和涨潮的结果。人们从埃维亚出发能够察觉的涡旋就是落潮和涨潮的结果，因为它总是取决于月球的位置。它在某些时候变得不平静，它的波浪运动强烈，汹涌澎湃，而且浪打浪，但却没有丝毫的风。这种现象与落潮和涨潮的巨大不相像使得自然研究者们长时间不能揭示它的真正原因，甚至按照一个著名的
9〔220〕传说，亚里士多德跳进了涡旋，因为他认为涡旋的那种运动的原因深奥莫测。

附释 根据**普鲁塔克**的报道，**马西林的皮提亚斯**①是已经把落潮和涨潮追溯到月球运动的第一人，而且如果不是在某物如此的纯然感知和某物必定如此而不能有它的证明之间有一种如此巨大的区别，那么，是**牛顿**才阐明了这种见解的真理性，就会足以令人称奇了。但在这里，这种证明基于引力的概念。关于这个对象，还请参见**《自然哲学的数学原理》**，伊萨克·**牛顿**著，**莱苏尔**和**雅克威尔**注，4 开本，第 III 卷，日内瓦，1760，其中有**丹尼尔·贝努利**、**迈克-劳林**和**欧拉**②的更为详尽的研究。此外，盖勒的上引书，词条“落潮和涨潮”。**胡博**的**《自然学说讲义》**，第Ⅲ卷，莱比锡，1794。关于涡旋中的特别的、与落潮和涨潮有关的运动，参见**法布里**的**《地理学》**，410 页及以下。

§ 34

除了穿透整个空的空间的这种引力，在我们的地球上除了光的作用，就察觉不到一种外来力量的影响了。光似乎只是以太的一种颤动，就像

① 皮提亚斯（Pytheas von Massilien），希腊航海家和地理学家，于公元前 330 年绕行了从加迪斯直到日耳曼的北海海岸的西欧和北欧的海岸。他的报告的少量残存由阿里逊（乌普萨拉，1824）和施梅克尔（梅泽堡，1848）结集。——据普鲁塔克（第 IV 卷，第 17 章）称，皮提亚斯断言，月球“增强的光”造成涨潮，“减弱的光”造成落潮。——科学院版编者注

② 贝努利（Daniel Bernoulli，1700—1782），在其《流体动力学》（1738）中首先通过一种数学分析探讨流体的运动。迈克-劳林（Colin Mac-Laurin，1698—1746），数学家和自然哲学家。欧拉（Euler），参见《康德全集》，第 I 卷，378 页注。——上述研究者的 3 篇获奖作品是由巴黎科学院在 1740 年的一篇悬赏公告引起的，被附在上文 220 所说的牛顿著作的版本上。其题目是《论海洋的涨潮和落潮》（贝努利）；《论流数》（劳林）；《海洋涨潮和落潮之原因的物理学研究》（欧拉）。——科学院版编者注

声音源自空气的颤动一样。惟一的太阳在这方面造成了一种明显的变化，因为月光比阳光弱 300 000 倍，因此，由于月球不仅吞噬了许多它从太阳获得的光，而且也把这些光的一个可观的部分反射回去和分散开来，因此月光无论怎么强烈地集中，也不产生丝毫的热。但是，太阳和其他天体的这种力量的影响可能只是达到地球的表面。

附释 1　如果自然研究者们还对某种东西不确定，那么，这就是光的本性和本质。关于光，要达到自明性，就必须证明我们是否必须追溯到一种独特的材料，或者它是热材料的一种纯然的变态，还是其他材料的一种偶性、一种作用等等。然而，在本节中讲述的欧拉假说①几乎完全失去了其威望，与此相反，牛顿的假说②却通过最新的化学研究，就光是人 9〔221〕
们应当视为与热材料不同的某种物质的东西而言，表现为最有可能的假说。这方面更为详尽的东西，人们可以在盖勒上引书的词条“光”以及补卷中的同一词条中找到。

但是，热材料本身能否被假定为某种物质的东西，或者在它这方面是否需要一种动力学的解释方式，这却是一个绝对待定的问题。据我所知在这方面的最新研究是格廷根博学的枢密顾问**迈尔**③先生作出的，对此，可以查阅当地的**《学术通告》**，1801 年度第 84 期。要是这门自然地理学的可敬的创始人还能让人知道他从自然形而上学到物理学的过渡该有多好！我确切地知道，即便关于这个对象，人们也会在那里发现许多敏锐的评论。

但是，按照**赫舍尔**的最新评论，太阳向我们不仅发送光射线，而且发送热射线。参见**博德**的**《1803 年天文学年鉴》**。**格伦**④的**《物理学杂志》**，由**吉尔伯特**⑤继续，等等。但特别是**赫舍尔**：**《关于太阳射线的本性的研究》**，**哈丁**译自英文，8 开本，1801。

电和磁表现为外部的、作为相近的或者与光材料或多或少相结合的力量的类似结果，但关于它们的本质性状，至今还没有提出任何决定性

---

①② 参见《康德全集》，第 I 卷，378 页注。——科学院版编者注

③ 迈尔（Joh. Tobias Mayer，1723—1762），格廷根天文学教授。——科学院版编者注

④ 参见上文 185 页注。——科学院版编者注

⑤ 吉尔伯特（Ludwig Wilhelm Gelbert，1769—1824），柏林物理学教授，自 1811 年始在莱比锡。——科学院版编者注

的东西，尽管与此相关的先期工作如此杰出。关于它们，且不说最近的物理学手册和部头较大的著作，我们在经常援引的**吉尔伯特**的**《编年史》**和**福格特**[①]的**《杂志》**中发现了往往最新的报告。

附释 2 至于阳光和月光的区别，则按照不同的预设而同样是各不相同。真正说来，满月在晴夜里的照耀比地球得益于太阳的照耀不受任何阻碍时小 90 000 倍。但这只适用于**被反射的**阳光。阳光与月光相比，在**兰贝特**[②]看来强 277 000 倍，在**布盖**[③]看来强 300 000 倍，在**欧拉**看来甚至强 374 000 倍。参见**福格特**的**《大众天文学教程》**，8 开本，§196，魏玛，1799。

§35

现在，在我们的考察中继之而起的是冰洋的奇观。冰洋有两个，即北极的北冰洋和南极的南冰洋。但是，冰并不是在寒带才形成，而是经常直到纬度的 50 度也看到。

9〔222〕 属于此列的首先是浮冰，它被发现时既可以是分离的大块，因而叫做冰块或者冰山，也可以是广袤而连贯的块体，它被称为冰原。在戴维斯海峡，捕鲸的渔民就有机会观察到这种冰。冰块常常露出水面 60 英尺至 120 英尺，多半延伸到水下 500 尺的深度。总的来说人们假定，这样一种冰块至多有八分之一露出水面。

由于冰在融化时通常是以管状或者块状裂开的，所以这些冰块在远处看就像是大城市，而始终笼罩在它们上面，并仿佛是构成了它们的势力范围的云雾（云雾产生自这些冰山的强烈蒸发，因而可以用做从远处就已经认出这些冰块的一种可靠的征兆），则更进一步妨碍着揭示和察觉这种光学欺骗。尽管船只只是为了捕捞鲸才进入这些地区，因而通常只是在夏季的半年在这里逗留，毕竟也许有可能某个船只在这些地区的

① 福格特（Joh. Heinrich Voigt，卒于 1823）：《自然学最新状态杂志》（12 卷，1797—1804）。参见下一段。——科学院版编者注

② 兰贝特（Joh. Heinrich Lambert，1728—1777），在物理学中是光度学（《光度学》，1760）、高温测量学和湿度测量学的创始人。——科学院版编者注

③ 参见《康德全集》，第 I 卷，452 页注。他关于阳光和月光的试验描述在《论光的渐进》（巴黎，1760）中，第 I 卷，第 VII 章。——科学院版编者注

长夜里四处漂流。如果船员们未察觉那种欺骗，真的把这种显象视为其亲眼所见的东西，那么，倘若不是如上所说始终笼罩在冰山上的云雾通过其非同寻常的寒冷警告船员们，船只的遇难就会是一个不可避免的后果。

说到冰原，它们是如此之大，以至于鼓满帆经过它们，也需要 24 小时；因此，它们有时几乎有真正的普鲁士王国那么大。在两个这样的冰原之间，有时也有像直布罗陀海峡那样的通道，由于它们只是缓慢地移动，或者根本不移动，人们就能够驾船经由这通道来穿越它们。在冰原的海湾，船只可以就像在一个港口那样抛锚停泊，然后人们去捕鱼狩猎。在它们上面，也有船员们最后求助的大的池塘，在里面可以找到淡水，甚至有形形色色的动物也不罕见，例如海狗、白熊和诸如此类为了捕鱼而来到这里的动物。如果这些冰原与它们有时停靠的陆地分离，则这样 9〔223〕
一些动物在察觉之前就被从陆地运走了，以这样方式，就有外来的动物被置于他乡了。

但是，这样一种冰很快分裂成上千块，就像一块被迅速冷却或者因尖端折断而如此受震动以至于碎裂的玻璃。因此，人们在踏上冰原时也随身携带舢板。

在这些冰原上最有害的东西是，它们甚至经常因炸裂而阻断航行。如果在邻近陆地的浅滩或者沙滩上有这样一个冰块落下脚来，则它就也阻挡别的冰，以至于冰积聚起来，碰撞在一起。

这样的冰原上的冰是蓝色的，并且应当是持久不化的。围绕其最外端，有一种刃棱，它由一种更为坚硬的冰构成，但在其他人看来，更可能是由一种通过海水的拍打侵蚀而成、尽管并不因此而变得松脆的冰构成，船只要想免于撞碎，就必须对它们大加小心。

但是，这样一种冰究竟是哪里来的，由什么构成的？既然含盐的水不能结冰，则人们很容易看出，如人们通常所说的，这必定是从邻近的陆地的河流中带给那些海洋的结冰的淡水。这种水开始结冰，并且由于它多半一直延伸到陆地，所以其余的水就与这种冰有了联系，而且它以这种方式就有一种可观的增长。

但更正确的是对这件事情的较新介绍，据此浮冰确实是海水的一个产品。的确，这种冰在融化时只提供淡水，但毫无疑问，通过某种化学程序，盐在结冰时从海水分离，就像水虽然缓慢，但毕竟在深湖里也能结冰。据此，以这种方式产生的浮冰在冬天里还一直获得比其在夏天里由于融化而蒙受的损失更强劲的增长，此外，由于它常常一连数年停留在同一个地方，则它常常保持如此之大的范围，就更不足为奇了。

9〔224〕 这些冰块如上所说，常常一直达到海底，此外，由于它们有时从下面被水冲刷，以至于倒塌，并把在它们之间航行的船只压入海底，尽管这些船只有时被重新找到，而且船员们也能够用自己的舢板自救到冰山上，所以，人们毕竟在这些海洋里不能保持确定的通道。

这些海洋的另一个奇观是漂木。它在这里是由从东北流向西南的一个海流带到哈得孙湾、戴维斯海峡以及周围其他地方的。这种漂木满是木蛀虫，而且没有迹象表明它不久前还是立在地表的。

北冰洋的所有海岸都不长树木，例如在新地岛甚至连本地的灌木都没有，但尽管如此，所有这些海岸和陆地都不缺木材，因为洋流在某种程度上给它们送来了木材。其中有很多种木材，甚至有仅仅在较热的气候中生长的木材。在许多地区，漂木因源源不断而堆积如山，以至于当地居民以此来做贸易；甚至漂木经常被冰如此挤压，以至于着起火来燃烧。

然而，这些地区的居民并不用木材来烧火，因为它在整体上毕竟总是奇缺，而是用海狗的油脂来烧火。与此相反，他们把木材用于其窝棚的支柱，然后再蒙上兽皮；此外，他们把木材用于其运输工具的骨架，这些运输工具同样被蒙上兽皮；最后，他们把木材用于其船桨的柄。

但是，这种木材究竟是从哪里或者哪些地区来的？它绝不可能来自西伯利亚及其周围地区，因为那里根本没有树木，除了一些顶多有 6 指粗的。在这些北方地区看不到的木蛀虫也证明了这一点。因此，它是出自美洲的一个尚未为人知的或者沉没了的地区，因为甚至在我们的大陆，人们也发现许多沉没了的森林，经常是许多森林相互叠压。在这里，例如首先是一层云杉林，然后是沙，上面是一层云杉林，然后是淤泥。此
9〔225〕 外，这种木材的虫蛀也是一个迹象，说明它必定是很久以来就沉没了。

人们注意到，这种木材是来自热带的，因为从北冰洋流出一个东北方向的海流；它使得在海岸出现一个相反方向的海流，而这个自南向北的流向必定把木材运到这里。海水的流向在中间是自北向南，在海岸则

是自南向北。

在南冰洋，人们同样发现了这类漂木，例如在麦哲伦海峡，那里在来自欧洲的船只停泊的马尔维纳斯群岛或称福克兰群岛上，有一个供给来自上述海峡的木材的货栈。

还要说明的是，这两个靠近极地的冰洋也许会没有冰，因为自东北向西南的海流把冰带到了人们现在遇到它的那些地区。

附释 1 在我们地球的两个半球，无论是在北半球还是在南半球，都有一个冰洋，就像南半球的温度一般而言不仅不比北半球更热，而是与此相反毋宁说比它更冷。上述这种情况特别要求我们予以注意。这是一个几乎被所有的旅行者证实了的说明，即在南半球各地比在北半球处于同样纬度的各地荒凉得多。在北纬 60 度，有时还有华氏 70 度到 80 度的炎热，与此相反，在相同的南纬从未超出冰点 5 度。这种现象的可能原因是：首先，太阳在黄道带北方几宫比在南方几宫多停留 8 天之久；但其次，南半球所包含的陆地比北半球少得多。但陆地释放出高得多的空气温度，与此相反，空气温度在水那里则保持稳定，通常只是从华氏 26 度到 68 度变换。恰恰那种情况也是人们在南半球比北半球纬度更低的地方就已经发现浮冰的原因。但总的来说，人们在纬度 40 度左右就已经发现个别冰块，由此开始朝着极地纬度越高则团块越增加。

附释 2 浮冰之产生得益于含盐的海水，而非得益于江河的淡水，就像在水冻结成冰时从水分离出盐成分：由于在因此而进行的试验中残留 9〔226〕
的、不结冰的海水含盐量增长，这一点就更为可能了。

附释 3 除了这些冰块和冰原在自己周围散发的浓重云雾和令人瞩目的冷，它们也通过一种明亮的反光来使船员们注意它们，人们把这种反光称为冰原反光。

附释 4 我们前面在 § 31 谈过所谓的湾流，正是这种湾流携带着漂木。所有也在这一节关于漂木谈到的当初的假说，都不得不让位于较新的经验和研究。根据这些经验和研究，漂木是由路易斯安那、佛罗里达、西印度群岛和墨西哥海湾周围地区的河流成堆地带进那些海流的，此外也还有好多出自不同的针叶树、出自桦树和椴树的东西，也有清楚地显示出自西印度群岛的东西，出自巴西红木和巴西木的东西。它通过那些洋流进入北方的海洋，并在这里散落到格陵兰岛海岸、斯匹次卑尔根群岛海岸和其他海岸，甚至爱尔兰、苏格兰、离这些陆地不远的岛屿、挪威和冰岛。甚至西伯利亚和堪察加海岸也由西北美，甚至由西伯利亚自己的各地区以同样的方式供给木材。最近，人们开始怀疑南半球有类似的世界经济。

第二卷 论陆地

9〔227〕

§ 36

人们把**陆地**这个词理解为一切突出于海平面的东西，尽管人们也把沙滩理解在内，随后由于更多的水中物质的沉积而由沙滩产生岛屿。

一般而言的陆地被划分为大陆和岛屿，尽管大陆无非是大的岛屿，关于其边界人们只有一个模糊的观念罢了。

人们察觉到，陆地致力于相互连贯，因此在一个半球有更多的陆地，在另一个半球则与此相反，有更多的水，除此之外，甚至在大洋中间几乎根本没有岛屿，或者至少根本没有可观的岛屿。

附释 按照矿物监督**福格特**①的**《实践山脉学》**（第2版，8开本，3页及以下，魏玛，1797），人们也按照其产生及由此形成的性状来把陆地划分为**前山脉**、**成层岩山**、**火山**和**水浸陆地**。我们下面还将进一步回到这种划分，然后更详细地谈论它们借助于其被觉察到的不同而提供诱因的现象。对此，以及对于陆地的内部解构，与学者们关于这个对象众说纷纭一样，更多的东西参见冯·**贝洛丁根**②的**《从物理学和矿物学来看古代和近代的火山》**，2卷本，1791年8月。——**米特帕赫**③：**《自然地理学》**，8开本，维也纳，1789。——冯·**沙彭蒂尔**④：**《关于矿床等等的考**

① 福格特（Joh. Karl Wilh. Voigt，1752—1821），自1789年始任伊尔梅瑙矿物监督。针对维尔纳的水成论，他力主玄武岩产生的火成论。——科学院版编者注

② 冯·贝洛丁根（Franz Goelestin Freiherr v. Beroldingen，1740—1798），尽管在矿物学和地质学专业是自学者，却是思辨地质学家，主张火成论。——科学院版编者注

③ 米特帕赫（Ludwig Mitterpacher），德国耶稣会士，1734—1814（或1815），生活在匈牙利。——科学院版编者注

④ 冯·沙彭蒂尔（Joh. Friedr. Wilh. v. Sharpentier，1728—1805），自1767年始任弗赖堡矿业学院教授，自1802年始任萨克森矿业局最高领导。《萨克森选帝侯各国的矿物地理学》（1778）。所引用的作品（1799）是针对维尔纳的论文《论矿脉的产生》的一个论战。——科学院版编者注

察》，4开本，莱比锡。

9〔228〕

§37

但是，人们在陆地上发现：

1. 其规模和内部为我们所知的陆地；
2. 我们只是部分地了解的陆地；
3. 人们仅仅了解其海岸的陆地；
4. 人们确实看到过却又找不到的陆地；
5. 古人已知但现在又失踪的陆地；
6. 最后，人们只是猜测其实存的陆地。

欧洲属于**最先说的那一种**。但亚洲却属于第二种陆地，在亚洲，人们例如对于空旷的鞑靼、大喇嘛的驻地所在的大小布哈拉、里海和咸海旁边的各地、麦加和麦地那所在的整个沙特阿拉伯，以及由于按照穆罕默德教徒们的看法，神圣的空气会被非穆罕默德教的欧洲人毒化，所以非穆罕默德教的欧洲人根本不可以到达的地方，人们都所知甚少。

关于亚洲的西藏，更精确的知识会是最重要的知识之一。通过这种知识，我们会获得所有历史的钥匙。这是最高的陆地，也可能比任何别的陆地都更早地有人居住，甚至可能是一切文化和科学的发源地。尤其是印度人的学问就以相当的确定性源自西藏，就像反过来我们的一切艺术似乎都源自印度斯坦一样，例如农耕、数字、下棋等等。人们相信，亚伯拉罕就居住在印度斯坦边界。我要说的是，人类的艺术和科学的这样一个发祥地，很值得花费力气作出更为仔细的研究。

古代研究者们感兴趣的另一个对象，会是对埃及的更精确的知识。总的来说，非洲值得作出最仔细的研究，而且似乎古人们对于非洲的内陆知道的比我们还多，因为他们更多的是沿陆路旅行。甚至这块大陆的许多海岸至今尚不为欧洲人所知，而它的中央则完全在我们的视野之外。惟有对于埃及我们了解得更精确一些，但毕竟也是绝对地少。

这样，人们也就有理由在非洲假定一个可观的湖，尼日尔河在它的东河道中消失在这个湖中，而不是像人们通常相信的那样，在它的西河道中消失。此外，人们在这个大陆既发现了最大最美的动物，也发现了 9〔229〕
最好的植物。虽然胆小的葡萄牙人据他们自己说占领了非洲最美的内陆，那里有野蛮人或者食人族，甚至把人养肥了杀吃。然而，我们不可以如此轻易地相信这类传说，因为经验教导我们，那些人只是屠杀他们活生生地制伏的战俘，确切地说是极为隆重地屠杀。

非洲地图上陆地和地方的名称数目很可观；但是，如果相信有一个名称的地方就也必定有一个实物，那就会大错特错。人们关于陆地没有进一步的了解，就说这是食人族居住的，但按照人的本性这类食人族至少不多，或者也许更为正确地说，根本没有食人族。

非洲内部就像月球上的陆地一样不为我们所知，其原因在于我们更甚于在于非洲人，因为我们通过黑人贸易使自己变得如此胆怯。非洲海岸虽然已有欧洲人造访，但他们的旅行却是很残暴的，因为他们每年都从这里把 6 万至 7 万黑人劫往美洲。这就使得甚至直到最近，这块大陆为欧洲人所知，从海岸到内陆几乎不到 30 里。

此外，美洲也属于这些还很不为我们所知的陆地，它与俄罗斯为邻的北部差不多就和没发现一样，而在其南半部分，特别是在巴西海岸，同样还有许多未知的地区。它多半是吓退进一步研究的山，尽管它们恰恰构成了真正的基础，而且是人们在陆地上遇到的第一个事物，因此人们可以不无理由地猜测，位于这些山前邻近水的地方的陆地，就是被水冲刷而在山旁沉积下来的。但是，人们只是停留在非洲海岸和其他陆地的最外边的边界，其原因似乎一方面必须到大多数航海的终极目的亦即贪欲中去寻找，但另一方面必须到海岸的不肥沃中去寻找。

如果不是西班牙人如此成功地从陆地边缘向秘鲁这个美洲天堂挺 9〔230〕
进，它也许会由于其贫瘠的海岸而永不被更精确地发现。总而言之，南美洲还可以在很大程度上刺激我们的求知欲，并扩展我们对世界的经验。

属于长时间来人们只知道其海岸的陆地的，是人们关于南半球的海岸所察觉的陆地，**冯·洛登**①首先在一幅于柏林完成的地图上把它标出。

① 冯·洛登（v. Rhoden）：《论雷德恩的地图》，参见阿迪克斯：《康德的自然地理学研究》，188、192、223～224 页。——科学院版编者注

这正是人们还猜测有许多陆地的地方，自此之后也确实发现了一些，但毕竟只有较小的可能再在这里找到更多的陆地。在几乎和欧洲一样大的新荷兰，有很野蛮的居民，他们就连像其他野蛮人那样接受玩具和红布也不愿意。要达到对内陆的更精确的认识，如果欧洲人的发明精神不为这一目的找到其他手段，该是多么困难！总的来说，南半球的各民族处在人类的最低阶段，他们感兴趣的东西，无非是最感性的享受。北方的野蛮人尽管住在靠极地更远的地方，却表现出远远多的才能和机智。

属于人们过去知道，后来却仿佛又消失或者变得不为人知的陆地的，是古格陵兰岛的一个部分，那里在选举玛格丽塔①女王时代还有各种各样的城市和两座修道院，其主教在使玛格丽塔获得丹麦、挪威和瑞典三个北方王冠的这次选举中尚在。然而，这块陆地由于北方战争和玛格丽塔对航行到这里的商人施加的强制而几乎完全被人遗忘了。

然后，属于此列的还有所罗门群岛②，不过这些岛屿似乎并不可观。也许，今天的乔治岛是其中之一。人们现在再也找不到这些岛屿，其原因首先是西班牙人从美洲到亚洲的菲律宾群岛的航程过去经过南半球和北半球，但现在却只经过北半球。但其次，也是因为当人们察觉那些岛
9〔231〕屿时，船员们不能精确地确定那些地点的位置。

在我们的时代为了发现新陆地而从事的航行中，以探究亚洲是否与美洲相连贯为意图而进行的航行是最重要的。俄罗斯政府的一次光荣的行动，就是朝堪察加半岛的东北并绕那里的俄罗斯尖端进行试验。但是，英国人朝美洲的西南做过类似的航行，更不用说西班牙人、法国人和英国人的最新发现旅行了。

人们使一直达到极地的旅行变得困难，因为即便是对于一次可能的穿越来说，毕竟由于在这样一种情况下不再会有确定的地区，而一切航海规则都必然在此终止。我们通常把对我们来说朝着最近的极地的地区称为北方。但在那里，甚至极地也会在顶点，而不再在地平线。但是，

① 玛格丽塔（Margaretha），女王，卒于1412年。——科学院版编者注

② 这些岛屿已经在1567年和1595年被门达诺所看见，后来被拜伦和卡特里特多次寻找，布干维尔于1768年6月28日再次发现了它们，但却没有认识到它们就是所罗门群岛。——科学院版编者注

由于惟有通过北方才能规定其余的地区，而真正的北点在那里却没有了，所以在这种情况下，也不再能发觉其余的地区是这样的了。

新大陆的发现扩展着人在地球方面的知识，并促进着联系。但这方面最主要的目的是人的求知欲，尽管有人们通过这类发现而拥有的享受方面的小小好处。也确实有许多旅行仅仅出自求知欲，而并非由于经济的原则进行的，例如为确定地球的形状而安排的旅行。

最重要的、但长时间希望落空的发现，大概会是在北方穿越北冰洋的发现。由此我们会获得一大启发，世界在这种情况下会对我们完全开放。最早以此为目的的尝试指向东北和新地岛，后来的尝试则指向哈得孙湾地区的西北，而最近因此而安排的尝试则径直指向北方。**恩格尔**[①]总督完全专注于可能穿越北冰洋的研究。斯匹次卑尔根群岛以东应当是深海。这也与猜测一致，因为主要只是在海岸临近的地方，才塞满了冰， 9〔232〕
并且阻断任何可设想的穿行。

附释 1 欧洲当然可以被视为一个完全已知的陆地，或者视为这样一个大陆，因为我们对于欧洲不仅像对于非洲那样了解它的整个外部边界，而且了解其内陆，至少是基本上了解。然而，即便是就它而言，直到此刻某些地理学启蒙对于我们来说依然是不小的需求。

附释 2 除了我们上面提到的我们关于亚洲还很无知的东西，这里属于此列的还有：这个大陆上俄罗斯领地的至少五分之一，连同卡尔梅克。关于中国，即便是按照最新的游记，我们确知的也不到一半。这也或多或少适用于日本，适用于印度这一边的许多地区，几乎适用于印度另一边的全部。阿拉伯已知的几乎不能假定为其十二分之一。甚至，我们根本不了解亚洲的北海岸和东海岸：以至于亚洲的已知部分可能几乎不到这整个大陆的四分之三。关于西藏，我们特别是通过如下著作获得许多启蒙：**乔治**：**《藏语词典》**，4 开本，罗马，1762；**塞缪尔·特纳**[②]：**《出**

① 恩格尔（Samuel Engel，1702—1784），伯尔尼市市立图书馆馆长：《关于亚洲和美洲北部地区状况的地理学和批判性消息和说明》（1772；1775 年的法文著作在洛桑出版）；《关于亚洲和美洲北部地区状况的新尝试和一条从北海通往印度的道路的尝试》（1777）。——其他的参见阿迪克斯：《康德的自然地理学研究》，200～201 页。——科学院版编者注

② 特纳（Samuel Turner，1749？－1802），1788 年是一个出使西藏大喇嘛的使团的首领。所引用的著作于 1801 年以德文译本由施普伦格在柏林和汉堡出版。——科学院版编者注

使西藏大喇嘛宫廷记》，8开本，伦敦，1800；以及关于阿瓦和印度通过在加尔各答出版并在伦敦翻印的**《亚洲研究》**和**迈克尔·塞姆斯**①：**《出使阿瓦王国记》**，伦敦，1800。多亏**乔治**②、**西维尔斯**③、**帕拉斯**④、**赖乃格斯**⑤，我们扩展了我们对俄罗斯亚洲部分及其邻近地区的知识。关于阿拉伯，最杰出的东西是**尼布尔**⑥提供给我们的：**《对阿拉伯的描述》**，4开本，哥本哈根，1722；**《游记》**，2卷，4开本，哥本哈根，1774。关于波斯，**瓦尔**⑦杰出地把最著名的东西综合在他的**《古代和近代的西亚和中亚》**，第1卷，8开本，莱比锡，1795。**马戛尔尼**⑧到中国的旅行几乎根本没有扩展我们对这个国家的知识，而只是使得神话般的传说广为流传。与西藏和印度的科学、宗教和文化状态相关，这里还值得说明的是如下著作：**圣巴托罗缪的鲍利努斯修士：《萨姆索达姆语法》**，罗马，1790；**《婆罗门教礼仪、神话和民事体系》**，4开本，罗马，1791。**施托伊德林**⑨：**《宗教史、道德史和教会史汇编》**，第1卷，第1册，88页及以下。

---

① 塞姆斯（Michael Symes，1753？—1809），英国外交官，出使巴尔马的一个使团的参与者。该著的德译本是《最新和最重要的游记文库》（魏玛，1800—1814，50卷）的第4卷。——科学院版编者注

② 参见上文200页注。——科学院版编者注

③ 西维尔斯（Johann Sievers，卒于1797或1798年），作为彼得堡科学院的药剂师参与到西伯利亚的考察（1772—1774），撰有《西伯利亚来信》（1796年，也见帕拉斯：《新北方文集》，第7卷）。——科学院版编者注

④ 帕拉斯（Peter Simon Pallas，1741—1811），出生与去世均在柏林，1768年被聘为彼得堡科学院成员，参与到西伯利亚的考察（同上注）。这次考察的成果是现在构成彼得堡学术博物馆之核心的卓越收藏。在其代表作《在俄罗斯帝国各省旅行》和100多篇独立科学论文中，他极大地丰富了动物学、植物学、地理学和人种学。——也请参见《康德全集》，第VIII卷，101页注。——科学院版编者注

⑤ 赖乃格斯（Jakob Reineggs），1744年生于艾斯莱本，医生，1778—1781年游历美洲和格鲁吉亚，后来在征服格鲁吉亚时充当俄国谈判代表，此后直到去世（1793）都是彼得堡的皇家官员。在他去世后，他的《高加索的一般历史学和地形学描述》出版，Fr. 埃诺赫·施罗德编。——科学院版编者注

⑥ 参见《康德全集》，第II卷，432页注。——科学院版编者注

⑦ 瓦尔（Sam. Fr. Günther Wahl，1760—1834），自1808年始任哈勒大学东方语言教授。——科学院版编者注

⑧ 马戛尔尼（George Earl of Maccartney，1736—1806），于1792年率领一个英国使团到北京，该使团1794年返回。乔治·斯汤顿给出了这次旅行的一个描述：《大不列颠国王派往中国皇帝的使团的一种真实记述》（2卷本，伦敦，1797），德译本出自J. Chr. 许特纳（苏黎世，格斯纳，1798—1799）。——科学院版编者注

⑨ 施托伊德林（Karl Friedr. Stäudlin，1761—1826），格廷根神学教授。所引用的著作于1802—1806年以4卷本出版。

附释 3 关于埃及，我们的知识新近通过**诺尔登**①、**尼布尔**②、**沃尔内**③、**布鲁斯**④、**索尼尼**⑤、**布朗**⑥等人，特别也是通过法国人在这个国 9〔233〕
家的逗留而得到扩展。**哈特曼**⑦在他的**《非洲的地理描述和历史》**（第 1 卷，8 开本，汉堡，1799）中很合目的地利用了所有这些信息。努比亚和阿比西尼亚如果不说**布鲁斯**的信息，对我们来说就是很陌生的国土。这在更高的程度上适用于莫诺莫塔帕、赞盖巴和纳塔尔。从海角出发，人们只是偶尔一直抵达回归线。从象河直到本格拉，人们几乎还不知道海岸。这一点也适用于布兰科角和怒恩角之间的海岸。在几内亚，人们从海岸尚未深入 20 里，如果把**芒戈·帕克**⑧在根本上并不像人们本应当期望的那样令人满意的旅程排除在外的话。摩洛哥南部各地区，还有突尼斯、的黎波里、阿尔及尔和拜尔凯差不多完全未被认识。对于**霍内曼**⑨来说，可以期待很多东西。伦敦的非洲协会通过他以及将来通过其他人将提供的东西，商人和地理研究者们的法国—非洲会所将提供的东西，都在于此。除了**芒戈·帕克**和英国—非洲协会使人得知的东西之

---

① 诺尔登（Fr. Ludw. Norden，1708—1742），于 1737—1738 年陪同丹麦的克里斯蒂安六世到埃及。1741 年出版他的著作《埃及底比斯一些废墟和巨大雕像的描绘：附一封致王家学会的信对一些事物的描绘》。在他去世后，他的日记被奉克里斯蒂安六世之命译成法文：《埃及和努比亚游记》（哥本哈根，1755）。1757 年出版一个英文译本，1779 年出版一个德文译本（由斯特芬斯在布雷斯劳出版）。——科学院版编者注

② 参见前注。——科学院版编者注

③ 沃尔内（Constantin François Graf von Volney，1757—1820），于 1783—1787 年游历近东和埃及：《叙利亚和埃及游记》（2 卷本，巴黎，1787）。——科学院版编者注

④ 布鲁斯（James Bruce，1730—1794），苏格兰人，于 1769 年从马绍安出发深入到阿比西尼亚内部，并在那里逗留到 1773 年：《阿比西尼亚及其今天的居民描述》；《1768—1773 年的发现尼罗河源头之旅》（其他参见阿迪克斯：《康德的自然地理学研究》，193～194、205、257 页）。——科学院版编者注

⑤ 索尼尼（Sonnini）：《上埃及和下埃及之旅》（2 卷本，布尔克译自法文并加注，格腊，1800）。——科学院版编者注

⑥ 布朗（William George Browne，1768—1813）：《1792—1798 年的非洲、埃及和叙利亚之旅》（格腊，1799）。——科学院版编者注

⑦ 参见上文 161 页注。——科学院版编者注

⑧ 帕克（Mungo Park，1771—1806），受伦敦非洲学会委托在 1795—1797 年游历冈比亚；他在为研究尼日尔的第二次考察中去世：《非洲内地游记》（伦敦，1799；德文版，1807）。——科学院版编者注

⑨ 霍内曼（Friedr. Konrad Hornemann，1772—1800），于 1798 年受非洲学会委托从开罗经穆尔祖格游历到的黎波里。他的日记由 C. 柯尼希在 1802 年以德文出版。——科学院版编者注

外，**勒瓦杨**①、**勒穆普利尔**②和**巴罗**③提供了最新的消息。总的来说，我们不能自诩对这个重要的大陆知道得多于五分之一。**布鲁恩斯**④在他的**《非洲地理描述》**中和**哈特曼**⑤在他的**《论艾德利西的地理学》**一著中搜集了许多美妙的东西，并从中得出了结论。**伦内尔**⑥的**《北非地图》**（伦敦，1798）是敏锐的联想能力的一个杰出的成果。参见冯·**扎赫**：**《一般地理现象》**，第III卷，53页和缩小了的地图，以及第II卷，158页，还有**芒戈·帕克**的旅程。

附释4 关于我们通常的非洲地图上的大量名称，人们不要感到惊奇。它们出自**艾德利西**⑦或者所谓的努比亚地理学家，出自非洲人**莱奥**⑧，出自从内陆出来的商人和考察队的或多或少得到证实的消息。

附释5 关于美洲，我们已知的几乎不到五分之三。南美洲的南部地区，亦即南美洲的差不多一半，几乎完全不为我们所知。这也适用于纬度高于60度的北美洲，以及适用于位于40度和60度之间的地带的一个可观部分。但愿我们通过冯·**洪堡**⑨将更精确地认识南美洲的一个可观部

---

① 勒瓦杨（François Le Vaillant，1753—1824），于1780—1785年从好望角出发游历非洲内地：《非洲内地游记》（1790），《非洲内地游记之二》（1796）。两部著作均由福斯特译成德文（柏林，1790，1799）。——科学院版编者注

② 勒穆普利尔（Willi Lemprière）：《从直布罗陀经丹吉尔等到塔鲁丹特和摩洛哥之旅》（由E·A·W·冯·齐默尔曼从英文翻译并作注，柏林，1793。——《最新游记杂志》，第8卷）。——科学院版编者注

③ 巴罗（John Barrow，1764—1848），作为马戛尔尼勋爵（参见上文232页注）的私人秘书，陪伴勋爵的中国之旅，后来陪伴其卡普兰德之旅。《南非内地游记》（2卷本，1801—1803）。——科学院版编者注

④⑤ 参见上文161页注。——科学院版编者注

⑥ 伦内尔（James Rennell，1742—1830），英国少校、杰出的制图家，于1798年为“非洲学会的事务”利用最新的研究提供了一张地图，题为《一张显示北非地理学中的发现和改进之进程的地图》。——科学院版编者注

⑦ 艾德利西（Edrisi，1099—1164），著名阿拉伯地理学家。他于1154年为西西里的罗吉尔二世撰写其《地理描述》，该书以其7种气候（地理学区域）的69张地图成为中世纪最有价值的地理学作品。——参见上文哈特曼的著作。——科学院版编者注

⑧ 莱奥（Leo），非洲人，出自科尔多瓦的摩尔作家（卒于约1526年），自1492年始游历北非和西亚。他在1526年以意大利语撰写的非洲游记在很长时间里是认识苏丹的主要源泉。——科学院版编者注

⑨ 洪堡（Alexander von Humboldt，1769—1859），于1799—1804年游历西班牙属南美洲、西印度和墨西哥。——科学院版编者注

分。参见冯·**扎赫**[1]：**《每月通讯》**，第II卷，82页和403页及以下。迄今我们对第五大陆的了解超出海岸不多，即便是对于海岸也不是完全了 9〔234〕
解。所有在这里被发现的东西可能局限于整个大陆的约四十分之一。

附释6 这一节请参见**施普伦格**[2]的**《地理发现的历史》**，8开本，哈勒，1783；**福斯特尔**[3]的**《北方发现的历史》**，8开本，法兰克福，1784；以及**伽斯帕里**[4]的完备的**《最新地理学手册》**，第1卷，13页及以下，魏玛，1797。此外，有多少东西已为古人所知，我们现在却根本不了解，例如俄斐，或者我们所知极少，例如印度北部。不过，在9世纪上半叶就已经被发现的格陵兰，必定是在后来的时代里又发现的。是否存在古代所谓的亚特兰提斯[5]，以及在古代有关这个对象的陈述中什么可能是真实的，如今已无法确定。就连美洲也极可能在11世纪初就已经被发现。参见**吉尔塔讷**[6]：**《论康德关于自然历史的原则》**，147页及以下。而**布阿希**[7]不无根据地猜测，在日本和加利福尼亚之间，还有许多岛屿待发现。参见**《国家科学与艺术研究院论文集》**，第IV卷，论共和国，第I册。

§38[8]

陆地要么有人居住，要么无人居住。如果是后者，它们就叫做荒漠。不过，这个词必须有限制地使用。因为一些地区，例如美洲秘鲁周围各

---

① 参见上文212页注。《每月通讯》自1800年始出版。——科学院版编者注

② 参见《康德全集》，第VIII卷，174页注。——科学院版编者注

③ 福斯特尔（Joh. Reinhold Forster，1729—1798），与其才华横溢的儿子格奥尔格陪同库克环球旅行（1772—1775）。在其作品《自然地理学、自然历史学和伦理哲学考察》（1777）中，他通过不同的考察达到了对地球的物理学性状的一种统一的和全面的观点。自1780年始，他任哈勒教授。——科学院版编者注

④ 参见上文161页注。——科学院版编者注

⑤ 传说中位于赫拉克勒斯之柱不远处、因一场地震而沉没的岛屿。关于古代作家们的不同见解的详细讨论见巴伊：《关于柏拉图的亚特兰提斯和关于亚洲的古代史的文献》（巴黎，1799）。——科学院版编者注

⑥ 参见上文185页注。——科学院版编者注

⑦ 参见《康德全集》，第II卷，442页注。——科学院版编者注

⑧ 关于第38节，参见《康德全集》，第XIV卷，593～595页：《论荒漠》。——科学院版编者注

地，在那里人们虽然只是偶尔看到个别的人群游荡，但它们真正说来构成了美洲的天堂，它们无人居住仅仅是由于人们的任性，并非大自然注定它们如此。在这种情况下，这些地区就叫做真正的荒野。与此相反，在另一些地方，发现一种红色的、不能收获或者只能种草的沙子，是一种铁沫，这些地方则叫做草原，因为在它上面除了牧草什么也不长。

荒漠真正说来就是看起来由大自然注定如此，并且使得人们不能在这里居住的地方。它们是：

1. **沙漠**，其中只能发现飞沙。在亚洲，属于此列的有蒙古和卡尔梅克之间的戈壁荒漠或者沙漠，此外就是所谓的盐漠，它把波斯分成两个
9〔235〕部分，一个以伊斯帕汗为首都，另一个以坎大哈为首都，以及阿拉伯的叙利亚荒漠和小布哈拉与西藏之间的察奈荒漠或者大沙海（参见冯·**扎赫**[①]的**《一般地理现象》**第1卷第1部分中的中国地图）。

非洲最值得注意的荒漠是大西洋、摩洛哥、尼日利亚和塞内冈比亚之间的撒哈拉荒漠，它可能是所有荒漠中最大的荒漠，因为它的范围达60 000平方里。在美洲，根本没有这样可观的荒漠。

由于种子因为沙的缘故不能足够深地进入土中，所以它就与沙一起被风吹动，因此在这样的地上就不能生长任何东西。在所有这类荒漠里，人们在任何地方都既看不到河流也看不到水，与此相反，在其周围或者附近发源的河流汲走了荒漠所有的水。甚至，如果有山与它邻近，并且有一些河流从它蜿蜒流出，则这些河流就将从一面转向另一面，确切地说离开荒漠。由此就产生了荒漠中的极度缺水，而且即便是努力在荒漠的地下掘井，人们也发觉，在这种井水中同样也有盐，它似乎就是飞沙的一个组成部分。

从遥远的、富水的陆地把水引进荒漠的努力也是徒劳的，因为引水的水渠会坍塌，而且由于极度炎热，蝗虫和鸟儿成群结队蜂拥而来，落入水中而使水变臭。

由于任何时候河流都是离开荒漠，把其流程指向较低的一边，所以这些荒漠必定是自然隆起的地区，并且由于如果在这里能发现某座山，雨水就会从山上流下，渗入土中，并且不会不出现在一条河流或者一个

① 参见上文212页注。——科学院版编者注

源泉中，所以，荒漠必定是平坦的，并且没有山，因而是一个隆起的平原。但是反过来，一旦有一个隆起的平原，我们就断定，它是一个荒漠。 9〔236〕
沙漠总是为山所包围，但却被一个居于中间的山谷与山分离开来。

2. 极度的寒冷使创造性的大自然的一切作品都窒息，因而使得陆地不可居住，与此相反，炎热则绝不做这样的事情，因为在最炎热的地方也发现有最肥沃的地区，特别是例如孟加拉，那是所有陆地中最优秀的陆地。在纬度的70度，甚至更早的时候植物就不足了，而越过75度，人们所发现的就不过是鹿和苔藓了，鹿仅仅靠苔藓就长得很肥，尽管苔藓没有汁液。

然而，既然我们注意到，人以动物为食比以植物为食更多和更强烈，从而特别是动物，似乎就是被创造成人的食物的，所以，很可能严酷的寒冷（就冷和热一样有其极点，并且看起来围绕极点来运动而言，由此气候某段时间被改变，因为例如极冷的两个点并不停留在一个地方）并不阻止人在这个地区和极为不同的地区居住，因为人到处都找到自己的食物，就像鹿在最寒冷的地区、在新地岛和斯匹次卑尔根群岛都能够存在和生活一样。因此，人是为整个地球创造的，而且正是由于人的身体由大自然如此构造，以至于他通过适应每一种气候而即便是气候极为不同也能够居住，也许部分地产生出不同的民族个性。

3. **草原**。这是既找不到森林也找不到水域，但除此之外多半有肥沃的土地的地区。草原也必定与荒漠一样是高原，但如我们所看到，它们并不像荒漠那样被山脉包围，而是被围在两条河之间。在草原上生长着甜瓜、最美的花朵、樱桃和各种鲜美的果实，但所有这些都毕竟如通常那样仅仅生长在矮小的灌木、亚灌木和草茎上。由此看出，对于树木的生长来说，必须有来自泉脉的蒸汽升起，而不单单是靠雨。森林为人和 9〔237〕
动物提供安全和保护伞；因此，在没有森林的地方，人和动物也就远离而去。关于这样的草原，我们列举的是位于德涅斯特河和多瑙河之间的比萨拉比亚草原，位于第聂伯河和德涅斯特河之间的奥卡科维亚草原，位于第聂伯河和顿河之间的克里米亚草原、阿斯特拉罕草原等等。

附释1 当上面谈到冷的极点时，这绝不应当等于是说，冷可以被视为某种实证的东西。

附释2 人们并不总是足够精确地把草原与荒漠区别开来，就像对这些名称的规定和由它们标示的地区的本性常常很不相同一样。例如，许多通常仅仅适用于荒漠的东西，也适用于阿斯特拉罕草原，就像人们又可以把通常的草原与盐碱草原区别开来一样。例如，从**赖乃格斯**[①]的**《高加索描述》**（第 1 卷，161 页）中可以看出，在刚刚提到的草原上有湖和飞沙，作者把后者视为盐湖的一个必然要求，因为如果强风把飞沙从这类干涸的湖中吹走，并带到其他淡水湖或者沼泽里，这些湖或者沼泽就变得含盐，而前一些湖则会变淡。

§ 39

如我们已经在别处说明的，岛屿无非是其尖顶冒出海面的山。大的岛屿更邻近大陆，而且海岸多半与陆地走向平行。最大的岛屿是：

在欧洲：
大不列颠和爱尔兰岛，合起来 6 083 平方里。

在亚洲：
婆罗洲，14 520 平方里。
苏门答腊岛，8 062 平方里。

在非洲：
马达加斯加岛，10 500 平方里。

在美洲：
古巴岛，6 000 平方里。
多明戈岛，5 000 平方里。

澳大利亚多半是由很可观的岛屿组成的。[②]

---

① 参见上文 232 页注。——科学院版编者注

② 就澳大利亚的大陆性问题而言，伽特勒还在把新荷兰仅仅视为澳大利亚群岛的最大部分（《地理学大纲》，162 页，1775），只是约翰·莱因霍尔德·福斯特尔才确定地断言新荷兰的大陆性质（《对我环世界旅行的说明》，G. 福斯特尔译成德文，柏林，1783）。——科学院版编者注

在陆地造成大的海湾的地方，多半有一个岛群，例如马尔代夫和菲律宾群岛。人们注意到： 9〔238〕

1. 山的走向是一条绵延不断的链条①，而且在这里看不到突然的和忽高忽低的山，而是山逐渐地增高和降低；

2. 如**达尔林普尔**②所说，最可观的岛屿邻近陆地，而且在太平洋中，就像一般而言在所有的海洋里一样，岛屿是从海水的作用中产生的，因此通常也在它以这种方式获得增长的一面是陡峭的，但在另一面却很平坦。据此，很容易看出为什么最大的岛屿都邻近陆地的原因，也就是说，是因为在大陆上和邻近大陆的地方有最高的山。而这些山在这种情况下也就首先能够冒出海平面。

附释 岛屿据上所说无非是山，而尽管一些山是以与岛屿同样的方式产生的，但毕竟岛屿的产生原因更多。因为许多岛屿是通过火山爆发产生的，如 1783 年 6 月在冰岛附近产生的所谓新岛，大西洋和地中海中的许多岛屿，也许还有冰岛本身；另一些是通过水冲决而形成的，例如西西里岛、赫耳果兰岛、地中海和爱琴海的许多岛屿，还有另外一些是通过海洋泛滥产生的，例如许多河流入海口附近的岛屿，可能还有菲律宾的一些岛屿；除此之外，最后也有一些岛屿无非是珊瑚制品，确切地说是所谓的珊瑚虫和附石植物的产品。许多以这种方式产生的岛屿在南海已为我们所知，我们尚不知道的这类岛屿的数目可能大得多。参见**福斯特尔**③在其**《环球游记》**中的说明，126 页，柏林，1783。**法布里**在其**《地理学》**中很详尽地列举了这类岛屿和前一类岛屿，41 页及以下。作为岛屿的一个独特的种类，值得顺便注意的还有所谓的浮岛，它们由一种含泥炭的、混杂有树根的基础组成，几乎只见于陆地湖中，例如在东普鲁士的盖尔道恩附近的巴姆丁湖中，在蒂沃利的巴尼湖或者索尔法塔拉湖中，以及在瑞典的拉兰根湖中。

---

① 维索茨基探讨了山脉的联系问题的历史发展：《地理学中的时代思潮》（1897），131～192 页。——科学院版编者注

② 达尔林普尔（Alexander Dalrymple，1737—1808），作为东印度商贸公司的水文地理学家，他领导了一次到苏禄群岛的考察，发表了他的海图的一个集子，并撰写《在南太平洋的几次航行和发现的历史收藏》（1770）。关于康德的资料来源，参见阿迪克斯：《康德的自然地理学研究》，193 页。——科学院版编者注

③ 参见上文 234 页注。——科学院版编者注

这些岛屿的持存都很困难，取决于许多偶然的情况。

9〔239〕

§40

洲滩无非是被水掩盖的岛屿，而冒出来的洲滩就是岛屿，或者换句话说，洲滩就是水下在海底上的隆起。因此，凡是在有这类洲滩的地方，也都有浅滩。在洲滩中，人们把石滩与沙滩区别开来。但是，浅滩对于船只来说有时是有害的，有时是有用的。前一种情况是在船只由于浅滩而不得不停下的时候出现，而后一种情况则是在船只能够把浅滩用于抛锚的时候出现，因为对于一个好的抛锚地来说要求有：

1. 锚的缆绳能够达到海底，而且船只不被它夺去其一切运动，因此，缆索能够获得一种斜的位置，而且还不是太深；此外，缆索不是太斜，而且船只不因抛甩而蒙受伤害，所以，水位必须不太低，也就是说，水深大约10～12英寻。

2. 海底本身既不是泥，也不是布满小石头，或者完全由流沙组成，相反，它要么是粗砂的，要么是黏土的，因为在前面第一种和后一种情况下，锚都陷得太深，以至于它根本不能或者要费很大劲才能再提到高处；但在第二种情况下，缆绳在小石头上磨坏，船只就会听凭于海浪和风暴了。

在欧洲，**多格滩**是最大的洲滩，那里渔业兴隆。最值得注意的石滩是：泰尔努瓦尔附近的石滩，它有100里长，而且在那里也有大规模的鳕鱼捕捞（总的来说，几乎在所有的洲滩上都有活跃的渔业，因为鱼并不喜欢在海底逗留，这既是因为在海底很暗，也是因为在高处有一种温和的窖热，以至于人们只须抛出钓钩并马上起竿，就能钓上最好的鱼）。那个洲滩在可观的距离上就可以察觉，因为海浪从岩石上打回，陷入无
9〔240〕序。在它上面，也有很冷的雾。其原因如果不是上面已经提到的普遍原因，就不知道了。

此外，马尔代夫诸岛坐落于其上的石滩也属于此列，这些岛屿的数目多达数千，因此马尔代夫国王可以称之为**千岛之主**。这些岛屿之间的海峡根本不能通行。

这些岛屿中最主要的是：马累岛。

最著名的沙滩是位于英国海岸的**沙丘**。单是它们的形状就已经说明，它们产生自海流的作用。①

最后，人们把**莱登**称为沙滩，它位于港口之旁，充当港口的屏障。

我们也要注意所谓的牡蛎礁、珊瑚礁和贝克礁，在后者上面有最兴隆的采珠业。这类洲滩最优秀的位于红海。

§ 41

就陆地的自然资质来说，应当特别注意三个部分：

1. 陆脊，
2. 盆地，
3. 平原。②

陆脊是陆地最高的地区所在的地方。它通常是山的地基，但人们也经常发现它与山没有更精确的联系。区分这些陆脊的一个普遍标识是，在它们上面有河流向所有的地区扩散或者分散。人们注意到，这类陆脊致力于把陆地分为盆地并包围起来。特别是在政治疆界与自然疆界一致的地方，更要注意这一点。波希米亚就是这类陆地。它从四周包围着它的山获得它的所有的水，而这水又通过一个渠道即易北河流出，以至于如果这个排泄出口被堵塞，波希米亚就必定成为一个水池。易北河仿佛是一个从在波希米亚发源的河流的各种各样根系中产生的树干。也可以 9〔241〕
猜测，在古老的时代里，还在形形色色的可以被视为逾越自然疆界的一种后果的战争产生之前，自然疆界与政治疆界会合得更好。

所有的陆地似乎最初都曾是盆地，后来水从那里注入大洋。海湾同样是盆地，其一个部分下沉了。大洋是这些盆地中最大的，它为非洲、美洲和一系列如法国著名地理学家**布阿希**③所觉察在水下从美洲一直延伸到非洲的山所包围。所谓的撒哈拉荒漠就是有我们这块大陆般大小的平原。④ 所有的沙漠都是这类平原，就像这些平原反过来多半是荒漠。

---

① 沙丘的建构仅仅是风的工作。——科学院版编者注

② 关于第 41 节，参见《康德全集》，第 XIV 卷，596～600 页。——科学院版编者注

③ 参见下文 243 页；参见《康德全集》，第 II 卷，442 页注。——科学院版编者注

④ 参见上文 235 页。——科学院版编者注

附释 陆脊或者地脊通常位于陆地的中央，陆地从它们出发向海洋逐渐地越降越低。人们把这种降低称为山谷或者斜坡，而且它们的性状产生自河流的走向。平原或者台地或者高原在根本上无非是这样一种山脊，这是就它仅仅由一种隆起构成，但不是由真正的山脉构成而言的。著名的陆脊和高原是：

在欧洲是瑞士阿尔卑斯山。

在亚洲主要是西藏地区。

在美洲是赤道和朝向西海岸的地带。

但是，人们以极大的可能性猜测，不仅在非洲内陆，大约在北纬 10 度到 15 度，而且在北美，甚至在欧洲，大约在顿河和伏尔加河发源的地区，还有另一些相似的陆脊和高原。

§ 42

山是突出地球表面的隆起。它们大概是通过在地球表面上发生的许多断裂产生的。即便如今在高加索山脉仍显露出许多由黏土性物质①构成
9〔242〕的山，但它们由于大自然多半臻于成熟而不能达到其他已从其流体状态过渡到其当前状态的山那样的坚硬。

山要么是由顽石构成的，叫做**石山**，要么是由土和沙构成的，叫做**沙山**。

如果许多山处在一起，人们就称之为**山脉**。但是，如果这个山脉的走向是一条连绵的线，不管是直的还是弯曲的，它就叫做**山系**。但是，这样一个山系是由一个主干和若干分支组成的。山的主干就是许多山处在一起的地方。而分支则是仅仅产生自这条线并且采取了别的方向的山。

瑞士似乎是欧洲所有山的真正主干。在瑞典，仿佛是一道山系环绕着整个陆地②，许多分支从它出发，在它们之间，河流在从山系和陆脊流下并从侧面的众山获得更多增添之后，注入芬兰湾。另一道山系从菲尼

① 指的是泥火山，在巴库和库拉河入海口之间常见。——科学院版编者注

② 参见下文 243 页。布阿希所假定的斯堪的纳维亚马掌形山脉（下文 243 页）清楚地出现在他的《北部地区大海和大洋海图》上，该图于 1753 年作为他的《地理学和物理学评论》的附录出版。——科学院版编者注

斯特雷角一直延伸到比利牛斯山脉，从那里延伸到阿尔卑斯山，并继续延伸。另一道山系围绕着半个美洲。还有另一道山系包围着俄罗斯的一大部分和北冰洋。总的来说，人们从未见到一座石山孤零零地独处，而总是看到许多石山在一起。这些石山朝着海洋越来越低，而且在一个大岛上，任何时候如果它长大于宽，人们都可以遇到在最长的地方绵延的山系，例如特别是在苏门答腊；或者如果长宽恰恰相等，则在中间有山的一个主干，其分支沿四面八方向海洋延伸。位于这些不同的石山上的土，似乎只是偶然地来到这里，因为人们在它们中间发现了树木、贝壳和其他种类的事物。

附释 欧洲之外的大陆上的山脉的联系还很不为我们所知。但知道最多的是在亚洲。说到欧洲本身，则部分地已在前面提到，即人们在这里可以假定两个山系或者山脉的两个主干，一个是在瑞士，另一个在顿河、伏尔加河和第聂伯河发源的地方。前者位于莱茵河、罗讷河、阿勒河和阿迪杰河的源泉的范围之内，据此形成了阿尔卑斯山的中心，阿尔 9〔243〕
卑斯山一方面向南朝着地中海，然后沿地中海向东，随后向南转向作为亚平宁山脉，延伸过意大利；另一方面向北在汝拉山脉和孚日山脉转向莱茵河左侧，在塞文山脉、比利牛斯山脉和后者的一些支脉中，一直延伸到大西洋。阿尔卑斯山脉的另一个北方分支形成了黑森林、菲希特尔山脉、图林根森林山脉，最终进入这个山系的最北尖端，即哈茨山。余脉从菲系特尔山脉出发，是波希米亚森林、埃尔茨山脉、苏台德山脉、梅伦山脉和喀尔巴阡山脉。最后，阿尔卑斯山脉的一个东方山带经过德国南部，然后分成三个分支，其中一个向东北接近喀尔巴阡山脉，另一个在东南，沿着亚得里亚海，通过希腊，一直延伸到摩里亚半岛的最南尖端，罗多彼山脉、潘盖翁山脉和黑姆斯山脉又是它的支脉。第三个分支同样一直延伸到喀尔巴阡山脉附近。

欧洲山脉的第二个核心耸立在北方，在俄罗斯和瑞典之间，然后在这块陆地和挪威之间延伸的塞沃山脉，它正是此前所说围绕瑞典的山脉。第二个分支在南方顿河和伏尔加河之间转向高加索山脉。第三个分支转向东北，以乌拉尔山脉之名作为亚洲和欧洲的边界。最后在西方，还有一个分支逼近喀尔巴阡山脉，它与其说由山脉构成，毋宁说是处在一个陆脊上，这类陆脊就是那个山脉主干本身。

关于山脉的联系，流行的主要有如下作者：**布阿希**，**《科学院论文集》**，巴黎，1752；**伽特勒**，**《地理学概论》**，格廷根，1778，2部分，导论；以及**法布里**，**《地理学》**，95页及以下。

§43

如下的考察就山而言特别值得注意：

1. 山上面上层的空气据说由于稀薄而呼吸不顺畅。然而，过去的巴黎科学院的多名成员①在秘鲁和地球最高的山上逗留了3个星期之久，尽
9〔244〕 管那里的空气比在巴黎稀薄一倍，以至于它只使水银柱升高14秒，而在巴黎则升高到28秒。自此之后，人们相信已经看出，呼吸困难既在于人们在想到返程时感到的不安，也在于因肺的诸多运动和绷紧而受到侵袭的肌肉的结构。至于呼吸困难与其说源自空气的稀薄，毋宁说源自疲劳，人们也说是由此得出的，即人们看到毕竟必须由空气来承载的鹰还飞过最高的山。较稀薄的空气毋宁说是振作的一个源泉。

2. 据说围绕山以及在山上居住的人们十分强壮和勇敢，并且力图以所有的方式来捍卫自己的自由。然而，这大概主要是因为在这类地区很容易以少数人来防御大部队，此外是因为山在其顶峰是无人居住和不可居住的，即便在山谷里能指望的财产也不多，因此没有人如此轻易地渴望在这样的地区居住。这类山地的居民也不断地迁来迁去。以植物为生的民族最为自由，因为他们到处都能找到这样的植物。从马和马奶取得食物的民族，如鞑靼人，仅次于他们。但以家畜和真正的养畜业为生的民族较少自由。最后，在所有的奴隶中最大的奴隶是从事耕种的民族，因为他们并不是到处都发现适于耕种的土地。

据此，看来山区居民的特殊个性并不是那么在于这里占支配地位的空气的独特性状。但是，苏格兰山民与英国人和苏格兰平原地区居民的明显区别乃是因为后者被教育得十分懦弱。

3. 据说山区的空气是乡愁，特别是瑞士人乡愁的原因，因为瑞士人

① 拉孔达米纳、布盖和高丁于1735年测量了基多附近赤道上的一个经度的大小。参见《康德全集》，第Ⅰ卷，452页注。——科学院版编者注

如果来到别的国家，特别是在听到其民族歌曲时，就变得郁郁寡欢，甚至当人们不允许他们返回故乡时因此而死。然而，这部分地源自人们关 9〔245〕
于心灵安宁所形成的观念，这种安宁就像在居民生活在更多的平等之中的所有国家里一样，也特别地在瑞士赋予人们以生命，人们也相信惟有在这里，而不能在其祖国之外的任何地方发现这种安宁。这种乡愁的另一个根据在于同一些人因养家糊口而必须花费更大的力气。这也是波莫瑞人和威斯特法伦人的乡愁的原因。据说在任何一个国家自杀都没有像在瑞士这样司空见惯，尽管自杀通常更多地侵袭富人；与此相反，瑞士人多半很穷。然而，人们说已经注意到，瑞士的自杀者主要只是到过他乡并且已经能够品味他乡愉悦的人，而且他们之所以剥夺自己的生命，正是因为他们在自己的祖国必定缺少那种娱乐。在他们自己身上的这种变化也是他们都一致地不能保证在其返乡时像他们离开时那样重新找到自己的祖国的原因。因此，他们把自己的主体的变化视为客体的变化，因为他们不能察觉自己主体的变化。

瑞士人的乡愁是意识到不可能时的一种渴望或者一种追求。根本不抱有任何希望，在任何时候都胜于抱有一种不确定的希望；因为在前一种情况下，人们就不再怀有任何渴望，而是致力于使人们不能再有任何希望的处境成为心灵独有的。但正因为此，再也没有比意识到不可能达到目的时竭尽全力而更让人难受了。乡愁特别出现在糟糕的、很少被大自然惠顾的地区；因为生活越简单，心灵和欲望的冲动就越强。不满意随着后者而增长，特别是当人们忆及一种更好的生活方式，或者看到在别的地方要好得多的时候。家庭越贫寒，大自然强加给家庭的断念越重要，家庭的亲密性就越大。与此
相反，越是像在奢侈时出现的那样惦记着自己的利益，人们就越少联系。 9〔246〕

4. 如果把海洋的高度假定为整个地球表面的高度，那么，就很容易借助三角学找到山的高度。然而，如果山离海洋很远，那么，由于可能混入许多错误，要找出山的高度就不那么容易了。

因此，如果说人们察觉到，空气的密度随着其对地球的高度而递减，因为它在高处并不像在低处那样被这样一个空气质量所压迫，据此在70尺的高度上空气的密度减低一格，那么，**贝努利**①就已经开始通过本是一

① 贝努利（Daniel Bernoulli），参见上文220页注和《康德全集》，第I卷，152页。——科学院版编者注

种发现空气的密度和重量的仪器的气压计来估算山的高度。不过人们后来发现，空气的密度和重量并不按照一个确定的法则减低，以至于即便把上面的空气置于下面的空气的位置，使其承受同样的重压，它也会并不获得后者那样的密度。虽然**马里奥特**[①]认为，当空气在弹性力量上获得增长时，它就在密度上失去同样多，因为地球的转化为云雾并在处在下方的空气中逗留的各部分，具有一种更强的引力，并更多地保持对空气分子的强制。但可以看出的是，即便这个法则也不适当。这就是使得建立在此上面的对山的测量变得很不可靠的困难。最好的方法是在同一时间着手观察山的高度和海洋的岸，并通过对它们的相互比较来得出山的高度。

5. 特内里费岛上的皮库山是最著名的山之一。它的高度据一些人说计 12 420 尺，据另一些人说计 10 452 尺。它把自己的影子投得比切线还远，也就是说，超过 15 里，而这一地区的空气因影子的反照而有一种很昏暗的外观。

6. 一系列山几乎任何时候都与另一系列山相对。人们把最前面的山
9〔247〕脉称为前山脉，它们通常是由无序地堆在一起的石头构成的。随后的山
系叫做中山脉，最后第三个系列叫做主山脉。中山脉多半是含金属的，而主山脉几乎仅仅是由石头构成的。但另一方面，它们是以同样的方式延伸的。

7. 孤立的山总是有一种比整个山脉更可怕的外观，因为最前面的山系最低，而随后较高的山系由于被它们所遮掩而不能看到。

附释 1 一些旅行者对他们据说在高山上所患的憋闷感大加描述。确实，较高的地方的空气密度降低，而且那种感觉的一小部分产生于此，也永远有其正确性。但是，这种方式的经验，在一个或者只是少数几个小时里、一遍或者数遍得出，对此并不决定任何东西，因为在这样的情况下罕见的印象和景观的巨大也不容置疑地，也许极强烈地能够激起那种不安。此外，山地空气比同样情况下平原地区的空气更纯且更有利于健康，这是通过经验多方证实了的。但是，既然在这里作用因是多种

---

① 参见《康德全集》，第Ⅰ卷，168 页注；第Ⅰ卷，447 页。关于空气的压力，马里奥特写过《论空气的本性》(1676)。——科学院版编者注

的，则剩下的事情始终是还要查明，空气更为稀薄在这件事上起了什么作用。

附释 2 如果一种不可否认的、多方证实的经验是山区居民以勇敢著称，则这很少可以算到空气的账上。只须想一想高加索及其居民，山区大多贫瘠的土地迫使住在这里的人们极为努力地为自己谋取生活的必需品。生活必需品的匮乏和由此产生的争端和战争迫使那些人们几乎仅仅并且不间断地保持体力活动。这就使得他们强壮彪悍。但是，其愿望和需求的有限性，以及做什么全凭自己的感觉，与前者相结合就提供了自信和勇敢。

附释 3 如果人们想假定，惟有瑞士人患有乡愁，自从他们的交往不再仅仅局限于他们的山地和山谷以来，这样说他们也更多的是考虑到过去的时代而不是与现在相关，那么，人们就会大错特错。相反，土地越贫瘠，维持生活越麻烦，习俗越远离奢侈，在其背井离乡的居民那里对故乡的渴望就越强。拉罗什夫人①在伦敦居留期间结识 9〔248〕
了一位有教养的年轻冰岛人。不列颠王国的那个首都的娱乐和消遣越是喧嚣，他对自己贫穷的祖国的渴念就越是热切。对于作为非欧洲人或者所谓的野蛮人被引入我们大陆的极为感性的享受中间的所有人来说，返回其故乡的愿望都极为强烈。甚至对于那位作为黑奴被掠夺来、在荷兰因其学问而著名的**船长**，也很可能是对其故乡的思念而使他在欧洲不见了的。

需求在贫瘠的地区驱使人们相互接近，即便这种需求不再是急需，但它一旦成为流行的，就以至高的力量起作用，而且比任何别的偏好都更强烈。这是自然的怎样睿智的安排啊！没有这种安排，那些荒凉的地区很快就会被完全抛弃，至多是船难之后的紧急避难地。

附释 4 第一位用气压计来测量高度的，是 17 世纪中叶的**帕斯卡**②。**马里奥特**和**波义耳**③在 20 余年后提出以前者的名义而著称的法则，即空气的密度与它所承受的压力成正比。按照他的说明，气压计应当在 63 尺

---

① 拉罗什夫人（Frau v. la Roche，Marie Sophie），母姓 Gutermann，卒于 1807 年，发表过各种旅行日记。——科学院版编者注

② 帕斯卡（Blaise Pascal，1623—1662），按照他的指点，由他的姻兄弟皮埃尔于 1648 年 9 月 19 日在克莱蒙特附近的多姆山进行了第一次气压高度测量。——科学院版编者注

③ 波义耳（Robert Boyle，1627—1629），发现压力与气体的体积之间联系的规律：《物理学力学的新实验》（牛津，1660）。——科学院版编者注

的高度降低约一格。据他说，**哈雷**[①]和**朔伊希策**[②]从事过这类试验。**霍莱波**[③]和**德·拉·希尔**[④]自称观察过，在水银柱降低一格的情况下需要升高几乎 75 尺。由于迄今的规则如此经常地被认为有缺陷，**布盖**[⑤]相信必须考虑空气的特殊弹性，根据它，不同的空气种类在热和密度相同的情况下仍然提供不同的阻抗。**贝努利**[⑥]提出压力同空气分子内在运动速度的平方一样与空间成反比的定理。**卡西尼**[⑦]假定，空气的密度与压力的平方成正比。我们要感谢**德·卢克**[⑧]和**利希藤贝格**[⑨]对这个对象的最新研究，以及特别是不知疲倦的**索绪尔**[⑩]与此相关的检验性试验。这方面更详细的东西参见**盖勒**，同上书，词条**"用气压计测量高度"**。迄今借助气压计来测量高度的结果如此不同，其原因大概在于，空气的密度在同一个地方以及在同样的温度下并不与气压计的读数成比例。据此，就需要通过直接的测重、最好是借助格斯特尔空气磅来确定现有的密度。

9〔249〕

§ 44

山上的空气比山下地区的空气冷得多，以至于常年不化的冰雪就是

---

① 参见上文 202 页注。他的气压高度测量的理论阐述在他于 1685 年呈交给伦敦学会的文章《论气压计中水银高度下降的规律》中。——科学院版编者注

② 参见《康德全集》，第 I 卷，435 页注。——科学院版编者注

③ 霍莱波（Peter Horrebow，1679—1764），在哥本哈根大学任天文学教授 30 年之久，在《自然哲学基础》（第 8 章，1748）中评判了马里奥特的气压公式。——科学院版编者注

④ 参见《康德全集》，第 I 卷，253 页注、375 页注。他在 1709 年的《科学院备忘录》中报告了他在巴黎天文台的地下室里进行的气压计观察。——科学院版编者注

⑤ 布盖根据自己在秘鲁所做的观察（参见上文 243 页注）提出了气压高度测量的一个规则。他最初在论文《论大气层中空气的膨胀》（《科学院备忘录》，1753）中提请注意空气的特殊弹性。——科学院版编者注

⑥ 所说的规则见《流体动力学》（第 X 章，1788）。——科学院版编者注

⑦ 参见《康德全集》，第 I 卷，297 页注。所引用的假定见《科学院备忘录》，1733。——科学院版编者注

⑧ 参见《康德全集》，第 VIII 卷，271 页注、323 页注。《大气层变化研究：一种气压计和温度计的理论》（1772），德文译本出自盖勒，书名为《大气层研究》（2 卷本，1776、1778）。

⑨ 参见上文 202 页注。关于气压计的论文载《物理学和自然学说中最新事杂志》（第 I 卷，第 3 期；第 II 卷，第 1 期）。——科学院版编者注

⑩ 索绪尔（Horace Bénédict de Saussure，1740—1799），布拉格教授，发表《关于在高度测量时使用气压计的考察》，载《巨人山脉之旅途的考察》，基拉塞克、亨克、格鲁伯和格斯特纳编，德累斯顿，1791。——科学院版编者注

极高的山的标志。

在约四分之一里及以上的高度，不再有气候的变换，而一直是冬天。① 由此可以看出，热的质量并不真正由阳光产生，而毋宁说是通过由阳光来刺激地热产生的。这样一种地热似乎是地球特有的，因为在人们迄今挖掘到、而且太阳不能透射到的深度上，还总是发现是热的。热以电物质传递给弹簧的同样方式传递给空气。它似乎是按照 Cubus diametrorum［直径的立方］散播的，并且是一种精细敏感的物质，这种物质进入一切物体之中，并与电物质极为一致，只不过通过后一种物质，作用是在它陷入一种颤抖运动时产生，但火或者热的作用则是在它从一个分子传递给另一个分子并且转移到它里面而产生。

佩罗特②察觉，如果云雾不改变其形状和形式，就是暖和的。华氏温度计用 212 度表示水的沸点的热，在 96 度以下表示血的热的程度，以 70 度表示最高的夏热。

至于空气和高山的冷产生自地热的缺乏，这得自于，在夏天极高的山上，上面的雪保持不变，但下面的雪却融化了。在所谓的热带，高山耸立，其山顶上有常年不化的冰。因此，在那些地区的热不可能像它们被描述的那样强，甚至连像在温带内部最长的白天里那么强也不可能，因为太阳在后者这里在地平线上停留要比在热带更长，在热带夜始终是 12 小时长③，因此在那里也能够冷却得比温带更早，在温带夜在夏季里绝对地短。但除此之外，夏季里的炎热并不直接源自太阳射线这一点，也由于热甚至在最长的夜里也从不完全消失而得到了说明。 9〔250〕

最大的热并不发生在中午，而是中午后不久才发生，尽管太阳在此时已经比前一个时刻作用有所减弱。然而，保存真正的中午的热与它在此后获得的增长相结合，形成了最大可能的热。因此，就连全年最炎热的时间也不是二至点期间，尽管太阳在此时凭借其垂直降下的射线作用最强。毋宁说，最炎热的时间是在二至点之后，当前此已经在地球激起的热还通过后来的、尽管较小的热得到加强时才到来。但是，在有冰雪

① 雪线的高度并不与某个等高线叠合，而是因太阳热、降雪量、山岳形态差异和陈年雪注对占支配地位的风向的位置而不定。——科学院版编者注

② 佩罗特，Pierre Perrault，1608—1680?。——科学院版编者注

③ 惟有在赤道上，日和夜才总是等长。——科学院版编者注

的地方，未能保存特别可感觉的热，相反，在这样的地方，热只是就其作为太阳的一种作用才存在。

冷也是这种情况，冷不是在午夜，而是在太阳升起的时间最强，因为这是一天离由太阳射线激起的地热最远的时刻。

林耐[①]认为，天堂可能就坐落在热带的一个岛上，因为所有其余的陆地都曾被原始的海洋淹没。他的根据是，因为在当时的高山上可以发现所有不同的气候，亦即在海岸边是热带，在山区中部是温带，在山顶上面是寒带，因此在那里所有的动物和植物物种也能够保存下来。他由此得出对这种假说的一种证明，即如他所断言，在瑞典海岸水越来越低，因此也必定降低到如此程度，而且除此之外将以如此方式降低，以至于再也看不到水。[②] 既然热带的陆脊位置最高，则它也必定在水开始降低时最先凸显。

雪从约 12 000 尺的高度降落下来。因此，如果知道雪在一个陆地什么时候融化，人们也就大致能够推论该处山的高度。

但是，高山上冷，也不是因为从周围地区反射的光线不能落在它们
9〔251〕 上面。因为秘鲁的基多地区的性状使它有一切理由被视为一座山，它海拔近 8 500 尺，并且位于两个山系之间，因而可以被视为一个既宽又高的山谷。尽管在这里光线被从非常多的地区反射过来，并且落在这个地方，但在它里面，仍然比在下面更深的、虽然紧挨着它的地区冷得多，因此其居民的肤色也是白的。

附释 我们特别地把热视为任何物体扩张的条件。在任何地方都不完全没有热。在没有热的地方，就会不能产生组织；这时就会完全取缔一切有机体。而且由于不存在严格意义上无机的物体，所以我们在假定一种到处都存在的对自己的热的完全缺乏——如果我们要把热视为纯然由外部造就的东西，这种缺乏就会出现——之时，就会发现自己必须假定一种理性和经验与之抵触的虚无主义。因此，惟有热像光一样是某种积极的东西，而冷则像阴影一样纯然是前者表面上的缺乏的名称。但这

① 关于这里涉及的假说，参见下文 302～303 页。——科学院版编者注

② 紧随塞尔秀斯（参见下文 297 页注），林耐也在如下作品中主张波罗的海降低：《论可居住的星球的成长》(1743)、《西哥特之旅》(1746)、《舍恩之旅》(1749)。——科学院版编者注

样一来，就十分可能有一种从外部造成的更大的刺激，或者较少是造成的刺激，而这种刺激特别是凭借阳光产生的，则是完全不可否认的。至于为了这个最终目的，是否像**赫舍尔**①相信已发现的那样，有一种特殊的光线从太阳出发作用于其余的天体，以及光是否又由其他光线或者被**产生**，或者仅仅像热那样被**激起**，我们必须留待对事情的更确切的知识。关于热的可激起性，人可以自己使自己信服，不仅是通过自己的肢体在最严寒的冬季里互相摩擦，借此甚至使冻僵的人起死回生，而且也通过我们夏天处身于其中的比较说得过去的状态，尽管此时也曾在短时间里温度降低到一种在初春会一直迫使我们注意房间供暖的程度。参见**希尔德布兰德**②：**《化学百科全书》**，8 开本，85 页及以下，埃尔兰根，1799；**谢林**的**《物理学杂志》**。

据此，**希尔德布兰德**正确地注意到，我们其实对于任何物体都不应当说它是热的或者冷的，而是只说它比较热或者比较冷，因为在这里一切都基于与另一个物体的关系。所以，从严寒的冬季旷野中走出的人觉得一个房间很舒服，甚至十分温暖，而另一位自一小时以来一直在该房间中的人却觉得非常冷。

§ 45 9〔252〕

在热带，雪在 2 200 寻的高度融化，除此之外是在 12 000 尺的高度融化，最后在极地也许从未在地球表面上融化。因此，雪可能是从离地球同样远的云层③降下来的。所以，处在这样的山上的某人，就能够实验雪的性状。也很有可能夏季的雨多半出自雪，尽管有时是出自雨云，因为在上部区域总是同一种气候占上风，所以就连冰雹似乎也是雪，其上面的外皮融化掉了。

由于高山上的雪从不融化，一些人就认为雪和世界一样古老。但人们发现，雪是分成许多特殊的层堆积起来的，其中第一层最松，随后的就越来越坚硬。甚至人们能够可靠地认出雪的逐年增长，就像人们能够

① 参见上文 221 页。——科学院版编者注

② 参见上文 185 页注。——科学院版编者注

③ 参见上文 250 页注。——科学院版编者注

借助显微镜察觉到鱼鳞的增加而判断鱼的年龄，或者从鹿角来判断鹿的年龄一样。但是，雪被地热所融化并流下来。甚至有这样的事情，即位于山顶下面的雪蒸发，而且这种蒸汽就在其余的雪粒中间飞散。由此看出，雪也逐渐地从高山消失，另一些雪则取而代之。

常常有这样的事情，即除了其他诱因，雪也被空气随时带有并落在雪上的灰尘彼此分开，并使其崩塌，然后在不到一分钟的时间里整个整个的村庄都被雪掩埋。很多以这种方式被掩埋的人常常很久以后才又被发现，根据他们的样子人们本应当判断，他们是涂了防腐材料的。由于这种干雪多半是仅仅由一层薄薄的外皮封固的，所以这层外皮就可能因为一个很小的偶然，例如倘若一只鸟落在上面，而被打破，然后整个雪体就由于山势的倾斜滚滚而下。这类从山的高处崩落的雪体就叫做**雪崩**。但人们在这里
9〔253〕也把仅仅以轻雪覆盖下部地区地面的**尘状雪崩**与以块状**滚动的雪崩**区别开来，后者掩埋和摧毁房子、树木，简而言之掩埋和摧毁阻挡其前进的一切。当一个雪粒附在另一个雪粒上并被带动时，就会有更多的雪粒与它相结合，这些雪粒最终在落到地上之前，就增长成一个可观的堆块。

前一种雪崩之所以是糟糕的，乃是因为人们不能轻易地避开它们。但后一种雪崩，人们如果足够及时地觉察它们，有时倒是能够避免它们。为此目的，人们在瑞士也发现各种各样的布置，例如栽上尖形的、向一边弯曲的木头。

有时，水从这类高山注入一个自身位置很高，因而其中也是冰天雪地的山谷。但是，水在流下来时就结冰了。由此就产生出**冰墙**或者**冰瀑**。在它们下面，有持续不断的水，往往极大的河流，例如特别是莱茵河，就是从它发源的。这类冰瀑往往有 20 尺①厚，其内部有很大的空洞，里面漆黑一片。

但一般来说，在瑞士的山地发现的冰叫做**冰川冰**。这些冰川常常有特殊的形状和形态，就好像海浪在不平静的状态中被一下子突然冻结了。

最后，还可以发现可怕的冰山形象是一块蛋糕，它们是由水从崇山峻岭流入位于它们之间的山谷而产生的。

热既可以用化学方式激起，也就是说，如果人们把一种物质加给另

① 一个冰川，其上层的厚度在阿尔卑斯山上计数百米。无论如何，冰川现象在这里未被正确认识。——科学院版编者注

一种物质的话，也可以用机械方式激起，如果两个物体相互摩擦的话。以同样的方式，人们也可以借助一种化学程序产生冷，确切地说，是以自然仅仅在极北地区、而且在那里也还一直足够罕见地造成冷的程度产生冷，也就是说，人们以让水银受到锤击的方式来使它冻结。

亚琛的康体矿泉水[①]很热，如果要烧开它，就必须在火上放与它是冷水同样长的时间，而如果要它在空气中再冷却，则必须比通常烧开的水 9〔254〕
时间长得多，大约直到15小时。因此，这里出现的是化学原因，或者是热的一个发酵原则，热通过空气获得营养，并由此促进发酵。也许，冰川的冰亦是类似的情况，它仿佛自身有一个冷的原则。因此，如果它要在水中溶解，它就比任何别的冰需要更长的时间，因为它在这种情况下还总是部分地冻结。冰川的冰也尤其硬，而且瑞士的冰山像斯匹次卑尔根的冰山一样有一种淡蓝色的外观，不过后者毕竟没有前者那样坚硬。

如果人们把一块这种冰川冰带到山谷，即便把它放在水中半天，它也不顾水温而不化。这大概是因为处于这种冰中的特殊组成部分，就像瑞士的一位地球物理学家**郎汉斯**[②]从融化而变成水的冰川冰中在渗入土中时提取出一种酒精，它自身带有一种敏感的酸，但一旦把它烧开，这种酸就马上又消失了。

人们夏季可以在田野中间铺设冰原，只要人们分层取冰，并在它们之间撒上盐，然后覆盖上土。此后当太阳使冰融化时，盐在这种情况下就与水有更紧密的结合，并马上就又形成新的冰。

在这里，我们同时注意到土崩，它们是在河流通过其流下而从土位于其上的岩石把土冲刷走而产生的。但有时有这样的山，它们的高度使它们本来可能是被常年不化的雪所覆盖的，例如特内里费岛上的山顶；然而，人们在它们上面却从来没有或者只是偶尔发现冰和雪。但这是由于从所有这类山升起的浓烟和火，它们如此驱走雪并且以这样一种驱赶使雪加速下降，以至于雪就连融化的足够时间也没有。从埃特纳山的高处，人们极舒适地尽情眺望世界，不仅望到墨西拿城，而且望到整个地区和西西里岛。这类山上的纯净空气也使得人们能够从这里观看比能够 9〔255〕

① 与此比较下文276页关于卡尔斯巴登泉的阐述。——科学院版编者注

② 郎汉斯（Daniel Langhanns，卒于1813年）：《瑞士冰川酒精的本性和力量的描述》（苏黎世，1759）。——科学院版编者注

设想的还更壮观和更美得多的星空。但这样的地区的居民多半像埃特纳山附近的居民一样对这样的刺激无动于衷。

附释 冰山和冰川在根本上是同一种东西；其中最可观的就在瑞士和蒂罗尔，以及在斯匹次卑尔根。人们把宾登的伯尔尼纳山上的冰川视为最大的冰川，它方圆近 1 里，宽 1/4 里，高 6 000 尺。如果从下面某个地方融化一片冰，则这些冰川就常常以雷鸣般的响声裂出又宽又深的裂缝①，这对于不熟悉这一地区的游人来说往往是危险的，因为它们有时被一层轻薄的雪壳所掩盖，并以这种方式而变得无法察觉。但这些冰川的冰的出众之处不仅是它的颜色，而且也是它的透明和坚硬，后者甚至使它适宜于用来雕刻。但它的透明似乎是其各部分紧密联系的一个结果，因而是它的坚固和坚硬的一个结果。

§ 46

雷雨云多半是最低的云。因此，人们在很高的山上不用担心任何雷雨，而且看到闪电在自己脚下上下闪烁。大概是由于在所有的云中都包含有电，云喜欢聚集在山周围，所谓的皮拉图斯山就得名于 Mons Pileatus［戴帽子的山］，因为它的山顶是圆锥形的，而云就仿佛构成了帽子的其余部分。两个英国人在其家乡攀登一座恰恰当时被雷雨云笼罩的山。当他们要取道这雷雨云时，两人中的一位窒息了，大概是由于云中所包含的蒸汽。雷雨在高山上之所以显得更为可怕，应当是因为人们既在头上也在脚下觉察到蓝天。如果人们在这类山上放上一枪，则其响声不会大过折断一根棍子。很久之后，当它从所有的角落和区域折射并造成百倍的回声时，却以可怕的声响折返。

（人们在许许多多的游记和杂志中都发现有对这样一些在极高的山顶
9〔256〕下观察到的雷雨的描述，特别是在 O. C. R. **措尔讷②先生**的**《地球及其居**

① 冰川的裂缝形成是在作为冰的内聚力与伸展斗争之结果的底部不均匀倾斜时产生的。——科学院版编者注

② 措尔讷（Joh. Friedr. Zöllner，卒于 1804 年），这里引用的作品发表在第 5 年度，柏林，1784—1788，措尔讷和 J. V. 朗格编。——科学院版编者注

民每周谈》上。）

§ 47

山穴仅仅存在于石头山上，而且山穴既有自然的也有人工的。人们尤其可以把所谓的矿井列入后者。如果在这些山穴中地层是水平延伸的，则它们就叫做洞穴，但若是垂直方向就叫做井穴。在洞穴中可以发现石料和大理石石材，在英国有岩盐和石煤。它们往往如此之大，以至于能装进整座整座的城市。在英国，石煤矿一直延伸到海底，以至于最大的战舰都在它们上面航行。但是，那些石煤矿是用由同一种质料构成的大柱子来支撑的。人们特别是在昔日波兰的维利奇卡发现岩盐。最后要注意的是，在长度上，至少就洞穴而言，即使人们像在维利奇卡那样走上 1 里远，而且两边的边界都是确定的，也找不到尽头。洞穴被划分为**主洞穴**和**支洞穴**。所有洞穴都在前者中相会，而且它们全都属于国家主权；其他洞穴是私人财产。在井穴中，人们发现了金属。井穴的尽头人们随时可以找到，因为它们的走向是圆锥形的。

在自然的山穴中，要注意的是瑞士的马丁山穴，其中在夏季光线径直照进山穴里；另一个要注意的是皮拉图斯山上的山穴，等等。由于常常仅由一阵带有蒸汽的风就造成寒冷，所以毫不奇怪，在这些山穴中都很冷，因为其中吹着常年不断的风。在它们之外，还要注意著名的鲍曼山穴，这是因为滴水成石。据说人们在它里面时而看到一位修士站在洗礼盆旁，旁边站着许多信众，时而看到某种别的东西。在这个山穴中，有一种方解石。由于落下的水滴马上溶解了石头，水滴在水蒸发之后就石化，通常多半是像冰一样形成管状。大理石也是这种情况。也就是说，如果在大理石产生时有矿精加入，它就使得大理石的颜色更深，且 9〔257〕
每一个人都按照自己的想象时而觉察到这种东西，时而觉察到那种东西。

还要注意一种特殊的山穴，在它里面侵蚀出许多名字，如今就高悬在石头上方。这看来明显以一种凭借篆刻从石头中抠出的物质为前提条件，这种物质由于天长日久而变硬，人们有理由从中推论出石头的生长。

在喀尔巴阡山脉有一个山穴[①]，在其中人们发现一种与地球表面上完全相反的气候，以至于当地球表面开始冬天时，洞穴中的温度却变暖，当上面滴水成冰时，山穴中却草木生长，甚至变得如此之暖，以至于野生动物都跑到其中。与此相反，当地球表面温暖时，山穴中却开始转冷，直到在上面变得最暖的时候下面结成冰柱，这些冰柱的规模就像一棵圣诞树，因此匈牙利人也用它们来给自己的饮料保冷。但为了这一目的，最好是用湿毛巾把装饮料的罐子包起来并悬在风中，因为后一种做法不仅保冷，而且在尚未冷的时候也比较保险。但人们不可难以置信地由此得出结论，说在一端变冷的时候，另一端过渡到热的状态。这个普遍的公式的真理性在某种意义上会获得确定性，只要人们能够证明，在一个地方变暖的时候，在相反的地方事实上变得更冷。——在一间变热了的铁匠铺里，温度计却表示冷，而一块热铁在人们将其一端插入冷水时，另一端变得更热。在夏季，人们把水埋在地下若干尺深处，然后在上面烧起大火，水就会突然并且严重变冷。据此，被置于某种别的东西之上的火，似乎使处在它下面的东西变冷，与此相反，被置于某种别的东西下面的火，则使这东西变热。经验似乎同样证实了上面援引的命题。

就这些山穴中的空气来说，这里有大量的蒸汽，它们有些对健康有
9 〔258〕 害，有些对健康有益。人们在一些山穴中也发现一种很暖的空气，它是由偶然裸露并被流动的空气风化的一层含硫砾石产生的。[②] 我们所拥有的大部分硫都是从这种砾石获得的。据**德梅洛**[③]说，当人们进入矿山时，那里的空气是冷的，然后热度就增长，使得人们最终相信下面必定有火。然而，如果炎热应当是以同样的比例增长，那么，由于这里深度不大，它在中心就必须强上数千倍。在属于哈尔茨山脉的拉莫尔斯山，是同样的热，与此相反山上的一个泉却是如此冷，以至于人们不能把脚伸进泉水。这种极冷是水流过石膏和石头的一个结果。上引作者也说明，他所说的矿山里的炎热是在打出了使含硫砾石裸露的矿井时才产生的。

最有害的蒸汽是所谓的瘴气，它单独来看是致命的，但掺入其他物

① 参见下文 259 页。——科学院版编者注

② 参见下文 258、260、263、268 页。——科学院版编者注

③ 即德梅兰（Jean Jacques de Mairan，1678—1711），物理学家和数学家。他根据矿井温度的增长而主张地球自热的观点。关于他的作品，参见阿迪克斯：《康德的自然地理学研究》，224～225 页，第 14 条。——科学院版编者注

质却又是有益于健康的，甚至是有益于健康的矿泉水的所有成分中最好的成分。一只飞过充满瘴气的山穴的鸟，以及过于接近这种山穴的人，瞬间就死亡。这种瘴气也经常存在于旧井中，人们多年前在立陶宛挖掘这样一个井时得到过这种教训。为了谨慎，人们必须把一个火把投入井中；如果火把熄灭，那就是确实存在瘴气的一个迹象，与此相反，如果火把继续燃烧，则井里没有瘴气。

附释 山穴是凹洞，多半在石灰岩山脉中，带有或大或小的穹顶和过道。这样的山穴的产生时而基于水的冲刷，时而基于地下火的喷发。地球上这种山穴的数目是非常巨大的，尽管并非都同样值得注意。最值得注意的，除了哈尔茨山脉的**鲍曼山穴**，还有苏格兰北部斯莱茵斯附近的**钟乳石山穴**、斯塔法岛的**芬格尔山穴**、**安蒂帕罗斯岛**上的山穴（参见**林克：《东方游记新编》**，第Ⅰ卷，83 页及以下）、**坎迪亚岛**或者**拉伯林斯岛**上的山穴（参见上引书，24 页及以下），以及意大利距那不勒斯不远的因其有害的和热的蒸汽而著名的**洪斯格洛特山穴**。关于本节提到的在这样的山穴壁上刻的铭文的产物，此外有拉伯林斯岛提供证明（参见上引 9〔259〕
游记，25 页）。喀尔巴阡山脉的山穴是所谓的**斯泽利萨山穴**。瘴气也有一个法文名字：Mofette①。

§ 48

尽管由彼得堡科学院派往西伯利亚的**马林**②教授在离极圈 3 度的地方看到掘一口井，其中土层完全冻结，人们通过频繁的观察仍然发现，在 300 尺的山穴中以及在世界所有地区更大的深度上，都能像在巴黎气象台的地窖中那样遇到这样一种温和的地窖热，虽然这种普遍的观察受到所援引的特殊经验的限制。现在，如果我们由此推论在地球中绝对可以遇到某种热，那么就产生这种热从何而来的问题。③

它绝不可能是由太阳产生的，因为由太阳激起的炎热被继白天之后

① Mofette 是火山熄灭时升起的二氧化碳喷气。——科学院版编者注

② 即格梅林，参见上文 204 页；与下文 401 页比较。——科学院版编者注

③ 参见《康德全集》，第 XIV 卷，611～612 页。——科学院版编者注

的夜以及被继夏天之后的冬天完全消除。但是，当地球因围绕自己的轴运转，而且赤道上的各部分必须比极地的各部分运行长得多的路程并感受到大得多的离心力，而获得一个椭球的形状后，赤道上的各部分在重量上就减低，尽管如牛顿[①]已证明的那样，在所说的那条线上的离心力只不过是重力的1/228。但是，要使物质保持同一种重量，它在赤道上就必须比在极地隆起更多，以便它在那里能够与在极地的物质保持平衡。但据此，它就必须曾经处在一种流体状态，因为有极大的可能性来驳斥地球直接如其现在这样产生的意见。但是，如果它曾经是流体的[②]，则它的各部分就必须有一种自然的热，因为若不然，它们就不会是流体的并且保持相互结合。但是，在这些部分凝聚得更密时，其中最炽热的部分大概就沉落到中心，因此我们在地球的中心虽然不可以预设任何真正的火，但却大可以预设另一种炽热的物质，例如流体的金属或者某种类似的东西，
9〔260〕西，因为真正的火不能离开空气的加入而保持自己。[③]

但是，在我们更仔细地研究地球的内部之前，我们必须进一步了解两种重大的现象，亦即地震和火山。

§49

有深处于地球之中的空穴；有时地震就表明了这一点，而且既然地震常常波及整个大陆，那些空穴就必定很深。地震有时多时少的迹象先行，但这些迹象惟有地震频发地区的居民才能觉察到。这些迹象如下：

1. 人开始头晕。这不可能是源自地球的摇晃，因为没有这样的状态在地震之前先行，而大概是从地球升起的某些蒸汽的结果。

2. 空气寂静得可怕。

3. 所有的动物都事先不安。这些动物总的来说有一种比开化了的人更精致的嗅觉，甚至，就连野蛮人在这方面也超过开化了的人。

4. 家鼠和野鼠，以及

---

① 牛顿关于重力及其与离心力的比例的说明见《自然哲学的数学原理》，第I卷，命题XCI；第III卷，命题XVIII～XX。——科学院版编者注

② 参见下文261页。——科学院版编者注

③ 参见下文265～266页。——科学院版编者注

5. 在海岸边一切爬虫都离开自己的洞穴，爬到外面。

6. 最后，在高空中出现某种类型的曳光。

这些征兆表明，空气发生了某种变化。

地震与某种气候并没有更密切的关系，但它们特别在山脉与海岸平行延伸的地方肆虐。①

但是，地震的原因②应当更多地在地球表面寻找，还是应当深入到地球内部去寻找？对此，地理学家们尚未完全取得一致。一些人用黄铁矿来解释它们的产生。也就是说，如果人们把铁屑与硫混在一起并埋起来，这个团块就会热起来，而且突然窜出火来。③ 但在地球中并不存在铁。一切硫都是从黄铁矿熔炼出来的，而黄铁矿是通过空气加热的。但是，人们要如何从中解释地震的联系和产生呢？在茨维考，一个煤矿自百年来 9〔261〕
就已经在燃烧，可能还要燃烧数百年。④ 这样一种燃烧进行得何等缓慢，与此相反，地震又是何等迅速。因此，地震的原因将不应当再在地球表面寻找，而是应当到地球更深的地方寻找。

我们的地球曾是流体的；人们几乎找不到任何物体不自身带有其昔日流体的标志。所有的石头、我们的骨头本身最初都是流体的；树木是从一种流体的汁液产生的。但是，每一个流体的物体都是首先在表面上变硬的。据此，就连地球的外壳也是首先变得坚硬，并且越来越深入到其中心。

但是，地球也确实通体坚硬了吗？或者它在其内部仍是流体的？在地球中间还有一个软的团块，这至少不是完全不可能。甚至可以假定，如果地球是完全坚硬的，它也就会不再可以居住。因为从地球内部升起蒸汽，它们使土地变得肥沃。如果地球是坚硬的，那么，在它上面除了太阳和月球会造成的变化，就不会出现任何别的变化。但是，既然我们的天气相当没有规则，因而似乎不是取决于太阳和月球的，所以，其原

---

① 参见下文262页。——科学院版编者注

② 参见康德关于地震的论文，《康德全集》，第Ⅰ卷，417、429、463页。——科学院版编者注

③ 关于勒梅里试验，参见《康德全集》，第Ⅰ卷，422页注。——科学院版编者注

④ 普拉尼茨煤矿燃烧是在三十年战争中由皇帝的士兵造成的，他们点燃了一个建在煤层上面的“煤屋”。尽管多次试图扑灭，燃烧依然如故，但现在除了小的局部之外已经熄灭。——科学院版编者注

因必然就在我们脚下。就地震本身来说我们觉察到：

首先，一种摇晃的运动。这在多层的房子里，在高塔和山上特别明显，因为这些对象在摇晃时摆幅大。如果摇晃持续时间长，它们就在其内部各部分中被动摇并且坍塌。在这样的情况下，地球就仿佛被它下面的一种物质弄得鼓胀，而且由于这是朝一侧进行的，所以人们就说，地震守着一条特殊的线，人们从吊灯的运动和椅子的翻倒，即向哪一边翻倒，以及根据其他对更大物件的留意来判断这一点。此时，海洋同样会发生一种摇晃，它与落潮和涨潮毫无相近之处，确切地说，是由于海底
9〔262〕在一边变低了，那里的水也就下降，而且由于在另一边变高了，水也同样下降，以便达到一种平衡。① 但是，这种现象惟有在大的水域才可察觉。如果地震沿长度穿过城市的街道，则整条整条的街道都被摧毁，因为房子是从一边朝另一边摇晃，而且一遍又一遍地相互碰撞。与此相反，如果它沿宽度穿过街道，则房子就由于一致运动而得以保全。

但**其次**，就连仅仅在某个间隔被感知、通常持续不超过一秒钟的撞击，也可以觉察到。这类撞击由于是自下而上、确切地说是局部发生的，而且由于对它们来说不像摇晃那样有压力和反压力，就比前一种地震更为危险、更具摧毁性得多。甚至在海洋上，这类撞击也更可怕，而且对于船员们来说，此时显得他们被抛到了海底一般。平原并不像多山地区那样遭受地震的危险，因而人们在波兰和普鲁士从未对此有所察觉。

此外，地震也逐渐地沿着一条不间断的线波及遥远的地方，以至于在短时间内从里斯本一直达到马提尼克岛。值得注意的是，地震采取的是一条与山脉的走向几乎相同的路径。

附释 1 看起来，人随着自己精神文化的每一进步，都在自己感官的某种敏锐方面经受一种更明显的减弱，而且前者也不可能有别的结果，因为人越是仅仅生活在一个抽象冥想和沉思的世界里，就越是缺乏其感性器官的练习。毫不奇怪，在我们不能察觉船和鸟的时候，水手就看到了船，猎手就看到了鸟。但更有甚者，人们仅仅凭借感觉，甚至仅仅凭借嗅觉就把金属彼此区分开来，对此我们拥有可信的资料。的确，在我

① 并非海底的突然坍塌，而是海底的火山喷发，才是爆发式涨潮的原因。——科学院版编者注

们有教养的阶层，还总是有一些人仅仅通过嗅觉就感受到某些动物的在场；而且，有多少人常常在晴空万里的时候就已经觉察到暴风雨的来临或者空气带电成分的增多？因此，鉴于动物明显更为敏锐的感官，如果 9〔263〕它们，特别是它们中的一些也更为强烈地感受到我们无法察觉的地震来临的征兆，我们就不要感到奇怪了。

附释 2 黄铁矿岩层，有时还有大量积聚起来强行开辟一条出路的水，似乎是地震的最根本的原因。假定地震时大气层的一种直接作用，如一些物理学家看起来在做的那样，这以比我们迄今拥有的更多的明晰确定的经验为前提条件。但今后肯定会有更多的经验！作为地震来临的迹象，人们也还算上井水和泉水变浑浊，一种细微的蒸汽从土中冒出，笼罩着脚，走起路来就产生一种感觉，好像被拖后腿似的。甚至在离地震的真正现场很远的地方，在地震没有达到或者至少没有察觉地震的地方，也有人们必然在事后算在那个自然事件账上的现象。例如，1755 年，在里斯本爆发剧烈地震的时候，在普鲁士的一些地区出现了新泉。关于地震这一节，参见**康德**的**《1755 年的地震中诸多值得注意的事件的历史和自然描述》**，4 开本，哥尼斯贝格，1756；以及载**康德**的**《杂文集》**，第 1 卷，521 页及以下，哈勒，1799。

附释 3 最离奇的是起因于地震的海水摇晃的原因和根据，因为海水常常在之间的陆地丝毫感觉不到地震的时候晃动不已。这种现象也在上引著作中更详细地给予说明。

§ 50

人们可以把火山视为火穴，通过其穴口喷出与之相应的当量。

最长久并且在最古老的时代就已知的火山，仿佛是其余一切火山之父，是埃特纳火山。它在垂直高度上高于海平面 12 000 尺。因此，它的最高峰覆盖着雪，而它的底部则达若干里。在它的边上，通过各种各样的喷发产生了另外一些小山，但它们仍然都在大小上超过了维苏威火山，而且它们每一个都有自己的火山口。然而，它并不在任何时候都喷火，而是有若干世纪之久一直平静。就罗马人的历史所及，人们就已有埃特纳火山喷发的信息。

9〔264〕 与此相反，维苏威火山过去是一座秀丽的、有森林覆盖的山。自罗马建城以来，它在不早于韦斯巴芗时代喷发过火，关于这次爆发**普林尼**给我们留下了详细的报导（**《书信集》**，6，16），而且在这次爆发中，在本世纪才又在地下深处发现的城市赫库兰尼姆、庞贝和斯塔比奥均被掩埋。然而，维苏威火山也许曾经在更古老的时代里就喷发过火，尤其是，既然它在上面提到的那次喷发之后又平静了500年，并且长出了植被。

当这座山要开始喷发时，人们在那不勒斯及其附近就听到地下有粗重的噼啪声和隆隆声，就像一辆车的声音。此后从它的火山口冒出蒸汽柱，在白天看起来像烟柱，而在夜间看起来像火柱，但通常如**普林尼**所报导应当形同一棵树，也就是说，烟在开始时像一个柱子那样上升，然后被空气挤压向四面八方。随后，维苏威火山喷发出不计其数的火山灰，继而是许多大石头，其中也有浮石。屡屡也从它同时流出大量的热水；最后，流出来所谓的熔岩，一种溶化了的并且往往是金属类的物质，据说那不勒斯金匠甚至有时能够从中提炼出金。

在大多数情况下，这种熔岩以一种粥状的浓度出现，但有时它也如此易流动，以至于在短时间里就流数里之远。最终它变硬，甚至在那不勒斯能够被用做铺路。然而，埃特纳火山和维苏威火山的熔岩在某种程度上是彼此有别的。

维苏威火山的喷发多半只向南边和西边；而且由于一些葡萄要长得好就要求一种多石的土地，所以人们在它的北边和东边发现最好的葡萄，其中也有所谓的基督泪酒葡萄。如果维苏威火山不是离海这么近，它就会造成比它现在确实造成的更大得多的损害。

关于维苏威火山的喷发，我们的最初消息如上所说，出自赫库兰尼
9〔265〕 姆城被它的火山灰所覆盖，但可能同时也被地震所深埋的时代。人们在一次发掘时又发现了这座城市和其他两座上面提到的城市①，并在这些城市中发现了许多家用器具，其中也有一些绘画，其颜色多半还保存完好，只不过人们在这些画上不能发现任何光和阴影。这些绘画中有许多都是以湿墙画风格或者用石膏化的石灰石画成的。人们在这里很少发现书，而且既然书是写在苇草之上并且卷成筒子，也完全被火山灰覆盖，所以

---

① 人们在1689年和1711年就已经有一些较小的发现了，但只是自1788年才开始有计划地发掘。——科学院版编者注

必须非常小心谨慎地把它们展开，因此，哪怕只是要把几寸书展开，一位修士就往往必须用上三个星期之久。这是一项绝对适合修士来做的工作。值得注意的还有，古人给予书的名称主要取自苇草、韧皮和树皮。

既然人们现在①也发现了圆形露天剧场，并且在里面没有看到任何人，就像人们总的来说在赫库兰尼姆没有找到任何人一样，因而可能是全都及时逃离，甚至带走了所有的老人和孩子，所以人们猜测，它们当时恰恰不在圆形露天剧场，就像人们发现古代著作中也这样说。

在人们甚至一直继续挖掘到城市下面，亦即不是穿过熔岩，而是从熔岩一边挖掘之后，人们发现了一个更为古老得多的熔岩层。这是一个清晰的证明，看起来维苏威火山必定过去喷发过火。

但是，由于维苏威火山多半是在埃特纳火山停止喷发的时候开始喷发的，所以两座山必定相互之间也许有联系。

冰岛更多地属于美洲而不是属于欧洲，而且它的一半处于温带，而另一半则处于寒带②，它上面的海克拉火山喷发出大量的火山灰和水，水产生自它上面的数量惊人的雪。但是，据说人们在它上面没有察觉熔岩。

美洲的科托帕希火山属于科迪勒拉山脉，在其喷发方面遵守某些间歇期。因此，人们把它和所有这类火山视为只有一个口子的石灰窑。由于火借助其弹性把空气逐出，它离了空气也就不能继续燃烧；但这又把 9〔266〕
空气逼入，于是火又重新活跃起来。

火山从不完全独处，而是多半与其他更多的火山相联系。人们既在热带也在寒带发现了火山，尽管在寒带不像在热带那样频繁。

既然人们在一些山上发现大的山穴，并且在山穴下面还发现有烟，则这些山必定过去喷发过火，但在后来的时间里燃尽了，也把整座整座的岛屿燃尽了。在一般而言科隆附近和莱茵河畔的山脉上，人们觉察到环形山的痕迹。在很多的这些环形山上都有水洞③，这里过去不是水，而是喷发出火，将来也可能喷发火。就连在黑森也有很多环形山，人们在那里像在莱茵河畔一样大量出售凝灰岩，人们用它可以在水下砌墙。但

① 人们在1750年发现了赫库兰尼姆剧场。——科学院版编者注

② 北极圈接触到冰岛的北海岸。——科学院版编者注

③ 火山口不再被视为环形山，而是被视为火山活动的一个未成熟阶段的结果。——科学院版编者注

这种石头无非就是意大利人所说的“Tuff”。

在一次爆发之前，通常山上的一切都仿佛沸腾了。火山的烟应当是带电的，因为它像雷雨云一样造成闪电，甚至常常有骤雨伴随喷发。

从埃特纳火山流出的熔岩，在质量上大约等于4座相当于维苏威火山的山。在夜间，它像火一样发红，而当它冷却时，它就达到一种石头的坚硬，因此人们能够用它来修建教堂。然而，如果有新的熔岩袭入这样一座教堂，这座教堂就将溶化殆尽。熔岩流经常洞穿迎面而立的障碍，特别是当人们为它开辟道路的时候。土不易固着在熔岩上，尽管有火山灰的山下地区很肥沃并且长有树木，其直径达80寸。

但是，土是如何来到较老的熔岩上的呢？土是逐渐地生成的，因为在极平滑的石头上发生过这种事。空气首先把尘土携带到上面，然后在那里类似的成分越聚越多，直到最终由此产生一个真正的土层，但这必定持续很久。**布莱登**[①]看到尚未覆盖任何土的熔岩，并由此推论出，它必定还很年轻，尽管它是自布匿战争以来就流出的。

9〔267〕 如果人们在卡塔尼亚掘一口井，则人们就要穿过五六个被土覆盖的熔岩层，人们相信，为此就需要16 000年。

摩西说明了人类的年龄，但并未说明地球的年龄。地球可能早数千年之久就已经形成，也就是说，人们不可以被摩西的那种说明所限制，不给物理学根据留下空间。在上帝那里，像一天那样的时间用于创造太多，而用于形成地球则太少。

在秘鲁，有许多火山和很多因土而有植被的熔岩层，继之而起的又是新的荒芜。

附释1 关于维苏威火山和其他火山，除了**哈密尔顿**[②]的报导之外，也可以查阅**德农**[③]**的《别致的旅游》**，或者其在哥达出版的德文摘录，以

① 布莱登（Patrick Brydone，1741—1818）：《西西里和马耳他之旅》，见《致威廉·贝克福特书》（译自英文，1774）。——科学院版编者注

② 哈密尔顿（William Hamilton，1730—1803），自1764年始任驻那不勒斯公使，大力推动赫库兰尼姆和庞贝的发掘：《维苏威山上的考察》（伦敦，1772，德文版1773），《卡姆皮·弗莱格雷》（1776—1779），《论在庞贝的发现》（1777）。——科学院版编者注

③ 德农（Dominique de Non，1747—1825），法国科学院成员：《在那不勒斯和西西里的别致的旅游》。——科学院版编者注

及关于赫库兰尼姆和在那里发现的古迹的更多名著。关于莱茵河畔的山脉，除了更多的其他著作，参见**G.福斯特尔**①**关于下莱茵河的观点**等。

附释 2 地球比按照**摩西**的说明看起来所有的年龄更老，这自身有很多重大的可能性根据，甚至如人类的年龄，这一点从法国人新近在登德拉②发现的两个黄道带似乎就可以得到无可辩驳的说明。参见**冯·扎赫**③：**《每月通讯》**，第II卷，493页及以下。与此相反，好多自然研究者虽然能够清楚地看出，与应当从必须一切全靠自己的人出发来解释的相比，我们处在一个更高的文化阶段，却还一直喜欢停留在老的风格之中！

附释 3 我在这里还附上一些与本节有关的说明，主要是引自**《物理学和岩性学的团体旅游》，西普·布莱斯拉克**④著，由**庞莫瑞尔**⑤**将军从意大利文翻译，**2卷，巴黎，1801。

斯塔比奥不是被维苏威火山的火山灰所掩埋，而是甚至按照**普林尼**的报导，被苏拉摧毁。——维苏威火山并不喷发真正的火焰，而是如**普林尼**所称，在根本上是火红的石头。——火山凝灰岩不是出自一种淤泥的流出，而是出自过去喷发过的火山。——阿皮乌斯用浓稠的熔岩来铺设其军用道路，由此一座强大的军营从塞萨一直延伸到罗什蒙非纳。——在维苏威火山的不同地方，人们都发现了带有明显的珊瑚化石的凝灰岩块。这清晰地证明了维苏威火山是在海下开始燃烧的。但是，人们在喷发出的火山物质 9〔268〕
中也发现了如果在黑暗中摩擦就发出微红或者白色的光的物质。

§ 51

如果我们问地震产生的原因，则一些物理学家认为，它们可以从化

① 福斯特尔（Johann Georg Forster，1754—1794），约翰·莱因霍尔德·福斯特尔（参见上文234页注）的长子。此处引用的著作是与亚历山大·冯·洪堡一起于1790年的一次旅行的成果。——科学院版编者注

② 登德拉（Dendara，亦称 Dendera 或 Dendra），位于尼罗河左岸，底比斯向北一天的旅程。在供奉爱神哈索尔的神庙的一间祈祷室的屋顶上，人们发现了著名的黄道带。自1822年始，它存放在巴黎的埃及博物馆里。——科学院版编者注

③ 参见上文212页注。——科学院版编者注

④ 布莱斯拉克（Breislak），意大利地质学家。——科学院版编者注

⑤ 庞莫瑞尔（François Réné Jean de Pommereul，1745—1823），那不勒斯国王的将军。——科学院版编者注

学根据[①]推导出来。也就是说，他们认为，由空气风化的含硫砾石和随后落在上面的雨就是这种现象的真正原因。但是，既然含硫砾石只是在少数地层中遇到，但地震却通过如此辽阔的陆地传向更遥远的地方，所以地震也许可以更多地从力学原因推导出来。

那不勒斯及其附近的噼啪声和隆隆声就像是风，因而也许会是穿透所有地下空穴并在地球表面寻找一个出路的蒸汽。空气可能严重受挤压，由此获得一种带电性状。人们甚至计算出，被另一个计为地球半径 1/7 的气柱压迫的空气，会获得与金相同的密度。但这里产生的困难是，大气层在这种情况下是否会被地下的蒸汽增大？不过，它似乎所承受的损耗与它所获得的增长一样大，因为含硫蒸汽将吞噬大量的空气。此外，许多空气事关人、动物和植物的发汗，而且人们注意到，空气在人的重量上占有一个很大的份额。

人们也发现空气像水一样如此被异质的物质所充满，以至于不知道真正说来应当把什么样的分量归于空气。而且也很可能出现在我们的头顶的一切过去都曾在我们的脚下。我们甚至在海洋中发现火山，只不过这些火山由于烟很难穿透水而不那么明显罢了。以这种方式，只是在几年前，就在安的列斯群岛产生了两座岛，而且由此可以推论出所有岛屿，至少是很多岛屿的产生方式。既然人们经常在海上察觉的烟使人除了据
9〔269〕 说时而浮上水面的浮石，还可以揣测海中存在很多火山，所以，人们也就必须想到作为其根据的力学原因。

地球似乎是首先从上面完善的，但在其内部却久久未达到成熟，以至于还有一些部分被引向地球的中心；一些分子下沉，另一些分子上升[②]；甚至，看起来就好像地球一旦达到其全部完成，就会不再适宜居住似的，因为在只有太阳和月球对地球的影响的情况下，由于可能缺少气候的变化，所有种类的生物都难以继续繁衍。[③]

在地球内部的这种混沌状态中，必然在地球臻于成熟的厚重外壳之下有许多空穴和通道，空气被锁定在里面，而且看来正是这种空气在通过火山寻找出路，并通过其力量携出大量的物质。似乎就是它引起了地

① 参见上文 258 页和 260 页注。——科学院版编者注

② 参见下文 273、297 页。——科学院版编者注

③ 参见上文 261 页。——科学院版编者注

震，因为这种空气与火山有一种极为可能的联系，人们注意到，当一场地震停止时，埃特纳火山就开始喷发。但人们不能反过来说，在有火山的地方，就必定也有地震。地震和喷发交替进行；后者清空地下的火，对远方的地区是有益的，尽管它们将离得最近的地区夷为平地。

由于人们从未能够揭示火山物质从中抛出的深处，所以，地球的外壳绝对是厚重的。

如果我们假定，地球的外壳到处都是同样厚的，那么，我们同时就看到了地震在海洋不像在邻近的海岬那样剧烈的原因。也就是说，在海洋，被封锁的空气除了到处都同样厚的地壳还必须抬起大量的水，因此就转向不能产生同样强烈的阻抗的地方。

火是在山顶爆发的。那里不存在山借以产生的喷发原因。山是由在水中产生的地层构成的，因而山必然是通过爆发产生的。① 在水蒸气和地 9〔270〕
下混沌的物质停止喷发时，这类山就抛出一种燃烧的物质。

在意大利，人们发现一种从火山的喷发产生的火山灰山。在高加索山脉，人们还发现仿佛是从地球流涌出的山。② 人们还遇到一些岛屿，在其中人们发现了与通常的岛屿完全不同的地层，例如一层沙，然后是一层蓝色的陶土。因此，这样的岛屿必定是以一种类似的方式产生的。所以，我们就居住在可怕的废墟上。

§ 52

如果就一个物体而言既衡量其形状也衡量其结构，那么，人们就必须也研究其由以复合而成的混合料或者部分。因此，我们想借此机会：

1. 衡量石头各部分的联系；

2. 但也衡量各地层③本身。

因为一般而言要注意的是，在地震或者其他破坏不造成变化的地方，物质就以某种秩序上下堆积，尽管如此这种秩序并不是在所有陆地都相

① 参见上文 267 页和《康德全集》，第 XIV 卷，605、612、617 页，第 100 条。——科学院版编者注

② 参见上文 241 页注。——科学院版编者注

③ 参见下文 299 页和《康德全集》，第 XIV 卷，608～609 页，第 99 条。——科学院版编者注

同。如果每一块陆地都探究自己的地基，就会产生一门 Geographia subterranea［地下地理学］，一位法国人也确实在这方面作出了最佳的尝试。

地球一般而言绝不可以被视为混杂物质的垃圾堆或者团块，而是它分位置和层次展开，泉源的可能性就基于位置和层次。因为如果地球只是彼此混杂的物质的一个垃圾堆，那么，就不会有任何泉源。事实上有由这里混杂的物质构成的岛屿，因此在这些岛屿上也找不到任何泉源，例如阿森松岛。

几乎到处，我们这个天体都覆盖着一种由腐烂的植物产生的所谓熟土，它自罗马人的时代、大约从2世纪开始，就增长约6尺，这从一个矿
9〔271〕山的非金属性石头被分离出来所抛向的地方就可以看出。但是，既然构成熟土的一个部分的庄稼每年被收割并被人消费，因而也不能腐烂，所以熟土在我们这里就必定不断减少，这样的事情，在山体滑坡时，亦即在位于那里的耕地下沉时就看得出来。

在熟土或者腐殖土之后是生土，它通常很薄，然后是陶土，它必定曾是腐殖土，就像钙质土一样，它似乎是一种海洋动物土，因为在所有的石灰石中都有碱性的东西，它源自古代的贝壳类动物。

在这些土层之后是各种各样的沙层：砾沙、飞沙、泉沙和流沙，然后是一个原土层。这些地层上下堆叠，厚度不同；但一个地方的一个土层具有什么样的厚度，该厚度就一直延伸到该地层延伸到的地方。人们把各层的厚度称为地层，但在矿井中特称为矿层。如果一个地层具有某些产物，则别的地层就没有这些产品，因此在地层形成时必须发生过巨变。

地层不是水平的，而是与陆地表面一样。也就是说，陆地是倾斜的，使得水得以穿通。如果在一个地方一个地层深200尺，则该地层在白天就离得远了。

石山以一个普遍的名称被称为岩山，尽管岩是石的一个特殊种类，就像我们用来铺楼梯和阶梯的石头，首先是由某些发光的部分或者晶石，然后是由某种板岩，人们称之为云母，最后是由松软的树心构成的。

岩山多半处在陆脊①上，陆脊就是山脉的部分，在这里诸山的尖顶仿佛会聚成一群，也继续一直延伸到陆脊下，直到最终消失在各地层中。

① 参见上文240页。——科学院版编者注

山里的地层要么是完全地，要么是矿层状排列的。群山的通道是山中的裂缝，它们一直延伸到一个永恒的深渊，也就是说，它们在另一边没有缺口，并且是垂直的。它们要么是空的，要么为一种物质所充满。多数情况下在它们里面流涌出石头的汁液①，这汁液随后变硬，并转变为 9〔272〕
金属。因此，人们也在这些脉岩里发现极珍贵的金属，如金和银。在这些通道的上方和下面，有其余的不含矿石的脉岩（脉岩就叫做石头，山主要由它构成）。但是，金属，特别是金和银并不是直接地，而是凭借一种精细的材料以及来自两方面的一种叫做**脉壁带**的物质与其余的粗糙脉岩相联系，后者位于通道上方的被称为**顶层**，位于通道下方的被称为**底层**。但脉岩从上面最接近通道的部分叫做通道的**顶盖**，与此相反，在下面最接近通道的部分则叫做通道的**巷底**。但是，这种通道常常是沿着一条直线穿过其他山，因此，其方向在想象中延长的通道叫做**走向**，但它朝地球穿过山的方向则叫做它的**下落**。山的走向往往被打断。

在成层岩中，石头的层次是这样排列的，它们是水平的或者与地平线成 45 度角，而且有一个在成层岩中被置换的裂缝，作为山两边的开端和终点。它们多半围绕着脉岩，几乎根本不包含金属，而且如果在它们里面还有某种金属，则取决于包含在脉岩中的层次。例如，如果脉岩中有金，则在成层岩中也可能发现某种东西。通常在成层岩上才有熟土，继而是钙质土，此后是蓝黑色的板岩，此外有大理石，后者无非是能够磨光的钙质土。最后，人们遇到石煤层，然后遇到一种红土②。在这些成层岩的板岩中，人们看到蕨类植物、鱼等等极为清晰的印痕，而上面的板岩就像一个大池塘。

古代世界的许多遗迹表明，成层岩早在世界有人居住的时代里就已经从当时尚为流体的脉岩③的流下来的物质中产生，而且后者在此之前存在很久了。这一点也还由此得到证实，即下面的地层并没有很久的时间是流体的，而且上面的地层必定事先变硬了，因为下面的地层在压力大 9〔273〕
的一边变薄了，而在另一边则变厚了。

① 参见上文 256 页。矿床的矿脉内容可能是水溶液的沉淀，或者也可能是热的喷发物的升华产品。——科学院版编者注

② 赤底统，属于二迭系，位于煤层上面。——科学院版编者注

③ 参见下文 300 页。——科学院版编者注

在**戈特哈德**[①]发现一个地区很常见的石头在另一个地区根本见不到之后，他最终揭示，地球物质的种类是划分为界的，最大的部分是金属类的，中间的、被前一个部分包围的界由泥灰岩构成，然后是最后的界，就连普鲁士也处在它内部，是砂岩类的。

附释 如果一个物体是彻底完善的，它的各部分有一个永恒的和固定的位置，那么，这些部分，从而甚至整个物体也就在其内部是不能变化的。但现在，既然在地球上发生了它自身的如此花样繁多的变化，这些变化被错误地从太阳和月球的影响推导出来，所以人们就揣测，地球在其内部尚未臻于完善。由于磁针在地球的每个点上都指向北方，所以其原因必须在地球内部或者中心来寻找。但由于磁针每年在大多数情况下偏离北方 2/3 度（1766 年磁针在但泽直指北方，但现在却偏离了 12 度），所以人们推论，其原因是变化的，因此在地球内部尚未一切臻于完善。

泉和井的历史

§53 论泉和井的原因[②]

关于泉的原因，在现时代的自然研究者们那里流行的意见是：它们是从渗入地球的地层并在一个低的地方流出来的雨水和雪水产生的。[③]

也就是说，地球最上面的外壳是由不同物质的地层构成的，这些地层呈树叶状叠放在一起，对此，后面[④]将谈到更多的东西。雨水通过沙、砾石、松土这些不太密的地层渗入，一直达到一个紧固的、黏土的基底，在这里它不能继续向下降；然后，它继续沿着它所停留的地层的斜坡缓
9〔274〕 缓流动，造成不同的脉络，并在一个低的地方冒出来，由此就产生一眼泉；即使一段时间不下雨，泉也长期维持，因为水只是缓慢地从泉流出，但却从一大片邻近的陆地获得逐渐的注入，而且太阳也未使土中的湿气

① 戈特哈德（Gotthard），指居塔德（Guettard）。——科学院版编者注

② 第 53 节的编排在林克版中陷入了混乱。参见阿迪克斯：《康德的自然地理学研究》，227 页，第 20 条。——科学院版编者注

③ 参见上文 270 页。——科学院版编者注

④ 参见第 76 节。——科学院版编者注

变干。

这就是**马里奥特**、**哈雷**和其他更多的人的意见。① 对其不利的困难是：雨在一块干燥的土地上渗透不超过 2 尺，但在掘井时常常发现超过 100 尺深的泉脉。但对此的回答是：

首先，通过地隙和裂缝，水在连绵雨之后渗入煤井约 250 尺，渗入矿井约 1 600 尺深。

其次，如果人们假定一个倾斜的黏土层 ab，它在 a 处露出地面，而且在它上面有一座山，那么，落在它上面的雨水就通过所形成的微细脉络沿 ab 方向向山流去，因此如果在山的最高峰掘一口井 cd，就发现这里的泉脉，但它们不能够从落在山上的雨水，而是要从落在山之外的平原上，并且在通过山继续延伸的倾斜地层上急速流过的雨水推导出来。众所周知，往往能够在高山上发现泉源，例如在海角旁的断层山、平顶山等等。但人们在仔细地研究时发现，毕竟山的一个部分比在山上发源的泉位置更高。

其三，一些泉在极其干旱时也毫不减弱地继续流淌。这是因为地层深的缘故，这些地层一旦吸满了水，就长久地保持湿润，因为它们幅员辽阔却只给泉源提供一小部分。

与此相反，用来证实这种意见的是：在很少下雨的阿拉伯，十分干旱的沙漠里也有一些小的泉源，大多数泉源在很少下雨的一年里水量普遍减少，甚至完全干涸，等等。

因此，**笛卡尔**②是这样解释井的起源的。他说：在山的内部有开阔的 9〔275〕
空穴，其中因许多通向海洋的通道而有海水，海水凭借地下的热而转化为蒸汽，而当蒸汽涌入地球的最上层时，它就形成了不断涌流的泉。某位耶稣会士③和**佩罗特**④用实例证实了**笛卡尔**的这种意见，但我们按照我

---

① 关于马里奥特和哈雷的生平，参见上文 246 页注和 202 页注。马里奥特通过计算证明，雨水的量超过了河水的量，因而完全足以供给泉与河（《论泉的起源》，1686）。哈雷的计算表明，海洋的蒸发大大超过由河水而来的补给（《哲学学报》，1687、1694）。关于泉的问题的历史发展，参见维索茨基：《地理学中的时代思潮》（1897），1～95 页。——科学院版编者注

② 笛卡尔谈到过泉的形成：《哲学原理》，第 IV 卷，第 64～65 节。——科学院版编者注

③ 弗朗索瓦神父在其作品《水的科学》（1653）中为地下空穴的理论辩护。——科学院版编者注

④ 佩罗特（参见上文 249 页注）在其匿名出版的作品《论泉的起源》（巴黎，1674）中根据计算主张泉的大气起源的观点。参见阿迪克斯：《康德的自然地理学研究》，228 页，第 21 条。——科学院版编者注

们的假说也能够毫无困难地解释这种意见。

§ 54 特殊种类的泉和井

一些井是周期性涌流的。它们中的一些可以通过雪的融化，另一些可以通过水力学的例子，还有一些看起来可以通过月球的作用得到解释，冰岛的许多与落潮和涨潮保持同步的泉都属于后者。第一种的实例在瑞士、意大利、法国和其他地方常见，此外在帕德博恩主教管区有博尔德泉，它每隔 6 小时就消失，然后以一声咆哮重现。有甜水泉，如在托莱多，它上面甜似糖，下面却有些酸。在德国，有数百酸井，这些井包含有 Crocum Martis［战神番红色染料］。有一些是苦的，许多是咸的，还有许多含有铁元素或者其他矿物质，有一些带有金。在匈牙利的诺伊索尔，在萨克森和冰岛，都有一些泉，它们滴出一种硫酸盐湿气，这种湿气含铜，带有所谓的解水，人们用它能把铁转化为铜。一些泉把置于上面的物体石化。秘鲁瓜纳巴利卡的一眼热井注入邻近的田地，并转化为石头。一些泉在有光接近时就着火。也有一些井，在其水上面漂浮着油或者石油，它由于散发出的可燃蒸汽而仿佛是招来火。在巴格达，每天都汲出约 100 000 磅石油。也有一些很冷的井，它们具有这种冷的属性，要么是由于它们由以获得注入的泉脉很深，
9〔276〕因而不能被太阳加热，要么是由于水在石膏上流淌。[①] 含矿的山区极多的井都有很热的水，比德国、匈牙利、意大利等等的热水浴还热。在冰岛，有不同的温井，其中有一个叫做盖瑟的井同时喷水很高，放一块肉在里面半个小时就煮熟。在日本有类似的事情。所有这些水，例如在卡尔斯巴登，要冷却到人的肉体能忍受的程度，都必须等若干小时。尽管它如此热，要它烧开，却必须把它置在火上与通常的冷水同样长的时间。[②] 原因在于矿物质成分，它们通过矿物质成分吸收空气，凭借它变热、同时变重。[③]

---

① 参见上文 258 页。——科学院版编者注

② 参见上文 253 页。——科学院版编者注

③ 参见阿迪克斯：《康德的自然地理学研究》，216 页，最后一段。——科学院版编者注

河流的历史

§ 55　论河流的起源

河流产生自把自己的水汇合起来的溪流，溪流产生自泉源，而泉源最终产生自雨和雪。

如果计算一条河流在一年里注入海洋的水量，那么，就会发现落到将自己的水提供到河槽中去的那块陆地地面的雨水和雪水的量，大得足以不仅维持溪流和由它们产生的江河，而且足以构成露水、植物的生长和又从陆地蒸发的水。[①] 这一点由此得到证实，即在长期干旱之后水也减少；在很少下雨的地方，如阿拉伯，也很少产生河流；常年下雨的多山地区，如阿比西尼亚，在秘鲁有科迪勒拉等等，也包含着最为可观的河流的泉源。因此，当然有海水和河水的一种循环，但不是人们通常想象的那种，亦即不是从海洋在陆地下面一直流进陆地的空穴，再从这里流进海洋[②]，而是通过从海洋升起的蒸汽，仿佛是凭借一种蒸馏，因为它们被转变为云、雨和雪，并落到陆地的地面。

§ 56　论河流的运动和斜坡　9〔277〕

由于要使一条河流持续其入海的流程，陆地就必须有从该河流的泉源直到海洋的一道不间断的斜坡，所以值得注意的是，陆地在如此大的距离上，像例如南美洲就亚马孙河的长度而言，约 800 里之遥有一道整齐划一的斜坡，直到海洋。因为如果它时而有大的弯曲和凹陷，河流就会沿途形成很多辽阔的湖。

所有的河流并不具有同样陡峭的斜坡。从亚马孙河发源的科迪勒拉山脉，产生了许多注入太平洋的湍急溪流。最后的斜坡比最初的斜坡陡得多。流经巴黎的塞纳河在 6 000 尺远只有 1 尺的落差，但卢瓦尔河却 3

① 参见上文 274 页；也请参见 203、206 页。——科学院版编者注

② 康德在这里反对笛卡尔关于泉的产生的学说（参见上文 275 页及其注）。——科学院版编者注

倍于它。**瓦伦**和**屈恩**①的失误②。

一条河的速度应当在其流程的整个长度上增长，但由于它在邻近自己的出海口时变得更宽，而且其斜坡在这里也几乎不再有，所以它在这里流动比任何地方都更慢。

§57 河流的一些特殊的奇观③

大河的方向通常都与其源泉所在的最高山脉的方向成直角，因为这条路径是由此到海洋的最短路径。不过，如果两侧同时有两个山系，至少有两个陆脊，则河流就取道二者之间的谷地，从两侧发源的溪流都注入这谷地。它们在邻近其发源的地方都有比邻近出海口时更高的河岸。它们也有少许弯曲，而且河岸在构成一个凹角（Angle rentrant）时比在构成一个凸角（Angle saillant）时更高。例如，河岸 a 比对岸 b 高，河岸 c 比河岸 d 高。这是由于谷地的本性，谷地在两个倾斜度不同的高地之间，在邻近最陡峭的高地时最深。

河流逐渐地摧毁较高的河岸，把冲刷下来的土和沙卸在较低的河岸，
9〔278〕一条河的河床频繁改变，原因就在于此。因此，人们常常建起防波堤，但它也屡屡只是让河流更加紊乱。人们时而在莱茵河、在基洪河和其他河流发现干涸的河床。对于后者来说，它借以注入里海的各支流现在已淤塞，它几乎是独自流入咸海。

§58 论地球上最可观的河流

流程最长的河流是尼罗河、尼日尔河、塞内加尔河、发源于蒙古边界并流入北冰洋的叶尼塞河、黄河、亚马孙河、锡尔弗河、圣劳伦修斯

---

① 瓦伦，参见《康德全集》，第Ⅰ卷，444 页注；屈恩（Heinrich Kuehn，1690—1769），法学家和数学家，但泽自然研究协会的创始人之一。——科学院版编者注

② 这种失误关涉河流的落差及其与地表形状的关系（鲁洛夫斯：《地球的数学知识和物理学知识导论》，第 33、385、386 节，1755）。——科学院版编者注

③ 关于第 57 节和第 59 节，参见《康德全集》，第 XIV 卷，546 页，第 87 条：《论河流的河床》；548 页，第 88 条：《论河流的河床的形状》；551 页，第 89 条：《论这种形状的用途》。——科学院版编者注

河和密西西比河。此外属于此列的还有多瑙河、奥比河和恒河。

§59 对一条河造成河床的方式的说明

对于大多数河流来说，人们都发现，它们的河床常常比位于两侧的陆地高很多，尤其是在邻近出海口的地方，例如莱茵河、波河等等。有时，人们看到它们通过狭窄的隘口畅流在高高的两岸之间，两岸像墙一样从两边围着它们。亚马孙河在离其源头不远的地方就是这样，以及罗讷河在从瑞士流到法国时，等等。

人们很容易猜出，在尚未完全形成的地球的最初状态中，水从山脉注入山谷，因此水不仅达到海洋，而且也浩瀚无垠地淹没了陆地，因为沿途的许多起伏迫使河流经常注满大的谷地和分成许多支流。然而，既然水在遇到最陡的斜坡的地方也流动最快，所以必然时而有一股比别的地方流动更快的水。水在这种原初状态中必然携带大量溶解了的泥浆，它不可能沿着其激流的方向置放这种泥浆，而是把它置放在边上；因此， 9〔279〕
它就一直把两侧的地面抬高，直到河岸高得足以容纳所有的水，这样，河流就形成了自己的河床。

在河流冲倒陡峭的高地或者以湍急的速度流下一块地面的地区，它一直在改造这块地面，并把撕扯下的泥浆携带到低的地区，直到它完全得到一种缓和的速度。因此，人们在所有河流发源地附近都看到它们在高高的河岸之间流动。

有时，河岸就像陡峭的墙，例如在罗讷河从瑞士转向法国的时候，以及在亚马孙河发源地附近。所以，大多数河流在大多数地方都无法通航，除非是在地面多岩石、不那么容易被河流改造的地区。

关于地球被河流改变，要进一步说些相关的东西。①

§60 论瀑布和河流的其他运动

莱茵河有各种瀑布。**沙夫豪森**的瀑布垂直高达 75 尺。意大利的**韦利**

① 参见下文第 74 节，第 2 段（296～297 页）。

诺瀑布从垂直 200 尺的高度落下。世界上最高的瀑布是南美洲的**波哥大河**的瀑布，垂直 1 200 尺落下。然而，北美洲的**尼亚加拉河**的瀑布仍然是最可怕的瀑布，因为这条河非常宽，垂直 150 尺落下。

瀑布的特殊现象只出现在河流流经多岩石的地面的地方，人们在**尼罗河**的瀑布上也看到这一点。西鞑靼的**通古斯卡河**流过一条半里地远的倾斜的、多岩石的河段，其咆哮声 5 里地外都能听见。**底格里斯河**和**尼日尔河**有同样的情况。

关于一段时间在地下流动、然后又重新出现的河流，要注意的是**瓜迪亚纳河**，它如人们所说，之所以具有这种属性，乃是因为它只在深谷中流动。**格雷塔河**是约克郡的一条河，它确实在地下流半里远。

9〔280〕 一些河流在到达海洋之前就干涸了。例如，莱茵河在离莱顿不远的卡特韦克处的支流，中国属鞑靼的**霍托姆尼河**，以及波斯和沙特阿拉伯的许多河流。

一些流程很远的河流，例如**亚马孙河**、**塞内加尔河**，在离海若干里的地方有落潮和涨潮。一些河流的运动在它注入的海洋里很远还能察觉，例如**亚马孙河**。不过，没有一条河像关于多瑙河在黑海中，关于罗讷河在日内瓦湖，关于莱茵河在博登湖中所说的那样，在海中有其特别明显的水流，尽管河流使海水在离海岸很远的地方还是淡的，尤其是**亚马孙河**和 40 里宽的**拉普拉塔河**。最后，也还有一些河流穿海而过。

§ 61　论河流的泛滥

一些河流特别是在其入海口附近，在特定的时间漫上岸，淹没周围比河床更低的陆地。原因是河流发源的山区的雨和融化的雪。

在所有这样的河流中，**尼罗河**是最重要的。它在六月初就涨水，并完全淹没埃及，不过居民们通过用不同的渠道以及加高渠道来把水引导到田地里，而获益良多。埃及在此时就是一个海洋，城市和村庄就是海中的岛屿。在九月初，尼罗河又退回到自己的河岸内。

这种泛滥的原因是此时在埃及山区下的雨。部分地还有北风，它正吹向**尼罗河**的入海口，把河水逼回去。在泛滥时鼠疫中止，尽管它在一年的其余时间里肆虐。如果水只上升 12 尺高，就要担心物价上涨了，如果上升 16 尺高，那就是丰衣足食，18 尺或者 20 尺就太多了。从前，**尼罗河**应当淹没陆地比现在更深，因为陆地已经通过泥浆淤积而升高。既然在热带是在特定的时间雨季到来，所以毫不奇怪，河流是在某些时间 9〔281〕
保持泛滥，例如尼罗河、印度河和恒河。

§62 论水或者河流所携带的物质

由于水的源泉要么携带铁分子，要么携带松动的土和盐粒子，以及其他矿物质，所以一条河的水比另一条河的水轻，就毫不奇怪了。通常，注入大河的小河的水比大河重。**内卡河**的水比**莱茵河水更重**，同样，在**美因兹**汇入莱茵河的**美因河**、在**科布伦茨**汇入莱茵河的**摩泽尔河**，水都比莱茵河水更重，人们也可以把容器按入水中来认识这一点。原因在于混杂着土和其他成分在一条小河中流淌的水，一旦注入一条宽阔的河床，就更容易使它携带的物质沉淀。但另一方面，不同的水的混合也能促成其各自携带的物质沉淀。泰晤士河的水[①]因在漫长的入海流程中保持最好，且即使发臭也自己净化而著名。也许这是因为隐秘的煤精，煤精含有硫，硫通常也使葡萄酒能长期贮放。

不同的河流带有金砂，在欧洲有莱茵河、罗讷河。这些河连同帕克托鲁斯河和底格里斯河，均尤其因此而著名。在几内亚的黄金海岸，现在从溪流中采集金砂，尤其是在暴雨后。它从何而来，以及它如何被分离。

① 关于对此的解释，参见阿迪克斯：《一部新发现的依据康德的自然地理学讲演的听课笔记》，71 页。——科学院版编者注

9〔282〕
第三卷

大气层

§63 大气圈的历史

大气圈的压力相当于地球被32莱茵尺①高的海水所覆盖的重量。由于空气是通过压在它上面的负担而紧缩的，所以，它越接近中心，就必定越密；甚至，如果它的压缩一直进行下去，它就会在一个7德里的深度上超过水的重量；但在一个不到地球半径1/3的深度上，它就会比金子更密了。如果加上地下的加热，空气的密度会大大加强地震时地球的震动。②

人们把大气层分成几个区域，最下面的区域从海面一直到雪在夏季不再融化的高度。这第一个区域并非在地球的所有地区都同样高。在赤道的热带，雪不再融化的山的高度不低于3/4德里；在温带开始的地方只有半德里，在阿尔卑斯山只有1/4德里，而在极地差不多等于海平面。③

第二个区域在第一个区域的终点开始，一直到云上升的最大高度。这后一个区域的高度在地球的任何地方都不能完全确定。云时而高，时而低。一般而言，它们似乎不会升高到海平面以上1德里之外。如果人
9〔283〕们想把这第二个区域一直延伸到发光的气象，例如北极光、流星等等产生的地方，则就会需要许多德里来规定它的高度了。

最后一个区域开始于第二个区域终止的地方，一直达到大气圈的边界。人们用曙光的高度来规定大气圈，它被认为高达9.5德里。④

空气有以下属性：

其一，它是湿润的。虽然所有的空气都有湿气，但如果这种湿气被

① 约1026厘米。——科学院版编者注

② 参见上文260、269页。——科学院版编者注

③ 参见上文252页和249页注。——科学院版编者注

④ 从朝霞和晚霞的表现出发，其反射力还大得足以把光线投射到地表的气层的最高高度被计算为79～350公里。——科学院版编者注

分配到它们的间隙中，它们就是明朗的，被认为是干燥的。在一些地区，空气过度地含有潮湿的蒸汽，就像在沼泽地区和森林地区，例如在巴拿马地峡的北部地区。

其二，它是很干燥的，如在波斯、阿拉伯和上埃及，那里人们必须通过房间里的人工喷泉或者喷洒水来使空气湿润，若不然，空气就会对肺有害。

其三，它含有盐；例如硝酸，人们用为此而准备的土把它从空气中吸出来。因此，波斯和海角附近被盐覆盖的田地大概是从雨水在含盐的土地上冲刷出来并带到较低的田地上的东西中得到它们的盐的。也许还有些食盐精，因而就有亚速尔群岛的防腐空气。此外有从空气中生出的墙硝①。它也时而多少不等地保持着含油，甚至含矿物质的成分。海洋空气具有与陆地空气不同的属性。

其四，一些空气是很纯净的；因此，在波斯、阿拉伯和迦勒底就有宁静明朗的星光，它也许使这些地区的天文学变得更容易，尤其是因为人们在这里整个六月露宿在房顶上。

其五，一些空气因其有益于健康，另一些空气因其有害于健康而著称。所有林木茂密和多泥泞的地区都由于其静止的湿气而有害于健康，并造成发烧。例如，**弗吉尼亚**在殖民初期就是这样；尤其是当极度的炎热与这种湿气相结合的时候，如在**贝卢港**②。如果溢出的海水在陆地的水 9〔284〕
注中腐坏，像在苏门答腊那样，或者也有扬起的河水，像在暹罗那样，这水就造成疾病和发烧。论地方病（鼠疫、麻风和黄热病）和原初的接触性传染病，如小儿天花和维纳斯瘟疫。

其六，一些地方的空气似乎不能容忍某些寄生虫和动物。在奥格斯堡、马耳他和坎贾就没有老鼠；在戈佐岛、伊维萨岛没有毒蛇，在冰岛根本没有有毒的动物，在符滕堡的艾恩西德尔猎舍没有老鼠。**科尔布**③报导说，欧洲人在来到海角时失去了他们通常在其船上或衣服上带来的寄生虫，并且永不重获它们。与此相反，霍屯督人由于其令人作呕的生活

① 墙硝或者硝蚀是潮湿的旧墙上的一种毛茸茸的白色涂层状的盐霜（风化）。——科学院版编者注

② 在巴拿马地峡。——科学院版编者注

③ 参见《康德全集》，第II卷，11页注。——科学院版编者注

方式而有大量的寄生虫。

人们极为可能地用蒸汽的白色微光来解释空气的蓝颜色，在空的空间的黑色背景上就看到这种微光，而它之所以是蓝颜色，乃是因为在黑色上面薄薄地涂上白色，就造成蓝色。

§64　论一般的风①

风对空气来说，就是海流对海洋来说所是的东西。它也和海洋一样很受陆地和山的方向限制。就像两股相反的海流造成海漩涡，两股在不同的方向上相互作用的风也造成旋风。

持久的风的最重要的原因如下：

其一，如果一个气域比别的气域受热更多，例如陆地上的气域比海上的受热更多，那么，它就对后者退让，因为它比那较冷的空气轻，而这就在受热的位置上产生风，而且只要该地的受热优势在持续，风也就持续不停。

其二，如果一个气域逐渐地变冷，则它就缩小，失去其张力，并为
9〔285〕热空气腾出位置，使其朝它流动。当初秋极北的空气开始变冷时，南方的空气就向北流动，只要热的增加还在持续，而此后它又返回。②

其三，在发生持续时间不久的骤雨时，从土中冒出的含硫蒸汽和含矿物质蒸汽削弱空气的弹性或者陷入骚动，就是不相同的、相互撞击的风的原因，这些风最初相互阻抗并造成风停，然后就激烈地相互施压，并造成可怖的大暴雨和山呼海啸的风暴。③ 此外，激烈的阵雨或者冰雹亦造成可能很猛烈的风。

海员们关于风所做的划分如下：他们采用四个主方位：**北**、**东**、**南**、**西**。然后，他们把地平线每道包含在两个主方位之间的弧线划分为两个

① 关于第64、68和71节，参见阿迪克斯：《一部新发现的依据康德的自然地理学讲演的听课笔记》，71～76页。——科学院版编者注

② 关于这种观点，参见下文290页：“但此后，……海上”；以及《康德全集》，第Ⅰ卷，494页。对于风的产生来说，适用于白贝罗定律：空气从较高气压的地区流向较低气压的地区，并被地球自转偏转方向。——科学院版编者注

③ 康德也把从土中冒出的蒸汽假定为地震的原因，参见上文268、269页。——科学院版编者注

相等的部分。它们叫做：**北东**、**南东**、**北西**、**南西**。字母是这么排列的，北和南总是首先出现。然后，它们把这些划分为四分之一弧，而且他们总是把他们最邻近的主方位置于上述称谓之前：**北北东**、**东北东**、**东南东**、**南南西**、**西南西**、**西北西**、**北北西**。第四个序列的风是通过他们把上述弧再等分、保留上述称谓并仅仅指出它们最接近哪个主方位而产生的，而这是借助于介词“向”。例如：**西北西向西**、**东北东向东**。① 所有这些划分就构成23种风。

§65 按照其潮湿、干燥、热、冷和有益于健康等属性对风的划分

晚风在大多数地区都是潮湿的，且也在全世界都是潮湿的，除非它们掠过焦枯的地面，如在波斯掠过阿拉伯的晚风。

若有掠过或近或远的海洋的西风，则它永远是潮湿的。② 与此相反，东风即便来自更辽阔的海洋，也多半是干燥的。

在**菲律宾群岛**，每年有两种季风占支配地位，**东北风**支配着秋季和 9〔286〕
冬季诸月，然后是**西南风**支配着其余的时间。东北风即便吹过南海，也是干燥的。类似的情况在东印度和西印度可以发现，例如在**新卡塔赫纳**地区。

吹过大西洋并且通常只造成潮湿天气的西南风，却据说导致晴朗和干燥的天气。与此相反，惟有西风是潮湿的。这种情况也发生在太平洋上，那里东风提供晴朗的天气，但吹过海洋的西风却是多雨的。原因应当在如下情况中得到解释。

如果风携带的空气比人体更冷，则人就**觉得冷**。但如果它携带的空气比人体热，则**风的速度越快**，就越**使人热**。这样的热风时而可以在热带遇到，如埃及的**沙漠风**，尤其波斯、阿拉伯和叙利亚的**萨米尔风**是最令人讨厌的风。它们吹来时带着一阵炎热，就好像是来自一个火炉。这种**萨米尔风**看起来略呈红色。主要是在六月至八月刮着这种风，特别是

① 参见阿迪克斯：《康德的自然地理学研究》，231页，第29条。——科学院版编者注

② 参见康德的《自然地理学课程纲要与预告》，关于西风的附录，见《康德全集》，第II卷，10～11页。——科学院版编者注

在波斯湾可察觉到它。波斯人认为，它是从一种被称做**格尔巴萨摩亚**、常常生长在克尔曼荒漠的野草获得其有毒的属性的，因为掠过这种野草的风带走了它的花粉。但是，似乎更为接近真理的是，由于所有这些地区，特别是在其土地中，都含有许多石油，波斯风携带的盐粒子的酸就与这些含油的气体①一起沸腾，变热，并造成红的颜色。萨米尔风如果强烈，能迅速致人于死地。关于以色列人的暴死和辛那赫里布的军队的意见。

在阿拉伯，此外在埃及沙漠中，也有把旅行者埋在沙中的风。因此，就产生出未经涂防腐香料的木乃伊。

来自高山顶上的风都是冷的；因此，甚至在几内亚，来自坐落在大陆内部的山脉的东北风（特雷诺风）很干很冷，其风势相互对立，先是
9〔287〕 造成风停，然后就是骤雨、阵雨和雷雨。雷雨主要产生自两股风的对立，这两个风把带有不同电的云混杂在一起，因而在雷雨之后常常风发生变化，而雷雨通常是顶着风来临的。

在**印度海**或者**埃塞俄比亚海**，在两个半年里有两种交替的风前后相继，它们在相互接替的时候首先造成风停，继而造成从所有地方绕着罗盘无序地乱刮一气，但最后是造成风暴、阵雨和雷雨，它们如果顶多刮半个小时，就叫做龙卷风；但如果刮上数个小时，甚至数天，就叫做乱风。

在离**塞拉利昂**海岸朝西不远的地方，有一个人们称之为“龙卷风之地”的地方，那里占支配地位的是与风暴、几乎下个不停的雨和雷雨交替的风停。

在**墨西哥湾**，在西北风交替的时候，一种低矮的乌云升到地平面数度以上；人们把这种云称为**北云**；然后开始从西北方刮起狂风，人们称之为**北风**。所有低云都推进速度极快，惟有北云安静，直到风暴过去。由于在这种被称为北风的风之前，通常有温和的西南风，之后有寂静的空气先行，所以人们可以看出，相对流动的气流先是相互阻挡，然后在上面的空气中造成旋转，它们在那里把蒸汽驱赶到一起成为浓密的云，由此产生北云，而且此处聚集起来的空气在下面剧烈爆发。云本身由于

① 参见上文285页、下文288页。——科学院版编者注

处在这种漩涡的中心而必然静止。如果风突然转向南方，则灾祸最大。这些风是十二月和六月特有的。当在这个地区主要吹西南风的时候，在六月、七月和八月常见的南风就占支配地位，但北方空气的回流却有时与它们相对抗。

在这同一个海和在周围海岸的飓风驱动着看起来像唧泵抽水一样的云，而不像北风那样造成一种低矮的云。它们的颜色是可怖的：1. 淡淡的火红色；2. 赤铜色；3. 黑色。风首先是来自东南方，然后是风停，然后是西南风。

在海角，占支配地位的是飓风，它似乎是从被称为牛眼的云中突然 9〔288〕
产生的。人们误认为这种云并不比牛眼大。它其实比整头牛都更大，并且主要散布在平顶山上。它在继北风之后刮南风时产生，原因如已上述；不过，人们也必须一并考虑风撞上的山脉。

这也适用于其他骤然的风暴。它们多半在前山脉、海峡地区以及有许多岛屿的地方占支配地位，而且在风更强烈地变换的时候，如在秋季和春季，更多于在其他任何一个季节。

在**中国海**和**日本海**，占支配地位的是台风，它们通常产生自从海上突然升起的蒸汽；因为海洋在原地汹涌澎湃，空气充满了含硫的蒸汽①，而天空看起来是铜色的。**中国海**在冬天比一个接壤的海洋更暖，而这似乎加强了上述原因。台风停留在一处地方，并不向前推进。

海龙卷与台风有很大的类似性。中国海和红海常常有这种气象。人们看到，水在一个地方仿佛煮开了，最终升起 1 尺高。烟雾升腾，嘶嘶咆哮，然后似乎是云在这些地方降落，通过管子形成一个喇叭或者小号的形状。水在这管子中升到高处，在这管子外落下来。受到侵袭的船只被夺去船帆，随风漂流。

§ 66　风的速度

微风并不快过人的行走；相当强的风如马在奔跑。狂风把树木连根拔起，风速每秒 24 尺。也有风速达到每秒 60 尺的风暴。这种风暴甚至吹

① 中国海的台风，即低压气旋，在 6 ～10 月的时间里极为频繁。——科学院版编者注

倒它们遇到的房子。

9〔289〕

§ 67 论信风[①]

整年多半时间都为一个地带所特有的风，叫做**信风**。

在两个**回归线**之间，当人们离开陆地时，几乎总是刮着一种环绕整个地球的**东风**。[②] 这种风不是产生自由于地球自西向东转动而滞后并且在相反方向上对抗的空气，而是产生自逐渐地自东向西由太阳环绕地球造成的升温；因为如上所说，空气总是流向从太阳受热最多的地区；所以，它必然总是追随着太阳的表面行程。航海家从东印度到欧洲能比从欧洲到东印度快得多，因为它们在后一种情况下无论是在埃塞俄比亚海还是在印度海都有普遍的东风。

这些航海家们在其从海角到欧洲的旅行中必须小心不要经过**圣埃伦娜岛**，因为一旦他们经过该岛，他们就不能又到欧洲了，因为一股强烈的东风推动着他们继续向前，而且他们必须在**阿森松岛**找到龟和水。[③]

这适用于所有位于回归线之间的海洋：**大西洋**、**埃塞俄比亚海**、**太平洋**和**印度洋**。然而，越是远离赤道而接近回归线，这种东风就越是在一个来自南方和北方的次方向上偏离，也就是说，视人们处身于南半球还是北半球而定；在前者它是东南风，在后者它是东北风。这些风也扩展到回归线外面一些，但不容易越过纬度 30 度，那里开始一种西信风[④]，它一直到 50 度都占支配地位。因此，人们要从英国去美洲的话，就接近回归线，并在那里遇到东风，但返程却在北纬 40 度和 50 度之间借助西风走近路。

信风属于这种普遍的东风的结果，并且是在一个地带不断地占支配

---

① 参见《康德全集》，第 XIV 卷，555～558 页，第 90 条："出自地球自转的信风的一个法则"。——科学院版编者注

② 参见康德的《为阐释风的理论所作的新说明》，见《康德全集》，第 I 卷，496 页。——科学院版编者注

③ 但请参见上文 270 页。——科学院版编者注

④ 参见《康德全集》，第 I 卷，499 页。从高空的无风带向极地流去的气流由于地球自转而在北半球转成西南风，在南半球转成西北风；它们叫做反信风。由于冷却而"降下来的反信风"在信风带另一边造成一个改变了的、但主要是西风的区域。——科学院版编者注

地位的风，即便它并不具有出自东方的方向。例如，在**秘鲁**海岸就是一种不断的南风占支配地位，它沿着**智利**海岸一直刮到**巴拿马**，其原因是邻近南极的空气向赤道流动，但普遍的东风却被科迪勒拉山脉阻碍而不能在此起作用。 9〔290〕

在几内亚海岸，是一种几乎不断的西风，因为几内亚上方的空气比海上的空气受热更多，因而后者就被迫向它上面流动，确切地说是沿着从西南向东北的倾斜方向，因为非洲大陆的大部分路程都是朝向后一地区的，然后海岸的方向使风完全成为西风。

§68 论海风和陆风

热带的所有陆地在其海岸都有风的交替，即白天风从海洋刮向陆地，夜间风从陆地刮向海洋。因为白天太阳使陆地受热多于水，因而未在此程度上受热的海洋空气就比陆地空气更密，并逼迫后者让位。所以，海风强度的增长也一直达到 12 点或者中午 1 点之后，从这时起越来越弱，晚上则干脆停息。但此后，海洋空气比处在受热地面之上的陆地空气冷却更快；因此前者就紧缩，并给后者让位，所以从这时起就是陆风吹到海上。①

这些风在热带的所有岛屿上、墨西哥湾、巴西、非洲海岸和东印度海岸都可遇到。它们是特别有益的，不仅是使这些陆地凉爽，而且有利于许多岛屿之间的航行。

§69 论季风或者周期风

在整个热带，整片整片的陆地从赤道向北或者向南延伸，在邻近的海洋上每年占支配地位的都是交替的风，即**季风**，或者如英国人（用一 9〔291〕
个表示季节的印第安词）称谓的那样叫 Monsuns，亦即四月到九月刮西南风，其余的月份里刮东北风。这种情况发生在**孟加拉湾**、**波斯海**、**阿**

① 关于这种不切合实际的观点，参见上文 284 页注以及《康德全集》，第Ⅰ卷，494 页。——在夜间，陆地上的空气比海上的空气冷却更快；在上面空气从海洋流向陆地，在地表从陆地流向海洋（陆风）。——科学院版编者注

拉伯海、**爱琴海**、**菲律宾群岛**、**墨西哥湾**和其他地方。在南半球，同样发生西风的交替，只不过在上述月份里占支配地位的是西北风，在其余月份里是西南风。

§70　季风的原因①

在我解释季风的原因的时候，我也给出所有不断的、周期性的风和大多数变化的风的普遍理论。我说的即是，从赤道吹向两极之一的风，在它运动过一段距离后，就获得一个向西的次方向。例如在我们北半球，南风必定逐渐地转变为西南风，而在赤道南侧，从赤道吹向南极的风必定成为东北风。因为既然地球是绕轴自转的，则它的表面的各部分离赤道越近，所划出的黄纬圈就越大，离极地越近，划出的黄纬圈就越小，而覆盖地球的空气在无风的情况下，到处都与地球表面它居于其上的那个部分有同样的运动。因此，赤道上的空气自西向东的运动就比回归线上的空气更快，而回归线上的空气则比极圈之间的空气快得多，等等。

但是，这一点就自身而言还根本不造成风，因为地球表面上的空气并没有改变自己的位置。但一旦赤道上的空气向两极之一，例如向北极运动，则这首先就造成南风。然而，这种向北流动的空气毕竟因地球的自转而有一种自西向东的摆动，这种摆动比它在远离赤道时达到的所有黄纬圈都更快；因此，它在自己所到达的地方之上都以其自西向东的加速度继续运动，从而通过与向南方向的复合而造成一种西南风。

9〔292〕 出自同样的理由，从赤道空气向南极的运动中产生出一种西南风。与此相反，如果空气从一个远离赤道的地区向赤道涌流，则这在我们的半球首先是北风。但是，既然它是从地球的这样一些地区出发的，在这里，它由于所处的小黄纬圈而自西向东的速度小于地球表面的那些离赤道更近、它向之运动的部分，所以，它就将由于不具有像它到达的地方那样强的自西向东运动而滞后，因而显得是自东向西运动，这与北方的方向相结合，在我们的半球就造成一种东北风，因此在我们的半球，北

① 关于第70节，参见康德的《为阐释风的理论所作的新说明》（《康德全集》，第Ⅰ卷，499～500页）和《康德全集》，第 XIV 卷，558～560 页，第 91 条：《出自同样原因的季风的法则》。——科学院版编者注

风越接近赤道，就越转变成东北风，而在南半球，则是南风出自同样的理由转变成东南风。

由此出发，首先就能够解释赤道上的普遍的风①，因为在这里，特别是在昼夜相等的时候，空气比别的地方更加浓厚。因此，极地和位于极地与赤道之间的其他地区的空气就流向赤道，北风正因为此而转变为东北风，南风转变为东南风。这些风也在回归线之间、每一种在各自的半球可以遇到；然而在赤道上，它们由于成直角相遇，就转化为纯然的东风。现在，既然从三月到九月，太阳在我们的半球使热带受热最多，所以，在这里和邻近这里的陆地就将变得极热，而邻近赤道的空气就将占领位于这种变得稀薄的空气上方的位置；因此就将产生南风，南风由于前述法则的缘故而转变成西南风；然而，在其余的月份里，太阳是在南半球做这件事，因此，北半球的空气将涌流过来并造成西北风。在这些季风相互交替的时间里，占统治地位的将是风停和飓风。

§71 还有一些风的交替法则② 9〔293〕

在我们的北半球，风在由北转向东北时，通常以这种方式从左到右划出完整的圆，亦即转向东，然后转向南，再后转向西。然而，以相反的方式从北转向西等等的风，通常几乎从不划出完整的圆。

在南半球，太阳的行程是从右向左③，这个圆也就反过来，如**邓·乌罗阿**④在太平洋发现的那样。

这个法则似乎是源自太阳的行程，因为北风自然而然地转变为东北风，但当南方的空气终于抵抗它的时候，它就完全成为东风；然后，空气就开始从南方退却，并通过与东风的结合而首先成为东南风，然后是完全的南风，再后按照上面原因的法则成为西南风，最后由于北方空气

① 下文谈到“纯然的东风”。参见上文289页。——科学院版编者注

② 关于第71节，参见《康德全集》，第XIV卷，560～563页，第92条：“关于风的法则的一些零散说明”。——科学院版编者注

③ 惟有在热带之外，太阳才有这种表面上的运动，因而中午始终处在北方。——科学院版编者注

④ 参见《康德全集》，第VIII卷，69页注。

的抗阻完全成为西风。①

风在一个极和赤道之间的中央最有变化。无论是在热带以及邻近的地区，还是在寒带以及邻近的地带，风都稳定得多。

通常，风在空气的不同高度上都各不相同，但它们据此却造成风停，然后突然造成风暴或者较低区域的变化的风。

§72 论雨②和其他气象

在热带雨最多；这里也下较大的雨滴，雨更为猛烈。在埃塞俄比亚山脉和科迪勒拉山脉，几乎总是在下雨。西南风在热带和位于北半球的邻近地区的各部分里造成持续的雨，使得河流上涨。

9〔294〕 在**塞拉利昂**和几内亚海岸的其他一些地区，雨以很大的雨滴落下来，并且产生热。黑人们逃避雨像逃避火，而穿着被雨淋湿的衣服睡觉是致命的，因为这样的衣服如果湿着放在一边，短时间内就会腐烂。

在一些陆地根本不下雨，在另一些陆地很少下雨。**利马**所在的**秘鲁**较低部分完全没有雨；因此，这里的房顶是平的，上面撒上灰，以便吸收露水，因为这里吹着稳定的南风③，南风对于他们来说就相当于我们这里的北风。在**上埃及**从不下雨。与此相反，在**基多**每天至少下半个小时之久的雨。在埃及的上部，7年下一次雨就像是一个奇迹。在荒凉的阿拉伯，雨水同样稀少。

§73 论天气与气候④和季节的联系

所有的陆地，甚至寒带，离海洋越近，在冬天的空气或者天气就越温和，海洋以其辽阔的广延而从不结冰，从不像陆地那样炎热。所以，

---

① 风向的偏转仅仅是地球自转的一个结果。参见上文291、292页。——科学院版编者注

② 关于雨的原因，参见阿迪克斯：《一部新发现的依据康德的自然地理学讲演的听课笔记》，76～77页。——科学院版编者注

③ 参见上文290页。秘鲁海岸的这种南风是因位于南美洲西面的大洋反信风而产生的。——科学院版编者注

④ 参见阿迪克斯：《一部新发现的依据康德的自然地理学讲演的听课笔记》，78页。——科学院版编者注

北角在冬天不比**拉普兰**的南部更冷，而在**挪威**海岸比内地暖和得多。

一个大陆的东部陆地比其他常常位置更靠北的陆地的冬天更为严酷得多。如在**中国**的比**那不勒斯**更靠南的部分，在冬天如此之冷，以至于冰天雪地。在**北美**，在法国的纬度上有像瑞典北部那样严酷的冬天。

在同样的纬度上，南半球比北半球冷。在这里，即便是在仲夏，也如上面已提醒的那样①，在与英国相同的极纬度上，漂浮着从不融化的冰原。

即便在欧洲，在许多陆地上过去也比现在冷。**台伯河**在奥古斯都皇帝时代冬天通常结冰，现在却从不结冰。**罗讷河**在尤利乌斯·凯撒时代冰结得能让人把货物运到对岸，但现在却没听说这件事。黑海在君士坦 9〔295〕
丁·科普罗尼慕斯②时代结冰很厚。古人给我们描述的莱茵河畔的德国和法国就像我们今天的西伯利亚。

这大概是由于当时有许多森林覆盖着这些陆地的大部分，雪在森林里很晚才融化，以至于因此而刮着寒冷的风。现在，森林大部分被砍伐，与此相反，在美洲北部和亚洲还有无边无际的森林，这可能是在这种陆地寒冷的众多原因之一；毕竟有时土地的性状与此大有关系，特别是像在**中国**和**西伯利亚**。

在热带位于北半球的部分，冬天是在本来的夏季月份里，但仅仅存在于雨季，因为太阳在这时确实最接近它们③，此时有一种很湿热的空气，例如在美洲的卡塔赫纳周围地区和在几内亚。其余的时间叫做好季节或者旱季。④

尤其在波斯，在较中间的部分，在叙利亚和小亚细亚，冬天的寒冷往往是很强烈的。在恒河这边的半岛上，在马拉巴海岸雨季来到比科罗曼德尔海岸早若干星期，因为把这座半岛分为两半的高止山脉在一段时间里挡住了西南风驱赶来的云，使其不能到达半岛的东侧，所以人们在

---

① 参见上文 225 页。——科学院版编者注

② 君士坦丁·科普罗尼慕斯（Constantius Copronymus），拜占庭皇帝，741—778 年在位。——科学院版编者注

③ 天顶雨也在赤道南的热带出现。——科学院版编者注

④ 在天顶雨的地区，干燥枯萎的时间意味着有机生命的下降，给动物和植物带来一种“冬眠”。——科学院版编者注

这里可以在两三天的旅游中从冬天到夏天。[①]

在南半球和 Zonae torridae［干旱带］部分，这一切是反过来的。在南大洋即便是在正值夏天的时候也寒冷，其原因毫无疑问来自从南极地区漂浮到这些海洋的巨大冰块[②]（参见上文 225 页和 294 页）。

① 更正确地说，能够从多雨的地区到尚无雨的地区。——科学院版编者注

② 南半球较小的陆地量意味着土和空气的一种较小的受热。——科学院版编者注

第四卷 9〔296〕

地球曾经经历并且还在经历的巨大变化的历史

§74　论还在继续的逐渐变化①

地球的形状还一直在变化，确切地说主要由于以下原因：

1. **由于地震**。地震使一些位于海边的地带下沉，使岛屿升起来。虽然不大可能，**莫罗**②却认为山绝大多数都是由此产生的。但有一些肯定起源于此③。

2. **由于河流和雨水**。雨水把土从山上和陆地的高处冲下，把泥浆携带到大的溪流中，溪流再把它携带到河流中。河流最初时而使它在自己的流程中沉淀，形成自己的渠道④，现在却继续带着它，把它到处沉淀在自己的入海口的海岸上，尤其是河流有时淹没它入海口附近的陆地，并造成新的陆地。这是经由许多实例得到证实的事变。

尼罗河以它的**泥浆**造成了整个**三角洲**，甚至按照最早的作家们的见证造成了整个**下埃及**，因为这里从前是一个海湾；但它还在这样做。**达米埃塔**现在离岸 8 里，1243 年它曾是一个海港。**富阿市**在 300 年前位于尼罗河的入海口，现在离入海口 5 里，位于陆地上。甚至自 40 年以来， 9〔297〕
海洋从**罗塞塔市**后退了半里之遥。现在，人们可以清楚地看到，下埃及的所有陆地都是尼罗河的一个创造。

---

① 关于第 74 节和第 75 节，参见《康德全集》，第 XIV 卷，569～572 页：“论在地面上发生的变化”；此外关于地球形成说（第 74～79 节），参见阿迪克斯：《一部新发现的依据康德的自然地理学讲演的听课笔记》，79～89 页。——科学院版编者注

② 莫罗（Antonio Lazaro Moro），意大利地理学家，他于 1740 年发表的著作于 1751 年在莱比锡出版德译本，书名为《地面变化新研究》。——关于此处，参见下文 301 页。——科学院版编者注

③ 由于“中心的火”，因而由于喷火的山（参见上文“由于地震和喷火的山”，听课笔记）。——科学院版编者注

④ 参见第 59 节（278 页）。——科学院版编者注

同样的事情，在**密西西比河**和**亚马孙河**、在**恒河**等都可以觉察到。由此，大陆越来越低，而雨水在陆地失去其斜坡之后就不再带给河流那么多东西了，而是在土中干涸，在水洼中蒸发。河流的入海口经常充满了泥浆，并由此失去其可通航性，以至于在大河的入海口形成新的岛屿和洲滩。

3. **由于海洋**。海洋在多数陆地都逐渐地从海岸后退。它虽然在一些海岸增加了某种东西，但在另一些海岸和大多数地方则与此相反，是又造成了某种东西。在哥特兰岛的东部，陆地每年收获 2～3 寻。**塞尔秀斯**[1]在**北波的尼亚湾**发现，海洋在 10 年里低了 4½英寸。因此，许多过去的良港现在却只能接受小船。荷兰和英国的沙梁以及普鲁士的沙洲，毫无疑问是由海洋堆积的沙丘[2]，但海洋现在却绝对达不到像它们那样的高度了。人们可以判断，由海洋把河流带来的泥浆沉淀在海岸来解释这一点是否充足，或者地球内部是否自许多个世纪以来一直在逐渐地成为固体，从而海底越陷越深，因为海床被加深，并且从海岸退缩。[3] 海洋有时也侵袭陆地。

人们判断，许多海峡是逐渐地由冲决一个地峡的海洋加工而成的；例如**加来海峡**。**锡兰**过去也应当是与大陆相连的，如果不是地震也对此有份的话；至少英国过去有的猛兽，除了这块陆地与法国相连之外，几乎不能以别的方式来理解。**多拉德湾**是弗里斯兰的一个海，它就是通过
9〔298〕 海洋的侵入产生的。**叙德湖**过去多半是有人居住的陆地，但曾被海洋淹没。

4. **由于风和冰冻**。风常常把沙从高山吹向低的地区，或者反过来。在**布列塔尼**，这样的沙潮淹没过陆地的一个可观的部分，以至于所有教堂的尖顶也只是从过去有人居住的村庄露出来。但在其他陆地，风把沙吹到海洋里，并造成浅滩，也甚至造成新的陆地。

雨水保持在山缝中，在山缝中结冰，冰冻常常把可观的部分从山上劈开。这些部分滚落到山谷中，常常造成很大的破坏。这些变化不具有

---

① 塞尔秀斯（Anders Celsius，1701—1744），作为第一批人之一使人注意瑞典北海岸的海平面下降（《瑞典科学院论文集》，1743）。参见上文 250 页注。——科学院版编者注

② 参见上文 240 页及其注。——科学院版编者注

③ 参见上文 269、273 页。——科学院版编者注

大的重要性。

5. **由于人**。人给海洋和河流筑堤坝，借此造成干燥的陆地，如在**波河**、**莱茵河**和其他河流的入海口可以看到的那样。人使沼泽变得干燥，砍伐森林，借此大大地改变天气。①

§75　地球在最古老的时代经受的变化的遗迹

A. 海洋曾经覆盖整个地球的证据

在地球的所有地方，甚至在高山的山顶，人们都发现有大堆的海洋贝壳和当年海底的其他遗迹。在法国的**图赖讷**有一片陆地，包括 9 平方法里，那里在一薄层土下面发现一层海贝壳，有 3 尺厚。在世界上的所有的山上，在所有的岛屿上，人们都发现了这种贝壳层，而它足以证明，海洋曾覆盖所有的陆地；惟有在科迪勒拉山脉，人们尚未发现贝壳层。②但是，由于科迪勒拉山脉是所有山中最陡峭的山，所以，被雨水和激流从山脉冲下的泥浆，早就以人们也到处都找得到的一层很厚的黏土掩盖了贝壳层。

拉卢贝③在其关于**暹罗**的描述中把这些贝壳归于猴子，是它们纯然为 9〔299〕
了消磨时间，就像它们在海角所做的，把贝壳带到了高山顶上，或者如另一位认为的，人们在欧洲的山上发现的亚洲贝壳④，是军队携带的，如十字军东征带往迦南的那样，这是可笑的。

但是，也发现其他海洋动物石化，或者在构成山脉的岩石中间到处也留下印痕。⑤ 其中有常见的蛇舌，或者石化的鲨鱼牙、独角鲸的盘角、鲸的骨骼、石化的海洋昆虫的部分，犹太石⑥、Asteroiden、Petunkeln⑦等必须被归于此列。

---

① 关于气候的变化，参见上文 294 页。——科学院版编者注

② 参见下文 301 页。——科学院版编者注

③ 拉卢贝（Simon de Laloubère，1642—1729），于 1687—1688 年作为法国国王特使前往暹罗：《暹罗王国》（巴黎，1691）；《暹罗王国描述：人们看到的暹罗人的意见、习俗和宗教》（阿姆斯特丹，1700，1713），一个德文译本于 1800 年在纽伦堡出版。——科学院版编者注

④ 参见下文 305 页。——科学院版编者注

⑤ 参见上文 272 页。——科学院版编者注

⑥ 石化了的圆盘形海胆。——科学院版编者注

⑦ Asteroiden：海星；Petunkeln：可能是海百合分叉的茎。——科学院版编者注

此外，在山脉的形状中可以找到海洋过去在陆地上驻留的证据。在两个山系之间蜿蜒的山谷与一条河流的河道或者一条海流的渠道相似。两侧的高地像河流的两岸那样平行延伸，以至于一岸的凸角与另一岸的凹角相对。[①] 这就证明，落潮和涨潮在曾覆盖整个地球的无边无际的海洋上与现在一样造成海流，这些海流在两个山系之间为自己侵蚀和准备好渠道。[②]

§76

B. 海洋常常转变为陆地、且陆地又转变为海洋的证据

首先，考察构成地球的上层外壳的各地层[③]是必要的。人们发现了不同的地层，有各种各样的物质，如黏土、细沙、钙土、粗沙、贝壳等等，仿佛是树叶状层层叠叠。这类地层要么是水平的，要么倾斜的，而就它们延伸开来而言，具有相同的厚度。[④]

现在，人们常常在前几层下面发现一层海底，人们凭借被掩埋的海洋植物和贝壳就可以辨认。这一层经常是由一种白垩土构成，白垩土无
9〔300〕 非就是贝壳砾石，然后经常跟着是一个掩埋着植物、树木的地层，时而在几层交替之后是海底。

这些地层并不是按照其比重的比例上下堆叠的。在**佛兰德**、**弗里斯兰**和其他地方，人们首先发现了海洋过去驻留的痕迹，之下40～50尺深是整片整片的被掩埋树木的森林。它们的根无论是在这里还是在**吕讷堡**[⑤]都是朝西北，而树梢朝东南。在**摩德纳**及周围4里处，人们发现在最上面的地壳之下14尺处有一个古代城市的石子路，然后是一个坚硬的土层，在28～40尺深的一个白垩层中有贝壳，然后在60尺的深度时而是白垩，时而是土生植物。1464年，在伯尔尼州从一个100码深的矿井中挖出一个有40具人体骨骼的船。在**乌里**，人们在一块很深的岩石下面发现一把刀，此外时而在矿井中发现整具的人体骨骼。在**英国**，人们在地下

① 参见第57节，第1段；第59节，第2段。——科学院版编者注

② 参见毕丰的假说（下文303页）。——科学院版编者注

③ 参见上文270～271页。——科学院版编者注

④ 参见上文271页："但一个地方的土层……延伸到的地方"。——科学院版编者注

⑤ 参见下文304页。——科学院版编者注

发现被砍削的树木。

岩石毫无疑问过去是软的。[①] 在瑞典，人们不久前在一个若干码深的矿井中发现一只蟾蜍趴在一块岩石中，它还活着，尽管眼瞎且没有感觉。在西伯利亚，人们在页岩山中发现有石化的鱼的池塘、有许多印第安植物的印痕，时而有象牙，此外还有象骨。

§ 77[②]

C. 地球的理论，或者地球古代历史的根据

朔伊希策[③]和其他许多物理学家把古代变化的这些遗迹归于《圣经》中所说的大洪水；然而，这场大洪水在地球上只有一段极短的时间，根本不能造成这样一些变化。堆起极大的贝壳洲滩、高高的土层，甚至还有岩石，像大洪水那样短的时间是不够的。

但有时，人们在地球中发现陆地和海底交替的地层。常常像在**摩德纳**地区，一个贝壳层下面有一个包含陆地产品的地层，而在这个地层下 9〔301〕
面人们又发现海洋的残余，以至于可以看出，陆地成海和海又成陆地的这种变化经常是前后相继的。此外，大洪水似乎只是这些变化中的一次普遍的变化，亦即所有陆地变成海，而海又变成陆地。

但是，有无可辩驳的征兆，说明地球的若干地带要么此前要么此后都确实发生过这种情况，在这样一些变化的状态中流逝过许多岁月。至于许多岛屿甚至所有岛屿都必定曾与大陆相连，所有位于其间的陆地都转变成海底，这从岛屿上的动物来看就是可信的。[④] 因为如果人们不想断言是上帝在每座远离陆地的岛屿上，例如在亚速尔群岛、拉德罗内斯群岛上特意创造了陆地动物的话，就无法理解它们是如何过来的，尤其是有害的动物。

---

① 参见上文 272 页。——科学院版编者注

② 关于第 77 节，参见《康德全集》，第 XIV 卷，564～569 页，第 93 条："论地球的内容，并论构成地表的物质"。——科学院版编者注

③ 参见《康德全集》，第 I 卷，435 页注。他关于地球历史的观点见《神圣物理学或者〈圣经〉中的自然科学》(4 卷本，1731—1735)。

④ 参见上文 297 页。——科学院版编者注

如今要问，所有这些变化的原因是什么。**莫罗**[①]相信，地震在地球的最初年代里是普遍的；有一些山连同贝壳从海中升起，在别的地方海底深陷，海洋的盐被燃烧物质的灰烬吸尽，最终一切都被置于一种静止状态。如今，虽然不可否认，在秘鲁可以遇到整座整座的山是从地震中升起的；但它们以一种可以辨识的方式与其他山有区别。地层在这里并不像在别处那样有序；在堆积起山来的地下火的这样一种肆虐中，贝壳和兽骨安然无恙，这也是不可信的。此外，许多印第安海洋产品和陆地产品是如何来到这一地区的？[②]

伯内特[③]把最初的地球想象为扁平的，没有海和山。在最上面的外壳之下，聚集着大量的水。地球的赤道并不向黄道倾斜，而毋宁是与它重叠。最上面的外壳塌陷，并造成山、海底和陆地。然而，由此并不能解释逐渐地发生的巨变。

伍德沃德[④]相信，大洪水溶解了地球的所有物质，金属、石头、土等
9〔302〕 等，但这些物质逐渐地下沉，由此产生包含着许多异类物体的各地层。但是，并不按照比重排列的各地层的位置却是陆地地层和海洋地层的交替，它们表明，变化不是仅仅一次性地，而是常常交替地发生的，而这些概念也驳斥了所有固态物体的那种与理性相悖的溶解。

惠斯顿[⑤]生活在彗星显著出现的时代。他也解释地球的创造、地球在原罪之后的最初腐坏、大洪水和通过彗星对一切的末日审判。按照他的见解，地球在开始甚至是一颗彗星，大气层使地球上是黑暗的；但由于它使自己洁净，就有了光，最后太阳和星星被创造，或者毋宁说才被看到。地球内部的水被一个土质的外壳所覆盖，没有海，因而也没有雨和虹。一个彗星的彗尾触及地球，而此时它就失去了其最初的出产能力。另一颗彗星以其蒸汽圈触及地球，由此就产生40天的雨。地下的水冒出来；山脉产生了，并且为海洋准备好了海底。最后，水退回地球的空穴。除了这种见解中的任意性和其余的错误，它

---

① 参见上文296页注。——科学院版编者注

② 参见上文299、300页和下文305页。——科学院版编者注

③ 参见《康德全集》，第II卷，8、127页注。——科学院版编者注

④ 参见《康德全集》，第II卷，8页注。——科学院版编者注

⑤ 参见《康德全集》，第I卷，465页注；第II卷，105页注：《一种新的地球理论》(1696)。——科学院版编者注

根本没有解释在漫长的时间里前后相继并相互交替的海洋成陆地以及反过来的变化。

莱布尼茨[①]在其《原理》中相信，地球过去曾燃烧，其外壳被变成玻璃，所有的沙子都是这种玻璃的碎块，土质的黏合就是从这种玻璃研碎的玻璃分子的粉尘。地球的这种玻璃状外壳此后被打碎，随后为海洋产生出其海床和山脉，海洋吸收了燃尽的土的盐，而这就是海洋含盐的原因。

林耐[②]认为，既然整个地球最初被海洋覆盖，上帝就是只把一个岛置于赤道上，它升高为一个山脉，但上帝此后按照与不同的高度相符合的不同热冷把不同种类的动物和植物置于其上。这座岛每年都通过海洋的冲刷获得新的陆地，就像人们在哥特兰岛[③]、代尔兰等地觉察的那样，而
所有的陆地在此后的许多个世纪里都通过海洋的增添而产生。但是，这 9〔303〕
种从海洋中生成的陆地本来必须是平坦的，就像所有以这种方式产生的陆地；然而，人们却发现地球的所有陆地都充满了高山。

毕丰认为，海流在最初覆盖着整个地球的辽阔水域上占支配地位，它们造成了不平坦和山脉，而海洋逐渐地以一种他不能充分解释的方式退缩，并使这些高地变干。[④]

§78　地球古代历史的缜密解释方式的尝试[⑤]

1．无疑，地球就其整个团块而言曾是流体的，因为它的形状就自身而言是由它的所有分子的旋转规定的，而且人们也直到挖掘到的最大深度都发现层层堆叠的地层，它们只能在一个浑浊混杂的团块的沉积物中发现。

2．无疑，一切过去都必定曾是海底，而地面亦不是一下子，而是逐渐地产生的，确切地说曾多次回归海底，此外，这要由长的周期[⑥]来

① 参见《康德全集》，第II卷，8页注。——科学院版编者注

② 参见上文250页。——科学院版编者注

③ 参见上文297页。——科学院版编者注

④ 参见上文299页。——科学院版编者注

⑤ 关于第78和79节，参见《康德全集》，第XIV卷，572～574页："地球在最古老时代的历史"；576～578页："论地球的内部"；612、613页。——科学院版编者注

⑥ 参见上文300、301页。——科学院版编者注

保证。①

3. 山脉离赤道越近就越高。

4. 地球在最上面的外壳之下到处都是空的，甚至在海底之下亦是如此，必定发生过经常的和普遍的塌陷，就像现在还有一些塌陷单独发生。②

5. 在最深的塌陷发生的地方，海洋就退向那里，并使沉淀物变干。

6. 塌陷在热带比在别的地方发生得更频繁，因此热带有最多的山脉、最辽阔的海洋、最多的岛屿和陆地尖端。

7. 陆地有时下沉，但在长时间之后，由于海底更深地沉陷到处在它下面的空穴之中，就又变得无水和干燥。

9〔304〕 **§ 79**

从所有这些得出如下结论：

地球在开始时是一个完全流体的团块，是空气、土、水等等所有元素都混杂在其中的一种混沌。它取得的形状是在两极扁平的似球体；它开始变硬，确切地说是首先在表面，空气和水由于轻而从地球内部来到这层硬壳之下。硬壳沉陷，于是 切都被水覆盖。当时在所有的谷地都产生了海洋贝类，然而地球还不安静。地球内部一而再、再而三地把混杂在它里面的土分离，土上升到最上面的外壳之下，那里的空穴变得更宽大。现在，由于地球的塌陷造成最深的谷地的地区负担水最多，它们就下沉，水就离开许多抬高的部分；那时产生干燥的陆地，过去的海底通过溪流和雨水的作用而在大部分地方被一层肥沃的土壤封盖。这持续了很长时间，而人则越来越多地散布；不过，出自已经援引的理由，地下的空穴越来越宽广，最终，地球最上面的穹顶突然陷落，这就是水淹没一切的大洪水。然而随之，海底又下降，使一些陆地变干燥，这持续下去，以至于时而这个、时而那个过去处于海底的地带变成为陆地。每一次，从如今升高的地面倾泻下来的水都淹没低的地区，并以它从高的

---

① 参见上文 301 页，下文 304、305 页。——科学院版编者注。

② 参见上文 269 页："但在其内部……上升"；273 页："所以人们就揣测……尚未臻于完善"；297 页："由海洋把河流……从海岸退缩"。——科学院版编者注

地区冲刷下来的物质地层覆盖它们。

这种巨变在一些地区持续更多个世纪，因为干燥的陆地在其穹顶由于处在其下面的空穴不再坚固而塌陷并被海洋覆盖，但在海水长时间驻留之后由于海底陷得更深而又裸露。而事实上，人们例如在弗里斯兰、在吕讷堡发现地下森林如此倾倒，以至于可以看出，是朝向西北方的海洋把它们冲倒并且又退回的。因此就导致绝大多数塌陷都发生在赤道附近，因为这里必定产生最宽广的空穴，这样的事情从地球自转的法则出 9〔305〕
发很容易得到解释。

由此也可以看出，由于通过时而产生的山改变了地球绕轴自转的力量上的相等，地球的轴发生了变化，事先处于炎热气候的东西被置于温带或者寒带，所以在我们这里就有印第安的动物、贝壳和植物的残余，就像先前干燥的陆地频繁被淹没和先前处于海底的陆地裸露也导致这种情况。

难道不是由于在大洪水之后曾被水覆盖的海底变成了干燥的陆地，陆地的大部分盐分被水洗净，由此就会产生海洋的盐分和陆地的不肥沃吗？①

① 参见上文201页。——科学院版编者注

9〔306〕 附录

论航海

§80　论船

一条船的承载是按照货载量计算的。一个货载量计2吨，一吨计2 000磅。人们按照船能够装水的重量的一半来估算一条船能够承载的货物的重量。例如，如果一条船能承载500吨，每吨合2 000磅，则它就能承载250个货载量。最大的东印度公司货船有800个货载量；当年最大的葡萄牙大帆船一直达到1 200个货载量。人们还注意到，通常在航海事情上没有经验的印度人发明了一种叫做飞艇①的运输工具，它被认为是世界上最快的船。其切面一边是直的，另一边是曲的，它在侧面装有舷外浮筒，以免被风吹翻。

§81　论航海艺术

人们驶船傍着风甚于完全凭借风，这出自两个原因，既是因为船在风径直在它后面时仿佛是在逃避风，亦是因为一个帆截取另一个帆的风。

一个船员必须了解海岸的全景、海洋在所有地方的所有深度、锚地
9〔307〕 的性状、礁石、在一个区域占支配地位的激浪、不断的风、季风、风暴等等，但尤其是：

1. 他应当随时精确地知道方位；这是凭借罗盘做到的，如果人们同时考虑到磁针的偏移；只不过人们必须通过观测天象来试图纠正自己的观察，而这常常也是可能做到的。

2. 他必须知道，他在一个辽阔的海洋上以一种给定的风只可以一直驶向什么区域，以便到达渴望的地点。在他继续行驶时他将抵达的区域，并不总是船必须采取的航向。这惟有在他出发和驶向的两个

① 或者马来人和巴布亚人的小帆船。——科学院版编者注

地点处在一个黄纬圈或者子午圈上的时候才会发生；因为如果例如某人想从葡萄牙驶向亚马孙河的入海口，并首先寻找这个入海口所在的地区，那么，他就会发现，从葡萄牙到巴西的最短线路并不总是以同样的角度与子午圈相交，因而并不总是指向一个地区。因此，如果他应当一直驶向这条曲线的开端所指向的地区，他就会永远不能到达他想去的地方。但是，如果两个地点既在同一个黄纬圈之外也在同一个子午圈之外，人们就不可以沿从一个地点到另一个地点能够划出的最短线路行驶；因为一条船必须几乎在每个小时都改变自己的运动方向，而这是不可能的。所以，人们就寻找船只在一直行驶时虽然不是驶过最短的路程，但毕竟抵达目的地的那个航向。如果两个地点恰恰位于一个黄纬圈，这条线路就是黄纬圈本身，但如果两个地点位于子午圈和黄纬圈之外，则它就是等角航线。这条航线是用在地图上以32条以同样的角度与所有的子午圈相交的曲线画成的罗经花来表示的。人们如何使用罗经花，如何能够找出从任何一个地点到另一个地点的等角航线，应当详尽地予以指出。

3. 他必须知道任何一个地点的经度和纬度。前者是最难找出的。人们为此利用日食和月食，星星被月亮遮蔽，星星因月亮而变暗；但即便 9〔308〕
有这一切，仍然有无法避免的重大错误。

4. 他必须估算自己的路程，而这是凭借计程绳①和一个正确的沙漏进行的。他也必须考虑在一段漫长的行程之后发现和纠正海流可能给他造成的错误。

5. 在这方面，还要注意海洋的日志与在陆地记录的东西的一种明显的偏离。如果一个人从东向西驶过整个世界，则他就失去1天，或者比在家待着的人少数1天，而从西向东环行的人，就收获同样多；因为如果前者向西行驶30度，他就来到人们比在他由以出发的地方少数2小时的地方，因此他就逐渐地失去24个小时，但如果他从西向东航行同样远，太阳就早2小时来到他的头顶，这样他就逐渐地获得1天。当葡萄牙人在**澳门**过星期天的时候，西班牙人则在马尼拉过星期六②，因为后者是从东向西行驶，前者则是从西向东行驶。**马格兰**起初是从东向西环绕世

① 参见《康德全集》，第XIV卷，544页，第86条。——科学院版编者注

② 现在，日期分界线主要被置于180°经线上。——科学院版编者注

界航行的。当葡萄牙人对西班牙人在西方的发现不满时，他请求教皇，他可以敉平争端，因而此人划出了著名的势力范围分界线[1]，由它向东的所有发现应归于葡萄牙人，向西则归于西班牙人。这个分界线是从佛得角群岛向东 270 里划出的。

① 它是由 1494 年葡萄牙的约翰二世和国王卡斯蒂利亚的费迪南德在托德西利亚斯签订的条约确定的，该条约包含着对教皇亚历山大六世在 1483 年 5 月 6 日确定的分界线的更精确的规定。——科学院版编者注

第二部

第二部分

9〔311〕 # 对地面自身所包含的东西的特殊考察

第一卷

论人

§1 不同地带人的体态和肤色的区分

如果我们从寒带的居民开始，则我们就发现，他们的肤色接近热带居民特有的肤色。萨莫耶特人、丹麦[①]和瑞典的拉普人、格陵兰人，以及在美洲的寒带居住的人，都有一种棕色的面孔和一头黑发。在这里，极度的寒冷似乎与极度的炎热造成相同的东西。他们也像热带的人一样有很稀松的胡须。他们的身体在生长上与树木的生长相似。他们个子小，腿短，面部宽而扁平，有一张大嘴。

在温带与他们住得最近的人（卡尔梅克人以及与他们的祖源相近的各民族除外）是金黄色的或者浅褐色的发色和肤色，身材更高大。在经过德国、环绕整个地球的平行线以及这边和那边若干度上，也许是陆地上最高大和最漂亮的人。在蒙古的北部，在克什米尔、格鲁吉亚、明格
9〔312〕 列利亚、切尔卡西亚，直到美洲英国殖民地，人们都是金黄肤色，体态匀称，蓝眼睛。向南越远，就越是肤色深褐，体态瘦削，身材矮小，直到在热带转化为印度黄种人的形态或者摩尔人的形态。

人们可以说，只是在非洲和新几内亚才有真正的黑人。[②] 不仅仅是仿佛烟熏火燎的黑肤色，而且黑色的浓密卷发、宽脸膛、扁鼻子、撅起的嘴唇，都构成黑人的特征，此外还有粗笨高大的骨骼。在亚洲，这些黑

---

① 挪威直到 1814 年属于丹麦。——科学院版编者注

② 参见《康德全集》，第 II 卷，432 页；此外参见阿迪克斯：《康德的自然地理学研究》，220 页，第 1 段；76 页，第 2 段；77 页。——科学院版编者注

肤色人既没有深黑色，也没有浓密的卷发，除非他们出身于从非洲来的人。在美洲，没有作为民族的黑肤色人，他们脸色是铜色的，头发是平滑的；但有一些大的家族起源于非洲的黑奴。

在非洲，人们把这样一些出身于古摩尔人的褐色人称为**摩尔人**。但真正的黑肤色人是**黑人**。上面提到的这些摩尔人早就沿柏贝拉海岸一直蔓延到塞内加尔。与此相反，由此出发直到冈比亚都是最黑的摩尔人，但也是世界上最漂亮的摩尔人，尤其是**沃洛夫人**。**富利人**是黑褐色的。在黄金海岸他们就没有这么黑，而长着很厚的香肠状嘴唇。从孔戈和安哥拉到内格罗角的人则少一些。霍屯督人只是黑褐色的，但他们除此之外毕竟有相当摩尔人的形态。在另一边，亦即在东边，卡菲尔人并不是真正的黑人，此外还有阿比西尼亚人。

§2　关于人的黑肤色的一些值得注意的现象

1. 黑人除了其阴茎和肚脐周围的一个环是黑色的之外，都**生来是白色的**。黑色在第一个月就从这些部分而布满全身。

2. 如果一个黑人**烧灼自己**，则该部位就成为白色。就连久病不愈也使黑人相当白；但这样一个由于疾病而变白的身体在死后却比其过去黑得多。

3. 在热带居住的欧洲人在许多代之后也不成为黑人，而是保持着其 9〔313〕
欧洲人的形态和肤色。佛得角据说在200年间转变成黑人的葡萄牙人是混血儿。

4. 黑人只要不与白人混血，甚至在弗吉尼亚历经多代也依然是黑人。

5. 白人与黑肤色人杂交，生出混血儿。混血儿与白人生的孩子，在西班牙属美洲叫做**三代混血儿**，这些人与白人的婚生孩子叫做**四代混血儿**，后者与白人的孩子叫做**五代混血儿**，五代混血儿与白人生的孩子甚至又叫做白人。但是，如果例如一个**三代混血儿**又与**混血儿**结婚，生出的就是返祖儿。

附释　对此，就像对康德的自然地理学的这第二部分的许多其他东西一样，参见**齐默尔曼**[①]的**《动物的历史》**和**吉尔塔讷**[②]的**《论康德关于自然历史的原则》**。

6. 在科迪勒拉，居民们看起来与欧洲人相似。在埃塞俄比亚，甚至经常在赤道上，居民们看起来只是棕色的。

7. 时而，有一些所谓的白肤色摩尔人或者白化病人，他们是由黑肤色父母生的。他们在形态上是摩尔人的，头发卷曲、雪白、浓密，肤色灰白，只能在月光下视物。

8. 摩尔人，此外热带的所有居民都皮肤厚，人们责打他们时，也就不是用荆条，而是用劈开的竹子鞭打他们，以便血流出来，而不是淤积在厚厚的皮下。

§3 关于这种肤色的原因的种种意见

一些人想象，含是摩尔人的祖先，被上帝用黑肤色来惩罚，这种黑肤色就遗传给其后代。但人们却举不出理由来说明，为什么黑肤色比白肤色更适于是诅咒的标志。

9〔314〕 许多物理学家相信，黑肤色来自表皮和它所浸染的黑色物质。另一些人还从 Corpore reticulari［网格状身体］推导出它。由于人的肤色通过黄肤色、棕肤色和深棕肤色等各种色调最终在热带成为黑肤色的，所以就可以看出，气候的炎热是其原因。但确定无疑的是，这需要一个长长的世代序列，使它得以形成并成为遗传的。

看起来，在皮下疏通血液和血清的血管干涸，造成胡须的缺乏和又短又卷曲的头发，而由于通过表皮照进 Corpore reticulari［网格状身体］的干涸通道的光被吞噬，由此就产生黑肤色的外观。

但是，像肤色这样一种偶然的事情如何能够形成，却是不易解释的。不过，人们毕竟从其他实例看出，确实在自然界有许多事情是这样进行的。从食物、空气和培育的不同就可以解释，为什么一些鸡成为完全白

① 齐默尔曼（Eberhard Aug. Wilh. von Zimmermann，1743—1815），作过一些大的旅行：《人和四足动物的地理学历史》（第I和第II卷，1778—1789；第III卷，1783），第Ⅲ卷也使用书名《一种动物学的地球史的尝试》，附有一张动物学的世界地图及其解说。——科学院版编者注

② 参见上文185页注，所引用的作品于1796年出版。——科学院版编者注

色的，而如果在同样的父母所生的许多小鸡中只挑选白色的，并把它们放在一起，人们最终就得到一个白色的、不易发生别的转变的品种。英国马和在干燥的地面培育的阿拉伯马或者西班牙马岂不是如此退化，以至于最终生出长相完全不同的马驹子吗？所有从欧洲带到非洲的狗都变得又哑又秃，随后也生出这样的狗崽。这类变化也发生在羊、牛和其他动物物种身上。摩尔人有时生出白孩子，此事的发生和有时出现一只白渡鸦、一只白乌鸦或者白乌鸫一样。

是地带的炎热，而不是一个特殊的祖源应为此负责，这可以由此看出，即在同一个陆地上，居住在其较平坦部分的人比生活在高地的人黑得多。所以在塞内加尔，人们就比在几内亚更黑，而在孔戈和安哥拉又比在上埃塞俄比亚或者阿比尼西亚更黑。

附释　同样是前面引用的吉尔塔讷的书对此作出了最好的介绍。

§4　按照人的其余天生属性对整个地面上的人的思考 9〔315〕

居住在孟加拉子午圈以东的所有东方民族，都有些卡尔梅克体态。这种体态就其最大的完善而言是这样的：上宽下窄的扁平脸，几乎根本没有高耸于脸的鼻子，很小的眼睛，十分浓密的眉毛，黑头发，薄而稀疏的发束而没有胡须，腿短而股粗。具有这种体态的有东方的鞑靼人、中国人、东京人、若开人、勃固人、暹罗人、日本人等等，尽管他们有时装饰自己。

不考虑关于某些体态的起源的迷信意见，人们能够以一些可靠性来说明的无非是以下东西：也就是说，在科罗曼德尔海岸的这个梅里亚布尔地区，有许多人腿很粗，一些理性的旅行者从水的性状推导出这一点，就像同样应当从凝灰岩所带的水推导出蒂罗尔和萨尔茨堡的甲状腺肿大一样。巴塔哥尼亚的巨人，至少作为巨人民族，是虚构的。具有这种性质的也许还有嘴唇红大的民族，据说居住在塞内加尔河畔，嘴巴前面挂一块布，不言不语地做事。

普林尼所说的独眼的、驼背的、独脚的人，没有嘴巴的人，侏儒民族诸如此类，亦属于此列。

新荷兰海岸的居民半闭着眼，不把头转到背后就看不到远方。他们由于总是飞进眼里的许多蚊蝇而习惯了这样做。一些居民，如塞拉利昂的摩尔人和属中国管辖的蒙古人，散发着一种恶心的气味。

在霍屯督人中间，许多妇女如**科尔贝**[①]所报导，在耻骨上挂一块生牛皮，来部分地遮盖她们的生殖器官，而且她们据说有时把生殖器官切割掉。**卢多尔夫**[②]关于许多埃及（埃塞俄比亚）妇女报导过同样的事情（参见**勒瓦杨**[③]的《**游记**》）。福莫萨、婆罗洲内部等等佩戴一小根猴子性器官的人，**吕契科夫**[④]在他的《奥伦堡地志》内也在土库曼人中间遇到过，似
9〔316〕
乎不是完全虚构的。

在热带，人在所有部分上都成熟更早，但未达到温带的完善性。人类就其最大的完善性而言在于白人种族。黄皮肤的印第安人的才能已经较小。黑人就低得多，而最低的是一部分美洲部落。

摩尔人和回归线之间的其他民族通常能够令人吃惊地奔跑。无论是他们，还是其他野蛮人，也都比其他文明民族更强壮，这源自于他们自小就被允许自由运动。在欧洲人用望远镜能够发现一条船的同样距离上，霍屯督人用肉眼就能发现它。

最热地带的妇女们从 9 岁或者 10 岁起就已经生孩子，在 25 岁之前就终止了。

邓·乌罗阿[⑤]察觉，在美洲的卡塔赫纳和周围地区，人们很早就聪明起来，但他们在理智上却并不以同样的程度继续成长。最热地带的所有居民都特别懒惰。在一些人那里，这种懒惰还由于管治和强制而有所缓和。如果一个印第安人看到一个欧洲人向某处走去，他就想：此人要做某件事；如果此人返回，他就想，此人做过了他的事情；但如果他第三次看到此人继续走，他就想，此人头脑不正常，因为毕竟欧洲人仅仅为

---

① 参见《康德全集》，第 II 卷，11 页注。——科学院版编者注

② 卢多尔夫（Hiob Ludolph，1624—1704），埃塞俄比亚语言和文学研究的创始人。继他的《埃塞俄比亚史》（1681）之后，于 1691 年有一部《注疏》。——科学院版编者注

③ 参见上文 233 页注。——科学院版编者注

④ 吕契科夫（Rytschkow），俄罗斯国家顾问，至 1771 年参与了西蒙·帕拉斯贯穿西西伯利亚的旅行：《奥伦堡地志或者奥伦堡州的详细描述》（J. 罗德译自俄文，1772）。——科学院版编者注

⑤ 参见上文 293 页。——科学院版编者注

了娱乐而散步，这事没有一个印第安人去做，或者哪怕是能够想象这件事。印第安人在这方面也犹豫不决，二者以同样的程度为住得很靠北的各民族所特有。其精神的疲倦要靠烧酒、烟草、鸦片和其他烈性的东西来唤醒。从恐惧中产生迷信，尤其是在巫术方面，此外还有吃醋。恐惧使他们在有国王的时候成为奴性的臣民，在他们心中造成对国王的偶像崇拜，就像懒惰使他们宁可在森林里游荡和忍受饥馑，也不愿遵从其主人的命令去工作。

孟德斯鸠完全正确地判断，正是使得印第安人和黑人如此惧怕死亡 9〔317〕
的那种娇嫩，常常使他们比惧怕死亡还更加惧怕欧洲人能够经受的许多东西。几内亚黑奴在据说被迫成为奴隶时跳水溺死。印度妇女自焚。加勒比人稍有机会就自杀。秘鲁人在敌人面前颤抖，而在被带去处死时却视死亡为无物。但是，被唤醒的想象力也使其经常敢做某事；而激情则转瞬即逝，犹豫不决再次占据其旧有的位置。奥斯加克人、萨莫耶特人、塞姆尔加人、拉普人、格陵兰人和戴维斯海峡的海岸居民在犹豫不决、懒惰、迷信和喜欢烈性饮料方面与他们很相似，吃醋除外，因为他们的气候对淫欲没有那么强的诱惑。

过于弱的出汗和过于强的出汗一样，都造成浓稠的、黏糊糊的血液，而无论是极度的寒冷还是极度的炎热都使得由于体液的干涸而动物性运动的血管和神经变得僵硬和不柔韧。

在山区，人们坚韧、活泼、勇敢，热爱自由和其祖国。①

如果追问各种各样附着于一个民族的体态和体质的原因，则人们只可以注意动物一旦被转移到别的气候时，其无论是在形象上还是在行为方式上的蜕化，在这时，另外的空气、食物等等使得它们的后代与它们不相像。② 一只松鼠在这里是棕色的，在西伯利亚就是灰色的。一只欧洲狗在几内亚成为畸形的，连同其后代都成为秃的。迁往西班牙的北方民族不仅遗留下身体长久不像其原来那样高大和强壮的后代，而且他们的气质也蜕化成与一个挪威人或者丹麦人的气质很不相似。温带，尤其是温带中间部分的居民比世界上人的任何其他种属身材都更漂亮、更勤劳、更诙谐、在其情欲方面更节制、更有理智。所以，这些民族在所有的时

① 参见上文244页。——科学院版编者注

② 关于康德的人种分化的观点，参见上文314页。——科学院版编者注

9〔318〕代里都教导，并用武器强制其他民族。罗马人、希腊人、古代北方民族、成吉思汗、土耳其人、塔梅尔兰、哥伦布大发现之后的欧洲人，都因其艺术和武器而使南方各国目瞪口呆。

尽管一个民族在长时间之后蜕化为它所迁往的那种气候的体质，也毕竟此后很久仍可以发现其过去的居留地的痕迹。西班牙人还有阿拉伯人和古摩尔人的血统的痕迹。鞑靼人的体态散布在中国和东印度的一个部分。

§5 论人自己在自己的形象上造成的变化

大多数东方民族对大耳朵有一种特殊的乐趣。暹罗、若开的人，亚马孙河畔的一些野蛮人，以及摩尔人，在耳朵上挂上这样一些重物，使耳朵变得特别长。尤其是在若开和暹罗，这种事情如此流行，以至于挂重物的洞如此之大，使人们能把几个指头并排插入，耳垂垂到肩上。暹罗人、东京人和其他一些人用一种黑色的油漆把牙染黑。马拉巴人、胡茶辣人、阿拉伯人、孟加拉人戴鼻环，但新荷兰人则戴一个木质的塞子穿透鼻子。非洲加蓬河畔的黑人在耳朵和鼻子上各戴一个环，通过一个下环相交成一个洞，以便插入舌头。一些美洲人在皮肤上弄出许多这样的洞，以便插上五颜六色的羽毛。

霍屯督人把自己孩子的鼻子压宽，而另一些民族，例如加勒比人，用一个平板使额头变宽。亚马孙河畔的一个民族用一个带子强使孩子的脑袋长成宝塔糖的样子。中国女人总是硬拉自己的眼皮，以便让它变小。她们少女的脚被用带子和小鞋强制，不得大于一个 4 岁孩子的脚。

霍屯督人把自己的儿子在 8 岁时阉掉一个睾丸。土耳其人让他们的黑宦官去除一切男性标志。美洲的一个民族把他们的孩子的头压到肩部
9〔319〕如此之低，以至于他们看起来没有脖子。①

① 除了上述齐默尔曼和吉尔塔讷的作品，还请参见康德自己的《论人的种族》和维恩什*的《宇宙论沉思》。

* Christian Ernst Wünsch，1744—1828，起初是纺织工，28 岁时在莱比锡学习医学，后成为奥得河畔的法兰克福教授。——科学院版编者注

§6　人的不同食物的比较

奥斯加克人、海上拉普人、格陵兰人以鲜鱼或者干鱼为生。一杯鱼油对于格陵兰人来说就是琼浆玉液。起初住在南方较远一些的人、加拿大人、美洲海岸的人，靠狩猎养家糊口。所有蒙古的和卡尔梅克的鞑靼人都没有农业，而是靠畜牧业为生，尤其是靠马和马奶；拉普人靠鹿为生；摩尔人和印度人靠大米为生。美洲人主要靠玉米或者土耳其小麦为生。一些在非洲荒漠到处迁徙的黑肤色人靠蝗虫为生。

§7　人在其鉴赏方面的彼此偏离

我在这里把鉴赏理解为对普遍使感官满意的东西的判断。触及我们的感官的东西的完美或者不完美。人们将从人的鉴赏的偏离看出，在我们这里极其多的东西都基于成见。

1. **眼睛的判断**。中国人讨厌大眼睛。他要求一个完美的人有四方的大脸、宽耳朵、很宽的额头、大腹便便以及嗓门粗。霍屯督女人即便看过欧洲妇女的所有服饰，在她们和她们的情人的眼中，毕竟仍是用红粉笔给自己画出 6 道纹特别美，两道画在眼睛上面，两道画在脸颊上面，一道画在鼻子上面，一道画在下巴上面。阿拉伯人用图案给自己的皮肤刺身，他们把一种蓝颜色蚀入其中。人们可以预见其余为了看起来美而对自然体态的扭曲。

2. **听觉的判断**。如果把欧洲人的音乐与土耳其人、中国人、非洲人 9〔320〕
的音乐进行比较，则差异非常引人注目。中国人尽管在音乐上花费很多力气，却毕竟不喜欢我们的音乐。

3. **味觉的判断**。在中国，在整个几内亚，狗是最美味的佳肴之一。在这里，人们什么都出售，直至耗子和蛇。在苏门答腊、暹罗、若开和大部分印度地区，人们不怎么喜欢肉，但一道必须事先已经发臭的鱼却是主餐。格陵兰人喜欢鱼油味道甚于一切。嚼蒌叶加上槟榔果和少许钙盐，是所有住在回归线之间的东印度人的最大享受。霍屯督人不懂对味觉的任何娇惯。在不得已时，踩过的鞋底都能够为他们提供一道相当可以忍受的菜肴。

4. **嗅觉的判断**。魔粪或者臭树脂是所有南部波斯人和住得离他们近的印度人的享受。所有的食物，甚至面包，都用它加香料，而水本身就发出这种气味。对于霍屯督人来说，牛粪是酷爱的气味，此外还有很多印度人。他们的羊皮如果用于取悦女人，就绝对必须发出这种气味。一位传教士感到奇怪的是，中国人一旦看到一只耗子，就把它在指间搓碎，香甜地嗅它。然而我要反问：为什么现在麝香令我们作呕，而50年前每个人都觉得它气味美？岂是别人在我们的鉴赏方面的判断能够像时间造成的那样改变它那么多！

第二卷 9〔321〕

动物界

第一章

有蹄动物

甲、有一个蹄瓣的动物，或者单瓣蹄动物

一、马

出自柏贝拉的马有长而纤细的颈，鬃毛稀疏，多半是灰色的，4 尺 8 寸高。西班牙马有长而粗的颈，鬃毛更硬，胸更宽，头更大一些，性如烈火，是世界上最好的骑乘马。智利的马有西班牙血统（因为在美洲过去根本没有马），比西班牙马更大胆、快捷得多；因此在智利有大胆的骑马打猎。英国马源自阿拉伯品种，有足足 4 尺 10 寸高，但骑起来不像西班牙马那样舒适。它们通常跑起来相当安全快捷，而且马头弯曲。丹麦马很强壮，颈和肩肥壮，镇静且易训练，是良好的拉车马。西班牙牡马和意大利牝马所生的那不勒斯马是良好的赛马，但性情狡黠，而且很大胆。

阿拉伯马能够耐饥耐渴，它们就其纯种而言是按照系谱学来记载的。在交配时，埃米尔的书记官提供一个盖章的证书，而马驹也由一份证书来证明。它们只在夜间吃草，在最迅捷的奔驰中，如果骑手坠马就突然停下。

波斯马是继它们之后最好的马。哥萨克野马耐久且迅捷。人们在马 9〔322〕
驹身上可以看出，交配的牡马是不是一匹好种马。

最热地带和最冷地带的马差得多；高地的马比肥沃的低地的马更好。厄兰马是所有马中最矮小和最灵活的。

二、斑马

它不是因自己的过错而被误称为森林驴，因为它是在自然的形态、

颜色和速度上最美的马，只不过耳朵有点长。在非洲，时而在阿比西尼亚，在孔戈河畔，直到海角都有。莫卧儿王朝曾以 2 000 杜卡特购买过一匹。东印度公司曾送给日本天皇一对，获得 160 000 帝国塔勒。

它毛发平滑，有白色的和栗褐色的交替带状花纹，从背上开始，在腹下会合；在褐色与白色花纹会合的地方，产生一个黄色的箍圈。在大腿和头周围，同样有这些弯带。

三、驴

母驴在交配之后必须马上揍一顿，否则它就把精液马上又流出来了。驴皮和马皮在土耳其和波斯通过硝处理和挤入芥子被加工成具有各种各样颜色的粒面皮革。在所有的驴骡中，由公驴和母马所生的品种如今用得最多，并且大于公马和母驴所生。驴骡的耳、头、腰和尾巴来自父亲，但毛发和大小来自母亲。因此，它只不过是长着马毛的大驴。

在爱琴海的一些岛上以及在利比亚荒漠里有野驴。它比家驴更苗条、更敏捷。由它所生的驴骡是最强壮的。

9〔323〕

乙、双瓣蹄动物

它们全都有角，猪除外

一、牛类

普通的牛在寒冷潮湿的地方最好。荷兰人从丹麦引进了个大瘦削的奶牛，它们在荷兰人这里产双倍的奶，尤其是由外地公牛和荷兰本地奶牛所生的品种。

非洲牛通常在背上两个肩胛骨之间有一个凸起。在阿比西尼亚，牛非常高大，像骆驼，而且非常价廉物美。象牛在毛皮、颜色，甚至在大小上都与大象相同。它尤其存在于阿比西尼亚。霍屯督奶牛惟有在人们吹牛角引起它们母性的时候才产奶。波斯奶牛惟有在它们看到其牛犊在旁边时才产奶，因此牛犊就被制成标本保存起来。爱达姆奶酪、吕内堡奶酪、阿伯丁奶酪、兰开斯特奶酪、切斯特奶酪、瑞士奶酪和巴马奶酪是最好的。

英国人从牛的直肠剥下一层皮，把它制成模型，在其中逐渐地把金和银捶打成薄片。人们惟有在英国才了解这个秘密。

爱尔兰牛没有角，本身也矮小。几内亚牛的肉是海绵状的，这与其他很热的地方一样，这种肉外表看起来一大块，重量却很轻。

出自柏贝拉的牛在牛毛、牛角和其余体型上与欧洲牛形象大为不同。

水牛的角长又黑，是野生的，在亚洲、埃及、希腊和匈牙利则是家养的。它们能够被驯服。

波兰和普鲁士的野牛著称于世。在非洲塞内加尔河畔也有野牛。

二、绵羊类 9〔324〕

在爱尔兰有许多长 4 只角的绵羊。西班牙绵羊的羊毛最纤细，英国绵羊次之。在爱尔兰、西伯利亚和拉普兰，绵羊被积雪覆盖，互相吃对方的羊毛。在几内亚，人长羊毛而羊羔长头发。

在英国，绵羊是西班牙种（如今在法国也已经经常如此），人们小心翼翼地防止退化。人们经常从西班牙购买公羊，大约要付 100 帝国塔勒。阿拉伯宽尾绵羊的羊尾虽然十分短，但却约有 1 尺宽，重达 40 磅。羊尾全是脂肪，而公羊不长角。与此相反，阿拉伯长尾绵羊的羊尾长达 3 尺，人们把它装在马车下面用它拉车。叙利亚绵羊长有耳垂，几乎垂到地上。

三、山羊类

安纳托利亚的**安哥拉山羊**①的羊毛纤细且发光，被用于纺织。非洲的**驼山羊**高达 4½尺，可以戴上笼头，或骑乘或驮物。它从矿山驮出白银，晚上之后不再工作，甚至怎么打也只是呻吟。驼山羊毛是小波斯山羊、土耳其山羊、阿拉伯山羊和安哥拉山羊的毛。人们最喜欢把驼山羊毛与绵羊毛混纺。土耳其人严禁把这类山羊带出国。哥尔多瓦皮革就是用山羊皮制成的。

北山羊有 2 尺长，长有结节状的双角。结节显示着年龄。特别是在瑞士山脉和萨尔茨堡可以遇到北山羊，是所有山羊中最能跳跃的，作为这样的山羊栖息在山的最高处，即便被引诱或者捕获到平地也绝不脱去其野性。

岩羚羊长有钩状的、向后弯的角，可以驯养。非洲羚羊是其一个品种。

麝山羊大多不长角，生存在中国、波斯和非洲，长有一个麝囊或者

① 参见《康德全集》，第 XIV 卷，617 页，第 100a 条。——科学院版编者注

9〔325〕脐袋。人们可以用一个勺从中取麝香。但人们用动物的血给麝香掺假。

牛黄羊几乎如一只山羊，因人们称之为牛黄的胃结石而得名。在其他山羊品种中，我们只谈几内亚的浅黄色的小山羊。它比一只家兔大不多，却能很快地跳过 12 尺高的墙。

独角山羊是**施泰勒**[①]在堪察加发现的。长颈山羊或者驼豹长有长长的颈，有一峰骆驼那么大，像一只豹子那样有斑点。此外，它长有向前弯曲的角。

四

A. 长有坚固的分叉角的反刍动物

1. 鹿类

鹿在春天二月至五月脱去角。鹿相互之间用角争斗，折断角，经常如此纠缠在一起，以至于在战场上被捕获。发情期在九月，持续 6 个星期。在这个时候，鹿毛颜色更深，但其肉却发臭，不可食用。鹿角 20 节、30 节长，甚至有 66 节长，如普鲁士弗里德里希国王打死的那只鹿，虽然十分罕见。阉骗的幼鹿不长角。

2. 狍

仿佛是鹿的一个侏儒类，角更短。不完全阉骗的雄狍长出灌木状的角，有时像假发一样卷曲。

3. 苏里南小鹿

甚至没有一只小兔子那么大。其用金子镶嵌的脚爪被用于装烟丝。

9〔326〕

B. 长有掌状角的反刍动物

驼鹿

人们在欧洲、亚洲和美洲的北部地区发现有驼鹿。霍屯督人用一棵向后弯曲突然弹起的树上的套索来捕捉驼鹿。驼鹿的腿非常强壮。

---

① 施泰勒（Georg Wilhelm Steller），1709 年出生于法兰肯的文德施泰因，1734 年在彼得堡作医生，1737 年作为彼得堡科学院的助理随同考察西伯利亚和堪察加，1741—1742 年陪同贝林前往美洲西北海岸，还有两年献身于堪察加的研究，于 1746 年在返回彼得堡时在秋明去世。1751 年才发表的论文《论海兽》描述了他在贝林岛（即白令岛——译者注）发现的、现在已经灭绝的施泰勒海牛。1774 年出版了他的《堪察加陆地描述》和《从堪察加的彼得罗巴普洛夫斯克海港直到美洲西海岸的海上航行日记》。——科学院版编者注

C. 长有混合角的反刍动物

1. 黇鹿

黇鹿长着平的角冠，比雄狍大一些，比鹿小一些。

2. 驯鹿

长有掌状角冠。雌鹿同样有角，尽管小一些。有野驯鹿和已驯化的驯鹿。它们构成了拉普兰的整个经济。在冬天，它们用蹄子刨出苔藓，作为其雪下的惟一食物。

属于**双瓣蹄**动物的，还有一个不长角的品种，亦即**猪类**。**猪**不反刍，但却有约 6 个乳房，比反刍动物多。猪的脂肪不是在肉中，而毋宁是在皮下。公猪如果能够，就会吞噬幼崽，有时也吞噬其他动物，甚至吞噬摇篮中的婴儿，后一点同样适用于母猪。橡实对于猪来说是最好的饲料。人们根据长在舌头下部的黑色囊疱来辨认囊猪。在荒郊里，家猪与野猪相互交配。因此，人们常常发现长有白斑的野猪，尽管野猪通常都是黑色的。——**艾立安**①关于野猪要把一个海盗诱骗到第勒尼安海岸的故事。

偷猪贼把燃烧的硫黄绑在猪鼻子下面。在黑森林，猪被用若干抹上硫黄的棍棒从泥坑中逐出。**布赖萨赫**的农民把游过莱茵河的猪的后腿抬 9〔327〕
起，让它们淹死。野公猪很厉害。

在**中国**，猪是美味佳肴。家猪即便被带出欧洲，在热带也变成黑的。

3. 墨西哥麝猪②

墨西哥麝猪在背上靠近尾巴的地方，有一个裂口，其中经由不同的通道含有一种真正的、味道浓烈的麝香。

一些马鲁古岛屿上，尤其是布鲁岛上的疣猪或者猪鹿个子矮小，长着平滑的猪毛和一条猪尾巴，从上颚长出两颗牙，看起来构成一个半圆。

丙、三瓣蹄动物

犀牛

这种动物的有皱褶的厚皮通常没有毛。它在鼻子上有一个就其身体

① 智者艾立安（Aelianus Claudius der Sophist）生活在约公元 200 年。他的作品《各种故事》（14 卷）和《论动物的本性》（17 卷，施耐德编，莱比锡，1784）因利用了一些现已佚失的作品而非常珍贵，但通常是对动物生活和人的生活的一些奇闻异事没有计划的搜集。赫尔希全集版（巴黎，1858；莱比锡，1864—1866）。——科学院版编者注

② 产于南美洲。——科学院版编者注

的比例而言的小角，就自身而言比牛大得多，生活在沼泽中。这些动物中的较年长者有两只角①，一只在鼻子后，另一只在鼻子上。犀牛用舌头舔食别的动物的肉。② 此外，它有一个像耳垂一样向下翻卷的上嘴唇。

丁、四瓣蹄动物

河马

河马前看像一头牛，后看像一头猪，有一个马头和一张牛嘴，深棕色，脚很肥大，每一个都方圆达 3 英尺。此外，它从宽阔的鼻孔里向外喷水，像犀牛一样肥大，也差不多像犀牛一样高。它有 4 颗从颚部向外伸出的牙齿，大小与牛角相似。它们由于其颜色比象牙的颜色更持久，
9〔328〕被认为比象牙更好。此外，这种动物的皮在大多数部位都刀枪不入。总的来说，河马重达 30 公担，嘶鸣以某种方式像马。

戊、五瓣蹄动物

象

象和上面提到的动物一样无毛，和它们一样生活在沼泽中，是最大的陆地动物。皮是灰色的。黑象和白象很罕见。

象能够通过位于皮下的一个肉层使自己的皮肤起皱，使它能够以此捕捉苍蝇。人在额头有一层类似的多腱肉皮。象也有一个短尾巴，分布着蓬乱的长毛，人们把它们用做烟斗的清洁工具。象有 15 英尺以上高，像刚刚提到的那两种动物一样有一对小眼睛。它的鼻子是重要的工具。它用鼻子，就像用一只手那样扯下食物，把食物送到嘴里。它用鼻子汲水，让水流进嘴里。它用鼻子嗅水，而且只是在把水搅混之后才喝。它举起一个人，把人放在自己背上，以此进行战斗。印度人用刀刃来装备它。象在游泳且嘴巴在水下时，它也像使用潜水管一样使用鼻子。它游泳如此之棒，以至于一艘十桨船也不能摆脱它。从上颚长出两颗极大的牙，

① 两只角的犀牛是一个单独的物种。——科学院版编者注

② 犀牛是食草动物。——科学院版编者注

每一颗都有10拃长和4拃粗，有些象牙重达3公担。它用这两颗牙争斗，把树木连根铲起；但它在这时也常常折断象牙，或者很早就失去它们，因此在印度森林里发现有如此之多的象牙。雄性的阴茎像一个人那么长。最粗大的周长达2.5英尺。它的脚趾可以被视为一个4次分割的马蹄。它前肢的蹄子到处都有半英尺宽。与此相反，后肢的蹄子是椭圆的，有半英尺长，1英尺宽。它的耳朵可以被视为两个大皮鼓。象不耐寒。在非洲，象高 9〔329〕
不过12尺，但在亚洲却高达18英尺。如果象闯进烟地，它们就会醉，并且疯狂地胡闹。但是，如果它们夜间陷入一个黑人村庄，它们就踩塌村庄里的房屋，像踩碎核桃壳一般。在不受刺激时，象不做任何破坏。

象的皮肤几乎是不可穿透的，但有许多裂口和裂缝，不过它们通过一种分泌出来的黏液又长平了。它被用**铁制的**球击中眼睛和耳朵之间，很容易训练和聪明，因此它在东印度是最有用的动物之一。它奔跑比马快得多。人们如果想杀死它，就用深深的陷阱捕获它，或者人们如果想驯化它，就用母象把它诱入迷宫。黑人食用象肉。

第二章
有趾动物

甲、单趾动物

属于此类的，有白色的美洲食蚁兽，但除此之外，它与其他食蚁兽完全一致。

乙、双趾动物

骆驼

1. **巴克特里亚**骆驼在背上有两个长毛的隆起，在肚子下面也有两个。它是最强壮和最高大的骆驼。它的驼峰真正说来不是肌肉的隆起，而只是硬皮部位覆盖着浓密的长毛。它很少喝水，负重直达10公担，这是在它屈膝卧倒在地之后给它加上的。它满负荷白天行走10里。它也学跳舞。用它在春天3天里脱落的驼毛，可织成漂亮的衣料。

2. **单峰骆驼**只有一个背部隆起和腹部隆起，比刚才描述的那种动物
9〔330〕矮小和行走迅速，在叙利亚和阿拉伯安家，在膝部有硬垫。它在一天之内不知疲倦地行走40法里或者大约30德里，可以耐渴直到5天。

3. **小邮驼**差不多与上述骆驼走得同样快。但骑起来更为舒服。

4. **秘鲁羊驼**有驴一般大，是因其毛和肉而培育出来的。

丙、三趾动物

A. 树懒动物

1. 瘦小的、**灰白色的树懒动物**有一张笑脸，白色浓密的毛，臃肿的腰身，攀到树上，但惊人地慢，并且仅仅凭借其叫声来救自己。如果它开始一次急行军，则它一天之内至多走过50步。

2. **马克格拉夫树懒动物**是其中的一种。伪装起来的懒猴有一颗狗头，而且是双趾的。

B. 食蚁兽

1. **大食蚁兽**有一个很长且尖的嘴巴，舌头是圆的，能够伸出1.5尺长。用这种活的胶杆，它把蚂蚁从蚁穴中粘出，但它却没有牙。

2. **中型的灰黄食蚁兽**和上面描述过的单趾食蚁兽在食物上与大食蚁兽一致。

丁、四趾动物

A. 有甲动物

1. **福莫萨的有甲食蚁兽**有多鳞的甲，它能够缩回甲内躲避一切袭击。此外，它生活如上述食蚁兽。

2. **福莫萨小魔鬼**或者**东方的鳞甲犰狳**①与食蚁兽的生活方式一样，
9〔331〕但却有一副漂亮的胸铠，它在里面躲避一切猛兽。这些动物中的一些有6尺长，没有枪弹能够穿透它们的铠甲。属于此类的还有生活在印度最外

① 与上文的“有甲食蚁兽”即穿山甲是一回事。——科学院版编者注

端的**美洲犰狳**。它的甲壳闪闪发光。它守在水里①，并登上陆地。

B. 猪仔小兔

属于此类的有被从美洲带到欧洲的**豚鼠**、**巴西灌木鼠**、**苏里南家兔**和**爪哇亚兔**。它们都发出一种咕咕的声音。

戊、五趾动物

在这些动物中，人理所应当占据第一等级，但人的理性使人高过各动物种类太多了。

A. 兔类

兔类没有敏锐的视觉，但却有更好的听觉，可爱而又胆小。这些动物几乎都是 4 个或者 5 个星期交配一次，给其幼崽哺乳不超过 3 天或者 6 天，遇到追捕是蜷缩起来，在其驻扎之前刨洞，而且如果被赶出来就再寻找它。森林兔比田野兔更强壮。在北方和阿尔卑斯山有白兔。黑兔很罕见。有时，人们也遇到过长着一个掌状角的角兔。**家兔**是侏儒兔。它们在西班牙很常见。狐狸、鼬和鸡貂对它们造成严重蹂躏。

B. 啮齿动物

松鼠收集坚果和水果，冬天在北方成为灰色的；因此就有灰鼠毛皮。有条纹的美洲松鼠有 7 道白色带纹沿纵向贯穿全身。

跳松鼠或者**飞松鼠**比普通松鼠小。其侧面的皮肤延长到固定在足部 9〔332〕
的皮毛，它就是借此飞翔的。在俄罗斯，此外以一些变化在弗吉尼亚有这种松鼠②。

土拨鼠比家兔大。它整天在睡或吃。**睡鼠**（lorex）有一只小松鼠大小。仓鼠在树根下面做穴，它把许多果实积攒在那里。很好闻的水鼠③和

① 犰狳仅仅是陆生动物。——科学院版编者注

② 即弗吉尼亚鼯鼠。——科学院版编者注

③ 即麝鼠；不是肾，而是生殖器附近的一个腺分泌有麝猫香气味的液体。——科学院版编者注

一只鼹鼠一般大，有一张很好闻的毛皮和肾。

C. 鼠类

属于此类的是普通的家鼠。在鼠类中雌性少于雄性。成窝的鼠仔，以及预防其破坏的方式。**水鼠**、**田鼠**和**家鼠**等等已知。**苏里南埃涅阿斯**长着常常的环状尾巴，攀到母亲背上的幼崽用自己的尾巴与母亲的尾巴缠在一起，就能够得到安全。**山鼠**①就像松鼠一般越过水面。

美洲负鼠约31寸长。雌负鼠用腹部下面的袋子携带幼崽。雌负鼠仰天躺倒，装载上各种各样的食物，然后带回鼠穴。

D. 鼹鼠类

鼹鼠在土中只捕食蚯蚓，并非眼盲。

E. 四足鸟类

蝙蝠、飞猫和飞鼠，所有这些动物都在足上有钩。东印度的飞狗。在新西班牙，有极大的飞狗。

F. 鼬类

仓鼬②有一种难闻的气味。**银鼬**是一种白色的鼬。**鸡貂**有一个小袋
9〔333〕子，内含和其他鼬一样发臭的汁液。**貂**好闻；而这是为什么？是**松貂**还是**石貂**。**紫貂**是一种西伯利亚和拉普兰动物。**獴**，即**法老鼠**，像猫一样大，但长得像鼩鼱，毁坏鳄鱼蛋③，捕食老鼠和乌龟。

G. 有刺动物

1. 普通的**猪刺猬**有耳朵，长着1.5寸长的刺。它们在松软低洼的地方把泥土翻开。

2. **豪猪**。一个脑袋上长一束刺的品种。

3. 另一个长着下垂的猪耳朵的品种有像脱光的羽管一样的刺，它通

① 即旅鼠。——科学院版编者注

② 即鸡貂。——科学院版编者注

③ 獴毁坏鳄鱼蛋是普林尼的一个寓言。——科学院版编者注

过摇动自己弹性的毛皮，能够把这些刺射向自己的敌人，确切地说，射出3步远，深入肌肉。[①] 著名的**豪猪粪石**就来自它。在这种动物的胆中生成的这种石头大约直径为1寸，微红色且布满血管，被用金子镶嵌，以便此后浸入水中，它使水有一种清血的力量。这样一颗粪石有时售价200帝国塔勒。粪石比同等重量的金子贵10倍。它呈深灰色，并不像前者那样沉在水下。猴粪石呈浅绿色，同样贵重。此外在尼科巴群岛的鸽子胃中也有。在牛、马、岩羚羊，尤其是粪石山羊的胃中，同样产生这样的球，它们呈叶状层层组合，就像一头洋葱，而在其中心是某种未被消化的草和毛发。

H. 狗类

就像人通过其照管和保养大大改变水果品种和植物品种，人也对一些家畜，尤其是对狗这样做。因此，一些驯化的狗如果野放就也退化。相当拥有其自然的自由的**牧羊犬**，似乎是**祖源狗**。**农家狗**、**灵缇**、**冰岛狗**、**丹麦狗**以及人们骑乘的**大鞑靼狗**都来自它。**猎犬**、**警犬**、**猎獾狗**、 9〔334〕
长毛垂耳狗、**短毛大猎犬**和英国**哈巴狗**等等。

从两个品种杂交产生但也到此为止的**变种**；属于此类的有**博洛尼亚小犬**，它源自小长卷毛狗和西班牙长毛垂耳狗。**狮子狗**真正说来产生自斗牛狗。非洲狗，尤其是在几内亚，不会吠叫。在海角地区有野狗，它们在成群猎食时甚至与狮子打架，但却不惹人，而是甚至从它们的猎物中还给人留下一些。黑人相信，我们的狗在吠叫时能说话。狗有时发疯。如果它们达到最大程度的疯狂，它们咬伤的伤口，甚至它们的唾液和它们呼吸的气味，都是一种如此速效的毒药，以至于能够使人畏水、疯狂，甚至致人死地。

I. 狼类

在英国，狼类已被灭绝；在北方，它们是白色的。属于此类的有**亚洲胡狼**。这种狼据说仿佛是狮子的警犬，因为当人们听到这种狼嗥叫时，狮子也就不远了。它有斗牛狗一般大小，像老虎一样残暴。**斯堪特狼**是

① 普林尼的寓言。——科学院版编者注

黑色的，比我们这里的狼更长、更残暴。——**沙狐**。——**鬣狗**。

K. 狐类

红狐在尾巴上、在耳朵和足部是黑色的，除此之外在腹部是花白毛，看起来略呈红色。**十字狐**从嘴巴开始，沿额头、背部和尾巴有一条黑纹，与越过肩和前腿的另一条黑纹相交。**蓝狐**的毛是灰烬色的或者蓝灰色的。**黑狐**的毛皮价值很高。**棕狐**同样价值很高。**白狐**根本没有持久的毛。**美洲银狐**。所有狐狸都发臭。但它们在尾巴开始的地方却有一处硬毛，其
9〔335〕下有一个小腺，分泌出一种蓝堇菜的气味。——**臭狐**在尾巴下有一个囊，人们兑水服用其几滴液体。

L. 亚狐

其中有毛皮好闻的西班牙**獛猫**。**麝猫**在屁股下面有一个袋，3 寸长，3 寸宽，其中包含着一种油质的、好闻的体液。人们把它置入一个笼子，天天用一个小勺从它提取这种体液。如果这种动物有这种体液过多，它就得忍受疼痛。人们在非洲和亚洲用陷阱像捕捉鸡貂一样捕捉它。獾在其冬穴中不吃不喝地睡眠。

M. 猫类

土耳其人对家猫评价很高。他们眼中的明星更强地聚焦于家猫甚于另一种动物，并且也更强地扩张。**虎猫**在所有的动物眼中都是暴怒的，并且眦出它们的眼珠来。它差不多是所有动物中最残暴的动物。

N. 猞猁类

猞猁的背是红色的或者黑色的。它从树上跳到动物身上。它的爪的伤口很难愈合。

O. 豹

豹类动物比英国狗大，咆哮起来像狮子，有黑色的、长得像马掌似的斑，其肉鲜美。它的头长得像猫头。**猫豹**在大小上与猫没多大差别。——**狮豹**。——**美洲豹**。——**荒漠猞猁**。**美洲貘**。

P. 虎类

虎有黄色的斑，周围在明黄色的底子上长着黑色的毛。它跳跃比任何一种猛兽都快，并且能攀援；大小如同一岁的牛犊，比前述猛兽都更残暴。最大的虎有黑色的斑。——**虎狼**①。**鬣狗**。

Q. 狮类 9〔336〕

雄狮有鬃毛，雌狮没有；狮子的额头有皱纹，脸像人脸，眼睛深陷，舌头多刺，就像长着猫爪，狮子用它就能够舔下动物的肉。它能够把自己十分锋利的爪子缩回，以免行走时在地上磨损。它从背部到地的身高是 $4\frac{1}{3}$ 尺。狮子袭击动物，不使用任何诡计，也不使用特别的速度。如果它不甩尾巴和摇动鬃毛，则它就是快活的，人们可以安全地从它身边经过。通常，窘困时的惟一办法就是卧倒在地。值得注意的是，它根本不伤害女人。一个实例是查理二世治下的一位女人，她在伦敦的陶尔清扫狮园。另一个实例是奥尔良公爵夫人，娘家是普法尔茨伯爵。黑人的女人们经常用棍棒逐走狮子。它们对于黑肤色人比对于白肤色人更危险。但是，一旦狮子舔到血，它就也在瞬间撕碎动物或者人。它一击就咬死一头牛。在美洲找不到狮子。它不能耐寒冷，在我们这里不断地发抖。它的粗壮的骨头只有狭小的骨髓管，而**科尔贝**②保证，如果骨髓在太阳下晒干，骨头就会如此坚硬，以至于人们能够用它打出火来。它并不怕鸡叫，但也许怕蛇和火。

R. 熊类

熊用击打和危险的搂抱来杀死自己的敌人。它是蜂蜜大盗，攀援到树上，团成一团滚下来。在冬天有 2 个月它不吃任何东西。在波兰，人们教熊跳舞。斯匹次卑尔根的白熊有一个狗一般的头。一些熊有 6 尺高、14 尺长。它们善游泳，甚至在冰块上直达挪威。

S. 狼獾

这些动物呈灰黑色或者全黑。在大小上，它们与狗相似，不知饱足，

---

① 斑鬣狗在好望角被称为虎狼。——科学院版编者注

② 参见《康德全集》，第 II 卷，11 页注。——科学院版编者注

9〔337〕因为其肠子是直的，所以它们也像狼和狮子一样迅速排出污秽。

T. 猿类

猿类被划分为**无尾猿**、**短尾猿**或者**狒狒**和**长尾猿**或者**长尾猴**。

1. 无尾猿

猩猩，即**林中人**，其中非洲[①]最大的猩猩被称为 **Pongos**。在孔戈，此外在爪哇、婆罗洲和苏门答腊可以发现它们，它们总是直立行走，有 6 英尺高。如果把它们带到人中间，它们很喜欢烈性饮料，把它们的床铺得整整齐齐，并盖上自己。雌性有月经，并且十分多愁善感。爪哇人关于猩猩起源的意见。还有一个较小的品种，英国人把它称为黑猩猩，它大不过一个 3 岁的孩子[②]，但与人有许多相似之处。它们成群结队地出没，并打死森林中的黑人。

属于**无尾猿**的，还有**锡兰**的猿和长着一根与猪相似的尾巴的**马诺梅特猿**。——**长臂猿**是一种好心肠的动物，多半栖息在树上。

2. 长尾猿或者长尾猴

一些长尾猿有胡须。**有须长尾猴**有一种白色的卷发，很会模仿人。此外，属于此类的有**黑色的、光滑的长尾猴**，它们凭借自己的尾巴到处悬挂着。人们伪称它们相互间会正儿八经地奏长尾猴音乐。另一些长尾猿也有胡须，如**黄皮麝猴**。这种麝猴个子小，气味好闻，而且温顺。

3. 狒狒

狒狒长着狗一般的头，能够很快地双足行走。它们偷窃田地和园子。美洲人都相信[③]，这些猿只要愿意就能说话，它们不这样做，只是为了不
9〔338〕被强迫劳动。它们用尾巴捕捉贝类，或者用石头砸开贝类。人们还可以

---

① 猩猩仅仅生活在苏门答腊和婆罗洲。近赤道的西非洲是大猩猩的滋生地。——科学院版编者注

② 黑猩猩长成 1.5 米高。——科学院版编者注

③ 狒狒是旧世界的猿猴。——科学院版编者注

把**小怀猴**或者**血猴**算做此类，它们较大的品种具有小松鼠的颜色和大小①，但较小的品种具有一个攥起来的女士的拳头大小②。它们很乖，但也很固执、很娇嫩，以至于如果从那里把它们带往欧洲，它们多半就在途中死去，即使把它们分别干干净净地裹在棉花里。

第三章

鳍羽足动物

甲、水獭类

A. 河獭

河獭掘穴从河岸一直到邻近的森林；靠鱼为生；但在冬天是在表层结冰的池塘中。——路德对林獭与游蛇的混淆。

B. 后足呈鳍羽状的海獭

它们在所有的毛皮中拥有最美的黑色。甚至在堪察加，一张毛皮也价值 37 塔勒。人们在堪察加海峡的浮冰上捕捉它们。它们喜欢梳理自己，非常疼爱自己的幼崽，被人用乱棒打死。把它们卖往中国的贸易很兴盛。

乙、海狸类

海狸长着蛋形的、有鳞的尾巴。它们在加拿大朝哈得孙湾的地方很常见。它们给一条小溪筑坝，在草地上造成一个池塘。它们用自己的牙齿砍伐树木，拖曳 3～10 尺长的木头，在水上把它带回住处，冬天吃其树皮。在筑坝时，它们的尾巴首先是充当拖斗或者独轮车，它们把胶料堆在尾巴上，运到目的地；然后充当抹刀，它们用尾巴把胶料挤压和甩到树木上。人们也食用海狸。海狸香（castoreum）并不是由海狸的睾丸构成，而是处在位于其腹部的特殊麝袋中。——**穴居海狸**。 9〔339〕

① 狨猴在南美洲生活在树上，以松鼠的方式跳跃。——科学院版编者注

② 就连小丝猴，身体长度也还有 22～27 厘米，尾巴长度 30～35 厘米。——科学院版编者注

丙、怪足海洋动物

A. 海牛

海牛也叫做**海狗**，有一张狗一般的大嘴，后足拖在身后，不能交替移动。在安的列斯群岛，一些海牛长达 20 尺。最小的海牛是北冰洋的海牛，它们在冰原上成千上万地被杀死。在淡水也有银色的海牛。——**海豹**。——鱼油。

B. 海象

海象在额部有两个吹孔，也叫海牛，有长且突出的牙齿，被加工处理。有些牙齿 2 尺多长，8 寸粗。它们用这些牙齿像用钩一样登上冰原。

C. 海熊

海熊比陆地熊大，前肢像砍断的残臂，但其中却隐藏着脚趾，在离堪察加不远的地方被捕获。它们成群地抗御侵袭，并在自己的同伴退缩时咬它们。它们整个夏天不吃任何东西。——海豹类。

D. 海狮

海狮居住在美洲和堪察加。形象与海熊一致，只是大得多。人们只是在它睡眠时攻击它。它脾气很不好，很少疼爱自己的幼崽。罕有海熊害怕它。

9〔340〕 第四章

卵生四足动物

两栖动物

A. 鳄鱼

鳄鱼尤其属于此类，通常居住在河里和陆地上。它有鳞、有甲，20 多尺长，在冈比亚河里甚至长达 30 尺。说它动双颚是错误的。它与别的动物一样只动下颚，没有舌头，把鹅蛋一样的卵产在沙子里。——**大蜥蜴**。——**壁虎**。——**河马**。①

B. 鼍

鼍通常与鳄鱼混淆，也很像鳄鱼，只是它的尾巴不同，而且有一个麝袋，因此它也发出一种麝味。它在非洲和美洲可以遇到，不像鳄鱼那样野性和强盗一般。在美洲，它们被称为 Kaymans。它们的卵如何被鸟毁坏以及它们如何被捕获。

C. 龟

最大的龟类被在东印度的不同地区发现。单是蛋就可以让 30 个人吃饱。龟爬上陆地，产下多达 250 颗卵②，其每一个都像球大。它们的心分 3 瓣。其肉味美。人们有时从它们获得 2 公担多肉来腌制。

第五章 9〔341〕

第1节　海洋动物

A. 鲸以及其他与其类似的动物

人们把鲸划分成真正的**鲸**、**鳍鲸**、**逆戟鲸**、**锯鳐**或者**齿鲸**、**北方海盗鲸**、**抹香鲸**以及**独角鲸**。**格陵兰**鲸的头构成身长的 1/3。它比**鳍鲸**肥壮得多，鳍鲸在背上有一个鳍，也比**北方海盗鲸**大得多，后者只有一个吹孔。它逗留在直到斯匹次卑尔根和新地岛的北方地区，与此相反，北方海盗鲸在**北角**的高度游弋，而鳍鲸则向南方游弋更远。它以一种水生昆虫为食物③，这种昆虫大小如蜘蛛，富含油脂。但鳍鲸和北方海盗鲸却吞噬整吨整吨的**鲱鱼**。④ 这些动物没有牙，却有由鲸须构成的**胡须**，鲸须最长者长达 2 寻。抹香鲸在下颚有**牙**。它的头占身体的一半。它的咽喉狭

---

① 参见上文 327 页。——科学院版编者注

② 多数龟只产 2～3 颗卵，另一些产 20～30 颗卵。——科学院版编者注

③ 食物由软体动物构成，主要是长达 3½ 厘米的翼足目动物。——科学院版编者注

④ 这对须鲸来说是不可能的。——科学院版编者注

小，有吹孔，它从这些吹孔中喷水，血是热的。不获取空气，它们就不能长时间在水下坚持。它们**胎生出**幼崽，并给幼崽哺乳。格陵兰鲸被用大鱼叉射中，并用长矛完全杀死。目前，它比过去**胆小多了**；它逃避到浮冰中去；因此，现在捕鲸是在浮冰中进行的。它有一种像虾米一样的虱子。在一种被称为 Grampus 的北方海盗鲸的胃里，找到了**灰色的龙涎香**①。其他人报导说龙涎香在抹香鲸的胆囊中。一些人认为抹香鲸就是吞噬约拿者。抹香鲸的脑就是所谓的 Sperma ceti［鲸脑油］②。**逆戟鲸**为了舌头的缘故而杀死鲸。**锯鳐**突出的牙齿像一把锯那样布满锯齿。**独角鲸**
9〔342〕从上颚顶部伸出一颗直牙，长达 4 尺，比象牙还坚硬。这后几种鲸都是卵生。③ ——捕杀鲸最厉害的地方在戴维斯海峡和斯匹次卑尔根群岛。在麦哲伦海峡也有鲸。——墨龙。——Sepia octopodia［八爪乌贼］④。——温血。

B. 海牛⑤

这种动物在美洲岛屿和堪察加附近的千岛群岛可以遇到，重达 30 公担。它的皮肤不长毛，有裂纹，像一棵老橡树，从不潜到水下，背部总是拱出水面，尽管在不断进食时几乎总是把头沉在水下。它在人们不追逐它的时候总是温顺的。它有两臂，看上去像人臂，有尾巴，看上去像鱼尾。它的肉也很出色，不长蛆。它的脂肪熔化后超过所有的黄油。它是胎生并哺乳的。

C. 鲨鱼或者海狼

这些动物最大的品种叫做 Lamia。它们有 20 尺长，有 3 排牙齿相邻，比任何一种陆地动物都更贪吃得多。整个整个的人裹在船帆中，都被它

① 龙涎香是抹香鲸的一种病态分泌物，被用于化妆品。——科学院版编者注

② 一种富含脂肪的物质，在抹香鲸死后沉积在颅骨的空腔中，在药剂中使用或者用于制造蜡烛。——科学院版编者注

③ 然而，参见上文 341 页正确的说法。——科学院版编者注

④ 参见下文 344 页：墨鱼。——科学院版编者注

⑤ 一种与鲸鱼相像的哺乳动物，由施泰勒（参见上文 325 页注）于 1741 年登陆此前尚不为人知的贝林岛（即白令岛——译者注）并不得不在那里生活 10 个月时发现。这种动物似乎由于大量捕杀而在 18 世纪中叶灭绝。——科学院版编者注

们连同压舱石一块吞下去。从船上掉落下去的一切，斧、锤和帽子，都在它们的胃中找到位置。鲨鱼的嘴巴在吻下有 1 尺长；因此，如果它们要劫夺某种东西，就必须向侧面歪倒。在几内亚海岸，一个掉到海里的人要惧怕来自淹死的危险，并不像要惧怕来自鲨鱼的危险那样多。它把大块的肉从鲸身上撕下，被用带着铁链的钩子捕获和杀死。在它被带到船上之前，尾巴先被砍掉；否则它会用**尾巴**把人的胳膊和腿打碎。一些鱼在它的胃里性交。舟鰤[①]戏弄它就像燕子戏弄猫头鹰。——Squalus maximus［巨鲨］、狗鲨。——鲨鱼或者 Cachelot。——对鲨鱼的惧怕。——在桑威奇岛。

D. 锤头双髻鲨

锤头双髻鲨在大小、强壮和贪婪上与鲨鱼相似，但头朝两边看上去像一把锤子。

E. 外套鱼[②] 9〔343〕

外套鱼是一种尤其对美洲海岸的采珠人很危险的大魟，因为它们把采珠人裹在其展得很开的皮肤中，就像裹在外套中那样，压死并吃掉。

F. 黑鱼、剑鱼、海豚、鲟鱼、鲇鱼和其他更多的鱼是肉食鱼

海豚是一种很正直和迅捷的鱼，但**剑鱼**却是一种金黄色的海豚，而且是其余海豚中最迅捷的海豚。**白鲟**[③]是鲟鱼的一种，其鱼卵用来制作鱼子酱。它们作为大鱼也有很多鱼卵，有时重达整整 1 公担。

G. 鮟鱇[④]

鮟鱇包裹在一层坚硬的、不可穿透的皮肤中。是一种魟，20～25 寸长，15～18 寸宽，3 寸厚，仿佛有腿的残余，上面有钩，头上有角，有

---

① 20～30 厘米长，生活在温带和热带的海洋里，古人们相信，它游在船的前面，为的是给船指去海港的路。事实是，它大多与鲨鱼结伴极为执著地跟在船后面，为的是接住甲板上抛下的垃圾。——科学院版编者注

② 魟鱼以软体动物和甲壳纲动物为生。——科学院版编者注

③ 即欧洲鳇。——科学院版编者注

④ 有腿状的胸鳍，属于足鳍目。——科学院版编者注

一个鞭子一般带钩的尾巴。

海上奇观

鱼人[①]**、鱼美人**

在所有四大洲都遇到过。喜好虚构的想象力使其成为鱼人。不过，这种动物与人只有很少相似之处。它那能被人称为人头或者鱼头的头部，有大耳朵、塌鼻子和宽嘴巴，长在像鲽鱼那样背部罩着一张宽厚毛皮的身体上。它的前肢或者肉质鳍羽是某种与人相似的东西。这种动物在胸部有两个乳头，有一个肉尾巴。由于其脂肪，人们也称它为水猪。

另一些值得注意的鱼

A. 电鱼

电鱼也被称为**致抖鱼**、魟电鳗，在印度洋可以遇到，除了尾巴几乎
9〔344〕 是圆的，就像充了气。它除了眼睛之外还有两个孔，它能够用像眼睑那样的皮肤把这两个孔闭上。如果人们直接或者用一根长棍，甚至用钓线或者桨触及它，则它就使胳膊完全无感觉。但如果它死了，就不会这样了。一些人说，如果人们闭住呼吸，它就不能这样强烈了。它可食用。在埃塞俄比亚，人们用它退烧。它的这种力量的原因未知。它以此捕鱼。——Gymnotus electricus［电鳗］，即**致抖鳗**。

B. 水母

水母是透明的，像全是黏液，几乎在所有的海里都有。其中的一个品种叫做海荨麻，因为如果它们在被触及时激起一种火辣辣的感觉。

C. 墨鱼

墨鱼看上去很古怪，有两个臂，有一个墨袋，用来给追捕者把水搞混。——喷墨鱼。

---

① 也许是海天使，即一种扁平的鲨鱼。——科学院版编者注

D. 鼓气鱼

鼓气鱼在海角被发现，把自己鼓胀成圆的，像一个球，不适宜于食用，因为它有毒。

E. 飞鱼

飞鱼只存在于回归线之间。它们以一种鳍羽飞翔，但只飞鳍羽还湿着时那么久。它们的形象和大小如鲱鱼，常常落在船上，并被肉食鱼和猛禽追捕。

F. 中国金鱼

中国金鱼由于优美的金色和其他颜色而为中国人钟爱。它是自然界最美的鱼，手指般长，从头到半身都是红的，其余的部分连同簇状结束的尾巴都是鲜亮的金色。雌性是白色的，尾巴是银色的。

G. 海怪①、世界上最大的动物

这是一种海洋动物，其存在只以一种模糊的方式为人所知。**庞托皮
丹**②关于它报导说，船员们在挪威当发现他们抛出的测锤在同一个地方逐 9〔345〕
渐升高时就判断，海底有海怪。如果海怪浮出，就占据一个巨大的范围。它据说有巨大的尖角，像树一样耸立在它上面。有时，它突然沉进海里，此时任何船都不得靠近它，因为它激起的旋涡会使船沉没。据说在它上方容易捕鱼。一个幼年海怪曾卡在一条河里，并在那里毙命。海洋尚未披露它的所有奇观。如果海怪升上海面，则据说多得无法说的鱼从它身上滚落。它的形态未知。

论捕鱼的方式

在中国，人们用训练有素的鱼鹰③捕鱼，人们把一个环套在鱼鹰的脖

① 或者海蛸，以伸展开在长度上远远超过袋形躯干的触臂，经常长达很多米。——科学院版编者注

② 庞托皮丹（Erik Pontoppidan，1698—1764），卑尔根主教，最后任哥本哈根神学教授。在其《挪威描述》中，他也提供了关于海怪的所有令人难以置信的消息（第 II 部分，第 VIII 章）。——科学院版编者注

③ 鸬鹚科。——科学院版编者注

子上，以使它不能把鱼全部吞下去。鱼鹰尽其所能地把许多鱼衔上来。如果它们中的一个捕捉到一条大鱼，它就给其他鱼鹰发出信号，其他鱼鹰此时就来帮助把鱼拖走。这样一只鱼鹰价值不菲。如果它没有兴趣吃，则它就会被用棍棒逼着吃。人们在这里也用另一种办法在月光下捕鱼，亦即用一艘舢板，在其侧面钉上涂漆的白板。因为在这种情况下，这些板子闪闪发光，像一片明亮的水，鱼就跳上来，并落进舢板，在早上就被发现。人们在这里也以把麦仙翁种子撒进水里而使鱼愚笨的方式捕鱼。

在特拉诺瓦大滩捕鳕鱼

绿色的或者白色的鳕鱼干本来叫做鳕鱼，被晾干或者腌制。干了的鳕鱼就叫做鳕鱼干。它是一种肉食鱼，它飞快地吞下从船上掉落的武器、缆绳和其他东西。① 但它能够扩张自己的胃，吐出不可消化的东西。在大滩上每年有多达 300 条船捕鱼，每条船捕获 25 000 鳕鱼干。一切都是用钓具进行的。鱼饵是一段鲱鱼，其次是鳕鱼胃中未被消化的食物。用这
9〔346〕种钓具进行得非常快。这里周围鸟多得惊人，如食肝鸟、企鹅。它们聚集在船周围，为了吃抛弃的肝。企鹅的翅膀秃钝，它虽然能以翅膀在水上噼噼啪啪地划行，但却不能飞。

捕鲱鱼

鲱鱼在春天从北角附近的北方地区来到奥尔卡达斯群岛。从这里，它们沿着苏格兰海岸迁移，夏天在雅茅斯，也可能在秋天直达南海和波罗的海。荷兰人仅此一项每年的收益在扣除所有开销之后至少是 600～700 万帝国塔勒。另一位荷兰作家计算为一般而言 2 500 万帝国塔勒的收入，开支为 800 万帝国塔勒，国家获利 1 700 万帝国塔勒；因为人们也必须考虑到国家从中得到的好处，即如此之多的人靠在船队的工作养家糊口。英国人自 1750 年以来也驾船捕鲱鱼，但不那么有利可图，因为他们不知道窍门。——鲱鱼的迁移，因小水生物 **Ath**② 引起。③ ——过去在贝

---

① 在捕鳕鱼时，必要的情况下充当鱼饵的是被鱼连同钓竿一起吞下的东西。——科学院版编者注

② 无可查考。——译者注

③ 鲱鱼迁移的原因是产卵。——科学院版编者注

尔根，如今在戈森堡。——大量的鲱鱼，让人们在瑞典炼制鱼油。——鲱鱼的剖面。——荷兰人只腌制他们在一个白天捕到的鲱鱼，不保存它们过夜。——**鳀鱼**。——**捕鲑鱼**。

第2节 贝壳动物

A. 紫螺

提尔紫是地中海的一种海螺的血①，曾惊人地昂贵。它据说是在一只狗身上发现的，狗吃了这种海螺，其嘴巴变成漂亮的颜色。在新西班牙有这样一种海螺，但它们只含有2～3滴这样的体液，起初是绿色的，然后是火红的。人们很早就也有罗兰紫。

B. 珠贝 9〔347〕

波斯湾巴士拉和加利福尼亚的珠贝滩产最美的珍珠；科摩林角的锡兰的珍珠是最大的；此外新西班牙产大珍珠，但质地差、不成熟。② 珠贝如果不十分圆，就不能被拧下来。许多陆地在其河流中都有珠贝。采珠人在采集珠贝时以不同的方式进行，或者借助带有玻璃眼镜的皮套，上面有一根管子一直通到水面上，或者借助一个罩，或者光身子。他们最初容易得咯血病。波斯国王在1633年用140万磅购买一颗珍珠。波斯采珠业年收入是50万杜卡特，但现在停歇了。在医学上，它们并不比蟹壳和蛋壳更有用。——所有海生物的壳都是由它们自己分泌的黏液产生的，而且是石灰质的。——人工珍珠。

C. 牡蛎

牡蛎常常如此牢固地附着在礁石上，以至于它们看起来与礁石就是一体。一些牡蛎非常大。在哥本哈根，人们展示一个重达2罗特的牡蛎壳。它在闭上的时候以非同一般的力量闭紧，并且迅速地繁殖。荷兰海

---

① 就紫螺而言，一个位于直肠旁的黏液腺的分泌物具有这样的属性，即在新鲜状态是无色的或者微黄的，但在光线作用下获得一种微红的或者紫色的、非常持久的颜色。（古人们的紫衣）。——科学院版编者注

② 参见阿迪克斯：《康德的自然地理学研究》，235页，第41条。——科学院版编者注

岸的实例。人们也看到牡蛎可以说在树上生长。牡蛎在涨潮的时候当树没入水下时附着在树的枝杈上并停留在那里。① ——猿头蛤石，重达1公担多。——科尔切斯特和赫尔斯泰因牡蛎。——贝壳。

D. 藤壶、海枣螺②

这是枣核形的微长海螺。它们是在亚得里亚海安科纳发现的，被封闭在一块坚石中，而且必须事先用锤子把坚石砸碎，然后发现海螺在里面还是活的。这种石头是多孔的，幼螺钻进石头的孔洞中，并通过其运动如此磨损石头，以至于它们总是有张开的空间。有时孔洞堵塞了，但
9〔348〕 水毕竟能够通过海绵状的石头渗进来。**凯斯勒**③在亚得里亚海坚硬的大理石中发现了活的海螺。它们的肉和体液发光，就像大多数牡蛎刚被打开时在黑暗中那样。

E. 帽贝④

帽贝真正说来是长着一个柄的插孔螺，这个柄就是该动物的舌。它们用这样的舌附着在生在岸边的树上，而且由于舌表现为一个脖子，而某些从一个簇中伸出的鬈发表现为一个幼鹅的尾巴，于是就产生了虚构的故事，说苏格兰的赤鹅就产生自这种海螺，但人们不知道它们是在哪里孵化的。但人们现在知道，这些鹅是在最北方的岛屿上孵化的。

F. 海螺的丝

一些海螺用自己的舌头附着在岩石上，并编织某种东西，人们用它就像用生丝一样织成塔兰托手套和雷焦手套、内衣等等。惟有Pinna ma-

---

① 牡蛎床仅仅位于固定的基础上。这里可能是与贻贝混淆了。——科学院版编者注

② 海枣螺属于贻贝；它们钻进石头、护岸石、珊瑚等等之中，不过，藤壶属于甲壳纲。——科学院版编者注

③ 凯斯勒（Johann Georg Keyßler，1693—1743）：《穿越德国、波西米亚、匈牙利等的最新旅行》(1740)、《最新旅行续》(1741)。1751年出版了许茨的一个大版本。旅行的描述是以冗长的书信形式撰写的，提供了许多不加批判地汇集的材料。——科学院版编者注

④ 描述适用于藤壶（参见上文347页注）。“帽贝”的名称一方面与这些动物相似于贝的体态有关，另一方面与从这些动物产生出帽贝鹅或者黑雁的迷信有关。——科学院版编者注

rina［海贻贝］分泌出许多更精细的丝，古人的海丝[①]就是用它制成的。人们在巴勒莫还用它制成漂亮的衣料。

G. 鹦鹉螺

鹦鹉螺是一种在其内部与墨鱼有相似之处的螺。[②] 当它想到水面时，它就事先将水从其螺壳的小室中排出。然后它上升到高处，倒出它的水，并在它自己的“船”上朝着上方。它伸展自己的两条腿，在两腿之间有一层嫩皮，就像一篷帆，它把两臂插入水中，用以划桨，并用尾巴掌舵。如果它看见有某种可怕的东西，它就让自己的小室充满水，并沉入深处。

H. 贝币

几乎在非洲、孟加拉和印度的其他部分的所有海岸上，一些种类的贝壳都被当做现钱。尤其是在马尔代夫群岛，采集到像手指上最小一节那样小的贝壳，人们在东印度称其为 Kauris，在非洲称其为 Bolis，它们是英国人从马尔代夫取来的，然后用于购买小件商品。

第六章 9〔349〕

一些值得注意的昆虫

一、益虫

A. 胭脂虫

这种所有颜色中最昂贵的红颜色，来自一种红色的蟢虫[③]，它在新西班牙和一些岛屿上窝在仙人掌树上，被用刷子刷下来，然后晾干，研成碎末。仙人掌的果实是一种火红的、味道鲜美的无花果。人们把这种碎末称做胭脂红。但是，它常常不十分纯。**胭脂红晶粒**或者**紫晶粒**。它是

① 很多螺足部的一个腺的粘性分泌物遇水时立刻凝固成细丝，这些动物用它把自己固定在邻近的物体上。人们有时用丝来混纺钉螺的海丝。——科学院版编者注

② 鹦鹉螺是头足纲的四鳃亚纲的一个属。——科学院版编者注

③ 蚧虫！——科学院版编者注

一种树叶因昆虫蜇伤而产生的瘘或者赘瘤。胭脂红[①]在阿拉伯语中真正说来叫做小虫，而胭脂红真正提供的是红颜色。胭脂红也被用于医学。

如果再加上骨螺和紫螺，则人们就看出，所有用于涂染最珍贵的衣料的红颜色都出自动物界。——草莓株上的 Coccus Polonicus［波兰胭脂虫］[②]。——虫漆胶蚧虫。

B. 论无花果小蜂传粉早熟法

在希腊诸岛，人们利用某些姬蜂[③]蜇刺无花果，使其更早并且完全成熟。原因已说明。

（参见**图尔内封**[④]：《黎凡特游记》，第1卷。）

C. 可食蝗虫

在非洲，不同的民族炒食大蝗虫。在通肯，人们腌制蝗虫以备来日。经历过此事的卢多尔夫[⑤]让人把1693年严重危害德国的大蝗虫像虾一样烹制来吃，把它们用醋和胡椒制成密封罐头，甚至用它们来款待法兰克福市议会。

蜜蜂。——**蚕**。

9〔350〕

二、害虫

A. 塔兰托毒蜘蛛

阿普利亚的这种毒蜘蛛最毒。被它蜇刺的人时而哭，时而笑，时而跳舞，时而悲伤。这样一个人不能忍受黑色和灰色。人们用音乐来

---

① 胭脂红蚧虫生活在南欧常绿的胭脂红橡树上。——科学院版编者注

② 波兰胭脂虫也含有胭脂红体液。——科学院版编者注

③ 无花果瘿蜂促成授粉。普林尼已经了解这种授粉方式（Caprification［无花果小蜂传粉早熟法］即根据 Caprificus［野生无花果树］得名）。——科学院版编者注

④ 图尔内封（Joseph Pitton de Tournefort，1656—1708），于1700—1702年游历希腊和小亚细亚，并从那里带回1300多种新植物品种：《植物学基础：或理解植物的方法和林耐的性体系》（6卷本，巴黎，1694）；《黎凡特游记》（3卷本，巴黎，1717），德文版，1776。——科学院版编者注

⑤ 参见上文315页注。——科学院版编者注

治疗他，尤其是吉他、双簧管、小号和小提琴，特别是在人们找对了音调和最合适的旋律的时候，他借此而跳舞、发汗，最终被治愈。人们必须让有些人来年再次跳舞。被蝎子蜇刺的人也喜爱音乐，特别是风笛和鼓。

此外，在几内亚也有极其大的蜘蛛，差不多像一只拳头。

B. 神经虫①

在东印度和非洲，人们有时在小腿肚长一种寄生虫，它最终在那里侵蚀得如此厉害，以至于长成 1 尺多长。它有一根丝线那么粗，直到有一根吉他弦那么粗。这种寄生虫位于皮下，导致一种肿瘤（vena Medinensis）。人们试图小心翼翼地抽出它，把头缠在一根小棍上，并以这种方式逐渐地慢慢把它卷出来。如果虫扯断了，通常就导致死亡。

C. 沙蚤

这种蚤在西印度钻进人的皮肤，而且如果人们不把它位于其中的整个疱疣挖掉，就导致冷坏疽，因为毒与身体的其他体液混为一体。

D. 还有另外一些害虫

在孔戈，整群整群的蚂蚁在迁徙，它们把一头奶牛或者一个病人整个吃掉。Cemehens 是美洲卡塔赫纳的一种蛀虫，它们如此勤奋，以至于它们一旦来到一家杂货店下面，一夜之间就完全摧毁它。Loge 是美洲的一种小蟒虫，如果人们把它揿死在肉上，它就会留下致命的毒。如果它 9〔351〕
落在皮肤上，人们就把它吹掉。千足红毛毛虫有 40 只脚，嘴有毒，是印第安各地的一种巨大的痛苦。病媒蚊是东印度的一个特殊品种的蚊子，此外在巴拿马地峡的较低地区也有。在拉普兰，最大的烦恼是来自牛虻的烦恼。——安蒂亚的小蚂蚁。——Furia infernalis［冥府的复仇女神］。——长有坚固甲壳的非洲蚂蚁②。——囊猪肉中的细粒棘球绦虫。——绵羊的旋转。

① 麦地那蠕虫或者几内亚蠕虫。——科学院版编者注

② 蚁类，其蚁穴就像整个整个的村庄。——科学院版编者注

第七章

其他爬行动物

A. 蛇

在热带，有若干种类的蛇惊人地长。在离亚马孙河发源地不远的沼泽里，这样的蛇整个吞下一头狍子。在几内亚海岸东端的一个非洲王国惠达，一种很大的蛇是无害的，而是捕杀毒蛇和老鼠。它在那里被当做最高的神灵来崇拜。① ——毒蛇可食用。——有空的和可移动的牙齿。——蝰蛇。

B. 响尾蛇

响尾蛇是所有蛇中最有害的。它在自己的尾巴上有关节，这些关节在干燥的季节里爬行时咯咯作响。它行动缓慢，并且无所畏惧。所有人都相信，它有一种魔力，或者毋宁说一种使人头脑发昏或者甚至诱惑人的气雾，它喷出这气雾，并通过它迫使鸟、松鼠和其他动物进入它口中。至少，它行动太缓慢了，不可能以别的方式捕捉像它每天吃掉的这样一些迅捷的动物。它们吃野兽，此外也吃猪。

9〔352〕 C. 游蛇

Cobra de capello［眼镜蛇］或者帽子蛇，因围在头和脖子上的皮肤而得名。据说在其脑袋里有著名的蛇石；但另一些人断言，这种东西无非是烘干并以某种方式加工的牛腿罢了。这完全取决于舌头。人们如何从伤口吸出蛇毒并把它再洗净。蛇石的形象如豆角，其中间是带白色的，其余部分则是天蓝色的。一些人伪称，印度的婆罗门用真正蛇石制造它，与蛇心、肝和牙以及某种土相混合。至少，有害动物的某些部分，例如帽子蛇的皮，通常对蛇咬伤甚至疗效甚好。

D. 蝎子

蝎子在意大利不比小手指更大，差不多是虾的形象，用它的带钩的

---

① 西非和中非的王蛇。——科学院版编者注

尾巴击伤自己的敌人。人们使用撳死的蝎子，把它放在伤口上，重新吸出毒来。印度人在紧急情况下用烧灼被刺伤部位来医治有毒的伤口。在印度，蝎子要大得多。说如果人们把一个蝎子置于一个喷了烟草烟雾的杯子下，蝎子就用自己的尾巴自杀，这是有根据的。

E. 变色蜥蜴

变色蜥蜴是一种亚洲和非洲动物，相当像壁虎；但通常大得多。它以昆虫为食，而且它的舌头长达 8 寸，也就是说几乎是该动物整体的长度，它像食蚁兽那样用舌头捕捉飞虫和蚂蚁。一些物理学家报导说，它使自己的颜色依从彩色的对象，但它必须对自己施加一种强制。不过普遍的游记报导说，它们任意地，尤其是在它们确实高兴的时候迅速地相继改变自己的颜色，但不是根据对象。它们是按照自己的情绪改变自己的颜色。如果它们高兴，它们的颜色就是有花斑的。

F. 蝾螈

蝾螈烧不死是由于它吐出并从所有的汗腺排出的浓稠的黏液，它用这黏液使它被置于其上的煤相当一段时间冒蒸气。不过它毕竟最终被烧 9〔353〕
死。在世界的所有地方人们都伪称，壁虎是蛇的敌人，并且通过现身来警告人有蛇。

第八章
鸟界

A. 鸵鸟和食火鸡

二者[①]主要是亚洲和非洲鸟。它们把头昂得比马还高，有翅膀，但却不能用翅膀飞，跑得比马还快。它们只在夜间孵蛋，在尾巴上有漂亮的羽毛，并在背上有一个驼峰状的隆起。食火鸡在别的地方像鸵鸟，但在头上有一种带软骨的皮肤。它没有羽但有毛，在脚上有蹄。它吞食铁，甚至吞食燃烧的煤，但并不消化铁。

① 食火鸡仅仅生活在澳大利亚。——科学院版编者注

B. 兀鹰

兀鹰是所有飞行动物中最大的，但在美洲罕见。从它一个翅膀的终端量到另一个翅膀的终端，宽达 6 尺。它能把内脏从一头公牛身上撕下来，但爪却像鸡爪。它把野味叼进自己的鹰巢，而且常常有婴儿；但繁殖不快。

C. 蜂鸟

蜂鸟是一种美洲鸟。它是所有鸟中最小的，不足一只甲虫大。① 它有最漂亮的羽毛，通常装扮出所有可能的颜色。它从花中吸吮汁液。在西印度有一种蜘蛛，它结一种比我们这里的蜘蛛的网更厚实、更牢固得多的蜘蛛网；在其中蜂鸟被捕获就像一只蚊子。

9〔354〕

D. 极乐鸟

极乐鸟只是由于人们有过的成见才被说得好像没有爪。但为了更好地养活它，它的爪被切掉了。

E. 金鸡

金鸡由于其金色的羽毛和其他漂亮的色彩可以被视为世界上最秀丽的鸟，从中国人那里得到很高的评价。

F. 鹈鹕

鹈鹕身躯大如绵羊，头小，嘴长 1 尺半，头上有一个装一桶水的袋子，用这个袋子到数里远取水②，连同鱼饲养它的幼鸟。至于鹈鹕据说用自己的血饲养其幼鸟，则和关于凤凰的虚构故事属于同一类。

G. 鸟类的一些奇观

热带的鸟更漂亮，更色彩斑斓，但鸣叫更差。一些鸟把自己的鸟巢搭在高悬于水上的极细的树枝上，以此来避开猿猴的跟踪。咕咕鸟把蛋产在篱雀的巢里，不照料自己的幼鸟。一些鸟有翅不能飞，例如鸵鸟、

① 有丸花蜂大小的蜂鸟。——科学院版编者注
② 寓言。——科学院版编者注

食火鸡和企鹅。人们利用某些鸟捕鱼，如鱼鹰；利用另一些鸟猎捕四足的野味，尤其是出自切尔卡西亚的鹰。人们通过把一块肉插在一个野兽标本的头上并用轮子牵动它来教会它这样做。之后，它们就习惯于把爪抓进奔跑的野兽的皮肤，用嘴撕扯和使其不知所措。另一些鸟被训练来捕鸟，如冰岛的鹰等等。关于驯鹰。关于捕捉鹭鸶。这些鹰被交给一个站岗的士兵历经数昼夜托在手上，使它们不能睡觉，由此它们就完全改变了自己的本性。在中国，在几内亚海岸，在波托贝洛，人们借助把头插进一个空葫芦的泳者来捕捉野鹅和野鸭。

鸟由于把吃下去未消化的种子又排出而移植许多果实，因而槲寄生 9〔355〕
也落在橡树上，并在那里生长，此外也落在椴树和榛子树上。大洋上的一些岛屿给鸟，特别是以鱼为生的鸟充当栖息地，以至于一些岛屿被鸟粪覆盖若干寸厚；此外就是在智利海岸、非洲海岸、奥尔卡达斯群岛和别的地方。一些鸟如果被发现远飞离陆地，就预示着风暴；如碎石鹰，海鹰的一种，通常也习惯于把乌龟从高处摔到岩石上，埃斯库鲁斯就是被这样杀死的。在意大利，此外在英国和东鞑靼，人们没有发现任何鹤。鸽邮至今在摩德纳和阿勒颇还有。过去在哈勒姆、济里克泽、哥特鲁伊登山等等被围困时使用过，此外莱登的**约拿·杜奥萨鸽**。

论鸟的越冬

人们通常想象，冬天里那些在我们的北方气候里不能找到其食物的鸟迁徙到较暖的地带和远方的气候中。然而，云雀、凤头麦鸡等等在春天暖和几日时就迅速出现，而在开始变冷时就又消失。这证明，它们在冬天也还逗留在这里。鹌鹑据说也迁徙越过地中海，如在那不勒斯附近的卡普里岛上，主教在那里的大部分收入都来自鹌鹑的迁徙，而有时在地中海鹌鹑就落在船上。然而，这些鸟虽然是改变其逗留地的漂鸟，但却不是到远方，甚至越过海洋的候鸟。它们的飞行低且时间不长。但是，经常有鸟因风和雾而流落到海上，迷失方向，或者死去，或者逃生到船上。人们在离摩德纳 100 英里的地方在船上捕捉到一只雀鹰，它看上去极其虚弱。特内里费王储送给莱尔马公爵一只鹰，它从安达卢西亚返回特内里费，并带着公爵的戒指半死不活地落下来。不过，别的孱弱的鸟

对一只如此强壮的猛禽要说什么！为什么鹤不从法国飞往英国呢？极多
9〔356〕的鸟在冬天隐藏在地下，像獾或者蚂蚁那样不吃不喝。

燕子藏身在水里。**鹤**、**鹅**、**鸭**等等有时被发现在波兰偏僻的泥沼里和其他国家不结冰的沼泽里。在普鲁士，人们也在冬天里从波罗的海捞出一只鹤，它在室内又活过来了。①

① 舒伯特与多数听课笔记一致地补充说：参见克莱因（但泽市书记）这方面的消息。——克莱因（Jakob Theodor Klein，1685—1759），发表过大量多数是拉丁文的博物学内容的作品。在《但泽自然研究协会的试验和论文集》上发表有：《什么是流浪鸟或者漂鸟，以及什么是候鸟；还有大多数鸟特别是燕子与鹤在哪里过冬》（第37卷，407～506页）。该论文同时是他的《修订和完善了的鸟类史》的第3部分，在他死后由雷格尔编，但泽，1760。——科学院版编者注

第三卷
植物界

一、值得注意的树

树在热带木材更重、更高大、更多汁。北方的树较松软、低矮、无力，但无论是家畜还是人，在前一些地区按照外观的比例都比后一种地区轻得多。

A. 给人提供面包的树

在印度的许多地方，此外在拉德罗内斯群岛，长着一种结出大捆的面粉状果实的树，这些果实能够当做面包来食用，叫做面包果。生在摩鹿加群岛的西谷椰子树，看上去像棕榈树。它有一种可食用的树髓。这种树髓被用水捣碎、榨汁并滤清。其黏性的成分沉底，人们用它做成的面包相当差，但粥却较好。这种粥拌着杏仁露一起吃，对红痢疾疗效甚好。——**色列普粉**。

B. 棕榈类的很有用的树

棕榈树类别不同。它们的共同点是，它们都没有真正的枝杈，而是叶子宽大，长在树干上，树干包裹着鳞状的树皮。从一种棕榈树中提取出像桦木汁那样的树汁，经过发酵就成棕榈酒。要把它与帕尔玛岛上的 9〔357〕
棕榈香槟酒区别开来。**椰子树**属于棕榈类。它的叶子像其他棕榈树的，用于遮盖房子。椰子**皮**用于编织，叶子本身用作容器，其中所含的椰汁是很好的饮料。马尔代夫椰子下面分叉，比其他椰子更贵。——棕榈酒。——槭树。——糖槭树。

C. 中国的油树

这种油树结荚果，有 3 个坚果状的果仁，像豌豆般大，裹着油皮，油皮本身富含油脂。人们捣碎果仁，把它煮熟，榨出油脂，加上亚麻油和蜡，制成漂亮的蜡烛。

D. 中国的蜡树

在这种树的叶子上悬着小虫[①]，不比跳蚤更大。它们做巢，但比蜂巢小得多。蜡比蜂蜡更硬、更有光泽、更贵。人们收集那种小虫的卵，将其置于别的树上。

E. 无患子树

在墨西哥人们遇到一种结坚果的树，其外壳有一种起泡沫的汁液，用于洗涤很好。

F. 一种提供饮水的树[②]

这种树是神奇的树，据说它总是像被云遮盖，从它的叶子上滴水，这水被收集在蓄水池中，在那些地区常见的缺水时供人畜饮用。这种树的树干有 2 英寻粗，40 尺高，但枝杈据说覆盖 120 尺方圆。

但在**普遍的游记**中据目击者说，它只在夜间供水，确切地说每夜 20 000 桶水。

大多数旅游者，其中就有**勒梅尔**[③]，保证说，在一个山谷中有许多这样的树比邻而生。这个山谷有大片的森林环绕，周围的山投下其阴影，
9〔358〕由此水雾就以这种方式变得浓密，并形成滴水的云；在圣托马斯岛也有这类树，但只在中午供水。

G. 棉花树

这些树结一种苹果状的果实，其内部分成小室，里面长着绒毛。塞巴毛是另一种树的几乎丝状的细毛，只不过它几乎不可加工。

H. 漆树

这种树在中国以及在摩鹿加群岛被发现。它以桦树提供桦木汁的同样方式提供漆。人们把贝壳插进划开的树皮里，用它收集漆。漆在

---

① 蜡虫。——科学院版编者注

② 巴西的雨树。幼嫩的枝条渗出清亮的、可饮用的液体，在摇动时像雨一样从树上落下，因此就有了这种树招云的见解。——科学院版编者注

③ 勒梅尔于 1682 年到加那利群岛和佛得角旅行。——科学院版编者注

木头上变坚硬，像木头本身一样硬。然后，在上面再刷一道特殊的油漆。

I. 硬木

也有一种木头，它如此坚硬，以至于人们用它制作锚和刀剑。

K. 好闻的木头

黄色的檀香木源自檀香树，在印度多半被找来用于皮货。它也被捣成浆，被印度人用来涂身求凉爽。

L. 彩木

属于此类的主要是巴西红木或者巴西木。这种木头的核心用于饰红。

洋苏木，其内核有一种蓝颜色。——各种染草。——散沫花。——红根草[①]，埃及人和摩尔人用做胭脂。——东印度红木。——漆木。

M. 香胶树

麦加香膏是最美味的香膏，但现在弄不到了。它在阿拉伯是从香胶树采集的。如果它是新鲜的，则它的气味会导致流鼻血。每年都用它向大苏丹进贡。托卢香膏是从墨西哥运去的，并且最接近麦加香膏。它是白色的或者金黄色的。秘鲁香膏是微黑的。苦配巴香膏[②]是流体的和白 9〔359〕
色的。

N. 橡胶树

从**龙树**[③]及其刻口流出所谓的**龙血树脂**，是红色的。它在印度的许多地区都有收获。与此相反，**黄蓍树胶**是一种白色的如小虫般蜿蜒流出的树胶。

藤黄从一种与酸橙树相像的树流出。

阿拉伯树胶从一种埃及或者阿拉伯黑刺李流出。

---

① 散沫花或者红根草是一种遍布从北非到东印度的染料灌木。——科学院版编者注

② 古巴香膏。——科学院版编者注

③ 龙血棕榈。——科学院版编者注

塞内加尔树胶与它很一致：有一种清爽的力量，被人像冰糖一样吸吮。它也被用于丝织品，以使它们发光。

珂巴树胶从划破了的墨西哥**珂巴树**渗出。

O. 各种树脂树

婆罗洲的**樟树**通过发汗产樟脑，樟脑用铺在下面的布来收集。在日本，它是从樟树的锯末中蒸馏出来的，但较差。它也可以从桂皮树的根蒸馏出来。**安息香**或者**甜树脂**从锡兰和暹罗的一种划破的树流出，很好闻。

甘露在卡拉布里亚从一种白蜡树的叶子和划破的树干渗出。

最好的**松脂精**来自希俄斯的云杉和落叶松。**乳香**[①]是明亮的和柠檬色的。普通的乳香是从云杉和冷杉获得的。——**合成橡胶**。

P. 各种药用树

桉树皮是离亚马孙河不远的地方以及南美的一种树的树皮。它是退烧的特效药；但必须与金鸡纳树根或者金鸡纳树皮区别开来。**檫木**是佛罗里达的一种树的树根。**愈疮木**（Gummi oder Res*ina* Guajaci）用于性

9〔360〕 病，尤其是痛风病。人们可以把**香胶树**和**橡胶树**部分地也归入药用植物。**苦木**[②]。——**科伦坡树**。

Q. 一些果实可爱的树

香蕉是草本植物，结的果实如黄瓜，它们从树干长出，确切地说结成一团，约40个至50个。非洲和东印度的**可乐树**结一种栗子状的苦果，价值很昂贵。它有点苦，但在捣碎之后却使所有的饮料很受欢迎。在塞拉利昂，人们用50颗这样的坚果就能够买一个漂亮的少女，10颗就是给大领主的礼物了。**可可树** 18～20尺高，长4～5个树干。果实像一个甜瓜，悬挂在树干和枝杈上。在其隔层中有许多像杏仁的坚果。**可可**止血、性冷。伊斯帕尼亚的印第安人用它捣碎在水里做饮料。**阿月浑子果**是坚果，被置于糖中，但嫩果被置于醋中，在波斯被用于佐餐。

① 乳香是在希俄斯岛上从乳香黄连木中提取的。——科学院版编者注

② 苏里南苦木树的木头因其含有苦的材料而被用于药剂。——科学院版编者注

海枣是一种棕榈树的像扁桃的果实，它们像葡萄一样大团大团地生长在树干上。

仅仅用可可烹制的水相当难喝，而且性冷，因此，某位第一次喝它的西班牙人说：这与其是给人喝的还不如是给牛喝的。但是，人们在西班牙加上糖、胡椒、香草和龙涎香，由此而使这种饮料性热，更好喝。

有阿拉伯**咖啡树**、地中海东咖啡树，此外在美洲有苏里南咖啡树、马提尼克咖啡树等等，在东印度有爪哇咖啡树。它是一种无论考虑到叶子，还是就果实的外观而言都与樱桃树相像的树。干了的果实被轧压，因为在这种情况下，像一个豆角的果核就分成两半。地中海东咖啡甚至在阿拉伯比马提尼克咖啡更贵，而犹太人把许多马提尼克咖啡运往土耳其。——**莲**。——**芭蕉**。——**槟榔**。——**扁桃树**。

R. 各种调料树

丁香树[①]像梨树，丁香是它的果实。

肉豆蔻树像苹果树。被一种人们称之为食果鸟的鸟吞下并且又排出 9〔361〕
的那些坚果，价值更高。两种树都只能在安波那岛和班达岛上遇到。在其余的摩鹿加岛屿上，它们已经灭绝。[②]

锡兰岛上的肉桂树。幼树的树皮被剥下来，就是肉桂。果实并不含有许多好闻的油，但却含有许多脂肪。一滴油就价值两个格罗申，在舌头滴上少许几滴，就把虾打发了。

S. 树的其他奇观

在东鞑靼，亦即在卡尔梅克鞑靼，几乎根本遇不到树，而是只有可怜的灌木，因此这一片的鞑靼人也只住帐篷。被荷兰人称为 Mangellaer 的**红树**[③]，从根部长到高处，然后弯曲，又长进土里，在那里扎下根，又长到高处，等等。

巴尼亚树[④]从其枝杈仿佛是垂下绳索或者坚韧的树枝，它们又在土里

---

① 丁子香树。——科学院版编者注

② 肉豆蔻树的种植在 18 世纪被荷兰人强行限制在班达岛上。——科学院版编者注

③ 从其枝杈垂下气根到地里。——科学院版编者注

④ 拥有气根，根据印度人的一个贸易种姓巴尼亚人命名。——科学院版编者注

扎下根，并由此覆盖一整片地方，以至于人们不能通过。如果它长在水边，它就一直长到水里，此时枝杈就悬挂在它身上。有一种木头或者灌木，生长在意大利的一些地方，按照**凯斯勒**①和**温图里**的说法既不能燃烧，也不能熔化，哪怕是置于凹镜的焦点。它在外观上像橡木，但软一些，看上去微红，容易砍削、折断，在水中下沉。总的来说，人们在它上面既没有发现沙也没有发现某种矿物质。一些人称它为Larix。人们在安达卢西亚的塞维利亚也发现了它。——**石棉**。

伊斯帕尼亚的一种树如此有毒，以至于在它的树荫下睡觉就是致命的。它所结的水果是一种剧毒，加勒比人用它淬自己的箭。②

非洲和印度的**加拉巴木**结一种果实，切开后就是很好的锅，去除颈就是很好的餐具。

9〔362〕 **槟榔果**像阿月浑子果和海枣那样葡萄状地生长，被用做印度人不断咀嚼的**蒌叶**。**马钱子**③（Nuces vomicae）是锡兰岛上一种像酸橙的果实中的果核。它杀死天生没有视力的一切。用橡树的槲寄生的小浆果制成黏鸟胶。——爪哇和婆罗洲的博阿尤巴斯毒树。④ 它孤零零地伫立在荒凉的地方。人们只可以接近它到一箭之地。尽管如此，它的沥青状的汁液却是治疗有毒动物咬伤的药剂。

二、其他植物

A. 茶

中国的茶灌木的叶子在初春采摘下来，制成贡茶；二级茶和三级茶就依次较差。人们把一级茶放在太阳下晒干，用手搓卷。二级茶被放在开水上面的平锅中加热，直到它完全蜷缩。三级茶是在煤火上面炒制的。最好的茶出现在北方各省，因此俄罗斯人最喜欢携带茶。日本人在饮茶

① 参见上文348页注。——科学院版编者注

② 马疯木（参见下文435页）。——科学院版编者注

③ 东印度的马钱子树的种子。——科学院版编者注

④ 被称为毒安察或者尤巴斯毒树，也叫爪哇毒树。它的胶乳为土著提供了箭毒。于1776年作为荷兰外科医生生活在巴达维亚的弗尔什讲述过这种树的奇事（参见《莱比锡数学、自然学说和经济学杂志》，1784；以及《物理学和自然史汇编》，莱比锡，第IV卷，第4期，439页以下，1790）。——科学院版编者注

之前把茶弄成细末。——**砖茶**。

B. 匍匐调料植物

胡椒作为一种匍匐植物沿架子或者树一直爬到18尺的高处。它长得像茶藨子。主要在苏门答腊岛和其他东印度地区可以遇到。**长胡椒**长在一种灌木上，更贵。白胡椒不是自然的，而是在海水中腌渍并在太阳下晒干。——几内亚胡椒和锡兰胡椒。

荜澄茄①同样产自爪哇和摩鹿加群岛。这种果实长成葡萄状。

小豆蔻是一种芦苇状灌木的果实。

C. 蒌叶

蒌叶是一种匍匐植物的叶子，除了槟榔果和生石灰，所有印度人不断地吸吮蒌叶。这种美食有一种收敛的味道，把口水染成红的，把牙齿染成黑色的或者深灰的。在秘鲁，人们使用这种叶子加一点土来吸吮。 9〔363〕

D. 香草

香草和前者一样是一种匍匐植物。墨西哥的野蛮人秘密地种植香草。它长在无法攀登的山上。它不需要植入土中，而只需要被绑在一棵树上，它从树汲取汁液，然后也把根扎入土中。香草充满一种有香味的和浓稠的汁液，其中有小颗粒。它是巧克力的杰出配料。

E. 管状茎秆植物

竹子是特别值得注意的，它是印度最有用的植物之一。它长得像最高大的树那样高，在幼小时有一个可食用的核。不劈开时可以用做柱子，但劈开后用做板子和地板等等，里面蒙着的一层竹衣用做纸。在秘鲁有一种竹子，直径1尺半，外皮1寸半厚。它在满月时充满了水，但在新月时里面却很少水或者没有水。

甘蔗如今在两部分印度和非洲都可以遇到。用食糖的泡沫制成混糖。这种东西被用牛血或者蛋白质洗掉。——糖蜜。——塔菲亚酒。——朗

---

① 荜澄茄的未成熟的、晒干的果柄。——科学院版编者注

姆酒。——混糖真正说来是生糖。

F. 菠萝

这种漂亮的美洲果实大约长在像洋蓟这样的树干上。其形状如冷杉球果状，大小如甜瓜。其气味出色，味道似乎让人猜想到各种各样的调料。

G. 各种根

大黄来自中国和中国属鞑靼。**金鸡纳树根**是一种收敛和清血的药。人们也把它煮熟密封后带往欧洲。**人参**是最贵的药物，数百鞑靼人在中
9〔364〕国属鞑靼不辞艰辛地寻挖人参。据说它使灰发转变为黑发。人们把它切成片，浇上开水。它赋予人新的生机，服用过强的剂量，就造成热病或者发狂。某种山羊据说喜欢人参草，因此其血被视为很有利于健康。**姜**在马拉巴海岸最好。

三、植物的其他奇观

波斯的植物**臯脍树**产臭树脂或者魔粪。人们从根部切下一小片，除去渗出的汁液，此外天天用一片。在印度的许多地方人们在就餐时都用它。甚至面包也必定在用此物之后味道好，满大街都是这种气味；这是其最受欢迎的气味。

鸦片收获自某种罂粟，其顶端被划成十字，然后从中流出这种浓稠的汁液。工人们在从事这项工作时会头晕。鸦片的作用。内装 6 盎司生鸦片的一小管可以消除红痢疾。Bang 是一种大麻，其叶子被榨汁，汁液被印度人用来替代鸦片。

美洲的**卡塔赫纳小豆**①。早上食用少许，此后很长时间一点东西也不吃。然后整天没有任何毒物能够伤害人。

敏感的植物②（Planta sensitiva）如果被触及，就收拢其枝叶，就好

① 也许是 Phaseolus derasus，一种黑色的菜豆，巴西人珍重的一道国菜。——科学院版编者注

② 含羞草。——科学院版编者注

像它们有感觉。

Bejuken是木质的藤①，生在美洲的一种草场里，印第安人使用它，就像我们使用我们的麻绳。

葡萄

葡萄如果移植到别的地方，就变化很大。卡纳林香槟酒来源自莱茵河葡萄，此外还有卡普葡萄酒。马得拉葡萄是从干迪亚移植到马得拉的。在热带没有葡萄。人们在那里用稻子做烈性饮料，美洲人则用玉米做烈性饮料。稻子要长得好就需要很湿润，以及稻田长时间有水。但是，玉 9〔365〕
米或者土耳其小麦却像芦苇一样长到10尺高。

附录：一些尚属此列的说明

在种种色叶中，值得注意的是Anil，从它划破的叶子中挤出靛蓝来。它生长在马拉巴海岸。

弗里济亚石②是像那不勒斯的一种石头那样的团块，但真正说来却是由缠在一起的有色树根和土构成的团块，其中有菌种。这种菌种非常细微，却毕竟在其中十分常见。人们如果愿意，就能够从中获得蘑菇。只要在上面浇上温水，羊肚菌在6天后就成熟。这些**羊肚菌**也相当大。

最后，我还想起关于**基尔希**③提到过的植物的重演性发生的虚构。在化学开始繁荣、人们进行各种各样的curiosa chemica experimenta［细致的化学实验］的时候，出现了这种意见。植物的生长、各种盐的模仿性凝结和结晶为这种虚构提供了诱因。在香槟酒和勃艮第葡萄酒中溶解的氨盐呈现为葡萄；但它在水中也是如此。

如果把水银溶解在硝酸中，特别是也把银溶解在硝酸中，然后把这些溶液混合起来，在文火上烘干至三分之一，就制成了狄安娜之树；此时它呈现为一棵有树干和枝杈的树。④

① 藤本植物在热带用于各种各样的编织物。——科学院版编者注

② 一种多孔真菌，确实在意大利中部和南部种植。它的菌丝体把土结成一个牢固的、像一块凝灰岩那样的团块，意大利人称其为pietra fungaja（蘑菇石），并当做种子用。如果保持这样的团块温暖和潮湿，它们将每2～3个月生出新的蘑菇。——科学院版编者注

③ 参见上文216页注。——科学院版编者注

④ 参见《康德全集》，第II卷，114页注。——科学院版编者注

斯堪特树是阿斯特拉恰附近的一种海绵状植物，据在德累斯顿看到过这种植物的**凯斯勒**[①]说，它可以接受任何形状。由于它曾被压成羊羔的形状，无学识的人就相信，它长得像羊羔。因此，说它吃掉自己周围的草，说狼追逐它，这是错误的。

① 参见上文348页注。——科学院版编者注

第四卷 9〔366〕

矿物界

一、金属

1. 金

金在秘鲁和美洲的其他部分常常要么是挖掘出，要么是从自山间奔流而下的湍急溪流所冲刷的土中淘出。人们在世界的所有地方都发现金。许多河流，特别是几内亚的河流，在暴雨之后都有金粉。因为雨通过其自山间渗出而淘出金粉，并把它连同其他泥浆一起带进河里。出自马达加斯加的金因其坚韧和易熔而著名。当人们用水银把它从它与之混杂的沙中淘出的时候，人们就以用牛皮压制汞合金的方式把它分离。巴西的**平托白金**是一种白色的、但很难熔化的金。人们伪称在匈牙利发现的葡萄中的金核，是裹着一种金黄色果汁的果核；此外还有在葡萄酒中显示的、长在葡萄藤上的金。匈牙利富含金银矿。在克雷姆尼察采的金是最好的。

2. 银

银在世界的许多地方都有。在美洲的波托西和拉普拉塔河畔的矿山里银最常见。人们在那里发现没有脉壁带的团块银矿石，就好像它们是熔化出来的。人们在那里还发现了已经死去多年的印第安人的尸骨，上面已经长出银。在亚洲几乎没有银，因此在中国以银易金有巨利；因为在这里金银的比价是 14 比 1，而在那里的比价是 11 比 1。

3. 铜

铜要么出自矿石，要么出自解水①。**法伦**铜矿是最著名的铜矿之一。**日本**铜极多。铜水是溶解在硫酸盐水中的铜，通过沉淀从中提炼出铜来， 9〔367〕

① 通过黄铜矿在矿井中的氧化和风化产生的含铜溶液。——科学院版编者注

如在匈牙利的**诺伊索尔**。黄铜是铜与杂硅锌[①]合炼而成[②]。杂硅锌在波兰很常见，是一种半金属。

4. 锡

在英国和马六甲有最好的品种。中国和邻近地区的“白铜”[③] 是一种白色的锡或者白色的铜，但掺有杂硅锌，由此它就变得可拉长。人们用它制作白铜盒。——**铜锌合金**。——**杂铜**。——**曼海姆金**[④]。

5. 铁

铁到处都是。只不过一种铁矿石比别的铁矿石含量更丰富罢了。铁矿石在经过熔炉高热之前，不那么受磁石吸引。人们在所有的植物中、木头中都发现铁，甚至在人的血液里，在肉和骨头中都发现有铁分子。秘鲁人在西班牙人到达之前对铁一无所知，用铜来制作他们的斧、凿等等。在非洲，在塞内加尔和几内亚，有欧洲人最繁茂的铁条交易，一个黑人的价值按照铁条来计算。

半金属

1. 水银

在弗留利的伊德里亚矿山，水银最常见，有时采集得十分纯。它多半处于朱砂中。伊德里亚和西班牙的阿尔马登矿工患上严重的颤抖和口渴病。如果把他们带到澡堂，就从他们的身体上掉出小水银球。老鼠在这里患上痉挛病并死去。一些工人被它如此渗透，以至于在他们的口中放一个铜币或者他们用手指摩擦它就变成白的。用小麦面团防备渴死。

2. 锑

锑是微黑的，看上去像铅。性脆，用它做的枪弹有毒。

---

① 杂硅锌是最重要的锌矿砂。自帕拉塞尔苏斯以来，它就被仅仅视为金属的杂拌或者半金属；对锌是金属的精确认识只是出自 18 世纪中叶。——科学院版编者注

② 合成更早是通过用杂硅锌和煤炭对铜渗碳进行的。——科学院版编者注

③ 参见下文 385 页。——科学院版编者注

④ 铜锌合金、杂铜以及曼海姆金都是铜合金。——科学院版编者注

3. 铋 9〔368〕

铋很脆，淡黄色。

4. 锌

锌是淡蓝色的，是一种铅矿石[①]，但更硬。在熔炼铅矿石时附着在戈斯拉尔熔炉上，被频繁地刮掉。

5. 杂硅锌[②]

杂硅锌属于一种锌；通过把它加在铜里而制成黄铜。

6. 白坤

白坤半是一种金属，半是一种盐，因为它在水中完全溶解。**钴和雌黄**是其中的品种。

可燃金属和其他液态的、可燃的、被采掘出的东西

1. 石脑油

石脑油是白色的。招火焰。在巴格达和巴库亦即在波斯的代尔本从地下流出。

（参见赖乃格斯[③]的《高加索描述》，多处。）

2. 石油

石油是红色的或者深色的。不招火焰。

3. 沥青柏油

沥青柏油与前者很像。但更浓稠、更黏糊；很臭。也被称为魔粪。

4. 琥珀

琥珀似乎是从变硬了的石脑油或者石油产生的。**凯斯勒**报导说，意

---

①② 参见上文 367 页注。——科学院版编者注

③ 参见上文 237 页及 232 页注。——科学院版编者注

大利在许多挖掘出琥珀的地方也流出石油；海盐可能导致它的硬化，此外是一种细柔的土。

5. 龙涎香①

龙涎香起初是流体的，也常常这样从海中捕出，特别是在中国和日
9〔369〕本海岸。但在鲸的胃中，它被发现是硬的。灰色的龙涎香是最美的，并被掺入米粉。

6. 煤精

煤精②是一种黑色的琥珀，可以打磨得很漂亮。浮在水面上，在英国的康沃尔以及在符滕堡可以找到。

7. 沥青

沥青（Asphaltum）似乎是一种变硬的沥青柏油，溶解后存在于海水中，特别是在死海中。

8. 石煤

石煤被误视为浸透石油的木头，尽管有时能够发现这一点。它毋宁是被石油或者土等等渗透的板岩。它们在英国的纽卡斯尔最常见，但人们处处都发现它们。煤精与它们的区别仅仅在于，煤精不是以一种石质的实体为基础，而是以一种石质的土为基础。

9. 硫

硫是14份硫酸和1份可燃物的混合。多半从黄铁矿中获得。人们也在火山喷发时发现生成的纯硫。黄铁矿在古人那里被称为Piretes，含铁，硬，用钢打的出火。也有黄铜矿和白铁矿，但它们与黄铁矿不同。如果黄铁矿风化，硫就冒出来。

沥青和树脂。——泥炭藓及其生长。——索尔韦湾沼地。

---

① 参见上文341页注。——科学院版编者注

② 煤精是沥青煤。——科学院版编者注

二、盐

有各种盐，要么是酸性的，要么是碱性的，要么是中性的。属于前者的有硫酸盐，它要么是含铜的和蓝色的，要么是含铁的和绿色的。

除了硫酸之外，明矾是一种泥灰岩；在索尔法塔拉煮硫酸盐和明矾，确切地说是仅仅靠地热在铅锅中煮。

矿性盐和**碱性盐**罕被发现。 9〔370〕

埃及的氨盐不属于矿物界，而是由于在埃及少盐，人们燃烧掺有秸秆的动物干粪便。其炭黑掺上食盐就制成氨盐。人们在索尔法塔拉也这样做。

中性盐真正说来就是食盐。它从海水或者盐泉或者盐矿获得，在地球上的许多地方都可遇到。在**克拉科**（维利奇卡），有最著名的食盐。硝在自然中不是自己产生的，而是附加了碱，因此，在墙上结碱的地方，必定是渗进了碱性盐（获得硝的新方式）。——**钠**。——来自植物的**苏打盐**；——海岸的**苏打盐**。——欧洲的大盐山。七堡区。——西藏的**硼砂**。

三、石头

所有石头过去都曾是流体的。[1] 人们不仅在坚硬的岩石中发现异类物品[2]，而且甚至在一些自然博物馆标本室的水晶中发现成束的鹿毛、一滴水和其他物品。人们也看到钟乳石的产生，而充满了细微的土质成分和一种含盐成分的水就充当了使碎裂的石头重新长在一起的石乳。如果这种石乳充满了许多盐分子，则它就造成水晶或者各种各样有棱有角地长在一起的石头。在石乳石化并且充满矿物质之后，也就从中产生了宝石。人们知道，迄今在石灰石块中还产生出燧石[3]，以至于石化是逐渐地在内部开始的。以这种方式，首先是一种含盐的水结成细腻的淤泥，然后通过盐分子的增多而逐渐地转变为砾石。

① 参见上文 261、300、303、304 页。——科学院版编者注

② 参见上文 300、347 页。——科学院版编者注

③ 燧石块无论如何是有机活动的一个产物。——科学院版编者注

1. 宝石

它们总的来说必定耐锉，在光泽或者透明上，在颜色上有某种优越之处。

9〔371〕 **金刚石**是所有宝石中最坚硬的；只能用它自己的粉末来打磨；它是最重的宝石。说它在山羊血中溶解，是虚构的故事。1格令金刚石价值6～10塔勒，过去的价值如重量的双倍□□①，例如一块18格令的金刚石价值600塔勒。它的重量为4½克拉。克拉是马克的1/24，合4格令。

佛罗伦萨金刚石重达139.5克拉。皮特卖给法国公爵摄政王的著名金刚石重达142克拉。国王奥古斯都付给他80万塔勒。打磨掉的部分价值3.6万塔勒。在莫卧儿王朝的藏宝中，有一块重达279克拉的金刚石。金刚石在东印度和西印度可以遇到；但最多的地方是在恒河这边的半岛上绵延的加特山脉。它们如砾石一般处在一个红沙和黄沙的地层上。在格尔孔达王国，金刚石层上面有一个矿物层，看上去含有铁。对于维萨布尔来说同样是这种情况，总的来说金刚石就处在作为母土的红土中，如燧石处在白垩中一般。在巴西，近来频频发现金刚石，因为它们过去被视为砾石。几乎与金刚石价值相同的是**红宝石**，它在重量和光泽上几乎与金刚石相同，只不过是红色的和透明的。如果它是鲜红色的，则它就叫做红宝石；如果它是黄红色的，则它叫做锆石。——加长的、凝结的、混杂的石头。——关于宝石的打磨。——蔷薇石、板石和厚石。——印度人如何保藏金刚石并裹在棉花中出售。——金刚石可被烧毁；不是在坩埚中。——红宝石变软。——金刚石末。金刚砂。——17克拉合1个杜卡特的重量。1克拉合4格令。——葡萄牙金刚石重达11⅔盎司，俄罗斯金刚石重达194¾克拉。

蓝宝石是一种淡蓝色的石头，透明，坚硬，与上述宝石同样有价值。绿宝石特别绿。它越硬，在价格上也就越昂贵。在赖谢瑙修道院里，还有查理大帝的大绿宝石。它比一本大开本的书还大，2寸厚，重达28磅。
9〔372〕 每磅计5万古尔登，因此它共计140万古尔登。

紫晶是透明的和紫色的，这种颜色泛微红。

黄晶是黄色的，或者是金黄色，或者是淡黄色。它不像紫晶那样坚硬。

① 原文此处缺失。——译者注。

绿松石是一种蓝中泛绿的石头。它也在法国以动物骨头的形象被发现，它在那里因浸沤而获得自己的颜色。①

蛋白石有一种半透明的奶白色，但这种颜色在靠近光线时泛出各种各样的颜色。

橄榄石是透明的，金色；如果它的颜色泛出淡绿，则它就叫做**绿玉髓**，泛出海绿色，则叫做**绿柱石**。

红黄色的红宝石叫做**锆石**，但一些锆石却是灰黄色的、蜂蜜色的，半透明或者完全透明。

2. 半宝石

半宝石不像宝石那样坚硬，但比普通的石头硬。

水晶在瑞士山脉结成有棱有角的晶体，往往很大。

光玉髓很硬，红色，半透明。如果它是肉色的，它就叫做**肉红玉髓**。

玛瑙是杂色的，有时是白色的。

玉髓是杂色的，几乎不是半透明的。

缟玛瑙是一种有白色或者黑色的纹的玛瑙。

缠丝玛瑙有白色的和黄色的纹或者点。

天青石是蓝色的，带有白斑，零星地含有金。人们用它制作**佛青**，佛青是一种蓝色颜料，像金子那样贵。——**电气石**。——**玛瑙**。——**碧玉**。——**拉长石**。——**斑岩**。——**花岗岩**。

3. 马赛克工艺品或者佛罗伦萨工艺

Opus Musivum（马赛克工艺）是用浇铸在薄板上并被切成针一样的销钉的不同颜色的玻璃铸件在一个煅烧过的大理石、橡胶、蛋白和油的面团中拼合而成，以至于仿佛由此点绘出了肖像。在这样一个 2 平方尺的作品中，有 200 万个这样的小销钉。人们在此之后把它磨光得像一面镜子。在一块 80 平方尺的马赛克上，8 个手艺人要工作 2 年。在罗马的彼得大教堂，马赛克很常见。佛罗伦萨工艺是以这种方式用宝石来拼合。 9〔373〕

① 骨绿松石或者牙绿松石是太古时代动物的骨头和牙齿，用铜蓝或者铁磷酸浸透。——科学院版编者注

4. 其他石类

雪花石膏玻璃是用透明的、常常很大的板子拼合的，即便在大火中也不熔化。

碧玉在硬度上像燧石，但是杂色的。

石棉是一种含水的石头，它经过敲打和洗涤可以纺织；烧不坏的亚麻墙和同样的纸就来自石棉。

石绒是石棉的一种，有更直、更易弯曲的纤维。

大理石在火中粉碎为石灰。它要么是同一种颜色，要么是有斑点和脉纹的。**佛罗伦萨石**是一种大理石。人们用它烧石膏。

石英充满岩石的裂纹，毫无疑问是产生自一种用盐浸泡过的带有石分子的水。

蛇纹岩在淡绿的底子上有斑点。

斑岩很硬，是红色的，但有颗粒状的斑点，有时也有其他颜色。**板岩**。——**滑石**。——**钟乳石**。——**滑石品种**。——所谓的海泡石，一种烟斗陶土。

5. 还有一些别的石类和土类

浮石是一种燃尽的石煤，它是沥青煤的最好品种①，因此在火山地区最常发现。

墨西哥海绵石。它是一种很松软的石头，在墨西哥湾的岩石上有。人们让水渗过它，并伪称水在此之后很有利于健康。它卖得很贵。

博洛尼亚石②小，灰白色，表面不平，有含硫的成分，不坚固，但
9〔374〕比按其大小比例有的会更重。它在意大利的不同地区被发现，常常有核桃般大。经过煅烧，它获得了在白天吸收光的性能。一种火光的闪亮就已经给予它力量，但月光不行。它有一种含硫的气味。**鲍尔杜因**通过英国白垩和碱精的组合来仿造它。人们经常挖掘出并非大自然而是人塑造的石头，例如石制的斧头、武器和箭等等。此外，在瑞士的某个地方挖掘出了一大堆石制的骰子，标着从一到六的符号。

---

① 浮石是多泡的、几乎泡沫状地膨胀起来的熔岩碎片。——科学院版编者注

② 博洛尼亚晶石在加热状态下较长时间在黑暗中闪磷光。——科学院版编者注

四、土

在各种土中，值得一说的是利姆诺斯、马耳他和利格尼茨的**塑土**(terra sigillatae)。它们都有点油腻，紧黏在舌头上，被用于斑疹伤寒和泻肚。

棕土是出自温布拉或者意大利的斯波莱托的一种棕色的白垩。

鹰石，通常也叫做**响石**，它们在中间有一种咯咯作响的石头。

有散发气味的石头或者**堇菜石**，此外有臭石。近代发现了一种有特殊属性的石头，它吸引灰烬就像磁石吸引铁。

五、石化①

大多数河水含有柔和的石化成分。罗马皇帝弗兰西斯一世让人从塞尔维亚多瑙河桥拔出一根桩，人们发现，它虽然自图拉真时代就立在那里了，但石化深入木头仍几乎不到一指宽。如果所有的水都有一种相同的石化力量，则人们就会能够通过这类比较观察推论到我们这个星球的古代了。石化最常见的是在石灰石、大理石、砂岩、板岩、凝灰岩和燧石中。人们发现石化的动物或者其部分。如在瑞士，过去曾从山里拖出一条石化船连同许多人。② 人们在土里发现鹿角、象牙等等；但有时也发现原本不为我们所知的很大动物的牙齿。人们发现鸟巢连同其卵已石 9〔375〕
化；同样还有蛇和龟。石化的海洋动物。蛇舌是鲨鱼的牙齿。在德国的含铜页岩中，人们发现鱼的精确印痕。人们发现海象的牙齿。菊石是石化的鹦鹉螺。我略过贝壳类海洋动物，人们在石化的海洋动物中发现了它们的非常多的种类。石化的木头是常见的。在一种泥灰岩中石化的树根叫做石灰华或者钙华。印出的树叶、果实、扁桃、海枣、李子等等。最罕见的是黎巴嫩山里的一个甜瓜，在其中人们还能清晰地看出所有的瓜子、格层和瓜皮。也有其起源不为我们所知的石化，如所谓的箭石，一些人认为它是海枣螺，另一些人认为它是海胆的刺。③ 犹太石就属于

① 参见《康德全集》，第XIV卷，619页，第102条。——科学院版编者注

② 参见上文300页。——科学院版编者注

③ 箭石是久已灭绝的十足目的内壳石化了的残余物。——科学院版编者注

此类，它看上去像橄榄。龟石，即 Buffoniten 是小块半圆的淡灰色石头，一些人认为它是鲨鱼的臼齿。

六、矿物的起源

地球就我们在它里面通过挖掘所能达到的而言，是由地层①构成的，这些地层时而水平地一个坐落在另一个上面，时而向一个或者另一个地区倾斜着延伸，但有时在这里那里断裂。这些地层无非是在普遍而又经常重复的泛滥②剧变中通过各种各样的泥浆的沉积而产生的。有各种各样的石头和板岩、大理石和岩石、土等等的地层。塑造它们的水在亚得里亚海的海底也还先后形成石层，毫无疑问通过不同物质的组合形成许多矿物和石头的众多种类，它们在地球内部的黄铁矿、酸性硫酸盐物质等等中产生，似乎是通过含砷物质、酸性的和含硫的蒸汽的蒸发，通过与一种精细的金属土的组合，而逐渐地在石中生出，并且还在继续产生。通常，一类矿石在一种作为其母体的石头或者岩石中，而不在任
9〔376〕何上面或者下面的地层中，因为这个地层也许恰如其分地吸引和统一了所有这些蒸汽。因此，想迅速并且突然地完成这样一些产生的人，通常在他们要用其元素组合成例如金这样的金属时，都是在欺骗自己。人们虽然造成了假宝石，但它们缺乏硬度和物质的精确结合。

---

① 参见上文 303 页。——科学院版编者注

② 参见上文 301、303、304 页。——科学院版编者注

第三部分

按照地理顺序对所有陆地最重要的自然奇观的扼要考察 9〔377〕

第一个大陆

亚洲

中国

在这个大国的北部，冬天的寒冷强过欧洲相同的平行处。这个国家毫无疑问是全世界人口最多且最开化的国家。人们在中国统计出如此之多的居民，相当于其余世界的一大部分的总和。几乎每个省都有运河相通，由此又有较小的运河通向各城市，更小的运河通向各村庄。在所有这些运河上都有桥，桥上有一些带护栏的桥垛，这些桥最中间的部分的高度使得载货的船能够扬帆通过。从广东直达北京的大运河就长度而言在世界上无以媲美。人们用吊车把船从一个运河中吊到另一个运河中，或者吊过瀑布，而不是像在我们这里那样用船闸。中国的长城算上所有的弯曲，长达300德里，厚4寻，高5寻，或者如其他人报导的那样，厚5尺，高10尺。它越过惊人的高山，借助拱垛越过河流。它已经耸立1800年。中国的城市就地基能承受而言，都是齐整的，建成四方形，并被两条主道分成4个部分，以至于4个城门恰恰指向4个方位。北京城的 9〔378〕
城墙差不多100尺高。南京的瓷塔高达200尺，分为9层，耸立了400年之久，由瓷构成，是东方最美的建筑。

民族习俗和个性

中国人视之为美的人，高大肥胖，小眼睛，宽额头，短鼻子，大耳朵，如果是男人就有粗犷的声音和大胡子。人们用小钳子拔胡须，只留下一束。学者们从不剪其左手的指甲，以示其行业。

中国人性情极为不动声色。他藏在大山背后，试图探究别人的心灵。对于他们来说，再也没有比勃然大怒更可鄙的了。他们极为艺术地作伪。他们能够把一块撕下的丝料如此漂亮地重织在一起，以至于最精细的商人也不能发现；他们用铜丝把打碎的瓷器如此缝合，以至于没有人最初觉察到破裂。中国人在被牵涉到欺诈时并不羞愧，除非他由此被人看出有些笨拙。

中国人有报复心，但能够忍耐到合适的机会。没有人进行决斗。他非常乐意游戏。胆怯，很勤奋，很恭顺，客套得过分；执著地崇拜旧习俗，在来世方面尽可能地无所谓。中国少女因童年的裹足而脚大不过 3 岁孩子。睫毛低垂，从不露手，此外白皙且足够美。

饮食

在中国，一切都是可吃的，直到狗、猫、蛇等等。一切可吃的东西都按照重量出售；因此，他们用沙灌满鸡的膝子。一头死猪如果更重，
9〔379〕也就比活猪更值钱。因此就有把活猪毒死、把它扔到水里之后再捞上来的欺诈。人们不用叉子，而是用两根乌檀木筷子。中国人也不用调羹。他们不是像其他东方民族那样坐在地上，而是坐在椅子上。每个人在宴席上都有其自己的小桌子。在他们那里所有的饮料都是热饮，甚至酒也是，而饭菜却是冷的。在宴席上，某个人敲打节拍，然后所有人都同时举起自己的杯子饮或者做出饮的样子。当他们开始把某种东西送到口中时，以及他们应当停止时，要由主人给出信号。所有这些都默默地进行 3 个小时之久。在饮宴和正餐后的点心之间，人们在花园里散步。这时来了戏子演逗乐的滑稽剧。他们手中拿着鹌鹑，以便把它们当做手笼来取暖。鞑靼人在这里也用马奶做烧酒，并把它置于阉羊肉上蒸馏，它由此获得一种强烈的但令人恶心的味道。

礼仪

在中国没有人骂人或者诅咒。当他通报时，当他拜访时，他所说的一切，他应当做什么手势和说什么言辞，主人在此时说什么和做什么，这一切都在官方编纂的礼记中予以规定，一个字也不得偏离。人们知道应当如何客气地拒绝某种东西，而在适当的时候则迁就。没有人必须在

问候时脱帽，这被视为不礼貌。

农耕、果子和手工作坊

山丘被整成梯田。粪便被从城里沿水道运出，和水施到干燥的农田里。每块地，哪怕是极小一块地，都被利用。上面已说过油树。关于蜡树，人们说一种像蚊蝇那样的昆虫不仅蜇透树叶，而且一直蜇透树皮直到核心或者树干，从中滴出像雪一样的白蜡。茶树。竹子，他们用竹子制作几乎所有器具，甚至小船。竹子的外皮被制成刷清漆的纸，薄而光滑，但易被虫蛀。因此，他们的书必须誊写。一种柔韧的中国芦苇[1]，人 9〔380〕
们用它编织锚索，这种锚索不像用麻制成的那样容易腐烂。漆树，中国人用它的漆给自己家里的一切东西上漆。**人参**，因其像一个人的下体那样分成两个枝杈。皇帝每年都派上万鞑靼人到中国属鞑靼去为他搜集人参。其余的他们可以出售。人参极其昂贵。蚕在南方各省不用照管而在桑树上吐丝结茧。丝料尤其是织上龙作为装饰。他们的墨或者中国墨水是用灯灰制成的，人们用麝香使它很好闻。皇帝每年都有一次公开耕地。

科学、语言[2]和律法

他们的天文学虽然古老，而且在传教士到达之前许多世纪在北京都有一个天文台。然而，他们的历法却是大错特错的。对日月食的预报几乎达不到天，不像在我们这里达到分钟。但是，他们从表格出发作出这种预报，所以人们就无法理解，他们的学者怎么可能相信，月亮或者太阳在日月食的时候是被龙吞噬，他们试图用击鼓来从龙那里夺回其猎物。但是，也可能这是从蒙昧时代流传下来的一种古老的迷信，中国人作为古老习俗的固执崇拜者还保持着它，尽管他们看出了它的愚昧。数学和其他科学的知识替代奇迹服务于福音的布道。中国语言只有 330 个单音节词，它们都不变格变位，但不同的音调、送气和组合构成 53 000 个词。他们的书写符号所指并不是音调，而是事物本身，有时它们也包含更多的概念。例如，**“先生，早上好!”**就是用一个字符表述的。交趾支那和东京的居民也许理解中国人的文字，但不理解他们的语言。一位学者至

---

① 藤苇，罗藤的一个品种。——科学院版编者注

② 关于中国人，参见《康德全集》，第 XIV 卷，621 页，第 103 条。——科学院版编者注

少必须能够书写和认识 2 万个字。他们用针灸或者用热铜片烧灸来治疗
9〔381〕许多疾病。一些皇帝和其他人长期受关于长生不老药的怪念头拖累。印刷术是这样的：人们把一本誊写好的书的书页贴在一个长木板上，把字刻进木头。中国人有 gradus academicos［学位］。进士的候选人通常由皇帝自己考试遴选。最重要的官职就由他们担任。由于他们的所有档案都被他们 2 000 年前的某位皇帝焚烧干净，所以他们的古代历史几乎仅仅由口授构成。他们的第一项律法是孩子对父母的顺从。如果一个儿子打父亲，则整个国家都为之震动。所有的邻居都被审问。他本人则被判处凌迟成上万片。他的房子以及该房子所处的街道被摧毁且不再重建。第二项律法是对上司的顺从和恭敬。

第三项律法涉及礼貌和礼仪。

偷盗和通奸被处以笞刑。每个人在中国都有抛弃、勒死或者溺死对自己成为累赘的孩子的自由。之所以如此，乃是因为国家人口众多得要促成婚嫁。他们尽管勤劳，每年却在这个或者那个省饿死数千饥民。在北京，每天都出一份邸报，上面公布官员们的可嘉或者应罚行为连同对他们的奖赏或者惩罚。

宗教

宗教在这里受到相当冷淡的对待。许多人不信任何神；另一些接受一种宗教的人也不多参与。佛教是人数最多的教派。他们把佛理解为成为肉身的神祇，这个神祇现在尤其是驻在西藏巴兰特拉的大喇嘛身上，并在他身上受崇拜，但在他死后又转到另一个喇嘛身上。佛的鞑靼祭司被称为**喇嘛**，中国祭司则被称为**和尚**。天主教传教士是这样描述与佛相关的信条的，从它们可以看出，这必定无非是一种蜕化为大异教的基督教。据说他们在神祇中确定三个位格，而第二个位格立法，并为人类流
9〔382〕血。据说大喇嘛也主持一种用面包和酒的圣事。人们也崇敬**孔夫子**这个中国的苏格拉底。这里也有一些犹太人，他们就像基督降生前马拉巴海岸的犹太人，已经不怎么知道犹太教。佛教相信灵魂转世。在他们中间有一种意见，认为无是万物的起源和终点，因此有一段时间无感觉并放弃一切工作是虔敬的思想。

婚姻

人们凭父母缔结姻缘，用不着双方见面。姑娘得不到嫁妆，反而为此被出售。谁钱多，就随意买多少女人。老鳏夫或者老光棍在中国人那里是罕见的事情。男人如果愿意失去聘金，就可以在接触女人之前把她送回去；但女人不能这样做。

出口商品

属于此列的主要是红茶、星罗茶、水银、金鸡纳树根、大黄、芦苇和加工过的丝、铜锭、樟脑、扇子、绘画、漆货、瓷器、西谷米、天青石以及白铜。[1] 印度燕窝是与海燕相像的鸟的窝，这些鸟用海的泡沫与在它们嘴里生成的汁液混合而筑成那些窝。[2] 它们是白色透明的，被用在汤里，有一种芳香的味道。

（英国人自**马戛尔尼**[3]的团体旅行以来的最新报导使我们在许多事情上从一个不同于迄今传教士的报导的方面了解了中国。但是，即便在那些信息中，还无疑存在着重大的夸张，但这毕竟不是英国人的错。）

东京

东京[4]过去属于中国。它在中国的西南，离中国最近。这里的炎热在
白天最长的月份里更甚于在赤道。在这里，热带列举过的季风是有规则 9〔383〕
的，亦即从四月底到八月底吹西南风，而接着就是雨，从八月到十月是常见的台风，特别是在新月和满月前后交替吹西南风和东北风。从十一月到四月是东北风和干燥的天气。涨潮和落潮在这里与其他地方的不同。涨潮持续 12 个小时，落潮也同样。从新月到上弦，同样从满月到下弦涨大潮。其余的时间是小潮。在大潮时，水随着月亮升起开始上涨，而在小潮时则随着月落开始。如果雨在该来时未来，则人们就由于饥困而卖掉自己的孩子、老婆，甚至自己。国家人口众多。居民们是黄肤色，长

---

[1] 参见上文 367、385 页。——科学院版编者注

[2] 金丝燕用它们黏稠的唾液筑成可食用的燕窝。——科学院版编者注

[3] 参见上文 232 页注。关于紧接着马戛尔尼的出使旅行而出版的文献，参见保罗·格丹、约翰·克里斯蒂安·许特纳（《莱比锡地理学学会通报》，1897 年度，20～24 页）。

[4] 河内的旧称。——译者注

得匀称，脸部扁平，相信有白牙齿是一种特权，因此12岁或者13岁就把牙齿染黑。槟榔很流行，和在印度其他地方一样。他们在贸易上比中国人诚实，也出售丝料和漆器、印度燕窝和麝香等等。

他们在宗教和法令上与中国人有许多共同之处。

交趾支那

在国王的军队中，就像在东京的军队中一样，对最适合肉搏战的士兵的测试是这样进行的，人们让能够吃米最多最快的人来担当此任，因为人们认为这些人是最勇敢的。这个民族是冷静的和有节制的。腐鱼是他们的最美佳肴。他们固执、不忠实、偷窃成性、不公正并且很自私。国家贫穷。人们用女人向船员们交换金子，而女人们很渴望这种交易。

暹罗与其他部分地向这个帝国纳贡的国家

9〔384〕马六甲半岛盛产胡椒。首都马六甲曾因著名的马六甲海峡而是东方最富有的城市之一。因此，马来语到处都很流行。

在暹罗王国，马纳姆河也造成其规律性的泛滥，确切地说是在夏季。白象（他们拥有白象很少多过一头）被用金碗来服侍，据说某个王子的灵魂驻留在它里面；除它之外一头黑象也很受重视。暹罗王宫是亚洲所有黑色王宫中最富丽堂皇的。房子建在6根竹柱上，由于泛滥而离地13尺，且每个人当时在门前都有一条小船。暹罗人在危险时怯懦，通常却无忧无虑，冷静，吃东西很快，但懒于把某事做得完善，对谦恭的人固执而对固执的人谦恭，通常能控制自己的情绪。他们个子小，但很匀称，宽宽的黑脸，尖额头和下巴；他们的黑眼睛小，鼻子短，耳朵大；他们努力地使指甲长得很长，一些人用铜箍上指甲。他们很不爱喋喋不休。

他们也多礼节。实例：他们带着其国王给法国国王的信而不愿意住宿在最下面一层。

喜食腐烂发臭的鱼是他们与交趾支那人的共同之处。Ballachare是吃捣碎的鱼的必备品，这种鱼腌制很差，而且腐烂了。他们把Ballachare用做酱油。他们用半腐烂的小虾做同样一道菜，这些虾被捣得像芥末那样细。

可可果油如果放一段时间，对于欧洲人来说令人作呕；但他们吃起来在任何时候都胃口很好。他们同一般来说在热带印度各地一样，吃肉不多，欧洲人在那里也同样戒了肉。但是，他们最爱吃的东西却是内脏。他们在贸易上很诚实。他们也使用上文所说的贝币，人们在这里称它们为摩尔人牙，是角状贝壳，用以代替硬币。600～800 贝币合 1 芬尼。这里的人们很善于制金箔。在绘画上，他们像中国人那样画惊人的、纯然不可能的事物。

暹罗的土地由于江河泛滥而覆盖着厚厚一层黏土，人们在这里很难
找到一块燧石。在他们的植物中，我只说在东方如此著名的 **Aleoholz**，它 9〔385〕
除此之外也叫做天堂木、Kalambak 木、Aquila 木，是在暹罗，此外在交趾支那发现的。它的质量如此不同，以至于 1 磅有时要付 3 塔勒，有时要付 1 000 塔勒。人们把它用于寺庙中的香火。

葡萄牙人把在中国也有的暹罗生锡称做 Calin，人们给它加上杂硅锌矿，由此制成白铜。

它们的科学差劲。要说的是，这里的医生们用一种轻柔的按摩和和抚摩治愈许多疾病。通常，如果发生未知的疾病，他们就想象病人因巫术而在胃里有一整张鹿皮或者一块 10 磅重的肉，他们承诺用医术排除它。

占星术士被重金聘请；如果他们预言不中，则痛揍一顿就是他们的酬报。在讼案中，如果证明不大可能，人们就可能通过火刑验罪或者水刑验罪来阐明自己的清白，就像过去在我们这里那样。祭司也大声念咒让被告服下催吐药丸；谁服下去呕吐，谁就是清白的。在战争中，他们是差劲的勇士。在与勃固的战争中，两军试图尽可能久地相互回避。如果他们偶然相遇，他们就互相朝头上方射击，如果某人偶然中弹，就说他咎由自取，因为他来得太近了。每年的泛滥使战争终结。他们有大量的男女修行寺院，比在葡萄牙的修道院还要多。男修行者被称做**和尚**。他们教导说，世界上的一切，无论是有生命的还是无生命的，都有一个灵魂，灵魂从一个身体转到另一个身体。他们甚至伪称自己回忆起这种转世。人们焚化死者，连同其最好的财产，经常还有女人，为的是此人在来世又找到它们，因为按照他们的见解，他们在死后被置于天堂或者

地狱。他们拒斥神的佑护，但却教导说，有一种命定的必然性赏善罚恶。他们不愿意流血，不从植物中榨汁，不杀死任何牲口，只在它自己死亡
9〔386〕的时候才吃它。因此就有他们与勃固人的温和战争。和尚靠布施为生，他们亲切热情且有德性。人们在他们这里并不真是崇拜一个至高的存在者，而是崇拜索莫纳·卡达姆，即一个过去的和尚，他据说生活在极其幸福的状态中，如他们所相信的，人们在多次通常转入别的身体之后也将达到这种状态，因为他们的灵魂与世界灵魂相混合，作为一颗火星留在天国。但据说索莫纳·卡达姆因其极为神圣而已经达到。无神论者被判处永远转世到其他身体。

无动于衷在他们这里是最大的幸福。他们的尸体被焚化。

勃固

勃固现在属于阿瓦。落潮和涨潮在勃固河和阿瓦河邻近其入海口的地方异常猛烈。国王称自己为**白象之主**，这和暹罗国王一样。

除了火刑验罪和水刑验罪，人们也让被告咀嚼生米，威胁他，如果他有罪就必定噎死。与霍屯督人的类似之处，因为霍屯督人就是如此粗暴地对待晦气的人的，他们抚摩这些人的手和脚，把这些人抛来抛去，以至于旁观者就已经恐惧不安，而这是一幕悲惨的戏剧。最严厉的惩罚在这里和在其他邻近国家一样，是供象消遣。勃固和尚被誉为世界上最慈善的人。他们靠逐屋乞讨来的食物为生，并把自己不用的东西施给穷人，他们为生活在那里的一切行善，不分宗教。他们相信，神喜欢宗教的区别，认为所有使人行善和富有爱心的宗教都是好的。他们极力敉平人们中间的一切争执。

女人们喜欢与欧洲人接近，而如果她们从欧洲人那里受孕，就有点自负。她们的衣着有伤风化。总的来说，这个民族相当体态健美和善意，尽管不勇敢。

9〔387〕 若开

这个国家的居民给他们的孩子在额头上置一个铅片，以便把他们的额

头压宽。他们认为这是一种特殊的美，他们眼睛小，使自己耳朵大，因为通过把有时候越来越粗大的羊皮球塞进打出的孔中，耳朵一直垂到肩上。他们极其自私。他们和其他印度人一样，要等到鱼发臭才把它拿到市场上。要使一个女人作为处女而得到一个男人是困难的。如果她们有证据说明自己已经与一个男人有染，则这就是缔结婚姻的一个重要推荐。人们在这里和在前面提到的国家里一样焚化尸体。人们从这个国家带出宝石。通常在野生状态很狂野的野牛，在这里被驯化得很适合驮载和其他工作。

阿萨姆

阿萨姆在若开和勃固的北边。就该国出产的东西而言，它是亚洲最好的国家之一，有最好的虫漆，有金和银。居民们制作一种很好的火药，据说火药也是在这里发明的。死者连同其所有的家具，也许还有动物一起埋葬，以便它们在来世仍为死者服务。北部居民看上去很美，只不过他们患有甲状腺肿。狗肉是宴客的主菜。盐仅仅人工从某种生在静水中的草里提取，他们从它的灰烬中洗出盐。古代德国人据说在这之前以同样的方式获取盐。

印度斯坦

直到英国人的政治制度①在那些地区引起了如此强劲的革命的近代，大莫卧儿王朝一直是这个大国的统治者，从鞑靼山脉直到科摩林角，即恒河这边的半岛的最尖端，从波斯直到若开和阿萨姆。在上述半岛上，虽然有许多国王和王公在统治，但自从伟大的奥朗则布征服了他们以来， 9〔388〕
他们都向莫卧儿王朝②纳贡，但如今也部分地向英国人纳贡，甚至把他们的许多大庄园都并入了东印度公司的庄园。半岛的居民出自摩尔人和阿拉伯人血统，因为在250年前，这些人在这里站稳了脚跟，并到处散布

① 1600—1757年，东印度公司领导着纯商人的活动。1757年，英国人占领了孟加拉，1763年强迫法国人交出其印度领地，1767—1799年与海德尔·阿里及其儿子蒂普苏丹作战，并通过胜利结束这场战争而巩固了自己的强权。——科学院版编者注

② 1505年，苏丹巴卑尔建立大莫卧儿帝国，该帝国1768年才崩溃。——科学院版编者注

开来。[1] 所以，有时形象与非洲的摩尔人相似。

1. 恒河这边的半岛

在这里，与总的来说在热带的北部一样，占支配地位的是季风的交替。然而在不定的月份里，在交替风完全到达之前，有可怕的飓风与暴风雨相混合，它们造成残酷无情的破坏，面对它们没有一个人能够站立得住。陆风和海风也每天交替。海风从中午吹到午夜，而陆风则在其余时间里吹。雨季在马拉巴海岸六月底才开始，一直持续到十月底。与此相反，在科罗曼德尔雨季迟 6 个星期才开始，同样持续的时间比这还要多 4 个星期。西海岸比东海岸河流更多。河流都很小，因为它们多半被引出，被引到稻田里，此外是因为它们并不汇合而形成大的河流。

在科摩林角有珍珠滩，那里尤其是荷兰人在采集。

在科钦国王治下，数千家犹太人生活在马拉巴海岸，他们也许是在尼布甲尼撒时代来到这里的，而且很少知道先知和基督。

在格尔孔达和维萨布尔，有著名的金刚石矿井，人们有意地填上了它们中的一些最丰富的，为的是这种宝石不会过于常见。在加特山脉，住着一些从未臣服莫卧儿王朝的君主。

在坎贝湾，有世界上最快的涨潮，据说甚至一匹马也不能逃脱。

9〔389〕 **2. 孟加拉**

孟加拉总的来说有很伟大的艺人。他们的画布超越了一切可能的精致。在制作彩色玻璃、丝料、砌墙的好灰浆、各种各样的好药材和中国工艺品方面，他们都很著名。

3. 克什米尔

克什米尔位于山脉旁，有着像欧洲最宜人的国家那样温暖的空气，也有着这样的肤色和能力的居民、这样的果子，被视为一座地上天堂。

（在这里，**康德**的原始手稿有一处空白，根据我在这里按照在前言中说明的理由而奉为法则的几乎不改真本原样的精确性，我现在不能填补

① 经喀布尔山谷迁入的雅利安印度人与非雅利安的原住民，即黑肤色的荼卢毗人多次混合。阿拉伯人自 8 世纪始就已经在西海岸扮演着一种角色。——科学院版编者注

它。我再一次重申：本来**康德**可以还在若干年前就以完全不同的方式提供这一切；我也会没有那些理由而同样以不同的方式行事，但这样做是不行的，而康德又以一种我不能违抗的急切善意要求我编纂他的自然地理学。——**编者附释**。）

摩鹿加群岛

这些岛屿处在特尔纳特岛、蒂多雷岛和巴占岛三个国王治下，他们都是穆罕默德教徒。他们把国家主权转让给荷兰人，且没有一个荷兰人能够不经其同胞的同意而被惩罚。他们也与荷兰人签订了一个条约，荷兰人支付某份可观的年金，把他们所有岛屿上的肉豆蔻树和丁香树砍光，安波那岛和班达岛除外，荷兰人为了保护自己的贸易时可以安置军营。摩鹿加群岛的居民懒惰、胆小、盛气凌人、奸诈、说谎成性、以阴险的方式复仇，并不视卖淫为罪恶。在这里，与在印度大陆一样，可可树或者其他棕榈树到处都是。树叶是他们的桌布，也是他们的盘子，可可壳也用做盘子。掏空的竹筒是他们的喝水容器。西谷米是他们的面包。丁 9〔390〕
香树仅仅在安波那岛被容许，而肉豆蔻树仅仅在班达岛被容许。**舒尔茨**关于特尔纳特岛的居民写到，他们在战斗中是勇士，但有一种永恒的复仇欲，此外肤色很黑，长头发。安波那岛及其附属岛屿的土地通常是最好的土地，但除此之外，这些岛屿是贫瘠的，不值得荷兰人花费金钱，如果把调料除外的话。丁香树就像梨树，如同肉豆蔻树像苹果树一样。

西里伯斯岛或者望加锡

西里伯斯岛或者该岛的北部属于特尔纳特国王。但望加锡，即南部，则直接处在荷兰人的保护之下。那里有金砂、沉香木、檀香木和各种染料木。居民们用溶化在水中的鸦片喷湿他们的烟草，或者把大头针针头大小的鸦片放进烟斗里，由此他们在战斗中就变得勇敢起来。望加锡人似乎是住在孟加拉湾彼岸的惟一一个好战的民族。他们像瑞士人那样被招募到别的宫廷充当卫兵。望加锡人肤色微黑，鼻子扁平，确切地说是在童年压成这样的。他们的字母与阿拉伯字母相像，如同他们自己也可能源自阿拉伯民族一样。他们显得气质高贵，容易动气且暴躁，不奴性地臣服。他们是穆罕默德教徒。他们用吹管射箭。

巽他群岛

婆罗洲

婆罗洲是所有已知岛屿中最大的岛屿之一。在泛滥之后从地里升起的蒸汽，然后留下来的害虫的恶臭，继炎热之后突如其来的冷风，使这个岛屿成为一块不利于健康的陆地。季风吹拂，南海岸从十月直到四月
9〔391〕是西风，伴有多雨，从这时起直到十月是东风和干燥的天气。不过，罕有一天不下阵雨，因为每天还有陆风和海风的交替。北海岸尚无人迹。24 小时只涨潮一次，确切地说是在白天，因为夜间陆风强劲地阻止涨潮。海岸的居民是穆罕默德教徒，陆地内部住着异教徒。后者也和望加锡人一样用吹管射箭。他们也配备一种刺刀。婆罗洲的居民是黑肤色，但有长发。陆地内部的异教徒用蓝颜色文身，拔掉自己的门牙，安上金牙。人们在这里购进金锭和金砂，此外有龙血树脂、猴子和牛黄、最佳的樟脑、燕窝、黑胡椒和白胡椒；后者由于是自己落下并在太阳下晒干的，所以更好。这里也有金刚石以及猩猩。这里也流行关于据说吞食月亮的龙的说法。婆罗洲的居民们相信，所有的疾病都来自一个恶的精灵，他们向这个精灵献祭牺牲以及一条小船，并让小船沿河而下。

爪哇

在这座岛上，有五位国王统治。在班特姆国王的国土上，建造起巴达维亚城。马塔兰国王是最强大的。从十一月直到三月，占支配地位的是西风和潮湿的天气，与此相反，从五月直到十月则是东风和干燥的天气。荷兰人在爪哇岛上的所有可观的城市里都把守住要塞，并且给除巨港[①]君主之外的所有君主都提供卫兵，为的是让他们保持安分。

占统治地位的宗教是穆罕默德教。陆地内部则是异教徒。

爪哇人是黄肤色，宽脸膛，两颚突出，鼻子扁平，偷窃成性，固执

① 苏门答腊的一个省。——科学院版编者注

且奴性十足，时而暴躁，时而怯懦。欧洲人如果想在自己的奴隶那里逼问出供词，就把一根劈开的棍子架在他们的脖子上，而且他们必须说：**“黑约翰，如果我有罪，我就把自己的脖子拧断！”**通常，如果他们有罪，他们是下不了决心这样说的；或者，欧洲人给他一堆干米来咀嚼，并且 9〔392〕
让他想到如果说谎就将噎死；因为在这种情况下，这种想象常常能榨取真情。或者，他们给他一根棍子，一手指长，嘟嘟囔囔地说着某种东西，并且让他想到，这根棍子如果在有罪之人那里待一段时间，就会变长一指宽。此人就相信这一点，并把它截短一点。人们在爪哇发现有许多胡椒、甘蔗和小豆蔻，这种调料长在一种管状的树上。这里虽然有葡萄，但人们不会用它酿葡萄酒。此外还有荜澄茄，一种像胡椒植株的匍匐植物。罗望子果，即一种像栗子树那样的结长角果的树、安息香和槟榔果。这里有猩猩，尽管很少，有犀牛，有25尺长吞食整个人的蛇。一些人讲述，人们从这样一条蛇的肚子里掏出一个孩子还活着。东方蠊属于陆地上的大祸害，它是一种什么都吃的甲壳虫，在睡梦中咬伤人，而且恶臭。

苏门答腊

此岛不利于健康。气候通常从极其炎热突然转变到酷冷。在海岸上，有海水蒸发之后的泥潭和沼泽，造成不利于健康的、发臭的雾。外来人的死亡如此常见，以至于人们几乎失去了对它的一切恐惧。阿钦是这个岛上的王国之一，在岛的北端。这里在潮湿的季风时下的雨惊人地大。苏门答腊的居民微黑，脸扁平，鼻子小，他们把牙齿染黑，用发臭的油涂身。他们在海岸边的是穆罕默德教徒，在内地的是异教徒。他们除了槟榔还大量地使用鸦片和Bang。最重要的陆地产品是胡椒，其次是大米，再次是甘蔗。这里从溪流中淘出很多金子，比亚洲其他任何地方都更多。

他们的Prönen在两侧都有作为舷外桨架的外框，风暴时上面坐两个人，确切地说是坐在相反的一侧，以防翻船。

尼科巴群岛和安达曼群岛 9〔393〕

这两个群岛位于苏门答腊岛北边。居民个子高大，体型匀称，肤色深黄。他们有一种果实，被他们用做面包，因为他们没有别的粮食。他们也不吃很多肉。人们错误地指责，说他们吃人肉。一般而言，所有旅行者中间最有理性的人都认为给许多未知民族捏造的这种残暴是不真实的，**丹皮尔**[①]亦属于此列。

巴布亚陆地

尚未完全搞清这是不是一座岛。海岸的居民黑肤色，仅仅靠鱼为生。他们的宗教据说是崇拜一种有绿纹和红纹的小石头。新荷兰是**丹皮尔**在南纬18度发现的。居民是黑肤色的，像黑人一样长着浓密卷曲的头发，几乎同样丑，不能大睁眼睛，是地球上最贫穷的一个民族。

这个海洋的其他岛屿

爪哇附近东边的巴厘岛也叫**小爪哇**。居民几乎都是偶像崇拜者。他们比爪哇的居民更白，忠实可靠、勤劳、勇敢，尤其是他们的女人都很有理性、勤快、心肠好。因此，中国人喜欢找这样的女人做老婆或者在爪哇做女奴，但也喜欢爪哇男人做奴隶。这里流行一种恶俗，即女人必须随死去的男人自焚。当1691年巴厘君主去世时，他的400个女人中有270个被用匕首捅倒，然后她们放飞手中拿的鸽子，并高喊：**“皇帝，我们来啦!”**，最后她们被焚化。

惟有在索洛岛、帝汶岛和一些邻近的岛屿上，才发现真正的檀香树，既有白檀香树，也有黄檀香树，还有红檀香树。

9〔394〕

锡兰

锡兰位于离印度大陆仅8里处。如今荷兰人占据着海岸，锡兰皇帝则占据着内地。这块陆地的旧居民[②]被称为**僧伽罗人**。他们是棕肤色，但不丑，果断、活泼且礼貌、温柔、节约，但说弥天大谎，大米是他们的

---

① 参见《康德全集》，第Ⅰ卷，459页注。他在1699—1701年曾到澳大利亚作探险旅行。——科学院版编者注

② 僧伽罗人无疑是一个起源自这个半岛的开化民族。锡兰最原初的部族是维达人。——科学院版编者注

主要食粮。他们的最重要树种有：1. **扇形棕榈**；长着巨大的叶片，如风扇般长在长柄上。居民们旅行时把它们顶在头上挡太阳和雨。每一个士兵都有这样一片树叶做帐篷。树直到它要变干的最后一年才结果实。2. **糖棕榈**①，他们从其抽出的汁液中熬红糖。3. **肉桂树**只在这座岛上可以遇到；剥下下面第二层树皮就是肉桂。有许多种类的肉桂树。每棵树一旦被剥皮就死掉，而且它为被用于此目的就必须生长 6 年。全部杰出的味道就在从里面裹着树皮的那层柔皮上，其油脂在烘干时就渗入树皮。木头、树叶和果实虽然有一些气味，但很少。一种鸟被称为食肉桂果鸟，通过未被其消化的果核来传播这种树，就像在砍掉树之后长出新嫩枝。这些树的气味在海上老远就能闻到。人们从它们的根提炼樟脑。②

这座岛有一大群象，居民们善于捕捉和驯化象。血刺猬在这里是旅途中的一种惊人的麻烦。此处内地的纸是由从扇形棕榈的树叶割出的伤痕构成的，而且人们是用石刀把字母划在叶面上。他们崇拜一个至高的神，但毕竟也敬拜圣徒和英雄的肖像。在亚当峰的山顶，据他们伪称，有他们的神即佛的足迹。他们敬拜这些足迹。人们发现一些宏伟的且很古老的庙宇，它们必定是在一个很强大的君主统治它的时代建起的。因为他们现在根本不知道修葺它们。丈夫在这里不吃醋。女人把自己的孩子抛弃掉或者送人，如果孩子按照她们的想象是在一个不幸的时刻出生。 9〔395〕
蟒蛇吞噬整只鹿。人面蜘蛛大如拳头，有毛、发光和透明。其咬伤导致妄念。

马尔代夫群岛

“代夫”在居民们的语言中是“岛”，而“马尔”则是所有这些岛屿中最主要的岛，是国王的主要驻地。两个词组合成“马尔代夫”。所有这些岛屿的范围超过 200 德里。它们分为 13 个环形岛③或者岛群，亦分为 13 个省。每个环形岛都被一个浪花飞溅的特别石滩④所包围，如果马尔

① 真正的糖棕榈或者砂糖椰子。——科学院版编者注

② 参见上文 359 页。——科学院版编者注

③ 环形的珊瑚岛。——科学院版编者注

④ 珊瑚岛的滩礁和堤礁。——科学院版编者注

代夫国王自称万岛之王，则这是一种亚洲式的夸大。大多数岛屿无人居住，除了树不产任何东西。另一些岛屿则是纯然的沙堆，在涨大潮时被淹在水下。这里没有河流，而只有泉水。在岛群之间延伸的水道只有四五个可以通航，而这由于湍急的水流和众多的礁石也非常危险。这里的炎热很温和。雨季从四月一直持续到九月，在这期间吹着西风。其余的月份吹东风，天气总是晴朗。马尔代夫人很美，尽管是橄榄色的；他们似乎源自于马拉巴人。人们在这里小心翼翼地把剪下的头发和指甲与其余同属于人的部分掩埋起来。主岛**马尔**处在所有这些岛屿的中央。这里有一种树，其木头非常轻，潜水员在海里把这些树的木板捆在沉没的物件上，他们以此捞出白色的、光滑的石头。这些石头经一段时间就变成黑的，然后用于建筑，也大可用于其他目的。

宗教是穆罕默德教。马尔代夫人除了在荣誉地位、出身和财富方面与自己完全相同的人，不与任何人一起吃饭。由于这很难查清，想款待外人的人通常把一张桌子连同吃食送到他们房子里。

9〔396〕 蒌叶连同槟榔在这里也被无节制地使用。为医治在阳光下待久了产生的眼痛，他们吃煮熟了的鸡肝，如一些人自称亲身体验，这是有用的。这个民族很好色。国王的宫廷看上去相当豪华。马尔代夫可可果是从海中捞出来的，人们却不知道它们来自何处。这些可可果很珍贵①，据说是药材。在这里，人们发现叫 Bolis 的小海螺，它们在印度被称为贝币，满满 30～60 船被主要运至孟加拉，在那里换成现金。它们在非洲也有效。居民们在工作上心灵手巧。

波斯

这块陆地尤其在其中部，在大不里士和设拉子等地区，冷热交替强烈。在这块陆地上有许多无人居住的荒漠，此外有在雨水干了之后结盐晶的盐漠。在波斯中部，没有可通航的河流，而且总的来说，世界上不容易有一块陆地邻近海洋却河流如此之少。从六月直到九月，天气总的来说是晴朗的。

① 马尔代夫可可果仅产于塞舌尔群岛，其果实常常漂流到马尔代夫海岸。——科学院版编者注

在邻近地区的波斯湾，来自克尔曼荒漠的风热得灼人，而且是红色的。它不是别的，就是著名的萨米尔风。霍尔木兹岛结盐晶达 2 指厚，很炎热。

波斯血统很混杂，也就是说由阿拉伯人、鞑靼人和格鲁吉亚人而混杂，他们常常娶格鲁吉亚女人。因此在他们的形象上，除了橄榄色之外没有特殊的标志。祆教徒是古代民族的遗产。琐罗亚斯德是他们的先知。他们常常在南方各省可以遇到，并且崇拜火。波斯人诙谐乖巧。他们非常喜爱诗，甚至根本不懂波斯文的人也喜欢。少女在 8 岁就可嫁人，在 30 岁就不再嫁人了。在波斯，天文学很受尊重。国家向在这方面成就卓著的人赠送 200 万塔勒。由于他们到处都与医生一起被用于病人（他们 9〔397〕
毕竟与医生总是有意见分歧），所以他们有强大的社会关系，由此能够轻易地得知秘密的事情。在波斯，一件光彩的事情就是，高贵的人士以各种各样的方式在老年时举办公开讲座，把自己的科学和经验传授给年轻人。至于宗教，它构成了穆罕默德教的一个教派，但土耳其人很仇视这个教派。不过，人们在他们的著作中常常发现关于天堂和地狱的概念，比在《古兰经》中所读到的纯粹得多。人们在这里讲一个优美的寓言，说的是三个孩子，其中之一童年就死去了，第二个是作为无神论者死去的，第三个是虔诚地死去的。另一个寓言说的是天使转变为人的肉身的尝试。按照他们的学说，好的作品是神恩的标志，但不配永福。据说灵魂在死后获得一种轻柔的气状身体。

亚当真正说来并不是因吃禁果犯罪的。之所以要劝阻他这样做，只是因为他不能像对其他食物那样食后排泄这种未成熟的食物。他被逐出天国，是为了不让他污秽天国。通常，他们在布道时的虔诚是很差劲的，因为好些人在抽烟，一些人在私下交谈等等。在这里，也常有苦行僧和托钵僧游荡。近波斯湾处，有所谓的约翰派基督徒，他们对基督一无所知，大肆宣扬洗礼，时常怀念约翰。这里从岩石中流出石油。设拉子酒据说是世界上最美味的。人们只是偷偷地喝酒，但却公开地陶醉于鸦片、Bang 和罂粟籽饮料。他们抽烟要过水。他们有很强烈需要的鸦片，是从罂粟植株 Hiltot 中通过刻入其顶部获得的。工人们此时患上经常性的头晕。在花拉子模有许多木乃伊，但纯然是沙漠干尸。珍珠采集带来 500 万塔勒。现在，人们让贝壳滩歇业了。人们从波斯带出的最佳商品之一就是丝。盦石是一种土，在锅里熬煮，沉淀在锅边。[①] 这里的海枣和阿月浑子很美。波斯人在其疗养上追随盖伦，并且相信他在这方面从基督那里学到很多。据说他把自己的堂弟菲利普派到基督那里，从基督那里受
9〔398〕 益匪浅。阿维森纳（伊本·西拿）是其最伟大的哲学家和医生（参见据**萨洛门**描述的阿拉伯和大鞑靼的当代国家）。

阿拉伯

这块陆地西邻红海，红海之所以看起来是红色的，乃是因为在海底有许多珊瑚树。风在这块陆地上几乎与我们在热带所说的一样。苏伊士是这块陆地的最佳城市之一；但穆哈被欧洲人造访最多。

在麦地那有穆罕默德的墓。它是一个四角形的建筑，100 步长，30 步宽，建在 400 根柱子之上，在柱子上悬有 4 000 盏灯。墓本身用银栅栏围起来，而墙则四面八方都挂着镶有金刚石的珍贵布料，它们是穆罕默德教众王公的赠礼。麦加更靠南一些，克尔白天房就在麦加，它是一个骰子形的古老建筑，其房顶是红色的和白色的材料，墙却挂着锦缎，它在穆罕默德时代就已经被视为神圣。周围的广场用栅栏围起来。朝圣就是到这里。马斯喀特拥有阿拉伯最强大的海上君主。阿拉伯人绝大部分都住在帐篷中。麦加和麦地那的谢里夫有极高的声望。在阿拉伯，一般而言在穆罕默德教徒中间，偷盗是极招恨的，而且很罕见。

四处游荡的阿拉伯人分成部落，各部落有自己的酋长或者埃米尔。一些酋长向土耳其人进贡，但大多数酋长不进贡。

阿拉伯人中等个子，身材苗条，微黑，声音纤细，勇敢。他们喜欢用针在皮肤上刺点，然后把侵蚀性的颜色揉进去。许多人戴鼻环。他们正直、诚实、有爱心、行善。怎样才能为他们在水上和陆地上的抢劫辩护。他们在荒漠地区的井很少，使得旅行很困难。但骆驼的效力又使得旅行容易一些。阿拉伯语是东方有教养的语言。他们与土耳其人一样，把狗视为不洁净的，不敢接触狗。但灵缇和猎犬除外。

---

① 盦石被用做药材，例如对眼疾。——科学院版编者注

自然性状

9〔399〕

这块陆地多半是沙质的和贫瘠的。正宗的海枣树真正说来家在波斯和阿拉伯。它要么是雄性的，要么是雌性的。前者开花不结果，后者结果不开花。**论其授粉**。雌树在其被授雄树的花粉之前不结果。雄树有一种角荚，在开裂时提供花粉。从海枣中熬出的糖浆用于代替黄油。咖啡树（参见上文）。芦荟，特别是索科特拉岛的。这里的芦荟最好，也最常见。阿拉伯香膏通过划开一种特殊的树而获得。它一开始如此强烈，会使一个人流鼻血。没药。摩什子是香膏子，是一种植物的种子①。

阿拉伯荒漠锡恩的岩石，在荒漠中可以看到洞穴，摩西用杖击打就从中流出水来。希腊人占据西奈山修道院已经有 1 000 年。他们在这里拥有阿拉伯最好的园林。

宗教

在麦加出生的穆罕默德娶了富有的寡妇赫迪哲。他告诉赫迪哲自己在麦加的一个洞穴中与天使加百列的亲密交往。他指责犹太人和基督徒伪造《圣经》。他逐步地编纂自己的《古兰经》。阿里、奥斯曼和阿布伯克尔很快成为他的新皈依者。在这些人中，奥斯曼修订了《古兰经》。穆罕默德有爱心，善辩，漂亮。他的文笔如此杰出，以至于他为了证明自己的使命而经常援引自己文风的优美。

他坦承自己不能行任何奇迹。然而，人们却捏造他把月亮劈为两半，一条阉羊腿警告他不能吃它，因为它有毒。人们给他捏造出许多他不曾做的虚假旅行。他在赫迪哲死后娶了阿布伯克尔的一个女儿阿以莎。关于他穿越七层天的旅行。麦地那的民众开始追随他，他在受到麦加政府方面的迫害时逃往麦地那。他的这次逃亡构成了穆罕默德教徒的一种特殊的纪元，它开始于基督诞生之后 722 年。 9〔400〕

他把自己的女儿法蒂玛许配给堂弟阿里。他命令在祷告时面朝麦加。他通过奇袭占领了麦加，并征服了大部分阿拉伯，死于他连同一条阉羊腿一起吃下的毒药。麦加地区是神圣的。滲泉。所有穆罕默德教徒都到此朝圣，或者至少应当派另一个人代替自己前往。

① 是阿米香树的豌豆大小的种子。——科学院版编者注

亚洲鞑靼

这一大片陆地被鞑靼人用一个共同的名称误称为鞑靼，这些鞑靼人是众部落中在某个时候使自己突出于众并强大起来的部落。[1] ——克里木。库班。明格列利亚。伊梅列季亚。格鲁吉亚。切尔卡西亚。达吉斯坦。列斯基人[2]。

俄罗斯属地区

西伯利亚

居民是俄罗斯基督徒，但部分地也有来自布哈拉的穆罕默德教徒，部分地有各种各样的异教徒，而后者构成了最大的群体。穆罕默德教徒彬彬有礼，待人友好。他们是这块陆地惟一厌恶喝酒的人，因为就其余的人——无论是基督徒还是异教徒——来说，什么地方都没有一类人像在这里那样，酒兴在其身上表现出统治权。西伯利亚，尤其是在其南部，是一个好地方；它到处都是丰富的牧场和森林，盛产各种各样的粮食，但朝北去就减弱了，此外朝中国边界一方因懒惰而不种植。它有银、金、铜、铁、乳白玻璃和大理石等等。在额尔古纳斯克[3]银矿里，平均每年产15普特银。尽管牧场有时很好，但毕竟有草长得稀稀拉拉的大草地或者荒漠，居民们把它们点燃，一烧数里远。

9〔401〕 总的来说值得注意的是，在这些地方，以及如其他旅行者所保证，在蒙古属鞑靼，到处都是深达3～4尺即便在最炎热的夏天也不解冻的土地。**格梅林**[4]在仲夏于一个比柏林更靠南的地带发现了这一点。在北方各省，似乎这种冰冻在深度上没有头。在雅库茨克，据说掘了一口井（必须记住，在西伯利亚的北方各部分根本没有泉，因为土在地表以下很快地上冻了），然而这种土直到30尺深始终是上冻的，这种冻土没有头。在雅库特人土地上的尤干河附近有一些冰湖，那里仲夏在露天也结着厚

---

① 鞑靼是一个蒙古族群的原初称谓，后来成为一般蒙古人的名称（参见下文403、404页）。——科学院版编者注

② 它们居住了达吉斯坦的绝大部分。——科学院版编者注

③ 额尔古纳斯克在外贝加尔。——科学院版编者注

④ 参见上文204页注。——科学院版编者注

冰。在叶尼塞斯克，格梅林在冬季居留时发现冷至华氏零下 120 度。水银柱似乎蒸发了，但并不凝固。在雅库茨克，人们可以把水果毫发无损地保存在地下室里，因为从不出现冰冻。关于西伯利亚的猛犸骨。

西伯利亚的民族个性

萨莫耶特人作为这块陆地最靠北的居民，个子小，矮胖，脸扁平，棕肤色，黑头发。他们的衣服在夏天是鱼皮制的，在冬天是兽皮制的。他们的房子只有一个房间，灶在房间的中央，上面有烟囱，在木头烧尽后，就用一块透明的冰盖在烟囱上，充当窗子。他们的食物是鲜鱼和干鱼。人们在这里像在西伯利亚北部其他地方一样，在积雪深厚的时候用长板出行。几乎所有的西伯利亚北部居民在抽烟时都吞咽烟草。

奥斯加克人以狩猎和捕鱼度日。但他们做事如此懒惰，以至于经常陷入大饥荒。他们用鲟皮制衣。在西伯利亚的所有居民中，大概通古斯人，尤其是科纳河①的通古斯人，是最勤奋的居民。因为尽管他们没有农业，他们却毕竟相当精于制造各种各样的手工产品，而且勤于狩猎。与此相反，雅库特人几乎没有这么多的兴趣来打开他们捕捉松鼠的圈套。 9〔402〕
所有有马的鞑靼人都用其发酵了的奶制作一种醉人的饮料，或者也酿制烧酒。他们的所有思想和所有节庆，都无疑指向饮酒。如果有奶牛，人们也用牛奶制同样的饮料。要记住的是，在托博尔斯克附近和在波斯一样，如果旁边没有牛崽或者牛崽皮制的标本，奶牛是不出奶的。② 奇特的事还有，这里驯鹿在冬天里甚至知道刨开雪找出枯草。除了酗酒之外还流行淫乱，因此在所有的城市里，如托博尔斯克、叶尼塞斯克、尼布楚、雅库茨克和其他城市，都流行性病，以至于在世界的任何地方都不像在这里那样看到那么多人没有鼻子。不过，最终似乎其体质如此适应这种情况，以至于他们极少因此丧命。

在这些地方，懒惰是惊人的。在尼布楚，一个人宁可让自己的房子倒塌也不去支撑它。没有任何薪酬能够打动他去工作，惟有暴力能做到。

---

① 科纳河是维柳伊河的一个右侧支流。——科学院版编者注

② 参见上文 323 页。——科学院版编者注

宗教

如果排除这些地区的俄罗斯人和穆罕默德教徒，则其他民族除了魔鬼不与其他任何神灵打交道；因为尽管他们规定了至高的神，但这个神却住在天上，极其遥远。而魔鬼却在地上统治。所有的村庄都有它们的男女萨满，亦即巫师。这些萨满动作猛烈，做出狂暴的姿势，念念有词，然后他们伪称询问过魔鬼。格梅林经常让他们在面前表演巫术，但每次都揭穿他们的骗局。他在雅库茨克发现一个欺骗民众的女萨满。她装得好像把一把刀刺进身体，但最终，当他严密注视她的时候，下决心真的刺了进去，从网兜里掏出某种东西，切下一块在煤火上烤熟吃下去。她治了 6 天的伤。到处都有魔鬼的像。奥斯加克人的魔鬼奇形怪状，雅库特人的魔鬼是一个填实了的木偶。

堪察加半岛

9〔403〕 这块陆地因俄罗斯人试图寻找北方的通道而著名。居民们在狩猎和捕鱼方面比西伯利亚的其他居民更勤奋，看上去更顺眼，穿着更好。他们从事射杀海獭和其他毛皮动物，捕猎海牛、海狮和海熊等海洋动物。

阿斯特拉罕鞑靼人

阿斯特拉罕鞑靼人也在俄罗斯治下。阿斯特拉罕的鞑靼郊区只是在冬天有鞑靼人居住，夏天他们就随地露宿。白鲟[1]是一种鲟，鱼子酱就是它的卵，在它之外，此地还有小体鲟，这是一种更肥更味美的鱼，是在伏尔加捕捞的。人们在这里也种植葡萄，长势相当良好。这里从三月到九月根本不下雨。诺盖鞑靼人脸有皱且丑。在阿斯特拉罕东边，靠里海的地方，住着卡拉卡尔帕克人[2]，亦即因黑帽夹而得名、部分地处在俄罗斯保护之下的鞑靼人。在阿斯特拉罕西边，可以看到切尔卡西亚鞑靼人[3]。他们的国土是由此被购往土耳其和波斯诸国的美女的真正温床。国土很美，但人们从事畜牧业多于农业。天花接种就是从这里开始的，因

① 参见上文 343 页注。——科学院版编者注

② 可能是卡尔梅克人的侮辱性称呼（来自鞑靼语的 Kalpak，即帽子）。——科学院版编者注

③ 即切尔克斯人（他们直到 1866 年，约 50 万人之众，居住在高加索的西北山麓，但此后绝大部分移居小亚细亚）。——科学院版编者注

为它保持着美。

穆罕默德教的自由鞑靼

乌兹别克表示这部分鞑靼的三个部分。①

1. **大布哈拉**连同撒马尔罕城和布哈拉城，其中撒马尔罕城长时间是东方所有科学的总部。巴尔赫有一个特别的可汗。布哈拉人很开化，这块陆地的旧居民贸易繁荣。他们都处在大莫卧儿王朝的庇护之下，因此后者就拥有最佳的士兵。

2. **花拉子模**②。这块陆地的居民很开化，并且是强悍的盗匪。

3. **土耳其斯坦**，土耳其人起源于此。里海西边是达吉斯坦鞑靼人，是所有鞑靼人中最丑陋的，且为大盗。

蒙古鞑靼人③ 9〔404〕

他们住在大沙漠的西边和北边。沙漠边上的一座城市哈拉和林曾是世界上最大的征服者之一成吉思汗④的驻节地。蒙古人由于其怪味而被中国人称为骚鞑子。在他们的土地上以及在卡尔梅克人的土地上没有任何树，而是只有灌木。因此，他们不是住在城市里，而是住在营地里。土地据说即便在夏天也上冻深达若干尺。人们靠畜牧为生，特别是靠马和草为生。

卡尔梅克人

卡尔梅克人居住在东鞑靼直到伊缪斯山脉⑤的最高地区，并向东和向

---

① 参见阿迪克斯：《康德的自然地理学研究》，244～245 页，第 79 条。——科学院版编者注

② 希瓦汗国的旧称。——科学院版编者注

③ 蒙古意为不可战胜者，是一个部落的敬称，1189 年由成吉思汗转用于整个民族，后来由布鲁门巴赫转用于黄种人。——科学院版编者注

④ 卒于 1227 年。他的后裔还长时间统治西亚，并从那里出发在印度建立了巴卑尔苏丹统治的大莫卧儿帝国。——科学院版编者注

⑤ 帕鲁帕米苏斯山脉（兴都库什山脉的希腊语旧称——译者注）的延伸。——科学院版编者注

北扩散。他们自诩是古代蒙古人的真正后裔。他们的形象上面描述过。他们的最高统治者自称洪台吉。他的权力一直延伸到唐古特[1]，尽管一些部落过去托庇于俄罗斯。在唐古特王国，还有一些古代蒙古人的科学[2]的繁荣。在巴兰特拉[3]，或者像另一些人称的那样，在布达拉，实施统治的是蒙古鞑靼人的最高大祭司，一个真正的教皇翻版。这种宗教的祭司从鞑靼的这个地区一直散布到中国海，他们叫做喇嘛；这种宗教似乎是一种蜕化为最盲目的异教的基督公教。[4] 他们断言，神有一个儿子，作为人来到世间，他在世间纯然是作为乞丐生活，但仅仅从事使人们得福。他最终被提升到天上。**格梅林**从一个喇嘛自身之口听到了这一点。他们也有这位救世主的一个母亲，他们给她制作了画像。人们在他们这里也看到十字架念珠。传教士们报导说，他们也在属神存在者身上规定了一种三重的东西，而且据说达赖喇嘛主持某种使用面包和葡萄酒的圣事[5]，但却没有任何人享用面包和葡萄酒。这个喇嘛不死，按照他们的见解，他的灵魂很快托生一个与此前身体完全相似的身体。一些低级祭司也伪称
9〔405〕被这种神灵附体，而中国人把这样一个人称做活佛。以上所述，亦即他们也称为父的大喇嘛是异教徒那里的真正教皇，而且也可以说在巴兰特拉有他的教皇领地，证实了上述猜测。至于一些旅游者伪称，这种信仰的追随者把喇嘛的粪便研成细末，盛在盒子里随身携带，撒在其食物上少许，这大概是纯然的诽谤。

内鞑靼[6]或者满洲鞑靼

满洲人居住在城市里。科学和艺术在一定程度上得到他们的推进。这些鞑靼人征服了中国，在那里还有出自这个部族的皇帝在统治中国。他们很开化，并且务农耕。在他们的荒漠里长有人参。他们信达赖喇嘛的宗教。

---

① 或者西番，蒙古的南部。——科学院版编者注

② 有以唐古特人的语言撰写的较早的佛教文物。——科学院版编者注

③ 参见上文 381 页。——科学院版编者注

④ 参见上文 381～382 页。——科学院版编者注

⑤ 参见上文 382 页。——科学院版编者注

⑥ 参见阿迪克斯：《康德的自然地理学研究》，246 页，第 81 条。——科学院版编者注

从北冰洋寻求向印度通航的尝试①

俄罗斯君主们自彼得一世时代以来就派船进行这项考察。有时他们沿亚洲北部海岸继续前进，但由于在那里很快就冻进冰里，所以就尝试在堪察加造船，并在东北找到航道。**贝林**②船长搁浅在千岛群岛③，但仍然有重大的发现，而且除此之外人们确信④，亚洲和美洲不是连成一体的。

亚洲部分的土耳其

这块绵延很广的陆地在一切地区，如亚美尼亚的多山地区相当冷，但在海岸边的平原，如阿勒颇附近的平原则很热。在埃尔祖鲁姆，**图尔内封**⑤在六月底还发现有2指厚的冰，且有时还下雪。因此在这个地区几乎根本看不到任何树。在黎巴嫩山，古代挺拔的雪松仅仅还有16棵从雪中生出。这块陆地的土地有些地方含盐，到处都是石油。在阿勒颇有一个盐谷，汇聚来的水在蒸发之后把盐留在那里。人们也在离死海若干里的地方发现田地上，此外有些地方在土里已经有一个盐层。占据这些地 9〔406〕
方的土耳其人真正说来是鞑靼血统，长得匀称，好客，对穷人和对旅行者在照顾食宿方面乐善好施。但他们行事相当懒惰，能够数小时之久坐在一起却不说话。妒忌是他们的占优势的恶习。他们虽然不应当饮酒，但却偷偷地喝。在他们那里没有贵族，没有决斗。他们对前定的信仰。他们绝不赌博。他们是所谓正信教派的穆罕默德教徒。对异端的什叶教

---

① 参见上文231页。围绕亚洲北海岸找到一条通往中国和日本的不受葡萄牙人、西班牙人和英国人干扰的海路的愿望，在16世纪末就已经促使尼德兰人多次派人到欧亚北冰洋考察。——科学院版编者注

② 贝林（亦译白令——译者注）（Vitus Bering，1680—1741），应当是奉彼得大帝之命确定俄罗斯帝国的东部边界。1728年，他在其第二次旅行中研究了西伯利亚的北海岸，并找到了以他命名、但在1648年就已经由德什涅夫发现的海峡（即白令海峡——译者注）。贝林也在大型的堪察加考察（参见上文325、401页注）中领导海上的活动。——科学院版编者注

③ 贝林搁浅在贝林岛（即白令岛——译者注）。——科学院版编者注

④ 参见阿迪克斯：《康德的自然地理学研究》，66页。——科学院版编者注

⑤ 参见上文349页注。——科学院版编者注

徒波斯人的仇恨。在他们中间还有更多得多的教派，甚至有怀疑论者和无神论者。明格列利亚、格鲁吉亚和伊梅列季亚是美女的温床。明格列利亚多雨。这里的土地如此被浸软，以至于人们把谷物撒在不经耕犁的农田上，或者至多用木犁翻盖。格鲁吉亚人是差劲的基督徒，他们放荡不羁，偷盗成性，耽于饮酒。亚美尼亚人属于东方最大的商人。

第二个大陆 9〔407〕

非洲

好望角

本来的居民是霍屯督人。① 这些人只有一种茨冈人的肤色，但像黑人一样有黑色的鬈发，以及一种稀疏的、同样卷曲的胡须。他们在孩子一出生之后就在上边压他们的鼻子，因此他们都有一个笨拙的、经过修饰的鼻子和香肠般的嘴唇。一些女人在耻骨上蒙一块自然的毛皮以覆盖其性器官，尽管她们还穿着一层羊皮。**泰维诺特**②从许多摩尔女人和埃及女人那里发现了这一点（关于这个问题特别参见**勒瓦杨**的《首次非洲游记》)。她们变老，步履很快，天天用阉羊油涂抹自己的皮肤，为的是针对空气过度的干燥来保护汗腺。不过，人们看出这样做是出自让男人向女人献殷勤，乃是因为她们不仅天天用同样的油膏涂抹自己那从来不梳的头发，而且也涂抹自己那起初用奶牛粪（这一般而言是她们最爱闻的气味）使劲涂抹，并且天天用绵羊油和煤烟涂抹的羊皮。她们其余的饰物是戴在手臂上的象牙环和一根带有猫尾巴或者狐狸尾巴的小手杖，猫尾巴或者狐狸尾巴是用做手绢的。只有女人才在腿上缠着羊皮环。她们在头发上戴着玻璃和黄铜扣，在脖子上戴着铜环。在节日里，她们用红粉笔在眼睛、两颊、鼻子和下巴上画6道。

他们在战斗中装备的是若干手掷箭、一根用来抵挡的棍和一根长矛，而且只要他们的首领在吹哨子，他们就一直扮着奇异的鬼脸进攻，逐个地时而出击，时而跳回。当首领停止吹哨时，搏斗就停下来。他们能够 9〔408〕以一种惊人的方式用手掷箭击中目标，确切地说，他们的眼睛不是径直

① 参见上文312、315、316、318、319～320、320页。——科学院版编者注

② 泰维诺特（Jean de Thevenot，1633—1667)，以7年之久游历英国、德国、意大利、安纳托利亚和埃及；他的第二次旅行（1664）来到小亚细亚、波斯和印度。他在返程中卒于亚美尼亚。关于他的旅行分别于1664年、1674年和1684年出版的报告被汇编在《泰维诺特先生在欧洲、亚洲和非洲的旅行》(5卷本，巴黎，1689）这部著作中。——科学院版编者注

对着目标，而是向上、向下或者向边上。他们有成堆的宗教行为，尽管他们从不真正关心他们称之为至上头人的神是什么。他们崇拜月亮，在一种金龟子面前跳舞，他们把金龟子当做一种神灵来崇拜。如果金龟子某个时候出现在一个村子里，则这就意味着鸿运到来，而如果它落在一个霍屯督人身上，则此人就是圣徒。他们也许相信一种死后的生活，但他们从不去想至福或者无福。他们似乎从犹太教接受了某种东西。按照他们的说法，第一个人叫做诺。他们不忌任何肉，无论是猪肉还是无鳞鱼。但他们从不讲别的原因，只是因为在霍屯督人这里风俗就是这样。霍屯督人有许多自然机智，在加工许多属于他们的家具的东西方面有许多技巧。他们为人正直，很贞洁，也好客，但他们的污秽却胜过一切。人们老远就已经闻出他们来。他们用相当厚的奶牛粪涂抹自己的新生婴儿，就这样把新生婴儿置在太阳下面。在他们这里，一切都必须有奶牛粪味。他们生虱子太多，吃虱子消磨时间。所有的霍屯督人从9岁起都必须被摘去一个睾丸。这种庆典和其他庆典是以两个最年长者把自己的小便洒遍全体聚会者来结束的，他们重重地涂抹这种圣水。夫妻成婚时也这样做。男孩在18岁时以许多礼仪被接纳到男人中间，并且如上面提到的那样被淋湿，他用油脂来把这种湿气涂抹在自己身上。此后，他不得再与任何女人有某种关系，可以揍女人们，甚至揍母亲，且不受指责。女人们必须操持全部家计。男人除了抽烟、酗酒和乘兴打猎之外什么也不做。他们的懒惰经常使他们陷入饥荒，以至于他们吃自己的鞋子或者手指上套的皮圈。在他们的可笑习惯中，特别是一个想再婚的寡妇必须让人断掉手指的一节。这从小拇指的第一节开始，而如果她多次婚嫁，就这样轮过所有手指。

9〔409〕 至于他们的食物，他们是内脏的最大喜好者。他们用蚁穴的土制成炒锅；他们的勺子是一个螺壳。他们在热石头之间炒菜。烧酒是他们最陶醉的饮料，他们因烧酒就像因抽烟一样几乎发疯。奶牛在这里没有牛崽在旁也不产奶。但他们在奶牛拒绝产奶的情况下用牛角吹醒奶牛的母性。他们通过在生公牛皮制的袋子中晃动牛奶来制黄油，生牛皮有毛的一边向外翻转。但是，他们把黄油只用来涂身。没有一个民族更顽固地坚持自己的习惯。人们还没有能够打动一个霍屯督人接受基督教信仰。如果他们生出双胞胎，而且一个是女婴，他们就把女婴活活埋掉。如果一个年老无力的人不再能寻找自己的食物，他们就把他藏匿起来，留给他些存货，然后让他饿死。他们有许多训练有素用于争斗的公牛。他们的茅舍像我们的干草堆，村子是茅舍围成一圈。中间是不加防范的牲畜。外面是公牛和狗。

陆地的自然性状

从五月到九月，这里阴雨连绵，刮西北风；但从九月到三月则情况相反。在水洼中的雨水干涸的地方就留下盐渍。甚至一个开口纳风的容器，也在底部积下水，而水就变成咸的。好的季风或者东南风高高掠过，而且有一种非凡的力量。这种风维护健康。在轮换的月份里很不利于健康。平顶山上的云被称为牛眼①，上面描述过了。

陆地的物产

海角的水很美。它在被带到欧洲的时候也不失其纯净。人们发现有铁矿石，霍屯督人用它熔炼铁，并用石头锻造其工具。人们发现有朱砂和一些金。这里有大象，霍屯督人在短缺时把大象的粪便当烟抽。狮子、老虎和豹子，其肉味道鲜美。犀牛，其角如果掏空成酒杯则解毒。斑马、 9〔410〕
水牛、河马、豪猪、成群猎食但与人无涉的野狗。许多狒狒、胡狼、在被追逐时放出一种使人和动物昏厥的臭气的臭獾。大乌龟、致渴蛇、眼镜蛇、千足虫、北露脊鲸、海豚和剑鱼、鲨鱼、鼓气鱼、致抖鱼。这里也有 Gieleg 根，而且霍屯督人很嗜好它。葡萄酒味美。

纳塔尔

纳塔尔由卡菲尔人居住，部分被荷兰人购置。卡菲尔人与霍屯督人几乎没有相似之处。他们不像霍屯督人那样涂身，住陶土建的四四方方的房子，肤色很黑，头发长而光滑，种粮食，这是霍屯督人不做的事情。

---

① 参见上文 288 页。——科学院版编者注

他们与海盗贸易。这里的动物和植物与在霍屯督人的土地上一样。

索法拉海岸

索法拉海岸因一座葡萄牙同名城市而得名。人们认为这海岸就是所罗门的俄斐，很有可能。人们在这里发现了象牙和金砂。莫桑比克属于葡萄牙人。在这海岸的上方，直到曼德海峡，土地属于马斯喀特的阿拉伯人和一些野蛮而好客的民族。

马达加斯加岛

这座岛被认为是所有已知岛屿中最大的。法国人统治着海岸的一个可观部分。居民部分是黑人血统，其人数据说达 160 万，部分是阿拉伯人血统。黑人高大、灵活。女人漂亮、乖顺。没有人关心一个姑娘在婚前行为如何，只要她在婚后忠贞。在他们的战争中，胜利仅仅取决于首
9〔411〕领的勇敢，首领的勇敢或者逃遁在民众中招致同样的行为。他们和该海岸的大多数非洲民族一样行割礼。此外，除了一只在他们放置最好的东西的篮子里饲养的蟋蟀外，他们没有别的任何神灵。他们把这称做他们的敖仑。这里的公牛都有油脂的隆背。这里的绵羊都有很宽的尾巴，全是油脂。这里有大量发光的飞虫，如果它们夜间落在一棵树上，就造成仿佛树在燃烧的外观。一种蛇极为迅速地钻进不小心的人的肛门，并致其于死地。人们在这里也发现一种巨大的海怪，如公牛般大小，长着鳄鱼的爪，但有鬃。在岛上，人们没有黄金，除非是它们通过贸易从阿拉伯人那里获得的。但在他们这里有各种各样的宝石。

莫诺莫塔帕①

这个幅员辽阔的国家的皇帝统治着多个附属的国王。在内陆，人们遇到很富的金矿和银矿。居民们肤色黑、果断、步行迅捷。他们很热衷

① 从索法拉向北直到赞比西河地区的旧称，较新的地图上标为姆瓦莫塔帕。——科学院版编者注

于巫术。葡萄牙人要让我们想象，在这个皇帝的士兵们中间也有亚马孙族军团，他们在左胸烙印，搏斗很勇敢。

孔戈、安哥拉和本格拉诸地

孔戈气候温和。从四月直到八月总是下雨，刮西北风，而从九月直到四月则是晴朗的天气，刮东南风。尽管在这后几个月里太阳在居民们头顶最高，这些风却毕竟非常冷。土地很肥沃。人们种一些品种的谷物、黄米和荚果。人们用木薯根做面包。这里也有香蕉、菠萝等。Ensetenbaum[①]与香蕉树是一回事。Mignaminga 据说在叶子和木头上有毒。不过，谁因它的叶子而中毒，木头则助他疗毒，反之亦然。传教士们报导说，这里有一些鸟能发出音节清晰的声音，例如一种鸟据说相当清晰地说出**耶稣基督**的名字；另一些鸟的叫声听起来像野兽。人们在这里捕猎 9〔412〕
大象，主要是为了它的尾巴，因为女人用它的刚毛装饰自己的脖子。在孔戈，有很贪食的蚂蚁[②]，它们能吃掉一整头奶牛。就鱼而言，这里也有鱼美人[③]。巨蛇 Embba 一口就吞掉一只绵羊。这些地方的居民们是全黑的，尽管也混杂许多黑白混血儿，尤其是在安哥拉和本格拉的葡萄牙占领区。本格拉的空气很不利于健康。欧洲人在这里失去其健康的肤色。宗教多半是基督教。这里的异教居民同样热衷于巫术。

马坦巴[④]和安齐格人、查加人

安齐格人行割礼。据传教士们的报导，在他们那里有正常为此屠杀的肥奴的人肉在市场上出售。查加人是一个分布非常广的民族。他们肤色黑、勇敢、在脸上烙出线条。他们靠抢劫为生，不花费力气放出棕榈酒，而是砍倒树，就这样抽出汁液。女人们必须让人拔掉两颗上牙和两颗下牙。据人们说，他们杀死自己的孩子，而从别的地方抢来成人。他

① 即象腿芭蕉，阿比西尼亚人的象腿蕉。——科学院版编者注

② 参见上文 351 页注。——科学院版编者注

③ 参见上文 343 页注。——科学院版编者注

④ 或者叫马坦布，过去是西非的一个黑人国家，有宽扎河和扎伊尔河流过。——科学院版编者注

们据说是从塞拉利昂迁出的，但现在散布在一个 900 多里的地带上。马坦巴也多半由查加人居住。

非洲海岸

从加那利群岛到孔戈

加那利群岛

在**费鲁**岛上，有已经描述的神奇树。① 在**帕尔玛**②岛上，出产棕榈香
9〔413〕 槟酒。不死树与巴西木相似，但不腐朽，无论是在土中还是在水中。在**特内里费**岛上可以发现 Pico，此外有裹在山羊皮中的木乃伊。马德拉岛过去全是森林，但现在已被烧掉。马德拉葡萄是从坎贾移植过来的。Vino Tinto 是红色的，不好。

从佛得角到冈比亚河

在塞内加尔河的北边，人们是摩尔血统，不是真正的黑人。但在南边，却是在世界上任何地方都没有如此黑的黑人，除了富利人③。这里据说有一个民族，长着大红嘴唇，从不说话，嘴巴前面蒙一块布，默不做声地做生意。④ 但在塞内加尔河的两边都流行穆罕默德教。在佛得角及其诸岛屿旁，马尾藻浮在深不可测的水面上。这些岛屿有与邻近陆地相同的居民。这里的大多数鸟都是黑皮肤，骨头同样是黑的。在塞内加尔河畔，炎热无法忍受。位于塞内加尔河畔的国家之一是富利，那里有漂亮、乖顺、深棕色的女人，留着长头发。这里勤劳的女人们把水含在嘴里，为的是防止唠叨。这里的蚂蚁⑤建起锥形的蚁穴，上面蒙着一层固体的石膏，里面只有一个门户。住在冈比亚和塞内加尔河之间的沃洛夫人⑥是最黑和最漂亮的黑人。他

① 参见上文 357 页。——科学院版编者注
② 参见上文 357 页。——科学院版编者注
③ 参见上文 312 页注。——科学院版编者注
④ 参见上文 315 页。——科学院版编者注
⑤ 参见上文 351 页注、412 页。——科学院版编者注
⑥ 参见上文 312 页。——科学院版编者注

们偷东西很艺术。人们在他们这里必须留意脚甚于留意手。在这里，出售奴隶时极其恶劣地不讲信义。巴萨里国王经常纵火烧他自己的各个村子，只是为了捕捉奴隶来购置烧酒。父母出售自己的孩子，孩子也出售自己的父母。从冈比亚起，穆罕默德教就终止了，而异教就开始了。

冈比亚河入海口旁和沿几内亚海岸的陆地

在冈比亚河畔，人们鼻子扁平，据说孩子们是因为被母亲在劳动时背在背上而获得这种鼻子的。在这里，也有叮入皮肤的游蛇虫[1]或者长蠕虫之患。沿上述海岸的所有异教居民都与蟋蟀或者巫术打交道。神汉在冈 9〔414〕
比亚河畔的这个地方制作符咒，他们称之为 Grisgris。因此，用于书写符咒的纸在这里就是一种很流行的商品。士兵们全身都佩戴符咒。头前头后、肩和胳膊都装饰着符咒。有些人甚至有一副完整的巫术胸铠，但这值很多钱。Mambo Jumbo 是一种外套，里面有一个穿衣服的稻草人或者一个布偶，用来吓妇女们。在塞拉利昂，仅仅在夏季的几个月里有雨和暴风雨。诸山脉以一种可怕的方式把雷声又挡了回去。这里的涨潮来自西方和西南方，并且总是又回到那里。塞拉利昂的居民们并不完全是黑人的黑，但有一种很难闻的气味。[2] 这里一般而言有四种棕榈类的树：海枣树、可可树、槟榔树和柏棕榈树或者酒树，后者提供极佳的棕榈汁。也就是说，人们砍下一根树枝，在砍断处悬挂一个瓶子。野兽在这个地方如人们保证的那样，只吃黑人而不吃欧洲人。这里也有一种被称做非洲猎豹的动物，大如猎犬，很凶猛，属豹类。这里的狮子很大，与在其他任何地方一样雄伟。这里的大象并不完全像在印度那样大。人们在这里发现大象从左向右转比从右向左转更容易，而黑人就利用这一点。这里有山羊，被称为羚羊，大小像一只幼鹿。非洲孔雀喜欢独处。Ochsensauger 如一只乌鸫般大小。渔夫鸟将其鸟巢挂在树的悬在水面上的细枝间。开口在任何时候都朝东。在这个海和沿这条海岸有鲨鱼、鼓气鱼[3]、鸬鹚、Pantoufflier、锤头双髻鲨、海牛、Torpedo、乌龟、鳄鱼、河马、逆戟鲸或者北露脊鲸。人们在这里还

① 参见上文 350 页。——科学院版编者注

② 参见上文 315 页。——科学院版编者注

③ 参见上文 344 页。——科学院版编者注

必须记住，航海者在经过回归线或者赤道时与所有第一次越过它的人一起行海洋洗礼。受洗者必须发誓保持这种习俗。

夸夸海岸[①]得名于这里的黑人总是挂在嘴边的“夸夸”这个词，它要说的无非是：**您的仆人**。这些人们把牙锉尖得像锥子。

9〔415〕 **几内亚**海岸的黑人长得不令人讨厌，他们没有扁平的鼻子，并且自豪，但同时也很狡黠和偷盗成性。一些旅行者伪称看到过作为外地人来到这里的明黄色的人。在黄金海岸，人们指甲长得很长，为的是用它们挑起金砂。穆罕默德教的圣者说黑人贫穷的原因是：诺亚的三个儿子中一个是白人，第二个是摩尔人，第三个是黑人，前两个欺骗了第三个。但异教徒却说：上帝创造了黑人和白人，并让他们选择，白人要的是科学，而黑人要的却是黄金。海岸边的黑人如此训练女人，让她们引诱外来人，以便他们事后能够对外来人罚款。这里公开卖淫，妓女不得拒绝任何人的惠顾，哪怕后者只付一分钱。这里的黑人一般来说相信两个神，一个白神和一个黑神，他们称后者为 Demonio 或者 Diabro；据他们说，后者是恶的，不能提供任何粮食、鱼以及诸如此类的东西。白神则给欧洲人提供了一切。从塞拉利昂到贝宁湾，非洲海岸的所有黑人的主流宗教是对物神的迷信，用葡萄牙词说就是 Fetisso，亦即巫术。也就是说，按照那些人的见解，大神并不插手治理世界，而是把特殊的力量置在祭司或者巫师身上，使他们能够凭借咒语给任何一件事物传递一种魔力。因此，他们随身就带着这样一个物神，例如一条鸟大腿，一根鸟羽，一个装着粪便的兽角，他们相信它会保全自己的家人。发誓在他们这里就叫做制造物神。他们有物神树、物神鱼和物神鸟。他们咒骂说，物神要处死他们。他们对着物神发誓。因此，他们中几乎每一个人都拒绝某一种食物。他们行割礼，通过公共的捐税来供养他们的乞丐。他们的国王在家里做出一副可怜相，还比不上我们的修鞋匠。人们从所有阶层，甚至从仆人中选举国王；反过来，国王的女儿也经常嫁给奴隶。国王及王子耕自己的地，若不然他们就必定会饿死。他不得不白白浪费和吞食大
9〔416〕 部分给自己的贡物。在一些省份，债主从最先遇到的那人那里拿走某种东西，让他去找自己必须与之打官司的债户。

① 即象牙海岸。——科学院版编者注

他们的战斗很可笑。他们弯着腰跑向敌人，或者干脆匍匐爬向敌人，开火，并且像猴子一样跑回去。被俘的国王被当做奴隶卖给欧洲人，从来不被赎回。他们活生生地割下其俘虏的下巴，然后用它就像也用头盖骨那样装饰自己。

夏季①在这里以九月开始，持续六个月，此时占支配地位的就是极度的炎热。其余的时间，虽然太阳悬得最高，却由于不断的雨和雾而依然凉爽。黑人们很怕红色且咬皮肤的雨。在这里人们也说：过去冬天更冷一些，夏天更热一些。据说龙卷风现在也不像过去那样剧烈。

哈麦丹风是从一月持续到二月的刺骨的冷风。但它们是贝宁湾所特有的。大多数金砂都是人们在阿克西姆和杰法塔发现的。几内亚的盐煮出来的很白，但晒出来的就苦且酸。在地产中，状似土豆的甘薯在这些地方像在印度某些地方一样很流行。这里无论是牲畜还是人，体重都比按照外观可能判断的那样轻。这里人们喜欢狗肉。这里的狗都秃且哑。②蛇长达 22 尺，人们在蛇肚子里发现一只完全长成的鹿。

在通常称做菲达的**惠达**王国里，黑人不像在黄金海岸那样黑。他们勤劳、彬彬有礼，是全世界最狡猾的小偷。富裕的女人在临死时想做的一件可笑的功德就是，她把自己的女奴遗赠为公共妓女，并且相信死后会得到酬报。父母通常把自己的子女卖为奴隶。多子女即多财产。这里的人们和在非洲别的地方一样行割礼。谈论死亡是大不敬。

惠达的大物神③是一条追捕老鼠和毒蛇的大蛇。一条这样的蛇一次就
吃一头猪，整个猪类都被吃光了。人们把其蛇窝当做神庙来献祭。少女 9〔417〕
被奉圣给大蛇，在此之后她们必须受到其丈夫的崇敬。他们怯懦，也有
因债务而找最先遇到的那位的愚蠢习惯。

贝宁王国强大。**惠达**国王几乎是按照欧洲风格来设置他的王宫、他的器具和宴会。**阿达**④国王。他派使者到法国。加布河畔的居民在其耳朵、鼻子、嘴唇上戴环；另一些人在下嘴唇上穿洞，把舌头伸进洞里。这个国家的国王在**博斯曼**时代推进锻造手工业。

① 即旱季，此时太阳离天顶最远。——科学院版编者注

② 参见上文 334 页。——科学院版编者注

③ 参见上文 351 页。——科学院版编者注

④ 或叫阿尔达，在奴隶海岸。——科学院版编者注

埃及

这个国家因其下部肥沃的土地和极为炎热而很不利于健康，尤其是从当地夏季的第 50 天开始，因为被称做 Hamsin 或者 Chamsin 的南风吹来很热的空气。一旦尼罗河开始溢出，由上述情况所产生的流行病就突然停止。人们在开罗几乎到处都眼睛发炎。上面讨论过的尼罗河如果不是通过渠道引水，就不会那么宽阔地淹没土地。在尼罗河的众多支流中，只有两条通航，即杜姆亚特河和罗塞塔河。

这里的老居民只是黄肤色的，但越接近努比亚，就越变成棕色的。金字塔中最大的有一个正方形基底，其边长为 693 尺，斜高同样如此。探究它们的尝试。在古代的孟菲斯所处的地方西边的地下墓穴或者坟墓中，人们发现了木乃伊，其最好的是在抽空脑髓和掏空内脏之后用阿拉伯香膏和安息香涂抹，置入盐水中一段时间，然后内部用最好的草和有香味的东西充填而成的。一个这样的木乃伊价值 4 000 古尔登。对于第二等来说，使用的是较差的药料，而对于第三等来说就只是犹太沥青了。亚历山大里亚的一个犹太人曾把在黑死病中丧生的尸体制成木乃伊。在特内里费岛，人们也在坟墓中发现了木乃伊，是用保存很好的山羊皮裹
9〔418〕的。在植物中，我们只留意古人的纸莎草，即一种芦苇，古埃及人从它提取自己的面包、自己的衣服，甚至纸。在开罗也有通过微燃的牛粪或者骆驼粪的适度热来孵鸡蛋的炉炕。在老开罗有一个教堂墓地，科普特人相信，该墓地的死尸在耶稣受难节升到空中。科普特人在诵读福音时举止如何。鳄鱼是埃及最恶劣的敌人之一。獴并不掏吃其内脏，而是毁坏其卵。鹮是埃及独有的，很像鹤，只要越过边界就死掉；它吃光来自埃塞俄比亚的蝗虫。茨冈人据说原初起源自埃及的老居民，但在土耳其人胜利时再次退居荒漠，靠抢劫为生，最终大部分被灭绝和驱逐。这里的基督徒和在其他土耳其地方一样，不可以乘马，而是乘驴。

阿比西尼亚

在这块陆地的较低地区，沿红海海岸萨瓦金附近，炎热之剧烈闻所未闻，但在其他多山地区，则与意大利或者希腊一样温和。人们在这里

的山上要么从未、要么很少看到雪。这里在六月、七月和八月的倾盆大
雨，伴着可怕的雷声，使得尼罗河涨水。这块陆地像瑞士一样多山且起
伏不平。这里的山奇形怪状，各种各样。① 这块陆地毫无疑问有贵金属，
但居民们并不寻找，以免引起土耳其人的贪心。被从葡萄牙派到阿比西
尼亚国王那里的**阿尔布奎克**为了削弱土耳其人的势力，建议让尼罗河改
道，或者至少通过众多引向一旁的溪流使水如此减少，以至于在埃及的
泛滥不能达到肥沃所必需的程度。因为一旦尼罗河离开阿比西尼亚，它
就再也不接纳任何河流，而在埃塞俄比亚有许多河流都流不到海洋，这 9〔419〕
和在大鞑靼，此外在波斯一样，因为这些河流分成许多河汊消失在陆地
中。这块陆地的植物中有大多数欧洲植物，我们只需记住 Asazan 草，如
果它接触到蛇，就使蛇蠢笨，谁只要吃过它的根，就整天不怕蛇咬。埃
塞俄比亚公牛②个头比我们的大一半。这里的马大胆且漂亮。绵羊很常
见，其羊尾约重 10 磅到 40 磅。这里叫做 Zekora 的斑马、驼豹或者长颈
鹿，后者被**卢多尔夫**③描述得如此之高，以至于一个中等个头的人只达到
它的膝部，而某人骑在马上能够从它的肚子底下穿过。④ 这块陆地有无数
多的猴子，“狡猴之国”的称谓可能就是由此而来；希罗多德寓言说，这
里可以发现太阳的餐桌每天早晨都在空地上摆着烤野味，民众相信这是
自动上去的，它为把一个虚构的舒适秀丽的国家称为安乐国提供了诱因。
在这里可以见到河马和鳄鱼等。在鸟类中我只注意皮皮鸟，它的这个名
字来自它的叫声，它一旦发现一个人或者察觉一个野兽或者一条蛇就发
出这种叫声，它恰恰把人引到它自己所处的地方。他们没有驯化的鹅。
阿拉伯人当做童话来讲的关于他们的大鹏鸟⑤的并为一些旅行者证实的东
西，属于安乐国的奇闻异事。这里的蝗虫⑥个大、有害，但吃起来有益于

① 人们称之为双叠的岩石梯地。——科学院版编者注

② 参见上文 323 页。——科学院版编者注

③ 参见上文 315 页注。——科学院版编者注

④ 参见勒瓦杨*的《非洲内陆游记》。这种动物的一架骨骼存放在海牙世袭总督的宏伟的自然博物馆里。——编者注。

*参见上文 315 页注。——科学院版编者注

⑤ 人们猜测，一种与鸵鸟相似的巨鸟，即生活在马达加斯加和马斯克林群岛、现在已灭绝的 Aepyorius maximus，与东方童话的大鹏鸟是一回事。——科学院版编者注

⑥ 参见上文 349 页。——科学院版编者注

健康且味美。**卢多尔夫**断言，施洗者约翰以及以色列的儿子们在荒漠吃的就是这种东西。

阿比西尼亚人是阿拉伯人血统，机智，长得匀称，但肤色深黄，头发浓密卷曲，诚实，不好斗。在他们中间，也有一些白肤色的摩尔人[①]；但居住在他们疆域里的卡菲尔人[②]不仅丑陋，而且也像其余黑人那样奇形怪状且狡黠。

9〔420〕此外，在他们中间也有阿拉伯人和犹太人。宗教是基督教，只是除了众多异教徒，土耳其人在其国家里对他们来说是很危险的。阿比西尼亚人虽然是基督徒，但却和科普特人一样给他们的孩子行割礼。关于祭司约翰。

非洲北海岸

居民们是古代居民阿拉伯人和汪达尔人的混血[③]，因而与欧洲人特别不同。陆地的产品如同埃及。塞内加尔河畔的非洲内陆不为人知。

---

① 参见上文 313 页。——科学院版编者注

② 参见上文 312 页。——科学院版编者注

③ 北非的柏柏尔部族属于哈米特人，被许多研究者视为古代利比亚人的后裔。许多人把金发的卡毕列人和红发的利菲奥特人视为古代汪达尔人的后裔。——科学院版编者注

第三个大陆 9〔421〕

欧洲

欧洲部分的土耳其

保加利亚

在把这块陆地与塞尔维亚分离开来的山旁，有一座温水浴场，离此60步则是一座冷水浴场。通常在这里有许多温水浴场。这里也有大鹰，其尾羽被整个土耳其和鞑靼的居民们用于箭矢。多瑙河入海口南边的多布罗加鞑靼人因其好客而著名，每一个旅行者都被村子里的人们热情邀请，与他们相亲相爱，分文不取地一连三天用蜂蜜、蛋和面包招待。

希腊

马其顿的**圣山**，山上有22座修道院。它在夏至时把自己的阴影一直投到利姆诺斯岛上。[①] 摩里亚半岛的冥河，其水冰死人，且如此有腐蚀性，连铁和铜都熔化。古代马其顿人[②]的后裔**马尼人**直到今天也没有被土耳其人征服。在希腊诸岛中，**利姆诺斯岛**因其以许多仪式挖出的塑土[③]而著称。在**内格罗山**附近，是著名的**埃夫里波斯海峡**。**米洛斯岛**由一种海绵状的、浸透水的岩石构成，下面有不断燃烧的火，以至于只要把手伸入岩石的洞，到处都感觉得到。这座岛上的一些土地像烟囱一样冒烟。 9〔422〕
明矾和硫黄在这里很常见。空气不利于健康，但土地肥沃。**安提帕罗斯岛**有漂亮的岩洞，洞中满是由透明的、晶体的大理石构成的漂亮造型。

---

① 投到利姆诺斯岛上的米里纳市的市场上（参见阿迪克斯：《康德的自然地理学研究》，61、290页）。——科学院版编者注

② 应为拉西第梦人。——科学院版编者注

③ 参见上文374页。在较早的时间，人们在医学中使用塑土。人们以盖了一个印章的小饼出售它，名为“terra sigillata［盖印章的土］”（塑土的德文是Siegelerde，亦可译为“印章土”。——译者注）。——科学院版编者注

坎迪亚岛上的**伊达山**山脚下的**迷宫**值得注意；其中最主要的通道 12 000 尺长，没有向导很容易在里面迷路。**桑托林岛**是因地下火的剧烈爆发而从海底升起的。以同样的方式，还从在这里几乎深不可测的海洋里产生了邻近的 4 座岛。总的来说，希腊及其岛屿盛产无花果、葡萄干和葡萄酒。居民们已严重丧失其昔日的好个性。

匈牙利

这个国家在其土地内部满是矿石。解水①、不同的矿山，尤其是克莱姆尼兹和塞姆尼兹的金矿。后者，特别是塞姆尼兹，产最纯的金，但现在二者都几乎收益不抵开支。热泉和致死的泉以及冰窟就是这方面的明证。在多瑙河形成沼泽的低地，空气很不利于健康。这个国家的葡萄酒是欧洲最好的。

意大利

这个国家在上部自西向东被一个叫做阿尔卑斯（这个词一般来说表示一座高山）的山系与法国和瑞士分开，在中间自北向南被亚平宁山脉割断。欧洲的水果品种多半都是从意大利移植的，而它们又都是从亚洲和希腊转到意大利的。来自伊庇鲁斯的杏、来自波斯的桃、来自米底的柠檬、来自迦太基的石榴（mala punica）。来自马其顿卡斯塔奈阿的栗子，来自亚历山大里亚、努米迪亚、希腊的最好的梨，来自亚美尼亚和大马士
9〔423〕 革的最好的李子。卢库鲁斯从本都带来了第一批樱桃。当亚历山大征服波斯时，丝织的布料贵如黄金；此后，蚕被带到希腊。而这是与葡萄酒同时引进的。意大利过去比现在更林木茂密、更冷得多②，或许也更人烟稀少。意大利的居民从那时起就血缘混杂，因此很难确定他们的个性。不过，他们妒忌、报复心强且秘密行事，但除此之外却机智、聪明且善于政治。

在萨伏依山脉，塞尼斯山是最著名的，山上有从瑞士到意大利的通道。1751 年，皮埃蒙特诸山之一成为一座喷火山。萨瓦人穷，却正直。在群山里，男人们每年带着牲畜和零碎家什出游，几乎都在同样的时间

① 参见上文 275 页和 366 页注。——科学院版编者注

② 参见上文 294 页。——科学院版编者注

返回家中，这就是几乎所有女人在同样的时间里坐月子的原因。在萨伏依，到处可见非常大的甲状腺肿，尤其是在女人们中间。

皮埃蒙特很肥沃。罗凯莫隆山是罗曼区的阿尔卑斯山脉最高的山。放上一枪，在这些山顶上响声就如同一根棍子在折断时的。[①] 位于卢塞恩山谷以南的山脉，就是汉尼拔[②]在上面开辟其道路的山脉，那道路至今还可以看到。在阿尔卑斯山最高处，人们发现了白兔、白山鹑和像在拉普兰那样的北方植物。Jumar[③] 是一种由公牛和母马或者由公牛和母驴所生的动物，前者叫做 Baf。头和尾看起来像公牛的头和尾。但是，这种动物没有角，而是仅仅在耳旁本应长角的地方有隆起的部位；在其余的地方它像母亲，但没有驴骡那样大。它奔跑迅速，很强壮，但吃得很少。在意大利许多地方，从井中汲出的水上面漂着石油，尤其是在摩德纳。

博洛尼亚是著名的博洛尼亚石[④]的产地，它如果烧成石灰就摄取光。但直接的光对它作用太强，而且它在光中裂碎。关于海枣螺[⑤]，即内中有一种海绵状石头的螺类，已经讨论。这里，我们只是还说明，它的体液在黑暗中如此发光，以至于人们能在旁边看书。蒙特菲亚斯科内的麝香葡萄酒是最好的。维苏威火山抛出的石头常常含有贵金属。那不勒斯的 9〔424〕
发汗浴是阿尼亚诺湖的拱顶房，内中有一个孔，从中冒出很热的蒸汽，充满拱顶房，使处在房中的动物身体发汗。索尔法塔拉是一座小山谷，其中有蒸汽穴。这样一个洞口周围的石头总是处在运动中，而如果人们扔进去一把小石头，这些石头就被抛到 6 尺高。索尔法塔拉山谷和维苏威火山之间有一种共联性。这里的地面是空的，而且如果把石头扔进一个挖开的洞穴里，就回声如雷。

阿普利亚是沙质的，无泉，人畜都从自然的和人工的储水池喝水。这里很少下雨。葡萄酒有点咸，但西瓜很出众。关于塔兰托毒蜘蛛和 Tarantalotis，讨论过了。西西里和今天的卡拉布里亚之间被称为墨西拿通道的海峡因落潮和涨潮所造成的海流而值得注意。由意大利海岸所决

① 参见上文 255 页。——科学院版编者注

② 可能是越过小圣贝恩哈德山。——科学院版编者注

③ 对 Jumar 实际存在的相信一直保持到 18 世纪。参见阿迪克斯：《康德的自然地理学研究》，295～296 页。——科学院版编者注

④ 参见上文 373 页注。——科学院版编者注

⑤ 参见上文 347 页注。——科学院版编者注

定的北流是最强的海流，以至于船只甚至有强劲的狂风也不能逆向航行，就连横向航行也不行。在墨西拿港口前，从两个逆向而行的海流产生了一个漩涡，被称为卡里布迪斯。如果没有南风，它就不平静。马耳他全是岩石，只有半年能够为居民们提供粮食。

法国[1]

这个国家的土地有三种：1. 巴黎、奥尔良和过去的诺曼底的一部分，进一步在这个地带上，土地据说全是沙，其中除了铁没有别的金属。包围着这个圆圈的，是另一个圆圈，属于它的是 2. 过去的香槟、皮卡第、图赖讷和诺曼底的一部分。这个圆圈所包含的无非是泥灰岩。最后，第三个部分包括这个国家的多山部分，延伸经过德国并进入英国，含有各种各样的采石场和金属。法国的葡萄酒：隐修士葡萄酒、芬蒂娜酒、
9〔425〕 邦达克酒、香槟酒和勃艮第酒都著名。7 个所谓的德尔菲纳特奇迹久已被反驳。叉树长在朗格多克。其树干高达 4 尺。在树干的上面长出大量笔直的树枝，人们把它们修剪成三股叉，随后在热炉中完善。过去所谓的朗格多克王家运河长达 240 法里，6 尺深的水，64 个闸体，其中一些有 2～4 道船闸。运河价值 1 300 万。在过去的朗格多克的一个地段有一口井，水热得能孵蛋，且不说这一点，这井的水在火上煮沸比普通的水更慢，尽管汲出的水保持这种温度达 8 小时之久。[2] 在克莱蒙地区，有一些石化的泉，其中一个形成了像模像样的石桥，下面流着一条小溪。人们把这个泉分成了众多支流，并多半剥夺了其石化的力量。饮之无害。

西班牙

这个国家只有 800 万居民。在摩尔人和哥特人时代，大概有这个人口的 4 倍多。修道院生活、移民印度、对犹太人和穆罕默德教徒的迫害和糟糕的经济是其原因。西班牙人几乎都瘦削，食用很多调料和热饮料与此有关。罕有哪里像这里有那么多的盲人。阿斯图里亚人因其哥特人

① 关于居民，参见《康德全集》，第 XIV 卷，622 页，第 105 条。——科学院版编者注

② 参见上文 276 页。——科学院版编者注

血统而著名。他们的马好。在埃什特雷马杜拉的贝哈尔有两口井，其一很冷，另一则很热。安达卢西亚马胜过所有其他马。

葡萄牙

葡萄牙概算有 200 万居民。这里的人和在安达卢西亚的一样，习惯于中午睡觉，早上、晚上和夜间工作。葡萄牙人从巴西，主要是从在那里发现的金和宝石中，每年获得约 1 200 万塔勒。在埃什特雷拉山脉有一口湖，总是处在飞溅的运动中。

瑞典 9〔426〕

瑞典缺粮食。人们学会用桦树皮和杉树皮，甚至用秸秆和根烤制面包。这里有银矿，尤其是铜矿和铁矿，也有一些金。国家只有 300 万居民。厄兰岛有小且活跃的马。特洛尔海坦是哥特易北河的一个三级瀑布。在拉普兰的南部搜集到一些粮食。牛虻是一种无法忍受的烦扰。长长的滑雪板，人们乘它追捕奔跑中的狼。驯鹿的用途。一些人拥有数千只驯鹿。拉普人棕色，黑头发，宽脸膛，面颊消瘦，下巴尖，既懒惰又怯懦。他们和这种气候中的其他民族一样都有占卜的鼓。

挪威
连同法罗群岛和冰岛①

除了在山区的一些地方，这里的冬天尚可忍受，山区有时坠下压垮一切的巨大雪球。常常也有山体滑坡。就气候而言，东边与西边区别很大。常见海洋深入陆地直达 8 里形成的狭长海湾，其中一些被称为深槽，约 50～100 寻宽，但有 400 寻深。挪威海滩在多数地方都陡峭。人们在这里发现许多大理石和其他石类，有些金和银，更多的是铜和铁。大旋流②

① 参见康德对自然地理学的反思，《康德全集》，第 XIV 卷，629～630 页，第 107 条。——科学院版编者注

② 参见上文 216 页。——科学院版编者注

产生自落潮和涨潮，只不过其运动与沿海岸的运动相反。据说那里根本没有漩涡，而只是海水高涨罢了。然而，许多人自称看到过这类漩涡，说它们就像倒放的圆锥，直径 3～4 寻，深达 2 寻。后者是在大潮时发生的。芬兰拉普人大多数靠捕鱼为生。

法罗群岛的冬天和夏天相当温和；它们全都由岩石构成，但上面有 1
9〔427〕 尺厚的土。这些岛盛产绵羊和鹅。迪门岛有一种属性，即便是白绵羊被带到岛上，也长出全黑的羊毛。

冰岛自东向西横贯着一系列山，其中有一些喷火，与此同时融化的雪引发可怕的湍急溪流，使山谷成为荒野。人们发觉，当雪和冰堵住这样一座山的山口时，火的喷发就临近了。有许多热泉，其中一些泉把水烧开了一般喷向高处，而住在这样一些泉旁边的人，则用悬在里面的壶来煮食物。这里的绵羊养殖是可观的。这些动物在冬天的任何气候下都从雪中为自己找出食物。

俄罗斯①

这个国家的亚洲各地虽然在地理上与欧洲各地有别，如**格梅林**②认为的那样，叶尼塞河可以构成自然边界，因为在这条河的东边，地面的整个形象都改变了，位于这里的整个地区都是多山的，也在那里发现别的植物和异样的动物，如麝类动物等等。在伏尔加河经常遇到的白鲟在每年河水上涨时都吞下大块石头来做压舱货，为的是停留在河底。小体鲟鱼和鲟鱼区别不大，只不过前者味道更加鲜美。在特罗伊茨科・谢尔盖耶夫修道院③，以及在基辅④地区，有一些出自自然原因而不腐的尸体，人们错误地称之为殉道者。

---

① 关于这一段，参见《康德全集》，第 XIV 卷，630～631 页。——科学院版编者注

② 参见上文 204 页注。欧洲对亚洲的边界问题长时间里一再激起研究者们的兴趣。参见维索茨基：《地理学中的时代思潮》，1897，论文 VIII：《欧洲的东部边界》（特别是 421 页）。——科学院版编者注

③ 俄罗斯帝国最大和最富有的修道院，位于莫斯科，1338 年由圣谢尔盖创建，因而以他命名。——科学院版编者注

④ 在基辅，有著名的佩施车尔斯卡娅・拉芙拉修道院。在其地下墓穴里，人们还向朝圣者展示打开的棺材中的 73 具穴居圣徒的尸体。

康德在其讲课笔记中没有讨论**波兰**，但请参见对自然地理学的反思，《康德全集》，第 XIV 卷，623～626 页，第 106 条。——科学院版编者注

第四个大陆 9〔428〕

美洲

确切地说

一、南美洲[①]

在一定程度上由众多岛屿构成的**斯塔滕岛**被勒美尔海峡与邻近的火地岛分开。这片小陆地由于其山的荒凉可怕的外观和终年的雨雪而具有世界上最可悲的形象。**安森**[②]**勋爵**建议从南边绕斯塔滕岛航行。**巴塔哥尼亚人**之地或者**麦哲伦之地**是麦哲伦海峡旁边的一块大部分很平坦的陆地，据说是由巨人居住的，但我们现在知道，这不过是一个身材高大，但并非巨人般的民族。其中等身高据说达 7 尺。在锡尔弗河畔，有属于西班牙人的波托西富银矿。在**巴拉圭**，耶稣会士使居民们（野蛮人）过上了一种如此人性善良的生活，是他们在印第安任何别的地方都没有的。

智利有活跃且大胆的居民。某些妇女参与狩猎和战争，其机灵是异乎寻常的。这里的西班牙马更轻快矫健，更大胆。在智利还生活着一个土著民族，西班牙人至今尚未能征服他们。[③] **秘鲁**在海岸旁没有收获，而且热得不能忍受。这里也几乎根本不下雨，所以引人注目的是，在 1720 年下了 40 天的雨，冲垮了一些城市和村庄。多山部分气候温和，土地肥沃。秘鲁人似乎严重丧失了其祖先的机灵。人们在这里还发现了用凿过 9〔429〕
的火成岩砌的宫殿的墙，尽管他们当时用来建筑的不是铁制工具，而仅仅是铜制工具。现在，这个民族的懒惰是惊人的。据**拉孔达明**[④]报导，人们在他们那里发现一种在奖惩方面的难以置信的漠然。这些印第安人的肤色是红铜色，他们没有胡须。秘鲁低地的土地经常由于地震而失去其

① 至下文 430 页，参见《康德全集》，第 XIV 卷，631～633 页，第 108 条。——科学院版编者注

② 参见上文 208 页注。——科学院版编者注

③ 参见《康德全集》，第 XIV 卷，第 109 条。——科学院版编者注

④ 拉孔达明（Chales Maria de Lacondamine，1701—1774），于 1735 年参与法国在秘鲁的弧度测量。在返程中，即 1744 年，他绘制了第一张精确的亚马逊河地图。——科学院版编者注

出产能力。在**亚马孙河**两岸，科迪勒拉山脉前远一点的地方，土地非常肥沃，此外有一个湖，湖里的一种砾石像金刚石一样珍贵。想越过这些山自西向东旅行的人，迎面吹来十分强劲的、常常冷死人的东风。亚马孙河畔这块土地的居民们用一种如此速效的毒药来涂他们的箭矢，以至于动物哪怕只是受其轻伤，他们就几乎不看动物是否倒毙。肉无害。人们在这里看到河上的奇特摆渡，也就是说，在一条河上绷起某些品种自然生长的、被称为 Bejuken[1] 的藤索，一匹马悬在一个环上，或者人悬在垫子上被拽过去。到秘鲁山脉去旅行，人们使用某些为此训练的驴子，它们即便在极其危险的地方也走得很熟巧和安全。在**波帕扬**[2]，人们从土中淘出许多金末，这种土是被从山中奔腾而下的湍急小溪冲下来的。巴拿马地峡的波托韦洛是世界上最不利于健康的城市之一。但一般来说，这个地峡的低地惊人地潮湿，林木繁茂，因过度炎热而很不利于健康。分娩在波托韦洛几乎是致命的。这些海岸旁的蚊子惊人地折磨着旅行者。在卡塔赫纳，蝙蝠给人畜在睡梦中放血。西班牙属美洲的女人们几乎到处都抽烟。

在**伊斯帕尼奥拉岛**有一种树，结毒苹果，其树影是危险的，野蛮人在其果汁中浸他们的箭矢。[3] 这里的海牛[4]被驯化，一些人因此把它视为
9〔430〕 古人的海豚。从墨西哥海湾吹来的陆地风极为舒适，因为人们可以借它逆着普遍的东风扬帆上百里。船员们借陆地风下海，借海风又返回。[5] **沃尔特·罗利**[6]在奥利诺科河追求发现的**圭亚那**大陆，在其内地更深处并不为人所知（**冯·洪堡**[7]先生关于这个地区，特别是关于南美洲一大部分的评论，可望给我们带来丰富的新收获）。这块陆地有许多金砂，但据说金

① 参见上文 364 页注。——科学院版编者注

② 今哥伦比亚城市。——科学院版编者注

③ 参见上文 361 页注。——科学院版编者注

④ 参见上文 312 页注。——科学院版编者注

⑤ 舒伯特在他的康德版本中在这个地方（第 VI 卷，766 页）指出康德的一种“示意”，其中就连卡尔姆的《北美游记》也被称做供未来展示的资料来源。——科学院版编者注

⑥ 罗利（Walter Raleigh，1552—1618），特别受宠于女王伊丽莎白，于 1595 年指挥过一支专门前往自以为的金国圭亚那的舰队。由于 1617 年在到这里的一次新航程中违背詹姆士一世的意志对西班牙人表示敌意，他于 1618 年被出于政治考虑处死。——科学院版编者注

⑦ 洪堡于 1799—1805 年游历了委内瑞拉、哥伦比亚、厄瓜多尔、墨西哥和古巴；1807 年，他开始出版多卷本的《赤道地区游记》。——科学院版编者注

子几乎像石头一样在大街上随处可见的埃尔多拉多却是虚构，同样，几乎所有印第安人都在谈论的奥利诺科的据说嘴巴长在胸部而耳朵长在肩上的人种，要么是虚构，要么使人预期一个民族，许多印第安人就属于这个民族，他们人为地伪装自己的头部。属于这块陆地的还有荷兰人的苏里南殖民地。这里的昆虫品种很多，通常很大。在这些昆虫中有变叶虫，亦即一种蝗虫，它在卷起来的树叶中长成，在落到地上之后就获得颜色和性状都像树叶的翅膀。这里的青蛙据说变成鱼。① 顶灯虫是一种蝇子，它在头上有一个在黑暗中发光很亮的囊，同样在这里安家落户。如果我们从这里继续下行到**巴西海岸**，那么，我们将发现这片海岸住着人数众多的葡萄牙人。巴西木②是这块陆地最重要的植物之一，尽管这里还有其他更漂亮得多的产品，我们马上就要提到。在许多流浪在这块陆地内部的旷野之中的野蛮人民族中，塔帕若斯人③是最著名的民族。他们没有神的概念，没有表示神的语词，赤裸行走，尽管不像加拿大人那样残酷地折磨被俘的敌人，却把他们吃掉。他们穿透自己的嘴唇，在洞中插上一种绿色的碧玉，但女人们并不这样做，她们把耳垂上的孔弄得很大。塔帕若斯人也在脸上粘羽毛，而女人们则用颜色涂脸。一个在战争中被俘的人最初受到很好的款待，甚至获得一个女人陪睡，但随后就被杀死并且吃掉，不过并不受折磨。人们对待所有的外人都很好。据说这里的蜂鸟叫声很美，但它在北美却不叫。在欧洲人到达之前，人们在这个地 9〔431〕
区看不到任何牛，而现在牛却繁衍得如此之多，以至于据说每年都从巴拉圭出口近 40 000 张牛皮，尽管野放的狗起劲地把牛赶走。人们也说，过去在美洲不曾有任何欧洲的水果。但如今，在秘鲁及其所属各地有大片大片的苹果树和梨树林。巴西满地是蛇和猴子；此地的鹦鹉是最好的，惟独在东印度才有灰色的鹦鹉。从欧洲带来的猪在这里和在热带其余地区一样，猪肉味道鲜美，有利于健康。

木薯根块通常生吃有毒，尽管如此一些巴西人食用它却没有这种害处。许多仅仅在雨季才有水的地带毕竟在雨季后有大量的鱼，人们却不

① 钝口螈在旱季改变自己的生活方式。——科学院版编者注

② 参见上文 358 页。——科学院版编者注

③ 塔帕若斯河畔的民族。——科学院版编者注

知道何以如此。烈火鸟[①]在大小和野性上几乎与兀鹰一样；其爪更锋利。这里也有一种鸟，大小如一只卡利卡特鸡，像鸵鸟那样只能跑，但比灵缇还快。[②]

巴拉圭这块陆地是著名的巴拉圭草的产地，巴拉圭草[③]是一种树的叶子，晒干后用做一种浸剂，性能猛烈。关于这块陆地的大蛇，**蒙托伽神父**及其传教会散布了许多不真实的东西。人们说这块陆地的内地有一个海盗民族，住在南纬 44 度，据说源自一些处于查理国王治下的西班牙人。这块陆地的野兽是危险的食人兽。女人们刺脸，男人们则文脸。此处的西班牙占领地过去在某种程度上完全由耶稣会士统治。圣保罗共和国由不能使之婚配的叛民组成。它由于流氓恶棍的加入而越来越大。布宜诺斯艾利斯以南，美洲海岸完全无人居住，按照 1746 年作出的研究也不可居住，因为人们即便在夏天也感到相当冷。不过，据说在某条河在此造成的一座岛上，生活着欧洲人。

9〔432〕 **二、北美洲**

埃利斯船长 **1746** 年在哈得孙湾的海洋上遇到的**爱斯基摩人**，随和且聪明。他们像在西伯利亚一样乘狗，只不过那里的狗不叫。他们在旅行时携带一满囊鱼油，喝起来津津有味。南边一点的爱斯基摩人高一些，但法国人把他们描述得脸部奇丑，在道德上野蛮且狡黠。他们经常在旅行时陷入饥荒，以至于他们发现自己被迫吃掉自己的女人和孩子。他们像格陵兰人一样制作自己蒙着海狗皮的轻舟，穿用这种动物的鳔缝制的衬衫，等等。他们难以禁忌的烧酒，对他们很有害。父母在年老时，就筹办一次宴席，让自己的孩子掐死自己，但绝不亲手致死。越过北纬 **67** 度，在美洲就再也见不到人。

被归给法属以及英属**加拿大**的各地，就其气候态势而言，在冬天很冷。东北风带来阴冷的空气和严寒。向西走得越远，该地就越冷。最西边的印第安人住在湖边，但湖边尚无欧洲人。印第安人的肤色是一种肮脏的红色，尤其是除了头部和眉毛之外没有体毛，而大多数人又自己把

---

① 可能指的就是大兀鹫。——科学院版编者注

② 美洲鸵鸟。——科学院版编者注

③ 巴拉圭冬青、巴拉圭茶。——科学院版编者注

眉毛拔掉。这些野蛮人的动物般属性格外突出，他们在比人们视力所及更远的距离上嗅出火，因此也受不了麝香味，而是只导向可食的东西。

他们在回忆到过的地方这方面的想象力，以及在觉察人畜的踪迹方面的细致，大得令人无法理解。在所有这些部族中，人们能够对付阿耳冈昆人和休伦人的语言，这二者纯洁且坚决。所有这些民族都只有他们自己选出的首领。这里的女人们对政务有很大的影响，但只有至高治权的迹象。易洛魁人构成最大的、仿佛占统治地位的部族；但总的来说， 9〔433〕
这里的各民族逐渐地越来越弱。他们没有刑事法庭。如果某人杀死了另一个人，则人们几乎不知道谁应当来惩罚罪行。通常，这是由其自己的家族来执行的。最大的困难是逃避死者家族的复仇。一个家族必须通过俘虏来补充逝者方面的损失。为了报复，偷盗者被洗劫一空，惟有怯懦者和女巫被杀死和烧死。他们的宗教很混乱。阿耳冈昆人把最高的精神称为大兔子，把其敌人称为大虎。再也没有比他们的解梦更残暴的东西了。如果某人梦见自己打了某人，则他就肯定杀死此人。梦节。一个私人的梦常常会引起战争。在战争中，他们很注意保护自己人，通常只是通过突袭和埋伏来相互格斗，使用击打头部的武器，并且绝望地自卫。俘虏虽然被捆绑起来，但最初对待很好，并且不知道是该被杀掉还是为补偿未亡人的损失而被接纳入家族。如果决定的是前者，则屠戮对象就唱自己的丧歌，人们用常常持续若干天的刑罚撕碎他，这时此人全无感觉，还嘲笑自己的刽子手；最后人们把他煮熟吃掉。这样的事情之发生，更多的是出自通过复仇献祭来宽慰亡者精神的欲望，而不是出自胃口。在格斗中被杀死的人从不被吃掉；孩子们，甚至女人们都为这样的泰然自若做好了准备。这些野蛮人的友谊泽被很广。和平节杖或者和平烟斗在所有这些民族中都通用，真正说来就是一个烟斗，常常配有一些装饰物，双方的首领用它抽烟。人们在这些民族中间就教育孩子而言看到对独立性的巨大偏好，孩子们仅仅被父母用语词和轻声责骂来惩罚，例如往其脸上洒水。这似乎就是尽管欧洲人常常选择自己的生活方式，但没有一个印第安人想到接受这种生活方式的原因。进一步，在这块大陆的西部，各民族少为人知。一些人在孩子幼年时把其头放在两堆胶料之间压宽，并叫做扁头。因此，在阿耳冈昆人中间，由于他们人工给予头的形状而被称为圆头。了解最西边的印第安人的法国人报导，在他们中间 9〔434〕

听人谈到西边的一片大海，而从堪察加出发的俄国人的游记[1]证明，美洲离堪察加不远，很可能是由不太大的海峡和一些岛屿与西伯利亚的楚科奇半岛隔开。这块大陆上的**英属殖民地**很兴旺。在**弗吉尼亚**，冬天只有3个月长，相当寒冷，反之夏天则很舒服。这里有野生的葡萄，但还没有听说酿出什么好酒来。一种树以乳浆的方式产蜂蜜。[2] 流出的树汁3磅可产1磅糖，就像Jaggeri是从可可汁煮出来并在印度提纯。**宾夕法尼亚**和**马里兰**在大多数地产上都彼此一致。这里的森林里有大量的木头，许多野味大多与欧洲的不同。**卡罗来纳**和**佐治亚**位于最南部，也产丝，此外有在中国长的野草。一些人说在这里发现了茶树和人参。[3]

如果人们沿劳伦斯河而上，从其入海口出发到法属加拿大，则人们在两侧最初看到的是相当荒凉的土地。在魁北克，再远一些到安大略和伊利湖，有世界上最优秀的土地。如此溯密西西比河而上的人，将发现一块很肥沃且林木茂密的、在冬天很冷的陆地上的风俗几乎相似的各民族。所有这些民族自欧洲人到来之后都严重减员。人们在所有这些民族都发现，铜的应用在他们这里比铁的应用古老得多。[4] 在相邻的佛罗里达，居民们很果敢，他们向太阳献祭他们的头生。这块陆地有大珍珠。

美洲诸岛

弗利布斯蒂人起初是海盗，定居在**圣克里斯多夫岛**和**多米尼克岛**，其中后一座岛如今处在英国人的占领下。西班牙属美洲的大部分都有许
9〔435〕 多西班牙马，常常也有野化了的狗。在多明戈二者都有，并且有在想饮水时制造大响动以吓退猛兽的习惯。在这里充当奴隶的黑人人数很多，常常很危险。来自塞内加尔的黑人是最机智的，来自马达加斯加的黑人无法约束，而来自莫诺莫塔帕[5]的黑人则很快死掉，多半很愚蠢，但很会阉割艺术，在这方面很高傲。一些黑人喜欢吃狗，被狗对着吠叫。他们对死亡很漠然，特别是塞拉利昂的黑人常常为无足轻重的原因而自杀。

---

① 参见上文405页注。——科学院版编者注

② 真正的因加树的果胶冻如糖一般甜。——科学院版编者注

③ 参见上文363页。——科学院版编者注

④ 参见上文429页。——科学院版编者注

⑤ 参见上文411页注。——科学院版编者注

加勒比人民族主要散布在安的列斯群岛，在圣文森特和多米尼克落户。他们强壮而高大，把身体涂成红色，在嘴唇上刺许多孔，插上小管、玻璃球和小石头。他们的额头几乎完全像一块木板那样平，仿佛是压出来的。他们的神色似乎是多愁善感的。这些人的 Carakolla 或者白铁般的头饰是由纯的、漂亮的未知金属制成的，他们也把它戴在鼻子上和下唇上。

他们不喜欢叫做食人肉者，不能理解人们何以喜欢金子胜过玻璃。他们从不吃盐，懒惰，不能忍受任何强制力和严厉，有固执的怪念头，而且骄慢异常。从未有他们中的一个人皈依基督宗教。他们不能给自己的复仇设置任何界限，他们不知道天意。他们的酋长必须在战争和奔跑与游泳中来锻炼。他们很少使用盾牌，而是使用用马疯木①的树汁喂毒的尖端为空的箭矢和木棒。

北冰洋诸陆地

尽管北冰洋诸陆地部分地属于另外两个大陆，但我们却想为与美洲相比较而在这里简短地捎带着说一说。北冰洋的所有民族在这一点上是一致的，即他们几乎都没有胡须。不过，埃利斯在哈得孙湾及其相连的各海遇到过爱斯基摩各民族，他们的脸上胡须很浓密。楚科奇人是所有西伯利亚人中最东北部的人，是北冰洋的一个勇敢的民族，热情好客；他们的营生像在这些地区一般而言那样，是捕鱼和狩猎。新地岛和斯匹次卑尔根群岛等等无人居住，但人们不可相信，它们像在**海姆斯凯尔克**率 9〔436〕
领下在那里过冬的荷兰人据说发现的那样完全不可居住。据**米勒**教授报导，几乎每年都有一些俄罗斯人为狩猎而在那些地区过冬。在斯匹次卑尔根群岛的鸟类中，我只提及长着闪闪发光的金色羽毛的翠鸟。这里的鲸是欧洲人最多捕猎的动物，尽管过去也曾从海象那里因其牙齿而获得过巨大利润。进一步向西，拉普人脸部极丑，但并不像人们描述的那样个子矮小。1735 年，人们在巴黎看到一个高达 7 莱茵尺的巨人，它就是出生于拉普兰。巫术或者毋宁说妖术欺骗在这里几乎与在西伯利亚别无二致，但越来越被革除。一些旅行者发现，这里的马在夏季被从所有的

① 参见上文 361 页注。——科学院版编者注

村子里放到野地，让其自由自在地度过这个季节，因为来自一个村落的马自动地处在一个特殊的地区，不与其他马混杂，在冬天也自动地回到马厩。格陵兰人住在其南部尖端并不比斯德哥尔摩纬度更高、但一直向北延伸到未知的远方的陆地上。这块陆地的东边比西边更温暖，与这个地带的自然相悖，有相当高的树。在这个地带上向西走得越远，人们就越觉得该地区冷。在哈得孙海峡附近，人们看到厚度从 15 尺直到 1 800 尺的冰山。由于风几乎吹不动它们，它们也许会在那里数世纪之久，直到它们被运动到温带，在那里融化。在斯匹次卑尔根群岛的高山旁矗立在陆地上的冰山，与这些冰山和阿尔卑斯山的冰川极为相似，这就能够给优雅的考察提供诱因。这里还需要说明的只是，北冰洋的水与世界上任何一个海的水一样含盐，一样重，例如在新地岛附近。人们在哈得孙海峡看到海中漂着数量无法形容的木头。[①] 某位作家把这种木头直到在市场上还被虫蛀这一点视为这种木头必定来自温带的最可靠证明，这种事在寒带的木头上不会发生。

原文收入李秋零主编《康德著作全集》第 9 卷。

① 参见上文 224～225、226 页。——科学院版编者注

相关论述

柏林王家科学院本年度有奖征文

地球绕轴自转问题研究

——就造成昼夜交替的地球绕轴自转而言，地球是否从其生成的最初时代以来就经历了一些变化，以及从何处可以确认这些变化？

科学院版编者导言

约翰内斯·拉茨

这项研究发表在1754年6月8日和15日的《哥尼斯贝格咨询和广告消息周报》的第23和24期上。康德在此赋予这篇论文的题目并不包含科学院所提出的有奖课题的主题，而是:《柏林王家科学院为本年度奖金而提出的问题之研究》。为了表明这部作品的题材，似乎把科学院提出的问题像康德在这部作品一开始（《康德全集》，第I卷，185页）给出的那样，以德文译文纳入标题，是适当的。

课题是于1752年6月1日由柏林科学院作为数学部1754年的有奖课题提出的，其题目为:“地球的周日运动是否总是同样的速度？通过什么方式能够确定这一点？而如果有任何不同，是什么原因呢?”1754年6月6日，提交有奖征文的日期被推迟到1756年，而在1756年6月3日，奖金被授予比萨的福利西神父（参见普鲁士王家科学院的手写档案，还有《王家科学院新闻简报》，1770)。

遗憾的是，康德的这项研究很少或者根本没有进入公众之中，这大概要归咎于《哥尼斯贝格咨询和广告消息周报》销量小。康德在这里十分清晰地为地球的绕轴自转逐渐减慢阐述的原因，不得不在100年后被重新发现，以便排除我们的行星的运动中一种从古代观察和新近观察的对比中得出并且用牛顿的定律不能解释的反常。参见查理·欧根·狄洛尼:《论新目的因的存在对月亮每百年的时差值的显著影响》，载《科学院会议纪要》，1865年12月11日；乔治·比德尔·艾里:《论潮汐中摩擦力在影响月亮经度上的平运动的明显加速方面的假定的可能效果》，载《王家天文学学会每月通报》，1866年4月13日；以及W. 汤姆森:《为发现潮汐减慢地球自转所需的观测和计算》，载《哲学杂志》，1866年5月23日。在这些论文之前于1848年由罗伯特·迈耶在其《天体力学》中发表的以一种与康德非常类似的方式回答地球绕轴自转变化问题的纲要，与本作品一样不为人知。

就连在这篇论文的结尾（190页）给出的对月球围绕自己的轴的自转

持续时间与它围绕地球的公转时间相同这个值得注意的现象的解释，也是康德独有的，只是最近才通过G. H. 达尔文的研究得到证实（参见G. H. 达尔文：《论一颗黏性较小的流体行星的历史提供的分析性表现：仅在一颗卫星那里注意到的》，载《伦敦王家学会会议录》，1880）。

这部作品在康德生年未出新版。

关于王家科学院今年征文之际争取获奖的那些文章，王家科学院所作的裁断不久就将公之于世。我对这个主题作了一些考察。由于我仅仅考虑了它的物理学方面，因此，在认识到就其本性而言在这方面尚不能达到那种希望获奖的论文所必备的完善程度之后，我打算仅仅简要地勾勒出我对此的想法。 1〔185〕

科学院的征文如下：**就造成昼夜交替的地球绕轴自转而言，地球是否从其生成的最初时代以来经历了一些变化，变化的原因是什么，以及从何处可以确认这些变化。**人们可以历史地探究这一问题，把出自最遥远时代有关当时一年的长度和为了防止一年的开端在所有的季节里游移而必须采用的闰余的古代文献，与我们的时代所规定的一年的长度进行比较，看一看一年在最古老的时代里比现在是多几天或者几小时，还是少几天或者几小时。如果是多了，那么绕轴自转的速度就减慢了；如果是少了，那么绕轴自转的速度就加快了。我在自己的主题中不打算借助历史的辅助材料来加以说明。我认为，这种文献是如此地模糊不清，它 1〔186〕
的信息对于当前的问题来说是如此地不可信赖，以至于要使可能构思出的理论与大自然的根据保持一致，它就很可能颇有点杜撰的意味。因此，我想直接求助于大自然；大自然的联系可以清晰地表现出结果，并提供把出自历史的说明引导到正确方面上来的理由。

地球不停地以一种自由运动围绕其轴自转；在这种运动于某个时候与地球形成同时被赋予地球之后，如果不存在延缓或加快这运动的障碍或外部原因，那么，这运动就会自此以后恒定不变地以同样的速度和方向在一切无限的时代里继续下去。我开始着手说明：确实存在着外部原因，而且是一种逐渐地减缓地球运动、致力于在极为漫长的岁月后完全取消地球自转的外部原因。这个有朝一日将会发生的事件是如此之重要，如此之奇特，以至尽管它得以实现的那个不幸时刻被设定得那么遥远，甚至地球的可居住性和人类的持存也许还不到这段时间的十分之一，但哪怕仅仅是这种命运将会降临的确定性和大自然向这种命运的不断逼近，也依然是惊赞和研究的重大对象。

如果天空充满了在某种意义上起阻挡作用的物质，那么，地球每日的自转就会受到这种物质的不断阻碍，由此自转的速度就必然逐渐地减耗，并最终耗尽。但是，**牛顿**以一种令人信服的方式说明，即便是允许稀薄的彗星云有一种自由的、不受阻碍的运动的天空，也充满了起极小的阻挡作用的物质；在此之后，人们已不用再担心这种阻挡了。且不说这种无法测度的阻碍，除了月球和太阳的引力之外，没有别的外部原因能够对地球的运动造成影响。由于引力是大自然普遍的动力，牛顿用它来以一种十分清晰和不可置疑的方式揭示大自然的奥秘，因此，它在此处也提
1〔187〕供了一种可以信赖的根据，人们可以借助它来进行一种可靠的检验。

如果地球是一个没有任何流质的完全固体的团块，那么，无论是太阳的引力还是月球的引力，都不会改变地球的自由绕轴自转；因为它们是以同样的力量吸引着地球的东半球和西半球，由此既不会造成向这一边的倾斜，也不会造成向另一边的倾斜；因此，它们使地球就像没有任何外部影响一样，完全自由地、不受阻碍地继续这种自转。但是，如果一个行星的团块包含着数量可观的流体元素，那么，月球和太阳的联合引力就会使这种流体物质运动起来，从而强加给地面一部分这种波动。地球正是处在这样的境况之中。大洋的水域至少覆盖着地球表面的三分之一，并且由于上述天体的引力而处在不停的运动之中，确切地说，是朝着与绕轴自转截然相反的一面运动。因此，这种原因是否能够导致自转的一些变化，是值得予以考虑的。月球的引力占这种作用的绝大部分，它使大洋的水不断地涨潮，从而无论是朝着月球的一面，还是背对月球的一面，水都尽力涌向正处在月球之下的地方，并且使水面升高。由于涨起的地方是从东向西移动的，所以，它们也就使海水全都不断地向这一地区涌流。航海家的经验早就确定无疑地证实了这种普遍的运动。在海峡和海湾，可以最清晰地觉察到这种运动。在那里，海水由于必须流经一个狭窄的通道，从而加快了速度。由于这种涌流是与地球的自转截然相反的，我们由此也就有了一个可以准确无误地信赖的原因，它尽其所能地致力于削弱和减缓地球的自转。

的确，如果把这种运动的缓慢与地球的迅快、把水量的微小与这个
球体的庞大、把前者的轻与后者的重加以对照，似乎就可以把这种运动 1〔188〕
的作用视为无。但反过来，如果考虑到这种推动是持续不断的，是亘古以来恒常不变的，并将一直持续下去的，而地球的自转又是一种自由的运动，在这种运动中，它所失去的极微小的运动量将永远得不到补偿，与此相反，起减缓作用的原因又是不停顿地以同样的强度在生效，那么，宣称一种虽然微小、但却通过不断的积累最终必然耗尽极大的运动量的作用不值一提，对于一位哲学家来说，这是一种很不合乎身份的偏见。

为了能够在某种程度上估量大洋自东向西的不间断运动对地球的绕轴自转所造成的反面影响的大小，我们只需要计算一下海洋对美洲大陆东海岸的冲击；我们把美洲大陆的绵延一直延长到两极，因为用非洲的突出尖角和亚洲的东海岸来补偿欠缺的部分是绰绰有余的。让我们假定，上面所说的海洋运动的速度在赤道上是每秒 1 尺，到两极则按照纬圈的运动递减；最后，陆地任海水冲击的那些地面的高度按垂直深度估算，假定为 100 寻（法国 6 尺长的杆）。这样，我们就可以发现，海洋通过自己的运动加给相对的地面的力量等于这样一个几何体的水的重量，这个几何体的底面等于上述从一极到另一极的全部面积，其高度等于 1/124 尺。地球的大小则超过这个计有 110 万立方寻的水几何体 123 兆倍。由于这个水几何体的重量总是压抑着地球的运动，人们可以轻而易举地发现，到这种障碍耗尽地球的全部运动，究竟需要多少时间。如果假定海水涌
流的速度始终是同样的，土块与水的质料具有同样的密度，那么，为此 1〔189〕
也许需要 200 万年。基于此，在有限的岁月之后，上述减缓还不太多；例如在 2 000 年的时间之后，减缓将导致一年必然由此比过去减少 8.5 小时，因为绕轴自转减慢了这么多。①

① 要为康德不加证明地引用的数字辩护，用得上以下的基本推导：根据康德如果不是从别的方面则无疑是从牛顿的《自然哲学的数学原理》（第 II 卷，命题 XXVI）得知的托里切利定律，从一个容器的开口流出的小部分液体，其速度与它在液体表面自由下落至开口时获得的速度是相等的。因此，如果流出液体的开口位于液体的自由表面 h 尺，并且 g 表示地球重力的加速度，那么，通过伽利略落体定律与上面提到的托里切利定律的结合，对于流出速度来说，就得出等式 $v^2=2gh$。另一方面，如果一个对容器开口施压的水流的速度是 v，那么，这个水流将由于一个高为 $h=v^2/2g$ 的水柱的压力而保持平衡。

据此，潮浪对海岸施加的力能够被一个其底面积等于被潮所触及的海岸面积且高度等于

如今，每日运动的递减还受到很大的限制，因为：(1) 整个地球的密度并不像这里假定的那样与水的比重相同。(2) 涌流的海水在海洋开阔地带

$v^2/2g$ 的水体的重量所抵消。地球重力的加速度等于 31 尺，赤道上的潮浪的速度被康德设定为等于 1 尺，因此赤道上的水体的高度计为 1/62 尺。此外，由于潮浪的速度朝着两极在与纬度圈的运动相同的程度上减弱，也就是说，与地理纬度的余弦成正比减弱，所以，在地理纬度 45°上水体的高度计为 1/124 尺，而这也是高度的平均值，因为如很容易看出的那样，每两个与 45°纬度圈等远的地点的高度的和等于 1/62 尺。海洋通过其潮汐运动对与它相对的海岸施压的全部力量就能够这样被一个其底部等于整个被施压的面积且其平均高度为 1/124 尺的水体的重量所抵消(参见 188 页)。——据此，原本中列出的值 1/224 尺大概是一个印刷错误，尤其是后来的数字无法与这个值相统一。康德在下文并没有像根据文本必须假定的那样给出水体的重量，而是如进一步的计算所必需的那样，代之以一种在赤道上地球半径尽头处发威并实施与前面提到的水量相同的阻碍作用的重量；这必然是出自康德引用的 110 万立方寻和 123 兆这两个数字。在仓促写就的纲要中，中间计算被省略了；我在这里试图简述，康德是如何以当时流行的、得自牛顿的《原理》的方式能够发现上述数字的。

推进着的潮浪的速度朝着两极增长，就像纬度圈的运动下降一样，因此，如果 r 表示纬度圈的半径、R 表示地球半径的话，其比例为 r/R。压高 h 根据前文以这种比例的平方或者以纬度圈与赤道的比例下降，因而在纬度圈 r 等于$\frac{1}{62}\cdot\frac{r^2\pi}{R^2\pi}$。这种压力所施加的平面是一个矩形，其一条边等于海岸线的一个无限小的弧 b，另一条边等于 100 寻或者 600 尺的垂直深度。因此，压力在这个地方计为 $600\cdot b\cdot\frac{1}{62}\cdot\frac{r^2\pi}{R^2\pi}$。这个重量是在杠杆臂 r 上起作用的，因而它的力矩是 $r\cdot 600b\cdot\frac{1}{62}\cdot\frac{r^2\pi}{R^2\pi}=R\cdot 600b\cdot\frac{r}{R}\cdot\frac{1}{62}\cdot\frac{r^2\pi}{R^2\pi}$。但是，无限小的弧 b 与两个半径的比例$\frac{r}{R}$的乘积等于纬度圈 $r^2\pi$ 与相邻的纬度圈的差距，而这个差距乘以 $r^2\pi$ 等于球体在两个相邻的纬度圈之间所包含的部分。这样一来，潮浪的总力矩就等于 $R\cdot\frac{600\cdot\text{地球}}{62\cdot r^2\pi}$，也就是说，等于这样一个重量的力矩，它在赤道上地球半径尽头处发威，与地球的重量的比例，如果地球的密度被设定等于水的比重的话，就是$\frac{600}{62R^2\pi}$比 1。由于地球的半径是 325 万寻或者 1950 万尺，所以这个比例就等于 1 比 123 兆，一如康德也指明的。体积的大小 110 万立方寻与此一致。

在计算利用潮汐的阻碍作用耗尽地球的全部运动所必需的时间时，康德犯了一个错误。如果设地球的质量为 M，上面计算的重量为 m，此外赤道上一个点的速度为 c，而预期的时间为 T，则按照康德所做的假定，就得出等式 $M\cdot c=m\cdot g\cdot T$（至于等式 $Mc=mgT$ 对于旋转运动来说不正确，而是应为 $Mc=\frac{5}{2}mgT$，康德如从 189 页得出的那样清楚地意识到了，那里明确地提到省略了因数$\frac{5}{2}$。但是，这个因数的作用如康德在该处所阐明，被别的忽略所取消），或者 $T=\frac{c}{g}\cdot\frac{M}{m}=\frac{1500}{31}\cdot 123$ 兆秒，亦即近乎 2 亿年，而不是像康德所指明的那样 2 百万年。不是那里引用的年减短 8.5 小时，而出自同样的理由必须被设定为百分之一，亦即约 5 分钟。——科学院版编者注

的速度似乎比每秒1尺要小得多。但虽然如此，相比之下，这种欠缺所得到的补偿却绰绰有余，因为：(1) 此处，地球的力量是在以赤道上某一点的速度进行的连续运动中计算的，它只是一种要小得多的绕轴自转；此外，在一个自转的球体表面上所产生的障碍，也由于它到中点的距离而具有杠杆的优势，它综合了两种原因，把海水冲击所造成的减缓加大了5/2。(2) 但最重要的是，运动着的大洋并不仅仅对突出于海底之上的凸凹不平处、陆地、岛屿和礁石产生影响，而是在整个海底产生影响。它虽然在每一点上都比在前一种计算的垂直冲击中要小得多，但相比之下，却由于其发生范围的广大（比前面提到的面积还要大12.5万倍），而必然得到极为绰绰有余的补偿。

此外，依此来说毋庸置疑，海洋自西向东的持续运动由于是一种现实的、巨大的力量，而对地球绕轴自转的减缓总是有所增进。在悠长的岁月之后，这种减缓的后果必然是可以明白无误地察觉到的。如今，应当合理地利用历史的见证来支持假说。然而，我不得不承认，我并不能找到一件如此极为可能的事件的任何踪迹，因而把在可能的时候弥补这一缺陷的功绩留给其他人。 1〔190〕

如果地球以连续不断的步伐接近它自转的停顿，那么，这种变化的周期将在它的表面相对于月球来说处于相对静止时，即在它以月球围绕它自转的同样时间绕轴自转、因而总是以同一面朝着月球时完成。这种状态是由仅仅以微不足道的深度覆盖着地球表面的一部分的流体物质的运动给地球造成的。如果地球直到其中心都完全是流体的，那么，月球的引力就会在极短的时间里使地球的绕轴自转只剩下均匀的残余。这马上就为我们清晰地说明了迫使月球在其绕地球的运行中总是以同一面朝着地球的原因。不是朝着地球的部分比背对地球的部分更重，而是月球绕自己轴所作的千篇一律的自转恰恰等于它绕地球运行一周的时间，才使它始终如一地只显现着同一半。由此可以准确无误地推论出，地球对月球的引力在月球最初形成的时候，即在月球的团块还是流体的时候，以上述方式使这个卫星当时可能以较大速度进行的绕轴自转只剩下了这种均匀的残余。由此也可以看出，月球是一个在地球已经摆脱了流体状态并且成为固体之后才附加给地球的一个较晚的天体。若不然，月球的引力肯定会在短时间内使地球遭受月球从地球那里遭受的同样的命运。

人们可以把后一种说明看做是某种天体自然史的尝试；在这一自然史中，大自然的原初状态，即天体的产生以及它们的系统联系，必须从宇宙结构的状态自己所显示的特征出发来规定。这种考察在宏观上，或者毋宁
1〔191〕说在无限中，就是地球的历史在微观上所包含的那种东西。它在这样的宽广范围内，可以和人们在我们的时代力求作出的对地球的考察一样被看做是可靠的。我将对这一主题进行一系列的考察，并把这些考察综合在一个体系中。这个体系不久就将发表，其标题是：**宇宙生成论，或者按照牛顿的理论从物质运动的一般规律推演出世界大厦的起源、天体的形成及其运动的原因的尝试。**①

原文收入李秋零主编《康德著作全集》第1卷，作于1754年。

① 这里预告的著作就是《一般自然史与天体理论》这部作品。——科学院版编者注

地球是否已经衰老
——对该问题的物理学考察

科学院版编者导言
约翰内斯·拉茨

这部作品与前一部作品一样，发表在1754年8月10日至9月14日的《哥尼斯贝格咨询和广告消息周报》的相继6期（第32～37期）上。它与在翌年发表的更大作品《一般自然史与天体理论》有联系。

这部作品在康德生年未出新版。

要想知道是否可以称一个事物已经变老，是否可以称它很老或者尚 1〔195〕
年轻，就必须不是通过它持存的年代的数字，而是根据这个数字与它应当持存的时间的比例来对它作出评价。对于一种造物来说可以称为高龄的那种持存期，对于另一种造物来说就不然了。在一只狗变得衰老的同样时间里，人却几乎还没有超出自己的童年。当黎巴嫩的椴树或者冷杉已经衰老并且干枯时，橡树和雪松还没有进入自己的成熟期。就上帝的这一伟大作品来说，如果人把在这段时间里已经逝去的人类世代作为年龄的标准，那么，他大多是要犯错误的。令人担忧的是，人的判断方式恰恰就像封德耐尔所说的蔷薇花的判断方式一样。蔷薇花们猜测其园丁的年龄，它们说：**我们的园丁是一个很老的人。自蔷薇花们所能回想的时刻以来，他一直就是他所是的那个样子。他实际上不会死，他甚至就连变化也不会。**如果考虑到创世的安排而在其整体的重大环节上所发现的那种接近于无限的持久性，那么，人们就会被打动而相信，对于地球注定的持存来说，5 年或者 6 000 年的进程也许还不到对于一个人的生命来说的 1 年。

说真的，我们在启示中找不到任何征兆可以使我们能够得出，地球
1〔196〕如今可以被看做是年轻的或者衰老的，即理解为达到其完善的全盛期或者其各种力量已经衰退。虽然它向我们揭示了地球形成的时间和它的童年的时刻，但是，我们却不知道它如今更为接近它的持存的两个端点中的哪一个，是更为接近它的始点还是更为接近它的终点。事实上，确定地球是否已经衰老并且由于其力量的逐渐衰退而接近于毁灭，它如今是否处在这种日渐衰竭之年的时期，或者它目前是否仍然状态良好，或者也许根本还没有达到它应当发展成为的那种完善性，因而也许还没有超出自己的童年，这似乎是一个值得研究的课题。

我们如果听一听年迈老人的悲叹，就会获悉自然界在明显地老化。人们甚至可以觉察到自然界走向衰亡的步伐。据老人们说，气候不再像过去那样好了。自然界的各种力量已经消耗殆尽，自然界的美和正确性减退了。人既不再像过去那样强壮，也不再像过去那样长寿。据说，这种退化不仅可以在地球的自然状态方面觉察到，它还一直扩展到道德状况。古老的德性已不复存在，新的罪恶取代了它们。虚伪和欺诈占据着古老的正直的地位。这种不值一驳的幻觉既不是失误的结果，也不是虚荣心的结果。真诚的老人们如此自负，以致相信老天在照料他们，使他们在最兴盛的时代里降生到世上，也就不能相信他们死后世界会和他们出生前一样美好。他们喜欢想象自然界与他们自己同时衰老，以便不致为离开一个已经接近于衰亡的世界而感到懊恼。

尽管像要按照仅仅一个世代的尺度来衡量自然界的年龄和持存这样一种自负毫无根据，但另一种猜测初看起来却似乎并不同样荒谬绝伦，
1〔197〕即数千年之后，也许可以在地面状况中觉察到一些变化。在这方面，仅仅像封德耐尔那样说明过去的树木并不比现在的更高大，过去的人既不比现在的人更强壮，也不比现在的人更长寿，还是不够的。我认为，这远远不足以从中推论出自然界没有衰老。这些特性自有本质规定性为它们确立的界限，即便是自然界最优越的特性和最兴盛的良好状态，也不能超越这些界限。就此而言，在所有的地区都没有差别。肥沃的、处于最佳地带的地区对于贫瘠的不毛之地来说，在这方面没有任何优势。然

而，如果人们能够在过去时代的可靠信息和当代的精密观察之间进行一番比较，那么，是否可以在这些地区的出产能力方面发现一些差别，土地在过去为供养人类所需要的照料是否更少一些呢？倘若对此可以作出断定，那么，似乎也就为解决眼前的问题带来了指望。这就仿佛是面前有一个漫长的前进过程的最初一些环节，借助它们，可以认识到地球在其年龄的长时间进展之后逐渐接近了什么样的状态。但是，这种比较是颇没有把握的，或者毋宁说是不可能的。人的勤劳对地球的出产能力的影响是如此之大，以至于根本不可能澄清，对于那些过去曾经是繁荣昌盛的国家而如今却荒无人烟的地区来说，最应当为它们的荒芜负责任的，究竟是人的疏忽，还是地区出产能力的下降。我想建议那些对按照两种条件在历史文献中考察这一问题具有更多的技巧和爱好的人来从事这一研究。我只想作为一个自然研究者来探讨这一问题，以期尽可能在这一方面达到全面的认识。

大多数提出地球理论的自然研究者的见解如下：地球的出产能力逐渐下降；它以缓慢的步伐接近着那变得荒无人烟的状态；要看到自然界完全衰老并且就其力量的减退来说渐渐死亡，只是需要时间而已。这一问题很重要，也许值得花费力气，去小心谨慎地接近这一结论。

不过，让我们事先就对人们关于一个借助各种自然的力量达到完善
并借助各种元素的力量修正自己的物体的衰老应当形成的概念加以规定。 1〔198〕

一个存在物的衰老在其变化的过程中不是一个以外部强制原因为根据的阶段。而恰恰是使一个事物达到并维持在完善状态的那些原因，使该事物通过无法察觉的变化阶段又重新接近它的衰亡。这是它的存在延续中的一种自然退化，是那些致使它生成的原因的结果，这使它最终必然要衰亡。所有的自然事物都服从这一规律，即一开始有助于它们达到完善的那种机制，在它们达到那个完善的点之后，由于这种机制继续改变事物，就又使该事物逐渐地离开昌盛状态的那些条件，最终以不可察觉的步伐使它归于毁灭。自然界的这种行为方式清楚地表现在植物界和动物界的运营上。恰恰是使树木生长的那种动力，在树木完成了成长之后，就给它们带来了死亡。如果纤维和管道再也不能扩张，那么，营养的汁液由于继续输入各部分，就会开始堵塞各通道的内部，最终由于汁液的运动受阻碍而使植物渐渐死亡并枯萎。恰恰是动物或者人得以生存

和生长的那种机制，当生长完成之后，最终给动物或者人带来了死亡。因为当供养动物的营养汁液不再同时扩张它们黏附的渠道，并在体积上增多起来时，它们就使其内部的穴道变得狭窄，汁液的循环受到阻碍，动物就佝偻起来，变得衰老并且死亡。同样，地球的昌盛状态的逐渐丧失，也被归入那些最初造成它的完善性的变化的后果，这种丧失只有在长期的进程之后才能够看出。因此，我们必须浮光掠影地看一看自然界从其开始直到其终结所上演的那些变化无常的戏剧，以便综观那些后果的整个链条；其中，衰亡是最后的一环。

1〔199〕 当地球从混沌中产生时，它在此之前毋庸置疑是处在流质状态中。不仅是它的球状形体，而且尤其是由于地表朝着被旋转力改变了的重力方向在所有的点上都采取一种垂直的姿态所造成的旋转椭球体形状，都证明它的团块曾有能力自动地作出顺应，成为均衡状态在这种情况下所要求的形体。它从流质状态转化为固体状态，而且我们看到了无可指摘的迹象，说明地表首先硬化，此时各种元素在团块中按照均衡的规律继续彼此分离，团块的内部总是把灵活的气体元素混合了的微粒送到硬化了的地表下，在地表下造成了广阔的空穴，由此导致地表以各种各样的凹坑下陷，造成地表的凸凹不平，造成坚硬的大陆、山脉，造成海洋辽阔的低凹，造成干地与水域的分离。我们同样有自然界无可置疑的遗迹，它们使人认识到，这种巨变在很长的历史时期之后并没有完全停止，它与一个庞大的流质团块是相符的；我们地球的内部曾经并且在很长时间里都是这样的流质团块。在地球里面，元素的分离和在普遍的混沌中混合在一起的气体的离析并不是一下子完成的，而是使产生出来的地穴逐渐加大，辽阔拱顶的地基重新动摇并坍塌。但这样一来，淹没在大海深处的所有区域都裸露出来了，与此相反，其他区域却沉陷下去。在地球的内部达到了一种较为固定的状态、坍塌停止之后，这个球体的表面才稍稍平静了一些，然而这离一种生成的完成状态还相差很远；还必须为各种元素设立某些界限。这些界限通过防止所有的混乱来维持这整个地面上的秩序和美。海洋自己通过卷起来的物质加高了陆地的海岸，通过卷走这些物质加深了自己的海底。它堆积起沙丘和堤岸来防止泛滥。理应带走陆地水流的江河还没有被纳入应有的河床，它们淹没过平原，直
1〔200〕 到自己最终被限制在适当的渠道中，并且从它们的源头直到大海形成一

个齐一的斜坡。在自然界达到这种秩序状态，并在其中固定下来之后，地球表面上的所有元素都处在均衡之中。出产能力在所有的方面都扩充着自己的财富；它是生机勃勃的，处于其力量的巅峰状态，或者如果可以这样说的话，处于其成熟的年龄。

我们地球上的自然界在其年龄的进步中并没有在其所有部分上都达到同一阶段。它的一些部分是年轻的，生机勃勃的，但它在另一些部分中却显得退化和衰老。在某些地区它是原始的，仅仅是半开化的，而另一些地区则处在其昌盛状态的巅峰，还有一些地区在经历了其幸运的时期之后已经逐渐地接近着衰亡。总而言之，地面的较高地区是最先从混沌中产生、并达到其生成之完成的最古老的地区，较低地区则是较年轻的，较晚才达到其完善性的阶段。因此，按照这一顺序，前者首先遇到重新接近衰亡的命运，而后者离这种命运则还很远。

人们首先居住在地面的最高地区。他们只是后来才来到平原，并且必须着手加速对自然界的改造；对于人的迅速增多来说，自然界的发展太慢了。埃及这个尼罗河的恩赐，过去在其最高部分是有人居住的，而且人口众多。而半个下埃及，即整个三角洲和尼罗河由于泥浆的沉积而加高了其入海口的地面并堆积起使河床变窄的河岸的地方，还是一片沼泽。如今，古忒拜地区似乎很少再拥有过去曾使它如此不寻常地富裕的那种特别的出产能力和繁荣了。相反，自然界的美已经下降到这片国土的较低、较年轻的部分，它们如今相对于较高部分来说保持着出产能力方面的优势。作为莱茵河的一个产物的下德意志地区、下萨克森的最平
坦部分、普鲁士部分（由于维斯瓦河分成如此众多的支流，并且仿佛在 1〔201〕
追求自己的永恒权力那样，常常把人们的勤劳部分地从它夺取的地区淹没在它的洪水之下）似乎比这些河流发源的最高地区更年轻、更肥沃、更繁荣。当前者还是一片沼泽和海湾时，后者就已经有人居住了。

自然界的这种变化是值得作一番说明的。这些河流并没有在干地脱离海洋的一开始就找到了现成的河道和它们的流程所利用的现成的、齐一的斜坡。它们漫过了许多地方，造成了使土地变得无法利用的死水。逐渐地，它们在新形成的、松软的土地上侵蚀出河道。通过冲刷走充满河道的泥浆，它们在其最大的水流两旁筑起了河岸。在水位低时，河岸能够容纳并且限制水流。但在水位上涨严重时，河岸却由于泛滥而逐渐

地被加高，直到这些河流完善地形成的河床能够把周围地区输送给它们的水以齐一的斜坡引入海洋。最高的地区是第一批可以享受到自然界的这种必然发展的地区，因而也首先有人居住，而较低的地区则在一段时间内还要与混乱作斗争，较晚时才达到完善。自此以后，较低地区通过掠夺较高地区而充实自己。在水位高涨时携带着冲刷来的泥浆的河流，在泛滥时把这些泥浆沉淀在其出口附近，抬高了它们所淹没的地面，从而造成了干地。在河流把自己的河岸加高到相应的高度之后，干地就可以居住了。而且由于用较高地区的肥沃物质来施肥，干地比较高地区要有更高的出产能力。

由于地球的形貌所经受的这种不断发展的构造和变化，当较高地区有时不再可以居住时，较低地区却变得可以居住了。然而，这种交替只是特别地涉及一些地区。这些地区苦于缺乏降水，从而如果河流通过自己加高河岸而限制了周期性的泛滥，它们就由于没有这种泛滥而缺少必
1〔202〕要的水源，必然成为一片无法居住的荒野。埃及就是这种变化的一个显明例证。就其状况来说，埃及的变化是如此强烈，以至于根据希罗多德的证词，在他那个时代之前900年，只要河水上涨8尺，就会全部淹没整个陆地；而在他那个时代，要全部淹没整个陆地，河水就必须上涨15尺；而在如今我们这个时代，要达到这一点就要求上涨24尺了。由此可以看出由于不断的接近而日益严重地威胁着这一地区的恶化。

但是，由于自然界的这种变化，就其仅仅局限于地表的一些地区而言，是不显著的、微不足道的，所以关于地球衰老的问题必须从总体上来加以规定。最后，首先要考察这样一些原因，大多数自然研究者把上述结果归咎于它们，认为从它们出发，就足以事先宣布这个星球上的自然界的衰亡。

第一种原因出自那些把海洋的含盐性归咎于江河的那些人的见解。江河把从土地中渗出的、由雨水带入江河的盐带到海洋中。由于淡水的不断蒸发，盐也就留在了海里，积聚起来，海洋以这种方式得到了它所包含的所有的盐。由此很容易就可以得出：由于盐是生长的最重要的动力和出产能力的源泉，因此，按照这种假说，被逐渐地剥夺力量的土地必然会被置于一种没有生机的、没有出产能力的状态。

第二种原因可以假定为雨水和江河在冲刷土地、并把土携带到海洋

里面时所起的作用。由此，土似乎越来越多地被冲走，而陆地的高度也就不断地降低，以致令人担忧的是，海洋由于越升越高，最终必然被迫重新淹没过去摆脱了它的统治的干地。

第三种见解是这样一些人的猜测，他们由于觉察到海洋在很长的时间里明显地从大多数海岸后退，使过去在海底的大量地段转变为干地， 1〔203〕
因而或者担心这种流体元素通过一种转换为固体状态的方式而真正地耗尽，或者担心其他原因妨碍从海洋的蒸发产生的雨水重新回到海洋从而使海水升高。

第四种、也是最后一种见解，可能是这样一些人的见解，他们把一种普遍的世界精神，一种无法感知的、但到处起作用的原则设想为自然界的隐秘动力，其精细的物质由于永无止息的生育而被不断地消耗掉，因而自然界也就处在危险之中，即由于这种隐秘动力的减少而在逐渐的衰弱中衰老和死亡。

这些见解就是我想首先简明扼要地考察的见解。然后，我想论证那些我觉得正确的见解。

假如第一种见解是正确的，那么就可以得出：大洋和一切陆间海的海水所包含的所有的盐在此之前都是与覆盖着陆地的土壤混合在一起的，并且由于盐被雨水从土壤中冲洗出来，被江河带走，从而也就不断地被以同样的方式带进海洋。然而，对于地球来说幸运的、对于那些打算利用这样一种假说、借助一种简单的说明使人理解海洋的含盐性的人来说难以克服的是：通过精确的考察，人们发现这种猜测毫无根据。因为假定地球上一年的中等降水量是18寸，这是在温带所观察到的降水量；假定所有的江河都是产生自雨水并由雨水补给的；同样，假定降到陆地上的雨水中有2/3通过江河又重新回到海洋，但有1/3部分地被蒸发掉，部分地被用于植物的生长；最后，假定海洋只占地球表面积的一半，这是人们所能设想的最小的量；这样，人们就把上述见解置于最有利的条件之下了。但尽管如此，地面上的所有江河每年带入海洋的水也只不过是1
尺水。即使设想海洋的中等深度只有100寻，在蒸发用600年的时间使海 1〔204〕
洋完全干枯之后，这些河流也可以在同样的时间里把海洋注满。按照这一计算，自创世以来，大洋已经由于所有的小溪和河流的流入而被注满了10次。但是，来自这些江河而在蒸发之后存留下来的盐只能比海洋天然地拥有的盐多10倍。由此必然可以得出：为了知道海洋的含盐量，只要蒸发10次1立方尺的河水，在此之后存留下来的盐就与1次蒸发同量的海水之后存留下来的盐一样多。这与可能性的距离太远了，以致就连一个无知识的人也不能说服。因为按照瓦列利①的计算，在北海只有少数江河注入海洋的地方，海水的含盐量为1/10，有时为1/7；在海水被江河的大量淡水稀释的波的尼亚湾，水的含盐量仍有1/40。因此，土地在此基础上有足够的保证，不因雨水和江河而失去它的盐和出产能力。毋宁说还可以猜测：海洋并没有掠夺陆地的含盐成分，而是向它传递自己的含盐成分。因为虽然蒸发把粗糙的盐留下来了，但海洋还提炼出一部分变得具有挥发性的盐，它连同水蒸气一起被带到陆地上，并赋予雨水那种出产能力。在这方面，雨水甚至比江水更为适宜。

另一种见解具有更高程度的可信性，能更多地自圆其说。**曼弗雷德**②在博洛尼亚学院的备忘录中曾讲到过这种见解，并对它进行了严谨的探讨。他的详细阐释在一般的自然杂志上就可以找到。在对自然界进行考察时，曼弗雷德可能只赞同这种见解。他注意到，拉文纳大教堂那在新地基下面发现的被瓦砾掩埋的旧地基，比海水涨潮时的海平面还低8寸。因此，如果在建造教堂的时代海水不比现在更低，那它在每次涨潮时都必然被淹没在水下，因为古代的材料证明，海洋在当时一直进逼到这座城市旁边。为了证实自己的见解，即海洋的高度在不断地增长，他提到
1〔205〕了威尼斯圣马可教堂的地基。该地基现在是如此之低，以至于如果泻湖上涨，不仅圣马可广场有时会被淹没，而且该地基自身也会被淹没于水下。然而，在此又不能猜测建造该教堂时就是如此。同样，他援引了环绕圣马可市政厅的大理石长凳。它也许是为乘船者修建的，为的是让他们能够步行登上自己的船。就这一目的来说，它现在却毫无用处，因为

① 瓦列利（Johann Gottschalk Wallerius），1750—1751年在乌普萨拉任化学、矿物学和药剂学教授，1709年6月11日生于瑞典的内利克省，1785年11月16日卒于乌普萨拉。康德所提到的数据见其作品：《波的尼亚海湾西部地区的矿物学考察》，斯德哥尔摩，1752。——科学院版编者注

② 曼弗雷德（Eustachio Manfredi），1674年生于博洛尼亚，1739年卒于同地，是1711年在博洛尼亚创办的科学院的第一位天文学家，因其对水域运动的研究而著称。参见：《论增长了的海洋高度》，第3和7部分，发表在《博洛尼亚科学和艺术研究院备忘录》，第II卷，第2部分，1746。参见《自然、艺术和科学总汇》，第1部分，246～272页，1753。——科学院版编者注

它在正常的潮水时就已经处在水下半尺深。从上述征兆就可以看出，海洋现在已经达到了比过去时代更高的高度。为了说明这种见解，他宣称，江河把它们涨水时所满带的、雨流从陆地的高处冲刷下来的泥浆裹挟入海洋，从而抬高了海底。这样，海洋就被迫以它的海底被逐渐填满的规模升高。为了使海洋的这种升高的幅度与现实的征兆所说明的升高相一致，他试图通过在2月底提取流过波诺尼亚的河水来估算河流在浑浊时所携带的泥浆的量。他在让土沉淀之后，发现土占含有泥浆的水的1/174。由此出发，根据江河在一年内流入海洋的水量，他确定出海洋由于这一原因逐渐增长的高度，即在348年内必然增高5寸。

由于我们以上就环绕威尼斯圣马可市政厅的大理石长凳所引证的考
察，由于有一种尺度来确定他的其他说明的重要性的要求，**曼弗雷德**被
打动，大大增加了前面提到的海平面的升高，以致使它在230年内将达
到1尺。因为如他所宣称，除了使江河的水变得浑浊的松软的泥土之外，
江河还把沙子、石头和其他诸如此类的东西裹挟入海洋。基于此，尽管
曼弗雷德对地球的探讨要比哈特雪克尔更为谨慎，地球的不幸也将以相
当快的步伐降临。**哈特雪克尔**①曾从对莱茵河的相同考察出发，预言了地 1〔206〕
球的命运。在10 000年之内，地球的可居住部分必然被冲刷掉，海洋必
然将淹没一切，只有冰冷的岩石从海洋中露出。由此出发，人们就可以
轻而易举地估算出在较短的一段时间里——例如在2 000年的时间里——
衰亡的程度。

这种见解的真正错误仅仅在于过度或者不足。若不然，它就会在根本上是正确的。雨水和江河冲刷地表，并把土带入海洋，这的确是事实。但是，要说它们在像作者所猜测的那么大的程度上造成这种情况，那就大错特错了。作者任意地假定，河流终年都像山区的融雪造成了有充分威力侵蚀地面的湍急溪流、地面本身也完全湿透并由于过去冬日的寒冷而变得足够松软、以便尽可能容易地被冲刷走的那些日子里一样浑浊。在江河中间，那些由山区养育的江河由于汇入它们的急流的威力，而比

① 哈特雪克尔（Nicolaus Hartsoecker），1656年生于尼德兰的豪达，1725年卒于乌特勒支，1684—1696年生活在巴黎，然后在阿姆斯特丹，在那里给沙皇彼得上了第一课，然后从1704年到1716年在杜塞尔多夫作普法尔茨选帝侯的宫廷数学家，最后在乌特勒支去世。参见《自然、艺术和科学总汇》，第1部分，270页，1753。——科学院版编者注

那些由平原养育的山河带有更多的掠夺来的泥土。如果他把上述谨慎与对这些江河的差别应有的注意同时结合起来，那么，他的估算就会大大地降低，以致他也许会放弃在此基础上论证关于观察到的变化的那些说明的打算。最后，如果人们在这里还考虑到，通过那种使人们断言海洋不容忍任何死物的运动，即由于把一切不具有同等运动性的物质带到海边，海洋并没有使这些泥浆在海底堆积起来，而是立即使它们沉淀在陆地边上，并由此扩大陆地，那么，对看到海洋的凹坑被由此填满的恐惧，就会转化为对通过掠夺高地而在海岸边不断造成新陆地的有根据的希望。因为事实上在所有的海湾，例如在名为红海的海湾，同样，在威尼斯海
1〔207〕湾，海洋正在逐渐地从尖端后退，干地则不断地从尼普顿的王国得到新的收获，而不是——假如上述自然研究者的猜测是有根据的——水越来越漫过海岸，干燥的地面被淹没在潮湿的元素之下。

但是，就亚得里亚海岸确实下沉的原因来说，我（假如这并非总是如此，但却具有其正确性）因此而宁可援引意大利与其他许多地区相比所特有的那种陆地特性。因为我们知道，这片陆地的根基是成拱形的，地震虽然主要是在下意大利肆虐，但在上意大利也发泄着它们的威力，并通过延伸到辽阔的地区，甚至一直延伸到海洋，而使人们认识到相互连通的地下空穴。如果现在地下燃烧所造成的波动能够使这些空穴的根基动摇，并且已经常常使它动摇，那么，难道不能猜测，地壳在许多次剧烈的爆发之后有点下降，并且对海平面来说可能变得更低吗？

第三种见解把地面上干地的增多与水域的减少看做是地球衰亡的征兆，同前一见解一样从考察中得出了似是而非的根据，但却很少解释它们的可理解的原因。因为毋庸置疑，尽管海洋一方面在它逐渐地使陆地变得干燥的时候，事先就又占据了它所侵入的另一些地区，从总体上来说并没有受到损失；但仔细想来，毕竟从海洋中裸露出来的地段要比海洋漫没的地段更大。特别是海洋离开了较低的地区，冲击着高高的海岸，因为海岸任凭海洋的发作，而较低的地区则通过轻微的倾斜挫败了海洋的发作。然而，这只能为海平面根本没有日益升高提供证明。因为人们在海岸处可以最清晰地感受到差别。在有些地方，陆地以微不足道的下降逐渐地成为海底，在那里，海水只要上涨 10 尺就能从陆地夺去许多东
1〔208〕西。在另一些地方情况却完全相反，海洋如今再也达不到它过去堆砌的、

毫无疑问当时曾翻越过的堤岸。这证明，海洋自那时以来变低了。例如，两个普鲁士岬角、荷兰海岸和英国海岸的沙滩就无非是海洋过去堆砌的沙丘。但是现在，在海洋再也达不到过去它曾翻越过的高度之后，它们却成了防御海洋的设施。

但是，为了使这种现象保持完全的效力，我们难道应当乞灵于流体元素的真正消失及其转化为一种固体状态，或者乞灵于雨水全部渗入地球内部，或者乞灵于海底通过无休无止的运动而不断地日益加深吗？第一种理由可能极少有助于造成一种显著的变化，尽管它并不像显现的那样与一种正常的自然科学相矛盾。因为其他流体物质有时也采取一种固体状态，但并不因此而失去它的本质。例如水银在**布尔哈维**①的试验中呈现出一种红色火药的形象，**哈勒斯**②在所有的植物产品中，尤其是在酒石中，都发现了作为一种固态物体的空气。与此相同，水毫无疑问也能够如此。水的一部分在植物的生成中似乎放弃了其流动性，以致极干燥的碎木屑在作化学分解时还始终能够释放出水。由此可见，地面上的水的一部分被用于植物的生长，永远不再回到海洋中，这并非不可能。但至少这种减少是无法察觉的。第二种理由同样不能在绝对的意义上加以否认。土地吸收入自身的雨水虽然渗入土地到一定深度，直到它遇到某种更为密实的地层为止；它无法穿透这一地层，并被迫沿着这一地层的斜坡寻找出路，从而滋生出源泉。然而，雨水中任何时候都有一些穿过所有地层，一直下降到岩层，并在岩层中穿透它们的缝隙，积聚成地下水，借地震之机有时突然冒出地面，淹没陆地。③ 海水的这种损失也许颇为可

① 布尔哈维（Hermann Boerhaave），自1709年始任莱顿大学医学和植物学教授，自1718年始也任化学教授，1668年生于莱顿的沃尔浩特，1738年在莱顿去世。他的作品《论汞试验》于1733和1736年发表在《哲学学报》上，参见第420、443、444条。在《汉堡用于授课和娱乐的文集杂志》上译成德文，第4卷，第4期，1753。——科学院版编者注

② 哈勒斯（Stephen Hales），1677年生于肯特的贝克斯伯恩，1761年卒于泰丁顿，是神学博士和泰丁顿牧师。参见他的作品《植物静力学；或者对植物中的汁液的一些静力学试验的一种考虑……也是分析空气的尝试的一种类型》，伦敦，1727。康德是通过1735年《植物的静力学和空气分析》的布丰译本接触这部作品的。参见上书的试验73。——科学院版编者注

③ 参见《巴黎王家科学院物理学论文集》，施泰因韦尔译，第2卷，246页。*

与意大利天文学家马拉尔迪（1665—1729）关于1702—1703年间意大利地震的通报有关。——科学院版编者注

1〔209〕 观，值得更详细地考虑。然而，第三种理由似乎更多地、并且最无可争议地参与了海洋高度的降低。海洋越是加深自己的海底，它的高度就必然日益降低，虽然以这种方式，并不需要为导向地球衰亡的极微小步骤担忧。

究竟什么是对迄今指出的几种见解所进行的考察的结果呢？我们已对前三种见解作出了否定性的裁断。土地并不由于雨水和溪流的冲洗失去盐分。肥沃的土壤并不因为江河而蒙受无法弥补的损失，被裹挟入海洋，最终填满海洋，使海洋的水重新升高到人所居住的陆地之上。事实上，江河给海洋带来了来自较高地区的猎获物。然而，海洋利用这些猎获物，却是为了把它们沉积在陆地的岸边。植物的滋养和生长要求海洋真正支付蒸发出来的水，其中可观的一部分似乎放弃了其流体状态，使土地的损失由此而得到补偿。最后，关于大洋的水的现实减少的猜测虽然具有可能性，但为了使一种可靠的假说成为一项重大的论断，却还不具备充分论证了的可信赖性。因此，就地球形貌的改变来说，只剩下惟一一个人们可以期待其确定性的原因，它就是：雨水和溪流不断地侵蚀土地，把土从较高的地区冲刷到较低的地区，从而力图逐渐地敉平高原，并尽其所能剥夺地球形貌的高低不平。这种作用是确实无疑的、可信的。只要地球在较高地区的斜坡上提供可以被雨水侵蚀和冲刷走的材料，它也就连续不断地遭受着这种变化。而在随着松软地层被冲刷走，地球的
1〔210〕 岩层基础构成惟一不再遭受变化的高度之前，地球也不能摆脱这种变化。并不仅仅是由于最肥沃的地层被深埋在毫无生机的地层之下的那种地层升降，而毋宁说，由于取消了陆地分为高原和低谷这种有益的划分，上述变化才是地球所面临的衰亡的那种令人担忧的原因。只要人们看一看陆地目前的分布，就会惊奇地发现隆起地区与低凹地区的一种有规律的关系。大面积的土地以适度的斜坡向一河流的洼地倾斜，河流占据了低谷的最深处，随着河流的延伸，一道均匀地展开的斜坡一直通向海洋，在那里，河流把它的水全部倒空。这种使陆地不致雨水过量的良好态势正是建立在倾斜的程度之上的。它既不使一种过陡的斜坡把应该用来增强出产能力的水过快地泄走，又不使一种过缓的斜坡把水过久地滞留在土地上并积聚起来从而造成对土地的损害。然而，这种有益的规定却由于雨水的持久作用而受到不断的损害，因为雨水削低高地，并通过把冲

刷下来的材料带到低地，使土地的形貌接近地表的所有差异都消失之后它们将会具有的那种形态。雨带到地面上的水无从宣泄而积聚起来，将完全浸透土地的怀抱，毁掉可居住的状态。我已经说明，地球衰老的完成虽然在很长时间内几乎是无法察觉的，但却是哲学考察的一个有根据的、值得认识的题材。在这里，微不足道的东西不再是微不足道的或者不值一提的，它通过永不停顿的积累不断接近地造成一种重大的变化，而为了完成衰亡，所需要的也只不过是时间而已。在此我们并不能说，导致这种变化的步骤是根本无法察觉的。如果高地不断地降低，那么，滋育陆地湖泊或者还有河流的那种水向低地的补给就会越来越少。湖泊和河流的大小的减退就提供了这样的变化的证据。事实上，对于所有的 1〔211〕
陆地湖泊来说，人们都可以找到它们过去具有更辽阔的面积的征兆。普鲁士的高地部分是一块真正充满湖泊的陆地。当人们没有觉察到与这些湖泊毗邻的大片平原的时候，很难看到这些湖泊中的任何一个。这些平原是如此地像水面般平整，以至人们简直不能怀疑，它们过去也是属于湖泊的，只是在湖泊由于水逐渐减少而大大后退之后，才逐渐地变成了干地。举例来说，根据古老的文献，**德洛伊曾湖**过去曾一直抵达普鲁士荷兰市附近，并为那里的航运提供了方便，现在已往后退了 1 里，但尽管如此，它当时的湖底仍由于一块长长的、几乎像水面一样平整的平地以及在两边可以见到的它当时隆起的湖岸而清晰可见。因此，这种逐渐的变化可以说是一种前进着的关系的一部分，它的最后一环距离开端几乎无限远，也许永远不能达到，因为我们所居住的地球的启示预告了一种突发的命运，它的发生将打断地球在良好状态中的持存，不给它留下时间来通过不可察觉的变化阶段而逐渐衰老，或者说是接受一种自然的死亡。

在这里，对于人们就地球的衰老所能提出的种种不同见解来说，我还欠缺对第四种见解的评断，即那在某种程度上造成了自然界的生命、尽管肉眼不可见但却在大自然所有三界的繁育和运行中都起着作用的、始终有效的力量，是否会逐渐地消耗殆尽，并由此造成地球的衰老。那些在这种意义上设想一种普遍的世界精神的人，并不把它理解为一种非物质的力量，理解为世界的灵魂或者可塑的物类、大胆的想象力的创造，而是理解为一种精细的、但到处都起作用的物质，它在自然界的生成中构成了积极的原则，并且作为一个真正的普洛透斯，准备采取一切形象和形式。这样一种观念并不像人们想象的那样，与一种正常的自然科学
1〔212〕和观察相悖。如果人们考虑到，大自然在植物界中把最强有力的、精神性的部分置于某种油中，油的黏性把自己的挥发性稳定下来，无论是借助蒸馏还是借助化学手段来榨油，都不会在重量方面造成明显的损耗，虽然在这种情况下，留下来的无非是一堆毫无生机的东西；如果人们考虑到这种化学家所说的精神统帅，这种构成每一种植物的特殊区别标志的第五本质，看它是如何在所有地方都同样容易地由同样的养料，即由纯粹的水和空气产生；如果人们考虑到在空气中到处扩散的如此能力巨大的挥发性酸，它构成了大多数盐类的积极原则、硫的本质性部分和火的可燃物中的最主要部分，它的引力和斥力在电中如此清晰地表现出来，它是如此地适宜于抑制空气的弹力和促进生成；如果考虑到自然界的这个普洛透斯；那么，人们就会被打动，大致地猜测一种到处起作用的精细的物质，一种所谓的世界精神，但还会担忧无休无止的生育对这种东西的消耗，也许总是要比自然生成物的毁灭所归还给大自然的更多，也许由于这种物质的消费，自然界在不断地失去自己的一些力量。

当我把古代各民族从事伟大事业的动力，即以崇高的概念激励他们、使他们超越自己本身的那种荣誉感、美德和自由之爱的狂热，与我们时代的中庸、冷淡的特性进行比较时，我虽然找到了理由来祝福我们的世纪发生了这样一种无论是对于道德学说来说还是对于各门自然科学来说都同样有益的变化，但却情不自禁地猜测，这也许是赋予人性以生机、其激烈性无论是在放荡不羁方面还是在美好的结果方面都富有成效的那种激情有了某种消退的征兆。相比之下，我在考虑政府类型、传授和榜样对心灵状态和道德有多么重大的影响的时候，却怀疑诸如此类模棱两
1〔213〕可的征兆是否能够提供大自然确实发生了变化的证据。

据此，我并不是像一个大胆的自然研究者有事业心的精神所要求的那样以作出判定的方式，而是像题材自身的特性所造成的那样以审视的方式，来探讨地球衰老的问题的。我力图对人们关于这种变化所形成的概念作出更为正确的规定。可能还有其他一些原因，能够通过突然的变化来造成地球的毁灭。因为且不说人们自一些时间以来很方便地用以解释所有异常命运的彗星，在地球内部，似乎也隐藏着火神的王国，蕴藏

着大量燃烧着的、火一般的物质。这种物质在地壳最上层的下面也许越聚越多，蓄积起火的存量，侵蚀着最上面的拱顶的基础，而这拱顶也许灾难性的塌陷将可能把燃烧着的元素带到地面，在一片大火中造成它的毁灭。不过，诸如此类的偶发事件不属于地球衰老的问题，就像在思考一座建筑物如何衰老时不考虑地震和火灾一样。

原文收入李秋零主编《康德著作全集》第1卷，作于1754年。

论　火

若干沉思的简要说明

谨呈
慨然惠允
审查鄙人论文的最卓越的哲学系
哲学教师

伊曼努尔·康德

哥尼斯贝格
1755 年 4 月 17 日

科学院版编者导言

库尔德·拉斯维茨

这篇论文是康德在1755年4月17日作为要获得口试允许的试卷以亲笔誊清稿呈交哲学系的。口试于5月13日举行，授予学位于6月12日举行。对此，在哲学系档案第V卷189～190页有如下记录："候选人伊曼努尔·康德凭已提交的物理学论文《论火》谋求哲学硕士的荣誉，他已在5月13日的口试后拥有，在6月12日获得，裁判人系主任的第七十个门生"。系主任是约翰·贝恩哈德·哈恩，他于7月8日去世，克里斯蒂安（卡尔·安德烈）成为代主任。

12页厚的大四开本保留在哲学系的档案中，并在康德去世后转交给了哥尼斯贝格大学图书馆，但并未保存在手稿中，而是保存在杰出人士的纪念中。因此，这部作品只是在1888年才被舒伯特重新找到，确切地说第一次于1839年在罗森克兰茨和舒伯特的版本第5卷中（233～254页）发表。几乎同时，这部作品由哈滕施泰因在他的康德版本（1838）的第8卷中（383～404页）依据在哥尼斯贝格的尼克罗维书店出售之后落入莱比锡的书商莫德斯财产中的一个抄本第二次编纂。尼克罗维自己是（如哈滕施泰因告知）根据口头传说从康德的一个亲戚那里谋得它的。第三次刊印在哈滕施泰因的新版本的第1卷中（347～363页，1867），这里也关注到了舒伯特的文本。

我们的版本遵从康德手稿的原文。

1〔371〕 设计的理由

在此，我并不打算用区区几页纸就完成这件本该把最重要的主题交给大部头著作去处理的工作。这里我仿佛杂乱无章地递呈给最卓越的哲学系，供仁慈地加以审查的简要沉思，只是一个理论的草图而已；假以时日，它们将给我带来更丰满的研究的收获。我无处不在谨防自己像通常发生的那样，放任地沉迷于假定而武断的证明方式，而尽我所能极为严谨地遵循经验与几何学的导线，没有这根导线，则无由发现走出大自然迷宫的道路。由于火的力量主要体现在稀疏物体和消解它们的结合，为了行之有道，预先略谈一谈物质的凝聚和流质事物的本性，我认为并不是不相干的。

第一章
固态物体与流质物体的本性

命题一　物体的流动性，不能像绝大多数物理学家从笛卡尔[①]学说出发认定的那样，通过物质分解成各个极纤细而光滑的、把极松散地粘连在一起的部分来解释。

试以三角形 ABC 表示一个由极小的球形微粒堆成的圆锥体的截面。我认为，这个聚合体并不是要把自己的表层按照上述规定的条件安排成在流质事物中必然出现的样子。确实，假定微粒 a、m、n、h 紧贴在微粒 c、e、g、d、f、i 下面，它们中间无一例外地保持静止，除非上面的微粒推动下面的微粒左移或右移，否则它们是不会离开其位置的。但是，上面的微粒因其重力而对微粒 a 施压使其右移所用的力 va，根据力的合成，是重力 co 的一半[②]，这样的情形适用于整个聚合体。由此可以清楚地看出，只要有某种力阻挡最边 1〔372〕
上的微粒 a 和 z，那么，这个聚合体将不会铺开为水平的形体，而是犹如沙漏里的沙粒或其他任何一种被研磨为细末的物质那样，呈圆锥形，如图 1。

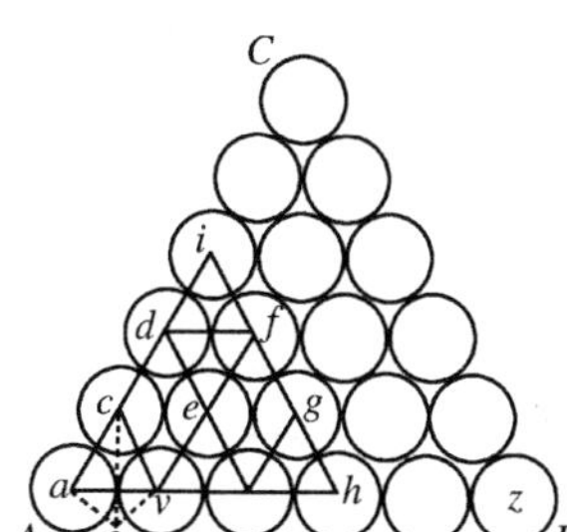

图 1

① 《哲学原理》，1644，第 II 部分，第 54～56 节。援引笛卡尔只是部分地适用，因为在笛卡尔那里，微粒的现实运动是流动性的根本条件之一。——科学院版编者注

② 对力量的这种拆分是不对的。康德也局限于球的重心在一个垂直面上与两个位于其下的微粒处于其中的排列，而毕竟一般来说，是要预设接触更多的球的。这里的静力学题目总的来说包含着一种不确定性，因而无限多的解答都将是可能的。——科学院版编者注

命题二　微粒无论多么精细，多么松散地粘连在一起，其聚合体都不会满足静力学的规律，把与高度成比例的压力运用到边上，因而也就没有流动性的根本特征，除非微粒相互挤压时以某种弹性物质为中介，借它的力量朝各个方向均匀地传递其重量的元素。

既然从前面的命题已经可以看出，聚合在一起、彼此直接施加压力的微粒并不对边上施加与其高度成比例的压力，所以就必然有某种别的物质处于流质的元素之间，以它为中介，重量的元素得以向各个方向均匀地传递。由于在某处受压后使劲以同样的力向别处扩展的物质，通常被称为弹性物质，所以，流质事物的坚实分子必定不是直接地、而是借助某种混合在其间的弹性物质互相贴近的；借助这种弹性物质的力量，来自上面的任何压力都会以同样的量施加到边上。

这就马上有必要证明，存在于流质物体的元素之间的这种弹性物质就是热物质。

命题三　与流质物体一样，固态物体相互结合，凭借的也不是其分子因直接接触发生的粘连，而是其分子以某种弹性物质为中介发生的粘连。

正如上面所证明的，流质物体以某种弹性物质为中介粘连在一起。然而，由于金属和其他同类物体由流质而凝固，总是随着热量减少的程度，所占据的体积越来越狭窄，按照任何量度都紧挤在一起，而它们的元素也并不缺少可以越来越紧密相依的间隙，因此，它们并不是凭借直接接触结合在一起的：显然，即使是固态物体的堆块，也包含着某种混杂在它们的各个部分中间的物质，借助于这种物质，无法相互接触的坚实分子却互相吸引，或者宁可说粘连在一起，从而以这种方式与流质事物一致。

命题四　固态物体的现象可用上述物质的力量来解释，借助这
1〔373〕 **种物质，物体的元素虽然无法相互接触却相互吸引。**

固态物体，尤其是从流体凝固而成的，如金属和玻璃等等，具有一种特殊而值得注意的性质，即如果给它下面系上一个重物，它稍被延展而不至断裂。因此，它们在各部分最密切的结合中所能够承受的重量，也就是它们在彼此分离一些的时候也还能够承受的重量，也是它们在最大的延展程度上能够承受的最大重量。由此我认为，这一现象不能用坚实微粒彼此直接粘连的观点来解释。也就是说，如果一根金属丝是由微粒组成的，这些微粒或者按照图 2 那样结合，或者按照图 3 那样排列以尽可能排除空的间隙，或者像图 4 那样是表面彼此接触的平行六面体，以致它们虽因 *a*、*o*、*i*、*e* 等位置系有重物而离开接触但其他表面仍粘连在一起，那就马上可以看出，即使这样系着重物的金属丝稍稍在长度上延展一点，图 1 中的各部分就会由于不再互相接触而马上断裂。而如果假定，放置在边上的部分 *a*、*b*、*c*、*d* 在长度受到延展时会向里面回收以防断裂，则密度就会有所降低，那么，先前它们尚对重物作出让步，此时就更不能与之对抗了。在微粒的所有表面都相互接触的图 4，如果只有某些部分相互接触，则毫无疑问要被重物所分开。因此，在能够列出的每一个事例中，金属丝若非同时断裂就不能被伸长。但这与经验相悖，显然，固态物体的元素不是以直接接触、而是以某种物质为中介在一定距离上相互吸引的。

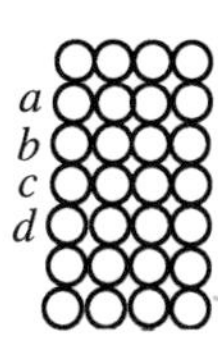

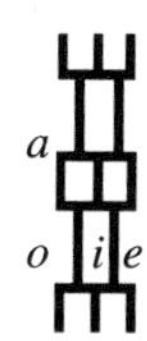

图 2　　**图 3**　　**图 4**

接下来，我将检验一番，从我自己前面作的假设出发，依照自然规律和几何学规则解释固态物体的现象。也就是说，如果我假定一个从流质凝固的物体扩展其元素的这种排列，被处在中间的弹性物质分离开一些，彼此不发生接触，如图 5 所示总是构成 3 个等边三角形①（如果因彼此吸引而聚集在一个极狭小的空间里，它们就总是获得这种排列），那么不可避免的是，当附加的重物沿 *ad* 方向往这边拉动微粒系统，则微粒 *a* 与 *c* 之间的距

① 空间中这样一种均匀的排列是不可能的。——所附的图（5）两次包含字母 d。——科学院版编者注

离将如图 6 所示增大，而距离 ab 和 bc 则保持与先前一样大，因为当元素 b
趋近点 d 时，它将同 a 和 c 二者围住一个比以前图 5 更大的角。以这种方式
混在中间的弹性物质的密度保持不变（因为被拉伸的物体的体积并未延
展），而微粒 a 和 c 的吸引或者宁可说粘连也绝没有因这种连接而减小。在
如此程度上连接 a 和 c 的微粒 b 的引力在使微粒 a 和 c 拉伸或者分离时如图
1〔374〕 6 所示与线段 ad 成比例，尽管如图 5 所示，此前因为角 b 较小，此线段亦
较小。因此，在微粒受到某种延展的时候防止它们四分五裂的力，便与线
段 ad 直接成比例增长，也就是说，根据拉伸的量而增长。

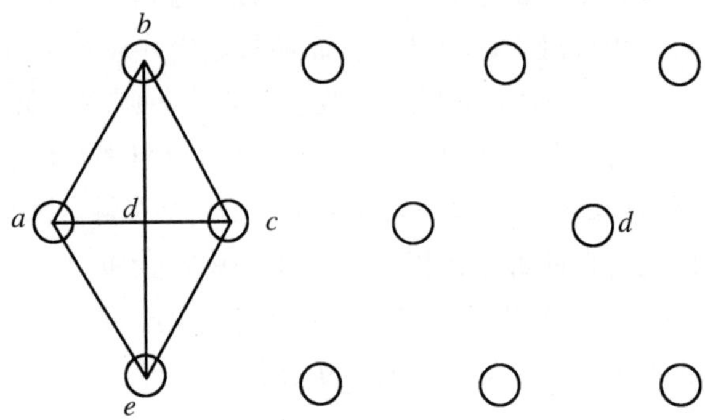

图 5

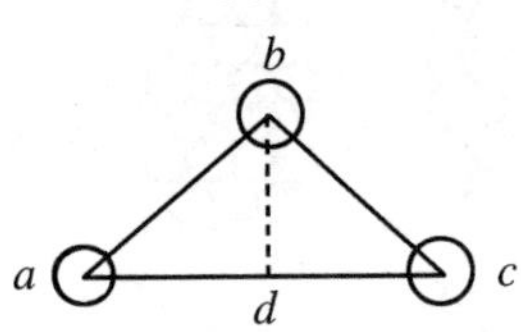

图 6

命题五　所发现的弹性物质被压缩进与力成比例的空间中所依据的规律，最与我们引证的假设相符。

在固态物体中通常所谓的压迫，倒不如更确切地称之为扩张或者延展；因为固体物质比水更不能被压迫力逼入更狭小的空间，这是不言而喻的。试令一弹性物体 $fecb$（图 7）完全固定在墙壁 ab 的 fb 处，并被压向墙那一侧，使其位置成为 $ixfb$，我认为，首先，弹性物体的外侧边缘 bc 由于这个原因而被延展一点，而且，延展得越多，需受的压力也就越

大。其次，根据我们的原理，只要压力适度，把弹性物体经过某个空间移向墙壁 ab 的力将与这些空间成比例。

因此，如果弹性物体受某种力压迫移到位置 2，通过空间 cs 移动得更接近墙壁，线段 ec 就被移动到位置 ix。如果线段 is 被引导穿过密实的物质，并与线段 ec 平行，那么将是 $if=so=cm$，且 xo 也被延展而比外侧边缘 cm 多出 xs 这个部分。然后，如果继续压迫，直到此弹性物体移到位置 3，即 $gkjb$，并与 ec 平行地引导 gh，那么延展的量 kh 将大于量 xs。从以上的证明可以清楚地看出，以这种方式位置 3 比位置 2 需要更多的压力。

现在，必须探索压迫力究竟以何种方式与其空间有对比关系的。位置 2 中的边缘 xb 无论弯曲多少，如果压迫适度的话，都可以被看做直 1〔375〕
线；位置 3 中的线段 kb 亦复如是。进一步假定，延长位置 1 上的弹性物体的水平线段 ec，使其经过点 i 和 g，由于在压迫适度的情况下它非常接近这种状态，这样的假定可以没有什么问题。因此，在三角形 ixs 中，角 x 等于角 c，因为弹性物体的这一线段与位置 1 中是相同的；角 s 也等于其对角 o。因此三角形 scb 和 isx 是相似三角形。同样，位置 3 中的三角形 gkh 也与三角形 hcb 相似。由此可得如下论证：

$$\begin{array}{c} ix : xs = bc : sc \\ \underline{kh : gk\ (ix) = hc : bc} \\ xs : kh = sc : hc \end{array}$$

也就是说，弹性物体的外侧边缘 bc 被延长的量 sx 和 kh 与压迫空间 sc 和 hc 成比例（图 8）。

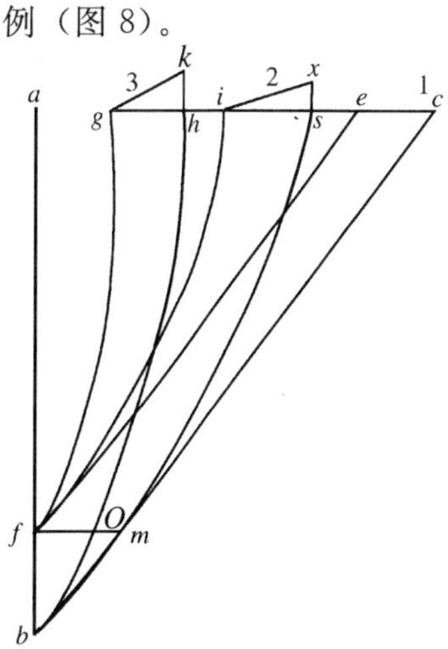

图 7

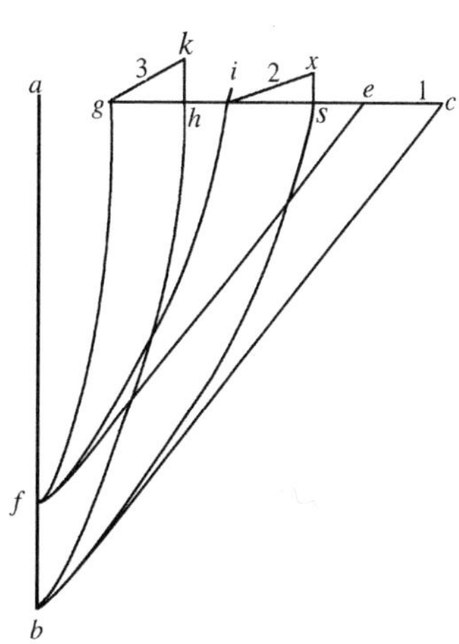

图 8

既然从命题四可知，根据我们的假设延展的力必然与延展的量成比例，那么在这一事例中就很明显，压迫弹性物体的力也与压迫的空间成比例。

我们公布的这些结论，出色地巩固了德·拉伊尔①发表在1705年出版的《巴黎王家科学院备忘录》中关于对弹性物体的压迫所宣布的东西。如果仔细地考察一番的话，它们是用其他任何假设都无法如此恰切而一致地加以解释的。

一般性的绎理

因此，如果我的论断不错的话，任何物体所包含的坚实部分，都是以某种弹性物质为中介仿佛是纽带一般统一起来的。基本的微粒与这种物质混合在一起，尽管没有了彼此的接触，但借助这种物质的力量又彼此吸引，而且结合得肯定比通过直接接触所能达到的更为紧密。因为绝大部分是球形的分子，其接触如果勉强发生在一个点上，将无限地弱于通过整个表面呈现出的粘连。出自这一理由，元素的排列在其粘连不受损害的情况下就能够发生变化，而且同时可以看出，如果从间隙中部分地除去把元素结合起来的物质，那么元素之间就能够更为接近，并收缩体积；反过来，如果这种物质的量增多，甚或其弹性增大，那么，物体的体积就会增长，其微粒会在不损害其粘连的情况下彼此脱离。上述这一切在火的理论中至关重要。

---

① 儿子德·拉伊尔（Gabriel Philippe de La Hire，1677—1719）关于其父亲菲利普·德·拉伊尔（Philippe de La Hire，1640年生于巴黎，1718年卒于同地）的试验的通报，涉及空气的压缩，《巴黎王家科学院备忘录》，110页，1705。——科学院版编者注

第二章 1〔376〕

论火的物质及其变易、热与冷

命题六 经验

火证明自己在场，首先是使物体不分流质还是固态，都在所有方向上变得稀疏，其次是松懈物体的结合而削弱其粘连，最后使其各部分消散为热气。而冷则相反，它减小物体的体积，增强粘连，使柔软韧性的成为坚硬的，使流质的成为固态的。热主要在固态坚硬的物体中或者由摩擦或者由振荡引起。在任何物体中，热都不能增长至无限。熊熊燃烧的物体决不会越过其沸腾的临界点，虽然燃烧者通过烧尽常常会获得更多的热量。

热的其他值得注意的现象我在这里就不想提了，因为下面将到处遇到它们。

命题七 火的物质无非就是（上一节所描述的）弹性物质，无论什么样的物体，它都与其元素混合在一起，使之结合起来；它们的波动或者振动就是所谓的热。

经验（见命题六）指出，物体无论是受到摩擦还是受到震动都会燃烧，而且在所有方向上都被均匀地稀疏。既然这证实了延伸进物体的团块里面、并且遇到刺激就努力延展的某种弹性物质的在场，此外既然根据第一节所证明，任何物体都拥有包含在间隙中的弹性物质，这种弹性物质追求微粒的结合，又能够受到激发而作波动，呈现出热的所有现象，那么很明显，它与火的物质没有区别。

从沸腾现象出发对这一点的证明

被热所液化的物体，在因为增加的火越来越多而导致沸腾的时候，就不能再容纳热度，并在这种状态中释放出大而有弹性的、与承载它们的大气重量相等的气泡，并一直持续到火将它们驱散。如果这些气泡不
1〔377〕包含任何弹性的气体，除了火的物质之外也没有别的东西进入充满热的物体，那么问题就来了：既然在沸腾之前热同样进入水中，并且在此时除了某些小气泡之外并不释放有明显弹性的东西，为什么会刚好在沸腾的那一刻释放这种东西呢？既然很容易看出，我们称为火的那种弹性物质，在之前和此刻都同样包含在变热的流态团块中，虽然体积有所增大，但却一直受到微粒的吸引力的削弱和压制，只要它的量与其波动的剧烈程度相结合还不大于分子的引力，而在它壮大起来，使它的活动已经超过了其弹性力时，再次增加的全部火物质借助自由的弹性，仿佛是进入一样穿透流体的介质，既然可以说压力已经为这种火物质进入一切热物体开放，那么，这里就没有什么我们要怀疑自己这个命题的真实性的。

命题八　热的物质无非就是被物体强大的吸引力（或者粘连力）压入物体的空隙中的以太自身（或者光的物质）。

首先，正如牛顿从折射和反射现象所说明的，密度较大的物体对光的引力极为巨大，据这位无与伦比的人物计算，临近接触时引力是重力的干扰的1亿亿倍。既然光的物质是弹性物质，那么毫无疑问，它最终会被一种极大的力迫入、也就是说压入较小的空间；既然物体的微粒到处都遇到这种易于接近的光物质，那么，对于我们已经在物体里面证实了的弹性物质与以太没有区别，究竟还有什么可犹豫的呢？

其次应当注意的是，那些特别有能力折射光的物质，也更有能力从移近的火吸收更多的热；由此可以看出，那种极力把光与自己结合起来的引力，同样也把与自己密切结合起来的火物质留住不放。根据牛顿和其他一些人的实验，油以比依据其特有的重力更大得多的力折射即吸引光线；甚至获得比依据其特有的重力更高得多的沸点，例如松节油等。油是火焰的真正燃料，在这种状态下，既然它们向四面八方发光，就说明热的物质与光的物质是尽可能高度一致的，或者更确切地说是没有区别的。

这一点可以从玻璃的透明性得到证明 1〔378〕

如果采纳与自然规律最一致、最近由极为著名的欧拉①用新的辩护予以捍卫的假说，即光确实不是发光物体的流溢，而是到处分布的以太延伸的压力，而且如果考虑一下玻璃透明性的起源，人们就会坦率地承认以太与火物质的关系，更确切地说它们的同一性。玻璃是借助火的力量用碳酸钾即一种强碱性的盐和沙砾熔炼而来的。既然碳酸钾经过长时间的猛烈焙烧就会造成与火物质的完全结合，那么，当它与沙砾混合起来时，它就会通过整个玻璃块散播火的这种弹性要素；而且，既然可以证明，这种由流质凝固而成的物体无论如何改变，也并不拥有开放的、直线的、总是让光通过的通道，而是说玻璃被自己的物质所充满更为合乎理性，可见，由于光依然透过玻璃块而散播开去，光物质本身是与玻璃的各部分混合在一起、是其团块的一个部分。由于我们已经看到，火的物质构成了玻璃的一个不可轻视的部分，而且大量地散布在其坚实元素之间，所以，热物质与以太或者光的元素完全是一回事，就是无可置疑的了。

命题九　测量热的程度，即用数字表述不同程度的热相互之间的关系。

巴黎王家科学院的著名成员阿蒙通②就是第一个阐明了这一问题的解决方案的人。既然火的力量主要表现在使物体稀疏，那么，借助与稀疏的努力相对抗的压力来测量它的量，就是适当的了。由于已经发现气体无论热量减少多少，都会对压力作出让步，体积也会减少，以至于可以正确地认为气体的全部弹性只来自热，这位著名的人士就依据这一假设建立了一套方案，借助因热而膨胀的空气的弹力、即借助以这种热量所推动的空气在体积相同时所能承载的重量来测量热的程度。

---

① 欧拉（Leonhard Euler），1707 年生于巴塞尔，1783 年卒于圣彼得堡。在《光和色的新理论》（载《各种论证作品集》，第Ⅰ卷，1746）中，他针对牛顿的发射理论重申了光的波动理论。——科学院版编者注

② 阿蒙通（Guillaume Amontons，1663—1705 于巴黎）。康德涉及阿蒙通在 1703 年的《科学院备忘录》上的论文《温度计降低到一个固定的和肯定的度》（也请参见下文在布尔哈维那里引用的一段话）。——科学院版编者注

注解

根据布尔哈维①的报告，是华伦海特②第一个注意到用火加热而至沸腾的液体的特殊性质，即无疑是大气的重量越大，热的程度也越大，而空气的压力越小，沸点的热的程度也越小。根据巴黎科学院的报告，莫尼埃③在测试沸水的热以及沸点超出冰点的高度时，也发现了同样的东西。他先是用列氏温度计在波尔多、然后又在米迪山的最高峰进行测量，在那里气压计比前一个地方低 8 寸。他在两个地方观察到的冰
1〔379〕点都一样，但沸点的热却比他在波尔多用气压计测得为 28 寸的沸点热降低了沸点高出冰点之差距的 15/180，这样，波尔多沸点的热要比米迪山上沸点的热高出它的 1/12，而这一差额是由两地大气重量大约 1/3 的差额造成的。由此可以看出，如果把全部空气的重量从沸水中除掉，就会除掉冰点与沸点之间的热的 1/4。因此，既然没有空气的压力就能够给沸水造成较低程度的热，而增加空气的重量就能够给它造成较高程度的热，那么，大气的重量所做的事情，无非就是把重量反向施加于火的微粒的波动上，而水的元素自身的引力尚不足以使它们聚拢在一起。由此可以猜想，致力于在沸点从水的结合中逃逸出去的以太究竟是如何借助弹性力量成功的，以及水究竟是如何借助微粒的引力（或者引力不足时借助外部的压力）阻碍它的。实际上，由于根据值得赞扬的阿蒙通的说法，冰点与沸点的热相差几乎不到 1/3，而且介于冰点与沸点之间的热的 1/4 需要有与整个大气重量相等的力，所以可以得知，对于保持沸腾时总的热量的均衡来说，12 倍大气的重量是必要的。因此，水的元素的引力自身就等于 11 倍空气的压力。由此可以得知这些水元素在冰点的引力，得知为了压迫弹性的以太，金属的引力要更大得多。

---

① 参见《康德全集》，第 I 卷，208 页注。康德所涉及的这段话，在《化学基础》中，第 I 卷，65 页，1732。——科学院版编者注

② 华伦海特（Daniel Gabriel Fahrenheit），1686 年生于但泽，1736 年卒于荷兰，能够用他的温度计更精确地规定沸点对空气压力的依赖：《哲学学报》，1 页以下，1724。——科学院版编者注

③ 莫尼埃（Pierre Charles Le Monnier，1715—1799）是天文学家，其弟弟莫尼埃（Louis Guillaume Le Monnier，1717—1799）是国王御医，对研究空气磁电有贡献。——科学院版编者注

色贡达[①]也做了同样的观察，他发现水的稀疏程度在所说的那座山上较大，在波尔多则较小，其比率占总体积的1/24到1/35，加以计算，这恰与大气重量成反比，即20∶28。因此在这一著名的事例中，希蒙托科学院用实验确证，已经看不到水对抗任何压力的那种极顽强的阻力了。

命题十 陈述蒸气根据我们理论的上述内容已得到解释的本性和原因。

蒸气的本性

蒸气无非是从液体表面分离出来的、悬浮在空气中的潮湿微粒，它们具有自身特殊的、近乎令人惊讶的性质，即因接触而相聚的同质液体分子在多大的程度上急切地统为一体并自动地溶为一个团块，当它们被释解为稀薄的蒸气并为必要的热度所驱迫的时候，就以多大的程度从它们相互的接触和结合当中逃逸出去，并且用牛顿的话说强烈 1〔380〕 地互相排斥，以致根本找不到一种巨大的力量足以压迫它们，使它们结为一体。因此，当水蒸气受到火的相当大的作用时，就会迸破最坚固的容器，而且每一种蒸气都根据其自身的性质，常常表现出令人惊奇的弹性。

原因

这种现象的根据，就我所知，尚未被物理学家充分地考察。因此我来探究它。

从水的表面挣脱的、以即使用显微镜也很难观察到的气泡形式形成的极稀薄的表皮，就是水蒸气的要素。不过，在某个时候被热更强有力地驱赶的时候，如此众多的细微气泡在如此程度上从其接触中逃逸出来，这究竟是为了什么呢？我马上就来解释。既然根据我们的理论以上所述，水与所有其他物体一样，都是借助吸引力留阻压入自身团块内的以太弹性物质，而且从已证明过的可以得知，吸引力不仅受接触限制，而且也

① 色贡达（Jean Bapstiste Secondat de Montesquieu，1716—1796），基耶内议会议员。——科学院版编者注

受一定的距离限制，因此，虽然吸引力有时确实延伸到更远的距离，但在吸引力与来自热的波动的排斥力达到均衡时，水分子就在那个紧接点上彼此紧紧粘连。在图 9 中，线段 ef 表示这种距离，我们必须把它设想得非常短，并且让结合在一起的水微粒的这一距离与微粒 eg 成比例。进而，在图 10 中，平行四边形 $abcd$ 是水的一小部分，其厚度 ba 极小，可以等于线段 ef。由于根据预设的命题，水元素相互之间的引力在距离 $ba=ef$ 之外就不再起作用，如果微粒被安置在点 a，它将感受到所有透过此厚度组合起来的微粒的吸引力，因此，它将尽流体的性质所能与这些微粒极为紧密地粘连在一起，即使我们给水的这个小部分再增加一块 $bhid$，也不会使之粘连得更牢固了。实际上，如果它移开极小一段距离 am，它就不再受到水的这整个小部分的吸引，而只受到 $anoc$ 这一小部分的吸引了，从而它致力于结合的力量就会减小。且把图 10 中的平行四边形转换为另一个更薄的平行四边形，即图 11 中的 $hkrs$。任何一个接近点 h 的水微粒所受到的吸引都要弱得多，而且既然被这个表皮拘禁的以太绝大部分都把自己从这一增大了的表面释放出去，那么很清楚，在这种状态下一个被热的交替移近的微粒将被驱离点 h 的距离，就要远远大于前一种条件下所能产生的，而且这个表皮越薄，微粒从接触中逃逸出去的
1〔381〕力量也就越大。进而，由于薄表皮 $hkrs$ 在这个剩下的图形中将会变成球形，通过以这种方式在各个方向上增大其厚度，获得在与过去相同的距离上把其他微粒与自己结合在一起的力量，所以，如果它要保持蒸气的特性的话，就必然把自身团成图 12 中气泡的形式，这样，直径 ab 变小了，厚度减小了，以致被安置在直径两端的点 a 和点 b 之间的距离就会小于距离 be。以这样的距离，由于以太的排斥力等于吸引力，两个点如果能够自由伸展自己，就会俨然静止下来。在这种状态下，气泡既会极力扩展，也会成为弹性蒸气的元素。不过，同质的两个气泡之间的距离 cd 总是与直径 ab 相等，这一点从业已证明过的东西来看是一目了然的。

图 9

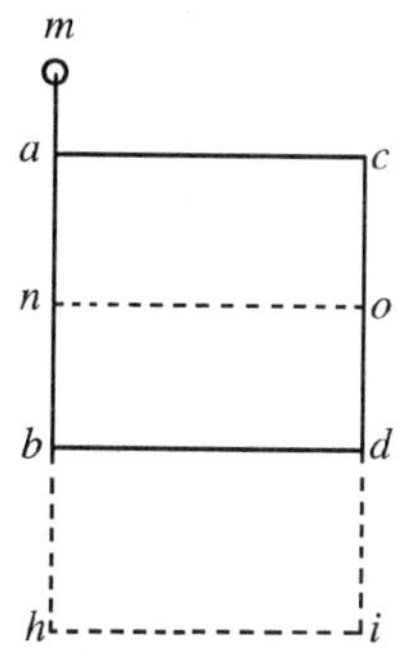

图 10

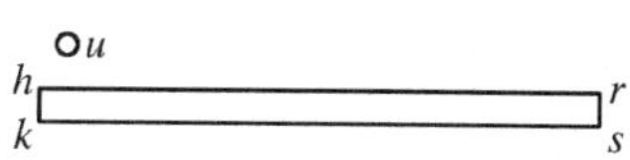

图 11

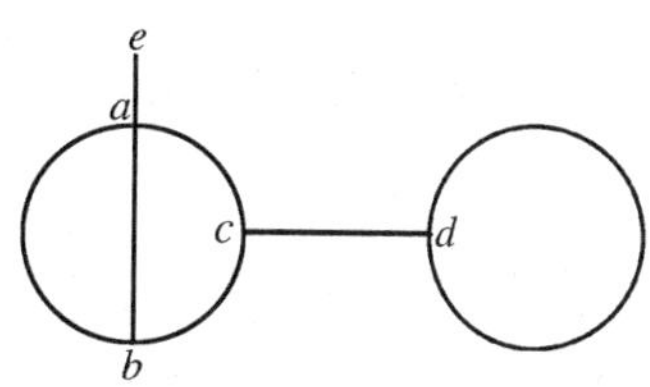

图 12

命题十一　探究空气的性质及其弹性原则的原因。

空气是一种弹性流体，几乎比水轻 1 000 倍，其扩张力与热成正比，它在相同的大气重量下从水结冰的冷上升到沸点时的扩张，大约是与先前的热度相适应的体积的 1/3。这些现象不包括任何不能同各种蒸气相适应的东西，只有一点例外，这就是各种蒸气在空气完好无损地保持自己的弹性的那种寒冷程度就会凝固，表现不出任何扩展力的征兆。但是如果考虑到，蒸气表面的稀薄性就包括在原因中，使得在热度较低时能够显示出值得注意的弹性，那么很清楚，在此不必立刻不加考虑地、草率地抛弃类比的力量，而是应当更多地检验，由于我们从同一个原则演绎出两种东西，我们是否还能够避免增加不必要的实体。引起猜测热情的现象如下。

所有借助油性元素或者盐性元素由极微小的微粒结合而合成的物体，如一切植物、酒石、动物结石，以及许多种盐类，尤其是硝石，当它们受到火的强烈影响时，会发出大量的弹性气体，而这正是哈勒斯[①]在《植物静力学》中以不同寻常的实验向我们说明的。此处发现，空气绝不是它与之结合的坚实物质的一个微不足道的部分；就全部质量而言，它在鹿角中占 1/7，在橡木中占差不多 1/3，在莱茵酒石中占 1/3，在硝石中占 1/8，在动物结石即人体结石中占 1/2 多。由于火的力量而从这些物体中蒸发出来的气体，只要还是物体的一部分，就还不具有空气的本性，也就是说，还不是一种具有与其密度成比例的弹性流体，这是自明的。因为否则的话，即便是以中等热的力，它也会扩张到比能约束它的结合
1〔382〕更大的空间，瓦解物体的任何联结。因此，从物体的间隙中释放出去的物质，原来并不是弹性的，但一经释放就表现出弹性。不过，既然蒸气的本性就是，在它们从与之结合的质量中分离释放出来的时候就表现出弹性力，那么，即使不能坚决地肯定也能以大的概率认定，空气无非是从物体中释放出来的蒸气，它在被减低到最稀薄的程度之后，就很容易因热的任何程度而释放出来，并表现出强烈的弹性。

证实我的这一观点的东西，既不少也并非无足轻重。空气为什么借助燃烧仅仅从包含着不少油和酸的物体中排出呢？难道酸不是像我业已说明的那样，乃是为借助其吸引而抑制以太的最活跃、最强烈的一种元素吗？难道这种元素不是像黏合剂一样是那些合成物体的纽带（因而是把一切物体结合起来的以太物质的真正磁石）吗？而且，当这种酸借助火的强大力量艰难地从它与物质极为紧密的结合中被排出的时候，难道你不认为分离开的酸必然会分解成为极稀薄的表层吗？这样，你怀疑以这种方式构成弹性流体的是这种东西，它哪怕受到最轻微的热度也会膨胀，但无论多冷（当然永远不会赶走全部的热）也不会结冰及丧失弹性吗？因此，正是由于抑制水蒸气的那种困难，即稍一遇冷它就凝结，而且也是使哈勒斯以完全不同于蒸气任何本性的物质的名义来解释被排出的气体的那种困难，这里完全陷入了停顿。因此，这就向物理学家们提供了一个值得他们去作更为慎重的研究的见解：空气是否无非是借助所有事物的本性散播的酸的某种最为稀薄的状态，无论热度小到什么程度，它都表现出弹性。

① 参见《康德全集》，第Ⅰ卷，208 页注。《试借各种各样的化学静力学试验分析空气》，载《哲学学报》，第 34 卷，264 页以下，1727。——科学院版编者注

毫无疑问，以此为基础，就容易看出，为什么当硝石被烈火焙烧时，会发出大量的弹性空气，因为从其更密实的部分分离出来、化为最稀薄的蒸气的最精细的酸，就是空气本身。同样也容易理解，为什么最耐火烧的物质奉献最多，发出大量的气体，例如何以莱茵酒石就比硝石散发的气体多。因为当酸与那种迟钝地、包围着它又最拒绝释放它的物质分离时，采取的是最稀薄的表层的形式，以至可能构成一种像空气一样易变的弹性物体；反之，从中较容易被释放的蒸气，会显得更浓厚一些，并且在逐渐降低的温度下无法保持其弹性。

对大气压的观察与本假说一致

空气在海拔较高的地方通常被认为几乎无法解释的特性，从本假说来看就洞若观火。马里奥特规律认为空气被压缩与压迫的重量成正比，但根据《巴黎王家科学院备忘录》，马拉迪、卡西尼①和其他一些人发现，1〔383〕
这在高海拔地区不能成立。因为他们发现那里空气的密度小于根据这一规律与较低的重量相比必然得出的密度。由此可见，高层的空气并不是由处在较小压力下的那类微粒构成的，而是由自身独特的较轻元素构成，因为在同样的压力下要负担更大的重量，则需要它们有更大的体积。既然空气的性质实质上随着海拔高度的不同而有所差异，在世界上任何地方都不能在同一种元素中发现另外的性质，那么很清楚，空气应当拥有的就不是不同种类的元素，而是另一种元素借以表现自身的形式，我想它就是酸性湿气。这样，这种蒸气的某些微粒（由于表层的不同密度）比其他微粒重一些，而较轻的微粒会占据最高的位置，也就毫不奇怪了。

命题十二　陈述火焰根据我们理论的上述内容已得到解释的本性。

1. 本性

火焰的本性，尤其是与其他种类的火相比，其独特之处在于：

① 马拉迪（Giacomo Filippo Maradi），1665 年生于尼斯的佩里纳尔多，1729 年卒于巴黎，是 G. D. 卡西尼（Giovanni Domenico Cassini，1625 年生于佩里纳尔多，1712 年卒于巴黎）的外甥，而这里指的是后者的儿子 J. 卡西尼（Jacques Cassini，1677—1756），亦即《论空气冷凝的规则》，载《巴黎科学院备忘录》，61～74 页，以及该书 272～274 页，1705。——科学院版编者注

任何物体都在其表面燃烧，火焰的燃料是油，因此也就是酸，是那种最能效力于其弹性运动的要素。

火焰就是一直达到火的那种温度的蒸气，它闪烁着强烈的光，只有在燃料短缺的时候才会熄灭。使火焰完全不同于其他一切种类的火的特性为：

（1）尽管根据大自然的普遍规律，无论什么物体，通过加热而被引入给它的热由于传导将会逐渐地减退，但火焰则相反，它将从最微小的元素获得难以置信的、只要不缺乏燃料就不为任何界限限制的力量。

（2）任何易燃物质通过加热到沸腾状态而引起的火，比通过燃烧产生的火晚很多。

（3）火焰会放射光芒，而其他种类的物体，除了金属，无论加热到何种程度都不会发光。

2. 探究原因

如果我的观点正确的话，这些现象的真正原因就在于此。火焰是由燃烧的蒸气构成的，而物体的坚实物质不会完全转化为火焰，确切地说，只是其表面在燃烧。既然蒸气以尽可能大的表面在把火的物质包含在自身之内时遇到的阻力最小，那么就可以看出，它不仅极容易把自己从极微小的元素接受来的波动蔓延开来，而且能够逐渐地以同样的强度把它传递给那些易燃物质，无论它们的数量有多大。尽管乍一看来这种现象
1〔384〕与力学的基本规律相左，因为后者认为结果总是等于它的原因，但只要加以斟酌就会明白，为借助星星之火点燃火焰而采取的第一次诱发，无非就是易燃蒸气极小的微粒触发了它的火元素的波动而已。只要稍受约束，这种火元素就尽全力挣脱，造成振动，并通过同时激起周围的物质而使剧烈的运动在整个质量中蔓延开来。一个微小的原因在此竟会引起如此巨大的结果，并没有什么可奇怪的，因为受到限制的以太摆脱引力约束的迸发是会以这种方式超过本来并不承认造成刺激的火焰为其原因的那些结果的；因为这些结果有赖于油的吸引，而油被封闭起来的物质最稀薄的部分造成了剧烈释放的能力。此外，蒸气安排流体，由于不这样受约束的弹性以太更自由的震动而更为激烈地波动，并由于以这种方式喷出的火物质而比其他物体更适宜于加热物体，发出光芒。

结语

然而，这项小小的研究才刚刚开始，我就要画上句号了。我不想再耽误那些身负更重职责的人们的时间了，我把拙文和我自己托付给我们最卓越的哲学系那宽宏仁慈的胸怀。

原文收入李秋零主编《康德著作全集》第1卷，作于1755年。

地震的原因

科学院版编者导言

约翰内斯·拉茨

这部作品，即关涉里斯本地震的三篇论文的第一篇，发表在 1756 年的《哥尼斯贝格咨询和广告消息周报》，确切地说第 4 期和第 5 期，亦即 1 月 24 日和 31 日。它未出现在康德作品较早的列表和结集中，尽管康德在第二篇论文《地震中诸多值得注意的事件的历史和自然描述》中两次指出这部作品，有一次甚至明确说到《咨询和广告消息报》(参见《康德全集》，第 I 卷，439 和 451 页)。哈滕施泰因第一个把这篇论文收入他 1867—1868 年的版本。

1〔419〕 涉及所有人命运的重大事件，理所当然地要激起可嘉的好奇心，这种好奇心在所有非同寻常的事情上都保持着清醒，并习惯于追问那些事件的原因。在这样一种场合，对公众所负的义务应当能够促使自然研究者们，来说明观察与研究能够为他们提供的洞见。我无意于全面地履行这项义务的荣誉，而是把它留给能够自诩已经精确地了解地球内部的人物——如果有这样一个人物挺身而出的话。我的考察将只是一个草案。坦率地说，它将差不多包含迄今为止人们有可能对此说出的一切东西，但还不足以让那种根据数学确定性的试金石来检验一切的严格评判感到满意。我们安静地居住在一块土地之上，它的基础却有时被动摇。我们无忧无虑地建造起亭台楼阁，它们的支柱却时而晃动，有坍塌的危险。

我们不因为也许离我们并不遥远的命运而忧虑，当我们得知在邻国造成我们脚下所隐藏的那种不幸的破坏时，我们不是恐惧，而是同情。毫无疑问，不为对这样的命运的恐惧所困扰，这是神明天意的善举；对于阻止这样的命运来说，任何杞人忧天都帮不上一点忙，而我们现实的灾难也并不由于对我们视为可能的事情的恐惧而有所增加。

引起我们注意的第一点就是，我们栖身于其上的土地是空心的，它的圆拱几乎连贯地通过一些辽阔的地带，甚至延伸到了最低的海底。我并不 1〔420〕
从历史上援引这种情况的实例；我的意图并不是提供一部地震的历史。在许多次地震中听到的像地下风暴在怒吼、或者像载重车驶过石路的那种可怕的咆哮声，这些地震在距离遥远的各国同时延续的后果，其中被一个宽逾 450 德里的海洋隔开的冰岛和里斯本在同一天发生震动①，这些都无可辩驳地证明，所有这些现象在这些地下圆拱的联系方面是一致的。

如果我要就地球形成时造成这些空穴产生的原因说出某种易于理解的东西，那么我就必须将地球的历史一直追溯到混沌时代。如果不能详尽无遗地描述包含其可信性的理由，这样的说明就只会造成过多虚构的假象。但无论原因是什么，有一点是确定无疑的，那就是这些空穴的方向与山脉平行，并且通过一种自然的联系也与大的河流平行；因为这些河流是平行地延伸的山脉从两边限制住的一道长长山谷的最低部分。这个方向同样也是地震传播所采取的主要方向。在多次波及意大利绝大部分的地震中，人们发现教堂中的烛台差不多都是从北朝正南移动；而最近这次地震则是自西向东，这也是横贯欧洲绝大部分的那些山脉的主要方向。

如果在这般可怕的偶然事件中允许人们运用一些小心，如果用一些理性所昭示的部署来对抗普遍的灾难并不被视为一种鲁莽的、徒劳的努力，那么，里斯本不幸的废墟岂不就应当令人对在标志着地震必然地在这一地区以自然的方式发生的方向的那条河畔沿河纵向重建心生疑虑。**金特尔**②证 1〔421〕

① 这个评论后来被康德纠正，参见下文 427 页及其注。——科学院版编者注

② 金特尔*的环球游记，据布丰的引用。布丰同样也证实，地震的方向几乎任何时候都与大河的方向平行。

* Labarbinais-Le-Gentil，18 世纪的法国世界旅行家，生于布列塔尼［生年未知，就连卒年也未得到流传］，在《新的世界周游游记……与对中国的描述》［巴黎，1728］这部著作中描述了他的旅行，参见第Ⅰ卷，172 页以下；以及布丰的《自然史》，第Ⅰ卷，521～522 页，该处刊登了相关的段落。——科学院版编者注）

实，如果一座城市在其最大的长度上被方向相同的地震所震动，所有的房子都将倒塌，相反，如果该方向是在其宽度上，则只有很少的房子倒塌。原因是一清二楚的。地基的晃动使建筑物离开了其垂直的位置。如果一列自东向西的建筑物这样被动摇，那么就不仅仅每一座建筑物都承受了自己的负担，而且西边的建筑物还挤压东边的，从而无可争议地倒在一起；相反，如果它们是在宽度上被晃动，每一座建筑物都只需要保持自己的平衡，在同样的情况下损失就必然会少一些。因此，里斯本的不幸似乎由于其在塔古斯河畔的纵向位置而更为严重；而根据这些理由，在多次感受到地震、且从经验可以得知地震的方向的地区，每一座城市都必须不是按照与地震一致的方向修建的。但在同样的事例中，绝大多数人都持截然不同的见解。由于恐惧使他们不能反思，他们就相信在如此普遍的不幸事例中所发现的灾祸与人们有权利运用小心对付的灾祸截然不同，并想凭借一种盲目的屈服来缓和命运的严酷，由此而无条件地听凭命运的摆布。

地震的主带沿最高山脉的方向延伸，因此，主要是临近这些山脉的地区受到震动，尤其是如果它们被包围在两列山之间的话；在这种情况下，来自两边的震动将结合起来。在一个与山脉没有联系的平坦地区，地震鲜有发生，并且很微弱。因此，秘鲁和智利是世界各国中承受地震最频繁的国家。在那里，人们小心翼翼地建造起两层的房子，其中只有底层砌墙，上层则用的是芦苇和轻木材，以便不致被砸死。意大利、甚
1〔422〕至还有部分地处寒带的岛屿冰岛和欧洲的其他高地都证实了这种一致。去年12月自西向东贯穿法国、瑞士、施瓦本、蒂罗尔和巴伐利亚的那场地震，主要波及的是这一地区最高的地方一线。但我们还知道，所有主要的山脉都纵横交错地延伸出支脉。地下的燃烧也逐渐地扩展到这些支脉，因此之故，在到达瑞士群山的高原地区之后，也形成了与莱茵河平行、一直延伸到低地德国的空穴。大自然把地震主要地与高原地区联结起来的这一规律的原因会是什么呢？如果确定无疑是地下的燃烧导致了这种震动，那么就可以轻而易举地认为，由于多山地区的空穴更为宽大，可燃气体的喷发在这里也就更为自由，燃烧无论何时都必不可少的与封闭在地下的空气的结合也就更为畅通无阻。关于这一点，地球内部自然情状的知识——就人们能够揭示的而言——说明，多山地区的地层远远

不像平坦地区的地层那样高，因而那里地震的阻力也就比这里更小。所以如果有人问，我们的祖国是否也有理由惧怕这种不幸的事件，我就要——假如我负有劝戒道德之改善的使命的话——为了人们在此不能否认的普遍可能性而让对此的惧怕保留自己的价值；但是，在虔诚心的众多动因中，取自地震的虔诚心无疑是最弱的虔诚心；而既然我的意图只不过是为猜测列举物理的根据，所以我可以轻而易举地从所列举的东西中得出：由于普鲁士不仅是一个无山的地区，而且也必须被视为一个几乎完全平坦的地区的延伸，所以人们有更大的理由根据神明天意的部署从相反的希望中得到安慰。

现在是就地震的原因列举些什么的时候了。对于一位自然研究者来说，描摹它的现象是某种轻而易举的事情。取 25 磅铁屑和同样多的硫，并用普通的水搅拌均匀，把这个团块埋入地下一尺或一尺半深，把上面 1〔423〕
的土夯实。若干个钟头过后，就可以看到有一股浓烟升起，土受到震动，从地底下冒出火苗。① 毋庸置疑，前两种物质在土里面是经常相遇的，是通过隙缝和岩隙渗入的水使它们骚动起来。另一个试验也可以从自行起燃的冷物质的混合中产生可燃的气体。将 2 匙硫酸盐油与 8 匙普通的水搅匀，加入 2 匙铁屑，就会猛然沸腾起来，产生能够自行起燃的气体。谁能够怀疑，在地球内部包含着足够数量的硫酸盐的酸和铁的成分呢？如果加上水，引起它们的相互作用，它们就会喷出气体；这些气体力图扩散开来，震动大地，并在火山的缝隙处于一片火焰时逃逸而出。

人们早就察觉到，如果一个地区的相邻地区爆发了火山，被封闭的气体由此能够获得了出路，那么这个地区就摆脱了剧烈的地震；人们还知道，如果维苏威火山长时间保持平静，那不勒斯附近的地震就要频繁和可怕得多。将我们置于惊恐之中的事物常常就是以这种方式为我们的福祉服务的；在葡萄牙的群山中爆发的一座火山，有可能成为一种预兆，说明灾难正在逐渐地远离。

万圣节不幸的日子里在如此众多的海岸可以察觉到的水的剧烈运动，

① 这是康德在《康德全集》第Ⅰ卷 471 页再次提到的雷默试验。它的描述载论文《雷默对地下火、地震、风暴、闪电和雷鸣的物理学和化学解释》。参见《巴黎王家科学院物理学论文集》，由沃尔夫·巴尔塔萨·阿道尔夫·冯·施泰因韦尔从法文译出，第 1 部分，427 页以下。就连下文的第二个试验也出自雷默，载同一篇论文。尼古拉·雷默生活在 1645—1715 年。——科学院版编者注

在这一事件中成为惊奇和自然研究的极为罕见的对象。地震一直延伸到海底，船只被如此剧烈地摇撼，就好像它们被固定在一块受到震动的坚硬土地上似的。这是一个普遍的经验。但是，在水波涛汹涌的地区，就没有一点地震的迹象，至少在距海岸中等距离的地方就根本感觉不到。尽管如此，水的这种运动也不是绝无先例。1692 年，在一场几乎是普遍发生的地震中，在荷兰、英国和德国的海岸也觉察到同样的东西。我听
1〔424〕说，许多人不无道理地倾向于用葡萄牙海岸旁的海水通过地震的直接撞击获得的连续波动来解释水的这种波涛汹涌。这种解释最初看来是遇到了一些困难。我清楚地知道，在一种液态的物质中，任何一种压力都必然是通过整体才能感受到的，但是，葡萄牙海海水的压力在传播几百里之后，怎么在格吕克施塔特和胡苏姆还能使水激起几尺高呢？难道不是那里必定形成摩天的水浪，以便在这里造成几乎难以察觉的水波吗？我对此的回答是：一种液态物质被在某处起作用的原因整个地运动起来，可以有两种方式；或者是通过上升和下降的颠簸运动，即以波浪的方式，或者通过一种突然的压力，这压力将水向其内部震动，当做一种固体来推动，不给水以时间来借助颠簸的波涛来逃避压力，逐渐地传播其运动。前者毫无疑问不能足以解释所引证的事件。但就后者而言，如果人们考虑到，水就像抵抗一个固体那样抵抗一种突然的剧烈压力，并且凭借不给附近的水以时间来超出水平位置的同等剧烈性把这种压力向边上传播；例如，卡雷①先生在《科学院物理学论文集》第 2 部分 549 页讲到一个试验，该试验在一个由两寸厚的板子组装成并且盛满了水的盒子里射入一个火枪子弹，这颗子弹的击打对水的压力如此之大，以至使盒子完全爆裂。如果看一看这个试验，就可以对使水运动的这种方式有一些了解了。例如，可以设想葡萄牙和西班牙从圣维森特角到菲尼斯特雷角的西海岸大约 100 德里宽受到震动，而且这一震动向西传到海里同样远，那么，就有 10 000 平方德里的海底随着一次突然的震动被抬起，这震动的速度
1〔425〕我们不能估计过高，可以与一颗地雷的运动相比；后者将上面的物体抛

① 卡雷（Louis Carré），法国学者，1663 年 6 月 26 日出生，1711 年 4 月 11 日卒于巴黎。康德所提到的论文的题目是《火枪子弹在水中的折射的物理试验》，载《巴黎王家科学院备忘录》，11 页以下，1705。在施泰因韦尔的译本中，作者的名字不是 Carré，而是 Carree，康德在原稿中也这样写。——科学院版编者注

15 尺高，因而（依据力学的理由）能够以每秒 30 尺的速度使其下落。上面的海水抵抗这种突然的震动，使自己并不像在缓慢的运动中发生的那样下降并波涛汹涌，而是接受了它的全部压力并同样剧烈地把周围的海水向边上推动，周围的海水在如此迅速的挤压下看起来就像是一个固体，其遥远的终端以与受到撞击的海水同样的速度向前推进。因此，在液态物质的每一条块（如果我可以使用这一表述的话）之中，无论它是 200 里长还是 300 里长，如果设想它被约束在一条其遥远的终端和开端有同样宽的口径的渠道之中，就不存在任何减缓了的运动。然而，如果终端处的口径更宽，那么通过这一口径的运动就与此相反，恰恰要减弱许多。但人们必须把水的运动的延续设想为围绕自身传播开来，就像是一个其拓展随与中心的距离而增加的圆一样，因而水的流动在其边缘以同等的程度减缓；所以，在离假定的地震中心 300 德里之遥的荷尔斯泰因海岸，它就要比在根据上述前提条件离同一中心大约 50 里的葡萄牙海岸小 6 倍。荷尔斯泰因海岸和丹麦海岸的运动大得还足以每秒奔流 5 尺，这可以与一条非常湍急的河流的威力媲美。在此，人们可能会提出异议，认为压力向北海水域的延续只有通过加来的运河才可能发生，此处的震动由于向一个辽阔的海域传播而必然大大减弱。但如果考虑到，法国海岸和英国海岸之间水的压力在到达运河之前就必然由于两块陆地之间的挤压而增加，其程度恰如通过传播而减少，那么，由此就不可能给上述荷尔斯泰因海岸地震的影响造成明显的减弱。

就对水的这种挤压而言，最不寻常的事情是：甚至在与海洋根本没有明显联系的陆地湖泊中，在滕普林和挪威，都可以觉察到这种挤压。
这差不多显得是人们当时提出来证明地中海水域在地下与海洋相通的所 1〔426〕
有证据中最强有力的证据。要想摆脱可能从平衡得出的对此不利的困难，就必须设想一个湖的湖水确实通过与大海相联系的渠道不断流出，但由于这些渠道是狭窄的，由此损失的部分通过注入的小溪和大河得到足够的补偿，所以这种流失能够由此而变得不明显。

尽管如此，对于这样一种如此罕见的事件，人们还是不应当轻率地作出过于匆忙的判断。因为内地湖泊的骚动也能够出自其他原因，这并不是不可能的。地下的空气由于这种肆虐的火的爆发而运动起来，可能穿透各地层的缝隙；除了这种猛烈的释放之外，这些地层封死了地下空气的所有通道。大自然只是逐渐地展示自己。不应当因为无耐心就借助虚构来猜出它对我们隐蔽起来的东西，而是应当等待，直到它在清晰的结果中无可怀疑地启示出自己的秘密。

地震的原因似乎把自己的影响一直扩展到大气圈。在大地被震动之前若干个小时，人们经常觉察到红色的天空和大气性质发生变化的其他征兆。动物在临近地震时极度惊恐。鸟类逃避到房子里；鼠类从其洞穴中爬出。毋庸置疑，临近自燃点的受热气体在这一时刻通过大地上面的圆拱突然冒出来了。我不敢说要澄清人们可以预料这种气体会造成什么样的结果。最起码这些结果对自然研究者来说是不受欢迎的，因为他所希望的，是探索出当地下的大气也参与了大气圈的影响时，大气圈的各种变化相互交替所遵循的规律；难道人们可以怀疑这并不一定经常发生吗？因为若不然，由于气候的原因部分地是持久的，部分地是周期性的，在气候的变化中根本看不到重复，这就是几乎无法理解的了。

1〔427〕 **说明**：根据《汉堡通讯报》第 199 期的报告，上文[①]冰岛地震的日期不是 11 月 1 日，应纠正为 9 月 11 日。

当前的考察可以看做关于我们的时代所发生的值得思考的自然事件进行的一次小小的预先思考。地震的重要性及其各种各样的特色推动我，在一篇更为详尽的论文中将这种地震的详尽历史、地震在欧洲各地区的传播、当时出现的值得注意的现象以及它们可能引起的考察告知公众。这篇论文将在若干天后在王家宫廷与科学院出版社发表。

原文收入李秋零主编《康德著作全集》第 1 卷，作于 1756 年。

---

① 理由在于，这部作品如导言提到的，是发表在《哥尼斯贝格咨询和广告消息周报》的两期上，康德在这里所关涉的那段话（参见上文 420 页）含在前一期中。康德所引用的报纸的刊名为《汉堡无党派通讯者的政治和学术报》。——科学院版编者注

地震中诸多值得注意的事件

科学院版编者导言

约翰内斯·拉茨

康德关于里斯本地震的这第二篇且篇幅最大的论文作为独立作品在普鲁士哥尼斯贝格的约翰·海因里希·哈同的出版社出版，且紧接着前一篇，因为在哲学系档案第Ⅴ卷218页，有这样的审查附注："[1756年]2月21日，伊曼努尔·康德硕士的《1755年地震中诸多值得注意的事件的历史和自然描述》"，而且它在1756年3月11日就在《哥尼斯贝格咨询和广告消息周报》上供人购买了。

就评判这篇论文及伴随它的论文而言，必须提到的是，这些论文是在一门科学的地理学创建之前写就的。值得注意的是，康德第一个作出断言并试图用证明来证实，里斯本地震非同寻常的扩散是由海洋中的震动的延续引起的，这是一个今天被普遍称为正确的论断。

刊印：1.《1755年底震动地球一大部分的那场地震中诸多值得注意的事件的历史和自然描述》，伊曼努尔·康德硕士著，4开本，哥尼斯贝格，1756，约翰·海因里希·哈同印刷并出版。

2.《伊曼努尔·康德较早尚未结集的短篇著作集》，林茨编，45～86页，1795。编者承担费用。

3.《伊·康德短篇全集》，按时间顺序排列，第II卷，1～52页，哥尼斯贝格和莱比锡（实际上是福格特在耶拿），1797。

4.《伊·康德杂文集》，第8及完备版，蒂夫特隆克编，第I卷，

521～574 页，哈勒，1799。

1〔431〕 大自然并不徒劳地到处展示罕见现象的财富以供考察和赞赏。受委托经营大地的人，有能力也有兴致认识它们，并通过自己的认识来颂扬创造者。甚至祸害人类的可怕工具，即大陆的震动、在其底床被翻腾起来的海洋的怒啸、喷发的火山，也都要求人来考察，并且作为一种出自恒定规律的正常结果被上帝植入自然，并不亚于灾祸的其他已经习以为常的原因；后者之所以被视为自然的，乃是因为人们对它们更为熟知。

对这样一些可怕的偶然事件的考察是富有教益的。它使人看到，他没有或者至少失去了期望从上帝所安排的自然规律得出纯粹惬意的结果的权利，从而使他谦卑恭顺；人也许还以这种方式学会发现，他的欲望的这一游戏场地理所当然地并不应当包括他的所有意图的目标。

前言

论地壳内部的性状

如果事情的关键是详尽性的话，我们已经相当完备地认识了地壳的表面。然而，我们在自己的脚下还有一个世界，对于它，我们目前还所知甚少。为我们的铅锤敞开无底深渊的山缝、我们在山体的内部所遇到
1〔432〕 的洞穴、我们数世纪之久深挖的矿井的最深地层，都远远不足以使我们获得对我们所居住的这个巨大团块内部结构的清晰认识。

人们从大陆的最高表面所下降到的最大深度，尚不足 500 寻，即尚不足到地球中心距离的 1/6 000；尽管如此，这些深渊还处在山区，甚至所有大陆都是一座山，在这座山里，哪怕仅仅想达到与海底同样的深度，就必须下降得至少再深 3 倍。

但是，大自然对我们的眼睛和我们的直接试探遮掩起来的东西，它自己却借助其作用揭示了出来。地震向我们显示，地球的表面充满了拱券和洞穴；在我们的脚下，隐蔽的坑道以各种各样错综复杂的路径向四面八方延伸。对地震历史的追溯无可置疑地证实了这一点。我们把这些洞穴归于同样给海洋准备了底床的那个原因；因为毫无疑问，只要人们了解到大洋从其当时漫过整个大陆的停留处遗留下的残余，了解到甚至

在山体的内部也可以发现的巨大的贝壳堆，了解到从最深的地层挖掘出的海洋动物化石，我要说的是，只要人们在某种程度上了解到这一切，就可以轻而易举地认识到：首先，海洋当时曾经在很长的时间里覆盖整个大陆；其次，这一滞留持续了很久，而且甚至比大洪水时期还早；最后，大水不可能以其他方式消退，除非大水的底床有时陷入深坑，为大水准备好流入其中的深池；如今它被约束在水岸之间，由于水面下沉，抬高了的地区就成为陆地；陆地到处都被洞穴掏空，其线路布满了陡峭的山峰，它们被称为山脉，沿着大陆以可观的长度绵延开来的所有方向，贯穿大陆的最高的高地。

这些洞穴都包含着熊熊燃烧的火焰，至少包含着可燃的材料，后者 1〔433〕
只要稍有刺激，就会猛烈地到处肆虐，撼动甚至震裂上面的地壳。

如果我们就其蔓延的全部范围来考虑这种地下火的区域，那我们就必须承认，在地壳上只有少数国家不会间或感受到它的影响。在极北地区，冰岛遭受到它的极剧烈的侵袭，而且屡见不鲜。在英国，甚至在瑞典，都有一些轻微的震动。尽管如此，在南方地区，我指的是临近赤道的那些地区，震动要更为频繁，更为强烈。意大利、所有海洋中临近赤道的岛屿，尤其是印度洋中的岛屿，更经常地受到其地基的这种不安定的侵扰。在印度洋的岛屿中，几乎没有一个不是拥有一座要么至今尚在喷吐火焰、要么至少是刚刚喷吐过火焰的火山，它们同样经常地遭受到震动。如果人们在此可以相信许普纳①的报道，那倒是一种不错的谨慎；荷兰人利用这一报道，为的是他们仅仅在班达和安汶这两个岛上才允许繁殖的麝香葡萄和丁香比两种珍贵的调味香料，不致面临被地震灭绝的危险。如果这两个岛屿中的一个由于地震而要蒙受完全沉沦的命运，他们随时可以在另一个遥远的岛屿上维持这两种植物的苗圃。临近赤道的秘鲁和智利要比世界上的任何一个国家都更频繁地蒙受这种灾难的骚扰。在前一个国家里，几乎没有一天不曾觉察到地震的轻微撞击。不要以为这可以被看做太阳热对这些国家的地层影响大得多的一个结果。在一个差不多不到 40 尺深的地窖中，几乎根本感觉不到夏天和冬天的任何区

① 许普纳（Johann Hübner），汉堡法学硕士和律师（卒于 1758 年），写过一本《完全地理学》，汉堡，1730—1732。参见《完全地理学》，新版，第 2 部分，566～567 页，1745。——科学院版编者注

别。太阳热同样很少能够穿透地层很深，以致诱发可燃物质并使其运动。毋宁说，地震遵循的是地下坑穴的性状，后者遵循的则是最上层地壳一
1〔434〕开始必然发生下沉所遵循的规律；越是接近赤道，就会造成越是深、越是花样繁多的起伏；由此，包含着地震引爆装置的坑道就变得更为宽阔，从而更适合于激起地震。

关于地下过程的这一前言，对于认识后面关于地震在各大地区的广泛传播、关于地震所涉及的地带、关于地震最频繁地肆虐的地点、关于地震首先发难的地点将讨论的东西来说，其重要性绝不是微不足道的。

现在，我从最近的一次地震的历史谈起。我并不是把这一历史理解为人们由此所遭受的不幸事件的历史，不是把它理解为遭受蹂躏的城市和掩埋在其废墟之下的居民们的历史。凡是想象力能够设想的可怕的东西，人们都必须综合起来，以便在某种程度上预先想象当大地在人们的脚下震动时，当人们周围的一切坍塌时，当在其底床被震动的水由于泛滥而充分地造成了不幸时，当死亡的恐惧、由于丧失一切财产而感到的绝望、最后还有其他灾难的景观粉碎了最坚定的勇气时，人们必然陷入其中的惊恐。这样一种叙述将是感人的，由于它对心灵有一种影响，所以它也许还能够对心灵的改善有一种影响。然而，我把这一故事留给更能干的手笔来叙述。我在此仅仅描述大自然的工作，描述伴随着可怕事件的那些值得注意的自然状态及其原因。

论上一次地震的预兆

我把后来变得如此可怕的地下燃烧的预演确定在去年 10 月 14 日早晨 8 点于瑞士的洛迦诺觉察到的大气现象。一股就像是从炉子里冒出那样的热气扩散开来，2 小时后变成了一朵红云，从而在傍晚下了一阵血红的雨。雨水在被接住后，沉淀下 1/9 微红色的胶质沉积物。6 尺厚的雪也同样被染红了。红雨持续了 40 个小时，大约波及 20 平方德里，甚至在施瓦本也可以觉察到。紧随这种大气现象之后，是不正常的倾盆大雨，在 3
1〔435〕天内降雨量达 23 寸，超过湿润地区全年的降雨量。这场雨虽然并非每天都同样大，但却持续了逾 14 天之久。发源于瑞士山区的伦巴第各河、此外还有罗讷河都波涛滚滚，涨过河岸。从这一时间开始，空中到处都是可怕的风暴在肆虐。甚至到了 11 月中旬，在乌尔姆还下了一场同样的红

雨，大气圈的混乱、意大利的龙卷风、极为潮湿的气候都还在持续。

如果要把握这种现象的原因及其结果，那就必须留意它的发生地的地壳特性。瑞士山区的地下有宽阔的缝隙，毫无疑问，它们相互之间凭借极深的地下通道联系在一起。朔伊希策[①]曾经讲述过差不多 20 个在某些时候刮出风来的深穴。如果我们现在假定，在这些洞穴内部隐藏的矿物质同使它们沸腾起来的液体混合起来，并由此发生一种内在的骚动，这种骚动能够使可燃的物质为几日之内完全爆发的燃烧做好准备；如果我们设想，譬如蕴藏在硝酸钾精里面的、大自然必定自己配制的那种酸，怎样或者通过注入水或者由于其他原因而运动起来，怎样侵蚀它落在其上面的含铁土，那么，这些物质在其混合时将会自行发热，并从山区的洞穴中喷射出红色的热气，红色含铁土的微粒同时在猛烈的沸腾中与之混合并继续下去，这就造成了我们提到的胶质的红雨。这种雾气的本性导致空气的张力减弱，并正因为此使悬浮在空气中的水雾聚集起来，此外还由于吸引了周围所有在大气圈中浮动的云雾，通过自然地倾向于气柱高度被降低的地区，而引起了在上述地区觉察到的那种猛烈而又持久的暴雨。

地下的骚动就是以这样的方式通过喷射出的雾气预先报告它暗中准备的不幸的。[②] 命运的完成以缓慢的脚步紧随其后。一种骚动并不是马上 1〔436〕
就转化为燃烧的。骚动不安的、发热的物质要想燃烧起来，必须遇到一种可燃的油、硫磺、沥青或者诸如此类的东西。发热有时也在地下的通道中传播，在释放出来的可燃物质因与其他物质的混合发热到燃点的时刻，大地的拱券受到震动，厄运的最后一幕也就完成了。

1755 年 11 月 1 日的地震和水的震动

这一打击所发生的那个时刻，似乎可以最准确地定在里斯本的上午 9 点 50 分。如果把里斯本和马德里这两个城市经度的差别转化为时间的差别，那么，上述时间与人们在马德里感到地震的时间，即 10 点 17～18 分，就是完全吻合的了。在这个时候，各个水域——无论是与大洋明显

① 朔伊希策（Johann Jacob Scheuchzer，1672—1733），苏黎世御医和修士。参见《瑞士国家的自然史》，第 1 部分，117 页以下，苏黎世，1752。——科学院版编者注

② 在加的斯，地震前 8 天大地就布满了大量从土中钻出来的蠕虫。是上述原因把它们驱赶出来的。在其他几场地震中，大气中猛烈的闪电和人们在动物那里发现的不安就是预兆。

相通的水域，还是以一种隐秘的方式与其相通的水域——都以一种惊人的规模被震动起来了。从芬兰的奥布开始，直到西印度群岛，很少甚至根本没有一段海岸幸免于难。它几乎在同一时间里控制了 1 500 里的距离。如果人们肯定，在易北河畔的格吕克施塔特感觉到震动的时间可以完全精确地确定在 11 点 30 分，那么由此就可以推论出，水的震动从里斯本到荷尔斯泰因海岸用了 15 分钟。在同一时间里，在地中海的所有海岸都察觉到了水的这一震动，而人们还不知道它延展的整个范围。

在大陆上看起来被切断与海洋的任何通道的水域，即泉水、湖泊，在诸多彼此距离遥远的地区里都在同一时间非同寻常地波动起来。瑞士
1〔437〕的绝大多数湖泊、边境上的滕普林附近的湖泊、挪威和瑞典的一些湖泊都波涛汹涌，比一场风暴还要更剧烈、更混乱，而空气在同一时刻却是寂静的。纳沙泰尔附近的湖泊——如果可以相信各种消息的话——则消失在隐秘的缝隙中了，迈宁根附近的湖泊也同样消失了，但不久就又重新出现了。在同样的几分钟里，波希米亚托普利茨的矿泉水突然断流，重新出现时成为血红色的。震动水的力量加宽了水的旧通道，水由此而流动得更欢了。这个城市的居民们高唱《上帝，我们赞美你》，而里斯本的居民们唱出的却是完全不同的声音。人类遭受的意外事件就是这种样子。一些人的欢乐和另一些人的不幸往往是出自共同的原因。在非洲的非斯王国，地下的强力撕裂了一座山，从其深穴中涌出血红的水流。在法国的昂古莱姆，人们听到地下的怒号；在平原上张开了一个深深的地穴，里面的水深不可测。在普罗旺斯的热姆诺，一眼泉水突然浑浊起来，然后流出的水成为红色的。周围各地区也报道了其泉水的同样变化。所有这一切都发生在地震蹂躏葡萄牙海岸的同样几分钟里。有时，在同一个短暂的时刻里也觉察到相距遥远的地区所发生的一些震动。然而，它们几乎都是紧靠着海岸发生的。在爱尔兰的科克，此外在格吕克施塔特和其他一些临近海洋的地方，都发生了轻微的颤动。米兰也许是在与海岸最远的距离上于同一天受到震动的地方。同一天上午 8 点，那不勒斯的维苏威火山爆发，临近葡萄牙发生地震的时候又归于寂静。

关于水的这种震动原因的考察

所有水域和地球的一大部分发生一场传播得如此广泛、在短短几分

钟的进程中被同时觉察到的震动，这是史无前例的。因此就有必要谨慎地从惟一的意外事件中找出震动的原因。可以主要思考以下能够造成上 1〔438〕
述自然事件的原因：首先，要么是通过直接处在大海波涛汹涌的地方下面海底到处发生的颤动，在这种情况下，人们就必须提出理由，说明引起这种颤动的火脉为什么仅仅在海底下面延伸，而不是在与这些海洋联系密切并经常切断这种共同联系的陆地下面延伸。人们将由于下面的问题而自己觉得尴尬，即为什么地面的震动由北海的格吕克施塔特一直传播到波罗的海的吕贝克、传播到梅克伦堡海岸时，在处于这些海洋之间的荷尔斯泰因却感觉不到。在那里，只是在临近水岸的地方觉察到某种轻微的震动，但在陆地内部却根本觉察不到。但是，人们通过远离海洋的水，例如滕普林附近的湖泊、瑞士的湖泊和其他湖泊的水的波动而得到了证明。人们可能很容易认为，要想通过地面的颤动使一个水域如此剧烈地波涛汹涌，震动必定不是微不足道的。但是，为什么周围所有的陆地——火脉必然在它们下面延伸——都没有感到这种剧烈的撞击呢？人们很容易发现，所有的征兆都是与这种见解的真理性相悖的。通过在某个地方发生的猛烈撞击而在周围对密实的大地团块造成的震动，就像一个火药塔爆裂时在有一些距离的地方地面发生震动一样，就运用于这一实例而言，也完全失去了可能性，这既是出自以上已经列举的原因，也是由于惊人的范围，与整个地球的范围相比，它占了地球的一个如此可观的部分，以致该部分的颤动必然引起整个地球的震动。不过，人们如今可以从布丰[①]那里知道，地下火的一次爆发即使可以将一座长 1 700 里、宽 40 里的山脉抛起 1 里高，但却不能将地球从其位置上移动一拇指宽。

因此，我们将要在一种中介物质中探索水的震动的传播。这种物质更适宜于在广大的范围里，即在各海洋与由于海底的直接颤动而发生一 1〔439〕
种激烈的、突然的震动的水域相联系的水域里传播震动。

在《哥尼斯贝格周报》[②] 上，我曾试图估量通过在其海底发生的颤动的撞击而在全部范围内震动海洋的力量。我假定海底发生震动的地方是一个正方形，它的边相当于从维森特角到菲尼斯特雷角的距离，即相当

① 参见《自然史》，第Ⅰ卷，523～524。——科学院版编者注

② 参见《康德全集》，第Ⅰ卷，424～425 页。——科学院版编者注

于葡萄牙和西班牙西海岸的长度，而把上抬的海底的力量看得如同一个在爆裂时能够将上面的物体抛15尺高的地雷的力量，并且按照运动在液体物质中得以继续所遵循的规则，认为它在荷尔斯泰因海岸要比流速极快波浪翻滚的河流更为强有力。在此，让我们再从另一个角度出发看一看它出自这些原因所发挥的力量。马尔西格利①伯爵借助铅锤发现地中海的最大深度超过8 000尺。毫无疑问，大洋在与陆地相应的距离上要更深。但我们在这里想假定为只有6 000尺，即1 000寻深。我们知道，一个如此高的海水柱压向海底的重量必定超过大气压差不多200倍；它还远远超过一颗从炮膛射出在脉搏一跳的时间里前进100寻的炮弹后面的火的力量。这种令人惊异的重量并不能遏制地下火迅速地将海底向高处撞击的力量。因此，后一种推动的力量要更大。那么，水是受到什么样的压力的挤压，以致突然向周边四射呢？如果若干分钟内在芬兰和西印度群岛同时感觉到这一点，这岂不是值得惊异的吗？人们根本无法澄清直接受到震动的地面究竟有多大。也许，它比我们所假定的还要大得多。但是，在那些没有任何地震却感觉到水的震动的海洋下面，在荷兰海岸、英国海岸、挪威海岸以及在波罗的海，海底肯定不能发现震动。因为若
1〔440〕不然，大陆的内部肯定一起被震动，但这一点却根本没有被观察到。

在我把大洋所有相互联系的部分的剧烈震动归结为其海底在某个区域所受到的惟一一次撞击的时候，我并不想因此就否认地下火在几乎整个欧洲大陆下面的现实传播。它们很可能是在同一时刻发生的，并且都参与了我所发现的这些现象，只不过每一种都不能被特别地视为所有现象的惟一原因。北海水的震动使人感觉到一种突然的撞击，但却不是一次在地底肆虐的地震的结果。要想造成诸如此类的结果，这样的震动必须非常剧烈，从而在大陆下面可以非常明显地感觉到。但因此之故，我也不否认甚至所有的大陆都由于其地面下燃烧的气体或者其他原因的微弱力量而产生了轻微的晃动。在这天面临着彻底覆灭的极大危险的米兰，人们就看到了这一点。因此我们想设定，地球由于一次轻微的晃动而产生了微不足道的运动，这运动是如此之小，它在100莱茵杆的高度上使

---

① 马尔西格利（Louis Ferdinand comte de Marsigli），地理学家和自然史家，1658年6月10日生于博洛尼亚，1730年11月1日卒于同地。他写过一本《海洋的物理学史》，阿姆斯特丹，1725，参见该书的11页。——科学院版编者注

大地来回摆动1寸。于是，这种运动就将如此难以察觉，一座高达4杆的建筑将不会由此而从其垂直位置上移动一颗谷粒的一半，即移动半个刀背，这即便是在极高的塔上也是几乎不可察觉的。与此相反，湖泊却必然使这种难以感觉到的运动变得非常明显。因为如果一个湖泊例如仅仅长达2德里，那么湖水就将由于其湖底的这种微不足道的晃动而产生相当强烈的波浪。原因在于，水在这种情况下在14 000寸的高度上大约下落1寸，其流量就像巴黎塞纳河的水文测量告诉我们的那样，仅仅比一条相当湍急的河流的流量差不多小一半，这在若干次时而发生的震动之后能够给水造成一种非同寻常的颠簸。但是，我们可以有充分的理由再次假定大地的运动就像我们所说的那么大，在大陆上完全有理由不能感觉到。在这种情况下，内陆湖泊的运动就更可以理解地引起注意了。 1〔441〕

因此，当人们看到所有的内陆湖泊，无论在瑞士、在挪威还是在德国，在感觉不到地面震动的情况下却如此不平静、如此波涛汹涌的时候，就不再觉得惊讶了。但是，人们觉得有点异乎寻常的是，某些湖泊在这种混乱中完全干涸了，例如纳沙泰尔湖、科莫湖、迈宁根湖，尽管它们中的一些又重新蓄满了水。不过，这种事情并不是史无前例的。地面上有一些湖泊，完全有规律地在某些时间通过隐秘的渠道消失掉，并在特定的时间里又重新出现。克赖因公国的齐克尼茨湖是这方面的一个值得注意的实例。该湖在湖底上有一些洞孔，但它在雅各日左右之前并不会通过这种洞孔流失掉。在雅各日前后，它连同所有的鱼类一起突然消失，在3个月之久使其湖底干涸，成为优良的牧场和农田之后，接近11月的时候又突然重新出现。有人将这种自然事件比之为水力系统的多尿症①，非常通俗易懂地解释了它。但在我们所探讨的事例中，人们很容易就能看出，由于许多湖泊通过其湖底的泉脉而得到补充，这些发源于附近山丘的泉脉，在地下发热和蒸发的结果于作为其水源的洞穴中耗尽了空气之后，必然又因此而被吸引回这些空穴中，甚至造成一个强有力的嘬吸机制，将按照空气已经建立起来的平衡又自己寻找自然出路的湖嘬吸进去。因为像关于迈宁根湖的官方报告想要解释的那样，一个内陆湖由于没有溪流的外部注入，靠与海洋的地下通道来供养，无论是鉴于与此相

① 在水力学中著称的希罗双碗或者魔碗，里面的水一旦被灌装到一定高度，就凭借里面安装的升降机制而自动倾空。——科学院版编者注

悖的平衡规律，还是鉴于海水的盐分，这种说法都是极为明显的荒唐无稽。

地震已经把使水泉陷入混乱当做某种自身习以为常的事情。我当然可以在此从其他地震的历史中列举出受到堵塞而又在其他地方冒出的泉源、在相当高的地方从大地喷射出的泉水和诸如此类的东西的一整个清
1〔442〕单，但我还是不要离开自己的主题。有人从法国给我们报道说，一些地方的泉源受到堵塞，而另一些泉源则水量过多。托普利茨泉干涸了，使可怜的托普利茨人担惊受怕。后来它又出现了，最初是浑浊的，然后是血红的，最后是自然的，比以前水量更大。我认为，在如此之多的地区，甚至在非斯王国和法国，水的污染要归因于同穿透泉源经过的地层、与硫磺和铁分子一起骚动起来的雾气的混合。如果雾气一直渗入到包含着水泉源头的地下水库的内部，那么，它要么就会以更大的力量使泉源喷出，要么由于它把水迫入另外的通道，从而改变了水的流出量。

这些就是 11 月 1 日的历史及其各种情况中作为最罕见情况的水的震动中最为值得注意的东西。我完全相信，紧靠海岸或者一个与此相通的水域的地震，在冰岛的科克、在格吕克施塔特、有时在西班牙，绝大部分都可以归因于受挤迫的海水的压力；如果人们通过海水所涉及的面积来增加海浪的强度的话，则海水的力量必定是难以置信地大。我认为，里斯本的不幸就像欧洲西海岸大多数城市的不幸一样，归因于相对于大洋被激活地区的位置，因为大洋的全部力量还除此之外在塔古斯河的入海口通过海湾的狭道而得到加强，必定非同寻常地震动地面。人们可以判断一下，如果不是水的压力起到参与作用在大陆内部就无法感受到的震动，是否仅仅在临近海岸的城市里才能清晰地觉察到。

这一重大事件的最后一个现象还是值得注意的，当时在一个较长的时间里，即地震后差不多 1 个～1.5 个小时里，可以看到大洋里的水惊人地浪叠浪，塔古斯河波涛翻滚，它们交替着上升到高过最高的涨潮 6 尺，
1〔443〕转眼之间又下落到低过最低的落潮 6 尺。海洋在地震之后和水的第一次惊人压力之后较长的时间里表现出的这种运动，也完成了塞图巴尔市的毁灭，它翻越过这个城市的废墟，完全摧毁了防御地震的一切。人们如果事先对通过海底的运动向前激射的海水的强度有一个正确的概念，那就能够很容易地想象，在它的压力向四周无法测度的所有地区传播开来

之后，它必然猛烈地重新返回。它返回的时间取决于它向四周发挥作用的辽阔范围，而它主要在岸边的波涛汹涌则按照前者必定也是同样可怕的。①

11月18日的地震

从这个月的17日到18日，官方消息报道了葡萄牙、西班牙以及非洲海岸的显著地震。17日中午在地中海海峡的直布罗陀、傍晚在英国约克郡的怀特黑文都可以感觉到。17日到18日子夜，地震已经到了美洲的英国种植园。也正是在18日，在意大利的阿夸喷登特和德拉格罗塔地区也可以强烈地感觉到地震。②

12月9日的地震

根据官方消息证实，里斯本自11月1日以来从没有发生过像12月9日那样强烈的地震。在西班牙的南海岸，在法国的南海岸，经过瑞士山区、施瓦本、蒂罗尔，直到巴伐利亚，都感觉到了这场地震。它从西南到东北，横贯近300德里。由于它遵循的是沿经线横贯欧洲大陆最高地 1〔444〕
带的那条山脉的方向，所以它并不怎么向两旁传播。最细心的地理学家瓦伦③、布丰、卢罗夫④注意到，就像所有沿经线更甚于沿纬线延伸的大陆一样，欧洲山脉最主要的线路是从一个主干，即阿尔卑斯山脉，向西经过法国南部各省，中间经过西班牙，一直向西延伸到欧洲最外边的海岸的，尽管它在沿途衍生出若干巨大的支脉，同样向东也通过蒂罗尔群

---

① 在胡苏姆港，即便在12点和1点之间，即北海中的水的第一次撞击之后约1个小时，还可以觉察到水的这种波涛汹涌。

② 此外，在赫特福特伯爵领地的格罗松，也可以感觉到地震。那里在一次猛烈的海啸时裂开了一道沟，里面有很深的水。

③ 瓦伦（B. Waren）于1622年生于希茨阿克，并在于耳岑受教育，他的父亲于1627年被聘到那里任大教堂教长。他自1647年作为医学博士到阿姆斯特丹生活，于1650年在那里去世。同一年，《一般地理学》的第1版出版，12开；第2版，同样是12开，只是装潢和页码有些不同，1664；第3版与第2版相符，1671；所有3版都是在埃尔塞维尔那里出版的；后来由牛顿操办的几个版本则是以8开本在剑桥出版。——科学院版编者注

④ 卢罗夫（Johann Lulof，1711—1768），荷兰天文学家和神学家。参见其著作《地球的知识及其利用引论》，1743，亚伯拉罕·戈特黑尔夫·凯斯特讷从荷兰文翻译，书名为《地球的数学知识和物理学知识引论》，1755。——科学院版编者注

山和其他稍微逊色的群山而最终与喀尔巴阡山脉会合。

那一天的地震也是走的这一方向。倘若正确地标出每一个地方地震的时间，那么，就能在某种程度上估算出速度，并大致地确定首先燃烧的地区。但如今，各种消息如此不一致，以至在这方面不能信任任何东西。

我在别的地方已经引证过，地震在传播时通常都是沿着最高山脉的地带，而且贯穿其全部绵延长度，尽管这些山脉越是靠近海岸，就越是降低高度。各条长河的走向很清楚地标示出山脉的走向，在两个比邻而行的山系之间，这些长河沿着长长的山谷的最低部分向前延伸。地震传播的这一规律并不是思辨或者判断的事情，而是通过对许多次地震的观察所获知的某种东西。既然如此，人们就必须以拉依①、布丰、金特尔等人的见证为依据。不过，这一规律也具有如此之多的内在可能性，以至它即便是从自身出发也必定轻而易举地获得赞同。如果考虑到，地下火寻找出路的缝隙无非是在群山的峰顶，在平原上从没有发现喷射火焰的深穴，在地震强烈而且频繁的地区绝大多数山都有用来喷吐火焰的宽阔深渊，至于我们欧洲的山，人们在它们之外的其他任何地方都没有发现毫无疑问相互联系着的宽敞洞穴；如果人们再把关于上面所说的所有这
1〔445〕些地下拱券的产生的概念运用于此，那就能够毫无困难地想象，主要在沿欧洲经线绵延的山系下面发生的燃烧能够遇到畅通无阻的通道，向那里可以比向其他地区更为迅捷地扩散。

即便是11月18日的地震在一个辽阔的海洋的海底下从欧洲向美洲的继续，也可以在这些山系的联系中发现。这些山系虽然在绵延中如此之低，以至被大海所淹没，但它们在那里依然还是山，因为我们知道，在大洋的海底上和在陆地上一样可以发现山脉。在葡萄牙和北美之间的半途上可以看到的亚速尔群岛，也必须以这种方式纳入这一联系。

12月26日的地震

在矿物质的发热穿透了欧洲山脉的主干即阿尔卑斯山脉之后，它也就打开了从南到北垂直地延伸的山系下面较狭窄的通道，并延伸到像所

① 拉依（John Ray），地理学家，1627年11月29日生于艾塞克斯伯爵领地的布莱克诺特利，1705年1月27日卒于德兰茨。参见他的著作《世界的开端、变化和衰落》，德文译本，1698。——科学院版编者注

有的河流都是两个山系之间的一条长长的山谷一样从瑞士一直流向北海的莱茵河的方向。在河的西边，受到震动的有阿尔萨斯、洛林、科隆选帝侯国、布拉班特和皮卡第；在河的东边，受到震动的有克利夫、威斯特法伦的一部、也许还有临近莱茵河这一边的一些地区，但各种消息并没有具体地报道它们。地震明显地使这一地带与这条大河的方向保持平行，而且向两边传播得都不远。

人们会问，地震一直深入到尼德兰，而尼德兰却没有特别的山，怎么使这种情况与上边所说的协调起来呢？不过，一个地区与某些山系处于直接的联系之中，可以被看做它们的延续，这就足以使地下的燃烧延伸到这块通常低洼的地面下面；因为无可置疑的是，在这种情况下洞穴的链条也一直延伸到这地面之下，如同上面已经说过的，它甚至延伸到了海底之下。

论若干次前后相继的地震期间的间歇期 1〔446〕

如果留心观察若干次前后相继的地震的序列，只要敢于猜测，就能够得出一个周期，按照这一周期，燃烧在一次中间的寂灭之后又重新爆发。11 月 1 日之后，我们还于 9 日在葡萄牙发现了一次强烈的震动，此外在 18 日也发现了地震，当时地震向英国、意大利、非洲延伸，甚至一直达到美洲；27 日，在西班牙的南海岸，尤其是在马拉加感到一次强烈地震。从这个时间开始，地震持续了 13 天，直到 12 月 9 日从西南到东北波及从葡萄牙到巴伐利亚的全程。自此之后，又过了 18 天，即在 12 月 26 日到 27 日之间，欧洲从南到北的宽度上都受到震动①，以致如果扣除用来一直深入到我们大陆群山内部以及 12 月 9 日震动阿尔卑斯山脉及其延伸的整个山系的时间，那么，在重复的燃烧之间就有一个相当准确的 9 天或者 2×9 天的时间段。我自始至终谈到这一点，并不是为了从这中间推论出什么东西，因为这方面的各种消息简直太不可信了，而是为了在类似的事件中给更准确的观察和反思提供理由。

---

① 21 日在里斯本地震非常强烈，23 日在鲁西永群山，并一直持续到 27 日。由此可以看出，地震又是从西南开始，并且需要更长得多的时间来传播。如果像在地震的整个过程中清楚地显示出的那样，把燃烧地确定在从葡萄牙向西的大洋中，那么，地震的开始就与已提到的周期相当一致。

在此，我只想就交替着减弱并又重新开始的地震说一些东西。巴黎王家科学院驻秘鲁代办布盖先生深感居住在这个临近火山的国家的苦恼，火山雷鸣般的咆哮声使他无法安宁；他在此所作的观察为此提供了一些补偿，他注意到，火山总是在同样的间歇时间里平静下来，火山的怒号
1〔447〕按照相互交替的平静时间有秩序地前后相继。马里奥特[①]在一个石灰窑所作的发现与此有很大的类似性；这个石灰窑已生起火，从一个开着的窗子一会儿喷出空气，一会儿又吸回空气，差不多是以此在模仿动物的呼吸。这两件事所依据的是以下的原因。如果地下火开始燃烧，它就会从自己周围的空穴中喷出所有的空气。在这些充满了火分子的空气找到一个缝隙的地方，例如在火山口，它们就会从那里逸出，火山就会喷出火焰。不过，一旦空气被从燃烧灶的范围里逐出，燃烧就会减弱；因为没有空气的加入，一切火都会熄灭；在这种情况下，被逐出的空气就会由于逐出它们的原因终止而重新返回自己的位置，重新燃起已熄灭的火。就是以这样的方式，一个火山的爆发按照一定的间歇时间准确地前后相继。正是这种情况，与地下的燃烧相关，即便在膨胀的空气不能通过山的缝隙获得出口的地方也是如此。因为如果燃烧于某个地方在大地的洞穴中开始，那么，它就会激烈地把空气大规模地继续驱赶到地下拱券与此相联系的所有通道中。在这一时刻，火自己就会因为缺乏空气而窒息。而一旦空气的膨胀力减弱，扩散到所有洞穴中的空气就会以巨大的力量返回，煽燃已熄灭的火，造成新的地震。值得注意的是，维苏威火山在大地内部的骚动真正开始时，由于通过其深穴被驱赶的空气的逸出而运动起来，带出火焰，但在很短的时间之后就突然减弱，因为在里斯本已经发生了地震；此时，所有与这些坑穴有一些联系的空气、甚至处在维苏威火山山顶之上的空气，都会通过各种渠道涌向燃烧的火灶，在那里，空气张力的减弱允许这些空气加入。这是一种多么令人惊异的对象啊！请想象一个火炉，它竟然通过离此200里的气缝来造成一种流动！

同样的原因也是必然在大地坑穴中造成地下风暴的原因；如果洞穴
1〔448〕的长度和联结适宜于其扩展的话，它的威力远远超过了我们在地面上所觉察到的一切。也许除此之外，在地震的进程中听到脚下的咆哮声，不

① 马里奥特（Edme Mariotte），卒于1684年，法国科学院成员。参见《水和其他液体的运动》，见《作品集》，346页，1717。——科学院版编者注

能归属于其他任何原因。

正是这一点，使我们大致地猜想，并非所有的地震都是由正好受到震动的地表下面的燃烧引起的；与此相反，这些地下风暴的肆虐也能够震动它们上面的拱券。如果考虑到，一种比地面上的空气密度更大得多的空气受到比前者更为突然得多的原因推动，并在阻碍其扩散的通道之间得到加强，就可能发出一种闻所未闻的威力，对上面所说的就更没有什么怀疑了。因此，欧洲绝大部分地区的地面在 11 月 1 日地下发生的剧烈燃烧中受到轻微的晃动，也许只能从这种以猛烈的方式受到运动的地下空气推演出来，后者作为一种强烈的风暴，轻微地震动了阻止其扩散的地面。

论地下燃烧的火灶以及如此蒙受极多、极危险地震的地方

通过时间的比较，我们看出 11 月 1 日地震的燃烧点在海底。早在地震之前就已经起浪的塔霍河、水手用铅锤从震动的海底取出的硫磺以及他们所感觉到的冲击的强烈程度，都证实了这一点。过去地震的历史依然历历在目，在海底任何时候都发生过极为可怕的地震，除了海底之外还在海岸边或者离海岸不远的地方发生过。我要援引地下燃烧经常从海底抬升出新岛屿时那种巨浪翻滚来证明前一点。例如，1720 年在亚速尔群岛之一的圣迈克尔岛附近，从 60 寻的深度由于物质的喷发而从海底升出一个长 1 里、高于海面若干寻的岛屿。地中海桑托利诺岛附近本世纪在众目睽睽之下从海底升到高处的那个岛以及我不愿过于详尽而略去的 1〔449〕
许多其他例证，都是这方面无可置疑的例证。

就像经常发生的那样，并不是水手们来承受海底的地震；在一些地区，尤其是某些岛屿附近，海洋充满了泡沫岩和其他种类通过大洋底爆发出来的火的喷发物。对海底频繁震动的说明自然是与以下问题相关联的：**为什么在大陆的所有地方下面，没有发生过比离海岸不远的地方更激烈、更频繁的地震？**后面这句话具有无可置疑的正确性。纵览一下地震的历史，我们就会发现临近海岸的城市与地区由于地震所经历的极为众多的不幸事件，而在大陆中心所经历的不幸却很少，并且不怎么显著。旧日的历史已经告诉了我们这种灾难在小亚细亚和非洲所造成的惊人破坏。但无论是在这些地震中，还是在新近发生的相当大的地

震中，我们在各大陆地的中部都没有发现这一点。作为一个半岛的意大利、所有海洋中的绝大多数岛屿、秘鲁临近海岸的部分，都经受着这种灾难的剧烈发作。即便是在我们今日，葡萄牙和西班牙的所有西海岸和南海岸也比大陆内部经受着多得多的震动。我对这两个问题作出以下的解答。

在地球最上边的地壳下面延伸的所有洞穴中，那些在海底延伸的洞穴毫无疑问必定是最狭窄的洞穴，因为在这里，大陆延伸的地面降到最大的深度，必然比临近大陆中心的地方低得多地搁在它最下面的基础之上。但如今众所周知的是，在一个狭窄的洞穴中，已经点燃的、膨胀着的物质要比在它能够扩张的地方对四周有更强烈的作用。此外当然应当相信，由于在地下的发热过程中不可怀疑的是，翻腾起来的矿物质和可
1〔450〕燃物质经常熔成溪流（如同硫磺流和经常从火山中倾泻出的熔岩所证实的那样），从而由于地下坑穴底面的自然倾向而在任何时候都向海底最低处的洞穴流去，并由于可燃物质的丰富储藏，必然在这里造成经常的和强烈的地震。

布盖先生合理地猜测，海水通过一些缝隙的裂口渗透入海底，必然使自然地倾向于发热的矿物质发生极为剧烈的骚动。因为我们知道，除了水的加入之外，没有任何东西能够使发热了的矿物质的火惊人地肆虐起来；水一直加强着火势，直到它向所有方向上扩张的力量由于所有地下物质的喷出以及孔道的堵塞阻止了水的进一步加入为止。

在我看来，临近海岸的地面受到震动的那种特别的剧烈性，部分地以自然的方式源自海水加在与其相邻的地面的重量。因为每一个人都可以轻而易举地看出，地下火力图抬高这个上面有如此惊人负担的拱券所用的力量必然受到很大的抑制，由于它在这里不能为自己找到扩张的空间，它的全部力量必定返回到与它相联系的干燥陆地的地面。

论地面被地震震动所遵循的方向

地震在广大的地区里传播所遵循的方向，与它将自己的力量施加于其上的地面受震动的方向是不同的。如果已点燃的物质在其中膨胀的隐秘坑穴最上面的盖子是水平方向的，那么，它就必定交替着在垂直的方向上被抬高和落下，因为没有任何东西把运动更多地向这边或者那边牵

引。但如果构成拱券的地表是向一边倾斜的，那么，地下火的震动力量 1〔451〕
就会以与地平线倾斜的方向把它抬高，而且如果总是能够肯定无疑地认识其下面有火窟的地层所倾斜的方向，那么，人们就能够得出地面的晃动在任何时候发生时所遵循的方向。受到震动的地面最上层表面的斜坡并不是拱券在其整个厚度上所具有的倾斜位置的可靠标志；因为位于上面的地表可以具有各种各样的起伏并构成山丘，而最下面的基础根本不遵循它。布丰认为，在大地上面发现的不同地层以一个普遍的岩层为基础，该岩层从上面覆盖着所有封闭的深穴，它的一些部分在高山的山顶上通常都裸露出来，雨水和风暴将较为松动的成分完全冲刷掉了。这一见解由于地震使人认识到的东西而获得了相当的可能性。因为像地震所产生的这样一种肆虐的力量，早就会由于一次又一次的爆发而摧毁和磨平了非岩石的拱券。

在临近海岸的地方，这个拱券的斜坡毫无疑问是倾向于大海一边的，因而是向大海在此地所朝着的方向倾斜的。在一条大河的岸旁，它必定是在河流流动的方向上倾斜的；因为如果观察一下，河流在陆地流过很长的一段，通常超过几百里，却并不在中途形成静止的水洼或者湖泊，那么，除了没有各种起伏一成不变地趋向于海底、为河流创造一个倾斜的平面以供流动的那个绝对固定的基础之外，人们不能借助别的任何东西来解释这个一成不变的斜坡。因此可以猜测，一个临近大河的城市在受到震动时，其地面晃动是在这条河的方向上，如在塔霍河畔是自西向东发生的①；但临近海岸的城市地面的晃动则是在地面趋向于海洋的方向上发生的。在另一处地方②我曾经提到，在一场突然发生的地震中，地面的状况可能会促成完全摧毁一座其主要街道沿着河流倾斜的方向延伸的 1〔452〕
城市。这一说明并不是一个突然萌生的单纯猜测；它是经验的事情。金特尔③有机会甚至对许多次地震都有丰富的知识，他把这当做一个经由许多实例证实了的观察，即，如果地面受到震动的方向与城市建设的方向是一致的，那么，城市将被完全摧毁，如果它垂直地与城市建设的方向

① 如同一条河有一个向大海倾斜的斜坡一样，各地区在周围也有一个向着河床的斜坡。如果后者甚至适用于整个地层，并且这一地层在极深处也有这样一个斜度的话，那么，地震的方向也将被这个斜度所规定。

② 参见《康德全集》，第Ⅰ卷，421页。——科学院版编者注

③ 参见《康德全集》，第Ⅰ卷，421页注。——科学院版编者注

交叉，则损害就会少一些。

《巴黎王家科学院史》[1] 报告说，位于地中海东岸的士麦那在1688年受到震动，所有自东向西方向的城墙都坍塌了，而自北向南建的城墙则完好无恙。

也就是说，受到震动的地面造成了一些晃动，并且最强有力地推动着在它上面就长度而言沿着晃动的方向建筑的一切。所有可移动性大的物体，例如教堂中的枝状吊灯，在地震时通常都指示着撞击发生所遵循的方向，而且对于一个城市来说，要想从中得出它的建设必须遵循的方向，它们是比已经援引的有点可疑的标志远为可靠得多的征象。

论地震与季节的联系

已经多次提到的法国院士布盖[2]先生在他的秘鲁游记中提到，即使这个国家的地震在所有的季节里都经常发生，但最可怕、最频繁的地震却是在临近年底时秋季的几个月里感到的。这一观察不仅由于除利马城在10年前的毁灭和另一个同样人口众多的城市在上一世纪的沉陷之外还发现了这方面的许多例证而在美洲得到无数的证实，而且即便是在我们自己这块大陆上，除了上一次地震之外，我们还在地震和火山喷发的历史上发现了许多实例，它们在秋季几个月的发生要比其他任何季节都更为频繁。难道不是一个共同的原因造成了这种一致吗？除了秘鲁在科迪勒
1〔453〕 拉山脉之间的一条长长的山谷中从9月一直持续到4月以及在我们这里秋季前后最为频繁的雨水之外，我们能够更为适当地将猜测转到什么上面呢？我们知道，要想造成地下的燃烧，除了地下空穴中的矿物质骚动起来之外，没有其他任何东西是必不可少的。而做这件事的是水，水通过山缝漏入，在深处的通道中流动。雨水首先激起了骚动，这种骚动在10月中旬从大地内部喷出如此之多的雾气。然而，正是雾气造成大气圈更多潮湿的流入物，而通过岩缝一直渗入极深坑穴的水则完成了发热的开始。

① 参见《巴黎王家科学院史》，第II卷，57页。——科学院版编者注

② 参见布盖：《地球的形状》，第一部分《王家科学院诸位先生的秘鲁游略述》，74页，巴黎，1749。——科学院版编者注

论地震在大气圈中造成的影响①

我们在上面已经看到过地震对我们的大气所产生的作用。可以相信的是，取决于地下发热雾气喷发的自然现象要比人们通常想象的更多。如果不是外来的原因有时进入我们的大气层，并且使其正常的变化变得混乱，那么，在气候中发现这样一种无规则性，发现如此之少的一致之事，那是几乎不可能的。由于日月的运行受其总是自身类同的规律制约，由于水和土从宏观上来看总是保持不变的，为什么气候的进程在一个由若干年构成的时间段里结果总是不一样，人们能够想出一个可能的理由吗？自从那次不幸的地震以来以及在它之前不久，我们这整个大陆的气候如此反常，以至如果有人在这种情况下对地震作出一些猜测，也是可以得到原谅的。的确，此前也曾有过冬暖的气候，但却没有先发生地震；但是人们能不能肯定，并不是每一次地球内部的骚动都经常通过岩缝、各地层的缝隙、甚至通过诸如此类较松散的物质放逐出能够在大气圈里引起显著变化的雾气呢？**穆森布罗克**在发现仅仅本世纪，而且是自 1716 1〔454〕
年以来，才在欧洲并且一直到南部国家看到相当明亮的北极光之后认为，数年前经常发作的火山和地震喷出可燃的、挥发性的雾气，它们由于上层空气向北的自然流动而在那里集结，并造成了自此之后如此经常看到的燃烧的大气现象；它们很可能必然地逐渐耗尽，直到新喷出的雾气补充了消耗。

让我们根据这些基本原理研究一番，认为就像我们这里出现过的这种气候变化可能是那场灾害的一个后果，这是否符合自然。冬季晴朗的气候以及相伴而至的寒冷并不仅仅是太阳与我们在这个季节的近日点距离较大的一个结果；因为我们经常感觉到，尽管如此空气还可能是很温和的；而是来自北方的气流，有时也转化为东风，给我们带来了来自寒带的冷却空气，后者给我们的水域覆盖上冰，使我们感觉到一部分北极的冬天。这一从北到南的气流如果没有外来的原因打断它，在秋季和冬季的几个月里是如此地自然而然，以至在大洋上与所有的陆地有足够距离的地方，这整个时间都将遇到这种北风或者东北风。这种风也完全自然地产生自太阳的作用，太阳这时在南半球上面使空

① 亦即震动向大气圈的过渡。——科学院版编者注

气变得稀薄，由此使北半球的空气流了过来，以致这一点必然被视为一个恒定的规律，它可能由于各个陆地的特性而在一定程度上有所改变，却不会被取消。如果地下的骚动在我们南边陆地的某处喷出炽热的雾气，那么，这些雾气最初在它们升起的那些地区，将会由于它们减弱其张力，造成暴雨、飓风等诸如此类的东西而降低大气圈的高度。但随后，大气层的这一部分由于承载了如此之多的雾气，将会由于自己的重量而推动相邻的部分，造成从南向北的气流。但由于在我们这个地区，大气层在这个季节由北向南的倾向是自然而然的，这两种相互敌对的运
1〔455〕动就会相互阻截，首先由于聚集起来的雾气而造成一种混浊的、含雨的空气，但也造成了高气压①，因为受两股风的冲突挤压的空气必然形成一个高气柱；这样，在气压高却阴雨天的时候，人们就学会了适应气压计这种表面上的错误；因为在这种情况下，恰恰空气的这种潮湿是两股相互敌对的气流的一个结果；它们将雾气挤迫在一起，尽管如此却能够明显地使空气变密、变重。

我不能避而不谈在万圣节那个可怕的日子里，磁石曾在奥格斯堡失去了其负荷，使磁针乱指一气。② 波义耳已经报道过，在那不勒斯的一次地震后，也曾经发生过这样的事情。我们对磁石的隐秘本性知道得太少了，无法说明这种现象的原因。

论地震的益处

看到从有用性一面赞颂人类的一种如此可怕的戒鞭，人们会大吃一惊。我确信，人们会很乐意放弃这样做，以便免除与此相联系的恐惧和危险。我们就是这样的人。在我们提出了生活安逸的非法要求之后，我们就不想再花费大力气来换取好处了。我们要求，地面的性质应当是让人们能够期望在上面永久居住的。关于这一点，我们想象，如果天意在这方面垂询我们的意见，我们就将为了自己的利益更好地统治一切。例如，我们期望能够支配雨水，以便能够根据我们自己的安逸终年分配雨水，并始终在阴霾的日子之间享受惬意的日子。但是我们忘记了我们尽

① 就潮湿的冬季气候而言，这种高气压几乎总是可以看到。

② 地震对磁性的影响经常被观察到。参见洪堡：《宇宙》，第 III 卷，72 页。——科学院版编者注

管如此却不可缺少的泉源，它们根本不能以这种方式得到维持。同样，我们并不知道恰恰是在地震中使我们感到惊吓的那些原因所能够给我们造成的好处，却喜欢知道它们已被排除。 1〔456〕

作为生来就注定要死的人，我们不能忍受一些人在地震中死去；作为这里的过客和一无所有的人，我们为失去不久将通过大自然的普遍道路而自动丧失的财富耿耿于怀。

轻而易举地就可以猜测出，如果人们在一块充满了可燃物质的地基上进行建筑，那么，地震迟早会使其豪华的建筑化为废墟的。但在这样的情况下，人们就必须对天意的道路感到不耐烦吗？既然如此，认为地面上时而发生地震是必要的，但我们在地面上建筑豪华的住宅却并不是必要的，作出这样的判断岂不是更好吗？秘鲁的居民们住在仅仅由不高的墙围起来、其他部分由芦苇构成的房子里。人必须学会顺从大自然；但人却希望大自然来顺从自己。

无论地震的原因当时在一方面给人们造成了什么样的灾害，它都在另一方面轻而易举地给人补偿以收益。我们知道，在各个时代的延续中也许对相当大部分人来说都有益于健康的热水浴，其获得矿物质的属性和热量所凭借的这些原因，与在地球内部造成发热的原因是相同的，而发热则使地球震动起来。

很久以前人们就已经在猜测，山区里的矿物层是地下热的一个逐步形成的结果，地下热借助渗入的雾气在石头中间形成金属，并将其加热，从而通过缓慢的作用使其成熟。

我们的大气圈除了它在自身所包含的粗糙的、无生命的物质外，还需要某种起积极作用的原则，即易挥发的盐和应当进入植物合成的成分，来使上述物质获得运动和发展。如果不是偶尔发生新的注入，那持久地利用了大部分上述物质的各种自然形成物、那所有物质通过解体和组合最终所蒙受的变化、那最能起积极作用的粒子，将随着时间的流逝而消耗殆尽，这岂是不可信的吗？最起码，当土壤滋养粗壮的植物时，它将 1〔457〕
变得越来越不肥沃，而休耕和雨水将使它重新恢复肥沃。但是，如果不是另外的源泉来维持其注入，那么，无补偿地被利用的肥沃物质最终从哪里来呢？这种另外的源泉也许就是地下坑穴在最能起积极作用和最易挥发的物质方面所包含的储备，这些物质中的一部分时而扩散到地面上来。我还注意到，哈勒斯①用硫磺的烟来清理监狱以及所有被动物的气味所污染的地方，结果非常成功。火山将多得无法估量的含硫烟雾喷进大气圈，谁知道，如果不是这些烟雾提供了强有力的解毒剂，长此以往，大气圈所负担的动物气味岂不是要变得有害吗？

最后我觉得，地球内部的热为在深邃坑穴中进行的发热过程的积极作用和巨大益处提供了强有力的证明。凭借日常的经验发现，在人们只有在山体内部才能达到的巨大深度乃至极大深度上，才存在有持久的热量，而这种热量是不能归之于太阳的作用的。波义耳找出了一大批证据，这些证据说明，在所有极深的地层中，人们首先在夏季发现上面的地方要比外面的空气冷得多；而人们下得越深，就会觉得那地方越热，以致在极深的地方工人们不得不在工作时脱掉衣服。每一个人都可以轻而易举地理解，由于太阳的热只能深入到地球的很小深度，它在极深的坑穴中就不再能起一点作用；那里存在的热取决于仅仅在极深处占支配地位的一种原因，这从甚至在夏季自下而上升得越高、热量就越减弱也可以看得出来。波义耳在谨慎地比较和检验了得出的经验之后，非常合理地得出结论说，在我们无法达到的最下面的洞穴中，必然可以发现持久的发热和由此维持的不熄之火，后者把自己的热传递给最上面的地壳。

因此，如果情况确实如同人们不得不承认的这样，那么，对于这种
1〔458〕在太阳不将其热量给予我们的时候随时都为地球保持一份温热、能够促进植物的生长和自然王国的经营的地下火，我们就不能够指望它起到极为有利的作用了吗？而且，鉴于益处如此之多这种表现，由于地震的一次又一次爆发带给人类的害处，能够解除我们由于天意的所有安排而对它心怀的感恩之情吗？

我为了鼓励这些人而列举的理由，固然不是那种能造成最大的信念和确定性的理由，然而，如果问题在于打动人们对即使在惩戒的时候也值得崇敬和热爱的最高本质怀有感恩之情，那么，即便是猜想也是值得接受的。

---

① 参见《康德全集》，第Ⅰ卷，381页注；以及《汉堡杂志》，第XI卷，第1期，第3部分：《哈勒斯博士关于空气运动剂在纽盖特监狱和萨沃伊监狱里的有益作用的消息》，97页。——科学院版编者注

附释

我在上面已经引证过，地震通过地球的拱券喷吐出含硫的雾气。最近关于萨克森地区矿井的消息以新的实例证实了这一点。人们发现这些矿井现在如此充满了含硫的雾气，以致工人们不得不撤离这些矿井。在爱尔兰的蒂厄姆，一种发光的大气现象以各种旗帜的形象出现在海上，这些旗帜逐渐地改变自己的颜色，最后发出一种明亮的光，接踵而至的就是地震的强烈撞击，这是对此的一个新的证明。颜色从极深的蓝色到红色、最终成为明亮白色的光芒的转变，要归因于喷射出来的最初非常稀薄的、逐渐通过更多蒸气频繁的加入而增多的雾气。一如自然科学中众所周知的，这种雾气必然使光的亮度从蓝颜色过渡到红颜色，最后过渡为一种白光。所有这一切都先行于撞击。这也是一个证据，证明如同在海岸特别感觉到地震那样，燃烧灶就在海底。

如果要继续扩展关于地球上那些一向感觉到最频繁、最严重震动的地方的说明，还可以再补充说，西海岸的发作在任何时候都远远多于东 1〔459〕
海岸。在意大利，在葡萄牙，在南美洲，甚至最近在爱尔兰，经验都证实了这种一致。处于新世界西海岸的秘鲁，几乎天天都有震动，而东边有大洋的巴西却一点也感觉不到震动。如果要为这种奇特的类似猜测出一些原因的话，那么，人们可以原谅一位叫做戈蒂埃①的画家。他在自己的颜色和艺术的源泉即太阳光中寻找一切地震的原因，以为正是太阳光通过更强烈地作用于西海岸而推动着我们这个大地球自西向东运转，而且正是因此，这些海岸受到如此之多的震动的骚扰。不过，在正常的自然科学中，这样一种想法几乎是不值一驳的。我觉得，这一规律的根据是与另一个人们目前还没有作出足够说明的规律相联系的，即几乎所有大陆的西海岸和南海岸都比东海岸和北海岸坡度更为陡峭，这一点，无论是地图的景象还是丹皮尔②的报道都给予了证实。丹皮尔在其所有的航海旅行中几乎到处都发现过这种情况。如果从下陷推导出大陆的起伏，

① 戈蒂埃（Jacques Gautier Dagoty），第戎画家、雕刻家和解剖学家，18世纪初生于马赛，1785年卒于巴黎。他在自己的著作《宇宙新体系》（巴黎，1750）中展开了奇特的理论，主要反对牛顿的学说。对所提到的作品的描述发表在汉堡的《自由判断和信息报》上，79～80页，1756。——科学院版编者注

② 丹皮尔（William Dampier，1652—1715），英国环球旅行家。参见其著作《威廉·丹皮尔船长的新环球旅行》，1699。一个法文译本于1701年出版。——科学院版编者注

那么，在坡度极大的地区，就必然可以发现比地壳仅有平缓斜坡的地方更深更多的洞穴。但是，如同我们上面所看到的那样，这一点与大地的震动有着自然的联系。

结束语

像上一次灾难在我们的同胞中所造成的如此之多的不幸者，他们的境遇应当激起我们的仁爱之心，使我们感受到他们如此严酷地遭受到的厄运的一部分。但是，倘若有人把诸如此类的命运在任何时候都视为施加的惩治，这种惩治是蒙受蹂躏的城市因其罪恶而遭受的；如果我们把这些不幸者视为上帝复仇的目标，上帝的正义将其所有的愤怒之碗都倾倒在他们头上，人们对此是极为反感的。这种判断方式是一种不可原谅的冒失，它自以为能够认出天意的意图，并且按照自己的认识来诠释它。

1〔460〕人对自己是如此之自信，乃至仅仅把自己视为上帝的安排的惟一目的，仿佛除了人自己之外，上帝的安排就没有任何别的着眼点，以便在对世界的统治中确立各种准则似的。我们知道，大自然的整体是上帝的智慧及其安排的一个相称的对象。我们是大自然的一部分，但却想成为整体。大自然在宏观上的完美性的规则不应予以考虑，一切都应当仅仅在与我们的正确关系中来进行。人们想象，凡是世界上能带来舒适和享乐的东西，都仅仅是为了我们而存在的。除非是要惩戒、威吓人们，或者对人们实行报复，大自然不会发生任何能成为人们不幸的某种原因的变化。

尽管如此我们却看到，不计其数的可爱孩子长眠不醒了；地震一直在震动着某些国家，不分旧居民还是新居民；基督教的秘鲁和异教的秘鲁一样受到震动；许多城市一开始就不曾受到过这种蹂躏，对于上述地区来说，它们并不能自以为拥有无可指摘方面的优势。

这样，人在要猜测上帝在统治世界方面所怀的意图时，是不明所以的。不过，如果问题在于应用，即我们应当如何根据天意的目的来使用天意的这些路径，那么，我们也并不是毫无把握。人生来并不是为了在这个虚荣心的舞台上建造永恒的茅舍的。由于人的整个生命有一个更高贵得多的目标，并不是世界自身的不稳定使人在对我们来说显得最伟大、最重要的事物身上所看到的一切毁灭都与它如此美妙地相配，以便使我们想到，地球的财富并不能满足我们追求幸福的欲望！

我远远没有就此暗示，好像人被弃置于自然规律的不变命运，根本不考虑他的特殊利益。正是大自然的进程从中获得其无须修正的正确性的那个最高智慧，让较低级的目的从属于较高级的目的；正是出自最高智慧经常造就出大自然普遍规则的最重要例外情况、以便达到远远超出所有自然手段的无限更高目的的那些意图，人类的领导者在对世界的治 1〔461〕
理中甚至也将为自然事物的进程规定规律。如果一个城市或者一个国家发现了神明天意令它或它的邻居惊骇的灾祸，那么，哪一个党派能够利用这种惊骇，以便防止威胁着他们的堕落，这一点难道还有疑问吗？使人理解天意的所有道路一致地要么吸引人、要么催逼人实现那些意图，各种迹象还不清楚吗？

一个为高贵的心灵所激励的君主，被人类的这些苦难打动，为从四面八方受到各种沉重的不幸威胁的人们解除战争的灾祸，这样的君主是上帝的仁善之手中的一个乐善好施的工具，是上帝给予地球上各族人民的赏赐，各族人民永远也无法充分估量这一赏赐的价值。

原文收入李秋零主编《康德著作全集》第 1 卷，作于 1756 年。

地震的继续考察

科学院版编者导言

约翰内斯·拉茨

这部作品以《伊曼努尔·康德硕士对自一些时间以来所觉察到的地震的继续考察》为题发表在1756年的《哥尼斯贝格咨询和广告消息周报》的第15和16期上，亦即在4月10日和17日，是前两篇关于里斯本地震的论文的续篇。

在康德生年没有出新版。

1〔465〕 地穴之火还没有平静下来。震动最近还在继续着，并且使那些自古以来就不知道这种灾难的地区感到惊惧。大气圈中的混乱改变了半个世界的季节。最无知的人们企图猜测这种现象的原因。据一些没有理智和反思的人说，地球移动了，离太阳更近了，但我却不知道近了多少。这是一种只有幼稚如孩童的人才会作出的判断。他又站出来，把一个疯子的梦幻当做观察来兜售。此外，在惠斯顿[1]自己教会哲学家留神彗星之后，又有了一些重新提起彗星的人。如果人们在附近就能够找到一种灾难的根源，却从数千里之外牵强附会地把它请来，这真是一种庸俗的荒诞无稽。例如，土耳其人是这样解释黑死病的，人们也是这样解释蝗灾、

① 惠斯顿（William Whiston，1667—1752），参见其著作《一种新地球理论》，1696；以及布丰：《自然史》，第Ⅰ卷，172页。——科学院版编者注

畜疫的，天知道还要这样解释别的一种什么灾难。人们只是羞于能够在附近看到某种东西。在无限远的地方发现原因，这才是一种目光敏锐的知性的真正证明。

在由于严重背离一门正确的自然科学的规则、一些不懂得检验这些规则的人所可能轻率地采取的所有措施中，也包括了在公共舆论中被归属于阿尔托纳的普罗夫①教授先生的思想。虽然在觉察到地面上的重大变故时，人们很久以来已经不再怀疑行星了，我们那些可爱的先祖，那些占星学家们对这些星球所提出的生硬的指责的一览表，已经与真正的女 1〔466〕
妖故事、迪格比②和瓦勒门特③的令人喜爱的奇迹以及布罗克斯贝格的夜间轶事为伍，被放进过时幻象的档案馆了，但是，自从自然科学清除了这些怪念头以来，有一位牛顿发现并借助经验证实了，即便是距离极遥远的行星，相互之间并对我们的地球也施加着一种现实的力量。然而，对于那些要把对这种值得注意的性质的运用夸大成为无稽之谈的人来说，最不幸的是，这种力量的尺度以及它起作用的方式都是确定的，并且是由借助几何学进行的那种观察规定的，我们之所以能够揭示上述力量，必须归功于这种观察。人们如今再也不能随心所欲地让这种力量的作用愚弄我们了。我们手中有了天平，借助它，我们能够称出给定的原因的作用。

假如一个人曾经听人说过，月球吸引着地球上的水，并由此引起了大洋的上涨和下落，人们称之为落潮和涨潮；此外，所有的行星都具有类似的吸引力，如果它们处在贯穿地球和太阳的直线附近，就会使自己的吸引力与月球的吸引力联合起来；④ 假如这样一个并不以更精确地考察此事为职业的人猜测，这些联合起来的力量不仅能够使地球上的水产生我们在11月1日所看到的那种剧烈的运动，而且也许还通过对地下空气

① 普罗夫（Gottfried Profe），1712年9月11日生于奥得河畔的法兰克福，1770年5月31日卒于阿尔托纳，是阿尔托纳文科中学的校长。参见《石勒苏益格-荷尔斯泰因信息报》，第47、51、52期，1755。——科学院版编者注

② 迪格比（Sir Kenelm Digby，1603—1665），作家、海军中校和外交家，写过《迟到的论述……涉及用同情的药剂治愈伤口》，1658，一个法文译本出版于1659。——科学院版编者注

③ 瓦勒门特（Pierre le Lorrain，以 Abbé de Vallemont 这个名字著称，1649—1721），神怪作品作者。——科学院版编者注

④ 由于康德说的是由月球所造成的涨潮和落潮，所以这里必须正确地读为：如果它们处在贯穿地球和月球的直线附近……。——科学院版编者注

的影响而能够引燃导致地震的隐秘火绒；那么，我们也不能要求他提供更多的东西。但是，对于一位自然研究者来说，我们却期待更多的东西。仅仅想出一个与结果具有某种类似之处的原因，这还是不够的。原因还必须在大小方面是成比例的。我想举一个例子。李斯特[1]博士是伦敦学会的一个通常很能干的成员。他觉察到，一种被称为海扁豆的海洋植物，具有非常强烈的发散气味的能力。他发现，这种植物总是在热带海洋的岸边。于是，由于气味的强烈发散也许会引起空气的运动，他推出结论，认为在这些海洋上不断地吹着一直延伸到陆地千里之遥的普遍的东风，就是起源于此，这尤其是因为这种植物是向着太阳转动的。这种见解的
1〔467〕可笑之处完全在于，原因与结果之间根本没有比例关系。如果人们把行星的力量与据说从它产生的结果，即海洋的运动和地震的爆发进行比较，情况也完全一样。也许有人会说：我们究竟知道这些天体对地球能够发生作用的力量的大小吗？我马上就将对此作出回答。

布盖[2]先生是一位著名的法国学者。他讲道，当他在秘鲁逗留期间，一位想成为利马大学数学教授的学者以地震的天文钟为标题写了一本书，着手从月球的运行出发事先预报地震。人们也许会猜想，在秘鲁，一个预言家可以很准确地预报地震，因为在那里几乎每天都发生地震，只是强度不同罢了。布盖先生补充说，一个没有反思却侈谈月球的上行交点和下行交点——即近地点和远地点——的会合和反相的人，有时也许会偶尔说出某种后来被结局验证的东西。他还承认，这样的人并不总是预言失败的。他甚至猜测，如此强烈地使大洋的水运动的月球，对地震有一些影响，这并非完全不可能。这或者是由于月球使水不寻常地上涨，达到了某种它过去从未达到过的裂缝，在深深的地穴中造成了翻天覆地的运动，或者是通过某种别的关联方式。

如果人们考虑到，天体的吸引力一直影响到物质的最内部，因而也就能够使闭锁在地球最深处和最隐秘过程中的空气运动起来，那么，就很难否认月球对地震有任何影响。但是，这种力量顶多只是点燃处在地球之中的可燃物质，而其他的东西，例如震动、水的运动，则仅仅是这些物质的一种作用。

---

① 指的是 Martin Lister（1638？—1712），英国动物学家。——科学院版编者注

② 参见布盖：《地球的形状》，72 页，巴黎，1749。——科学院版编者注

如果人们从月球进一步上升到行星天，那么，随着众行星距离的增加，这种能力也就逐渐地消失了。如果把所有行星的力量与惟一的、离我们如此之近的月球的力量进行比较，那么，它们彼此联合起来所提供 1〔468〕
的，也只是月球力量的一个无限小的部分。

牛顿揭示了卓越的引力规律，这一规律必须被看做人类知性在认识自然界方面所作出的最成功的尝试。牛顿教会人们发现有卫星环绕的行星的吸引力，确定了木星这个所有行星中最大的行星的吸引力，它比太阳的吸引力的千分之一还要小一点。借助这种力量在我们的地球上造成变化的这种能力，与同地球的距离的立方成反比例下降，因此，对于距离地球比太阳远 5 倍多的木星来说，如果谈到它的吸引力的比例，则要比太阳的吸引力单独能够对我们的地球所造成的影响小 13 万倍。① 但是，就像经验与计算相结合所说明的那样，太阳的吸引可以使大洋的水大约上涨 2 尺。因此，如果木星的吸引与太阳的吸引联合起来的话，那么，它还可以为这个高度再添加 1 微分②的 1/65，这大约可构成一根头发直径的 1/30。如果人们考虑到，火星和金星是比木星小得多的天体，而吸引力又是与其体积成正比的，假若人们由于它们虽然体积比木星小数百倍，从而拥有的吸引力也比木星小数百倍，但却离我们比木星近 3 倍，从而认为它们两个联合起来通过吸引作用于我们地球的能力是木星的 2 倍，那就做得太过分了。但是，即使我们慷慨地把它们的力量扩大 10 倍，它们的力量联合起来也不能使海水上涨一根头发的 1/3。即使人们再加上其他的行星，如水星和土星，考察它们都会合在一起时的情况，事情也很明显，它们也远远不能使月球和太阳共同造成的海水上涨再增加一根头发直径的一半。如果月球和太阳使海水所达到的高度再增加一根头发直径的一半就担心它们的引力所造成的可怕的海水运动，而没有这一根头发直径的一半就不必担心危险，这岂不是滑稽可笑吗？所有其他情况也都完全驳斥了这种所谓的原因。就像月球不仅在它离贯穿太阳和地球的 1〔469〕
那条直线最近的那个时刻，而且在此前后几天都会造成最大的涨潮一样，

① 由一个天体所造成的海潮的高度与它的质量成正比，并与它的距离的立方同比下降。现在，由于木星的中心离地球比太阳远 5 倍，而其质量小 1 048 倍，所以它所造成的潮高是太阳所造成的潮高的$\frac{1}{125}\cdot\frac{1}{1\,048}=\frac{1}{130\,000}$。——科学院版编者注

② 1 微分是 1 分的十分之一，亦即 1 尺的千分之一。——科学院版编者注

联合起来的各个行星如果对水的运动和地震有一些影响的话，也应当在前后相继的若干天里、并在这些天里有若干小时之久，造成这种水的运动和地震。

我必须请求我的读者们原谅，为了能够对在我们地球上所发生的事变作出正确的判断，我带着他们在苍穹中遨游得如此之远。人们用来堵塞错误根源的努力，也给我们造成了纯净的知识。下面，我将考察自从我在一篇专门的文章中致力于说明的那些自然事件以来所发生的重大自然事件的值得注意的现象。

在理性的法庭上，众行星被宣布撤诉，不再说它们对我们在地震中所遭受到的巨大破坏的原因有所影响。因此，今后任何人都不应当再怀疑它们。过去曾有过一些行星会合在一起，但人们并没有感到地震。按照伽桑狄的证词，佩雷斯基[1]在 1604 年观察到了 3 个上述行星的罕见会合，这是每 800 年才发生一次的，但地球依然很安全。只是对月球来说，这种猜测才似乎有一些可能性。但是，如果月球对此有所影响的话，那么，参与的原因就必然是箭在弦上，一直哪怕是极微弱的外部影响都可能造成事变的爆发。因为月球经常处在对地面施加最大影响的位置上，但它却没有同样经常地引发地震。11 月 1 日的地震就发生在下弦月之后不久。但在这时，就像牛顿理论和经验所证明的那样，月球的影响是最微弱的。因此，让我们仅仅在我们的居住地自身探索原因吧！我们的原因就在我们自己脚下。

自从前面已经列举过的那些震动以来，除了 2 月 18 日的那次地震外，就没有再发生过波及其他几个国家的震动。那次地震在法国、英国、德
1〔470〕 国和尼德兰都可以感觉到。在大多数地方，例如根据威斯特法伦、汉诺威、马格德堡的报道，与其把它同一种被点燃的物质的爆发相比，倒不如把它同一种由地下的强烈冲击所推动的地面的一次轻微的晃动相比。只有建筑物的最高几层才感到摆动，地上的下部几乎没有察觉到。早在之前的 13 日和 14 日，在尼德兰和邻近的地方就已经感觉到了震动。在这些日子里，特别是从 16 日到 18 日，飓风在德国、波兰、英国四处肆虐，

① 佩雷斯基（Nicolas-Claude fabri de Peiresc，1580—1637），参见《杰出男人尼古拉·克劳德·法布里·德·佩雷斯基的人生》，彼得·伽桑狄著，106 页，哈该，1651。——科学院版编者注

雷鸣电闪，暴雨倾盆。总之，大气圈就像是发了酵一般。这可以用来证明我们在其他地方已经说明了的东西，即地震以及作为它们的原因的地下燃烧，由于把外来的蒸气排入我们的大气层而改变了它。

有时曾发生一些地面的塌陷。石块从山上崩落，以可怕的力量滚入谷底。持续不断的雨使满盈的泉流冲刷走土壤，经常地侵蚀着一块陆地的基础；同样，尤其当寒冷和潮湿把自己的影响结合在一起的时候，也使石块从山顶崩落。巨大的深渊以及在瑞士和其他地方有时裂开、大多数情况下又重新弥合的地隙，是一种扩张性的地下力量穿透密度较小的地层的更清晰的证明。如果我们考察一下我们的地面的这种脆弱性，考察一下那煤、树脂、硫等可燃物质也许到处以始终熊熊燃烧的烈火滋养着的地下炽热的储备（例如煤矿如果接触空气时自燃，经常就会燃烧并蔓延[①]数世纪之久），如果考察一下地下空穴的这种状况，那么有鉴于此，岂不是一颗火星就足以使我们的拱顶陷入整个燃烧着的硫的海洋，使我们的居住地被燃烧着的物质的河流毁灭掉，就像倾泻而出的熔岩毁掉埃特纳河附近在无忧无虑的平静中生息的地段一样？D. 波尔先生说得对，在一篇关于地震的短文中，为了使始终隐燃着的地下炽热运动起来并使 1〔471〕
大地震动，他只要求有水。然而，当他否认雷默试验[②]（它通过硫与锉屑的混合、借助掺入水而揭示了震动）的适宜性，说在大地中找不到纯铁，而是只有在这一试验中不能提供所要求的东西的铁矿石时，我就要提请考虑，加热的经常性原因，例如硫铁矿的风化，在把深处地下的铁矿石熔成颗粒状的铁之后，因水的加入而引起的躁动，就像雨后在喷涌而出的熔岩那里，在皮特拉马拉的一直持续不断的地火那里可以觉察到的那样，或者还有如此接近纯铁本性、毫无疑问在地底深处到处都可以大量找到的磁石，是否也不能大体上为这一试验的实施提供足够的材料。从瑞士所报道的很奇特的说明，似乎证实了磁性物质在地震时的参与作用。在那里，一块磁石在地震期间连同悬挂着它的线偏离了它的垂直方向若干度。

列举和检验每一个人为了给自己开辟新的研究道路都要搜集的、常常是像海浪般地接踵而至的所有那些假说，将是详细阐述的成果。在自

① 第二个谓词不适合主词，但意思是不会误解的。——科学院版编者注

② 参见《康德全集》，第Ⅰ卷，422页注。——科学院版编者注

然科学中，也存在有某种正确的鉴赏力，它很快就懂得如何把好奇心的放荡不羁与可靠的、谨慎的判断区分开来；后者获得了经验的见证和理性的可信性的支持。毕纳[①]神父以及不久前克吕格[②]教授先生提出了把地震的现象与电的现象归溯于同样的原因的意见。霍尔曼[③]教授先生的建议更为大胆。他首先借助活火山的实例证明了气洞在一个有燃烧物质之忧的地区的益处，没有它，那不勒斯和西西里王国将不复存在；然后，他建议把地球最上面的外壳挖透，直抵最深处燃烧着的裂隙，由此为火制
1〔472〕造一个出路。内部地层的可怕厚度及其坚固性（没有它们，地震的这种严重发作无疑早就毁掉这样一块陆地了）、很快就会为任何挖掘设置一个终点的水、最后还有人的无能，使这一建议成为一种美好的梦想。从想要解除雷电武装的现代普罗米修斯富兰克林先生，直到想要熄灭伏尔甘作坊中的火的人，所有这样的努力都是人的大胆精神的证明。这种大胆精神是与一种同它根本不成比例的能力密切联系着的，它最终把人引导到一种屈辱的回忆。在这里，人应当开始正当地意识到，他永远不能超出是一个人。

原文收入李秋零主编《康德著作全集》第1卷，作于1756年。

---

① 毕纳（Isidore Binet），1693年生于尼奥特，1774年卒于普瓦捷，是嘉布遣会的布道人。他写过《佩鲁贾地震原因的推理》，1751。这部作品的一个书评载《关于地震的古代和新近作家的历史批判性名录》，26页，1756。也请参见《汉堡杂志》上的译文，第X卷，292～299页。——科学院版编者注

② 克吕格（Johann Gottlob Krüger，1715—1759），赫尔姆施泰特哲学和医学教授。参见其作品《关于地震原因的想法：连同一种道德的考察》，13页以下，1756；以及汉堡的《自由判断和信息报》，476～479页，1756，该处有这本书的一篇书评。——科学院版编者注

③ 霍尔曼（Samuel Christian Hollmann），自1734年始任格廷根哲学教授，自1751年始成为那里刚刚创办的学者协会成员，1696年12月3日生于什切青，1787年9月7日去世。参见《格廷根学术通讯》，164页，1756。——科学院版编者注

形而上学与几何学相结合
在自然哲学中的运用

第一个试样包括

物理单子论

伊曼努尔·康德硕士承蒙最卓越的哲学系允准
4月10日8—10时在哲学教室为本文答辩

辩护人：普鲁士哥尼斯贝格的卢卡斯·大卫·福格尔，神学教师

提问人：高贵的年轻人普鲁士哥尼斯贝格的路德维希·恩斯特·鲍罗夫斯基，神学教师

普鲁士达尔克门的特莱姆普的格奥尔格·路德维希·米伦坎普夫，神学教师

马尔克基里茨的路德维希·约翰·克鲁瑟马克，神学教师

科学院版编者导言

库尔德·拉斯维茨

根据弗里德里希二世的一个规定，准许一个私人讲师成为编外教授要满足三次公开论文答辩这样的条件。由于康德想谋求因克努真的去世而空缺的数学和哲学教授席位，他撰写了这部作品，要使它成为第二次论文答辩的基础。

哲学系档案第Ⅴ卷关于这部作品包含着如下登记，216～217页："已经于4月10日告知系主任……：伊曼努尔·康德硕士的形而上学与几何学相结合在自然哲学中的运用的第一个试样包含物理单子论的论文答辩：哥尼斯贝格的卢卡斯·大卫·福格尔作辩护"；以及218页："以下所记以呈交系主任审查：3月23日，伊曼努尔·康德硕士的形而上学与几何学相结合在自然哲学中的运用的第一个试样包含物理单子论"。

因此，这部作品是在1756年3月23日递交的，论文答辩则如封面所说于1756年4月10日举行。鲍洛夫斯基错误地说成4月11日：至于这个日期不对，从4月11日是一个星期日这一点就已经可以猜测出来。

答辩论文于1756年在哥尼斯贝格的J. H. 哈同那里出版，连封面在内共4开本的16页。3个插图是印入文本的粗糙木刻画。被称为第一提问人的路德维希·恩斯特·鲍罗夫斯基是后来著名的康德传记作者，生于1740年，作为普鲁士国家惟一的新教大主教卒于1831年。关于封面上提到的其他神学研究者，似乎不再有别的为人所知的东西。

我们的版本以原版刊印（1756）为基础。一个印刷错误表并不存在，毕竟有一些印刷错误，大部分由哈滕施泰因，另一些也已经在尼克罗维的版本（1807）中被纠正了。

这部作品在康德生年没有出新版本。

前言 1〔475〕

判断力敏锐的哲学家们致力于自然事物的研究工作，他们一致坚信，必须审慎地提防，既不要让任何心怀侥幸地、借助某种鲁莽的猜测虚构出来的东西混进自然科学，也不要脱离经验的支持、不以几何学为中介而空谈任何东西。人们肯定想不出对哲学比这一决定更有益、更有用的东西了。由于几乎没有一个终有一死的人可以迈着坚定的步伐，沿着真理的笔直大道前进，而不会在这里或者那里误入歧途，所以某些人也就对这一规律忍声吞气，乃至他们在探索真理时根本不敢深入大海，而是认为始终沿岸而驶就够了，并且只接受借助经验的证实直接可知的东西。而沿着这条健康的道路，我们确实能够完美地解释自然规律，但却不能揭示这些规律的起源和原因。因为仅仅考察自然现象的人，就好像一个人由于越来越高地登上山顶，就相信将可以这样用手触摸到天一样，距离对最初原因的艰涩理解总是同样遥远，同样达不到物体本性的科学。

因此，形而上学在这里只是一种帮助，予以光照，大多数人认为它在物理学领域可有可无。因为物体是由部分组成的；至于它们是由哪些部分、以何种方式聚合而成，它们是仅仅通过原初部分的汇聚还是通过各种力的相互冲撞而充满空间的，这些确实都涉及对它的清楚解释。但在这件事情上，究竟怎样才能把形而上学与几何学联系起来呢？看起来，把怪兽与马结合起来似乎也要比把先验的哲学与几何学结合起来更容易。因为形而上学固执地否认空间是可以无限分割的，而几何学则以其惯有的确定性予以肯定。几何学断定对于自由运动来说空无一物的空间是必要的，而形而上学则予以拒绝。几何学明确指出，引力或者普遍的重力用力学的原因几乎无法解释，它只能起源于在静止中和在远处就能起作 1〔476〕
用的物体内在固有的力，而形而上学则把这归于想象力毫无意义的游戏。

尽管平息这一争端看起来需要做不少工作，但我还是决意在这件事上至少投入点力气；其他人的力量更能够胜任这件事务的，欢迎来完成我在这里只能指望稍稍触及的工作。

本来应当结束，但我还想补充说：由于一切内部活动的原则或者各种元素内在固有的力必定是一种运动力，也就是说是一种从外面添加的力，因为它本来就是为外物而出现的，我们设想不出另一种力来运动同时在场的事物，除非是一种致力于排斥它或者吸引它的力；此外，由于如果仅仅设定一种排斥力，那么，人们理解各种元素为组合成物体而进行的结合就不如理解其分解；但如果只设定一个吸引力，则虽然能理解结合，却无法理解确定的广延和空间，所以，事先就能够以某种方式理解：谁要有能力从各种元素的本性及其原初的性质引申出这两个原则，他就为阐明物体的内在本性作出了不可忽视的贡献。

物理单子论

1〔477〕

第一章

物理单子的存在与几何学的一致性

命题一　定义。简单的实体，即所谓的单子①，是一种并非由诸多的、其中一个可以离开另一个而独立存在的部分构成的实体。

命题二　定理。物体由单子构成。

物体由相互分离地拥有一种持久存在的各个部分组成。但是，由于对于这些部分来说组合只是一种关系，从而是一种自身偶然的、可以在不损害这些部分的存在的情况下被取消的规定，所以可以看出，一个物体的所有组合都可以被取消，尽管如此，事前被组合的各个部分却还依然存在。但是，如果所有的组合都被取消了，那么剩下来的各个部分就完全没有组合，从而就完全失去了实体的集合，因而也就是简单的。因此，每一个物体都是由绝对简单的原初部分即单子构成的。

附释：在当下的证明中，我有意避而不谈那个广为流传的理由律，而根据哲学家中间没有人不服从的那种概念的惯常结合来执行我的设计。我有些担心，别让那些不熟悉理由律的人们不容易以这种方式说服。

命题三　定理。物体所占空间是无限可分的，因而不是由原初简单的部分构成的。 1〔478〕

假定直线 ef 无限延伸，也就是说，以至可以被任意地延伸得越来越

① 由于我的设计的理由就是仅仅考察作为物体原初部分的简单实体这个类别，因此我事先提请注意，我在下文中将把**简单实体、单子、物质元素、物体的原初部分**等概念作为同义词使用。

远，另一直线 ab，即一条物理直线，也就是说，如果愿意的话是一条由物质的原初部分汇聚成的直线，在它上面与它构成直角。边上再竖一条直线 cd，它与前一条直线相等，而且是以类似方式设定的，这不仅在几何学意义上有可能发生，而且在物理学意义也是不可否认的。在直线 ef 上任意标出点 g、h、i、k，并这样继续到无限。首先，没有人怀疑，在两个任意的点之间，或者只要愿意，在两个给定的单子之间，可以引出一条物理直线。然后引出线段 cg，它们与垂直线 ab 相交的地点就是点 o。现在可以设想在点 c 和 h 之间引出另一条物理线，而两条线段 ch 和 ab 共有的点 u 更接近于点 a。如此类推，如果从同一个点 c 出发向无限延伸的直线 ef 上所有的任意点 i、k 等等引出线段，那么，交点 x、y 等等将越来越接近点 a，即便一个在几何学上完全无知的人也会自己明白以上所说。而且，如果认为这些物理线最终将太过拥挤地相互接触，以至于它们无法毗邻而居，那么，人们可以把那些更后面引出的线统统去掉，即使如此也可以清楚地看到，根据人们在无限的直线 ef 上越来越远地标出点来，相交之点必然越来越接近点 a。[①] 然而，由于这一长度还可以无限地延长，交点向点 a 的接近也可以随着无限多个增添的部分而增长。不过，交点以这种方式永远不会落到点 a；因为点 c 和点 a 距离直线 ef 同样远，所以联结点 c 和点 a 的直线无论人们如何任意地把它延长下去，都永远距离下边的直线 ef 同样远，都永远不会与它相遇，因为这是与假定相悖的。因此，不停地分割直线 oa 永远得不到那不可继续分割的原初部分，也就是说，空间是无限可分的，不是由简单部分构成的。

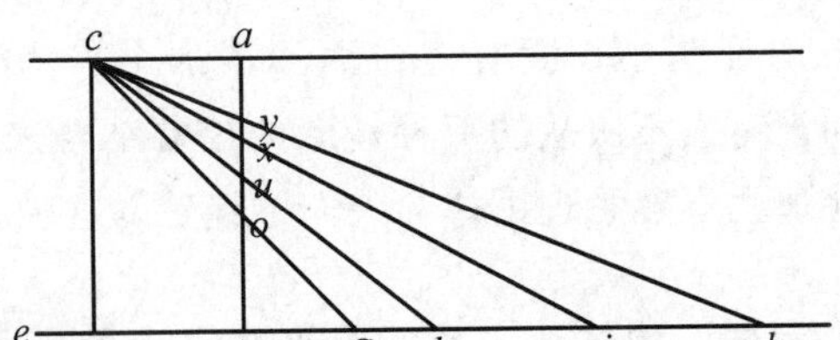

附释：这里，我引证了这个已为许多物理学家运用过的证明，并尽可能清晰地运用于物理空间，以免那些利用因几何空间与自然空间的不

① 点 y 和点 x 永远也不会重合，因为不然的话，直线 cy 和 cx 也同样会重合，直线 ck 和 ci 也会重合，而这与前提是相悖的。

同而产生的普遍区分的人们借助某个例外溜掉。当然，也存在有对这一命题的其他证明方式，这里仅举其中之一。如果愿意的话，请设想一个由单子组成的等边三角形。如果它的两条边被无限延长，并在它们上面设定好间距，使其等于给定三角形的边的二倍、三倍、五倍、百倍等，然后可以用物理线把它们的端点连接起来，它们将与那些线以同样的比例大于三角形的第三边，而且由同样多的极简单的部分构成。然而，由于还可以设想在这些单子中的任何一个与被置于三角形顶点的单子之间引出物理线，所以这些线就把给定三角形的底线无限分割，并出色地捍卫了空间的无限可分性。不过，谁要是不被成见所阻而看透了上面增添的证明，那么在我看来，他可以省去所有其他的证明。 1〔479〕

命题四　定理。一个无限可分的组合物不是由原初的或者简单的部分构成。

既然在一个无限可分的组合物里面，沿着分割的道路永远不会达到没有任何组合的部分，那么，一种不能以分割的方式被取消的组合，只要不取消组合物的所有存在，也是完全不能被取消的。不过，由于在一个组合物中当任何组合都被取消之后还剩下的部分叫做简单的（命题一），所以很明显，一个无限可分的组合物不是由这样的部分构成的。

附释：我曾认为（这并不与设计的理由相左），在为每一个物体都确保了原初的简单部分之后，在断定了其空间是无限可分的之后，就应当留神，没有某个人把单子看做物体无限小的部分。因为完全没有实体性并且作为结合为一体的各个单子的外部关系之现象的空间，自身完全不能用一种无限持续的分割来穷尽，这是以这种方式显而易见的；但在任何一个组合物中，组合只是一个偶性，并且有组合的实体性主体，组合物允许无限的分割，这是荒唐无稽的。因为由此也可以得出：物体的任何一个原初的部分都具有这样的性质，以至于它既不与数千个、也不与数万个、也不与千千万万个别的原初部分相结合，一言以蔽之，无论人们把多少个别的原初部分归给它，它都不与它们相结合构成任何物质微粒；这无疑明显地取消了组合物的任何实体性，因而不能适用于自然界的物体。

结论：因此，任何一个物体都是由一定数目的元素构成的。

1〔480〕 **命题五　定理。物体的任何一个简单的元素或者单子，都不仅存在于空间中，而且也都填充一个空间，尽管如此也无损于它的简单性。**

既然任何一个物体都是由一定数目的简单元素汇聚而成的，它所填充的空间却依然允许无限分割，那么，这些元素中的每一个也都要占据这个空间的一个可以继续分割的部分，也就是说，它填充一个可分配的空间。

然而，既然空间的分割并不是那些一个可以离开另一个拥有自己充分的存在的事物的分离，而是仅仅表示外部关系中的某种集合和数量，那么很清楚，由此并不能得出实体性部分的集合；而既然只有它与单子实体性的简单性相对立，那么就足以明白，空间的可分性与单子的简单性并不矛盾。

附释：在研究元素时，妨碍几何学与形而上学联结的，没有别的命题，只有一个事先作出的、尽管没有得到充分检验的意见，即好像一个元素所占空间的可分性也表明元素自身可以被分割为各实体性部分似的。通常人们认为，这一点是如此确信无疑，以至那些为现实空间的无限分割辩护的人们也在单子面前远远地望而却步了，而那些赞同单子的人们则把视几何学空间的特性为想象看做自己的任务。然而，既然从上述证明可以明确得知，既不是几何学家犯了错误，也不是在形而上学家那里发现的命题偏离了真理，那么，错的就必定是使二者分道扬镳的那种观点：就好像一个就其实体来说绝对简单的元素在无损其简单性的情况下就不能填充一个空间似的。因为把某个小空间一分为二的直线或者平面当然说明，空间的这一部分存在于另一部分的外面。但是，由于空间不是实体，而是实体外部关系的一种现象，所以，人们可以将同一个实体的关系一分为二，却并不违背实体的简单性，或者愿意的话，并不违背它的统一性。因为处于进行分割的直线两边的东西并不是可以与实体如此分离、以至于没有实体也照样存在的东西，这要求一种取消简单性的现实的分割；相反，它是同一个实体在直线两边实施的活动或者一种关系，在它这里发现某种集合并不意味着把实体本身分解成部分。

命题六　定理。单子并不是通过其实体性部分的集合、而是通过其作用范围来决定其在场的空间，借助于这一作用，它阻止在两边随处可见的那些外在的部分彼此进一步接近。

既然在单子中没有实体的集合，但每一个单子都被设定为独立地填 1〔481〕
充一个空间，那么根据以上所述，被填充空间的根据就不能仅仅在实体的设定中去寻找，而是应当在它们与外部事物相关的关系中去寻找。但由于单子通过填充一个空间而阻止那些在两边处处直接可见的外在事物彼此进一步接近，从而可以就其位置而言规定某种东西，即限制它们向它靠拢所能够达到的接近程度，所以可以看出，单子表示一种活动，而且是在一个向四面八方作出规定的空间里，因而必须承认，单子是通过它的作用范围而填充一个空间的。

命题七　问题。面对困难继续确保每一个单子通过其作用范围在不损害其简单性的情况下占有的空间。

如果一个单子像我们确保的那样填充一个确定的空间，那么，人们就可以用别的任何被限定的空间来表述这个空间。因此，用一个小圆 $ABCD$ 表示一个单子凭借其作用所占有的小空间，BD 是这一作用范围的直径，也就是单子阻止其他在 B 和 D 对它出现的东西彼此进一步接近的距离。但人们并不会由此就说这是单子自身的直径，这当然是荒唐可笑的，而且也没有东西更能与我们的命题相悖了。因为既然空间是通过单纯的外部关系实现的，那么，所有内在于实体的东西，即实体自身、外部规定的主体，本来就不是由空间决定的，而是只有它们的规定中那些与外物相关的规定，才可以到空间中去寻找。但据说实体就出现在这个空间中，实体在这个空间中无处不在，那么，谁分割了空间，也就分割了实体吗？我的回答是：这一空间自身是这个元素在场的外在范围。因此，谁分割空间，也

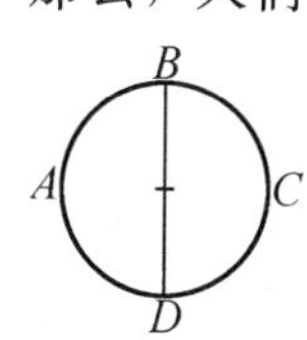

就分割这个元素在场的外在的外延量。但是，除了外在的在场即实体随关系而定的规定之外，还有其他内在的规定，如果没有它们，那些外在的规定就没有可以依赖的主体。但是，内在的规定并不存在于空间中，这正是因为它们是内在的。因此，在分割外在的规定时它们并没有被分割，所以主体本身或者实体并没有以这种方式被分割。这就好像有人说：上帝因其维持的行动而内在于所有的受造物，因此，谁分割受造物的团块，也就分割了上帝，因为他分割了上帝在场的范围；再不能说出比这更荒唐的东西了。因此，作为物体一个原初元素的单子，虽然就它填充一个空间而言当然具有某种外延的量，即作用的范围，但在这个范围内，却看不到许多一个被与另一个分开，即离开另一个就独自具有自己的恒
1〔482〕定性的东西。因为在空间 *BCD* 遇到的东西，不可能与存在于空间 *BAD* 中的东西如此相分离，以至于每一个都自己存在，因为二者只是同一个实体的外在规定而已；然而，偶性离开实体便不存在。①

命题八　定理。物体的简单元素占有其空间所用的力，是通常称为不可入性的力；离开了这种力，不可入性就不会发生。

不可入性就是物体借以阻挡邻近物进入自己所占有的空间的那种属性。但是，既然由以上所说可以得知，物体占有的空间（如果把它的各个部分看做没有间隙地尽可能紧密地结合在一起的）是由一些被个别的简单元素填充的小空间汇聚而成的；此外，既然为了阻止外部的物体进入已被填充的空间，或者为了不可入性，就要求一种抵抗或者一种力，但在前面已经证明过了，元素是借助某种阻止别的想进来的元素的作用来填充其一定的空间的，因而很明显，物体的不可入性仅仅依赖于元素的那种自然力。这是第一点。

然后，假定直线 ag 由物质的原初元素即单子汇聚而成，如果任意一

① 在所有可能妨碍我们命题的困难中，最重要的困难似乎就是来自对同一个实体各种规定的外置的困难。因为单子在空间 *BCD* 中的活动处于在空间 *BDA* 中的活动之外；因此，它们似乎确实是彼此分离的，并且是在实体之外被发现的。然而，一些关系总是不仅彼此外在，而且也存在于实体之外，乃是因为实体与之有关系的那些存在者确实与实体分离并且彼此分离，而这并不表示实体性的集合。

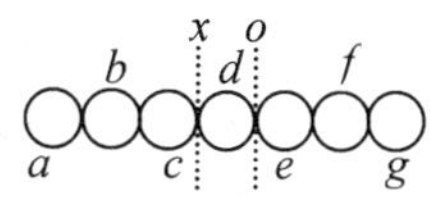

个元素 d 由于其实体的在场而仅仅表示一个位置，但并不占有一个空间，那么，位置 d 就把给定的直线 ag 分成两部分，并且由于它标出了直线的这一半在哪儿终止，另一半从哪儿开始，所以它是直线的两个一半所共有的。然而，物理的线只有在由同等数目的元素构成时才是相等的，而两边同等数目的元素只存在于直线 ac 和 eg 中，所以，单子 d 的位置是直线 ac、eg 共有的，也就是说，上述两条直线将在所说的这个位置上直接相遇，据此元素 d 不会阻碍邻近的 e 和 c 直接接触，也就是说，它将不是不可入的。据此，如果否认单子 d 所占的位置是直线 ac、eg 共有的，那么，它就成了点 x 和点 o，直线 ac 和 dg 在点 x 直接相遇，直线 ad 和 eg 在点 o 相遇；由于单子 d 的位置既不同于位置 x 也不同于位置 o，因为不然的话它将总是如前面假定的那样是一个直接相遇的共同点，所以就有了三个不同的位置 x、d、o，它们毫无疑问规定着一条确定的直线。因此，一条确定的直线借助单子 d 的在场得到了规定，也就是说，它存在于一个确定 1〔483〕
的空间中，而由于它通过单纯地设定实体并不能占有一个空间，而是只能占有一个位置，所以就必然有某种别的东西存在于实体中，它在两个相互接触的元素那里规定着接近的尺度，而且阻止任何力量促使元素 c 和 e 进一步接近；然而，只有一种力才能与另一种力对抗；因此，是物体的元素占有自己的空间所用的力造成了不可入性；这是第二点。

第二章

物理单子最普遍的属性，它们在不同的单子中各不相同，有助于理解物体的本性

命题九　定义。接触就是多个元素不可入性的力量的交互联结。

附释：人们通常用直接在场来定义接触。但是，即使再拼命附加**外部的**在场（因为人们即使不这样附加直接地、但又最内在地临在于万物的上帝，也不得不相信他与万物接触），也几乎不可能使定义在所有的部分都尽善尽美。由于其他一些人已经充分地证明，被空无一物的空间分

离开的物体仍然能够共在，因而尽管没有相互接触倒也直接在场，所以这个定义毫无疑问被抓住了错误。此外，牛顿的学派[①]以真理的巨大形象维护甚至彼此远离的物体的直接吸引，不用相互接触就能产生它们的共同在场。还有，如果要为称直接的共同在场为接触的概念本身的定义[②]作辩护，那就必须首先解释这个在场的概念。如果像通常那样用交互的活动来解释它，那么请问，活动究竟在哪儿呢？毫无疑问，物体正是通过相互运动来活动的。一个从给定的点出发表现出来的运动力要么把其他东西从自己排斥开，要么吸引过来。应当把接触理解为这两种活动中的哪一种，是很容易弄明白的。因为通过把一个物体越来越近地推向另一个物体，只要我们感觉到不可入性即排斥，我们就说，它们互相接触了。因此，由不同的元素相互实施的这种作用和反作用，就构成了接触的真正概念。

命题十　定理。单是借助不可入性的力，如果不再附加另一种同样内在的吸引力的话，物体就不能拥有一定的体积；后一种力与前一种力共同规定着广延的界限。

1〔484〕 不可入性的力是一种排斥力，它阻止任何外部的东西进一步接近。由于这种力是每一个元素天赋的，所以从它的本性出发虽然能够理解，为什么由于它扩张所至的距离的增加，活动的强度将逐渐减弱；但它在某个给定的距离上将完全归于零，却是由此完全无法理解的。因此，如果仅仅取决于它，那么，单是由于微粒的相互排斥，就根本不会有物体的结合了，而且物体也没有一个由确定的界限划定的体积。因此，必须用另一种相反的、在给定的距离上相等的努力来与这种努力相对立，在占有空间时规定界限。由于这个努力是与排斥相对立而活动的，所以它就是吸引。因此，对任何一个元素来说，除了不可入性的力之外，还必须有另一个吸引力；如果离开吸引力，就不能得出自然物体确定的体积了。

附释：探讨元素具有的排斥和吸引这两种力的规律，是一项事实上

---

① 参见下文 484 页注。——科学院版编者注

② 可能关涉鲍姆嘉登：《形而上学》，哈勒马格德堡，1739，第 223 节："较接近地影响一个实体的实体就对那个实体**在场**，而且对另一个实体最接近地在场，**接触**另一个实体，以至于由此**在场**就是较接近的被影响者，而直接的在场就是**被接触者**"（参见《康德全集》，第Ⅰ卷，397 页注）。——科学院版编者注

很有意义的研究，值得更富有洞察力的人来从事它。在此，我满足于就简短的规定所允许确定无疑地证明它们的存在。然而，如果像从老远就发现与这一问题有关的东西那样令人称心如意，那么，由于排斥力是从一个元素所占空间最里面的点向外起作用的，岂不是必须假定，它的强度将随着它扩张所至的空间的增大而成反比地减弱吗？因为从一个点出发分配的力，如果它不是通过活动填充涵盖在给定直径下的整个空间，就不能被视为在一定范围内有效的。这一点，以此方式是显而易见的。因为如果人们设想一种力，它按照直线从一个给定平面流射而出，例如光或者按照凯尔①的观点即引力，那么，以这种方式实施的力便与大量可以从这个平面引出的直线成正比，即与同一个活动平面成正比。因此，如果平面无限小，这个力也就无限小，如果这个平面最终是一个点，这个力就完全是零。这样，通过从一个点出发的各条直线，并不能分散在一定距离内可分配的力。因此，力只有通过填充它在其中活动的整个空间，才能被视为是有作用力的。不过，这些空间是球形的，就像是各个距离的立方体。因此，既然同一个力通过一个更大的空间而分散，与空间成反比减弱，所以不可入性的力也将与到它在场的中心距离的三次方成反比。

与此相反，由于吸引虽然是同一个元素的活动，但已经转向对立的方向，所以在一个给定的距离上施加吸引的球形面就成了出发点；由于人们可以从这些点出发向张力的中心画出直线，并以此规定引力的量，它们也就以这样的方式成为可分配的，并且与球形面成反比，也就是说，与距离的二次方成反比减弱。

因此，如果断定排斥力与三次方成反比、从而以大得多的比例减弱，那么，在直径的某个点上吸引和排斥就必然相等。这个点将规定不可入 1〔485〕
性的界限和外物接触的范围或者体积；因为一旦它被吸引克服，排斥力就不再活动。

结论：如果认为这个内在固有的力量的规律是有效的，那么，就也

① 凯尔（John Keill），1671 年生于爱丁堡，1721 年卒于牛津，医学博士，在牛津任物理学和天文学教授，是牛顿的一个既热心又不谨慎的追随者，也引起了关于微分学的发明中的优先权的争论，特别是构建起向心力的学说。《传授引力定律和其他物理学原理的信》，载《哲学学报》，第 26 卷，97～110 页，1708。还有《真物理学和真天文学导论》，最新版，莱顿，1739（参见下文 486 页注）。——科学院版编者注

可以认识所有元素的相同体积，无论它们的种类多么不同。虽然显而易见，排斥力与吸引力由于每一种都具有一定程度的张力，所以它们在不同的元素中都可能是完全不同的，在一个地方张力多一些，在另一个地方张力少一些，但是，由于二倍的排斥力在同一个距离上是一个二倍的力，吸引力也同样如此，而且一个就其种类而言二倍地强的元素，其所有的运动力都以这一比例更强，这才是合适的，所以，上述两种力总是在同一个距离上保持平衡，从而规定着元素相同的体积，尽管它们与其他元素同名的力在程度上还很不相同。

命题十一　定理。惯性力在每一个元素中都具有一定的大小，这个大小在不同的元素中可能完全不同。

一个被运动而向另一个物体撞击的物体，不具有任何作用力，而且如果它没有使它致力于保持在运动状态的惯性力，每一个无限小的阻力都能使它归于静止。然而，一个物体的惯性力也就是汇聚成它的所有元素（人们称之为质量）的惯性力的总和。因此，每一个被以一定速度运动的元素，如果这一速度不由于惯性力而增倍，就都根本不具有运动的作用。但是，凡是借助别的东西增倍而具有一个量，这个量比两个因数中的一个更大的，它自身就是一个量，通过它人们可以去度量另一个时大时小的量。所以，在不同种类的元素中，在每一个元素的惯性力之外，可能还有另一个或大或小的力。

结论 1：如果给出任意一些元素，就可能存在有另一些元素，它们的惯性力或者——在不同的关系中是同一个东西——运动力大 2 倍或者 3 倍，也就是说，它们不仅以 2 倍或者 3 倍大的力与一定的速度对抗，而且被以同一个速度运动时，还具有 2 倍或者 3 倍大的力量。

结论 2：尽管从上一命题的结论得知，所有任意的元素，无论其种类如何不同，都具有相同的体积，从而如果这相同的空间被完全充满，就总是包含着相同数目的元素，由此可以正确地推断：即使人们还总是不承认虚空的混入，认为整个空间是完全充满的，但物体仍然能够以相同的体积包含不同的质量，因为元素具有的惯性力有大有小。物体的质量只不过是其惯性力的大小，借助这惯性力，它们要么阻挡一个运动，要么在以一定的速度被运动时拥有一定的运动力量。

因此，从少量被包含在给定体积中的物质推论出较小的密度和较大的空隙，并不总是充分可靠的。两个物体中的每一个可以要么拥有同样 1〔486〕
的间隙，要么是完全密实的，但尽管如此，两个物体中的一个仍可能具有大得多的质量，因为差别的原因完全应当在元素的本性自身中寻找。

命题十二　定理。世界上可感知的物体因其种类而不同的密度，离开其元素因其种类而不同的惯性，就根本无法解释。

如果一切元素都具有相同的惯性力和相同的体积，那么，为了理解物体稀疏度的不同，就必须有绝对的虚空混入微粒之间。因为按照牛顿、凯尔[1]和其他人的证明，在一种以这种方式完全填满的介质中不可能有自由的运动。因此，为了阐明诸如以太、空气、水、金等介质因其种类而极为不同的密度，就必须容许一种过分的猜想欲，借助它，人们随意地想象那些极为远离人类理解力的元素结构，时而按照极稀薄的气泡[2]的样子、时而按照树枝[3]和乱成一团的冠缨的样子把它想象成自由放肆的，由此而能够设想一种以奇妙的方式延展并以少量的质料填充巨大的空间的物质。不过请听一听有哪些理由反对这种说法。

那些细微得不可度量的纤维或者气泡在一个极为稀薄的表皮下包围着一个对物质的量来说巨大的空间，它们最终必然被物体不停的碰撞和摩擦研碎，而以这种方式被研碎的纤维或者气泡的碎片必然最终填充中间空无一物的空间。这样一来，到处都被完全充满的宇宙将由于巨大的惯性而僵化，所有的运动将马上归于静止。

此外，既然按照这样一种观点，因其种类而更为稀疏的介质必然是由

---

① 参见上文 484 页注。空的空间的问题由凯尔在他的《真物理学和真天文学导论》第 1 版（牛津，1702）中在牛顿的意义上以对其他物理学家的猛烈攻击来探讨，克里斯蒂安·沃尔夫在其《气体学基础：其中借助几何学家的方法演示其他的力量和性质》（莱比锡，1709）尖锐地予以回答。这场争论在 1710 年的《教育者年鉴》上继续进行。——科学院版编者注

② 关涉莱布尼茨的《新物理学假说》（莱布尼茨著，美因茨，1671，见格哈德版：《数学作品集》，第 VI 卷，77 页以下），在其第一部分（《合成运动理论或我们世界种种现象之原因的假说》）中采用气泡理论为“事物的种子”和“物类的经线”。更稳固的材料作为气泡把以太包含在自身之中，由此就可以解释其各种各样的密度。——科学院版编者注

③ 这里是指笛卡尔及其微粒理论学派。——科学院版编者注

极为展开并占据很大空间的微粒构成的，那么，它们究竟是以什么方式能够进入密度更大的物体按照这样一种观点更为狭窄的间隙呢？以什么方式能够最轻而易举地确认，火、磁流、电流穿透了物体呢？因为体积更大的微粒如何能够进入比它们更为狭小的间隙，对此我和最无知的人一样一窍不通。

因此，如果不承认最简单元素因种类而给定的差异，借助这种差异，假如这个空间被完全填满，人们就可以安排有时较小、有时较大的质量，那么，物理学就会经常像遇到礁石一般，遇到这个困难而止步不前。

命题十三　定理。物体的元素，即便是被设定为单独的，也具有一种完美的、在不同的元素中各不相同的弹性力，并构成一种介质，这种介质自身不需要附加虚空，原初就是弹性的。

1〔487〕单个的简单元素借助某种确定的力占有其在场的空间，这个力阻止外部的实体进入这一空间。然而，由于每一个有限的力都有一个能被另一个更大的力征服的程度，因此显而易见，人们可以用另一个更强大的力来与这个排斥力相对峙；由于元素天赋的力不足以在这一距离上阻挡那个力，因此显而易见，那个力将在某种程度上进入到被元素占有的空间中去。然而，由于任何从某一确定的点出发延展到一个空间的力都会随着距离的增加而减弱，所以显而易见，这种排斥力越是接近作用的中心，就越强烈地反作用。而由于一个排斥力在距离排斥中心的一个给定的距离上是有限的，但却与接近中心成正比地增强，在中心自身时必然是无限的，因此显而易见，元素不可能被任何可想象的力完全渗入。元素将是有完美弹性的，众多这种元素将通过其弹性的结合构成一种原初就具有弹性的介质。这种弹性在不同的元素中各不相同，这从命题十结论的第 4～5 行就可以一目了然。

结论：元素是完全不可入的，这就是说，无论外力多么强大，它们都不可能被它从它们所占据的空间完全排除掉，但是它们会被压缩，并构成这样的物体，因为它们会向施压的外力做一些让步。这就是原初就具有弹性的物体或者介质的源泉，可以预先把以太或者火物质归入此类。

原文收入李秋零主编《康德著作全集》第 1 卷，作于 1756 年。

伊曼努尔·康德硕士为阐释

风的理论

所作的新说明
同时借此诚邀参加他的讲座

科学院版编者导言

约翰内斯·拉茨

这部作品发表于1756年4月25日（在4月23日，它已被呈交系主任供审查，参见哲学系档案第V卷，219页），是预告康德想在1756年夏季学期举办的讲演的一个提纲。它与康德的其他自然科学作品一样很少进入公众之中，因而它所包含的关于风的合法则运动与地球的绕轴自转的联系的理论也依然不为人知。1835年，多夫还在自己的著名论文《论地球自转对干扰自己的大气层的影响》中断言，所有曾试图给出一种风的理论的物理学家都停留在对热带的合规则的现象的讨论上，却不知道在康德的这部作品中，不仅阐释了一种信风和季风的理论，而且几乎以同样的词语阐释了风的后来被称之为多夫法则的旋转法则，多夫是在80年后的上述论文中以这些语词确立这个法则的。也请参见约翰·弗里德里希·措尔纳1872年的《论彗星的本性》中《伊曼努尔·康德及其在自然科学方面的功绩》一章，477页以下。

刊印：《伊曼努尔·康德硕士为阐释风的理论所作的新说明：同时借此诚邀参加他的讲座》，哥尼斯贝格，1756年4月25日，在哥尼斯贝格特许德里斯特书店印刷，4开本。

在康德生年未出新版。

前言 1〔491〕

我们必须把大气圈想象为一个流质的弹性物质海洋，它似乎是由密度不同的各气层所组成，越往高空，密度就越低。如果这一流质的海洋总是保持均衡，那么，人们设想为彼此并立的气柱仅仅具有同等的重量，这就不够了。它们必须还具有同样的高度，也就是说，具有某种密度的气层必须在其范围内的所有部分中都在同一水平面上。因为若不然，按照流体的规律，较高的部分将必然向较低一面流动，均衡在瞬间就被打破了。能够打破均衡的原因，或者是**张力的减弱**，这种减弱是由降低空气弹力的寒冷和蒸气所造成；或者是**重量的减轻**；这种减轻首先是由炎热所造成，炎热使某个气区比另一气区更强烈地膨胀，并且由于它因此而被迫升高到另一气区的水平面之上而外流，构成一个较稀薄的气柱；其次是由水蒸气的会合造成的，水蒸气在此之前是由空气来负荷，现在却由于它与空气分离而使空气失去了一部分重量。在这两种情况下，都产生了向空气或者在张力方面或者在重量方面受到损失的地区吹去的风。只不过区别在于，在第一种情况下均衡很快就被建立起来，对另一情况的第二种原因来说也是如此，因为在这些情况下，风的持续要求原因的增加，而这是不可能长时间地持续的。与此相反，后一种情况的第一种 1〔492〕
原因由于无须增加就可以一直持续下去，从而为持续不断的风提供了一个很有力的源泉。

或者是由于弹性的增长，例如由于热，或者同时由于重量的增长，例如由于从雪的融化释放出的空气，而使大气运动的原因，都远远不是如此强大，因为不仅所发生的朝向静止空气的运动遇到后者以其全部重量的对抗，而且扩展着的气区向上的膨胀和向四周的膨胀是同样强烈的，从而也就削弱了它自己的力量。因此，出自这些原因的风不可能在大的范围内被觉察到。

我只是简明扼要地列举出这一切，并且假定读者们自己的反思将扩展对所讲的东西的必要说明。我不喜欢在如此短的篇幅内所说出的很少。

第一个说明

较大程度的炎热影响一个气区比影响另一个气区更多，造成了吹向这个受热后的气区的风。只要这个气区的高温还在继续，风也就持续不断。

增强了的炎热迫使空气占有更大的空间。它向四周扩展，并以同样的强度向高空扩展。在此时刻，这一气区的重量发生了变化，因为在向上升高的空气溢走的同时，气柱所包含的空气也就自此开始减少了。邻近的较冷的、因而也较密、较重的空气，就由于超重而从自己的位置挤压过来，从而和前者一样被冲淡、变轻，因而屈服于邻近空气的压力，并且一直这样继续下去。不要设想受热后的空气由于同样力图向四周扩展而造成由受热气区吹向较冷气区的风。因为首先，由于向四周的扩展是同样强烈的，因而与它成反比例的张力，例如与中心点的三次方，是相互递减的，所以，一个包括 4 平方里的空气场的扩展力，如果它增加
1〔493〕 1/10，在距这个受热场 1 里的距离内只是这一增强后的力量的 1/80[①]，因而也就根本不能被觉察到。不过，扩张就连这一步也达不到，因为空气在扩张这么远之前，就由于自己重量的减轻而屈服于较密空气的压力，为后者让出位置了。

出自经验的证实

上述规则如此得到一切经验的证实，以至根本找不到任何反对它的例外。海洋中的所有岛屿、太阳的灼热强烈影响的那些地区的所有海岸，只要太阳升高到地平线之上一定高度，以至它真正地对大地发生作用，就会感受到一种持续不断的海风。这是因为，由于大地比海洋受热更多，陆上空气也就比海上空气更为稀薄，从而由于其稀薄而屈服于后者的压力。在辽阔的埃塞俄比亚海上，风远离陆地，是自然的、普遍的东风。但在几内亚海岸附近，风却转离了它的这种趋势，被迫吹过几内亚。由

① 康德在这里大概想的是一个充满了气的正六面体（或者平行六角体），其底面是一个面积为 4 平方里的正方形。人们如果距离这个正六面体的表面 1 里，则就处在一个具有 2 倍边棱的正六面体的表面上，因而就有 8 倍的空间体积。而如果前一个正六面体的体积扩展 1/10。那么，这个被扩展的体积就只构成后一个正六面体的 1/80。——科学院版编者注

于它比全球海洋更多地被太阳加热，这就导致了一种吹过其升温了的地面的气流。人们只要观察一下**尤林**①在**瓦伦纽斯**的《一般地理学》或者**穆森布罗克**②为自己的《物理学》所附的地图，就可以在同时看到自然的、普遍的东风和这一规则的一刻，完全认识和说明几内亚附近海洋上风的所有方向、龙卷风和其他所有诸如此类的东西。因此，在北方的冬季，当太阳使南半球的空气变得稀薄时，北风就占着支配地位。所以在初春，风就开始从赤道吹向北半球，因为在北半球增强了的太阳热使空气变得稀薄，造成了从赤道向北方升温地区的回流。这些风渗入这些温带地区并不远，因为太阳热在此时对距赤道较远的地方还不能造成很多的影响。在这一时间，即在 4 月和 5 月，风从埃塞俄比亚内部吹过埃及，它们被 1〔494〕
称做卡姆普辛风③。由于它们来自一个受热后的地面，所以带来了灼热的空气；因为温带稀薄了的空气迫使赤道空气退回，并在一段时间内扩张而越过这一地区。

第二个说明

一个气区变得比另一气区更冷，就在邻近气区造成了吹向变冷场地的风。

从由于气温下降所造成的张力减弱中，可以轻而易举地理解这一原因。

出自经验的证实

在受到强烈阳光影响的陆地和岛屿的海岸附近的所有海洋上，由于这时海上空气失温要比陆上空气更快，夜间都吹着一种持续不断的陆地风。这是因为，受热后的地面在陆上空气中保持着温度，没有特别的减弱，相反，白天受热较少的海洋较快地使它上面的空气变冷。因此，海上空气也就屈服于陆上空气的张力，并且允许出现一种从陆地吹向变冷了的海洋地区的气流。正像马利奥特所说明的那样，在法国，11 月初的

① 参见《康德全集》，第Ⅰ卷，444 页注。《自然地理学》被附上一个附录于 1712 年由詹姆士·尤林（伦敦医生，1684— 1750）重新出版。——科学院版编者注

② 参见穆森布罗克：《物理学随笔》，伦敦，1739。——科学院版编者注

③ 卡姆普辛风（Campsin，也叫 Chamsin 或者 Kamsin）是一种在埃及从西南吹来的热的荒漠风，它在继春天的昼夜相等之后的 50 天里出现。——科学院版编者注

南风要归因于低凹北部的变冷。在那里，冬季是以极度的严寒开始的。

第三个说明

由赤道吹向极地的风，总是时间越长就越是西风，而由极地吹向赤道的风却把自己的方向改变为从东方出发的同侧运动。

据我所知，这个规则还从未被注意到，它可以被看做说明风的一般理论的一把钥匙。它的证明是易于理解的、令人信服的。地球从西向东
1〔495〕绕轴自转，因此，地球表面上的任何一个地方离赤道越近，速度也就越快，离赤道越远，速度也就越慢。这样，流向赤道的空气，在中途总是遇到比它自身具有更多自西向东运动的地方。它因此也就在相反的方向上即自东向西地与这些地方对抗，从而也就偏转为这种同侧运动。因为无论是不以同等速度按照同一方向运动的流质存在物之下的地面在移动，还是地面上的这种存在物按照相反方向在移动，都是一回事。与此相反，如果风由赤道吹向极地，那么，它总是要越过地球的那些比风所携带的空气具有较少自西向东运动的地方，因为这空气的速度与它扩张由以出发的地方的速度是相等的。因此，风在它所吹过的地方就会自西向东移开，它向极地的运动就与从西方出发的同侧运动结合在一起了。

为了清楚地说明这一点，我们必须首先看到，如果大气处在均衡中，那么，它的每一部分与该部分处于其上的地球表面区域都具有相等的自西向东的速度，就这个区域来说，它处于静止之中。但是，如果大气圈的一个部分在经线上改变了自己的位置，那么，它就遇到了地面上以比它从自己的出发地所获得的速度或者更大、或者更小的速度自西向东运动的地面位置。这样，它在越过它所吹过的地区时，或是从西向东偏离运动，或是在自东向西的方向上与地球的表面相对抗，在这两种情况下，都形成了具有这种同侧方向的风。这种侧向运动不仅以它运动所经过地方的速度为基础，而且也以它的出发地和目的地的速度差为基础。不过，地球表面上的任何一点，其绕轴自转的速度都是与纬度的余弦成比例的，而地球表面上的两个彼此距离很近（例如1度之差）的地方，其余弦的差别又是与纬度的正弦成比例的。因此，它在从一纬度向另一纬度过渡
1〔496〕时，向旁侧移动的速度的因素是处在纬度的正弦和余弦的复合关系之中

的，因而在 45 度时达到极大，但在与 45 度距离相等时又是同样的。

为了能够对这种同侧运动有一个概念，让我们以从纬度的 23.5 度吹向赤道的北风为例。如果它是从上述纬度开始的，那么，它的运动就与它所处地面自西向东的运动相等。如果它向昼夜平分圈接近 5 度，那么，它就遇到了一个更快地在上述方向上运动的地带。现在，人们稍加计算就可以发现，这两个平行圈的速度差为每秒钟 45 尺。因此，如果空气由 23 度抵达 18 度，那么，倘若不是在这 5 度的全部行程中，地球的自转总是从自己的运动中给流经此处的空气增加点什么，以致这种差别在移动的第 5 度上远远不会是那么多，它就会给地球在这一地区造成自东向西每秒钟能吹过 45 尺的反向风。但是，由于总还是必然要剩下一种差别，我们想假定它为在没有这一原因时的差别的 1/5。尽管如此，同侧运动还有每秒钟 9 尺，这就足以使在 23 度开始的每秒钟 18 尺①的正北风在 18 度成为东北风。同样，以同等速度从 18 度到 23 度的南风，在 23 度也转化为西南风，因为它以与先前计算的同样量的自西向东的摆动进入到运动较慢的平行圈中。

出自经验的证实

这一证实将附加在以下的几个说明中。

第四个说明

在回归圈之间的整个大洋上占支配地位的普遍的东风，除了从第一个说明和第三个说明的结合中得到解释的原因之外，不能归因于其他任何原因。 1〔497〕

把普遍的东风归因于地球自西向东自转时大气圈的滞后，这种见解是自然研究者以充分的理由反驳过的，因为虽然大气圈在最初的自转一开始时有点滞后，但它不久之后就必然以同样的速度向前运动。但是，我通过证明，当空气由较远的平行圈流向赤道时，这一思想是有效的，从而也就以一种更有利、更正确的方式再次提出这一见解。因为在上述情况下，空气无疑

① 北风的速度在这个例子中必须改每秒 18 尺为每秒 9 尺，以便在纬度 18 度产生一种东北风。如果是 18 尺的速度，产生的运动就会是一种东北北的运动，人们在这种情况下就必须假定，风在其 75 里的路途上恰恰损失它的一半速度，但康德未提这一点。——科学院版编者注

与较大的平行圈的运动速度不同，毫无疑问必然有点滞后。如果有新的空气不断地自两边流向赤道的话，那么，由此产生的东风就会持续不停。因为由于地表的继续影响，这种新空气将很快失去这种倾向相反的运动。

自从这第一个原因失去了普遍的认同以来，人们一直认为，回归圈之间普遍的东风是由于这些空气尾随着自东向西的太阳使之变稀薄了的空气运动。如果有了更好的解释，人们肯定不会满足于这种解释。如果空气出自第一个说明的原因向由太阳影响而受热的地方流动，那么，太阳西边的空气肯定会和太阳东边的空气同样这样做。因此，我看不出为什么这整个地区只有东风。但是，如果它是由于前一段时间升温了的空气的变冷而进入其位置的，那么，它必然因此而宁可是自西向东运动，因为位于太阳东边的地方要比离开太阳时间更长的地方变冷得更快，因而也更少弹性。尽管我愿意一切都如同人们要求的那样进行，但是，人们能够以某种理性的方式想象，当太阳在西地平线时，尾随太阳的气流能够跨越 180 度，即向东 2 700 里之遥，造成一种尾随的气流，这是可能
1〔498〕的吗？在如此惊人的距离内，一种如此微不足道的运动不必然消失殆尽吗？然而，在回归圈内的所有部分，在一天的任何时候，风都自东向西运动。**尤林**先生也支持上述见解。诚然，当他不能证明为什么在太阳的影响肯定还不是微不足道的远离回归圈的地方未察觉到同样的东风时，他有充分的理由。因为事实上，它根本不能从上述原因得到解释。

因此，请你们在这里看一看另一原因，它可以更好地与自然科学最著名的理由相一致。热带和热带附近比其他地方更严酷的热使处于该地带的空气不断地变得稀薄。按照均衡的规律，离赤道较远的较少热一点、因而也较重一点的气带就侵入到它的位置。并且由于该气带是向赤道运动的，按照第三个说明，它的出自北方的方向必然转化为出自东方的同侧运动。因此，赤道两边普遍的东风本来是一种同侧风。但是，在两个半球的东南风和东北风彼此交锋的那条线上，它却必然转变为正东风，离这条线越远，就越偏向极地方向。①

---

① 这是对在这个热带吹的信风之原因的一种简短但却相当直观的解释，当然，这种解释以同样的方式已经在康德之前由乔治·哈德利在其作品《普遍的信风的原因》中（载《哲学学报》，58 页，1735）给出过。至于康德对哈德利的这部作品一无所知，这得自康德的一些遗留下来的书页（《康德关于自然地理学的讲演的补遗》，IV，Th. 林克编），其中康德引用了过去对信风的解释，但却没有提到与他自己一致的哈德利的解释。——科学院版编者注

出自经验的证实

根据所有一致的观察，在赤道附近，气压计的高度要比温带低 1 寸。由此不能得出，温带的空气按照均衡规律必然向赤道流动吗？这种运动不能在我们这半球造成热带的持久的北风吗？但为什么它在这条线上越来越转化、并且最终完全成为东风呢？答案在第四个说明的结尾可以找到。但为什么在这里从来不能完全地重建均衡呢？为什么热带的空气总是比温带的空气轻 1 寸水银柱高呢？始终在这里起作用的炎热使所有的空气都始终不断地扩张和变得稀薄。因此，即使新的空气为建立均衡而流入这一地区，它们也会和先前的空气一样被扩散开。升高了的气柱超出其他气柱的水平面，并在上面朝这边流动。因此，赤道上的空气由于从来不能比温带的空气升得更高，尽管如此却包含着一种比较稀薄的空 1〔499〕
气，因而总是比温带的空气轻，并对其压力作出让步。

关于大多数情况下支配着处于 28 度与 40 度之间区域大洋的西风的说明。

考察本身的正确性由航海家在太平洋、大西洋以及日本海上的经验得到了充分证实。作为原因，除了从前一说明得出的之外，不需要其他基本原理。本来，出自上述理由，这里应当有一种温和的东北风。但是，由于从两半球向赤道积聚的空气不断在那里向外溢出，在我们这个半球的上部向北扩张，并且由于它们来自赤道，从而几乎完全继承了赤道的运动，所以，它们必然以一种自西向东的同侧运动移到较远平行圈的低层空气之上（参见第三个说明）。但是，它们只有在低层空气的相反运动变弱，在它们自己降到下部的时候，才对低层空气产生影响。然而，这必须是在离赤道相当远距离的地方发生的。在那里，盛行的是西风和同侧风。

第五个说明

支配着阿拉伯海、波斯海和印度洋的季风和周期风，可以完全自然地从在第三个说明中证明的规律得到说明。

在这些海洋上，从 4 月直到 9 月，都吹着西南风，随后有一段时间无风，从 10 月到 3 月又吹着相反的东北风。通过前面的准备，人们一眼就可以看出这里的原因。在 3 月份，太阳移到我们的北半球，使阿拉伯、 1〔500〕
波斯、印度斯坦、邻近的半岛以及中国和日本，比处于这些国家和赤道之间的海洋受热更多。这些海洋上的空气受北部空气的这样一种稀薄化的强迫，而向北部扩张。我们知道，从赤道吹向北极的风必然转化到西南方向上去。相反，一旦太阳越过秋分线，南半球的空气变稀薄，空气就从热带的北部南下到赤道。现在，从北部地区匆匆向这条线吹来的风，如果没有外来的干扰，就必然转为东北风。因此，很容易就可以看出，为什么东北风必然取代先前的西南风。

就这些原因共同导致了周期风来说，人们也可以很容易就看出它们的联系。在回归圈附近必然有一块延伸得很远的陆地，它由于太阳的作用比处于它和赤道之间的海洋获得了更多的热量。这样，这些海洋上的空气时而被迫吹过这些地区，形成一种西同侧风，时而又从这些地区扩张到海洋上。

出自经验的证实

在马达加斯加和新荷兰之间的整个大洋上，持续不断地吹着对位于摩羯座回归圈附近的海洋来说自然的东南风。然而，在新荷兰地区，在这块陆地附近的辽阔的海洋上，却可以发现从 4 月直到 10 月从东南吹来、在其他月份从西北吹来的周期风。因为在后几个月份里，澳洲各地区（关于这些地区，我们只认识新荷兰的海岸）是夏季。太阳在这里使这一地带受热远远多于邻近的海洋，迫使空气从赤道地区吹向南极。按照在第三个说明中所说的，这必然导致一种西北风。在从 4 月到 10 月这几个月份里，太阳是在北半球上空。在这种情况下，南方的空气又回到赤道，涌入空气稀薄的地区，造成了相反的东南风。毫不奇怪，大多数自然科
1〔501〕学家都不能说明风在南大洋的上述部分的周期性变化，因为他们不知道我们在第三个说明中所阐述的规律。如果人们把这一认识运用于发现新大陆，它可能是非常有用的。如果一个航海家在南半球离回归圈不远的地方，在太阳已越过回归圈的时间里，遇到了持续不断的西北风，那么，这对他来说可能是一个几乎可靠的标志，即在南方必然有一块辽阔的陆地，太阳的炎热迫使赤道上的空气吹过这块陆地，造成了偏西的北风。根据现在所知，新荷兰地区使人们在极大程度上猜测那里有一个辽阔的澳洲。航行于太平洋上的那些人，不可能访遍南半球的所有地区，以便在那里探查出新的陆地。他们需要一个使他们能够判断在哪一面将有可

能找到新的陆地的指南。他们在那里的辽阔海洋上于夏季可能遇到的西北风，就可以为他们提供这一指南，因为西北风是南方有一块不远的陆地的标志。

结束语

如果人们经过以上的说明的准备，来观察可以找到所有海洋持续不断的或者周期性的风的地图，那么，这是一种不小的娱乐的源泉。因为人们可以借助运用陆地的海岸使它们附近的风的方向与它们平行这个规则，说明一切风的理由。一段时间吹过一个地区、之后又被相反方向的风取代的周期风的中间时期，即这种交替的中间时期，可以说为无风、雨、暴风雨和突如其来的飓风所搅扰。因为这时在空气上层已为相反的风所支配，而先前的风在空气下层还没有完全减退。由于二者相互交锋，它们最终保持在均衡中，使它们带来的云雾变浓，造成所有上述变化。人们差不多也可以把这假定为一个普遍的规则，即暴风雨是由彼此冲突的风共同造成的。因为人们通常都注意到，在暴雨之后风向就变了。既 1〔502〕
然这种相反的风确实早在暴风雨之前就可以在空气上层觉察到，它也就是构成气候元素，并把雨云带到地平线上的那种风。因为人们通常都会发现，暴风雨是迎着下层的风产生的，暴雨是在风保持均衡的时候产生的，而在暴雨之后相反的风占了优势。经常在气压高的时候，例如在去年的夏季，我们所觉察到的那种连绵不断的雨，极有可能归因于这样在两个层次上彼此交锋的气流。人们可以借助第三个说明的规则，完全地解释**马里奥特**①的说明，即在黎明开始从北方吹起的风，大约在 14 天之

① 参见马里奥特：《空气的本性》，载《马里奥特全集》，第Ⅰ卷，160 和 161 页，莱顿，1717。与此相关的一段话在那里原文是："当北风和东北风停息时，东风就接着盛行，继而是南风和东南风"，稍后是"在温带地区，尤其是在法国，南风和西南风通常接替东风"和"在法国，风的方向通常从东吹向南，从西南吹向西、向北和西北，很少完全是相反的方向"。

在马里奥特之前，风的这种旋转法则已经由维鲁兰姆的培根在其《风的自然的历史和试验的历史》（莱顿，1628）中表述过，参见《弗兰西斯·培根著作集》，第Ⅴ卷，173 页，伦敦，1857—1859："连续的风 1：如果这种风随着太阳运动，即如果它从东至南、从南至西、从西至北、从北到东运动，那么一般来说它是不会转回去。或者，即便它倒转回去，也只是暂时的。但是如果它与太阳的运动相悖，即如果它从东向北、从北向西、从西向南、从南再到东，那么通常在它完成这一圈之前，它至少会回到它的前一个四分之一区域。"——科学院版编者注

内穿越整个罗盘仪，依次最初到东北，然后到东方，然后到东南，等等；风绝不能以相反的方向完成这整个循环。因为东风自然地转为东北风。如果与东北风所吹向地区的均衡已经建立起来，那么，东北风就会由于该气区的抵抗而成为正东风。然后，由于压缩在南方的空气又向北方扩张，这与东风相结合造成了向东南的偏移。这种偏移又由于在第三个说明中提到的原因而首先成为南风，然后成为西南风，然后由于北方已经建立起来均衡的空气而成为西风，然后又由于与重新扩张的北方空气的结合而成为西北风，最终成为正北风。①

我为这一简短的考察所规定的篇幅限制了对它的进一步阐述。我就此结束这一考察，谨向赏光对我这微不足道的报告寄予一些信任的先生们透露，我打算根据**D. 埃贝哈德**先生的《自然学说的最基本根据》来阐明自然科学。我的意图是不放过任何能够促进对古代和现代的重要发现有一种基本认识的东西，尤其是现代通过成功地运用几何学而相对于古代所获得的以清晰完备的实例进行证明的无限优势。我继续在数学中提供引导，借助阐明**迈耶尔**的理性学说来展示哲学的数学概念。我将根据**鲍姆嘉登**教授先生的专业手册来讲授形而上学。这部手册是所有同类手册中最有用、最周密的一部。假如我不是过分自夸的话，似乎笼罩着它的那种晦涩的困难，将通过认真的讲授和详细的文字说明来消除。我认为，不是容易，而是有用，才必然地规定着一个事物的价值，就像一位思想深刻的作家所说的那样，稻草可以毫不费力地在水面上捞到，但谁要想寻找珍珠，就必须下到深水中，这是完全无可置疑的。

原文收入李秋零主编《康德著作全集》第1卷，作于1756年。

---

① 在这个地方，康德为马里奥特的经常被称之为多夫法则的风的旋转法则给出了一个与多夫按照自己的意见第一个在其作品《论地球自转对干扰自己的大气层的影响》（载波根多夫的《编年史》，第36卷，321～351页）给出的解释完全相似的解释。在多夫首先以与康德完全相同的方式阐释了地球自转对风的作用之后，他在322页说："由此得出：在北半球，作为北风形成的风在逐渐地转移时经东北风越来越过渡为东风"；然后在323页说："在北半球，一种开始时的南风通过一种在东、东南、南的旋转而排挤或多或少变东的极地气流"；最后，325页说："因此，从已考察的现象的总体得出：在北半球，如果极地气流和赤道气流相互交替，风在中央就在南、西、北、东、南的意义上通过风图旋转"，等等。——科学院版编者注

自然地理学课程

纲要与预告

附录　对一个问题的
简短考察：
我们这个地区的西风湿润，
是否因为它吹过了一片辽阔的海洋？

伊曼努尔·康德硕士

科学院版编者导言

保罗·格丹

这部作品充当的是康德的讲演的邀请文。它的日期如鲍洛夫斯基所说[①]为1757年，这通过首先由E. 阿诺尔德公布的审查按语[②]得到确证：伊曼努尔·康德硕士的一门自然地理学课程的纲要和预告。

全集的编者们未能得到这部作品的一个原本刊印件，这个版本多亏了沃尔姆斯的保罗博物馆有这样一个刊印件。比较得出，在所有后来的再版本都依据的这部作品的第一个再版本[③]中，作出了省略。它缺少课程的指示（9和10页）和“简短考察”的标题（10页）。课程的指示作出了一个新的证实[④]，即关于自然地理学的课程在1757年夏季学期被讲授，并且除此之外补充了我们已知的康德讲演一览表[⑤]。

刊印：《伊曼努尔·康德硕士的一门自然地理学课程的纲要和预告：连同对我们这个地区的西风湿润，是否因为它吹过了一片辽阔的海洋这个问题的简短考察的附录》。

在这部作品的结尾，在结束线之下有：哥尼斯贝格，J.F. 德里斯特，普鲁士王家特许印刷商。

纲要在康德生年不曾重印，但可能不署名地在自1751年由克里斯特罗布·米留斯出版的《物理学娱乐》（第30期，1757）中重印了附录（10～12页）。此后有一个补充（同上，1531～1533页），它同样没有署名。说它出自康德，则无法证明，很可能负责20～30期编辑的A.G. 凯斯特讷是它的作者。

2〔3〕 我们经过了启蒙的时代的理性鉴赏力大概已经变得如此普遍，以至

① 《伊曼努尔·康德的生平和性格描绘》，L. E. 鲍洛夫斯基著，56页，1804。

② 见哲学系档案，第V卷，252页。参见E. 阿诺尔德：《康德研究领域中的批判性按语》，285页，1894。

③ 《伊曼努尔·康德的一些迄今尚不为人知的短篇作品集》，第2大幅扩展版，336～350页，1807，尼克罗维版。

④ 在哲学系档案，第V卷，252页，在4月13日下面，有关于自然地理学的课程的指示。

⑤ 参见E. 阿诺尔德：《康德研究领域中的批判性按语》，525～526页，1894。

于可以假定，只能发现很少一些人，对了解地球还处于他们视野之外的其他地区所拥有的自然奇异现象漠不关心。轻信的惊赞这个无休无止的幻象的保姆，让位于小心谨慎的求证，由此使我们能够从令人信服的证据中得出可靠的知识，不致陷入未达到自然奇异现象的正确科学却误入一个虚构故事世界的危险，这也可以看做一个不小的进步。

对地球的考察主要有三种。数学的考察把地球看做一个差不多球形的、没有造物的天体，它衡量这个天体的大小、形状和在它上面必须设想的各种周圈。政治的考察了解各个民族、人们彼此之间由于政府形式和行动以及相互的利害关系而形成的共同体、宗教、习俗等等。自然地理学仅仅考察地球的自然特性以及地球上有什么：海洋、陆地、山脉、河流、大气圈、人、动物、植物、矿物。但是，所有这一切并不具有各部分中的完备性和哲学上的精确性，那是物理学和自然史的事情；相反，它们却具有一个旅行家的理性求知欲，他到处寻访奇异的、非同寻常的、美妙的东西，比较自己积累起来的考察，反复思考自己的计划。

相信我已经说明，地球考察的前两种类型已经发现了足以使一个求 2〔4〕
知欲强的人能够以一种十分轻松的方式继续前进的辅助材料。惟独在第三种类型中，一种完备的、正确的见识将需要更多的辛劳、遇到更多的障碍。这方面有用的信息散见于许多鸿篇巨著之中，而且还缺少一部能够使这门科学适宜于教学应用的教材。因此，我在自己的学术讲座一开始就作出决定，以一个总括性的纲要为指南，分为若干专题讲授这门科学。为了满足听众，我以半年的课程讲授了这个总纲。在此之后，我大大地扩充了自己的计划。我取材于所有的原始资料，翻阅了所有的藏书，除了瓦伦①、布丰②和卢罗夫③关于自然地理学的一般理由的著作所包含的东西之外，还通读了一些精明强干的旅行家关于各个国家的最基本的描绘、各种旅行的普遍历史④、格廷根的新旅行文集⑤、汉堡

① 参见《康德全集》，第Ⅰ卷，444页注。

② 参见《自然史：一般的与特殊的》，第Ⅰ卷，1749年以下。

③ 参见《康德全集》，第Ⅰ卷，444页注。

④ 《水上和陆上各种旅行的普遍历史》，21卷，阿姆斯特丹，1747—1774。——科学院版编者注

⑤ 《新的和值得注意的水上和陆上旅行文集》，11部，格廷根，1750—1757。——科学院版编者注

画报[①]和莱比锡画报[②]、巴黎科学院和斯德哥尔摩学院的文集等，以所有与此目的有关的东西构建了一个体系。我在这里就此提供一个简明的纲要。人们将能够作出判断，是否可以在这些事情上一无所知，却不会损害一个学者的声誉。

自然地理学概要

绪论

简要地对地球就其形状、大小、运动以及由于运动而必须予以考虑的周圈进行考察，但并不涉及属于数学地理学的那种详尽性。所有这些都在地球仪上指明，同时简要地说明海洋、陆地和岛屿的分布，它们的大小比例，气候，经度、纬度、一日的长度和四季的概念。

2〔5〕 讨论

第一章 自然地理学概论

第一节　论海洋

海洋分为大洋、陆间海和湖泊。关于群岛。关于海湾、海峡、港口、停泊地。关于海底及其性质。关于不同海洋海底深度的相互比较。关于铅锤和潜水钟罩。打捞沉海物品的方法。关于海水压力。关于海水的含盐性。对海水含盐的原因的不同见解。海盐的烹调。淡化海水的方法。

① 《汉堡画报或自然、天意和全部科学文集》，26 卷，汉堡，1748—1763。参见《康德全集》，第 I 卷，208 页注。——科学院版编者注

② 《自然、艺术和科学的总汇画报》，12 卷，莱比锡，1753—1761。——科学院版编者注

关于透明性、发光体、发光体的颜色以及颜色差异的原因。关于海水在不同深度的冷暖。整个世界的海洋是否在其所有部分都是同样的高度。为什么海洋没有被河流灌注得更满。海洋和湖泊是否有地下的通道。海洋由风暴引起的运动。这种运动能扩展到什么深度。最不平静的海洋和湖泊。关于落潮和涨潮。落潮和涨潮的规律及原因。与这些规律的偏离。海洋的普遍运动。这些运动如何由于海岸和礁石而被改变。关于海流。关于海涡流。海涡流的原因。关于海峡中水的流动。关于冰海。浮动的冰原。北方的漂木。其他一些奇异现象。关于礁石和沙洲。关于内陆海和沼泽。奇异的湖泊，例如契尔克尼兹湖等等。

第二节　陆地与岛屿的历史

关于不为人知的陆地，它们或者是完全不为人知，或者是部分地不为人知。以一个系统化的概念考察山、山脉、陆地和岛屿。关于余脉、半岛、地峡。全世界最著名的山的相对高度。在不同地区的山顶上所作的各种各样的考察。关于冰洲和瑞士的冰原。测量它们的高度的方法。 2〔6〕
关于自然的和人工的高地与深谷。关于土块的结构。它们的质料的层次。次序与位置。关于矿脉。关于不同深度的冷、暖与空气。全世界的地震和活火山的历史。对岛屿的考察，既包括那些被确定无疑地认作岛屿的，也包括那些还成问题的岛屿。

第三节　泉和井的历史

关于它们的起源的不同假设。使人认识这种起源的考察。周期性流淌的泉。石化泉、矿泉、温泉与极冷的泉。关于渗水。可点燃的井。关于石油。泉的变化、产生和消失。关于井的开采。

第四节　河流与溪水的历史

河流的起源。地球上最奇异的河流在其长度、流速、流量方面的比较。关于它们的流向、落差的大小、涨水、泛滥、堤坝、最著名的运河。关于瀑布。关于内陆干涸的河流。关于隐匿在地下并且又显露出来的河流。关于携带金沙的河流。淘金沙的方法。关于河水的不同比重。

第五节　大气圈的历史

大气层的高度。大气层的三个部分。不同地区空气特性在重量、干燥、湿润、有益健康方面的比较。对高空和深处的空气特性的考察。不同地区空气对星光的影响。

2〔7〕 风的历史

风的最主要的原因和较为微不足道的原因。风的地区分布。具有干燥、湿润、温暖、寒冷、有益健康等不同特性的风。关于信风，信风因地带特性而具有的一般规律和特殊规律。关于季风。关于海风和陆风的交替。关于在一个地区支配绝大多数时间的风。关于风速。关于无风、风暴、飓风、台风、龙卷风和暴风雨，根据它们占支配地位的地区、它们的规律和原因予以考虑。地球不同高度上风的比较。简要考察一些特殊的大气现象。

第六节　关于气候与地带的联系或不同地区的季节

热带的冬天何在。为什么在所有具有同样气候的地带，冬季或者夏季不是同时并以同样的方式出现。热带为什么是可以居住的。列举处于同一地带却在冷暖方面差别很大的地区。关于南洋的寒冷及其原因。关于地面上极热和极冷的地方，极热与极冷的程度和影响。关于从未下雨的地区和另一些几乎总是在下雨的地区。

第七节　地球以前所经历的巨大变化的历史

一、地球上还在继续进行的变化

河流在改变地球形貌方面的作用，例如尼罗河、亚马孙河、密西西比河等等。雨和雨后湍急的溪流的作用。陆地是否一直在降低，海洋是否在逐渐升高。关于风对地貌变化的作用。关于地震对地貌的改变。人对地貌的改变。举例证实。关于陆地成为海洋和海洋成为陆地的持续变化。对这些变化的考察和关于这些变化的后果的见解。林耐的假说。① 地球的运动，无论是日运动还是年运动，是否经历了一种变化。 2〔8〕

二、远古时代地球变化的遗迹

所有的陆地过去都是海底。从地下或高山上的贝壳层、石化的或者裹入石中的海洋植物得出的证据。布丰从山脉形貌得出的证据。陆地变为海洋和海洋变为陆地在很长的时期内经常是前后相继的。从包含着海底残余物的地层与包含着陆地产物的地层相互交替可以得到证明。关于地下森林。被埋没的地下森林的树木的姿态。为什么在这些地层中大多数可以找到印第安动物和植物的残余物。对所谓的自然游戏的评判。关于那些真正是出自动物界的石化部分的石头。

三、地球的理论或者地球古老历史的根据

是否像诺亚时期的洪水这样惟一的一次普遍的洪水就能够造成所有这些变化。对陆地的形貌、山脉的走向和坡度、地角和岛屿的一般考察，从它们的类比中可以推论出它们的起源和变化的原因。从地层的性质和它们所包含的东西作出的推论。地轴过去是否发生过变化。对**伍德沃德**②、**伯**

① 林耐的假说在《自然地理学》的林克版的第 77 节中得到阐述：既然整个地球最初被海洋覆盖，上帝就是只把一个岛置于赤道上，它升高为一个山脉，但上帝此后按照与不同的高度相符合的不同热冷把不同种类的动物和植物置于其上。这座岛每年都通过海洋的冲刷获得新的陆地，就像人们在哥特兰岛、代尔兰等地觉察的那样，而所有的陆地在此后的许多个世纪里都通过海洋的增添而产生。——科学院版编者注

② 伍德沃德（John Woodward），1665 年生于德比郡，1728 年卒于格雷欣学院。关于他的地理学—地质学著作要提到的是：《论地球的自然史》（伦敦，1695 年第 1 版，1702 年第 2 版，1723 年第 3 版，1726 年第 4 版；朔伊希策的拉丁文译本：《地球的历史》）；《自然地理学的标本》（苏黎世，1704）；《试论英国的化石的自然史》（伦敦，1728—1729）。伍德沃德相信，大洪水溶解了地球的所有物质，金属、石头、土等等，但这些物质逐渐地下沉，由此产生包含着许多异类物体的各地层（林克版《自然地理学》）。——科学院版编者注

内特[①]**、惠斯顿**[②]**、莱布尼茨**[③]**、布丰**[④]以及其他人的假说的评判。从比较的评判中得出的结论。

第八节 关于航海

关于菱形、等角航线、罗经刻度盘、对航线的测算和对测算的校正。关于经度和纬度的发现。对理由的验证。航海中其他奇异现象。古代和
2〔9〕 近代最值得注意的海上旅行。关于新大陆的猜测和发现新大陆的努力。

第二章
自然地理学专题

一、动物界，以一种比较的方式根据地球不同地区的人的自然形态和肤色来考察人。其次，最值得注意的动物，包括陆地上的动物，也包括空中和水中的动物，两栖纲动物和最值得注意的昆虫，将按照它们的本性的历史来予以考虑。

二、植物界，将说明地球上所有那些或因其稀有性、或因其特殊用

---

① 伯内特（Thomas Burnet），1635 年生于克罗夫特，1715 年卒于卡尔特修道院。他发表自己的理论，其书名为《地球的神圣理论：包括我们世界的起源及其已经经历或者总有一天要经历的一般变迁》（2 卷本，1681：《论大洪水和乐园》；第 3 和第 4 卷，1689：《论世界的大火及论万物的未来状态》）。他的著作的第一部分是一种有水成论性质的地质学，但毕竟缺少科学的论证，因而从诸多方面招致激烈的抵制。在他的第二部著作《关于万物起源的哲理考古学或者古代学说》（1692）中，伯内特试图重建自己的理论。——科学院版编者注

② 参见《康德全集》，第Ⅰ卷，465 页注。惠斯顿把地质学变化视为彗星的作用，地球按照他的见解在开始时甚至是一颗彗星（林克版《自然地理学》，第 77 节）。——科学院版编者注

③ 康德所提及的假说在作品《原始地球》之中。该作品是作为莱布尼茨对哈尔茨的矿山的研究成果而产生的。莱比锡的《教育者年鉴》于 1693 年仅仅发表了这部作品的一个大纲，整部著作于 1749 年才由克里斯蒂安·路德维希·沙伊德从哲学家的遗著中编辑出版，确切地说题目为《原始地球或者论地球的最初形象和自然的古迹自身中的最古老历史的迹象》。按照莱布尼茨的观点，继地球的一种火成的原初形成之后，是一种水成的改变。——科学院版编者注

④ 布丰认为，覆盖整个地球的原始海洋的洋流造成了不平坦和山脉，而海洋逐渐地退缩，并使这些高地变干（林克版《自然地理学》，第 77 节。［康德在那里说的是毕丰即 Büffon，科学院版编者显然认为与这里的布丰即 Buffon 是同一个人。——译者注］）。——科学院版编者注

途而特别引人注意的植物。

三、矿物界，将以历史的和哲学的方式讨论矿物界的那些最令人愉快的、绝大多数为人利用或享受的值得注意的特性。

我首先按照各个种类的自然次序来讲授这些，最后再以地理学的讲课方式来讨论地球上的所有地区，以期说明人们出自自己所生活的地带的爱好，说明他们的成见和思维方式的多样性，因为这一切都能够有助于使人更切实地了解自己；说明关于人们的艺术、行动和科学的一个简明观念；就其产地对上述土特产品予以描述；说明大气的特性，等等。总而言之，说明一切与对地球的自然考察有关的东西。

※　　　※　　　※

这里的概要描述了一个提纲。这门科学将在今年的夏季学期讲授。我还将在专题讲座中根据D.埃贝哈德先生的专业手册的说明来解释自然科学。逻辑学将根据迈耶尔的简短导论来讲授，形而上学将根据鲍迈斯 2〔10〕
特的说明来讲授。在上一学期，我应一些先生们的要求做了这种变更，取代了虽然更为基本的、但却更为困难的鲍姆嘉登的说明，以此来满足他们。然而，人们从这两位人物中的哪一位那里期望得到更大的好处，则有选择的自由。就数学来说，将继续进行旧的讲座，并开始新的讲座。如果我的努力能够获得那些虽然不是构成绝大部分、但却是构成最可贵部分的人们，即最有理性的人们的掌声，那么，它就是足够幸运的了。

附录　对一个问题的简短考察：我们这个地区的西风湿润，是否因为它吹过了一片辽阔的海洋？

如果想弄清取决于天域和地带性质的自然现象的原因，那么，倘若不在事前参考其他国家的现象和考察并加以比较，就经常要冒由于一种出乎预料的情况而使自己的体系落空的危险。每一个人都很容易想到，把西风给我们带来的湿润气候归因于我们这个西边有一片辽阔的海洋的地区的位置。只是由于同其他地区的气候进行比较，这个显得如此容易、如此自然的解释即使没有被完全否弃，也变得很值得怀疑。穆森布罗克①

① 参见《康德全集》，第Ⅰ卷，118页注和493页注。——科学院版编者注

从前也曾附会这一种见解，尽管如此，当他考虑到尼德兰的北风虽然吹过辽阔的德意志海，甚至吹过北方的大洋，但却是一种干燥的风时，他对此就有点不能肯定了。他把北风的干燥归因于它的寒冷。然而，当太阳在夏季把这个大洋充分晒热时，这个借口也就不存在了。因为尽管如此，风也仍然是干燥的。但是，在自然地理学中，还是找到了反驳这种平庸见解的更为有力的理由。

2〔11〕 在从菲律宾群岛开始直到阿拉伯海的整个印度洋上，整年都是两种相互交替的风：从10月到5月是东北风，从5月到10月是西南风。东北风携带的是一种使天气晴朗的空气，西南风则是这些国家雨季的原因，虽然这两种风都吹过了大海。在菲律宾诸岛屿，在棉兰老岛和其他岛屿上，这一点更为明显。① 东来的季风来自几乎无边无际的平静的大海，尽管如此却带来了晴朗的天气。与此相反，从布满了岛屿和地角的地区吹过的西风却带来了雨季。科尔贝②引证道，在好望角，无论是在属于好望角的西部地区还是东部地区，东风都是干燥的风，但西风却造成了潮湿的季节，尽管无法看出为什么只有西风应当是湿润的，因为在东部有一个与西边同样辽阔的海洋。在巴拿马地峡附近的墨西哥海湾，在卡塔赫纳和其他地方，与在印度洋一样，东北风和西南风交替着各支配半年。被称做拨立柴风③的东北风是干燥的，造成了晴朗的天气。被称做文达瓦尔风④的西南风是湿润的，随它们而来的是雨季。但是，东北风却是来自辽阔的大西洋，尽管如此仍然是干燥的。但西南风却不能来自平静的大海的任何辽阔海面，因为在一个距陆地中等距离的地方，持续的东风支配着这一海域。在马尼拉的大帆船⑤从阿卡普尔科到马尼拉的航行中，由于它为了利用东风而没有远离赤道，它几乎总是发现晴朗的天气。可是在从马尼拉到阿卡普尔科的航行中，它由于行驶在北回归线上的某个高

① 参见《水上和陆上各种旅行的普遍历史》，第XI卷，425页，1753。——科学院版编者注

② 科尔贝（Peter Kolbe，更正确应是Kolb，1675—1726），代表作：《今天的好望角》，1719，缩写版1745。这是对非洲的好望角的完备描述。——游记的一个摘要见《水上和陆上各种旅行的普遍历史》，第V卷，107～212页，1749；在182页有关于气候的说明。——科学院版编者注

③ 参见上书，第IX卷，68页，1751。——科学院版编者注

④ 参见上书，第IX卷，68页；第XII卷，160页，1754。——科学院版编者注

⑤ 参见上书，第XII卷，158、165～167、169～170页。——科学院版编者注

度，借助在那里占支配地位的西风驶向美洲，毫无疑问碰上那里常见的阴雨，以至于它在这种远距离的航行中连淡水也不用补给，要是雨不来，就会失去一切。如果有人坚持平庸的见解，就请告诉我一个可以理解的原因，为什么只有在平静的海域上、而且在最温暖的地区，吹过的东风才是干燥的，而在同样的大洋上，吹过的西风却必然是湿润的和多雨的。

我觉得，这已经足以至少使那种认为我们这里西风是从西边的海域 2〔12〕
获得它们的湿润性的思想变得值得怀疑。毋宁说，似乎西风在地球上的所有地区都是湿润天气的原因。当然我并不想否认，它们吹过的地区的性质可能经常地减缓着这种特性，就像在波斯南部发生的那样，因为从阿拉伯的焦地吹过的西南风带来了干旱的、炎热的空气。简短的篇幅妨碍我解释西风的这种特性的原因。难道不是西风由于迎着空气从早到晚的一般自然流动（自然地理学第四节已经说明了这种流动）而吹拂，正因为此而聚拢了水汽并使之变得浓密，使空气在任何时候都充满了水汽？至少，如果把空气看做地球上湿润性的一种溶剂（menstruum［按月的］），那么，要想解释为什么它使水汽落下来，即为什么下雨，单是假定它充满了水汽直至饱和，那还是不够的。相反，必须指明使水汽降下（沉降）的原因，即是说，必须指明迫使空气让水汽从自己的间隙中逸出，以至于水汽能够聚拢起来并且落下的原因。

原文收入李秋零主编《康德著作全集》第2卷，作于1757年。

运动与静止的新学术概念

以及
自然科学的首要理由中
与此相关的结论

伊曼努尔·康德硕士

借此同时预报
本学期的讲座
1758 年 4 月 1 日

科学院版编者导言

库尔德·拉斯维茨

日期记为1758年4月1日的这篇论文被康德附在他该年夏季学期的讲演的预告上。原本为4开本，8页。在哲学系的档案中（第Ⅴ卷，279页，1758），有这样的登记：以下所记以呈交系主任审查：3月31日，康德硕士的《运动和静止的新概念：以及与此相关的结论》。

这部作品是一个有趣的标志，即康德的《自然科学的形而上学初始根据》的一些基本思想是多么早就形成了。

刊印：1.《伊曼努尔·康德硕士的运动和静止的新学术概念：以及自然科学的首要理由中与此相关的结论，借此同时预报他在本学期的讲座》，哥尼斯贝格，1758年4月1日，约翰·弗里德里希·德里斯特刊印。

2.《伊曼努尔·康德的一些迄今尚不为人知的短篇作品集》，弗里德里希·特奥多尔·林克编，7～23页，1800。

3.《伊曼努尔·康德杂文集》，第Ⅳ卷，7～23页，哥尼斯贝格，1807。

如果在一个哲学问题上，世俗智者们众口一词的判断是一道围墙， 2〔15〕
逾越这道围墙必然被看做与瑞摩斯所犯下的罪行同样不可饶恕，那么，我也许就不会冒冒失失地允许自己的想法违背一大群值得尊敬的人起决定作用的鉴定，来享有那种只有通过健康的理性才能得到辩白的自由了。当我想到要否认一个数百年来按照传统的权利在世俗智者们的教科书中已经保持着一种无可争辩的地位的规律时，我自己就要马上作出决定——或者应当早一点这样做，或者就此停下。但是如今，当我在自己身边发现有一大批如此行事的人物，他们根本不打算理睬声望的法则，人们对他们却非常宽容，居然审核他们的见解，对他们的见解予以思考时，我也就冒险指望一种好运，跻身于他们的行列，研究和驳斥运动和静止以及与后者密切相关的惯性力的概念；尽管我知道，那些习惯于把一切没有堆在沃尔夫体系或者其他一种著名体系的强制性磨臼之上的思想统统当做糠秕扔掉的先生们，只消看上第一眼就会宣布没有必要费劲审核它，它的全部考察都是错误的。

2〔16〕

运动和静止的新概念

我希望，我的读者们能够用上一刻时间，使自己置于笛卡尔[①]认为要获得正确的认识就必不可少的那种心灵状态。我现在就处在这种心灵状态之中，也就是说，在进行这项考察期间一直保持着这种心灵状态，亦即使自己忘掉已学会的一切概念，仅仅以自己的健康理性为向导，踏上通向真理的征途。

我以这种态度认识到，运动就是位置的改变。但是，我也马上就领会到，一个事物的位置是通过该事物的环境、通过它的地位、通过它与它周围其他事物的外部关系被认识的。于是，我可以在与紧紧围绕一个物体的某些外部对象的关系中来观察该物体。这样，如果该物体不改变这种关系，我就说它是静止的。但是，一旦我在与一个具有更大范围的领域的关系中观察该物体，那么，就这个领域来说，该物体就有可能连同它邻近的对象一起在改变着自己的地位。从这种观点出发，我就说它有一种运动。现在，只要我愿意，我总是可以自由地扩大我的视野，在与越来越辽阔的范围的关系中考察我的物体。我领会到，我关于这个物体的运动和静止的判断永远不可能是固定不变的，而总是可以在新的视域中加以改变。例如，假定我在一艘停泊在普雷格河上的船里。我面前的桌子上放着一个球体。我根据桌子、墙壁和船的其他部分来观察这个球体，并且说它是静止的。紧接着，我从船上向河岸望去，发现用来固
2〔17〕定船的缆绳已经解开，船正在缓慢地顺流而下。我立即说，球体在运动，而且是自东向西沿着河的流向运动。但是有人告诉我，地球在每天的运动中以大得多的速度自西向东自转。我又马上改变了自己的看法，说球体有一种截然相反的运动，其速度从天体学出发是很容易确定的。但是，人们提醒我，就行星系来说，地球的整个球体以更快的速度自东向西运动。我不得不说我的球体也有这种运动，并且改变我过去为它规定的速度。最后，布拉德莱[②]教导我，就恒星天来说，极可能整个行星系连同太

① 笛卡尔：《第一哲学沉思录》(1641) 和《哲学原理》(1644) 的开篇。——科学院版编者注

② 参见《康德全集》，第Ⅰ卷，231页及其注。——科学院版编者注

阳一起都有一种位移。我问，向哪边移动？以多大的速度？没有人回答我。于是我被弄糊涂了。我再也不知道我的球体是静止的还是处在运动中，是在向哪个方向运动，以及以多大的速度运动。现在我开始认识到，就运动和静止的表述来说，我还缺乏某种东西。我决不应当以绝对的口吻来使用这种表述。我决不应当说一个物体是静止的，却不同时补充说明就哪些事物来说它是静止的；我也决不应当说它在运动，却不同时列举出就哪些对象来说它改变了自己与它们的关系。即使我可以想象出一个空无一物的数学空间来充当物体的容器，对此也毫无帮助。因为我怎么才能区分开不为任何物体所占用的空间的各个部分和各自不同的场所呢？

现在我假定有两个物体，其中之一的物体 B 就我已知的所有对象来说是静止的。另一个物体 A 却以某种速度朝着它移动。尽管球体 B 与其他外部对象保持着一种尚未被改变的关系，但是，如果根据运动着的球体 A 来观察它，它就不是这个样子了。因为它们的关系是相互的。就某些对象来说被称做是静止着的球体 B，与球体 A 一样分享了彼此关系的改变。它们两者相互接近了。为什么我不应当不顾语言的一切顽固性而 2〔18〕
说，虽然就其他外部对象来说球体 B 是处在静止中，但就运动着的球体 A 来说，它却处于对等的运动之中？

你们将会向我承认，如果讨论的是两个物体在相互碰撞时所造成的结构，那么，同其他外部事物的关系就与此毫不相干。因此，如果人们必须仅仅就 A 和 B 这两个物体来考察这里所发生的变化，并且使自己的思想从所有外部的对象移开，那么人们就会告诉我：从二者之间发生的事情中是否能够得出，二者中的一个是静止的，惟有另一个才在运动？以及二者中的哪一个是静止的，哪一个在运动？难道不是必须说二者都在运动，并且是在同等的程度上在运动？二者相互之间的接近是在同等的程度上属于双方的。假定一个质量为 3 的球体 A 向另一个就周围的空间来说静止着的质量为 2 的球体 B 运动，在 1 秒钟内经过了二者之间为 5 尺的空间。这样，如果我仅仅注意两个物体之间发生的变化，那么，我也就只能说：质量为 3 的物体与质量为 2 的物体在 1 秒钟内彼此接近了 5 尺。由于我没有丝毫的原因使这两个物体中的一个比另一个享有更多的变化，为了在两方面都得到一种完美的均等，我不得不把每秒 5 尺的速度按照质量的反比例分配，即质量为 3 的物体分得 2 个单位的速度，质量为2的物体却分得3个单位的速度。借助这些力量，它们现实地在碰撞时相互作用。无论物体B就这一空间的其他最接近的对象来说怎样是静止的，就每一个向它移动的物体来说，它都有一种真正的运动，而且是一种与后者的运动相等的运动，以至两种运动之和等于当把物体B想象为处于绝对静止之中时必须单单就物体A考虑的运动。

如果人们不顾及这一点而纠缠于语言的顽固性，那么，即使人们总是老调重弹，我也不再思考下去了。如果在巴黎地区朝着一堵墙自东向
2〔19〕西发射一发12磅重的炮弹，那么，即便是哲学家，虽然他承认，由于地球在这个纬度上自西向东的运动几乎相同，火药的力量除了仅仅抵消炮弹的这种运动之外，其实什么事情也没有做，他也会说该炮弹在以每秒600尺的速度运动。尽管如此，如果不被地球的日运动或者年运动引入歧途，人们私下里还是会承认，炮弹和墙就周围或远或近的空间来说所具有的关系，在这里与事情毫不相干，问题仅仅在于这两个物体相互之间的关系。但是，即使有这样的承认，由于变化的现象只不过使人们认识到二者的彼此接近罢了，如果人们不是宁可承认二者在相互运动，即炮弹朝着墙并且墙朝着炮弹运动，而且二者是以同样的力量在相互运动，那么，人们打算说二者中的哪一个对另一个来说是静止的呢？

这也就是说，人们把两个物体之间所经过的空间除以时间，看做是双方速度的总和。人们说，质量A和质量B的总和与物体A的质量的比例等于给定的速度与物体B的速度的比例。如果从上述总速度中除去物体B的速度，剩下的就是物体A的速度。然后，把发生的整个变化平均分配给两个物体，它们也就是以这种相同的力量碰撞在一起的。为了我自己的目的，我由此仅仅得出以下两个系定理：

1. 每一个物体，对它来说另一个物体在运动，它自己对后者来说也就在运动。一个物体碰撞上一个处于静止之中的物体，这是不可能的。

2. 在物体的碰撞中，作用与反作用总是相等的。

论惯性力

如果不是从经验中得知，在一种每一个人都认为是静止状态的状态中，物体在同样的程度上反作用于每一个行动者，那么，也许从来没有

一个人会想到让步说：一个物体，只要一个碰撞它的物体还没有接触到它，它就是静止的；或者只要人们愿意，也可以说它处在力的平衡中；然而在碰撞的一瞬间，它突然从自身获得一种朝着碰撞者的运动，或者 2〔20〕
是处于一种不平衡状态，以便在自身中抵消一种相反的力量。但是，我已经证明了，人们错误地认为相对于碰撞的物体是静止的东西，实际上与该物体相联系却是一种运动；因此不言而喻，这种惯性力是很容易想象出来的；在任何碰撞中，都可以发现一个物体朝着另一个在同样的程度上向它运动的物体的运动，不用设想出一种特殊的自然力就可以很容易地、很清晰地解释作用与反作用的相等。尽管如此，这种假设的力非常适宜于用来正确地、轻而易举地解释一切运动规律。但是，它的这种用途也只不过是像牛顿的万有引力被用来解释宇宙的大规模运动罢了，也就是说，只是作为一种通过经验被认识到的普遍现象的规律罢了。关于这一点，我们还不知道它的原因，因此也就没有必要匆忙地把它推诿为一种以此为目的的内在的自然力。①

在这一理解中，我完全可以承认，所有物体相对于朝着它运动的物体来说都有一种惯性力，即有一种在同样的程度上反作用于行动的力量，这无损于我的学说的权利，因为这无非是一个经验的规律，只不过物体仅仅似乎在完全的静止中才具有这种作为自在的内部力量的惯性力罢了。因为在事实上，物体之所以具有惯性力，只是因为物体相对于碰撞者乃是处在现实的、同样的运动之中。只要它们相对于后者处于静止中，它们永远也不会具有这种力量。

从其他理由出发反驳假定的惯性力概念，可能也根本不会使人感到困难。

因为，第一，即使一个物体在处于静止时还会有很多力，但毫无疑问，这些力在它里面处于平衡状态。究竟怎么会一旦碰撞的物体接触到这个静止的物体，后者就自己置于一种朝着碰撞者一边倾斜的运动和意向，以至在自身中抵消碰撞者的一部分力量？因为，如果它的内部力量甚至在碰撞的一瞬间还始终处于平衡状态，那么，它就没有任何东西来 2〔21〕
抵抗碰撞者的力量。而且还可以假定，

第二，如果这种突然产生的趋向是可能的，那么，承受的物体自身

① 这段话具有突出的重要性，因为它澄清了康德当时对远距离力的概念的态度，他把远距离力仅仅视为一个法则的表达，并不视为物质的一个属性。——科学院版编者注

并没有从碰撞获得运动，因为碰撞和反作用将彼此抵消。除了两个物体将停止彼此作用外，再也不能得出别的结论了，但并不能说被碰撞的物体向碰撞的物体运动。此外，由于惯性力是一种自然的力量，因此，即使平衡被碰撞解除了，但它却必然在碰撞之后的一瞬间自己重建平衡，也就是说，被碰撞的物体在碰撞之后必然马上又是静止的。

我还可以举出许许多多现成的理由来反驳惯性力的概念，这里就不多说了。同样，我还可以阐明人们从中发现的形而上学论证。然而，我在这里不是要写一本书，而是只写一个印张。必须把这个内容丰富的题材限制在它的狭小篇幅之内。

论与惯性力的概念不可分割的连续律

最使运动的平庸概念的维护者们必然感到尴尬的就是，如果他们要按照自己的学术概念解释运动规律，就不得不违背自己的意愿被另一个随意的规律所纠缠。这个救助性的假说就是连续律。对于这一规律，也许极少数力学家已经注意到，即使他们也想反对那种东西，然而，当他们要从假定的运动概念出发解释物体的碰撞时，却不得不悄悄地接受它。但是，我在这里指的仅仅是物理学的连续律。它决不能被证明，但却可以被反驳。因为就逻辑学的意义[①]来说，它是一个非常出色、非常正确的
2〔22〕 判断规则，但它与眼下的题材却毫不相干。按照莱布尼茨[②]的看法，在物理学的意义上，它是这样被表述的：一个物体不是一下子就向另一个物体传递力，而是通过从静止开始直到某种速度的所有无限小的中间程度而将自己的力让渡给它。人们现在可以看到，所有那些想按照假定的运动概念解释碰撞规律的人，都必定要使用莱布尼茨的这个规则。为什么完全坚硬的物体通过碰撞不是把自己的全部力传递给另一个同类的、相同的物体？为什么总是像从静力学中认识的那样是半数？人们说，之所以是这样，乃是因为碰撞的物体一直挤压和推动挡着它道路的物体，直

① 我不打算在此列出这一规则的公式，而只想就此举出一些例证。在一个物体碰撞上另一个运动着的物体时一般来讲有效的东西，在它遇上一个静止的物体时也同样有效，因为静止可以看做是一种无限小的运动。如果一般来讲，一种力的尺度适用于现实的运动，那么，它也必然适用于现实的挤压，因为挤压可以看做是一种通过一个无限小的空间的现实运动。我将留待其他地方再详细解释这一逻辑学的连续性规则，并给予它以应有的评价。

② 参见《康德全集》，第Ⅰ卷，37页注。——科学院版编者注

到二者取得同样的速度；也就是说，如果二者的质量相等，直到每一个都取得碰撞物体的速度的一半，因为直到这时被碰撞的物体才避开了碰撞的物体此后所有的行动。然而，人们在这里难道不是以碰撞物体对静止物体的一切作用都是逐渐地借助一系列无限多而小的挤压环节的实现为前提的吗？因为如果碰撞物体一下子就以其全部力量发挥作用，那么，它就会把自己的全部运动给予被碰撞物体，自己则停留在静止中，而这是违背完全坚硬的物体的碰撞规律的。静止的物体阻挡着碰撞物体的全部运动，因此，如果碰撞物体能够一下子以其全部力量发挥作用，那么，它毫无疑问会这样做。而适用于全部力量的东西，也适用于力量的一半、四分之一，等等。这样，它就不是以任何有限的力量一下子起作用，而只是逐渐地通过一切无限小的要素；这说明了连续律。

由于我们从这里看出，如果人们不想放弃运动和静止的平庸概念，那就绝对必须假设连续律，因此，我只想简明扼要地指出，为什么尽管如此，那些最著名的自然科学家们甚至就连把这一规律看做是一种假说也不愿意；人们永远不能把它冒充为更好的东西，因为人们不能证明它。

如果我作出让步说，倘若一个物体不在事先经过一切可能的微小的 2〔23〕
中间程度，它就决不能一下子以某种程度将力量作用于另一物体，那么，我就要说，它根本不能作用于另一物体。因为即使它在某一刻用来发挥作用的是一个无限小的要素，而且这个要素在一定的时间段内累积成为一个给定的速度，它也总还是一种突然的作用。按照连续律，这一突然的作用首先应当、并且也能够经过更小的要素的所有无限的程度。因为就一个给定的要素来说，总是可以使人想到另一种更小的要素，那个给定的要素就是产生自这种更小的要素的累积。例如，重量的要素无疑无限小于物体碰撞时行动的要素，因为行动能够在一个无法察觉的时间内造成很大单位的速度，而重量则只能在一个远为长得多的时间里造成这种速度。因此，即便是碰撞时作用的要素，也是突然的、违背连续律的。人们也不应当求全责备，说自然界中根本不存在任何完全坚硬的物体。在这里仅仅提及它们并规定它们的运动规律也就够了，因为只要借助这些规律，就能够发现可变形的物体相互碰撞所遵循的那些规律。此外，每一柔软的物体也都具有某种程度的联系，借助这种联系，就与它相等或者比它小的要素来说，它在碰撞物体的力量中就能够被看做是一个坚硬的物体。而且如果仅仅就这一点来说，一种突然的作用是可能的，那么，就更大的程度来说，这种突然的作用也是能够产生的。

根据运动与静止的新概念解释碰撞规律的关键

根据我们的学术概念，碰撞时在两个相互作用的物体之间发生的事情，已经由以上所说而真相大白。也就是说，问题仅仅在于作用与反作用双方是相等的。如果两个物体是直接相互遭遇的，并且如果抽象掉一切弹力的话，那么，它们在碰撞之后在相互关系上也就是彼此静止的。然而，人们并不把运动规律这种称谓理解为一个碰撞的物体相对于另一个物体所获得的关系的规则，而是首先把它理解为它们在自己所处的空间方面的外部状态的变化。其实这只能说成是直接在它们之间发生的事情的外部现象；人们要求知道这一点。

2〔24〕

最后，人们可以首先假定有两个物体A和B。前者的质量为3，后者的质量为2，后者就它所处的空间来说是静止的，但前者就这个空间来说是以5个单位的速度在朝着物体B的笔直轨道上运动。由于按照我们的定理，必须与物体A相联系给予物体B 3个单位的速度但相对于物体B给予物体A 2个单位的速度，因此，通过碰撞，这两个相等的力相互抵消，两个物体相对来说分别静止下来。但是，由于与其他对象相联系，物体B依此朝着物体A有一种2个单位的相对运动，因此，也就必须承认周围的空间与物体B平行，且以同样的速度进行着这一运动。现在，物体A的碰撞抵消了物体B的这种2个单位的运动，但却没有抵消周围空间的这种运动，因为它没有对周围空间发生作用。因此，周围空间将继续沿着物体B过去的方向运动，或者换个说法也一样，物体B将在碰撞后相对于周围的空间以2个单位的速度沿着相反的方向、即沿着起碰撞作用的物体A的方向继续移动，因而物体A也在同一个方向上以同样的速度继续移动，因为相对于物体B来说它是静止的。所以，碰撞后两个物体将以2个单位的速度继续运动。由此可以看出，在一个物体中被抵消的速度只是相对于来碰撞的物体而言在被碰撞的物体中设定的，而不是相对于空间来说它所具有的；相对于空间来说，这种被抵消的速度其实在它里面造成了在碰撞方向上的同等单位的运动。

如果具有上述质量的两个物体 A 和 B 在相反的方向上互相碰撞，但物体 A 的速度为 3 个单位，物体 B 的速度为 2 个单位，那么，倘若仅仅考察这两个物体的相对运动的彼此关系，就必须把 3 个单位的速度和 2 个单位的速度加起来，并且按照以上所说，依质量的反比例在它们之间分配这个总和，这样，物体 A 得到了 2 个单位的速度，物体 B 得到了 3 个单位的速度。于是，由于相反的力的相等，它们相互之间进入 2〔25〕
了各自的静止。由于现在通过这两个物体相互之间的各自运动，在物体 B 中设定了 3 个单位的速度，物体 B 相对于外部空间并没有完全具有这一速度，而是仅仅具有其中的 2 个单位，所以，按照上面刚刚作出的说明，在物体中不是相对于空间来说所发现的那种速度的抵消将确立一种就同一空间来说在相反方向上的运动。也就是说，物体 B 将以 1 个单位的速度在物体 A 进行碰撞的方向上继续运动。由于物体 A 相对于物体 B 来说是静止的，它将同样以这个单位的速度在这个方向上运动。

从确定为基础的概念中引申出以不同的速度在同一方向上运动的物体碰撞时的运动规律，同样引申出弹性物体碰撞的规则，这并不困难。用许许多多的解释来展开所讲过的东西，这也是必要的。如果在一个如此丰富的题材中，虽然篇幅短小，但却有可能在内容上完备无缺，在表达上又词汇丰富，就可以做到这一切。

※　※　※

我在这半年的讲课计划如下：我将根据迈耶尔的摘要讲授理性学说。我目前打算根据鲍迈斯特的专业手册阐明形而上学。在星期三和星期六的课堂上，我将以论战的方式考察前几天讨论过的定理。在我看来，这是达到全面认识的最佳方法之一。数学将以沃尔夫的摘要开始。如果一些先生喜欢根据埃贝哈德的专业手册的自然科学课，我将试图满足他们的要求。上半年我根据自己的文章讲过自然地理学，我打算再次讲授这门有用而且令人愉快的科学，并再作出各种各样的扩充。

原文收入李秋零主编《康德著作全集》第 2 卷，作于 1758 年。

将负值概念引入世俗智慧的尝试

科学院版编者导言

库尔德·拉斯维茨

与这部作品相关，在哲学系档案第5卷428页有这样的登记："6月3日，康德硕士的《将负值概念引入世俗智慧的尝试》，连同一个流体动力学课题的附录"。关于这个附录，不知道更详细的东西。作品在1764年的复活节博览会才公而告之。

刊印：1.《将负值概念引入世俗智慧的尝试》，伊曼努尔·康德硕士著，哥尼斯贝格，1763，约翰·雅各布·康特尔刊印。

2.《将负值概念引入世俗智慧的尝试》，伊曼努尔·康德硕士著，最新版，格莱茨，1797（翻印）。

3.《伊·康德短文全集》，按时间顺序排列，哥尼斯贝格和莱比锡，1797—1798，第II卷，53～112页（翻印）。

4.《康德杂文集》，第1卷，611～676页，哈勒，1799。

前言 2〔167〕

人们在世俗智慧中对数学所能够作的利用，要么是模仿数学的方法，要么是把数学的定理真正地运用到哲学的对象上去。人们没有看到第一种利用迄今为止曾有过什么用处，尽管一开始有人曾许诺过如此巨大的优势；人们出自对几何学的妒忌而用来装饰哲学命题的诸多重要的尊称，也都渐渐地被取消了，因为人们谦虚地认识到，在平庸状态下强自出头并不是什么美事，需要付出辛劳的 non liquet［事态不明］决不想向所有这种豪奢低头让步。

与此相反，第二种利用对于世俗智慧的那些它所涉及的部分来说却是较为有益的，特别是这些部分通过将数学的学说转变为自己的成果，而跃升到一个它们通常根本不能要求的高度。但是，这也仅限于那些属于自然学说的认识，人们必然想有机会的话，例如把种种期望的逻辑学也视为世俗智慧。至于形而上学，这门科学不是利用数学的一些概念或者学说，而是经常全副武装地抵制它们，在它也许能够借来可靠的基础以便在那上面建立自己的考察的地方，人们却看到它致力于把数学家的概念当做无非是精致的虚构，在它自己的领域之外就少有本真的东西了。这两门科学，一门在确定性和清晰性上胜于其他所有科学，另一门则特别致力于达到这一点，人们很容易就能够猜出，在它们的争执中好处将在哪一方。 2〔168〕

例如，形而上学力图发现空间的本性以及作为出发点理解空间之可能性的最高理由。如今，除了能够从某处借来经过可靠证明的资料，将它们作为自己的考察的基础之外，在这方面不可能有更能提供帮助的了。几何学提供了一些涉及空间最一般特性的资料，例如空间根本不是由简单的部分组成的；然而，人们对这些视而不见，仅仅信任对这一概念的模糊意识，以完全抽象的方式来思考它。在这种情况下，如果思辨按照这种方法不想与数学的定理一致，那么，人们就指责这门科学，似乎它引以为基础的那些概念并不是从空间的真正本性得出，而是任意虚构出来的似的，力图以此来拯救自己人为地制造的概念。数学对运动的考察与对空间的认识相结合，提供了同样多的资料，以使对时间的形而上学考察保持在真理的轨道上。例如，著名的欧拉[1]先生为此提出了一些动议[2]，然而，停留在暧昧的难以检验的抽象中，似乎比与一门仅仅分享可以理解的、显而易见的认识的科学相结合要更为舒适。

数学如此经常得出的无限小概念，被以一种自以为是的放肆如此径直地指责为虚构，人们不是宁可去猜测一番，而是对此还没有理解得足以作出判断。看起来，大自然自身仍然没有提供清晰的证据，来说明这个概念是非常正确的。因为如果有一些力经过一段时间连续地起作用而造成运动，例如从一切征象来看重力就是这样，那么，它在开始的瞬间或者在静止中施加的力与它在一段时间后传递的力相比，就必定是无限小的。我承认，深究这些概念的本性是困难的；但是，这种困难充其量
2〔169〕只能解释不怎么有把握的猜测的谨慎，却不能解释不可能性的裁定性断言。

现在，我打算把一个在数学中足够熟知、但在世俗智慧中还很陌生的概念与世俗智慧联系起来予以考察。就像人们想开拓新的前景时经常会发生的那样，这些考察还只是微不足道的开端，但它们也许能够给重要的结论提供契机。从对负值概念的拒斥出发，在世俗智慧中产生了一大堆错误或者还有对他人见解的误解。例如，倘若著名的克鲁修斯[3]先生愿意让人讲解一下数学家使用这个概念的意思的话，他就不会因为牛顿[4]把距离增加但仍在物体附近时逐渐转化为排斥力的吸引力同正值终止时负值开始的级数进行比较，而令人震惊地把牛顿的比较视为错误的了。[5]因为负值并不像表述的相似性使他猜测的那样，是对正值的否定，而是某种自身非常真实地肯定的东西，只不过与另一种肯定的东西相对立而

① 参见《康德全集》，第Ⅰ卷，378页注。康德指的是论文《对空间和时间的反思》，在所引用的书中，324～333页。——科学院版编者注

② 《巴黎王家科学院的历史》，1748。

③ 参见《康德全集》，第Ⅰ卷，393页注。该作品的题目为：《对自然事件进行井然有序的和谨慎的反复思考的指南》，莱比锡，1749。——科学院版编者注

④ 该比较在附于1717年的《光学》的问题的第31个之中（《牛顿全集》，霍斯利编，第Ⅳ卷，伦敦，1779）。牛顿的观念是，极小的微粒在接触时拥有极强的引力。在众原子结合时，被复合的各部分越大，这种引力就减小得越多，并可能转化为斥力。这大约在我们今天称之为一个分子的距离上发生，而牛顿把它视为化学力量的作用范围。引力作用不可以与此相混淆。更详细的见拉斯维茨：《原子论的历史》，第Ⅱ卷，568、569页。——科学院版编者注

⑤ 克鲁修斯：《有序且审慎地思考自然事件的指南》，第2卷，第295节。

已。这样，负的吸引就不像他所认为的那样是静止，而是真正的排斥。

不过我现在要进入正文，以便说明，这个概念在世俗智慧中可以有什么样的应用。

负值概念在数学中长期被使用，并且在那里也有极重要的意义。然 2〔170〕
而，大多数人对此形成的观念以及他们给出的解释却是奇怪的和自相矛盾的；尽管由此并没有导致不正确的使用，因为特殊的规则维护着定义的地位，并保障了使用；但在关于这个抽象概念的本性的判断中误入歧途的东西，依然是多余的，并且没有结果。也许，没有人比著名的凯斯特讷①教授先生②更为清晰、更为明确地说明了人们应当设想负值；在这位先生笔下，一切都变得精确、可以理解和受人欢迎。他借此机会对一位完全抽象的哲学家③的划分癖提出的责难，要比它在那里被表述出来的普遍得多，而且可以被视为一种要求，即用一个真正的、可用的概念检验某些思想家自以为是的机敏的力量，以便在哲学上确定这个其正确性通过数学已经得到保障的概念的状态，这是虚伪的形而上学很乐意回避的一种情况，因为在这里，博学的胡言并不像在别处那样能够轻而易举地造成缜密的假象。当我着手从一个尽管非常必要但却未被使用的概念中为世俗智慧谋福利的时候，除了像这位先生一样具有普遍见识的人之外，我也不希望有别的裁决者。正是这位先生的著作给我提供了这样做的动因。因为就具有完备见识的形而上学知识界来说，如果有人自以为能够给他们的智慧增添点什么或者能够从他们的空想取走点什么，那肯定是非常无知的。

① 凯斯特讷（Abraham Gotthelf Kästner），1719 年生于莱比锡，1800 年卒于格廷根。凯斯特讷在该书（第 3 版，62 页，1774）中下定义说："复合的值叫做这样一种值，它在一个值减小另一个值这样的条件下被考察"。他强调负值的相对性。——科学院版编者注

② 《算术的初始理由》，59～62 页。

③ 大概指的是克鲁修斯。参见《通向确定性之路》，第 7 节。——科学院版编者注

2〔171〕 第一章

对负值概念的一般解释

相互对立的东西是：其中一个取消通过另一个而设定的东西。这种对立是双重的；要么是由于矛盾而是**逻辑的**，要么是**实际的**，即没有矛盾。

第一种对立，即逻辑上的对立，是人们迄今为止惟一瞩目的对立。它在于对同一事物同时肯定和否定某种东西。这种逻辑结合的结果，就像矛盾律所说的那样，是**什么也不是**（nihil negativum irrepraesentabile [否定的、不可想象的无]）。一个在运动中的物体是某种东西，一个不在运动中的物体也是某种东西（cogitabile [可以设想的东西]）；然而，一个在运动中并在同一个理解里面同时不在运动中的物体，就什么也不是。

第二种对立，即实际的对立，是这样一种对立：此时一个事物的两个谓词相互对立，但并不通过矛盾律。在这里，一个取消了通过另一个而设定的那种东西；但结果却是**某种东西**（cogitabile）。一个物体朝向某个地方的运动力和同一个物体朝相反方向的同等努力并不相互矛盾，它们作为谓词在一个物体中同时是可能的。它们的结果就是静止，而静止是某种东西（repraesentabile [可以想象的东西]）。尽管如此，这仍然是一种真正的对立。因为通过一种倾向如果单独存在就可以设定的东西，通过另一种倾向被取消了，而两种倾向都是同一个事物的真实谓词，它
2〔172〕们同时属于这个事物。这样的结果也是无，但却是与矛盾不同意义上的无（nihil privativum，repraesentabile [欠缺的无、可以想象的无]）。我们后面要把这种无称之为零，它的意思与通常在世俗智者那里使用的否定（negatio）、阙失、不在场的意思是一回事，只是有一个更详细的规定，下面将继续出现。

就逻辑对立而言，仅仅关注一个事物的谓词相互取消或者通过矛盾取消其结果的那种关系。对于二者中哪一个是真正肯定的（realitas [实在性]），哪一个是真正否定的（negatio [否定]），人们根本不关心。例如，在同一个理解中，黑暗的与不黑暗的同时在同一个主体中是一个矛

盾。前一个谓词是逻辑上肯定的，另一个则是逻辑上否定的，尽管前者在形而上学的意义上是一个否定。实际的对立也建立在同一个事物的两个谓词彼此的关系上；但是，这种关系属于截然不同的类型。通过两个谓词中的一个被肯定的东西并没有通过另一个谓词被否定；因为这是不可能的，相反，两个谓词 A 和 B 都是肯定的；只不过由于从每一个都分别得出结果 a 和 b，但通过二者一起在一个主体中产生的结果就不是这一个，也不是另一个，因而结果是零。假定某人相对于另一个人有一笔债权 A=100 帝国塔勒，那么，这就是一笔同样大的收入的理由。但是，同一个他还有一笔债务 B=100 帝国塔勒，那么，这是他支出这么多的理由。两笔债加起来则是零的理由，也就是说，既不支出钱也不收入钱。很容易就可以看出，这个零是一个相对的无，因为只有某个结果是无，就像在这一事例中某项资金是无或者在上个事例中某个运动是无一样；与此相反，对于通过矛盾而取消来说，就绝对是无了。据此，nihil negativum〔否定的无〕不能用零来表达，因为这个零并不包含矛盾。某个运动不存在是可以设想的，但它同时存在又不存在却是不可设想的。

数学家们利用这种实际对立的概念来表达自己的值；为了显示这些值，他们用“+”和“−”来标出它们。由于每一个这样的对立都是相互的，因此可以很容易地看出，一个值要么完全要么部分地取消另一个值，用不着前面有“+”的值与前面有“−”的值有什么区别。一艘船 2〔173〕
从葡萄牙出发前往巴西。人们用“+”标志东风时航行的路程，用“−”标志西风时退回的路程。数字自身则意味着多少里。这样，7 天的行程就是 +12+7−3−5+8=19，即向西行了 19 里。前面有“−”的值只是在它们要与前面有“+”的值加在一起的时候才把“−”作为对立的符号；但如果它们是与前面也有“−”的值结合，那么，这里就不再有对立了，因为对立是只有在“+”和“−”之间才遇到的逆关系。而由于减法是一种只有在对立的值相加时才发生的取消，所以很清楚，“−”本来不可能像通常认为的那样是减法的符号，而是“+”和“−”合起来才表示一种扣除。因此，−4−5=−9 根本不是减法，而是同类的值的一种现实的增加和结合。但是，+9−5=4 则意味着一种扣除，因为对立的符号暗示着一个值在另一个值中抵消与它相等的值。同样，符号“+”自身本来也不意味着加法，而是仅仅在前面有“+”的值要与另一个前面有或者设想有“+”的值结合时才意味着加法。但是，如果它与一个前面有“-”的值结合，那么，就只能借助对立来发生了，此时无论是符号“+”还是符号“-”都意味着减法，也就是说，一个值在另一个值中抵消与它相等的值，如-9+4=-5那样。因此，符号“-”在-9-4=-13的场合里并不意味着减法，而是和符号“+”在+9+4=+13的例子中一样意味着加法。因为无论如何，如果符号是同类的，则所标识的事物绝对必须加在一起，而如果符号是不同的，则它们只能通过一种对立，即借助减法才能结合。据此，这两个符号在值的科学中只是被用于区分彼此对立、也就是说在结合时彼此全部或者部分抵消的值，以便人们首先从中认识这一逆关系，其次在把一个值从另一个理应扣除它的值中扣除之后，
2〔174〕人们可以知道结果属于这两个值中的哪一个。这样，在前面提到的事例中，如果用“-”标识东风时的行程，用“+”标识西风时的行程，人们得出的结果将是一回事，只不过结果用“-”来作为符号罢了。

由此产生了数学的**负值**概念。如果一个值只能通过对立才能与另一个值相结合，也就是说，一个值将在另一个值中抵消与它相等的值，那么，它对另一个值而言就是负的。这当然是一种逆关系，而彼此对立的值也彼此抵消一个相等的值，以至于人们本来就不可以称任何值为绝对负的，而是必须说，+a和-a中的一个是另一个的负值；然而，由于它总是在意识中附加上的，所以数学家们就在某个时候接受了这样的用法，称前面有“-”的值为负值，此时人们仍千万不可忽视，这种称谓并不表示一类事物的内在性质，而是表示这种逆关系，即同某些别的用“+”标识的值在一种对立中结合。

为了能够从这个概念得出对哲学来说本来就是对象的东西，而不必特别关注值，我们首先说明，在这一概念中包含着一种对立，就是我们上面称之为实际对立的。+8是资金，-8是负债，二者都属于一个人，这并不自相矛盾。然而，一个抵消掉另一个所设定的等值，结果就是零。据此，我将称债务为负的资金。但我并不把这理解为，它们是对资金的否定，或者仅仅是对资金的否定；因为那样的话，它们自己就以零为符号了，而这一资金和债务加起来将得出财产的价值是8+0=8，但这是错误的；相反，债务是资金减少的肯定性理由。由于这整个称谓在任何时候都仅仅表示某些事物与另一些事物的关系，没有这种关系这个概念就

马上停用，所以，设想事物的一个特别种类并将它称之为负的事物，这将是荒唐无稽的；因为即便是数学家们负值的表述也不是足够精确的。负的事物将完全意味着否定（negationes），但这根本不是我们想确定的概念。毋宁说，我们已经充分地说明了构成这整个概念并存在于实际对立中的逆关系。为了使人马上在表述中认识到，对立物中的一个并不是另一个的矛盾的对立面，如果后者是某种肯定的东西，那么前者也并不是后者的单纯否定，而是像我们马上就可以看到的那样，是作为某种肯定的东西与它相对立：这样，我们将按照数学家们的方法，称下行为负的上行，称下落为负的上升，称返回为负的前行，以便立刻从表述中说明，例如下落并不单纯像非 a 与 a 那样与上升相区别，而是像上升一样是肯定的，只不过与它在结合时包含了一个否定的理由罢了。当然，显而易见的是，由于这里的一切都取决于逆关系，所以我就像能够称上行为负的下行一样，也可以称下行为负的上行；同样，就像债务是负的资金一样，资金也是负的债务。然而，如果人们想标识出其实际的对立面的话，把**负**的名称给予在任何情况下都特别关注的东西，要更为适合一些。例如，称债务为负的资金就比倒过来更为得体，尽管在逆关系自身中没有区别，而是仅仅在逆关系的结果与其他目的的关系中才有区别。我只是还想提请注意，我有时使用这一表述，即一个事物是另一个事物的**负面**（事物）。例如，上行的负面是下行，由此我并不想把它理解为对另一个事物的否定，而是理解为与另一个事物处于实际对立中的东西。 2〔175〕

对于这种实际的对立来说，如下的定理可以作为一个**基本的规则**。只有当两个作为**肯定性理由**的事物中的一个取消另一个的结果的时候，实际的对立才成立。如果运动力是一个肯定性理由，那么，只有当另一个运动力与它在结合中相互抵消结果的时候，一种实际的冲突才可能成立。以下的东西可以当做普遍的证明。**第一，**相互冲突的规定必须是在 2〔176〕
同一个主体中发现的。因为假设一个规定在一个事物中，另一个无论什么样的规定在另一个事物中，那么，从中就产生不了现实的对立。① **第二，**在实际对立中，对立的规定不能是另一个规定的矛盾对立面；因为那样的话，冲突就是逻辑上的，并且如上面所证明的是不可能的。**第三，**

① 我们后面还将讨论一种**潜在的**对立。

除了通过另一个规定所设定的东西，一个规定不能否定别的东西；因为在这里不存在对立。**第四，**当它们相互冲突的时候，它们不能两个都是否定的；因为那样的话，就不能通过任何一个来设定通过另一个被取消的东西。据此，在任何一个实际对立中，两个谓词都必须是肯定的，但在结合中两个结果在同一个主体中互相抵消。以这样的方式，一个被视为另一个的负面的两个事物就都被视为肯定的，只不过在一个主体中相结合时它们的结果是零。向西的行程与向东的行程一样是肯定性的运动，只不过对同一艘船来说，由此经过的路程完全或者部分地相互抵消了。

我并不想由此认为，好像这些实际对立的事物在此之外自身并不包含诸多否定似的。一艘向西运动的船，在这种情况下并不向东或者向南等等运动，它也不同时在所有的地方。有许多否定黏附在它的运动上。惟有无论在向东的运动中还是向西的运动中都是肯定性东西的，才是能够彼此实际地冲突、并且其结果是零的东西。

人们可以借助普遍的符号以如下方式说明同一种东西。所有真正的否定，从而也是可能的否定（因为对在主体中同时设定的东西的否定是不可能的），可以借助零来表达，而肯定则借助任意一个肯定的符号，但在同一个主体中的结合则借助“＋”和“－”来表达。这里可以看出，
2〔177〕 $A+0=A$，$A-0=A$，$0+0=0$，$0-0=0$①，它们都不是对立，在任何一个里面都没有被设定的东西被取消。同样，$A+A$ 也不是取消，剩下来就只有一种情况了：$A-A=0$，也就是说，两个事物中的一个是另一个的负面，但两个都是 A，都是真正肯定性的，然而一个却取消通过另一个所设定的东西，在此是借助符号“－”来表示的。

第二个规则本来是第一个的逆规则，它的表述是：在任何地方，如果有一个肯定的理由而结果仍然是零，那里就有一种实际的对立，也就是说，这个理由处在与另一个理由的结合中，而后者是前者的负面。如果一艘船在空荡荡的海面上现实地由东风推动，却不曾离开原地，至少离开得没有以风为原因那么远，则肯定有一道海流迎它而来。这在一般

① 人们在此会想到，$0-A$ 也是一种情况，此处这种情况被遗漏了。然而，这种情况在哲学意义上是不可能的；因为永远不能从无中感知到某种肯定的东西。如果数学中这一表述在运用上是正确的，那么，这是因为无论是对于借助其他值而增加还是对于借助其他值而减少来说，零都丝毫不改变某种东西。$A+0-A$ 还总是 $A-A$，因而零是完全多余的。所以，由此借来的思想，好像负值**比无更少**似的，是没有意义的无稽之谈。

的意义上无非是说，对一个肯定性理由的结果的取消，在任何时候也都要求一个肯定性的理由。如果存在着某个结果 b 的任意一个理由，那么，除非 −b 的一个理由，即是说某种真正肯定性的、与前者对立的东西的一个理由存在，b−b=0，否则结果永远不会是 0。如果某人的遗产包括 10 000 帝国塔勒，那么，构成遗产的就不仅仅是 6 000 帝国塔勒，除非是 10 000−4 000=6 000，即 4 000 塔勒的债务或者其他开支与此相关。下面的内容对说明这些规律是多有助益的。

我对这一部分还要作如下的说明以作为结束。如果否定是一种实际对立的结果，那么我想把它称之为**黜夺**（privatio）；但如果它不是从这样一种对立产生的，则任何一个否定在此都应当叫做**阙失**（defectus，absentia）。后者并不要求任何肯定性理由，而只要求肯定性理由的阙失； 2〔178〕
但前者却有一个真正的肯定理由和一个同样大的对立的理由。静止在一个物体中要么仅仅是一种阙失，即在没有运动力存在的情况下的对运动的一种否定；要么是一种黜夺，即在可以发现运动力的情况下结果亦即运动却被一个对立的力取消。

第二章 2〔179〕

从世俗智慧中列举出现负值概念的实例

1. 每一个物体都通过不可入性阻挡另一个物体的运动力进入自己所占有的空间。由于它对于另一物体要运动的力来说同样有自己静止的理由，所以从以上所说可以得出，不可入性同样在物体的各部分中以一种真正的力为前提条件，借助这种力，物体的各部分才共同占有一个空间，而不管另一个物体力图向这个空间里面运动的力是什么样的力。

为了说明这一点，请想象两根相互用劲的弹簧。毫无疑问，它们由于力量相等而保持静止。如果在二者之间设置一根具有同样张力的弹簧，那么，它将由于自己的用力而提供同样的作用，并且根据作用与反作用相等的规则使两根弹簧保持静止。与此相反，如果用一个固体取代这根弹簧置于中间，则通过它将发生同样的事情，前面所说的弹簧将借助自己的不可入性被保持在静止中。据此，不可入性的原因是一种真正的力；因为它所做的就是一种真正的力所做的。如果把一种原因称之为**吸引**，不管它是什么样的，一个物体借助它迫使另一个物体向自己占有的空间移动或者运动
2〔180〕(但在这里，只要设想吸引就够了)，那么，不可入性就是**负的吸引**。在这种情况下，由此就说明，它和自然界中任何一种别的运动力一样，都同样是一种肯定的理由，而由于负的吸引本来就是一种真正的排斥，所以在元素占有一个空间、但也给这个空间自身设置界限所用的各种力中，通过两种彼此对立的力的冲突给许多说明提供了理由；对此我相信自己已经得出了清晰可靠的认识，我将在另一篇论文中把它们公之于世。

2. 我们想从灵魂说中选取一个例子。问题是，不快仅仅是快乐的阙失还是快乐被黜夺的一个理由，这个理由自身虽然是某种肯定的东西并且不仅仅是快乐的矛盾的对立面，但却在实际意义上与快乐对立，因而也就是，不快是否可以被称之为**负的快乐**。而内感觉一开始就教导我们，不快并不仅仅是一种否定。因为无论人们有什么样的快乐，只要我们是有限的存在者，就总是缺乏某些可能的快乐。一种药味同纯净水，服药的人也许对预期的健康有快乐；相比之下，他对味道却没有感到快乐；但这种阙失却不是不快。给他一种苦药，这种感觉就是非常肯定的了。此时就不仅仅是快乐的阙失，而是作为情感之真正理由的东西，人们把它称之为不快。

然而，从以上引证的说明中，人们充其量只能认识到，不快并非仅仅是一种阙失，而是一种肯定的感受；但它既与某种肯定的东西又与快乐实际地对立，这一点以如下的方式可以最清晰地看出来。人们给一个斯巴达母亲带来消息，说她的儿子曾在战斗中为祖国英勇杀敌。她的心灵充满了快乐的惬意情感。这时再补充说他在那次战斗中光荣牺牲了。这极大地降低了那种快乐，使它降到较小的程度。如果仅仅出自第一个理由的快乐程度为4a，不快单纯是一种否定＝0，那么，二者相加，愉悦的值是4a＋0＝
2〔181〕4a，因此，快乐并没有因牺牲的消息而减少，这是错误的。据此，出自英勇得到证实的快乐＝4a，而在出自另一个原因的不快也参与进来之后还剩下3a，所以，不快＝a，而它是快乐的负面，即－a，所以，4a－a＝3a。

在一个混合状态中对整个快乐的全部值进行测算，如果不快仅仅是否定，等于零，那就是很不合适的。某人买进一块庄园，其收益每年2000帝国塔勒。用2000来表达这笔纯收入的快乐程度。但他必须从这笔收入支出的一切，都是不快的理由：每年地租200帝国塔勒、雇工工资100帝国塔

勒、修缮费150帝国塔勒。如果不快仅仅是否定＝0，那么，所有的加在一起，他在买进时感到的快乐2000＋0＋0＋0＝2000，即与他可以不用支出只管享受收益的快乐一样大。但显而易见，他对这笔收入感到的高兴，并不多于缴纳支出之后还剩给他的，于是他的满意度就是2000－200－100－150＝1550。据此，不快不仅仅是快乐的阙失，而是一个肯定的理由，全部或者部分地抵消从另一个理由出发产生的快乐，因而我称它为**负的快乐**。无论是快乐的阙失还是不快的阙失，就它是从这方面的理由阙失派生的来说，都叫做**无所谓**（indifferentia）。无论是快乐的阙失还是不快的阙失，就它是出自相等的理由实际对立的一个结果而言，都叫做**平衡**（aequilibrium）；二者都是零，但前者是绝对的否定，后者则是黜夺。由于快乐和不快不相等对立而使两种感受中的一种还剩下一些的那种心灵状态叫做快乐或者不快的**过剩**（superpondium voluptatis vel taedii）。著名的德·马保梯①先生试图在他道德世俗智慧的尝试中按照诸如此类的概念测算人类生活幸福的总量，而它也不会被测算出别的结果，只能是人的这一任务无法解决，因为只有同类的感受可以加进总量，但情感在生活非常错综复杂的状态里根据感受的多样性显得非常不同。计算给这位博学的人物提供了一个负 2〔182〕
的结果，对此我是同样不能苟同他的。

从这些理由出发，人们可以把**憎恶**称之为**负的渴望**，把**恨**称之为**负的爱**，把**丑**称之为**负的美**，把**责难**称之为**负的声望**等等。人们在此也许会想，这一切都只不过是词汇的捣腾罢了。然而，只有那些不知道如果表述同时说明与已经熟知的概念的关系就会在其中蕴涵什么样的好处的人，才会作出这样的判断，而对数学稍有知识就可以使每一个人轻而易举地学会这些。许多哲学家由于这种忽视而陷入其中的错误是明摆着的。人们发现，他们大多在讨论像单纯的否定这样的坏事，尽管按照我们的说明显而易见存在着阙失的坏事（mala defectus）和黜夺的坏事（mala privationis）。前者是否定，其对立的位置上没有理由；后者以取消要求另一个理由的好事的肯定性理由为前提条件，因而是一种**负的好事**。这后一种坏事是比前一种坏事大得多的坏事。在与有所需求的人的关系中，不给予是一件坏事，但索取、逼取、窃取在与他相关时是一种大得多的

① 《道德哲学随笔》，第2章，柏林，1749。——科学院版编者注

坏事，而**索取**是一种**负的给予**。在逻辑关系中可以指出类似的东西。**错误**是**负的真理**（不要把这与否定命题的真值混为一谈），**反驳**是**负的证明**；不过我担心在此停留得太久了。我的目的只是把这些概念引入程序，而用处则将通过使用来发现，在第三章中我将对此给出一些展望。

3. 实际对立的概念在实践的世俗智慧中也有有益的运用。**缺德**（demeritum）不仅仅是一种否定，而且是一种**负的德性**（meritum negativum）。因为缺德只有当在一个存在物里面有一种内在的法则（要么单纯是良知，要么是对一种实证法律的意识）被违背的时候才成立。这个内在的法则是一个善的行动的肯定性理由，只是由于仅仅出自法则意识的
2〔183〕 行动被取消，结果才可能是零。因此，这里是一种黜夺，一种实际的对立，而不是阙失。不要设想这仅仅涉及**犯过之错**（demerta commi-ssionis），而不同时涉及**失责之错**（demerita omissionis）。一个无理性的动物并不履行任何德性。但这种失责并不是缺德（demeritum）。因为它并没有违背任何内在的法则。它并没有被内在的道德情感驱动采取一个善的行动，也没有由于与这种情感对抗或者借助一种平衡而把零或者失责规定为结果。在这里，失责绝对是从一个肯定性理由的阙失得出的否定，而不是黜夺。与此相反，假定有一个人，他看到另一个人处于困境，并且轻而易举地就可以帮助此人却不帮助。这里，如同在每一个人内心里一样，在他那里也有博爱的肯定性法则。这个法则肯定被压制住了。这里还有一个出自动因的现实的内在行动，有了它失责才是可能的。这个零是一个实际对立的结果。对于一些人来说，疏漏一些他们在自身觉察到肯定的推动的善，一开始也确实显著地要花费力气的；习惯使一切变得容易，这一行动最终就很少再被感觉到了。据此，犯过之罪与失责之罪**在道德上**不是**按照类别**、而仅仅是**按照大小**来区分的。**在自然的意义上**，也就是说按照外在的结果，它们还是可以按照类别来区分的。什么也没有得到的人承受着阙失的坏事，而被索取的人则承受着黜夺的坏事。然而，就应为失责之罪负责的人的道德状态而言，相对于犯过之罪只会要求一个更大的行动程度。这就像杠杆的平衡要仅仅把重物维持在静止中就得运用一个真实的力，而只需要稍微增加一些就足以现实地把它移动到另一边去。因此，恰恰是不付应付之款的人，在某些场合谎话连篇，为的是获利；恰恰是能提供帮助却不提供帮助的人，一旦动因增大就诋

毁他人。爱与不爱彼此之间是矛盾的对立面。**不爱**是一种真正的否定，但就人们意识到有义务去爱的东西而言，这种否定只有通过实际的对立、从而只有作为一种黜夺才是可能的。在这样一种场合，**不爱**和**恨**就只有 2〔184〕
程度的差别了。所有的失责虽然都是一种更大的道德完善的阙失，但并不是失责之**罪**，与此相反，它们无非是某种德性的否定，而不是黜夺或者缺德。属于这一类的，有圣徒们的缺陷和高贵灵魂的失误。缺少的是更大程度的完善，阙失并不是因对立的作用表现出来的。

人们还可以进一步把上述概念运用于实践的世俗智慧的对象。**禁令**是**负的指令**，**惩罚**是**负的奖赏**等等。然而，只要这种思想的运用已经得到理解，我的目的现在就已经达到了。我清楚地意识到，对于具有受过启蒙的见识的读者们来说，迄今为止的说明显得没有必要如此啰嗦。不过，除此之外还有一类接受力很差的裁判者，他们终生只读惟一的一本书，凡是不包括在这本书中的他们就不理解，人们一旦考虑到这一点，就会原谅我的；对于这类人来说，最极端的啰嗦也不是多余的。

4. 我们还想从自然科学中借用一个例子。在自然界中，存在着许多黜夺，都是由于两个作用因的冲突，其中的一个通过实际的对立取消另一个的结果。但经常难以确定，也许仅仅是对阙失的否定，因为缺乏肯定性的原因，还是真实力量对立的结果，就像静止可以要么归因于缺乏动因要么归因于两个相互阻挡的动力的争执一样。例如，一个著名的问题是：冷是否需要一个肯定的原因，或者说，冷是否作为阙失可以归因于热的原因不在场呢？就它有助于我的目的而言，我在此稍事逗留。毫无疑问，冷自身是热的否定，很容易看出，它自身没有肯定的理由也是可能的。但同样很容易就可以理解的是，它也可以出自一个肯定性的原因，现实地有时产生自某种东西，无论人们为了一种热的起源的见解把这种东西假定为什么。在自然界中，没有绝对的冷，当人们谈到冷时，都是相对地理解它的。经验和理性理由一致地证实著名的**穆森布罗克**[①]的 2〔185〕
思想，即变热并不在于内部的振荡，而是在于火元素从一种物质向另一种物质的现实过渡，尽管这种过渡也许伴有一种内部的振荡；此外，这种引起的振荡促进了火元素从物体中逸出。据此，如果物体中间的火元

① 参见《康德全集》，第Ⅰ卷，118页注。参见《物理学基础》，第2版，第XXVI章：《论火》，特别是第788、793节，1751。——科学院版编者注

素在某个空间里处在平衡中，那么这些物体相比之下就既不冷也不热。如果这种平衡被取消，那么，火元素过渡进入的那种物质相对于由此被黜夺火元素的物体就是**冷的**，而后者与此相反，由于把这种热的物质出让给前者，相对于前者就叫做**热的**。在这一变化中，就前者而言就叫做变热，就后者而言就叫做变冷，直到一切又恢复平衡。

现在，最自然不过的就是设想，物质的吸引力一直把这种精细的、弹性的流体置于运动中，并使它充满物体的质量，直到它到处都处在平衡中，各个空间也在此处起作用的各吸引力的关系中被充满为止。在这里可以清楚地看到，接触中使另一物质变冷的物质，借助真实的（吸引）力，抢夺了充满另一物体质量的火元素，而那个物体的冷就可以被称之为**负的热**，因为在较热的物体中由此得出的否定，就是一种黜夺。但在这里，引入这种称谓并没有什么用处，比一种文字游戏强不了多少。我在这里的意图只是针对后面的东西而言。

很久以来就为人所熟知的是，磁体有两个彼此对立的端点，人们称之为极，其中一个极吸引另一物体上的同名的极而排斥另一个极。然而，著名的**艾皮努斯**①教授在一篇关于电力与磁力的相似性的文章中指出，带电的物体由于某种处理而同样显示出两个极，他称一个为正极，另一个为**负**极，其中一个极吸引另一个极排斥的东西。如果把一个管子尽量移近一个带电物体，这种现象就看得更清楚了，但不要让它从带电物体吸出火星
2〔186〕来。我要说的是，在变热或者变冷时，也就是说，在热或者冷发生变化时，尤其是在一个有联系的中间区域或者在一个长度上延伸的物体的端点发生迅速变化时，任何时候都仿佛可以发现两个热极，其中一个是正的，也就是说在上述物体以前的热度以上的热，另一个是负的，也就是说在这个热度之下的热，即冷。我们知道，对于不同的地穴来说，太阳越在外面使空气和土地变热，它们的里面就表现得越寒冷，而**马蒂亚斯·贝尔**②在描写喀

---

① 艾皮努斯（Franz Ulrich Theodor Äpinus），1724年生于罗斯托克，1802年卒于多尔帕特，长期任物理学教授，彼得堡科学院成员，当地的军校学生团团长。参见《关于电力与磁力的相似性的学术报告》，彼得堡，1758。一个译本发表在《汉堡画报》第XXII卷，1759。——科学院版编者注

② 贝尔（Mathias Bel），神学家，1684年生于匈牙利的奥塔瓦，大多数时间在普雷斯堡，1749年卒于那里。写过一部4卷本的著作《新的匈牙利历史地理知识》，分为4个部分，奥地利维也纳，1735—1742。——科学院版编者注

尔巴阡山脉时曾补充说，特兰西瓦尼亚的农民有一个习惯，就是冷藏饮料，他们把饮料埋入地下，在饮料上面点起迅速燃烧的火。这表明，此时地表上面的地层还未能肯定性地变暖，在更深一些的地方也就不是其负面。**布尔哈维**①曾引证过，锻炉的火在某个距离上造成了冷。在地表上的室外空气中，似乎同样盛行这种对立，尤其是在变化迅速时。**雅各比**②先生在《汉堡画报》上的某处引证道，对于经常侵袭高纬度地区的严寒来说，通常在一个长的地带里中间有可观的一些地方是暖和、温和的。同样，**艾皮努斯**③先生就我提到的管子发现，从一端的正极到另一端的负极在某些宽度上正电位和负电位交换了位置。这似乎是，如果不在另一个气域里造成负极的作用即冷的话，在某个气域里变暖就不能开始；据此，倒过来说，在一个地方迅速上升的冷有利于另一个地区增加热量，就像一端加热的金属棒突然插在水中冷却时另一端的热量上升一样。④ 此后，如果传导或者黜夺有足够的时间同样地传遍整个物质，热极的差别就会马上终止，就像艾皮努斯 2〔187〕
教授先生的管子一样，一旦它吸到火星，就表现出同一种电了。也许，就连上面气域的酷冷也不仅仅是缺乏变热的手段，而是应当归之于一个

---

① 参见《康德全集》，第Ⅰ卷，208 页注。——科学院版编者注

② 雅各比（Johann Friedrich Jacobi，1712—1791），1735 年获格廷根哲学硕士，然后在各地任布道人，写这篇文章时在汉诺威：《关于户外热冷的一些经验和评论的汇集》，约翰·弗里德里希·雅各比先生汇编，载《汉堡画报》，第 XXI 卷，16～17 页，1758。——科学院版编者注

③ 参见上文 185 页注。——科学院版编者注

④ 为了肯定热的对立的极，我觉得，试验可以简单地安排。一个长为 1 尺的白铁制管子的两端几寸处垂直向上弯曲，如果把它装满酒精，并在一面点燃，在另一端插上温度计，那么，据我猜测，在这个管子中将马上表现出这种负的对立；就像为了通过一面的变冷感知对另一面的作用，人们可以利用盐水，在另一面可以投入捣碎的冰一样。借此机会我只是还想说明，对于我希望看到安排的那些观察来说，从一切可能性来看，对人工热或者冷的解释将在某些混杂物质的分解那里得到启发。我说服自己，这些现象的区别主要在于，混杂的流质在完全同化之后所占有的体积是多于还是少于它们混杂前分别具有的体积的总和。我断定，如果是前者，温度计将显示热，如果是后者，温度计将显示冷。因为如果它们在混杂后提供一种更密的介质，那么，在同一个空间中就不仅有比以前更多的具有吸引力的物质，把邻近的火的元素吸引到自身，而且还可以猜测，吸引力比按照密度增长的比例变得更大，而此时，也许变密的以太的扩张力只不过像与密度成正比的空气一样增长，因为按照牛顿的说法，吸引在距离接近时所处的正比要比离远时所处的反比大得多。以这样的方式，混合物如果比混合前两个可混合的事物的密度加起来还要大，那么，对于邻近的物体来说，它就表现出对火元素的吸引的优势，并且在它黜夺该物体的温度时显示出冷。但是，如果混合物提供一种更稀薄的介质，则一切都将颠倒过来进行。因为当它释放出一团火元素时，邻近的物质就吸收它们，并表现出热的现象。试验的结果并不总是符合猜测。但是，如果试验应当不仅仅是偶然的事情，那么，它们就必然由猜测所引起。

肯定性的原因，也就是说，它与热相比是负的，而下面的空气和地面在同等的程度上是正的。无论如何，磁力、电和热都是通过同样的中介物质发生的。它们都可以通过摩擦引起，我猜想，极的不同和正作用与负
2〔188〕作用的对立同样可以在热现象那里发现。伽利略的斜面、惠更斯的钟摆、托里拆利的水银管、奥托·居里克的气泵和牛顿的玻璃棱镜，都给我们提供了开启重大自然秘密的钥匙。物质的正作用和负作用，尤其是在电那里，根据一切迹象来看掩盖了重要的认识，而对于更为幸运的后代来说，我们展望他们美好的时代，但愿他们将从现在以一种尚不清晰的一致显现给我们的东西中认识到普遍的规律。

2〔189〕

第三章

能够为所说的概念运用于世俗智慧的对象作准备的一些考察

我迄今为止所说的，都仅仅是我对一个重要的对象的最初观察，但这也不是没有困难的。如果要从上述足够易懂的例子上升到普遍的命题，那么，人们也有理由要特别小心，有可能在一条没有人走过的道路上误入歧途，这也许只有继续走下去才会认识到。据此，我把自己对此还想说的东西只是当做一个试验，尽管我期望人们可能对它给予的注意会给我带来各种各样的好处，但它毕竟还是很不完善的。我清楚地知道，诸如此类的承认，对于那些要求一种极为大胆的独断的语气、以便让人把自己带入别人愿意的任何一个方向的人们来说，是一种很糟糕的争取掌声的自荐。但是，我对损失这种类型的掌声一点也不感到惋惜，我认为，把自己的思想首先以缺乏自信的试验的形态交给公众审查，要比马上就以所有狂妄的缜密和完备的可信性的装饰宣布出来，更为符合像形而上学这样一种如此难以把握的知识，因为在后一种情况下，通常所有的改善都被拒之门外，在其中可能发现的任何弊端都将是无法补救的。

2〔190〕1. 任何一个人都能够轻而易举地理解，为什么某种东西如果缺少肯定性的理由就不存在；但是，存在的东西是怎样终止的，这就不那么容易理解了。例如，如今在我的灵魂中，借助我的想象力有太阳的表象。

在紧接着的那个瞬间我不再想这个对象。这个曾存在的表象在我里面就终止了，下一个状态就是前一个状态的零。如果我想说明理由，说思想之所以终止乃是因为我在紧接着的那个瞬间不再产生它，那么，这个回答与问题根本没有区别；因为所要说的正是一个现实地发生的行动如何能够被搁置，也就是说，如何能够终止存在。

据此我说：**任何一种消逝都是一种负的产生**，也就是说，为了取消某种存在着的肯定的东西，和为了产生某种尚不存在的东西一样，都要求一个真正的实际理由。这理由就包含在上一章中。假定有 a，那么，只有当 a－a＝0 的时候，也就是说，只有当一个同等但相反的实际理由与 a 的理由相结合的时候，a 才能被取消。一个运动永不完全或者部分地停止，除非有一个与能够产生失去的运动的动力同样大小的动力，同它在对立中结合起来。不过，就连对通过灵魂的活动而变为现实的表象和渴望之取消的内部经验，也与此非常契合。人们在自身非常清楚地感受到，为了使心中一种充满忧伤的念头消逝，取消掉它，就要求真实的、通常很大的活动。当有人想使自己的心情认真起来的时候，为了清除一个逗人发笑的有趣表象，就要付出现实的努力。任何一种抽象都无非是取消某些通常为了更清晰地想象其余的东西而形成的清晰表象。但众所周知，为此需要多少活动；这样，人们可以把**抽象**称之为**负的注意**，也就是说，一种真实的行为，它与使表象清晰的行动相对立，并通过与它结合而造
成零或者清晰表象的阙失。因为否则的话，如果它是一种地地道道的否 2〔191〕
定和缺乏，那么，为此将很少需要付出什么努力，就像为了我不知道某种从未有其理由的东西，就很少需要花费气力一样。

为了取消灵魂的一个内在的偶性，同样必需一个肯定性的理由，这表现在对渴望的克服中，对此可以使用上面引证过的例子。但无论如何，即便除了人们在其中甚至意识到这种对立的活动、并且为我们引证过的实例之外，当我们在自己里面并没有清晰地发现它的时候，也没有充足的理由去否定它。例如，我现在想到了老虎。这个念头消逝了，与此相反我想到了亚洲胡狼。当然，在表象的转换中，人们同样可能感知不到灵魂的特别努力，在那里致力于取消上述表象中的某一个。然而，在我们精神的深处，隐藏着多少值得惊赞的活动，我们在实施的过程中没有注意到它们，那是因为精神有很多活动，但每一个个别的活动都是很难

表象清楚的。这方面的证据是尽人皆知的；在它们中间，只要对在**阅读**时在我们里面悄悄地发生的行动予以考虑，就必然会对此感到惊讶。此外，在这方面还可以查看一下对此作过考察的莱马鲁斯[①]的逻辑学。这样，就可以作出判断：尽管内部经验并不总是能够在这方面给我们以教导，但我们灵魂的表象及其所有活动的游戏，如果它们的结果在成为现实之后又终止，就都由于我们引证过的某些原因，以对立的行动为前提条件，其中一个是另一个的负面。

如果考虑到这里引证的规则引以为基础的那些理由，人们就会马上领会到，就**取消**一个实存的**某物**而言，在精神物类的偶性中间，与作用力在物体世界中的那些结果不存在任何区别，也就是说，它们永远只会通过**另一个**某物真实的、对立的动力被取消，而一个内在的偶性，灵魂的一个思想，如果没有**同样**的思维主体的一种真实能动的力量，就不会终止存在。在这里，区别仅仅涉及这两类存在物所服从的不同规律，因
2〔192〕为物质的状态从来只能被**外部**原因改变，而一个精神的状态则也能被**内部**的原因改变；在这里，尽管有这种区别，实际对立的必要性却依然如故。

我再次说明，如果人们把我们灵魂活动的肯定性结果的取消称之为**搁置**就认为是理解了它，那这就是一个骗人的概念。此外值得注意的是，人们越是细究自己最普通、最确信的判断，所发现的这样一些假象就越多，在这里，我们满足于语词，却没有对事情有某种理解。所谓我现在没有某个想法，这一点，如果这个想法以前也不曾有过，那么，当我说我搁置不想这个东西的时候，是可以得到充分理解的。因为这个词在这种情况下意味着理由的阙失，由它出发就可以理解结果的阙失。但如果是说：前不久还有的那个想法为什么不在我里面了，那么，前面的回答就不完全正确了。因为这个不存在此时是一种黜夺，而搁置在这里则完全有另外一种意义[②]，也就是说，它是对一种先前存在的行动的取消。但是，这正是我提出的、并且不让用一个词就轻而易举地搪塞掉的问题。就把所说的规则运用到自然界所有的事例上而言，人们必须小心谨慎，以免错误地把某种否定性的东西认作是肯定的，这是很容易发生的。因

① 《理性学说》，第 35 节，汉堡和基尔，1756。——科学院版编者注

② 这种意义从来没有属于这个词。

为我在这里引证的定理的意义涉及某种肯定性的东西的产生和消逝。例如，由于燃料告罄而熄灭的火焰，就不是负的产生，也就是说，它不是建立在一个与火焰产生的动力相对立的真实动力之上的。因为火焰的存续不是一个已经存在的运动的持续，而是其他可燃的雾状微粒的新运动的不断产生。① 据此，火焰的终止不是一个现实的运动的取消，而是新运动和更多的分解的阙失，之所以如此，乃是因为缺乏这方面的原因，即火的进一步的燃料；在这种情况下，这就不能被看做是一件实存的事物的取消，而是必须被看做是一种可能的事态（进一步的分离）的理由的阙失。不过这就够了。我写这些东西，乃是为了给在这类认识中进行试验提高进一步考察的契机；不熟悉的人当然有权要求更多的说明。 2〔193〕

2. 我在这一条想陈述的定理，在我看来极其重要。但之前我还必须给负值的普遍概念附加一个规定；我在上面经过考虑把这个规定放在一边，为的是不至过于堆积一个紧张的注意力的各种对象。迄今为止，我只考虑了实际对立的理由，它们**现实地**在同一个事物里面设定了其中一个是另一个的负面的规定，例如同一个物体向恰恰相反的方向的动力，此时这些理由现实地取消其两方面的结果，即运动。因此，我现在想把这种**对立**称之为**现实的对立**（oppositio actualis）。与此相反，人们有理由列举这样的谓词，它们虽然属于不同的事物，并且一个并不直接地取消另一个的结果，但一个却是另一个的负面，因为每一个都具有这样的性质，即它要么取消另一个的结果，要么至少能够取消与这个结果同样肯定且与它相等的某种东西。这种对立可以叫做**可能的对立**（oppositio potentialis）。二者都是实际的，也就是说，都与逻辑的对立有别，二者都在数学中被不断地运用，而且二者都理当在哲学中亦是如此。就两个在同一条直线上以同样的力相对运动的物体而言，由于这两个力在两个物体的碰撞中将互相传递，可以把一个称之为另一个的负面，并且是在前一种意义上通过现实的对立。就两个在同一条直线上以同样的力沿着相反的方向运动的物体而言，一个力是另一个力的负面；但是，由于它们在这一场合并不相互传递自己的力，它们就仅仅处于可能的对立中，因为每一个物体都具有与另一个物体同样多的力，如果它撞到像前一个物

① 每一个物体，其各部分突然转化为气雾，从而产生与联系相对立的排斥，就都喷出火并燃烧起来，因为之前处于压抑状态的火元素迅速得到解放并扩散开来。

2〔194〕体那样在这个方向上运动的物体，它里面的力就会被取消。这样，我将还在后面从世界上实际对立的所有理由出发、而不是仅仅从属于动力的理由出发来理解它。但是，为了给其余的理由也举一个例子，可以说，一个人具有的快乐和另一个人具有的不快处于潜在的对立中，因为它们也现实地偶尔地一个取消另一个的结果，在这种实际的冲突中经常一个人摧毁另一个人按照自己的快乐创造的东西。由于我完全一般地列举在两种意义上实际地对立的理由，所以不要要求我任何时候都具体通过实例直观地说明这些概念。因为对于直观来说，虽然可以使之像属于运动的一切那样清晰和易于理解，但在我们这里，那些并非力学的实际理由，要想解释与它们的结果在对立中或者在协调中的关系，却是如此困难和不清晰。据此，我满足于阐明以下定理的一般意义。

第一个定理如下：**在世界上所有的自然变化中，肯定性东西的总和既不增加也不减少，这个总和可以通过把彼此一致的（并非对立的）状况相加并把彼此实际对立的状况相减来测算。**

所有的变化都在于，要么是设定过去不存在的某种肯定性的东西，要么是取消过去存在的东西。但是，变化当然并不因此就是它的理由，就像结果属于世界一样。据此，在第一种场合，由于一种过去不存在的状况被设定，变化就是一种**产生**。这次变化之前的世界状态相对于这一状况等于零，而通过这次产生，实际的结果＝A。但我说，如果A产生，那么在一次自然的世界变化中必然还产生一个－A，也就是说，不可能有一个实际结果的自然理由，而不同时有另一个是它负面的结果的理由。①因为当结果是无＝0的时候，除非理由被设定，状况的总和在结果中所包
2〔195〕含的，就不多于在世界的状态中所包含的，如果世界包含着这方面的原因的话。但是，这种状态关于在结果中的那个状况所包含的是零，也就是说，在结果中可以发现的那个状况并不在以前的状态中，所以，由此产生的变化在世界的整体中按照其现实的结果或者潜在的结果也无非是等于0。由于另一方面，结果是肯定性的并且等于A，但宇宙的整个状态和以前一样相对于变化A来说应当是零，但这是不可能的，除非A－A是可以合并

① 例如，在一个物体与另一个物体的碰撞中，一个新运动的产生与一个过去存在的相等的运动的取消同时发生；没有人能够从一个驳船上把另一个漂浮物体撞向一个地方，而自己却不被向相反方向推动。

的，由此得出，从未在世界上发生一种自然方式的肯定性变化，其结果不在整体中处于一种现实的或者潜在的取消自身的对立中。但是，这个总和是 0，变化前它也同样是 0，所以，它由此既没有增加也没有减少。

在第二种场合，由于变化处于对某种肯定性东西的取消中，所以结果是 0。但是，整个理由的状态按照前一条不是仅仅＝A，而是 A－A＝0。所以，按照我在此作为前提条件的测算方式，世界中的状况既没有增加也没有减少。

我力图把在我看来非常重要的这个定理解说清楚。在物体世界的变化中，它肯定是早就经过证明的力学规则。它被表达为：quantitas motus，summando vires corporum in easdem partes et subtrahendo eas quae vergunt in contrarias，per mutuam illorum actionem（conflictum，pressionem，attractionem）non mutatur［如果把朝同一方向运动的物体的力相加，把朝相反方向运动的物体的力相减，则运动的大小并不由于它们的相互作用（相撞、压力、吸引）而变化］。但是，尽管人们没有在纯力学中直接从我们引申出普遍定理的这一形而上学理由出发推导出这一规则，但它的正确性却在事实上是建立在这一理由之上的。因为在通常的证明中构成基础的惯性规律，就是仅仅从上述论据获得其真实性的，只要允许详细陈述，我就能轻而易举地说明这一点。

在并非力学变化的各种实例中，例如在我们灵魂中或者依赖于它的 2〔196〕
种种变化中，说明我们研究的这个规则，就其本性而言是困难的，无论是这些结果还是它们的原因，都远远不能像物体世界中的结果和原因那样，能够被阐述得如此易于理解和直观清晰。尽管如此，我还是想尽我所能作出一些说明。

憎恶和渴望一样是某种肯定性的东西。前者是一种肯定性的不快的结果，和后者是一种快乐的结果一样。只是如果我们在同一对象身上同时感受到快乐和不快，那么，对同一对象的渴望和憎恶就处于一种现实的对立中。然而，如果在一个客体上引起快乐的理由同时成为对另一个客体的真正的不快的理由，那么，渴望的理由就同时是憎恶的理由，而一种渴望的理由就同时是与之处于实际对立之中的某物的理由，尽管这种对立仅仅是潜在的。就像在同一条直线上沿着相反方向彼此远离的物体的运动一样，虽然它们并不致力于一个取消另一个的运动，但一个仍然被看做是另一个的负面，因为它们潜在地彼此对立。据此，在某人心中产生出对荣誉的如此程度的渴望，同时也就在与对立面的关系中产生同等程度的憎恶，虽然只要情况尚未与荣誉渴望处于现实的对立中，这种憎恶就是潜在的，但尽管如此，通过荣誉渴望的同一个原因，只要世界的情况与有利于前者的情况相对立而发生，就已经在灵魂中确立了同等程度的不快的一个肯定性理由。① 我们马上就可以看到，在最完善的存在者里面就不是这样的情况，它的最高快乐的理由甚至排除了不快的所有可能性。

在知性的行动中我们甚至发现，把某个理念解释得清楚或者明白的程度越高，其余的理念就越变得模糊，其清晰度就越减小，以至在这样
2〔197〕一种变化中成为现实的肯定性东西，与一个实际的和现实的对立结合在一起，如果人们按照上面提到的测算方式把一切都加在一起，则这种对立通过变化既没有增加也没有减小肯定性东西的程度。

第二个定理如下：**宇宙所有的实际理由，如果人们把彼此一致的相加，把彼此对立的相减，得出的结果等于零。**世界的整体自身是无，除非它通过另一个某物存在。据此，所有实存着的实在性如果是建立在世界之中的话，其总和就其自身来看都等于零。尽管所有可能的实在性都是在与神的意志的关系中得出一个肯定性结果，但由此仍然没有取消一个世界的本质。但从这种本质必然地得出，在它里面建立起来的东西的实存仅仅就其自身而言等于零。因此，世界上的实存者的总和在与它之外的那个理由的关系中是肯定性的，但在内部实际理由相互之间的关系中却是等于零。由于在前一种关系中从来不可能发生一种世界的实际理由与神的意志的对立，所以就此而言没有取消，总和是肯定性的。但由于在第二种关系中结果是零，因此可以得出，肯定性的理由必然处于一个它们被看做并且加起来得出零的对立中。

关于第二条的说明

我陈述这两条定理，为的是请读者对这一对象进行反思。我也承认，它们对我自己来说还不够清晰，还不能以足够的显明性从它们的理由看

① 因此，斯多亚智者必定要根除一切诸如此类包含着一种巨大的感性快乐的情感的冲动，因为人们用它们同时培植起巨大的不满和不快的理由，世事无常，后者有可能取消前者的全部价值。

出来。然而，我甚至认为，在抽象的知识中以问题的方式讲述未完成的试验，对较高的世俗智慧的增长可能是非常有益的，因为另一个人在一个隐藏很深的问题中经常要比为他提供动因并且其努力也许只能够克服一半困难的人更容易作出说明。在我看来这两个定理的内容本身具有某 2〔198〕
些价值，只要人们认识到它们的意义，就能够鼓励人们对它们作精确的检验，但在这样一种认识中也并不是一件轻而易举的事情。

我在这里还想力图面对一些误解。如果有人设想我借助第一个定理想说的是，实在性的总和由于世界的变化根本既没有增加也没有减少，那就是完全没有理解我。就连作为实例引证的力学规则也还恰好允许对立面，这绝不是我的意思。因为通过物体的相撞，运动的总和时而被增加，时而被减少，如果单独考察，只有**按照同时附加的方式测算**①，结果才是保持不变的。因为在许多实例中，都只有当动力并不现实地互相取消、从而一种增长能够成立的时候才是潜在的。然而，按照曾经被当做准绳的测算，这些动力还是必须相互减去的。

同样，人们还必须在把这个定理运用于非力学的变化时作出判断。如果有人想起按照这一个定理，世界的完善性将根本不能增长，那就产生了同样的误解。因为借助这一定理根本没有否认，实在性的总和根本不应当能够以自然的方式增长。此外，世界的完善性也根本不像世界的物质部分显而易见地仅仅通过各种力量在一个合规则的进程中的争执而得到维持一样，在于相互对立的实际理由的这种冲突。如果有人把实在性的总和与完善性的大小看做是一回事，就总是一个很大的误解。我们在上面就已经看到了，不快与快乐一样是肯定性的，但谁会把它称之为一种完善性呢？

3. 我们已经注意到，要弄清自然界的某些否定究竟是单纯由于缺乏一个理由的阙失，还是出自两个肯定性理由的实际对立的黜夺，经常是很困难的。在物质世界，这方面的例子是很常见的。每一个物体有联系的各个部分以真实的力量（**吸引力**）相互挤压，而如果不是同样真实的活动在同等程度上通过各元素的排斥——其作用就是不可入性的理 2〔199〕
由——反作用于它们的话，上述努力的结果就是体积的变小。在这里，

① 参见《康德全集》，第Ⅰ卷，11页和16页注。

静止并不是因为缺乏运动，而是因为它们彼此反作用。同样，如果在秤杆上按照平衡的规律安置重物，重物就在两个秤杆上保持静止。人们可以把这个概念远远地扩张越过物质世界的界限。当我们相信精神完全不活动的时候，思维和渴望的实际理由的总和小于这种活动的一些程度呈现于意识之前的那种状态，这也同样不是必然的。如果在某个最博学的人物清闲安宁的时刻告诉他，他应当说些什么，让人们听一听他的见识，他却什么也不知道，你们将发现他在这种状态下思想空荡荡的，没有某种思考或者判断。哪怕是通过一个问题或者通过你们的判断给他以契机，他的知识就会展示在一系列具有这样一种方向的活动中，以至使他和你们有可能意识到他的这些见识。毫无疑问，这方面的实际理由早就可以在他里面找到，但由于对意识来说结果是零，所以就此而言，它们必然是相互对立的。这样，毁灭性的艺术所发明的那个雷霆，为了一场未来的战争就保存在一个君王的武库中，默默地威慑着，直到一个泄漏机密的点火装置触及了它，它便在电闪中突然爆发，把周围的一切都夷为平地。时刻准备弹开的机簧就在它里面被强大的吸引力制约着，等待着一个火星的刺激，以求释放自己。我觉得，在**莱布尼茨**先生的思想中，蕴涵着某种伟大的、非常正确的东西：灵魂以其表象力囊括了整个宇宙，虽然这些表象中只有一个无限小的部分是清晰的。事实上，所有种类的概念都仅仅建立在我们精神的内在活动上，把它当做它们的基础。外部的事物可能包含着它们以这样或者那样的方式表现出来的条件，但却不包含现实地产生它们的力量。灵魂的思维能力必定包含着所有据说以自
2〔200〕然的方式在它里面产生的概念的实际理由，生生灭灭的知识的各种表现根据一切迹象来看只应当归因于所有这些活动的一致或者对立。人们可以把这些判断看做是对前一条第一个定理的说明。

在道德事物中，零同样不总是被视为对阙失的否定，一个较大量的肯定性结果也不在任何时候都是应用到这一结果的方向上的一个较大活动的证明。给一个人10个单位的在某一种场合违背义务规则的情欲，例如贪财。让他按照博爱的原则运用12个单位的努力；就他慈善和乐于助人而言，结果就是2个单位。设想另一个人有3个单位的贪财，有7个单位的能力按照责任的原则行事。就他在与自己的贪欲冲突之后对另一个人有用而言，他的行动有4个单位那么大。但毋庸置疑的是，如果所说

的情欲可以被看做是自然的和非任性的，那么，第一个人的行动的道德价值就比第二个人的更大，虽然如果要通过**起作用的**力量来测算，后一场合的结果要超过前一场合的结果。因此，人们不可能有把握地从他人的行动中推论出其道德意向的程度，也只有透视心灵深处的那位，才保留着作出裁决的权利。

4. 如果有人想冒险把这些概念运用到人们关于无限的神明能够拥有的如此脆弱的认识上，在这种情况下，还有什么困难不环绕着我们这些极端的努力呢？由于我们只能从自己本身获取这些概念的基础，所以，我们是应当把这一理念本真地还是借助一些类比转用到这一不可理解的对象，在大多数情况下是不清楚的。西摩尼得斯始终还是一位智者，他在作出各种各样的踌躇和推搪之后回答自己的君王："我越是思考上帝，就越是不能看透他。"这样的话并不是受过一点教育的群氓的语言。后者什么也不知道，什么也不懂，但却谈论一切，并吹嘘自己所谈论的一切。在最高存在者里面，不可能有黜夺或者实际对立的理由。由于一切都是在它里面并通过它被给予的，所以凭借各种规定的无所不有，在它自己的存在里面不可能有内在的取消。因此，不快的情感并不是适合于神明 2〔201〕
的谓词。人从未不肯定地憎恶对立面，却对一个对象有渴望，也就是说，不仅是让自己意志的关系是渴望的矛盾对立面，而且还是它的实际对立面（憎恶），也就是说，是一个从肯定性的不快产生的结果。对于一个真诚的领袖所拥有的培养好自己的学生的渴望来说，任何不符合他的渴望的成绩，都与它肯定性地对立，并且是不快的一个理由。各种对象与神的意志的关系则迥然不同。本来，没有任何外在的事物是神的意志里面的理由，既不是快乐的理由，也不是不快的理由；因为神的意志一点也不取决于别的什么东西，凭借自己本身得福者之所以有这种纯粹的快乐，不是因为善在他外面存在，相反，这种善之所以存在，乃是因为它的可能性的永恒表象以及与此相结合的快乐就是实现了的渴望的理由。如果把关于所有受造物的渴望之本性的具体表象与此进行比较，就会发现，非被创造者的意志与它们很少会有相似之处；即便也考虑到其余的规定，对于一个人来说，这也将不是出乎意料的，他清楚地知道，如果人们把事物进行比较，其中一些就自身来说是无，但另一事物则是万物惟有通过它才存在的东西，那么，在质上的差别就必然是不可测量的。

总的说明

由于自称缜密的哲学家日益增多，他们如此深刻地审视所有的事物，以至对于他们来说，也没有任何他们不能说明、不能把握的东西还隐藏着，所以，我已经预见到，在本文一开始的时候被我当做基础的实际对立的概念，对他们来说是平淡无奇的，在这上面建立起来的负值概念也显得不够缜密。我通常极少领会所有人认为轻而易举就能理解的东西，我不会掩藏自己见识上的弱点，我自认为由于无能而有权利得到这些大
2〔202〕人物的支持，他们高超的智慧将会弥补我不完善的见识留下的漏洞。

我非常理解，应当如何按照同一性的规则通过一个理由来设定一个结果，之所以如此，乃因为它是通过对概念的分解而被发现包含在理由之中的。例如，必然性是不可更改性的理由，组合是可分性的理由，无限是全知的理由等等。我清楚地认识到理由与结果的这些结合，因为结果确实与理由的一个分概念是一回事，并且由于已经包含在理由中而按照一致性的规则被借助理由来设定。但是，某物如何从别的某物中不按照一致性的规则流溢而出，这却是我很想让人给我讲明白的东西。我称第一种理由为逻辑理由，因为它同结果的关系可以在逻辑上、也就是说按照同一性的规则而清楚明白地认识，而第二种理由我称之为实际理由，因为这种关系确实属于我的概念，但发生关系的方式却是无论如何也无法判断的。

至于说到这种实际理由及其与结果的关系方面，我的问题就以这种简单的形态提出：我应当如何理解，由于**某种东西**存在，某种别的东西就存在？一个逻辑结果之所以被设定，本来就是因为它与理由是一回事。人会犯错误；这种可错性的理由就在于他的本性的有限性；因为如果我分析一个有限精神的概念，我就会看到，可错性就包含在这概念之中，也就是说，可错性与一个有限精神的概念所包含的东西是一回事。然而，上帝的意志包含着世界存在的实际理由。神的意志是某种东西。实存的世界是**某种截然不同的东西**。然而一个却是借助另一个被设定的。我听到**斯塔吉拉人**这个名字的状态是某种东西，由此却设定了某种别的东西，即我关于一个哲学家的思想。一个物体 A 处在运动中，另一个物体 B 在该运动的直线上处在静止中。A 的运动是某种东西，B 的运动则是某种别的东西，但一个却要通过另一个被设定。你们可以任意地分析神的意志

的概念，你们将永远不能在其中发现一个实存的世界，除非它就包含在其中，并且由于同一性而被设定，在其他事例中亦是如此。用原因和作用、力和行动这样的词来搪塞我也不行。因为如果我把某种东西已经看 2〔203〕
做是一个原因，或者给予它一种力的概念，那么，我在它里面已经想到了实际理由与结果的关系，而在这种情况下，按照同一性的规则认识结果的状况是件轻而易举的事情。例如，通过上帝全能的意志可以完全清楚明白地理解世界的存在。然而在这里，权能意味着在上帝里面的某种东西，其他事物凭借它而被设定。但这个词已经标示着一个实际理由与结果的那种我很乐意让人给我讲明白的关系。我只是偶尔发现，克鲁修斯①先生关于观念理由与实际理由的划分与我的划分截然不同。因为他的观念理由与认识理由是一回事，而在这里很容易看出，如果我把某种东西已经看做是一个理由，我就能够从中推出结论。因此，按照他的定理西风是雨云的一个实际理由，同时又是一个观念理由，因为我能够从中认识并事先推测到雨云。但按照我们的概念，实际理由从来也不是一个逻辑理由，并不是根据同一性的规则凭借风而设定雨。我们所讲的逻辑对立与实际对立的区分与现在所说的逻辑理由与实际理由的区分是平行的。

借助矛盾律我清楚地认识到第一种区分，而且我也知道，如果我设定上帝的无限性，由此也就取消了可死性的谓词，因为它与前者是矛盾的。然而，由于一个物体的运动与另一个物体的运动并不矛盾，如何通过一个运动而取消另一个运动，却是另一个问题。如果我以不可入性为前提条件，它与任何力图进入一个物体所占有的空间的力量都处于实际的对立中，那么，我就已经可以理解运动的取消了；但在这种情况下，我却把一种实际对立带到了另一种实际对立。应该尝试一下，看是否能够说明并且使人清楚地认识到实际的对立，例如**由于某种东西存在，所以某种别的东西就被取消**，以及比起我说过的，即这不是凭借矛盾律发生的，看是否能够说出更多的东西。就我关于理由和结果的判断而言，我反复思考过我们认识的本性，我将在某个时候详细地阐述这些考察的 2〔204〕
结果。从这一结果可以得出，一个实际理由与由此被设定或者被取消的

① 参见《康德全集》，第Ⅰ卷，393 页注。参见《形而上学》，第 34 节以下；《逻辑学》，第 140 节以下。——科学院版编者注

某种东西的关系根本不是通过一个判断、而是仅仅通过一个概念就可以予以表达，人们通过分析达到实际理由的更简单概念就可以得出这个概念，这样，最终我们关于这种关系的所有认识，都终结于与结果的关系根本不能讲清楚明白的实际理由的简单的、不可分解的概念。到此，那些不承认自己狂妄的认识有任何界限的人，将试一试自己的方法，看自己究竟能够在这个问题上前进到什么地方。

原文收入李秋零主编《康德著作全集》第2卷，作于1763年。

西尔伯施拉格《1762年7月23日出现的火流星的理论》一书述评

科学院版编者导言

保罗·门采尔（Paul Menzer）

这篇书评发表在1764年3月23日的《哥尼斯贝格学术与政治报》，第15期。A. 瓦尔达在1805年9月5日的《哥尼斯贝格哈同报》第416期上首先又让人注意到它。康德的作者身份是通过哈曼于1764年3月16日致J. G. 林德奈的信中如下未刊印的一段话来确认的："康德关于西尔伯施拉格对若干年前出现的火流星的说明的书评是它的上一期，也许出现在下一期"。

约翰·艾萨亚斯·西尔伯施拉格生活在1716—1791年。他是新教神学家，但除此之外也从事自然科学研究。1760年，他成为柏林科学院的外地院士，并在1769年被任命为高等教会监理会成员和当地的实业中学校长。

马格德堡、施滕达耳与莱比锡 2〔272c〕

海赫特尔和孔潘出版了《1762年7月23日出现的火流星的理论》，马格德堡圣灵教会牧师和柏林普鲁士王家科学院院士约翰·艾萨亚斯·西尔伯施拉格著，铜版，1764年，四开本135页。这颗巨大的火流星几乎照亮了德国的1/4，其光芒远远超过了满月的月光，在它以明显一个流星的大小最初被发现的时候，按照我们博学的作者的观察，至少高于地面19德里。这颗壮观的陨星以一发炮弹的飞行也无法与之媲美的速度，在大约两分钟里划过从莱比锡附近的罗克镇上方的垂直点到波茨坦和法尔肯雷附近几乎水平80 000寻的空间，在降落15德里之后于4德里的高度上轰然爆裂，稍后听到的爆炸声超过了雷声。这颗火流星的大小与所有这些现象相吻合，据我们的作者的几何学测定直径至少为 3 036 巴黎尺，也就是说，大于 1/8 德里。每一个能够有一些高贵感受的世界观察者都必定感谢这位博学且可敬的作者，他想通过自己对我们还很少为人所知的大气圈的探究和考察使人们记住这一壮丽的景观（像偶尔的巨人一般辉煌和可怕，但也同样快地被虚无的辽阔深渊所吞没）。但是，自然研究者将在我们目光敏锐的作者的杰出考察和说明中发现各种各样的动因来讲授新的课程并扩展自己的自然认识。这部著作由两篇组成，第一篇讨论蒸气圈，第二篇讨论流星，并附有一个收到各种消息和各种感觉的附录。由于博学的牧师先生在通常的大气圈理论中得不到满足，所以他谈到自己在这方面的思想，认为自己有必要作出一种自然研究者们不习惯的飞跃，一直上升到形而上学的高度。他试图借助看起来非常重要、但却未充分展开的理由来说明：有形实体在空间中的在场原本是一个拥有动力学圆周和圆心的作用域。从这些域和在这些域中起作用的各种力的不同出发，根据各种实体的差别，他得出了空气和以太的张力、凝聚、震动，响动、声音、光线、颜色和热，此外还有物质的吸引。所有这一切在第一篇第一章中都被运用于大气及其变化。在第二章中，气海被视为一个蒸气圈，除了关于蒸气、雾、云和雨的各种可观的说明之外，还谈到气层的一种新划分。第一个气层是尘埃气层。在它之上是水雾气层，已经更高得多。然后是黏性气层和发磷光的气层，它包括油性的、树脂性的和橡胶性的部分，是流星、火流星和飞龙的作坊。最后是精神性的气层，它一直延伸到大气圈的边缘。在那里产生出幅员辽阔的大气火，例如北极光。人们到处都遇到新颖且很有可能的猜测，很值得把它们与已知的或者还会观察到的现象反复进行比较。第二篇以三章的篇幅讨论这颗陨星的轨道、产生和益处。三个铜版印张说明了理论、形态和这个火团所取的路径。可敬的牧师先生值得称赞的对富含奇迹的大自然的留意，给使自己适宜于担任神职的年轻大学生们一个暗示，让他们及时地学会阅读在他们眼前展开的造化大书，并且也能够有助于他人理解其中所包含的秘密。在此地以及埃尔宾和米陶的康特尔书店定价 3 弗罗林。

原文收入李秋零主编《康德著作全集》第 2 卷，作于 1764 年。

论月球上的火山

科学院版编者导言

马克斯·弗利沙伊森-克勒（Max Frischeisen-Köhler）

这篇文章发表在《柏林月刊》，F. 格迪克和 J. E. 比斯特尔编，第 5 卷，199～213 页，柏林，1785 年 3 月，豪德和施佩纳刊印。

刊印：1.《柏林月刊》，第 V 卷，199～213 页，1785。

2.《伊·康德短文集》，58～61 页，诺伊维德，1793。

3.《伊·康德散落文章集》，37～50 页，法兰克福和莱比锡，1793。

4.《伊·康德短文全集》，第 III 卷，173～188 页，哥尼斯贝格和莱比锡（实际上是福格特在耶拿），1797—1798。

5.《伊·康德杂文集》，蒂夫特隆克编，第 3 卷，1～16 页，哈勒，1799。

在 1784 年的《绅士杂志》① 上，开卷便有俄国枢密官**艾皮努斯**先生致**帕拉斯**先生的一封公开信，谈的是**马格兰**先生通报给**彼得堡**皇家科学院的一个消息，涉及**赫舍尔**先生于 1783 年 5 月 4 日发现的月球上的一座火山。这个新闻令艾皮努斯先生感兴趣，如他所说，更多的是因为按照他的见解，这个新闻**证明了他关于月面不平起源自火山的猜测的正确性，** 8〔69〕

① 第 LIV 卷，563～564 页，伦敦，1784 年 8 月。艾皮努斯（E. U. Theodor Hoch Aepinus），德裔俄籍物理学家，1724—1828。帕拉斯（O. S. Pallas，1741—1811），著名的自然研究者和旅行家。——科学院版编者注

他在1778年作出这猜测，1781年在柏林通过出版物公之于众；[1] 而且在这里，如他高兴地承认的那样，有三位自然研究者不约而遇：他自己即彼得堡的**艾皮努斯**先生、都灵的**贝加里亚**[2]教授和格廷根的**利希藤贝格**教授。不过，既然由于哈密尔顿骑士，人们的注意力如此普遍地被集中在所有国家的火成环形山上，所以，那种猜测就可以比做一颗熟透了的果实，必定落在最先偶尔碰到树的人的手中。最后，为了不致由于对最先作出猜测这种荣誉的要求而在同时代人中间激起纷争，他举出著名的**罗伯特·胡克**[3]为这猜测的第一个作者，是胡克在其《显微图集》的第20章中正巧发现了同一些理念。Sic redit ad Dominum. [他就这样回到主那里。]

赫舍尔先生的发现，作为对贝加里亚先生的侄子和邓·乌罗阿[4]那些含含糊糊的观察的证实，当然具有很大的价值，并且把人引向月球（可能还有别的天体）与我们的地球的相似性，否则这些相似性就会只能被视为大胆的猜测。然而，**艾皮努斯先生的猜测并不证实它们**（如我所认
8〔70〕为的那样）。无论环形的月坑与火山的环形山怎样相似，在二者之间仍有一种明显的区别，而与此相反，这些月坑与我们地球上其他**非火山形成的山脉**或者地脊的环形走向却表现出一种确切的相似性，以至于宁可说由此可能证实了关于天体形成的另一个猜测，尽管这个猜测只是在某种程度上与那个猜测类似。

当然，月球上与环形山相似的环形隆起很可能起源自**喷发**。但是，我们在我们的地球上发现了两种环形的隆起：其中一种隆起无一例外地只有如此小的规模，以至于从月球出发来看，它们根本不能用望远镜来分辨，而且构成它们的物质也表现出它们起源自火山喷发。与此相反，

---

① 《论月球的不平整》，载《自然研究之友协会论文集》第2卷。*

* 《自然研究之友协会论文集》，第II卷，1页以下，柏林，1781。那里提到汉密尔顿的著作《燃烧的原野》。——科学院版编者注

② 贝加里亚（Giacomo Battista Beccaria，1716—1781），自1748年始任都灵物理学教授。——科学院版编者注

③ 胡克（Robert Hooke）的著作的书名为《显微图集或者微生物的一些生理学说明》，1665。——科学院版编者注

④ 乌罗阿（Don Antonio de Ulloa，1716—1795），因其参与秘鲁的弧度测量而著名。——科学院版编者注

另一种隆起包括一个布有或高或低的山脉并成环形延伸的地脊内部整块整块的陆地或者面积数百平方里的地区。这种隆起惟有从月球出发、确切地说从与我们在月球上发现的那些环形月坑相同的大小出发才能看到，只要它们的覆盖物（森林或者其他植物）绝不妨碍在如此远的距离上分辨它们。因此，这种隆起也让人猜想到**喷发**，它们可能是通过喷发产生的，但根据构成它们的物质的见证，这些喷发**绝不可能是火山喷发**。——维苏威环形山最上面的圆周（据**德拉·托里**①）有 5 624 巴黎尺，因而约 500 莱茵兰丈，直径近 160 莱茵兰丈；这样一个环形山肯定不能借助望远镜在月球上认出。② 与此相反，月球上类似环形山的**第谷**月坑直径近 30 德里，能够与波希米亚帝国媲美，而邻近它的**克拉维**月坑在大小上 8〔71〕
能够与梅伦边疆伯爵领地媲美。于是，地球上的这些国家同样也与环形山相似地被群山包围，从它们，与从第谷月坑一样，山脉仿佛呈星状伸展开来。但是，如果我们这些被地脊包围的环形山状的地槽（它们全都为江河提供了水的聚集地，陆地到处都为它们所覆盖）毕竟不会给月球带来类似的景观——如实际上也只是会为一些人所猜测的那样——那么，这就会只能归因于偶然的情况：月球大气层（其真实性通过**赫舍尔**的发现得到证明，因为那里有火在燃烧）远远没有达到我们的大气层那么高（如这个卫星边缘上不显著的光线折射所证明），从而月球的山脊伸到了植被的界限之外；与此相反，在我们这里山脊大部分为植物所覆盖，因此当然不能与被包围的地槽的平面形成特别鲜明的对比。

因此，我们在地球上有两种类似环形山的地表形成：一种起源自火山，直径 160 丈，因而面积约达 20 000 平方丈；另一种绝对不是起源自火山，近 1 000 平方里，因而在面积上约大 200 000 倍。如今，我们要把月球上的环形隆起（**据观察**，它们没有一个小于 1 德里，有一些大约直径 30 德里）与哪一种相比较？——我想：按照类比来作出判断，只能与

---

① 托里（Giovanni Maria della Torre），神父和那不勒斯王家图书馆馆长，著有：《从最古老时代直到 1779 年的维苏威自然事件的历史》，阿尔滕堡，1783。——科学院版编者注

② 但是，它的喷火本身在月球的夜间仍然能够看到。在上面援引的信中，对贝加里亚先生的侄子和邓·乌罗阿的观察作出了评论，即两个火山必定规模惊人，因为赫舍尔先生可能只是刚刚并且在所有参与观察者中间只是独自觉察到他自己的火山的。不过，对于自己发光的物质来说，要被清晰地看到，关键并不那么在于规模，而在于火的纯净；关于火山，众所周知的是，它们的火焰有时散发明亮的光，有时散发烟雾缭绕的光。

后一种非火山起源的相比较。因为单是形状并不具有重要性；大小的巨大区别也必须考虑在内。但在这种情况下，**赫舍尔**先生的观察虽然证实了月球上的火山的理念，但却只是证实了其环形山既不曾被他也不曾被别的某人看到，也不能被看到的那些火山的理念；与此相反，他的观察并没有证实这样的意见，即月面上可见的环形组态是火成环形山。因为它们（如果人们在这里应当按照与地球上的相似巨大地槽的类比来判断）极有可能不是火成环形山。因此，人们必须只说：既然月球就类似环形
8〔72〕山的地槽而言与地球上为江河构成水的聚集地，但却并非火成的地槽有如此之多的相似性，所以人们就能够猜测，月球也在处于地球上的火成环形山方面有相似的形成。我们虽然不能在月球上看到火成环形山；但毕竟在月球的夜间察觉到自己发光的点，作为月球上有火的证据，它们最好是从按照类比可以猜测的这个原因出发来解释。①

且把上述著名人物的结论中的这种小小含混性搁置一边，人们究竟能够把地表上如此普遍地可遇到的非火成环形山，亦即江河的地槽，归于什么原因呢？喷发在这里必定自然而然地被奠定为基础；但它不可能是火成的，因为构成这些地槽的边缘的那些山脉，并不包含这样一种物质，而是看起来产生自水成的混合物。我想：如果人们想象地球原初是一团分解在水中的混沌，那么，必定到处，甚至从最深处发生的最初喷发就将是**气球状的**（在该词的本真意义上）。因为人们大可以假定：我们现在位于地表之上的气海（气球）此前是与地块的其余物质在一团混沌中混在一起的；它连同许多其他有弹性的**云雾**一起仿佛巨大的气泡一样从炽热的球体中喷出；在这种沸腾（地表没有一个部分得免）中，构成原初山脉的物质呈环形山状被抛出，并由此为江河的所有地槽奠定了基础，整片大陆就是由这些地槽作为一张网的网眼交织而成的。那些边缘既然是由在水中泡软的物质构成的，就必然让它们的溶解水逐渐地流走，这些水在流走时冲刷出凹槽，那些现在呈山脉状和锯齿状的边缘就由此

① **贝加里亚*** 把从月球的环形隆起射线状延伸的山脊视为熔岩流，但这些山脊与从我们地球的火山流出的熔岩流就其大小而言的十分巨大的区别却驳斥了这种意见，并且使得下面这种情况成为可能，即它们是像我们地球上的山脉一样从一个山脉主干射线状延伸的山脉。

* 贝加里亚的假定在《绅士杂志》，564页，第1栏，注释，1784。——科学院版编者注

与呈现出一种连续的山脊的火成边缘区别开来。于是，在没有如此迅速地结晶或者变硬的其他物质，例如角岩和原初的白垩，与之分离之后， 8〔73〕
最初的山脉就由**花岗岩**构成；在这些山上，当沸腾在同一地方变得越来越弱，从而越来越低的时候，白垩作为冲刷出来的物质，按照其较小的重量或者在水中的溶解能力逐级地沉淀下来。因此，表面不平的最初塑成原因是一种气态的沸腾，但我宁可把它称为**混沌的**，来表示这种沸腾的最初开端。

人们必须设想，一种**海洋的**淤积逐渐地把大半已经包含着海洋生物的物质分层堆积在这表面之上。因为在那些混沌的环形山上，大团的物质仿佛**编组排列**，这些环形山形成了幅员辽阔的隆起，高于其他沸腾不那么激烈的地区。这些隆起形成陆地及其山脉，其他地区则形成海底。于是，由于出自那些地槽的多余的结晶水冲刷着它们的边缘，而且一个地槽让自己的水流入另一个地槽，而所有地槽都让自己的水流向正在形成着的地表的最低部分（亦即海洋），所以，这就形成了未来江河的通道，人们还惊奇地看着它们穿行在陡峭的悬崖峭壁之间，寻找着海洋。因此，这本来会是地表骨架的形态，如果它是由花岗岩构成的话。花岗岩在随后的海洋淤积堆在其上面的所有矿层之下延伸。但正因为如此，陆地的形态即便在新的地层完全覆盖了出自深处的古老花岗岩的地方也必然成为环形山状的，因为它们的基础是这样形成的。所以，人们如果通过属于一条大河的所有河流的源头画一条延伸的线，就可以在地图（上面没有标出山脉）上画出地脊，这条线在任何时候都将围成一个作为江河之地槽的圆。

既然海洋的池盆很可能变得越来越深，并且把所有从上述地槽流出的水引向自己，由此就产生出河床和陆地现在的整个结构，这结构使得有可能把出自如此之多的地槽的水统一在一条渠道之中。因为一条河流如今从大片陆地排走水的河床正是被这些水及其退却冲刷出来的，没有任何东西比这更自然的了，水如今流向河床，亦即从海洋及其远古的淤 8〔74〕
积流向河床。如**布丰**[①]所希望的在一个总的大洋之下，并且通过大洋底的

① 布丰（G. L. Leclerc de Buffon，1707—1788）：《自然史》，第I卷，1749；《地球的理论》和《自然的各时期》，1778；德文版《自然的各时期》，译自法文，第II卷，21页以下，圣彼得堡，1781。——科学院版编者注

海流，按照这样一个规则的冲刷根本不可思议，因为在水下不可能有海底的倾斜的流动，海底的倾斜毕竟在这里构成了最本质的东西。[①]

火山的喷发看起来是最晚的喷发，亦即在地球已经在其表面变坚固之后。它们也没有使陆地及其水解作用上合规则的结构形成河流的流程，而是只形成了个别的山岭，这些山岭与整个大陆的结构及其山脉相比，只不过些无关紧要的东西。

上述著名人物的思想所能够具有的而且**赫舍尔**的发现哪怕只是间接地证实了的用途，在宇宙起源论方面具有重要意义：亦即天体差不多是以相似的方式接受了它们的最初形成。它们全都在最初处于液体状态；它们的圆球形状，以及在可以观察它们的时候还有按照绕轴旋转和其表面上的重力而变得扁平的形象证明了这一点。但是，如果没有热就没有液态。**于是，这种源始的热是从哪里来的呢？与布丰**[②]一样从炎日推导出这种热，所有行星的球体仅仅是从炎日分离出的碎片，这只不过是临时的权宜之计罢了；因为**太阳的热是从哪里来的呢**？如果人们假定（这从其他根据出发也是很可能的），一切天体的初始材料最初雾状地散布在它们如今在其中运动的整个广袤空间之中，起初按照化学引力的法则，此后并且主要按照宇宙论引力的法则从中形成，那么，**克劳福德**[③]的发现就给出一种暗示，即用天体的形成同时就能使人理解人们自己希望的那种程度的炽热的产生。因为如果热的元素本身就在宇宙空间中到处以同样
8〔75〕的形式散布着，但只是在不同的物质以不同的方式吸引它的程度上附着在这些物质上；如果像他所证明的那样，雾状散布的物质在自身中包含着，也为一种雾状的扩散而需要比它们一旦过渡到浓密团块状态，亦即结合成为天球时所能够持有的更多得多的基本热；那么，这些天球就必定包含着过多的热物质，超过与它们所处的空间中的热物质的自然平衡；也就是说，它们就宇宙空间而言的相对热就将是过多的（这样，当含硫酸的空气接触到冰时，它就一下子失去自己的雨雾状态，而且这样一来，

① 在我看来，河流的流程是地理理论的真正钥匙。因为这要求：陆地首先被地脊仿佛划分为池塘；其次，这些池塘为了最终把自己的水引入一个渠道而相互传递水的地基是由水本身建构和塑形的，水逐渐地从较高的地槽，亦即从海洋一直流回最低的地槽。

② 德文版《自然的各时期》，第Ⅰ卷，68页以下。——科学院版编者注

③ 克劳福德（Adair Crawford，1749—1795），伦敦医生和化学教授。其代表作为：《对动物体热和可燃物的燃烧的试验和观察》，伦敦，1779。——科学院版编者注

热就以冰在此刻融化的规模增多）。增长会有多大，我们并不了解；毕竟，原初稀释的规模和此后变密的程度及其时间的长短在这里似乎应当予以考虑。既然后者取决于把分散的材料结合起来的吸引，但前者取决于形成着的天体的物质的量，所以，变热的大小也必然与物质的量成正比。以这种方式，我们就会看出，为什么中心的天体（作为每个星系的最大团块）也能够拥有最高的炽热，并且到处都是一个太阳；同样能够不无可能地猜测，较高的行星由于一方面多半比较低的行星更大，另一方面由更稀薄的材料形成，可能具有比较低的行星更多的内热，后者看起来也需要这些内热（因为它们从太阳得到的光差不多只够被看到）。我们的观察所及的天体，即地球、月球和金星，其表面的山脉形成出自其原初炽热的、混沌液态的团块的气状喷发，这会让我们觉得是一个相当普遍的法则。最后，地球、月球，甚至太阳的火山喷发（**威尔逊**①在像**惠更斯**②把土星环的现象相互比较那样把太阳的现象富有意义地相互比较时，在日坑中看到了太阳的环形山），都会获得推导和解释的一个普遍原则。

如果人们在这里想把我上面在布丰的解释方式中发现的指责转用到我身上，并且质问：那些原子的最初运动究竟是从哪里来的？则我会回答说：我由此并不曾自告奋勇去说明一切自然变化的最初变化，这在事实上是不可能的。但尽管如此我认为，停留在一种与我们按照通常已知的法则至少能够猜测其原因的现象有相似之处的自然性状上，例如停留在太阳的炽热上，并且以绝望的方式吁请直接的属神安排，这是不允许的。虽然这种属神安排在谈到整体的自然时不可避免地必然终结我们的追问，但对于自然的每一个时期来说，既然没有一个时期在一个感官世界里能够被说成是绝对第一个时期，我们因此就免除不了这样的责任，即尽我们所能在世界的原因中去寻找，并按照我们已知的法则去追踪它们的链条，只要它们是彼此联系的。 8〔76〕

原文收入李秋零主编《康德著作全集》第8卷，作于1785年。

① 威尔逊（Alexander Wilson，1714—1786），格拉斯哥天文学教授，著有：《对太阳斑的观察》，载《哲学学报》，伦敦，1774。——科学院版编者注

② 《土星系统或者论土星奇异现象的原因和它的新行星伙伴》，哈该，1659。——科学院版编者注

论月球对气候的影响

科学院版编者导言

马克斯·弗利沙伊森-克勒

该文章发表在《柏林月刊》，第23卷，1794年1—6月。

刊印：1.《柏林月刊》，第23卷，392～407页，1794。

2.《伊·康德新短文集》，复印自《柏林月刊》，25～39页，1795。

3.《伊·康德短文全集》，第IV卷，第1部分，81～98页，哥尼斯贝格和莱比锡（实际上是福格特在耶拿），1797—1798。

4.《康德杂文集》，蒂夫特隆克编，第3卷，279～291页，哈勒，1799。

8〔317〕 格廷根的枢密顾问**利希藤贝格**先生以聪明伶俐且思想丰富的文风在其著作的某处说道："月球虽然本不应当对气候有影响，但它竟然对气候有影响。"

A. **命题**："它本不应当有影响。"因为我们只知道两种能力，使它在如此遥远的地方能够对我们的地球有影响：它作为一个由太阳照亮的天体所
8〔318〕 反射的**光**[①]，以及它与一切物质所共有的作为重量原因的**引力**。关于这二者，

① 借这里评论月光哪怕是与月球要遮蔽的一颗恒星自己发射的光线相比之微弱的机会，我冒昧地给对更精确地认识天体形状作出如此贡献的利林塔尔的O.A.**施勒特尔***先生的一个观测（《天文学论文集》，1793年版，第193页）补充一种揣测的解释。"**毕宿五**（如是说）并不由于月球的前移而马上消失；而且（由于施勒特尔先生如愿清晰地看到二者，即月球边缘和毕宿五）它在月球边缘前面足足有2～3秒钟之久**在轮盘上**清晰可见；然后，不等光亮有所减弱，人们在它身上发现直径变化，它就如此突然地消失了，以至于其消失本身远远没有一整秒，而是大约只有半秒，至少肯定不多于半秒。"在我看来，这种现象并不归因于光学上的错觉，而是归因于光从月球远方的星球抵达地球所需要的时间，它大约持续1.2秒，在此期间毕宿五已经被月球遮蔽。除对已经在月面范围内（不仅是与月面接触）看到这颗星的思考之外，同样除对它如今消失了的

我们能够充分地既说明其效用的法则，也通过它们的结果来说明其效用的程度，以便从作为原因的它们出发来解释它们所导致的变化。但是，为了某些现象而臆想出与已知的力量并没有处在由经验充分证明的结合之中的力量，这是一门健全的自然科学并不轻易允许的冒险行为。于是，它将坚决拒绝例如置于月光下的鱼比放在月亮阴影中的鱼先腐烂的所谓观察，因为那月光即便是由最大的凸镜或者凹镜来汇聚，也不能对最敏感的温度计产生丝毫显著的作用；——但是，对于在孟加拉人那里，于日食期间发烧病人因月球影响而加速死亡的观察，它倒是有一些关注，因为月球的引力（它在此时与太阳的引力联合起来）通过其他经验明白无误地表现出它十分显著地作用于地球上的物体的能力。

因此，如果事关先天地裁定月球对气候是不是有影响，那么，所说的不可能是它投向地球的光；所以，这就只剩下了它的引力（按照普遍的重力法则），对大气层的这种作用必须从它出发才是可解释的。而今，它通过这种力量的直接作用只在于增加或者减少空气的重量；但是，如果这种增加或者减少是显著的，就必须在气压计上可以观察。因此，上述说法（A）就会是：气压计指数与月球位置合规则地协调一致的变化不能从这个地球卫星的引力出发得到解释。因为： 8〔319〕

1. 可以先天地阐明，月球引力就我们空气的重量可能由此增多或者减少而言，比这种变化在气压计上能够觉察到的小得太多（**卢罗夫**的

察觉和意识之外，是否不可能有其余的 0.8 秒（它真正说来并不属于观察）流逝，因而真正的和自以为的、尽管不可避免的虚假观察合起来绝不是总计 2 秒钟（如施勒特尔先生同样承认的那样多），这必须留待这位敏锐且训练有素的观察者自己去判断。

按照同是这位先生在别的地方关涉月面结构的惊人发现，月球朝着我们的半球似乎是一个类似于燃尽的火山渣且不能居住的天体。但是，如果人们假定，只要这个天体还处在液体状态，可塑性物质从这个天体内部的喷发更多地转向朝着地球的一面，如同离开背对地球的一面那样（既然地球的引力与月球中心的引力的差别比月球中心与背对的一面的引力之间的差别更大，而且在液态中上升的可塑性物质越受压就越扩散，这就必然在这个天体凝结时也在它的内部在朝着地球的一面比在背对地球的一面留下更大的隆起），那么，人们将大可以设想，这个天体的轻重的中心并不与大小的中心重合，而是偏向背对的一面，其结果是也许存在于这个地球卫星上的水和空气离开朝着地球的一面，并且由于它们流到背对地球的一面，从而使仅仅这一面可以居住。——此外，这个天体出自同一原因（亦即对于一个围绕自己的行星运转的卫星来说，由于它对这个行星的接近比这个行星对太阳的接近大得多而有的两个半球的引力的差别）的性质，即以它公转的同样时间绕自己的轴旋转，是否可以假定为所有卫星所固有，必须留待更精通引力理论的人去裁定。

* Joh. Hieronymus Schröter，天文学家，1745—1816。《1796 年天文学年鉴》，J. E. 博德编，192 页以下，柏林，1798，高级行政官施勒特尔论毕宿五被月球遮掩。——科学院版编者注

《对地球的数学和物理学知识导论》[①]，第 312 节）——人们如今可以把空气设想为**流体的**（非可塑的）存在物，其中它的表面在月球的引力改变其重力的方向时会完全水平；或者同时如实际情况那样，设想为**可塑的**流体，此时还有的问题是，它在不同高度的各同样密度的气层是否即便在这时也还保持平衡；但这里不是讨论后一点的地方。

2. **经验**证明月球引力不足以导致空气重量的显著变化。因为它必须像落潮和涨潮那样在 24 小时内两度显示在气压计上；但对此却没有觉察到丝毫痕迹。[②]

8〔320〕 B. **反命题**："月球仍然对气候有一种（有时在气压计上显著的，有时在别的地方可见的）影响。"——气候（tempe-ries aëris）包含两种因素：风和天气。后者要么作为明亮的天仅仅是可见的，有时晴空万里，有时浮云飘过，有时乌云密布；要么也是可感觉的，冷或者暖，湿或者干，在呼吸时清新或者沉闷。伴随同一种风的，并不总是却毕竟经常是同样的气候；是一个改变空气混合、连同改变气候的局部原因带来一种风，还是这种风带来这种气候，并不总是能够查清的；而且，即便气压

① 亚伯拉罕·戈特黑尔夫·凯斯特讷译自荷兰文，格廷根和莱比锡，1755。参见《康德全集》，第 I 卷，444 页注。——科学院版编者注

② 惟有在月球和太阳的引力对气压计指数有直接影响的情况下，人们才能对其作用形成正确的概念。如果海洋（以及这样的话也有大气层）涨潮，而且这个流体的水柱升高，那么，有些人就想象，这些水柱的重量（就像空气对气压计的压力一样）按照理论必定增大（因而气压计指数升高）；但情况恰恰相反。水柱之所以**升高**，只是因为它们由于外来的吸引而**变轻**；而今，既然水柱在空旷的海洋上从未得到足够的时间，来达到当月球和太阳停留在它们联合起来影响最大的位置上时，它们由于那种吸引而会采取的整个高度，则在涨潮最大的地方，海洋的压力（以及这样的话也有空气对气压计的压力）更小，因而还有气压计指数更低，但在落潮时更高。——故而就此来说，**托阿尔多***的规则与如下**理论**完全吻合，亦即气压计在朔望时下落，在上下弦时上升：只要后者能够使人理解，那些天体的引力一般而言能够对气压计指数有显著的影响。

但是，说到海水在**海峡**和长长的**海湾**里，尤其是在朔望大潮时的超常高的水位，它在我们的课题里根本不予考虑，因为它不是直接地、**在流体静力学上**由引力造成的，而只是间接地由产生自那种变化的**洋流运动**，因而是**在水力学上**造成的；而风在由那种引力发动，被迫掠过海角、航道和群岛中仅仅为航道开放的海峡时，大约也是这种性状。

* Giuseppe Toaldo，帕多瓦天文学和气象学教授，1719—1797。著有《海潮和海洋气压计新表》，巴达维亚，1773；以及在他的《农业的气候学》中的《关于月球对气候变化的影响的小体系》，一篇由蒙彼利埃王家科学协会颁奖的获奖论文，由约翰·戈特利布·施托伊德尔译自意大利文，第 3 版，第 129 节以下，柏林，1786。——科学院版编者注

计指数会与月球位置按照某个规则处于和谐之中，也毕竟有不同的天气能够与它结合。——然而，如果风的变换不仅独自、而且与四季的变换相结合并遵循月球的盈亏，那么，月球就毕竟（间接地或者直接地）对**气候**有影响，尽管并不能按照月球的盈亏来规定天气，因而找出的规则应当对海洋人比对陆地人更为有用。——但是，对于这种主张来说，至少表现出暂时充分的类比，尽管它们无法与天文学上计算出的历法法则相媲美，却毕竟作为规则，为了在未来的气象学观察中考虑它们而注意。亦即：

1. 在新月时，人们几乎每次都至少觉察到大气层改变风的方向的**努力**，其结果是，风或者在经历一些来回摇摆之后回到它的老位置，或者 8〔321〕
（如果它主要在每日太阳运动的方向上完全或者部分穿过罗盘）采取一个使它整个**月**处于支配地位的位置。

2. **每季**，在二至点和二分点以及接踵而至的新月时，这种努力就被更为清晰地觉察；而且此后哪一种风在前两三个星期占优势，通常也在整个季度处于支配地位。

一段时间以来，年历中的天气预报似乎也考虑了这些规则。因为甚至普通人也自称注意到，天气预报现在毕竟比在此之前更准确了，这也许是由于年历的作者们如今也会在这方面就教于托阿尔多了。启动**没有迷信的年历**的动议没有绩效（同样没有绩效的如某位**威廉**①的迅捷决定：没有《圣经》的公开宗教演讲），这最终未必不是件好事。因为在这时，那部民众之书的作者为了不滥用民众的轻信，直至其完全不信以及由此导致丧失其为频繁的兜售所必需的信誉，而被迫顺从迄今所发现的、尽管尚未完全确保的气候规则，逐渐地使它们获得更多的测定，至少使它们接近一种经验的确定性，以至于事先从迷信中盲目地接受的东西最终能够转化为一种不仅**理性的**、而且甚至对根据进行**理性思考**的信仰。——所以，对于**“种得好就收得好”**这样的标记来说，在年历中还始终有其位置，因为月球是不是像对一般有机自然界领域那样，特别对植物界确实有一种显著的影响，尚未得到澄清，而这就要求有哲学头脑的园林家也尽可能地满足公众的这种需

① 威廉（David Williams，1738—1816），以其众多的教会和教育学改革建议而著称。《论公共崇拜随笔》，伦敦，1773。此外参见《基于宗教和道德的普遍原理的礼拜仪式》，伦敦，1776；《讲演录》，伦敦，1779。——科学院版编者注

要。惟有可能诱使普通人在自己的健康上马虎从事的标记，必须毫不怜惜地删掉。

这里，在否认月球有一种能力的**理论**和承认它有一种能力的**经验**之间出现了一种冲突。

8〔322〕 ## 冲突的平息

月球的引力，从而使月球能够对大气层以及或许也对气候有影响的惟一推动力，按照**静力学**法则**直接地**作用于空气，也就是说，就空气是一种**可测重的**流体而言。但这样一来，月球就远远没有能力在气压计指数上，并且就气候**直接**取决于气压计指数的原因而言，也在气候上造成一种显著的变化；故而（按照 A）它就此而言不应当对气候有任何影响。——但是，如果人们假定一种远远地延伸到可测重的空气之上的（正因为此也因更强的月球引力而更多地受到改变的）、覆盖大气层的**无法估量的**物质（或者多种物质），它被月球的引力所推动，并因此而在不同的时间里与下部的空气混合或者与其分离，由于与后者的亲和性（因而不是由于其重量）而能够有时加强有时削弱其可塑性，并这样**间接地**（亦即在前一种场合通过造成升高的气柱的流失，在后一种场合通过空气
8〔323〕向降低的气柱的流入）改变其重量①，那么，人们将发现有可能月球能够间接地对气候的变化（按照 B）有影响，但真正说来是按照**化学**法则。——但是，在"月球**直接地**对气候没有任何影响"这个命题和"月

① 这种解释虽然真正说来仅仅关涉气候与气压计指数的一致（因而关涉 A）；而且还剩下的是，就各种各样的气候和气压计指数而言从同样的原则出发来解释风与月球方位和季度（按照 B）的一致（在这里总是要注意，所说的绝对只是月球的影响，以及必要时也说到太阳小得多的影响，但只是凭借它的引力，而不是凭借它的热）。在这里如今令人惊异的是，月球在上述天文学点上于不同的、却处在同一纬度的陆地上空以不同的方式兴风布雨，并预先规定它们。但是，由于要确认和测定占支配地位的风，就需要不同的日子乃至星期，在这段时间里月球引力对空气重量，因而对气压计的作用必然相互抵消，因而不能产生风的任何确定方向，所以，我不能以别的一些方式来理解那种现象，只能设想那种达到大气层上方的无法估量的物质有许多彼此外在和彼此相伴的或者也彼此内在的（相互包容的）圆形的或者旋涡形的、由月球的引力造成的、与水龙卷相似的运动：这些运动按照地面（山脉、水域甚至地面上的植被）的不同，能够使月球对同一个同心圆的大气层的影响彼此不同。但在这里，经验离开我们太远了，就连以勉强的或然性来有所意见也不能。

球**间接地**对气候有影响”这个反命题之间，没有任何矛盾。

这种无法估量的物质或许也必须被假定为**无法约束的**（不可阻挡的），也就是说，假定为这样一种物质，它只是由于与别的物质有亲缘关系（在磁铁和单纯的铁之间就有这类亲缘关系）才能被别的物质所**阻挡**，却自由地贯穿其余一切物质而起作用：如果人们考虑较高的、超出闪电区域之上的区域（**朱庇特**区域）的空气与地下的、深处山脉之下的区域（**伏尔甘**区域）的那种在一些陨石上不无清晰地显露的**联系**的话。也许为此还需要在某些地区某个时间**以传染的方式**（真正说来以蔓延的方式）造成一些疾病的空气性状，这种性状证明了它不仅对于一个人的群体，而且对于某些种类的动物或者植物群体的影响，累根斯堡的**舍费尔**[①]博士先生在其**关于感受性**的敏锐著作中把它们的生命原则不是置于**它们**里面，而是置于一种渗透它们、与那种感受性相类似的**外部**物质里面。

※　　　※　　　※

因此，这个“某物”只是微不足道的，或许略多于对无知的承认，但是，自从诸如德·卢克[②]向我们证明，我们根本看不出一朵云是什么以及它如何可能（一件在20年前易如反掌的事情）以来，它就不可能再特别引人注目和令人惊异了。然而，这种情况对于我们来说，恰如我们在自己的童年一字不差地记住并且相信自己理解的教义问答一样，但我们越是年长和能思考，就越是不理解它，因而理应重回学校受指点，只要我们能够找到某个人（除了我们自己之外）会更好地理解它。

但是，关于德·卢克先生的云，如果他希望，对它的更为经常的观 8〔324〕
察能够有朝一日给我们带来化学中的重要说明，则不要去想这一点，相反，这大概只会对消炎药生产商有妨碍。因为后者的工厂或许就坐落在我们不能为了做试验而抵达的区域；而且人们宁可期待化学为气象学提供新说明，而不是期待气象学为化学提供新说明。

原文收入李秋零主编《康德著作全集》第8卷，作于1794年。

① 舍费尔（Joh. Chr. Gottlieb Schäffer），累根斯堡医生，1752—1826：《论感受性是有机自然中的生命原则》，美因河畔的法兰克福，1793。——科学院版编者注

② 卢克（Jean André de Luc），瑞士物理学家和气象学家，1727—1817。参见《关于气象学的新理念》，译自法文，柏林和什切青，1787和1788。——科学院版编者注

一场基于误解的数学争执的救平

科学院版编者导言

海因里希·迈埃尔（Heinrich Maier）

小莱马鲁斯在《柏林月刊》八月号（第28卷，145～149页）发表了一篇短文，题为《论一个直角三角形三条边的合理比例》，他在其中指责了康德在《论哲学中一种新近升高的口吻》一文中的评论（《康德全集》，第VIII卷，393页）："一个直角三角形的三条边的合理比例只能是数字3、4、5的比例。"康德在《柏林月刊》1796年十月号的短论即针对于此。

刊印：1.《柏林月刊》，第XXVIII卷，368～370页，1796。

2.《康德短文全集》，（实际上是福格特在耶拿）第III卷，609～612页，哥尼斯贝格和莱比锡，1797—1798。

3.《伊·康德杂文集》，蒂夫特隆克编，第3卷，335～338页，哈勒，1799。

8〔409〕 在《柏林月刊》（1796年5月号，395、396页）的一篇文章[①]中，我在对数学对象进行**哲学思考**的尝试可能诱使的狂想的其他实例中，也给毕达哥拉斯式的数字神秘主义者提出了如下问题："什么使得一个直角三角形的三条边的合理比例只能是数字3、4、5的比例？"[②] ——因此，我假定这个命题是真的；但是，博士和教授**莱马鲁斯**[③]先生反驳它，并且证

① 即《论哲学中一种新近升高的口吻》。——科学院版编者注

② 《康德全集》，第VIII卷，393页。——科学院版编者注

③ 莱马鲁斯（Joh. Alb. Heinrich Reimarus），著名的Herm. Sam. 莱马鲁斯之子，1729年生于汉堡，1814年卒于霍尔施泰因的兰措，医学家，自1796年始任他家乡的文科中学自然学教授。——科学院版编者注

明（《柏林月刊》，8 月号，第 6 篇），能够有比所说的更多的数字处在上述比例中。

因此，看起来再清楚不过的是，我们正处在一场现实的数学争执（这类争执一般而言几乎是闻所未闻的）中。但是，这种分歧纯属误解。双方中的每一方都是在别的意思上采用表述的；因此，一旦人们相互理解，争执就消失了，而且双方都有道理。——命题和反命题如今处在如下关系中：

莱马鲁斯说（至少他这样设想自己的命题）：“在**所有可能数字**的无穷**集合**中（**分别开来**想），就直角三角形的边来说，有比数字 3、4、5 的比例更多的合理比例。”

康德说（至少他这样设想自己的反命题）：“在**所有以自然的秩序**（从 0 开始不断地加 1）**前进的数字**的无穷**序列**中，在**直接彼此相继**的数字中（因此，**结合起来**想），那些边除了数字 3、4、5 的比例外没有合理的比例。”

两个命题各自有严格的证明，而且两个所谓的对手中没有一个拥有是这些证明的第一个发明者的功绩。

因此，问题仅仅在于澄清这种**误解**的过错在于谁。——如果论题是 8〔410〕
纯数学的，那么，康德必须承担过错；因为**命题**是在**普遍地**表述数字的上述属性（没有考虑它们的序列）。然而在这里，它应当仅仅充当在人们想对数学的命题进行**哲学思考**时，毕达哥拉斯式的数字神秘主义用数学作出的胡闹的**实例**；而且在这里，也许可以预设，人们将在一个神秘主义者能够相信在数字的属性中发现某种**特别的**和审美上值得注意的东西的意义上来对待那个**反命题**：这类东西是一种限制在数字的无穷序列中三个彼此关系最临近的数字上的结合；尽管数学在这里没有发现任何值得惊赞的东西。

因此，莱马鲁斯先生毫无必要地致力于证明一个据我所知还没有人怀疑过的命题，但愿他不把这算做我的过错。

原文收入李秋零主编《康德著作全集》第 8 卷，作于 1796 年。

图书在版编目（CIP）数据

康德自然哲学文集：注释版/(德）康德著；李秋零译. —北京：中国人民大学出版社，2016.8
ISBN 978-7-300-18535-4

Ⅰ.①康… Ⅱ.①康…②李… Ⅲ.①康德，I.（1724—1804）-自然哲学-哲学思想-文集 Ⅳ.①B516.31-53

中国版本图书馆 CIP 数据核字（2016）第 145547 号

康德文集注释版
康德自然哲学文集（注释版）
［德］康德 著
李秋零 译注
Kangde Ziran Zhexue Wenji

出版发行	中国人民大学出版社		
社　址	北京中关村大街 31 号	邮政编码	100080
电　话	010－62511242（总编室）		010－62511770（质管部）
	010－82501766（邮购部）		010－62514148（门市部）
	010－62515195（发行公司）		010－62515275（盗版举报）
网　址	http://www.crup.com.cn http://www.ttrnet.com（人大教研网）		
经　销	新华书店		
印　刷	涿州市星河印刷有限公司		
规　格	160 mm×230 mm　16 开本	版　次	2016 年 8 月第 1 版
印　张	52 插页 4	印　次	2016 年 8 月第 1 次印刷
字　数	787 000	定　价	138.00 元（上下卷）